熹宗天啓二年壬戌起
弘光元年乙酉五月止

六

中華書局

# 國榷卷八十五

壬戌天啓二年

正月丁酉朔。藺賊數千人大噪而出。爲旱船。形如舟。高丈許。長五百尺。樓數重。標羽旂竇茀左右。板如平地。一人披髮仗劍居中。數百人各挾機弩。牛羊千。運石轂行之。旁翼兩雲樓。如左右廣。俯視城中。老穉皆哭。爕元曰。此呂公車也。破之非礮石不可。以巨木爲杆。柱置軸。柱間轉索運杆。千鈞之石。飛擊如彈丸。賊舟不得近。復募死士擊敗之。裨將劉養鯤言。諸生范祖文陷賊中。遣孔之譚來言。賊將羅乾象欲歸正。爕元卽遣之譚復往。與乾象俱來。爕元與飲戍樓。酣寢達旦。乾象誓以死報。縋而出。後賊營纖悉畢知者。乾象之力也。又使牙將周斯盛詐降。質其來。預伏待之。崇明果至。甫懸一人上。守兵不知而噪。崇明走免。獲其從騎數人。崇明謀遁。乾象內變。四面火起。崇明父子拔營走。乾象來歸。成都圍凡百有二日而解。賊歸重慶。

辛丑。會議經撫。張問達主責成經撫。功罪一體。王紀議罷經略。周如磐專用遼撫。黃克纘周道登李宗延專任經略。張鳳翔議經略應削級待罪。何士晉令責二臣分任其事。王永光主撤經略。陞巡撫任之。上諭其協心並力。功罪一體同論。

禮部主事劉宗周上言。亟伸討賊之法。陷撫順清河。縱敵得志。巡撫李維翰也。棄開原而逃。推官鄭之范也。通虜速禍。經略楊鎬總兵李如楨也。航海逋逃。監軍高出胡嘉棟康應乾贊畫劉國縉也。逃而待罪境上。理餉傅國監軍牛維曜也。身坐虜族。不自歸里。反以知縣陞僉事者。佟卜年也。亡功受上賞。遙制山海。不能輯和撫臣。必喪全遼。今經略熊廷弼也。通夷啓釁。奸璫盧受也。受之黨。弑君漏網。奸璫崔文昇也。凡此諸臣。異名同罪。異罪同情麗以五刑而輕重布之。又何道焉。時滇賊鑫起。在霑益曰設科。曰李賢。在平夷曰補鮓亦佐。曰安應龍。在羅平曰阿應。在武定曰張世臣。而羅平爲劇。洱海道副使黄□□監軍援黔。次曲靖。水西土同知安邦彥糾安效良同叛。殺都司李天常楊明廷。滇兵殲焉。

甲寅。刑部員外郎徐大化劾熊廷弼。

丁巳。建虜破西平堡。初。敵分三路。入自柳河三岔黄泥窪。聯木爲筏。乘流至狹處渡河。直攻西平。參將羅一貴力禦。傷敵甚衆。圍數日不下。化貞遣總兵祁秉忠劉渠往援。而巡撫中軍孫得功及黄進前通敵。令攻中路。于是二將俱沒。一貴力竭死之。屠其城。

戊午。廣寧兵潰。時建虜屯鎮靖堡。伏而未動。經略自右屯聲援。敵亦防變。駐沙嶺。遣游騎前哨。得功欲生縛巡撫以爲功。訛言敵已薄城。迎降者免死。人爭舁香亭迎之。總兵江朝棟監軍高邦佐禁之不能止。化貞方闔署不知也。賴朝棟挾之出城。乃免。邦佐自經。其僕高永亦從死。熊廷弼聞變東馳。遇化貞于前屯。化貞流涕。廷弼但哂而已。遂聯轡入關。所過悉令焚毀。云無以資敵。于是關外民居蓄積爲盡。乙酉。建虜始入廣寧。河西流人及逃兵亡慮數十萬。奔竄入關。薊督王在晉移鎮山海。疑來奸宄。閉關不納。廷弼極言保任。得入。報至。朝廷震動。

壬戌。兵部左侍郎王在晉乞賑渡海遼民。命發帑金十萬往賑。

癸亥。黄克纘進太子太保。改兵部尚書。協理戎政。

兵部尚書張鶴鳴自請視師。進太子太保。賜蟒玉尚方劍。

甲子。魏養蒙爲南京兵部尚書。

禮科給事中惠世揚糾南直貢士高如麟順天貢士張惟勤查廷槠浙江貢士錢千秋賄中。

乙丑。諭兵部。令廠衞緝京城奸諜。禁居民放砲及各官歸孥貢士私還者罪之。
水西賊攻安順安莊永寧諸城。土司羅應魁僞順天王。沙國珍僞忠順王。何五僞成天王。
二月卯朔。戊辰。監軍高出胡嘉棟再逃。逮之。
辛未。命大學士何宗彥朱國祚主會試。初擬顧秉謙副考。上以首科特用二閣臣。
兵部左侍郎王在晉請招遼東潰兵流民。從之。
吏部舉卓異布政洪翼聖等二十二人。
壬申。王在晉言。撫臣王化貞孤軍駐前屯。同寧前道張應吾相守。聞芝蔴灣尚有米二十萬石。覺華島米六萬石。事尙可爲也。宜收復寧前自贖于法。可寬上從之。
癸酉。御史江秉謙劾尙書張鶴鳴郎中耿如杞。
甲戌。夜。月犯天關星。
丁丑。逮王化貞。免熊廷弼。聽勘。
庚辰。諭加派以北直隸頻年煩累。免之。有司團練鄉兵。遼民來歸內地。發穀賑濟。俾墾閒田。錄其智勇。
王紀爲刑部尙書。
水西土目安邦彥反。犯貴州。初。藺賊久圍成都。誑檄諸夷云克成都。以金帛賞購諸蠻。水西安氏與藺世仇。宣慰使安位幼弱。邦彥以支庶擅政。聞藺已得蜀。亦欲乘間據黔。而藺賊交倚爲逆。解仇暗結。又招合諸夷。勢復逞。
乙酉。霑益叛酋設科攻平夷衞。陷之。
丁亥。解經邦爲兵部右侍郎。兼右僉都御史。經略遼東。

壬辰。刑部主事王之宷言國仇未報者三。一爲李可灼誤用藥。引進者誰。崔文昇故用藥。主使者誰。一爲張書紳深入敵巢。致銀三千兩。帶書嫚駡。則盧受爲之。鄭貴妃主之方從哲聽之。其一爲張差突犯宮庭禍生莫測。乃劉廷元以風顛具奏。胡士相等以賣柴成招矣。總之用藥即通虜之術通虜即梃擊之謀也上以已經皇祖處分。不必追論。

癸巳。兵部左侍郎王在晉覆奏右庶子張鼐撫諭西虜之策曰。虎墩兎憨牽制諸部。即建虜亦屬之。往年憨祖父嘗欲我貢市王爵如俺答故事而不得抱恨終身。豈肯坐視。如踞遼陽甘自斷其衣食之路乎且以廣寧至山海論之。其市有高臺堡與水堡鎮遠關大福堡太康堡其長六十。惟利是求部落旣衆。市有分地。我之布帛諸物。彼日用所需而彼之馬牛。非我市不售。卽一部思逞。各部亦不相從。我力不能守廣寧。敵未至先潰。彼完而歸我則數十萬金亦何足惜。令長爲我護邊。卽加爵許貢養我兵力。亦轉敗爲功之策何閉關絶約他日遺肩背之剝膚哉上是之。

甲午。敕陽武侯薛濂奉命招集潰兵。王在晉上言。潰兵已過通州玉田。無可招。莫若令招眞保土兵各五千人。許之。

乙未。王永光爲戶部尙書。總督倉場。陳薦爲南京戶部尙書。車駕主事來斯行言。臣昔任永平推官。餉臣委勘北岸海道。自天津北至灤河。至芝蔴灣前屯等處。土人言樂亭海外有諸島可居。辛酉。臣調河間。白之撫臣畢自嚴。遣官閱之。云自樂亭出海三十里有曹寶店青坨臼將軍坨臼魚岡皆周圍不過二十里或十里而離西北岸青河口約二十餘里。地名月坨。周四十里。與前曹寶店相聯。南可望登萊。東可探金復。北可瞭山海。西可衞天津。誠要區也。又青河口北十五里馬頭營。永樂間曾移輜重營兵千人在彼防禦。至今有坐營官一員。守兵百名。時撫臣分天津水兵發管大藩金冠。應援遼海。僅新招三千六百名。陸兵一百二十名。今且發三千應調矣。臣之愚謂宜令管大藩金冠之兵盡歸月坨。立寨屯田。而遼民來歸者安插其間。敵不能飛渡而西也。留新兵三千名屯馬頭營。山海有警。朝呼夕至。策無加于此者。命議行之。斯行尋陞天津監軍道。又言戍覺華島。其便有六。一不由彼途。絕其牽制。一密招叛將。恢復廣寧。一燒毁浮橋。斷其援路。一徐施方略。可襲遼陽。一伺探瑕隙。疾趨蓋套。一分兵旅順。照應朝鮮。故覺華者。前茅也。山海者。中權也。月坨者。後勁也。一應舟車之物。皆造于馬頭營。屯兵閒整以待。可濟海島。可援榆關。又言天津自大沽出海至旅順有二道。南道自登萊而往一千六百二十里。北道自順永而往一千三十里。自旅順至鴨綠江七百四十里。今詢之熟海道者。又曰月坨與旅順正對。自月坨不歷北岸。徑渡可五百里。而由月坨趨覺華島亦不必由山海。寧前可二百里而至焉。

三月酊朔。大學士劉一燝罷。

戊戌。給事中周朝瑞等糾奸相沈漼。典兵。募五百人。磐據輦轂。或伺大內隱事以告人。既不往遼。又不往蜀。歲糜金錢六七萬。近又遣門客顧思忠募兵一萬矣。僨轅短犢。意欲何為。請以問之。漼又陰使門客晏日華潛入大內。誘劉朝等練兵。引賊入室。駙馬王昺竟自招兵。駉至親王招兵。長史亦招兵矣。

解經邦辭經略遼東之命。削籍。

癸卯。設科敗官兵于黑橋。結安邦彥奢寅。遂欲犯曲靖。敗于元江。

甲辰。王在晉為兵部尚書兼右副都御史。經略薊遼。

李長庚為南京刑部尚書。

己酉。給事中惠世揚等復糾沈漼。

四川巡撫右僉都御史朱燮元遣羅萬象復江安。

辛亥。策貢士三百五十人。賜文震孟等進士及第出身有差。

甲寅。御史陳保泰劾登撫陶朗先幷募兵何棟如。

給事中侯震暘疏論輔臣。末及朱國祚典試特由中旨。宜謝事。國祚遂請告。

庚申。設科攻陸涼州殺補鮓。

以孫承宗爲兵部尙書兼東閣大學士。

四月[食丙]朔。給事中朱童蒙等糾張鶴鳴何棟如。

川兵復新都。初。奢賊據新都繕城積粟爲守計。因陷安岳。攻保寧。人心大震。安綿副使劉芬謙湖廣監軍楊述程合兵攻之。兵至牛頭鎭。賊騎數千步萬人來援。秦良玉譚大孝等夾擊敗之。遂復新都。賊退藺州。復遵義府。時湄潭叛民王倫引賊焚掠。湄潭爲川貴險要。都司陳一龍追至水西境降之。諸軍進駐遵義。惟重慶尙爲賊巢。

戊辰。雲南巡撫閔洪學上言。黔者滇之門戶。黔有梗則入滇無塗。爲今日計。惟有亟通粵西一路。自廣西田州達滇之廣南。須于其地添設公館。措置廩餼。上從之。

己巳。德勝門玄帝廟枯槐自焚。

光祿寺少卿高攀龍上言。釋羣疑。銷隱禍。乞將鄭養性一家發回原籍。李如楨崔文昇速正典刑。

登萊巡撫陶朗先免。

辛未。姚思仁爲工部尙書。袁可立爲右僉都御史。巡撫登萊。余茂衡爲右僉都御史。協理戎政。李邦華爲右僉都御史。巡撫天津。

己卯。禮部尙書孫愼行上言。綱常大分宜明。弑逆顯形難掩。李可灼進紅丸。乃方從哲所進。春秋許世子進藥于父。父卒。書許世子弑君。然則從哲宜何處焉。速劍自裁。義之上也。闔門席藁。義之次也。乃宴然支辨。可灼僅票回籍。豈以己實薦之。恐與同罪乎。臣以爲縱無弑心。却有其事。實錄中卽欲爲君父隱諱。必直書方從哲進紅丸。須臾帝崩。恐無能爲萬世解矣。乞皇上令廷臣公議。置之極刑。上令廷臣會議以聞。

庚辰。熊廷弼王化貞獄上。論死。

辛巳。董應舉爲太僕寺卿兼御史。屯田天津至山海關。安插遼民。

癸未。左都御史鄒元標上言。乾坤所以不毀者惟綱常。而綱常所以植立者惟信史。先帝一月仁政。媲美堯舜。宜速登信史。乃纂修諸臣。謂光宗大事。令人閣筆。近讀孫愼行疏。神骨爲悚。旣不申討賊之義。反行賞奸之典。卽謂方從哲無其心。無能以解人之疑也。

丙戌。邳州桃源沭陽大雨雹。

己丑。京師大雨雹。

琉球國世子尙豐遣毛鳳儀蔡璧入貢請封。時登極大婚詔。夷使私請賫歸。巡撫商周祚以遠夷不諳大體。姑置之。

辛卯。設科攻霑盆。

五月輛朔丁酉。給事中章允儒言。頃見織造太監李實參知府張宗衡等。皇上因而罰治之。此端一開。後將何極乎。

癸卯。刑部尙書王紀糾沈㴶。御史潘雲翼復劾之。

戊午。復給事中魏應嘉御史馮三元張修德官。

山東巡撫趙彥報妖賊徐鴻儒倡亂。鴻儒鉅野人。以白蓮教惑衆。與深州王好賢景州于弘志通密約。八月望日三方同起。而鴻儒以他事先發。在卞家屯刑牲誓衆。寄家梁山泊。據梁家樓爲巢。攻鄆城。知縣余子翼遁。遂據之。曹濮騷動。

諸軍進逼重慶。初崇明父子據瀘洳。依樊龍爲援。龍踞重慶已九閱月。其城三面臨江。春水泛漲。瀰漫不可渡。其出入必經之要道。惟佛圖關至二郎關一路。賊自通遠門至二郎關連營十有七。宿精兵數萬。總兵杜文煥率參將楊克順直攻賊營。秦民屏率石砫兵遶出其後。賊驚敗。遂復佛圖二郎關。殺賊三千餘人。進逼重慶。

壬戌。四川巡撫朱燮元復建武長寧。擒僞相何若海。別將及酉陽石砫之兵殺樊龍張彤。遂復重慶。

六月乙丑朔。丙寅。予文學博士方孝孺祭葬。

丁卯。鍾羽正爲左僉都御史。

四川巡按御史張論言藺賊奢崇明糾水西賊攻破長寧珙縣。犯敍州。

庚午。妖賊攻鄒縣。署印通判鄭一傑遁。進攻滕縣。知縣姚之胤遁。時括餉俱盡。至是無餉可給。魯王捐貲保城。上賜璽書褒之。山東都指揮使廖棟破武安賊巢。斬三千餘級。賊奔梁家樓。都指揮使楊國盛斬賊千級。官軍復追之。又斬二千餘級。遂復鄆城鉅野。

乙亥。貴州宣慰同知安邦彥叛。邦彥安堯臣別支也。堯臣冒隴姓。並隴地受撫。得襲兄疆臣世職。堯臣死。妻奢社輝子安位幼。邦彥挾之反。與土目安邦俊魯連安若山陳其愚陳萬典等俱叛。都司楊明廷以三千人敗沒于畢節。參將尹啓易自烏撒奔回。霑益炎方松林皆不守。平夷衛亦爲賊黨李賢所破。賊圍普安安南。雲南都司李天常帥兵四千救之。賊將羅應奎僞降。誘至疊水舖。伏發。全軍皆沒。于是曲靖武定尋甸嵩明之間騷然苦兵矣。賊分遣王倫石勝破甕安。襲偏沅。以斷我軍。倫等楊應龍餘孽也。洪邊土目宋萬化糾苗仲九股據龍里。邦彥自統蜀賊苗仲數萬進圍貴州。自二月初九薄城。百計攻城。撫臣李橒按臣史永安悉力禦之。賊四面伏路以斷出入。盡掘墳墓。殺掠甚慘。總兵張彥芳將兵二萬赴援。隔龍里不得進。

戊寅。吏部奏卹錄馮應京吳寶秀李沂曹學程盧洪春王正志華鈺王之翰吳應鴻俱贈少卿。爲一等。次則顧憲成張棟李獻可孟化鯉傅好禮雒于仁王敎涂杰范儁何選楊文煥王之棟葉初春錢一本賈名儒楊其休舒弘緒吳之臣陳尙象安希范張貞觀王如堅沈璟吳弘濟顧文選于孔兼楊天民陳嘉訓逯中立張同德時偕行鹿久徵劉仕瞻鄒邦彥耿隨龍馬經綸宋燾黎道照林培戴士衡錢養廉穆深劉道亨陳泰來王紹先甯時鎮陳繼春費必與萬國欽劉文卿彭應參朱長春王學曾朱維京喬胤王士騏吳文梓馮生虞劉弘寶劉爲楫諸壽賢柴恪俱贈少卿。

己卯。給事中沈惟炳。劾沈㴶張鶴鳴。㴶引疾求去。不許。

辛巳。安邦彥破烏撒衞。指揮管良相死之。初。水西未叛。良相語李檟曰。奢賊反。安必繼之。黔中無兵餉。猝然有變。計將安出。宜招兵萬人。積二年穀用。許成名將之。以觀其變。檟以力不能止。良相以祖母病乞假去。泣曰。烏撒孤城。且與安效良相仇。水西有難。禍必首及。良相願以死報國。乞將長策保此一方。檟亦泣去。甫一月而難起。烏撒首被賊破。良相自縊死。王三善進兵平越。兵止萬人。副總兵徐時逢參將范仲仁不相能。仲仁先進。遇賊于甕城河。戰不利。時逢不救。敗績。馬一龍白自强殲焉。

己丑。刑部尙書王紀初糾屬官徐大化曠職。九月不入公署。引蔡京爲言。蓋刺大學士沈㴶也。至是遂上言。宋奸臣蔡京天資凶譎。興同文館獄。立奸黨碑。遺禍宗社。茲輔臣沈㴶。公論不齒。以脅人擁戴而玷揆席。內結奥援。外連僉壬。招權納賄。非一日矣。試取惠世揚周朝瑞魏大中董羽宸之疏細按其事。其結交魏進忠與京之契合童貫同也。乞哀董羽宸。與京懇欵陳瓘同也。要盟邵輔忠孫杰。與京之固結吳處厚同也。顧命元臣劉一燝周嘉謨之罷逐。視安置呂大防蘇轍何異。持正言官江秉謙侯震暘之擯斥。視貶謫常安民任伯雨何異。尤可訝者。賄交婦寺。竊弄威福。中旨頻傳而上不悟。朝柄陰握而下不知。此又蔡京百世合符者也。

選庶吉士倪元璐黃道周等三十六人。

壬辰。李可灼崔文昇戍南京。

四川巡撫朱燮元復瀘州。

七月札朔戊戌。戎政尚書黃克纘罷。進太子太保。

辛丑。冊慧妃范氏。

甲辰。刑部尚書王紀削籍。以久稽佟卜年案也。初。張鶴鳴行邊。奏杜茂佟卜年謀叛事。卜年任河間知縣。茂匿其署中三月。合謀遣茂同其二僕往李永芳約叛。事下刑部。尚書王紀問當何如。主事顧大章曰。兩人同謀三月。情既親信。論其理當見妻子。豈二僕尚不能舉其名乎。且往返數千里而不問僕姓名。今嚴訊不認。大可異也。紀然之。杜茂原登撫陶朗先千總。給千金使募兵。茂浪費不敢歸報。乃匿薊州寺中。被邏者譏之。證以奸細。其入陶幕。或卜年薦之也。後卜年論死。

丁未。山東巡撫趙彥奏留秋班戍軍勦賊。可省招募之費。從之。給事中李春燁劾其養賊貽患。

戊申。妖賊據夏鎮。掠糧船。阻運。總河陳道亨告急。把總姚文慶集鄉勇敗之。運道復通。

妖賊攻曲阜。知縣孔聞禮率民兵力禦。賊去之。都指揮使楊國盛遇賊敗績。游擊張榜死之。賊僭稱大乘興勝元年。

景州妖賊屯阜城武邑。焚掠四十餘里。官兵誅之。

艾山賊劉永明僭稱安民王。聚黨二萬餘人。官兵破之。獲永明。臨刑猶稱寡人云。

妖賊攻兗州。總兵楊肇基擊賊。殺千餘人。賊回滕縣。

庚戌。設科攻亦佐知縣封存章。賊未至先遁。

辛亥。南京御史王允成疏劾陶朗先之罪。

禮部尚書孫愼行罷。

沈㴶免。進少保予廕賜蟒馳驛歸。

兵部尚書張鶴鳴免。

貴州總兵楊愈茂敗績于江門。白杵營推官郭象儀死之。遵義復陷。

八月甲申朔。丙子。孫瑋爲刑部尚書。

己卯。大學士孫承宗自請督師經略遼東軍務。進太子太保。賜蟒玉金幣。

壬午。顧秉謙爲禮部尚書。王在晉爲南京兵部尚書。閻鳴泰爲右僉都御史巡撫遼東。

丙戌。封皇弟信王。由檢。

己丑。設科犯越州衞。

壬辰。董漢儒爲兵部尚書。陳薦爲南京吏部尚書。

九月甲朔。丁酉。兵科都給事中朱童蒙言。憲臣議開講學之壇。國家恐啓門戶之漸。大公之世。偶生門戶。則釁孽必作。職業之外。分用身心。則責任不專。乞敕諭二臣。立寢此舉。攻鄒元標馮從吾也。

己亥。加贈張銓兵部尚書。何廷魁高邦佐各大理寺少卿。

李長庚黃汝良爲南京戶禮部尚書。

辛丑。左都御史鄒元標言。天下治亂。係于人心。人心邪正。係于學術。臣等所講論者。惟是銷反側以歸正直。若分門別戶。則名敎所不載也。若以臣等講學宜放。則切磋道學一語。直濟窮拔苦良方。非盡性致命妙理。亦視斯道太輕矣。臣又言焉。前東林諸臣。有文有行。九原已往。惟是在昔朝貴。自岐意見。一倡衆和。幾付清流。懲前覆轍。不在臣等。詩云。相彼鳥矣。猶求友聲。臣等求友。未得和平之韻。先來同類之疑。願罷臣以爲倡學之戒。左副都御史馮從吾言。周家以農事開國。國朝以理學開國。昨二月間因東事暫停經筵。旋復舉行。人人稱快。臣子望其君以講學。而自己不講。是欺也。倘皇上一日問諸臣曰。朕講學。不知諸臣亦講學否。將何以置對也。

壬寅。設科攻羅平不克。後攻烏撒衞陷之。

乙卯。臨洮地震。

己未。初命是日客氏出宮。上諭內閣。客氏朝夕侍朕。今日出宮。午膳至晚未進。暮思至晚。痛心不止。着時進內奉慰。外廷不得煩激。

辛酉。演象所災。

壬戌。臨洮地復震。

山東巡撫趙彥攻滕縣。賊黨縛徐鴻儒出降。安插鄉民二萬七千餘人。獲騾馬千匹。神槍八百杆。大砲二百六。弓刀亡算。

十月癸巳朔甲子。給事中侯震暘論客氏不宜自入。乞收回成命。切責之。

乙丑。李養正爲南京刑部尚書。

己巳。御史馬鳴起言。日見聖諭。保姆外出。憶念痛心。夫以一品之名號。加以第宅。廕其胤子。則酬不爲不厚矣。若內乏調護。則中闈有主。兩宮順承。左右朝夕不可謂無人。客氏旣出而復入。已去而復召。戀戀不忍割。使絲綸拂經。喜怒乖錯。豈所以令天下後世者也。極言不便有六。上欲廷杖。以輔臣揭救。奪歲俸。

庚午。王之采爲刑部左侍郎。

贈袁應泰兵部尚書。廕本衞正千戶。

辛未。設科攻霑益州。尋退。復攻陷之。

甲戌。給事中郭興治糾鄒元標講學之非。大學士葉向高疏救元標。致仕。進太子少保。

陳道亨爲南京兵部尚書。楊述中爲兵部右侍郎兼右僉都御史巡撫偏沅。蘇茂相爲戶部右侍郎兼右僉都御史總督漕運。

戊寅。武庫員外郎顧大章以御史楊維垣論其鬻獄。辨曰。論經論撫救經救撫之疏亡慮數十。揚之則九天之上。沈之則九地之下。衆論不同。舉朝聞且見之。臣議誅心則廷弼難末減。論事則化貞乃禍魁。頗亦自謂持平。即臺臣所指八議之說。不特臣有之。全招具在。想臺臣或未覓覽也。今諸臣並論辟矣。毋論臣非鬻獄之人。且業已辟之。又何鬻焉。亡何。維垣又攻之。

庚辰。修撰文震孟上勤政講學疏。時內宴爲偶人之戲。宴畢。忠賢曰。文狀元疏中以偶人比萬歲。殆難宥。傳旨杖八十。閣臣力救。票罰歲俸。有旨放歸。

辛卯。庶吉士鄭鄤言。修撰文震孟疏候命浹旬。未蒙報可。是留中之漸也。留中不下。是壅遏之萌也。壅遏不通。是竊弄之機也。本朝此弊。惟武廟與神祖末年最多。在武廟時。蓋因權璫之煬竈。在神祖時。則係奸輔之藉叢。臣歷稽史冊。凡召亂之端有二。而今皆見之。曰內降也。留中也。內降之屢旨。用以頻斥大臣。其機關使人駭。而留中之一線。或以陰淆聖慮。其徑竇使人疑。清明之朝。豈宜有此。願皇上早圖之也。上諭。朝儀大典。累朝成規。文震孟如何比擬偶人。鄭鄤黨護同鄉。俱降二級調外。

有龍見于北花房之河。即太監宋晉之膳房也。其形長尺許。有爪無角。其鱗如碧。光耀目。晉以奩進之。命放黑龍潭。

十一月癸巳朔。貴州巡撫李櫄陞兵部右侍郎兼右僉都御史。巡按史永安陞太僕寺少卿。仍舊任。

乙未。貴州巡撫王三善大會將士曰。省城不能待矣。外援不至。吾輩死法死敵等耳。何俟耶。命道臣何天麟督兵七千從淸水江進。爲右部。道臣楊世賞督兵萬人從都匀進。爲左部。三善自將二萬。與道臣向日升從中路進。當賊鋒。

戊戌。俘何若海至京。磔之。

贈徐可求右都御史。世本衛正千戶。

庚子。俘徐鴻儒等至京。磔于市。

辛丑。趙南星爲左都御史。房壯麗爲工部右侍郎兼右僉都御史。總理河道。

甲辰。光廟選侍劉氏封貞靜賢妃。皇弟由橏追封簡懷王。皇妹追封悼懿公主。

己酉。御史梁之棟糾太僕寺少卿何棟如募兵盜餉。

辛亥。光廟選侍李氏封莊妃。東李氏。

乙卯。史永安奏安酋自二月初旬攻省城。今五閱月。又攻威淸平壩安莊普安。陷安順廣順龍里赤水。殺思石道副使孫光恕安順推官徐朝綱廣順知州鄭鼎。掠同知鄭以成守備王茂德。朝綱寧晉州人。□□庚子貢士。贈光祿寺卿。廕錦衣千戶。鼎龍溪人。□□癸卯貢士。贈光祿寺卿。廕錦衣千戶。

戊午。李可灼戍邊。

辛酉。妖賊平。

楊述中爲兵部右侍郎。總督貴州軍務。朱燮元進兵部右侍郎。總督四川兼制湖廣軍務。仍兼四川巡撫。

左副都御史馮從吾罷。

十二月妊朔。貴州巡撫王三善至新添。三日。次新安。四日。命劉超爲前部。三善身爲後勁。超兵始卻。超斬二人以申令。驍賊阿成善戰。超直前斬之。賊遂披靡。進復龍里。賊復大集力戰卻之。五日。衆議賊兵重。宜少休。三善曰。賊無備。不能持久。急擊之勿失。六日。三善策馬先進。衆從之。安邦彥退屯龍洞。官兵奪高寨七里沖。乘勝進兵畢節鋪。孫元謨以火器擊之。楊明楷率烏羅兵並進。賊大敗。其渠安邦俊殲焉。賊棄輜重器械山積。時會城死守幾十月。至是始慶更生。三善營南門外坡上。大雪。次日。移營宅溪。諭奢社輝母子縛安邦彥降。不報。數日。左右兩部兵至。又十日。楚粵蜀之兵亦至。三善怒其後期。且憂乏食。欲因糧于敵。諸軍亦視賊若易矣。

己巳。永寧伯王天瑞言。孝靖皇太后三十幽困。鄭貴妃禁制皇祖。經年不容一見。反以母妃禮事之。致皇太后積怨淚盡目枯。請報其仇。

庚午。呂兆熊爲戶部右侍郎。總督漕運。熊明遇南京操江右僉都御史。周起元右僉都御史。巡撫應天。

癸未。何熊祥爲南京吏部尚書。朱光祚右副都御史。協理戎政。孫居相右僉都御史。巡撫陝西。

敍平妖功。山東巡撫趙彥加兵部尚書。餘進秩有差。給事中陳熙昌上言。東省蓮妖雖平。地方善後宜策。幷請存恤。修復孟子墓廟。上從之。命官致祭。

丙戌。南京給事中歐陽調律請修建文實錄。幷廟祀。命禮部議之。

## 癸亥天啓三年

正月𠩂朔。甲午。夜。火星犯房宿第一星。

己亥。玉牒成。進葉向高中極殿大學士。廕尚寶司丞。韓爌少師兼太子太師中極殿。廕中書舍人。何宗彥朱國祚少保兼太子太保武英殿。史繼偕太子太保兼文淵閣。孫承宗少保兼太子太保文淵閣。並廕監。

辛丑。安邦彥糾藺賊與雲南安效良合衆數萬併力攻陸廣。黔兵敗績。初。黔撫王三善分兵。一進陸廣。一進鴨池。一進黃河渡至是渡陸廣河賊斷浮橋。蒙兵先潰。衆遂亂。溺死數千人。總兵楊明楷被執。死之。參將王成名戰沒。殲數千人。賊乘勝攻鴨池。總兵張彥芳大敗。退守貴州。土目何守土見官兵敗。據龍里衞都指揮使章有功退守新添。苗仲復肆掠。自龍里至甕城。屍横四十餘里。

壬寅。浙江巡鹽御史傅宗龍奏解任參黔省軍事。

己酉。命朱國楨顧秉謙朱延禧魏廣微俱以禮部尚書兼東閣大學士。

壬子。黔兵進龍里。賊黨何中蔚據險扼師。援兵不進。

甲寅。河南巡撫馮嘉會報禹州大隗山于天啓二年十月九日午刻。有大鳥高可七尺。彩色。來集。羣鳥繞之十二日申刻飛去汝州張彥清身至其地。則徽府太和王之莊雨雹。鳥雀凍墜亡算。訛以爲鳳。

夜。月犯鍵閉星。

丁巳。命鄭養性居于遠方。

滇兵攻黑耳寨。破之。盡降其衆。遂移兵師宗。

庚申。御史陳必謙言昔年鄭養性父子依恃宮掖。遝藉寵靈。慶賞刑威。俱出其手。一時如劉廷元等奔走如鶩。戴福藩者名曰正人。翼先帝者斥爲邪黨。迄今奸謀大露。臣子身家計重。誰申討賊之義。皇上宜自爲宗社計。剪除逆賊。以告于先帝之靈可也。

二月辛酉朔。羅平圍解。

癸亥。吏部內計。

甲子。吏科都給事中魏應嘉等拾遺。糾兵部尚書黃嘉善崔景榮張鶴鳴工部尚書姚思仁南京兵部右侍郎徐必達前保定巡撫韓浚太僕少卿李之藻。上命進姚思仁太子太保。免之。調李之藻南京。黃嘉善崔景榮張鷄鳴許致仕。韓浚免。

丁卯。河南道御史胡繼升等拾遺。糾前詹事范醇敬前巡撫靳于中太常少卿王紹徽巡撫徐兆魁王士昌陶朗先南京太僕少卿郭一鶚。上命王士昌許在籍聽用。徐兆魁郭一鶚致仕。陶朗先劾奏。

己巳。盛以弘爲禮部尚書。李長庚戶部尚書。張輔之南京工部尚書。

庚午。滇兵敗賊于羅平。三戰俱克。擒賊渠阿勒閔洪學請以安南長官司土官沙源改宣撫使。許之。

甲戌。工科給事中方有度言。工部開納事例。其不可行者數事。一廩生納銀准貢。則壅選法。一納通判運判提舉。體統安在。至于首領佐貳納銀請封。尤爲悖謬。是輿隸之流得襲衣冠。貤封之典竟同市販矣。

丙子。給事中王志道謂神祖先帝之誣不可不白。遂上言曰。臣見會議一疏。不覺慨然曰。爭此于神廟之朝則爲國本。爭此于神器再傳之後何爲乎。爭此于光廟顧命之際則爲預防。爭此于大寶久定之日何爲乎。則曰爲兩朝實錄也。嗟嗟。不念及此則已。茍念及此。寧不傷神祖之明。有害先帝之義哉。當萬曆中。册立遲遲而起母愛子抱之疑者。人情也。至先帝之于皇上。則無間然矣。無母愛子抱之隙也。無册立遲遲之請也。不待分封之國而後曉然也。垂簾二字。又非玉几之命。非出宮掖之口。不過臣子設爲不必然之慮。激切及之也。喜事者從而實之。臣之所大痛也。先帝臨崩。諄諄以李氏託。此亦人情也。封妃之諭。與神祖立后之命則殊矣。覃恩遍天下。而從龍之人何不可一霑位號。豈可傳合疑端。導之以刻薄。臣恐兩朝實錄必至如宋人燭影之疑也。

戊寅。諭兵部。發內庫佛郎機神砲八十位。神銃二百五十位。盔甲千五百二十副。槍一千。斧四百。弩三百。箭如之。弓三十。箭三千。特命太監劉朝賚赴山海關督師行營。勞銀十萬。色蟒百五十四。孫承宗賜金一百。蟒衣一襲。

李三才爲南京戶部尚書。南居益爲右僉都御史。巡撫福建。

庚辰。雲南巡撫閔洪學。以洱海道謝存仁參將袁善淸浪游擊許成名援黔。請加存仁左布政監軍。善副總兵。成名參將。從之。

辛巳。永平府東門城樓火。斃三十七人。

壬午。鍾羽正爲工部尙書。

丁亥。川兵破賊于長寧奢崇明父子借力水西諸夷。犯遵義。總督朱燮元合長寧納谿兩路之兵併進。

戊子。御史周宗建糾科臣郭鞏黨魏進忠。把持察典。編輯羣臣數十餘人。彙爲一册。又造匿名文書于省則劉弘化周朝瑞熊德陽于臺則方震孺江秉謙。俱欲一網盡之。上責宗建回奏。奪俸二月。

三月辥朔。乙未夜。月犯畢宿右股第一星。

陳大道李宗延爲戶部尙書。宗延總督倉場。

己亥。給事中阮大鋮劾史繼偕子藪盜。

庚子。曹于汴爲左副都御史。

丙午。大風霾。天鼓鳴。白虹貫日。

丁未。給事中解學龍糾張我續貪淫不法。

己酉。御史方大仁劾科臣郭鞏通魏進忠。因論進忠甲第壯麗。葬地踰制。

辛亥。待詔朱啓明上鳳鳥呈祥賦。

甲寅。四川總兵李維新出師攻永寧。

四月輴朔。夜。京師地震。

癸亥。光祿寺卿何喬遠薦晉江李光縉。永春舉人李開芬。固安生員黃文炤。海澄儒士丁玉明。華亭布衣陳繼儒。學行俱優。乞賜官銜風勵四方。

乙丑。夜大理府洱海衞地震至十二日連震。壞城署。

丙寅。大學士朱國祚致仕。進少傅兼太子太傅。

壬申。川師復遵義時賊首楊維新尤朝柄鄭應顯。遵義副將秦衍祚侯良柱督兵二千攻之。誘戰于九控灘。殲其渠抹賽復敗賊于羅鋼渡。遂克之。

藺賊安鑾帥妻子所部降。初監軍趙邦淸遣其黨俞文富招之。鑾心動。然以妾石氏子安在嵩在符國禎營未發。及官兵擊奢寅敗之。乃密約副總兵侯良柱助兵。良柱遣羅安良進陶公灘。自帥親兵七百人同鑾部夜經三寨至賊巢。銃砲震天。符國禎先逸。鑾率妻子及部兵數千人來歸。

癸酉。川師復永寧。初川撫朱燮元曰。我之久不得志于賊者。我以分。賊以合也。于是列營納谿。陽爲進取陰會兵長寧。首攻青石崖天蓬洞。乘霧奪險而入。與石硅兵會。進攻永寧。遇賊于土地坎。奢寅搏戰。官兵奮擊敗之。追至老君營。盡焚賊營。寅身被二鎗。樊虎亦創死。復敗賊于横山青崗坪。遂克永寧。生擒周邦泰等。降賊二萬。溺死無計。崇明父子列營江岸。降者日至。遂遁。

安邦彥知官兵潰。復誘苗仲糾合宋萬化。欲犯貴州。使其黨何中蔚據龍里。李二督四十八莊兵圍青山巖。斷糧道。宋萬化督洪邊兵苗仲爲左翼。吳楚漢結八姑蕩平八莊苗仲爲右翼。自統水西兵。約共犯會城。王三善遣游擊祁繼祖統盧吉兆左世選兵下龍里。破蓮花堡。焚三牌賊寨百五十處。何中蔚敗逃深箐。龍里路通。遣參將王建中劉志敏宋迪救青巖。斬三百餘級。焚賊寨四十八莊。李二中神槍逃歸水西。定番路通。諜賊糾八姑蕩洪邊兵。欲犯會城。三善夜遣王建中祁繼祖率兵一萬五千進勦八姑蕩。焚寨二百餘處。斬首五百級。焚其積聚。賊糧絕。謀遂寢。宋萬化遣人詐降。三善佯許之。而調劉志敏祁繼祖潛師赴之。遂擒萬化及僞軍師劉洪祖。萬化驍勇善戰。邦彥依之。至是奪氣。秦民屏兵至平越。復還守龍里。諸叛苗相繼降。

辛巳。鄭三俊爲左僉都御史。

乙酉。大理寺少卿范濟世上言。先帝違和。臣隨廷臣後。面奉先帝諭封選侍。此諸臣所共見聞也。凡召臣等三次。無不以封選侍爲言。蓋先帝四十年青宮。孝元與孝和相繼賓天。朝夕承顏。惟選侍一人。允稱聖意。故將皇上與皇五子託其看管。而臨危諄諄以封貴妃託皇上。並諭諸臣也。臣昨歲入都。值皇上舉公主之時。因封其母爲慧妃。當選侍生皇八公主之時。先帝愛公主。欲封選侍。其心與皇上無異。特未能行耳。且八公主漸已長成。異日皇上不得不加以封位。既封其女。不得不封其母。與其後日因公主之封以封選侍。孰若今日因先帝之命以封選侍。可以慰在天之靈。可以明承先之孝。倘使不封。實錄必書之曰。上欲封李氏爲貴妃。已擇吉具儀。上崩。太子停封不予。後世將謂皇上爲何如主耶。上責其誕妄要名。

丙戌。南京大內永福永壽二宮積腐木自火。

是月。火星在斗守百日。

五月鱇朔。禮部尚書盛以弘引疾去。

辛卯。南京御史陳必謙糾褻汚太廟之吳應琦。不由廷薦。不由部推。得復故官。姚思仁亥章糾拾。頤陟宮保。孫杰傳奉京堂。史繼偕濫竽枚卜。上不聽。

封裕妃張氏。

辛丑。登萊巡撫袁可立奏朝鮮廢立。四月十八日。毛文龍據朝鮮議政錢弘等云。三月十三日。奉太妃命。以李倧權國事。夫李倧弒逆。長此安窮。當亟爲伸討。但封疆多事。民力不給。即當遣使宣敕。播告彼邦。明正其罪。使彼臣民討逆復辟。若果李倧迫于妃命。臣民樂以爲君。亦當令其退避待罪。朝廷徐頒赦詔。令祗奉國妃。如國初之待李成桂者。亦皇上不怒之威也。初李昖長子珒夭。生子倧。次子琿。以計立。封琮爲陵陽君。

林堯俞爲禮部尚書。

川兵發永寧。進勦奢崇明。連克紅崖天台二寨。賊數千人迎降。遂安撫紅潦四十八寨。時總兵盧世卿擒僞御史汪澤遠僞參謀文道南。副將秦翼明擒僞監軍夏奇雲僞給事中孔聞過。及僞印十餘。鎧仗如山。

丙午。御史胡士奇劾遼東巡撫閻鳴泰。免官聽勘。

己酉。滇賊攻平夷衞。右布政謝存仁參將袁善拒却之。

戊午。河南撫按請錄宋儒邵雍子孫。視二程子例授翰林五經博士。

羅乾象督兵克藺州。焚九鳳樓。蕩夷其巢。安邦彥走客仲壩。水藺界也。朱燮元撫定夷落。賊入深箐。不可卒得。永藺已定。拓地千餘里。或欲郡縣之。希封賞。朱燮元曰。公等皆欲自營。不爲封疆計。深山密箐。其民猶鳥獸。不可以中國之治治也。遂奏以外四里膏腴之壤歸永寧衞。隸敍州。內四里深險磽瘠。分給降將。使各守其土。時水西方覆黔師。崇明意頗倦。且病。寅驍雄自如。乘勢復擾藺。燮元輒擊破之。安氏恐蜀兵之綴其後。結崇明出沒藺界以拒蜀。

雲南亦佐縣營長安應龍合霑益賊首補鮓爲亂。圍羅平。巡撫閔洪學攻羅平。克之。應龍遁普安。復入烏撒。已安效良乞降。責其縛補鮓應龍自贖。效良遂縛應龍以獻。

水西藺賊合兵窺遵永。時藺賊奢崇明戰屢敗。與安邦彥合兵。一犯遵義。一犯永寧。官兵合長寧納谿兩路。敗之于芝蔴塘。賊遁入青山。

六月輭朔。壬戌。張鳳翼爲右僉都御史。巡撫遼東。

癸亥。孫承宗奏勘按臣罪狀。自戊午發難以來。經歷按臣。自張銓殉節外。撫順之陷。按臣楊一桂也。三路開鐵之陷。按臣陳王庭也。廣寧之陷。按臣方震孺也。皆經論劾。然遼事一桂危矣。王庭又危矣。至震孺危極矣。震孺自言曰。封疆失守。皆臣不能糾之故。今遼東何在。我死甘心。則震孺心未嘗死也。統三御史較。自楊而下。遭時最苦。自方而上。爲罪漸輕。

丁卯。吏部遵遺詔續議闡幽。姜士昌等共一百十人。議贈官優恤。

己巳。收內豎千人。

壬申。內官因索冬衣詈工部尚書鍾羽正。

甲申。大學士朱國楨入朝。

貴州總兵魯欽進兵擒叛目何中蔚。遂營紅崖。紅崖素稱天險。官兵未有至者。總兵張彥芳擊賊于羊耳。亦敗之。追至鴨池河。斬首二百七十餘級。

七月玘朔。太僕寺少卿柯㬎爲左通政。

辛卯。南京大內左離宮災。

尙寶少卿徐良彥爲大理寺左寺丞。浙江副使姜志禮爲尙寶少卿。

山東巡撫趙彥以英國公遠族張樞假英國公騷驛。嚇滕縣屠城。擬戍。上命棄市。

工科給事中方有度言。遼左發難。民間新餉歲四百八十五萬有奇。通五年約二千餘萬。頃見天津督餉侍郎畢自嚴疏。每歲山海內外騎步兵十一萬有奇。本折草料海運及文武將吏軍匠役人等俸給雜項之費共四百餘萬。此就關兵言。而款西虜。卽視壬戌年例七萬金不與也。此外己未年登萊增水陸兵二萬。天津增水陸兵一萬四千。庚申年京師立振武營。增新兵三千三百。辛酉年通州增騎步兵九千八百。壬戌年密雲增車兵一萬。張家灣增新兵六千。京師十六門新兵八千。毛文龍海上兵二萬。共九萬一千有奇。除登萊之兵餉半支本省坐派銀。振武營十六門之兵餉。坐支京師倉米。其餘新兵歲費九十萬不與也。此外壬戌年薊鎮舊兵議增餉。歲約數萬不與也。有軍則有操賞之費。有牧馬之費。有修舟車之費。有官役俸廩雜項之費。即毛文龍海運贍費已五萬。歲費約十餘萬不與也。自山海關四百萬外。各處新兵歲費百二十萬。合之約五百二十萬矣。歲派四百八十五萬。毫釐不虧。盡充軍需。已缺三十五萬。然而不能也。今北直加派四十三萬免矣。山東四十四萬八千作登萊兵餉。併市米運天津矣。湖廣七十一萬九千。廣西六萬。四川二十二萬。雲南一萬六千。俱作黔餉。以上蠲免留用外。計歲加派四百八十五萬。又虧百七十九萬矣。至水旱之不時。分數之不及。臣未暇計也。以前浮于加派之外三十五萬。今縮于加派之內百七十九萬。二項共虧新額二百十四萬。又舊額遼餉五十二萬。合應補入。則山海一路歲虧百六十二萬矣。夫此百六十二萬也。將仍問之民間乎。民生實難。計天下正供九邊餉額。歲入太倉銀庫約三百四十餘萬。今遼事加派至四百八十五萬。視正供數則倍且餘。四此外缺餉百六十二萬。則于加派見額又溢十之三。由今之道而無變計。即令東師長伏穴中。不西向遺一矢。而天下已坐敝矣。乞敕戶兵部總計之。養兵補餉。不病國。不厲民。毋待其變而後圖之也。上從之。

許監生茅元儀赴督輔行營。

戶科都給事中尹同皋以郡縣逋賦。求嚴考成之法。凡入考成。俱加免等科算。舊任俸則降俸。舊降俸則降一級。舊降二級則降三級。甚則削籍。雖陞任革任丁憂等項。俱究論。部覆從之。

甲午。巡按貴州御史侯恂言。安賊憑險負固。我徵兵轉餉。猝未能得其要領。以勾連黨與。實有爲之狐兔者。故必滇兵下盤江。以斷賊之臂。川兵出遵義。以扼賊之吭。粤兵進泗城。以衝賊之脅。此全局也。至目前急着。一在屯陸廣。蓋大方之正路。期會未齊。不宜輕進。當于乾溝箚佐等處分兵截守。部署大軍。直逼陸廣。使賊租無收。因相機搗剿。則坐困之道也。一在清上衛。普安久陷。安莊一帶危同朝露。然李希堯沙學輩幺魔小醜。得一大帥鼓行而前。不走則就縛耳。因駐鎮其間。引滇粵之師三面環攻。則立殲之計也。一在守烏江。遵義咽喉之地。黔督節制所不能及。是川黔分而水藺合也。故必守烏江。近以招徠宅溪散賊黨。遠以連合綏陽白羊諸軍。斷賊路而因以進沙溪。瞰大方。爲陸廣之應。使賊首尾受擊。則衡決之象也。用兵計必需餉。乘必需米。乞敕楚撫刻催黔餉湖南湖北。從之。

丙申。命太常寺少卿暴謙貞敕旌韓莊王妃董氏及韓王亶眷節孝。

錦衣衞指揮僉事項俊卿赴督輔行營。初孫承宗以夷官副總兵王世忠領廣寧兵三千依虎酋部夷。易其糗料。招撫灰嶺魚皮金白諸部。世忠乞俊卿爲佐。

丁酉。安南祿州酋何惇入犯上思州。置遷隆峒。掠遷祥白沙村。廣西巡撫何士晉擊敗之。

己亥。大學士史繼偕致仕。進少保。廕中書舍人。

故遼東僉事□□□□予祭葬謚。

辛丑。前禮部侍郎范醇敬以大計拾遺被糾。子南京刑部郎中得志奏南京御史王允成把持法司。賄庇親屬。允成亦參范氏貪橫不法。諸臺省謂得志借題欲翻察典。竟坐免。

刑科給事中解學龍劾范醇敬子得志及工部尚書鍾羽正南京戶部侍郎于仕廉候補兵部主事盧承業。上以羽正仕廉夙望。不得輕詈。

壬寅。少詹事駱從宇爲禮部右侍郎。左庶子趙秉忠爲少詹事。國子司業蔡毅中爲右諭德。纂修實錄。

甲辰。英國公張惟賢等上光宗貞皇帝實錄寶訓。上袞冕御皇極門內殿受之。是日受朝賀。

沅陵向學家牛生犢。一目二首三尾。剖之一心三腎。

兵部尚書董漢儒言。樞輔孫承宗疏逃兵接踵可慮。巡按彭鯤化疏牛欄山新兵夜譟。逃數百人。陝西寧夏宣府各逃兵。而延綏所調逃七百餘人。從青山口投夷矣。人情蠢動。宜懸嚴令。購賞格。報可。

刑科都給事中曾汝召言。張差一案終以發奸爲是。風癲爲非。移宮一事。移宮爲是。順從爲非。至于經撫喪師失地。同抱頭鼠竄。又同則經撫同罪爲是。分袒左右爲非。信史筆削。弗可輕也。臣厠刑垣。立枷之法。間一行之。如假印者可耳。倘巨璫宵壬。欲巧借立枷泄憤。所傷不小。報聞。

乙巳。監紀兵道李仙品劉可訓等報官兵于龍場壩盡焚奢氏巢穴。崇明等無所歸。總兵□□□率參將林光鼎兵至楠木坪白水崖等。斬僞都司王□□等三十六級。擒僞都司陳清等四人。苗級四百五十七。又遵義路副將秦衍祚各進茶園橫山箐等。斬獲奢寅□等三人。頭目四人。苗級三百八十四。擒僞總兵王朝臣。夷苗七十九人。又綏陽路都司傅元勳等攻白蕩毛臺。斬獲大頭目阿獨猓。苗級二十一。賊勢漸迫。總兵李維新移古藺。趣各路兵。

丙午。宴監修總裁等官于禮部。仍賜金幣。

兵部尚書董漢儒憂去。

廣東道御史李玄追論削籍太常寺少卿姚宗文閱視之役。微詞隱刺。使熊廷弼不竟其用。薦王化貞斷送廣寧。一劉國縉爲宗文師。盜餉倖官。一劉朝行邊爲誅闕撫。一王猷挑釁西虜爲宗文藏匿。一賈繼春優待選侍。爲宗文挑激。

丁未。外戚鄭養性至浙。欲僑杭州。巡撫耿庭柏言其非便。命擇居僻所。

談遷曰。鄭氏不過通籍掖廷。依憑寵焰。非穿窬鑿齒之兇也。遷謫外地亦足矣。安在投豺虎禦魑魅哉。疾之已甚。末季大抵如此。

工部尚書鍾羽正罷。

戊申。辰州向占寧家豕生子。猪身人足一目。旋斃。巡撫薛貞以聞。

己酉。刑科都給事中曾汝召言。登萊。海國也。敵卽兇悍。舍鞍馬而爭衡于舟楫。雖至愚不爲。則登萊巡撫撤之可矣。但擇才望道臣鎭之。佐以參將。率兵五千。聽東撫調遣。天津去海百二十里。冒險深入。兵家所忌。敵未必來。備亦不可少。而彈丸之地。兩建牙鉞。廣設道府將官。甚費。則督餉部院與天津巡撫宜併一。僅留才望道臣二員鎭守。而分山海總兵一員。率萬人與永平道訓練。至經撫位不甚懸。言動易隙。今裁經略。獨用撫臣。似不如擇一撫臣。加以經略。俾駐節嚴關。巡行天津永平。與薊遼總督唇齒。尤爲得策。其贊畫諸人。全無實用。亟宜擯斥。命下所司。

辛亥。以實錄成。監修英國公張惟賢進太保。廕監。總裁葉向高進上柱國。兼尚書俸。廕尚寶司丞。韓爌支俸同。廕中書舍人。何宗彥史繼偕孫承宗進少傅兼太子太傅。朱國楨朱延禧顧秉謙進太子太保。文淵閣大學士。並廕監。已改向高左柱國。副總裁林堯俞進太子太保。鄭以偉加俸一級。周如磐進太子賓客。錢象坤加二品服俸。纂修官周炳謨張鼐進太子賓客二品服俸。董其昌進禮部右侍郎兼侍讀學士。協理詹事府。來宗道等各加俸一級。

談遷曰。光廟匝月。所錄幾何。當時董其昌獨成之。福淸稍潤飾焉。天寵洊被。頗逾涯分。拘于往例。不能越也。

兵科給事中周之綱奏安攘大計。其論郵政。凡牌符內出。或奉某差。或差某人爲某事。非駕司塡寫明白。則本科不任受。或有遠年。或有買托。概收明登簿。凡自外入。如各鎭總兵之差官。紛紜四出。諸王府內守備之差遣。假借無憑。偵其故在各鎭。凡一秉鉞。卽濫請以出。及送情送借。又濫假以入。至王府之執符驗。則曰給之撫按。符驗之易勘合。則曰姑准換給。內監之用夫馬。動至數百。出京之執原數。藉口傳單。皆虛冒也。請自今撫按總鎭所請牌符若干。仍遵往例。事竣時存用若干。並繳部送科。至郵符換給傳單濫用。皆裁減可也。命下部議。

右通政劉憲章爲南京太僕寺卿。河南右布政王豫爲南京光祿寺卿。
大理少卿范濟世予告。御史霍鍈劾濟世附賈繼春謬說。上不問。
壬子。故南京兵部尚書孫鑛。贈太子太保廕監。
癸丑。督理遼餉戶部侍郎畢自嚴上言。衞輝推官孟養志運餉于毛文龍。仍敕諭朝鮮。歸得篡立之詳。李琿素稱仁柔。李倧其親姪也。見琿有疾。令平山節度使李貴練兵五百赴王京。密約繼母王太妃舉火于宮。倧率李貴領兵入救。縛琿火中。倂世子宮眷盡之。倧遂卽位。馳誅平壤守臣𣘊曄等。數其暗通建州。藉口以報中國也。
甲寅。夜有星自大角流入上台。色青白。二小星隨之。
太監王體乾宋晉魏進忠梁棟王朝忠等十二人所廕錦衣衞指揮使等官。視先年黃錦王奉馮保例世襲。奉聖夫人客氏子侯國興廕錦衣指揮僉事。亦世襲。兵部尚書董漢儒等言。武職非軍功不世襲。外戚奉命世襲止許襲一輩。載在會典。先朝李化龍郭子章江鐸以播州功世廕。葉夢熊梅國楨以寧夏功世廕。李汝田樂以松山功世廕。始得錦衣指揮使或僉事。其他千百戶之世及。必禦虜俘斬者也。今皇上第見諸人勤勞可嘉。或未攷祖制耳。先年黃錦等例。冊籍亡考。錦等後人今亦無列錦衣者。可以解諸內臣之惑矣。吏科都給事中程註等。河南道御史汪泗論等各言之。不聽。
登萊巡撫袁可立言。今二月。總兵沈有容以生員金應魁所齎東師復州總兵劉興祚卽劉愛塔密稟內應。且求臣免死加銜牌票。隨給去。有容于三月十三日率兵出海援之。其後續報。皆云愛塔七月來歸。始四月間以金州濱海人民徙復州。以王丙之故致露。將愛塔幷李永芳長子械去。殺其弟劉興仁及王丙。屠城驅其餘民于永寧。蓋州四衞已空其三。沿海四百里之地彼盡去之而不據。僅遺西虜千人。當斯時也。乘寧前駐防之衆。朝鮮助兵之初。大兵出關東下。旅順犄角夾攻。恢復可圖。但須審勢耳。

乙卯。南京吏部尚書何熊祥終養。

丁巳。以玉牒成駙馬都尉侯拱辰子昌胤廕監。

貴州巡撫王三善深入大壩。洪紅烏𡼖烏芸部苗望風而潰。奢社輝安位焚毁大方。竄火灼堡。安邦彥逃入織金。三善遂屯大方。前被陷進士田景猷參將劉志敏前鋒楊明楷得還。安位遣劉光祚赴鎮遠乞降。總督楊述中許之。令擒奢寅父子自贖。三善以元兇未窮。當用勦爲撫。由是督撫議遂不合。三善駐大方日久。邦彥令陳其愚詐降。得參軍務。纖悉盡知矣。

八月己未朔。安氏僞總兵何中蔚何應良陳勝八磔于市。宋步玉何年第宋祖胤丁氏等十八人俘至京伏誅。

內使王文進毆戴進忠死。下司禮監。餘付法司。刑部尚書孫瑋等請從法司。不許。

莊士元棄市。士元爲鄭養性及內侍劉朝草揭者。

庚申。大學士韓爌求如同官何宗彥例移贈本生祖父少傅。上命特給。

吏部左侍郎王舜鼎爲工部尚書。

朝鮮昭敬王妃金氏請封。命廷臣議。

辛酉。故禮部尚書徐學謨孫元嘏乞補廕。許之。

癸亥。順天府丞王惟儉爲大理左少卿。

甲子。火星出斗魁。犯狗國。

乙丑。發帑十萬金餉關門。

右諭德錢龍錫爲南京侍讀學士。

江西按察副使林恭章爲雲南右參政。

丙寅。貴州道御史胡良機請罷內操。愼考選。裁徐州總兵。召還蕭如薰主京營。上以徐州總兵聽部議。餘報有旨。兵部覆暫仍俟後。從之。

丁卯。大學士朱國楨釋奠太學。

巡視布花禮科給事中郭興言以戍卒賞給布花愆期。至正月報竣。將何以禦寒。今後省直起解本年九月完全。十月初給散。又該部歲賞踰二十萬。臣謂戶部宜專委司官一。同兵部令各營衞印官預造年貌冊監閱。從之。

戊辰。總督薊遼尙書王象乾以諸虜叩關請撫賞。出帑金十萬。冏寺金十萬。給之。

庚午。命大理寺丞方大鎭敕旌蜀王奉銓及太平汝川二王。仍賜奉銓金綺立坊。以捐餉助守也。

故禮部尙書范謙。贈太子太傅。

辛未。故貴州推官郭象儀子光先。廕本衞正千戶。世襲。

甲戌。巡撫山東兵部尙書趙彥還朝。

南京國子祭酒黃儒炳爲南京吏部右侍郎。

乙亥。光祿少卿呂純如爲順天府丞。

故滕縣知縣太僕寺少卿姬文胤予祭一壇。立祠。

工科給事中陳爾翼言。浙事織造料價一百一萬五千兩有奇。今斷額三十七萬八千五百有奇。乞于十八運減數萬。或每年暫停一運。不聽。

山西道御史吳甡請還故刑部尙書王紀。御史王祚昌亦以爲言。報聞。

吏部會推刑部尙書王紀。諭重處首司。餘各罰俸。輔臣揭免。

丁丑。禮部尚書林堯俞言。署會同館主事畢自肅呈稱。頒賞兀良哈人近五百人。其賞有正有補。有正補加添。共計萬金。乃銀段衣服。輒揀棄若不知爲朝廷之賜。職取而視之。多朽蠹破壞。手不可觸。始歎夷人驕悍固其天性。抑誰實藉之口也。織造自有額價。顧紕惡若此。又琉球等國梯山航海而來。正使賜紅袍金帶。從人賜靴襖等物。更不堪寓目。豈所以宣皇恩而懷遠夷也哉。乞工部稽覈精好。盡洗陋習。上是之。

刑科都給事中曾汝召爲太常少卿。禮科左給事中周朝瑞爲四川道御史。張修德爲太僕少卿。河南道御史馮三元爲大理右寺丞。

四川鎭平堡地震。

南京浙江道御史曹汝蘭等言。先臣薛蕙。效忠先朝。驗封臣徐大相爲乞表章。皇上厭請乞之多。遂蒙降調。似不宜遐棄。不聽。

順天提學御史左光斗言。先年一月間。遺弓再泣。臣與楊漣力爭移宮。已求皇上恩禮選侍。疏實與賈繼春揭同。繼春卒被嚴譴。迨漣去。繼春亦去。又范濟世生平端謹。祇緣引悞繼春。剖心自明。是繼春方出于借外而濟世不覺入于借中。臣所爲惜繼春并惜濟世也。至詞臣文震孟鄭鄤。寺臣滿朝薦。科臣毛士龍。銓臣徐大相。均當召還。上以瀆奏不問。

禮部尚書林堯俞言。朝鮮昭敬王妃金氏。疏稱李琿積爲不道。淫侈忍虐。烝亂之穢。行道掩耳。而李倧無利國之心。方厭亂樂推。聽其言似可爲李倧解矣。然不有普天之共主在。一介行李。告于闕廷。一廢一興。誰曰不可。而偃然易數十年之舊君。奄有三韓。則又不能爲李倧解也。有請討者。御史田惟嘉也。謂當討而再詰其詳。登萊巡撫袁可立。禮科都給事中成明樞也。謂不可不討而不可遽討。督餉臣畢自嚴也。謂令毛文龍詰以大義。察其輿情。闕臣潘雲翼。南臺臣王允成也。謂琿皷通敵。則倧之立非篡者。御史游士任也。乃毛文龍謂琿實背德。倧改其行。誅黨惡助叛之臣。臣等乞敕同兵部。再遣貞士信臣同毛文龍公集舉國之臣民再四細詢。如李琿無悖逆通敵而李倧簒立。則王法自在。誰得而寬。如李琿自絕于天。親離衆叛。李倧前不與簒弑之逆。計後自值推戴之公。情當再議之。以請聖斷。從之。

禮科左給事中周朝瑞請愼擇朝鮮使臣。時錦衣衞指揮僉事張道濬自請往朝鮮。故朝瑞言之。且及前孟養志宣諭不職狀。章下所司。

戊寅。復懷仁王府輔國中尉充魣爵俸。初疏救劉光復。

故四川下川南道副使贈光祿寺卿李繼周予祭葬。

太常少卿胡汝政爲右通政。

己卯。御史盧謙過庭訓爲江西右參政。工科左給事中郭允厚爲湖廣副使。戶科給事中陳胤叢爲湖廣參議。御史林一柱爲廣東右參議。曹守勳爲陝西僉事。

辛巳。命總督恭順侯吳汝胤等核京營。

壬午。余懋衡爲南京吏部尚書。曹于汴爲吏部左侍郎。時正推李三才馮從吾。不用。輔臣以爲言。不聽。

前右贊善李標爲右諭德。纂修實錄。

癸未。禮科都給事中成明樞爲太常少卿。陝西道御史馮英四川道御史張師孟爲太僕寺少卿。

先是御馬監以郊祀所用五方纓甲馬等天啓元年疏請太僕寺寄牧二千匹發監調習。至是上將親郊。趣之。太僕卿柳佐爭之。言御馬監有三千餘匹。每匹用軍二人。自萬曆以來。費何啻數百萬。而不以供一日之用何也。上竟許千匹。

甲申。日講官禮部右侍郎來宗道以妻喪請假。許之。

吏部右侍郎鄭以偉爲左侍郎。大理左少卿王惟儉爲右僉都御史。巡撫山東。

奸人韓宗功伏誅。初劉保獄詞及之。至是獲于西城御史崔奇觀。

丙戌。右庶子成基命直日講。

南京户部右侍郎于仕廉致仕。

貴州都督僉書黃運清以解圍敍功。新撫王三善劾其貪殘。縱卒淫掠。擬追贓二十萬濟餉。從之。

巡撫福建商周祚報琉球中山王世子尚豐表賀。

左都御史趙南星申明憲職言臣無職也。以諸御史爲職。諸御史皆稱職。即臣之稱職。彼出而巡方。在舉劾得當。舉劾之所以不當于人。務于市恩而莫肯任怨也。不過曰此我之同鄉故舊。不能恝也。曰此權要之所託也。是能報復不可動也。不劾則須舉之。又從而過譽之。貪者廉于伯夷。而酷者惠于子產。則所劾皆貪酷而孤拙者耳。又率多從寬。故曰舉劾之不當于人。務于市恩而莫肯任怨也。臣請以後按臣差滿。將所舉劾令河南道將所舉劾發單細訪。類送堂官。必舉劾允當而後爲稱職。否則即以不稱職論。庶惕然猛省。共圖百姓之安。上大是之。

御史劉璞劾冒濫。詹事府禮部尚書蕭雲舉及光祿寺丞秦聚奎桂有根曾同升等。上以雲舉兩朝講官。令來供職。餘下部議。

九月戊朔己丑。故右副都御史李同芳贈工部右侍郎。廕監。

庚寅。上視朝。以實錄成。賜輔臣葉向高韓爌何宗彥史繼偕孫承宗朱國楨顧秉謙朱延禧金幣麒麟服鞍馬有差。

兵部右侍郎余懋衡辭不任。竟引疾去。

戶部尙書陳大道致仕。

辛卯。御史游鳳翔言。臣閩人也。閩自紅夷爲祟數年。築城彭湖以脅互市。及中左所登岸寇掠。佯以講和愚我。以回航緩我。今一年矣。强敵入境。可不爲之寒心哉。初紅夷寇六鼇。砲碎夷舟四十七艘。殲三千人。又戰于科羅。把總丁贇死之。敗沒千餘人。遂困官兵于彭湖。且六月。巡撫南居益憂之。或獻計曰。彼水戰難敵。若陸鬭則不如我。而日本帥李旦固閩人。誠招之。則彼不內助可圖也。乃遣黑鬼數人入海。擕石陰繫其柁。因駕火筏燒之。夷不能運舟而敗。又誘之陸戰。伏發。銃卽偃。銃過。鼓而前。大敗之。而李旦亦招至。諭解紅夷去之。

壬辰。刑科給事中解學龍言。額餉當核。額兵當清。軍需當節。馬兵當酌。冗將當裁。若合天下而講求之。亦有可得而言者。高皇帝時文官五千四百有奇。軍職二萬八千有奇。神宗朝文官增至一萬六千餘矣。軍職增至八萬一千餘矣。今日又不知增幾倍。臣以爲主爵者肯細心商度。凡可裁者裁之。縱不能盡如祖制。亦可歲得餉數十萬。如布按二司。其屯田水利督糧淸軍各道。可以相兼而理。每司裁一二員。同知通判設至四五員。每官裁一二員。首領官有三員。有四員。每府裁二員。教官則府學裁二員。州縣學裁一員。裁官則省俸。併輿皁公費而省之。乞敕撫按確查應裁之官若干。俸薪輿馬若干。皁快公費若干。稽實冊奏。每年隨京邊解貯餉部可也。此文臣之可言者也。餘及武職將兵吏役等。上是之。

癸巳。戶科給事中陳良弼言。防微于聖躬。防微于詔令。防微于諫議。防微于人才。上怒其輕率。下鎭撫司。

滇師兩路援黔。參將袁善出平夷。襲破土官營。達于安南衞。布政使謝存仁出黃草壩。各有斬獲。安南衞自二年二月被困。至是始解。

乙未。左通政桂有根爲太常寺卿。

吏科給事中李春燁劾陶朗先任道撫五年侵餉十萬。

丙申。總督倉場戶部尚書李宗延還部。太常寺卿南企仲爲南京戶部右侍郎。

戊戌。陝西左布政吳士奇爲太常寺卿。

己亥。吏科給事中蒲秉權以兵部侍郎劉曰梧陞任逾年未赴。兩京部寺亦多累歲逾限。請敕該部覈品酌用。餘或加銜予告或開缺另銓。至司道郡守違限則參處。從之。

庚子。太僕少卿葉茂才爲太常寺卿。尙寶司少卿龐僖爲太常少卿。

刑部主事譚謙益薦楚黃異才宋明時祕授神符乞假軍師之令。築壇推轂。有旨下兵部。主事鄒維璉疏駁之。言自古及今未有使鬼役神而能破賊成功者。毋令天下後世笑人。宜咨送薊遼總督試驗。果有才略。漸加名號出關未晚。從之。

辛丑。太子少保禮部尚書林堯俞請定章疏之格。惟據事直書。按人定論。卽多亦不過五六百字而止。上從之。

壬寅。夜月食。

太僕寺少卿胡世賞爲寺卿。

故四川總兵都督僉事晉江黃守魁。贈都督同知。廕本衞副千戶。予祭葬。死奢崇明之難。

甲辰。木星順行犯軒轅。

鑄南京戶部鹽引印。

乙巳。先是御史張素養按浙。薦姚宗文邵輔忠劉廷元齊琦名等爲臺長。趙南星所糾。奪俸五月。至是素養諉之道府開報。南星言若然則有道府足矣。何必御史巡方。請吏部重論。并罪道府。從之。遂謫素養行人司副。

前太子太保戶部尚書兼文淵閣大學士吳道南卒。道南崇仁人。萬曆己丑進士。授編修。在史局硜硜自好。秉禮尤清執。丙辰典試詿誤被攻。適艱去。所著河渠志大政議。贈少保。廕中書舍人。謚文恪。

壬子。擒設科于雲岔別寨。去雲岔六十里。守備郝太極密計欲圖設科。以僰人段起麟可遣。曲靖道右參議王鍈參將尹啓易召議往返數月。使其在別寨因夜襲之。蓋安邦彥女弟安效良弟效賢婦盜魁也

十月牫朔。己未。兵部左侍郞李瑾等覆萬曆四十五年以來延綏寧夏甘肅九捷。皆奇功也。宜告郊廟陞賞。從之。

談遷曰。賞不逾時。所以慰鬬臣而勵武節也。自萬曆四十五年。歷今幾何時矣。愁燐怨髮。殆且半之。始瀆郊廟敍陞賞。樞臣曰例也。邊人曰河淸可俟。末季雖敍功。吏卒未嘗有德色也。

辛酉。平遼總兵毛文龍報劉愛塔之死。遣都司張盤潛師夜復金州。今欲據金州圖三衞。又滿浦昌城之捷。斬百三十八級。俘四人。總兵沈有容報三日內統師出海。彼已棄金州不守。又報六月張盤風入麻洋島。船壞寄居。又報九月二日彼偵金城有人襲殺二百餘人。張盤向住麻洋島。敵燬其城堞。報互異。命核之。登萊巡撫袁可立奏劉愛塔事泄。而金州空。沈有容以兵寡不可守。而張盤入據。聞金州有人率衆逼張盤于麻洋島。此金州復而不復之實也。上敕奬文龍。賜百金蟒服。勞吏卒三萬金。

談遷曰。張盤入金州。敵所必爭。島兵鼓行而前。則金州可完。兩帥俱怯。坐墮成算。而猶嘵嘵稱功。珍敝帚而寶破甑。蓋蒙蔽者稔矣。

鳳縣大鼠有肉翅無足。足寓于翅之角。毛黃黑。豐尾。若貂首。若兎。飛食黍稷之長尺有咫。衡一尺。剖其腹貯升許。

癸亥。山東右布政李右爲南京太僕寺卿。光祿寺丞韋蕃爲大理寺丞。浙江右參議錢春爲尙寶少卿。

敍平妖功。進趙彥太子太保。世錦衣衞指揮僉事。賜百金蟒服。袁可立進兵部右侍郞。楊肇基右都督。廕本衞正千戶。金五十。緋幣二雙。李養正等三百餘人各陞賚有差。

甲子。袁善屢敗賊。屯安南衞。

丙寅。廷讞李維翰楊鎬李如柏等九人出入長安右門。俱舍人持械鐐上聞之。刑部郎中徐繩訓主事洪聲遠副兵馬段杲張新聘並降謫。

己巳皇長子慈燄生旋殤中宫出。

禮部尚書林堯俞言。謚典五年一舉。自萬曆四十五年至天啓二年。例應訪採會議。從之。

戶部尚書李宗延言屯田太僕寺兼御史董應舉稱畿東屯地極多。亦易爲效。所領帑金開荒止二萬餘。收麥黍稻見五萬五千餘石。黑豆粟雜糧及涿州水旱子粒未報。明效已見。臺省交章請加節鉞。有旨加銜巡撫。

辛未。大學士葉向高請今歲郊祀宜停刑。未許。

談遷曰。萬曆初命停刑。張文忠力爭之而止。天啓初債將驕臣方弁髦王鉞。輔臣反陰爲之地焉。何也。豈眞帝德好生耶。

壬申。日講官禮部右侍郎周炳謨致仕。

癸酉。少詹事趙秉忠爲禮部右侍郎。直日講。

左都御史趙南星爲吏部尚書。前太常少卿陸卿榮起南京。

甲戌。葉向高等復請停刑。

貴州總督楊述中奏副總兵左世選等破安氏碗蛤坓羊雀坓等。俘斬千二百餘級。獲人畜亡算。

大理寺丞毛一鷺爲右少卿。

乙亥。京師地震。

南京太常少卿岳元聲爲太僕寺卿。尙寶少卿劉定國爲太僕少卿。

丙子。葉向高等固請停刑。許之。

丁丑。轉漕粟十萬石餉毛文龍。

己卯。皇次子慈焴生。慧妃范氏出。

癸未•上告太廟。巳刻日生重暈。暈旁生左右珥。

徵戶部二十萬金。問金十五萬。光祿寺順天府各五萬。頒賞•

乙酉。巡視光祿戶科給事中陸文獻言。本寺見金五萬五千有奇。今徵五萬•寺臣何喬遠銜命不敢盡進•不得已進三萬金。猶未蒙俞旨。望皇上矜允。命下部議。

雲南巡撫閔洪學言。粵之外尙有蜀會川一徑。自金沙趨建昌。計程半月可達。誠不若粵土司界中遲險數旬。然蜀止會川一隊。而粵西田州歸順泗城安隆。在在可走。乞粵蜀並開道。從之。

閏十月丁亥朔。督師大學士孫承宗言。若失遼左。必不能守榆關。失覺華寧遠。必不能守遼左。臣敢再閱三百里情形以悉守之略。臣九月八日自關東發。過八里鋪。抵中前所。兵共千五百有奇。士殊銳。馬殊壯。居人可三千。又一日抵前屯。其協將趙率教。遠望其稷田表啜。若鵝鴨之羣。百千欲來。登其陴。城且巋然•力能使其人勞而不怨。兵民可六萬。更勇于公戰。奪胡騎四十二。折其酋首者三。使建虜踆踆不敢踰。固將材也。又一日抵中後所。又一日。抵中右所。中後所城工不加前屯。而砲火器具俱精堅。且地饒多貲。兵民不下萬餘。中右地饒于中後。城內築可三面。又一日抵寧遠。臣初以寧遠去關愈遠。去虜愈近。且城大而遐。地廣而荒。姑以祖天壽司版築。汪麡司畚造。後先接河東之人萬餘。合兵民不下數萬。登城四望。生氣鬱然。因思爲國家遠計。則此城爲必據必爭之地。又次日。向覺華島。島去岸十八里而近。地瀕海而肥。可屯登岸之兵。次日遍歷洲嶼。則西南望榆關在襍佩間。獨金花之水兵與運艘在。土人附夾山之溝而居。蓋水陸要津也。其舊城遺跡。可屯兵二萬。臣先令龍武兩營分哨覺華。特于山巔爲臺。時眺于數百里外。次日還寧遠。又次日閱湯泉。亦可屯兵。然不若望海臺。

北望首山旁之黄毛山。南望覺華之韃鞨口劉家山。相對如門。其南麓入海。可爲堡屯萬餘人。而北之孤起者曰望海圈固臺也。南接覺華島。各駐一軍。則水道可絕。又次日出寧遠二十里至雙樹堡。又十里至連山堡。又十里至罩笠山。其巔可立爲砲臺。望大紅螺可百里。杏山則三十里。其近則西去兎窨衝九百步。東南去鎮倭堡三千六百二十七步。而海環其三面。又東南有徑而險。臣于先一日期金冠會于葫蘆套。套在鎮倭臺南。而臣從陸。冠從水。議于套可設水信。特令冠習風色以便策應。而兎窨衝東有東寧伯焦禮所爲寺。可設伏以西應沙河。北應椴木衝。東南連罩笠山以及于海。又北爲塔山。卽中左所在衆高之下。又東北爲杏山。亦平衍無可守。繇椴木衝而西北爲紅螺山。迤邐東南抵威遠山後。其東接康家臺山。折而東南爲蠟子山。遂至首山。其與玲瓏山相夾處。當大道之衝。可立關城。名以寧遠。北接蠟子山。中有平原。河水環其前。可爲堡。西北直接康家臺。撫臣從臣初議。仍置安山灰山于中。灰山不可煅灰。而隨在有石有薪。其西擬戚繼光修薊門法爲臺垣以收此二百里爲內鎮。而山海不覺在重垣之內矣。總之以修築因遼山以策應。因遼海以守土。因遼人以養人。因遼土以斟酌遠近。分布控扼。因後先遼之大吏。臣去歲商度。惟有開屯一法。可因土食民。今總計五城十三堡兵民不下十餘萬。田可五千餘頃。臣與督撫計以帑金買牛。其他耕具糧料。俱爲儲算。仍令胡維寧趙佑同各城堡官大集舊人。覈其原隰肥磽。伍士多寡之數。民力能占種者。許以三年起科。又督撫諸臣議。因煤鑄錢。因地煑鹽。因船通用物。皆關門稍行之而效者。臣繇連山回。遂住前屯。凡戰守之具。足關門之用。則漸移于外。待前屯既備。便可以備前屯者備寧遠矣。上大是之。初。承宗至寧遠。同監軍袁崇煥主事鹿善繼力主守。遂任滿桂鎭之。參將高見賀謙祖天壽築城。明春期竣。

辛卯。吏部左侍郎蕭雲舉爲禮部尚書。署詹事府。太常寺卿署國子祭酒南師仲爲禮部右侍郎。協理詹事府。

右庶子黄士俊爲詹事。施鳳來爲少詹事。

神廟淸惠順妃李氏祔葬銀錢山。恭順榮莊端靖皇貴妃旁。

壬辰兵科都給事中趙時用言。濟黔楚餉額欠五十餘萬。宜責成楚撫及楚藩司暫挪借轉發。又所謂泗南諸土兵。狠子野心不可倚信。宜如學撫何士晉議。止用板角安龍兩路官兵。間道以分賊勢。而遵義爲水藺之衝。須重兵扼之。大兵則入陸廣。漸偪賊巢。今未可遽撫也。得旨。楚餉如故。餘下部。

乙未大學士葉向高擬恩詔。請收降謫翰林科道各官。如文震孟鄭鄤毛士龍侯震暘熊德陽賈繼春江秉謙等七人。上以震孟難遽釋。

福建道御史周宗建論銓政。一用人之途宜闊。一用人之路宜淸。一用人之權宜專。一用人之法宜一。上是之。

御史劉維忠等言門軍數百窘辱御史趙延慶。宜懲治。下部速核。

南京兵部尙書陳道亨等言。陳鼎相以女適齊庶人睿熾。鼎相自負知兵法。謂睿熾齊王苗裔。足聳動天下。謀舉兵。幸鼎相母叔兄弟發之。幷執睿熾以聞。

沅陵民家牛生犢。二首三尾。又民家產豕。人足隻目。旋斃。

戊戌刑部尙書孫瑋改吏部尙書。署左都御史。

起禮部右侍郎張邦紀淸黃。

兵部左侍郎張經世爲戶部尙書。總督倉場。巡撫天津右副都御史李邦華爲兵部右侍郎。左僉都御史。鄭三俊爲左副都御史。

平遼總兵毛文龍報涼馬佃牛馬之捷。斬三百三十五級。賜金蟒勞軍三萬金。

己亥。宣延綏寧夏甘肅之捷。告郊廟。

山東道御史劉惟忠爲太僕寺少卿。福建道御史彭際遇爲大理寺右寺丞。

庚子。兵部右侍郎劉曰梧予告。以給事中蕭秉權劾其逾年未任也。

辛丑。太僕寺少卿侯執蒲爲太常寺卿。光祿寺少卿彭端吾大理左寺丞楊鶴文選郎中李逢節並爲太常少卿。尚寶司少卿錢春爲太僕寺少卿。

壬寅。以皇子生赦天下。詔曰。朕惟自古帝王。纘圖繇曆。率隆胤祚以重宗祧。朕以眇躬紹承鴻緒。夙夜祗念皇祖皇考儲祉垂庥。詒孫翼子。所望早昌嗣續。以慰在天之靈。蓋三年于茲。乃荷皇穹眷祐九廟居歆。以今年十月二十二日皇子誕生。係皇貴妃范氏出。嘉慶集于邦家。懽悰洽于億兆。肆頒渥澤。誕被多方。應有恩條。開列于後。云云。於戲。震得男而應索。遹開長發之祥。巽申命以疏恩。用佐維新之政。布告天下。咸使聞知。

甲辰。工科給事中楊所修言河工。祖陵之衞宜周。海上接應之議宜急。仕路澄清之要宜審。報聞。

乙巳。禮科給事中郭興治言吏治之壞。繇勸懲之不明。貪饕之輩至贓私累萬而處之降調。其孤高介特。恥效營求而忌者反以爲矯激。排擠中傷。如禮部主事程國祥。兩令嚴城。家徒四壁。而凶人視爲當門之蘭。兵部主事劉永基兩任縣令。無苞苴。無贖鍰。竟不行取。如廣東羅定道副使張大猷。昔榷關滸墅。節省七千餘金。而沈滯蠻烟瘴雨之地。且正學粹品之馮從吾。清風高節之卞承憲。而不用。如察典久棄之蔡獻臣。未斥。蠹餉悞國之何棟如未罪。烏足以清仕路而神激賞哉。事下所司。

戊申。延寧套虜都督同知卜失兔阿不害等貢馬。

翰林編修侯恪等頒詔各藩。尚寶少卿陳元等頒詔各省直。

戶科給事中孫紹統言銓政宜準祖制。以京堂言之。定制南北各正卿一。各少卿與丞或二或三。總計不過三十員。自起廢之途開。一概添註。大賢起。老庸亦起。大奸大貪一察再察者亦起。有一署至二三十員。而京堂之制失。以部屬言之。部員職掌亦自匪輕。祖宗朝題准戶刑工部司屬。無故不得輕調。若勤慎者。與吏禮兵部一體序選。部分何嘗限人。不謂厭薄于此。覬覦于彼。而部官之制失。以臺省言之。祖制三年一取。三年二取。俱見缺取用。今需次候缺。多至二年。少亦年餘而行取之制失。以撫臣言之。神宗朝令各巡撫官歷任年久。方許推陞。今席未煖而推報已至。功方新而旌旆又移。而撫臣之制失。以司道言之。陞轉太易。倏臬倏藩。近且人人熱心京卿矣。不知世宗朝僉事遞陞副使按察使。參議遞陞參政布政使。不必驟更數易者。何居。而司道之制失。以府州縣言之。神宗初年題准守令以兩考爲主。知府歷俸六年上下。乃得陞遷。近來知府有三年卽陞。至于州縣。有三年兩調。而郡邑之制失。所望掌邦治者。爲定功令。而後外官始各修實職。地方始受實政也。章下所司。

工科給事中方有度言。今日生財之孔已盡。惟有節之一途。言節必自宮闈始。今宮闈之年例。日取其盈。海宇之物力。日受其縮。如慧妃冠冊之內辦。順妃之祔葬。節省已見于天下矣。尤望益弘儉德。擴而充之于百姓。不聽。

庚戌。陝西三邊總督李起元爲南京戶部尚書。太常少卿楊漣爲左僉都御史。大理右少卿翟鳳翀爲右副都御史。巡撫山東。

辛亥。吏部尚書趙煥言干進之害。居官者皆欲得京堂。薦賢者皆欲其爲京堂。甫京堂卽欲巡撫。甫巡撫卽欲卿貳。若絕無救民之意者。夫可以救民。莫過于巡撫。其次則知府。最急知府賢則縣官不敢害民。二者官有大小。皆宜選擇破格而用之。久任而推之也。上是之。

御史楊建烈劾順天巡撫岳和聲白馬關失事及賄受將吏。不問。

敍畿輔平妖功。保定巡撫張鳳翔進兵部左侍郎。世錦衣百戶。天津督餉戶部左侍郎畢自嚴進右都御史。兼戶部左侍郎。天津巡撫李邦華已陞任。仍加俸一級。各賜金三十。幣二。來斯行等各遷賚有差。時議天津二撫歸一。命畢自嚴兼巡撫。

癸丑。協理戎政左副都御史朱光祚進兵部尚書。

甲寅。廣西道御史宋師襄論熊尚文病魔。周應秋無骨。袁可立無功。皆當去不去。須之彥夤緣轉調。呂純如傾害寶子。偁不當來而來。上不問。

乙卯。雲南地震。

御史張應辰劾何棟如盜餉八萬有奇。閹臣梁之棟勘明。逮問在去年季冬。迄今延飾。何也。

四川仁壽縣長山裂七里。衡三尺。深不可測。

復普安新興

十一月丁巳朔。冬至。上南郊。還御皇極殿。止宴夷使于左闕門。

戊午。御皇極殿受賀。

己未。推恩外戚太子太保新城伯王昇進侯。子錦衣指揮僉事王國興進指揮同知。從子國泰正千戶。都督同知張國紀進右都督。指揮使王學段黃彝並都指揮僉事。皇貴妃范氏弟錦衣衞指揮僉事范守仁進都督同知。守義指揮僉事。

葉向高進上柱國。兼支尚書俸。廕尚寶司丞。韓爌左柱國。兼支尚書俸。廕中書舍人。何宗彥孫承宗並進少傅兼太子太師。朱國楨顧秉謙朱延禧進少保兼太子太傅。魏廣微進太子太保文淵閣大學士。並廕監

庚申。右庶子唐大章改左庶子。右諭德林欲楫爲右庶子。並署坊印。右諭德張廣爲右庶子。南京國子司業葉燦爲左中允。編修劉鴻訓起右中允。

辛酉。工部左右侍郎周應秋熊尚文俱予告。

甲子。刑部左侍郎喬允升爲刑部尚書。保定巡撫兵部左侍郎張鳳翔回部。署右侍郎事。

監軍布政使謝存仁右參議王鍈副總兵袁善會于普安。一日夜抵八納山。斬渠帥尹王保。

乙丑。慶陵饗殿成。

丙寅。推恩日講官。鄭以偉錢象坤並禮部尚書兼翰林學士。協理詹事府。趙秉忠進太子賓客二品服俸。成基命爲少詹事兼侍讀學士。姜逢元王祚遠並左諭德兼侍講。正字張邦經改光祿少卿。傅應星進禮部儀制員外郎。王讚工部虞衡員外郎。餘如故。

丁卯。禮科左給事中魏大中言。臣與同官彭汝楠辦事該科。有監生陳宗虞乞父子貞廕葬。子貞官四品。已蒙例予祭。請葬請廕。事屬違例。且例所應得。未嘗不參考生平。汝楠謂子貞撫閩。汎海之役。開洋舉砲自焚厥師。致疾沒。而臣憶子貞按閩時。倭官令以淫黷。撫臣許孚遠劾之子貞薦之。公論不與。正卹典條例所云例雖應得而行業無稱勛勞未著者也。予祭贈官。已踰涯分。可肆無厭之求耶。章下所司。

寧夏巡撫右副都御史李從心爲兵部右侍郎兼右僉都御史。總督陝西三邊軍務。

戊辰。慧妃范氏封皇貴妃。

張國柱嗣安鄉伯。

故河南巡撫右僉都御史李思孝贈兵部左侍郎。

庚午。萬壽節。雨雪免朝。

吏部請考選續至諸臣。上命遵三年一考之例。吏科都給事中程註署河南道御史袁化中等奏。明旨愼考馘當。而停考非宜。未聽。

吏部尚書孫瑋進太子太保。

甲戌。慶成王敏㴲薨。長子求棆攝府事。

陝西寨平等族番人羊加保等貢馬。

先是任子一品授中書舍人。二品三品授五府都事。各幕。其五府各幕。三四年並遷主事員外郎。獨中書九年滿考遷員外郎。中書舍人沈泰泳言其不平。命以後俱五年序遷。

哈喇愼部夷朗素貴英糾三十六家挾賞。謀犯中右所。參將王楹行邊至仙靈寺。遇伏死之。兵部尚書趙彥請下督撫覈所殺者。革賞治罪而後許之。撫賞如故。

乙亥。貴州巡撫王三善出師抵大方。賊走白兔大箐。據險負固。佯乞降。實求援于各土司。逆黨陳其愚安邦彥兄邦俊之死友。目把中大猾也。僞降。三善輕信之。與參軍事。又久居大方。欲郡縣其地。于是諸土司有狐兔之悲。思助之矣。

丙子。禮科都給事中惠世揚爲太常寺少卿。

兵部尚書趙彥奏。據山海關總兵馬如龍報。回鄉人云。敵造西虜囉囉車三千餘輛。傳衆牛鹿頭目。每家作西虜衣帽。欲借西路往喜峯。臣等以敵既得志。何嘗一日忘西窺之心。今西虜罷守口夷人。稱兵挾賞。而東報適至。始知西虜之款不可恃也。今關門有南北官兵十三四萬。不爲不多矣。宜及時選銳。某營某將爲前鋒。某營某將爲奇兵。某營某將爲援兵。皆責之衝鋒破敵。又擇善守者。某營某將爲正兵。守輜重。某營某將守關門。某營某將守隘口。皆責之畫地固守。此分布兵馬之當豫者一也。昔遼廣之失守。繇人心不固。今關門三大將。薊鎮二大將。皆一時人傑。宜以忠義感動大小將領。上下固結。俾人人知忠君報國之義。此固結人心之當豫者二也。自有遼事以來。人謂敵强我弱。不知彼之必勝者。膽壯而力强。我之不及者。膽怯而力弱也。五大將當宣諭各官軍。奮勇力戰。共建奇功。進而殺虜。陞賞立至。齊心勠力。何敵之不可破。此鼓舞膽力之當豫者三也。山海綫路。固天設之險。而三協各邊皆層巒疊障。亦天之所限華夷者。其水口空缺。某最衝。某次衝。令處處有備。至喜峯口爲入貢大路。敵所垂涎。兵不滿千。何恃以禦敵。宜通州天津各調騎步兩營。各用南將領赴喜峯口防禦。聽王威調遣。又須三協大將躬行調度。中協則總兵王威移喜峯口。西協則總兵孫祖壽移古北口。東協則副將移桃林界河口營川。至明年二月終而止。此固守險隘之當豫者四也。我欲知彼情形。全在哨探。哨探尖夜。不可尋常泛差。須擇智勇之士。厚于身家。十倍于營軍。仍給衣物財貨。令結敵之左右。敵之聚兵營在一月前。某目統領某枝入犯。先期探報。我得扼險堵截。哨探得實。准首功陞賞。以勵其後。至薊鎭臺兵。始于戚繼光。皆義烏壯丁。敵所懾服而不敢動。今改募北人。成法盡廢。當仍募南兵哨守。庶有備而窺伺不生。此哨探守臺之當豫者五也。敵兵正銳。難以力爭。我兵未練。當以計勝。五大將各派兵分地。堅壁固壘。勿遽與交鋒。設疑以擾之。多方以亂之。使進不得戰。退無所掠。頓困數日。銳氣漸衰。必潛師東渡。五大將各分兵進。擊其惰歸。勿輕視于一擲。關外之遼民。兵衆馬多矣。戰守不可知。倘有潰散。情景巖關不免動搖。宜核寧前各屯堡。有城堅糧足及覺華島可以保守者。量收斂其中。固守勿戰。以待大兵堵截。或屯堡不能盡容者。可徐徐收入關內。毋得驚惶以惧人心。此堅壁清野之當豫者六也。三表五餌。自古不絕。惟在我之兵力强盛。撫賞得法。舊賞不減。新賞不增。彼此相信。內外謐寧。此撫夷伐謀之當豫者七也。毛文龍提孤軍于海島。牽制三年矣。出奇設伏。屢獲大捷。亦敵之所畏。朝鮮權國事李倧以李琿通敵爲名。攘奪其位。今請命天朝。力願報效。宜降敕發登萊撫臣差捧至朝鮮。令發兵數萬。同毛文龍列營于附近海島間。不時出疑兵奇兵以擾之。密加哨探。伺彼動靜。如有過河。卽擣老巢以攻其必救。此海外牽制之當豫者八也。上從之。其李倧暫署國事。下禮部卽議。

談遷曰。樞部豫計。非不犂然可行。覓實效安在哉。一條列。一題覆。謂其職已盡。此外任當事自爲之。不必問亦不能問也。餘人皆然。習紙上之績。仇局中之規。天下事不釀至極潰。曷所抵哉。

督師大學士孫承宗。以王楹失事。誅逃將周繼武等十九人。因求免。不許。

丁丑。吏科都給事中程註言。天下最急莫如遼左。而薊門其咽喉也。次莫如滇黔。而偏沅其門戶也。頃督臣王象乾以憂聞。銓臣議推補。忽焉中止。以樞輔躊躕鄭重。將議撤焉。意謂勳撫原自一局。未有專操。必無異議。識者韙之。但督撫得其人。未必不資樞輔之力。若之何自撤藩蔽也。偏沅總督已予告。而議尚未定。或欲去督而專撫。或欲去撫而專按。然偏沅有撫舊矣。曩征播州。以支可大移鎮。後用江鐸。事急則設。事平則止。不獨固楚之國。而正以壯黔之援。今黔中告急。風鶴皆驚。數百里獷悍之苗。非一中丞鎮撫其間。何以恬然受我戎索哉。章下兵部。

吏科給事中郝上膏言。京堂添註太多。晉陟無地。計實俸滿歲。則放假回籍。遇巡撫卿貳缺出。拔才望而用之。監司缺少。率虛占于例轉之官。慢君命。悞地方。此不可訓也。宜自命下爲始。逾歲不任。吏部徑作缺另補。而本官仍請旨處分。得旨。京堂塡壅。因推陞太多。以後照例陞轉。毋徇情濫推。其方面不到任。即作缺另補。不必一年。

川師入龍場。奢寅中創而遁。擒奢崇明妻安氏弟崇輝及僞大學士蔡金貴僞經略李健僞丞相張問極僞總督王三思等。斬千餘級。

戊寅。督理屯田太僕寺卿董應舉進右副都御史。

巡按直隸御史潘雲翼言。督臣王象乾以憂去。請代。朗素糾合各家。時躑躅于關外。聞其不受戎索。人又皆歸咎于撫伏。祈諭象乾仍安心料理。俟得代面相楊權。方許離鎮。從之。

己卯。戶科給事中朱欽相請薊鎮據險修邊。其地形不外三等。曰山梁。曰平地。曰水口。在山梁宜剷崖削峯。在平地宜掘溝開塹。在水口宜安木城。架火砲。其守墻也。不專恃墻而有險以衞墻。其設險也。不專恃險而依墻以據險。上是之。

巡按貴州御史侯恂言舊撫李標追取安邦彥金盈事非實。乃御史蔣允儀風聞之悞。令允儀回奏。允儀再疏詆標。仍下部院議奏。

朝鮮陪臣禮曹參判趙濈等進龍文簾席等。入賀萬壽及冬至節。賞賚如例。

總督貴州兵部右侍郎楊述中免。

壬午。工部右侍郎蕭近高改左侍郎。太僕寺卿高攀龍爲刑部左侍郎。大理寺卿饒位爲工部右侍郎。通政使吳用先爲添設右侍郎。督理門工。

太常少卿王洽太僕卿程正己魏雲中左通政徐良彥爲巡撫右僉都御史。洽浙江。正己保定。雲中寧夏。良彥宣府。

貴州巡撫王三善劾援黔總兵官麻鎮援黔避粵借募侵餉。逗留觀望。致悞圍城。上命逮之。

保定巡撫張鳳翔言保定舊七營各不過千人。練兵營則抽各營二三百。頭緒紛紜。于是幷爲五營。可裁僉書一。眞定亦七營各不過千三四百人。練車營則抽各營亦三五百。亦頭緒紛紜。于是亦幷爲五營。餘官皆裁。每營中軍一。把總領五百人。不設千總。兵部咨到加銜官共二百四十餘員。正考留九員。上從之。

甲申。追封皇長子慈燃爲懷沖太子。

乙酉。錄川貴搗巢解圍功。進朱燮元右都御史兼兵部右侍郎。舊督楊述中陞俸一級。進王三善兵部右侍郎兼右僉都御史。薛貞右副都御史。餘進秩有差。

恩廕諸大臣。尙書吏部趙南星孫瑋戶部李宗延張經世。禮部林堯俞。兵部趙彥。刑部喬允升。工部王舜鼎。侍郎吏部曹于汴王圖。戶部陳于廷。禮部錢象坤周如磐張邦紀汪煇。兵部李瑾高第朱光祚李邦華。工部周應秋熊尙文都御史鄭三俊。大理卿饒位。太常卿洪世俊胡克儉胡世賞侯執蒲林熙春盧大中曹珍。太僕卿黃運泰程紹饒仲柳佐王之寀丁啓濬。光祿卿洪翼聖何喬遠郝名宦李本固南京尙書沈儆炌。侍郎蕭近高太僕卿董應舉光祿卿魏時舉並得廕准送文選司。

十二月陑朔。遼東巡撫張鳳翼言今日請敕該部以收拾人心爲第一義。遼官無祿者。准舊餉補支。遼士無歸者。准前衛設官署事。遼人陷虜求還者。准撫賞內濟贖。凡指揮千百戶文武生童及各被虜男婦行關內關外寧前各道查明安置更慨發軍需以資急用。原設遼東每年馬價求查發市馬。部覆如議。

泰寧等衛夷人炒秃等貢馬。頒賞衣段本色絹靴韈折給。至是並求折價。禮部爲請。從之。

工科左給事中楊維新言。屯田董應舉報收紅白稻一萬五千餘石。今關外缺餉。當本色抵新餉。聊濟斗米四錢之厄。從之。

丁亥。貴州巡撫王三善會師十萬于明宗渡。分五路。道臣岳具仰等監之。值賊敗之。追渡河。復渡烏江。七戰皆捷。

戊子。御史蔣允儀巡按陝西。魏光緒巡按山東。高推巡視京營。

己丑辰刻金星順行晝見于寅位。

故應天巡撫右僉都御史王象恒浙江巡撫右僉都御史劉一焜。其子並乞祭葬。部覆許之。禮科左給事中魏大中言。僉都御史四品。會典無予葬之例。上命停給。

戶科給事中朱欽相議裁登撫召孫承宗暫歸。歲一巡行。以警動將吏。四十七年以前逋負盡與民蠲免。盜餉如陶朗先何棟如梁之垣等贓私巨萬絕不見分毫。宜行撫按嚴追。得旨。輔臣需召。不得輕言。餘下部議。

命黔國公沐昌祚協撫按料理。其孫啓元毋預兵事。初。巡撫閔洪學言援黔屢命。一曰沐昌祚。再曰沐啓元。臣見昌祚筦鎮之日久矣。持重是其所長。據鞍裹革。有其心未必有其力。似朝論倚之太重。屬望過殷也。啓元一稱狂妄人耳。軍國何事而輕以付之。二月邸報得沐啓元援黔之旨。鎮臣蹙然曰。必用啓元。事將大壞。巡按羅汝元交言之。故有是命。

庚寅。刑部右侍郎牛應元爲左侍郎。

辛卯。屯田太僕寺卿兼監察御史董應舉進右副都御史。督理順天屯田。上言屯田。其難十倍。其利亦十倍。何也。收田安插遼民。是欲藉遼民以屯也。屯于直隸天津至山海等處。是爲京師擁護左臂也。藉遼力以屯。是以賑救當召募。不虛費其銀于賑。爲京師擁護左臂。是以屯政寓政令。不別費其銀于募。比之古將帥屯田有兵可用者。其難十倍。若成功。其利亦十倍。何也。救流民使不生亂。一也。左臂厚。京師益安。二也。溝田槎牙。因成地網。列樹參差。胡騎不得長驅。三也。農隙講武。壯聲遠暢。虜或弭心。四也。關兵弱脆。居民惶駭。有屯助其聲勢。安固其心。五也。于屯田處鼎錯敵臺。虜至則入堡。烽火相屬。易達京師。六也。屯衆收多。米草之價自平。國餉不匱。七也。漕運艱難。屯田稔歲。令漕民就糴。可省其疲。八也。民不疲勞。無東亂。九也。屯事既成。用不募之兵。因不漕之粟。人不畏敵。兵不虞飢。進可戰。退可守。十也。此如何功力。而令臣不才任之乎。臣聞忠臣受任。必計成功。老成圖國。必慮大費。今以遼民數十萬。鬻妻子。接衣食。其情至慘。一聞安插之令。所在擁集。其費必大。安插一戶。須土室牛種田器穀食皆具而後可耕。二百家一敵臺。大小相錯。兵械必具而後可收保。有耕作之資而無收保之所。寇至棄之。屯事不成。故欲得其利。必督其功。欲督其功。必給其費。不知朝廷有以應此乎。有以應而後臣敢任。無以應。集者必囂。囂必亂。臣將無以自明。臣不敢任也。且既有屯田御史。又以命臣。一柄兩操。遼民既任經略總督請賑。又命臣安插。一民兩恤。安插之事。須與郡邑相關。衙門新設。必有分任之官。聽用之人。俸糧工食。于何處給。察地供糧。于何責成。一有阻格。勢必難行。權不能行之郡邑。臣亦不敢任也。今臣受命。候敕候關防。則種期已過。必須給食至明年夏。所費益衆。私計安插遼民一萬。農房牛種器械敵臺等項須五萬餘兩。月給穀食至明年麥熟而止。亦須五萬石。而安插三萬須三十萬有奇。明夏以後。麥米自給。乃可省此。而籽粒猶不能入官。後年秋夏麥熟。乃可計畝輸糧。輸稻積爲關餉用。朝廷費三十萬兩。而待輸于兩年之後。議者必以爲遲。臣能終其事乎。臣愚欲十家爲保。保有保長。十保爲聚。聚有聚長。十聚爲連。連有連長。四連爲帥。帥有帥長。而後統以屯田分司。歲一課殿。其有作奸藏奸。鼓衆煽亂。寇至不入保。入保不嚴守者。須用旂牌行法。又須立中軍參將守備把總等官。乃有次第法可施行。不則臣亦不敢任也。

客氏及太監王體乾宋晉魏進忠粱棟史賓張文元李實王朝忠劉應坤安進各世錦衣衞指揮僉事。

前江西副使陳幼學爲南京光祿少卿。

尋甸知府周仕國進苑馬少卿。署雲南府事。

壬辰。孫承宗言。今當裁經略。仍以兩撫主之。總督時一問焉。臣當罷遣。如不欲臣離關。請且不推經略。不推總督。以臣督兩撫。以防款歸撫臣。居密雲。居寧前。又言登撫未可遽裁。登鎭仍當早計。上是之。

癸巳。登萊總兵沈有容罷。東兗總兵楊肇基代之。卽裁東兗總兵。設參將。

禮部尙書林堯俞言。朝鮮李倧乞先頒敕。令登萊撫臣遣官同陪臣至其國。令受王號。仍發餉賫毛文龍。恢復有緒。始遣勳戚大臣捧節冊封。庶幾字小之仁。不先固圉之道。從之。

談遷曰。李倧弒叔。既不能討。又封殖之。非制也。設高皇帝時。閉關絕使必矣。建虜逆命。若拒三韓之好。勢且淪入于建虜。又計之左也。力不並芟。權從其請。非窺隙而有所動乎。

甲午。敕華陽王至鏸鈐束諸宗。以專城另居。且漸近蠻洞故也。

延安督糧同知改捕盜衞。駐黃龍山。

吏部右侍郎曹于汴予告。

禮部左侍郎李騰芳改吏部。光祿卿何喬遠爲通政使。太常卿林熙春爲大理寺卿。

錦衣左都督駱思恭廕百戶。以緝奸功。

錄延綏甘肅寧夏歷功文武臣楊應聘等二百九人。臧爾勸等二十四人。祁伯裕等百八十人。陞賞廕恤。甘肅巡撫□□□進太子太保。廕錦衣正千戶。巡撫徐養量進南京兵部尚書。攝左侍郎事。廕副千戶。並世襲。甘肅總兵李懷信進左都督。需用。世副千戶。先後總督楊應聘原廕錦衣副千戶。今進指揮同知。劉敏完進太子太保。需召。原廕正千戶加一級。李起元進太子太保。世指揮僉事。陝西巡撫金忠士原廕錦衣指揮僉事加一級。陝西總兵官秉忠。原廕本衞正千戶加一級。寧夏巡撫臧爾勸進兵部左侍郎。廕錦衣百戶。總兵蕭如薰贈都督同知。世本衞百戶。先後兵部尚書崔景榮進太子太保。原廕錦衣副千戶加一級。黃嘉善進少保。原廕錦衣正千戶。加一級。張鶴鳴進太子太傅。原廕錦衣正千戶。加一級。並世襲。餘敍錄有差。

乙未。協理京營兵部侍郎朱光祚遵旨請改敕章。先是京營設兩協理。一侍郎。一副都御史。及協理缺。廷推副都御史朱光祚爲侍郎。陳道亨爲副都御史。各協理。上改道亨別用。故光祚以新銜改敕。納右副都御史敕協理戎政都察院關防。

丙申。江西道御史高推論舊樞黃嘉善張鶴鳴失事狀。今延綏敍捷世廕。何計而處此。上不問。

南京御史陳本言。滕縣妖盜後有數千人歸里。有司猶苛求之。致數千人攘臂而去。宜申招撫之令。黔蜀之難。將官搶擄至子女相遺。謂宜下劫掠之罪。章下所司。

恩典及錦衣衞官。駱思恭進少傅兼太子太傅。王世盛都督僉事。李不矜都指揮同知。史世載都指揮僉事。楊汝敏指揮使。俱仍任。進張懋忠右都督。楊汝華都指揮同知。俱僉書。張道濬指揮同知。吳堯年都指揮同知。沈光裕都指揮僉事。劉僑都指揮同知。各仍任。萬邦孚都指揮僉事。南鎮撫司僉書。

工部右侍郎蕭近高予告。

丁酉。吏科給事中許譽卿言。年來爵廕太輕。紀綱日替。兩朝登極。皇子誕生。三品京官以上。人人延廕子孫。至錦衣世襲非軍功不得濫予。而今保姆之屬。閹尹之流。紛紛傳奉。兵部不敢執爭。故曰爵廕太輕也。截奪官餉。半出脫逃之叛兵。迫脅柱史。近屬管轄之門卒。所尤異者。則內監李實之參楊姜也。實雖奉敕督造。欲五品府官俛首。姜必不甘。實疏入則有提問之旨。撫按疏入則有庇護之旨。故曰綱紀日替也。上欲重譴譽卿。以輔臣揭救。奪俸半年。

戊戌。京師地再震。

己亥。陝西魯班等七寺喇嘛僧林鎮桑卜等貢方物。

先是韓城妖人劉買得。幼時左臂有痕。自云團龍。因糾黨署僞令等官。巡按御史高弘圖捕獲之。又盩厔鄠縣等妖人俱擒。巡撫孫居相上其事。命敍撫按呂兆熊高弘圖等。

庚子。少詹事黃立極徐光啓爲禮部右侍郎。充纂修副總裁。右庶子林欲楫右諭德李標右中允楊景辰理誥敕。

辛丑。兵部尚書趙彥復言開路通滇之宜。封疆之事。議創不如議因。闢新不如闢舊。漢諸葛亮南征雍闓。由越巂入而五月渡瀘者。卽建昌路也。又按輿圖自四川雅州入雲南省城。驛站相距餘于百里者無幾。不過添驛遞四五所。而不足于百里者。更相其山川之險易。人居之密疎。以增郵驛。請除部餉六萬爲建昌開路費。從之。

壬寅。立春。順天尹進春。上御皇極殿受賀。

癸卯。陝西上巳籬等族番人及鋒鐵城等族番人焦吉巴等貢馬刀甲。

乙巳。諭封李倧朝鮮國王。先命登撫遣官同陪臣賫賜。候事寧專使。

丙午。南京戶部尚書兼右都御史王永予告。

撫治鄖陽右僉都御史蔡復一劾四川募兵援黔知縣戴文箕領兵都司胡文選馬倫守備饒啓祚等驛騷淫掠。命訊之。

逐妖人宋明時。初譚謙益以異才薦。兵部行薊督驗試。適屬夷朗素挾賞。令試之。設壇練士凡三七日。謂不宜與戎失款隨改祝文潛消之。後朗素退任功。且云朗素法斃不久在立春竟亡恙。兵部請置于法。上命逐之。

談遷曰。古未有符咒殲敵者。當其妄薦。即宜移郊遂之外以嚴左道。本兵不之察。猶冀一割。始請置法僥倖嘗試。安在為用人哉。

丁未。封成妃李氏。

浙直江西地震。

己酉。總督貴州兵部左侍郎楊述中報巡撫王三善入巢屢捷。安邦彥奢寅等僅以身免。首功萬八千餘級。械畜亡算。官軍行過河。上悅。諭戶部勞吏卒三萬金。

廷議以督輔在。停總督。惟偏沅仍巡撫及按臣督餉。從之。

總督薊遼少傅兵部尚書王象乾言。兩年三季撫賞共金三十二萬六千九百有奇。視舊歲額二十萬為減。且求去。命候代。

總督四川兵部右侍郎朱燮元言總兵官李維新監軍副使李仙品僉事劉可訓等各五道進兵入龍場。擒奢崇明及偽軍師蔡金貴幷婦安氏。斬千餘級。

庚戌。補故兵部員外郎楊繼盛諭葬。以保定巡撫張鳳翔之請。

命太監魏忠賢總督東廠。

辛亥。王三善自引兵克金銀山。時寇援已集。我師老食盡。

壬子。大學士葉向高一品考滿六年。韓爌一品考滿三年。進向高上柱國太傅。廕尚寶司丞。爌左柱國。廕中書舍人。並兼尚書俸。

乙卯。祫祭太廟。

黎維祺襲安南都統使。初。黎維新于萬曆己未年死。維祺僅十三齡。政在衆目。至是遣官請襲。

是歲。天下戶九百八十三萬五千四百二十六。口五千一百六十萬五千四百五十九。田七百四十七萬九千三百十九頃八十三畝有奇。米二千一百四十九萬三千五百六十三石一斗有奇。

# 國榷卷八十六

甲子天啓四年

正月丙辰朔。御皇極門內殿受賀。

戊午。貴州巡撫王三善以大方餉盡。議班師。陳其愚輸情于賊。私樹標焉。賊急追我。副總兵秦民屏被殺。秦佐明祚明突圍出。賊勢復振。

己未。葉向高韓爌辭新命。

庚申。巳刻。天津三衞地震有聲。

御史黄尊素言。余懋衡曹于汴陪推蒙點。相繼拂衣。于是劉宗周恬引于先。饒位堅請于後。此皆數十年之培養老成。不可不惜也。

辛酉。上享太廟。

癸亥。王三善至梅家海。賊大至。三善獨保一山。賊退。始至內莊。

御史王業浩請補高祖故南京尚書王華贈謚。不許。

甲子。始日講。

乙丑。王三善兵敗于鴨池。自刎不死。玀鬼執之。不屈遇害。初賊僞款。至是畢至。圍之。官軍不相顧。遂潰。三善永城人。崇禎初。贈兵部尚書。廕錦衣千戶。立祠。賜祭葬。

丁卯。戶部右侍郎陳于廷改吏部。禮部右侍郎南師仲爲左侍郎。協理詹事府。右侍郎溫體仁並佐部。兵部右侍郎高第爲左侍郎。太常少卿楊鶴爲右僉都御史。巡撫南贛。

前左副都御史馮從吾爲南京右都御史。

大學士葉向高等言。添註一事。祇因皇祖時遷謫過多。皇考與皇上盡行收召。人浮于官。勢不得不出于此。頃科道屢言將添註遽停。夫添註既停。則京堂之壅滯愈甚。言者欲令其請假引疾。此于政體實爲不平。何也。諸臣雖年力才品不同。其遠者皆沈淪摧抑二三十年。近亦累資而得。今諸臣之起不二三年。其至九卿八座者僅數人。而鄒元標鍾羽正馮從吾輩。又不究其用以去。所存無幾。奈何又生厭薄。欲一舉而空之也。命仍之。

戊辰。詹事黃士俊爲禮部右侍郎。仍兼侍讀學士。協理詹事府。少詹事施鳳來爲詹事。右庶子兼侍讀林欲楫爲少詹事兼侍讀學士。同禮部右侍郎黃立極直經筵。

己巳。協理詹事府禮部右侍郎黃立極充實錄副總裁。右中允楊景辰撰誥敕。

庚午。少傅兼太子太傅戶部尙書武英殿大學士何宗彥卒。宗彥金谿人。籍隨州。萬曆乙未進士。館選。授編修。歷今官。持正屹屹。見稱于時。贈太傅。諡文毅。

巡按廣西御史賈毓祥言。粤西之患有三。曰交夷。曰土司。曰猺獞。見設之兵餉。但防猺獞。而交夷土司不與焉。今交夷擅兵蠶食思陵遷隆諸土司。侵我上石西太平思明。侵地計二百七十二村矣。水西之變。泗城南丹陰通安酋。思州不受調。猺獞伺掠賓州八寨。爲羣盜根株。土舍名爲我用。實相窺隙。宜相度險要。增兵防守。章下兵部。令撫按勘奏。

福建道御史李應昇言。今賞罰不明。皇上試問罪璫遣而謾書入者何人。馬上催而三路敗者何人。貪殘激變而遺患黔蜀者何人。賄脫盜庫而一網善類者何人。即今劉朝斥死。而天下之爲劉朝者甚衆。賞罰倒置。逆黨漏網。毋乃以護紅丸之故護風癲。以輕封疆之故輕爵賞乎。上切責其泛。

壬申。御史崔奇觀劾漳南道副使程再伊聽副將張嘉策受紅夷三萬金。許彭湖互市。

癸酉。庶吉士授官。方逢年劉必達陳具慶倪元璐黃道周爲編修。張士範謝德溥張四知王鐸鄭之玄屈可伸徐時泰王啓元朱之俊陳盟孫之獬文安之李明睿許士柔黃錦爲檢討。楊夢衮劉先春王鳴玉杜三策陳維新爲給事中。楊玉珂梁元柱爲御史。

上笆籬等族番人潦中等貢馬及方物。

左都御史孫瑋言五事。申臺綱。重巡城。釐陋規。御史非奉旨會薦。不得濫舉市恩。御史欲弭盜防奸。必先嚴行保甲。報可。

甲戌。貴州巡撫王三善抵化筑水西鴨池之界。賊畢至。圍我。我據山上。賊爇草火斷官軍。不相顧。遂潰。三善墮馬遇害。監軍道□□岳具仰及□□同知方明棟梁思泰等副將秦明屏守備田有龍等血戰並沒百有餘人。已。巡按御史侯恂言兩河失利。先是王三善奮戈解圍。軍聲大振。以爲玀鬼技止此耳。不無輕敵之心。又念餉匱。利于速戰。于是決意進兵。一出陸廣。以總兵劉超建旗鼓。楊明楷李世將等隸焉。漢土兵共三萬。都清道僉事楊世賞監之。一出鴨池。以總兵張彥芳建旗鼓。黃運清秦明屏等隸焉。漢土兵共三萬。貴寧道副使何天麒監之。一出黃沙渡。以都司藍補袞統盧光祖等合廣西之兵。分道搗勦。撫臣謂夷在目中矣。豈意狡賊甚衆。驅飢卒而摧強寇。致有意外也。三路惟黃沙渡全師撤回。陸廣連捷。斬二千七百餘級。因糧不繼。獨山州土官蒙詔受賄先逃。官兵爭北渡河。輜重盡棄。是役也。楊明楷被執不屈。諸將姚旺等二十七人力戰死。官兵亡三千人。賊尋攻鴨池。初殺傷相當。秦明屏既亡。石砫部下游擊覃宏化藉口枵腹。糾衆同回。衝殺官兵百餘人。餘盡潰去。此臣確核最悉者。因分別督撫道將罪狀。

乙亥。通政使何喬遠請老。進戶部右侍郎。

貴州道御史張爌言。兵部添設三侍郎。當裁。湖廣巡按當增。下吏部。

左副都御史喬應甲應召道。奏東林黨魁李三才。藉黃正賓汪文言交通趙南星高攀龍等。力爲引援。上是之。

丙子。太僕寺卿丁啓濬引疾去。

山東道御史黃尊素言。科道之設。惟參駁糾彈。各有司存。自東事告急。輒薦舉邊才。覃詔一頒。廣開起廢。于是有乞憐徑請。有託介求容。而人遂相沿薦舉之常。夫獨不知科道之職掌乎。請尙方之劍。吾責也。發蒲輪之徵。非吾責也。漏呑舟之網。吾責也。賦招隱之章。非吾責也。上是之。

丁丑。工部右侍郎饒位致仕。

妖人王好賢從徐鴻儒而逃。至是獲誅。初深州王森以救妖狐。狐斷尾令藏之。人聞異香。多歸附。號聞香教。森死。遺貲巨萬。子好賢藉其貲以結客。與景州于弘志通。密約徐鴻儒三方同起。而鴻儒以他事先發。

戊寅。右庶子張廣改左庶子。右諭德丁紹軾李康先李標爲右庶子。右中允錢謙益爲左諭德。各兼侍讀。右贊善孟紹虞曾楚卿爲司經局洗馬。兼修撰檢討馮銓爲右贊善。兼檢討。

兵部侍郎張鳳翔孫翕之廕錦衣衞百戶。

刑部左侍郎牛應元予告。

蘇州府同知楊姜削籍。以織監李實奏其擅減袍服。得嚴旨。巡撫周起元言姜守官淸正。特謁織監不行屬禮。亡罪被誣。竟奪職。起元之禍蘖矣。

刑科給事中解學龍請修正史。言史家之體。有編年。祖之春秋。紀傳本之三傳。我朝列聖實錄。祇倣編年。而事之首尾不相貫。人之本末不可知。況乎革除土木。至今公案未定。其間一姓遞承。委裘無恙。乃操觚者拘其忌諱。致令參稽尙仍夫蠹簡。祇爲襲舛。何以傳信。至家乘野書。皆得以肆其私筆。寧非聖朝一大闕事哉。今宜開局纂修正史。刻期告成。顧所以成之者有三。曰蒐其人。曰萃其書。曰督其程。上命實錄成議之。

甘肅松酋銀定等思復故巢。謀犯松山西寧道□□馮任參將李維新邀之大明沙。斬六十五級。

己卯。太常寺少卿鄒德泳爲右通政。江西參政朱萬春爲太僕少卿。

辛巳。吏部推鄒元標南京吏部尚書。不聽。左副都御史鄭三俊爲戶部添設右侍郎。時與元標同推。獨用。

南京工部右侍郎陳長祚改左侍郎。南京太僕寺卿周汝登爲通政使。大理右少卿王遠宜爲太常寺卿。工部右侍郎吳用先改兵部兼右僉都御史。總督宣大山西軍務。

南京刑部主事樊玉衡致仕。進太僕少卿。

大學士葉向高請召還修撰文震孟庶吉士鄭鄤給事中毛士龍侯震暘熊德陽御史江秉謙賈繼春等。不許。

工部尚書王舜鼎言各鎮器甲自造。不得專乞京庫。虛其根本。從之。時薊鎮樂和聲總兵王威各求發京庫。

裁施歸兵備僉事。

癸未。日旁有黑子相盪。凡四日。

二月乙酉朔。丙戌。吏部再推鄒元標南京吏部尚書。上老之。不允。葉向高言元標精勤可任。不聽。

有男子朱八云慶成府宗室。訟冤乞名封祿糧。禮部以越關奏擾。仍錮于邸。

丁亥。大學士顧秉謙釋奠太學。

督師大學士孫承宗言。今邊方大計。不過曰守。曰款。曰恢復。皇上敕臣曰。寧遠廣寧及河東土宇。漸圖恢復。乃觀天下大議。似專守關以內。而近且曰。國家失河套大寧不失爲全盛。何必復遼東。然而遼東不復。關不可守。欲復遼以守關。則關以外必不可不屯兵。屯必不可不修築。而寧遠覺華之議必不可輕罷。請以守言之。凡客兵利速戰。主兵利久守。今關城聚秦晉川湖齊梁燕趙之衆。盡號客兵。亡論糧料不繼。即其繼也。不遄不諱而坐食。使自坐困。蓋以速戰之備爲久守之謀。欲進則不足。久守則必變。故議兵必在土著。然薊鄉土兵。而守遼以內則遼兵亦客也。故隨遼人之便。安插于兩衞三所二十七堡間。以兵以屯。曰以遼人守遼土。養遼人。使關外之備稍足。則關內之防稍減。況守在關以內。則內備淺薄。守在寧遠。則山海已爲重關。神京遂在千里之外。今天下亦嘗計及此乎。再以款言之。臣之初抵關。毳幕旃車。雜遝岡阜。一登陴而腥羶之氣撲人。日報刦殺。議遼撫場而通官難之。得廣寧道議合。初移之中後爲百里。又再移之寧遠爲二百里。以兩協提路將分之信地。即撫即防。刦掠希少。今議撤關外之防爲守關內。則虜仍入關爲撫。而八部三十六家。仍環聽于關門。且寧遠有道。寧前有道。鎭曰遼鎭。撫曰遼撫。而安插遼人于寧前。則曰胎禍亡論。十餘萬生靈何地安插。而既無寧廣之土地人民。何獨存寧廣之虜賞。今天下亦嘗計及此乎。再以戰言之。賊薄寧遠。則以置亡置死之兵。合與亡與死之衆心。堅敢死氣。勵亡生而外無可掠。中無可希。砲矢既倍。兵民既濟。兼以海出其後。山峙其前。奇伏間出。賊必殲焉。即或越一城而前。寧城已綴其後。即或合一城而守之各城已扼其吭。即或直抵關門不顧而前有堅城後有勍兵。自可立見掃蕩。又或妄意及海。則覺華島之駐師與望海臺之泊船相控。而長鯨必授首于波臣。又或下關臣之精甲進圖恢復。則水師合東。陸師合北。水陸之間。奇奇正正。出沒無端。故拒賊門庭之中與拒賊門庭之外。其勢既辨。而促賊于二百里之外。與賊促我于二百里之中。其勢又辨。今天下亦嘗計及此乎。有心在天下而邊塞之情形未悉。間遏道路之口以爲憂疑。亦有心不在天下而邊塞之安危不顧。祗念身家之計。以爲徼倖。伏望皇上立斷。無搖衆議。庶臣之肝膽有藉。而土宇可復。上嘉答之。

戊子。亦轄等族番人竹木等貢方物。

孫承宗言。臣議合款防爲一督。以兩撫臣分任薊遼。緣皇上不聽臣去。特借此以各分其任。待臣去之日。仍推總督。蓋眞見邊事不宜紛紜。非謂總督妨臣。抑亦臣妨總督私念。臣與總督不必兩設。非謂臣可久留而額員可裁也。自今糧料不繼。而料且絕矣。去年採青幾二百萬。遂可省金十二萬有奇。而今且絕。部價不發。皇上所發帑金爲軍需者。戶部借三十餘萬。而關城如洗。近合馬步戰輜爲車營者十。而器具不備。臣所請寧遠邊城歲可得十七八萬。而未敢言。若馬價不定。撫賞不定。何以應卒。至于臣當邊務稍暇。于餘日以覲天顏。邊事重大。一一面奏。仍與朝臣一一講明其事。臣仍任之。豈其弛擔。臣之初抵關也。有給發無議論。既而彙之。今且有議論無給發。關撫明而有幹略。可謂有才。其議守與臣同。而所以議守。似與臣異。臣自撫臣來。凡更調將吏。如滿桂之守寧遠。陳九德之守北山。馬爌之守中右。孫懷中之守高臺。陳一元安邦之招遼兵。皆議于鎮道。決于撫臣。其未從撫臣者。獨撫臣數言臣不可出關。恐兵馬少無以威敵。蓋老成之見。臣念關外未安。實踧踖于其言。而竟未能從撫臣。乞皇上下廷臣雜議。主客之兵可否久戍。本折之餉可否久輸。關外之土地人民可否棄置。屯築戰守可否興舉。再察今日之敵果否坐待自可消滅。臣不敢望爲百年計。祗及五年。問究竟何如。勿徒取快目前。令當事之臣任其積重不返之勢也。上報曰。兵餉戰守。卿前後條奏。聽便宜行。不必廷議。巡撫官意見不同。恐不便行事。該部議奏。

刑科給事中解學龍言。建虜去冬之來非眞來。今春不來非眞不來也。今鐵衣曾有的數否。收買馬贏硝黃盔甲曾驗否。三農告匱。束手莫支。乃三帥各萬二千金爲治第之資。令人駭愕。營房每間價六金。鎮將侵剋。費不五六錢。馬料芻豆十扣其半。至于撫賞。藉此以紓邊鄙之儆。非恃此以撤吾戰守之防。今果何如哉。上切責其冗漫。

朵顏三衞都指揮懶禿等補貢馬。

敍河南平妖功。前巡撫今宣大總督馮嘉會爲兵部右侍郎。廕監。賜金三十。幣二。巡按御史丘兆麟梁之棟各金二十。餘紀錄。

庚寅。廣東左布政吳中偉爲光祿寺卿。

辛卯太僕寺卿饒仲爲刑部左侍郎。南京戶部右侍郎白所知改工部左侍郎。協理殿工。大理寺卿柳佐爲工部右侍郎。右僉都御史楊漣爲左副都御史。廣西道御史王一中爲太僕寺少卿。

故河南道御史湯兆京。贈太僕寺少卿。兆京宜興人。萬曆壬辰進士。知豐城有巨盜范氏。窟都村。流刦袁臨吉贛之間。結左右伺官吏食息。兆京密擒之。績最授御史。署河南道。給事中趙興邦恃太宰趙煥婪恣。連章劾之。

辛亥京察。力斥湯賓尹及其黨鄒之麟韓敬。初賓尹有盛名。羣小附之。察時列其罪。當事錯愕。一日朝會。賓尹問人曰。孰爲湯伯宏人。指之。賓尹悚然。

南京工部尚書張輔之致仕。

巡按直隸御史潘雲翼劾先後按遼諸臣。言楊一桂按遼而撫順之變起。陳于廷按遼而四路之師敗。方震孺按遼而廣寧之城棄。然各有心跡。非所能挽回。上是之。

壬辰兵科都給事中趙時用爲太常少卿。御史王尊德李時瞥爲太僕寺少卿。

總督倉場戶部尚書張經世致仕。

癸巳禮部尚書林堯俞工部左侍郎陳長祚同欽天監正周子愚擇葬懷沖太子。

戶科左給事中周之綱言恤民當除三蠹。曰奸書飛灑民糧。曰有司火耗太重。曰戶丁逃亡量行補豁。用人當協人情。而鄒元標推南銓不下。余懋衡曹于汴皆陪推點用。避嫌而去。請臣績到格不得考選。人情觖望。上下所司。

乙未工科給事中陳爾翼爲廣東右參議。郭興治爲河南右參議。四川道御史姚祚端爲四川副使。河南道御史張捷爲陝西副使。雲南道御史楊維垣爲山西副使。福建道御史周汝璣爲陝西僉事。吏部考功郎中倫肇修爲河南右參議。

巡撫順天岳和聲免。

戎政兵部左侍郎朱光祚奏核練餉節費。先是元年發練餉三萬。二年發帑三十萬。逾歲費殆二十萬。債帥奸徒出入莫問。光祚核銀十四萬六千二百六十餘。勒石貯庫。

丙申。始御經筵。

工科都給事中周士樸等疏救楊姜被謫。大學士葉向高等亦以爲言。不報。

御史張潑爲太僕少卿。彭鯤化爲大理右寺丞。山西左布政韓策爲太僕寺卿。

夜。月犯軒轅右星。

丁酉。大理左少卿左光斗爲左僉都御史。南京通政使林學曾爲南京戶部右侍郎。添註太常少卿葉茂才爲南京工部右侍郎。兵科給事中李精白爲都給事中。沈儆炌仍南京工部尚書。

薊州永平山海地屢震。壞城郭廬舍亡算。

戊戌。御史李應昇言山東流民復業被驅。請速圖消弭之法。時鄒縣知縣田吉以平妖後驅逐。

吏科都給事中程註爲太常少卿。提督四夷館。山西參議劉復初爲光祿少卿。廣西參議曹學佺爲廣西副使。

南京刑部尚書李養正致仕。

己亥。御史汪泗論爲太僕少卿。高推爲大理左寺丞。

翰林編修陳子壯方逢年劉必達陳具慶倪元璐充起居注。錦衣衞都督僉事許濬祥進都督同知。

總督楊述中奏貴州巡撫王三善敗陷。乞請餉下兵部議。

巡鹽河東御史劉徽陛辭。疏及給事中周士樸等。上諭內閣。并譴徽。葉向高揭救。不報。

前甘肅總兵薛永壽侵餉。以巡撫李若星論逮之。

庚子。夜月食。

太常寺卿桂有根致仕。進工部右侍郎。

辛丑。應天府尹畢懋良爲戶部右侍郎。總督倉場。

鄧渼爲右僉都御史。巡撫順天。改撫治鄖陽蔡復一爲兵部右侍郎兼右僉都御史。巡撫貴州。

右通政王佐爲太僕寺卿。轄西路南京太僕寺卿岳元聲爲南京兵部右侍郎。

山東道御史黃尊素請復午朝面奏。上以嚴旨尙不遵行。何又午朝面奏也。

壬寅。東廠太監魏忠賢奏減香品。從之。

國子祭酒蔡毅中進字學要覽。命梓之。

癸卯。工部左侍郎陳長祚爲尙書總督兩廣。兵部右侍郎胡應台爲南京刑部尙書。南京太僕卿林材爲南京通政使。起喻安性爲右副都御史。巡撫遼東。

乙巳。大理右少卿武之望爲太常寺卿。太常少卿孫鼎相爲太僕寺卿。

丙午。起吳仁度兵部左侍郎。太僕寺卿柳佐爲工部左侍郎。太僕少卿李成名爲右僉都御史。巡撫南贛。順天府丞畢懋康爲右僉都御史。撫治鄖陽。

四川右布政李仙品爲右僉都御史。巡撫偏沅。光祿寺寺丞吳亮爲大理右寺丞。禮部郎中周爾發爲尙寶少卿。

巡按貴州御史侯恂言拯黔事宜。曰簡重臣。撫臣悞墮羅網。督臣當戴罪料理。今徵集士馬。再規大舉。若令督臣獨肩此事。恐不能收戡定之略也。曰設偏沅。撫黔中兵餉。一一仰給于楚。非有人專督。勢難源源入黔。曰擇大帥。魯欽馬炯既爲敗軍之將。旂鼓無主。則大帥不可不擇。曰扼要地。新添平越偏橋。節節宜置一道臣。各自募三千人彈壓路苗。曰速協援。敕滇撫發兵仍下盤江以綴賊之肩背。敕蜀督發兵。仍進畢節以衝賊之胸脇。幷敕粵撫簡銳進普安或進都勻。爲黔犄角。至營兵尙四五萬人。作何整飭。貴陽商賈統集流移。作何鎭定。省會倉米不過四千餘石。新添而下。尙有儲積。然轉輸甚難。惟有兵運。作何處置。附叛土司沙學溫如璋輩昨皆投降。今作何駕馭。苗仲龍蔡。半載以來。多方撫勦。今作何羈縻。是在當事圖之矣。上大是之。

左通政鄒德泳疏論鄭養性逆孽漏罪。不報。

兵部左侍郎高第致仕。

川湖總督朱燮元奏分轄藺地。時奢崇明遁。獲妻安氏。藺州廓清。燮元請以赤水河爲界。河東龍場等處屬黔。河西赤水永寧屬蜀。永寧設道府。與遵義建武聲勢聯絡。若黔省非便。則蜀自郡縣。黔仍衞所。下部議。

丁未。以風霾飭邊臣。

大理少卿張延登爲太僕寺卿。添註。尙寶司丞王時熙爲太僕少卿。

吏部尙書趙南星言變通銓法。四司官額十五人。今僅八人。昔時司官皆堂上自選。無咨訪之說。且每省直恒二三人。每一人自主事而員外而郎中。皆徧歷四司。再請告。文選考功郎事任尤重。偶乏人則他部調補。陸光祖鄭汝璧輩是也。近者近署皆薦人自代。議者遂有頂首之謗。于是偶有員缺。發單咨訪于其鄉之京堂科道。而又以吏科河南道非其鄉者以示大公。爲諸臣絕謗也。然而舊人日多。循資起用。遠者難到。不得已就近推補。限期速至。其遠而不能待者。亦就近調補。不妨一處二人。待遠者至而後以一人避之。昔年呂坤黃克念皆寧陵人。而同時司汝霖傅作雨皆江陵人。此臣所親見也。行此之道。則旬月之間。四司俱滿。而銓政可舉矣。上從之。

戊申。大理寺丞倪思輝爲右少卿。

督師大學士孫承宗言。臣以天啓二年抵關門。獨趙率教以二千餘人拮据前屯。及馬世龍來。分立五部三十營。雅有條次。其後尤世祿王世欽相繼。邊人頓有生色。今謂世龍納賄貪淫。臣百口必其無。臣亦有心胸。豈其矇瞶而不擇。致用匪人以悞天下。臣願用袁崇煥劉詔之殫力瘁心以急公。不願用腰纏十萬之逋臣閉門誦經之孱膽。臣願用博大强毅之馬世龍。少年英銳之尤世祿王世欽。不願用熟愞通脫之奸猾。臣嘗概論諸臣。如王在晉閻鳴泰。志尙欲有爲。而時或未及展。且推而卽來。未嘗求脫。此皆君子之徒。卽熊廷弼矯矯有略。王化貞勤勤在衷。倘御得其道。皆更有爲。蓋泛駕之馬在御。跅弛之才必操。乃若才鄙而怯。識闇而狡。工于投時。巧于避患。曾不知天下有忠義之肝膽。當其欲投善地。悞入危疆。歷任既久。不展一籌。而徒假手以撓天下之是非。此廷弼輩所唾而在晉等所羞。然幸且去矣。乞皇上俛聽臣言。立爲分剖。毋以臣庸貽累。上是之。

薊遼總督王象乾報屬夷縛獻求款。幷酌撫賞。先是十二月。象乾以朗素等求撫。象乾令撫夷王牧民等。調部長十人至密雲。諸夷以備邊勞苦。領賞不及插漢。不平。象乾責以賊殺王楹。又致其人抵法方賞。貢使歸報朗素。于是偵爲未款打來明暗多奈名台吉部夷伯彥兒太朗素令之縛獻。至是三十六家共虜五百人。叩喜峯輸罰。象乾令參將朱梅等議賞。欲歲再賞。視插漢。梅不許。而朗素等領哨運砲亦勞苦。酌給九百五十金。每春防亡虞。方給其幣。俟次年加一。至四雙而止。所殺將九人。殺兵八人。各罰三九。共馬牛羊二百九十七。

上命敍錄各官。

南京貢鰣鱘限十三艘。毋擾驛。

己酉。進錦衣衛田爾耕少保兼太子太保。魏良材等各陞級。以緝捕功。

刑科給事中解學龍劾督臣楊述中坐視王三善敗沒。宜下巡按御史勘奏。從之。

庚戌。尚寶司丞黃正賓爲少卿。右通政胡汝政爲南京太常寺卿。

辛亥。太常寺少卿薛鳳翔李若珪爲大理寺左右少卿。

薊遼總督王象乾言款虜之利。敵誘西虜必爲敵用。我撫之必爲我用。卽諸虜不盡爲我用。亦可以虛着示聲援。款之說我與彼爭而用之者也。上是之。

談遷曰。趙充國招幵罕以制先零。范仲淹撫熟羌以孤元昊。制敵之隙。在離其交。西虜雖狡。不卽爲我用。然敺而入于彼。則無策矣。王象乾僅知市賞。且白首仗鉞。志與時違。噫。安得充國仲淹其人與之語鞭箠之事哉。

壬子。日淡黃無光。

夜。有星流東北。大如盞。光赤。自郞位星西南近至濁。

朝鮮國昭敬王妃金氏遣議政府左議政李慶全等貢方物。

禮科左給事中魏大中請雲貴主考就近撫按徵聘。時兵與道梗。部覆雲南仍遣京官。貴州如議。

癸丑。大理寺丞吳之皡爲左少卿。

黑日盪磨于日旁。

孫承宗言。臣見捕獲奸細。紛然見告。而左祖經略者。捕皆巡撫之人。左祖巡撫者。捕皆經略之人。甚至喑啞孤兒。立殺受賞。乞敕所司。調劑寬嚴。毋以遼民之在苦而疏于防。毋以遼民之可疑而苛于誅。上是之

甲寅。辰刻。京師及順永保河眞定地震。宮殿搖動有聲。銅缸之水涌波震盪。樂亭舊舖莊地裂多穴。涌水尺餘。色黑。

上不豫。

江西道御史劉璞言。遼事自文臣死事外。杜松之剛愎焉而死。王宣之慷慨焉而死。趙夢麟之遲暮焉而死。劉綎之竭力焉而死。麻承恩之善避焉而死。尤世功之力敵焉而死。朱萬良之出戰焉而死。諸臣死事不同。俱無愧于疆場也。至于祖天壽之逃也。仍守覺華島。魯之甲左輔之逃也。仍守寧前。已立功自贖可勿論。如許定國以加銜游擊逃。有何功而今授參將任登州中軍也。王興業以參將守遼陽。值虜逃歸而遷陝西江朝棟以參將逃。復借征妖希副將。其他屢逃屢用。莫可指數。不分別懲處。何以儆將來乎。上然之。

安南都統使黎維祺侵莫敬寬。分兵三枝。一攻高平。一攻歸順。一上廣南。攻歸順者殺二酋。敬寬長子自刎。妻妾及少子三人俱被擒。敬寬與次子逃入山中。復回高平。

三月朔。右通政郭尙賓爲太僕寺卿。大理寺丞韋藩爲右少卿。並添註。

初。廷議裁薊遼總督。以山西道御史王昌祚言。仍之。

丙辰。宣大總督兵部右侍郎兼右僉都御史吳用先改總督薊遼。廣西巡撫何士晉爲兵部右侍郎兼右僉都御史總督兩廣。

京師地震。

兵科左給事中章允儒。論總督楊述中禍黔不足。又禍天下。貴陽之守。食人幾盡而不可下。鴨池之潰。戍師十萬而撫臣不歸。非兵少也。今復調浙廣之兵。動經數省。萬一乘釁起者。則吳粵皆重慶。而樊龍輩將接踵。可不寒心。遂下部議。

丁巳。上疾良已。

陝西巡撫右僉都御史孫居相爲兵部右侍郎。尙寶司丞濮中玉爲少卿。禮部主事曠鳴鸞爲尙寶司丞。並添註。

總督薊遼兵部尚書王象乾。去冬聞訃。至是代去。進少師兼太子太師。

廣西道御史宋師襄言。終日籌邊務矣。飭吏治矣。弭盜賊矣。而終不能行也。何則。臺臣條上。卽云盡職。而條奏之行否置勿問。部臣題覆。卽可了事。而看議之行否置勿問。閣臣票擬。卽爲絲綸。而票擬之行否亦置勿問。皇上勵精圖治。日覽章奏。日下嚴旨。而某事能行。某事未行。誰還報皇上也。上故毅然更始。憤然力行。臣敢望之皇上。併以責之臣工。報可。

登萊巡撫袁可立罷。

戊午。大理右少卿傅振商爲太常少卿。添註。

夜。京師地再震。

庚申。南京吏科都給事中姜習孔爲南京大理右寺丞。

夜。地再震者三。

辛酉。南京戶科給事中歐陽調律爲南京通政右參議。行人盧時泰知縣李恒茂爲禮科給事中。

朵顏等衞都督花歹等遣頭目可脫赤等貢馬。

戶部尚書李宗延請發帑八十萬救黔。上命部先措十萬。借冏價十萬。餘俟外解。毋請帑塞責。

浙江道御史袁化中言弭災實政。請召鄒元標王紀毛士龍熊德陽侯震暘江秉謙賈繼春文震孟鄭鄤徐大相等。上許之。

山東道御史黃尊素言時事十失。封疆多故。動輒覆轅。庸闒懦將。所在而是。一也。虜來鼠伏。虜去燕怡。悞國喪師者蒙蔭。血守孤城者薄酬。二也。會推啓事。捷如飛電。昨日所進。又云資俸已深。今日所推。忽而復圖改轉。三也。邪正雜揉。忠讒並進。直言敢諫之氣。挫于揣摩臆度之手。四也。遼人窮困來歸。奸宄風影捃摭。致效順之夫勦愁坑穽反側之子從中煽惑。五也。戶兵要務。不于實事。專精覆疏行否不問。六也。市井亡賴。好語兵革。入幕山人。巧占風候。令孤忠束手。事機漸移。七也。門巷街衢。苞苴充滿。吮血朘膏。希營窟穴。八也。大臣依違毀譽之念。轉爲模稜情面之心。旁觀卻顧。致悞軍國。九也。議論龐雜。當局莫措。十也。若夫百姓愁怨。司農仰屋。京邊尙少二百餘萬。倘內庫錢糧改折。金花舊額暫濟。便可救急。而必云內庫仍解。天下誰之天下。而留此朽蠹爲也。至阿保重于趙嬈。禁旅近于唐末。蕭牆隱禍。慘于夷狄。異日有欲言不敢。欲聞不得者。上怒。奪俸三月。

壬戌。太僕寺少卿魏說爲應天府尹。

癸亥。山東右布政程啓南爲南京太常寺卿。南京福建道御史譚鍇爲南京光祿少卿。吏部驗封郎中張守道爲大理右寺丞。

甲子。河南巡撫兵部右侍郎兼右副都御史馮嘉會改總督宣大。陝西參政宋槃爲右僉都御史。巡撫陝西。太僕少卿董元儒爲右僉都御史。巡撫廣西。太常寺少卿王命璿爲寺卿。

乙丑。左通政涂喬遷爲南京太僕寺卿。

日講官太子賓客禮部右侍郎趙秉忠還里改葬。賜金幣。

丙寅。兵部職方郎中鄒維璉改吏部稽勳司。時驗封主事吳羽文。亦江西也。求去。吏部尙書趙南星言。羽文求去曰。江西不宜兩人。維璉亦求去。有從臾維璉者曰。是不繇咨訪。夫同鄉不嫌兩人。臣前已言之。而又求去。意臣耄不足與有爲。抑別有所畏耶。其應否到任。候裁。上命卽到任。毋避。

丁卯。戶科給事中周之綱請裁黔督。處分鎭道。優卹死事諸臣秦民屏等。下部議。

天津巡撫畢自嚴言。天津海防營水陸見兵二千五百人。歲餉四萬五千金。前撫汪應蛟因海濱亡徼。屯田八千畝。人耕四畝。歲穀八石。共值四千八百金。操練盡廢。舟楫器械皆不存。今兵部欲以葛沽兵移歸屯田。春作力田。仍令津撫兼統。遇敵聽調。一柄兩持。屯操俱廢。不若水兵隸臣。增足二千。陸兵千人。分隸屯臣。兵部尚書趙彥執如故。

戊辰。阮大鋮爲吏科都給事中。

通政左參議李茂英爲右通政。刑部郎中張肇枋爲通政右參議。

己巳。戶科都給事中朱欽相爲太僕少卿。尚寶司丞金士衡爲少卿。河南按察使潘文爲太僕寺少卿。並添註。

翰林編修方逢年纂修實錄。

庚午。大理右少卿謝應祥爲太常寺卿。

辛未。太僕寺卿程紹爲右副都御史。巡撫河南。太常寺卿武之望爲右副都御史。巡撫登萊。戶科給事中郭鞏爲大理左寺丞。

進士普寧徐天鳳奏父朝綱以乙榜任貴州安順府推官。殉安酋之難。部覆。上贈朝綱光祿寺卿。予祭葬立祠。謚□□。廕錦衣正千戶。

壬申。尚寶少卿姜志禮爲尚寶司卿。

戶科給事中孫紹統疏刺元輔葉向高。奪俸六月。

癸酉。上視朝。

甲戌。四川左布政林宰爲太僕少卿。

工部尚書陳長祚覆御史姚應嘉修濬漕渠。請卹泇河始事尚書劉東星侍郎李化龍郎中梅守相等。上從之。

乙亥。瑞安公主庶子萬長祚廕錦衣衛都指揮使。

尚寶司丞陳以聞爲少卿。

王維周薛國觀補戶科給事中。

貴州道御史張鏞請逮督臣楊述中幷罪鎭道諸臣。不問。

左都御史孫瑋言。御史奉使回道考察舊制也。今多稱疾不繇本院。請自今考察回道。俱定于御前復命。違限二月以上。照會典參處。各御史果疾。在地方巡撫代題。如到京。臣院代題。不得自奏。從之

河南道御史熊則禎言時事。因糾吏部郎中張國紳贓汚不報。再糾之。仍不報。

巡按直隸御史彭鯤化請卹故戶部尚書李三才。不許。蓋三才起官未任。

丙子。禮部右侍郎何如寵公鼐爲禮部左侍郎實錄副總裁。左庶子張廣爲少詹事。右中允劉鴻訓左贊善繆昌期爲左諭德撰誥敕。

進田爾耕少傅兼太子太傅。

陝西巡按御史劉廷宣請祀宋儒張載父廸于啓聖公祠。下禮部。

戶科都給事中尹同皋言。銓途大勢已淸。卑局弊端猶盛。選者不論先後。陞者不論淺深。顚倒不測。惟意所爲。卽州邑佐貳兵馬之缺。至數百金千金以上。他可知已。請序考納先後資俸淺深類刻一版。人給一冊。視缺出方補推之。內外官亦皆倣此。下部酌覆。

丁丑。魏忠賢廕錦衣百戶。賚金幣。時緝僞札。吏科右給事中彭汝楠言其濫。不聽。

總兵蕭如薰鎭保定。黃越鎭貴州。提督平淸等衞王雲鵬署都督僉事總兵鎭湖廣。

戊寅。福建道御史李應昇言。內操皇祖曾一舉行。不兩年而罷。今聖躬初愈。神氣易驚。奈何遽忘靜攝。金鼓之聲如昨。不聽。

巡撫貴州右副都御史蔡復一上六議。曰審夷情。玀鬼戀主。虐之不怨。千年未嘗易姓。向者首惡未擒。版章先

定。夷把皆有不全之心。鄰司亦懷狐兔之感。遂激玀鬼而致死于我。所謂自樹敵也。今止以必得罪人安邦彥爲主。奢社輝安位被脅。歸順准宥。諸目把投降者。管事如故。能擒邦彥者。代其土同知之職。雖同逆能相擒斬者。盡宥前罪而賞其功。凡夷目念安氏先人。卽宜共獻首惡。方可全安氏之祀。曰淸官道。臣度逆賊未攻省城。必突出偏鎭淸興之間。煽誘仲黑二苗。掠我餽運。運梗則我師飢。道絕則人心震。故今通道護運。最爲急務。獨山土知州蒙詔。頗稱忠順。凱里司土兵亦自可用。今宜獎犒蒙詔。卽委以淸平平越路苗之事。如苗仲弭耳。道路亡驚。敍功優異。凱里土官亦如之。至鄰土司相機操縱。俾就銜勒。彼以垂亡之司而失同惡之助。自亡能爲矣。曰嚴法紀。土司之叛。朘土司者激之。路苗之梗。毒路苗者擾之。事難追論。宜反其所失。至于用兵貴嚴紀律。採拾浮糧。已傷降民之心。卽旋師之日。輜重婦女纍纍載路。何以不覆。欲闢夷土。先拊夷人。凡領兵擄掠者。副將以下。治以軍法。仍行參奏。曰明協援之信地。自黔發難。奉旨協援。未有其實。則信地不明之過也。奢安旣合。則蜀黔決不可分。要在宿重兵遵義。以拊賊之背而扼其吭。宜令總兵李維新統精兵四萬住遵義。便以沙溪等處爲信地。聽臣調度策應。而雲南兵直往畢節。廣西兵直往普安。衝其胸脇。新偏沅撫臣李仙品素得遵義民心。宜就彼開府治兵。由間道度偏橋暫住。與遵義相應。而上下諸衞。隱然有虎豹在山之勢。蓋遵義去水巢近而貴陽反遠。異日滅賊。終必繇之。曰重兼制之事權。貴州皮骨半存。喘息未屬之國也。全賴蜀楚爲用。三楚之物力。辰沅之轉運。皆所以固黔。而遵義寄兵。則所藉以圖賊也。用楚者其勢闊而節長。用蜀者其勢險而節短。若兩臂不運。先爲朽人。何以搏賊。諸將川東湖南北兼制諸路。暫假臣以軍法治之。有調必赴。有呼必應。一切舉刺。俱同本屬。庶足示鼓舞。候事平仍舊。曰正失事之法。班師失利。鎭道與撫臣偕出而不偕入。此從來用兵所未聞也。中軍標營官宜正法。以徇監軍道總兵。俱令總督分別處分。才力可用者。戴罪任事。領兵官殺賊自贖。安邦彥能斷指歃血。效獸窮之攫。而我行間失一巡撫。恬爲固然。何可令叛夷見也。上大是之。復一 又請湖廣下荆南道右參政劉宇烈屯鹽道按察使□□□爲監軍。郧陽游擊蔣吉嗣改貴州行都司僉書。尙廷棟進游擊。夷陵知州劉炳文荆州經歷尤印監造軍器。九江道副使陸夢龍宜陞貴州參政。前湖廣參政王世德可起貴州參政。臨洮知府冀懋中可改貴州副使。令募延綏驍騎五百。尙有可大用者。山東右布政熊文燦前四川僉事越其杰。皆貴州人。倘川湖鄰省有缺。移而用之。必有殊績。上許之。

己卯。諭兵部京城緝盜。

左通政鄒德泳爲太常寺卿攝少卿事。

慧濟扯包寺等族番僧馬你完卜郎箚巴貢方物。

吏部覆吏科都給事中阮大鋮疏重懲貪。凡撫按論劾各官贓私。見任追之本任。未任追之原籍。載入考成。轉解戶部。如頑梗不解。解不如法。幷地方官參處。從之。

庚辰。巡撫鳳陽呂兆熊奏獲徐鴻儒遺黨金科馬嘉等。俱僞造符讖。註誤江淮間。命誅之。餘仍緝捕。

辛巳。南京戶科給事中歐陽調律請建文君編年廟祀。言臣備員南垣。數趨陵廟及望東陵。爽若有失。夫懿文太子廟貌宛然。歲九祭。而建文生爲帝王。歿無謚號。既不得入祔太廟。又不得別享一祠。封墓莫識。魂魄安依。二祖列宗必有不安。至編年一事。成祖詔中原無降削位號之說。前此祗屬承訛。今卽列建文年號于永樂之前。亦何嫌忌。而强附之洪武後。統系不明。乞敕廷議。毅然舉行。成一代之美。不許。

癸未。太僕寺少卿陳伯友爲太常寺卿。攝少卿事。大理右寺丞易應昌爲右少卿。

大學士葉向高等言。今歲夏至祭地。工部營繕司官及巡視工程御史向臣等言。皇上親行。其壇當預修築。神幕器服等。距期月餘。日夕併工。亦未能及。求來歲舉行。臣等謂方澤大祭。豈得稽遲。職掌謂何。但祭期迫近。不得不據實以請。如祭典有舉毋廢。略加修飭。仍令舉行。倘以躬祭毋率。暫遣官恭代。上命來歲親享。

戶科給事中孫紹統言驛募僉派之累。命部嚴禁其擾。

東江都司張盤議守金州必栅南關嶺禦敵。方肇工。敵兵驟至。被獲。死之。

四月艸朔。上親享太廟。

乙酉。吏部尚書趙南星催補史記事李炳恭丁元薦賀烺幷汀州知府沈應奎並清勍。從之。記事炳恭補行人左右司副。烺元薦戶刑部簡較。

刑科給事中顧其仁言蜀士重困。乞擇守令。毋以貲郎署篆。從之。

丙戌。總督雲貴楊述中免總兵魯欽裨將尹伸等並戴罪。止調南京浙廣兵。以御史王政新劾述中貪庸誤國也。

榆林衛賀氏生豕一首二身尾八足。

戊子。南京巡營吏科給事中姜習孔言冗員當裁。選鋒當增。比練當周。馬匹當減。營官乘轎當革。名色把總當疏通。從之。

己丑。大理右寺丞吳亮爲右少卿。山東按察使孟習孔爲太僕寺右少卿。並添註。

南京侍讀學士錢龍錫右庶子丁紹軾爲少詹事兼侍讀學士。修撰錢士升爲左中允兼編修。俱纂修實錄。

禮部右侍郎董其昌以奉旨前採萬曆留中之疏分三百帙。又倣史贊例。各附筆斷。共四十卷。且薦南京太常寺卿李維禎史才。上是之。

談遷曰。雲間雲祉並良史才。適纂修之期。不專督其成。亦宰相之過也。

石砫宣慰司總兵秦良玉奏弟秦民屏戰死簸籮箐。從子佐明翼明突圍走。因追敍援遼之役。兄邦翰邦屏等戰死渾河。先後部民沒萬三千餘人。臣義應雪恥。俟練兵五萬。上褒答之。贈民屏都督僉事。子威遠衛百戶。秦瑞明授本衞指揮僉事。

庚寅。兵部覆貴州巡撫蔡復一以偏沅巡撫通黔楚之脈遏路苗之梗。敕住沅鎮。來往平清間。飭戎催餉。若開府遵義。便于治兵。遥于催餉。宜如敕行。延袤距貴州七千餘里。南北風氣異宜。宜聽冀懋中酌募。不必取盈五百之數。餘如撫臣議。從之。

蔡復一爲總督雲貴湖廣辰常等軍務兼巡撫貴州。

四川總督朱燮元以擒奢崇明捷報及續報擒者崇輝。非崇明也。自劾其悮。不問。

壬辰。何如寵爲禮部□侍郎。

總督朱燮元言。前遣參將林兆鼎等。以萬人徑抵大方見黔撫。命爲前鋒。通路畢節。復于永寧命總兵李維新僉事胡平表以兵二萬仍督兆鼎由畢節夾攻。不意狡夷僞欵。伏阻歸路。官兵苦戰。乏餉路梗。蜀兵無可爲計。已檄維新等相機撤回矣。

癸巳。禮部尚書翁正春乞休。因上三禮八箴。上慰留之。

禮部主客司添註主事畢自肅言。貢夷宜擇。貢約宜明。貢道宜清。貢件宜選。貢限宜定。貢賞宜預。貢衞宜用。從之。

丙申。光祿寺少卿楊廷筠爲順天府丞。

南京左府僉書甯承勛提督浦口池河二營。

丁酉。陝西道御史張論廣東道御史劉廷宣爲大理左右寺丞。俞誨爲陝西右布政。

廷試歲貢生。

命偏沅巡撫李仙品駐偏橋。

庚子。南京大理寺卿張五典許終養。

辛丑。禮科左給事中魏大中爲吏科都給事中。

補考選范紹序刑科給事中。李魯生兵科給事中。

王命新爲南京大理右寺丞。

癸卯。太僕寺卿王之寀以前訊張差事疏駁曾道唯岳駿聲。上不問。

談遷曰張差夙案。王之寀呶呶何爲。專長挾私。勢不激潰不止也。

甲辰。司禮太監王體乾魏忠賢各乞祠額。禮科給事中霍守典言此卹典也。在身後不在身前。在二臣爲非禮之請。在皇上爲非禮之予。不聽。

乙巳。遣魏忠賢往京南巨馬橋祀龍王祠。

禮部郎中張光房爲光祿少卿。

談世德爲□□將軍都督□□總兵。鎮寧夏。

陽曲楡次地震。

貴州巡按御史侯恂上監軍敕。因言水西之局不過剿撫兩端。臣爲要其指歸。曰法當剿。勢當撫。道當以剿爲撫而已。撫臣之失不在初入大方在易敵而不之備。從來用兵。寧有懸軍深入而不顧後劾頓兵久住而不憂中變者。督臣雖有會題衡進之檄。而策應已晚。救援不及。所謂居中調度者安在。撫臣氣銳而疏。進輒當先。退輒殿後。故勝則解貴陽之圍。不勝則身受其創。督臣自募苗兵之後。寸籌未展。坐視喪師。豈得委罪撫臣哉。爲今日計。兵將不可不簡也。軍糈不可不儲也。招苗仲。諭土司。以解狐兔之悲。購渠魁。寬脅從。以離豺狼之羣。而又滇師下盤江。粵兵移泗城。蜀軍住遵義。以合犄角之勢。一舉萬全。賊乃成擒。待安邦彥授首。安位母子悔罪投死。然後許以削地自贖。俾約束部落。納糧馬如舊。上是之。

刑科給事中傅櫆言。憲臣左光斗科臣魏大中色取行違。臣久知其非德類也。如內閣中書舍人汪文言。本歙縣庫胥。竊藏擬戍。逃京師。父事王安。改名營納。光斗不能追論。而且引爲腹心。大中助其資斧。招搖都市。攬泊陞遷。借權璫爲名。羣奸實收其利。借銓衡爲市。而端人反受其名。不惟使疊案之罪夫點汚禁近。且令一時之仕路盡出旁蹊。世道陵夷。害且貽國。遂下文言鎭撫司。光斗大中不問。

談遷曰。仕路如穽。端人剛士。擇地而蹈。猶若浼焉。矧敢輕其身于磷緇雜遝之場哉。汪文言脫逃刀筆。濡王安之幕。快口豪眉。好言宮府。左魏目爲異人。延譽公卿間。招權請寄。日行其私。而左魏輩不悟也。議者甚櫆之險。鉗網始搆。然比罔已極。卽玄黃靜流。終貽自戚。先朝覃吉懷恩之賢。初未聞諸君子推重而羣麗之也。

南京御史張繼孟追論舊輔方從哲敗壞遼事。所善同鄉錢象坤。上不懌。奪俸三月。

丙午。賜貴州總督蔡復一尙方劍。

吏科都給事中魏大中言。胥小之志。最不便于銓院。吏垣有秉正疾邪之臣。冢宰銳意治平。求賢若渴。得鄒維璉程國祥用之于銓。而櫆且自危。光斗僉院。大中參吏垣。而櫆又自危。故逐維璉國祥。幷及吳羽文。繼攻臣等。擇人而食。旣詆君子爲小人。必以眞小人之尤號爲君子。奉壇坫之上。外有備。內有援。而櫆之招權納賄始得矣。上慰答之。

談遷曰。魏大中與櫆同官也。雖薰蕕之異。而辨宜婉不宜訐。宜詳不宜矜。事本末易明。而抗辭蜂涌。何哉。

左僉都御史左光斗言。汪文言之昭雪。前司寇前總憲也。題授中書舍人。今閣臣也。于臣何預。櫆結東廠理刑傅繼教爲兄弟。聯絡機鋒。長安冷覷久矣。上不問。已傅櫆疏辨。傅繼教本繫同宗。族屬往來。誰能禦之也。

國子祭酒蔡毅中上廣規三書曰大學約言曰古文孝經曰讀書章程。

大理寺卿林熙春致仕進戶部左侍郎。

吏部尚書趙南星以郎中吳羽文鄒維璉不供職。維璉揭引章惇之攻蘇軾。蔡京之錮司馬光。乞詰責二臣。何以不遵明命。誰爲章惇蔡京者。得旨如其言。

丁未。南京鴻臚寺卿劉文徵致仕。進太僕寺卿。

河南道御史袁化中劾給事中傅櫆逞私逐賢。舉國將空。上令各修職業。毋角口。

戊申。江西道御史劉璞言。古今大勢治亂在天下。而整紛在朝廷。何謂紛。一私揭太盛。一疏語多隱。一處分太遲。一部覆太文。一票旨互異。上是之。

己酉。諭仍行當十大錢。嚴私鑄。

諭楚王進鯉鮓百斤。黄魚十。甜糟茄瓜薑蔓蒿各一器。又中宫鱭鮓鱘鮓鯉鮓各百斤。並暫免。餘加額。

魏希孔廕錦衣衛百戶。

工部尚書王舜鼎卒。舜鼎字□□。會稽人。萬曆戊戌進士。筮仕刑曹。歷四川參政按察使。至今官。學有淵源。居官清愼。贈太子太保。謚□□。

吏部考功郎中鄒維璉言。臣初調稽勳郎中。科臣傅櫆草疏欲劾臣。及臣往謁。科臣章允儒陳良訓詬厲多端。奉旨到任後三日。彼逢人嫚罵。及轉考功。忌刻彌甚。迫同官吳羽文卽日出城。臣不得已拜疏求去。彼一再揭臣。且及新推銓臣程國祥。計甚狡矣。臣引章惇蔡京。不過喩錮人如惇京。必竟亡益。而爲人所攻如軾如光。必竟亡損。豈謂臣卽軾光。臣鄉卽有惇京哉。上令維璉及羽文還署。國祥可卽到任。

太監魏忠賢輯私鑄廕賞。廣西道御史劉廷佐言。皇上于忠賢。可謂有勞則錄。然察銖兩之奸。非殊勳也。安足爲功從此殃及亡辜。株連疑似。害可勝道哉。不聽。

命嚴訊汪文言。大學士葉向高等言文言係臣題充史館。舊名汪守泰。前邵輔忠參革其監生。値赦辨復。諸臣見稱。遂錄用之。今得罪。乞令法司確擬上。不報。因乞歸。不許。

庚戌。總理河道工部右侍郎房壯麗予告。

辛亥。王時敏徐元泉並爲尙寶司卿。

敍徐淮禦妖功。前總督漕運李養正進太子少保。廕監。賜金四十。幣二。總督陳道亨等陞賞有差。

貴州巡撫蔡復一言。黔之潰兵不滿二萬。臣自鄖入荆收兵千餘。所召牟兵尙未能至所。恃施衞鎭筸州縣民兵。不能卽集。又皆驅市人也。兵之窮如此。餉則臣借鄖庫二萬。搜括數千金。明旨給戶部太僕寺二十萬。今未至也。黔米每斗七八錢。水西夷亦饑。甚而以大方所掠餉金十萬。倍價購米。苗寨苗米至省遂寡。我兵日餉四分。僅米半升。截路掠米。米益不至。餉之窮如此。協援明旨。非不森嚴。然兩年來其效可覩。滇兵不能越盤江。撫臣閔洪學疏可考。天啓三年春。周世臣等領粤西兵。聞陸廣河失利。遂自奔潰。撫臣王三善督之。又自謂粤官不受黔制。三善憤其不可用。因有辭兵解餉之議。今春蜀兵雖住畢節。實未至大方也。援之窮又如此。用人則黔中文武寥寥。選調視如虎穴。又經兵疫有滅亡。增州縣乏人。至借才鄉官。而鄉官亦盡矣。人之窮又如此。臣前疏請兵十萬。兵部亦當予臣十萬之實。臣前疏留荆岳長衡南漕米不滿十萬石。用兵十萬。歲米四十萬。而黔中地荒。截留南漕。非二十萬石不可。將才難得。願兵部精擇。預發入黔。爲代匱之計。又祁門敎諭丘禾嘉嘗捐貲制器。協擒何中蔚。宜假以一銜。軍前自效。從之。

五月甲申朔。錦衣衞指揮同知署北鎭撫司劉僑以寬汪文言削籍。許顯純代之。

工部員外郎馬明瑞竊官鑞窖地被盜。亡何獲盜。所搜官鑞俱郡縣鐫識者。因削籍。

乙卯。南京光祿少卿李文熙爲南京太僕寺卿。

先是吏科都給事中魏大中奏辨。奉旨到任。及報鴻臚寺面恩。俄傳旨互參未結。何得到任。于是御史劉芳言。大中到任。皇上命之也。浹辰之間自相矛盾。不聽。

丁巳。賜毛文龍百金。蟒衣一襲。餘將吏陞賞有差。仍給敕百道。待有功者。時秀水譚昌言爲登萊參政。毛文龍藥遼人舌。獻俘。昌言廉得之。密與解毒湯。旬日舌清乞命。皆遼人也。言其實。編爲農。

戊午。太僕少卿黃龍光爲右通政。光祿寺丞涂一榛爲大理右寺丞。南京光祿少卿陳枀爲南京太僕寺少卿。

己未。翰林檢討顧錫疇。兵科給事中董承業。主考福建。刑部主事劉餘祐。大理評事馬之陞。主考四川。兵部主事吳時亮。中書舍人曹師稷。主考廣東。戶部主事林肇開工部主事王廷相主考廣西。

葉向高復求去。曰。臣方草疏。忽見南臺臣黃公輔攻講臣錢象坤。慮臣去象坤且入閣。臣愈愕愈懼。士大夫之習象坤者。多稱其清修恬靜。毫無訾議。枚卜大典。自有公評。亦何庸如是之過計乎。

巡撫浙江王洽以浙兵驕易鼓亂。求免調援黔。許之。

辛酉。酉陽宣慰使冉躍龍以東西赴調屢效。及其弟見龍殉遼。陣亡千七百餘人。請賚卹。命下兵部。

壬戌。命順天尹禱雨。

增鹽課。除陝西河東池鹽。雲南舊額不增。兩淮兩浙長蘆山東福建廣東四川。共增課五十四萬七千九百九十三兩。

貴州總兵黃鉞求沿途召募。不許。

兵部尚書趙彥言。諸臣僇力東事。可必亡虜。然與其來而制之。不如制之使不來。在聯西虜。攜其交。濟毛帥以牽其應也。朝鮮向爲文龍所倚。居其地。資其糧。不宜久稽其封。容臣申諭。倧同心合力以制敵。報如議。

癸亥。未時。乾清宮東丹墀旋風驟作。將內官監之大鐵片如屋頂者盤旋如紙。隕于西墀。鏗訇若雷。

甲子。浙江左布政周廷光爲光祿寺卿。光祿少卿劉復初爲左通政。太僕少卿錢春爲右通政。河南按察使張樸爲太僕寺少卿。

沈淮卒。淮烏程人。萬曆壬辰進士。選館。歷太子太保禮部尚書文淵閣大學士。濡跡璫媼。見訾不休。遺疏引宋司馬光仁明武三字。非仁無以容衆。非明無以燭奸。非武無以決事爲獻。贈太保。謚文定。

談遷曰。烏程素無疾。倉卒易簀。其遺疏殆子弟意也。撫按不以訃聞。烏程婦上書求卹。允之。并責撫按。可以知烏程矣。

戶科左給事中周之綱疏陳時政。宮府之情意尙隔。臣子之實職未修。寬嚴之調劑未平。輦轂之途徑當清。亂黨之訛言易止。上不懌。責其沽名。

廣西道御史劉廷佐言。自戊午發難于茲七年。兵不可用。餉益不足。懾于敵。固弱也。借援于西。亦弱也。誠乘彼驚伏。岌岌整頓。討軍實而申儆之。至餉則厚糈施于驍勇。分廩稱其才伎。使一餉有一餉之用。于以減軍中之冗濫而寬閭左之絲毫。又乞免立枷。寬法外之刑。不聽。

敍土司援蜀功。石砫宣慰司女官秦良玉。子宣慰馬祥麟。酉陽宣慰司應襲冉天胤各賞賚有差。土同知陳思虞長官楊光斗等各加服。

乙丑。戶科給事中尹同皋爲太常寺少卿。

丙寅。總督薊遼吳用先言。抵任後卽歷昌薊諸路及山海關外至寧遠衞。周遭二百餘里。樞輔計事可無慮。臣之憂非關外難而關內難也。關內三協延袤二千餘里。精銳盡調以東。關內單弱。不得不募新兵。烏合之衆。未習操練。不逃則盜。故練新兵不如練舊兵。喜峯口白馬關大水谷潮河川桃林口界嶺口。人馬俱通。尤爲要害。

先年有牆臺烽堠。明暗尖哨。近來水面傾圯。班軍盡赴山海。三年未築。臣豫爲估計補葺以待兵集。庶藩籬可固。上是之。

丁卯。孫承宗求去。舉趙彥自代。不許。

甘肅松虜銀定台吉糾海西古六台吉謀犯甘肅。榆林兵備副使宋槃游擊周世顯以報。巡撫李若星豫備之。總兵董繼舒擊斬二百二十七級。虜大創去。

刑科給事中沈惟炳請免立枷。不報。

命中書舍人陳之蘧獎諭四川土司。

庚午。以旱遣英國公張惟賢告南郊。恭順侯吳汝胤告北郊。尚書趙南星告社稷。李宗延告山川。林堯俞告風雲雷雨壇。□□伯劉天錫禱黑龍潭。

順天巡撫右僉都御史鄧漢言。薊鎮十二路。東自山海。西接黃花鎮。延袤二千里。臣頃偏歷三協各關口。雖無處不險。而平原大川可容數十萬大舉入犯。又當貢夷出入之路。則喜峯潘家口爲最。皆中協地也。臣駐札處距虜十八里而近。計通中協四路。頃增兵五千。連東協共增六千。兵增則餉隨增。然不敢煩主計也。于所屬地方一損益間即充用。通州羸卒萬餘。強半虛冒。斷宜裁止。留兵四千守舊城。西協九千人。其數溢。即內撥二千以補中協。所省多矣。章下兵部。

平遼總兵毛文龍請餉百萬。部議四十萬。報可。

廣西巡撫何士晉言。安南都統使黎維祺政在頭目鄭松。松沒。子楖樁爭立搆殺。安南大亂。高平莫敬寬乘間直入。維祺走海上。楖擊敗敬寬。維祺復國。但權歸鄭楖。楖恨高平。封何惇諒山副總兵。攻莫。欲犯宣化。廣西兵餉單弱。先年增兵五千。請留本省遼餉六萬有奇。餉新兵。至天啓二年而止。乞再留四年。章下戶部。

登萊巡撫袁可立陳發兵出海之期。言海上諸島。對登州者旅順也。東則平島三山廣鹿諸島在焉。他島但可往來停泊。惟廣鹿長山可屯兵。如應援毛帥則二島爲要。若進窺遼陽。此島又爲緩地矣。旅順以西有平頭凹山。不可泊舟。西則雙島可住舟。但薪水給于老岸未便也。轉而西有麻洋島。再北則松木汝閤島。皆隘淺不堪住。再北則中島南北汛口也。三島皆環海。其去岸遠者六七里。近者三四里。陸地抵復州三十里。蓋州百八十里。水路抵蓋則半日程。東南風利。抵三島覺華一日程耳。如由蓋套入蓋州不十里。由三岔入海不四十里。由海州入遼陽百二十里。且三岔沃野百里。井泉茂林。卽充國之金城不是過之。欲借登兵以圖恢復。則三島誠爲要路。海外諸島之形勢大略如此。今欲分地而守。則旅順東各島毛帥業已兵屯。且迫近金州。頃兵部議金州當爲毛帥進兵之地。自當領之東鎭。旅順以西。則去平島最遠。恐東鎭鞭長難及也。今擬嚴正中等兵住旅順雙島之間。與張盤互制。袁進等兵住兩汛中島之間。與覺華犄角。然南汛中島潮落可渡。防守宜嚴。至隆冬凍合。則皇城島又爲大兵出入歸著之處。東西策應之衝。議以孫承祖守之。事下兵部。

辛未。刑科都給事中李春燁言。臣奉命核登撫陶朗先募兵御史游士任招練副使劉國縉前案。除士任國縉另結外。獨陶朗先徐應元宋大奎等罪狀逮問。旨下九閱月。而罪人未到。何也。又何棟如八萬之贓。宜久下廷尉。尙入京投謁。何怪乎終日言淸餉而餉不淸。終日言懲貪而貪愈甚也。

壬申。右贊善蕭命官爲右諭德。

張安爲中軍都督府僉書。

故刑部郎中贈太常寺少卿馬德澧子嘉柱。廕國子監。

甲戌。工科都給事中楊維新請發帑助慶陵。幷嚴挪借考成之法。言外解虧百六十餘萬。非盡在民也。或州縣解府。府解司。各移而用之。上下相蒙。撫按不核。安得不愈久愈多耶。今限州縣解銀。係某項卽鑿某項字于上及年月。冊上之府。府冊上之司。司並府州縣冊上之部。則挪移之弊可袪矣。至考成之法。應解錢糧。越一季作何罰治。越二季罰倍之。越一歲則漸加焉。以十分爲率。完及八分亡罰。虧二三分作何罰治。四五分罰倍之。六七分則漸加焉。府不責之州縣則罰府。司不嚴之府則罰司。撫按不嚴之司則並及撫按。斷在必行。如此而猶虧額。臣不信也。上以金花銀不許。餘如故。

乙亥。南京禮部右侍郎張鼐予告。

戊寅。故長興知縣石有恆贈太僕寺少卿。廕監。予祠祭。主簿徐可行。贈湖州通判。附祠。

談遷曰。長興雖有治聲。突死于盜。平昔之扞掫謂何。而贈廕祠祭。得荷全典。于法溢矣。繁纓之惜。末季誰其人哉。

己卯。南京禮部尚書黃汝良致仕。進太子少保。

夜。有流星如盞。大。青白色。自壁入于天倉。二小星隨之。

庚辰。翰林編修陳子壯。戶科左給事中周之綱主試浙江。檢討丁乾學。吏科給事中郝土膏主試江西。編修方逢年。兵科左給事中章允儒主試湖廣。吏部考功主事孫昌齡。禮部祠祭主事丘履嘉主試陝西。

辛巳。督餉戶部左侍郎畢自嚴言海運。始計一年兵額十萬七千人。與調到兵共十四萬。每人月支五斗。該海運米八十四萬石。春秋兩班防軍各二萬七千。每下班日支米一斗。合八萬一千石。共九十二萬一千石。以料豆言。馬驘三萬二千七百匹。各鎮調齊可四萬匹。每匹支全料一石二斗。六閱月共二十八萬八千石。放青六月。月支豆九斗。共二十一萬六千石。二項共五十萬四千石。乃津門之糧運何如哉。部議歲額米八十萬。內東兗米二十萬。原以該省加派銀十二萬八千八百八十七兩二錢五分作爲糴本。每石價六錢有奇。道府欲增至八九錢。今所解米僅二萬六千四百餘石。才十之一耳。部議歲額盈三十八萬。內保定八萬石。該銀四萬。俱取給于雜項。該府止認一萬一千兩。夫以原派米豆。尚廩廩不給。今額外欲增米十二萬一千石。豆三十萬四千石。斯豈易爲力哉。臣與司道悉心而議。一議加本色。今新漕將至。截米十二萬一千石。而又以銀五萬二千。于河間買十萬四千石。轉運關門。此一策也。一改給折色。關門見銀四萬九千二百餘。可抵米六萬一千五百餘石。仍例補滿十二萬一千石折色之數。料豆每石價七錢。仍以銀七萬二千八百。滿十萬四千石折色之數。令山海餉司于夏秋間量支折色米豆一二月。銀盡而止。此又一策也。命下部議。

久旱。至是大雨。輔臣奏賀。

固原華亭大雨雹。傷稼。又塞上大旱。

吏科都給事中魏大中糾霍丘知縣鄭延祚。柬餽六十金。下撫按訊之。

壬午。督師大學士孫承宗上車營圖說。計騎步二十四營。合爲車營。外有前鋒後勁騎兵七營。合騎步九萬二千八百五十六人。內步兵四萬一千八百五十六人。俱足。騎兵五萬一千人。見少一萬五千七百八十九人。議催各鎮兵可得萬人。其馬宜六萬三千六百十三匹。今少六千五百八十九匹。擬于京營畫選三千五百。太僕寺量兌三千一百。其各營所需細大之數約七十餘萬。乞發帑金二十四萬。上是之。發十萬。

安南祿州酋韋德成殺何惇來獻。初何惇入寇。上思憑祥焚掠甚慘。爲患二十餘年。至是撫臣檄安南徵之。所侵村峒悉復。

六月楑朔。敕存問周府應城王在銓。齒德幷旌。其長子肅落封股孝行。從周王肅溱之請。

左副都御史楊漣劾東廠太監魏忠賢專擅旨意。多出傳奉。公然三五成羣。勸逼誼藝政事之堂。幾成鬧市。大罪一。交通孫杰。論去閣臣劉一燝。冢臣周嘉謨。急于剪己之忌。不容皇上不改父之臣。大罪二。執春秋討賊之義者。禮臣孫愼行也。明萬古綱常之重者。憲臣鄒元標也。忠賢一則逼之引疾。一則嗾言官劾去。顧于讙黨氣毆聖母之人曲意綢繆。綣加蟒玉以贈其行。是何親于亂賊。何仇于忠義。大罪三。王紀爲司寇。執法如山。鍾羽正爲司空。淸修如鏡。忠賢一則使人喧辱之去。一則與沈漼搆陷之削籍。顧于側媚善侮者破格點用。驟加一品以歸。大罪四。國家最重亡如枚卜。忠賢力阻孫愼行盛以弘。豈眞欲門生宰相乎。大罪五。去歲南太常北少宰皆點陪推。掉弄不測。大罪六。滿朝薦文震孟等。抗論稍忤。傳令降斥。屢經恩典。竟阻賜環。長安謂皇上之怒易解。忠賢之怒難銷。大罪七。去年皇上南郊。傳聞宮中貴人以貞靜荷寵。忠賢恐其露己驕橫謀之私比。託言急病。立刻掩死。大罪八。裕妃以有喜傳封。忠賢揑僞旨勒令自盡。大罪九。中宮有慶。已經成男。乃繞電流虹之祥。化爲飛星墮月之慘。忠賢與奉聖夫人實有謀焉。大罪十。先帝青宮四十年。所護持僅王安一人。忠賢以私忿矯旨掩殺于南海子。餘內臣擅殺擅逐。又不知其幾千百也。大罪十一。今日求奬賞。明日立祠額。王言屢褻。近又于河間毀民居建坊。築愁築怨。引恨呑聲。大罪十二。今日廕中書。明日廕錦衣。金吾之堂。口皆乳臭。誥敕之館。目不識丁。如魏良卿良弼良材等。五侯七貴。何以加茲。大罪十三。用立枷之法以示威。前歲枷死皇親數人。其排陷皇親。欲搖動三宮也。若非閣臣護持。言官糾正。椒房之戚。幾興大獄。大罪十四。良鄉生員章士樾以爭煤窰傷其墳脈。託言開礦而致之死。大罪十五。王思敬胡遵道侵占牧地。徑自拷掠。大罪十六。周士樸執糾織監。在工言工。竟停其陞遷。使困頓以去。大罪十七。北鎭撫司劉僑不肯殺人媚人。竟令削籍。大罪十八。科臣魏大中到任奉旨。鴻臚寺報單忽傳詰責。大罪十九。忠賢受事東廠。雞犬不寧。野子傅應星等招搖引納。陳居恭傅繼敎助之。片語違忤。駕帖立下。勢不至興同文之獄刊黨禁之碑不已者。大罪二十。韓宗功潛入忠賢之家。事露始避。發銀七百。創肅寧新城。可作郿塢。大罪二十一。同奸輔沈漼創立內操。安知無大盜刺客寄名家丁。倘或伺隙。可爲寒心。大罪二十二。近日忠賢進香涿州。鐵騎簇擁。蟒玉追隨。警蹕傳呼。歸則駕四馬。羽幢青蓋。夾擁環遮。入幕密謀叩馬獻策者。實煩有徒。大罪二十三。忠賢今春走馬御前。皇上射其馬。貸以不死。進有傲色。退有怨言。大罪二十四。奉聖夫人客氏。又彌縫其罪戾而遮飾其回裹。故掖廷都城。卽大小臣工。皆知有忠賢。不知有皇上。乞正法以快神人之憤。客氏俾居外宅。無厚其毒。得旨。政事朕所親裁。至中宮裕妃等事。宮壼嚴密。外廷何以知之。憑臆結禍。是欲屏逐左右。使朕孤立。楊漣借端沽直。本欲窮究。奈時方多事。朝端不宜紛擾。姑不問。初魏廣微入相。先結魏忠賢爲族。密道以邪徑。及漣疏上。忠賢頗懼。謀于廣微。謂必去葉向高而後可。

甲申。太僕寺少卿曾陳易爲大理右少卿。

魏忠賢辭東廠。乞罷。上慰留之。爾聞言增惕。不一置辨。更見小心。蓋魏廣微所擬也。楊漣疏尚留中。葉向高等請幷發參議。乃下漣疏。切責其尋端沽直。向高語左贊善繆昌期曰。楊大洪疏何易也。渠于上前時有匡正。上嘗攫飛鳥。渠不令上。小璫賜緋。叱而禁之。亦誠慤人也。蓋向高懼禍。謀兩全。竟不能力持。

乙酉。丁元薦爲尙寶司丞。

故吏部尙書梁夢龍。贈少保。予祭葬。

給事中傅櫆陳良訓御史張訥各疏攻趙南星左光斗魏大中鄒維璉等。俱有旨切責。

丙戌。故贈禮部□侍郎吳中行孫僊思廕監。

通州新兵譁戶部。急以漕折萬金餉之。

丁亥。行人左司副史記事爲尙寶司丞。

保定地震。壞城郭人畜。

以建昌道梗。命雲南試官如壬午科例。聽巡按徵辟。前遣官還京。

戊子。上御皇極殿。遣使各藩。册榮府仁和王由棓。咸寧王由榕。惠安王常漶。周府奉新王肅滋。代府吉陽王鼐金。

己丑。吏科都給事中魏大中等劾魏忠賢種種罪案。皇上引爲親裁。種種逆狀代爲分剖。卽楊漣疏列風聞之事。懷沖太子何以不育。裕妃何以自盡。皇上南郊之日胡貴人何以無疾而暴卒。是皇上身爲天子。而三宮列嬪盡寄性命于忠賢與客氏之喜怒。危如朝露。能不寒心。宜納憲臣之言。按忠賢之罪。斥客氏就外宅。下傅繼敎傅應星于獄。治其內外交通之罪。上以附會不問。

御史劉檏劾忠賢八罪。不聽。

太常寺卿胡世賞等劾魏忠賢。不聽。

江西道御史楊廷烈言。鄒維璉調部。同鄉之疏揭相尋不休。亡何而傅樾又波及左光斗魏大中。且借汪文言爲議論矣。乞皇上簡發諸疏會議。從之。

巡撫寧夏右僉都御史魏雲中請修復黃峽宿嵬諸口石關三道。蓋自哱劉亂後。虜乘機毀三關墩堡漸頹。我兵遂不敢上賀蘭山。我巡在外而虜反內之。上令如議。

壬辰。南京戶部郎中彭遵古爲南京光祿少卿。添註。

癸巳午刻。南方五色雲見。

葉向高等言。皇上誠念魏忠賢。當求所以保全之。莫若聽其所請。且歸私第。遠勢避嫌。以安中外之心。中外之心安則忠賢亦安。上以舉朝閧然。殊非國體。卿等與廷臣不同。宜急調劑。釋諸臣之疑

乙未。禮部□侍郎李騰芳憂去。進禮部尚書秉翰林學士。

詹事府禮部尚書翁正春等請令魏忠賢引退。以全旦夕之命。劉瑾汪直馮保諸人已有明鑒。語曰。權不可恃。威不可遏。臣等又願忠賢之亟自裁也。不聽。

魏學洢曰。大釁既開。南北司訛言如沸。怵內者曰早朝將面奏。怵外者曰宮中事將面鞫。頗聞面奏之罪名驚駕。則立擒楊公。方躊躕不輕發。而內已懼之。一日早朝羣衷甲以出。氣息怫然。甘露之變在旦夕而一時冢宰所推。次輔所擬。內又且唯唯相奉以求成。故諸君子姑緩之。鄉使持之益激。必面鞫。苟面鞫。皇上必袒內不袒外。外弱也。將起大獄。外强也。或致急兵。縉紳固因之塗炭。宮禁亦因之動搖。追咎者又未必不憾諸君子之過激也。

丙申。大雨雹。

皇子慈焴薨。諡悼懷太子。

丁酉。傅淑訓爲太僕少卿。

內官胡進等騎入禁門。仍傷守卒。命內官責降。

吏科給事中陳熙昌以魏忠賢事。閣臣宜一力擔當。効諸臣所不及効之忠。安可以調停了局也。不聽。

戊戌。楊應瑞爲□□將軍都督□□總兵。鎮宣府。

工部屯田司署郎中事員外郎南昌萬燝言。臣向承乏寶源局。目擊銅斤匱乏。人言內官監廢銅器不下數百萬。但一移文。旦夕可至。臣因移文請發。數月不報。三月二十八日具疏特請。忠賢益怒。旋出中旨。何得再請。嗟嗟。以廢銅鑄錢。令陵工早竣。未必非一節之忠。一事之效。何專制不發哉。臣猶記二月詣陵。過香山碧雲寺。見忠賢所營墓。彷彿陵寢。曾不以營墳墓之急而爲先帝陵寢急于廢銅鑄錢一事。靳一引手之勞而不以救萬分燃眉之急也。上怒其狂悖。杖之百。削籍。燝逮赴午門。先被毆。竟卒杖下。燝丙辰進士。崇禎初贈光祿寺卿。弘光時諡忠貞。

協理京營兵部左侍郎朱光祚言馬政。一領馬得人。一辨官軍之實。一增鑄營分大小印以杜虛冒。一車駕司勘合宜留意。一立國師。講葯飲針療之法。從之。

撫寧侯朱國弼論魏忠賢宜罪。命閒住奪祿三年。仍命錦衣衛逮書奏人及舍人。

庚子。陳宗契爲太常寺卿。高推爲少卿。

辛丑。南京太常寺少卿徐啓元致仕。進太僕寺卿。

壬寅。庶吉士胡尙英補檢討。

兵部覆兵科給事中吳弘業修屯設戍。疏言建昌以五衞八所扼四十八洞寨之蠻猓。額軍五萬有餘。屯糧五萬有餘。內地協濟糧米十三萬有餘。今僅存五千二百餘人。欲以禦千五百里之鳥道。其可得乎。今留永寧遵義兵萬餘。簡精銳戍越巂。亦急則治標之着。即以開路銀六萬爲餉。所薦僉事胡平表都司陳廷對。即留任鎭守建南。從之。

逮巡城御史林汝翥。杖之百。削籍。時內豎傅國與曹進等挾人命刼毆。汝翥杖之。司禮太監王體乾奏聞。旨下。汝翥亡去。閹人緹騎百餘。以葉向高鄉人。索于私第。環詢之。向高以聞。韓爌等亦言。元老無端被辱。且汝翥暫避不出。亦寧死皇上之杖。不死中使之毆耳。萬無逃理。亦不聽。亡何。汝翥投薊撫鄧漢。以聞。仍逮杖之。

霍州高時正家生豕。二身二眼。象鼻四耳四乳。

甲辰。命鴻臚少卿王守謙往關門勉留孫承宗防邊。

乙巳。刑科給事中傅櫆奏。僉駕帖原有常規。增差內官。大違明制。萬燝被毆。林汝翥不過畏內璫之兇鋒。恐不得以正命死耳。內官百十成羣。執之毆之。虧損聖德。莫此爲甚。上命今後駕帖如舊。文武官按品級輿騎。否即指奏。

丙午。禁京營冒兌官馬。從太僕卿黃運泰之請。

丁未。四川總督朱燮元俘僞都督李遠達等二十五人至京。

戊申。朱萬春爲左通政。

刑科都給事中李春燁等請罷魏忠賢并治內臣矯旨逮人擅毆者。不聽。

江南大水。巡撫應天周起元巡撫浙江王洽俱告災。

大學士顧秉謙請按田派米戶田萬畝派糴米千石。餘以次遞降。一議改折。一留關稅。一准贖罪。一減織造。下部議。

己酉。孫之益爲太僕寺少卿。

應天府丞桑學夔致仕。

庚戌。蕭毅中爲大理左寺丞。涂國鼎爲南京太常寺少卿。

辛亥。封光廟選侍傅氏爲懿妃。李氏爲康妃。

歐陽調律爲太僕少卿。張廷拱爲大理右寺丞。

敍薊遼撫夷功。滿桂楊元吉趙率教各進署都督僉事。進朱梅副總兵。閻守信游擊。黃應甲等守備。

壬子。彭際遇爲大理右少卿。

吏部主事徐爌行人周鏘主試河南。工科給事中熊奮渭兵部李繼貞主試山東。尙寶司卿姜志禮戶部主事熊師旦主試山西。

七月琰朔。順天巡撫右僉都御史鄧漢言林汝翥畏罪潛逸。懼如萬燝隕命羣璫之手。上命逮入杖之。

乙卯。御史潘雲翼言羣璫毆死萬燝有傷國法。

辛酉。大學士葉向高引去。

壬戌。兩廣總督胡應台言廣州民變。以米貴由于私販。毆知府程光陽。辱及按臣。立斬首亂五人乃定。

朱光祚爲工部尚書。總理河道。南師仲爲南京禮部尚書。

癸亥。御史劉廷佐言。皇上杖熼。猶可言也。皇上爲忠賢杖熼。不可言也。忠賢得旨而杖熼。猶可言也。令羣璫自寓至午門毆斃。不可言也。

六科廊災。

御史李應昇訴萬熼之冤。言祖宗養士二百餘年。一言觸忤。褫辱身死。豈所以作忠而勸士哉。夫緘口以待遷。厚利也。危言以招戮。實禍也。身死而天下悲其忠。虛名也。舍榮妻子肥身家之計。而博此虛名。將焉用之。況乎傷殘遺體。備諸楚毒。以從龍比于九原。此魏徵所以不願爲忠臣也。廷杖重典。殊失士心。爲左右計則得矣。聖德寧不重傷耶。

乙丑。南京給事中楊朝棟論魏忠賢罪。已。御史趙應期楊玉珂交劾之。

己巳。太常寺卿盧大中言。祀典宜明。謂關羽所封三界伏魔大帝神威遠鎭天尊。查往牒亡據。詢其所自。云萬曆甲寅年。中官奉衮冕併神號。謂特封者。並不牒部。今舊典無稽。非所以昭祀事而安神靈也。

庚午。南京太常寺卿申用懋言。其父萬曆時定儲之功。

辛未。太常寺卿鄒德泳言。申時行同官進揭冊立。時行獨上書言曰。昨日之揭。臣不與知。只此數字。時行之罪定矣。尚何言哉。

丁丑。南京兵部尚書陳道亨右侍郎岳元聲等合言。忠賢惡貫既滿。必不可容。楊漣疏詞逼眞。必不可棄。此豈盡仇于忠賢而比昵于楊漣哉。凡以公聽並觀。見忠賢假心小勞。恣其大逆。邇來朝政參差。國勢搶攘。物力凋耗。豈無召致而然。乞將忠賢罪狀。即賜處分。不聽。

辛巳。召閣部吏科河南道至乾清宮大殿。時上鼻衄。諭視學俟明年行之。

八月癸未朔。甲午。左都御史孫瑋卒。瑋渭南人。萬曆丁丑進士。遺疏薦劉一燝鄒元標王紀孫愼行鍾羽正曹于汴文震孟滿朝薦等。乞行錄用。贈太保。謚□□。

時推楊漣署印不報。御史李先春請總憲簡推品望。以給事中陳良訓疏補總憲。諭取在朝俸深者。意戶部尙書李宗延也。故先春及之。

太常寺卿鄒德泳上列朝講筵芳規正錄八則。

丙申。夜月食。

戊戌。禮科給事中霍守典劾都督李承恩乞恩乘轎之違例。

壬寅。給事中羅尙忠言內廷之留中漸多。刺及忠賢。

癸卯。高攀龍爲左都御史。

給事中王鳴玉劾葉向高陳長祚。

辛亥。李維禎爲南京禮部尙書。

九月壬子朔。敕各省搜訪志傳備史館。從御史劉芳之請。

刑科都給事中李春燁爲湖廣右參政。

己未。工部尙書陳長祚免。

庚申。貴州巡按御史傅宗龍奏誅安氏黨陳其愚。其愚凶狡多計。至是伏誅。

戊辰。督師太學士孫承宗疏救楊漣熊廷弼王化貞。求末減遣戍。又云。經撫不可兼設。廷弼化貞政兼設之害。致兩相牽而不得盡。向使任一人以責其成而事不中制。人不多言。彼一人其何說之辭。至于修卜年。姑付臣爲招降之用。如其事有可疑。臣從軍中法。易行耳。諭楊鎬等。朕姑待以不死。佟卜年果係軍機。再密奏定奪。

刑科給事中顧其仁等請誅遼左失事之臣李維翰楊鎬熊廷弼王化貞。

左都御史高攀龍劾兩淮巡鹽御史崔呈秀貪穢。命奪秩勘奏。

吏科都給事中魏大中御史陳九疇參晉撫謝應祥。力言其不可用。謂郭尙友謀晉撫以賕之也。

庚辰。馮從吾爲工部尙書。

十月壬戌朔。乙酉。曹于汴爲南京右都御史。

己丑。戒諭百官。敕曰。近日蹊徑歧分。意見各別。愛憎毀譽。附和排擠。大臣顧惜身名。動思引去。小臣占風望氣。依違自合。職業不修。政事隳廢。當由紀綱不肅。結黨徇私。以至于此。特戒諭爾等。滌慮深思。更絃易轍。

辛卯。巡撫河南右副都御史程紹。遣副使張夢鯨進玉璽。云九月乙卯臨漳人邢一奉耕于漳河西得之。螭紐。方四寸。厚三寸。重一百十兩。篆曰受命于天既壽永昌。議告郊廟。羣臣稱賀。頒詔天下。賜程紹張夢鯨金幣。

壬辰。吏科都給事中魏大中御史李應昇劾魏廣微驕蹇。祀太廟不至。被糾悻悻。疾視諸臣。廣微遂引疾乞休。

甲午。會議陳九疇參謝應祥及魏大中夏嘉遇相訐事。上以謝應祥于魏大中有師生之雅。事屬自欺。且去輔專以門生招議。大中欺朕幼沖。把持會議。夏嘉遇陳九疇互相攻訐。成何政體。大中九疇嘉遇各降三級調外。給事中沈惟炳疏救。降一級謫之。

丁酉。吏部尙書趙南星乞休。許之。

命鴻臚寺官諭留魏廣徵。

己亥。左都御史高攀龍罷。

辛丑。戒諭羣臣。有元兇已放。羣小未安之語。

壬寅。給事中許譽卿等申救趙南星。謫之。

丙午。前大學士朱國祚卒。國祚字兆隆。秀水人。萬曆癸未進士及第第一。授修撰。己丑。分校禮闈。辛卯。歷洗馬諭德。丁酉。轉左庶子。戊戌。陞禮部右侍郎。壬寅。陞吏部左侍郎。淮養病。庚申。起南京禮部尚書。以原官兼東閣大學士。進武英殿。贈太傅。諡文恪。

申用懋曰。易有之。鶴鳴而子和。豚魚以中孚。旨哉斯言。蓋至誠未有不動物者。格心納牖。亦由斯道也。已三朝鼎革之際。人所難言。士大夫俱以意氣相高。務名而不務實。計身而不計國家。孰若朱太傅門可羅雀。淸芬自遠。而名實孚于上下。卒先幾完節以去。非至誠惡能若是乎。及當事變。宛轉壎篪。聊存國是。而于宗社至計。不惜讜言以回主聽。洵哉仁者之勇矣。

己酉。吏部右侍郎陳于庭。左副都御史楊漣。左僉都御史左光斗。削籍。時推喬允升馮從吾爲太宰。謂黨庇也。吏部郎中張光前。御史房可壯。袁化中。並調外。

十一月辛亥朔。王天瑞進永寧侯。郭振明進博平侯。

甲寅。責輔臣票擬失當。近乞肩輿。乞進侯卿。概應如響。平章謂何。追念去輔在時。或未肯屑越乖舛至此。復諭次輔勿坐視依違。

乙卯。四川總督朱燮元加兵部尚書。毛文龍爲左都督。

辛酉。諭督師大學士孫承宗留鎭關上。可急還山海。以求入朝賀也。

壬戌。以崔景榮爲吏部尚書。李宗延改吏部尚書。署都察院。

己巳。大學士韓爌引罪乞休。許之。初。葉向高與魏廣微相左。臨發語朱國楨曰。南樂內有所恃。咄咄逼人。不得不避。蒲州更非其敵。必不能久。子宜早爲歸計。卒如其言云。

壬申。給事中陶宗道言四事。愼起居。去疑衷。愼民命。鑒下情。降三級謫外。以疏有旁蹊借徑語也。

諭。近例轉各官多不公。徐大化孫杰可陞京堂。霍維華郭興治賈繼春楊維垣俱起原官。以御史潘士良署河南道。許宗禮爲吏科都給事中。

上出內帑六千金。給宛平大興煮粥賑饑。

十二月辟朔。征南將軍黔國公沐昌祚卒。自隆慶三年嗣爵。領鎭五十六年。命其孫啓元代鎭。

甲申。巡撫陝西右僉都御史宋槃奏兩當民變。殺知縣牛得用。

己丑。周希聖爲南京戶部尙書。

癸巳。雲南巡撫閔洪學言。沐鎭莊田。臣前疏爭之。爾時逆料其害。奉旨不必遽更。今逾一年矣。驛騷更甚。乞命有司徵收。以救此一方民命。莊田仍該鎭徵收。嚴戒員役不許生釁。

丙申。御史張訥劾趙南星壞政十罪。上命張訥指其事。言南御史王允成改北。臺綱何在。鄒維璉程國祥夏嘉遇調部。亦壞成規。上是之。命俱削籍。初。訥兄樸營陞巡撫不得。故憾南星。

禮科給事中李恒茂劾北闈貢士周鳳翔王良佐翁兆雲沈必成康九經劉世科浙人。李喬春張應祺江右人。黃鼎徽人。並竄籍。宜奪命回原籍。俟後科會試。

壬寅。大學士朱國楨罷。初。蘇松兵備朱童蒙箠死告災者。民大閧。遂引疾。國楨擬票允。朱延禧擬擢京堂。國楨遂引去。

刑部尙書喬允升罷。

以黃克纘爲工部尙書。郭尙友巡撫保定。張樸巡撫大同。

癸卯。應天地震如雷。

乙巳。命史記事李炳恭丁元薦賀烺沈應奎仍照計典革仕。毛士龍削籍。王元翰李邦華閒住。孫鼎相魏大中回籍聽勘。汪文言仍逮治。文言善刺人陰事。喋喋可聽。早出必夜分始歸。昏夜叩諸貴之門。言無不從。方得志横甚。舉朝皆震。以一見奬借爲榮。及逮獄。苦拷不承。然忠賢已預爲爰書。列所惡姓名以上。人猶稱之曰奇男子云。

巡撫應天右僉都御史周起元削籍。以疏救同知楊姜悖旨曲庇。及前劾朱童蒙也。

# 國榷卷八十七

乙丑天啓五年

正月⿸虍東朔。左諭德繆昌期罷。

辛亥。許崔呈秀復官。

甲寅。給事中李魯生言朱童蒙疏論講學。亡何例轉。遽以病去。皇上特旨留之。而周起元參疏至矣。諸奸傾陷正人。動曰中旨。夫旨不自中而誰出哉。執中爲帝。宅中者王。而旨不得稱中。必由汪文言之關說。王安之交通閣部之雷同而後爲旨。則旨眞外矣。自小人得志。屛逐忠良。如阮大鋮陳爾翼張素養李嵩張捷等。或例轉。或病去。願皇上再起之。命召阮大鋮等。

丁巳。南京禮部尚書李維楨引疾去。

壬戌。戶部主事譚世講。先任順天推官見劾。遂奏辨。下吏部重論。

戊辰。南京吏部考功郎中王象春削奪官誥。兵科陳維新糾之。

壬申。吏部舉卓異閔夢得等二十四人。

甲戌。改首善書院曰忠臣祠。從兵科給事中李魯生之請。

前太僕少卿劉宗周削奪官誥。以矯情厭世也。時削籍者並奪告身。

乙亥。董其昌爲南京禮部尚書。李養正爲刑部尚書。

左副都御史喬應甲言三朝輿論漸明。略曰。吏部職司用人。趙南星年老昏蔽。爲羣小所欺。舊淮撫李三才。君子中其魔術。小人利其重賂。世界三十年。不使一日寧靜。科臣章允儒謂鄒維璉先嘗尙寶璽卿。繼嘗浙江提學。遂入爲考功。覆疏年例多出其手。汪文言罪人。南星開釋葉向高題授內閣中書代李三才嘗陸南星何如人。豈非欺皇上乎。謝應祥推山西巡撫夏嘉遇于會推前一日。吏科都給事中魏大中請嘉遇見署河南道袁化中南星何如人。豈非欺皇上乎。陳九疇薦疏謝應祥師也。大中門生也。高攀龍爲南星京房之門生。師居吏部。門生當察院。爲拾遺計。用大中。又用化中。化中入臺第一疏保鮑應鼇曹于汴等。皆三才黨。南星知之乎。王德完忠臣。大中以德完會推不舉三才。疏參之。南星知之乎。會勘九疇之疏。同事則高攀龍。案呈則鄒維璉。矢口舉大中。曰品高如山。冰山乎。太山乎。嗟嗟南星昏耄。臣敢糾正如此。

丙子。禮部右侍郎何如寵引疾。命閒住。謂實錄未竣引疾規避也。

丁丑。喬應甲言時局門戶。略曰。歷年枚卜。傳自宮詹。外廷不與焉。李三才任淮撫十三年。加總督尙書。謀大拜。當年授意南道段然。疏有祖制廢弛已極。內外登庸宜均。蓋爲三才地也。嗣是議論蜂起。有保三才。復有參三才。有保而參。卽有參而復保。此門戶所繇分也。後三才贓私難掩。又匿陳增稅銀。出一奇策。借勢顧憲成投閣部院三書。書從宜大巡按吳亮封入疏內。臣東林人也。又保三才。臣一言以蔽之曰。不負此東林之名所自來也。今幾二十年。私人推戴。力排公論。有東林則有羽翼。張問達假門戶以翻局。趙南星假門戶以固局。乞皇上查段然吳亮之疏。付之史館。爲時局門戶之證。明日。應甲又言科臣傅樾臨去疏有李三才託汪文言行賄謀陞。房可壯特薦取旨如寄。可壯之薦三才云。人言三才奸雄。臣特患不奸雄。一時正氣直臣交章參劾王德完吳殿邦徐揚先周宗建皆參三才。與魏大中爲敵。此外朱欽相劉弘化張捷徐景濂乞各疏付史館。明白記載。

戊寅。慶陵成。進孫承宗少師兼太子太師。顧秉謙朱延禧少傅兼太子太師。魏廣微少保兼太子太傅。廕中書舍人。舊輔葉向高加上柱國。朱國楨進少師兼太子太師。內臣俱廕。惟魏忠賢廕都督同知。工部尙書柳佐等各陞賞有差。

己卯。南京兵部尚書陳道亨罷。

二月庚朔。湖廣山東江西福建主考官方逢年等各鐫三級謫外。以策問語譏刺也。

甲申。大學士顧秉謙魏廣微主禮闈。

大理寺丞徐大化言聖政宜常以攻趙南星。遂命錄用。

乙酉。許何熊祥王承光推南京卿貳。申用懋推巡撫。幷起朱一桂陸卿榮王佐秦聚奎汪慶伯徐揚先郭鞏劉廷宣邵輔忠姚宗文范得志。

丁亥。貴州巡按御史傅宗龍言。撫臣王三善太剛則折。督臣楊述中太柔則廢。易曰。二人同心。其利斷金。今二人不能同心。是以有輿尸之凶。然撫臣全城捐軀。卽以功論可也。謂督臣忌撫臣以爲孤注。兵無後勍。糧餉不繼。陷撫臣于死。而督臣疏辨。謂三岔斯蜡鴨池陸廣檄道將四路並進。非以撫臣爲孤注也。至于悞聽奸猾之口。言撫臣被執不死。則督臣昧心之言也。撫臣死矣。督臣不可不議罰也。

大學士顧秉謙魏廣微主禮闈。得貢士華琪芳等。

貢士童學顏准會試。從大理寺丞徐大化之請。

戊子。御史劉廷佐鐫三級謫外。以黨救考官也。

辛卯。偏沅巡撫右僉都御史李仙品太常寺卿李應魁應天府丞楊廷筠被劾罷。以南京給事中楊朝棟糾之。時糾及王之臣。魏忠賢以魏廣微薦之。言之臣邊才不易得。仍任。廣微通內之札簽云內閣家報自惜薪司太監王朝用轉達。

工部郎中徐在中。免同官門洞開發其奸私。仍聽勘。

丙申。巡按山東御史魏光緒。以薦察處鄒縣知縣郭人吉。鐫三級謫。

辛丑。命京堂自陳。張鶴鳴申用懋王永光許弘綱商周祚俱需用。徐良彥鐫三級。從御史崔呈秀疏薦也。

癸卯。前南京吏部尚書余懋衡引疾。許之。

南京□□道御史張錫命薦阮大鋮。

乙巳。下李承恩鎮撫司。以擅用赭黃袍龍盒等。承恩係世廟寧安公主子。魏忠賢利其宅。不應。誘蒼頭以衷服龍爪者告東廠。承恩方赴宴。被執。掠其家赭黃袍一。實先年公主優人物色。且渝竟論死。

刑部右侍郎王之宷削奪官誥。御史楊維垣論其倖功冒進也。

三月。配朔壬子。工部主事曹欽程論周宗建私引邪黨吳煥張愼言肆毒同臺。安仲盜曹縣庫三千金。後令石三畏查出。劣處王官李應昇專護法東林。黃尊素薦座師鄒維璉。有旨並削奪官誥。宗建愼言仍下撫按追贓。蓋愼言自壽張調曹令入臺。繼任曹守勛後則石三畏。三畏貪墨。以文選郎中張元芳爲愼言同鄉。疑其劣己。故嗾欽程劾之。

劉璞涂世業黃公輔萬言揚盧化鰲並削奪官誥。刑科給事中霍維華論之。

癸丑。王在晉爲南京吏部尚書。王永光爲南京兵部尚書。畢自嚴爲南京右都御史。

甲寅。上幸太學。內臣魏忠賢王體乾皆賜坐。大臣不得賜茶。

丁巳。烏撒叛目安效良寇霑益。炎方不克。副總兵袁善宣撫使沙源力戰。敗之。

戊午。命逮募兵御史游士任下鎮撫司。并熊明遇孟淑孔。以給事中薛國光劾士任侵餉。熊明遇黨庇也。

御史喬承詔鐫三級謫。以悞舉解經邦不遵旨回道託疾。

辛酉。禮部右侍郎張鼐削奪官誥。謂詐疾要名也。時閣推纂修實錄官。

補吏科給事中陳胤叢。禮科給事中陳爾翼。山東道御史李嵩。福建道御史張捷。山西道御史高弘圖。貴州道御史楊春茂。雲南道御史張養素山東道御史馬逢皐。

甘肅巡撫右僉都御史李若星削奪官誥。以汪文言引其五千金開府也。

壬戌。前尚寶少卿丁元薦卒。元薦長興人。萬曆丙戌進士。授中書舍人。數言事。己亥中考功法。庚戌。起官廣東布政司經歷。遷禮部主事。又言事去。以氣節講學名。

癸亥。策貢士于皇極殿。賜余煌華琪芳吳孔嘉等進士及第出身有差。

乙丑。御史崔呈秀頌魏忠賢助修城。廕都督僉事。賜敕以旌。

白所知爲工部尚書。管左侍郎事。

戊辰。貴州總督蔡復一言將領故違節制。士兵倡叛逃潰。損失二千餘人。參總兵魯欽劉超失律。初。欽超克巖頭寨。乘勝深入至織金敗績。

命太監王敏政胡良輔封李倧爲朝鮮國王。道皮島。賜毛文龍金蟒。又金四萬。蟒紵一百二十。以備賞功。

己巳。謝啓元爲大理寺丞。

太僕寺少卿王尊德言黔師大潰。命提督移住遵義。黔撫更推。

御史王大年薦范濟世徐景濂岳駿聲俞維宇。從之並起原官。

薊遼總督□□□□。吳用先并罷。

甲戌。貴州總督蔡復一免。以總督川湖陝西兵部尚書朱燮元兼貴州。

李長庚爲戶部尚書兼右副都御史。巡撫天津督理糧餉。

乙亥。命逮楊漣左光斗袁化中魏大中周朝瑞顧大章。同汪文言追訊其受賄各官。趙南星王之寀熊明遇惠世揚毛士龍繆昌期鄒維璉黃龍光黃正賓鄧漢李若星盧化鰲徐良彥錢士晉施大德並削籍。命撫按勘問。共追贓六萬金。

談遷曰梟鳳不共音。薰蕕不共臭。汪文言以胥史之賤夤附王安。其人何足數者。或泣或笑。託護國本投合善類。羣噓競詡。諸君子獨不思元良久定。羽翼何爲。卽耆舊如四皓。端謹如李泌。無所容毫髮之力。文言憸而貪。國家事反資彼擁植耶。雖黨論箝鍛。清流可濁。而失足鼠輩。借叢依窟。請問通貨。不云全誣。人必自侮而起。諸君子于九原。諒無爲辭責也。

四月戊戌朔。辛巳。汪文言死于獄。

甲申。周應秋爲刑部尙書協理部事。

丙戌。刑科給事中霍維華言三朝慈孝無間。一代實錄當稿。上是之。命毁監生楊維休私刻泰昌日錄。宥李可灼戍。

前總督兩廣兵部右侍郎何士晉削奪官誥。工科給事中虞廷陛吏科給事中黃承昊論其黨護王之寀。

癸巳。南居益爲工部右侍郎。總理河道。王之臣爲兵部右侍郎。總督薊遼。

戊戌。阮大鋮爲太常少卿。

余大成補兵部職方郎中。禮科給事中葉有聲劾前大學士劉一燝私囑職方郎中余大成事。命一燝奪官誥。

庚子。復王業浩游鳳翔御史。高攀龍削籍。鳳翔例轉廣州知府。上言方高攀龍夤用。臣有濫膺濫官濫起之疏。故忌臣。囑夏嘉遇外補也。

甲辰。前御史方震孺削籍。逮入。戶科給事中郭興治劾其黨庇熊廷弼也。

乙巳。御史田景新曾應瑞各論總督張我續及職方郎中方孔炤。削奪官誥。

五月帆朔。少詹事錢謙益及□□沈正宗削奪官誥。御史陳以瑞劾之。

庚戌。兵部尚書趙彥罷。商周祚為兵部右侍郎總督兩廣。朱欽相為右僉都御史巡撫福建。

命徽王之宷贓二萬金還鄭養性京師。從前刑部郎中岳駿聲之奏。

浙江巡撫右僉都御史王洽罷。

烏撒叛目安效良敗回。至清勒值水西安邦彥兵至鹽倉。復攻霑益。效良者。邦彥之親也。順逆惟水西是視。水藺皆叛。滇撫閔洪學以兵力不足。暫縻之。令擒賊自贖。效良亦佯順。擒安應龍以獻。至是見黔師出陸廣。滇師入霑益。有撫背扼吭之勢。遂合藺水霑益安南諸部三十九營直攻霑益。副總兵袁善宣撫使沙源力戰五日夜。破走之。

壬子。右庶子葉燦光祿寺卿錢春遵化道按察使張光縉並削籍。御史門克新論其黨比仇正也。

起毛堪添註大理右少卿。彭宗孟山東道御史王志道汪慶百並添註太常少卿。劉廷元徐景濂郭如楚張捷並添註太僕少卿。錢策南京太僕少卿。添註王建泰張九賢並刑部主事。范得志南京刑部員外郎。俞繼宇廣西左布政使。

御史崔呈秀請括保定河間民兵。鎮江備倭軍需。并嚴追贓捐助。于是檢括帑羨。勒派助工。陪京郡國。所在騷然。

丁巳。詹事府禮部尚書翁正春罷。

己未。守制吏科都給事中劉弘化削籍。南京太僕寺卿吳炯罷。以御史石三畏劾弘化貪橫黨奸。炯失身獻媚也。

禮科給事中楊所修奏明三案宜倣明倫大典。命史臣成書以示天下。

庚申。賊至馬龍。副總兵袁善擊破之。斬三千餘級。已犯尋甸。又敗之。

南贛巡撫右僉都御史李戍名疏謝。犯御諱。免官。

癸亥。御史周維持糾趙彥及其子昌胤受賄。劉惟忠險□。俱革職。張問達招引王之宷。姑閒住。周嘉謨倚庇王安。削籍。

乙丑。上祀北郊回。卽幸西苑。泛舟太液池。身自刺舟。二璫佐之。相顧歡笑。若登仙然。忽風起舟覆。俱墮水。內豎譚敬入水救上。二璫皆淹斃。

復李桂芳都察院司務。原中考功法。至是奏辨。

丁卯。刑科給事中杜齊芳論南京太常少卿陳幼學衰冒勒免。

禮部尙書翁正春罷。

庚午。太常寺少卿甄淑削籍。光祿少卿張光秀罷。御史汪裕糾之。

前禮部右侍郎徐光啓罷。吏部驗封郎中馮時來削奪官誥。御史智鋌參光啓招練無功。時來贓私狼籍也。

辛未。高第爲兵部尙書。

六月丁丑朔。傳制各藩。吏科都給事中陳熙昌冊封光澤王。

延安大風雪三日。是歲大饑。人相食。

戊寅。御史宋師襄薦盛以弘。以私濫謫外。

禮部尙書蕭雲舉罷。

庚辰。濟南飛蝗蔽天。落處秋禾蕩盡。

辛巳。太常寺少卿龐僖罷。御史陳世俊參其邪黨。

兵部左侍郎張鳳翔削奪官誥及廕。御史陳朝輔參之。

壬午。御史田景新糾次輔朱延禧。

延綏巡撫右僉都御史翟鳳翀削籍。

太僕少卿孟習孔南京太僕寺卿趙健罷。御史卓邁參之。

廣東巡按御史胡良機不候代出境削籍。

乙酉。起商周祚兵部右侍郎兼右僉都御史總督兩廣。

王紹徽爲左副都御史。

丁亥。四川道御史李喬崙南京江西道御史陳必謙前吏部稽勳郎中張國紳並削籍。仍奪喬崙敕命。刑科給事中潘士聞參其邪黨。

戊子。大學士朱延禧罷。

霸州道兵備副使王維章削籍。御史倪文煥論其貪虐。

庚寅。翰林檢討姚希孟削籍。南京光祿寺卿游漢龍罷。工科給事中楊所修參之。

南京兵部左侍郎岳元聲罷。

鄖陽巡撫右僉都御史畢懋康前吏部左侍郎李騰芳削奪官誥。御史王際逵論之。

司禮太監韓世祿劾□□知縣唐紹堯貪墨忤法。逮官逮之。大理寺丞劉思誨□□胡永順爲紹堯力辨。並鐫三級謫。

壬辰。黃汝良周如磐爲禮部尚書署理詹事府。

丁酉。選庶吉士楊汝成等十八人。

削奪前禮部尚書王圖巡撫遼東右僉都御史程正己吏部主事程國祥禮部主事趙昌運南京光祿寺少卿彭遵古御史李日宣官誥。□□御史劉弘先劾其黨邪之源起陳于庭補廣西道。姚祚端補福建道。王雅量補四川道。游鳳翔補南京廣東道御史。

庚子。九門提督太監金良輔劾御史倪文煥擅杖官軍。有旨切責文煥。

前御史田一甲言臣前糾孫瑋李三才胡忻朱光祚等。今值纂修之候。豈容遁于一字之斧鉞。命宣付史館。工部尚書朱光祚太常寺少卿胡忻並削籍。錄一甲京堂。

吏部□□司□□劉行義王任杰罷。御史周維持參其贓私。

七月朾朔。南京刑部尚書胡應台罷。御史莊謙劾其黨趙南星。

楊漣周朝瑞左光斗魏大中顧大章袁化中下鎮撫司獄。令五日一訊。徵贓。下方震孺刑部獄。

辛亥。太僕寺卿韓策汪先岸削奪官誥。御史袁鯨參之。策爲南星所引。先岸與文言同宗也。

癸丑。北鎮撫司許顯純等奏請楊漣等送法司追贓定罪。有旨楊漣等黨庇熊廷弼。淪沒封疆。且納賄招權。移宮一事。陷朕不孝。罪惡滔天。許顯純等何擅求送部。明屬徇私。還着嚴比。不得寬縱。

諭刑部。罪囚陶朗先游士任方震孺唐紹堯等角巾色衣。非法。于是主事林曾引罪。

刑科給事中杜齊芳請卹故貴州巡撫王三善。不許。

歙人蔣應陽嘗事熊廷弼。版授守備。至是候廷弼于獄。東廠詗執之。以疏揭弓矢等云妖書不軌。奏入獄營謀。

命重論魏忠賢以得奸功各廕一級。

封容妃任氏。

前太僕寺少卿何棟如戍滁州。以募兵于浙。使遼東侵餉也。

庚申。前左副都御史楊漣卒于獄。漣應山人。萬曆丁未進士。令常熟。治最。擢給事中戶兵二垣。歷今官。負氣節。買勇敢任。獄卒承指盆死之。有絕筆同獄孟淑孔藏焉。許顯純幷殺淑孔。又火其血書百八十字。珠商某記之得傳。血書云。漣今死杖下矣。癡心報主。愚直仇人。不爲張儉逃亡。亦不爲楊震飮藥。欲以性命歸之朝廷。不圖妻子一環泣耳。訊問之時。枉坐贓私。殺人獻媚。五日一比。家傾路遠。交絕窮途。身非鐵石。有命而已。雷霆雨露。莫非天恩。仁義一生。死于詔獄。難言不得死所。惟我身受顧命。託孤寄命。臨大節而不可奪。持此一念。可以見先帝。對二祖十宗與天下萬世矣。漣沒。仍下撫按錄其家。德安知府李行先設簿募完。應山知縣夏之彥捐資助納。崇禎初。贈右都御史。加贈太子太保。謚忠烈。

陳仁錫曰。痛哉楊公。刀鋸殺之生前。借題殺之死後。勒追以殺子孫。塗抹以殺青史。邪橫以殺人心。其柰人倫天道何。然子孫賢不可殺。青史嚴不能殺。人心活不敢殺。則亦自殺其心而已。卒之全給謚廕。建祠賜額。而後知楊公之死。死而生矣。向之譊譊訾訾。自謂生榮者。今安在哉。

談遷曰。詔獄諸君子。楊文孺氣最勀。禍最憯。而死亦先之。方其兵垣上書。又光廟特召對。預于顧命。瑣臣之奇遘。孰逾文孺。宜感奮而不顧其身也。排闥定位。移宮避嫌。俱首自文孺。眞有杜延年李固所不敢望者。事定之後。諸人影附響集。欲共其功。議論相尋。始而衍。中而激。末而潰于朝廷。不惟蛇之足。且爲梟之聲矣。嗚呼。文孺自足死。餘死者卽同難。或未同其心也。

錢謙益曰。初羣小謂移宮之名正。故坐贓罪殺公。公死後大舉鉤黨。轉相連染。死徙廢禁。逮捕相望。乃爲閹定三案。刊要典。借公爲質的。以欺誣天下。而羣小所以殺公之本謀始大露。然後知公之死不死于繫閹而死于移宮。定計殺公者。非操刀之閹。而主張三案之小人也。世之議公者有三。曰以移宮貪功。夫以先帝之長主。操心慮患。猶不免入鄭李之彀中。況幼沖之君。付婦寺之手乎。女主專制。何啻阿母。羣閹連結。豈第一忠賢．議者不深惟國家之大憂而徒懷婦人之仁．惋惜選侍于蹌踉出宮之頃．斯已淺矣．漢廷欲窮治趙昭儀。議郎耿育謂不當覆校省內暴露私燕。空使謗議上及山陵。自古事關宮禁。憂國奉公之臣動而禍從。挾持邪說者往往剽竊經術。依附長厚。動以離間訐揭爲詞。幸則爲撤簾。不幸則爲移宮。一成一敗。何常之有。萬曆之末。指翼儲爲沽名。天啓之初。目移宮爲生事。讒夫儒臣。異口同喙。此可爲歎息者也。曰以交奄鈞旨。奄亦人臣也。懷恩。覃吉。可與振。瑾同科乎。王守仁。楊一淸。不嘗用張永乎。先帝二十餘年之儲宮。三旬之堯舜。皆賴此老奴之力。移宮之議。與朝論相表裏。雖欲與安異。其將能乎。當熹宗出乾淸時。安擁于後。英國奉右。閣臣一燝奉左。公奮出班行。手格羣奄。盈朝之人。咸屬耳目。是可謂之交結乎。當安用事時。公不以此時通關致公卿。乞身引退。及其身沈灰冷。顧乃黨附枯骨。與刑人腐夫爭衡。取滅亡之禍。善結交者如是乎。曰以攻奄激禍。譬如猛虎。一搏不中。飛而擇人。則曰虎本不噬人。是搏者之爲也。其可乎。緼裕妃。害皇子。危中宮。此朝廷何等事。而公奮筆書之。彼雖凶豎。亦破膽矣。公死之後。封爵踰上公。祠廟窮四海。卒以篹移鼎之謀。正參夷之罰。公一疏逆折之也。閣老門生之訴。交媚于公。朝刊章錄牒之籍。競獻于私室。用是氣壯手滑。瞋目語難。今沒藜藿不採之功。而議一掌湮河之失。逢奄者不以敎猱正罪。而擊奄者欲以撩虎追罰。爲此言者。是與于奄之甚者也。其知公者則曰。以公之才之志。身秉數器。惜未盡其用。以死。夫爲人臣。託孤寄命。奠安社稷。其爲用亦不小矣。不咀藥以自屛。不引刀以斃君。慷慨對簿。從容絕命。千載而下。讀枕中嚙血之書。殆未有不正冠肅容。傍徨涕泗。相與敎忠而勸義者也。議公者固失之矣。惜公未盡其用者。亦豈知公者哉。

前陝西道御史康丕揚上言。聖政日新。有旨。丕揚爲沈一貫鷹犬。今借端圖用．下廷議。

甲子。兵部右侍郎李邦華。御史李日宣。吏部員外郎周順昌□□林枝喬並削奪官誥追贓。毀其講學書院。御史倪文煥劾其東林巨魁也。

丁卯。吏部尚書崔景榮罷。命以李宗延回部代之。

癸酉。李三才顧憲成曹于汴等並削奪官誥。于汴除籍。御史石三畏論京察三才也。

前大學士韓爌削籍。

兵科給事中李魯生請枚卜不拘資序。蓋陰爲少詹事馮銓地也。

薛三省爲禮部尚書。

八月丁丑朔。辛巳。追奪故戶部郎中李璞故刑部郎中于玉立贈官。以御史安伸言也。

毀天下書院。削奪鄒元標孫愼行馮從吾余懋衡官誥。罷鄭三俊畢懋良。以御史張訥言也。

前吏科都給事中魏大中卒于獄。大中嘉善人。萬曆丙辰進士。自行人擢給事中。歷工戶禮三垣。崇禎初贈太常寺卿。諡忠節。

談遷曰。魏孔時好立廉隅。居嘗韋布。峭厲絕俗。意見褊滯。能當其意則蹠蹻爲廉。識拘而跡峻。一見汪文言奸情僞貌。遽相激賞。汲引同輩。來此紛紜。雖面目無媿。而追原禍始。要自有繇。長子學洢扶其柩歸。得疾死。後議者并以孝旌。凶事偶會。務極標榜。嗚呼。東漢黨籍。其家人獨無死者乎。何以當時失傳也。

甲申。以緝奸人蔣應陽功。加廕魏忠賢一級。

前左僉都御史左光斗卒于獄。光斗桐城人。萬曆丁未進士。自中書舍人擢御史。歷大理寺丞少卿。同邑阮大鋮與魏大中爭掌吏垣不得。大鋮遂附馮銓。傾光斗等。崇禎初贈左副都御史。錄一子入太學。弘光時諡忠毅。

談遷曰。左中丞被禍同于楊魏等。崇禎更化。獨靳其易名。末年奏請天子詰所以待者。一時不敢明其說。予嘗聞之士大夫。中丞在西臺。多通少介。視畿輔學政。不絕請託。故較諸人有遺議焉。然其大節烺烺人目矣。

戊子。諭內閣曰朕自去歲以來屛逐兇邪。厲精圖治。而秉軸大臣。莫爲分憂共念。如楊漣左光斗等移宮一事。背先帝之深恩。陷朕躬于不孝。又熊廷弼等喪遼辱國。寸斬尙有餘辜。而楊漣左光斗各納賄求脫。卽五刑不足以伸其法。而在朝大臣。持祿養交。徇私避禍。但顧子孫之計。不圖社稷之安。朕方率循舊章。而曰朝政日亂。朕方祖述堯舜。而曰大不相侔。致言路各官承望風旨。緘口結舌。無敢聲明其罪。國家養士。竟何賴焉。自今以後。務改過自新。共維國是。掃淸門戶。專力封疆。再有陰懷觀望。借題報仇。或揑蜚言。希圖翻案。朕按祖宗紅牌治以欺君之罪。

周如磐以原官兼東閣。丁紹軾黃立極爲禮部尙書。馮銓爲禮部右侍郞。並兼東閣大學士。

乙未。前御史袁化中卒于獄。武定州人。萬曆丁未進士。誣坐贓六千金。崇禎初贈太僕寺卿。廕監。弘光初謚忠愍。

　高汝栻曰。狄梁公承反而人服其智。諸公承贓而死。人固有幸不幸焉。說者謂追比之日。何不一死。嗟乎。鉤黨禍起。陳蕃劉郃李雲謝弼之儔。死掠案者不可勝數。虞詡一日之中。傳拷四獄。獄吏勸自引。詡曰。寧服歐刀以示遠近。假令當時有求多者。引繩批根不休。幾不得與絕吭之息夫躬爭優劣矣。今視數公何如也。悲夫。

戊戌。王紹徽爲左都御史。徐大化爲左副都御史。吳宗禮爲南京刑部尙書。

大學士魏廣微予告。廣微旣罷相。具厚禮于魏忠賢王體乾等。及至家。又各以厚餽彌縫之。恐呈秀等下石也。

禮部尙書林堯俞罷。

殺蔣應陽。先一日日講畢。輔臣丁紹軾等出刊有像遼東傳。俱云此熊廷弼。作此飾功冀生也。上覽之怒。諭內閣亟加兩觀之誅。庶快萬民之憤。

壬寅。殺經略兵部尚書熊廷弼。傳首九塞。時旱。刑部山東司主事張時雍奉駕帖至獄。廷弼知有異。櫛沐出胸囊一謝疏。時雍曰。爾不讀李斯傳乎。囚安得上書。廷弼曰。此趙高言也。廷弼江夏人。萬曆戊戌進士。授保定推官。進工部主事。改御史。按遼。卜其變。視南畿學政。進大理寺丞。宣慰遼東。進侍郎。再鎭遼。每就讞。王化貞賂市人羣詢廷弼。頌化貞。流聞大內。其冤終崇禎朝不白。初坐贓十七萬。妻陳氏繫辱縣廷。江夏知縣夏爾玉索其子貂裘帽。番布古玩不遂。脅之。長子兆璉自刎。崇禎己巳。次子兆璧訴冤。大學士韓爌揭奏。始收葬。

高汝栻曰。廷弼慷慨揮霍有餘。涵養溫恭則不足。高言雄氣。不肯下人。世多以剛愎虛憍目之。自有遼事以來。再任經略。不取一金錢。不通一餽問。終日焦脣敝舌。與人爭言大計。視國如家。第以經撫見左。復與中樞宿怨。動輒掣肘。憤激坐視。遂膺顯僇。悲哉。然當事者亦無意卽殺。自楊左起而廷弼之死決矣。故曰。廷弼不死于封疆而死于時局。不死于法吏而死于奸璫也。璫謂不以封疆串移宮。則不能創大獄。不以封疆受賄誣諸臣。則不能作清流之陷穽。不殺廷弼。則不能借題追贓。加諸臣以身後之誅。夫貽悞封疆。伏法何辭。然終不死于封疆而死于時局。不死于吏議而死于奸璫。是以九泉之下。目不瞑耳。

談遷曰。吳殺伍子胥。宋殺岳武穆。亡國培敵。冤痛如新。熊氏之再鎭遼也。燃于垂燼。補漏救焚。屹焉金湯。令得究其用。卽全疆未復。何至捐河東而棄之。天不祚明。有王化貞以角。又祖以福清。及事在司敗。于廷弼意錮之。于化貞意矜之。然則殺廷弼者。獨逆璫之罪哉。福清先其意。逆璫後其權也。廷弼死。鎭遼者益非其人。卑其詞。誕其說。爲狡爲驢爲葸爲餒。計必盡擲之于強鄰。而社稷隨之矣。嗚呼。不意當今古而冤痛如子胥武穆也。

太監李永貞敍殿門功。自閣臣外。東廠太監魏忠賢。司禮太監王體乾等。協理侍郎胡世賞。巡視科道楊夢衮崔呈秀。郎中李養浩等。

太僕少卿田生金免。

九月辆朔。丁未。前太僕寺少卿周朝瑞卒于獄。臨清人。萬曆丁未進士。崇禎初。贈大理寺卿。廕監。弘光初。謚忠毅。

辛亥。呂飛熊爲戶部尚書總督倉場。

大理寺卿曹珍罷。刑科給事中潘士聞論其給假曠官也。

壬子。給事中吳國華糾曹欽程周詩雅熊江之貪險。上以欽程在陵不問。詩雅江及國華。以徇私並削籍。

癸丑。御史吳之仁巡關。幾致變。坐免。引疾。命閒住。

甲寅。前登萊監軍僉事佟卜年卒于獄。初卜年任河間知縣。有政聲。熊廷弼薦爲監軍。佟永年爲前鋒參將。壬戌四月。張鶴鳴行邊。誣通建州。遂逮詔獄。無實。坐流。時惡廷弼、併及卜年。下刑部獄刑部主事張時雍矯詔迫自盡。諸子亡依。遂從熊氏歸楚。

□□黃衍相削籍。以漏禁中語也。

□□闞光罷。

丁巳。前兵部左侍郎孫居相尙寶司丞史記事並削奪官誥。工科給事中虞廷陛論其黨李三才也。

前南贛巡撫梅之煥以出趙南星之門削奪官誥。戶科給事中陳序糾之。幷及孫居相賄膺節鉞。託言問餽。至二萬一千有奇。又票取共金九千餘兩。命撫按逮訊追贓。

戊午。總督河道工部右侍郎南居益削奪官誥。吏科給事中黃承玄論其倚黨蹤陞也。

右僉都御史楊鶴御史江秉謙夏之令削奪官誥。起蘇琰余合中林一桂原官。以御史卓邁疏糾薦也。

起邵輔忠順天府丞。姚宗文太常寺卿。各添注。起亓詩教趙興邦給事中。李徵儀牟志夔御史。

己未。削奪周道登官誥。以黨故。

壬戌。前吏部尙書崔景榮削籍。御史倪文煥劾之。

御史夏之令詆毛文龍幾誤封疆。命逮之令及中書舍人吳之瑞海運通判吳世科。並下詔獄。世科以千金寄弟之瑞。事覺。後並戍。

癸亥。禮科給事中解學龍翰林編修侯恪削奪官誥。御史智鋋疏糾。

顧秉謙推周道登纂修實錄。不許。以黨人削籍。

前武庫員外郞顧大章卒于獄。常熟人。萬曆丁未進士。前爲刑部主事時。稍右廷弼。祖化貞者怨之。遂株及。坐贓四萬。崇禎初。贈太僕寺卿。弘光時諡裕愍。

丙寅。督輔孫承宗發兵襲耀州。初三岔河南鹽場堡建虜勤其地煮鹽。苦之。多逃。因圍其外。煮者陰乞師。副總兵魯之甲請乘巡河爲計。承宗令前鋒參將李承先左輔及之甲自右屯抵三岔河。約水將金冠姚與賢等明日渡柳河會二溝。先是兵部尙書高第與孫承宗相左。總兵馬世龍以第指止師。姚與賢等水師不至。承宗不知也。惟金啓宗以漁艇七至。遂渡之。三日渡纔八百騎。屯河畔泥窪中不能立。敵悉甲出葦荻間薄我。承先射死。之甲錢應科自溺。我騎失亡者半。左輔自上流至船城。船城人殺固山一。甲士數十。收生口五百有奇還。師忌者譁言遼之精銳十萬俱盡。兵部以聞。高第謁魏忠賢伏地而哭。忠賢薄之。

郁士俊曰。此時船城近東北。老敵聞變。遑遽思遁。無暇南下。若非忌者見阻。則蓋耀竟可復也。惜哉。

談遷曰。柳河之役。亦東征一奇也。自遼難以來。我曾無片甲翺翔乎河上。敵志積偷。今直搗耀城。諸校畢至。得賈勇先登。足褫其魄。而將相失懽。謀同築舍。一人鼓之。十人撓之。幸其敗以自全。嗚呼。將相調和則士豫附。自古識之矣。

丁卯。刑科給事中霍維華請採木開化縣之雲霧山。

御史張緋削奪官誥。以風聞妄奏也。
南京尙寶司卿傅宗皐以邪黨削籍。
壬申。在告兵部右侍郎李瑾。禮科給事中劉懋削奪官誥。御史趙胤昌論之。
括南京大內舊銅鑄錢。
賜魏忠賢客氏金印各一。篆曰欽賜顧命元臣忠賢印。欽賜奉聖夫人客氏印。各重二百兩。初萬曆中兩宮災。
燬皇后之寶。竟未補造。而閹媼特給。可異也。
太僕寺卿王佐罷。
逮惠世揚。仍追楊漣、左光斗、周朝瑞、魏大中、袁化中、顧大章遺贓。後世揚論死。
癸酉。李從心爲工部尙書總督河道。
甲戌。兵部左侍郎王國禎削奪官誥。御史李燦然參其久不赴官。
南京兵部右侍郎岳元聲削奪官誥。以邪黨。
□部郎中陳于堯、強思□□副使余新民下吏部重論。
直隸巡按御史兪思恂奏留巡撫鳳陽呂兆熊。不許。並罷之。
十月丙朔。皇子慈炅生。容妃任氏出。進任景春錦衣正千戶。
庚辰。南京光祿寺少卿文翔鳳、吏部文選司員外郎謝三選鐫三級謫。
被察御史康丕揚戍邊。初丕揚疏辨楚藩妖書二事。部覆上。以掃門權相。邪媚貪酷。久掛察典。削籍未盡其辜。
戍之。
福建巡撫右僉都御史南居益薦龍溪貢士張燮學行。

南京尙寶司卿傅宗皋工部□□張醇儒削奪官誥。□□呂濬罷。起何早御史

壬午。兵部尙書高第經略遼東。宣至文華殿。賜尙方劍及蟒玉金綵。

癸未。廕魏忠賢都督僉事。

庚寅。霍維華爲太僕寺少卿。

甲午。王永光爲兵部尙書。

乙未。刑部右侍郞朱世守大理寺丞楊一鵬兵部□侍郞劉策□□布政使陸完學俱削奪官誥。御史潘雲翼糾其東林遺奸也。

兵部職方主事徐日久削奪官誥。以妄奏總兵馬世龍也。

奪□□□□趙昌胤世廕。

己亥。前登萊巡撫右僉都御史陶朗先卒于獄。

庚子。詔曰。國家累德存仁。聞馨受祉。天必錫予胤嗣。以昌世衍祚于無疆。朕卽位以來。夙夜祗畏。罔敢怠荒。冀圖所以崇昭格而大庥美幸賴玄穹垂眷暨我皇祖皇考丕顯之靈。今十月一日誕生皇子。爲容妃任氏出。是日寶曆初頒。千官拜舞。而慶從天錫。喜自內傳。知爾萬方普同懽悅特援舊典用沛新恩合行條例臚列于左。云云。於戲。周嗣振振。敢忘仁厚之訓。堯天蕩蕩。用成雍洽之休。恪爾奉行。服我新政。

督師大學士孫承宗罷總兵馬世龍免。職方主事徐日久削籍以妄薦世龍譎之也。承宗雖嫻于兵。而方略疏焉。世龍便給瑣流。非大將才。畀以重任。人多議之。

壬寅。許弘綱爲南京兵部尙書。

兵部尙書高第經略遼東。裁巡撫。第抵鎭。檄撤錦右寧前之兵。捐關外地四百里。寧前道副使袁崇煥爭之力。

止罷錦右之戍及屯田兵民入于闕。

十一月辆朔。己酉。進任氏爲皇貴妃。進任景春爲都督同知。任應奎錦衣百戶。

御史邢紹德糾周如磐妻喪不朝賀。大不敬。

庚戌。南京工部主事劉志選劾葉向高。薦孫愼行。

辛亥。經略高第以戶部主事田吉改兵部職方主事贊畫。

翰林編修陳子壯及父吏科都給事中熙昌削籍。子壯以甲子主試浙江。程錄謗訕也。有庸主失權。英主攬權等語。

癸丑。大學士周如磐罷。

南京戶部員外郎胡芳桂言爲胡永順陸師贄易應昌誣陷。並削籍。

南京大理寺丞王命新鐫三級。謫寧夏巡撫右僉都御史郭之琮罷。御史佘城劾命新賄營京堂之琮妄議採銅也。

巡撫遼東右副都御史喩安性罷。

己未。逮揚州知府劉鐸。鐸詩三首書吉安僧本福扇上。髻棹禾邊祟山前。鳥欲飛。各人頭戴笠。百執項流緋。陽至君恩重。陰來國事非。崇禎明聖出。大木好垂衣。其一。本福走京師。錦衣衞田爾耕緝爲譏訕。幷逮鐸。

己巳。罷兵部右侍郎唐世濟。太僕寺少卿張潑□□□徐如翰。削奪官誥。

庚午。御史王時英劾浙江巡撫右僉都御史劉可法躐陞。前吏部文選司郎中唐暉貪婪。並削奪官誥。

工部□侍郎胡世賞罷。工部□侍郎王惟儉閒住。

通政使王孟震□□布政使李守俊□□參政蔣謹並削奪官誥。御史田景新劾之。

癸酉。前文選郎中莊欽鄰太僕少卿孫之益削奪官誥。

刑部右侍郎扶克儉罷。□□□□□聶心湯削奪官誥。
太常寺卿陳伯友大理寺丞蕭毅中削奪官誥。御史張樞糾之。
太僕寺少卿潘文罷。
甲戌。刑部主事彭參言東林黨蔽上以參原左光斗私人。遂與□□陳鑣□□徐日升並削奪官誥。
南京兵部右侍郎蕭近高前刑部尚書喬允升□□馬之服罷。戶科給事中薛國觀糾之。
十二月玄乙朔。丁丑。督理屯田右副都御史董應舉罷。
己卯。前太僕少卿馬孟禎河南道參議韓萬象前吏科左給事中方有度並削奪官誥。御史王業浩糾之。
吏部稽勳郎中劉廷諫文選員外郎孫必顯大理寺少卿韋蕃並削奪官誥。御史陳睿謨糾之。
辛巳。吏部尚書李宗延刑部尚書李養正罷。
癸未。吏部文選郎中金世俊江西按察使米萬鍾王繼謨並削奪官誥。世俊下撫按追贓。御史倪文煥糾之。
禮部左侍郎周炳謨。以前薦王之寀勸致仕。大理寺丞張廷拱以鑽營削奪官誥。御史石三畏糾之。并罷南京工部尚書沈儆炌。
乙酉。御史陳世俊劾南京兵部右侍郎郝名宦太僕寺少卿羅汝元光祿寺少卿王國瑚邪臣倖進。並削籍。
丁亥。禮部尚書薛三省罷。
戊子。太僕寺少卿歐陽調律前御史翟學程削奪官誥。禮部左侍郎公鼐罷。禮科給事中葉有聲糾之。
廣西巡撫右僉都御史董元儒太僕少卿倪應春削奪官誥。御史何可及糾之。
御史盧承欽奏清邪黨。劾大理寺卿曹珍狎主邪盟。屯田右副都御史董應舉侵撓鹽政。給事中李遇知薦舉獻媚。並削籍。

禮部尚書薛三省乞休。許之。

山西右□道□□劉永基遼東巡撫喻安性削奪官誥。薊鎮巡撫申用懋罷。直隸巡按御史洪如鍾糾之。

己丑。王紹徽爲吏部尚書。

癸巳。戶部主事李柱明盜北新倉粟下鎮撫司。

甲午。御史趙胤昌劾大學士丁紹軾模稜反覆。如柳河之敗。議馬世龍去留不決也。

乙未。大理寺左少卿吳之皡湖廣巡撫舒榮都御史鄭宗周工部員外郎何顯宗並削奪官誥。刑科給事中潘士聞糾之。

前吏部尚書趙南星戍振武衞。子清衡戍莊浪衞。

御史方大任□□□通判方學周□□汪應斗□□□王弘誥並削奪官誥。

丁酉。大學士周如磐卒于京師。莆田人。萬曆戊戌進士。改庶吉士。授檢討。丁未。校禮闈。壬子。江西主考。陞諭德。乙卯。應天主考。轉右庶子。丙辰。南京祭酒。己未。少詹事。辛酉。陞禮部右侍郎。協理詹事府事。癸亥。轉左。甲子八月。陞吏部左侍郎。乙丑六月。轉禮部尚書。以原官兼東閣大學士。贈少保。謚文懿。

御史練國事李玄王祚昌霍鍈楊新期並削奪官誥。吏科給事中趙興邦糾之。

戊戌。李嵩爲右僉都御史。巡撫登萊。

應天府尹談自省刑科給事中賴良佐南京禮部主事張篤敬並削奪官誥。御史劉弘光糾之。

太僕寺少卿劉蘭吏部□□郎中呂維祺工部□□郎中呂克孝南京戶部郎中董迯並罷。御史陳以瑞糾之。

南京通政使魏時應前吏部稽勳郎中戴澳除名。御史何廷樞糾之。

庚子。御史丘兆麟劾禮部右侍郎趙秉忠依權。御史劉芳邪黨。並削籍。

壬寅。江西道御史吳裕中劾次輔周如磐。裕中與熊廷弼有連。上責其逞私報服。詆大臣。廷杖之。削奪官誥。裕中卒杖下。崇禎初。贈太僕寺卿。

丙寅天啓六年

正月乙巳朔。周應秋改左都御史。起岳和聲右僉都御史。巡撫順天。

己酉。故御史方震孺永戍。

壬子。逐外戚新城侯王昇。

癸丑。陸卿榮爲右僉都御史。巡撫浙江。憂居未任。

工部□□兼太僕少卿曹欽程削奪官誥。所領陵工神木廠銀。算訖許歸。刑科給事中潘士聞論其不簡敗羣也。士聞與欽程同門。

談遷曰。潘士聞非稱端謹。猶以曹氏爲不簡敗羣。則欽程之穢擢髮難數矣。

丙辰。工部尚書黃克纘罷。克纘八旬重聽。魏忠賢侮之。

左副都御史徐大化論提督九門主事呂一奏。徐州管倉主事張璇。九江鈔關主事王行儉。北新關員外郎馮士杰。并請毀李三才張雲翼毛士龍生祠。

工部員外郎劉鱗長削奪官誥。以奔競也。

吏部覆起前遼東招練副使劉國縉。以糜帑被論。不許。

己未。諭內閣曰。皇祖早定元良。式端國本。父慈子孝。原無間然。而奸人王之宷翟鳳翀何士晉魏光緒魏大中張鵬雲等。乃借梃擊以要首功。我皇考因哀得疾。純孝彌彰。奸人孫愼行張問達薛文周張愼言周希令沈惟炳等。乃借紅丸以快私怨。迨朕纘緒正統相傳。奸人楊漣左光斗惠世揚周朝瑞周嘉謨高攀龍等。又借移宮以貪定策之勳而希非望之福。將憑几之遺言委諸草莽。以待封之宮眷視若寇仇。臣子之分謂何。敬忠之義安在。幸天牖朕衷。仰承先志。康妃皇妹。恩禮有加。凡三案被誣者。皆次第賜環。布列有位。嘉言罔伏。朝政肅淸。特允部院科道之請。命史臣編輯成書。倣明倫大典故事。輔臣少師顧秉謙□□□丁紹軾太子太保黃立極馮銓爲總裁。禮部左侍郎施鳳來右侍郎楊景辰詹事姜逢元□□□曾楚卿副之。戶部左侍郎徐紹吉左僉都御史謝啓元翰林修撰余煌編修朱繼祚張翀華琪芳吳孔嘉檢討吳士元楊世芳纂修。中書舍人喬煒秦之垣李相膽錄。擇庚午開館。名三朝要典。

甲子。尙寶司少卿范鳳翼大理寺丞姜習孔吏科右給事中孫紹統戶部主事傅梅戶部郎中吳鳴虞並以邪黨削奪官誥。御史曾應瑞論之。

薛鳳翔爲工部右侍郎。提督城守軍器。起房壯麗工部右侍郎。

戊辰。張樸爲兵部左侍郎兼右僉都御史。總督宣大山西。

□□陳庶以失儀削籍。

己巳。閻鳴泰以原官兼右僉都御史。整飭薊鎭邊備。巡撫順天。

建虜統西虜渡河五六萬騎攻寧遠。副使袁崇煥倡總兵滿桂參將祖天壽副總兵朱梅等力禦之。連發西洋砲相持三日夜。敵氣沮。退走灰山。斬二百六級。初虜勢張甚。人心惶駭欲遁。自崇煥堅拒。氣始振。關外九城得屹然拱護山海。□□永平通判義烏金啓倧用大礮卻之。因中火毒創死。贈山東參議。子玉振廕錦衣千戶。

大學士周如磐卒。

吏部□□□□夏之令卒于獄。

二月艸朔。丙子。御史高弘圖言東事方殷。請暫停營建。不許。

李春燁爲兵部左侍郎。郭允厚添註右侍郎。時推靳於中閎洪學。不允。

己卯。總督兩廣商周祚言禮部以各省提學關防篆犯御名改鑄。惟江西山東山西未換。今廣東亦應改鑄。從之。

御史石三畏削籍。以條議輕率。薦舉失當。

禮科給事中李恆茂削奪官誥。疏內悮山西爲山東。

甲申。寧遠獻捷。

己丑。前太常少卿曾汝召參政魏士前及前降編修方逢年檢討顧錫疇丁乾學給事中熊奮渭郝士膏章允儒主事李繼貞並削奪官誥。士膏仍追贓。南京□□道御史徐復陽所劾。

惠世揚論死。

御史田唯嘉遷限三月。餘削籍。

庚寅。奪故太常寺少卿鮑應鰲贈光祿寺卿。故太僕寺少卿陳大綬贈光祿寺卿。亦徐復陽疏絕黨根也。

廕魏忠賢都督僉事。仍宜付史館。工部左侍郎崔呈秀言其觸事懷忠也。

辛卯。前御史張愼言坐監守自盜。永戍肅州衛。從山西巡撫柯㫤之讞。

談遷曰。曹欽程之誣陷諸君子也。俱下詔獄死。獨張侍御就訊撫按。或勸其擣椒自隨。不之聽。陽城令擬黜戍補伍之日不得家別。一觸嚴網。殆無人理。嗚呼。罪疑維輕。侍御殆不幸中之幸也。

逮前□□道御史周宗建左諭德繆昌期。

李思誠爲禮部尚書。董可威爲工部尚書。畢自嚴爲南京戶部尚書。張鶴鳴爲南京工部尚書。仍太子太保。

癸巳。故廣南知府周維翰。贈參政。以家人瘴沒。撫按閔之。請卹。

戊戌。孫杰爲工部右侍郎。協理殿門工程。

御史倪文煥疏中外諸臣助餉。

海運通判吳世科以千金寄弟中書舍人之瑞。事發。並戍。

起許弘綱南京兵部尚書。

來宗道爲南京禮部尚書。詹事府禮部尚書錢象坤罷。

癸卯。郭鞏爲大理寺□少卿。

是月。建虜攻覺華島。焚右屯。共燬糧七十萬石。總兵楊麒不救。島將姚與賢李士登王錫斧王鰲李一葵張其性翟繼皋徐國蕃金士騏俱敗沒。

三月乙卯朔。遼東總兵楊麒削籍。山海關主事陳祖苞免。工部左侍郎崔呈秀論麒應援不前。祖苞科索取怨。

東廠獲遼人武長春。云娶前南京禮部郎中洪敷敎女月餘。女夭。繼李永芳女入京覘伺。遂重論。長春實狎妓李鳳兒。爭之見誣。敷敎後推保定守。不許。敷敎辨其非婿。不過以遼宦僅一人。祈緩死耳。

逮應天巡撫右僉都御史周起元。前吏部員外郎周順昌。左副都御史高攀龍。御史李應昇黃尊素。浙直織造太監李實參其邪黨貪婪也。實迎魏氏意。空奏印。入其黨劉若愚草上。株及松江知府張宗衡同知孫應崑。

丙午。經略兵部尚書高第引疾免。

戊申。太子太保左都督魏良卿封肅寧伯。世襲。賜誥券。

武長春磔。

諭內臣出鎮。司禮太監劉應坤鎮守山海關。御馬太監陶文紀用協守。御馬監太監孫茂林武俊王滋朝分守中軍。並駐山海關。時閣臣進揭。兵部尚書王永光等特疏。吏部尚書王紹徽等公疏止之。丁紹軾又再揭。以爲分將吏之精神。害一。掣戰守之肘。害二。文武相害。陰嗾鼓噪。害三。且太祖禁內臣不得典兵。世宗罷除鎮守。今何遣也。上覽之心動。欲寢而首揆意右內臣。工科給事中虞廷陛入內閱。工魏忠賢問閣部云何。各相顧未發。馮銓曰。上意已決。卽行何害。

庚戌。袁崇煥爲右僉都御史。巡撫遼東山海。

廕魏忠賢都督同知。時有質蟒幣于外戚王仲良者。廠校索之不得。逮械死。

辛亥。劉志選爲南京府尹。

己未。前左都御史高攀龍卒。無錫人。萬曆己丑進士。聞逮。寫遺表。固緘。囑子世儒事急啓之。給家人寢。丙夜。整衣冠投于園池。表曰。臣雖削奪。舊係大臣。大臣受辱則辱國。故北向叩頭。從屈平之遺。君恩未報。願結來生。云云。又別友人。東僕得從李元禮范孟博遊矣。一生學力到此亦得少力。心如太虛。本無生死。何幻質之足戀乎。崇禎初。贈太子太保兵部尚書。諡忠憲。

庚申。南京戶部右侍郎區大倫應天府尹。魏說削奪官誥。河南道御史何早論邪黨漏網也。

御史牟志夔請追張問達贓。命責十萬助餉。

給事中亓詩敎免。御史李懋芳論之。

辛酉。蘇人以周順昌淸惠數著。聞其逮也。羣毆從校李國柱死之。官置顏佩韋等五人于法。後人葬于虎丘。名五人之墓。

癸亥。王之臣爲兵部尚書兼右僉都御史。經略遼東薊鎮天津登萊。閻鳴泰總督薊遼。

翰林學士成基命罷。以久依門戶也。

□□□鄭崇光□□□周大成罷。□□□汪汝祥□□□汪澍削奪官誥。從閣臣之請。

禮部主事畢自肅爲寧前道參議。兵部職方主事孫元化贊畫。

丙寅。□□□姜逢元罷以呈身門戶也。

己巳。刑科給事中周洪謨罷以久依門戶也。

魏忠賢廕都督同知。以捕盜功。

四月癸酉朔。丙子。工部左侍郎崔呈秀兼右僉都御史。從御史田景新之請。

應天巡撫右僉都御史毛一鷺巡撫御史徐吉言蘇州民變。上切責之。

兵部右侍郎熊明遇巡撫順天右僉都御史鄧漢考功郎中鄒維璉巡撫宣府右僉都御史徐良彥並改戍。右通政黃龍光戍邊。僉妻往。

給肅寧伯一萬九千金治第。工部尚書董可威爲請。

己卯。命南京守備太監劉敬楊國瑞遣胡良輔劉文耀嚴應天淮揚鹽運司各庫銀約百五十餘萬助工。

癸未。周宗建繆昌期下詔獄。

甲申。孫國禎爲太僕寺少卿。

戊子。敍寧遠功。進顧秉謙太保。廕錦衣正千戶。丁紹軾黃立極馮銓少保兼太子太保。戶部尚書武英殿大學士。廕副千戶。孫承宗改吏部尚書。廕正千戶。魏廣微副千戶。並世襲。魏忠賢廕都指揮使。劉應坤正千戶。胡良輔紀用陶文百戶。並世襲。王承光兼太子太保。正千戶。袁崇煥進兵部左侍郎。餘官如故。廕正千戶。並世襲。巡關御史洪如鐘候推京堂。總兵滿桂趙率教進右都督。世本衞副千戶。

己丑。御史劉大受王心一削奪官誥。大受違限。心一徇情結勘也。

壬辰。工科給事中虞廷陛言。要典告成。請禁天鑒錄點將錄初終錄同志錄石碣錄僞鑒錄等書。從之。時太監胡良輔從子岐山偵事吳興。蔡奕琛因邀至海寧吳中彥家同嘉興某成天鑒錄專許東林分注共五百七十人。托撫標把總某致之忠賢。行五千金謀召中彥。

乙未。下前御史李應昇鎮撫司。

丙申。故光祿寺丞劉光復贈太常寺卿。廕子入監。

戊戌。太僕寺少卿史弼削奪官誥。以素依門戶也。

南京□□道御史張繼孟削奪官誥。下法司追贓。大理寺正許志吉參其貪汚邪惡也。

命撫按逮黃尊素入京。初。錦衣千戶張應龍文之豹至蘇州。值民變。失駕帖而止。故有是命。自是不遣緹校。

庚子。吏部文選員外郎李白春削奪官誥。初。顧秉謙引之入銓。不以貨報。或曰。請俟異日。秉謙仰其堂曰。我老年須見物。安用此道學語也。

大學士丁紹軾暴卒。紹軾字文遠。貴池人。萬曆丁未進士。改庶吉士。授檢討。戊午。福建主考。歷贊善諭德庶子少詹事。纂修實錄。加禮部右侍郎。乙丑八月。陞禮部尚書兼東閣大學士。九月。敍門工。加太子太保。進文淵閣。丙寅三月。敍捷。加少保。改戶部尚書。進武英殿。四月二十三日卒。贈太傅。

五月壬寅朔。癸卯。左諭德繆昌期卒于獄。昌期江陰人。萬曆癸丑進士。選館。授檢討。遷左贊善。辛酉。主湖廣試。程策刺時。及楊漣劾魏氏。爲竄定奏草。又辭魏氏墓碑。益見忤。羅織瘐死。仍追贓。崇禎初。贈詹事。謚文貞。廕入監。

談遷曰。予讀繆當時自序云。福唐密揭諷上。准忠賢退歸私廨。過加優渥。上不失恩意。下明其退讓。兩得之道也。揭入。大拂內意。福唐懼禍。言此揭我門生所迫。流言應山之疏出于吾手。嗟乎。福唐名寬大。豈眞欲殺我耶。不過借以自解。而借福唐以用其殺手者更慘矣。辛壬之際。應山家居。見宮府可異事。不勝憤惋。癸亥之出。託少子于其執友。御老母以行。其矢志也。固不專爲江西事。然疏之上也。桐城方贊成之。而未幾徵于我。我答非草草。夫擊內者只爭呼吸耳。一不中而國家隨之。況今日內無永。外無文襄。可幾倖乎。桐城默然。應山疏上。逆知其有今日也。皆天也。

故左都御史贈太保孫瑋追奪官誥廕。陝西巡撫喬應甲劾其邪臣漏網也。

夕。鬼火見正陽門樓上。如數百螢火。合之如車輪。

丙午。前給事中毛士龍戍□□。僉妻往。文選員外郎夏嘉遇城旦。尙寶司卿姜志禮削奪官誥。嘉遇華亭人。萬曆庚戌進士。崇禎初贈太常寺卿。

丁未。王恭廠災。東自順城門。北至刑部街。壞民居萬餘區。男婦死者五百三十餘人。蓋火藥局驟發也。玄武門火神廟守門內臣聞樂音三疊。出自廟中。見有火毬滾出。騰空而去。衆方屬目。俄東城聲如霹靂。天地昏黑。上在乾淸宮。走避建極殿。御座俱傾。大殿工人墜死二千餘人。凡死傷俱裸露。衣服飄掛西山之樹。昌平教場衣服成堆。員弘寺街轎中女赤體無恙。石駙馬街大石獅飛出順城門外。

己酉。諭修省。

工部尙書董可威以火災折臂免。

大理寺左寺正許志吉。禮科右給事中張惟一各訐。

辛亥。薊州地中掘出二人。尙活。問之如夢。又掘一老人。亦活。俱京師飄墮者。州離京百八十里。

癸丑。改御用監外舍爲安民廠。移貯神器。

行人司行人臧炅如改名昇。

甲寅。太子太保兵部尙書王永光言修省之實。如刑獄繫生人命。董以士師。申以覆奏。誠謹之也。今罪囚半歸詔獄。追贓即以畢命。雖其人自不冤。而于好生之德毋乃未愜乎。甚至秋後與不時幷律。囊首與絞斬同斃。痛快之事。每千天和。自今以往。輕重罪囚。悉付法曹。使罹法者目覩自作之孽。比附者幸邀祝網之恩。罪疑惟輕者。或開其湔雪減免之一線。罰當其咎者。仍念其子孫父母之無辜。肅殺之後。繼以陽春。此其時矣。至于軍儲告匱。土木繁興。豈不知生財爲急。而急土木不如急軍儲。議搜括又不如議節省。今旣搜無可搜。括無可括。而瑣屑淩雜。盡以入告。竊恐焚林竭澤之後。能無魚驚鳥散之憂。請自皇極告成。暫停工作。悉以海內之物力。幷于軍前之輓輸。寢其屑瑟之誅求。益見聖心之惇大。俟疆宇廓清。再完堂構。未爲遲也。

丙辰。崔呈秀請停百官俸助工。從之。

丁巳。命外戚張國紀回籍。治喪例給祭葬。毋妄陳乞。

己未。納采女陳氏楊氏周氏。

辛酉。前御史黃尊素下鎭撫司。

乙丑。閣臣進三朝要典。

丙寅。朝天宮災。

薛鳳翔爲工部尙書。

□□□葉大受削籍。時吏部推職方郎中。旨謂其簸弄是非。排陷正人。

庚午。給肅寧伯地七百頃。

辛未。安南故都統使黎維新子維祺遣陪臣阮實陳有禮補貢萬曆四十五年四十八年。入鎭南關之昭德臺。拜謁如禮。

是月。貴州都指揮使張雲鵬擊安邦彥于趙官堡。大敗之。初邦彥率衆渡江。魯欽力禦之。因乏餉軍飢。欽自刎死。苗仲後助逆。貴州大震。巡撫傅宗龍遣兵攻河沙玀鬼。盡俘之。定番青岩白納苗蠻奪氣。繼遣雲鵬逆戰四日。賊潰歸。道路復通。後贈欽少保。謚□□。立祠。廕指揮僉事。

忠順夫人卒。即隆慶四年那吉妻來歸者也。以款市故。卹禮如忠順。

六月軒朔。大同地震。廣昌城傾。多妖祟。驚人。旬日始息。靈丘地裂出黑水。

丙子。□□□茅元儀削籍。時擬副總兵銜。元儀噉文名。游孫承宗幕下。

范濟世爲工部右侍郎。協理工程。

丁丑。皇子慈炅薨。謚獻懷太子。

雲南地震有聲。

壬午。諭羣臣毋挾縱橫之術。熒惑人心。自是詔獄諸臣益絕生望。

丁亥。詔曰。書言堂構。詩詠似續。朕自臨御以來。未嘗不寤寐深維之也。睠列聖相承在宥之宸居。迨世宗肇錫皇極之嘉號。爰及神祖。運值更新。乃物力雖豫于儲胥。而垂工尙稽于制作。留厥鉅典。畀在朕躬。追念先猷。敢後經始。乃者藉我宗祊社稷之休貺。與爾卿士庶民之胥從。六府鳩工。百靈受職。襄茲崇構。還乎舊觀。朕用諏于九月二十五日。肇稱殷禮。告成祖宗。莅見羣后。於戲。役非得已。永思志事之遺。居豈求安。式副纘承之重。顧名思義。建極敷言。俾予一人。嗣有令緒。亦爾萬邦之克有成勞也。特渙明綸。用昭盛舉。布告中外。咸使聞知。

戊子。太常少卿韓繼思罷。南京右都御史喬應甲致仕。

前太僕寺卿劉文徵卒。文徵雲南人。萬曆癸未進士。令新都。歷南京鴻臚卿。加今銜。

己丑。南京□□道御史劉之鳳罷。

前吏部文選員外郎周順昌卒于獄。順昌長洲人。萬曆癸丑進士。授福州推官。天啓辛酉。擢吏部稽勳主事。惟圖書一肩而已。壬戌。轉文選。陞員外郎。其下獄被拷。最英挺不挫。故死尤慘。崇禎初贈太常寺卿。謚忠介。

庚寅。三朝要典成。大學士顧秉謙黃立極馮銓禮部左右侍郎施鳳來楊景辰詹事孟紹虞曾楚卿戶部左侍郎徐紹吉左僉都御史謝啓元翰林修撰余煌編修朱繼祚張狆華琪芳吳孔嘉檢討吳士元楊世芳中書舍人喬煒通政經歷司知事李相共表上。御製序曰。嗟乎。小人之禍人國甚哉。指宮闈爲攘功之地。則翼戴莫出其先。誣君父以不美之名。則定策肯居其後。且事極常而故張之。踪本杳而故文之。或十餘年或五六年。幾成蜩螗沸羹之世宙。藉非皇祖皇考默牖朕衷。則眞是眞非。其何結局之有。當我世宗時。慮統嗣混而不得尊其親。故其書主于定大統。在朕今日。慮貞邪淆而將不免于誣其親。故是書主于剖大疑。令天下萬世覩是書而悟曰。前星立矣。藩封遣矣。即有風癲立付市曹。于國本無恙也。其無容疑者一。鼎湖之悼。實慕緣孝篤。疾以慕深。孰得以一月天子掩其爲千秋聖人哉。其無容疑者二。煢疚集蓼。此何時也。遺言未往。封號在心。宮自當移。寧俟偪而後移。其無容疑者三。雖朕中興之業不敢望世宗。或庶幾可免于戾乎。

甲午。前□□道御史周宗建卒于獄。宗建吳江人。萬曆癸丑進士。自德淸仁和令入臺。慷慨敢言。時諸君子在獄。榜掠甚苦。心知其貧。横坐贓。日葦梏于庭。鞭使入納。不應則繫家人。絕橐饘。攴牛。許顯純片紙入。立報氣屬。又戒毋即出。往往至腐骸目不忍視。崇禎初。贈太僕寺卿。謚忠毅。廕入監。

張溥曰。歷觀治亂。寺人之禍。無有大焉者也。東漢之季。小臣盈朝。破合柱。壞冢舍。發其奸私。勢宜衰止。一不振而海內賢人皆殞其手。況彼方炙者乎。自古外廷與內角。不閗一勝。豈盡不密者。繇其陰賊著心。禁近勢便也。周公踽踽。奮身以除左右之惡。不憚再三。欲匡王國而使正。公固不欲免。即欲免其可得乎。

高汝栻曰。亥子之際。縉紳盡與婦寺爲緣。獨公與婦寺爲難。此豈恃破柱埋輪之虛言哉。義氣所徵。實欲淸君側之惡耳。正人盡斥。逆黨盈朝。螳臂當車。祇成虀粉矣。其居常之言曰。七尺可輕。今果輕七尺也。七尺輕而名重如山。誰謂七尺之徒輕也乎哉。

己亥。命逮歙縣吳養春。養春世以貲雄。前與弟養澤爭黃山。巡按駱駿曾奏其半入官。旨不下。養澤沒。蒼頭吳榮得罪。脫入京。訐養春私黃山事。贓六十餘萬株。及富室程夢庚吳君實等。

庚子。兵部郎中吳淳夫論輔臣馮銓裘馬之習。仍在輕浮之氣未除。意欲太奢。交游不愼。致山人墨客。戶履爲盈。斷梗死灰。望門而至。蓋指門客程夢庚與茅元儀輩也。御史劉徽陳朝輔皆糾之。朝輔尤剴切。

雲南大水。

閏六月辛丑朔。京師大雨水。壞房舍。溺人。良鄉至城溺。武淸東安如之。

壬寅。浙江巡撫右僉都御史潘汝楨請立魏忠賢生祠。許之。初。杭州通判唐登儁專織幣。先祠之淸波門外。太監李實隘之。更創于北山。規制閎敞。囑汝楨祠額。時織幣缺額。且議採雲霧山木。汝楨意邀民困。遂疏聞。賜額曰普德。官守祠。沈堂錦衣衛百戶。

趙維寰曰。丙寅以後。中外鎭撫諸臣爲魏璫建祠。其議始自吾浙。潘撫不能力持。未爲无咎。然浙祠成于唐登儁。遂于李實。事在乙丑秋冬間。而潘撫蒞浙在丙寅四月。固風馬牛不相及也。矧意在爲民請命。與他省之無因獻媚者絕相遠。乃廟堂不深惟本末。竟以首倡重處。

大學士馮銓免。逮監生程夢庚。初。銓與崔呈秀相妬。呈秀伺其賄。輒示魏忠賢。遂陰遣人入銓家。刺其實。一日朝罷。語銓宜少絕吏兵部居間。謝無有。忠賢曰。若極富貴。寧少居間三千金耶。銓慚甚。忠賢退。叱田爾耕曰。大悞我事。此庸庸可作相耶。

談遷曰。焦芳劉宇之不容于瑾。魏廣微馮銓之不容于忠賢。橫閹頤指。轉盼易嚮。倖進者猶褰裳濡足以蹈之。何也。

太常寺少卿趙興邦罷。

前山東道御史黃尊素卒于獄。尊素餘姚人。萬曆丙辰進士。自寧國推官徵入臺。抗直見忌。年四十三。崇禎初。贈太僕寺卿。予祭葬。弘光時謚忠端。凡諸公死。俱出獄卒葉文仲手。後事敗。羣捶死。

劉一爆曰。熹廟乙丙之際。予安忍言之哉。予事先帝穆然仁主也。如水未波。自宵人入闕奥窔。貞良擯落。別用一番陰鷙貪戾之夫。物情大變。諸君子既不能牿牛豮豕于先。又不能孚號于後。徒以議論折乘墉問鼎之奸。此受禍之所以益烈也。國家二百六十年。閹禍三見。而誅殺任意。衣冠屠僇。怨血生燐。未有若今日之甚也。振瑾所事者長君。猶愳驪龍之寤。忠賢挾沖主。若朝委裘。何所顧忌。諸君子以夾日之苦心。而先罹失身之顯禍。不亦悲乎。卒之移山有力。蹈海無人。天子不名。羣情密附。稱功勸進之章。不減新莽。而神器屹然。天授有德。謂非公與諸君子之浩氣有以默攝之乎。

舒曰敬曰。魏閹內挾妖蠱。外樹羣小。蓄異立威。故雖天地告凶。而果于誅鋤。亦緣諸君子履虎撩蛇。第揚廷即戎是務。而孚號有厲亡聞焉。獨公超然遠覽。欲破方隅以通天下之志。而時無和者。未能通志。所以致命遂志。公復何憾。所憾者十五人相繼以死。國家元氣傷損實多。蓋至今日。妖氛蔽地。殺氣瀰天。夫非損傷元氣之徵應乎。則忠義之關繫世道者大也。公祖瓊。羅漢末黨禍。名節有自來矣。

談遷曰。黃眞長夙志耿亮。受螫閹嫗。昔人所謂恥不與黨也。聞之李實在浙。司房黃日新宗附眞長。日新譴死。所以觸其禍。小人不可與作緣。汪文言。黃日新。不殷之鑒耶。

丁未。謝啓光爲南京兵部右侍郎。

戊申。前福建道御史李應昇卒于獄。應昇江陰人。萬曆丙辰進士。筮仕南康推官。在西臺屢摘權貴。崇禎初。贈太僕寺卿。弘光時謚忠毅。

吳偉業曰。公以始生之氣。有爲之才。早負盛名。未歷强仕。雖天地否塞。竄逐流離。天下猶望以黨禁終開。足竟大用。而橫爲奸臣所陷。畢命牢戶。暴尸道旁。眼鼻蟲出。手足穿爛。獄中裂裳嚙血訣父手書。自言三十餘歲便作一世人矣。嗟乎。當終軍賈誼之年。而受陳蕃李固之禍。百世而下讀公傳者。未有不爲之太息而流涕也。

辛亥。順天府尹秦聚奎罷。

乙卯。戶科左給事中周之綱罷。以依附邪黨也。

戊午。下右僉都御史周起元鎭撫司。

己未。太常寺卿陳宗契罷。

癸亥。吏部尚書王紹徽免。御史袁鯨劾其贓私狼藉也。徽實淸介。但比暱小人。排陷正士。卒爲同類所攻。惜哉。

應天巡撫毛一鷺巡按御史徐吉報亂民顏佩韋等五人正法。

戶部左侍郎徐紹吉罷。職方郎中鄭履祥及吳殿邦削奪官誥。

丁卯。刑部尚書徐兆魁御史溫國奇罷。國奇爲劉鐸求寬于兆魁。又兆魁脫方震孺也。

刑部□侍郎沈演削籍。以司官開報舛錯也。

廕魏忠賢都督同知。總督薛貞頌其救火功。

是月。廣州大旱。

黔兵攻勻哈諸苗。初安邦彥之叛。藉其衆數掠淸平新添。至是都指揮使張雲鵬率兵攻擺沙大寨。乘夜襲破之。賊遁入箐。會兵復攻高平養古諸寨。斬首二千餘級。

七月。辛卯朔。江南北大風雨。驟涌丈許。

御史方大任罪城旦。

壬申。山海關大雨水。

甲戌。太子太保兵部尚書王承光罷。仍乘傳。

工部□□□李廷芳託疾免。

周應秋爲吏部尚書。

己卯。房壯麗爲左都御史。馮嘉會爲兵部尚書。薛貞爲刑部尚書。

刑部尚書蘇茂相爲督倉戶部尚書。戶部尚書李春燁爲戎政兵部尚書。

河決淮安。逆于駱馬湖。灌邳宿。

壬午。王繼曾爲尚寶司卿。

史孔吉罷。以高攀龍邪黨也。

李起元免。以郭允厚代之。黃運泰爲戶部尚書。督餉。

丙戌。戶部尚書趙彥罷。仍乘傳。

施鳳來張瑞圖李國𣚴爲禮部尚書兼東閣大學士。直閣。

丁亥。大理右寺丞呂鵬雲罷。

壬辰。□□□鄭崇光工部主事徐石麒削奪官誥。以鄉師黃尊素株及也。

癸巳。命湖廣給滇餉二十五萬金。

甲午。牟志夔爲大理少卿。陳胤叢爲大理右寺丞。

乙未。崔呈秀爲工部尚書兼左副都御史。仍督察大工。駱從宇曹思誠爲吏部左右侍郎。兵部武庫郎中吳淳夫改職方郎中。□□□□董象恆爲武庫郎中。

□□□□劉大錫削奪官誥。以周宗建邪黨也。

丁酉。袁可立魏應嘉爲兵部左右侍郎。

己亥。朱童蒙爲右副都御史巡撫延綏。

福建總兵俞咨皋議撫海寇楊祿楊策等。撫按皆從之。自是賊日熾。

八月庚子朔。丙午。下劉鐸方景陽等鎭撫司。初鐸事白。許還任。而同獄外戚李承恩之子端求鐸于御史溫國奇。囑刑書徐兆魁事泄。鐸復下獄。提督張體乾誣其同道士方景陽咀呪廠臣。令谷應選立逮治之。

御史侯恂給事中杜三策削奪官誥。時例轉科道劉之待周宗文王會圖杜三策張鵬雲侯恂。竟削恂三策。

辛亥。郭鞏爲兵部右侍郎。魏應嘉添設左侍郎。

鶴慶姚安地震。

癸丑。鎭沅石屏州地震。

乙卯。張體乾進都督同知。谷應選參將。

庚申。南京刑部尙書吳宗禮罷。

雲南千崖宣撫司火星如月。隕聲如砲。

壬戌。總督兩廣商周祚進紅夷砲十。初萬曆末紅夷船沈。砲已解京三十二。尙存其十也。

甲子。追程夢庚等贓十三萬六千金。吳養春六十餘萬。其黃山木價三十餘萬。俱助工。廕魏忠賢世錦衣指揮使。

聶愼行爲吏部主事。

通政使馬從龍請告。勒致仕。

丙寅。永昌地連震。

丁卯。殺揚州知府劉鐸。廬陵人。萬曆丙辰進士。鐸未識方景陽。羅織成獄。蓋刑部尙書薛貞意也。鐸對辨。貞曰。今時圖身之功名。何他人爲。鐸曰。一時功名有限。千秋淸議難逃。貞大恨之。崇禎初薛貞抵死。贈鐸太僕寺少卿。

高汝栻曰。詩辭卽眞。不過語言文字罪耳。何至詔獄。詔獄矣。而審非其筆。旨復原官。可以去矣。居間關說何爲也。惡得無罪。獨怪司刑者讀聖賢書。爲天子執法臣。不能以去就爭。而殺人媚人耶。夫殺人何事。咀呪何律。豈兩造不面質。祇一紙成案。忠賢設俎而貞鹽之薪。忠賢操刃而貞授之柄。是何忍也。

大理寺副董懋中爲南京尙寶司丞。

戒外戚張國紀省改。下徐自强等刑部。順天府丞劉志選希璫意劾國紀恣肆。謀陷國紀。因撼中宮也。

前登萊巡撫右僉都御史武之望許還里。

陳王庭爲太僕寺少卿。彭汝楠爲太常少卿。

廣西按察副使曹學佺削籍。毀其所撰野史。

左副都御史劉廷元言三朝要典允稱信史。光廟實錄亟須裁定。上是之。

九月[illegible]朔。吏部□□司□□周文煥免。

上傳太僕寺卿顧慥久疾家居。罷之。各官年衰者。各宜恬退。

南京工部右侍郎盧大中罷。

癸酉。刑科給事中黃承昊削奪官誥。

兵部職方郎中吳淳夫兼太僕少卿。

□□□□姜雲龍削奪官誥。

甲戌。大理寺丞余合中罷。

丙子。曹思誠爲吏部左侍郎。汪煇仍以左侍郎攝右侍郎。兼侍讀學士。

禮部右侍郎兼侍讀學士錢龍錫通政使倪思輝太僕寺□卿徐如珂巡撫福建右僉都御史朱欽相並削奪官誥。

趙紱爲通政使。毛一鷺謝啓光爲南京兵部右侍郎。啓光添設。李逢節爲南京工部右侍郎。

熊廷弼前餉關外十七萬二千金。下撫按錄其家助工。以御史梁夢環清核遼餉也。

辛巳。通政使韓國藩須之彥並門戶削奪官誥。通政右參議楊紹震加通政。使呂圖南爲南京右通政使。

廣西巡按御史王政新罷。以疏薦曹學佺也。

壬午。雲南巡撫右僉都御史閔洪學請優忠勤土司安南長官司沙源進宣撫司。龍在田設爲昌明土巡檢司。王顯祖設爲龍馬土巡檢司。各給印。吾必奎改襲元謀土縣丞。從之。

前應天巡撫右僉都御史周起元卒于獄。字仲先。海澄人。萬曆辛丑進士。授浮梁知縣。鋤强扶善。廉威茂著。乙巳。調繁南昌。羨鍰悉置學田。葺書院。壬子。授湖廣道御史。侃侃敢言。會攻東林之議起。起元敢之。丁巳出爲廣西桂平參議。癸亥。陞太僕少卿。尋陞右僉都御史巡撫應天。丙寅春。李實特疏誣陷。逮入卒。崇禎初贈兵部左侍郎。廕監。弘光時謚忠惠。

甲申。王侃爲光祿寺卿。

庚寅。蔣一驄爲尙寶司丞。

辛卯。李待問爲右僉都御史。總理糧儲。巡撫應天。

壬辰。大學士顧秉謙免。進太師。廕尚寶司丞。行人護歸。秉謙老悖無恥。媚事忠賢。餘輔效之。褒諭益溢。

□□都轉運使汪承爵削籍。以劾商抗璫也。

刑部左侍郎吳中偉乞休。許之。進尚書。時老臣多涅鬚。中偉獨否。

談遷曰。吳司寇。廉靜人也。不可則止。既允蹈之。而虐燄方騰。箝網彌布。如劉鐸之獄。主以薛貞。設張釋之徐有功值此。當堅不署案。時未聞吳司寇之輟筆也。薛貞反坐。吳亦匱嗣。或難以無知委之天道耶。

甲午。上御皇極殿受朝賀。諭停刑。

章光岳爲南京太常寺少卿。

□□□□蔡獻臣以黨罷。

□□少卿王守謙。寺丞霍景壽。外使騷驛。並免。

丁酉。奴兒哈赤死瀋陽。子噶竿立。

十月庚子朔。魏良卿進肅寧侯。世襲。賜誥券。太監劉應坤紀用。巡撫袁崇煥各加廕世襲。

孝陵衛指揮李三才請立魏忠賢祠。許之。賜額溥仁。

莽賊偪車里宣慰司。直攻上江。執宣慰司刁韞猛及子召河璇而退。莽酋召霸浪烏罕者。昔莽應禮之後。曰莽。曰緬曰阿瓦。其巢穴曰擺古。曰翁隆。曰洞吾。即緬甸宣慰司。去車里六千餘里。莽侵孟良府。孟良求助于車里宣慰刁韞猛。遣從子召控章援之。故今報復。刁韞猛年八十餘。急于求解。出美女金幣戰馬餌之。莽酋知其子召河璇有女召烏岡。色絕。責獻之。充以他女。莽怒來攻。巡撫閔洪學奏其事。曰。西南諸夷。其大者三宣六慰。今三宣無恙。而六慰安在哉。以六慰言。其一緬甸宣慰司。即緬也。其一車里宣慰司。又一曰八百。一曰木邦。一曰孟養。一曰老撾。各自雄長。犬牙相制。嘉靖初。緬甸爲孟養所滅。其酋莽紀歲舉族皆死。惟莽瑞體兄弟數人走兎。入洞吾。因纂洞吾。卽緬甸宣慰司。借其兵力復仇。日漸强大。四面吞併。拓地幾萬里。嘉靖末滅八百。萬曆八年擄孟養酋思過。再以十八年逐思過。遂滅孟養。十年擄木邦。再以三十二年擄罕葢。遂滅木邦。以嘉靖間破老撾之纜掌。撾已失東偏。惟西偏僅存。未服屬緬。然亦久不通中國。六慰旣盡。勢將及于三宣。爲今之計。卽未能輕開緬釁。亟宜聯絡諸夷。諸夷分之則渙而弱。合之則聚而强。昔緬滅木邦而不能有也。以思禮食其地。滅蠻莫而亦不能有也。以思線食其地。所用仍天朝印。今緬擄車里之酋。未遽有其地。必將更置其夷長。立所愛者而去之。而車里之人未心帖也。諸夷之勢旣聯。則車里之釁亦有可乘。或不難相機而取事也。得旨。緬釁豈可輕開。聯絡諸夷。隨宜處置。不必罷敝中國。從事荒徼。

談遷曰。阿瓦車里之搆禍。自萬曆四十四年車里被兵。曾未請救。瓦兵一至。棄寨而奔。至泥首受縛。蓋車里在嘉靖間兵敗于緬。已折而入緬。故有大小車里之號。以大車里應緬。小車里應漢。閱中丞請問罪于緬。亦不過建白塞責耳。果爾興師。去滇八千里。又李宓南詔之覆轍也。

壬寅。南京□□道御史徐復陽削奪官誥。以居官賄聞也。

癸卯。左都御史房壯麗予告。

甲辰。錦衣衞都督同知徐本高。都指揮僉事沈光裕。削奪官誥。以本高門戶。光裕素惡也。

丙午。以皇極殿功。太子太保肅寧侯魏良卿進寧國公。世襲。給誥券。賜田三百頃。歲祿二千五百石。

壬子。工部員外郎鮑思忠乞恩加陞。不許。

豐城侯李永祚請內臣出鎭登萊。監督軍餉。

敍殿功。太監魏忠賢廕都督同知。賜金五十。幣四。王體乾梁棟石元雅涂文輔李實劉應坤李永貞俱錦衣指揮僉事。世襲。金同。幣三。餘劉忠等百戶。尙書周應秋李思誠薛貞房壯麗馮嘉會閻鳴泰李春燁郭允厚薛鳳翔俱進太子太保。嘉會廕錦衣指揮僉事。鳴泰仍總督。春燁仍協理京營。允厚鳳翔廕入監。俱賜金三十。幣二。崔呈秀爲太子太保左都御史。世廕錦衣指揮僉事。仍監督工程。賜金五十。幣三。工部尚書董可威侍郎李康先加二品服。駱從宇劉遵憲袁可立俱賜金三十。幣二。徐大化孫杰爲工部尚書。署左侍郎事。范濟世爲左侍郎。仍署右侍郎事。賜金幣如前。□□□張繼美□□□吳汝胤駙馬都尉侯拱辰惠安伯張慶臻陳偉□□劉天錫□□□費天澤俱金四十。幣二。傅應星李誠銘進太子太傅。金幣如上。魏士望爲都督僉事。李國貞馬允升鄭源鄭其心吳自勉王承恩李嘉訓張體乾郭欽俱金三十。幣一。李文烈王家賓管鳴珂張承祿俱金十。楊夢袞爲工部尚書。仍督工程。賜金二十。幣二。郭興言陳維新楊文岳王夢尹楊維新楊所修陳胤叢郭興治張惟一段國章陸文獻霍維華蘇兆先潘士聞虞廷陛趙胤昌何廷樞何可及王拱張樞陳朝輔梁炳邢紹德袁鯨王時英曾應瑞俱金三十。幣二。丘履嘉黃鳴俊喬若昊吳淳夫張爾嘉甯之翰田吉董象恆張著銘鄒忠胤朱本和蔣覲俱進一級。金十五。單明詡張文郁改京堂。金如上。李養德加服俸二級。金二十。呂濬許原官致仕。何宗聖陳殷袁熿馮運泰湯齊楊維和俱進二級。改京堂。金十五。周迪吳國貞曾國貞馬維陛田大本吳炳劉有慧鮑國忠許觀吉朱國盛徐四岳范珍陸懷玉周鳳岐蔣友筠葉憲祖俱進二級。金十五。嵇相琦陸時選俱金十。郭守仁爲光祿寺卿。金三十。徐應選杜大盈各爲光祿寺少卿。金十五。齊光祉張三綱張凌雲陳大同吳師禹俱進一級。金十。馬斯征于光燁李應龍俱金十。張景杲楊齊芳王四維俱紀錄。田爾耕廕錦衣衞正千戶世襲。金四十。幣三。許□□吳堯年鄭士毅許顯純張元孫李大壽于日升俱進一級。金三十。幣二。楊寰孫雲鶴各右都督。崔應元都督同知。仍北鎮撫司理刑。原廕指揮僉事世襲。孫世卿進南鎮撫司僉書。劉應治等百四十六人各進一級。張承爵爲太僕寺少卿。楊□洪周國各改尚寶司少卿。王猶龍改光祿少卿。各加從三品服。邵樹德爲禮部儀制郎中。袁承恩唐思忠各員外郎。周承禹主事。黃繼光爲大理左寺副。楊振龍進正六品俸。原抱奇于繼鯨朱國詔各大理左寺副。李□唐虞際沈廷松各左評事。顧名遠文華殿中書舍人。邵輔忠進一級金二十。幣一。姚宗文許宗禮阮大鋮曹思誠劉廷元羅尚忠馮三元各進一級金幣同。餘各有差。

乙卯。諭東林奸徒未盡。或流言蜚書。令廠衛城捕緝之。

葛寅亮爲南京尚寶司卿。

賜魏忠賢田千頃。加祿五千石。

丁巳。□□□□張之郁葉憲祖進太僕少卿。仍舊任。

□□□潘達以熊廷弼黨削籍。

順天府丞劉志選參外戚張國紀怙惡不悛。有云。外家輯睦。則國母之壼德彌光。戚畹譸張。卽聖主之優容亦過。恐區區習禮省愆未弭官方之謗。而塞道路之口。甚至訾及于丹山之穴藍田之種者。此又臣之所不敢深言也。上責國紀洗心滌慮。毋自取罪。

談遷曰。閹媪方張。蔑視我后。思閉長門之影。造紈扇之怨。劉京兆望指而投。彌天設罟。果如其意。豈止王聖搆隙令萱蠱聽已耶。京兆于神廟時翼儲抗議。晚極狂悖。此曹子立名非眞。終自敗露也。

己未。兩廣總督何士晉太常寺少卿程註各下撫按追贓。給事中沈惟炳削奪官誥。驗封主事程良籌。以註之子除名永不敍。蓋直隸巡按御史梁夢環論之。

高汝栻曰。逆璫竊柄。報復之害。至父子兄弟戚友橫加被累。如因程註及程良籌。因孫居相及孫鼎相。因楊漣及楊金通。因魏允中及魏光緒。因劉鐸。及劉垂寶。因李應昇及張捷。因周起元及張廷拱。因張光前及張雲鵬。因劉大受及王心一。此類未可枚舉。其禍蔓愈廣。令人莫可控揣。嗟嗟。舍軍國之大計而修同姓之小嫌。以有用之精神而報無端之恩怨。國家何賴有此臣子哉。

兵部左侍郎魏應嘉罷。

壬戌。范景文爲太常寺少卿。提督四夷館。添註。郭興治陳王庭賈毓祥並爲太僕寺少卿。仍舊任。給事中周用賓彭汝楠御史王夢尹王業浩並削奪官誥。時吏部敍錄殿功。分別邪正。曹思誠以戶部尚書仍署吏部左侍郎事。馮三元爲左副都御史。邵輔忠進兵部尚書。仍署太常少卿事。劉廷元進左都御史。單明詡進太僕少卿。並仍舊任。

□□沈應明□□□周汝弼削奪官誥。巡按陝西御史王大年舉劾方面也。

丙寅。徽州知府石萬程削奪官誥。以託疾故。

給寧國公田千頃。并前田共二千頃。

陝西參政王則古□□□竺繼良坐門戶削奪官誥。

朝鮮國王李倧奏調助兵食。且訴其困。有旨。覽王奏。忠貞之忱。得于言表。朕甚嘉之。鎭軍久懸。遼兵雜處。徵王言。朕不坐照萬里之外乎。雖然。虜亦非愛王之國而不攻也。毛帥在中朝牽制之。若在王國。亦唇齒之形。海上芻輓旣近。該部區畫刻期接濟。赴難遼民。或鎭此可籍。或別島可分。或內地可徙。俾毋重爲王累。併力洽心。王亦重勉之。王行百里。豈半九十乎。所開尹文等事。傳訛之言。不足介意。朕注念屬國。當不減王之傾心于朕也。

禮部郎中洪敷敎罷。時推保寧知府。以武長春故。免之。

十一月辛未朔。工部尚書薛鳳翔請寧國公第價。除前萬九千金外。宜三萬五千二百八十一金。

丁丑。敍孝陵功。廕廠臣錦衣指揮僉事。世襲。王體乾梁棟李永貞石元雅涂文輔各副千戶。南京太監劉敬楊國瑞胡良輔副千戶。王可進劉文耀李承恩楊奎各百戶。南京工部尚書張鶴鳴廕入監。餘賜金幣。

□□給事中張鵬雲削奪官誥。以門戶也。

己卯。南京戶部尚書畢自嚴兵部尚書許弘綱罷。

□□□□趙士煥免。

以緝礦賊。閹廠臣錦衣指揮同知。

壬午。□□□□韓于宣削奪官誥以違限。又門戶也。

馮時行爲太僕少卿。轄西路。

癸未南京右都御史朱一桂勒免。

以山海關工竣。閹廠臣錦衣指揮同知劉應坤正千戶。紀用陶文副千戶。孫茂霖武俊王莅朝楊朝百戶。各世襲。

乙酉。卯刻。南京地震。

丙戌。閹廠臣錦衣指揮使陶文正千戶。楊朝副千戶。世襲。以修喜峰口功。

田吉爲太常寺少卿。仍署職方員外郎。

己丑。右副都御史郭尚賓坐黨削奪官誥。時推刑部左侍郎。

閹魏忠賢錦衣衛都指揮同知。以順天巡撫劉詔疏秋防也。

辛卯。劉廷元爲南京兵部尚書。

兵部左侍郎袁可立進尚書致仕。

壬辰。田仰爲尚寶司卿。

禮部右侍郎唐大章左諭德劉鴻訓國子司業劉鍾英並削奪官誥。以門戶也。

特命太監葛九思鎮守宣大山西。張守成李應江副之。田奉張大興爲中軍。各駐鎮城。清軍核餉。

甲午。寧夏地震。

陝西道御史高弘圖罷。謂託疾規避也。

乙未。順天府尹李春茂報賑饑。云皇上施行于前。廠臣繼踵于後。

敍甘肅功。廕魏忠賢錦衣指揮使。王體乾梁棟李永貞石元雅涂文輔李實劉應坤各指揮僉事世襲。進黃立極少傅兼太子太傅吏部尚書建極殿大學士。廕錦衣指揮使。世襲。賜金五十。幣二。坐蟒衣一。施鳳來李國㯳張瑞圖並少保兼太子太保戶部尚書武英殿大學士。廕指揮僉事。金四十。幣二。李宗延賜金三十。幣二。董漢儒趙彥進太子太保。金三十。幣二。廕錦衣正千戶。世襲。王在晉太子少保。金幣同。馮嘉會太子太傅。廕錦衣指揮僉事。世襲。金四十。飛魚服一。袁可立邵輔忠金三十。幣二。朱童蒙霍鍈劉其忠各金五。郭興治金十五。李魯生蔣國觀袁玉佩各金十。吳淳夫金十五。張爾嘉耿如杞董承誥郭世隆廖起巘各進一級。金十五。其署印見任各加金十。田吉甯之翰各金十。劉永昌等同。李起元進太子太傅。世錦衣指揮僉事。金四十。緋蟒衣一。李從心太子太保。世錦衣正千戶。金四十。飛魚服一。總兵董繼舒進都督同知。世本衞副千戶。金二十。郭之寧錄用。金同。曹司牧進俸一級。吏部紀錄。餘賚敍有差。

丁酉。直隸巡按御史梁克順以門戶削奪官誥。

浙江布政司□參議戴君恩加太僕少卿。

御史李應魁免。以巡城時賄聞。

諭褒魏忠賢宣勞潛邸。不言丙吉之舊恩。戮力中樞。式啓周宣之新運。特賜羊酒銀幣。仍宣史館。於戲。四星帝座。參元象于三台。六典周官。重吉士于內尹。

戊戌。□□游士任□□□楊嘉祥□□□房可壯並侵帑。各下撫按訊之。勒期追解。以御史張汝懋論之。

江西布政眞憲時以楊漣薦削奪官誥。
楊邦憲爲右僉都御史巡撫江西。
安邦彥攻白納司官軍擊敗之諸將分道出戰各有功。
十二月妃朔寧國公府成命工部尚書徐大化落之。
壬寅後府經歷張汶下鎭撫司英國公張維賢論其貪酷蠹政也汶多吏議宜抨後亦議卹如淸論何。
庚子類奏緝獲功廕魏忠賢錦衣指揮使楊寰孫雲鶴進太子太保。
丁未吳淳夫爲右副都御史署太僕卿事。
揚州知府朱大典罷時推四川副使謂久依門戶也。
戶部主事詹以晉削籍。
庚戌□□□張惟任勒致仕大理寺丞彭惟城削奪官誥謂久依門戶也。
辛亥大理寺卿董光宏應天府尹祝以豳□□□□陸夢祖□□□□歸子顧各請老許之進工部右侍郞。
以緝盜功廕魏忠賢錦衣衞指揮同知。
壬子逮前刑部右侍郞王之寀以順天府丞劉志選劾之。
遼東巡撫袁崇煥遣西番喇嘛僧弔建虜于瀋陽以建虜方金方納溫台什至獻貂參銀鞍事聞有旨驕則速遣之馴則徐間之無厭之求愼毋輕許有備之跡須使明知嚴婉互用操縱並施勿挑其怒勿墮其狡。
巡城御史門克新緝吳人顧同寅孫文豸下法司熊廷弼嘗贈同寅玉帶同寅私祠廷弼陳帶而哭文豸有弔廷弼詩又誹謗論一首。
己未吳淳夫爲工部右侍郞。協理殿門事務吳應琦爲大理寺卿。商周祚爲南京工部尚書。

寧夏不空寺堡地震山崩。
壬戌。御史馬鳴世削奪官誥。以邪黨也。
南京太監劉敬請祠魏忠賢。賜額崇勳。
癸亥。起丁啓濬南京太僕寺卿。過廷訓爲應天府丞。
□□□徐天衢削奪官誥。謂久依門戶也。
交阯莫敬寬襲歸順州。初歸順土官岑大倫與敬寬結盟締好。因黎維祺侵之。敬寬竄歸順。倫乘敗縛寬送維祺。遂執寬妻。收所有。後莫酋脫歸。遂襲歸順。挾州印。擄倫及子繼紀繼綱繼常而去。時撫臣宣諭莫酋獻印。留綱常爲質。歸繼紀。途殞。又詭遣常還。常乳父韋登欲常永襲。許賂莫殺綱以絕爭端。莫酋聞常已襲。索賂。登意綱已死。背之。莫酋復寇歸順。
丙寅。許給雲州歸化三泊南寧河陽元謀各儒學印。

# 國榷卷八十八

丁卯天啓七年

正月己巳朔。辛未。逮山西懷來道右布政丘志充至下鎭撫獄。以餉金三千託太醫院吏目王家棟營京堂。東廠跡之論死。

壬申。先是諭兵部。新陞薊鎭西協副總兵崔凝秀進府銜還府。今多事。不宜紛更。盧抱忠仍西協副總兵。改王維城南京北敎場。至是兵部奏上。竟進抱忠總兵銜。仍西協副總兵事。王維城貪怯削籍。崔凝秀如議。

應天府丞過庭訓爲應天府尹。

錦衣衛指揮同知沈嘉慶爲南鎭撫司僉書。

癸酉。兵部言三王之國。順天尹李春茂徵車四千四百四十三輛。役八千四百九十六人。量借冏金萬有五千。餘令尹自措。上命冏寺給二萬。敕治中潘舜馳會各道議之。

甲戌。上親享太廟。

給山海太監紀用敕章。

命南直撫按入吳養春贓六十萬。

諭內閣。以司禮太監涂文輔總督太倉銀庫。節愼庫太監崔文昇李明道總督漕運疏通河道。𢿨京通等倉。

乙亥。傳太常寺。昨享太廟。捧爵執事官躡短白鞋。殊褻。令核上。

給順天尹李春茂萬金。助藩費。

丙子。刑科給事中杜齊芳削籍。以門戶也。

鎮撫司以丘志充獄上。坐贓九千金有奇。廕魏忠賢錦衣衞指揮使。敕勞金幣。

鳳陽署戶李春光等請立魏忠賢祠。賜額懷仁。

丁丑。御史何廷樞巡按應天。汪裕巡按宣府。

戊寅。詹事蕭命官推南京禮部右侍郎。坐門戶削奪。

詹事府禮部尚書駱從宇罷。吏部左侍郎汪煇削奪。時從宇推禮部尚書。煇次之。

殺太倉黜生孫文豸。崑山監生顧同寅。

兵部尚書王永光檄各班軍修山海四城。上以邊地早寒。令秋班與春班偕至便工作。

己卯。光祿少卿倫肇修爲大理右少卿。

削奪黨人大理寺右少卿陳胤叢□□□汪康謠。

魏忠賢以賜第餘金修山海寧遠城。世錦衣指揮使。

黃陂諸生熊于宣欲奪袁三婦龐氏。氏先殺幼女自剄。命立坊旌其烈。

南京鴻臚卿張崇禮爲南京通政使。

御史智鋌言。遼東督撫王之臣袁崇煥。以喇嘛一行執意各忤。國家不堪再悞。不若調王之臣于密雲。專禦西虜。調閻鳴泰于關門。責之禦東虜。下部議。

巡按雲南御史朱泰禎雲南巡撫閔洪學奏雲州歸化三泊南寧河陽元謀宜立儒學給印。下禮部。從之。

辛巳。夜月犯軒轅大星。

敕後府吏戶禮兵部曰。朕弟信王年已長。其歲祿萬石。今在京。歲支米三千石。鈔萬貫待之。國米全支。如會典選王府官。今在京先給校尉三百。軍一百。

壬午。敕戶部給三王儀衛羣牧等官及校尉軍士俸廩。工部給居費。

仍設孟河欽總官。

甘肅巡撫王家楨言。松虜銀歹近犯鎮番。酋長三見台吉創死。遂糾套虜土巴台吉分犯威勝堡諸處。總兵徐永壽率鎮番副總兵官惟賢西協副總兵陳洪範涼州副總兵□□□等分禦之。共斬百六十三級。虜洊旬始遁。事下兵部。

癸未。大學士黃立極等議。總督王之臣巡撫袁崇煥仍如故便。

甲申。諭刑部。前喜峰口差官楊所見盜市貢馬。與參將馬士麟無預。司官不奉旨私訊。其奏之。

諭兵部傳毛文龍整兵擣虜巢。爲闗寧後勍。

雲南巡撫閔洪學巡按朱泰禎類報災異。定邊縣大水。鶴慶鎮沅姚安石屏雲龍俱地震。千崖宣撫司隕星。

雲南巡撫閔洪學言。土司沙源龍在田王顯祖吾必奎力戰五年。沙源係安南長官司。今擬陞宣撫司。龍在田王顯祖係土舍。擬卽昌明龍馬槽寨二地設土巡檢。各頒印。吾必奎本元謀停襲土知縣。擬世襲土縣丞。從之。

乙酉。建虜數萬騎襲朝鮮義州。陷之。殺節制使李莞等。已至定州安州。殺防禦使金浚等。平壤黃州不戰而潰。李倧走孤島。

丙戌。京師地震有聲。

戊子。盜殺桃源知縣管九功。掠庫獄。典史林天相僅身免。

兵部覆。山海太監劉應坤兄應乾原廕錦衣指揮使。進都督同知。中府帶俸。

工部尚書薛鳳翔言。工部郎中徐伯徵稱南京搜大內廢銅鑄三千五百萬錢。給工。廠臣魏忠賢輸資五千金。

市銅助鑄。上善之。

潯州盜殺守備蔡文龍。

庚寅。信王辭景府田租六千三百餘金。命以汝王福王遺租給之。

類敍三年捕獲功。魏忠賢世錦衣指揮使。提督張體乾右都督郭欽左都督副總兵王家賓游擊王文烈等各陞賞有差。

太常寺少卿田吉進太僕寺卿。仍職方事。兵部郎中董象恆進太僕寺卿。

兵部尚書馮嘉會覆登萊巡撫李嵩連雲島之捷。島在覺華島之左。距三岔河四百里。建虜屯而作舟。官兵夜襲。盡焚其營。斬九十級。命進李嵩及道臣岳駿聲一級。總兵楊國棟進左都督。國棟者。魏忠賢名下曹承恩之姊夫也。

辛卯。太常寺少卿王志道爲右通政。削奪光祿少卿王伉。以黨故。

免潼關咸陽榷稅。從陝西巡按御史莊祖謙之請。

吏部尚書周應秋覆前修撰文震孟編修陳仁錫庶吉士鄭鄤以孫文豸等株累。奉旨並削奪。因誦廠臣功德。報可。

趣前兩淮巡鹽御史徐緡芳贓四萬四千餘金助工。

壬辰。福建左布政黃景章爲南京光祿寺卿。攝鴻臚事。尚寶司卿王繼曾爲大理左少卿。

詹事李孫宸爲南京禮部右侍郎。陪推詹事曾楚卿削奪。以出張鼐門。

御史吳尚默巡青御史劉重慶罷。以楊漣黨也。

朵顏三衛夷人危正打喇罕等八十三人貢馬。

巡漕御史何可及言漕事。一剝運放空船。一留津速空船。一委官催空船。得旨申飭剝運。餘下部。

癸巳。尙寶司丞蔣一驄爲光祿少卿。

甲午。南京禮部尙書來宗道爲禮部尙書兼學士。南京工部右侍郎李逢節改兵部右侍郎兼右僉都御史。總督兩廣軍務巡撫廣東。

遼東巡撫袁崇煥上言。建虜使金方納溫台什九人來款。詰其起兵。云獵耳。乘便掠西虜。決不敢擅入寧前。又投漢文夷稟。將向時皇帝改汗字如虎墩之稱。而仍彼僞號。因還其書。留其來目。暫放一二虜倉歸。令易天聰年號。遵正朔方與代奏。上報曰。奴虜狡詐。聽信非易。侵地當諭令還。叛人令獻。不止去僭號正朔一紙夷書數字改換。便可釋憾消疑也。

丙申。左中允林釬爲左諭德兼侍講。署國子司業。

前通政使馬從龍爲尙寶司卿。

大理右寺正許志吉往淮揚同撫按籍吳養春引鹽貲產。志吉初請遣廉幹者任之。卽命焉。以故相許國孫嚴逮。鄉人無不切齒。

山東巡撫李精白言。三王道費。乞如福王例支庫金八萬八千。米六萬石。上以時絀。視順天府酌裁。天津巡撫黃運泰言。福王往例實一萬七千九百餘金。米二萬六千六百六十餘石。今三王並封。支應倍其二。乞准留七年馬價五萬三千金。發天津倉米七萬九千石。上不許。如順天例。

應天巡撫毛一鷺巡按御史王珙立魏忠賢祠于虎丘山。宣大總督張樸巡撫秦士文巡按張素養各祠魏忠賢。上善之。

福建驛傳道副使蔣英削奪。謂久依門戶也。

刑部尚書薛貞覆前甘肅巡撫李若星以賂趙南星開府擬戍從之。仍下撫按杖之百。

二月戊戌朔。祭太社太稷。遣成國公張惟賢。

故南京刑部尚書吳宗禮贈太子太保。廕監。

倉場總督蘇茂相言津撫黃運泰暫借凍糧。以帶運抵補。許之。第帶運遼糧。例不尖耗。而漕額每石耗七升。尖四升二合。今津門截漕尖耗共足十五萬。上如其議。

禮部署事左侍郎李康先言親王就國。一辭陵。一辭奉先殿。一沿途禮儀。一到國儀注。惟辭陵重疲昌平民。准令三王同謁。少寓節省。從之。

削奪行人司正李徵儀。以首薦夏嘉遇也。

巡按浙江御史劉之待役竣引疾。命削奪。

己亥。寧夏各衞自正月來地震百餘。壞城郭廬舍亡算。人多露宿。

進田吉太僕少卿。領職方司如故。

督師兵部尚書王之臣引疾去。不許。進太子太保。還部。

遼東巡撫袁崇煥以去年虧餉七萬餘石。軍士告飢。今天津餉臣所截凍糧。求速給。

庚子。信王由檢婚。妃周氏。

登萊總兵都督同知楊國棟進右都督。

前兵部尚書董漢儒世錦衣正千戶。

御史梁夢環訐外戚張國紀草菅人命。魚肉細民。擅收皇稅。强取民房。前府臣劉志選疏謂謀納宮婢。又有訾及于丹山之穴。藍田之種等語。有旨切責國紀。令回原籍省愆。保全終始。毋貽後悔。

南京户部右侍郎林宰予告。進左侍郎。

鎮守宣府太監葛九思劾撫賞所市段匹官蕭文中唐嘉瑞曹宗洪乾没帑金。段匹濫惡。致失夷心。命下鎮撫司。

司禮太監王體乾等言。進封皇貴妃冊封容妃等寧德長公主遂平長公主信王各婚禮。三王之國。共金百四十餘萬。宜承運庫御用監各一分。幸廠臣撙節槩蠲。上善之。廕錦衣指揮使。賜金八十。幣六。鈔五千貫。羊酒。仍賜敕。

壬寅。廷臣謁信王稱賀。

國子祭酒馬之騏爲詹事。編修孔貞運爲左中允。直日講。

遼東巡撫袁崇焕乞終制襄葬。不允。

癸卯。上視朝。見大漢將軍前列者衣甲鮮整。其後敝服白襪。失侍衛體。已責襄城伯李守錡。仍宥之。

信王妃謁太廟。

大學士黄立極等言。今早聖諭進王之臣于中樞。閻鳴泰坐鎮薊門。策應關上。袁崇焕防禦寧遠。以調度榆關。

眞主伯亞旅之相使。又何患于奴夷哉。然臣竊有感也。廠臣魏忠賢矢藎報國。殫赤籌邊。克副皇上之託。内鎮諸臣策勵綢繆。又善體廠臣之心。中外臣子。何獨不協心并力。以釋聖明東顧之憂乎。

兵部尚書馮嘉會子暎□廕錦衣指揮僉事世襲。

工部計蘆溝橋石隄十一萬六千三百五十九金。命部給五萬。餘俟内府。

甲辰。山海城濠告竣。進總督王之臣閻鳴泰太子太傅。巡撫袁崇焕進從二品服俸。劉詔從三品服俸。並賜金三十。幣一。道臣王應豸張春並進右參政。畢自肅副使。並十金。總兵趙率教滿桂並進一級。賜金二十。

中書舍人朱愼鋆捐金助工。上善之。

總督薊遼閻鳴泰順天巡撫劉詔巡按倪文煥各頌魏忠賢捐貲撫軍。發粟助賑。請祠于景忠山。報可。

上念惠王新蒞荆邸。支庶偪處。事權不一。特予敕。凡朝賀表箋封婚等悉啓王類進。

諭遣總督登津鎭守海外。便宜行事。御馬太監胡良輔提督登津副鎭守海外。御馬太監苗成中軍。御馬太監金捷郭尙禮俱駐皮島。與毛文龍協議。給帑金五萬。紵二百。布四百。及砲甲等。

夜。月犯井宿東北第三星。

丙午。鑄御馬監天師庵署場內臣之章。

再敍寧遠等修城功。魏忠賢廕錦衣指揮使。賜金五十。綵幣四。鎭守太監劉應坤紀用陶文並廕錦衣指揮僉事。賜金三十。幣二。孫茂霖武俊廕錦衣正千戶。賜金二十。幣一。督餉尙書黃運泰進太子太保。賜金三十。幣二。道臣畢自肅進一級。賜金二十。都司沈承訓等加級陞補。

兵部主事孫元化謀贊畫坐免。

四川巡撫尹同皋言。去年九月敕到。遣參將楊明輝齎入水西示安位等。如翻然悔悟。擒斬首惡。其餘脅從盡行赦宥。被安邦彥殺之。邦彥已渡鴨池。離威清二十餘里下營。又報奢崇明聯絡諸苗執不就撫。惟當聚餉練兵。而兵非數十萬不可。餉非百餘萬不可。在督臣自有碩畫。臣惟厲兵秣馬。聽督臣指揮耳。下部議。

四川巡撫尹同皋又言。陝西流盜由保寧入川。蹂躙廣元神宣之間。天啓六年八月。神宣指揮吳三桂禦之。斬三級。一係賊魁。十二月。又從眉林溝入犯。守備王虎等禦之。斬紀守恩等十二人。追至寧羌界。秦蜀兩道事權宜兼制。乞敕陝西各道府多方緝捕。從之。同皋又言。松潘龍安番猓不時出沒。火虜擁衆犯邊。雖經大創。不可不備。八月間。賊番數百從黑谷山突出。建武游擊調守松龍孔全斌率官兵襲殺數人。十月間。全斌又殺傷數十八。十二月間。犯小河。我兵禦卻之。今火虜云報仇。夫小河要地。游擊冉天胤已援黔。乞即調全斌小河游擊。以建武游擊潘之玉補之。報可。

福餘等衛夷人都指揮使打都等遣頭目阿伯禿等七十二人貢馬。

削奪南京兵科給事中楊朝棟。謂久依門戶也。

廣東倖中貢士莫大猷削籍。房考□□劉軒儒先鐫二級。下撫按訊其弊竇。

丁未。大學士施鳳來釋奠太學。

御史趙胤昌巡按福建。削奪陪推御史陳以瑞。以門戶故。

戊申。賜魏良卿肩輿。

己酉。始御經筵。

庚戌。戶部郎中朱明時主事馬斯作爲瑞府長史。國子監丞孔元德學錄韓世恩爲審理。中書舍人王胤永陳可信爲紀善。刑部郎中陳沃心主事李建和爲惠府長史。國子監丞徐鴻起學錄王瑞錄爲審理。中書舍人吳士儁朱日臨爲紀善。工部郎中蔣友篙主事沈立義爲桂府長史。國子學錄沈德先毋忠爲審理。中書舍人何廷玉王昌胤爲紀善。

貴州巡撫王瑊爲南京戶部右侍郎。總督糧儲兼右僉都御史。陪推南京操江右僉都御史胡東漸勒免。

通政使趙紱山西巡撫曹爾禎爲兵部右侍郎。戶部右侍郎張曉改左侍郎。陝西巡撫張維樞爲南京工部右侍郎。

刑部左侍郎潘濬爲南京刑部尚書。陪推兵部左侍郎王之寀勒免。

逮薊州兵備道參議胡士容。以赴任擾驛也。幷諭兵部。檄通州良鄉上其役騎之數。士容至。下鎮撫司。

辛亥。命漕艘避王舟。餘分行兩岸。以急輸仆檣也。

山東右布政岳駿聲爲光祿寺卿。

登萊巡撫李嵩報建虜已抵三岔河東岸。揚鞭則向關門。鼓枻則通海路。業分水師遏之。報聞。

壬子。兵部尚書馮嘉會言。督師王之臣報建虜攻克艾州昌城。又往鐵山。鐵山毛文龍所居。乘其孤而攻之。業檄登撫航海策應。又命餉臣補餉七萬石。國家羈縻西虜。以捍建虜。

逮遵化道副使耿如杞。以順天巡撫劉詔論其舉動乖張。官箴盡壞也。詔行部肅寧。至魏忠賢家祠。拜謁如臣禮。稱九千九百歲。因別立祠喜峰口。如杞不往。被糾。時文書官李守賢等傳內閣裁遵化道。黃立極等言未易裁。即如杞之罪。願少酌處。俾代者任封疆之寄也。如杞竟坐贓六千三百金論辟。

登城知縣張斗耀比糧被殺。

甲寅。工科給事中顧其仁御史周邦基吳甡梁元柱謝奇舉吏部員外郎張其實並例轉削籍。謂久繫門戶也。

丙辰。瑞王惠王桂王同辭諸陵。

代世子鼎渭嗣代王。封代王妃郭氏。支祿如親王。先是代康王自新寧王進封。禮部以宗藩條例。仍支本祿。故特給焉。

免海州桃源田租十之五。徐邳泗臨淮淸河宿遷睢寧鹽城十之三。泰虹碭山盱眙五河蒙城潁上靈壁鳳陽興化泰興十之二。並災異議折。

宣大總督張樸大同巡撫王點宣大巡按張素養各頌魏忠賢功。請祠于大同。從之。

督師王之臣言。關城東去中前所三十五里。東北去鐵場堡三十里。折而南去可十餘里。則一片石邊口也。若兩地再拓。屯以重兵。則我有負嵎之勢。東南至海亦三十餘里。有芝廊灣。糧運所泊。宜築城與中前鐵場鼎足並峙。選山海騎卒各六千住于三城。以回鄉難民實之。仍立倉以儲海運。歲春秋班軍約五萬。卽酌此派築。從之。

丁巳。命兵部尚書邵輔忠護送桂王。兵部右侍郎趙紘都督鄭士毅護送瑞王。兵部□侍郎呂純如錦衣衛都指揮使張元孫護送惠王。

順天府丞劉志選爲南京右僉都御史。提督操江。正推太僕少卿王一中削奪。以門戶故。

右通政呂圖南爲通政使。陪推光祿寺卿詹爾達罷。以門戶故。

宴琉球使臣正議大夫蔡延等。禮部左侍郎李康先主之。

故貴州總督兵部右侍郎蔡復一。贈尚書。廕監。謚淸憲。同安人。萬曆乙未進士。總督時。坐搗巢失利免。雖候代。治軍調餉不輟。卒軍中。後按臣言忠勤勞瘁。遂得贈卹。復一學博才高。詩出入漢唐間。不子不年。人皆惜之。

己未。巡撫寧夏右僉都御史史永安爲兵部右侍郎兼右僉都御史。總督陝西三邊軍務。

榆林兵備左布政胡廷晏爲右僉都御史。巡撫陝西。太僕少卿牟志夔爲右僉都御史。提督雁門等關兼巡撫山西。

刑部右侍郎陳九疇爲左侍郎。鄖陽撫治李若珪爲刑部右侍郎。

廕魏忠賢甥董芳名錦衣衛指揮使。

庚申。罷□□御史李懋芳。時推陞。以黨斥。

前□科給事中郝土膏以程策訕上削奪。至是撫按籍贓千三百金。擬贖徒。從之。

辛酉。推寧夏巡撫。以太常卿白儲璠太僕少卿張捷。並勒免。

壬戌。右通政王志道爲左通政。太僕少卿郭存謙爲右通政。浙江左布政康新民爲光祿寺卿。

削奪御史姚應嘉。時推陞。以黨斥。

議修隆德殿。

工部尙書言南銅鑄訖。上以廠臣佐急。大善之。

癸亥。山東左布政梁應澤爲右僉都御史。撫治鄖陽。

甲子。戶科都給事中林宗載爲太常少卿。御史田珍爲大理左寺丞。

毛文龍援朝鮮。擊建虜於義州。敗之。

參將王家賓進都督僉事。

乙丑。吏部文選郎中李夔龍爲太常少卿。

御史田景新免。以辭差被斥。

工科給事中陳維新奏。工部四司額派料銀八十六萬有奇。今外解自萬曆四十四年至天啓六年共虧一百十三萬九千七百餘金。總由考成不嚴。莫若將工部錢糧悉如戶部京邊例注入考成。稽覈逋負類造。吏部不准給由陞遷。再遲參論。謹擇其要領禁之一四司不得兌支。一撫按不得題留。一郡縣不得挪借。因頌廠臣搜括內庫錙免外帑所節省二十萬。上以廠臣節省不下幾百萬。此云二十萬。猶未十之一。餘如議。

丙寅。辰刻金星順行于危宿。

丁卯。瑞王常浩言。約束隨侍庖人廩人等浮費。上褒答之。惠王常潤桂王常瀛各言節愛。上褒答如前。

太僕寺卿洪瞻祖言。國初馬政綦重。事寄不分于邊軍。賦不隸于部。自宣德正統間。暫紓民力。以馬而銀。嗣是改折。嘉隆之際。老庫積馬價千有餘萬。新庫歲額復四十餘萬。總之銀卽馬也。馬專給團營。銀則給邊費。今之虎墩炒化加賞之用。而馬不爲邊設也。銀亦不爲邊餉用也。儲邊復爲種馬之用。別衙門不得擅取。而今一切以借為例。何也。萬曆十八年至今。戶部三十二借。共銀一千二百九十九萬九千八百六十一兩。工部十借。共銀十八萬七千五百四十兩。光祿寺順天府各一借。共銀四萬兩。近奉藩封。另箚萬八千金。而冏庫四朝之積皆盡矣。馬價軍國急需。豈得任其積逋。以致庫貯匱乏。乞敕核所借。稍補百分之一。外解十之三。餘限續完。許臣等年終類奏之日參罰。量處。章下所司。

東廠太監魏忠賢請蠲草料。命加原廕二級。賜金五十。綵幣二。酒羢及新鈔三千貫。仍賜敕。

進惠府左右長史陳沃心李建和。桂府左右長史蔣友筠沈立義服俸。從二王請也。先以瑞王請加長史朱明時馬斯作服俸。

進魏希堯左都督。世襲錦衣指揮使。

降夷阿引等殺奢寅來歸。初。總督朱燮元重購降夷。阿引阿友等伴得罪叛去。懸賞捕之。住邊界久之。寅不復疑。因得通外間。約死士斬其愛將疑阿友。拷掠甚毒。至刃穿其左足。終不服。釋之。寅益不快。輒痛飲。阿引等乘醉夜刺寅。稱官兵至。餘賊盡奔。焚其屍。以首來獻。至是燮元移鎮重慶。專討水西。建議滇兵出霑益。遏安效良應援。而別出天生橋。尋甸以絕其走。蜀兵臨畢節。扼其交通之路。而別出龍場巖後。以奪其險。黔兵由普定渡思臘河。徑趨邦彥巢。而陸廣鴨池搗其虛。廣西出泗城。分兵策應。然後大軍由遵義鼓行而前。會憂去。未行。

三月戊辰朔。前都督□□杜文煥為總兵。鎮守寧夏。

前督師王之臣言。遼東撫賞諸弊。有弊在官商收貨濫惡虛冒。有弊在委官給散叢竇侵欺。有弊在監守抵換挪移。支剩不還。希圖乾沒。臣自去年八月接管一季。額外省一萬九千六百七十八金有奇。額內覈還官銀一萬五千八百六十有奇。今交代之際。必政有專屬。督臣閻鳴泰。撫臣袁崇煥。乞皇上酌定。以便歸一。命下部。

己巳。夜。有流星見東北。如甌大。色黃赤。尾光炸散燭地。自天棓星西北入紫微垣。徑少宰星入鉤陳。尾跡化白雲而沒。

庚午。以緝獲閹魏忠賢錦衣指揮使世襲。賜敕及金幣酒羚。

前川貴總督張我續捐金助工。上善之。

兵部上毛文龍揭云。朝鮮人招奴害職。職堅守不拔。所傷僅千人。奴恨甚。殺朝鮮人六萬。燒粟百餘萬石。移兵攻鮮。得旨。屬國不支。折而入奴。則奴益强。亦非我利。傳諭文龍相機應援。勿懷夙嫌悞大計。

順天府尹李春茂賑饑民。訖。頌廠臣憂國起瘠。上善之。

辛未。上閱建極殿工。

庶吉士姚明恭雷躍龍服除。授檢討。

南京兵部右侍郎謝啓光免。時搜獲私札。

先是寧撫袁崇煥請修錦州中左大凌河等城。漸期進取。議春秋班軍戍之。兵部酌四萬出關。督師王之臣請修山海一路邊墻及中前所鐵場堡芝麻灣等城。言班軍五萬。已派四萬東修錦義。止餘萬人不足供役。兵部覆薊鎮春秋班軍共五萬。他鎮無有。宜聽督撫酌緩急派用。從之。

直隸巡按御史楊茂春以黃山册上。言黃山介徽寧間。延袤二百餘里。山西北距太平縣八十餘里。細民之業。山東南距歙縣百二十里。共計山七千七百餘畝。其吳養春山三千四百畝。前旨變價三十萬。自養春之山論也。謂多年木植。利不下二十萬。似概山而論也。除養春三千四百四十六畝入官之山。罰其逋稅。變贓助工外。至原屬百姓。容樵採納稅。上從之。

夜。水星逆犯房宿北第一星。木星下之。

時江浙湖廣漕艘回滯。令泊瓜儀。各巡撫糧道募民船給軍。其耗米補贍費至閙。蘇松民極言不便。未允。而郡縣拘民船。不勝其擾。漕卒冀厚糈。又不利民。相譁。竟寢初議。

壬申。宴泰寧等衛夷人脫孫孛羅等。

瑞王惠王桂王之國。各賜馬百匹。

戶部主事李自儼行人汪邦柱主試雲南。刑部主事林曾行人宋鳴梧主試貴州。邦柱鳴梧以門戶罷。改命行人李昌齡往雲南。馬懋才往貴州。

薊遼總督閻鳴泰順天巡撫劉詔並言。中協最衝莫若喜峰口。以其當三衛夷使之貢道也。客秋賴廠臣給料頒賞。鎮臣陶文等稽核。河上臺城俱修訖。其次董家口修磚城二十三丈。橋五洞。計役九千餘人。願以薊鎮班軍派東西二協者再留二三千餘需主兵。從之。

癸酉。兵部覆督師王之臣委任督撫撫賞言。撫夷之處。在關內如滾兔等賞于桃林口。柴狗等賞于寬佃峪。他卜能等賞于黑峪關。長昂等賞于義院口。伯桑戶等賞于擦崖子。腦毛大等賞于界嶺口。綏素等賞于羅文峪。胡婦大嬖六部長毛囷等賞于潮河川。赶兔等賞于大小峪。伯牙兒啞拜等賞于喜峰口。此因各夷近薊。故市賞必于薊地。在關外如暖兔宰賽等賞于開原鐵嶺。歹青虎墩兔憨黃台吉抄化拱兔等賞于平虜堡長安堡廣寧鎮靜堡。小歹青等賞于義州大康堡。拱兔等又賞于錦州大福堡。此因各夷近遼。故市賞必于遼地。自河東失而移廣寧。辛酉事也。非廣寧額賞也。廣寧又失而移關門。壬戌事也。非關門額賞也。寧前既復而移寧後。乙丑事也。并非寧遠額賞也。此關內關外撫賞之大較也。今督臣閻鳴泰撫臣袁崇煥熟諳夷情。均堪任使。但二鎮遼遠。如用一人。恐鞭長不及。議令關內關外各轄之。似爲兩便。遂命鳴泰任關內。崇煥任關外。分撫責成。

豐城侯李承祚議江西南贛吉安仍食淮鹽。開珠池。採銅鑛。上以銅鑛閉久。不許。其食鹽下部議。已部覆以吉安食淮鹽。從之。

甲戌。御史陸世科以黨罷削奪吏部考功郎中蘇繼歐。以庇楊漣也。

朝鮮國王李倧乞回使市硝黃禦虜。如先年備倭例。上念其忠順時艱。許之。

山東巡撫李精白言莒州民王九常家牛生犢如麟。以圖上。末頌廠臣上善之。

陝西總督王之采言。瑞府贍田請三萬。秦地不加拓。藩至瑞府而五。勢難取盈。今漢中報四十餘頃之外。各郡並無餘產。如酌派十之一。臣當任之。餘不能措。或隣省分給。衆猶易供。命下部議。

雲南巡按御史朱泰禎敍平定武尋嵩功。三年間百三十三戰。俘三百七十四人。斬四千六十一級。兵部請旌日宜捷。報可。

乙亥。禮部署事左侍郎李康先言。親王道經及就國之後。宜謁祖陵。三王俱經南京。宜謁孝陵。瑞王過承天。惠王桂王就國。俱宜謁顯陵。或念繁費。遣官祭告。得旨。俱遣官祭告。

故太僕寺卿李如檜。贈工部右侍郎。廕監。予祭葬。

許中書舍人朱愼鋻考選。愼鋻俸滿乞選。頌廠臣內輔得人。師濟在列。

丙子。瑞王辭奉先殿。未刻雨雹。

削奪吏部郎中徐楠。以門戶也。

延綏巡撫守制朱童蒙言。延鎭去年京運負三十餘萬。軍士告飢。乞先半發。因頌廠臣勛勷力殫。綢繆計周。遼左宣雲武備咸修。衝邊共倚。再請守制。命戶部卽給餉。童蒙奪情料理。

談遷曰。延鎭靜謐。何以奪情也。貂寺倒柄。不有其君。又何顧私親爲。

丁丑。進遼東總兵趙率敎左都督。

浙江巡撫潘汝楨言。閩浙比鄰。突有閩人王淸等駕巨舟稱義兵。聯䑸越境。恐其託橫。乞嚴海禁。從之。

戊寅。瑞王之國。

談遷曰。三國並遣。時儀邸未備。田租未定。亟亟焉剪桐錫圭。或議逆璫私忌。利諸王之我外也。是則不然。諸王富于春秋。業啓爵土。各君臨一隅。又復何待。今以哲廟升遐之速。先昇維城。過疑逆璫。非持平之論也。

都人陳文漢吳守義等請立魏忠賢祠。許之。

戶部覆登萊巡撫李嵩疏言。臣部歲發米二十萬石養兵。而遼民聽其屯種自養。今嵩請加額。宜於登州歲買十萬。外加買二萬石。故時津糧爲首運。俟抵鮮回空。再發登糧。必值秋季。風勍易沒。今于年前改運。次年春利涉。至民間輸金。准本色上納。免其以米易錢。以錢易銀。從之。

兵部尙書馮嘉會言。登萊巡撫李嵩報朝鮮叛臣韓潤等導虜入安州。節度使南以興自焚死。餘盡遭僇。我往援都司王三桂等俱沒。平壤不戰而潰。虜又攻黃州矣。適朝鮮陪臣金象憲等在京。呈稱宜及此時速發偏師。乘虛搗穴。俾首尾牽制。狼狽莫救。臣計南有登鎭。東有皮島。北有款虜。須責寧遠撫臣期會並進。勿水兵僅援。不爲搗虛計也。遂命遼撫選銳乘虛如部議。

談遷曰。計不豫定。未可以應卒。東虜瞰我屬國。彼獨不爲根本慮乎。虛而襲之。路人所明也。遼撫果夙戒早籌。引輕騎而東。專閫外之役。其誰曰不可。而文義拘牽。受成于本兵。稟命于廊廟。迨蒙鑒允。坐移際會。徒繁牒奏。邊臣以請事爲長才。內朝以部覆爲稱職。餘何問焉。其曰責寧遠撫臣期會並進。度兵甲幾何。芻餉幾何。謀議往復。動經旬日。徵發𠦑程。又未知所卜。奈何輕言之哉。奈何輕言之哉。

廣西巡撫曾應瑞言。南寧太平。粵西內地屏蔽。沿邊土司爲二郡藩籬。萬曆二十五年以前。思明府龍州龍憑忠還等土司頗稱强盛。安南祿夷稽首稱順。及二十九年思明土官黃承祖沒。男黃以雷故懦。祿州夷酋韋達禮窺犯思明。二十年間。議增兵于南太。設參將。三十一年。叛臣陸祐蕩平。達禮戢獻。天啓二年。盜韋公禮等分路焚劫。議裁參將。以總兵移住南太前部院胡應台奏罷總兵。復參將。博訪夷情。僉謂參戎改而土司率多牽制。相時度勢。裁參戎改守備一員。統舊兵五百與思明馗纛營守備犄角協力。其權不重。其勢不孤。從之。

己卯。翰林檢討張士範直日講。

禮部左侍郞李康先奏。瑞王之國。道經襄府。不便出會。若席殿頃刻。供應千金。且惠桂二王。所經王府不一。概免出會。報可。

通州人衛萬民韓國湖等請立魏忠賢祠。賜額懷仁。

庚辰。宣雲南之捷告郊廟。

薊遼總督閻鳴泰順天巡撫劉詔。巡按倪文煥梁夢環連章請祠魏忠賢于密雲丫髻山。賜額崇功。

辛巳。以滇捷。進輔臣黃立極少傅兼太子太傅吏部尙書建極殿大學士。廕尙寶司丞。賜金六十。綵幣四。坐蟒衣一。施鳳來張瑞圖李國㯳少保兼太子太保戶部尙書武英殿大學士。並廕中書舍人。賜金五十。幣二。坐蟒衣一。魏忠賢加恩二等。仍賜敕。世錦衣指揮使。司禮太監王體乾等七人加恩二等。世錦衣指揮僉事。仍金幣。兵部尙書馮嘉會進太子太師。原廕錦衣指揮僉事加一級。世襲。雲南巡撫閔洪學進太子太保。世錦衣指揮僉事。黔國公沐啓元進太子太保。並賜金幣。文臣邵輔忠傅宗龍等。武臣尹啓易金爲貴等。土司沙源龍在田等。各陞賚有差。

談遷曰。邊功敍及閣部。非制也。中葉以後。沿爲成習。于內臣何預。身非行間。事非遙歷。輒膺景風之賞。則本兵迎附。所當首論矣。

壬午。薊遼總督閻鳴泰言。薊遵相越僅百餘里。遵化兼太平喜峰二路。不設一監司。非便。宜併于薊州道。其遵化道可裁。從之。

癸未。宴朶顏等衛貢夷。

御史卓邁巡按順天。

花馬池副總兵郭威振等免。寧夏巡撫史永安糾其虜入安定堡失事。

禁閉霸易涿房山淶水礦洞。從內監李永貞言。

甲申。以緝盜加魏忠賢原廕二級。仍賜敕。

薊遼總督閻鳴泰言。東協諸虜哈喇慎一部。獨汪燒餅未款。二月五日。汪以二百餘騎屯桃林口外大戚谷嶺。陰圖窺犯。分鎮內臣楊朝介馬而馳。率守軍擒其三人。汪卽叩關願罰。楊朝同道臣張春等諭以威德。願罰九九立盟。質一夷爲我坐門。始還其三人。因頌廠臣赤心報國。全算籌邊。命廕忠賢錦衣指揮使世襲。楊朝世正千戶。張春加服俸一級。黑雲龍等各進一級。趙朝用等各賚十金。總鎮太監劉應坤陶文各廕錦衣正千戶。分鎮太監孫茂霖武俊王滋朝各廕百戶。賚金有差。

乙酉。惠王辭奉先殿。

削奪吏部□□郎中龔世法。因推陞以黨論。

鳳陽巡撫郭尙友請釋高墻物故罪宗槐山朝諲等十八人歸故府。給庶人廪。從之。

丙戌。戶部發年例銀寧夏延綏各三萬五千金。上閔延鎮繁饑。再湊給。

薊遼總督閻鳴泰言。密鎮洊荒。原解遼豆二萬石。舊値六錢三分。陸運至關。今每石約費一兩五六錢。貧民何堪。乞如永鎮例增値。幷改減折色。仍寬限運送天津。命下部酌覆。

丁亥。禮部右侍郎韓日纘爲南京禮部尙書。

太常寺卿姚宗文爲右僉都御史巡撫湖廣。山西左布政焦馨爲右僉都御史巡撫寧夏。

南京兵部右侍郎毛一鷺爲添設左侍郎。浙江巡撫潘如楨爲南京兵部右侍郎。

削奪大理寺右寺丞彭鯤化兵部職方郎中劉永祚。以邪黨也。

先是湖廣巡撫李棲鳳言。惠桂二府分封荆衡。給賜膳田。按廢遼及襄陽王絕產民間淤田共萬頃。計畝收租可三萬金。分之兩藩各萬五千金。然必有司徵輸。民乃樂從。若自行徵收。必激亂。戶部尚書郭允厚言。福府膳田不足二萬。僅及潞府之半。則今日兩府有福府之半。亦不爲薄。然皇澤隆長。猶存見少。按湖廣廢府有九。除湘遼見存。搜括景地量撥潞府外。尚有潭谷二府坐長沙。郢梁二府坐安陸。岐府坐德安。雍府坐衡州。其所遺田雖變置改撥多寡不同。然而里胥之隱沒。豪猾之侵占。暨各郡藩之私收。恐不止一二處也。遂命撫按清理。務足二王經費。

戊子。以緝獲加魏忠賢原廕二級。

先是總督漕運河道太監李明道薦轄漕山東左布政朱國盛。有旨加銜。吏部尚書周應秋覆言。廠臣擎天巨手。報國赤心。輓漕輸運。河伯效靈。裕國通糧。倉庾漸實。進國盛太常寺卿兼山東按察使。仍故任。

談遷曰。嘗見朱國盛自言。平昔不一識魏忠賢。竟被黨名。噫。薦以內臣。何必求識忠賢哉。

陝西巡撫張維樞言。澄城知縣張斗耀苛徵生變見殺。命捕首禍。

兵部尚書馮嘉會言。虜攻朝鮮。毛文龍請援。豈容擲爲孤注。除搗巢之師聽寧撫調度。今宜南海口覺華島選水兵三千。統以健將。先就文龍。聽相機進止。續發天津水兵爲後勁。登萊亦選三千人出海。策應虜可乘則全旅以擊之。否則多方以悞之。因舉參將徐璉游擊宋承熹堪統兵。報可。

己丑。惠王之國。

太和山玉虛宮災。

總督薊遼閻鳴泰巡撫順天劉詔巡按倪文煥巡關梁夢環請立魏忠賢祠于昌平通州。賜昌平祠曰崇仁。通州祠曰章德。

庚寅。御史張汝懋爲大理右寺丞。

魏忠賢所廕錦衣指揮使改授尚寶司丞。以疏辭濵功也。

廣西參將康承爵以兩江兵屯貴縣擊潯州六斗寨盜胡扶記斬之。

辛卯。右僉都御史李嵩進三品服俸光祿寺卿岳駿聲爲太常寺卿。覆連雲島原敍也。

壬辰。管三山太僕寺卿何宗聖請祠魏忠賢于房山。賜曰景德。

談遷曰。先朝附璫倖進有之矣。未聞宇以內羣頌而祠也。士節不固。怵于威禍。變置黑白。恃冰山爲磐石之安。管子曰。禮義廉恥。國之四維。四維不張。國乃滅亡。天啓之季。寖寖有亡徵焉。宜舉朝皆巾幗矣。

兵部尚書馮嘉會言。虜□遠掠東江。銜枚疾趨出朝鮮不意。今塘報昌城太守力守。又瓶山虜兵大敗。雖偪王京八十里。然鮮住重兵于河。虜必不敢渡。乘其半渡而擊之。所以制其死命也。又報瓊山伏兵截虜餉道殺□□。又遼撫奉搗巢之命。選銳作連珠三營滿桂以三千騎住前屯策應。又徐璉水兵千人東往。如此夾攻。虜豈不回師以自顧其巢乎。

癸巳。諭鴻臚寺今日早朝奏事官聲沈。後須朗聽。

故福建巡撫右□都御史陳子貞贈兵部右侍郎。廕監。

工部尚書薛鳳翔請搜節愼庫及太常寺光祿寺庫舊銅器資鑄錢。報可。

甲午。前禮部尚書林堯俞卒。莆田人。萬曆己丑進士。崇禎初贈少保。謚文簡。

乙未。賜琉球使臣蔡延等金幣如例。

丙申。戶部覆。陝西總督王之采言瑞王贍田陝省毋執六千頃之數。宜秦任其一。四川山西河南分任其二。從之。

薊鎭邊外虎墩兎以逋貢責哈喇愼。興兵伐之。虎墩兎爲東夷長。故稱憨。是名插漢部。與建州鄰。哈喇愼宜大邊外爲插屬。歲貢憨夷。故責之。實以建州强。懼爲所併。知卜石兎弱。移牧于西卜部。覓夜遁陝西邊外。插漢遂從新平口日肆求索。

四月酊朔。上享太廟。

許雲南鑄錢。敕按察副使孫同倫專理錢法。

陝西總督王之采言。今春銀定矮木素剌厤賓兎班記諸虜糾土賣火力赤等自黑水河突犯。副總兵陳洪範官惟賢等禦之。斬百八十餘級。甘肅巡撫王家楨疏如之。

貴州總督張鶴鳴言。黔事久罷。平定宜速。一多餉以壯軍氣。一多將以振軍威。一簡兵以責實效。一請劍以懾衆心。一省議論以淸國是。一嚴賞罰以服羣心。一選監軍以資運籌。一討器械以備衝鋒。上遂賜尙方劍。餘下部。

下刑部右侍郎王之寀于鎭撫司。

戊戌。諭太常寺。昨享太廟。牲牢惡臭。其案員役典簿莊士麟等免官。

工部主事呂下問報徽人倡亂。命免官聽勘。歸黃山事于許志吉。初下問乘傳至歙。籍吳養春怙威苛暴。株累溫室。郡人大譁。斧門入。下問踰垣棄妻子夜奔二百里至績溪。投空廨中。蹲伏梁上者累日。勘後削奪。遂遣大理右寺正許志吉追黃山木植。黃山約周三百六十里。其三十六峰。峻削巉巖。有二千四百畝產木。前估十二萬。志吉增二十五萬五千五百。自虐其鄉。甚于下問。

吳堯言齊光裕削籍。

以緝事功進魏忠賢子弟人二級。

天壽山守備太監孟進寶言盜陵木遺孽。命訊把總趙應奎等。

己亥。例轉湖廣按察僉事王會圖復御史。補貴州道。

護送瑞王內監張邦詔以船戶私鹽聞。詔責侍郎趙紱疏網。令戴罪護行。

太子太師兵部尚書馮嘉會卒。河間人。萬曆乙未進士。筮仕冠城。徵拜御史。至今官。贈少師。謚忠襄。廕中書舍人。祭十一壇。諭葬。

庚子。協理兵部尚書王之臣改兵部尚書。

前浙江按察副使吳伯與入朝。誤歸西班。罷之。

議修琉璃河橋。

登萊巡撫李嵩言。虜破朝鮮。陷義州。殺節度使李莞等。連陷郭山淩漢山城及安州。殺節度使南以興防禦使金浚等將吏數十。兵民數萬。屠僇亡遺。平壤黃州不戰自潰。虜已至中和。游騎出入黃鳳之間。又分雲從島國主遷于江華。告急。夫虜之惡鮮。以鮮之服我。關寧在前。樂浪在後。虜實有意西向而忌其尾之也。夫鮮以事我釁虜。則我自當擊虜拯鮮。不待再計。命下戶兵部。關寧二撫議之。內及款議。有旨。向日款議。雖寧鎮別有深心在中。朝原未嘗許。今日關寧別無調度。何以明不爲狡虜所辱。毋爲屬國口實乎。

辛丑。魏忠賢孫魏撫民廕尙寶司丞。撫民本優童。善盤舞。忠賢畜之。乞官。顧文不顧武也。

廕大學士黃立極子藻若尙寶司丞。施鳳來子時升。張瑞圖子治夫。李國𣚴弟國棠。並中書舍人。

喜峯路參將馬士麟報塞外暖泉窺賊百餘。擒四人。夷目卜喇度等悔罪就盟。廕廠臣錦衣指揮使。仍敕賚總督太監劉應坤陶文紀用分鎮孫茂霖武俊王蒞朝楊朝各廕錦衣指揮千百戶。賜金幣有差。

巡視京營工科給事中虞廷陞言。妖僧妙鮮。身藏火具。云大同左衛白蓮教郭鸞等誘約入都。密焚草場。下刑部。

鎮撫司訊王之宷。追贓八千金。

壬寅。敍滇南功。雲南巡撫謝存仁加二品服俸。前兵科都給事中今山東巡撫李精白加三品服俸。各仍巡撫。

兵科都給事中許可徵進太常少卿。餘量陞紀錄。

光祿寺丞許鼎臣罷。因推陞。以門戶斥也。

兵科都給事中許可徵言。東江危迫。毛文龍遣都司毛永顯領千人以救宣州。永顯陰約民船載家屬西逃。被旅順參將張繼善擒獲。石城島游擊高萬重倡言鐵山雲從背失。因席卷島中貨物子女。奪凍船爲糧。航海竄歸河西。又都司馬承勛李鑛鄭繼魁等西逃。皆徐敷奏倡言搖惑所致也。請寘萬重等于法。從之。

薊遼總督閻鳴泰以巡撫袁崇煥頌廠臣。請祠于寧前。賜曰元功。

癸卯。作信王府。

浙江按察副使唐際盛爲右參政。

工部主事崔源之作戰船二百于海上。

總督宣大山西張樸山西巡撫曹爾禎巡按劉弘光疏頌廠臣。請祠于五臺山。賜曰報功。山海太監劉應坤請祠。賜曰懋德。

御史安仲奏毛文龍東援。三戰三捷。已困虜于銀杏山。向借款修備。今當出奇摧枯。

甲辰。命信王居惠王府。

左副都御史馮三元致仕。進右都御史。

兵部尚書王之臣言。虎酋擦漢王子與伯言等。皆款夷也。乃擦酋與把漢哈喇慎索人馬成隙。俄擁兵壓哈喇慎之境。諸虜情急求援。邊臣來告。我兵若助哈酋則擦必肆螫。不助則哈復致怨。宜令邊臣選象胥和解。即不然。我亦有辭于彼。但夷情叵測。或聲東擊西。文武將吏仍當料理。勿謂兩虜素啗我餌。自相蠶食。莫予毒也。上從之。

蕃育署官庶吉士李若琳等頌魏忠賢功。請祠。賜曰感恩。

乙巳。松江人薛昌世等請祠魏忠賢。賜曰德馨。

延綏巡撫朱童蒙請移中協副總兵于保寧。歸其兵鎮城大營。設長樂鎮守備。從之。

丙午。桂王辭奉先殿。

丁未。護送惠王內監趙秉彝劾交河知縣田首鳳及主簿失候。命部院參處。責呂純如護行不以聞。事竣回奏。

賜惠府坊曰夾輔親藩。書樓曰博文。

魏忠賢原廕甥孫董芳名進都督僉事。傅之琮進都指揮使。

宣府巡撫秦士文請修火燄山邊墻。因頌廠臣功。上善之。

戊申。錦衣副千戶王先通稱故新建伯承勳嫡姪應嗣。乃螟蛉子先達詐冒。屢奉旨訊。久停難結。命速之。

建虜圍錦州。總兵趙率教左輔朱梅力禦之。砲擊傷甚衆。總兵滿桂祖天壽馳援。

己酉。順天尹禱雨。

予故總兵左都督柴國柱祭葬。

戶部尚書郭允厚言。餉軍全賴本色。乃運弁折納。各糧廳折收。異日又折放金錢。未可充腹。請塞弊源。上從之。

庚戌。召石匣總兵尤世祿寧夏總兵杜文煥。前總兵侯世祿。俱選鋭到闕聽遣。

辛亥。廷試貢士。

前南京工部尚書盧大中卒。大中永年人。萬曆癸未進士。自輝令擢南京兵科給事中。至今官。賜祭葬。

貴州巡撫王瑊上黔功。下兵部。

刑部尚書薛貞覆案。故保定巡撫程正己賄趙南星開府。擬站配。不准贖。從之。

壬子。貴州主試林曾憂去。改刑部主事徐大儀。

楊寰提督西司房官旗。

罷工部尚書徐大化太僕寺少卿管寶源局葉憲祖屯田郎中周鳳岐。以大化借柴薪銀八萬五千大工銀十九萬市銅。鳳岐謬奉堂札。憲祖擅給也。

癸丑。桂王之國。

隆德殿竣。廕魏忠賢錦衣衛都指揮使。賜金八十。幣四。益祿三百石。

巡撫宣府秦士文再頌廠臣功。請祠。賜額隆勛。

甲寅。宣大總督張樸再頌廠臣功。請祠。賜額德勛。

召寧夏總兵杜文煥。改花馬協守總鎮。卽以副總兵杜弘域陞任。

兵部尚書王之臣以督師復命。頌廠臣。并敍內鎮臣劉應坤等督撫道將閻鳴泰等。上善之。

乙卯。魏廣微卒。廣微南樂人。萬曆甲辰進士。選庶常。授檢討。天啓癸亥正月由禮部侍郎陞尚書兼東閣大學士。加少保。乙丑六月回籍。復敍恩加太傅。丁卯二月卒。贈太師。

談遷曰。南樂以介肅 允貞 之子。時議見排。挺而走險。因隮其家聲。不自顧惜。終受鉗忌。委而去之。鄙夫患失。

徒被汚惡名以死。可不戒哉。

前吏部尚書李宗延卒。宗延汝陽人。萬曆丙戌進士。黔陽令。擢御史。忤罷。泰昌初。徵拜光祿少卿。及典銓。立糊鑯之制。贈太子太保。廕中書舍人。祭二壇。諭葬。謚□□

宗室寗鼐鑈斃其妾。奪祿三年。

東寧伯焦夢熊求給肩輿。不許。

王之宷卒于獄。仍令撫按徵贓八千金。

談遷曰。王之宷筮仕淸苑。幾罣敗。幸入比部。視獄。重案張差。矯託羽翼。而步武八座不難矣。夫事之本末易明。罪原無逭。故肆其說。危其旨。卽莽何羅觸瑟不啻焉。冤陷內豎。亦云已甚。末遭嚴網。身塡牢戶。或者假手薰腐以釋其陰譴也。

丙辰。馬允昇充總兵官。督防延寧。

太和山內監濤玉頌廠臣功。請祠。賜額昭德。

南京戶部尚書范濟世致仕。

丁巳。命廷陘暫攝隰川王府。俟拱亭請名後仍歸之。

遼東巡撫袁崇煥言。聞虜十萬掠朝鮮。十萬居守。何所見而妄揣虜穴之虛乎。我縱傾伍搗之。亡論懸軍不能深入。卽深入有損于彼。而虎酋新併炒化。意殊叵測。都令賽令新通于虜。而仇于我。萬一我兵已東。虜騎北出而襲我關寧。此時救人耶。抑自救耶。無已。則水兵先發。外以趙率敎選精騎直偪三岔。如有可圖。不妨渡河一試。如無隙可抵。我兵但列河西。彼或疑而不以全力東向。惟此庶幾耳。下部議。兵科給事中李魯生請招合虎酋東進。解朝鮮之圍。

戊午。廕魏忠賢外孫王選劉應坤從子學禮俱錦衣指揮使。學禮仍都督同知銜。

鳳陽武平衛總孫均兒等請祠廠臣于亳州東門賜額旌德。

己未。登津內監獲虜諜佟惟奇。蓋養性從子也。

庚申。宣大總督兵部右侍郎張樸爲南京戶部尚書。正推南京戶部右侍郎倪斯蕙勒罷。

漕運總督內監崔文昇言漕船事宜。午節後截回空以待民船。兼用江廣船省民力。上是之。

辛酉。廕內監楊朝從子國臣世襲錦衣正千戶。繫右府都督銜。

桃林口太監楊朝頌廠臣功。請祠于建昌城東。賜額崇德。

工部監督兩山郎中曾國楨頌廠臣功。請祠于蘆溝橋。賜額隆恩。

壬戌。右僉都御史許宗禮爲左副都御史。

削奪天津兵備道參政楊廷槐。以漕運內監李明道糾其久倚門戶也。

天津巡撫黃運泰報遣孫應龍平登雲以千人出海援朝鮮。因言海多盜梗運。姑留半兵護漕。報可。

癸亥。以建虜切警。命杜文煥駐寧遠。尤世祿駐錦州。侯世祿駐前屯。左輔進總兵。駐大凌河。滿桂仍駐關門。節制四鎮及燕建四路。賜尙方劍。從劉應坤之請。

予外戚陳正誼祭葬。

甲子。敕趣各京省捐助搜括等銀二百十七萬八千四百有奇勒期輸京師。

建虜解錦州之圍。攻寧遠。巡撫袁崇煥擊卻之。滿桂尤世祿等兵至多捷。

以緝佟惟奇功。廕魏忠賢錦衣指揮使。賜金六十。幣四。羜酒新鈔。賜敕胡良翰苗成各廕錦衣正千戶。金捷郭尙禮邊進朝閻成各廕百戶。推官周汝昌以逆姻下吏部議譴。

乙丑。大學士黃立極等擬陞坊局官六人。左諭德署國子司業林釬修撰莊際昌編修朱繼祚並罷。編修姜曰廣檢討胡尙英丁進並削奪。初監生陸萬齡等請祠忠賢。釬堅不批允。曰廣以朝鮮使回不歸頌廠臣也。海盜鄭芝龍聚衆數萬。舟數百。犯中左所。飽掠三月。去之。芝龍。南安石井人也。流入海島顏振泉黨爲盜。後振泉死。衆推一人爲長。不能定。共禱于天。以劍插米中。各當劍拜。拜而劍躍者天所授也。次至芝龍。再拜。劍躍于地。遂爲魁。

五月䣛朔。耿如杞入贓六千金。俟刑。

主考福建翰林檢討王鐸□科給事中潘士聞。四川刑部員外郎康四海大理評事孟兆麟。廣東禮部主事曾棟工部員外郎張懋勳。廣西兵部主事寇從化工部主事董中行。

順天尹李春茂祠廠臣于宣武門外。

辛未。漕運太監李明道參直隸巡按御史何早悞運。削奪。

通政司經歷孫如冽請祠廠臣宣武門側。賜額茂勳。

巡撫延綏朱童蒙請祠廠臣。賜額祝恩。

壬申。奸姻周汝昌下河南撫按安置西邊。

王城李嵩爲南京戶部右侍郎。嵩總督糧儲。

張崇禮年衰勒致仕。□□錢策□□杜詩□□汪起鳳歧黨不正。幷免。太理寺右少卿倫肇修久依門戶。兵部主事沈棨並削奪。

李夔龍爲左僉都御史。張延登爲右僉都御史。巡撫浙江。

逆奴佟惟奇棄市。

巡視中城御史黃憲卿請祠廠臣。附于順天。

太監劉應坤覈積餉上嘉之。廕魏忠賢錦衣指揮使。應坤等各廕賞有差。

乙亥。建虜大舉趨錦州。

丙子。給皮島金十萬。輸天津之粟五萬。

丁丑。建虜圍錦州。總兵趙率教左輔朱梅合拒之。連攻十四日不下。趨寧遠。

己卯。午刻建虜渡河至閭陽驛。距錦州四十里。聲言徑往山海。

命祖天壽移山海。滿桂移前屯。趙率教左輔紀用移錦州。袁崇煥移寧遠。黑雲龍移一片石。

□□□沈景初以久依門戶削奪。

僇故黃陂諸生熊于宣屍于宣脅貞婦龐氏死。抵罪。湖廣巡撫溫□□奏于宣物故也。

辛巳。官軍敗建虜于柘浦。虜屯塔山。

癸未。張曉爲兵部尚書總督宣大軍務。孫國禎爲右副都御史。巡撫登萊。

封藩事竣。廕魏忠賢錦衣指揮使。

□□□江用世以久依門戶削奪。

甲申。浙直商人翁一元等頌廠臣功。祠曰顯德流芳。

武清侯李誠銘頌廠臣。賜祠鴻勳。山海關太監陶文請祠。曰廣恩。

工部尚書崔呈秀奪情視事。

田生芝爲南京通政使。□□□王點□□□曾□易罷。

丙戌。滿桂遣兵攻塔山。虜鑿三重濠于錦州城外。留兵困之。自領大兵攻寧遠。于灰山首山窟嶐連山南海結九大營內臣高起潛欲城守。滿桂不可。與總兵尤世祿等屯教場。

丁亥。魏撫民爲尙寶司少卿。

己丑。博平侯郭振明請祠。賜曰德芳。

辛卯。張翼明爲右僉都御史。巡撫大同。

鎭守宣大山西太監葛九思請祠。賜曰嘉猷。

□□□袁瓚以趙南星邪黨削奪。

壬辰。主考浙江翰林檢討陳盟吏科給事中張維一。湖廣檢討李明睿兵科給事中李魯生江西編修倪元璐禮科給事中薛國觀。陝西吏部文選主事姚昌鎭兵部車駕主事胡福弘。

給事中葉有聲以久依門戶削奪。

癸巳。袁崇煥出寧遠城十里。虜大至。諸將擊之。殺王子。浪蕩寧谷。箭傷召力兎及固山四人。牛鹿二十餘人。虜退東山坡。次日發紅夷砲擊建虜。斃八百餘人。俘八人。𠊱滿桂尤世祿楊嘉謨等各至。合戰。走之。屯八里山錦州圍解。

乙未。建虜復圍錦州。日以萬騎往來。斷其出入。夜則舉火擾之。

是月。浙西大雨水。

六月輛朔。戊戌。禮部定使各藩□。□□侯黃世澤行人吳履中使蜀府。靈璧侯湯國祚刑科給事中蘇兆先使岷府。□□侯沈評行人查曰俞使吉府。誠意伯劉孔昭工科左給事中陳維新使代府。檢討黃錦行人宋可久使襄府。□□□侯□□中書楊景明使崇府。修撰余煌行人阮震亨使周府。太常寺少卿楊維新中書龔而安使□府。□□侯陳懋德行人談惟修使光澤王府。禮部主事游王庭序班高兆使新昌王府。初。□□□楊文岳使蜀。上特留之。

禮部左侍郎李康先罷。謂久繫門戶也。

延綏巡撫朱童蒙奏套虜之功。蔭魏忠賢錦衣指揮使。

誅指揮韓九思等。漕課虧額。

己亥。昧爽。虜悉衆攻錦州。虜主營于教場督攻。諸將禦之整暇。明日始去。是役也。祖天壽有子前陷建州。人頗疑之。至是始信其無他。

庚子。建虜屯小凌河。毀城墻。

辛丑。工部奏邊餉鑄錢。蔭魏忠賢錦衣指揮使。

建虜赴大凌河。

太監李實請祠廠臣于蘇州。許之。

延綏巡撫朱童蒙奪情視事。

發御前金五萬勞寧遠吏卒。

商人某等請祠廠臣于臨清。許之。

癸卯。袁崇煥再報捷。

湖廣太監李希哲請祠廠臣于承天。賜曰鴻惠。

太監胡良輔奏歲餉六十萬不給。許增本折四十萬。

山東巡撫李精白請祠廠臣。賜曰隆禧。

庚戌。命應天山西撫按逐程跡毛士龍。士龍就戍而逸。

辛亥。袁崇煥又報捷。上以一月三捷。大悦。命侯世祿住山城堡。犄角錦寧。
癸丑。建虜招誘寧遠人書。有南朝文武俱婦人。止知開口談兵。豈知鋒刃之苦等語。我亦書報之。
總督漕河太監崔文昇請祠廠臣于淮安。賜曰瞻德。
太常博士汪始亨以久繫門戶罷。
甲寅。直隸巡按御史盧承欽請祠廠臣。許之。
薊遼總督閻鳴泰請祠廠臣曰旌功。協理侍郎吳淳夫請祠曰萃德。保定巡撫張樸請祠。許之。
丙辰。督餉御史劉□總督漕運黃運泰各請祠。許之。
丁巳。巡按山東御史黃憲卿請祠廠臣。賜曰湛恩。
庚申。上不豫。閣臣候安。
壬戌。祭崔呈秀母四壇。移其一祭父。奏内有在天之靈等語。
癸亥。順天巡撫右副都御史劉詔巡按御史卓邁請祠廠臣于涿州。賜曰弘愛。
甲子。登萊巡撫李嵩請祠廠臣。許之。
福建巡撫朱一馮報海寇。
陳具慶張士範爲翰林侍講。
國子司業賀逢聖以久繫東林削籍。
總督漕河太監崔文昇巡撫郭尙友巡按宋禎漢何可及巡鹽許其孝請祠廠臣于淮安西門。
七月乙朔。寧國公魏良卿攝祭太廟。
袁崇煥罷。議者以輕遣番僧講款。

丁卯。賜太子太傅兵部尙書王之臣尙方劍。督師薊遼登萊天津軍務兼巡撫遼東右都御史。侍講陳具慶張士範主試應天。

海盜鄭芝龍突犯漳泉銅山。殺傷官兵亡算。

己巳。主試山東□□□張養□□□陸一麒。山西□□□蔣一驄□□□陳賓盛。河南□□□王應泰□□□劉伸時。禮部推□□劉先春吏科給事中虞廷陛□□□馬任遠。並係門戶削奪。

諭禮部。上科考官方逢年章允儒熊奮渭李繼貞丁乾學郝士膏顧錫疇陳子壯及貢士謝錫賢劉正衡艾南英程祥會孫昌祖等。訕上謗政。已加懲處。玆特申飭。不許詆毁。

田吉仍太僕寺卿署太常寺少卿事。太僕寺少卿徐揚先削奪官誥。以久係門戶也。

宣大總督張樸巡撫張翼明巡按汪裕請祠廠臣。賜額一代崇功。

太監劉應坤頌寧錦功。廕廠臣錦衣衞指揮。世襲。賜金八十。

癸酉。上御門受俘。告太廟。

庚辰。敍寧錦功。封魏鵬翼安平伯。世襲。賜誥劵。歲祿千一百石。廕太監紀用錦衣衞指揮同知。胡明佐正千戶。孫茂霖武俊副千戶。楊德玉黃友德孫玉試百戶。並世襲。孟應祥等試百戶。下孫如列于鎭撫司。如列方建媚祠。尋多贓。斃獄中。

姜玉果比匪。削奪官誥。

宣府巡撫秦士文報捷。歸功上公。遂廕魏忠賢錦衣指揮使。葛九思千戶。張守成李應江百戶。並世襲。田奉等百戶。上公之稱始此。

癸未。衡王常㴻薨。

延綏累捷。廕太監涂文輔錦衣衛指揮僉事世襲。王之臣進太子太師。廕錦衣指揮僉事。霍維華進右都御史。廕正千戶。田吉右副都御史。許可徵太僕寺卿。並仍舊任。王之寀廕錦衣指揮僉事。史永安朱童蒙並進右都御史。廕錦衣指揮僉事。前巡撫張九德加銜二品服俸。楊肇基太子少師。廕錦衣正千戶。餘陞賞有差。

賜安平伯田七百頃。

庶吉士蔣德璟李若琳江鼎鎮授編修。錢受益張維機項煜丘瑜師雅助褚太初王建垣授檢討。楊汝成閔仲儼馬之驥劉垂寶並繫門戶削籍。仲儼之驥以出姚希孟門。垂寶鐸之弟。李覺斯授禮科給事中。

吏部推張雲鶴爲刑部浙江司郎中。以熊廷弼之戚。削奪官誥。

乙酉。進黃立極少師兼太子太師中極殿大學士。世襲錦衣指揮使。賜金六十。幣四。坐蟒衣一。施鳳來張瑞圖李國樸兼太子太傅吏部尚書建極殿大學士。並世廕錦衣指揮同知。金五十。幣二。坐蟒衣一。以錦州功。

戎政兵部尚書李春燁乞終養。從之。

譴送太監王敏政參銅陵知縣劉涵清□□金世章不備夫役。命削奪官誥。仍下撫按。

閻鳴泰仍太子太師兵部尚書兼理京營戎政。

兵部侍郎霍維華以袁崇煥未敘。請移己廕廕之。上怒崇煥議款。不許。且責維華市恩。

戊子。洪瞻祖爲右僉都御史。撫治鄖陽南贛。

戎政兵部尚書李春燁終養。

八月丱朔。司禮太監梁棟提督蘇杭織造。

乙未。豐城侯李承祚請廠臣如徐達兩公世爵之例。

侍讀徐時泰侍講孫之獬主試順天。時正推孔貞運雷躍龍。

敍援錦州功。太監孫愼高進忠李進喜馬吉祥臧欽馬進忠王鎭孫朝王永壽曾誠並廕錦衣試百戶。魏廣微加贈一級。王之臣進少傅。並廕錦衣指揮僉事。馮嘉會加贈一級。霍維華進兵部尙書。廕正千戶。並世襲。郭允厚蘇茂相李春燁薛鳳翔崔呈秀孫杰楊夢袞張曉並太子太保。廕入國子監。曹爾禎張我續吳淳夫並右都御史。仍舊任。許可徵右副都御史。仍兵科都給事中段國璋郭興言並太常少卿李魯生陳維新並太僕寺卿。仍舊任。倪文煥太僕寺卿。仍御史。梁夢環太僕寺卿。劉徽少卿。侯滿推補田吉右都御史。仍舊任。廕錦衣副千戶。世襲。洪瞻祖右都御史。仍舊任。馮時行太僕寺卿。加閻鳴泰少傅。仍協理戎政。廕錦衣指揮僉事。黃運泰太子太傅。廕入監。郭尙友右都御史。兼戶部右侍郎。並仍舊任。袁崇煥進右都御史。廕錦衣正千戶。世襲。滿桂太子太師。廕錦衣指揮使。趙率敎太子太傅。尤世祿左輔並右都督世錦衣正千戶。餘陞賚有差。

起太常寺少卿阮大鋮□□參政莊祖誥以倪文煥薦也。

戶科給事中加兵部右侍郎郭鞏助工。上以久不至。勒免。不受助。

辛丑。敍殿功。封魏良棟東安侯。世襲。府第田祿視肅寧侯。又廕忠賢世錦衣指揮使。王體乾梁棟李永貞石元雅王朝輔郝隱儒趙秉彝涂文輔李實劉應坤王敏政崔文昇並廕錦衣指揮僉事。李承光蘇若霖正千戶。劉忠等副千戶。吳國泰百戶。

李誠銘進太子太師。

郭守仁爲工部□侍郎。徐應遵杜大盈爲光祿寺卿。

進寧國公魏良卿太師。

翰林院檢討楊世芳報使竣。以門戶勒免。

太監崔文昇請祠廠臣于濟寧。賜曰表勛。

湖廣巡撫右僉都御史姚宗文請祠廠臣于荆襄。賜曰隆仁。時上已疾。陝西巡撫莊祖誨亦請祠。賚奏人知事且變。遂不上。竟免于黨論。

上不豫。召輔臣于乾淸宮之西暖閣。諭以監臣王體乾勤練。廠臣魏忠賢忠誠。又昨召見信王。

給東安侯第價二萬七千一百七十二金。歲祿二千五百石。田千頃。

丁未。改崔呈秀兵部尙書。仍兼左都御史。

陝西總督史永安請祠廠臣于固原。賜曰茂彝。

奉聖夫人客氏世廕錦衣衞指揮使。客氏爲定興侯二婦。年十八入乳。又二載嫠居。侍上朝夕。常私魏朝。魏忠賢而閧上。命歸忠賢。供帳侈麗。威行宮掖。至是諭兵部曰。朕昔在襁褓。氣稟淸虛。賴客氏事事勞苦。保衞恭勤。不幸皇妣早崩。顧託鄭重。朕起居燥濕。饑飽涼暖。皆奉聖夫人業業兢兢。節宣周愼。艱險備嘗。效力十六載。及皇考登極匝月。遽棄羣臣。朕以幼沖並失怙恃。復賴調劑。苦更倍前。屢捐己俸。助工助軍。今三殿慶成。捷音屢奏。朕感今懷昔。嘉尙良深。詩不云乎。無德不報。特加恩廕。用彰殊異。部擬廕弟姪一人。上少之。命再敍。

談遷曰。阿保之功。盡人而能之。卽被寵加渥。僅行其意可耳。何至溫旨婉篤。援及皇妣皇考。所引諭大非制也。故述之以見政府之陋。

敍三殿功。薛鳳翔崔呈秀各少傅。世錦衣指揮僉事。孫杰楊夢袞各少保。廕中書舍人。吳淳夫太子太保。工部尙書黃克纘太子太師。各廕入監。白所知范濟世太子太師。董可威太子太傅。周應秋郭允厚各太子太師。廕入監。曹思誠太子太保。蘇茂相太子太傅。曹爾禎太子太保。兵部尙書張曉太子太傅。戶部尙書李春燁少保。各廕入監。霍維華邵輔忠太子太保。呂純如兵部尙書。趙紱右都御史。劉遵憲太子太保。馮嘉會加贈一級。廕入監。王之臣少師。廕錦衣正千戶。王之采右都御史。袁可立太子太保。閻鳴泰少師協理京營房壯麗太子太傳。廕入監。許宗禮右都御史。李夔龍右副都御史。呂圖南張九德各右都御史。李養德太子太師工部尙書。廕入監。張文郁右都御史。廕入監。魏良卿廕錦衣指揮僉事。李誠銘少保。廕錦衣正千戶。郭興言陳維新各右副都御史。楊文岳太僕寺卿。仍舊任。楊維垣楊所修郭興治各右副都御史。張維一太常寺卿。段國璋右副都御史。潘士聞太僕寺卿。王鳴玉參政何廷樞王珙張素養各太僕少卿。陳王廷倪文煥各太僕寺卿。蘇兆先太常少卿。汪裕太僕少卿。何可及陳朝輔趙胤昌汪若極張文熙李應薦李曰馨曾應瑞袁鯨梁□安仲李應公王大年晏春鳴智鋌各太僕少卿。單明翊右都御史。添註兵部左侍郎。廕入監。朱國盛右都御史。田吉改兵部尙書。岳駿聲李春茂各右都御史。其餘邢紹德王時英等。杜如懿孫際可等。馮運泰陳殷湯齊楊維和袁熿王敬錫范鈐徐伯徵許觀吉曾國禎孫延絅周迪等。蕭震徐四岳聶愼行向日升李精白李從心王之杜董志稷熊喬黃儒登林宗載劉玉安陸鯱金高光祉賈兆元洸日彰蔣一驄白太始等。楊齊芳魏持衡張景張承爵楊餘洪周國典馬應坤王世美王子龍邵樹德王纘袁恩唐常心周承禹楊振龍原抱奇黃維先朱國諧李桐唐虞際田嘉璧喬巍等。田弘慈王穎吳彥明袁志學等。郭希禹等。田爾耕等崔應元等王崇德等。吳英儒等。葉振春等。張凌雲陳大同吳師禹劉福遠等。趙應冠等各加級有差。

談遷曰。時上疾甚。諸人亟于自貴。乘龍馭之漸。紫玉盈朝。最下亦開九列矣。魏氏攬權。卽萬幾淸晏。猶手決章奏。了不爲忌。矧危喘僅僅哉。雖然。鐘鳴漏盡。水涸石出。諸人縱貪冒無已。獨不思異日能自堅乎。又未嘗不嗤其愚也。

白儲玿致仕。

田爾耕廕錦衣正千戶。內外優敍凡六百九十八人。右都御史朱國盛以工部薛鳳翔疏不預。又別取中旨也。

癸丑。楚王華奎請祠廠臣。許之。

福府承奉徐進請祠廠臣于洛陽。賜曰垂懿。

巡按山西御史李燦然請祠廠臣。賜曰襄勳。

兵部尚書霍維華罷。魏忠賢欲加蔭客氏封伯。維華引疾。初上不豫。維華獻仙方靈露飲。後其藥罔效。忠賢遂恚維華。維華不自安。力讓寧錦之蔭。轉身求去。

談遷曰。當權閹時。外廷柔于繞指。惟唯惟諾。霍氏略吐其舌。少自發舒。劇論權閹之前。然迎合無異也。末途見忤。一麾去之。非能自立也。天日難中。知在轉瞬。作此硜硜。留爲後地。諸人終附霍氏。附而賣之。譎哉智如轉轂也。

乙卯。上崩于懋德殿。壽二十三。上大漸。召信王入。諭後事。魏忠賢有異志。私語都督田爾耕。唯唯。崔呈秀不答。詰之。曰。恐外有義兵。乃意沮。初三殿成後。有鳥大如鶴。聲如梟。屢鳴殿上。聞者異之。

詔曰。朕以眇躬。仰紹祖宗鴻業。七年于茲。深惟皇考取法堯舜之訓。兢兢業業。不敢怠遑。邇者三殿告成。光復堂構。夷氛屢挫。邊圉漸安。方銳意治平。與民休息。不謂稟賦虛弱。自青宮已然。及臨御以來。東西多警。朝夕在念。益用憂勞。多思傷脾。遂致𤺥㥷。今乃復觸夙恙。衄血陡發。馮几彌留。殆不能起。有負先皇顧託之命。朕用釁傷。若夫死生常理。人所不免。兄終弟及之文。丕紹倫序。□□□□□□□□□□即皇帝位。勉修令德。親賢納規。講學勤政。寬惜民生。嚴修邊備。勿過毀傷。內外大小文武諸臣。協心輔佐。恪遵典則。保固皇圖。喪禮依舊制。以日易月。二十七日釋服。毋禁民間音樂嫁娶。宗室親郡王藩屏爲重。不得輒離封域。各處總督鎭巡三司官。地方攸繫。不許擅去職守。各止于本處朝夕臨哭三日。進香差官代行。衞所府州縣土官俱免進香。於戲。兄弟大倫。幸社稷之有主。君臣至義。期夾輔以爲忠。尙體至懷。用承末命。

談遷曰。閹尹之禍。劇于熹廟。幷邊徼而二之。岌岌辥辥。國事大壞。弊極難持。自武宗而後所再見也。其好獵樂內嬖諫悅佞。無一不同。第八駿未馳。尙無煩祈招之詠。湛溺昏酣。皇嗣並索。然武宗權或自出。劉瑾前磔。錢寧後囚。凡百誅賞。不盡指授。今熹廟終始于魏氏。五期之間。大肆威命。左傳有云。政繇甯氏。祭則寡人。追誦此語。殆爲寒慄。在廷諸臣。非無忠讜。好跡喧競。楊左放逐之後。搖手側足。舉朝望塵之不暇。庸問天理民彝之事哉。二三相國。方氏則庸。葉氏則猾。顧氏則諂。格心砥柱。各非其任。欲如商文毅之罷東廠。李文正之規逆瑾。必不得之數也。雖然。疵德多矣。朝署若奕。功令若燔。財用若泥沙。原其所自。不盡帝之失也。成祖立皇太孫。身諭敎之。朝夕上側。遇兵言兵。遇農言農。遇象緯文藝言象緯文藝。故宣宗敏決如流。卓稱令主。神祖則大異矣。身絕朝講之席。帝生長慈寧宮。不聞外事。啓沃輟響。日閹寺宮婢之與俱。安往而不慆淫也。獨陳有繼請開礦拒之。似于神祖爲得。且諄諄然于傳位之際。成王之馮玉几。何以加焉。

思宗紹天繹道剛明恪恭揆文奮武敦仁茂孝烈皇帝。御諱由檢。光宗皇帝第五子。母才人劉氏。萬曆庚戌十二月乙未日生。天啓元年九月。封信王。沈朗英敏。令望蔚著。中外知其濬德。魏忠賢竊政時。善自戢晦。忠賢心懾之。故不敢奸顧命。七年二月。册妃周氏。

八月钾朔。乙卯。熹宗皇帝賓天。王卽日入臨。至乾清門。西向坐。王時自危。袖乾糒以入。不食大官饌也。羣臣亦無一人至。王秉燭獨坐。久之。見一璫攜劍過。卽取視其劍。留几上。許以賞。聞巡徼聲。勞苦之。問左右欲給以酒饌安從取乎。侍者云。當取之光祿寺。傳旨取給。歡聲如雷。羣臣俱在邸。卜明日入朝問安否。厥明至殿門。閽人不令入。告以宜用喪禮。旣改服。又謂未成服。宜如常。羣臣奔走出入者三。哀訴閽人。得入臨。司禮太監王體乾及忠賢在喪次。獨體乾語各部備喪禮。忠賢目且腫。無所言。羣臣出少頃。獨延兵部尙書崔呈秀入。屏人語移時。

祕不得聞。或云。忠賢欲自篡。而呈秀以事未可爲止之也。尋羣璫議。梓宮厝乾淸宮如神祖光宗時。殿下暫厝殿廡。閣臣謂兄弟與父子不同。梓宮奉別殿。上御文華殿。如世宗時。又中宮移慈慶宮。諸貴妃附焉。或謂不當附。乃止。

桂王府成。

巡撫登萊右副都御史孫國楨報東江之捷。

丙辰。禮部上登極儀注。

丁巳。信王卽皇帝位于中極殿。昧爽。衰冕告天地。謁奉先殿。仍詣大行几筵及庶祖母宣懿昭妃□氏幷皇后。午刻。御殿受朝。命羣臣毋賀。朝時倏天鳴。

巡撫陝西右僉都御史胡廷宴以固原闕舊餉十五萬九千餘金。兵有十月不支者。乞部速給。章下所司。

督餉戶部尙書黃運泰言。關門馬草冬春二季。以三百六十萬爲額。每束價五分。該銀十八萬兩。向係永薊召商買納滋弊。今請以召買之價充輸關門。收買誠便。從之。

戊午。諭禮部上皇妣貞靖賢妃尊謚及祔葬。

己未。頒卽位詔于天下。以明年爲崇禎元年。

庚申。命大學士施鳳來同太監李永貞詣天壽山擇先帝陵。定于潭峪嶺。

止命婦入臨。

巡撫登萊右副都御史孫國楨敍毛文龍宣川功。頌及廠臣。

上問司禮監太監王體乾立枷之事。對曰。專處鉅惡。上曰。亦慘甚。

癸亥。大賚文武諸臣及邊士。共二百三十萬金。

九月甲申朔。分鎭桃林口太監楊朝報插漢虎墩兔。以酔爲婦哈屯刺死。插漢地名。元小王子之裔。嘉靖間。插漢打來孫避俺答之强。與子土蠻大成等自宣府塞外移遼左順福餘諸部以自立。土蠻生卜彥。卜彥生虎墩兔。原與俺答吉囊爲兄弟。實插主而俺答臣也。俺答封王後。至卜石兔。得素囊之妻。兼併其地。虎墩兔復强。卜石兔走河套。插漢日西向。蠶食白言諸部。建州雖忌插漢。以其淫貪失馭易餌也。

東廠太監魏忠賢乞辭任。不許。

乙丑。平遼總兵毛文龍奏不平五事。乞身求代。不許。語頗激。上優容之。

丙寅。奉聖夫人客氏出歸私第。

太監魏忠賢乞免戶部喪禮香蠟三萬金。從之。

西虜犯寧夏鎭朔堡洪廣營。總兵吳盡忠拒卻之。

總督倉場戶部尙書蘇茂相請復放折兩月之例。從之。

丁卯。司禮太監王體乾辭任。不允。

戊辰。平遼總兵毛文龍訴乏餉。

定頒詔使臣。

己巳。戶部尙書郭允厚言。國諱印色藍易濃溷。請錢糧事獨硃印。許之。

庚午。巡撫宣府右□都御史秦士文爲兵部右侍郞。兵科都給事中楊所修爲南京通政使。

戶部奏令山東河南北直漕河黃河兩岸二百里內郡縣應解金太倉京邊各照時價改本色運至河上。官自爲解。庶軍民交濟。上從之。

辛未。巡撫天津戶部尙書黃運泰奏預計關門內外糧料。計關內兵六萬。各月米五斗。歲支共三十六萬七千六百石。班軍兩防該米七萬二千石。馬騾二萬四千匹。四月至十月月九斗。十一月至三月月一石二斗。歲共二十九萬五千二百石。預備料豆二萬石。計關外兵八萬。歲支米四十八萬。班軍二萬。歲支四萬五千石。加預備糧米三萬五千石。馬騾三萬五千匹。歲支豆四十三萬五百石。加預貯料豆三萬石。通計米豆一百七十八萬三百石。米派臨清德州倉餘米廬鳳淮揚召買。豆派畿郡召買。外有鮮米十萬石。鮮布萬匹。俱宜先期料理。部覆從之。

定先帝山陵于澹峪嶺。

壬申。御門。

丙子。朝鮮國王李倧告困。諭先帝已棄羣臣。朕嗣位。其知之。

瑞王府成。督工漢中工部郎中王惟先入朝。奏頌廠臣。

戊寅。敍三殿功。廕內臣錦衣衛指揮僉事十二人。正千戶四十七人。

故貴州總兵官魯欽贈少保。謚□□。立祠。廕本衛指揮僉事世襲。

己卯。右副都御史署南京通政司使楊所修言兵部尚書崔呈秀工部尚書李養德太僕寺少卿陳殷。巡撫延綏右□都御史朱童蒙俱奪情非制。上責其輕詆。

工部尚書薛鳳翔求發帑百萬。有事山陵。命半之。

庚辰。進李從心太子太師。李精白劉詔兵部尚書兼右副都御史。

進張繼世山東按察使。孫織錦山西右布政使兼按察司僉事。仍故。

壬午。許太僕寺少卿陳殷守制。其兵部尚書崔呈秀不允。

癸未。宰賽百餘騎犯□□。參將高勳拒之。擒七人。

甲申。上聖母貞靜賢妃劉氏尊謚曰孝純淵靜慈順肅恭毗天鍾聖皇后。

丁亥。國子司業朱之俊論監生曹代何陸萬齡儲廩奇誑詞挾遁。宜罪。命下獄。

戊子。諭停刑。

督師遼東兵部尚書王之臣言。西虜都令色俾乃蠻黄把都等以數萬人東投建虜。幸其部落多不願往建虜。亦疑忌不令渡河。其部衆已大半西投虎墩兔憨。今乃蠻黄把都部落夷目能乞兔金歹青等男婦共五千七百三十來降。臣令總兵杜文煥尤世祿侯世祿朱梅副總兵王牧民祖天壽受之。下部議降夷置塞外。

兵部尚書崔呈秀等奏廣納事例。

太監魏忠賢乞止建祠。上優答之。其前賜額許如故。餘止之。

己丑。巡按陝西御史袁鯨上言。秦隴以西。巖險鳥道。一夫當關。萬人俱廢。過此階文徽成。番漢雜居。礦徒嘯聚。又過此河州之西卽海虜。蘭州之北卽松虜。海虜兄弟八枝。兵十數萬。乞慶台吉黄台吉最黠。黄酋見住西寧。七月內叛番黄明策爲引導。縱橫于松山鎭虜間。每借市馬入城。勾連北虜。今且岌岌矣。甘鎭兵馬減于援遼。京運緩于呼庚。至臨洮靖虜洮岷兵糧俱西安鳳翔平涼額編民運。今欠至一二年。何以稱有備無患也。

庚寅。立妃周氏爲皇后。嘉定周奎女。選妃日授奎南城兵馬司副指揮。今進右軍都督府同知。

進張素養右副都御史。專理京營。姚祚端爲太僕寺少卿。朱大啓爲太常寺少卿。提督四夷館太常寺少卿陸文獻爲太僕寺少卿。吏科都給事中陳爾翼爲太常寺少卿。

太師寧國公魏良卿少師安平伯魏鵬翼並給鐵券。

辛卯。詔曰。朕聞坤順承乾。兩儀乃以奠位。內治贊外。六合斯以蒙休。王化攸關。典禮是式。朕荷天眷命。序纘洪圖。深惟儀刑于萬國。宜首崇位于母儀。妃周氏。受命先帝。配朕潛邸。含章體順。懿範克紹前徽。率禮蹈謙。淑德允稱作合。是用祗告天地宗廟社稷。以九月二十七日冊立爲皇后。正位中宮。於戲。佐一人以主鬯。弘開有道之長。叶三靈以永綏。益衍無疆之慶。布告中外。咸使聞知。先是詔曰。朕惟恩深鞠育。孝大尊親。自古帝王。暨我祖宗列聖。膺圖纘祚。莫不致隆所生。蓋以昭罔極之報。而敎民孝也。恭維聖母光大含弘。幽閑貞靜。輔翼皇考。誕予眇躬。勤顧覆之洪慈。劬勞靡替。廣啓迪之懿訓。諄篤有加。朕茲獲以幼沖。寅承大寶。睠惟兄終之及。實繇慈慶之鍾。至德難名。尊養靡及。爰舉哀榮之典。式昭追報之思。參稽禮文。尊崇謚號。乃于天啓七年九月二十一日。祗告郊廟社稷。奉冊寶。恭上尊謚曰孝純淵靜慈順肅恭毗天鍾聖皇后。光遐禮于九京。播休聲于八表。於戲。至哉坤元。詎模聖善之彷彿。渙茲大號。用昭祥發之根原。布告華夷。咸使知悉。

癸巳。巡撫江西右僉都御史楊邦憲。巡按御史劉述祖。各疏頌廠臣。請祠。不許。

十月𤘪朔。廣西大盜胡扶龍平。初潯州之龍山扶龍據之。丙寅掠上黃村及于武平。守備蔡文龍敗沒。廣西巡撫王尊德以副使潘應龍勦之。集左江兵三千七百人。以參將康承爵領之。徵右江兵四千餘人。以參將范景文領之。二月進師。得賊黨廖扶四爲內間。知胡道貴爲謀主。遣士舍陳威說道貴勸賊歸舊巢。威等伏兵于旁。執之。兩江之盜始息。

丙申。工科都給事中郭興治言五事。開經筵。勸召對。愼起居。補考選。課職業。上是之。

丁酉。陽和衞正千戶劉效祖封新樂伯。繼祖錦衣衞都指揮同知。孝純皇后弟也。姪文炳文耀並兵馬司副指揮。周奎爲都督同知。皇后父。

司禮太監徐應元廕錦衣衞都指揮同知。王之政王國泰王永祚廕指揮使。又廕徐應元周世德商輔明正千戶。曾文學張宗德李承恩徐延年商作霖黃一魁李天壽副千戶。王之政王國泰王永祚范壽寧百戶。又廕舊御前太監王佐陳秉政齊本正張永慶王永年百戶並世襲。

己亥故大學士魏廣微。贈太師。故□□□□淩子優。贈太常寺少卿。王繼曾爲太僕寺卿。諸允修爲南京光祿寺卿。鎭安伯徐汝孝進太子太保。

進大學士黃立極太保。施鳳來張瑞圖李國樒左柱國兼支尚書俸各廕中書舍人。

翰林院檢討師雅助等頒孝純皇太后謚詔于諸王。

太監涂文輔搜太倉節省餘銀萬二千金。進備恩賞。上善之。

庚子。上熹宗達天闡道敦孝篤友章文襄武靖穆莊勤悊皇帝尊謚。廟號熹宗。初本哲。上定爲悊。

辛丑。頒詔于天下。詔曰。帝王盛德弘施。昭懿範于當時者。皆有顯號令名。祔諸廟享。傳之萬禩。蓋非獨表章前休。正以永垂後美也。恭惟皇兄大行皇帝仁孝承先。憂勤勵治。兩朝聖德。經闡繹而炳若日星。三極宸居。善繼述以垂茲堂構。王道正直。挈繩準于朝端。聖武旁昭。暢威靈于遐域。蓋惟知人而善任。以致外攘而內安。御宇秉乾。于茲七載。故休徵之疊至。謂曆數其未央。何期一人宵旰之勤。竟貽率土攀號之痛。顧予涼德。肇纘丕基。念在耳之遺言。愴因心之難報。爰追前烈。用率舊章。協衆論之僉同。薦鴻稱于不朽。乃于今十月七日祗告天地宗廟社稷。恭奉册寶。上大行皇帝尊謚曰達天闡道敦孝篤友章文襄武靖穆莊勤悊皇帝。廟號熹宗。於戲。賓天之駕雖遙。敢忘陟降。載德之名無斁。尚見羹牆。布告萬方。咸使知悉。

遼東前屯火。燬三千八百餘家。

吏科都給事中陳爾翼言。南京通政使楊所修奏。仰體聖孝。諸部臣屢疏乞去。夫君臣上下。可相安無事。而播弄多端。葛藤不斷。聞東林餘孽徧布長安。欲因事生風。憂不在小。乞敕下廠衞五城緝訪。有旨。羣臣流品。經先帝分別澄汰已精。朕初御極。嘉與士大夫臻平康之理。不許揣摩風影。致生枝蔓。

談遷曰。甚哉僉人之過慮也。睍見將銷。兔窟欲避。遂以緹校箝結將來之口。李斯督責餂試新主。幸未中其說。薄示優容。彼輩益自以爲得計矣。逐漁者濡。逐獸者趨。無足怪也。

御史李蕃賈繼春爲太僕寺少卿。

許浙江提學副使樊良樞致仕。

曹履吉爲光祿寺少卿。添注。

壬寅。翰林院侍讀徐時泰檢討雷躍龍李若琳補日講官。

大理寺右寺正許志吉報籍吳養春家貲共六十萬五千有奇。程夢庚家貲十三萬。

大學士黃立極等請開經筵。命俟明春。日講卽十六日始。

司禮太監王體乾魏忠賢廕錦衣衛都指揮僉事。贊襄典禮也。

增武舉二十人。

命中軍都督府僉書總兵王世忠出關撫夷。世忠故南關遺裔也。仇建虜來歸。與虎墩兔憨爲姻。嘗使候其營。故督師王之臣奏遣。

姚士愼蔣士聰爲大理寺左右少卿。

王灤爲太僕寺少卿。吳光義爲南京太常寺卿。

朝臣各捐助陵工。

甲辰。鑄山海中路總兵關防。

議大行陵費二百餘萬。

錄東江功。太監魏忠賢王體乾徐應元等及胡良輔金捷郭尙禮各廕錦衣衛指揮同知。苗成指揮僉事。郭尙禮千戶。邊進朝等二十一人各百戶。崔呈秀等廕錦衣衞指揮同知。餘賜金幣有差。

乙巳。劉宇亮爲南京光祿寺卿。虞德隆爲南京太僕寺少卿。

諭追尊光廟莊妃李氏。上念幼時撫育也。

丁未。雲南道御史楊維垣劾兵部尚書崔呈秀與舊輔馮銓爭權。嗾吳淳夫攻之。淳夫一郞官。不數月已躋卿貳。于是羣趨其門。未幾河南道闕越次用倪文煥。其弟凝秀爲浙江總兵。尤可異者以不祥之人經理三殿工程云云。呈秀奏辨。乘求守制。不允。

己酉。始日講御文華殿。禮部□侍郎孟紹虞王祚遠□中允孔貞運翰林院侍讀徐時泰檢討雷躍龍李若琳傈直。是日講大學堯典各首節。帝鑑圖說一則。上退御便殿。召閣臣講官示以御書故事日講官一直講一直讀一。五次御隨讀始講。是日免進讀。越三日。免講帝鑑圖說。改祖訓通鑑。

庚戌。故太子少保吏部尚書趙南星卒。南星字夢白。高邑人。萬曆甲戌進士。授汝寧推官。己卯。擢戶部主事。癸未。調文選司員外郞。憂去。癸巳進考功郞中。佐內計。澄如冰鏡。吏科都給事中王三餘黨首相沈一貫。橫讀斥之。一貫銜焉。借他事削籍。家居三十餘年。泰昌初起太常寺卿。歷工部□侍郎。壬戌冬進左都御史。癸亥主內計。旋進吏部尚書。渴善仇惡。風行斧斷。初家居時。以丙辰丁巳內計。趙興邦亓詩敎等亂政。掌癸亥計典。著四凶論。以斥之。方其入朝也。大理寺卿金壇周應秋知其柄用。郊迎結懽。南星鄙之。歎曰。吾入山三十年。安知士風至此乎。見大學士魏廣微以父執自居。因力排之。中旨削奪。巡撫山西郭尚友誣其贓。追論戍振武衞。子清衡戍莊浪衞。甥王中麗戍永昌衞。南星日短衣執士伍。崇禎初赦至。巡撫牟志夔護璫。必需部符方釋。卒于戍。年七十八。尋贈少保。謚忠毅。予祭葬。廕清衡中書舍人。

高汝栻曰。高邑自司理以至統鈞。勁節剛方。以砥礪朝綱。主持世道爲己任。中間觸忤權逆。保護忠良。合則留。不合則去。丰裁凜凜。有古大臣名。而其大者尤在剖露良心。惟不昧良心。是以身家性命。一切置而不顧。甚而室家永訣。骨肉投荒。舉不足動其一盼。噫。劉忠宣曾以逆瑾遠戍高邑方之。忤璫事既同。受禍又復不異。使得天假以年。其事業寧以忠宣終哉。

雲南道御史楊維垣又劾兵部尚書崔呈秀貪淫橫肆。及吳淳夫倪文煥李應薦等。上未即罪。

壬子。海盜鄭芝龍鍾斌破海澄入中左所。以總兵俞咨臯勾夷激之。賊船甚衆。偏于漳泉。咨臯度不支。越城宵遁。

癸丑。順義王卜石兔上表貢馬。自萬曆癸丑襲爵。與色令台吉爭事。屢率衆脅邊。七月。同哈喇愼王子五路台吉與插漢搆釁。住威寧海子。大同總兵張家禎嚴爲備。至是始貢。

乙卯。起岳和聲右副都御史。巡撫延綏。贊理軍務。

丙辰。工部都水司主事陸澄源上言四事。正士習。糾官邪。安民生。足國用。其正士習略曰。比來士氣漸降。惟以稱功頌德爲事。廠臣魏忠賢服事先帝。論功行賞。自有常典。何至寵踰開國。爵列三等。蟒玉偏宗親。京堂濫乳臭也。外廷奏疏不敢明書忠賢姓名。盡廢君前臣名之禮。至祝釐偏于海內。奔走狂于城中。士習漸降。莫此爲甚云云。上不問。

丁巳。巡按直隸御史賈繼春劾崔呈秀不忠不孝。報聞。

戊午。兵部武選主事錢元慤上言。邇年以來。百辟卿士。不媚天子而媚奸臣。至輿廝賤隸。夤緣扳附。立躋顯要。玷列卿行。汚濫朝署。常伯有續貂之誚。爛羊興關內之謠。甚非盛世所宜有也。廠臣魏忠賢以梟獍之姿。供綴衣之役。先帝念其服勤左右。假以事權。羣小蟻附。勢漸難返。稱功頌德。布滿天下。幾如王莽之妄引符命。列爵三等。畀于乳臭。幾如梁冀之一門五侯。偏列私人。分置要津。幾如王衍之狡兎三窟。輿珍輦寶。藏積肅寧。幾如董卓之郿塢自固。動輒傳旨。鉗制百僚。幾如趙高之指鹿爲馬。誅鋤士類。傷殘元氣。幾如節甫之鈎黨株連。陰養死士。陳兵自衞。幾如桓溫之壁後置人。廣開告訐。道路以目。幾如則天之羅鉗吉網。先帝念忠賢有驅使之微勞。聞譽言之日至。豈料其威權趨附之至此。使先帝而早知其橫竊。亦必有以處忠賢矣。卽皇上念其勞貸之不死。宜勒歸私第。散死士。輸蓄藏。使內庭無厝火之憂。外廷無尾大之慮。魏良卿輩既非開國之勳。又非從龍之寵。安得玷茲茅土。汚此彝章。速令解組褫紳。長農沒世。至告訐獲賞之張體乾。鍛煉驟貴之楊寰。夫頭乘轎之張凌雲。委官開棍之陳大同。號稱長兒之田爾耕。寧國契友之白太始。龔翼明等。凡爲爪牙。俱明暴其罪。或殛或放。奸黨肅清。九流澄澈。報聞。

己未。南京守備太監楊朝。浙直織造太監李實。承天守備太監李希哲。提督太和山太監馮玉。天壽山太監孟進。並免。

刑部廣□司員外郎史躬盛論魏忠賢罪狀。舉天下之廉恥澌滅盡。舉天下之元氣剝削盡。舉天下之官方紊亂盡。舉天下之生靈魚肉盡。舉天下之物力消耗盡。報聞。

御史吳尚默劾崔呈秀之去。卽與魯司寇兩觀之誅何異。凡負譴而獲免。與顯擢而詭得。未有不夤緣于呈秀也。金珠非異而市麗姬。銓司之擢。卿貳之推。輒行罷斥。不知幾何人也。且臺臣法紀之司也。曾未有一院而四憲臣。有之自呈秀始。總憲獨坐之位也。曾未有獨坐而兩有之。自呈秀始。先帝不豫不親政務。而連章累牘。頒爵賞而列封廕。羣臣謝恩。卽賓天之日。以此定賊臣之罪案。而魏忠賢之案。亦可以言也。茅土傳于一時。廟食遍于天下。誠從賊臣以問廠臣。能無媿心否。

庚申。貢生海鹽錢嘉徵上言數魏忠賢十罪。曰並帝。封章必先關白。至稱功頌德。上配先帝。及奉諭旨。必云朕與廠臣。從來有此奏體乎。曰蔑后。皇親張國紀未罹不赦之條。先帝令忠賢宣皇后。滅旨不傳。致皇后于御前面折逆奸。遂羅織皇親。欲致之死。賴先帝神明。祇膺薄懲。不然。中宮幾危。曰弄兵。祖宗朝不聞內操。忠賢外脅臣工。內偪宮闈。操刀禁苑之中。曰無二祖列宗高皇帝垂訓中涓不許干預朝政。乃忠賢一手障天。杖馬輒斥蠆毒縉紳。蔓連士類。凡錢穀衙門。邊腹重地。漕運咽喉。多置腹心。意欲何爲。曰剋剝藩封。三王之國。莊田賜賚不及福藩之一。而忠賢封公侯伯之土田。揀選膏腴不下萬頃。曰無聖。先師爲萬世名教主。忠賢何人。敢祠太學之側。曰濫爵。古制非軍功不侯。忠賢竭天下之物力。佐成三殿。居然襲上公之爵。靦不知省。曰邀邊功。建虜犯順以來。隳名城。殲士女。殺大帥。神人共憤。今未恢復尺寸地。寧遠稍捷。袁崇煥功未克終。席不及暖。忠賢冒封侯伯。假遼陽廣寧復歸版籍。又何以酬之乎。曰朘民脂膏。郡縣請祠不下百餘。計祠費不下五萬金。敲骨剝髓。孰非國家之膏血。曰通同關節。順天鄉榜二十六日拆卷。而二十四日崔鐸貼出。復上賢書。其夤緣要挾。不可勝數。疏上。報聞。

予故大學士朱國楨祭葬。謚文肅。

東虜插漢西攻擺言台吉哈喇愼諸部。諸部多潰散。或入邊內避之。

辛酉。戶科給事中段國璋劾吏部尚書周應秋。

工部郎中領太僕寺少卿湯齊奏薦□□□姜曰廣陳仁錫楊世芳給事中王夢尹黃承昊虞廷陛。報聞。

許太監魏忠賢引疾辭爵。寧國公魏良卿改錦衣衛指揮使。東安侯魏良棟改指揮同知。安平伯魏鵬翼改指揮僉事。

河南道御史倪文煥吏部驗封郎中周良材主事張元芳並劾免。

太監涂文輔辭監視倉庫。

兵科給事中許可徵劾崔呈秀下吏部勘處。

禮科都給事中吳弘業。論吏部尚書周應秋南京兵部右侍郎潘汝楨及崔呈秀子鐸倖舉。報聞。

吏部□□□□張元芳免。

釋鄧漢遣戍。

壬戌。上御日講畢。召閣臣入便殿。出督師王之臣疏示之曰。王之臣自云贅員。又云虛拘。非內臣牽制之乎。可盡撤各邊內臣。以敕上。

巡按直隸御史賈繼春上八事。保聖躬。正疏體。重爵賞。敦名義。課職業。罷祠費。開言路。矜廢臣。報聞。

工部尚書吳淳夫太僕寺卿白太始。官生。尚寶司卿魏撫民並劾免。

東廠太監王體乾有罪免。

十一月甲申朔。巡撫宣府右□都御史秦士文報插漢虎墩兔憨爭哈喇慎所分部落。謀犯塞。宜豫爲備。時虎墩兔憨傾巢而西。以舊遼陽讓建虜。殺哈喇兔。直抵殺胡堡。克歸化城。奪銀佛寺。收習令色等。

漕運太監李明道崔文昇免。

戶部主事劉鼎卿劾大學士黃立極。報聞。

東廠太監魏忠賢安置鳳陽。諭曰。朕聞去惡務盡。馭世之大權。人臣無將。有位之炯戒。我國家明懸三尺。嚴懲大憝。典至重也。朕覽諸臣屢列逆惡魏忠賢罪狀。俱已洞悉。竊思先帝以左右微勞。稍假恩寵。忠賢不報國酬遇。專逞私殖黨。盜弄國柄。擅作威福。難以枚舉。略數其槩。皇兄懷寧公主生母成妃李氏。假旨革奪。今冤未雪。偪裕妃張氏。立致棄生。借旨將敢諫忠直之臣。羅織削奪。又同心腹酷刑嚴拷。誣揑贓私。立斃多命。他若謷諤痛于杖下。柔良苦于立枷。臣民重足。道路以目。而身受三爵。位崇五等。極人臣未有之榮。通同客氏。表裏爲奸。先帝彌留之時。猶叨恩晉秩。亡有紀極。賴祖宗在天之靈。天厭巨惡。神奪其魄。罪狀畢露。朕思忠賢等不止竊攘名器。紊亂刑章。將我祖宗蓄積貯庫傳國奇珍異寶金銀等朋比侵盜幾空。本當寸磔。念梓宫在殯。姑置鳳陽。二犯家產籍沒入官。其冒濫宗戚。俱烟瘴永戍。於戲。大奸脱距國典。用彰苟麗于辟。情罪允孚。初上神明自操。忠賢黨盛莫發其奸。楊維垣首糾崔呈秀。始自相攜貳。猶未刺忠賢也。陸澄源錢元慤直罪忠賢。至錢嘉徵十大罪。乃詳盡。忠賢不勝憤。哭訴于上。上不動。客魏相倚。知信邸內監徐應元爲上所任。忠賢屈身事之。餽之異寶。結弟兄。告以辭東廠印。應元果爲間。至是謫忠賢鳳陽祖陵司香。命太監張邦詔等籍客魏家產

談遷曰。逆閹在于肘腋。若急霆迅雷以處之。事或叵測。惟探驪如睡。市虎不驚。彼志漸安。疑忌稍泯。思長保郿塢。當不失爲富家翁。始出之外宅。尋置中都。紓徐容與。然後司寇操三尺以律之。或曰。良卿輩俱屠沽下劣。崔呈秀田爾耕輩俱淫黷逐臭。諒不同心作賊。何事過計。噫。長木之標。無不仆也。瘈犬之嚙。無不噬也。與其一擲。寧爲萬全。

諭禮部。復先帝成妃李氏封號。

釋薊鎭兵備道副使耿如杞獄。復原官。

吏部尚書周應秋免。

夏允彝曰。當逆璫時。舉國皆狂。最甚者爲五虎五彪。然皆由崔呈秀以進。或謂李夔龍不應在五虎之數。尚有甚焉者。如周應秋爲十狗之首。其貪鄙不可言。其罪亦不在虎彪下也

工科給事中陳維新論錦衣衞左都督田爾耕。報聞。

乙丑。太僕寺少卿署浙江道御史合肥龔萃肅太僕寺少卿署江西道御史淄川安伸各劾崔呈秀等。報聞。

安置徐應元于顯陵。明年二月。戍鳳陽。

張凌雲陳大同各劾免。凌雲等俱匠役。官太僕寺卿。

河南提學副使潘曾紘奏薦前翰林編修陳子壯方逢年纍臣耿如杞等上是之。

丙寅。兵部尚書田吉免。

戶科給事中李覺斯奏薦東林諸臣。前兵部尚書王永光詹事蕭命官司業賀逢聖庶吉士楊汝誠馬之騏閔仲儼等。宜開其禁錮。從之。

太僕寺少卿劉徽言四事。君德。主權。王道。人情報聞。

丁卯。諭兵部曰朕御極以來。深思治理。而有逆惡魏忠賢。擅竊國柄。蠹盜內帑。誣陷忠直。草菅人命。狠如狼虎。本當肆市以雪衆冤。姑從輕降發鳳陽。不思自懲。將素畜亡命之徒。身帶兇刃。不勝其數。環擁隨護。勢若叛然。令錦衣衞官旂扭解押赴。跟隨羣奸。即時擒奏。

太僕寺卿署浙江道御史張文熙奏薦前御史高弘圖。糾提督操江右僉都御史劉志選。命削志選籍。

戊辰。撤各鎮內臣。諭曰軍旅國之大事。必事權一而後號令行。人和協而後勝算得。然勢敵則交諉。力均則相擊。自非審□以期。何繇出令制勝。先帝于宣寧關薊寧遠東江等督撫外。分遣內臣協鎮。一柄兩操。侵尋滋弊。比來內外督撫意見參商。嫌疑萌搆。彼此自命咸稱贅員。得且相蒙。失且相卸。封疆事重。其能堪此。矧宦官觀兵。古來有戒。朕今于各鎮守內臣概撤。一切相度機宜。約束吏士。無事修備。有事卻敵。俱聽經督便宜調度。無復委任不專。體統相軋。以藉其口。各內官速馳驛回京。原領在官器械馬匹。如數交督撫。分給諸將。以備戰守。開數具奏。其自備器械馬匹帶回毋阻。

庚午。復撫寧侯朱國弼俸。

錦衣衞左都督田爾耕孫雲鶴免。

□部尚書李虞夔巡撫延綏右副都御史朱童蒙免。

左副都御史署工科給事中郭興言論崔呈秀魏忠賢之罪。上是之。

福建道御史王會圖劾崔呈秀幸妾弟蕭維中本倡家。今任密雲都司。濫秩至此。報聞。

罪監魏忠賢宿阜城尤氏旅舍。其黨密報上旨。知必不免。夜同李朝欽自經。忠賢少飲博無賴。至爲傭。汲忿而自閹。客某資之直東宮。侍皇孫。以飲食中其欲。初直東宮。有風道人宿朝天宮。日歌市中曰。委鬼當朝立。茄花滿地紅。客氏 七量糠車過壓塔蘆溝橋。忠賢祖墓直蘆溝橋 忠賢後欲報客不再値。

辛未。禮部儀制郎中劉夢潮論都察院右都御史署順天府尹李春茂巡撫山東右僉都御史黃憲卿俱媚祠。春茂奏辨。不聽。免之。

壬申。戶部員外郎王守履劾崔呈秀及吏科都給事中陳爾翼黨奸。又薦舊輔韓爌等。命削呈秀籍。追奪告身。陳爾翼之疏自矛盾。命冠帶閒住。舊輔韓爌清忠有執。下所司知之。爾翼又疏辨守履當上早朝御門出班面糾爾翼。上以守履突仗。鐫三級調外。

巡撫順天右□都御史單明詡免。

下魏良卿鎭撫司獄。

癸酉。刑部陝西司主事耿應昌言四事。釋纍臣。遵法律。重詔獄。禁告密。

戶部四川司郎中加貴州布政司右參議劉應遇言天下六大苦。諸臣逮繫。諸臣獄死。諸臣追贓。仕塗去就。新進禁錮。廷臣被劾。上然之。命逮死各臣贓銀盡免之。釋其家屬。

甲戌。復故太監王安官。予祭葬。立愍勞祠。

戶部尙書張我續刑部左侍郎陳九疇免。

敕部院曰。巨惡魏忠賢。竊先帝之寵靈。擅朝廷之威福。密聽羣奸。矯誣善類。稍有觸忌。肆行慘殺。數年蟣誣不知幾許。削奪不知幾許。幽圄蔽日。沈黑彌天。冤抑所積。上干玄象。致星隕地裂。歲祲兵連。今魏忠賢崔呈秀天刑已殛。臣民之憤稍舒。而詔獄游魂猶鬱。錮籍𩯭髦未伸。豈所以成朕維新之治。今應褒贈卽與褒贈。應廕卹卽與廕卹。應復官卽與復官。應起用卽與起用。應開釋卽與開釋。勿致久淹。傷朕好生之意。時崔呈秀歸薊州。列姬妾。并羅列珍異酒器。縱飲一杯卽擲壞之。已自經。

降刑部主事耿應昌三級調外。應昌先請裁革東廠。再被詰責。故有是命。

乙亥。工部尚書楊夢袞請停新例。停准貢。停納通判運判。停納附學生。停納王官長史。

丙子。崔呈秀子鐸覆試僅搆二義。命削籍戍邊。

刑部尚書薛貞總督薊遼兵部尚書劉詔免。

戊寅。夜月食。

己卯。廷推閣員孟紹虞錢龍錫楊景辰薛三省來宗道李標蕭命官周道登劉鴻訓房壯麗曹思誠。是日。上召大臣及吏科都給事中魏照乘河南道御史□□□于乾淸宮拜天訖。卜之。遂丸諸臣名納于金瓶。筯夾之得錢龍錫李標來宗道楊景辰。閣臣以時艱求益。復得周道登劉鴻訓。而次所夾王祚遠爲風墮。覓之無跡。事訖則丸落施鳳來身後也。于是進錢龍錫楊景辰來宗道李標周道登劉鴻訓並爲禮部尚書兼東閣大學士。直文淵閣。遣官召龍錫標道登鴻訓。

趙維寰曰。論相須評品望。拈枚非體。昔五季時。唐廢帝從珂嘗納數名琉璃瓶中。挾得盧文紀。後相業亦不光。蓋上英智。特借此以破阿黨。非眞謂是能得人也。

諭。月食修省。求直言。

南京兵部尚書劉廷元參太監劉文燿。

上林苑監典簿樊維城直糾諸臣最著之贜。如□□田吉田爾耕吳淳夫及兵部郎中王登三吏科都給事中陳爾翼等報聞。

庚辰。乳媪客氏赴浣衣局掠死。太監王文政嚴訊之。招宮人任身者八人。蓋出入掖庭。多攜其家侍媵。覬如呂不韋。稍更數月事。尙忍言哉。幸天奪之速也。子侯國興下獄。

辛巳。錦衣衞□□指揮方弘瓚言本衞利弊。且薦南鎭撫司劉僑前北鎭撫司徐本高。上是之。

大興知縣饒可久訟故左副都御史楊漣之枉。且乞改三朝要典。上以要典未易輕議。鐫二級。

壬午。御史楊維垣參太監李永貞劉若愚佐逆。報聞。

工部虞衡郎中劉鍊加太僕寺卿。

癸未。監生山陰胡煥猷論大學士黃立極施鳳來張瑞圖李國槽。當魏忠賢專權。不能匡救。且揣摩意旨。專事逢迎。浙直建祠。各撰碑稱頌。今宜俱罷。又總督□□張樸史永安巡撫毛一鷺秦士文王點姚宗文楊邦憲李精白郭增光巡按卓邁盧永欽許其業劉弘光黃憲卿俱請祠。乞加究奪。因薦舊輔韓爌□□劉宗周□□林釬故修撰文震孟顧錫疇方逢年庶吉士鄭鄤給事中沈惟炳郝士膏章允儒熊奮渭御史王心一等宜加錄用。上以逞臆輕詆。下廷訊。論杖除名。時法司引臥碑惟生員不許言事律。

降太監李實奉御。安置南京。涂文輔小火司香鳳陽。

工部尙書楊夢袞孫杰左副都御史李夔龍免。

戶部員外郎王守履奏逆黨文臣崔呈秀田吉吳淳夫李夔龍爲五虎。武臣田爾耕許顯純孫雲鶴楊寰崔應元爲五彪。

乙酉。巡撫貴州右副都御史陸獻明言。安位雖以水西爲穴。而貴陽城北緜亙千里。謂之水外。步仲苗時時報賊。賊一過河。仲苗羣起應之。在滇則安效良。在西粵則泗城等州。而蜀之鎮雄四土司。皆賊之應援。而奢崇明結賊同謀于水內。故安邦彥等桀驁難馴。若得蜀兵五萬分扼于永寧遵義。滇兵五萬進壓于霑益烏撒一帶。黔兵七八萬分布于思臘三岔陸廣之東西。同時並進。則賊可授首也。今滇蜀既無協應。黔兵僅五萬。止分布一面。安能困賊。

巡按直隸御史卓邁劾司禮太監李永貞。習于文字。捷于窺瞰。其狡過于忠賢。乞下法司明正其罪。遂下永貞獄。

丙戌。巡視南城御史王會圖執左都督楊六奇。蓋魏忠賢從壻。走蘆溝橋。執以聞。

故右都督張國紀訴冤。復之。

丁亥。巡按山西御史劉弘言四事。勤召對。廣考選。辨冤抑。惜人才。上是之。

錦衣衛左都督田爾耕削籍。籍其家。爾耕婪毒。好羅織。都察院經歷許九臯劾之。

戊子。湖廣道御史曹谷。以戶部主事陳此心請解禁錮。幷改三朝要典。獨不思要典爲三朝慈孝作也。必不可更。報聞。

張惟一李魯生潘士聞並辭□□寺少卿。

己丑。司禮太監李永貞戍顯陵。初。永貞辭任。聞逆賢敗。其黨徐應元王國泰俱免。于是餽太監王體乾王永祚王文政各五萬金。各懼泄。以獻內承運庫。李永貞知之。卽遁。久而獲之。赴戍所。

大學士黃立極免。賜金幣。廕子尙寶司丞。行人護行。歲給廩役。

瑞王分封漢中。莊田八千頃。畝稅三分。有司輸納本省不過□□頃。四川河南協取之。

止蘇杭織作。諭曰。朕自御極以來。孜孜民力艱苦。思與休息。惟是封疆多事。征輸重繁。未遑蘇豁。織造雖上供急需。朕痛念連年加派絡繹。東西水旱頻仍。商困役擾。民不聊生。朕甚閔焉。今將蘇杭見在織造。地方官解進。梁棟不必候代。卽回員闕。暫停。朕不忍以衣被組繡之工重困此一方民。稍加軫念。用示寬仁。俟東西底定之日方行開造。以稱朕敬天恤民至意。

總督倉場戶部尙書蘇茂相言。京軍歲放三百餘萬石。今京通二倉米止百二十六萬九千五百七十三石。目前猶以舊積支吾。後將何繼。錦衣衞官于萬曆間僅一萬七千七百六十餘人。逆璫增補見在三萬六千三百六十餘人。多支米二十七萬有奇。文思院匠官冊七百五十三人。今增補見在三千二百八十八人。多支米三萬餘石。乞查覈。上從之。

曹思誠爲都察院左都御史。改蘇茂相刑部尙書。起霍維華兵部尙書。協理京營戎政。張鳳翼爲都察院右都御史兼兵部右侍郎。總督薊遼軍務。起袁崇煥都察院左都御史兼兵部右侍郎。添註。王應豸爲都察院右都御史。巡撫順天。

辛卯。沈自彰辭兼太僕寺卿。光祿寺少卿岳駿聲辭兼都察院右都御史。

太僕寺卿梁夢環劾免。

癸巳。戶科給事中李覺斯言京中五虎五彪之謠。王守履疏且遺五虎之一。臣訪爲倪文煥。命下文煥獄。

雲南道御史楊維垣特留佐大計。

是月。插漢虎墩兔憨與建虜習令色盟歸化城。以合把氣喇嘛守之。東行降兀愼擺腰明暗等酋。

十二月甲申朔。廷議崔呈秀罪狀。有旨。呈秀負國忘親。通同擅權。雖死尙有餘辜。法司其按律暴其罪。

乙未。監生王之鼎言大理寺副許志吉借黃山一案害民命。免志吉。尋下詔獄。

吏部右侍郎兼都察院左都御史許宗禮乞休。不允。刑部左侍郎李若珪疾免。

賈繼春爲右僉都御史。秦士文爲兵部左侍郎。

丙申。翰林院侍講孫之獬言三朝要典近謂逆魏禁錮人才之書。意祖宗在天之靈愾然不安。乞皇上親序其首。仍命史館以處分魏崔事附錄。庶要典自明。逆黨自正矣。

談遷曰。孫之解非護要典也。護纂修要典者也。度不自堅。駕求宸翰。心勞日拙。人見其肺肝然。嘻。將熹廟序不足重乎。亦自見其矛盾矣。

工科左給事中加右副都御史陳維新言要典不磨。毋容更持兩可。報聞。

丁酉。嚴魏忠賢戚屬諸閹濫廕。

戊戌。解經傳爲右僉都御史。巡撫保定。謝文錦爲南京右僉都御史。提督操江。

吏部□□□周家椿劾免。

己亥。上皇嫂張氏尊號懿安皇后。居慈慶宮。

劉漢儒等十一人爲給事中。甘學潤等十四人爲試監察御史。

故貴陽府同知王胤昌予祭葬。立祠。廕子世駿錦衣衞百戶。

撫寧侯朱國弼論戶部尚書郭允厚媚璫。報聞。

崔應元王蕊民魏持衡俱免。

耿如杞爲太僕寺卿。

前富平知縣劉敕上八頌八箴。覬復原官。切責之。

庚子。郭存謙爲光祿寺卿。

辛丑。大學士黃立極施鳳來張瑞圖李國㯳奏。臣等近爲監生胡煥猷疏詆。論杜門省咎。荷蒙溫綸令臣等入閣辦事。臣等思從來大臣罪過深重。至爲縫掖書生所指。未有如臣等之辱朝廷而羞當世者也。煥猷以魏忠賢碑文責臣等不能拒而阿意爲之。不知臣等實未嘗爲忠賢作碑文也。彼其食客游士。能爲忠賢效筆札工諛言者何限。且假先帝之嚴命索臣等官銜。臣等能不與乎。與之亦臣等之罪也。然以忠賢之勢。取旨如寄。而謂臣等敢惜其微銜以攖嵎虎之怒乎。至于取旨褒贊。則亦往日一二文書官稱上命便依票擬之。一言不合。則令改票。甚則嚴旨切責。此事從來俱在臣未承乏之先。爲日已久。臣等不盡受罪。但票擬不能盡其職。計惟有見幾之作。而彼且操虺蝎之毒以隨臣等之後。蓋彼不惟視臣等之去就輕而視臣等之生死亦輕也。且夫以去就生死爭之而有益于國。猶若可爲也。虎狼之性。愈觸則愈怒。今四年來乳虎蒼鷹羅鉗吉網毒徧天下。去就死生之爭。其效可見于此矣。不得已徘徊其間。冀有毫髮之益于國。則亦少盡臣等區區之心耳。

黃道周曰。熹廟朝枚卜十二人。而預附逆者六人。可謂遭逢之不幸。然其不得已之情。亦昭昭可見。觀黃施張李四公之辨胡煥猷。則當日之情事可得其概矣。其固位羶榮之意。數幅可盡。當局諸人生平。噫。國家危。注意相。亦何取于此輩爲哉。

壬寅。大學士來宗道進太子太保。孟紹虞爲禮部尚書。

癸卯。雲南道御史楊維垣加太僕寺少卿。

甲辰。諭廷臣曰。邇者上天垂戒。月食太甚。傳曰。月食修刑。得非無辜含怨。兆民愁苦致然。與九卿科道各陳安民察吏富國籌邊之策。朕將採行之。毋虛文塞責。

禁章奏先泄旨抄傳。

裁光祿寺冒官八百二十一人。

乙巳。太常寺少卿阮大鋮論魏忠賢之罪。且辨要典勸入臣名。

翰林院檢討陳盟言。前四川贊畫□□寺少卿劉時俊有功被冤。章下所司。

釋故大理寺少卿惠世揚御史方震孺獄。李承恩論減時刑部尙書蘇茂相謂律僭用龍鳳紋杖一百。徒三年。卽使承恩不在八議之條。亦無死法。況世廟之親甥乎。上從之。

丙午。劉漢儒鍾炌楊時化閻可陛仇維楨彭祖壽張鼎延曹師稷祖重燁顏繼祖郭鞏言爲給事中。鞏言南京戶科。甘學濶范良彥宋景雲張養林熙隆李應期梁天奇羅元賓李炳黃仲曄李遵楊中樞韓光先朱健爲試監察御史。朱健南京。

少保兼太子太師□部尙書李從心改戶部尙書。總督倉場。許宗禮仍都察院右都御史兼吏部右侍郎。劉澤深爲順天府尹。

任中英爲都督□□總兵官。鎭守浙江。徐鎭都爲都督□□總兵官。鎭守居庸昌平。

丁未。順義王卜石兎來貢。

故建文臣練子寧裔孫一奎奏求恩卹。下部復其官。

戊申。巡按直隸御史宋禎漢請卹故工部郎中萬燝。籍田爾耕孫雲鶴張體乾楊寰許顯純諸家。報可。

己酉。巡撫四川廣西尹同皋王尊德並進兵部右侍郎兼右僉都御史。

南京山東道御史劉漢言四事。崇正學以培治本。勵廉恥以清仕路。惜名器以尊體統。重耕農以節財用。上是之。

命吏部淸汰加銜。其例貢納貲諸生毋優免。

太僕寺少卿賈繼春劾李虞夔。追卹萬燝劉鐸楊漣蘇繼歐。錄用李若星張愼言。從之。

魏良卿侯國興伏誅。客光先客璠客氏兄姪。楊六奇等永戍。

裁南京左侍郞。

復給韓爌劉一燝馮銓誥敕致仕。

起林釬國子祭酒。錢象坤爲禮部尙書。李康先唐大章爲左右侍郞。汪輝爲吏部左侍郞。徐光啓爲詹事。劉鍾英爲國子司業。莊際昌爲左諭德。丁進爲右贊善。

張九德爲工部尙書兼右副都御史。總督河道。提督軍務。張維樞郭增光爲工部左右侍郞。費兆元丁啓濬爲刑部左右侍郞。楊所修爲右副都御史。張守道爲南京工部右侍郞。

癸丑。李從心仍太子少保戶部尙書。攝右侍郞事。

甲寅。諭吏部凡會典額外官如添註添設者。有闕勿推補。又文臣非正卿武臣非勳爵總兵官實有功者。不得加保傅等銜。下吏兵二部嚴加淸汰。

乙卯。大學士施鳳來奏辨胡煥猷引陳平周勃狄仁傑事。古人無譏。何臣之未諒也。

談遷曰。平勃仁傑古有幾人乎。先臣李文正頗似之。亦蒙譏于世。乎湖憒憒。輒以藉口。善學柳下惠者。莫如魯男子也。

復故熹廟裕妃張氏封號。卜葬。初裕妃忤客氏魏忠賢被譖。幽之餓死。

文安之爲南京國子司業。

丙辰。命定逆案。先命五虎五彪下法司議罪。刑部議。崔呈秀外。吳淳夫倪文煥當削秩奪誥命。田吉李䕫龍褫職。田爾耕許顯純當逮論。楊寰孫雲鶴崔應元等當削奪。上以未蔽法。命再擬。䕫龍淳夫文煥吉追贓遣戍。爾耕顯純論死。應元雲鶴寰戍邊。

丁巳。錦衣衞都督□□鄭士毅奉命裁嚴冒濫。言舊額旗役三萬人。不許。命同部科往。

吏部右侍郎許宗禮爲兼都察院右都御史。
戊午。工部尚書姚思仁進太子太傅。
庚申。召故御史張愼言等。
還給李思誠吳甡誥敕。
前尚寶少卿黃正賓言。臣戍大同。內臣剋減馬價。各軍鼓噪。毀官署。劫典舖。將吏叩頭求免。比時撫按劫內鎭之威。莫敢奏聞。邊防壞盡。卽一鎭可推各鎭。故閹宦者。天下禍本也。交結速化作俑者魏廣微。發縱指示者徐大化也。大化浙産。冒籍京師。以考察部郎。不二年。驟躐尙書。督理大工。剋減工銀無算。程呈芬妬其專利。訐于忠賢。令閒住。大化睹璫局必敗。與表姪楊維垣密謀。令首參呈秀。爲翻局地。乞褫秩逐之。上命楊維垣不許住京師。徐大化令回原籍。
辛酉。袁崇煥廕錦衣衞指揮僉事。
折嘉興湖州災租有差。
時插漢虎墩兎憨駐獨石塞外舊開平所。脅賞。且東侵豐州灘。套虜爾鄰勒吉能告援。
孝純劉太后祔慶陵。初慶陵玄宮稍廣其制。故前祔孝元孝和二太后。今祔孝純。適相當也。
是月。諭戶部遣覈海外軍餉。
遼東□□前鋒總兵官朱梅私啗建虜之喪。且議款。其語悖。上切責之。
初上御便殿閱章奏。聞爐烟覺陽升慾動。心疑之。出步階墄間。乃定。命撤爐香。諭司香內官。此何來。曰宮中舊方。上叱之。後不許造。毀其餘。太息曰。皇考皇兄皆爲此香誤也。

# 國榷卷八十九

戊辰崇禎元年

正月癸朔上御皇極殿。天下官來朝。

永年縣大風雨晝晦。

丁卯。翰林院編修倪元璐上言。臣典試復命入都。邸抄凡攻魏崔者。必引東林爲並案。一則曰邪黨。再則曰邪黨。何說乎。以東林爲邪黨。將復以何名加諸魏崔之輩。崔魏而既邪黨矣。向之首劾忠賢重論呈秀者。又邪黨乎哉、以臣虛中之言。合之事後之論。夫東林。天下之才藪也。其所宗主者。大都稟清挺之標。而或繩人過刻。樹高明之幟。而或持論太深。此之謂非中行則可。謂之非狂狷不可也。其所引援爲用者。亦每多氣魄之儔。才幹之傑。其間卽不無非類。要可指數而盡耳。而其中又有泊然無營。儵乎自遠。謝華膴其若脫。付黜陟于不聞。而徒以聲氣心期遙相推獎。此尤澹漠寧靜。純乎君子也。今曰邪黨。則無不邪黨矣。且天下之議論。寧涉假借。而必不可不歸于名義。士人之行己、寧在矯激。而必不可不準諸廉隅。自以假借矯激深咎前人。于是彪虎之徒。公然起而背叛名義。毀裂廉隅矣。于是連篇頌德。匝地生祠矣。夫頌德不已。必將勸進。生祠不已。必且呼嵩。而人猶寬之曰無可奈何。不得不然耳。嗟乎、充此無可奈何不得不然之心。又將何所不至哉。議者能以忠厚之心曲原此輩。而獨持已甚之論。苛責吾徒。亦所謂悖也。今大獄之後。湯火僅存。豪傑決無沈埋。況奉恩綸屢俾酌用。而任事諸臣。似猶以道學封疆四字持爲鐵案。雖或薄從湔雪。未引同升。原諸臣之心。或亦深防報復乎。臣以爲此過計也。水落石出。正人相見。總屬崔魏之異己。卽可化牛李爲同心。況年來借東林以媚崔魏者。其人自敗。何待東林報復。若其不附崔魏。又能攻而去之。其人既已喬嶽矣。雖百東林。烏能報復哉。事理甚明。迷者不悟。臣所謂方隅未化也。又伏讀聖旨。有韓爌淸忠有執。朕所鑒知之諭。深仰天聰知人則哲。而廷議殊有異同。可爲大怪。爌之相業光偉。他不具論。卽如紅丸議起。大臣閟默。爌獨侃侃條揭。明其不然。夫孫愼行君子也。爌且不附。況他人乎。迨權奸大張。爌抵觸投劾。今推轂不及。黠灼橫加。則徒以票擬熊廷弼一事耳。夫封疆失事。纍纍有徒。而時議獨殺一廷弼。豈平論哉。此爌之所以閣筆也。然廷弼不死于封疆而死于局面。不死于法吏而死于奸璫。則又不可謂後之人能殺廷弼。而爌獨不能殺之也。又詞臣文震孟。正學强骨。有古大臣之品。三月居官。昌言獲罪。同輩憚其方嚴。有人如此。雅謂千秋。今起用之旨再下。謬悠之談日甚。加之窩盜。豈以其前兄從龍不逞之事乎。夫人知從龍以爲之兄。不知有文徵明之特行。文彭之至德。以爲之祖父。且賢愚相越。舜象已然。然不聞柳下惠膺盜跖之誅。司馬牛受向魋之罰。震孟何罪。遭此嫌議。臣所謂正氣未伸也。總之臣論不主調停而主別白。臣論韓爌文震孟。不爭二臣之用舍。而爭一日之是非。又故憲臣鄒元標。蒙旨優䘏。而易名之典。似當一併舉行。至于海內講學書院。經逆璫矯旨拆毁者。併宜葺復如故。蓋書院生祠。相爲勝負者也。生祠毁。書院豈不當復哉。臣草疏畢。又竊念部臣王守履進言失儀。陛下慨納其言。薄鐫其級。時經三月。倘召復原官。則聖度極于天矣。有旨。朕屢旨起廢。務秉虛公。酌用有何方隅未化。正氣未伸。各書院不許倡言創復。以滋紛擾。王守履混亂朝儀。業經薄罰。豈容薦舉市恩。

吏科給事中劉漢儒言。畿民之困。宜悉蓋發難以來。征派無虛日。而最苦者莫若招買料豆。給價常少。給期常遲。貴賤既不相同。而緩急又不相應。是名招買而實加派也。向者督餉臺臣。欲以京邊錢糧徵料豆本色。有司每稱未便。臣以爲留京邊實數。算作料豆定價。令有司自行招買。勿派民間。則民免剝削。而有司亦省給算。請明年爲始。凡府州縣三分爲率。二分解本色。一分解折色。上是之。下所司。

戶科給事中楊時化言裕軍需恤窮民。略曰。軍需首亟糧餉。次則兵甲硝黃等物。閩津運之餉關外者。米豆半折乾。健兒得銀易于蕩費。羽書孔棘。商販不至。即有銀安糴乎。如海運多漂沒。其存留者遂不報。此計部日運而關外日匱也。兵甲不堅利。虜得我甲冑。三而造一。臣鄉出硝出鐵出礦。商販至價不時給。即給而抽扣常例之費十去其五。嗟乎。上下相蒙如是。而欲士飽馬騰。何可得也。海內民窮極矣。不獨困加派也。亦貪殘之吏藉口考成多方朘削。以盈谿壑之欲。敲骨見髓。國家有貪酷拿問之例。而曾不知懲。則撫按之責也。大抵循良者悃愊無華。或自負居官無媿。不肯逢迎。而愞熟無骨及狠辣有手者。反獲上考而駕其上。虛聲進而實政抑。撫按之舉劾。多與民間之是非不符。何以令暴汚知戢乎。故察吏安民。毋使吞舟漏網。即足食之上策也。章下所司。

戊辰。大學士楊景辰入朝。

錦衣衞指揮同知許夢麟奏許顯純孫雲鶴楊寰王涖民罪狀。

前兵部尚書霍維華奏辭新命。且述忤璫始末。薦周道登郭鞏。不允辭。

逮大理寺正許志吉。

己巳。太僕寺卿郭興治辭右副都御史。

巡按直隸御史賈繼春奏薦故輔韓爌葉向高。部臣張問達孫居相曹于汴喬允升蔡毅中。都御史馮從吾。詞臣錢謙益。列卿翟鳳翀梅之煥。臺省高弘圖張愼言倪思輝王大年張論周士樸劉廷宣周昌晉田瑜張□德安仲練國事陳必謙房可壯阮大鋮王志道汪泗淪王一中張捷。

庚午。工科給事中顏繼祖言株連之網宜速開。黃山之局宜早結。起廢之特典宜愼。逆璫之遺穢宜除。上大是之。

壬申。戶部尚書郭允厚言。天津餉額。米從浙江湖廣山東南直而至。豆從山東北直而至。卒東從近畿道府。餉司又實董之。諸臣終歲經營。而軍中時時告匱。臣考其故。皆運收委官折乾爲之也。夫折乾無鼠耗。無脚價。豈不甚便。但主計之運籌。轉輸之趨督。一切疏檄臚列。皆本色。非折色也。此折乾者皆私也。彼諸委官未免侵漁。卽盡入軍手。乃五斗裹糧。可飽通月。而折銀不過三四錢。市脯沽酒。不兩三日而畢矣。據臣部之措發。無顆粒之欠。向各倉庾而覘之。實無顆粒也。章下所司嚴禁之。

大學士來宗道楊景辰同知經筵日講。

趣總督張鳳翼赴關。移順天巡撫王應豸于喜峯口。

起前兵部職方郎中余大成王繼謨員外郎鹿善繼主事沈棨。

癸酉。翰林院檢討項煜言去邪起廢各當酌。上是之。

禁衣飾侈僭及婦女金冠袍帶等。從御史梁天奇之言。

甲戌。馮時行爲通政司使。蔣一驄爲太常寺卿。

上御文華殿講訖。諭九卿曰。月食修省。令百官條對。卿等大臣。何未之見也。因手敕示之。

陳盟爲國子司業。黃近朱爲吏部文選主事。

戒諭百官曰。朕聞除奸賞俊。人主之大權。畢力竭忠。人臣之大節。故必精勸繩以維法守。戒覆轍以勵新圖。今爲爾文武百官明詔之。邇督師王之臣奏安插屬夷者。逆惡畀嫗表裏爲奸。招聚羣狐。盜竊國柄。刑政多僻。賞罰無章。上累先帝之明。下結萬民之怨。此爾諸臣所目見也。幸天厭大奸。早正國法。蠹孽盡洗。內外廓淸。卽爾諸臣才品各有短長。立身各有本末。殷鑒不遠。其可忽諸。自今爲始。各務滌濯肺腸。各修職業。提精明振作之念。戒悠忽誕慢之習。勿得苟懷私圖。致僨國事。動諉之權奸。掣肘不得自行其志。今大奸既除。職掌還之各司。

而猶不致忠竭節。亦非所以事朕也。至內外各衙門積年弊竇。尙未淸釐。該部院自行檢舉陳奏。痛加洗剔。勿事虛文。大要爲國節財。爲民擇吏。固圉者以封疆爲重。守土者以民困爲本。其有挾私壞公。逞臆熒聽。不從國家起念。專以窺瞷妄營者。朕不時廉察。決不輕貸。一切奏議有關國計者。遵我祖宗成法。不得妄議紛更。惟其大法小廉。柔遠寧邇。以佐朕平明之治。

命司禮監斥賣魏忠賢田宅。因以賜第請。上曰。不必估直。俟東西底定。留賜第以待功臣。榜爲策勳府。

督師王之臣奏安插屬夷。分置關西薊鎮宣大凡千五百餘人。

減黃山價。仍十二萬金。前許志吉增共二十五萬。巡撫應天李待問奏減之。

乙亥。工部尙書薛貞免。仍乘傳。

丙子。夜月食。

丁丑。江西道御史林棟隆言六事。重票擬。申公論。惜爵賞。嚴核實。愼言路。審機密。報聞。

戊寅。吏部大計外官。命下貪官于理。

何吾騶爲左春坊左中允。

己卯。禮科給事中周可陛言六事。保聖躬。恤民困。復邊疆。起廢官。扶吏治。廣制額。報聞。

兵部請移毛文龍于蓋套。下廷議。移督師于關門。

畢自肅爲右僉都御史。巡撫遼東。

禮科給事中仇維楨劾吏部驗封司郎中周良才保定府同知王象復太僕寺卿署工部郎中徐四岳太僕寺少卿梁夢環俱黨逆漏網。報聞。

庚辰。南京戶科給事中陳黨言六事。定聖志。隆泰交。惜人才。愼邊功。息紛囂。重名器。上嘉納之。

工科給事中顏繼祖言。海盜鄭芝龍生長于泉。虛實了然于胸。聚艇數百。聚徒數萬。刦富施貧。民不畏官而畏盜。一八作賊。一家亡恙。一姓從賊。一方可保。而總兵俞咨皋與吳淳夫爲兒女姻。丙寅招撫之議。實飽賊囊。舊撫朱欽相聽其收楊祿楊策以爲用。然撫寇之後。必散以原籍。領以的保。而咨皋招之海。卽置之海。商民任刦。今日受撫。卽明日爲寇。昨春中左所之變。朱一馮嚴檄楊祿楊策。杳然無踪。咨皋始縮舌無辭。劾副將陳希範幷及咨皋。而錢神有靈。冰山足倚。聽强寇蹂躪內地同安海澄間。故閩帥不可不去也。朱一馮怍惇夫不安其位。而在閩久。才識並練。不妨加銜久任。故閩撫必不可不留也。上是之。逮咨皋下法司。御史黃仲驊亦糾之。

御史羅元賓言。國家不得其理者。無實心任事之臣。則門戶爲之祟也。自東林出。聚徒講學。非不善也。然壇坫設而標榜起。標榜起而依附生。不肖者因而排異己。侵朝權。于是有攻東林者出。夫攻者攻其頗僻以偕之大道可也。乃于人則引繩批根。于己則堅營固壘。以彼爲我敵。明以我爲彼敵。暗又或自處多瑕。呼朋樂善。當攻人之時。已開爲人攻之隙。各攻各守。遞勝遞負。有自來矣。今奸邪殄滅。世道一新。然所誅罪璫耳。罪媪耳。何與于門戶。亦何與于攻門戶者事也。而得毋喜其局可翻。伏機設穽以圖報復。惑也。又得毋切切然憂其局可翻。力爲防遏。以彌縫其間。亦惑也。夫君子小人互相指之名。今日之世。革道也。不唯革小人忞禍之階。幷宜革君子道長之名。不惟革借門戶以錮人之弊。幷宜革借門戶以圖報之端。上嘉納之。

辛巳。命內臣俱入直。非受命不許出禁門。

御史楊維垣言詞臣持論之偏。指倪元璐。

壬午。上皇嫂皇后張氏懿安皇后尊號。居慈慶宮。

以常州去年水災。折絹有差。

進冉悅孔左都督。盧抱忠都督同知。

癸未。始御經筵。

錄外官卓異二十四人。賜宴禮部。仍紀錄。

復故南京兵部右侍郎岳元聲官。

甲申。劉廷宣爲大理寺右少卿。

發帑金三十萬。分給宣大東江。

工部□□郎中朱國盛辭太常寺卿。自免。

命安置降夷于延綏寧夏甘肅固原間。初兵部請處之山海關三屯營。不許。

頒懿安皇后詔。

乙酉。復故大學士劉一燝韓爌官。

丙戌。翰林院編修倪元璐上言。臺臣楊維垣有詞臣持論甚謬一疏。辨難甚力。怪臣盛稱東林。以東林之尊李三才而護熊廷弼也。然亦知東林中有首參魏忠賢之楊漣及提問崔呈秀之高攀龍乎。且當時之議三才也。特推其揮霍之略。未嘗不指之爲貪。于廷弼特未卽西市之誅。未嘗不坐之以辟。則猶未爲失論失刑也。今魏忠賢窮兇極惡。積贓亡算。維垣猶曰廠臣公。廠臣不愛錢。廠臣爲國爲民。而何況李三才。以虎彪之結交近侍。律當處斬。奉有嚴綸。初擬止于削奪。維垣不聞駁正。又何尤于昔人之護廷弼者乎。而以臣爲謬。臣不受也。維垣又怪臣盛稱韓爌。夫舍爌觸璫嬰禍之跡。加以說情罔利。已非矣。如廷弼爌特票免一梟。未赦而欲用之也。至廷弼行賄之說。逆璫借爲楊左諸人追贓地耳。逆璫初擬用移宮殺楊左諸人。以難于坐贓。改封疆之案。派贓毒比此天下共知維垣奈何尚守是說乎。至不附孫愼行君子之說。臣言原非矛盾。蓋愼行清望。較王之宷不同。紅丸議雖刻深。亦不失春秋書趙盾之法。使後之人加愼焉可耳。夫董狐不爲賣直。趙盾亦未嘗貶賢。而以臣爲謬。臣不受也。維垣又怪臣盛稱文震孟。夫震孟臣不更論。卽如王紀淸正著稱。以參沈漼忤逆璫而譴斥。震孟則以薦王紀而降削。均得罪于逆璫者也。維垣試觀數年來破帽策驢之輩。較超階躐級之儔。誰爲榮辱。自此義不明。于是畏破帽策驢者相率爲頌德生祠而希蟒玉馳驛者遂呼父呼九千歲而不顧。可勝歎哉而以臣爲謬。臣不受也。維垣又怪臣盛稱鄒元標。夫元標之爲兩截人。前半峭直。後半寬和耳若詆之爲要錢多藏。臣雖斬首穴胸。不敢奉命。謂都門聚講非宜則可。謂元標講學有他腸必不可。謂聚講之徒不盡端人則可。謂聚講之意或出邪謀必不可。逆璫之驅逐講學諸人。拆毀書院。意箝學士大夫之口。自元標以僞學見驅而逆璫遂眞儒自命。學宮之席。儼然揖宣聖爲平交。使講學諸人而在。豈遂至此哉。而以臣爲謬。臣不受也。維垣又極力洗發臣矯激假借四字。夫崔魏之世。人皆任眞率性。爲頌德生祠。使有一人矯激假借而不頌不祠。豈不猶賴此人哉。而非謂臣之有取于假及東林賢者之于名義盡假也。東林自鄒元標王紀高攀龍楊漣外。如顧憲成馮從吾陳大綬周順昌魏大中周起元周宗建等之眞理學。眞氣節。眞淸操。眞吏治。戍遣如趙南星之眞骨力。眞擔當。餘被廢諸臣。臣不敢冒薦。存沒不同。並以眞著。豈有所矯激假借而然哉。而曰臣大謬。臣益不受也。維垣以眞小人待其貫滿可攻而去之。崔魏之滿貫久矣。不遇聖明。誰攻而去之乎。維垣以無可奈何之時爲頌德生祠解嘲。假令崔呈秀舞蹈稱臣于逆璫。其餘諸臣便亦以爲不可異同而盡舞蹈稱臣乎。又令逆璫以兵刼諸臣使從叛逆。諸臣便亦畏而從之。以爲適値無可奈何之時乎。維垣又言今日之忠直不當以崔魏爲對案。臣謂正當以崔魏爲對案也。夫品節試之于崔魏而定矣。有東林之人。爲崔魏所恨。必欲殺之逐之。此正人也。有攻東林之人。雖爲崔魏之所借。而勀節不阿。或逐或遠。此亦正人也。以崔魏定邪正。譬之以鏡別妍媸。總之東林在今日當曲原其高明之槪。不當毛舉其纖寸之瑕。而揭揭焉代逆璫分謗。斯亦不善立論矣。人才不可不惜。我見不可不除。衆鬱不可不宣。羣議不可不集。顧維垣之熟計之也。上是之。

閻紹隆爲南鎮撫司僉書。

丁亥。劉廷元爲兵部尙書。潘士良爲大理寺卿。周維京爲通政司使。許宗禮王祚遠爲吏部左右侍郎。鹿善繼爲尙寶司卿。姚士愼爲南京太常寺卿。

孟紹虞爲禮部尙書兼翰林院學士。賀逢聖爲南京國子祭酒。

禁光祿寺舖墊陋習。去冬十二月萬壽節行戶進鹿例輸六金。閹人苛索至費十四金。內監崇進喜不之收。太常寺卿署光祿寺少卿事岳駿聲以聞。

戊子。丘兆麟爲右僉都御史巡撫河南。王從義爲右副都御史。巡撫山東。並提衡軍務。

刑部尙書□□□太子太保都察院左都御史曹思誠大理寺左少卿□□□以魏忠賢等獄上。命磔忠賢屍于河間。斬崔呈秀屍于薊州。又斬客氏屍。魏志德希舜希孔撫民希孟楊文昌胤昌祚昌馮繼先傅之琮董永忠崔鐸王祿俱永戍瘴地。魏良棟年四歲。鵬翼三歲。崔鏜七歲。鑰三歲。以孩穉釋放。李夔龍吳淳夫倪文煥田吉各追贓原籍。文煥五千金。淳夫三千金。餘各千金。田爾耕許顯純逮至論死。崔應元楊寰孫雲鶴戍邊。

錢中選侯世祿爲□□□總兵官。鎮守陝西臨洮。尹啓易爲□□將軍總兵官。鎮守廣西。

己丑。御史李燦然言。積貯繫國家大命。近米價驟高。民間嗷嗷。每歲漕糧早入京倉。而買糴之法。決不可不爲講求。乞將籍沒權奸充餉銀十萬兩充糴本。委戶部一官。不論菽麥稻黍。隨便收買。至米貴日平市。新舊相仍。仍子母相轉。可備水旱。有益于國家經久之計。章下所司。

是月。太常寺少卿阮大鋮請合算天啓時奸狀。略曰。汪文言以徽州庫吏逃罪投王安幕下。引左光斗入幕。移宮之疏。紛紛迎合。此中外謀傾宮眷之始也。御史賈繼春疏揭力爭。汪文言等嗾臺省詆王安佐楊漣左光斗。繼春削職。此中外謀殺言官之始也。吏部尙書周嘉謨雅重熊廷弼。復任經略。而重處姚宗文馮三元等四人。

自是所處必曰宗文三元之黨。此又中外謀壞封疆之始也。汪文言等處霍維華以謝王安。逆閹效之。逐戚畹。撼中宮。此又中外謀危母后之始也。

談遷曰。當莧決之會。涇渭迥懸。而邪孽深固。謂富貴自彼致之。護萌惜芽。餘說四出。陳爾翼楊維垣阮大鋮輩。各文飾奸言。回惑天聽。孔子所戒苟患失之無所不至。而大鋮尤無所忌。覆及邦家。貽禍後日。安得投畀豺虎以杜其源乎。

二月癸巳朔。遼東督師尚書王之臣奏。遼地千里。棄擲于腥羶者七年。今欲尺寸而收之。惟在以遼民實遼土。民有力者聽其自墾。無力者酌借屯本爲貲。俟秋成徵還。自寧遠以西及左右近城者。頗舊貫可仍。自此而東。久爲戎馬之場。故地須分三等。其近城處泉甘土沃爲上。則三年起科。稍遠而瘠爲中。則五年起科。至于窮邊沙鹵之場爲下。永不起科。部覆行之。

甲午。上厭章奏冗長。諭各衙門條奏須簡明。毋出千字。如詞意未盡。再奏。

貴州道御史張鏕論媚璫之臣三等。漏盡鐘鳴如劉志選等。希榮干進如楊夢袞李養德等。乘機報復如朱童蒙等。各賜處分。志選宜依律擬罪。

乙未。諭選宮妃。

少師大學士施鳳來張瑞圖主禮闈。

辛丑。命自元年二月所發章奏。俱限十日內題覆。如仍稽違。部科互劾。

癸卯。翰林侍讀溫體仁直經筵日講。

甲辰。黄州知府胡芳桂上八事。曰足用莫先富民。富民莫先禁奢。曰農工商賈各執其業而天下治。曰漕政壞于旂軍之貧。運官之不肖。把總之需索。曰欲民安俗化。莫切于用賢縣令。欲賢令莫切于郡守司道之監臨。撫按之監察。曰天下臣僚善于其職者。命之久任。曰停止進學納附。曰免當舖助餉助工。章下所司。

張承詔等六人爲給事中。袁弘勳等十人爲試監察御史。

四川監軍參議曹大受奏。西南土酋獨安氏爲勁。其所據之巢。又爲天設之險。其受地則水內水外悉皆沃壤。一年耕可足三年之食。其頭目則夷把漢把。遇有警。各率所部裹糧持器。不費安氏斗米寸鐵。今欲剿夷。非黔蜀交攻不可。何也。貴陽距蜀千有餘里。而遵義永寧又隸于蜀。爲賊之後戶。黔急則走蜀。勢有必然。宜令蜀撫兼制黔事。以調遣遵義永寧畢節三路之兵。如議剿而圖大創。在相天時而察地利。何謂天時。安氏寓兵于農。當三四月間。民方急農。驅之卽戎。必不悉衆以赴。此以實乘虛。天時之不可失也。若論地利。貴陽至陸廣百里。一河深險。天之所以限南北也。陸廣至大方百七十里。賊巢碁置。難進亦難退。僅可據險而守。獨畢節一路。與四夷交通。今爲賊據。如進兵必先取畢節。臣按自永寧至赤水約百五十里。路無險礙。赤水有城可屯。宜結一大營。厚集其衆。非十萬則七八萬。進百六十里爲畢節。至大方不過五十里。大方震恐。必悉衆來拒。此必鼓勇一戰可奪而據之。據畢節則四夷救援之路塞。然後遵義永寧之兵同日並舉。彼方欲救畢節。而又恐遵義之擬其後。欲守遵義。而又恐永寧之擣其虛。彼應接不暇。其鋒自折。此剿之策也。但黔蜀見兵不過五六萬。餉乏兵少。莫若據險而守。斷各夷應援之路。絕其商販。禁苗仲耕鑿之利。此守之策也。若師老財匱。宜馳諭。須一二道臣爲夷人信服者。先會鎮雄酉陽二土司議定。後上疏請旨。定奪不三四月自可成功。蓋鎮雄女主爲安位之外祖母。每諭位令速撫以脫己罪。以外祖母諭外甥。便一也。酉陽之長子冉天胤。朱總督題爲參將。向來傳目把之書。因以通安夷。便二也。得此二便。曉諭禍福。何慮不輸情而自服。此議撫之策也。章下所司。

丙午。禮科給事中閻可陛言。起廢盛典。如魏忠賢未用事之時。先經罷免。及曾爲部按所糾參。又如初受忠賢賊使。擊排善良。後無當其意。亦遭斥逐。自宜徐爲商確。若毫無區別。概據訪冊。彼亦一是非。此亦一是非。愛憎互出毀譽並存。不幾虛起用之屢旨而負憐才之聖心乎。上善之。

丁未。劉鍾英爲司經局洗馬。

建虜駐兵河上。邀截降夷難民。總兵官滿桂遣守備張守印以三百人潛渡河。殺者甚衆。斬三十二級。

蘇松常鎮應天水災。命折光祿寺白糧一年。

汰工部加銜官。

徐宗達爲光祿寺卿。攝尚寶司卿事。復趙守信中書舍人。

吳江民訴災。下戶部議折征。

免楊漣等熊廷弼等誣贓。

吏部奏免陷諸臣。復原官。給還誥敕。大學士劉一燝韓爌。吏部尚書周嘉謨崔景榮余懋衡。侍郎陳于廷。南京戶部尚書周希聖。侍郎區大倫。禮部尚書李思誠李騰芳孫愼行。侍郎張鼐張鳳翔孫居相李瑾岳元聲郝名宦解經邦劉策沈演朱世守。工部尚書朱光祚。右侍郎南居益董應舉。都御史曹于汴喻安性郭尚賓程正己畢懋康楊鶴劉可法。通政倪思輝徐一榛王孟宸韓國藩劉宗周。寺卿曹珍易應昌韋藩陳胤叢倫肇修。寺丞蕭毅楊一鵬彭鯤化姜習孔彭惟成。詹事曾楚卿錢謙益。翰林葉燦文震孟侯恪陳子壯方逢年姚希孟。庶吉士鄭鄤。應天府尹談自省。太僕卿莊欽鄰曾一召姜志禮韓策陸完學滿朝薦劉維忠張淶孫之益馬孟禎倪應春羅汝元歐陽調律張捷涂喬遷汪先岸史䄄徐如珂王沆錢春王國瑚盛世承彭遵古傅宗皐陳之聞汪之彥。司丞吳殿臣。

戊申。□科給事中顏繼祖言。先臣萬燝周起元周順昌周宗建李應昇黃尊素繆昌期丁乾學。宜贈廕。陳子壯顧錫疇方逢年彭汝楠游鳳翔馬鳴起陳序莊欽鄰劉麟長徐應秋徐天衢馬任遠張孔教蔡思充邢紹德顧宗孟梁廷棟袁業泗宜起用。劾李師沆聶慎行。命下部議。

戶部尚書曹爾禎刑部尚書蘇茂相並免。爾禎前撫山西祠魏忠賢。至是劾去。明年追論削籍。茂相亦不厭衆望。

御史高弘圖劾順天府丞劉志選太僕寺卿梁夢環。逮之。

壬子。戒廷臣交結近侍。諭曰。朝廷設官分職。內外各有攸司。人臣守正奉公。交通甚爲非法。昨魏忠賢崔呈秀。表裏爲奸。變亂祖制。貽禍生靈。業已殛誅。人臣苟無私心。何必巧營別竇。若夫特立獨行之風。節自可上結主知。天高聽卑。朕方廣詢博諮。達于踰階歷位。爾後宜各愛身名。倘蹈前轍。許科道糾參。務醒積習。

建虜二萬餘騎屯錦州塞外。以都令爲嚮導。攻克拱兔男青把都板城。盡有地産青把都遁。復西誘東不的與合。不聽。我兵亦出哨截之回巢。

前戶部尚書汪應蛟卒。婺源人。甲戌進士。

戶部尚書郭允厚兵部尚書秦士文並免。

罷薊遼督師王之臣。命袁崇煥爲兵部尚書兼右副都御史。總督薊遼登萊天津等處軍務。移駐關門。

遼東總兵官馬世龍失事下獄。

癸丑。始御經筵。英國公張惟賢大學士施鳳來知經筵。大學士張瑞圖等同知經筵。翰林院侍讀學士溫體仁等十六人直講讀。編修倪嘉善等展書。是日講大學堯典各一章。賜宴及金幣。

逮順天巡撫右□都御史劉詔。以御史高弘圖等論其陷耿如杞媚璫也。

丁巳。南京吏部文選司主事臧照如言。易名之典。如周順昌高攀龍魏大中左光斗李應昇等。並蒙聖諭分別褒卹。臣謹採輿論。鄒元標高攀龍趙南星宜謚。李邦華孫鼎相姚希孟錢謙益許譽卿吳甡侯恂劉芳孫必顯鄒維璉徐大相華允誠劉宗周孫愼行文震孟耿如杞宜起用。周順昌魏大中家徒四壁。宜贍給。章下所司。
己未。御史周昌晉言。欲除海寇。必先除內地之奸宄。又責潮漳副總兵協救漳泉。從之。
庚申。侯世祿爲鎮朔將軍總兵官。鎮守宣府。
復巡倉御史。
下太監李永貞劉若愚李實于獄。永貞粗通文墨。爲司禮監秉筆。導虐。李實往蘇杭織造。誣劾周起元周順昌等。若愚博洽典故。永貞每諮問之。俱爲言官所劾。
兵科給事中宋鳴梧請內外官久任。至召對薦舉。並倣世廟西內當直之法。通政司限字。並倣宋人貼黃之法。又會典宜重修。丘濬大學衍義宜刪補。上嘉納之。
三月壬戌朔。熊膏爲右副都御史。巡撫南贛汀韶。熊文燦爲右僉都御史。巡撫福建。耿如杞爲右副都御史。巡撫山西。並提督軍務。
起王永光吏部尙書。改王在晉刑部尙書。商周祚南京兵部尙書。起郭鞏兵部左侍郎。周延儒羅之騏爲禮部右侍郎。張鼐南京吏部右侍郎。王家禎徐紹吉爲戶部左侍郎。家禎督理邊餉。紹吉督理京畿錢法。
高弘圖爲太僕寺卿。添註。
癸亥。禮科給事中閻可陛言媚璫諸臣。李蕃建三祠。李精白建兩祠。迎像眞定。九拜呼九千歲。毛一鷺建祠于應天。姚宗文張翼明建祠于湖廣大同。朱童蒙建祠于延綏。用琉璃瓦。劉詔建祠于薊鎭。冕旒金像。吳淳夫建祠于臨淸。毀民萬舍。祠河南斥民居萬七千間。祠江西斥澹臺滅明祠。又江夏知縣王爾玉刑逼熊廷弼長子□自刎于獄。廷弼妻稱冤。裸杖其二婢。貪暴何如也。又鄒元標馮從吾之理學。楊漣之節義。沈惟炳劉懋皆力救楊漣。尙淹其啓事。吝一原官。餘復何望哉。命召沈惟炳劉懋等。

甲子。巡撫延綏岳和聲言。鎮餉京運歲額四十三萬三千七百三十九金。四川協濟歲額四萬金。今歷欠百五十餘萬。以套虜言之吉能物故。諸子幼弱。酋婦以罕同空名統屬之。是以千兒罵炒計旂牌等酋自天啓五年背盟入犯。又款虜市賞。兵部欠馬價八千三百六十金。今春何抵。乞以陝西新餉二十六萬給延綏抵解遼餉。章下所司。

禁漳泉人販海。

王在晉改刑部尚書。王永光改戶部尚書。各仍太子太保。

乙丑。大行皇帝發引。己巳葬德陵。

改□□楊東明贈刑部尚書。故□□郭璧贈南京工部右侍郎。

丙寅。河南道御史羅元賓言。揆地盈列。相業宜光。自葉向高以來。陰陽閃爍。彼此彌縫。骨鯁之風微。養癰不顧。今結轍可更。積威所劫。如票擬張凌雲陳大同之侵欺。科臣郭興治請算明而曰不必苛求。閩撫失事。聽其規避。寬張體乾田爾耕之罪。此專擅行私之漸也。焉用彼相哉。

戊辰。前巡撫順天右都御史單明詡工部侍郎何宗聖張文郁削籍。前吏部尚書周應秋革職閒住。以吏科都給事中魏照乘劾其媚璫躐進也。

諭近來誥敕繁稱過情。殊爲非體。今後撰擬不由詞臣。繕寫不由中書者。俱按駁。從中書舍人李不伐之請。

御史吳煥言五事。清軍餉。汰冗吏。嚴循良。懲貪墨。減加派。上是之。

密雲卒乏餉而譟。事聞。命戶兵二部速給。

許章奏如古貼黃法。節其要粘進。著爲令。大學士李國楷言之。

李國楷上十事。厲必爲之志。務典學之益。執總覽之要。廣聽納之方。謹內侍之漸。崇節儉之德。嚴職掌之實。精用人之衡。恤下民之苦。循久任之法。上大是之。

補章允儒等五人給事中。喬承詔等十五人御史。

巡撫遼東右僉都御史畢自肅言邊事。曰審布置之法。三方並建。毛鎮居東。寧鎮居西。登鎮居中。共爲聲援。聞旅順去南四衞甚近。險阻可憑。若令登鎮以全力移守。相地據險。收集遼民爲屯牧進取之基。後責寧鎮協力並舉。恢復河東。曰明戰守之法。偏箱車重大。難旋溝壍。惟田車爲便。若得千餘輛。騾引之。無事轉輸。有事列營外。列拒馬木。布置槍砲。內藏精騎逐北。曰愼沿邊之防。章下部覆行。

兵科左給事中李魯生免。工科給事中顏繼祖言。先帝時。票擬不歸閣臣。逮繫俱出中旨。長安嘖有繁言。魯生明目張膽。謂旨不從中出而誰出。甚創執中爲帝宅中爲王之說。牽强附會。長忠賢矯擅之惡。天啓五年七月。旣枚卜詞林。循資拾級。人人覬覦。焉得眞才而用之。且老成云者。成卽爲老。老于識。非老于年。蓋陰爲馮銓地也。丁卯典試湖廣。試錄後序荒唐頗僻。謂屈悲宋諓。安所用之。又云攄所欲言。朝上而夕報可。亦小臣呼吸上通帝座之驗已明。取旨如寄。不敬莫大焉。命部議。處已削籍。明年遣戍。

大學士施鳳來張瑞圖並免。各進太傅。廕尙寶司丞。遣行人護行。賜金幣廩役。

兵部尙書閻鳴泰免。明年遣戍。鳴泰前薦前總督薊遼王象乾云。往事不具論。自天啓二年二月廣寧陷後。以中樞自請行邊。至關門。率撫夷諸將王牧民朱梅等至八里鋪呼虎會之中軍貴英恰等面勞之。各踊躍從命。時象乾年逾八旬。下部議。

御史高弘圖郭興言張文熙俱爲太僕寺少卿。胡承詔爲南京太僕寺卿。

工科都給事中陳維新調山東布政司□參政。

禮部左侍郎李孫宸署翰林院事。

己巳。錢謙益爲詹事。

兵科給事中楊時化論高平知縣喬淳貪虐下臺獄。

魏照乘爲太常寺少卿。添註。提督四夷館楊維垣李宜培各爲太僕寺少卿。添註。

壬申。援遼總兵官毛文龍奏建虜遣可可孤山馬秀才等五人至皮島求款。

癸酉。盜焚劍州。

丁丑奉熹宗悊皇帝神主于慈寧宮。

己卯戶科給事中鍾炌言。熊明遇黃龍光徐良彥鄒維璉鄧漢等誣贓破家。今日沒者卹。更宜贈廕。戍者釋。更宜冠帶。廢者用。更宜敕注冊。如北城兵馬司指揮彭大科以乙榜不往賀賜第上梁。推工部主事。半載不下。竟調景東府佐。弁棄去。雖乙榜亦不可輕也。

辛巳昧爽。陝西天赤如血。射牖隙皆赤。

壬午。虜入大安口。尋遁。

敕倉漕大臣通惠河司官各先期浚河。毋阻運。從巡倉御史李遵之言。

重修光宗皇帝實錄成。光廟紀事僅周月。先成。因國本紅丸多煩詞命。重修以進。

刑部侍郎黃光元卒。

太監崔文昇下獄。戍南京。

御史張三謨言。今日羣下非他。卽强半事魏忠賢媚崔呈秀之流。晝伏之鼠。忌明。靈場之鬼。宜夜。其心固不欲世界光明也。此輩反覆布置。必欲使楊左不爲忠臣。鄒趙盡爲邪黨。意原被魏忠賢厭薄斥去者。本屬黨類。可急引爲同調。至會題奏處者。可歸罪忠賢已耳。獨首被摧折之徒。皆彼合謀幷力以攻之。而駟不及舌。言猶在耳。諸臣若來。邪正難掩。不得不舉王安爲對案。借李三才爲葛藤。同市井之白賴。顧左右而言他。尙恐聖意猶疑。旁觀未厭。遂言澄汰已清。紛囂可禁。徒見其張皇太甚。愈增狠狽矣。夫自逆璫發難。雖名役用諸人。實諸人陰用逆璫。又各用之以報怨爭寵。今禁錮塗抹往日諸臣。索垢尋瘢。謂不可用。執一定之案。據相尋之轍。永忠于魏崔。豈不悖哉。

故都察院左都御史鄒元標高攀龍。左副都御史楊漣。左僉都御史左光斗。工部尙書馮從吾。應天巡撫右僉都御史周起元。給事中吳國華魏大中。太僕寺少卿周朝瑞。御史吳裕中周宗建黃尊素李應昇夏之令袁化中。吏部員外郎周順昌。工部郎中萬燝。吏部郎中蘇繼歐。左諭德繆昌期。翰林檢討丁乾學。陝西按察副使顧大章。揚州知府劉鐸。刑部員外郎張汶。各贈廕有差。

前大學士方從哲卒。從哲字□□。德清人。籍錦衣衞。萬曆癸未進士。選庶吉士。授檢討。歷今官。予祭葬。贈太師。廕尙寶司丞。

癸未。戶科給事中張承詔薦廢籍諸臣。陸文獻鄭以偉熊明遇李邦華徐良彥易應昌熊德陽李日宣黃龍光熊化鄒維璉徐大相樊尙燝溫國奇練國事沈䓪禎申用懋劉承基吳默姚希孟錢謙益王志堅劉錫玄陸康稷。末刺黃運泰董懋中。

甲申。四川道御史吳煥劾太監崔文昇曹欽程等罪。命下法司。

乙酉。南京兵部武選司主事別如綸言。三朝要典史臣斷案多與聖意矛盾。有旨要典纂修。雖在逆璫竊柄之年。實天啓前事。史臣如曾楚卿徐紹吉謝啓光朱繼祚楊世芳等被逐幾盡。書成絕不加恩。書中人品不同。議論各異。孔子云。不以言舉人。不以人廢言。朕仰承謨烈。俯察品流。存是書以定君臣父子之衡。虛其心以晝用舍進退之法。本自晝一。有何矛盾。別如綸妄言姑不問。

發帑金五十萬濟陝西軍餉。

丙戌。□科給事中顏繼祖薦彭汝楠周國賓王夢尹添注京堂及太常博士兵部員外郎。俱不許。

是春。插漢虎墩兎憨殺那木兒台吉。

四月壬辰朔。癸巳。策貢士曹勳等三百五十人。賜劉若宰等進士及第出身有差。故事。廷對三月望日。以先帝山陵。移其期。

南京倉庫告匱。命撥江西湖廣漕糧濟之。

命禮部禱雨。

薛三省爲南京禮部尚書。喻安性爲兵部尚書兼右副都御史。總督薊遼保定等處軍務。

岷王幹跬薨。

丙申。黃克纘爲南京吏部尚書。杜士全爲南京工部尚書。呂圖南爲南京戶部右侍郎兼右僉都御史。總督糧儲。

王祚遠張鳳翔爲吏部左右侍郎。祚遠尋署部事。李成名爲戶部右侍郎。唐世濟爲兵部左侍郎。丁啓睿王尊德爲刑部左右侍郎。李邦華爲工部左侍郎兼右僉都御史。總督河道提督軍務。崔爾進爲戶部右侍郎。督理遼餉。巡撫天津等處贊理征東軍務楊嗣修爲右僉都御史。巡撫寧夏贊理軍務。

前少師兼太子太師吏部尚書建極殿大學士葉向高卒。向高字進卿。福清人。萬曆癸未進士。選庶吉士。授檢討。歷南京禮部右侍郎。進禮部尚書東閣大學士。直文淵閣。獨相五年。時神廟久不朝。章疏多留中。向高善因事補救。神廟心重之。天啓初再相。邊圉日棘。魏忠賢竊政。向高欲調劑中外。更蔓其禍。識者悲之。年□十□。予祭葬。贈太師。謚文忠。蔭尚寶司丞。

吏部尚書房壯麗免。

前吏部□侍郎黃儒炳卒。

命六科進稱頌魏忠賢紅本。

庚子。兵科都給事中許可徵奏清錦衣詭籍。曰澄銓轉之源。祖制。世職與本衛原籍科目者兼用。流官止許帶俸。今大紊矣。有不宜堂上而堂官。不宜僉事而僉事。有假軍政參處。有冒籍本衛。有胥阜亡命借加納名色儼然冠裳。當一一查汰。曰責成功之實。曰申戢獲之規。曰限懸牌之額。曰清改授之弊。曰嚴漏網之誅。曰防造言害政之漸。上從之

戶科給事中楊時化追論御史石三畏陷張愼言。請召愼言。處分三畏。報聞。

御史高捷言。魏忠賢時。工部主事楊惟中冒右副都御史之銜。袁熿乙丑進士。筮仕八月。秩進太常少卿。彼何術而速化若是。陝西新舊督臣史永安王之采具疏祠璫。今互諉。閱其章奏。終不能詳。編修吳孔嘉修怨同族吳養春等廿事逆璫。黃山獻諛。流毒鄉井。乞此五人或斥或劾。報可。

洪瞻祖牟志夔劾免。

諭各科章奏繁冗。今廷臣遵降貼黃式。否則會極門內臣不許入。

禮部□侍郎羅喻義直日講。

故□□知縣王碩輔子徵□廕畢節衛正千戶。

遼東前鋒總兵官朱梅致仕告老。不許。

孔聞詩王猷瞿式耜陳顯策余昌祚劉斯崃張國維王都爲給事中。聞詩吏科。猷式耜戶科。顯策兵科。昌祚斯崃國維刑科。都工科。裴君錫許國榮許世藎孟國祚祝世美盧兆龍顧國寶張□元趙京仕韓一良王家彥馬

思理鄧鍈葛應斗張鏡心劉安行陳纘化李春望馮杰王繼廉王道直汪應元陳廷謨曹暹史𡎴馬如蛟李完郁成治黃宗昌徐尙勳毛羽健張學周梁子蕃高欽舜龔一程周維新馮明玠戴相鄧啓隆鄒敏祚吳玉倪元珙趙洪範任贊化張茂梧顧其國李嵩姜兆張饒京王應斗田時震王相說牛沖玄高賚明劉調羹爲試監察御史。萬鵬爲南京□科給事中。馮來聘韓相劉養粹沈希韶任僎倪成章王之朝爲南京試監察御史。

巡撫河南右僉都御史郭增光疾去。

壬寅。御史范復粹言。復遼必先守蓋套。蓋套必先南北汛口。蓋套抵三岔口僅半日。西至覺華島一日。聲勢可張。林木森茂。進而營蓋套。因進連雲海上。設伏三岔河。進牛莊。進如寨。敵至則我歸。敵去則我駐。而毛文龍之子承祿官都督僉事。宜分兵守汛口。成南衞進迫之勢。報聞。

癸卯。雲南道御史潘士遴劾巡撫福建朱一馮。緩則擁節。急則鼠竄。南京戶部右侍郎王瑊。以按察使數月超黔撫。歲餘入司農。其何解于通閹之罪乎。

戶科給事中楊時化工科給事中顏繼祖各劾太僕寺少卿兼兵科左給事中李魯生導啓中旨。繼祖幷及李蕃。

許代王全祿。不爲例。

甲辰。南京兵部武選主事別如綸請郡縣專練鄉兵。

乙巳。遼東參謀都司胡以寧上言方略。若蓋套。若長生島。若鎭江鳳凰山。若鴨綠橫江等處。皆可出奇爲疑伏。爲犄角。而右屯廣野膏腴之地。大可興屯。又于三岔上設十二屯堡。又言遼之地。南海。北山。中土膏腴。山有五金之利。海有魚鹽之饒。地有五穀林木之產。今能效趙充國之屯田。又效管子之鑄山煮海。何加派重額之爲。又言。徒流當議者。赦閱實當罰者與之贖。重則議遣遼東。以實邊塞。

御史葉成章言柴炭商人拘送惜薪司之苦。又濫而不節者。冒破之端也。積而無用者。朽蠹之物也。皇上誠召惜薪司而問之。比歲供十有八廠者。果盡輸大內乎。盡輸果無胥越無贏餘乎。有之則清其耗蠹。歲可省十之三。核其虛冒。歲可省十之二。上是之。

王業浩爲太僕寺少卿。周宗文爲尙寶司卿。

太僕寺卿李蕃免。

丁未。都察院左都御史曹思誠免。

命正一眞人張顯庸禱雨。

己酉。諭通政司。近乞卹典太濫。如會典例不合毋封進。

張道濬爲錦衣衞僉書。

司禮太監王永祚提督東廠。王文政署司禮監印。

濟陽衞指揮卓銘乞開採奪俸五月。戒以後瑣利。

庚戌。王伉爲右通政。

諭吏部。召前大學士韓爌。

建虜千餘騎自收臺至閭陽驛。授一夷謾書而去。大略謂我鎭撫不能戰。又不肯和。是欲用刀兵而戕民命耳。又云插酋西遁。其頭目歸之者衆。令我東西受敵云。時建虜苦饑。欲脅款也。

御史李炳言插酋戰撫機宜云。虎墩兔憨駐牧遼邊。素稱款夷。今呑哈喇愼諸部。乘勝西偪卜石兔。欲幷得卜酋諸部市賞。要挾無厭。今惟有講折與撫賞兩則。講折之說。插酋以下初賞額數萬。今數年來遞加至三十八萬。恩不少。背一也。薊遼撫賞三十八萬。宣府諸部止十八萬。大同卜酋止十一萬。多寡相懸。奈何舍多而就少。

二也。卜酋願分以與猛酋。猛酋不可以分卜酋。三也。插酋分兵同攻。不惟自絕于天朝。亦自輕其部落。四也。宜明布文告抑其桀驁之志至于撫賞在遼左諸虜。如插酋虎墩兔憨歲十二萬插漢下小歹青歲二萬六千有奇。拱兔二枝歲一萬六千五百有奇。哈喇愼歲二萬七千二百餘。又有色令等部零費。今既多爲建虜所呑。則此七部之賞宜酌歲額以賞插酋。如插酋欲得王號以雄于諸虜。則如順義王例加封。奈何致其渝盟要挾哉。章下部覆行之時虎墩兔于宣府塞外張家口十里。聲言欲得卜石兔市賞。詔之使詣陽和講讐。初犯殺胡堡參將孟吉計卻之。

江西道御史郁成治言。易名之典。聞有明旨。該部十年不覆。得毋子孫式微。不能載贄而先容于當事乎。以私害公。莫此爲甚。乞該部速覆以俟聖裁。幷謚周宗建。上是之。

癸丑。王繼光爲太僕寺卿。署少卿事。

琉球國中山王世子尙豐入貢。

存問前南京戶部尙書林學曾。

孔貞運爲少詹事。

甲寅。册貴妃田氏。淑妃袁氏。

議自錦州右屯廣寧至三岔河築城。

丙辰。翰林院侍講倪元璐上言。三朝要典成于逆豎。其書當速毁。請詳其說。當事起議。興盈庭互訟。主梃擊者力護東宮。爭梃擊者計安神祖。主紅丸者仗義之言。爭紅丸者原情之論。主移宮者弭變于幾先。爭移宮者持平于事後。六者各有其是不可偏非。以爲忠悃則皆忠悃。以爲明見則皆明見。總在逆璫未用之先。羣小未升之日。雖甚水火。不害塤篪。此一局也。既而楊漣二十四罪之疏發。魏廣微此輩門戶之說興。于是逆璫殺人則借三案。羣小求富貴則又借三案。經此二借。而三案之面目全非矣。故凡推慈歸孝于先皇。正其頌德稱功于義父。又一局也。網已密而猶疑有遺鱗。勢極重而或憂其翻局。于是崔魏諸奸創立私編。標題要典。以之批根今日。則衆正之黨碑。以之免死他年。即上公之鐵劵。又一局也。繇此而觀。三案者天下之公議。要典者魏氏之私書。三案自三案。要典自要典。今爲金石不刊之論者。誠未深思。若夫翻即紛囂。改亦多事。以臣所見。惟有毀之而已。夫以閹豎之權。而屈役史臣之筆。亙古未聞。當毀一。未易代而有編年。不直書而加論斷。若云彷彿明倫。規模大典。則是魏忠賢欲與肅皇帝爭聖。崔呈秀可與張孚敬比賢。悖逆非倫。當毀二。矯誣先帝。僞撰宸篇。既不可比司馬光資治通鑑之書。亦不得援宋神宗手製序文爲例。假竊誣妄。當毀三。又況史局將開。館抄具備。七載非難稽之世。實錄有本等之書。何事留此駢枝。供人唾詈。當毀四。故臣謂此書不毀。必有受其累者。非主三案者之累。而爭三案者之累。又纂修三案者之累也。何也。爭三案諸臣。其品原分三等。如崔呈秀劉志選李春曄等之附和希寵。不足問矣。最上如黃克纘賈繼春王業浩高弘圖劉廷宣等。始處君子而不必求同。既遇小人而自能爲異。本末炳然。雖有忮者莫或能加之也。然管華之席未割。老韓之傳同編。在數臣高明之觀豈不引爲坐塗之辱。若其次者。雖非盡有撐持。要亦不皆濡染。而特以史氏抑揚之過。保不爲後人翻駁之端至于纂修詞臣之在當日。更有難焉者。丹鉛未下。斧鑊先懸。姜逢元擱筆一歎。朝聞夕逐矣。楊世芳吳士元余煌等備極調維。其于忤璫諸疏。有匿其全文。有刪其已甚者。時傳書成而獄又起。則有寧加醜詆之詞。而決不下一不道無將等字。以傅會爰書者。凡此苦心。亦多方矣。而事在見聞之外。未易可明。彈章一加。萬節俱喪。此臣之所謂累也。願敕下該部。立將三朝要典鋟板毀焚。仍命閣臣開館纂修天啓實錄。捐化成心。編摹信史。勿以恩怨橫胸。一切妖言市語。如舊傳點將之謠。新騰選佛之說。毋妄形奏牘。則廓然蕩平矣。有旨。已有實錄。自不必復增要典。着禮部會史館諸臣詳議具奏。

戶科給事中瞿式耜上言。梃擊事贈卹劉光復。而于王之寀靳之不平者一。紅丸事孫愼行尙推敲啓事。而李可灼先登訪冊。儼然與廢棄諸賢並列不平者二。移宮一案。楊漣左光斗一時激烈未始非杜漸防微。今必欲爲漣罪案。何居乎。不平者三。封疆爲重。熊廷弼梟首西市。而楊鎬王化貞竟逍遙福堂。不平者四。楊左與王安初非有交結之情。乃今動以王楊魏崔爲對案。不平者五。宰相爲諸大臣之綱。造毒之魏廣微。逐膻之顧秉謙。媚璫取厭之馮銓。璫敗彌縫之黃立極。顧竊恩綸擁富貴。不平者六。

戊午。御史黃宗昌言矯旨不可不辨。僞官不可不删。命覈之。

庚申。日講官翰林院檢討李明睿言要典會議存毀。曰毀則誠宜毀。曰存亦何必不存。存而後皇上之放殛所遺者可盡得其所。是不至稽誅于極辨之朝。皇上之所側席而求者可盡得其所。非不必更勞乎夢卜。報聞。

建虜以二萬騎經廣寧西助插漢。

協理京營戎政兵部尙書霍維華請營軍盡日而操。非日加銀三分不可。其月糧一石。宜定某倉專領。營馬原額二萬一千二百餘匹。每匹月支芻豆銀八錢六分。不若精選萬匹。餘歸太僕寺變價貯庫。可省料萬餘金。將選鋒二萬人分兩班。日加銀三分。常操。部覆行之。

五月辛酉朔。翰林院侍讀孫之獬言要典決不可毀。泣訴于朝。命廷議。

吳自勉爲鎭西將軍總兵官鎭守延綏。王承恩爲都督總兵官鎭守臨洮。楊國柱仍都督僉事總兵官鎭守浙江。

壬戌。陳必謙補南京□□道御史。

癸亥。時兵部推協理京營戎政尙書霍維華署督師事。代王之臣。給事中顏繼祖言以維華行而速之臣之去。是欲庇之臣也。以維華署事而緩袁崇煥之來。是不欲用崇煥也。維華狡人。璫熾則借璫。璫敗則攻璫。擊楊左者維華也。楊左逮而陽爲救者亦維華也。甲子歲。以刑科給事中。倏冏卿。倏侍郎。倏尚書。倏宮保。無敍不及。有賚必加。臣所不能爲維華解。乞立行褫革以儆官邪。遂罷維華行邊。命王之臣不得移鎭。

前戎政兵部尚書呂純如子世炎。廕入國子監。

兵部職方司郎中余大成進太僕寺少卿。

左副都御史楊所修落職閒住。御史田景新削籍。以□科給事中張國維論其獻媚邪黨也。

丙寅。太僕寺少卿楊維垣削籍。禮科給事中李恆茂落職閒住。御史鄒胤祚等屢劾維垣爲逆璫私人。占氣最先。轉身最捷。貪天爲功。賣名市重。如韓爌鄒元標馮從吾楊漣文震孟皆極力詆誣。而李恆茂與之聲勢相倚。亟宜處分。故有是命。

丁卯。王永光改吏部尚書。進太子太傅。

戶科右給事中黃承昊言國計民生戰守撫剿之局宜計。屯田之舉行宜力。鼓鑄之利病宜講。加派之額數宜均。如山陽止派七千三百金有奇。桃源反派八千二百金。郯城正賦止二萬四千金。遼餉加一萬一千有奇。織造之錢糧宜問。上善之。

己巳。燬三朝要典。諭曰。皇祖皇考。洎于熹皇。止慈止孝。載之實錄。足昭盛美。乃復增要典。原不能于已明之紀綱復加闡揚。徒刻深附會。偏駁不倫。朕無取焉。今盡燬不行。自今而後。官方不以此書定臧否。人才不以此書定進退。惟是三朝原無遺議。紹明前烈。注意編摩。諸臣各宜捐去成心。勿滋異論。

協理京營戎政兵部尚書霍維華免。維華爲給事中時。排楊左紅丸移宮之議。例轉□□按察副使。楊左去。復原官。累遷兵部□侍郎。至尚書。天啓末敍寧錦功。忤璫引去。今起官。被劾閒住。明年遣戍。

朵顏衞夷目酋東不的卽長昂孫三十六家。同伯顏阿亥等部與插漢虎墩兎憨戰于敖木林。插漢失利。殺傷萬餘人。

許大學士李國楷致仕。進少傅。廕尙寶司丞。賜金幣。廩役行人護行。

喬允升爲刑部尙書。岳駿聲爲通政使。起王洽工部右侍郎。武之望爲南京刑部左侍郎。署右侍郎事。陸文獻洪如鐘爲右副都御史。巡撫江西湖廣。楊述程梅文煥爲右僉都御史。巡撫廣西甘肅。

庚午。翰林院侍講孫之獬引疾去。御史吳煥劾其對君無禮。拜疏不曰進呈而曰投入。上以回籍不問。

起曹于汴都察院左都御史。鄭三俊南京戶部尙書。改李邦華兵部左侍郎。協理京營戎政。

辛未。劉重慶爲大理寺左寺丞。

巡撫大同右僉都御史張翼明免。言官劾其附璫躐進也。

光祿寺卿阮大鋮免。大鋮與左光斗同里有隙。天啓甲子。吏科都給事中闕。宜補大鋮。而魏大中得之。後左魏被劾。出大鋮意。至是御史毛羽健劾其黨邪。明年。追論削籍。

戶部左侍郎徐紹吉免。前御史張綱削籍。御史馬如蛟劾紹吉在諫垣時黨附喬應甲等。攻國本諸臣。丁巳管察。除正類殆盡。及魏忠賢擅權。又使其姻家張綱首參鄒元標馮從吾輩。釁自此起。同崔魏謀創要典。把持恫喝。故有是命。明年。紹吉削籍。張綱遣戍。

御史王相說奏列民窮在有司弊四。曰火耗之侵剋。曰濫詞之罰贖。曰代折之打劫。曰佐領之橫噬。在地方弊四。曰田糧之隱冒。曰强賊之擾害。曰豪右之欺凌。曰游惰之冗食。在衙門弊四。曰庫藏之侵漁。曰徵解之扣除。曰僉派之騷擾。曰儀文之借取。在功令弊四。曰加派之積欠。曰雜稅之保奸。曰防察之嚇詐。曰查盤之罪名。凡此之弊。總竭民膏血。而除此之弊。則惟巡方能之。而其要在選擇賢令而已。上善之。

插漢夷目宰生等百餘騎至宣府新平堡脅賞。初約五十騎。倏踰數譁喧。參將方裕昆誘入甕城。殲之。自焚關將軍廟。拆牆數仞委廣以自解。

癸酉。故大學士高拱孫則益廕中書舍人。

巡撫登萊右副都御史孫國楨言內官王國興擅到海上。稱密旨召毛文龍。蹤跡詭祕。上謂初撤鎮使未嘗輕遣內臣。命逮國興下獄論死。

海盜鄭芝龍掠福浙海上。御史戴柏言防禦失宜。要地宜防。奸民宜絕。私船宜禁。軍餉宜清。保甲宜申。鄉兵宜練。章下所司。

御史袁弘勳劾大學士劉鴻訓。一到黃扉。岸然自命。兇鋒殺氣。揚揚眉宇間。同僚拱避。浹旬之間。革職閒住引退無虛日也。此果皇上之內降乎。抑輔臣之辣手乎。最可異者。楊所修賈繼春楊維垣夾攻表裏之奸。有功無罪。而誅鋤禁錮。自三臣始。且軍國大事未暇平章。惟亟燬要典。謂玄黃水火是書爲祟。今燬矣。玄黃水火息耶戰耶。未燬以前。崔魏旁借之以空善類。既燬以後。鴻訓反借之以殛忠良。以暴易暴。長此安窮。且詆其奉使朝鮮。貂參滿載。又錦衣衛南鎮撫司僉書張道濬亦訐攻鴻訓。

甲戌。裁各部添注官。

太僕寺少卿李蕃免。御史王之朝劾其督學時建祠也。初。禮科給事中李恆茂御史李魯生李蕃。號三李。謠曰。官要起。問三李。

傅櫆周士樸爲太常寺少卿。房可壯爲山東道御史。

山西道御史徐尙默言四事。票擬宜一。選館宜公。困窮宜恤。內地武備宜修。報聞。

乙亥。御史曹遷劾大學士來宗道。不問。時楊景辰被劾。亦不問。

丁丑。工科給事中顏繼祖言大學士劉鴻訓。先朝削奪朝鮮一役。舟壞僅以身免。乞諭楊景辰劉鴻訓速入直。

共籌安攘之策。至袁弘勳之借題抽身。張道濬之出位亂政。非重創未有已也。上是之。

左僉都御史賈繼春免。天啓初。繼春在臺爭移宮。忤楊漣左光斗削籍。楊左去。中旨復繼春御史。上嗣位踰月。繼春督學南畿。馳疏劾忠賢怙權流毒狀。累遷內臺。給事中劉斯琜劾其變幻巧詐。明年削籍。

戊寅。御史史䇲高捷俱劾劉鴻訓得罪。

己卯。予故通政司使林材祭葬。

翰林院編修倪元璐追論前大學士顧秉謙等媚璫。以去輔不問。

田珍程註爲大理寺右少卿。田仰爲太僕寺卿。

翰林院庶吉士李建泰爲編修。

發帑金五十萬餉邊。

西虜犯延綏。總兵官杜文煥拒卻之。

壬午。南京戶部尚書張樸免。

癸未。兵部尚書劉廷元免。御史任贊化劾其御史時梃擊一案主風癲之說也。

前刑部尚書薛貞削籍。

禮部主客司員外郎游王廷言。自遼陽加派以來。催科甚亟。不肖有司則勸火耗。民奈何不窮。請嚴禁之。章下所司。

甲申。御史吳玉參太常寺少卿趙興邦逆黨。

上召諸臣于平臺。諭輔臣來宗道等曰。票擬之事須悉心商確。諭吏部曰。起廢事重。會推宜愼。侍郎王祚遠復請添注。不允。責戶部帑金零星。邊餉措辦無術。侍郎王家禎引罪。諭兵部邊事。尚書王在晉語未詳。命內使授筆札錄進。諭刑部。天旱。凡用法務效先朝平允。已出故給事中毛士龍疏。問果枉否。科道俱曰。士龍事屬風影。望寬之。各頓首退。已順天府丞邵輔忠劾士龍。下廷議。

乙酉。諭吏戶兵三部曰。昨召對九卿科道等官。輔臣劉鴻訓奏官員更調甚速。若不行久任之法。終鮮實效。又云海內差繁賦重。更不可加派。朕切思之。更調速則民受擾。官久任則課成功。今後藩臬郡邑官。務擇人地相宜。俱如舊制俸期。一日未足。不許朦轉改調。言官薦舉人才。不無過私市恩。今後吏部以薦疏成冊。後或隳職僨事。舉主連坐。遼黔兵事未結。加派前已不少。該部將新舊兵餉造簡明冊進呈。撫按官查有司私派。即參處。三尺具在。斷不爾貸。司農繫軍國命脈。非清嚴心計之臣。豈勝厥任。所薦畢自嚴才品兼優。戶部尚書闕。速行推補。

起畢自嚴戶部尚書。李長庚工部尚書。孫居相戶部左侍郎。督理京省錢法。熊明遇兵部右侍郎。賈毓祥左副都御史。楊鶴爲左僉都御史。張宗衡爲右僉都御史。巡撫大同贊理軍務。

丁亥。建虜入犯河西高橋朱家窪塔山。又圍大興堡。誘我降夷桑昂兒介順。不聽。詈之。見執。總兵朱梅砲卻之。越數日。上謾書求款。邊臣不應。去之。

張可大爲都督□□總兵官。鎮守登萊。朱梅爲前鋒將軍總兵官。鎮守寧遠。

光祿寺少卿康新民等言。臣等川人也。天啓辛酉八月。奢寅發難。以底平定。時閱七年。文武將吏尚未邀半通之綸。乞下該部覈功。如總督朱燮元御史張論監軍胡平表等。亟賜褒擢。章下所司。

起韓繼思光祿寺卿。

常自裕朱文煥馮可賓文士昂龔而安爲給事中。陳乾陽李長春劉光沛羅世錦黃昌吳春謙爲試監察御史。昌春謙南京。

戊子。韓一良補戶科給事中。

己丑。奪前大學士顧秉謙魏廣微恩廕。

插漢夷目貴英哈爲虎墩兔憨壻。狡猾善用兵將衆。旣死新平堡。其妻兀浪哈文帥衆自得勝路入犯洪賜鎭川等堡。拆牆入。忽報虜至孤店三十里。初不傳烽。以王喇嘛僧止戰也。急收保。倚北關爲營。遂圍大同。貴英哈妻兀浪哈文主之。大營可五萬騎。屯海子灘。則虎墩兔也。代王鼎渭同士民力守。知縣王□□搜奸諜二十餘人。虜知之。分屯四營。流掠渾源懷仁桑乾河玉龍洞二百餘里。裸淫婦女。酣飲五日。遣夷至總督張曉所脅賞。曉遣西僧王哈嘛往諭。時苦旱乏水草。我援兵漸集。乃退。冀北道副使任丘李貞宁借帑金千八百有奇勞軍左衞城守。後失補削籍。

熊明遇曰。諸邊積弊。先以虜犯某處入塘報。隨出牆夜襲。虜鼾正濃。割斷帳索如罩魚。射砍交加。立時割級上馬馳歸。若侵明別部來救。則無幸矣。王威寧越沿路設伏。斬八百級于威寧海子。封伯。以此後人踵襲。此錦衣沿世之所以纍纍也。田樂斥松山不爲無功。然以燒酒醉市夷。閉門室中盡殺之。以堵截聞。食報在田爾耕王象乾間用之。然多買虜使去。隨以扞邊功加廕賞。家藏金銀不貲。然盡爲孔有德所擄。崇禎初插酋大入雲中。殺吏民萬計。亦由新平堡夜燒殺講事夷貴英等百餘人。參將撫將盡死西市矣。可畏哉。然猶曰殺者虜也。至殺路人。發冢中新死人顱以盈功數。是何忍耶。劉大將軍綎曾爲余言南蠻功更罔甚。至有修功匠。能改婦人屍作男形者。而匠以修功名。可笑亦可恨也。然斬一級賞五十金。百二十級爲大捷。文武皆廕錦衣。邸抄報功必百二十級。若有定限然者。事理明甚。

廣寧兵截建虜西走。建虜退。

故太子太保禮部尙書林堯俞贈少保。謚文簡。

是月。西安府城夜墜火數十。大如碗。次如斗。時出入民舍。各禳之而不爲害。七月止。
福建山寇大作。□□道董象恆剿敗之。

六月韃朔虜犯大同山陰。知縣劉以南禦卻之。
奪前工部尚書孫杰官廕。禮科給事中仇維楨劾其邪黨也。
辛卯。故□□□□鄭鼎和贈光祿寺卿。廕錦衣衛正千戶。故巡撫延綏右□都御史金忠士廕錦衣衛正千戶。
丁字庫火。
壬辰。禮部尚書孟紹虞致仕。賜金幣。
太僕寺卿高弘圖引疾去。
癸巳。插漢虎墩兔憨出塞。
兵部左侍郎郭鞏右副都御史張素養巡撫江西右副都御史陸文獻並免。言官各劾其附璫也。
工科給事中劉安行巡視太倉銀庫。奏預支官俸之弊。積侵三十六萬。命安行同戶部淸覈。自某年某月某人。歷歷查明。限旬日奏上。
乙未。上召廷臣於平臺。問插酋若何。來宗道曰。虜出口近已少寬。因許發帑十萬。戶部左侍郎王家禎曰。已解去八萬金。上責家禎不爲預備。又以刑科都給事中薛國觀疏營伍之弊。令自宣讀。至闕門虛冒。上善之。復示諸臣。召兵部問插酋狀。王在晉對訖。時報虜退。上問何以卽退。劉鴻訓曰。虜志流掠。頓兵堅城之下。知其不久。上是之。召提督京營保定侯梁世勳。諭以訓練。問吏部以袁弘勳事何久不勘奏也。侍郎王祚遠曰。考功之法。至爲民而止。諭刑部所追陳大同贓助餉。諭科道以民爲邦本。復出御批文冊令徧閱。

陳洪範爲南京右軍都督府僉書兼提督大教場。

尙寶司丞李日華言興文教四事。曰代言。詞臣口代天言。何如鄭重。奬許之中。微含訓誡。近編輯諛詞。務極駢麗。甚有曲搜微美代祝壽祺。王言之褻甚矣。曰進言。神祖久御。厭薄臣下。囂浮章奏閣置。攻訐譏詆。概賜容覆。今則字字俱經睿覽。安得不擇一慢侮者示創懲乎。曰法言。部院諸司歲委屬官一員專理條例。遇有更張。隨時酌定。曰立言。令郡國各舉耆儒將郡邑山川形勝戶口人物畜產田畝編輯成帙。類送學臣申達禮部爲纂修天下圖經張本。章下所司。

命翰林官凡值召對入侍記注。

太僕寺卿田仰言。寺馬專給團營騎操。自種馬廢而改俵馬。俵馬起而分本折色。已非立法初意。自行太僕寺廢。苑馬寺廢。各邊皆仰給于臣寺。寺之折色而馬制蕩然矣。近歲入馬價不過四十五萬二百餘金。皇上不時賞賚不預焉。今各省直又逋負數多。乞責成撫按勒限完解。摘其尤者題參一二。從之。

麻登雲爲□□將軍總兵官。鎭守山海關等處四路。楊嘉謨爲平羌將軍總兵官。鎭守甘肅。尤世祿爲征西將軍總兵官。鎭守寧夏。祖大壽爲征虜前將軍總兵官。鎭守遼東前鋒。

起張瀲太僕寺少卿。署光祿寺少卿事。

丙申。前戶部尙書黃運泰兵部尙書閻鳴泰吏部尙書周應秋並削籍。以御史梁子璠劾其媚璫也。

南京兵部尙書范濟世免。御史卓邁削籍。以御史田時震劾其黨逆也。

丁酉。何如寵爲禮部尙書。胡應台爲南京兵部尙書。武之望爲都察院右都御史兼兵部右侍郞。總督陝西三邊軍務。李若星爲工部右侍郞兼右僉都御史。總理河道。田仰爲右副都御史。巡撫四川。魏照乘爲右僉都御史。巡撫江西。劉重慶爲大理寺右少卿。

太僕寺卿郭興治削籍。御史徐尚勳劾其媚奸也。

大學士楊景辰罷。景辰新被命。議者以預修要典故屢請告。進少保。廕中書舍人。行人護行。

御史郁成治請復京官肩輿。上以科道官擅乘肩輿經革。今又隱其名竹兜。譎□□典史。

時朵顏三衛頭目束不的與虎墩兎憨搆兵。總督張鳳翼檄諭之曰。爾始祖都督完者帖木兒以來。世效忠順。插漢奪爾巢穴。爾聚兵報復。然爾三十六家力弱。又合順義王乃濟。今聞欲與建虜合兵。彼貪詐無信。何自投陷穽也。

命予楊漣魏大中周順昌廕謚。且祭廠衞寃斃者于京師祈雨壇。

戊戌。工科給事中顏繼祖以缺額請元年五月以前凡加納准貢通判運副運判等各倍納若干。即注見闕。不許。

葉燦劉鍾英爲禮部右侍郎。協理詹事府。傅冠爲左春坊左中允。

己亥。征蠻將軍鎭守雲南總兵官黔國公沐啓元卒。

胡繼美爲大理寺左寺丞。

庚子。故禮部尚書劉楚先贈太子太保。廕中書舍人。

翰林院侍講徐時泰免。賜金幣。

辛丑。誅錦衣衞都指揮使許顯純。

總督陝西吏部尚書王永光蒞任。

壬寅。大學士錢龍錫入朝。

駙馬都尉鞏永固尚樂安長公主。

禮部主事陳鍾盛言。永固年餘未婚。非制也。命擇日成婚。越數月。閹媼仍隔絕如故。鍾盛復以聞。上怒其褻。降二級調外。送永固太學演禮三月。

兵部議插漢虎墩兔憨講賞得勝口。有旨。得勝口無險可恃。狡謀叵測。勿輕許。上銳精邊事。欲矯弊更轍。以市賞日壞。徒耗金錢。蹟軍實。因卜素沒革其賞。雖邊臣屢爲插漢請。勿允也。

談遷曰。胡部合則強。分則弱。插漢以元裔。國初嘗遣使聘問。今處其衰。再世不貢。而順義王逃敗之餘。獨虎墩兔爲勁。力能扼建虜。漢不離烏孫匈奴乎。且卜素虧賞者八年。借以縻之。俾不與建虜合。亦伐交之道也。我拒之堅。彼計求一逞。勢必合建虜。寧有餘力以兩制之哉。事有似正而失之謬者。插議是也。

乙巳。前大學士馮銓削籍。

總督京營保定侯梁世勳罷。

故貴陽府同知嘉興王胤昌加贈光祿寺卿。

談遷曰。王氏城陷後疾沒。民舍其事。與慷慨赴義遠矣。帷蓋之恤。稍優以一階。其恩已渥。蒙廕金吾。幽秩加等。不已過乎。季世而下。勸忠之典。遂開濫竇。被之不足爲榮。如王氏者。未易一二數也。

司禮秉筆太監王敏政有罪免。降田維章奉御。

夜。月食。

丙午。予故禮部尚書翁正春祭葬。正春字□□。侯官人。萬曆己卯鄉舉。任尤溪教諭。壬辰預南宮。廷對第一。授翰林修撰。累官禮部尚書。天啓初起原官。尋卒。方毅嚴重。不妄言笑。朝端式其風采。

大學士周道登言三事。守祖制。秉虛公。責實效。上是之。

丁未。兵部議招海盜鄭芝龍。芝龍本同安窶人子。流入日本。夷主女妻之。一日挐舟亡歸。無賴蟻附。求返內地。

軍師納其金爽約。遂寇掠海上。

己酉。誅前提督巡捕營都督張體乾參將谷應選。

起朱燮元兵部尚書兼都察院右都御史。總督貴州四川湖廣雲南廣西軍務兼督糧餉。巡撫貴州湖北湖南川東偏沅等處。移駐貴竹。燮元在黔。周觀形勢。奏黔中山林深阻。苗夷錯處。惟上下六衛一道徑通。逆苗慓勇嗜殺。當示以必戰。師已踰險。如鼠鬬穴中。將勇者勝。若專在拊循。至秋水涸。寇必大至。士不得解甲者八年于茲矣。計不素定。緩急失序。首尾衡決。爵秩太易則衆志競。將領太多則號令棼。此前鑒之最明也。如臣愚策。據險要。立營壘。飭兵馬。練戰士。以待其至。坐得致敵之術。曩者諸將校坐糜廩食。無以塞責。竊取小功。自相矜誇。此最無益邊計。所殺或係他種非反者。或掩僇降人報功。失蠻夷心。違聖朝柔遠之義。今大兵所誅。叛逆了然。黔皆苗。安能盡殺。御以威信。皆良民也。六衛腴田。非此屬誰爲墾耕者。若殺不當罪。是驅之歸賊而自樹敵也。臣當使肘腋安定。軍伍充實。觀釁而動。用奇迭出。期于滅賊。不敢優遊以稽天誅。上是之。

朱燮元檄雲南兵下烏撒。杜安邊耶溪路。四川兵出永寧。抵赤水。扼四夷要害。而親率兵出六廣。偪大方。鬼師莫德說邦彥曰。安邊在烏撒。滇人不敢南下。永赤之兵牽制我後。我當先破之。取永寧以畀奢氏。取建武六縣以畀法舍。然後挾烏鎮以臨遵義。并黔及滇。大事可圖也。邦彥從之。以歹費等防六廣。烏迷等防遵義。阿鮓怯等守鴨池三岔。各自號元帥。而邦彥號四夷大長老。崇明稱大梁王。

戶部左侍郎王家禎言。各省共逋八百萬有奇。命趣之。

戶科右給事中黃承昊言。祖宗朝邊餉止四十九萬三千八十八金。神祖時至二百八十五萬五千九百餘金。先帝時至三百五十三萬七千七百餘金。其他京支雜項萬曆間歲放不過三十四萬一千六百餘金。邇來放至六十八萬二千五百餘金。今出數共五百餘萬。而歲入不過三百二三十萬。卽登其數。已少百五六十萬。況外解節欠黔餉三項。實計歲入僅二百萬耳。戍卒安能無脫巾。而司農安得不仰屋乎。乞敕各邊督撫。淸覈歷年增餉。何一增不復減。至京支雜項。萬曆何以少。天啓何以頓加三十四萬九百有奇。敕各衙門各自嚴汰。又先臣葉淇變鹽法。改折色輸部。邊粟貴則銀賤。必復祖制開中輸邊之法。或先行于一邊。次等行之九邊。十年盡復其故。西北多曠土。責有司開荒。東南多水災。加浙直巡鹽御史兼管水利。又禁私鑄。上納之。下戶部即行。

辛亥。申用懋爲兵部左侍郎。

選翰林院庶吉士桐城方拱乾。青苑孫從度。鉛山李國球。順德梁衍泗。休寧金聲。光山周純修。順天張星。紫陽劉其德。嘉善曹勳。上虞陳美發。歙縣姚思孝。莆田黃起有。山陰周鳳翔。井研胡世安。睢州李夢庚。高平王邦柱。韓城解維樾。揭陽郭之奇。宜興陳于鼎。宜黃劉之綸。平定白士麟。全州張昌胤。招遠楊觀光。歙縣吳廷簡。王文企。長洲徐汧。新建朱統鉓。龍溪魏呈潤。新城王與胤。沂州宋之普。先是□科給事中瞿式耜請皇上親試定去取。翰林院侍讀學士張士範進士張星各請廣館額。庶吉士朱統鉓有言宗室不便入館。改授中書舍人。即告假去。

建虜侵錦州。陷駱駝大興等堡。

壬子。禮部右侍郎葉燦。羅喩義。敎習庶吉士。

諭閣臣曰。朕覽御史顧其國奏。騷擾累民。莫甚于驛遞。朕思國家設立勘合馬牌。專爲軍情及各處差遣命官之用。近多徇私。將勘合送親故。供應之外。橫索折乾。小民困極。甚至賣兒貼婦以應之。或措處不前。背井離鄉。卿等傳示兵部。倣舊例某項宜用勘合。某項宜用馬牌。其餘例禁。俱細開奏。用淸弊源。

大學士來宗道免。遣行人護行。賜金幣。宗道在官骫骳。編修倪元璐屢陳事。宗道曰。渠何事多言。吾詞林故事。惟香茗耳。時謂淸客宰相。

御史劉大受起廢。奏臣忤奸始末。上曰。故輔魏廣微逞臆借威。箝害朝正。將國家大柄授手逆璫。毒徧海內。廣微實爲禍首。會論僉同。朕不敢私。以先朝焦芳例除名。爲民。追奪恩廕誥命。爲人臣附奸不忠之戒。

先是。肅州城外駐夷哈罕頭目綽庫兒以三百人叩嘉峪關求賞。總兵官徐家壽伏地砲以待之。誘至。多中砲。綽庫兒僅以身免。于是忿恨。合海虜黃台吉謀大舉入犯。邊臣告急。上以家壽啓釁。前妄報斬獲。今張皇請械粟。下臺訊之。

唐大章爲南京禮部右侍郎。

鎭守浙江總兵官楊國棟罷。

陝西道御史馬明言。日講宜勤。晉接宜隆。銓衡責成宜嚴。邊將倚任宜專。末言招撫海寇非策。報聞。

乙卯。敍四川解圍復城搗巢之功。張鶴鳴王在晉董漢儒吳弘業董盡倫俱廕錦衣衛千戶。朱燮元張論俱錦衣衛指揮僉事。總兵杜文煥廕本衛指揮。李維新薛來胤俱本衛千戶。

陳仁錫曰。武臣世爵。自公侯而下。即數錦衣文臣如于忠肅。其扶危定傾之功。而當年身後之廕止于外所一正千戶。迨其後亦祇陞襲外衛指揮。比至萬曆年始更定指揮。蓋文臣得一錦衣若斯之難也。況邦政條例。非親斬不世襲。乃文臣亡論崇卑。或稍奏捷。必廕錦衣。而武臣即百戰沙場。身膏鋒鏑之元戎。止廕外衛。不平孰甚焉。

丙辰。召廷臣于平臺。以御史吳玉疏錢糧積弊示閣臣。問何不名指也。玉對曰。此夙弊。非經一人一事。無可指名。上曰。然。問翰林院侍讀學士張士範所請廣館選六名旨何來。士範謝不知。蓋出新進士張星。上怒其泄旨。李標曰。前東閣會議稿云六名。上問誰令會議。劉鴻訓曰。會議曾以聞。上詰士範至再。又出戶科右給事中黃承昊疏。至京支雜項錢糧。問戶部左侍郎王家禎何濫增至此。曰。皇祖出數少。入數多。故太倉積餘七百萬。內帑又亡算後邊臣隨請隨給出入不相準。又讀至鹽法。閣臣請復祖制。開屯種引。上然之。又出宣府巡撫李養沖疏云旗尉往來如織。蹤跡難憑。不賂之恐毀言之日至。欲賂之愁物力之難勝。上不懌。兵部尚書王在晉曰。大同殘掠。宜按臣勘報。不煩旗尉。且幸大同城得全。上曰。朕疆事仗一喇嘛僧講款。諸文武何爲。虜不輕我中國哉。劉鴻訓曰。講款權也。王在晉曰。遼釁且十年。東援之兵亡者不歸。歸者不伍。今邊餉匱。或闕至三十月。上以問王家禎。對曰。延綏闕甚。上又問閣臣情面何義。對曰。卽面情也。問刑部左侍郎丁啓濬以李實事。追取空印奏本爲李永貞草上。其墨壓硃。何未具獄也。時會訊李永貞。妄引故貢士吳江趙鳴陽。

七月朔大學士李標周道登劉鴻訓錢龍錫各進太子太保文淵閣大學士。前大學士韓爌朱國楨各進太保。李國𣚴太傅。劉一燝史繼偕朱延禧各進少師兼太子太師。並賜金幣。廕中書舍人。

辛酉。戶科給事中韓一良言。皇上平臺召對。有文官不愛錢一語。然今之世局。何處非用錢之地。今之世人。又何官非愛錢之人。皇上亦知文官不得不愛錢乎。何者。彼原以錢進。安得不以錢償。臣所聞見。一督撫也。非五六千金不得。道府之美闕。非二三千金不得。以至州縣幷佐貳之求闕。各有定價。舉監及吏承之優選。俱以賄成。而吏部之始進可知也。至科道亦半以此得之。館選亦然。臣之風聞如此。臣起縣官。今居言路。以官言之。則縣官行賄之首。而給事給賄之魁。諸臣言蠹民者。俱歸咎守令之不廉。然州縣亦安得廉。俸薪幾何。上司票取。不曰無礙官銀。則曰未完抵贖。衝塗過客。動有書儀。多則十金以上。少則十金以下。欲結心知。不在此例。歲送不知幾許。至巡按薦謝。每百金。旁薦五十金。其例也。近且浮于例。遇考滿朝覲。或費至三四千金。夫此金非天降非地出。而欲守令之廉。得乎。科道人號爲開市。臣兩月內辭書儀可五百餘金。臣寡交猶然。餘可推矣。乞大爲懲創。逮其贓甚者。嚴敕諸臣視錢爲汚。懼錢爲禍。庶幾不愛錢之風可覩矣。若止該部申。臣未見其改也。

壬戌。午刻。太白晝見。厲楚分。

癸亥。召廷臣于平臺。命韓一良誦前奏。嘉獎之。吏部尚書王永光請命一良指劾。一良以風聞對。命五日限奏。一良曰。命部科嚴被參未結。及權重望輕。資俸驟躐。或陪推倖點。一一臚列。卽可得其人矣。已一良露奏終不盡對。

甲子。翰林院侍讀學士張士範削籍。庶吉士張星免。

命章疏內凡天地祖宗字出格。朕毋敢並。

乙丑。戶科給事中韓一良超爲右僉都御史。上嘉其淸直。

工部主事徐爾一訟故經略熊廷弼之冤曰。廣寧兵十三萬。糧數百萬。盡屬王化貞。而廷弼止援遼兵五千駐右屯。去廣寧四百里。化貞逃潰。獨以五千人至大凌河付之。其與慕容垂三萬軍獨全相類。奈何與化貞誤用西虜同日道哉。乞賜昭雪。爲勞臣勸。不聽。

丙寅。罷南京守備太監王應朝。

□□道御史石三畏削籍。

諭兵部緝都下盜。

丁卯。涂國鼎爲太僕寺卿。

遣使各王府。

禮部議謚諸臣。

己巳。吳宗達仍吏部右侍郎。回部。孔貞運爲國子祭酒。仍經筵日講。起張鳳翔吏部左侍郎。改周嘉謨太子太保南京吏部尚書。潘士良爲南京刑部右侍郎。李待問爲戶部右侍郎兼右僉都御史。提督漕運。巡撫鳳陽。巡撫四川右都御史張論失印被劾。

惠安伯張慶臻總督京營。滿桂爲征西前將軍總兵官。鎮守大同。王永有爲都督僉事總兵官。鎮守浙江。總督河道工部□侍郎李從心疾去。

張曉改太子太保兵部尚書兼右副都御史。仍總督宣大。

庚午。命誨爲南京太僕寺卿。

覈皇考遺恩宮臣。

癸酉。召廷臣及督師袁崇煥于平臺。上慰勞甚至。崇煥銳而輕。每易言天下事。上問建虜何日可平。崇煥漫應曰。五年爲期。慷慨請兵械轉餉。命即出關紓邊民之患。凡吏部用人。兵部指揮。戶部措餉。言路持論。俱與邊臣相呼應。始可成功。上然之。

上又出□科給事中許譽卿所論黔事。李標楊述中漏網。問閣臣若何。對曰。臣向里居未悉。譽卿曰。安位襲秩。李標索金盆致禍。上問廷臣果否。御史毛羽健曰。臣在蜀。聞貴陽被圍。李標力守。時功罪頗不一。下廷臣會議。賜崇煥食。出至午門。或問以五年果效否。崇煥曰。上期望甚迫。故以五年慰聖心也。識者卜其無成。時朝議憂皮島毛文龍難馭。大學士錢龍錫過崇煥語及之。遂定計而去。

故□□□□費兆元。贈刑部尚書。

太僕寺卿安仲免。

乙亥。嚴禁私驛。

丙子。康新民爲大理寺卿。改南居益戶部右侍郎。督理倉場。曹文衡爲右副都御史。兼理糧餉。巡撫應天。

丁丑。御史賁宗昌劾前戶部尚書張我續。通政使岳駿聲。工科右給事中潘士聞。南京戶部右侍郎呂圖南。御史王珙。皆魏宗賢遺黨。命我續削籍。餘免官。

誅罪監李永貞。共籍銀二十九萬金。

己卯。錦州城成。

辛巳。故吏部尚書張問達予祭葬。贈太保。廕中書舍人。

張士範張星及中書舍人周承禹下刑部獄。以承禹泄其旨也。並論城旦。

王尊德改兵部右侍郎兼右僉都御史。總督兩廣軍務。

壬午。海寧蕭山大風雨。海溢。溺人畜亡算。傷稼。

御史涂保泰免。王世鯤削籍。

巡撫福建右僉都御史朱一馮免。

癸未。賜袁崇煥尚方劍。

張鶴鳴免。改陸完學光祿寺卿。

初。廣寧塞外有炒化暖兔貴英諸虜。薊鎭三協有三十六家守門諸夷。所云西虜也。皆受我賞。建虜雖強。其勢未大合。至是中外迎上指。謂通建虜。並革其賞。諸夷已闕然。會塞外饑。請粟。上堅不予。且罪闌出者。于是東邊諸胡羣起颺去。乃盡折入建虜。不受漢索矣。

甲申。遼東寧遠軍乏糧四月。因大譟。執巡撫右僉都御史畢自肅。自肅嘗奏請。戶部未發。悍卒露刃排幕府。縛自肅及總兵官朱梅。推官蘇涵淳。州同知張世榮。置譙樓上。棰擊交下。自肅傷殊甚。面血。兵備道郭廣新至。身翼自肅爲解。始全。脅索餉。括撫夷金及朋樁得二萬金。不厭。益紛。小票借商民。足五萬。始解。自肅草奏引罪。走中左所。八月丙申自經。袁崇煥至。宥首惡楊正朝張思順。誘捕其黨。推按多廣武及車左右營卒。斬十六人。治本帥罪有差。畢自肅字範九。淄川人。萬曆丙辰進士。知定興。遷禮部主事。歷郎中。擢寧前道僉事。累進今官。年四十九。軍變時逋餉至五十三萬有奇。變聞。削秩。其兄太子太保戶部尚書自嚴。三上章以己官贖弟職。不許。

鄭以偉曰。自有東事以來。每推一經略一撫。出便視之如膜外。各袖手旁觀。以故胡殺其外。法殺其內。非無人才也。而苦若秋葉之零落。畢公之殺。非胡非法。而獨死數百悍卒手。不尤痛哉。乃考其終始。又不死于悍卒而死于部覆及議論間也。就使不死悍卒。亦必陷文不活矣。籍第令司饟者輣輣不絕。而猶蹉跌。方可咎公。奈何不然。說者或責以恩威之不著。夫撫不母若。枵子腹而望其順。慈嫗不能。何威之施。起嘉靖至萬曆兵凡六七變。如五堡大同遼陽留都浙江寧夏。非釀苛掊。則激大役。公皆無焉。且募兵如倒植浮屠。欲執其末難矣。彼雖撫乎。非有韓范窮年塞上之久。一旦蜂擁豕突。一書生寄其上。強則窮奇。欲縛其腹使不餐。弱則竊脂。欲箝其喙使不肉。勢必無撫。豈非天哉。

御史鮑奇謨劾免。

大學士錢龍錫周道登往德陵。

乙酉。召廷臣于平臺。出御史粱子璠所請汰兵餉疏。問戶部左侍郎王家禎兵部尚書王在晉。何兵餉冒濫至此也。二臣各條對。上又出韓一良前疏及指參周應秋閻鳴泰張翼明褚泰初等。以先後矛盾。奪其右僉都御史銜。又出大同總兵官渠家楨奏辨失事者。閣臣言其罪。上然之。并咎督撫俱弛備。

給袁崇煥十萬金賚鼓鑄。仍發餉金二十萬。

丙戌。呂維祺爲尙寶司卿。

丁亥。誅故錦衣衞左都督田爾耕。

戊子。故□部□侍郎臧爾勸贈兵部尙書。廕子入國子監。

八月玘朔。諭通錢法。

庚寅。毛文龍慰諭各島。値風。泊登州。

召廷臣于平臺。

辛卯。都督□□趙率教爲總兵官。鎭守永平薊州。轄馬松大石曹墻八路。

改胡世賞刑部右侍郞。錢象春通政司使。呂兆熊南京戶部尙書。攝右侍郞事。兼右副都御史。總督糧儲。

禮部右侍郞徐光啓補日講。馬之騏補經筵。

壬辰。上于乾淸宮大殿額曰敬天法祖。

太常寺卿蔣一驄疾去。林宗載爲太常寺卿。

癸巳。福建道御史張三謨言。君德無爲。臣道代終。罔知罔兼。君德所貴。皇上臨下以簡。御衆以寬。宜總其大指以責成功。令閣臣盡心輔導。或有所失。言官不能執爭。事關一節。無干淸議。惟當就事論事。固不得爲輕薄詆毀之言。以傷大臣之體。大臣亦不得因小言輒去。務秉虛公。以成休容之風。上是之。

王象乾仍以少師兼太子太師兵部尙書兼都察院右都御史。督師行邊。宣大□□禦虜。

甲午。令吉安人如會典淮食淮鹽。

南京刑部尙書潘士良免。

諭曰。朕欲與大小臣工日籌庶務。而諸司各有職掌。宣召頻繁。恐滋耽閣。惟是輔臣呼吸相通。今除盛暑祁寒之外。朕當時御文華殿。參詳章奏。

乙未。李日華爲太僕寺少卿。倪應春爲南京太常寺少卿。

己亥。起唐暉尙寶司卿。攝司丞事。

命卹故吏科給事中侯震暘。震暘字□□。嘉定人。萬曆庚戌進士。天啓壬戌。劾沈㴶交結客氏。盧受之罪。至是子峒曾疏請贈太常寺少卿。

辛丑。李叔元爲光祿寺卿。攝太僕事。添註。

壬寅。起禮部尚書盛以弘協理詹事府。朱大啓爲太僕寺少卿。添註。楊觀光爲南京太僕寺卿。

乙巳。章光岳爲太常寺少卿。提督四夷館。添註。起郝士膏兵科給事中。

翰林院侍講徐時泰孫之獬陳具慶並削籍。貢士周鑣除名。應秋子。

丙午。起謝陞太常寺少卿。提督四夷館。

神廟德妃許氏薨。附葬張順妃園。

丁未。前兵部尚書邵輔忠戶部尚書李精白黃憲卿削籍。

上始御文華殿。參詳章奏。翰林科道各二人備宣讀。中書舍人二人侍班。

戊申。吏部尚書王永光言三事。貪殘宜戒。冊報宜信。揀避地方宜罪。從之。

己酉。彭惟城改南京太常寺少卿。

庚戌。起劉定國太僕寺卿。

故吏部尚書陸光祖孫灝故山東參政譚昌言子貞知並入國子監。

前漕運戶部尚書郭尚友戶部尚書郭允厚俱聽議。前巡撫山西右僉都御史牟志夔御史游鳳翔周維持太僕寺少卿陳英俱免。戶科給事中陳良訓論其黨逆。

建虜犯黃泥窪。袁崇煥令總兵官祖大壽擊卻之。斬百八十級。獲馬騾百二十。

辛亥。周之謙爲太常寺卿。

壬子。翰林院編修吳孔嘉削籍。孔嘉微時。故怨族人吳養春。及登第。因其逃僕訐奏。起黃山之案。傾陷數百家。

御史張汝懋劉徽免。

甲寅。司禮太監胡承詔李□□協守南京。

乙卯。御史饒京劾□□□□張維樞。

山西陽和衛地震浹日不止。

是月。福建盜竊發。劫會昌。蔓于上杭武平。

九月辛朔。故吏部□□郎中夏嘉遇贈太常寺卿。

庚申。諭吏部嚴糾貪墨。愼選撫按。

辛酉。段國章張振彥俱太常寺少卿。提督四夷館。劉大受姚應嘉俱太僕寺少卿。添註●故巡撫雲南右副都御史李材贈右都御史。

御史吳玉參惠安伯張慶臻賄兵部尚書王在晉閣臣劉鴻訓及中書舍人田佳璧改敕。

癸亥。協理京營戎政兵部尚書呂純如免。

甲子。南京都察院右都御史閔洪學罷。

丁卯。夜。京師地震。

戊辰。右副都御史許可徵削籍。

己巳。諭科道官曰。朕宏開言路。日御文華。發奸指佞之疏。朝上夕下●乃沽譽營私者未盡無人。薦舉市恩●糾奏鮮實。初閱封章。侃然忠讜。及朕詰問。諉之風聞。至不辨忠邪。概行論劾。使大臣不安其位。誰與共理。非朕虛懷樂諫推誠茹納之初意也。今後務捐積習。秉公忠。條奏必鑿鑿可行。彈劾必事事有據。使居言路者誠無錯雜之是非。豈患司官守者尙有混淆之名實。治亂在玆。各宜惕飭。

解學龍劉先春爲戶工科都給事中。

辛未。召廷臣及督師王象乾于平臺。問象乾方略。對曰。插漢大酋虎墩兎憨與順義王卜石兎哈喇愼白黃台吉俱元小王子之後。卜哈二酋俱插漢分部。歲貢自黃台吉與插漢鬨。插漢不貢。隆慶庚午俺答受封開市。卜哈部夷屢掠之去。歲卜石兎西走。哈喇愼被擄。白台吉僅身免。東投建虜。其弟跌各兎等不欲也。白台吉媿死。哈部今其人無幾。朶顏衞夷三十六家。今日亦當聯絡。與哈喇愼可得三萬人。諸夷惟永邵卜最強。約三十餘萬人。若合卜石兎之兵。可禦插漢。上曰。插漢意不受撫何。對曰。當從容籠絡。上曰。如不款何。象乾密奏。語不盡聞也。上善之。命往與袁崇煥共計。象乾請發撫賞銀五萬。

甲戌。工科給事中顏繼祖言。海盜鄭芝龍既降。當責其報效。今後切勿用閩人。從之。

貴州分守貴寧道左布政使胡平表進太僕寺卿。

命錄囚。吏部尚書王永光主讞。

故□□□魏時亮贈太子少保。廕子入國子監。

丁丑。故太僕寺少卿周朝瑞贈大理寺卿。

戊寅。董承業爲太常寺少卿。添註。

雲南道御史毛羽健劾刑部廣西司員外郎楊維松。吏部驗封司郎中蔡奕琛邪黨。

己卯。工科給事中顏繼祖言。正供之那借宜定。犯贓之追法宜捷。有司之協濟宜力。鄉紳之捐助宜均。援納之方便宜行。濫觴之生祠宜變。贅麗之公署宜除。士民之義舉宜勸。上從之。其正供那借監生加納俱不行。

河南道御史方大任言。人心風俗。惟皇上首爲磨礪。上是之。

庚辰。諭王象乾曰。前平臺召對。卿奏昔年款虜。合朶顏三十六家。布憨兎八大酋。費七萬金。歲兩市。今當倍之。

且至三十六萬。卿可傳示袁崇煥督撫喻安性確察以聞。

命會極門申刻後毋入奏。其軍情不論。

辛巳。予故右僉都御史唐順之謚。

壬午。大雷電。

癸未。兵部職方司郎中余大成調外。

諭祭故□□□□楊道寅。

乙酉。予故兵部左侍郎李楠祭葬。楠嘗撫陝西。有墨聲。至估糞價。咸寧知縣張允登面折之。以允登淸執得民。忍而卿之。

丙戌。故□□□□潘應龍。贈太僕寺卿。廕子入國子監。

裁登萊巡撫。罷孫國楨。

丁亥。謫巡城御史鄒毓祚。以擅逮人也。

是月。插漢虎墩兎憨與卜石兎永邵卜戰。私卜五榜什妻。敗走。都令色令宰生合托氣喇嘛。追殺祆夷都司吉能兵馬之半。又屯延寧塞外。窮兵追卜石兎。而佯請款于督師。初請款七萬。今倍溢。不敢以聞。

旌都城孝女劉氏。蓋劉蘭閨女。事母張氏。不嫁。年四十六。母八月沒。遂絕粒死之。巡視東城御史曹暹以聞。

十月戊子朔。己丑。召廷臣于文華殿。以錦州軍譁。袁崇煥請餉疏示閣臣。閣臣求允發。上責戶部尙書畢自嚴。又曰。崇煥前云汰兵減額。今何仍之乎。兵部尙書王在晉曰。減汰當于來歲。閣臣請發三十萬金。禮部右侍郎周延儒曰。關門昔防胡。今且防兵。前寧遠譁。卽餉之。又錦州焉。各邊尤而效之。未知其極。上問延儒若何。對曰。臣非阻發帑。今雖予之。當益求經久之策。上稱善。又責科道官言事失實。卽召對商確。徒具文耳。諸臣俱媿謝。

許太僕寺卿郭興言終養。

庚寅。右諭德陳子壯訴父□科給事中熙昌冤狀。命錄用。

辛卯。補李遇知許世藎張鵬雲馬思理給事中。遇知吏科。世藎戶科。鵬雲禮科。思理兵科。

南京陜西道御史陳必謙述前被陷始末及同官王允成黃公輔劉之鳳涂世業萬言揚等。有旨一官止薦一人。毋贅。

中諭邊臣。

丙申。續考選黃紹杰顏光祖爲給事中。劉士楨劉學周□□□毛九華楊通□辛金鉉崔應登袁耀杰張嗣榮爲試監察御史。金鉉等南京。

丁酉。魏學濂訟父吏科都給事中大中冤及兄學洢死孝狀。又血書阮大鋮傅櫆之傳。上命學洢祔父祠。贈大中太常寺卿。制曰。夫光岳凝翕。是生忠義之臣。天地晦蒙。彌表艱貞之節。如劉陶隕貞北寺。楊震殉烈西亭。並以禍極一時。聲流千載。爾魏大中。其生有自。視死如歸。原其至清絕塵。大剛制物。可以貪繩蟬蚓。肉視虎狼。故累百知一鶚之可尊。嫉邪如神羊之必觸。爰自輶軒之使。陟于瑣闥之班。洊歷清垣。旋臻天掖。銳心平治。極論興衰。節足相宣。夔惟坐剔。時謂司隸陽球之既陟。此輩安容。假使銅鍉伯華而無死。天下其定。而會以相分公媼。當蔡京童貫之時。士亢君宗。開寶武陳蕃之禍。惟爾壇帷逾峻。尤爲繒繳所先。貝錦一成。雉羅遂及。詔求鉤黨。獄署同文。膺滂碎首于黃門。喬固暴尸于城北。三光黯沒。海水羣飛。當此之時。亦云極矣。今者世灰大滌。天宇重晶。睽是用章闡幽忠。崇敷顯秩。震雷一夕。已踣元祐之碑。解澤重泉。大表比干之墓。特追贈爾爲太常寺卿。以爾臣忠彰。爲子孝洢濂之義。生死同揆。卞壼誠奇。王裒可念。於戲。位于箕尾。識歸天傅說之星。炳彼丹心。寶入地萇弘之血。

戊戌。上御文華殿。以御史李懋芳疏兵餉示閣臣。李標曰。錢糧內外互相覺察。外解幷責成司府。議甚善。上命戶部尚書畢自嚴嚴覈新舊賦額詳奏。又出御史李長春論吏部積弊及革頂首充餉。閣臣稱善。又命御史吳玉讀前劾王在晉失事匿不報。又劉鴻訓擅改張慶臻敕書等疏。李標請放歸在晉。上曰。事當有是非。何輕去之也。因問惠安伯張慶臻行賄總理京營改敕事。閣臣謝不知。上曰。卿等先奏請兵部及慶臻有揭帖。何言不知也。隨問慶臻。慶臻諉中書改敕。上叱曰。敕豈可妄增。問之各臣。俱謝不知。兵科給事中張鼎延曰。慶臻果行賄改敕。上問閣臣誰增者。閣臣猶未受。上閱兵部揭帖。則劉鴻訓批西房字。蓋敕書俱舊稿。鴻訓自添入也。立命閣臣票擬。又命吏部會推閣員。

起唐世濟兵部左侍郎。熊明遇程正己右侍郎。世濟正己添註。黃龍光爲太僕寺卿。署太常寺少卿事。方孔炤爲兵部職方司郎中。

起李養正太子太保南京刑部尚書。陳于廷南京都察院右都御史。劉澤深爲右副都御史。巡撫南贛汀韶。

己亥。故禮部左侍郎周炳謨贈禮部尚書。廕中書舍人。予祭葬。謚文簡。

兵科給事中熊奮渭御史吳玉謫外。前召對。奮渭私語。上聞而責之。

壬寅。山東右布政使王化行辭光祿寺卿。以河工。不聽。

甲辰。起甄淑太常寺少卿。

諭停刑。

丙午。沐天波嗣黔國公。

丁未。左春坊劉宇亮予告。

戊申。兵部尚書王在晉免。大學士劉鴻訓伏罪削籍。及職方郎中苗思順俱論死。後改戍代州衞。中書舍人田佳璧論死。

戶科給事中韓一良罷。

庚戌。南京陝西道御史陳必謙言前山西道御史劉弘光福建道御史汪若極陝西道御史門克新俱媚奸害政。章下部議。

乙卯。漢南盜四百餘人自咸陽兩當薄略陽。勾土賊三千餘人入略陽。傴漢中。官兵追至寧羌階州。後復還趨略陽拒戰。執關南道中軍王道成。以追急棄之。

丙辰。戶部左侍郎王家禎巡撫遼東右□都御史畢□□總兵官朱梅並落職。

十一月牫朔。庚申。吏部會推閣員。吏部左侍郎成基命。禮部右侍郎錢謙益。鄭以偉。尚書李騰芳。孫愼行。何如寵。薛三省。盛以弘。禮部右侍郎羅喻義。吏部尚書王永光。都察院左都御史曹于汴。尋禮部尚書溫體仁衘錢謙益。訐其天啓初主試浙江賄中錢千秋。不宜枚卜。

戶科給事中黃承昊言鹽政八事。曰給商庫價宜額設。先朝商人中鹽。卽赴場支鹽。自竈丁困。邊商久候。于是內商冒邊鈔水商行鹽。而邊商苦絕塞。非隨到隨售。能無怨望。隆慶二年。都御史龐尙鵬以邊商羈候。許賣送運司給價。令內商如官價承買。暫留銀二十萬備用。後遵行之。稍改先給二錢五分。餘聽內商互易。後內監劉文耀搜括以餽逆璫。庫價不給。而奸商投崔魏之門。留正綱之鹽。超行浮課。蓋新引貴而舊引賤也。今庫價僅七萬餘金。乞暫留那用。曰禁私販。曰銷舊引。往年運司袁世振減鹽斤。每包止四百三十斤。兼行舊引。銷盡仍舊五百餘斤。今宜四百三十斤爲准。曰革商弊。每引算價五分。非祖宗二斗五升之舊。又加雜費。安得不困。乞令內商交易立限。禁其短價。曰罷加派。祖制竈丁歲辦七十萬五千餘引。邊商納粟五斗五升。赴場支鹽二百五斤爲引。自鹽法沮壞。先臣秦鉞創餘鹽之法。每正引帶餘鹽。共五百五十斤爲包。行之久矣。後鹽斤消折。于是每引折價二錢給邊商。令自買鹽。後苦久候。將折價及倉鈔併與內商。其後以折價輸部抵虧課之額。不復給商近引四百三十斤。盡買補之餘鹽。而祖宗正鹽無存矣。今大工加派數萬金工畢宜蠲曰寬邊粟斗斛曰行邊腹屯田曰議兩淮票鹽。上納之。

癸亥召廷臣及溫體仁錢謙益于文華殿。體仁謙益相質辨。良久。上曰。體仁所參神奸結黨。誰也。曰。謙益黨與甚衆。臣不敢盡言。卽枚卜之典。俱自謙益主持。吏科給事中章允儒曰。體仁資深望輕。如糾謙益何不先于枚卜也。體仁曰。前則冷局。今卜相爲皇上愼用人耳。允儒曰。朋黨之說。小人以陷君子。天啓朝可鑒。上叱之。遂下錦衣衞獄。後削籍。而禮部以錢千秋試卷呈。上責謙益。引罪而出。立命廷議。閣臣請謙益回籍。旋除名爲民。下千秋刑部。御史房可壯乞如閣臣言。上曰。君前臣名。何銜之稱。遂停枚卜。李標錢龍錫固請。上切責諸臣。禮部右侍郎周延儒亦曰。自來會推會議。並習故套。僅一二人主持。餘無所言。卽言出而禍隨之矣。上大稱善。

夏允彝曰。枚卜一事。錢謙益必欲首推。而慮周延儒方以召對得上意。懼同推勢必用周。力扼而止之。不知上果意在用周。不推適啓上疑耳。安能力止耶。于是黨同之疑中于上者愈深。溫體仁發難而周爲之助。或云。內庭已有爲之應者。共費金八萬。宮府同聲以排東林。而謙益輩揚揚不知也。倏蒙召對。謙益自以爲枚卜定于此日矣。及入朝方知有溫疏。溫與錢廷辨。溫言如湧泉。而錢頗詘。因事出于意外也。先是錢與韓敬爲仇。韓因浙人錢欲典試浙中文震孟。曾諷止之。錢不之納。及應召北上。文又勸以緩緩枚卜。而錢又不納。其科場一事實冤。而誣以爲罪。此不能扼之。觀錢立身本末。原不足用。而溫已首發難端。與滿朝爲仇。勢不得不自結于上前。救一人。爭一事。上彌信其公忠。而天下元氣凋殘盡矣。其操守亦能自勵。故上始終敬信之。然與盧杞之清忠強介。固其倫也。周再出頗反溫之所爲。而操守濫甚。敗壞國事。實在兩人。而實東林過激以致此。遂致天下左袵。痛哉。

倪元璐曰。自神祖中葉以來。三四十年之間。朝宁之局。則已三變。其始天子靜攝。聽君子小人之自戰而不爲之理。所謂鼠鬬穴中。將勇者勝耳。故其時君子時勝時敗。然君子雖或不勝。而其助亦不衰也。其既兇寺擅權。小人處必勝之地。君子卽亦戢心摶志而甘處不勝。不敢復言戰。小人亦不曰戰。直曰禽獮之耳。然其時君子雖嬰禍患。其心愈益奮曰。吾君子也。其後魁柄已振。握照明法。君子小人皆怵然不敢窮戰。而陰制以謀。故其時氣戰者敗。謀戰者勝。謀陽者敗。謀陰者勝。凡明主所鉗鞬以繩貪人脊類者。小人皆借之以穽君子。其君子既禍敗。卽無可自解。曰吾君子。其小人亦不靳歸名君子。而但使其無救于禍敗。又可曰非我也。法也。是故君子之不幸。未有甚于此時者矣。

乙丑。吏科給事中章允儒削籍。

辛未。召寧陽侯陳光裕襄城伯李守錡清平伯吳遵周誠意伯劉孔昭于文華殿。問京營整理若何。各有對。上卽用守錡總督京營。

會推閣員失當。河南道御史房可壯謫外。

癸酉。故□□□張鯉贈太僕寺少卿。

甲戌。白水縣盜王子順等合東來逃兵。僞賈服。掠蒲城韓城之孝童淄川鎭。時承平久。猝被兵。人無固志。巡撫陝西右僉都御史福漳胡廷宴庸耄。惡聞盜。杖各縣報者。曰此饑氓也。掠至明春後自定矣。于是各縣不以聞。盜偵知之。益恣劫。宜君縣獄走萏稽溝。通白水縣役楊發蒲城王高等。購邊盜王嘉胤等五六千人。分三路掠鄜州延安。初。西安慶陽延安有山綿亙。曰黃龍山。易藪盜。萬曆戊午。秦府長史□□□奏關中多盜。白蓮無爲教盛行。妖書邪術。煽惑愚民。宜下有司逐捕解散。上不聽。是年饑。府谷王嘉胤倡亂。王子順苗美馬惟鶴李自成等流刦于宜洛間。屯清澗臥龍寺。司衛事者利其財。捕王苗妻子。殺于小城場。賊憤甚。鄜延村落成墟。李自成者。米脂縣雙泉里人。初應驛卒。便狂逞。稍行刦。邑令晏子賓廉得其狀曰。。及今不剪。終成滔天之惡。煩朝廷兵甲也。。于是杖自成械遊于市。至是與同邑張獻忠作亂。

楊麒爲都督□□總兵官。鎮守保定。

逮故刑部尚書薛貞。

丙子。張澄爲太僕寺卿。署少卿事喬承詔爲少卿。添註。

丁丑。呂維祺爲太常寺少卿。添註。

戊寅。故刑部尚書王紀。贈太子太保。謚莊毅。廕子入國子監。芮城人。□□己丑進士。

庚辰。戶部尚書畢自嚴下獄。前戶部左侍郎王家禎削籍。以靳餉遼兵再譁。

裁豐城侯李承祚爵。

辛巳。御史張愼言爲太常寺少卿。添註。

壬午。楊一鵬爲大理寺右寺丞。

癸未。上南郊。

故□□□□吳國章。贈太常寺少卿。

援遼總兵官毛文龍辭疾。不允。

十二月。己丑。大學士韓爌入朝。

曹珍爲戶部右侍郎。楊鶴爲左副都御史。徐良彥爲南京大理寺卿。

庚寅。故□□□□沈應文。贈太子太保。廕子入國子監。

禮科給事中閻可陛劾大學士周道登。

嚴私鹽。

辛卯。劉宗周爲順天府尹。

壬辰。故都察院左都御史鄒元標贈太子太保吏部尙書。予祭葬。立祠。謚忠介。

陳子龍曰。鄒公歷三朝。垂五十載。始終一節。天下觀其進退以爲治亂。雖位登九列。立朝不滿數歲。何用之難而舍之易也。方其爲諫官吏部。則以崇大體敦吏治寬民力爲本。至熹宗時天下多事。公爲大臣。則勸以勤學遠佞。拔不羈之才。收度外之士。若其推賢讓能。自少至老。孜孜不倦。蓋忠愛之至。固時所急。期有益于國。此豈迂遠難行。翹君以自爲名者哉。

加封河神靈應英濟侯。

甲午。李騰芳仍禮部尙書。協理詹事府。

乙未。禮部右侍郎錢謙益除名。逮錢千秋。

丁酉。太僕寺卿李思誠疾去。

戊戌。故□□□張孫繩贈工部右侍郎。廕子入國子監。

己亥。官兵剿上杭武平盜。大敗之。明年二月平。

癸卯。解學龍爲太僕寺卿。房可壯爲尙寶司少卿。

陳洪範仍原官總兵官。鎮守居庸關昌平。

甲辰。胡尙英爲南京國子祭酒。劉鍾英爲南京吏部右侍郎。加服俸一級。□諭德吳士元爲南京左春坊左庶子。署翰林院事。

乙巳。傳陞陸完學兵部右侍郎。協理京營戎政。

己酉。故□□□□劉樸。贈太僕寺卿。

許成名爲都□□督總兵官。鎭守貴州。胡説義爲都督□□總兵官。鎭守新添偏橋。

庚戌。固原饑軍民數百人刦州庫掠市。捕斬三十二人。總督武之望以聞。總兵錢高諭解之。

命提學官磨勘解部試牘。

壬子。夜。月食。

故提督操江南京右僉都御史劉志選故太僕寺卿梁夢環並論死。

御史李嵩劾國子司業陳盟□科給事中張維一。天啓丁卯主試浙江。試題巍巍乎惟天爲大。惟堯則之。巍與魏同形。以媚璫也。

山東道御史吳甡言。京察在邇。恐遺奸未盡。借察以掩其奸。若輩非考功之法所載也。如搖動國母。偪封三王。曰佐逆。門戶封疆借題殺人。曰害正。建祠聚斂要典詆誣。曰媚璫。矯旨加銜一歲九遷。曰速化。此輩若溷入察典。非法之平。宜命部院科道彙敍前罪職名。各註事實。于察前合疏請旨。特賜處分。其職業不修。考察如例。上從之。

錦衣衛都督李不矜鄭士毅互訐。免。

順義王卜石兔私通建虜。

癸丑。周順昌子茂蘭訟冤。上愍之。以故巡撫毛一鷺媚奸建祠。當追論。今已沒。不必再求。血書原非奏體。後悉禁。時贈順昌太常寺卿。制曰。夫孤情之所獨抗。得死而成正氣之所不徂。造生彌永。所以屈原嫉俗。轉快志于懷沙。萇弘隕身。遂飛華于化碧。賚其扶世寵以敎忠。爾吏部文選司員外郎周順昌。希聖得淸。擇節取苦。伍羞絳灌。哭是賈生之才。兒命融修。罵亦禰衡之氣。當其出爲從事。入典銓衡。並以晶心章其茂節。會當龍亢。馴致蟲拚時則指鹿之惡浮于望夷。出彘之威極于北寺。來周羅吉。罥網四張。喬固膺滂。梏鈦相結。焚原盪岳。不可邇。親固有懼禍之夫。閉門而拒岑晊。知幾之士。築室以擬袁閎。而爾獨持虎執獶。冰湯席鑊。斑荆悲咽。尊酒豪攄。俠亢左儒。義儕鄒浩。忍捐愛息以徇㬉孥本有荆軻湛族之心。不止郈成分宅之德。于是飛章告密。檻車下徵。而衆乃成城。吳幾爲沼。至于焚香進食以禮遇囚。飛甓投竿而殺詔使。魚驚獸亂。釜沸波翻。詎止廣漢被收。吏民守闕。鮑宣下獄。生徒聚幡而已哉。然而磯激難平。虎騎不下。卒不得脫。以罹于凶。而爾對簿不屈。絕命彌雄。雖復漢尉銜鬚。唐臣嚼齒。未有並其慷慨儷此從容者矣。今捩軸既旋。衰鉞並設。碑踣元祐。大升公正之羣。墓顯湯陰。恍見孤忠之氣。用贈爾太常寺卿。國家謹嚴近寺。培養人才。而在旁之奸。烈于二正。歲寒之節。見彼前賢。要以道極一時。義激天下。明興以來。一人而已。于戲。畢聖人之中。寧存狂狷。睹忠臣之報。彌媿奸回。

是冬。誅巡撫大同右僉都御史張翼明。總兵官渠家禎。謂舊總督張曉。非所駐城。議戍。新平堡參將方裕昆委咎土人。僅免官。

御史陳乾陽參李永貞劉若愚事。波及趙鳴陽。有旨逮之。

是年。前戶部右侍郎許維新卒。維新字周翰。棠邑人。萬曆己丑進士。知澤州。甲午。進刑部郎中。戊戌。知寧國。改松江。癸卯。進河南按察副使。甲辰。察處。已補河南□□道。歷任有聲。癸丑。錄卓異。甲寅。進尙寶司卿。調南京。遂家居八年。光宗初。改兵部職方郎中。尋進右通政。光祿寺卿。乞休。加戶部右侍郎。致仕。癸酉。予祭葬。贈都察院右都御史。

# 國榷卷九十

己巳崇禎二年

正月丁巳朔。上御皇極殿受朝賀。

建虜渡河。官軍拒之。時西虜餽建虜之餉。

壬戌。撫治鄖陽右僉都御史梁應澤以漢南盜告急請兵。時撫標止步兵三百人。

刑科都給事中薛國觀等奏。陝西巡撫胡廷宴。延綏巡撫岳和聲。各報洛川淳化三水略陽淸水成縣韓城宜君中部石泉宜川綏德葭耀靜寧潼關陽平關金鎖關等處流賊恣掠。先是喬應甲撫秦。置盜刲不問。實釀其禍。今弭盜之方在整飭吏治。有先事提防之法。有臨事剪滅之法。有後事懲戒之法。上是之。

巡撫延綏右副都御史岳和聲。檄商雒道副使劉應遇剿白水盜。

己巳。固原逃兵掠涇陽。

丙子。上幸太學。釋奠。御彝倫堂。國子祭酒孔貞運講大禹謨。司業倪嘉善講易泰卦大象。上善之。監生江旭奇伏甬道進孝經疏義。

孔貞運曰。臣祖孔戣孔穎達。俱爲先朝祭酒。迨我太祖御極。前祭酒孔克堅來朝。特爲遣祀。而穎達當唐貞觀臨雍時講孝經。所著有釋奠頌。迄今猶豔稱之。臣以六十三代孫。忝竊同于列祖。實慚家學。時自衍聖公及族人外。又有給諫孔聞詩大行孔聞籍。皆以裔孫秩秩在列。明德之後。用賓于王。不可謂非千載一時也。

裁光祿太常寺冗人及兩殿中書舍人月廩。

逃兵掠富平。

庚辰。召大學士韓爌李標錢龍錫吏部尚書王永光定逆案。諭曰。朕欲定附逆人罪。必先正魏崔客氏首逆。次及附逆者。欲分附逆。又須有據。今發下建祠稱頌諸疏。卿等密與王永光左都御史曹于汴在內閣評閱。如事本爲公而勢非得已。或素有才力而隨人點綴。須當原其初心。或可責其後效。惟是首開諂附。傾陷擁戴。及頻頻頌美。津津不置。幷雖未祠頌而陰行贊導者。據法依律。無枉無徇。卿等數日內確定。不許中書參預。閣臣看詳訖。分款書名。再同刑部尚書喬允升。據依律例。各附本款。尋有謂永光陰附。遂辭不入。初逆璫處後。即因臺諫言定逆案。大學士韓爌端而厚。錢龍錫和而謙。不欲廣搜樹怨。僅列四五十人以請。上大不悅。再令廣搜。且云皆當重處。輕則削籍。閣臣又以數十人呈進。上怒其不稱旨。命分稱頌贊導速化。且云。忠賢一人在內。苟非外廷逢迎。何遽至此。其內臣同惡。亦當入之。閣臣以外廷不知內事對。上曰。豈皆不知。特畏任怨耳。閱日。召閣臣入。指黃袱所裹若干曰。此皆紅本璫實跡也。宜一一按入之。閣臣知勢難遺漏。乃曰。臣等職司票擬。三尺法非所習也。上召問吏部尚書王永光。對曰。吏部止諳考功法耳。不習刑名。遂召刑部尚書喬允升據律定罪。

壬午。逃兵掠涇陽。

甲申。召廷臣于文華殿。先是御史毛九華劾協理詹事府禮部尚書溫體仁有媚祠詩刊本。上問體仁。謂錢謙益造陷。又出御史任贊化參體仁疏。其疏褻。上不懌。責以挾私攻訐。後必正法。尋謫任贊化于外。

乙酉。逃兵復掠涇陽。執游擊李英。

是月。故山東布政司□參政嘉興譚昌言予祭贈太僕寺卿。

二月灯朔。庚寅。皇長子慈烺生。皇后周氏出。

談遷曰。李延壽南史云。前代人君即位後。皇后生太子。惟殷帝乙生紂。宋文帝生逆劭焉。並非令終。我朝孝廟生武宗。今又見之。武宗卽有慆德。不隕其祚。痛哉季末。禍同殷宋。史語爲不誣也。

御史吳甡言因溫體仁前削章允儒。降房可壯。瞿式耜。今又斥任贊化。班行削色。似非美事。乞因新慶召還言官。不聽。

刑科給事中張國維劾冢臣王永光表率未正。大同失事。輒援虜貢加銜督臣。則封疆之法壞。貢士馬斯作添注刑曹。則添注之法壞。匪人濫推。則久任之法壞。諸奸何等。重起李養正司馬何官。漫推崔景榮。則會推之法壞。媚案討前部覆轍。輒敢弁髦。則考功之法壞。尤可異者。霍維華之九頌津津。列于未領。何敢于欺皇上以欺天下也。曲庇香火。借爲己地。路人知之矣。夫一媚足以概生平。十壞何以持銓政。

甲午。刑科給事中劉懋請裁定驛站。有旨。驛遞原爲奏報解送奉差及大臣以禮致仕與奉旨馳傳者方應付。近濫給不遵。致驛遞困敝。今改劉懋兵科。專管驛遞務節省歲例。兵部確定幾項應付。凡勘合火牌出兵部者准給發銷注。有犯重治。仍設法查核。不時糾奏。年終撫按類報各驛應付之數于部科。如節省若干。卽減編額派工食以蘇民力。

李邦華爲兵部尚書。仍協理京營戎政。

贈趙南星太子太保。

乙未。楊鶴爲都察院右都御史兼兵部右侍郎。總督陝西三邊軍務。張潑爲右副都御史。巡撫河南。提督軍務。

召刑部尚書喬允升參定逆案。

辛丑。吏部內計京官。

壬寅。巡撫宣府右都御史李養沖疾去。

督師王象晉言款虜撫賞有旨。閫外事朕不中制。酌畫具奏定奪。卿自有籌略。何待會議。三鎮額賞。該部卽與續發。又諭兵部曰。制勝在我。不得一任要挾。有失國體。爾部與邊臣議之。

詔曰。朕惟帝王膺天眷而奉宗祧。首重元儲。尤隆世嫡。朕以眇躬。嗣服丕基。夙夜祗念我皇祖皇考集慶發祥。源深緒遠。佇昌嗣續。仰慰貽謀。茲荷上帝居歆。宗祊垂祐。今二月四日第一子生。皇后周氏出。中闈開冢嫡之先。萬國協元良之祝。肆頒渥澤。覃被多方。所有恩條。臚列于後。云云。於戲。震祥肇毓。坤元贊乾。始以凝庥。渙號洪宣。解澤麗巽。申而布命。誕告中外。咸使聞知。

乙巳。頒詔。翰林院編修陳仁錫中書舍人弓省矩往遼東。侍講朱之俊行人姜應甲往浙江南京。侍講許士柔禮部主事閔心鏡往江南。侍講王錫袞中書舍人劉守揚往雲南貴州。禮科給事中仇維楨禮部主事王宗昌往河南。工科給事中劉安行禮部主事何閎中往湖廣。禮部員外郎劉夢潮中書舍人吳襄往蘇松常鎮。行人李世祺郭都賢往畿內山西。行人譚性學江桂往四川陝西。行人李日登郭維經往江西福建。中書舍人李日燁陳之翰往兩廣。行人郭建邦李一獻往山東。

郭邦棟爲左軍都督府僉事。

閣臣上逆案。

丙午。錦衣衛帶俸右都督周奎封嘉定伯。歲祿千石。

海盜李魁奇伏誅。魁奇本鄭芝龍同黨。芝龍忌之。入犯中左所。巡撫熊文燦諭以撫。擒斬粤中。

己酉。禮科給事中葉有聲爲浙江按察副使。楊文岳爲江西布政司參政。御史劉有源江鼎鐘王大年爲山東福建江西參政。晏春鳴王際逵爲山西浙江副使。吏部郎中邵捷春爲四川參政。

庚戌。郭之琮爲右僉都御史。巡撫宣府。贊理軍務。

李成名錢春爲戶部左右侍郎。成名督理邊餉。

傳制封各藩。

命督餉部院及屯田御史淸丈天津口。覈課入爲功罪。設同知專責。從戶部尙書畢自嚴之言。

辛亥。吏科給事中沈惟炳拾遺。命巡撫浙江張延登留用。太僕寺卿陳王庭調南京。兵部尙書呂純如太常寺卿蔣一驄南京刑部右侍郎潘士良勒致仕。兵部尙書王之臣閒住。巡撫四川田仰已有旨。河南道御史蔣允儀拾遺。有旨李棲鳳著在籍調用。王大智調南京。吏科都給事中吳弘業勒致仕。太僕寺卿安伸閒住。右僉都御史楊嗣修勘明議處。

壬子。召閣臣及刑部尙書喬允升都察院左都御史曹于汴于平臺。問張瑞圖來宗道何不在逆案。閣臣云。無事實。上曰。瑞圖善書。爲璫所愛。宗道祭崔呈秀母文稱在天之靈。其罪著矣。問賈繼春何以不處。閣臣言其請善待選侍。不失厚道。後雖改口覺反覆。其持論亦多可取。上曰。惟反覆故爲小人。于是發原奏幷前紅本未入各官六十九人。各令酌定。于是案列甚廣。幾無一遺。

癸丑。左春坊左庶子兼翰林院侍讀莊際昌卒。際昌字景說。晉江人。萬曆己未進士。禮闈廷試俱第一。以制策誤一字見齮齕。予告。天啓初授翰林修撰。丙寅。忤璫削奪。崇禎初復秩。歷今官。年五十二。先治生壙。贈詹事。

是月。總督陝西三邊都察院右都御史兼兵部右侍郎武之望卒。

陝西商洛道副使劉應遇率毛兵入漢中。合四川□□吳國輔之兵敗賊略陽。賊屯恆口。計散其脅從。練兵守備黃元極擊賊。馬蹶被殺。猶手賊級不置也。賊走漢陰。應遇令都司解文英同吳國輔李標奇等追至大石川。屢攻之。又夜刦其營。擒斬五百餘。誅渠魁數十人。餘三百人走蜀。其匿漢陰山中者並自殺。漢南盜平。

三月丁朔。巡撫雲南右僉都御史謝在仁自陳罷。

命外夷乞恩通政司册上。

朵顔三衛及建虜大饑。三衛夷牛入于建虜。東不的求督師袁崇煥開糴于前屯之南臺堡互市貂參。邊臣俱不可。獨崇煥許之。蓋東不的爲建虜窖米。謀犯薊西。雖有諜報。崇煥不爲信。

戊午。宋裕本湯國祚爲後軍都督府僉書。張懋萬邦孚爲錦衣衛僉書。邦孚南鎮撫司。

己巳。華州妖人張南峯借修華山廟搆黨謀逆。國號大侯。永豐改金斗元年。軍師苗光臣。餘皆照品銅印。約三月戊寅起兵。勾廣州人田學孟訴巡撫劉廣生。下長安知縣孫雲杰捕獲之。

庚午。高勳爲南京左軍都督府僉書。兼提督池河浦口一營。

周士樸爲太常寺卿。

命禮部禱雨。

裁工部添註司官。

命都給事中闕論俸序陞轉。

兵部左侍郎唐世濟罷。

進韓爌太傅。廕中書舍人。李標錢龍錫並太子太保文淵閣大學士。廕子入國子監。以皇子恩。

前府帶俸左都督楊國棟由山海關副總兵轉登萊總兵。立逆賢祠于皇城島。進南京□軍都督府僉書。特留任。進都督同知右都督。轉左。廕錦衣衛指揮。初巡關御史王會圖劾之。至是巡按直隸御史方大任劾其貪横。

廣西道御史劉士禎請修賦役全書。

辛未。閣臣上欽定逆案。

南京戶部尚書署吏部事鄭三俊等論計典屆期。附璫諸奸。或未參革。猶榮晝錦。謹一一臚列上聞。原任大理寺右寺丞謝啓光附馮銓投逆幕。總裁僞史。棘丞兩年。倏躋九列。原任吏科給事中郭如闇籌邊頌璫。原任河南道御史何早喜壬憎良惡好拂性。私張聚垣虞大復。薦馮盛明游鳳翔。原任浙江道御史李時馨。加毒楊漣。侵屯苛罰。原任河南道御史夏敬承倡拜僞祠。諛辭滿紙。原任山東道御史劉美。四川道御史徐復陽。原任戶部廣西司郎中魏豸。原任戶部山西司郎中胡芳桂。見任南京戶部福建司郎中張聚垣。原任禮部祠祭司郎中虞大復羅鵬。原任精膳郎中葉天陛。原任兵部車駕司郎中周宇。見任職方郎中李際明。見任職方主事邱存性。原任工部營繕郎中魏孔政。原任屯田郎中葛大同。原任都水郎中歐陽充材。原任江寧知縣今南京工部都水主事夏之鼎。以上皆媚璫有據。乞照例處分。

戶部四川司主事劉鼎卿參尚書張我續原領帑金四十五萬未淸。贓銀十二萬未結。因進其當日會課一冊。

四川道御史梁子璠言屯田第一急務。乞專官總理。今遼東之屯。督師袁崇煥身任之。又戶部尚書畢自嚴委屯天津。此外如登萊山陝鳳淮等田地雖荒。各省直皆當請復開糧種。乞敕各撫按及守令任之。

壬申。南京戶部尚書署吏部事鄭三俊主計。降斥六十五人。

兵科給事中馬思理乞比試應襲官舍如國初例。報聞。

乙亥。諭曰。豎逆魏忠賢猥狡下材。備員給使。傾回巧智。黨籍保阿。初不過窺嚬笑以市陰陽。席寵靈而饕富貴。使庶位莫假其羽翼。何蠹爾得肆其毒痡。乃一時外廷朋奸誤國。實繁有徒。或締好宗盟。或呈身入幕。或陰謀指授。肆羅織以屠善良。或秘策合圖。扼利權而管兵柄。甚且廣興祠頌。明效首功。倡和已極。于三封稱謂。寖疑于亡等。誰成逆節。致長燎原。及朕大寶嗣登。嚴綸屢霈。元兇逆孽。次第芟除。尚有飾罪邀功。倒身竄正。以望氣占風之面目。誇發奸指佞之封章。跡其矯誣。烏容錯貸。朕鑒察既審。特命內閣部院大臣。列擁戴諂附建祠稱頌贊導諸款。據律推情。再三訂擬。首正奸逆之案。麗于五刑。稍寬脅從之誅。及茲三褫。其情罪輕減者。另疏處分。此外原心宥過。縱有漏遺。亦赦不問。其案自魏忠賢客氏磔死外。曰首逆同謀六人。兵部尚書崔呈秀。寧國公魏良卿。錦衣衛都指揮使侯國興。太監李永貞李朝欽劉若愚。俱依謀大逆滅等擬斬曰結交近侍十九人。提督操江右僉都御史劉志選。太僕寺卿署御史梁夢環倪文煥兵部尚書田吉。總督薊遼兵部尚書兼右副都御史劉詔。太僕寺少卿孫如冽曹欽程大理寺副許志吉。刑部尚書薛貞工部尚書吳淳夫右副都御史李夔龍。豐城侯李承祚。監生陸萬齡。錦衣衛左都督田爾耕許顯純。都督同知崔應元張體乾。右都督孫雲鶴楊寰。俱詔附秋決曰結交近侍次等十一人。大學士魏廣徵工部尚書徐大化。吏部尚書周應秋。兵部尚書霍維華。御史張訥總督尚書閻鳴泰太僕寺少卿李魯生。右副都御史署御史楊維垣南京兵部右侍郎潘汝楨昌平都督郭欽孝陵太監李之才。俱遣戍曰逆孽軍犯三十五人。東平侯魏志德。東安侯魏良棟。安平伯魏鵬翼。尚寶司卿魏撫民。錦衣衛都督魏希孔。都督同知魏希舜希堯。都督魏希孟魏鵬程傅應星楊六奇。錦衣衛指揮楊文昌胤昌祚昌。都督同知客光先。錦衣衛千戶馮繼先。都指揮使傅之琮。都督僉事董芳名。指揮僉事崔鐽。太監徐應元劉應坤王朝輔涂文輔孫進王國泰石元雅司雲禮高欽王朝用葛九思趙秉彝陶文紀用李應江胡明佐。曰詔附擁戴軍犯十五人。內監李實李希哲胡良輔崔文昇李明道劉敬徐進馮玉楊朝孟鎮寶劉鎮王體乾梁棟張守成商成德。曰結交近侍又次等百二十八人。俱配贖大學士馮銓顧秉謙張瑞圖來宗道。戶部尚書郭允厚工部尚書薛鳳翔太僕寺少卿李蕃工部尚書孫杰。戶部尚書張我續。巡撫延綏右都御史朱童蒙。工部尚書楊夢袞右都御史李春茂。兵部尚書李春燁邵輔忠吏部尚書王紹徽刑部尚書徐兆魁。工部尚書劉廷元。兵部右侍郎謝啓光。戶部左侍郎徐紹吉。右副都御史楊所修。右僉都御史賈繼春。南京戶部尚書范濟世。工部尚書李養德。光祿寺卿阮大鋮。巡撫湖廣右僉都御史姚宗文。刑部左侍郎陳九疇。巡撫河南右僉都御史亓詩教。太常寺少卿趙興邦傅櫆。太僕寺卿安伸。巡撫登萊右副都御史孫國楨兵部左侍郎郭鞏。兵部尚書馮嘉會。都察院左都御史曹思誠。禮部尚書孟紹虞。南京戶部尚書張樸。禮科給事中李恆茂。漕運戶部尙書李精白。兵部尙書秦士文。太僕寺卿張文熙。右副都御史楊惟和。御史何廷樞陳朝輔卓邁盧欽承石三畏劉徽。吏部右侍郞兼右都御史許宗禮。太常寺少卿陳爾翼。右副都御史郭興治。太僕寺少卿智鋌。工部左侍郞何宗聖。太僕寺少卿王鉷汪若極。右副都御史陳維新。御史門克新游鳳翔田景新周維持徐復陽劉弘光溫皐謨鮑奇謨陳以端徐吉劉述祖李燦然劉之待。兵部尙書呂純如。尙寶司卿吳殿邦。戶部尙書黃運泰。倉場戶部尙書李從心。巡撫江西河南大同右僉都御史楊邦憲郭增光。右都御史王點單明詡。南京工部右侍郞李嵩。巡撫山西甘肅右僉都御史牟志夔張三傑。南京兵部左侍郞毛一鷺。戶部尙書曹爾楨。右都御史張文郁。太僕寺少卿李應公黃憲卿許其孝汪裕龔萃肅李應薦何可及王大年曾國楨潘士聞。右副都御史張素養。南京御史梁克順李時馨劉漢夏敬承。太僕寺卿何可及宋禎漢陳殷。大理寺少卿佘合中。大理寺右寺丞張汝懋。右副都御史許可徵。翰林院侍講孫之獬。編修吳孔嘉。檢討李若琳。吏部主事李寓庸張元芳。員外郞周良材。中書舍人阮鼎鉉。上林苑監丞張永祚。戶部主事張化愚李桂芳張一經官生兵部郞中周宇。南京戶部郞中魏豸張聚垣。監生郭希禹。徽州知府顓鵬。南京兵部郞中李際明。南京工部郞中魏弘政。通政使岳駿聲。參政郭士望。河南參政周鏘。永平道參議辛思齊。太僕寺卿徐四岳。官生黃州知府胡芳桂。曰祠頌照不謹例冠帶閑住四十四人。大學士黃立極施鳳來楊景辰。吏部尙書房壯麗。工部尙書董可威。督師遼東兵部尙書王之臣。禮部尙書李思誠。巡撫陝西右僉都御史胡廷宴喬應甲。右都御史張九德。左副都御史馮三元。右副都御史陳維新。工部郞中朱國盛。通政使馮時行。大理寺丞呂鵬雲。尙寶司卿董懋中。御史周昌晉楊春茂曹谷。兵科給事中虞廷陛。太僕寺少卿徐景濂陳保泰徐揚先。右副都御史郭興言。南京通政使周維京。戶科給事中陳序。禮部主事朱愼鋈。南京吏科給事中郭如闇。南京御史何早。江西參政虞大復。廣信知府南京禮部郞中葉天陛。南京兵部主事邸存性。袁州知府葛大同。南京工部郞中鳳陽知府歐陽充材。江寧知縣工部主事夏之鼎。刑部主事張九賢。吏部考功郎中加太僕少卿李宜培。順天推官譚謙益。□天府治中陸戶部員外郎潘舜曆。□□殿中書舍人吳士儁中書舍人徐溶李三楚。□□衛經歷童舜臣。經歷陳守贇。

夏允彝曰。欽定逆案。其不安者。如楊維垣首參崔呈秀。不宜入也。以其力扼韓爌文震孟之出。遂處以譴戍。虞廷陛曾參孫居相耳。於趙南星原無彈章。以糾南星誤處之呂純如。雖有頌璫之疏。疏至熹廟已賓天。霍維華取其疏稿削去之矣。竟據邸報亦入之。此何等事。而草草羅入。致被處者屢思翻局。持局者日費隄防。糾纏不已。至南都再建逆案。翻而宗社墟矣。此則當局者之咎也。

談遷曰。往振瑾之敗。士類汚染多矣。而逆魏爲劇。塵迷京雒。至投豺鏤鼎。指不勝書。無亦辱朝廷而羞當世之士哉。聞閣議主于錢龍錫。而姚希孟出龍錫之門。効筆爲多。故姑蘇人獨不預。雖羅入呂純如。原非蘇人所歸也。古人云。受堯之誅。不能稱堯。彼曹子有次骨之怨。其後龍錫中禍。亦此案釀之矣。

丙子。流盜掠眞寧耀州。官兵挫賊。賊不敢零掠。團聚六七千人。

戊寅。流盜掠寧州安化三水。

己卯。逮巡撫順天右都御史王應豸。以尅餉激變。巡按御史方大任論之。後應豸論死。

命戶部遣司官督催各省直遼餉。

譴宣府西路失事官。

程啓南爲通政司使。沈惟炳爲太常寺卿。蔣允儀呂維寧爲太僕寺卿。添註。

程正己熊明遇爲兵部左侍郎。起魏允升兵部右侍郎。明遇允升添設。

徐光啓爲太子賓客禮部左侍郎兼翰林侍讀學士。侯恪爲南京國子祭酒。

陸彥章爲南京刑部右侍郎。蔡思充爲南京太常寺卿。署少卿事。

張論爲右副都御史。巡撫四川提督軍務。河南按察使王元雅爲右副都御史。整飭薊州邊備兼巡撫順天。王沆爲右副都御史。巡撫雲南建昌畢節東川等處。贊理軍務兼督川貴兵餉。

楊麒。仍以原官爲總兵官。鎮守陝西。

是月。插漢虎墩兔憨納款。

海盜鄭芝龍降。

袁崇煥奏設東江餉司于寧遠。令東江自覺華島轉餉。禁登萊商船入海。毛文龍累奏其不便。崇煥不聽。又請自往旅順議之。

翰林院編修陳仁錫使遼東。未出都。報建虜十五萬騎犯寧遠。及抵關。不見一騎入犯也。問之。曰往朝鮮矣。抵高臺堡。知□□東不的。爲插漢買婦女。爲建虜積穀。寧遠武進士王振遠陳國威。以門生見仁錫曰。東不的居關外。陽仇插漢陰實昵之。又建虜姻也。部落不滿萬。駐寧遠關外者六七千人。此地開市止二千人。卒不及備。可刺也。夜半若往須今夜。蓋建虜哨在東不的內計四百餘人。不挾弓矢。插漢遠在漠外。馳救不及。斬頭寢內。建氛息矣。失此機會。四月間四憨揭竿先至。秋冬諸王子幾支入。必舍遼而攻薊。宣動天下之兵。何益。仁錫言于關內道□□。雖壯之。竟不果。後建虜入犯之時之地。俱如二生言。

談遷曰。秦饑晉閉之糴。同好猶然。况屬夷爲異類。狡計叵測。而高臺堡之粟轉市塞外。我輓輸之難。車殆馬煩。十致其五。彼貂蔘無限。而又無濟于急緩。罄民脂以餌之。爲建虜玩弄于股掌之上。誤國如此。督師之肉其足食乎。王陳二生謀刺東不的。其畫甚奇。亦傳介子刺樓闌之意。泥于庸臣。彼巾幗之儔。曷足語度外事哉。噫。

四月丙戌朔。流盜犯涇陽甘峪。游擊高從龍擊之被殺。戊子。賊走馬蘭山。

時朝臣請捐俸助餉。上諭曰。諸臣果眞心爲國興利剔弊。朝廷自受其益。何必捐俸言助。

己丑。內承運庫內官監太監車天祥提督南京織造。

甲午。固原盜復犯耀州。督糧道參政洪承疇合官兵鄉勇萬餘人分十二營。圍賊于雲陽。幾覆之。乘夜雷雨。潰圍走淳化。入神道嶺。追斬二百餘級。

劉應遇以千人偪漢中盜于五丁峽。寧羌知州陳元瓚失防。盜遁。時守道翟師雍巡道許都皆懦甚。尸位而已。

逮巡撫宣府右僉都御史李養沖。以侵帑萬四千八百餘金。八月瘐死。

丙申。胡世賞爲刑部左侍郎。朱世守爲刑部右侍郎。

禁各官考語四六。

戊戌。王業浩爲右通政。謝陞爲太僕寺卿。仍轄東路。郝土膏爲太常寺少卿兼光祿寺少卿。

壬寅。朱熹裔孫朱邦相襲五經博士。

命張巡許遠配饗武廟。

南京通政司右參議張肇林求北轉。命閒住。

癸卯。鄭宗周爲太僕寺少卿。轄京營。呂維祺爲太常寺卿兼少卿。提督四夷館。

丙午。命宗學同民生廩貢不必另設。

丁未。裁河間府蘆政同知。

嚴鑄私錢。

孔貞運爲詹事。纂修實錄。

戶部郎中王光賁放布花延綏降外。
己酉。吏部請淸吏途。從之。今後非三考歷滿及戶部實納。不許冒題。
復顧憲成原官。加贈吏部右侍郎。
孫元化爲山東布政司參政。登萊道兵備。
故□□□□戴熺贈太常寺卿。廕子入國子監。
庚戌。韓繼思爲右副都御史。丘士毅爲南京禮部右侍郎。陸完學爲右副都御史。巡撫浙江。提督軍務。
翰林院庶吉士陳演爲編修。
壬子。胡從義爲署都督僉事總兵官。鎭守保定。尤世威以原官總兵官鎭守居庸昌平。
甲寅。劉定國爲光祿寺卿。馮英爲光祿寺卿秉少卿。鄒維璉爲南京右通政。
乙卯。倪元璐爲南京國子司業。
故□□□□文球贈兵部尙書。故□□□□金秉乾贈禮部右侍郎。
命釋輕繫。
閏四月。丙朔。□□建虜渡河。官兵拒卻之。
戊午。議封琉球。
張夢鯨爲右副都御史。巡撫延綏。贊理軍務。
令科道言事各列名款。卽單疏不得挾私瀆奏。
御史梁子璠請重鄉賓。從之。
己未。督師王象乾報插漢虎墩兎就款。

熊明遇爲南京刑部尚書。蕭毅中爲太僕寺少卿兼光祿寺丞。

辛酉。前通政司使魏時應卒。

壬戌。吏科都給事中陳良訓言三事。曰調部宜禁。刑名錢穀皆王事也。何必厭戶刑而禮兵之快。曰撫按官題宜省。曰察處不宜摭補。上是之。

停督撫總兵官關行符驗。

壬申。召對記注官顧錫疇。時上諭朝廷以科道爲耳目。凡要緊諸司。令巡視查對。果奉公節嚴。監督尚畏憚之。何況吏胥。乃後先效尤。澄刷何賴。朕陰知有故。因工臣疏逮究。務清夙弊。以毖將來。若大臣被誣自當剖臆控陳。令記之。宣示史館。

雲南道御史毛羽健論謝陞推薊撫卽引疾。推太僕寺卿卽出。蓋畏東胡插漢也。且訐王永光。上切責之。

癸酉。工科給事中王□□都御史高賚明工部郎中劉鱗長各削籍追贓下獄。

甲戌。工部尚書張鳳翔劾內監趙進家人運大石盜帑十四萬餘金。

湖廣道御史劉調羹言。自冬徂春。苦旱彌甚。古者遇災。大臣修省。今何戀位者之多也。偶一言及。動廷辨求勝。恬然受事。而諫臣或奪俸或降級。人情之不平一也。王應豸遺誤封疆。先已就逮。而軍士未盡正法。又人情之不平二也。殿工冒濫。各議削矣。門工陵工同也。何以不預。在京罪四業邀明旨減審。在外安知無失刑者。宜一體清釋。上是之。

南京□□道御史韓相奏。邇來用人失平有六。救敗之失有三。小臣一鳴輒斥。大臣被論概被溫旨。失平一也。丘志充張慶臻行賄同也。志充大辟。慶臻罰俸。失平二也。常祿賄中考官薄降。錢千秋以假關節波及主考。失平三也。清吏如程國祥鄒維璉張瑋華允誠等不峻擢。敗類貪夫反據廟堂之上。失平四也。李聞詩劉鼎卿撓察于察後。以貪重處。薛國觀撓察于察前。終養錦旋。失平五也。察典以懲不類。向以閒住削籍處此。今以處浮躁。是借察典爲人伏罪之地。失平六也。東胡插漢固未易言。而水藺一局。爲力差易。若仍前轍不撫不勦。既疲于北。又騖于南。遷延數歲。精神竭矣。此預圖之第一義也。兵以衞民。而寧遠固原延綏薊鎭處處鼓噪。皆由督撫道將威信不孚所致。此預圖之第二也。南京重地。搜括殆盡。助黔餉二十五萬。江西改漕四十二萬。又闕額九年。此預圖之三也。上是之。

禮部□□主事賀烺避諱改名世壽。

乙亥。武進人蔣淵等訴白糧之累。萬曆時定米百石。加耗五石。舖墊等定七兩九錢。今加耗五十一石。增費三十六兩。乞復其舊。不允。

西虜五十騎犯延綏高家堡。千總王權德逐之出塞。虜漸至七八百騎。權德敗沒。參將高□□中軍任秉德千總白愼俱死之。

丙子。袁崇煥請給島餉。命發四萬金。

故經略熊廷弼子兆璧乞收葬父骨。上不許。

朱國彥鎭守永平薊鎭。專管馬松喜太石曹牆燕建十路。兼備倭總兵官。曹鳴雷鎭守保定兼備倭總兵官。各仍原官。

戊寅。承運庫內官言段匹織解稽延。命督催各有司。

己卯。予故□□□□顧憲成謚端文。

聞喜等縣大風。

廣東副總兵陳廷對約鄭芝龍剿盜。芝龍敗歸閩。不數日。寇大至。犯中左所近港。芝龍又敗。寇夜薄中左所。

庚辰。陳弘道嗣□□侯。

應天府尹黃景章疾去。

南京廣東道御史吳善謙奏。去年戶部侍郎王家禎上御覽冊。開新舊餉歲出浮于入約二百八十餘萬。頃兵部尚書王洽奏。自天啓六年至崇禎元年。邊餉共虧五百二十餘萬。而臣于部奏不能無疑。如雲薊永昌三年額餉三百六十六萬七千。今欠二百九十七萬一千三百。是實虧一年餘七月。又宣府三年額餉八十九萬七千四百有奇。今虧四十八萬二千五百零。是實虧一年七月。又大同三年額餉一百三十五萬一千九百零。今虧七十六萬二千五百零。是實虧一年八月。及稱闕餉。則薊門止云半年。應餘一百三十萬。宣大止云八月。應餘八十萬。不識此欠後補去。其云餘者歸之何所乎。如云延綏三年額餉一百三十五萬一千二百。今虧八十二萬一千七百零。是實欠一年十月。固原三年額餉五十六萬四千五百零。今虧二十五萬二千三百零。是實欠一年四月。及稱闕餉。則延綏欠三十一月。固原欠二年半。是所發延綏失九月。固原失十四月。不識失者又歸何所乎。至如寧夏欠十之四。甘肅欠十之六。山西欠十之七。恐亦未必與闕目符也。乞分遣風力道臣覈兵覈餉。歲造冊送科。合內外而覈之。以足歲額。

壬午。故工部尚書馮從吾。故□□□□李光先。各贈太子太保。廕子入國子監。故□□□□林梓。贈都察院右都御史。故□□□□劉時俊。贈太僕寺卿。

敍拒虜東渡功。廕袁崇煥錦衣衛正千戶。祖大壽本衛正千戶。進何可綱署都督同知。劉恩署都督僉事。各賜金幣有差。

大學士韓爌等揭曰。日發票熊兆璧一本。先是江西道御史饒京言熊廷弼遺骸未掩。擬着家屬收葬。皇上御筆删去。茲當再擬。不敢不奏。夫廷弼身任經略。因廣寧陷沒。同撫臣王化貞論辟。乙丑八月。命傳首九邊。其遺骸至今埋棄荒郊。卽令廷弼正法于今日。我皇上必倣古掩骼埋胔之意。毋重傷海內慈孫幼子之心。許其歸葬。臣等用敢擬票以請。蓋國典皇仁並行不背。且廷弼罪案始末亦有可言。戊申己酉間。以御史按遼時建虜尙款貢。早策其邊患。請核地界。飭營伍。聯絡南北關。大聲疾呼人莫爲應。十年而驗若左券。其可言者一。戊午己未。楊鎬三路喪師。撫順淸河陷沒。起廷弼代鎬。年餘築城浚濠。修守待戰。廷議以緩于奏凱。使袁應泰代。四閱月而遼亡。使廷弼在事。當未至此。其可言者二。遼陽旣失。先帝思廷弼。復以經略。時撫臣主進戰。廷弼主守。羣議皆是撫臣。非經略。廷弼連陳玩師必敗。奸細當防。莫有聽者。徘徊躑躅。以五千人駐右屯。撫臣兵十三萬駐廣寧。欲過河而廣寧潰。右屯俱潰。其可言者三。假令廷弼于此時死守右屯。捐軀以殉封疆。豈非奇男子。卽不然。撑寧前錦義之間。扶傷救敗。收拾殘黎。猶可圖桑榆之晚績。乃張皇風鶴。偕王化貞入關。意以爲我固嘗言之而不聽。罪固有在。則廷弼私見挾曖昧之私衷。誤疆埸之大計。其殺身以此。今傳首邊廷。亦足爲臨難少忠者之戒。然按封疆失陷之條。堂堂正正。偕同事諸人一體伏法。廷弼九泉尤當目瞑。乃先贓坐楊漣魏大中等。作淸流之陷穽。旣刊蜚書。借題殺身。死尙懸坐贓十七萬。辱及妻孥。長子兆珪迫自刎。則廷弼死未心服。海內才臣義士亦多竊歎。特以封疆礙口不敢訟于皇上之前耳。臣等平心論之。自有遼事以來。營私者凡幾。廷弼不取一金錢。不通一餽問。終日焦脣敝舌。與人爭言大計。如其家事。忠賢盜柄。獨膺顯僇。慷慨赴市。俠烈未泯。傳首已過三年。收葬原無禁例。皇上垂仁。臣等所以及此。或未以爲私也。命許收葬。

階州叛兵周大旺等作亂。官兵剿平之。知府曹司牧副總兵賀虎臣功爲多。

安南莫敬寬寇下雷州。旋遁。

先是二月。兵部以陝西巡撫胡廷宴題。全陝大饑。軍民盜劫。奉旨查覈匿盜。巡按御史吳煥言。秦寇慘掠。古所罕有。陝撫胡廷宴狃于積弛。束手無措。則舉而委之邊兵。至延綏巡撫岳和聲諱言邊兵爲盜。又委之內地。總之兩撫欺飾醸患。致奸民悍卒相煽不已。而涇陽三原富平耀邠三水淳化蒲城白水韓城朝邑等處皆被盜矣。盜發于白水之七月。則邊賊少而土賊多。今年報盜皆騎銳。動至七八千人。則兩撫之推諉隱諱實釀之也。

總督朱燮元。遣貴州總兵許成名同畢節道鄭朝棟由永寧復赤水衞。繕城。而水西安邦彥莫德周奢崇明等欲渡河攻赤水。時赤水乏食。燮元撤兵還永寧。賊即追至。川貴大震。

五月乙酉朔。日食。上以欽天監分刻不合。責禮部。禮部請查例修改。去萬曆四十年十一月朔日食。欽天監擬未時正一刻。兵部員外郎范守己候申初一刻。嘗纍疏駁正。

宣府山海關及鎮安堡大雨雹。

乙未。大學士楊景辰卒。景辰字載甫。晉江人。萬曆癸丑進士。歷太子太保禮部尚書文淵閣大學士。致仕。列逆案閒住。

丙申。督師袁崇煥巡鎮江。再宿。勞軍東江。尋至雙島。平遼將軍毛文龍時詣登州請餉。聞報馳還。

己酉。巡視錢糧南京兵科給事中錢允鯨上言七事。曰歲解宜折。福建廣東廣西歲解胖襖褲鞋等件。萬曆五年俱折色。公私便之。後改本色。福建止天啓四年。廣東自天啓四年至七年。廣西止天啓七年。解一費十。存貯朽爛。曰木運宜折。廣東荚榆木百段。花梨木一百九段。淡榆木百段。棗木八十二段。紫榆木三十段。于南京丁字庫交收。此不甚需用。枉費民力。曰布價宜停。織染局例外解官用布絹。歷欠絹至七千二百匹。布至四千二百八十四。該局十一年開染。戶部四千餘金。實稀鬆不堪。曰織造宜核。供應機房歲解袍服。先年由巡視科道驗閱。近來不經會估。奸僞百出。曰板枋宜減。三監起運板枋額費一萬四百金。議酌減半。曰占役宜汰。御馬監額馬二十四馬。役卒三百零六人。今至千八百人。費餉二萬有奇。誠屬濫費。曰冗蠹宜裁。織染局春秋二運袍服。先年禮部侍郎□□□及禮科給事中朱維藩請裁舖行召商買辦。本局僉書監工掌司不過二十餘員。今增百二十餘員。致各商逃亡殆盡。請行汰革。

吏部尚書王永光言。宜興監生湯啓奎呈。父原任河南道御史湯兆京。萬曆壬辰進士。知豐城。陞陝西道御史。巡按宣大福建。憂去。起河南道。管內計。再按順天。兼攝學政。推陞大理寺丞。未命賚志以沒。天啓四年。贈太僕寺少卿。未幾。石三畏誣參辛亥京察。追奪。夫辛亥同事。今左都御史曹于汴。刑部尚書喬允升也。使臣父而在。必叨擢用。請如顧憲成例。請復原官誥命。臣又因湯兆京外。天啓中戍削追奪誥命者。查照原官。俱准復給。免其子孫自行瀆聒。以干天聽。因列孫丕揚。故吏部尚書。陳大綬故太僕寺少卿。鮑應鰲故太常寺少卿。贈光祿寺卿。張廷故戶部浙江司郎中。贈光祿寺少卿。李倖故刑部郎中。陞□□知府。贈光祿寺卿。于玉立故刑部郎中。贈太僕寺卿。李樸故戶部郎中。贈太僕寺少卿。李三才故南京戶部郎中。胡忻故太常寺少卿。趙秉忠故禮部右侍郎。王之寀故刑部右侍郎。董元儒故廣西巡撫。鄧漢故順天巡撫。施天德故陝西參政。江秉謙故山西道御史。賴良佐故刑科右給事中。方有慶故吏科左給事中。舒榮都故湖廣巡撫。韓萬象故河南參議。王則古故陝西參政。余懋衡故南京吏部尚書。趙昌運故禮部精膳主事。丁元薦故尚寶司少卿。徐可求故四川巡撫。眞憲時故江西布政。皆削籍。乞先復原官。從之。

裁灤州訓導一。永平盧龍二衞知事各一。

甄淑爲光祿寺卿。管尚寶少卿事。

庚戌。督師袁崇煥至雙島。

壬子。南京江西道御史劉養粹上言。召對之機務。會議宜預。章疏之留中。批發宜速。枚卜之大臣。簡拔宜決。內臣之予蔭。名器宜惜。貪官之查參。功令宜嚴。報聞。

癸丑。平遼將軍總兵官毛文龍請餉。初文龍報兵二十餘萬。兵科給事中王夢尹翰林編修姜曰廣詣島閱視。

報十萬。及登萊道□□王廷試于崇禎元年六月定額二萬八千人。文龍大不平。故有此奏。

南京廣西道御史袁耀然劾總督漕運巡撫鳳陽李待問貪穢。

六月甲寅朔。毛文龍遇袁崇煥于雙島。崇煥慰勞備至。

兵部尚書王洽奏汰年深武弁無薦者四十八人。從之。

吏科給事中陳良訓奏廠庫出納之弊。皇上下王都高賚明劉鱗長于獄。幷責臣等庇護。臣等謂是役也。事非一官。官不一品。美則相安。敗則迭累。有以前官累後。有以後官累前。有以科累道。有以道累科。有巡視累監督。有監督累巡視。此際不可不核也。抽扣二八之說。四六之說。至于七分私費。三分完公。工臣自能細核。臣等所聞。庫兌每百金扣二金。凡解金故意短少。及發商又短二三金不等。今日又有兌支京門外瓜分。近有木商某某揭稱。歷庫莫如現給。多領不如少便。爾等若肯新價扣二。舊價扣三。當即概給。如是而豈非臣子負皇上哉。

乙卯。四川道御史梁子璠請進講大學衍義。

吏部文選司郎中徐大相推起廢某某。上不懌。鐫一秩。戶科給事中杜三策申救。

命會議廠庫錢糧監督收放巡視糾察失職之罪。于是給事中祖重華吳阿衡褫秩。同王都訊問。□部郎中高賚明鐫三級。劉鱗長鐫一級調外。顏繼祖李炳陳廷謨任贊化各奪歲俸。

議汰冗員。該撫按一切文武贅員奏上。冊下吏塞責。蒼梧等處佐貳即裁之。

巡按直隸御史任僎言積貯事。參罰不可不重。比較不可不專。收納不可不稽。積弊不可不革。火耗。屯官不可不核。報聞。

平遼將軍毛文龍言督師禁海。改運。有旨謂自當稟受方略。

袁崇煥報行海程期及借給東餉。從之。

增平涼府馬政同知關防苑馬寺□□監儒學印。

工部郎中孫延洞畢可芳作東師器仗不堪命。追贓議罪。

司禮太監魏國徵糾兩廠造作不職。命杖王承恩。餘降奉御有差。

鄒維璉馬鳴起爲大理寺左少卿。余大成爲太僕寺少卿。管兵部職方司事。詹士恒爲南京光祿寺卿。

琉球國中山王世子尚豐入貢請封。遣戶科給事中杜三策行人楊掄往。

丁巳。故□□□□呂兆熊。贈太子太保廕子入國子監。

戊午。督師袁崇煥殺平遼將軍總兵官左都督毛文龍于雙島。崇煥自出都門至寧遠。專主款。初崇煥于寧遠捷後。卽令番僧往啗奴虜。意議和。會罷歸未就。再出無以塞五年平胡之命。聲言折衝。慮毛文龍泄其計。遂身入島誘文龍至犒吏卒三千五百七十五人。給餉金十萬。是日閱射于陸。崇煥列圍止文龍兵于外。以部曲百人從。崇煥慰勞部曲。且拜。俱感泣。遂問文龍曰。東江餉司自寧遠輸至亦甚便。將軍何專折色召買登萊也。且移鎭定營制。分旅順東西約束。覈餉銀。業已申奏。將軍執意不回。非冒餉欺君而何。命執下。文龍欲抗辨。崇煥曰。我今不復遼。願試尙方劍以贖爾命。又諭其部曲若文龍不宜殺。爾輩卽殺我。部曲錯愕。命水營都司趙可懷以尙方劍斬之。分東江兵二萬八千人爲四協。副總兵毛承祿(文龍養子)旂鼓中軍徐敷奏游擊劉興祚副總兵陳繼盛各領之。東江諸務屬繼盛暫領。明日祭文龍而泣。遂收符印。自旅順還于寧遠。奏數文龍十二罪云。臣前入朝商于大學士錢龍錫也。文龍錢唐人。世海州衞千戶。旣襲秩。其舅兵部職方郎中沈元祚。遺書同年王化貞授千總。遣之襲鎭江城有功。因駐皮島。當遼事破壞之後。從島中收召遼人。牽掣金復海蓋四衞。時時襲建虜。有所斬獲。頗有功。但漸驕恣。所上事多浮夸。索餉又過多。歲百二十萬。兵二十萬。朝論多疑而厭之。以身握重兵。又居海島。莫能難也。廣寧再陷。乙丑失旅順。丙寅失鐵山。連圍寧遠錦州數月。不卽救。其才亦可見矣。而建虜以扼其背。甚忌之。陰通款崇煥。求殺文龍。而崇煥中其計不覺也。惜哉。

姜曰。廣曰。建虜之有東江也。猶人身之有蚤虱也。撮之則無處著手。聽之則吮膚而不寧。其言牽制非也。鞭長不及馬腹也。然則移蓋套何如。曰。石根難斷。潮落道通。猶鹽場堡。然皆絕地也。東江之師非荒忽宛在。胡馬久蹴。殺之同鐵山盡矣。然則無關輕重乎。曰。中國能以夷攻夷。則中國重。夷能以中國攻中國。則夷狄勝。使無東江。則彼得用遼人耕遼土矣。

談遷曰。島帥初陷鎮江。開皮島。人俱以爲功。寖寖日久。又俱以爲罪物。故之後。傳烽大舉。人又思之不置。將東江偏隅。果足懾建虜之魄乎。曰。非也。皮島去建虜較遠。牽制本影響。而建虜善疑。得略爲瞻顧。或未卽決計而南嚮也。各塞例有餉部。皮島獨不設。專利則專禍。旋服尙方。彼伏波功成。珠犀之謗。猶不免焉。矧島帥乎哉。袁氏便宜從事。天下聞之詫爲奇舉。居亡何而郊原暴骨者如莽。袁氏身膺不道之罰。則殺島帥適所以自殺也。才非周公。使驕且吝。又中建虜之誘。殺其所忌。能毋敗乎。

吳孟明爲錦衣衛僉書。誠意伯劉孔昭領右軍都督府。

辛酉。鄒維璉爲南京太僕寺少卿。攝應天府丞。

癸亥。光祿寺丞鹿善繼加太常寺少卿。

上憂旱。御平臺。諭百官修省。自齋宿文華殿。誠禱。命成國公朱純臣告南郊。駙馬都尉侯拱宸告北郊。尙書畢自嚴告社稷壇。何如寵告山川壇。林欲楫告雷雨等壇。諭錦衣衛指揮使于日升。劉僑緝盜。諭科道直言。又令中外諸臣清獄安民。開倉賑饑。

甲子。巡撫順天都察院右都御史王應豸論死。

乙丑。陳必謙爲南京通政司右參議。

丙寅。國初韓國公李善長十世孫李世選奏。先臣善長封韓國公。子祺尚臨安公主。善長沒後。太祖痛公主不絕如線之脉。尋賜遺旨。仍手書皇封上。敕賜勳臣皇親外甥李盛慶。盛慶祖善長。因國事罰貶去守龍關。績溪縣。二百十六春。爲民依敕滿捧此敕到主開拆復爵。藏之八世。迄于今日。不知封中所言何事。今欽限已滿。臣父應寵年六十七。衰殘遲莫。臣居嫡長。代父賫請。命下閣部驗之。有皇史宬所藏太祖御書參對。大學士韓爌言。皇祖御書皆健。而所進不然。疑一。皇祖誡諭出自親裁。載在史冊。何臨御二十三年之後。手書文法不類若此。貶守龍關亦屬無據。疑二。據云爲民限滿。自洪武二十三年至今。二百四十年矣。前此應期何不來奏。疑三。封面稱李盛慶。封中稱李盛世。選疏稱慶延慶盛慶三名。攷駙馬子二。芳留守中衞指揮。茂旗手衞鎭撫。至芳子恒停襲。並無盛慶等名。疑四。封內胡惟庸誤書容。李祺誤書棋。疑五。篆文永昌查尙寶司寶十有七。無單用永昌字。疑六。又善長自縊在二十三年五月二十二日。是春榜列功臣。猶有善長。而封內乃書二十三年仲春月初一日。則給敕乃在善長未死之前。其謬可知。禮部尚書何如寵禮科給事中孫紹統並論其僞。後世選論死。

談遷曰。陵雖孤恩。漢亦負德。每痛此語。未嘗不爲李韓公扼腕也。世選所奏遺敕。據閣藏遺墨辨其僞。然謂有數字相類。中幅不同。一時走筆。字義大概如此。人雖至愚。豈有作僞于所必無之事。自取大譴哉。若曰載在史冊。則當時宸翰流落頗多。非史臣所盡錄。在太祖念及帷蓋。而年遠滋疑。如魏其侯所奏遺詔。輒同誣罔。噫。獨不少爲韓公地賜秩金吾耶。

代王鼎渭薨。諡曰康。

丁卯。以大雨許百官復邸舍。

戊辰。予故工部尚書馮從吾祭葬。

己巳。予故□□□□吳用先祭葬。

傳制封蜀王。

鑄周府安鄉王印。

辛未。故岷王禋洪妃鄭氏奏叛逆朋害云王暴薨速殯。命緹校逮承奉董進長史周一奇及校尉彭侍聖彭學禮張天粹許國祥佘承明。仍令錦衣衛僉書□□往同撫按勘罪宗善化王長子企鉦等。

御史李長春論周延儒有私不聽。御史田時震劾吏部尚書王永光。不問。

刑部以工部郎中高道素督桂邸工侵沒獄上。有旨道素用五千金侵冒甚多。仍詳詰。三日具奏。

頒太祖高皇帝教民六諭。大理寺卿□□註上。

壬申。諭兵部曰。朕以東事付督師袁崇煥。固圉恢疆。控馭犄角。一切閫外軍機。便宜從事。島帥毛文龍。懸軍海上。開鎮有年。動以牽制爲名。全無事實。剿降獻捷。欺誑朝廷。器甲芻糧。蠹耗軍國。屢奉移鎮明旨。肆慢罔聞。奉進招降僞書。詞旨驕悖。而且剛愎自用。彈劾炰烋。節制不受。近乃部署夷漢多兵。泛舟登州。聲言索餉。雄行跋扈。顯著逆形。崇煥目擊應機。躬親正法。據奏責十二罪。死當厥辜。大將重辟先聞。自是行軍紀律。此則決策弭變。機事猝圖。原無中制。具疏待罪。已奉明諭。仍着安心任事。一切善後事宜。委任道將料理。仍榜諭東江各島。餘從寬議。家屬子弟在島。悉放寧家。冒姓查已歸宗者。幷親信諸人。咸從赦宥。將領量才授任。洗濯維新。軍士給糧。勿致飢困。久戍勞苦。願除名者聽。遼民精壯收伍。給屯老弱。西歸量資濟渡。朝鮮聲勢相聯。亦與移諭。毛文龍死後。總兵官沈世魁等統其衆屯種廢壞。已徙寬安。袁崇煥旣殺毛文龍。力主款。因奏曰。臣亦不諱言。卽惠徽宗社。還侵地。歸叛人。而我存朝鮮。存建州。何憚不爲。又奏令建虜易去年號。方爲代請。雲南道御史毛羽健上言。督師袁崇煥對陛下曰五年滅敵。臣心壯之。然恐此語非平日成算。迫于顧問。猝然以對耳。臣今有五問。一問方略。從古禦胡。攻守兩策。故有犁庭掃穴。亦有墾田積粟。今督師果厲兵秣馬往擊之乎。抑繕隍治堡。彼來而我邀之也。或十年不犯。或一年數來。我將何以待之。一問兵制。從古名將料敵治具。有以八萬而破百萬之衆。亦有攻荆終始謂非六十萬人不可。今督師果止用關門見卒之十二萬乎。抑大舉時或別有調發也。如止用見卒。則以少擊衆。十圍五攻。政未足言。如別有調發。則沿邊勝兵不下三十餘萬。何不見一疏一檄以備調遣乎。一問糧運。我成祖北征。先議饋運。今督師果因糧于敵乎。抑師行糧從。尚須內地之暫輸也。如果因糧于敵。則極目平沙。無糧可因。如尚須轉輸。則自有遼事以來。舊餉虧百萬。新餉僅支目前。司農無兩年之積。未見講積貯之法。何悠悠也。一問局勢。遼事初起。有五路進兵。三方布置。及用西虜用朝鮮之說。俱不可。今督師之于插漢。果必款之可恃。卽不爲我用。亦豈爲我害乎。其于毛文龍。果見此兵之得力。可以牽建虜。又可以鈐束建虜。此之局勢。不可不察。一問善後。遼土陷沒久矣。五年不能復。禍固不可言。卽五年能復。遼瀋間冷日沈沙千里無烟。我卽得之。彼毛憐海蓋諸夷開原鐵嶺諸衞。能不置重兵以守之乎。旣置重兵。能不轉餉乎。今兵十二萬。以守關門而有餘。他日兵三十萬。以戍遼而不足。今餉四百萬。以養關兵而尚不足。他日餉四千萬。以養戍遼兵而益無餘。將竭天下之力以供一遼。事有不忍言矣。督師于此未見明陳。曰我何以取何以守之也。報聞。或曰。袁崇煥主款。羽健因借五問以窺上指云。

吏科都給事中陳良訓言廠衞訊鞫之濫。上以故事不聽。

癸酉。安南莫敬邦寇欽州。

乙亥。故□□總兵官達奇勳戍邊。

戊寅。復張國紀太康伯。

楊崇獻爲右軍都督府僉書。

加勳戚諸臣歲祿有差。仍賜金幣。謂諡典襄祔禮成也。

己卯。進陳光裕太子太保。陪祀首臣。

故□□□□李起元。贈少保。廕子入國子監。

起王志道南京大理寺右少卿。

庚辰。工部郎中高道素論死。

辛巳。復吳炯南京太僕寺卿。

壬午。命修熹宗悊皇帝實錄。先是上諭內閣曰。實錄傳信將來。最要虛公。朕昨閱皇考前錄頗失實。蓋時政予奪。或意在激揚矯抑。不得驟言得失。即章疏數陳。亦有風聞臆見。難保盡出公確。惟略存當時始末。聽後來評繹。庶幾初意不晦。今意合者存其美。不同者去其實。或突載一節。或單標數語。成心徧見。滋惑傳疑。其于實錄之義何居。今皇兄之錄未竣。應加申諭。又今士鮮實行。人多虛飾。其于薦獎乞恩尤甚。以目擊耳聞之事。輒要欺人。以載鬼說夢之言。敢于奏上。才難自古記之。何近時之多賢耶。善人多而天下治。何宇內之多故耶。祇足貽譏後世。見笑識者。亦當禁之。

癸未。以南京吏部右侍郎唐大章管軍職貼黃。

都督侯世祿進太子太傅。王家賓爲署都督同知。

七月丱朔。故湖廣按察僉事馮應京孫□□入國子監。

予故南京吏部尙書余懋衡。故禮部右侍郎顧起元祭葬。

乙酉。司禮太監曹化淳提督東廠。

丙戌。給陵工銀十二萬兩。從德陵總理太監孔文源之請。

戊子。戶部左侍郎李成名言邊餉郡縣以九分爲率。上不許。令通解。

癸巳。開平衞貢士趙養蔚有城守功。特試中書舍人

乙未。召兵部尙書王洽于平臺。

郭培元嗣武定侯。

乙巳。召廷臣于平臺。

文震孟爲□春坊□諭德。署司經局。

辛亥。夜興化地震。

壬子。插漢虎墩兎憨兵東迫白馬關外。擄溫布等酋。卜喇庫等不能拒。求寄輜重母妻于關內。邊臣以聞。兵部尙書王洽議。閔其窮而來歸。爲擇便安置。惟留此質。賚其外藩。惟邊臣便宜行之耳。洽又言。□□巡撫張宗衡云。插漢叔桑我賽素不協。有兵若干。不受節制。駐牧西邊。搜殺套虜。動稱請賞。卽此人也。

召吏部尙書王永光。病不至。疏謝。慰諭之。

都察院左都御史曹于汴申議御史回道考核。有旨。回道稱職仍任。不稱職奏罷之。邇來無一不稱職。卽平常亦無以激勸。今雖平常。不過對品調外。外轉司道。仍是風憲。豈得以不職處之。須另行降罰。以副明旨

許瀠祥降都督僉事。

是月。廷訊罪監劉若愚。言故貢士趙鳴陽並不曾入魏忠賢幕也。蓋嘗館秉筆太監魏學顏家。非忠賢。得杖贖。

八月[王癸]朔。甲寅。召北鎭撫司千戶李若璉于文華門。

河南布政司右參政路周道領誥敕。語步蹇澁。命致仕。

乙卯。四川總兵官侯良柱。兵備副使劉可訓。在永寧出兵遏賊。少失利。卽入城。貴州兵不之救。賊遂據桃江

壩。
戊午。四川巡撫右副都御史張論總兵官侯良柱討藺賊。時僞梁王奢崇明合僞大元帥安邦彥兵數萬。攻永寧。論簡兵八千人屬侯良柱。令兵備副使劉可訓懸重賞購賊。至五峯山桃江壩。大敗之。斬首萬計。後張論以軍中失印罷去。蓋奸弁求冒功不得。結死士竊其印以去之也。
庚申。侯良柱許成名約并力攻賊。賊恃其山險。方飲宴。蜀兵乘霧進擣其寨。賊倉皇接戰。我力擊。大破之。黔兵夾進。賊走入鵝項嶺。徑長而陿。及官兵追迫。矢刃交驟。賊人馬蹙陷傾隕亡算。
辛酉。安邦彥敗走。官兵追之。
壬戌。巳刻。追安邦彥于江土川。貴州兵爭爲功。時斬獲大酋百四十三人。初。邦彥先至赤水。朱燮元諜知之。密令守將許成名佯不勝。拔營去之永寧。誘賊深入薄永寧城。賊中誘。即令林兆鼎自三岔入。王國楨自陸廣入。劉養鯤自遵義入。邦彥恃其勇。欲旦夕先破永赤之兵。還拒諸將。急挑戰。許成名與永寧將侯良柱鄧玘等約夾攻。賊兵始交。成名與羅乾象繞出其背。奮擊之。賊大潰。士馬自擁壓死甚衆。崇明邦彥莫德等悉受創。官兵斬其首。時夷人崩潰。可盡殲之。而蜀將以爭級發憤。拔營先歸。餘賊得稍稍遁去。
乙丑。建虜三千騎屬夷東不的三千騎。自大鎮堡分二道。自杏山高橋舖自松山直薄錦州。
丙寅。又至大焚掠。
庚午。陷雙臺堡。
辛巳。建虜出大小淩河。毀右屯衛城而去。
九月戊申朔。甲申。官兵往霑益。
丁亥。命工部收驗軍器。

己丑。督師袁崇煥以建虜欲西。先請駐寧遠。增戍關門。至是遣參將謝尚政等往備。順天巡撫王元雅謂虛警遣歸。而建師詭祕。竟不出。

辛卯。葉燦爲南京吏部右侍郎。

壬辰。劉先春爲太常寺少卿。徐楠爲光祿寺少卿。練國事陸世科爲太僕寺少卿。

甲午。□□□劉鍾英□□□姜逢元敎習庶吉士。

丙申卯刻。月食。雲陰不見。

己亥。官兵定烏撒安邊。安氏來降。

辛丑。孫居相改吏部左侍郎。成基命以吏部左侍郎管右侍郎事。起羅汝元太僕寺少卿。轄東路。

吏部文選司主事程國祥爲稽勳司員外郎。

癸卯。起駱從宇禮部尚書。何喬遠工部右侍郎。

督師兵部尚書王象乾致仕。

丙午。予故□□□□陳道同祭葬。

駱養性爲錦衣衛南鎮撫司僉書。

戊申。吏部奏言皇上汰冗員。臣以爲莫先于淸廕。兩京三品以上官及疆埸大吏。例廕其子。念其祖父勞勩也。乃有父兄罪削。而子弟恩廕如故。有逆案遣戍徒民。而其廕子得官如故。又有考滿得兩廕。如萬曆時貪撫陳用賓激變獄死。而子反封二廕。居然祿仕。夫廕以酬勞臣。非以恤罪臣也。宜驗封司淸核請裁。以杜僥倖。上是之。

魏雲中爲總督宣大山西軍務兵部尚書兼右副都御史。

己酉。高勛仍都督□□總兵官鎮守湖廣。謝弘儀仍都督□□總兵官鎮守福建。

庚戌。王夢尹爲太僕寺少卿。

奪毛文龍世廕錦衣衞□□毛雲龍除名。

故經略遼東楊鎬棄市。

辛亥。故吏部尚書贈太子太保趙南星。諡忠毅。故工部尚書贈太子太保馮從吾。諡恭定。故刑部尚書贈太子太保王紀。諡莊毅。故都察院左都御史贈太子太保高攀龍。諡忠憲。故日講官禮部尚書贈太子太保王圖。諡文肅。故左副都御史贈右都御史楊漣。諡忠烈。故禮部右侍郎協理詹事府贈禮部尚書周炳謨。諡文簡。故光祿寺少卿贈太常寺卿加贈吏部右侍郎顧憲成。諡端文。故吏科都給事中贈太常寺卿魏大中。諡忠節。故吏部員外郎贈太常寺卿周順昌。諡忠介。故國子祭酒贈禮部右侍郎劉應秋。諡文節。

是月。巡撫陝西劉廣生報雒川縣曹店村宜川縣龍耳嘴各賊混天王王子順等千餘人。掠韓城之龍門渡。守將失利。督糧道參政洪承疇同撫院中軍李滿倉屯都司艾穆千總費邑宰擊破之。賊走淸澗。

時總督楊鶴以筮仕長安知縣借行部侈幷州之意。

順天府尹劉宗周言。陛下厲精求治。宵旰非寧。時舉祖宗故事。召對文華殿。蓋躬勤細務。朝令夕攷。勒限回奏。庶幾太平之立至。然程效太急。不免見小利而慕近功。何以效唐虞之理哉。夫今日所汲汲于近功者。非遼事乎。臣以爲遼事不足慮也。往者建虜得遼地不能守。無意窺中國久矣。陛下銳意中興。刻期出塞。當此三空四盡之日。竭天下之力以養飢軍而軍愈驕。聚天下之軍以冀一戰而戰無日。此計之左也。今日所規規于小利者。非理財一事乎。民力竭矣。司農告匱。一時所講求者。皆掊克聚斂之術。正項不足。繼以加派。加派不足。繼以火耗。又三四年幷水旱災傷一切不問。條例紛紛。大抵展轉病民。甚于加耗。有司以掊克爲循良。而撫字之政絕。上官以催徵爲考課。而黜陟之法亡。皆言利有以啓之也。功利之見動。而廟堂之上不勝其煩。夫事事而糾之。不勝汰也。人人而摘之。不勝誅也。于是名實相溷。而法令滋張。頃者嚴贓吏之誅。自執政以下坐重典者十餘人。可謂得救時之權。然貪風不盡息。所以導之者未盡善也。其後國事決裂。盡如宗周言。

大學士徐光啓言。十五日奉旨往局測候日食。自卯初一刻至日出。俱雲陰不見。據欽天監靈臺官俱依郭守敬授時曆法。初虧在卯初一刻。按新法在卯初三刻。回回曆在辰初一刻。法之不同如此。今布陰雲。是法無從徵驗。

十月壬朔。丙辰。閔夢得爲兵部右侍郎。起郭尙賓兵部右侍郎。添設。

戊午。進督師袁崇煥太子太保。

長安知縣梁州杰。故嘉善尙書丁賓奴產子也。得罪而逃。冒山西籍得第。至是事發。免官下臺訊。

壬戌。廷臣請立皇太子。未允。

甲子。傅淑訓爲太僕寺卿。方孔炤爲尙寶司卿。

乙丑。廷臣力請立皇太子。許之。

己巳。薛獻祖嗣陽武侯。

庚午。召宣大總督魏雲中于文華殿。

甲戌。屬夷朗浪伯彥報建虜謀犯喜峯馬蘭大安口。

戊寅。建虜阿卜大以數萬騎入大安口。參將周鎭死之。世祿子。分入龍井口。游擊王純臣參將張安德敗走。又分入馬蘭谷。參將張萬春降。山海關總兵趙率教以兵援。先是薊鎭塞垣頹墮。又汰兵盈闕伍。而三衞屬夷貳于我。故建虜大舉。巡撫順天右僉都御史王元雅遣兵援馬蘭谷而潰。

己卯。建虜圍薊州。

庚辰。京師聞警。或言建虜及束不的合兵。或言建虜插漢合兵。無確耗。

套虜憨千兒罵犯寧夏。總兵尤世祿擊斬之。

是月。插漢犯延綏。官軍擊斬八百十級。

十一月壬午朔。京師戒嚴。

督師袁崇煥自寧遠趨山海關。聞警急趨榛子嶺調援。檄巡撫保定右僉都御史解經傳馳赴。

癸未。諭兵部曰。昨降夷報建虜西虜合兵。製梯分犯。狡情近眞。各邊屢添新兵。自足戰守。今胡謀如此。勢難復議調援薊遼宣大山延等鎮。各圖據險設伏。必令匹馬不入。自邊內畿輔山西各郡邑修防儲練。屢奉嚴諭。未見改觀。今須開欵城堅池深濠。內添築短牆。開竇設砲。城門設弔橋。近城作何收斂。遠村作何歸併。鄉兵火器糧草。俱量地大小定數。勒限司道親督。至寧錦各城。應慮持久。龍固原平。幷圖預防。如此布置。再種早禾。使千里無資。胡勢自困。畿輔山西郡邑若干。每處頒滅虜砲一。三眼槍一。令模製之。

河南府推官湯開遠奏。君猶天也。父也。臣猶地也。子也。今寓內氛氣充塞。似有聖主無善治。此何繇哉。以皇上獨勞。無諸臣以輔之也。皇上急于求治。諸臣救過不給。臨御以來。明罰敕法。自小臣以至大臣。與衆推舉。或自簡拔。亡論爲故爲誤。俱褫奪戍配。不少貸。甚則下獄拷追。幾于刑亂國用重典矣。皇上急于求治。臣謂天下固不治也。而以已治之心治之。固不治也。朝廷猶未甚亂也。卽以已亂之法治之。又自亂也。諸臣欲奉公營職。而慮及天威不測。夢魂亦驚。舊章難恃。耳目俱熒。此而欲鼓豪杰之氣。奏精勤之理。不亦難哉。夫媚于天子。盛明之象也。至狴犴幽陰之地。本繫外徼氊裘之屬。而數以置中原冠帶之倫。桁楊慘毒。不盡加之亂臣賊子。而偏以施之勞臣任士。臣竊痛之。且諸臣之接跡蒙譴者。皇上或以薦舉不當。疑其黨徇。堯之時。四岳不薦鮌乎。績用勿成。初未幷四岳殛之也。凡銓司一應遷擢。爲聖慮所用。果循資配望。皆當令其啓事如故。庶釐髦無積滯之歎。而似黨似徇亦解矣。皇上或以執奏不移。疑其藐抗。漢帝不從廷尉之請乎。亦以張釋之曰法如是止耳。不特在法吏也。凡諸司風紀成憲爲明問所及者。果引例據典。皆當令其各舉毋廢。庶小人無倖逆之心。而藐抗亦逭矣。皇上或以屬官之失幷罪堂官。然今堂官之外又有局官。故公忠之屬統領以一鳴斥。而端亮之長欲引以去。何如還其堂局之常。可以一事權而課功罪也。皇上誠以官守之故幷罪有言責者。今之有言責亦難矣。言責之中又有官守。身掖垣而務諸曹。精力既若守營。舍封駁而勤差諉。輕重又不測倒置乎。何如專其言責。可定功罪而廣忠益也。皇上以策勵望諸臣。于是多戴罪。然秉鉞之吏。節制之體統多淆。持斧之使。激揚之故事亦隔。夫不開以立功之路而僅戴罪。將戴罪無已時矣。皇上以詳愼望諸臣。于是多認罪。第臣誼過當歸己。而恩亦待察。若不晰其認罪之心而概以免究寬之。幷認罪亦成故套矣。積誤封疆之庸撫。僇之宜也。恐法紀易伸。情面難破。今之建牙者。豈盡感主爵爲苦已哉。封疆有限。庸撫無窮。在不以輕任爲輕僇。侵欺糧餉之墨吏。逮之宜也。恐夷由之侶不皆韓范。胡來而我衄。豈盡以呼庚癸者往哉。皇上宜稍寬大吏。聽其蒐繕。雇私士募死間。又在不以淸吏詘能臣。今諸臣怵于參罰之嚴。帶征餘征。將無民矣。民窮則易與爲亂。皇上寬一分在臣子。卽寬一分在民生。如此諸臣幸無罪矣。臣尤望皇上宮府之際。推諸臣以心。進退之間。與諸臣以禮。申諭中外法守。勿畏勿怵。錦衣禁獄。非有寇賊奸宄不可入。禮待者必不可入。而謂大小臣工不圖報爲茂績安攘者。未之有也。

吏部文選司員外郎牟道行言。會推屬冢臣主持。臣絕不預聞。上以支飾。鐫一級。侍郎傅淑訓署吏部印。

甲申。翰林院檢討楊觀光言兵變。乞登萊酌議蠲租以示優卹。報可。

乙酉。山海關總兵官趙率敎入援。遇虜。戰于遵化中矢死之。

丙戌。建虜圍遵化。奸人內縱火。各奔救。衆潰。巡撫右僉都御史王元雅自經。推官何天球保定推官李獻明知縣徐澤教諭曲毓齡中軍彭文炳守備徐聯芳死之。連陷撫寧。召廷臣于平臺。責邊計無一效。問方略。命廷臣署舉分曹諸試。

起前登萊總兵官楊國棟鎮守通州。責薊遼總兵官朱國彥以退屯三屯營。戴罪自效。

丁亥。遵化報至。人心大震。

翰林院庶吉士劉之綸奏。國家養士三百年。豪杰誰不思望風而自效于闕下者。但此輩不屑奔走于庸夫俗子之前。而又不能夤緣要結以展布其用。若招徠而鼓舞之。則一人可當千百人之用矣。伏惟皇上惕然改圖。破庸俗之調。開功名之門。選任豪杰。凡戰守之方。犄角之術。一切惟其所欲爲。如能決策捍都城。使戎騎不至近郊。予之爵賞。能控通州昌平決戰。不犯山陵。不扼餉道。予之爵賞。又奸宄易生。及今預輯。又上三事。各薦舉選拔將才。運通州天津漕糧。議城守。

日講官左庶子丁進言邊事。

都督大同總兵官滿桂以五千人入援。上召賜玉帶貂裘。封東平侯。請馬三百。

三屯營副總兵朱來等夜遁。總兵朱國彥忿甚。榜逃將名氏于市。散貲享士。北拜。同婦張氏自經。

戊子。巡撫四川張論至瀘州。水西安位乞降。以原貴州土司令請于總督。初朱燮元檄安位。諭以內附。許自新。位疑未決。其羣目某集兵迫脅諸小種。號二十萬。以抗王師。燮元大會諸將。誡之曰。水西地深昧而多山險。谿谷篁箐之間。霧瘴陰雨。莫辨昏旦。林多蝮蛇猛獸。即不戰鬭而兵易疲。且陸不通車。水不渡舟。奉饟者無以達也。我深入陷伏。卒以此敗。困獸之鬭。未可輕也。必屯險要。四面迭攻。漸次蕩滌。使資儲空竭。賊必自斃。自是漸進。邀擊百餘日。斬獲過當。得嚮導。輒發窖粟就食。賊飢甚。斗米五六金。劉養鯤密遣人入大方。焚宮室。懸榜而出。安位大恐乞降。變元要以四事。而欲降者當如先朝制。通九驛。獻故殺王巡撫者及蘭部逋人。幷貶宣慰秩。安位從其二集四十八目出降。誓不叛。變元受之。而水西亦厭兵。再遣使乞降。

己丑。諭諸臣率家人協同城守。給守卒人各五錢。

召戶兵大臣錦衣衞官于平臺。

吏部左侍郎成基命爲禮部尙書兼東閣大學士。直文淵閣。基命力薦孫承宗。立命承宗以少師兼太子太師兵部尙書兼中極殿大學士。督理兵馬。控禦東陲。駐通州。起家陛見。

庚寅。增兵部職方司官。郭士奇爲郎中。劉維禎李孔慶爲員外郎。龔可明主事。俱添註。

召黑雲龍楊肇基及諸廢將。

禮部請立儲。命俟來春。

下禮部作提督軍務勘合。

督師袁崇煥入薊州。以故總兵朱梅副總兵徐敷奏等守山海關。參將楊春守永平。游擊滿庫守遷安。都司劉振華守建昌。參將鄒宗武守豐潤。游擊蔡裕守玉田昌平。總兵尤世威仍還鎭護諸陵。宣府總兵侯世祿守三河。扼其西下。保定總兵曹鳴雷遼東總兵祖大壽駐薊州遏敵。保定總督劉策兵亦至。令還守密雲。又游擊鍾宇中軍王應忠李應元爲右翼。繼張弘謨而進。中軍何可綱游擊靳國臣趙國忠孫志遠陳景榮陳繼都司劉撫民爲中權。繼朱梅而進。祖大壽爲後勍。繼何可綱而進。崇煥居中應援。

辛卯。遣乾淸宮太監王應朝監視行營。諭兵部募智勇。

上御札付提督□□宋尙忠等。凡差官還官出城俱驗放。三日一回奏。

翰林院庶吉士金聲奏。通州昌平爲京師左右翼。宜以重兵犄角。而天津漕糧湊集。防禦尤急。未敢爲見將士足任也。草澤義士曰申甫。朝士多知之。屢薦未用。願仗陛下威靈。同申甫練敢戰之士。爲陛下逐敵東南。上從之。申甫本游僧。善小術。嘗夜觀乾象。云木星入太微垣帝座前。患在踰旬。聲疏入。立召見。利口稱知兵。特授都指揮僉書副總兵。遂作戰車。

上聞援薊各兵入城。命閣臣令兵部議。營城外聯絡犄角。勳戚科道監守城門。

太子太保兵部尚書王洽下獄。洽不習邊事。聞警倉皇無以應。遵化陷再日始得報。上怒其偵探不明。故罪之。

壬辰。勞督師兵三萬金。

遼兵值建虜于馬伸橋。敗之。副總兵周文郁啓督師曰。馬伸橋去薊城二十里。必建虜前哨。其後大陣。我當預計。督師宿東城以待。

以都城懸簾狹薄。下工部尚書張鳳翔及主事史維堡唐昌世于刑部獄。

申用懋爲兵部尚書。翰林院庶吉士劉之綸爲兵部右侍郎。協理京營戎政。給四萬金募兵。金聲兼山東道御史。監申甫軍。給七萬金造車募兵。

令總兵滿桂王威黑雲龍禦敵。宣大總督魏雲中宣府巡撫梁廷棟保定巡撫劉策河南巡撫范景文山東巡撫王建義山西巡撫耿如杞皆入援。而應天巡撫曹文衡總理河道李若星鳳陽巡撫李待問陝西巡撫劉廣生鄖陽撫治梁應澤浙江巡撫陸完學。俱令勤王入衛。

癸巳。建虜晨陷石門驛。殺驛丞。袁崇煥移營城外。建虜以二百騎嘗我。聞砲而退。竟日不再見一騎。

立賞格。購擒斬渠帥。世都指揮使。餘以是爲差。

甲午。袁崇煥偵敵將潛越薊州而西。即西追之。犯薊州。經玉田三河香河順義等縣。皆陷。

丙申。袁崇煥至河西務。議趨京師。副總兵周文郁曰。大兵宜趨敵。不宜入都。且敵在通州。我屯張灣。去通十五里。就食于河西務。如敵易則戰。敵堅則守。崇煥不聽。時命崇煥不得過薊門一步。蓋先有言崇煥勾建虜。而崇煥不知也。

黑雲龍補山海關總兵官。楊肇基補薊鎮總兵官。

命林弘衡盧承業催運通州糧。楊國棟發兵護餉天津糧以漸致之。翟從義呂應仍各守要地。劉策任□解經傳駐通州。

丁酉。孫承宗入朝。袁崇煥抵左安門。時戒嚴。報不即入。漏下。始馳奏建虜薄城下。都人競謂崇煥召敵。上不能無心動。

滿桂侯世祿至京。

命錦衣衛僉書吳孟明與禮部左侍郎徐光啓分練京營兵。

戊戌。遣太監馮元昪等犒軍。訖始下戶部發餉。又命太監呂直勞軍萬金。青鹽千斤。米百石。酒十罇。羊百頭。

順天府尹劉宗周上言。大小臣工。豈無一人足以當信任者。而以情面二字概從猜疑。識者憂之。今日第一宜開示誠心。爲濟難之本。如以不信文臣之故。專付之武臣之手。至文武之途分矣。視舉天下無以託國。而曰舍一二內臣無可同患難者。自古未有宦官典兵不悮國者。不知危急敗亡之日。舍天下士大夫終不可與共安危。皇上亦以親內臣之心親外臣。以重武臣之心重文吏。則太平可致。

建虜營通州北二十里。分向彰義門天津密雲居庸關良鄉固安。

己亥。賜袁崇煥玉帶彩幣六。祖大壽玉帶彩幣四。餘大將各緋蟒衣一襲。戶部給各軍芻粟。已飢再日。私掠。

令參將劉天祿夜襲敵營。至高密店。知有備。不得入。

諭太子少保提督京營襄城伯李守錡協理京營戎政兵部尚書李邦華右侍郎劉之綸料理守禦事宜。特命禮部左侍郎徐光啓翰林院左中允李建泰指授訓練。

庚子。建虜大至宣府總兵侯世祿大同總兵滿桂俱屯兵德勝門。世祿避敵。桂獨戰。城上發大砲。誤傷桂兵殆盡。桂負創臥關將軍廟中。袁崇煥令都司戴承恩擇地廣渠門。祖大壽陣于南。王承胤等陣西北。崇煥陣于西待戰。午刻。敵騎突東南。我力戰。敵卻。而承胤徙陣南避。敵還而西。刀及崇煥。材官袁昇高刃格之而折。獲免。南兵復合。敵稍卻。我力戰。游擊劉應國羅景榮千總竇濬等追之渾河。敵騎多冰陷。殺傷千計。我亦傷失數百人。

乙夜收兵。上賜酒食勞軍。

詔曰。朕惟蠻夷猾夏。自古有之。雪恥除兇。必藉羣力。朕奉天御極。思與華夏蒼赤共躋乂安。建虜本我命夷。憑恃餘惡。憪焉不逞。越遼犯薊。入我邊城。將吏玩法忘戒。致彼蹂躪。逼薄都城。已命六師干掫警備于內。關寧諸兵堵截于外。蠢爾醜類。尙肆咆哮。凡我臣民。共宜蘊憤。乃入衞兵將。自大同宣府保定先至。山西續報至。山東河南延綏已經遣調。尙未速赴。遷延日久。掃蕩無期。赤子虔劉。朕心何忍。茲特詔諭省鎭文武官吏。凡督府有建牙之責。卽選精銳。整器甲。儲糧糗。簡授賢將。星馳赴援。近地撫臣。躬提入衞。不拘部調原額。所部人才有智略出衆。勇力超羣。卽隨軍奏聞。其道將以下及副參游各官。有志負吞胡。才優克敵。及廢閒將領。家丁可當一部者。撫按驗給遣發。京城內外。不論官士軍民。能募士出奇。或夜劫營。或焚攻具。論功敍賞。朕無所靳。若奉調兵將。逗留不前。專閫秉鉞。坐視罔聞。逮問懲處。有祖宗之法在。

辛丑。刑部尙書喬允升薦故都督馬世龍。故御史吳阿衡。上從之。卽釋獄復官。世龍殺敵自效。阿衡監軍。

壬寅。開德勝門甕城。休滿桂餘兵。

癸卯。建虜徙屯南海子。薄暮。命督師進兵。

甲辰。召袁崇煥祖大壽滿桂黑雲龍及兵部尙書申用懋于平臺。崇煥不自安。留中使于營。自青衣玄帽入。先張皇敵勢聳朝臣。冀成欵議。見上亦然。上慰諭久之。崇煥懼上英明。終不敢言欵。第力請率兵入城。不許。賜貂裘銀盔甲。滿桂解衣示創。上深閔之。俱同出。

丙午。袁崇煥求外城休士如滿桂例。并請輔臣出援。不許。

丁未。建虜攻南城。官兵拒卻之。

都察院都事張道澤論兵部尚書王洽協理京營戎政兵部尚書李邦華。邦華以放砲誤傷軍士。遂罷。

戊申。袁崇煥遣鄉導任守忠以五百人持砲潛攻建虜于南海子。建人稍遁。

己酉。改李成名兵部左侍郎。添設。

錦衣衛□□劉僑提督東司房。

庚戌。召大臣于平臺。

是月。巡撫陝西右僉都御史劉廣生奉命入援。適子疹。對督糧道洪承疇商雒道劉應遇而泣。留八日始行。至陝州。命急殲流孽。不必入衛。時流盜混天王等擾延川米脂清澗等縣。起前總兵杜文煥委剿。參將李重榮副之。初賊至清澗田莊堡。參將石在廊與戰。手刃數賊死之。

十二月辛亥朔。司禮太監沈良佐內官太監呂直提督九門及皇城門。司禮太監李鳳翔總督忠勇營。提督京營。

召袁崇煥祖大壽滿桂黑雲龍于平臺。崇煥方遣副總兵張弘謨等躡敵。聞召議餉入見。上問以殺毛文龍。今逗留何也。並不能對。命下錦衣獄。賜桂等饌。隨遣太監車天祥慰諭遼東將士。命滿桂總理援兵。節制諸將。馬世龍祖大壽分理遼兵。桂前被流矢。視之皆袁軍矢也。崇煥固自任滅敵。一旦胡騎充斥。惟死戰庶足贖。而值敵輒避去。或謂其貽糧芻食品物論藉藉。是日。敵移營而南。

談遷曰。當滿桂戰敗時。謂督師對壘不發一矢。非也。桂戰都城北。崇煥戰都城南。頗有殺傷。第先後間縱敵貽患。方在薊州。獨不能躡其後掩襲之耶。聞石門驛一小砦。驛宰某率士人壘石塞徑。被攻終日而陷。苟矢志勵衆剪其零騎。俾斂寇不敢散掠。遏其鋒于通州。決一血戰。無鳴鏑都門之下。庶免于戾。而崇煥智不出此。豈刃在其頸不覺冥蹈之耶。至謂召敵脅欵。此無心胸者爲之。崇煥當不其然。但敵鋒方銳。冀盟城下。如唐渭橋之事。稍逭目前。則崇煥微意有在。然亦愚矣。易曰。負且乘。致寇至。然與非與

南居益爲工部尚書。錢春爲戶部左侍郎。督理邊餉。曹珍康新民爲右侍郎。新民督理錢法。

壬子。建虜陷固安。蓋奸人導之自良鄉至也。典史朱德死之。知縣麻城劉伸遁走雄縣。後遣戍。初陷良鄉。知縣党還醇典史史之棟欵諭安上達訓導李廷表驛丞楊其禮死之。

襄城伯李守錡奏城上懸簾未備。命杖工部郎中許觀吉管玉音朱長世周長應。下錦衣獄。觀吉長世創重卒。

諭各營曰。袁崇煥自任滅胡。今胡騎直犯都城。震驚宗社。夫關寧兵將。乃朕竭天下財力培養訓成。遠來入援。崇煥不能布置方略。退懦自保。致胡騎充斥。百姓殘傷。言之不勝悼恨。今令總兵滿桂總理關寧兵馬。與祖大壽黑雲龍督率將士同心殺敵。各路援兵俱屬提調。仍同馬世龍張弘謨等設奇邀堵。一切機宜。聽便宜行事。

癸丑。皇次子慈烜生。中宮出。

甲寅。給申甫新兵。所募多市乞。識者知其必敗。

遼東兵潰。遼兵素感袁崇煥。滿桂與祖大壽又互相疑。大壽輒率兵歸寧遠。遠近大駭。初召逮崇煥時。大學士成基命睨大壽心悖狀。因頓首請愼重者再。敵在城下。非他時比

楊士聰曰。己巳之變。自嘉靖而後僅再見焉。但士馬物力。仍足相當。袁督師初至一戰。人心始定。迨後鈐制諸將。不爲無見。而袁爲人疎于大璫。少所結好。毀言日至。竟罹極刑。厥後滿桂總督。一戰而敗。安見鈐制諸將爲非宜哉。乃都民亦羣然以爲奸臣賣國。此等事人多不敢言之。

乙卯。兵部左侍郎閔夢得爲尚書。協理京營戎政。

修賦役全書。

丙辰。煮粥賑饑民。

諭孫承宗曰。朕以東事付袁崇煥。乃胡騎狂逞。崇煥身任督師。不先行偵防。致深入內地。雖兼程赴援。又箝制將士。坐視淫掠。功罪難掩。暫解任聽勘。祖大壽及何可綱張弘謨等血戰勇敢可嘉。前在平臺面諭。已明令機有別。乘軍有妙用。今乃輕信訛言。倉皇驚擾。亟宜憬省自効。或邀賊歸路。或直搗巢穴。但奮勇圖功。事平論敍。夫關寧兵將。乃朕竭天下財力培養訓成。又卿舊日部曲。可速遣官宣布朕意。仍星馳抵關。便宜安輯。大學士成基命奏以袁崇煥手札招大壽。又條上規畫。上俱從之。

丁巳。兵部□□主事錢元慤改吏部驗封主事。

少師兼太子太師兵部尚書中極殿大學士督理軍務孫承宗奏。遼兵東潰約萬五千人。自通州南趨張灣。臣聞之。亟手札慰諭祖大壽。并傳檄三軍。令游擊石柱國飛騎追之。僅及其尾。弓刀相向。柱國力諭諸將校。亦多垂涕。但曰主將已僇。又火砲殲我。故遂至此。柱國又前追大壽。遠數十里。諸將校且泣且戒。柱國奮不顧。臣思大壽危疑之甚。又身貴不能受制同列。故乘吏卒驚疑。全軍盡潰。陷人以自護。非諸將盡叛也。宜亟敕關內關外兩道慰諭將領。解散士卒。大開生路。以收人心。上從之。大壽抵山海關。宣聖諭。吏卒乃安。因令堵截建虜歸路。自是大壽稱疾。不復視事矣。

錦衣衛□□史世載提督西司房。

戊午。金之俊爲大理寺卿。孫居相爲戶部尚書。總督倉場。

禁抄傳塘報。

壬戌。禁婦女出城。

癸亥建虜夜傳矢固安。趣諸部合戰。明日出良鄉。棄婦女亡算。

甲子。孫承宗至山海關。

丙寅。許梁廷棟陛見諭勳戚大臣助馬騾。

張懋忠爲錦衣衛南鎭撫司僉書。

江西道御史高捷劾大學士錢龍錫曰。袁崇煥罪案已明。臣不必言。獨發蹤指示之錢龍錫。不勝傷心之痛。前逮崇煥時大壽口不稱冤。兩日後颺去。此非龍錫崇煥挑激之哉。崇煥之殺毛文龍也。龍錫密語手書不一。崇煥疏有龍錫低回私商之語。可覆按也。又崇煥與王洽書言建虜屢欲求款。廟堂之上。主張已有其人。又云文龍能協心一意。自當無嫌無猜。否則斬其首。崇煥效提刀之力。龍錫發推刃之謀。宜今日龍錫皺眉疾首。不得不作同舟之救也。有旨輔臣佐理忠順。豈有是事。龍錫亦奏辨。

陳盟曰。或者謂文龍不殺。建虜未敢深入。崇煥欲與和。反受其間。貝錦之譖。雖爲毛黨造成。而崇煥專殺。適自階禍。可慨也夫。

丁卯。設文武經略。以梁廷棟滿桂爲之。各賜尙方劍。營西直安定二門。桂始屯宣武門。甕城內。謂敵勁援寡。未可戰。中使趣之亟。桂不得已揮涕而出。以五千人同孫祖壽等戰安定門外。並敗沒。麻登雲黑雲龍被執。申甫以七千人戰柳林大井蘆溝橋。亦敗沒。都人大懼。

刑部囚逸百七十人。卽獲之。

廣東道御史劉廷佐遣家出城。鐫一級。守門刑部右侍郎朱世守鐫二級。

戊辰。諭刑部閱囚。

薊州城東南角樓火。

霸州道周詩棄城走。命逮之。

己巳。奪刑部官俸三月。

壬申。大學士錢龍錫引疾去。

楊士聰曰。毛文龍之死。何所關于成敗之數。自袁敗而議者執以爲辭。于是連及龍錫。逮獄論死。初。華亭陳繼儒曾贊成誅毛帥之議。錢既論死。其家子弟日至陳家詬厲也。辛未大旱。釋死罪六臣。龍錫與焉。使其當近日韓城宜興之間。豈復有餘生哉。乃知人主用法以漸而手滑也。

癸酉。巡撫山西右副都御史耿如杞總兵官張鴻功援兵潰于良鄉。援兵皆沿邊勁卒。竄走剽掠秦晉間。李自成與之合。衆至萬餘。推高迎祥爲首。稱闖王。自成爲闖將。

建虜陷張灣。守備房可宗遁。

召周延儒李若星李成名羅喻義吳阿衡趙延慶喻思恂于平臺。

甲戌。兵部右侍郎劉之綸以二萬人出京禦敵。

乙亥。總兵官馬世龍值建虜于良鄉。

進馬世龍武經略。賜尚方劍。

丁丑。建虜陷香河。殺知縣任光裕。攻三河不克。

戊寅。攻寶坻。知縣史應聘拒卻之。

刑部尚書喬允升侍郎胡世賞敖維榮下錦衣獄。

禮部□侍郎周延儒爲禮部尚書兼東閣大學士直文淵閣。

己卯。總兵官祖大壽奏逃遼兵入援始末。上諭之復還化援遼。

建虜陷玉田。知縣楊初芳降。

庚辰。何如寵錢象坤並爲禮部尚書兼東閣大學士。直文淵閣。夜漏二十刻。進辭表。得旨趣受事。

兵部右侍郎劉之綸求入通州城。戶部主事林弘衍參將魏都梁不納。即道掠。

是年。御史□□□追卹故經略袁應泰殉遼陽之難。詔議卹。久之。應泰子貢士楷奏父死事狀。幷上其臨難遺疏云。臣受命渡遼之日。見人心不固。逆知遼事不可爲。是以有葬遼之疏。今建虜攻遼十九日。殺敵頗多。二十日固守。二十一日力竭而死。乞聖明收拾人心。爲恢復計。臣臨死垂泣。不知所云。上閔之。予祭葬。贈謚。

交會莫敬寬送岑繼綱還歸順。撫臣以綱嗣職。土目韋登猶祖岑繼常。陰圖內難。撫臣檄中軍黃金玉擒登禁之。始定。

# 國榷卷九十一

庚午崇禎三年

正月辟朔。四方霾晦。

壬午。宋偉以原官爲總兵官。鎮守山海關。同梁廷棟馬世龍征進。王國梁以原官爲總兵官。鎮守山西雁門等關。領山西援兵。列營防禦事平回鎮。

故庶吉士張星進鉛藥。

刑科給事中王鳴玉以失糾刑部逸囚譴。

命卹故都督滿桂孫祖壽趙率教彭守印李標。時兵部職方司郎中余大成以緩奏奪太僕寺少卿加銜。兵科都給事中張鵬雲鐫一秩。

建虜東趨永平。夜抵宋莊。距城五里。初袁崇煥留□□楊春千人守永平。滿庫五百人守遷安。

癸未。禮部尚書兼翰林院學士李騰芳禮部右侍郎兼翰林院侍讀學士李孫宸回部。韓繼思爲刑部尚書。張愼言爲刑部右侍郎。

刑部郎中陳臣忠鐫三級調外。晉承眘等八人奪歲俸。員外郎蔣紹煃奪俸五月。袁養和奪俸三月。時逸重四三人。

御札設大砲城上。

趣總督楊春茂赴任。毋面辭。

諭卹故副總兵申甫。

甲申。召戶兵工部尚書各科于會極門。令註銷案牘。各委給事中一人查理六曹。勒期奏報。

左庶子丁進言政府蒙蔽。引用匪人。降三級。補左贊善。

諭兵部。傳文經略梁廷棟。遣偵騎遠探。如敵尚留昌平等處。卽合剿。如絕跡。卽督各將截于薊東。約樞輔孫承宗督同祖大壽于三屯營豐潤間聯絡犄角。四面蹴之。毋令間道繞掣我後。戶部卽催外解。收買糧芻。工部市硝黃鉛藥。製砲甲戰車。太僕調備馬匹。京營選將領輕騎巡警盜賊。京畿西山慰遣良弱寧家。張慶臻督通煤道。順天撫按招撫流移。寬卹凋瘵。良鄉編派民壯。添設火器。

南京兵部右侍郎傅振商等入賀元旦。爲道梗。疏聞。命徐入。

建虜陷永平府。先有人伏文廟承塵上。晨登城。守將楊春反。導之。兵備道副使鄭國昌知府張鳳奇推官盧成功盧龍教諭趙允殖東勝衛指揮張國翰武舉唐之靖等死之。國昌先令諸生擊楊春死。中書舍人廖汝欽故副總兵焦延慶守備趙國忠諸生韓原洞等俱力戰沒。中軍程應琦罵賊被殺。建虜登城。卽召故漢兒莊副總兵楊文魁曰。昨歲三月。囑若內應。何至今費我三日力乎。鞭之三百。廢將孟喬芳戶部員外郎陳此心同知張萬壽諸生宋應元首降。于是鄉紳布政白養粹行人崔及第兵部職方郎中賈維鑰□□卜文煐俱降。明日焚東門。授白養粹巡撫。永平都察院右都御史。崔及第永平兵備道副使。盧龍知縣張養初爲永平知府兼縣事。同知魏君謨爲灤州知州。命養粹等覈郡縣庫。二萬二千餘金。粟六千餘石。豆三千石。芻萬束。建虜欲發掠各官。說止之。小憨□酋至東岳廟。故總兵麻登雲侍側。勞孟喬芳等貂裘各一。鼓吹而入。小憨尋東行。留子某稱留守王府。命括城中金帛。以諸生廖師周物粗惡。杖之。籍其家。同知楊爾俊辮髮不中程。斬之。選巨室女。白氏崔氏預焉。白有殊色。養粹女。特飾獻者。又遣聘遷安兵部左侍郎郭鞏女。鞏遁。拘其妻以來。餘縣昌黎撫寧樂亭等力守如故。
丙戌。逮遵化游擊趙宗普。以私逃也。
命瘞城外戰士遺骸。
諭戶部。括京師官民牛驘運米于河西務。給驢費。事平敍賚。
兵科都給事中張鵬雲言。敵騎內犯半月矣。諸臣所料理。如通州津要。昌平山陵。人人皆知其必犯。而不見布置之方。遵化以南有豐潤。稍北平谷。皆屬間道。未聞奇伏。偵騎不下三百。而敵之多寡杳然。則司馬之責也。各援將如雲如雨。日費本色數千石。折色數千金。今果沛然有餘乎。不即求接濟。則司農之責也。最亟莫如火砲而鉛石滾木等。或闕或少。則司空之責也。
丁亥。文經略總督援兵。兵部尙書梁廷棟回部。
內官周世德降南京淨軍。
都察院請遣巡倉御史。不許。
戊子。灤州陷。知州楊濂迫于搜兵自刎。太僕寺卿馮運泰先遁。
刑部主事陳垣奎奪歲俸。
南京提督大教場都督□□總兵官陳洪範入援。以洪範東人。止之。
建虜攻撫寧四日不克。撫寧去山海關三十里。先以參將黃維正力守之。轉攻昌黎。還永平。
己丑。劉之綸報敵兵分往永平遵化。屯遵化三千餘騎。自東門連營至漢兒莊。臣駐薊州。俟兵到移三河。求催通州糧以濟。總兵馬世龍亦至。
建昌中軍白衍慶以白養粹義子。遂勸主將馬光遠降。

庚寅。逮薊遼總督劉策總兵張士顯涿州知州陸燧。後獄上。論死。

前尙寶司卿原抱奇劾大學士韓爌招寇。鐫抱奇一級。

辛卯。先是陝西邊盜王子順號左掛子。苗美連逃兵掠綏德。敗參將石在廊。衆至三四千。南下圍韓城。破前鋒鎭。總督楊鶴會巡撫劉廣生調兵。

逮巡撫山西右副都御史耿如杞總兵官張鴻功。

命協理兵部右侍郎劉之綸追敵。及于遵化。如回兵逆戰。

癸巳。兵部揭奏近旨禁塘報密奏抄傳邸報寂寂。或覽者謂本部袖手視變。漫無事事。非其情實。臣不敢不白。

乙未。兵部言各省都司入賀元旦不卽進。命指參之。

大學士韓爌致仕。賜金幣。行人孔聞標護行。

巡撫河南右僉都御史范景文入援。命守涿州。時涿州參將孫潭守涿州。畏警。率衆託言追敵而逃。下臺訊。

丙申。總督陝西楊鶴等至郃陽。解韓城之圍。斬三千級。賊遁。復犯淸澗之華家寺。奔懷寧河。官兵追逐數十里。王子順以百十二人降。總兵杜文煥受之。苗美分二部走宜川安定。官兵斬七十級。更降三百十二人。餘大奔苗美叔苗登霧復殺差官褚國恩等。嘯聚于安定。仍掠鄜州中部宜君。分巡河西道蔣士忠總兵杜文煥擊賊敗之。副總兵李鄎都司艾穆等兵大集。賊黨黃虎復乞降。

戊戌。巡按直隸御史董羽宸奏。殉難香河知縣任光裕良鄉知縣党還醇典史史之棟。敎諭安上達。訓導李廷表。驛丞楊其禮。宜卹。光裕還醇各贈光祿寺丞。之棟等各給郵符歸其喪。贈之棟良鄉主簿。

建虜東向。遣二騎持幟致書祖大壽求和。孫承宗斬之。建虜遂西。承宗令游擊劉天祿設覆以待。

庚子。建虜屯永平城外十里。我伏兵雙望。參將孟道等誘至孛羅嶺。伏發。大敗之。斬百四十九級。兵氣少振。

劉之綸報石門伏地砲殪虜千餘人。

壬寅。候補參將周應乾奏釋罪撫王化貞謂妄托。下兵部論罪。

廣東西洋澳夷陸若漢進大銃。

協理京營戎政兵部右侍郎劉之綸屯遵化之娘娘廟山。敵望而射之中矢死。總兵馬世龍在薊門不援。劉氏一軍俱沒。初巡按直隸御史董羽宸言之綸不任戰。上責之而之綸領新兵。初募四萬出彰義門。已佚其半。素無紀律。特嚚擾。以及于敗。之綸字元誠。四川宜賓人。崇禎戊辰進士。改庶吉士。上書超拜今官。贈兵部尙書。廕錦衣衛指揮僉事。予祭葬。

高汝栻曰。劉之綸以小官驟蒙知遇。非常之値也。驟畀崇銜。非常之舉也。書生而驟許談兵。望之殺賊。亦非常之責也。受非常之恩。宜償以非常之報。是以壯心一往。不恤輕進。勢雖搶攘。必不欲與賊俱生。若人人而公也。則天下多立功報國之士矣。惟貪生畏死。所以藏頭蒙面。託言持重。不敢一言及戰耳。以是責備公者。謂死天下事易成天下事難。雖死而無益于事。雖死何益。果爾。高枕不問。任虜來往。于身得矣。其若國計何。

談遷曰。方建虜發難時。劉司馬抱趙貞吉之憤。投筆請纓。兵將俱非素習。名據其上。而勢已輕矣。潰決不支。委七尺于荒城之外。司馬卽無憾。得不灰任事者之氣乎。擢士爲將。得不償失。雖爲時所譏。要亦慷慨負奇者流。語曰。士非玉璧。談者爲價。其劉司馬乎。

癸卯。李康先改吏部左侍郎。管右侍郎事。仍加二品服俸。韓策爲刑部右侍郎。

張鳳翼爲兵部尙書兼右副都御史。總督薊遼保定軍務兼理糧餉。洪承疇爲右僉都御史。巡撫延綏。贊理軍務。仙克謹爲右副都御史。提督雁門等關。巡撫山西。

宣府總兵官侯世祿以恇怯劾免。

建虜攻昌黎三日。知縣左應選守備長安石柱國拒却之。多殺傷。遂引去。昌黎小邑。獨抗賊。人壯之。遂超應選兵備僉事。

甲辰。都督王威提督團練。

乙巳。都督僉事董繼舒爲鎭朔將軍總兵官。鎭守宣府。

丙午。遷安故兵部左侍郎郭鞏逃入京奏乞師。自訴有書卻聘。上問其書云何。鞏錄呈。多仿謝枋得語。兵部尚書梁廷棟劾其稱大金非法。命下獄論死。久之。減戍廣西。

談遷曰。郭鞏嘗排周宗建。致隸丹書。其人褊激。非宵壬傾險者也。塵沸鄉閭。妻女爲辱。忘家告急。效秦墻之哭。一語倉卒。徽文刺譏。幾陷大逆。因謬書以快夙釁。死灰更溺。嘻。其甚矣。郭氏可死。彼白養粹輩不識何以寘之。抑無以服郭氏心也。

丁未。左應選同祖大壽追建虜于燕河等處。多斬馘。自是諸路敢戰。大抵非建虜。乃插漢零部也。時建虜潛師飽颺。官兵無聞焉。

罷兵部左侍郎程正己。工部左右侍郎畢茂良劉可法。

戊申。瑞安大長公主薨。

己酉。時議中外七品以上官捐俸助餉。上不許。諭吏部都察院曰。設官圖治。詔祿養廉。朕方以潔己奉公望諸臣。而尙廪盡捐。豈此外更有入孔乎。諸臣果眞心爲國。興利剔弊。朝廷受益。何必捐助。朕今與諸臣約。國家自有經制。自有正供。諸臣能嚴核侵冒。杜絕漏卮。淸償夙逋。復完舊額。則太倉自盈。司空何詘。若大小事情。俱從君父起見。必忠必力。毋圖身家之利。而貽害公家。此卽福國經邦第一策。朕又安庸鰓鰓憂財用乎。倘猶是沿習不變。朘民肥橐。欺侵公課。修媚贈遺。此不忠之尤。病國之最。朕覺察所及。定置重典。以儆積偷。惟爾諸臣。其憬思之。

談遷曰。既諭止捐助而捐助者後且不絕也。則前諭如弁髦矣。時廷臣倶例進。獨順天尹劉宗周謂養廉不可廢。眞一時矯矯也。

庚戌。以去夏逮故刑部尙書薛貞未至。謫刑部郎中曹師稷王繼廉。其員外郎余昌祚鐫一級。主事楊整綱鐫二級。

命順天撫按令各屬課農。其殘破處仍勸相給種。寇難擾民。失業廢時。朕深軫念。爾撫按等官。宜加意拊循。稱朕德意。

是月。祖大壽遣參將張存仁帥騎兵都司劉雄帥步兵守樂亭昌黎。協將王維城守臺頭營。副總兵何可綱守石門。馬明英守燕河。各上首功。蓋山海關西南撫寧昌黎樂亭三縣。城西北則石門臺頭燕河三邊城。倶灤永要徑也。六城固可以合剿。寧前道兵備副使孫元化安輯關外八城。斬獲首虜八百有奇。關遼無虞。督師孫承宗令祖大壽戍開平四百人。關內道副使王楫署都督僉事朱梅謀復建昌。而建昌守將孫承業千戶蔣若惠參將畢尙信等密通欵。承宗令朱梅犒燕河臺頭兵。祖大壽以都司陳可立等隨往安撫。并購歸正人。

三衞屬夷爲建虜請欵。

巡撫陝西劉廣生甘肅巡撫梅之煥及總督楊鶴。遣五路總兵吳自勉尤世祿楊麒王承恩楊嘉謨等先後率兵萬七千人入衞。

延綏總兵吳自勉領榆林兵。沿塗徵馬。又逗留賄放兵騎。巡撫張夢鯨恚死。

邊盜王嘉胤陷府谷縣。

西虜插漢虎墩兔憨以十萬騎抵宣府脅賞。原議四十萬金。止括八萬予之。

二月辛丑朔。予故都督滿桂孫祖壽趙率教祭葬。滿桂謚□□。立祠祀之。

壬子。進祖大壽太子太保。

翟鳳翀爲戶部左侍郎兼右僉都御史。總督薊鎮軍務兼理糧餉。巡撫順天。

寧夏征西將軍總兵官尤世祿陞見命兵部立調遣。

甲寅。逮湖廣府推官許惠一。以貪暴不法也。

乙卯。吏部尚書王永光薦諸臣邊才王之臣石聲諧曹文衡翟鳳翀王之采王繼謨。

昌黎知縣左應選加山東按察僉事。

張顯謨爲征西將軍都督總兵官。鎮守寧夏。

丙辰。製皇太子冊寶。

程啓南沈演爲工部左侍郎。演兼右侍郎事。李成名宋槃爲兵部左右侍郎。王國楨爲添設右侍郎。易應昌爲左副都御史。

丁巳。官軍復建昌。誅叛人白衍慶郭毓偉趙定國等。

戊午。祖大壽入建昌。敵大至。繞城而戰。連旬。斬一百八十餘級。

己未。日講官□□□□丁進罷。

庚申。冊立皇太子慈烺。遣太監惠進皐栗宗周張應朝于潤世通書各王府。詔曰。朕惟自古帝王。嗣大曆服。長治久安。莫不首重建儲。所以定宗祧。隆國本。凝天眷而繫人心也。我祖宗列聖相承。德祚緜洽。率繇兹道。以裕貽謀。朕祗紹丕基。兢懷付托。乃荷皇穹眷祐。胤嗣早開。長子慈烺。睿託坤元。祥鍾震一。中外起敬承之頌。天人表協應之符。昨歲文武臣民。疏請再三。舉行冊禮。而朕以子方襁褓。謙讓未遑。兹屆青陽載仲之辰。正值蒼巽誕彌之月。禮官復申前請。衆志誠難固違。爰攷舊章式諏吉日。祗告于天地宗廟社稷。授册寶立慈烺爲皇太子。以仰承累葉無疆之緒。俛慰兆人胥戴之情。大典告成。環垓同慶。所有寬恤事宜。條列于後。云云。於戲。位定承乾。恩覃甲巽。惟嫡惟長。萃全盛而衍重熙。是錫是敷。保庶民以歸皇極。播告天下。咸使聞知。

官軍復遵化。

癸亥。進李標少保戶部尙書武英殿大學士。成基命周延儒何如寵錢象坤並太子太保文淵閣大學士。孫承宗太子太保。並廕中書舍人。賜金綺。已馳諭承宗曰。卿元老壯猷。中外倚毗。朕關事委卿。付託甚重。近日敵躪永平。妄窺山海。卿當審機禦制勝萬全。總兵祖大壽前鋒挫敵。軍氣已揚。茲發二萬金犒關寧軍士。朕訓養有年。必能奮勇殲虜。祖大壽等赤心鼓愾。朝論共推。卿還宣布朕意。徧諭三軍。朕念卿與諸將吏折衝勞苦。日廑于懷。卿須間道遣人飛報情形。以便彼此策應。上又遣鴻臚寺丞董用極渡海勑勞祖大壽等。幷發虬鱗甲紵之屬千餘賞功。

司禮太監宋晉王永祚李鳳祥郝晉儒曹化淳各廕錦衣衛指揮僉事。內官太監李承芳廕正千戶。

乙丑。兵科給事中陶崇道言。梁廷棟在通州奏遵化三屯營易復。良鄉固安虜難破。自謂料敵神算。今難者易。易者難矣。又漕運總兵久不用勳臣。靈璧侯湯國祚等乘多事覬位。廷棟故爲兩可伺旨。大臣固如是乎。

丙寅。起高弘圖左僉都御史。許如蘭爲右僉都御史。整飭薊州邊備巡撫順天。蕭毅中爲右僉都御史巡撫南贛汀韶。

丁卯。諭吏部曰。國家用人。惟求事理民安。庸鄙之徒。不堪內外。若拘資俸。其人得矣。如國事蒼生何。且薦舉必甲科。通判多不肖。以及堂司隱弊。勢要關說。諸如此類。條議來奏。

建虜又大至建昌。官軍擊斬八十一級。

工部員外郎陸澄源劾都察院左都御史曹于汴。不問。降澄源順天府照磨。杖□□□□方應明六十。削籍。以濬河不力見劾。

謝陞爲吏部右侍郎。

刑部在繫霸州道□□周詩自經。刑部□□顧燕貽鐫一級。

己巳錦衣衛南鎭撫司僉書張道濬言。臣里居聞警入衞。道見吏部郎中龔世法御史劉芳乘傳入京。中道退避。又前御史毛羽健所奏五問。殆專爲袁崇煥地。命逮世法芳。

庚午耿如杞張鴻功獄上。論死。

辛未周邦基張捷爲大理寺□少卿。米萬鍾爲太僕寺少卿。

皇次子慈烜殤。後追封懷隱王。

壬申陳仁錫爲左春坊左諭德兼翰林院侍讀。謝德溥爲國子司業。魏尚寶爲右通政。

癸酉故□□□□郭廣贈太僕寺少卿。

甲戌劉策張士顯獄上。論死。

丙子代府宗人鼐祿遮巡撫張宗衡輿大譟。

戊寅巡撫陝西右□都御史宋槃憂去。

先是禮科給事中葛應斗言。我太祖諭足民食在禁末作。足民衣在禁華靡。四民各守其業。不許游惰。民家不許錦繡。誠有鑒于治源。爲萬世程至明也。承平既久。風俗日侈。器服裝飾。樂舞音容。通于王公。達于衆庶。恥儉約而愚貞廉。男則女飾。女則道裝。嗟嗟。貧民八口。終歲勤動。水旱正供。苦難卒歲。而富商大賈。操奇贏利。獲倍于農。金生粟死。管子所歎。我皇上首罷織造。減珍羞。節儉以先天下。豈容臣庶侈靡踰制。宜嚴禁之。報可。禮部覆曰。近日胥吏峨冠切雲。僮隸倡優錦綺曳地。朱碧紅紫。刺繡縈組。日異月新。一倡羣效。以至居室器用。無不夸奇豪貴。一筵抵窮民歲費。無惑乎公私匱竭。財用日耗。簠簋多不飭也。謹遵明旨逐欵開具。一定品官士庶巾帽及品官輿馬蓋扇。一定士庶妻女衣飾。一定品官士庶房舍。一定僧道尼姑不許紵絲紬絹紗羅。一定官吏士庶之家牀榻椅褥。一定官吏宴會器皿用古銅器。一禁民間賽會。

己卯。候降刑部郎中陳臣忠求回籍。不許。謂謫官未補覬俟陞遷。俱禁之。

庚辰。禮部請故兵部尚書趙彥卹典。以前撫山東。釀寇冒捷。不許。

是月。督師孫承宗以七百騎援總兵楊肇基于三屯營。擊斬百三十四級。肇基合擊建虜。又斬六十六級。

三月辛巳朔。大學士李標罷。

吏科都給事中陳良訓言。祖宗設六科五十人。各道御史百有十人。歲二八月科陞正一人。閏一人。外一人。道陞正一人。閏二人。外二人。合百六十人。浹歲而十陞其一。正陞論俸。閏陞論資。年來降調接踵。資俸陞者無幾。伏祈皇上察科道除二八月外無陞期。除正陞閏陞外無陞法。乞賜題補。

左副都御史易應昌署院事。

壬午。建虜千騎抵房山。有二人呼城下。則良鄉萬千戶子□及千戶弟寶。出僞檄招降。卻之。已萬千戶至。云都督楡林臧調元降敵。以房山陳效忠前任延安府同知時有隙。調元感勵求相見。亡何。率百騎通刺。舊治生效忠答以侍教生。又一騎大呼曰。房山是金大定年設縣。以護祖陵。爾官吏宜出迎。知縣楊齊芳力拒之。彼持斧來攻。諸生李元勳彌愈曹耿源下城說之曰。既近祖陵。人民不宜加害。騎引去。隨傳辛卯祭陵。及期果一二千騎經城北。呼諸生八人陪祭九龍岡。蓋金章宗墓也。典生金榜臣亦往。申刻敵退。

禮部請正文體。從之。

故御史劉芳下獄。

督師大學士孫承宗言。皇上命梁廷棟調度各鎮援兵。仍令回部受事。令勿推督兵大臣。夫此大臣不過加武臣之掣肘之上又加掣肘。增文臣之觀望之中又增觀望。況督將多徼倖成功。先立意見。爲卸過之端。故無好承之先着而徒咎任事之違令。如今止以布置之概爲調度。則廷棟與臣書言關永戰守。言糧餉水運。言奇正布置略具。此臣所能。亦中樞所能也。如控縱疾徐。斟酌淺深。則中樞所不能。亦臣所不能。何也。兵交原野。受計幃幄。變在須臾。謀定千里。勢有所不可。非獨才有所不能也。乞皇上察臣之言。止于中樞調度諸將。至可進可止。可守可戰。令監紀諸臣隨在調戢。既無掣肘。安得觀望。上是之。

鑄管理薊鎮陸運餉關防。

癸未。敍甘肅累捷功。總兵官董繼舒進都督同知。陳洪範右都督。張顯謨都督僉事。徐永壽署都督同知。張爾奇署都督僉事。授柳紹宗副總兵。加劉國棟吳三畏副總兵。餘文武陞賞有差。

甲申。故□□□□韓獻明贈光祿寺少卿。廕子入國子監。

國子祭酒顧錫疇以庚午秋闈。皇上首科。請廣制額。從之。

吏部左侍郎孫居相言。邸報馬蘭路參將張萬春通建虜。爲之鄉導。萬春本都人。居月牙巷。曾任京營千總中軍大號頭等官。乞下巡城御史搜萬春家。從之。

復故大學士張居正二廕。

御史朱泰禎以柬囑吏部文選司主事解學夔事發。學夔調外。謫泰禎□□知事。

乙酉。下郭鞏錦衣衛獄。

起閔洪學都察院左都御史。仍太子太保。王之寀都察院右都御史。兼管兵部右侍郎事。

丙戌。南京戶部尙書鄭三俊言六事。預積蓄。廣事例。通權變。議勸輸。議搜借。議贖罪。

工部主事李逢申言用人聽言。宜悉宜確。刺大學士李標成基命謀國無能。又梁廷棟司道之才有餘。中樞之才不足。

丁亥。謝陞爲吏部右侍郎。

戊子。刑部尙書韓繼思削籍。罷左侍郎張愼言。以耿如杞獄上輕擬也。

臨洮援兵露宿安定門外。闌入民舍大鬨。聲砲。都人以寇至驚亂。尋定。

御史徐尙勳劾吏部尙書王永光有三當罷五不可留。

建虜擾建昌。都督朱梅遣劉邦成。都督祖大壽遣劉應選力拒之。

兵部尙書梁廷棟議調東江兵于寧遠錦州。分關外兵于薊門。督師大學士孫承宗言。東江原爲牽制之用。但據非其地。若移于要害。足成牽掣。且可圖大。其兵其民實十餘萬。兵來則民不獨留。以船渡恐不能急應。且爲邊防計。在遼鎭不宜全用遼兵。又安可用之薊門也。雖遼民無可疑。事久變生。一倡百和。合兩邊二三千里。宜防于始。上從之。命副總兵茅元儀陳繼盛周文郁往龍武中左右協牽制東江。

戶部員外郎陳此心逃自永平。命法司訊之。後戍邊。

臨洮總兵官王承恩陛見。

貴州都司陳謙等攻□□叛苗。敗之。

己丑。前軍都督府火。

□□□錢繼登託疾規避。逮之。

庚寅。胡應台爲刑部尙書。韓策涂國鼎爲左右侍郎。

許兵部□侍郎王國楨終制。
辛卯。祖大壽進兵石塘村擊建虜走之。
壬辰。吏科都給事中陳良訓調浙江右參政。御史田時震調江西參議。黃仲曄調撫州知府。
巡撫山東右副都御史王從義劾免。命范景文還河南
上聞兵部主事王建侯才。特命賫餉甘肅。
癸巳。左副都御史易應昌糾御史史𡌴狂悖。奪𡌴俸六月。
工科右給事中顏繼祖言諸臣捐助。原未有銀。先以數聞。或隔一二月至。或累月不至。何濟于急。請令通政司遇撫按奏報捐助驗無實銀不得封入。從之
甲午。進王永光少保兼太子太傅。賜金三十。紵絲二。劉遵憲袁可立魏應嘉各金二十。余大成仍加太僕寺少卿。薛國觀各金十五。葉大受劉永祚孫元化各金十。以卻敵也。永光辭不受
乙未。魏光緒楊一鵬爲太僕寺少卿。一鵬東路。光緒西路。
錦衣衛都督同知徐本高爲左都督。劉僑等十人進二級。南北鎮撫司戚昌國等十人進一級。指揮千百戶孫光等百四十人各進署一級。並東宮覃恩。
吏部會議。故貴州巡撫李橒非婁賄啓叛。不聽命確覈。
丙申。兵科給事中陶崇道言。臨洮援兵露宿安定門外。本兵梁廷棟指民居可宿。于是爭入民舍而鬨。前固原總兵楊麒憂援兵乏餉。廷棟曰。民自有糧。何得全仰戶部。其發言召亂。乞賜處分。上不問
左副都御史易應昌言。本月八日得山西道御史史𡌴揭帖。娓娓千言。述當日去國之繇。昨十一月。𡌴于高捷具呈求咨。稱出自堂官傳諭。河南道吏代寫代收。必俟曹于汴出國門而後反唇也。于汴有恭陳職掌一疏。臣

厠名疏末。其是否臣與于汴分任。而瑩疏一則曰堂官之疏同此操縱。一則曰堂官爲時勢把持。一則曰堂官敢侮皇上。夫叨爲風憲之官。當行當止。何以操縱。且恪遵職掌。可謂之把持乎。且冢臣初疏起用後疏亦曰俟院咨到日題補。則冢臣已洒然于臣院之職掌不敢奪也。瑩獨心銜而反噬耶。上奪瑩俸六月。

予故□□□葉茂才祭葬。

□□□□陸彥章久不赴。罷之。

丁酉。令惠安伯張慶臻以萬金採煤西山。

令有司雇民船轉運。並給直。戒關津需索。

南京江西道御史劉之鳳請舉謀勇。止援兵。練土著。密偵探。選守令。報聞。

工部尚書南居益題開納事例。

宣大撫夷總兵王世忠赴任。

戶部奏插漢修貢。命舊賞卽給。新賞春秋分發。該督撫頒行。王象乾所定賞額與今數有異。着額報爲永例。

命餉部主事宋獻料理東江各島饑民。不得以催餉留登州。

吏部條上冒廕。崔呈秀廕錦衣指揮。梁夢環倪文煥並廕監。田吉劉詔廕錦衣千戶。李夔龍廕監。吳淳夫兩廕監。魏廣微廕錦衣指揮僉事。廕監三。廕中書三。廕尙寶一。霍維華廕錦衣千戶。閻鳴泰廕錦衣指揮僉事。廕監。周應秋廕監三。馮銓廕中書舍人。顧秉謙廕監四。廕中書舍人五。廕尙寶司丞三。廕錦衣同知僉事各一。來宗道廕監。廕中書舍人。郭允厚廕監三。薛鳳翔廕監三。廕錦衣指揮僉事。李蕃廕監三。張我續廕監一。朱童蒙廕監一。楊夢袞廕監二。李春茂廕監三。徐兆魁廕監一。劉廷元楊所修陳九疇廕監一。邵輔忠李養德廕監二。孫國楨廕監一。馮嘉會廕錦衣同知一。廕監四。廕中書舍人一。曹思誠孟紹虞郭尙友李精白楊維和郭興治俱廕監一。秦士文呂純如廕監二。何宗聖廕監一。黃運泰李從心廕監三。岳駿聲廕監一。郭增光畢明詡廕監一。李嵩廕監二。張文郁廕監二。張素養宋禎漢廕監一。許可征廕監二。黃立極廕錦衣指揮使一。廕中書舍人三。監一。尙寶司丞一。施鳳來錦衣指揮同知一。中書舍人三。監一。楊景辰監一。中書舍人二。房壯麗廕監四。李思誠廕監一。王之臣廕錦衣指揮僉事一。監一。楊維新朱國盛馮時行監一。周維京廕監一。

建虜益兵攻建昌。官兵共卻之。斬千五百六級。

福建道御史祁彪佳言。司道之陞轉。自憲長而下。通如流水。方伯而上。難若登天。京堂節鉞。經年未推。邊撫南臺。十不一二。閱歷之時愈久。任事之念易灰。似須以平常者嚴加考核。表著者設法陞遷。宜疏通者一。有司之參罰。錢糧有數目。催科有經管。完解有時候。必一一不爽。然後參罰行而功令信。今或今年經管。先坐明年。至未履任而督其逋。未起徵而勒其額。且起解在途。完納在司。誤罰鐫俸。叠被責成。眼穿開復。臣請立法。先論時日。歷征見征帶征。皆以開征日始。總計一年。每月應若干。而以一年殿最之。經管或一年。或數年。或一二月。逐月派完數某季某月尙欠。撫按覆核而參罰之。戶部總計一省完欠何項何數何官。分別懲處。挈領提綱。法莫善焉。又薦原任戶部□侍郎周汝登。難進易退。明體達用。所著聖學宗傳四書宗旨。足模後學。易名之典。方爲不媿。又選郡邑德行之士。大縣三四人。小縣一二人。充入兩雍。疏上報聞。

戊戌。改南企仲吏部尙書。傅振商兵部尙書。馮英刑部右侍郎。並南京。巡撫河南右□都御史范景文爲兵部右侍郎。添設。郝士膏爲右僉都御史。巡撫河南。沈珣爲右副都御史。巡撫山東。整理營田。提督軍務。

京師火藥局災。

庚子。御史饒京言科場關節之弊。命以後部科磨勘。

癸卯。劉定國爲南京兵部右侍郎。

建虜濟師萬餘入永平。會官軍敗于大安口。馬世龍不救。建虜更番復圍豐潤。移屯榛子嶺。聲言往灤永攻大城通州。然喝竿自永平漸治歸計。

甲辰。國子祭酒顧賜疇參監生胡煥猷橫議飛噬。不循監規。命除名。

談遷曰。胡煥猷前上章排諸倖相有劉陶陳東之目。矜激爲名。不自矜愼。幷喪其所守。士毋以一節沾沾。觀于煥猷。得褆身之準矣。

前禮部右侍郎蔡毅中上六經註疏。

乙巳。獲叛臣賈維鑰李致和。

右都督陳洪範爲總兵官。鎮守浙江。

議開涇水。灌涇陽三原醴泉高陵臨潼之田。

戊申。戶科給事中許世藎言三事。省詔獄。停駕帖。免廷杖。

是春。秦盜入山西。犯襄陵吉州太平曲沃。

是月。威鼎自鳴。

熒惑入井分。退而復留。又入鬼宿。犯積尸氣。

四月虡朔。呂維祺爲南京戶部右侍郎兼右僉都御史。總督糧儲。

辛亥。吏部尚書王永光等請釋纍臣喬允升等。不聽。

吏部文選司員外郎吳鴻虞以遽推董中行鐫二級。時議久任。

朝鮮國王李倧奏辨通建虜之誣。報聞。

錦衣衛都督□□鄭其心王文烈累緝獲功。進右都督。

總兵尤世祿屯梁家橋。建虜遣喇嘛僧求款。世祿令守備和應詔千總虎大威往報。總督張鳳翼糾其示怯。

癸丑。馬世龍克大安口。

乙卯。上齋居文華殿。禳旱。諭百官修省。命成國公朱純臣□□侯陳光裕告南北郊。禮部尙書李騰芳告社稷壇。溫體仁告山川壇。侍郞李孫宸告風雲雷雨等壇。

故刑部尙書薛貞論死。

東江舟師集南海口。抵覺華島。適劉興治以皮島叛。興治。故將興祚弟也。初。興祚居開原衞。陷于建虜。見重。壻之名曰愛塔。及遼陽陷。謀歸正。癸亥春。守金復。令幕客金某通登萊總兵沈有容渡海內應。中軍王丙以告建虜。收訊興祚兄弟及李永芳之子□□不承。誅丙。屠復州人十餘萬。興祚等雖免而疑之甚。興祚因購毛文龍空札若干。塡同陷人名氏。夜投各營。以試人向背。迨曉。來自理者無幾。嘗犒魚皮生女直陰曰毛文龍密約在。又日凌其妻相訴誶。先隔居越數夕。擇貌類己者醉之。衣以己衣。縱火。劉氏兄弟哭曰愛塔自焚矣。建虜驗之信。不知其走皮島也。戊辰春。袁崇煥以聞。官副總兵。己巳夏。崇煥殺文龍。召興祚及弟興基亡何建虜入犯。興祚諷孫承宗于山海關西。而寧前道兵備副使孫元化委兵八百人俾西援。或疑之。興祚不敢前。承宗令鄭一亨靳國臣張汝行王承胤石國柱同興祚合四千人專護永平建昌道。臣不可。遂令一亨守豐潤。興祚同臺頭營將王維新太平路將陸自強建昌路將馬光遠永平道中軍程應琦襲建虜于青山營。官軍二千。除夕大破之。興祚先登。諳夷習。故急莫能辨。斬五百九十三級。畜產稱是。還太平。各歸鎭。庚午元旦。興祚至兩灰口。伺値建虜數千騎。馬不及甲。步鬭殺傷過當。突中流矢死。弟興賢被執。先興治留皮島。攝西協事。素武健。忿兄死未卹。又怨署島副總兵陳繼盛伴薦興祚。諸將來唁。殺繼盛及調兵官王遠督糧經歷劉應鶴等十一人。引衆迎兄興沛于長山島。大殺掠。孫承宗以聞。命承宗調戢。兵部言劉興治興沛據皮島以叛。拘商船兵船。此不南走登萊。西叩榆關。則縱橫諸島間據爲扶餘。是建虜之外又生一敵國矣。今當令總兵張可大回登州嚴兵以待。龍武三營駐防覺華島。檄副總兵周文郁劉應龍前往相機招輯。如定亂。即佩大將印。且易登州道王廷試。上並從之。周文郁入皮島諭興治。又督餉戶部郎中宋獻駐旅順島。諭各將安輯。承宗又遣諸生吳廷忠諭之。興治等稍戢。

談遷曰。劉興祚雖逋亡之餘。食椹懷音。百計營脫。與宋之李顯忠魏勝何異。青山之戰。賈勇陷堅。卽身膏野草。自當錄先登之績。閔死綏之忠。崇以廕贈。彼興治輩將奮力圖報之不暇。敢桀驁以自購乎。本兵悠忽于島帥不幸。復視若贅龐。議內徙其兵民。已屬非計。及聞變倥偬。廟議更憂海上矣。世人覩于眉睫。驕語遠略。識者所以扼腕也。

初。大兵集南海口。命嚴舊餉。孫承宗密奏緩之。上諭曰。朕東事委卿。聽便宜布置。其用間須詳審。勿墮狡謀。搗巢牽制。自是勝着。清嚴錢糧。容徐俟之。

丙辰。南京工部尚書杜士全罷。

丁巳。吏部奉命條列天啓時恩廕。俟定奪。

己未。兵部□侍郎李世名□□。

陝西邊盜苗美西奔。官兵追至白家嶺。多斬獲。解散。清澗庠生李攀龍遂殺美于賀家灣。

□□□史世載降右都督。

壬戌。賜故都督戚繼光表忠祠。從其子錦衣衛南鎮撫司指揮使昌國之請。

祖大壽偪建虜于永平。設三覆以待。誘敗之。殺其渠帥四人。遂薄城下。時議恢復先遵化。後灤永。孫承宗謂屯豐潤玉田以牽制遵永。當先灤州。至是捷上。有旨當乘機用力灤永。勿專待遵城聲援致生遷延。諸將因辦餉治攻具。

癸亥。禮官請遣官催取纂修天啓事蹟不允。

丙寅前巡撫河南右僉都御史范景文言河南僉役大戶之累上是之。

劉榮嗣爲光祿寺卿。

丁卯貴州道御史畢佐周請倣嘉靖庚戌時議。通涿昌平各募練鋒勇設經略。

都督僉事王業隆爲總兵官鎭守貴州。

工部尙書南居益鐫一級。郎中王守履鐫三級。時製槍砲不堪。責改造。

馮保孟抄傳密報。下錦衣獄。

辛未起靳于中南京工部尙書。

烏思藏僧來貢。

癸酉。故兵部尙書王洽卒于獄。仍議罪。

甲戌孫承宗令參將黃龍汪子靜攜攻具持十日糧。赴樂亭昌黎。游擊傅以昭屯撫寧副總兵劉應選鍾宇等屯樂亭參將張存仁游擊孫定遼蔡可賢合大兵圖遵永。

丁丑。許詹事黃士俊省養時父年百歲。命有司存問。

陝賊王子順陷蒲縣。蓋山西自河曲保興以至蒲津千五百餘里。與秦中鄰。河最狹。賊自神木過河陷蒲。已分二部。東擾趙城洪洞汾霍。西掠石樓永和吉隰。賊號橫天一字王。

戊寅。諭戶部講屯鹽良法。

己卯宋可久申爲憲阮震亨傅朝祐爲給事中。王之良吳履中孫徵蘭龔守忠姜思睿陳奇猷苑囿蕃李宗著王肇時爲試監察御史。

是月。鳳陽大雨水。

太白晝見。熒惑復入鬼宿。犯積尸氣。占主秦亂。

光祿寺卿何喬遠薦德行文章之士。內及華亭布衣陳繼儒。博綜典故。諳通時務。亦當加以一秩。如先朝文徵明故事。章下所司。

延綏東鎭黃甫川孤山神木等堡。設在衝邊。砂磧不毛。仰食山西。大盜起。山西斷渡。軍民請開渡。山西巡撫宋統殷奏令起盜之處不開。開被盜者。

五月辛巳朔。癸未。孫承宗誓師。

乙酉。大兵向灤州。先是建虜知我發兵。從開平監紀主事丘禾嘉及豐潤總兵尤世祿求款。且求代奏。禾嘉以白孫承宗及兵部。世祿代奏。上切責之。趣承宗曰。關寧兵將付卿討定。雙望之捷。建昌之復。非不有功。敵尚盤踞內地。且出入更番。引類狂逞。我兵東西觀望。絕無舉動。卿亦蓄銳未盡。激發督率之方。朕晙焉東顧。炎蒸洊至。弓弛騎汗。敵騎將困。不卽奮愾。待秋高馬肥。鳴笳四起。始圖驅剿。豈兵事堪玆留處。飭該部馳解賞金。悉索廄騶。續運本折。資卿調度。卿其環念艱虞。灼觀機會。蚤振吞胡之氣。務張撻伐之威。稱朕眷倚。特此馳諭。承宗因檄總兵馬世龍屯豐潤待合擊。檄總兵朱梅以游擊靳國臣取遷安。檄協將王維城路將馬明英張國振同參將孫承業劉邦域等候大兵趨灤州合攻。以牽遷安之南援。檄中軍何可綱參將申其祐游擊岳惟忠等分雙望各山牽永平之敵。義兵游擊劉法守備劉啓職合三萬人屯灤州之蓮泊。各持白棓爲聲援。兼鄉導焉。承宗駐撫寧。祖大壽來開平會之。

談遷曰。庚午歲建虜求款屢矣。或曰。乘其代請。稍示曲折。勝日後馬紹愉之專遣也。當時朝議堅詘。師武臣力。猶爭先處强。高陽布置進止動中竅會。故能恢復灤永。不至爲唐之安西北庭。宋之靈夏。則祖大壽輩功不可沒也。其後狃于前轍。謂深入無害。不妨徐俟其斃。于是種禍莫可救矣。亦庚午事有以誤之耶。

河南饑。多盜。

丁亥。日講官左春坊左諭德兼翰林院侍講署司經局事文震孟言。臣講日輒焚香告天。願一言半語獲當宸聽。竊見自逆醜匪茹。聖心焦勞。然綜覈事功。須挈綱領。刑法雖峻。猜疑漸啓。于事未有濟也。故于君使臣以禮章。勸培養士氣。推心感人。而辨賢奸。酌用舍。尤惓惓焉。臣見命將出師。莫有定算。功罪未審。絕少成緒。故于管仲器小章。引管子言兵主不足畏則戰難勝也。臣必當其位。功必當其祿。能必當其官。信小人者失士心。臣見羣小合謀。欲借邊才以翻逆案。故于子語魯太師樂曰章。願剖析是非。辨別邪正。曰一音雜而衆音皆亂。一小人進而衆君子皆廢。今平生無恥慘殺諸賢之呂純如。且藉奧援而思辨雪矣。又見吏部尚書王永光假竊威柄。橫行私臆。故于甘誓章言戰勝攻取。非獨左右之恭命。尤在六卿之得人。又見永平年例。變亂祖宗永制。考選擯斥清才。故于五子之歌章言識精明則環而伺者無所售其欺。心純一則巧于中者無所投其隙。臣知皇上天縱聰明。猶爲此語者。則憂盛危明之極思耳。疏上。命指呂純如慘殺奧援及王永光變制擯才一一實奏。

夏允彝曰。烈皇帝登極。以王永光爲冢宰。永光亦清執。王恭廠之變。其疏獨侃侃。或云此司屬張履端王陛所勸爲。然亦永光矯矯之徵也。乃東林必欲逐而去之。至永光憤激爲難。引用袁弘勳張道濬等。再啓玄黃之爭。實已甚之故耳。

己丑。祖大壽抵灤州。攻之。明日。總理馬世龍寧夏總兵尤世祿延綏總兵吳自勉三屯營總兵楊肇基固原總兵楊麒臨洮總兵王承恩及兵科給事中張鵬雲俱至城下。總督張鳳翼巡撫許如蘭監軍御史吳阿衡薊州道副使賈克忠四川監軍□□劉可訓以總兵宋偉等攻遵化。掣其東顧。

辛卯。復灤州。官兵分攻。梯而上。建虜出戰東門。祖大壽預伏弩。大敗之。始遁。伏擊。又大敗之。走永平。

壬辰。復遷安。

錦州參將黃龍爲征虜前將軍都督僉事。鎮守登萊東江。龍至皮島。建虜至。擊敗之。耿仲裕倚兄仲明爲奸利。陰與建虜市。龍計誅之。

癸巳。復永平。建虜屢敗。力不支而遁。何可綱等入之。諸將俱至。孫承宗等檄監紀主事丘禾嘉等曰。彼走西北。遵化城必虛。大兵躡擊。彼橐重而遲。易及也。仍輕騎追于塞下。祖大壽如其言。至冷口。斬九十九級。馬世龍斬級如之。

流盜破金鎖關。殺都司王廉。時總督楊鶴在燿州。調榆林道□□張福臻鎮將王承恩等赴剿。

甲午。復遵化。總兵宋偉同關外副總兵謝尚政川湖副總兵鄧玘等先登。敵自北門遁。是役也。復灤州永平遵化遷安大城四。各堡十二。轉戰三百餘里。斬三千二百餘級。俘二十二人。併獲僞知府張養初首。擒僞都御史馬思恭。僞兵道賈維鑰。僞知州楊熠。僞都督李際春。僞守備呂及第。僞備禦張克明石國鼎及內應柴通朱應泰卜文熿。其叛宦白養粹崔及第先爲建虜殺冷口外。養粹妻妾自經。其母與崔及第張養初妻女皆在。前太僕寺卿陳王庭削髮未任。孫承宗入永平。撫慰士民。仍回山海關。

乙未。駙馬都尉侯拱辰司禮太監李奇楙往勘岷王府。故岷憲王子常寧王幹坤以失愛早夭。憲王收其田宅。逐其庶子國英。國儁及憲王薨。長史以綏寧王長孫企鉾報。巡按御史黃宗昌巡撫洪如鐘以國英事聞。

庚子。□□傅楙禮闌入朝上章見糾。特宥之。

故工部尚書劉廷元卒。廷元平湖人。萬曆甲辰進士。知南海。庚戌。擢御史。乙卯。巡城。五月。張差梃擊。論罪。且指爲風癲。議者不平。庚申。劾罷。天啓乙丑。起太僕寺少卿。歷南京兵部尚書。至今官。崇禎己巳。論黨逆城旦。

甲辰。神廟皇貴妃鄭氏薨。諡恭恪惠榮和靖。

戊申。巡撫山西右副都御史仙克謹宿清源公署。盜詹永福刺之未殊。克謹削籍。

少師兼太子太師兵部尚書中極殿大學士督理軍務孫承宗以收復四路上露布曰。天子萬年。丕振累朝之鴻烈。聖王一怒。廓清千里之妖氛。九野懽騰。三靈氣囟。恭惟皇帝陛下。聰明睿智。文武聖神。體天地之生成。神化同流。覆載奉祖宗之法度。治功邁跡唐虞。防已密于未萌。道更弘于無外。蠢茲妖孽。逆我顏行。結豢養之犬羊。作突奔之豺虎。既闌內地。載躪東偏。憫予赤子之流離。愍爾蒼生之仰望。然窮兇極惡。大罪方盈。乃共憤同仇。天威遠播。于時兵部尚書梁廷棟。斷以成謀。戶部尚書畢自嚴。精以析計。工部尚書南居益。萃以鳩工。總督兵部尚書張鳳翼。督餉兵部左侍郎兼巡撫翟鳳翀。駐涿州。巡撫兵部右侍郎解經傳。駐通州。兵部左侍郎范景文。駐昌平。兵部右侍郎侯恂。巡撫順天右僉都御史許如蘭。提督綱紀。操縱機權。兵科給事中張鵬雲。戶科都給事中玄默。工科都給事中顧其仁。申儆軍實。磨厲將吏。監軍御史吳阿衡。巡按御史董羽宸。巡關御史張學問。督餉御史沈猶龍。巡漕御史龔一桂。恩布軍中。法嚴閫外。太僕寺少卿兵部職方司郎中余大成。監紀職方司主事丘禾嘉。諮資職方司郎中周夢尹。管關職方司郎中陳瑾。齋餉職方司主事王凝祚。閱兵職方司主事安國棟。略預韜鈐。力嚴鎖鑰。戶部山東司郎中薛邦瑞。關內餉司主事刁化神。關外餉司主事王四聰。天津餉司主事樊維城。薊州餉司主事蔣範化。通州餉司主事丁流芳。員外郎路來賀。傅國俊。穵運餉司主事林弘衍。密雲餉司主事孫士髦。昌平餉司主事宋開春。易州餉司員外郎劉爲瑤。河東餉司郎中宋獻。一勤勞鞭箠。載籍著籌。永平道張春。關內道王楫。寧前道孫元化。薊州道賈克忠。密雲道孫止孝。四川監軍道劉可訓。昌平道盧維屏。遼餉道張志芳。天津道石聲諧。霸州道方一藻。易州道沈棨。兼資文武。合蓄兵民。總理□鎮總兵官馬世龍。前鋒鎮總兵官祖大壽。三屯鎮楊肇基。遼鎮宋偉。延綏鎮吳自勉。寧夏鎮□□。固原鎮楊麒。臨鞏鎮王承恩。提督京城王威。昌平鎮尤世威。通州鎮楊國棟。署平遼鎮朱梅。立功總兵官竇承武。倡予和汝。戮力同心。臣承宗。臣總督張鳳翼。同奉嚴綸。共承蕃錫。以私門劍客合閭左丁男。既牽制于河東。遂合兵于關右。于是巡撫僉都御史許如蘭。以幃幄籌算。灤州總兵官宋偉。觀兵薊埜。更牽東顧之謀。于是總鎮馬世龍。統精騎健兒。同總兵官楊肇基尤世祿楊麒吳自勉王承恩。擐甲沙河。兼綏西援之路。于是監紀職方主事丘禾嘉。提戈開衞。以共啓胠。于是監軍永平兵備張春。聯騎樂亭。以分犄角。于是餉司主事刁化神。同監軍關內道王楫。握箸撫寧。以急供饋。于是征遼前鋒鎮總兵祖大壽。以壯勇忠肝。鼓仇讐義旅。乃以署鎮朱梅所檄協路副總兵王維城等盟忠建路。以覰遷安。乃以臣所命中軍副總兵何可綱等拔旆盧峯。以牽永郡。乃以義兵營加衘游擊劉法劉槃職等結綴龍山。以張其勢。乃以義兵營加衘都司邵思忠宋三畏等隨征蓮泊。以大其聲。乃以祖可法祖澤潤孟道蔡可賢爲左哨。以韓大勳孫定遼曹恭誠爲左協營以佐之。乃以張存仁黃惟正鄭一麟于永綏爲右哨。以羅景榮孟繼孔趙國志爲右協營以佐之。乃以張弘謨劉天祿鍾宇爲次左哨。而以黃龍左步營佐之。乃以劉應選劉定邦李正蓁爲次右哨。而以汪子淨右步營佐之。乃以祖大樂祖澤洪儲定邦劉定國于應選楊汝梅爲後勁。而以左夷營海參代劉漢唐右桑營桑昂李正美張兩翼佐之。于是祖大壽居中勁中權。以吳襄同竇承武統馬步漢夷鎮兵義兵十餘萬。而馬世龍尤世祿楊肇基楊麒吳自勉王承恩適至。羣雄幷力。四面分功。合營先挫其前驅。布陣隨摧其中壘。惟東將負直前之氣。肉薄先登。乃東兵決必死之塗。魚貫而上。若夫雨洗兵而將奮。風反火而棲焚。六花雲掩。八公草木變旌旗之色。七萃風行。三籟雷霆雜鼙鼓之聲。于是祖大壽設伏□涼。休兵上壁。暗夾北奔之路。佯開解網之方。歸寇窮追。盡殄欃槍。虎落八城。戢武仰依天地鴻恩。于是斬國臣等以是日入遷安。九日環攻。早寒孱膽。于是何可綱等以次日入永平。淩晨西向。遂褫驚魂。于是張鳳翼許如蘭宋偉副總兵謝尙政亦以次日入遵化。援桴厲士。奮勇登陴。七月盤桓。三窟已窮于狡兔。

十年仇恥。一朝少雪于前矛。蓋金泉再合平灤。龍紀重開安喜。盧河駝嶺。頓還孤竹清風。鹿角龜灣。復見隆山明月。夾碣石而標漢幟。挽天河以洗胡塵。萬馬驕嘶。一戰奏合圍之勢。六驘宵遁。三方成破竹之形。立綏士女于玄黃。盡脫生靈于水火。此皆我皇上以有征神略。運不殺仁恩。故內決勝于成謨。外握奇于獨運。山河大地基隆百二金湯。日月中天。明備三千禮樂。萬姓仰光揚之武烈。千秋誦赫濯之聲靈。風起雲飛。眞見四方猛士波恬浪靜。應知中國聖人。臣等無任欣躍懽忭之至。承宗又續報鄧玘等遵化斬五百五十五級。吳自勉灤州斬一百八級。合前露布共三千一百五十八級。

談遷曰。四郊多壘。卿大夫之恥。今僅復四城。雖師武臣力。而彼爲莊棄。我爲瓦全。祇奏事狀足矣。露布侈捷。反恥以示功。高陽號經濟鉅公。亦徇時爲之耶。

六月。配朔。庚戌。馮銓爲郭鞏訟冤。謂論死非其罪。

四川監軍道□□劉可訓爲右僉都御史。巡撫順天。

都督僉事殷體仁爲總兵官。鎮守陝西。王用予爲總兵官。鎮守臨洮。賀虎臣爲征西將軍都督僉事總兵官。鎮守寧夏。

壬子。右副都御史易應昌以輕擬喬允升等下錦衣衛獄。成基命請改下刑部。從之。

王嘉胤攻陷黃甫川清水二營。次日陷府谷縣。據之

癸丑。王嘉胤兵二千人圍孤山堡。榆林道白貽清遣殷體信擊斬一百十八級。賊魁金務希伏誅。賊遁入府谷。洪承疇杜文煥圍之。賊夜劫營。官兵斬八十一級。

乙卯。前東江副總兵毛承祿訴父文龍之冤。不聽。

庚申。楊述程爲兵部右侍郎兼右僉都御史。巡撫宣府。

辛酉。禮部尚書溫體仁吳宗達兼東閣大學士。直文淵閣。

談遷曰前臈月連拔三相。今夏又二之。蓋意無舊相名廣閣員。實以速其去也。

甲子。先是遷安徐雲達白瑜並萬曆乙未進士。瑜子養粹娶雲達女。先後致訟。及養粹陷逆。雲達以尚寶司少卿頒詔畿內。蒼頭逃至天津。被訊。巡撫翟鳳翀具言其情。時籍白養粹地四十二頃有奇。崔及第地八頃有奇。楊熠孟喬芳楊文魁地各有差。俱盧龍縣。

禳旱。諭百官修省。

工部左侍郎管右侍郎事沈演言。虜未大創。兵貴先人。今援師集城下十餘萬。東江大帥雖死。其兵尚二萬八千。其地迫近虜穴。劉興治與虜釁深。可以計致。擇有機智恩信素著者撫定其衆。勸以效命自贖。使悉銳擬其重地。虜必自疑。愛塔素重于虜中。內應必不少。使以梟將夾攻。蓋套旁收四衛。以偪遼陽。焚其禾稼。剪其游騎。彼將自困。乃封殖二衛。復建海西。此一勞永逸。上策也。或將才難得。大舉尚遙。則彼貢夷受我戎索二百餘年。其巢穴皆我故地。今仍領賞。仍為虜假道。順逆不分。戎心益肆。宜乘此兵威。革賞問罪。衝其中堅。驅其牛馬。使買路之資不足償失。剪其羽翼。而虜自不遑。中策也。又或以兵貴萬全。大征危事。亦須大設軍容。耀兵塞外。將虜所入之道。開塞令斷。深溝陡塹。以限虜馬。使高下險阻皆非故道。乃以邊內盡復墩臺。如先臣戚繼光更加嚴毖。留銳師一二萬于各口。廣間諜。設瞭望。虜會合情形。昭然目中。先其未至。出塞蹂散之。虜兵不多。必賄約各部。偏敗衆乃攜矣。此以攻為不能及遠。聊以固國。下策也。章下所司。

談遷曰。吾讀沈司空三策而歎于時俱非所用也。歷時動衆。言之易。行之難。日者劉興祚來歸。怨建虜次骨。勢不反顧。當事宜召問。令條列建虜情狀。彼兵數多寡何若。號令進止何狀。將領大小何若。諸部分合何若。宗戚智勇何若。戍守堅瑕何若。一一採錄。他日用為鄉導。倍他間多矣。彼建虜深入胡地。單虛。假興祚為鋒潛出萬騎。持十日糧。踰遼河掩其後。利則進。否則疾返。雖未卽勝。令建虜知我不測。援西突東。將來未敢輕目我也。今膜外賓興祚毫無採擇。惟攻一城則併援。攻一堡則併守。于彼己情形茫如也。失見在可用之人可乘之會。而更思借箸坐待歲月。亦計之晚矣。嗚呼

乙丑。宋統殷爲右僉都御史。提督雁門等關。巡撫山西。王順行爲右副都御史。巡撫陝西。改許如蘭巡撫廣西。

許西虜插漢虎墩兔憨款貢。

丁卯。劉應遇爲右僉都御史。巡撫甘肅。應遇先爲商雒道。平漢南盜。故有是命。

工部尚書南居益免。郎中王守履廷杖削籍。時試砲炸裂。

戊辰。故禮部尚書盛以弘贈太子太保。

庚午。諭兵部武場特拔技勇。毋拘牽文法。

辛未。江西道御史張養言。聖諭咨訪鹽屯。臣于屯政未曉。于鹽法嘗巡視兩淮。頗知得失。謹列六事。曰重邊商以准祖制。洪武間每引銀八分。永樂間每引米二斗五升。官征至薄。商利至厚。無所謂餘鹽也。餘鹽起嘉靖間。開中本色。每引至五錢。運司餘銀。每引至八錢。九塞艱阻。商人不樂趨赴。邊商止有其名。不過僉報富戶攬納。則國家以餘銀奪本色之利也。今不能蠲餘銀。亦當守正課。商非本色不許開中。引非邊中不許行鹽。曰禁浮課以絕占窩。正鹽每引邊中五錢。納運司八錢。引售內商。餘費實一金。循次派鹽。嘗待數年。或加引價越次收支。其利數倍。如近日節商則有占窩。黔吉等鹽無不皆然。浮引日增。邊中之引日滯。今若言增引。宜均派邊中之引。庶占窩之少戢。曰疏存積以應急需。國初鹽法有常股。有存積。歲常股七分。存積三分。常股謂常行鹽也。存積謂積鹽在場。遇邊警開中。今量增引目一二十萬。綱商均派。咸于常股中納之。淮其超掣。或輸金運司。或輸芻粟營伍。因事而增。事平而止。曰革割沒以清宿弊。兩淮掣鹽正數外。零鹽作論罪納銀。曰割沒。歲可得九

萬金或十萬金解戶部。蓋兩淮歲引七十萬五千一百八十。爲銀五十六萬有奇。則于歲課六十餘萬之額不足。故借割沒湊之。因無定額。百蠹叢生。然割沒以夾帶私鹽也。因正課不足。許商人夾帶。明導之以私。不如每引加鹽百斤。增餘銀二錢。則歲額完而割沒可杜。曰專委任以責成功。兩淮巡鹽御史。例限一年。所至雖止鳳廬淮揚。已歷四五月。又兩次再京掣造册復命。須兩月。鹽政淩雜。初未曉解。迨得其緒。迫于報滿。嘉靖間。太僕寺丞姚奎請兩淮鹽臣擇選才識。移家三年受代。此議實可酌行。曰躬交代以防侵欺。從來正官交代。惟按差不拘。離任後胥吏爲奸。宜兩淮鹽臣新舊面代。章下所司。

太監祝明階濫收軍器。丁盛失驗錢糧。俱廷杖。

貴州糧儲道□□李□奏。巡按蘇琰當安位力屈告急。束身待死。遣諜託賊首劉養鯤引見。琰屏左右密語。賞花幣鼓吹導出。賊送酒十甕。白鹽二十包。酒爲金。鹽爲銀。都司莊烈亦得重賄。于是餘民忿甚。因漢把左之賓等來議款。鄉官馬文卿等赴院控阻。俄衆集者萬人。擊斃賊七人。登堂喧哭。罷市三日。督臣捕首事六人。斬于市。招安。琰意在株連紳富。逮七十餘人。臣等奉法。戍徒杖二十人。猶毆詈不已。臣勢不能留。批勒致仕。有此憲典否。

工部左侍郎管右侍郎事沈演自製火器上之。

故刑部尚書喬允升遣戍。

壬申。沈演閱視德陵工程。

上齋居修省。遣大臣祭南北郊山川壇禱雨。

癸酉。順天府尹劉宗周上言祈天永命。

寧前道兵備副使孫元化爲右僉都御史。巡撫登萊東江。兼恢金復海蓋。兵部贊畫主事丘禾嘉爲右僉都御史。巡撫遼東兵部尚書梁廷棟以元化爲劉興治所憚。特用之。

甲戌。翰林院庶吉士黃起有周鳳翔孫從度解胤樾爲編修。陳美發楊觀光徐汧吳廷簡劉其德朱兆柏胡世安爲檢討。魏呈潤宋之普周純修李夢辰爲給事中。王邦柱王與胤白士麟爲監察御史。李衍泗爲禮部主事。

乙亥。上以南居益職任軍需不能率屬精辦。致令侵尅虛糜及試壞種種。又共事諸人扶同誑奏。殊非大臣體國之意。削籍不許推用。

禮部□侍郎徐光啓爲尚書。協理詹事府。

丙子。改劉遵憲爲工部尚書。

是月。修三屯大安喜峯冷口建昌等城堡。

巡按陜西御史李應期奏。臣提兵入援。賊乘虛直圍韓城。合剿擒斬三百餘人。宵遁。今臣奉旨回鎭。委剿。總兵杜文煥分巡河南道□□蔣士忠揭報。盜見招諭。又督撫令各道進兵夾擊。延安知府張輦領回兵于延川。斬二級。都司艾穆于清澗無定河斬十□級。盜始求撫。河西道蔣士忠遣故降人李光煃入其營招諭。王子順一名王之爵張述聖姬三兒俱降。時神一元一魁王嘉徹等掠延安慶陽城堡多陷。總督楊鶴主撫。不以聞。鶴及陜西巡撫劉廣生各遣材官持牌票四出招盜魁黃虎小紅狼一丈青龍江水掠地虎郝小泉等。俱先後給免死票。安置延綏河西。而延鄜間皆降丁矣。然不焚殺耳。其淫掠如故。村氓呑聲。有司莫敢告。寇患成于此矣。

兵科左給事中劉懋上言。秦之流賊非流自他省。即延慶之兵丁土賊也。邊賊倚土賊爲鄉導。土賊倚邊賊爲羽翼。六七年來。韓蒲被掠。其數不多。至近年荒旱頻仍。愚民影附。流劫于涇原富耀之間。賊勢始大。當事以不習戰之卒。剿之不克。又議撫之。其剿也。所斬獲皆饑民也。而眞賊飽掠而去矣。其撫也。非不稱降。羣聚無食。仍以劫爲生。名降而實非降也。且今年麥苗盡枯。斗粟銀三錢。營卒乏餉又三十餘月。即慈母不能保其子。官且奈兵民何哉。開門納賊。民盡盜也。縛將投賊。兵盡盜也。即新撫洪承疇力能辦賊。抑能盡剿盡撫乎。能爲無米之炊乎。自非聖明慨發數十萬帑金以收拾貧民。補一年闕餉以安撫饑兵。未易定也。又清盜之源。惟責成督撫參遣貪酷有司。甦民生。培元氣。蓋近來貪酷成風。民有三金不能供糧一金。有告捕一盜而破十數人之家。有完一贖而傾人百金之產。奈何民不驅爲盜乎。至于營兵曠伍。半役于司道。半折于武弁。所餘老弱。既不堪戰。又不練習。當責督撫清汰操練。以備實用也。

是夏。山西流盜犯石樓。永和。破蒲州。潞安。官兵敗沒。

七月戴朔。王應熊爲禮部右侍郎。林釬爲詹事。各協理詹事府。解經邦爲兵部左侍郎。

沈演請陵工銀。許之。時總理工程太監孔文源。

辛巳。大雨竟日。

癸未。謝時雨。上宿文華殿。

甲申。上御午門受俘。誅賈維鑰等。

乙酉。進孫承宗太傅。張鳳翼太子太保。並廕錦衣衛指揮僉事。進祖大壽少傅。提督□□。廕指揮同知。宋偉。馬世龍並太子太保。尤世祿。楊肇基太子太師。吳自勉左都督。餘文武陞賞有差。

丙戌。兵部職方司郎中李繼貞加尚寶司卿。

己丑。巡撫山西右僉都御史宋統殷涖任。壬辰。即駐蒲州。

辛卯。進兵部尚書梁廷棟。戶部尚書畢自嚴俱太子太保。廕廷棟錦衣衛指揮僉事。王之寀等各賜金幣。

大學士成基命。周延儒。何如寵。溫體仁。錢象坤。吳宗達並太子太保。文淵閣大學士。廕中書舍人。

壬辰。巡按陝西御史李應期奏。慶陽守備李極值賊于鄜延之雷公嶺。陣沒。直羅巡檢陳其佐被殺。守備白邦政重創。失戰馬四十三匹。撫臣劉廣生稱疾不出。邊盜日熾。而巡撫延綏洪承疇亦移文告災。巡撫山西仙克謹稱永寧州之孟門鎮有盜千餘。勾陝西大同集口之盜合二千餘人。蟻集蜂屯。此時事之大可憂也。盜陷府谷縣。御史王道直言盜起于饑。請發兵餉銀買本色。一從保德州河路。一從洛宜陸路。庶收拾人心。解散黨附。不報。

巡撫陝西右副都御史王愼行蒞任。報前日賊在木瓜園殺將破堡。時邊盜饑民約二三千人。聲言南犯韓城。以督臣遣游擊夏有啓領五百騎自耀州三原直出韓城蒲州。又游擊李養棟五百騎自慶陽葭州經洛川宜川躡賊之後。都司許國忠領省兵爲援。而參將李卑于六月戊辰後屢戰。斬三十餘級。盜少卻。不卽南下。王愼行尋引疾。

庚子。李孫宸爲禮部左侍郎。魏光緒爲右副都御史。巡撫湖廣。

辛丑。海豐縣有石圍數丈。高丈餘。忽移五十餘步。

壬寅。總督倉場戶部尙書孫居相落職。初。戶科給事中陽城楊時化劾高平知縣喬淳婪虐。事下撫按。計贓二萬三千金有奇。淳家京師。上書求移訊法司。且訐時化嘗囑事見隙。時化方憂居。通居相書。有報札淳蒼頭嗾都門守卒搜奪之。內云國事日非。邪氛益惡。上怒。責居相對狀。

丙午。錢春爲戶部尙書。總督倉場。

是月。國子祭酒顧錫疇言文廟先賢自四配十哲外。兩廡共六十二人。會典所載。東自澹臺滅明至顏噲三十三人。西自宓不齊至步叔乘二十九人。位次多紊。于是有漢儒次宋儒下。非所以妥先儒也。宋羅從彥李侗雖萬曆時從祀。而實朱熹父執。所從受學者也。既從祀。不可不論其世。章下所司。

八月軓朔。甘肅固原糧儲道參政郭應響奏繳天啓四年冬布花銀數。上以遲甚。詰查戶部。令其回奏。

辛亥。御史史𡎺論罪督袁崇煥。有旨。崇煥講款致寇。擅殺逞私。失誤封疆。限刑部五日具奏。錢龍錫私結邊臣。下廷議。

壬子。時撫按薦留陞任監司。求加銜久任。吏部言其有礙銓政。從之。

穆廟容妃韓氏薨。

癸丑。鄭宗周爲太僕寺少卿。

甲寅。提督總兵馬世龍罷。世龍玩寇。入永平大殺掠。

曹珍劉重慶爲戶部左右侍郎。曹珍督理邊餉。

丁巳。王嘉胤勾套虜二千入犯。我師斬馘數十。賊迫送縣印遁去。退守大小寬坪等寨。佯乞降。仍奪路走黃甫川。

戊午。工部左侍郎管右侍事沈演言。强兵裕民。原有兩利之策。天啓二年。臣嘗言建堡聚民八利。保民即以保國。謹錄前疏備採。今養兵費八百萬有奇。久無變計。物力何支。定制立法。當自畿郡始。人情憤盈則思奮。貧困則思離。不于此時施金賑卹以周其困。鼓舞振厲以作其氣。使勇于公戰。如報私仇。更何待乎。惟精擇守令。委之事權而課其成。如張春左應選。各假京衛提督。其間兩人能得人死力。補助窮民。然後逃兵在在可收。束伍簡銳以圖恢復。廣屯足餉。寬恤民力。上是之。

己未。鄭以偉直經筵。

巡按甘肅御史張□□覆奏西虜內附。上以事殆二十年。今日始覆。邊政積玩至此。命下部申飭。

庚申。故禮部右侍郎張邦紀贈禮部尙書。

辛酉。改康新民戶部右侍郎。宋師襄爲太僕寺卿。錢士貴爲南京大理寺右寺丞。

癸亥。殺督師太子太保兵部尚書袁崇煥。上御暖閣。先輔臣成基命等入對。久之。出御平臺。文武諸臣俱入。諭曰袁崇煥付託不效。專事欺隱。市粟謀款。縱敵不戰。散遣援兵。潛攜喇嘛僧入城。卿等已知之。今法司罪案云何。諸臣頓首惟命。上曰。依律磔之。家屬歲十六以上斬。十五以下給功臣家爲奴。今特流其妻子兄弟。餘不問。輔臣頓首謝。上問諸臣更何言。輔臣曰。其罪不宥。遂命刑部□侍郎涂國鼎監決。因戒羣臣洗心滌慮。毋仍前欺罔。問戶部尚書畢自嚴曰。各餉司侵壓本折。屢至譁噪。何久未覈奏也。對曰。新餉疏今日上。舊餉疏明日上。邊餉已給七分。近兩年優于往日。上曰。非優也。彼何朝宗云何。自嚴謝罪。崇煥字自如。藤縣人。萬曆己未進士。知邵武。以韜略自詡。壬戌入覲。自陳願備兵。加兵部職方主事。監遼東軍。旋加山東按察副使。備兵永平。天啓甲子八月。進寧前道參政。奪情守鎮。丙寅正月。卻敵功。加右僉都御史。巡撫遼東關外。丁卯。又寧遠卻敵。加右都御史。與魏忠賢有隙。引疾去。崇禎初。起兵部右侍郎。添註。戊辰四月。加兵部尚書。督師出鎮遼東。己巳十月。加太子太保。以入援。三日五賜金幣宣勞。親爲飲至。而遷延不戰。至擅殺毛文龍。朝議謂踐敵宿約。至是。聖諭袁崇煥謀叛欺君。結奸蠹國。斬帥以踐虜約。市米以資盜糧。既用束酋陽導入犯。復散援師。明擬長驅。及戎馬在郊。頓兵觀望。暗藏夷使。堅請入城。意欲何爲。致廟社震驚。生靈塗炭。神人共忿。重辟何辭。其家屬本當依律正法。姑赦不論。妻子流二千里安置福建。財產盡沒入官。

談遷曰。藤縣之于東陲。亦勤勞多矣。初經略高第議棄寧前錦右。果如其說。則遼西將非國之有也。賴藤縣力持。成寧遠之功。士氣少奮。仗鉞以來。極受知遇。兵勢不加于往日。强敵尤迫于目前。思以捭闔縱橫出表餌之愚計。其失在愎諫怯戰。避難規利也。范仲淹答元昊書。岳武穆陰間劉豫。古人未始無之。特所用喇嘛。非种世衡之清澗僧王嵩耳。今俱謂其通建虜。一時難民忿禍。衆喙漂山。而爰書三尺。眞同反叛。安能折其心使不斷斷地下哉。嗚呼。戍之辟之可也。寸而磔之。果法之平乎。

夏允彝曰。崇煥少好談兵。見人輒結爲同盟。肝腸頗熱。爲邵武縣令。分較闈中。日呼一老兵習遼事者與談兵。絕不閱卷。或問之。則曰。士子宜捷者自有命在。隨意抽取可也。斯豈執事必敬者乎。寧遠一捷。實爲首功。遂自矜爲虜已破膽。必貢獻地講和。自言五年滅虜。了無成算。給諫許譽卿面叩之。崇煥自言聊慰上望云爾。給諫極言上英明。豈可浪對。異日按期責功。奈何。崇煥亦自覺失言。遂以用人措餉等事再請于上。倘有不相應。卽可借爲弛擔地。不意上之咸從所請也。赴援都門。召見。卽請入城休息。上不可。以三千騎入城。請上曰。三千騎亦不可。所以疑之者至矣。而崇煥絕不悟也。閣臣錢龍錫嘗問以遼事。答曰。似當從東江做起。錢謂舍實地而問海道。何也。且毛帥未必可得力。崇煥曰。可用用之。不可用殺之。此吾所優爲。錢庸人也。不以其言爲意。及斬文龍。疏中卽入錢語。及虜闌入朝端。遂以殺文龍爲崇煥罪。而并及龍錫矣。

甲子。諭舊輔錢龍錫背公逞私。密謀主款。袁崇煥疏語已露。其終不奏聞。并不重罰。何以懲後。削其職。法司確案擬罪。逮至論死。

國子祭酒顧錫疇省養。

乙丑。丁魁楚爲通政使。馬鳴起爲左通政。

庚午。刑部□侍郎韓策罷。

辛未。練國事爲右僉都御史。巡撫陝西。

癸酉。插漢虎墩兔憨擁兵偪大同。巡撫張宗衡議戰。總督魏雲中議款。御史白士遴言藉款以修守。固守以待戰。報聞。

丙子。曹珍爲工部尚書。涂國鼎程註爲刑部左右侍郎。

九月丁丑朔。己卯。黃甫川賊仍勾虜。洪承疇杜文煥從孤山進擊。大破之。擒斬三百八十餘級。山西兵殺獲亦三百餘級。賊始奔潰。

巡按陝西御史李應期請免全陝從前逋賦。幷趣新撫練國事之任。

諭廷臣曰。袁崇煥通虜謀叛。罪不容誅。爾廷臣習爲蒙蔽。未見指摘。今後有朋比行私。欺君罔上者。三尺具在。

宥水西降人安位。先是龍場壩本水西地。水藺相仇殺爭地。時屬藺。時屬水。其後結盟奢崇明。敗水西。假之居。其地抵大方七十里。去永寧且六百里。山箐峻險。不產穀。蜀人欲設官屯兵以自廣。總督朱燮元奏。禦夷之法。治以不治。既來則安居。不專在攻取也。今水西既已納款。殘藺安敢負固。惟當明定疆界。使諸夷自耕收。遵往制。職貢賦。數世之利也。若設官屯兵。臣愚以爲不便。夫守邊者但聞扼險。不聞入險。此地陡臨夷穴。四面孤懸。中限河水。不利應援。築城守之。轉運繁費。捐有用以事無用。且內激藺夷必死之鬬。外挑水西扼吭之嫌。兵端一開。未易猝止。如臣襲雷同之見。創可喜之談。誇開封闢土之功。此人臣一時之利。非疆場之福也。上未之許。後推勘地界。卒如其議。後安位死。朝論欲用兵。郡縣水西。燮元奏不可。遂傳檄夷目。布朝廷威德。諭以出降。夷目感服。爭納土獻重器。燮元分諸夷以地。俾世守。奏曰。今安位殄絕。疏族爭立。臣奉明詔。一切禁止。聖威遠暢。納土獻印。相繼于道。臣惟水西有宣慰之土。有各目之土。宣慰公土。宜還朝廷。各目私土。宜早分守。籍其戶口。徵其賦稅。殊俗內嚮。同于編氓。大方西溪谷里比那要害之地。築城戍兵。足以丕振國威。永銷反側。夫西南之境。皆荒服也。楊氏反播。奢氏反藺。安氏反水西。滇之定番。彈丸小州。爲長官司者十之七。二三百年未聞有反者。非他酋之好叛逆而定番之性忠順也。地大者跋扈之資。勢弱者傳世之策也。今臣分水西之境。授諸土目。及有功漢人。咸俾世守。凡夷俗虐政苛斂。一切除之。使參用漢法。可爲長利。制曰可。西南悉寧。因條便宜九事。不設郡縣。置軍衛。不易其俗。土漢同安。便一。地益墾闢。聚落日繁。經界既正。土目不得侵軼民地。便二。黔地瘠。仰給于外。今自食其土。省轉輸之勞。便三。國用方匱。出太府金幣勞諸將。不足。以爵酬之爵輕。不若以地于國無損。便四。既許世其土。各自經久遠。永爲折衝。便五。大小相維。無事易以安。有事易以定。便六。訓農治兵。耀武河上。使賊日備我。便七。從兵民便。願耕者給之。且耕且戍。衛所自實。無勾軍之累。便八。軍耕抵餉。民耕輸糧。以屯課耕。不拘其籍。以耕聚人。不世其伍。使各樂其業。便九。

壬午。令戶部給事中嚴邊餉。

癸未。左副都御史張捷議鼓鑄屯田權鹽。亟宜講求良法。章下所司。

乙酉。進襄城伯李守錡太保。廕錦衣衛指揮僉事。

進閔夢得太子太保。廕子入國子監。康新民周士樸爲戶部左右侍郎。

丙戌。詹事林釬署國子祭酒。

巡撫河南右□都御史丘兆麟卒。

起傳宗龍太僕寺少卿。監軍四川。

諭吏部曰。朝廷設官分敍爵秩。優任才能。近來人心日競。銓政詭隨。如傳陞京堂。本酬勞獎賢。今則科道吏部司官視爲固有。不論賢否。循例必浮。至于監司知府。官階隆重。祖宗特選朝臣爲之。何以今日輕鄙若此。背違舊制。競習囂風。若不亟加挽正。濫觴日久。又將輕視京堂。希營卿貳矣。今添註閏陞。一概停止。以後科道吏部司官。果才品兼優者。准陞監司。風力稍遜。陞知府。若才品勞勩並懋。及司道卓異。准予京堂。永遵爲令。敢朦朧奏行。必寘重典。

辛丑。京師大雷雨雹。

是月。巡按陝西御史李應期奏。洪承疇同總兵杜文煥密計剿盜。承疇以游擊左光先領百騎。文煥委副總兵趙大胤守備白邦政託護送爲名。適流盜白汝學等四千人攻綏德州。參將卜應第拒郤之。同王子順苗登雲等迎應期于城內。縛斬五十七人。又次第搜斬四十一人。先欲內應者也。

巡撫陝西右副都御史王愼行。請借布政司三年來裁扣驛站銀三萬金爲募兵買馬費。命下部議。

洪承疇爲右僉都御史。巡撫延綏。

皮島劉興治襲建虜于青山鳳凰堡。屢有斬獲。孫承宗奏興治斬三十餘級。雖未足贖罪。而決意樹功。誓仇建虜。稍見其心。上褒答之。

十月辆朔。卹錄入援故將王邦政文光等。

辛酉。夜。月食。

建虜謀合西虜插漢虎墩兎憨犯冷水口。

乙丑。巡撫登萊右僉都御史孫元化請改朝鮮由登州。禮部議暫從覺華島。兵部以貢道改陸從海已七年。忽改覺華島非便。從之。

丁卯。應天府丞周爾登予告。

癸酉。禮科右給事中王猷言順天貢士俞世灝高岱金允治俱武生籍。

先是延綏大盜張獻忠等以五六千人掠靖邊安定綏德米脂間。攻清澗。鄉紳惠世揚康運泰募壯士百餘。斬獲百餘級。延綏巡撫洪承疇同總兵杜文煥擊斬八百餘級。獲頭目。招撫十八寨凡千九百餘人。

是月。王嘉胤陷清水營。殺游擊李顯宗。已又陷府谷。大盜李老䝙于鄜雒中部間糾三千餘人攻合水縣。總督楊鶴徵寧夏總兵賀虎臣馳剿。

十一月丙朔。己卯。寧夏總兵賀虎臣于盤谷擊賊。擒斬六百六十級。

前鋒總兵祖大壽率兵出塞二百五十里。至駱駝山。襲建虜。斬二百九十三級。獲畜產二千四百有奇。

甲申。工科給事中孫晉言。左庶子丁進主考鬻關節。實輔臣溫體仁私進。于南御史黃宗昌劾進。止奉旨降級。體仁奏辨言事初發。除嚴究外別無他法。俟得情之後。眞否既判。罪有攸歸。孰能寬之。科臣職議論。不難低昂。臣職在看詳。當揆其平耳。

丁亥。神宗皇帝實錄成。

戊子。神一元破寧塞縣。

庚寅。賀虎臣于寧州斬賊八十八級。

壬辰。德陵工凍阻。命俟春月。

逮前經略遼東兵部尚書高第。第家灤州。前聞虜警。擧家遁。灤人立潰。

山西總兵官王國梁追賊于河曲。發紅夷砲。砲炸。我兵自亂。賊乘之。遂大潰。參將李春芳先逃。□科給事中馬思理請誅此二人。再遣大臣督蜀將秦良玉與杜文煥犄角。不報。

丙申。關內官兵擊斬中部賊八十五級。

十二月乙巳朔。大盜神一元等三千餘人破新安邊營。

丁巳。破寧塞縣。據其城。殺參將陳三槐。

庚申。圍靖邊三日夜。副使李若梓固守。徼救至。幾陷。

己巳。勾虜四千騎。益圍靖邊三日夜。已陷柳樹澗保安等城。

杜文煥曰。文煥于庚午春二月。督延綏固原官兵三千。便宜撫勦。遣官持檄諭降清澗賊王之舜等七百餘人。而苗美苗守義等以八百人遁去。官兵追美等于梁懷寧河。斬飛天夜叉等數百級。尋以餉乏。駐綏德三日。美復嘯聚。潛伏小滴流山。再破之。追及白羅城。山險不能進。賊遣人約予過鄜州受降。遷延十日不至。予料賊必北去。移鎮安塞縣。晨至鐵葉寨。適與賊遇。單騎馳入其營。美叔登雲登霧皆下馬羅拜。而美復以百餘騎逃矣。乃遣都司王仲學二百騎追之。曰。不得美。無還也。及之于賀家灣。賊黨斬美首以獻。而延東黃甫川積寇王嘉胤齊王等。以延撫標下副將李釗求貨于賊。賊憾甚。夜襲破黃甫清水木瓜三堡。洪公承疇以鎮西將軍印推予討之。予先擊齊王黃甫東山諸寨以斷嘉胤聲援。陣于山神堂。佯退誘之。返鬭。大破賊。賊懼。求入縣。約嘉胤同降。予不許。勒兵誓衆。四路俱進。陣斬王嘉胤王天雲張德黃一等。東山諸寨俱下。而三堡之人復歸守如故。露布入告。上手詔褒嘉焉。時大旱民飢。延安四郊賊大起。米脂賊張獻忠所據十八寨。聞予至。陽乞降。予亦陽許之以爲後圖。竟討清澗保安諸賊。賊首上天虎大敗。獲其黨掃地王。而橫天王隔溝飛點燈子等。向攻清澗縣。亦奔延川南白屹塔寺。據險以守。予分遣副將三路合擊。賊潰去。又于安樂寺避賊塢諸處破賊二里虎倒坐虎等。俘斬八百人。而府谷餘孽王家用等復起。遂夜渡黃河。陷山西河曲縣。大司馬梁廷棟請拜予爲大將軍。提督山陝臨寧四鎮兵。兩省撥兵一萬以爲標兵。發十萬金爲行糧。兩省巡撫親履行間。起運糧草。紀察功罪。予至魚河。聞命卽馳赴河曲之郊。家用向出掠無忌。一聞杜家軍。閉門堅守。其城天險。又值冱寒。官軍露宿雪中。梁公飛檄催戰。予持不可。曰。冬月興師。古人所戒。今斷絕糧道。使其自困。來春可一鼓下也。會得靖邊李若梓羽書云。寧塞飢軍神一元等攻陷西路新安邊寧塞營柳樹澗三堡。且以重貲勾虜。靖邊勢甚岌岌。寧塞爲予所居。宗人等皆被其難。予乃留曹文詔合晉兵以圍河曲。拜表而行。神賊聞之。遂棄寧塞。陷保安。勾套虜使入。予諭以威信。無爲賊用。套虜曰。賊給我以小將烏合。實不知杜公來。且我四十八台吉猶畏公不敢抗。今日敢與公戰乎。然多受賊金。勿忍棄。請說令面縛轅門可也。及套與賊合。將挾套合犯西安。套疑未定。予分布諸將。塞賊南下要路。親移師擬直搗套巢。套駭。語賊曰。今不得復顧汝矣。飛騎馳出塞。迎予曰。願以千騎從公共破賊。予止留百騎。以五百人服其裝爲前鋒。賊自套歸。不能支吾。從間道奔往合水縣。出不意據之。以頓其孥。尋圍慶陽府。予軍至。前鋒麾之曰。我台吉也。已降杜公若輩不早服。俱死矣。賊奔不可止。斬首亡算。先是賊僞降總督楊鶴。楊與予有禮節之嫌。乃勦撫異見。遂信神一魁。力主款。且出示曰。一魁就款。已題寧塞安插官兵如妄殺一賊者。兩兵抵償。予歎曰。賊襲陷寧塞。畏我而逃。今借名城爲盜資。我宗人可與賊同處此土乎。遂徙其家以去。時韓城西安又告急。予又有芝川之捷。腹背夾擊。賊大營俱潰。闖點二賊突圍走河濱山寨據守。予移鎮撫鎮。計日蕩平。而楊鶴以主勦礙其撫局。百計中傷。予以此得罪。而一魁復叛。闖點四出。山西以提督既去。不復守河。賊從延水關潛渡。蔓延豫楚。成燎原之勢矣。

壬申。丁魁楚爲右僉都御史。巡撫保定。姜曰廣署南京國子祭酒。

兵科左給事中劉懋上言。乏餉莫若搜之本省爲便。秦中八院各有公費。有吏承犒賞。司道府廳亦有公費。有修理銀。各州縣有備用積穀等項。巡方贓罰。除解京外有餘剩貯庫。不足再益之驛站裁節。計通省可得六七萬。其召募莫如簡練衞兵。爲長久之計。并嚴處貪官。疏入不報。

## 辛未崇禎四年

**正月乙亥朔。上不御殿。是日風霾。**

丙子。吏科都給事中顏繼祖言。故事。歲莫祭太廟。陪祭官子初既朔。早赴午門謝胙。文武僅十餘人。西班少一御史。朋友之饋。非祭肉不拜。友貺如此。況君賜乎。陪祭則印纍綬若。謝胙則落落晨星。臣所不解也。上切責諸臣宥之。

刑科給事中吳執御言加派不可。且云。近日奉旨議者。皆憑臆而作謬語。奉旨推者。皆隨聲而循當事。倘以皇上日月照臨其上。復賜宸斷以行。諸臣誰敢不竭其肝膽。即大臣誰敢執私意以熒惑乎。上責其回奏。

己卯。夜盜陷保安。巡撫遣副總兵張應昌擒斬百七十三級。神一元死。弟一魁領其衆。

庚辰。吳執御言。掣籤之法。創于冢臣孫丕揚。以探丸之智。爲挈瓶之守。在當日公行之。尚失政體。況近日假公以濟其私乎。特請宸斷罷之。此治吏第一義也。若撫按所舉卓異諸臣。乞進之于廷。隨聖意或詢以時政人才。或地方利病。俾據實口對。因察其賢否才庸而甄別焉。則皇上之目遇。賢于諸臣之耳食百倍矣。命部覆議。

辛巳。覆試順天貢士俞世灝金允治高岱等三人除名。

壬午。督師大學士孫承宗出關。由前屯寧遠抵松錦。庚寅。由三道關歷石門燕河偏關三協十二路。由石塘路過平谷。經盤山入薊州而還。條上邊事。曰先任封疆大臣。曰精擇八部大帥。曰分戰守。曰薊鎮備守。曰遼鎮備戰。曰合薊遼戰守。曰防插漢。曰復城。上善之。于是有大凌河之役。議修築。兵部尚書梁廷棟實主之。後廷棟去。朝議撤工。且責撫鎮回奏。丘禾嘉懼。盡撤防兵。留班軍萬人運糧萬石以給之。承宗曰。且未撤兵。敵至而戰。上策也。據見糧以守。中策也。委空城疲敵。下策也。

癸未。流盜掠平陽。

甲申。吳執御回奏。臣見戶部題覆云。今日生財。無踰加派。夫古今生財。雖曰多端。而有以賦民爲生財者乎。所謂憑臆而作謬語也。去年十一月。兩廣總督闕。吏部會推尹同皋。奉旨回話。借墨縗以解。當日皆銓臣執拗主推。而預推諸臣唯唯惟命。所謂隨聲以狥當事也。若此二事。私乎非私乎。熒惑有其漸矣。上責其支飾。

巡撫河南右僉都御史郝士膏罷。

右春坊右中允兼翰林院編修黃道周奏救錢龍錫。調外。初逆璫一案。諸奸憾龍錫。欲借袁崇煥亦起一逆案以相報。因龍錫以羅及諸臣。周延儒溫體仁實主之。欲發自兵部。而尚書梁廷棟始與謀。旋悔不肯任。又上英斷。不能遽起大獄也。至是道周疏上。延儒意稍解。

己丑。顏繼祖乞武進士未授秩者給衙盡東征。聽遼東登萊二撫調遣。不許。

庚寅。王嘉胤渡河掠菜園溝。副總兵曹文詔擊却之。斬三百二十六級。

甲午。進午門大朝鼓。

丙申。吳執御復言理財加派。原不得已之心而姑行之。其停止速或年外。遲或三年。然不可不即爲停止者。近畿保定河間等六府。地多砂磧此二十二萬。減之有何損于涓埃哉。至捐助搜括。二者尤難爲訓。有旨加派原不累貧。捐助聽之好義。惟搜括滋奸。若得良有司奉行。撫按稽察。亦豈至病民乎。

諭曰。陝西屢報饑荒。小民失業。甚至迫而從賊。自罹鋒刃。誰非赤子。顚連若斯。誼切痌瘝。可勝憫惻。今特發十萬金。命御史前去。酌被災之處。次第賑給。仍曉諭愚民。即已被脅從誤入賊黨。若肯歸正。即爲良民。嘉與維新。一體收恤。

己亥。命御史吳甡賫帑金十萬賑陝西饑。招撫流盜。

余大成何應瑞爲右僉都御史。巡撫山東河南。

吳士元爲國子司業。

戶科給事中杜三策奏。臣于三年六月抵閩。造船。委中軍官楊鍾會于廣南買物料。出洋被刦。訴于海道。下廣州知府徐在中訊其眞僞。而囚之。且杖死以快賊。乞嚴究在中等。從之。命逮在中下法司論死。

庚子。停浙江貢士龔廣生會試三科。廣生大考卷代書。提學副使鄒嘉生磨勘奏上。

罷總兵杜文煥。以去冬十月二十七日在延川縱部將李重榮殺鄉民曹孟孝等男婦百九十九人。知縣王道行呈驗于按察使李天經。爲御史吳甡所劾。

內監鄧文詔許奏薊遼總督曹文衡。

上召輔臣九卿吏科都給事中劉漢儒河南道御史喻思恂及各省監司于文華殿。召浙江按察副使周汝弼。問以浙閩相連海寇備禦之策。對曰。去秋寇掠海上。五日卽去。問江西右布政司使何應瑞按察司僉事王繼夔曰。爾省派宗祿何以不報。應瑞曰。江西之地山多田少。而且弱瘠。撫按查核。有司尙未報耳。問湖廣右布政使杜詩按察使范中彥曰。爾楚去夏民變樹旗事。詩曰。樹旗之後。地方仍安。上曰。須嚴之以杜來患。問福建左右布政司使吳暘陸之祺曰。海寇備禦如何。暘曰。海寇與陸寇不同。故權撫之。但官兵狃撫爲安。賊又因撫益恣。故數年未息也。上曰。前撫李魁奇何又殺之。暘曰。魁奇非鄭芝龍之比。卽撫不爲我用。以其要挾反側貽害地方。今鍾斌雖撫而卻不就撫。上問實計安在。之祺曰。海上官兵肯出死力。有司團練鄉兵。多出火器。剿之不難。問河南左右布政司使楊公翰賈鴻洙曰。以收稅耗重。宜參有司。鴻洙曰。近奉嚴旨。稍革其弊。問廣東左右布政司使陳應元焦源溥曰。爾省負宜大兵餉數十萬何也。應元曰。近已解納。上曰。宜大重鎭。兵餉急需。何可不速完也。問山西按察使杜喬林流寇事。曰。寇在平陽。或在河曲。近聞漸渡河去。唯河曲尙梗。須大剿之。但募兵乏餉耳。上曰。前言寇平。今何言尙阻也。曰。山陝夾河。突去突來。故河曲被困。問河曲之陷。曰。賊未嘗攻。失于內應。問導賊何人。喬林曰。大抵饑民爲之耳。今不早圖。有誤國事。問陝西參政劉嘉遇以流寇。曰。流寇以兵餉不足。故難剿耳。上曰。前報寇平。何又橫也。曰。寇見官兵至卽散。官兵退復嘯聚。上曰。寇亦我赤子。宜撫之。曰。今正用撫。上曰。前王子順旣降。何又殺之。曰。雖降仍掠。宜其戮也。上曰。若然。何不于未撫以前殺之乎。曰。臣時未任。問此寇出自何地。曰。本延綏逃兵。臣十一月十二日入覲。聞初六日總兵賀虎臣殺賊六百餘人。總兵杜文煥殺賊二百餘人。問近日何如。曰。一在延安。一在雲岩宜川。上凝思久之。命退。問廣東左布政使陸問禮按察司使孫朝肅以問禮已陞南贛巡撫。上曰。南贛多盜。若何。對曰。行保甲。練兵士。庶幾弭賊。上曰。須實效。空言何爲。問海盜若何。曰。廣東之海寇。倶自福建突至。舟大而有火器。兵船難敵。但守海門。勿令登陸。則不爲害。問澳夷利害。曰。火器可用。人未可信。問廣西布政使鄭茂華李守俊以靖江王府爭繼何也。茂華曰。靖江憲定王二子。履祥履祐。守俊曰。履祥妻楊氏。未娶之先。妾曾氏先生子玉哥。因不係奏選之妾。故未報生請名。其後履祥沒。故憲定王請立履祐爲世子。神廟許之。今玉哥長矣。故爭耳。問貴州布政使朱芹以安位事。曰。安位求撫。督臣原責四事。一擒奢酋。一獻樊虎奢寅妻馬氏子阿甫。一令送巡撫王三善之柩。一責削地。安位謂既通九驛。非得水利地方。難供糧馬。督按二臣又不輕與。故議未決耳。已召各官。諭以正己率屬。愛養百姓。朕自有顯推。否且不貸。各臣退謝。又召左都御史閔洪學左副都御史張捷高弘圖至。諭洪學曰。卿初任首疏甚善。但未實行。御史巡方。關繫甚重。巡按賢則守臣皆賢。百姓受福。若巡按不肖。其誤非小。屢旨申飭回道考覈。分稱職平常不稱職。何近日倶云稱職。欲註平常。又云不無可惜。洪學曰。臣任後。御史回道六七人。只福建巡按張三謨以註銷不及額。其實任上倶安。故議降二級任事。上曰。今後嚴覈。毋拘。又曰。卿與吏部若實心任事。天下可治。乃退。

癸卯。副總兵曹文詔擊王嘉胤。斬三百二十六級。朱天麟戰史村。斬二百七十二級。降二百七十餘人。

寧武總兵孫顯祖言。聞喜稷山賊二十餘萬。日剿日益。官兵不過二千。奔逐不支。乞再發京營或調邊騎五六千夾剿。命下兵部。委該督專制。總督張宗衡以兵餉並乏。竟不行。

二月乙巳朔。羅汝元爲右通政。

召廷臣于平臺。

己酉。少保兼太子太保戶部尚書武英殿大學士周延儒何如寵主禮闈。

辛亥。夜。定邊營降丁大譟。蓋闕餉五旬。各求給散。守備張天禮同游擊馬科巷諭。乃安。降丁仍逃二百餘人。亦前曹文詔所收山西降盜也。以文詔智勇之帥。其部卒之狠心鷹眼者尙復如是。然則用兵于凶荒之地。豈易言哉。

壬子。總兵賀虎臣杜文煥等合軍圍保安。神一魁勾套虜千餘騎突圍出。諸軍怯走。一魁糾衆數萬刦寧夏都指揮王英兵。潰各道將兵進擊。寇棄城南奔。

丙辰。吳光義爲右□都御史。巡撫河南。

戊午。神一魁至慶陽。破東關。游擊伍維藩等擊斬五百餘級。

己未。參將張全昌以巡撫練國事令邀洛川鄜州之賊。至是戰于梁家嶺。盜四營牛迎戰。斬六十七級。又追敗之。共斬四百六級。

庚申。戶部告急請帑。不許。

壬戌。四川建昌夷羅羅千餘人作亂。

癸亥。秦聚奎爲南京光祿寺卿。

丙寅。福建流寇數千自長汀賴坑突犯瑞金縣。敎諭王魁春署邑事。諭民兵禦卻之。擒三十餘人。斬四十餘人。寇走福建古城。

丁卯。刑科給事中吳執御言。督學一官。綱紀學校。近日多徇情畀人。萬曆初議吏禮二部會舉學行著聞者。久任責成。臣謂尤宜愼擇其人於未任之先。然後責以久任。若敎官在貢士宜倣永樂間單用乙榜。一切乞恩近例不及改敎俱罷。在歲貢。應敕提學官歲選年壯品純者。送廷試錄用。其龍鍾老邁。卽題授冠帶。不必赴京。授任之後。不論科貢。但進德修業造士爲先。而明經課文。次之。三年一考。六年再考。撫按會薦。俱陞部寺京秩。若敎範平常。貢士外任。歲貢致仕。又漢武設太學博士。唐制郡縣始有學。宋制諸路州縣敎授共五十三員。我朝遠踰前代。郡縣儒官多至四千餘員。名器稍濫。竊見順天應天附郭宛平大興上元江寧四縣。總于府學。今將各府附郭州縣學俱併府學。不減其廩增附額。但以府學教授五人董之。各州縣學有學正教諭加訓導一。餘可裁省。命下部議。

戊辰。白貽清爲右□都御史。巡撫甘肅。

流盜萬餘圍慶陽府城。前鋒抵寧州。寧州告急。時慶陽獨推官馬一荀。已罷職。楊鶴在邠乾。不卽援。又宜君盜趙和尙等南窺涇陽三原。又韓城澄城各盜分犯不知其數。

□科給事中葛應斗糾□□道御史袁弘勳錦衣衞都督同知張道濬通路竊權。命下獄。弘勳受溫處參將胡宗明賄及戶部主事趙建極賄。囑于兵部尙書梁廷棟吏部尙書王永光。而廷棟謀代永光。弘勳道濬爲永光所任。按贓俱有跡。弘勳戍□□。道濬戍代州。

己巳。官兵追韓城盜于葭州。斬四百六級。

庚午。刑科給事中吳執御論吏部尙書王永光誨貪崇墨。急賜禮退以全末路。不允。

壬申。神一魁陷合水縣。

三月癸亥朔丁丑。張應昌等擊神一魁。擒斬二百三十八級。鄉兵斬百餘級。慶陽圍解。時議招一魁。散餘黨千人。

己卯。賊渠劉全劉鴻儒求撫。

壬午。京師大風霾。

吏部尙書王永光罷。

癸未。賊渠孫繼業茹成名等六十餘人來降。還合水知縣蔣應昌並保安縣印。總督楊鶴受之。令固原知州國日强于城樓上奉御座。賊跽拜呼萬歲訖。前列幟二。書太平有象萬壽無疆。導賊入公署謁鶴。宣聖諭訖。同往闖將軍廟令設誓諭各解散或歸伍或歸農。疏侈其事。而羣盜自此輕視總督如兒戲矣。其衆數萬人。皆勾虜。辮髮。

巡撫山西右僉都御史宋統殷請兵餉及行糧功賞鹽菜之費。乞留驛站裁銀十餘萬。從之。

寧武總兵孫顯祖回鎮。都司劉敏元以三百人勦靜樂盜。逃回。脅道臣索餉。監視太監孫霖諭解之。宋統殷論顯祖落職。副總兵張應昌代之。御史郭必昌上言。寧武之兵逃靜樂。逃永寧。逃寧鄉。凡三。尋罷統殷聽勘

己丑。策貢士吳偉業等三百人于建極殿。賜陳于泰吳偉業夏曰瑚等進士及第出身有差。

庚寅。東川盜攻嵩明。

甲午。大盜劉五可天飛據鐵角城。混天飛獨行狠等聚蘆保嶺。衆各萬餘。苦飢。于是鐵角城盜思犯平涼固原。蘆保嶺盜思犯耀州涇陽三原。混天飛薄寧州。分犯環縣。

乙未。巡撫練國事勦盜中部縣。斬百二十級。盜南走。

戊戌。巡撫山西右副都御史張宗衡爲兵部右侍郎。總督宣大軍務。

賊陷武安監。西濠之逸賊走三原。掠中部。追兵稍不及。遂入武安監。監正吳三才遁。

己亥。賊詐稱官兵。襲華亭縣。知縣徐兆麒遁。殺敎官鄒邦榮。越二日去之。時曹文詔王性善以賊圍莊浪。勦之。故得乘虛而犯也。

庚子。工部左侍郎沈演言。臣累疏建堡聚民之法。以民察民。自無遺奸。耳目者衆。內應何從措手。非止本計。亦兵機也。從來治流寇之法。勝之易。定之難。法在安插。相其曠土。隨其附籍。此安內必用之策也。以遼民實遼土。以遼土贍遼兵。能開屯者。卽與爲世業。屯有軍屯。有民屯。此外攘必用之策也。遼故有鹽軍鹽場鹽額。道臣陳新甲料理有緒。特在興復之耳。抑幹濟須才。才爲世出。積偷之後。法當糾之以嚴。無偏黨。卽正。有係援。卽邪。人

自有眞賢否。國自有眞利害。乞敕中外。令條上便宜。不論在官在籍。卽高士如陳繼儒。眞品如舒曰敬等。行爲世儀。學饒經濟。皆得各陳所見。言而可行。行而可續。卽爲眞才。上是之。諭曰。陳繼儒等果否學識可備採擇。該部併議。

辛丑。閔洪學爲吏部尙書。

癸卯。楊鶴給降人票。令各還鄉。其豪千餘人。令參將吳宏器領之。駐于寧塞。而耆虜猶恃前約以助神一魁。出擊絕之。而宜君與雒川之盜又蜂起矣。

平涼固原回羅作亂。勾賊恣掠。道臣王振奇徐如翰合勦平之。盜目黃友才遁。

初遵化兵五百人從畿南雄縣大掠而南。自臨淸濟寧至于泰安。又折而東北至章丘東關。聞省城中有兵。乃從丁河口入海東遁。撫按余大成高捷俱報逃海中。必葬魚腹。時皆笑之。而余大成則如聾如瞶然。

副總兵曹文詔擊賊于栗園。大敗之。

四月甲辰朔。丁未。流盜攻園莊浪。總兵曹文詔楊嘉謨遣固原都司靳桂香游擊曹變蛟馬舉劉成功平安守備李登榜金守亮等追及張麻村。敗賊。追二十餘里。斬二百三十餘級。會甘肅副總兵李鴻嗣參將莫與京等隨固原副總兵王性善亦至。又斬二百九十八級。賊走長寧驛。追之咸宣關。又斬一百二十九級。追之隴州隴安。賊且掠且行。將回向寶雞。游擊曹變蛟楊光烈等邀斬三百五十餘級。賊尙四五千。從靜寧州萬馬關石門朱家店四掠。走雒水城。賊工騎射。依山負險。窮追甚難。而平涼隴州華亭武安莊浪靜寧等難民計數萬。御史吳甡再請賑銀。已無及矣。

庚戌。遣大臣祭郊壇禳旱。諭羣臣修省。

諭兵部。申禁硝磺鋼鐵軍器出境下海。亡論多寡俱梟示。

癸丑。陳于廷爲左都御史。謝陞爲南京吏部尚書。徐良彥爲南京工部右侍郎。

甲寅。陝西巡撫練國事勦盜于柳村。斬二百餘級。越宿于上峪。斬二百級。

丙辰。張拱辰爲右僉都御史。巡撫大同。

總兵王承恩以兵擊賊于淸澗。斬賊一百七十六級。

丁巳。夜。月食。

己未。賊渠神一魁降于楊鶴。鶴責數其罪。俱伏謝。一魁破寧塞保安新安合水團靖邊慶陽。有騎五十可充戰。鶴侈其事。乞賜一二萬金以賑濟。又止巡撫練國事北征。國事至中部。報宜雒盜先後斬五百二十餘級。盜求撫。從之。其脅從者多綏德淸澗米脂之饑民。各給印票回籍。其頭目隨營。委都司艾穆處置。刑科給事中吳執御劾宣大總督魏雲中陝西總督楊鶴。恇怯玩寇。上責雲中等平盜自贖。時言官交論鶴。鶴疏引咎。且言臣子嗣昌前河南汝州道。去冬調霸州。到未半月。復調關門。今薦人輒曰邊才。一日未歷邊陲。何知其堪。臣旣誤矣。臣子豈容再誤。

辛酉。上念旱。釋前工部尙書張鳳翔左副都御史易應昌御史李長春給事中杜齊芳都督李如楨獄。

夏允彝曰。論者往往以通虜罪李如楨。亦屬太苛。如柏敗後。如楨卽以大金吾出鎭。不過以孝廉五六人俱計偕虜其宇下。疏擧之。卽因而用焉。已太草草。而熊廷弼至。卽糾如楨之大罪。下獄擬誅。言亦太過。然人皆以李氏爲素有名望。積謗所至。無有一人寬之者。如柏旣死。如楨自分死無日矣。而忽宥之夜出獄。其時家廪城外。久不相通。忽而叩門。其家人皆駭然。幾疑爲夢中事也。其後遂續其寧遠舊封。古人云。記人之功。忘人之過。宜爲君者也。其烈皇帝之謂乎。

旱。諭修省。

改巡檢司印。以檢爲簡文犯御諱也。

副總兵曹文詔都指揮馬科曹變蛟艾萬年等克河曲。斬一千五百七十餘級。兵械騾畜以數千計。

傅宗龍爲右僉都御史巡撫順天。莊祖誨爲右都御史巡撫應天。

兵部尚書梁廷棟免。

甲子。吳執御言。大學士錢象坤端慤清流。不得以梁廷棟累之。報聞。

乙丑。臨洮副總兵蔣一陽遇流盜于淸水縣。戰敗。失亡者數百人。把總徐承斌死之。都指揮李宮用見執。總兵曹文詔楊嘉謨自隴州邀盜于麻鎭相持久。又遺諭帖以間之。盜黨相疑。因殺其渠帥江君友。

丙寅。王承恩以官兵擊賊于甘泉。斬賊二百四十餘級。

丁卯。巡撫洪承疇令守備賀人龍勞降者酒。降者入謝。伏兵斬三百二十人。

己巳。曹變蛟楊光烈遇盜于雒水城西。擊走之。又追至靜寧州。斬賊二百四十九級。盜奔華亭。

庚午。盜陷興平。執知縣荆廷鈺。

御史吳甡賑饑。前至延安。次延長。寇聚城下。諭以禍福。委同知趙鶴年分賑。其圍遂解。又至延川。游盜聞之。回受賑。又至淸澗。尤困降盜黨熊□□四百餘人。給餉如兵。綏德衞其困如淸澗。云州之西河驛通山西永寧州雒販鎭城藉之。以晉兵扼渡船阻。益困。時撫盜四千有奇。米脂民從盜十之七。亦就賑。閱而收之三千有奇。

辛未。諭刑部以矜疑欽卹。惟錢龍錫不許。已言官屢以爲請。

是月。降盜張存孟擁衆脅糧賞。復攻米脂葭州。守卒卻之。榆林道參政張福臻。調總兵王承恩同孤山堡副總兵侯拱極都司艾萬年唐通中協署副總兵卜應第游擊文鼎新和應薦都司張天禮守備賀人龍等同撫標游擊費邑宰左光先崔重亨丁世虎等三千人。□□道樊一蘅監之。至葭州王家莊。洪承疇張應昌亦至。賊分兩營以待。辛未壬申連戰。賊始遁。追至西川。斬三百十級。顚溺亡算。又擒渠帥李成林劉民悅。官兵集于西川雙湖峪。其地千山萬徑。窖砦六十有四。皆屬天險。自元年來巢賊無窺之者。于是在在設防。處處堵截。張存孟懼。率百十騎逃闕山嶺。馬科等擊之。又逃含峪。止二十七騎渡河。守備孫守法方英擒之。盡殲其騎。張福臻前訪李成林等實脅從也。能招三五賊首卽爲功。凡招三百二十餘人。俱壯士。承嚐令賀人龍領之。其脅從千餘人歸農。張存孟初降時。手殺賊目樊翅虎縛獻紫金龍。似眞投誠者。但馭之少不當。卽颺去復爲大患。狼子野心。洶不可以人道處之也。

五月甲戌朔。上憂旱。步禱于南郊。

乙亥。總兵王承恩擊宜川賊。斬二百十五級。餘賊屯頭山鎭。又斬四十五級。渠帥闖山虎金翅鵬等乞降。金翅鵬卽王子順姪成功也。餘賊走宜君。其衆二萬。官兵又斬二百四級。

曹變蛟等又追寧塞遺賊于唐毛山。見山勢險隘。從山上下射。賊不支四潰。斬六十九級。擒六十餘人。賊仍奔華亭。又追斬十三級。是役也。戰張麻鎭。戰闕山嶺。隴安司。戰楊三川。戰唐毛山。四戰皆捷。先後斬一千四百餘級。而寧塞之逸賊稍殺矣。

丙子。刑科給事中吳執御言修省數事。上責其明奏。

巡撫練國事趨寧塞。値御史吳甡于魚河。是日甡至楡林鎭。以晉兵遏糴。斗米六錢。草根木皮爲盡。人至相食。甡因奏楡林者天下之雄鎭也。宿將勁兵出焉。非他鎭比。雜販牟利。商民欣赴。初無損于晉。若以防河爲名而絕秦人之命。恐老成謀國必不在此也。

大盜趙勝以萬餘人掠韓城郃陽。復窺芝川鎭。靈州參將張全昌以五百人戰。三日共斬三百餘級。賊走鄜州中部。巡撫練國事同張全昌趙大胤夾攻。斬六百餘級。時楡林連旱四年。延安饑民甚衆。西安大旱。練國事更請發帑賑濟。不報。趙勝尋降于清澗。

庚辰。沈演爲南京刑部尚書。張延登爲南京都察院右都御史。王志道爲左僉都御史。

禮部尚書李騰芳致仕。

釋故大學士錢龍錫獄。戍定海衞。龍錫出獄。周延儒即過之。極言上怒甚。有可譴處甚多。卿等豈能盡知之語。挽回殊艱。龍錫感之。未幾。溫體仁至。龍錫因述延儒語。謂非公等力救。何以再生。體仁曰。上原不甚怒也。于是聞者遂謂體仁質直。延儒多虛僞。然亦體仁之巧于擠延儒也。嘉善錢士升生平端謹。爲東林所推重。而龍錫其座師也。聞體仁語頗重之。而輕延儒。體仁遂與相結。

癸未。給事中吳執御言。昨辦事科中。見計臣疏中稱歲額四百萬。今加至七百萬。闕額尚百六十萬。則餉猶未裕也。誠問大臣。此闕額尚應加否。加則愈累于民。不加則仍害于兵。前年遵永之變。袁崇煥王元雅等皆以數百萬金錢數萬兵馬狼狽失守。科臣史應聘臺臣張星王象雲道臣左應選。各以一邑或破虜于狂逞之餘。或坐鎭于嬰城之際。繇此言之。今日言餉。不在創法而在擇人可知已。臣妄謂北直如撫寧昌黎樂亭遷安灤州豐潤玉田寶坻薊州平谷密雲懷柔昌平三河順義。山西如大同渾源馬邑蔚州山陰朔州河曲。陝西如府谷葭州吳堡米脂綏德清澗安塞保安安化等州縣。除見任科甲聲績應留外。餘平常各官。應赴部改選。今六月大選。敕吏部選補進士。畀以本地錢糧。便宜行事。各隨所長。撫吾民。練土兵。此法一行。餉不取償于司農。兵不借援于戍卒。計無便于此。有旨。錢糧盡畀本地餉兵。則京解民運安出。邊鎭奚賫。不聽。

丁亥。宜川雒川盜破金鎖關。殺都司王廉等。別部屯黃龍山。刼韓城。總兵王承恩還鎭。道擊敗之。

己丑。金世俊爲工部右侍郎。

初洪承疇撫盜王子順等駐榆林。巡按御史李應期誅之。正月上以問入覲官。因彙塘報以聞。上謂賊勢獗甚。

招撫爲非殺之良。是命吳甡覈奏。

是日。微雨。庚寅。雨。

壬辰。前兵部右侍郎徐必達卒。予祭葬。贈兵部尚書。

乙未。黄汝良爲禮部尚書。甄淑爲大理寺卿。

丁酉。延綏榆林大雨。始有禾。

盜殺海豐大安墟三百餘人。六月七月再被害。

庚子。大盜張天琳等來降。選其驍悍者置營中。散其餘黨一萬二千餘人。給免死票路費。卽命其魁分勒回籍。未數月。俱叛去。則撫局可知矣。

談遷曰。饑盜皆吾赤子也。邊卒王嘉胤等亦因洊饑而起。枵腹烏合。其勢不固。然必一大創之。伏屍萬餘。流血數十里。震潰之餘。刃在其頸。然後招諭而解散之。始心悸魄奪而不敢爲非。蓋盜之利暫而害已踵之也。今彼輩瞋目揭竿。初懼官軍。隻首無暇。屢值屢避。繼而不相避。且格鬬。屢鬬之後。謂官軍無如我何。小勝則掠。小怯則降。旅聚旅散。叛服不常。則見盜之利而未值其害也。夫人無智愚。俱權于利害之間。忍飢則死。爲盜則生。秦人之所以相隨于綠林者。寧有窮乎。

壬寅。流盜自合水保安逃出者萬餘人。從慶陽攻中部。署印同知鄭師玄告急。楊鶴遣官招之。是夜。降丁內應。城陷。

是月。工部郎中李若愚請復建文帝廟號。錄殉節諸臣。章下禮部。

大同襄垣諸縣雨雹。大如臥牛。如丈石。小如拳。斃人畜甚衆。

潞安狪民作亂于壺關高平陵川。宣大總督張宗衡剿平之。

總督楊鶴奏招安羣盜。莫强于神一魁。多方誘致其愛壻在營同臥起。欲假一魁以籠羣盜。故奏中不及一魁。

六月癸卯朔。曹文詔擊斬王嘉胤于陽城。

吳執御言。遼東巡撫丘禾嘉都督祖大壽相忤。命責其自回奏。

總兵文承恩等敗賊于維川縣。斬一百四級。

丁未大學士錢象坤罷。刑部□侍郎涂國鼎終養。

孫穀爲右僉都御史巡撫遼東。

山東徐州大水。

熊明遇爲兵部尙書。

戊申吳執御言每日邸抄例送閱。內閣兵科都給事中仇維楨疏。奉旨。撫鎭利害。何得輒開徼隙。臣謹據實具奏者如此。臣生平强項。如政府溫體仁錢象坤臣同鄉也。吳宗達臣鄉試座師也。臣未嘗私至其門。去歲入都候考。聞周延儒門下人蕭山李元功訝臣不至其室。今年正月。臣請朝宜蒞奉旨回奏。原任御史袁弘勳三至臣門。謂臣政府傳會議一語。當以去年臺臣李玄吳尙默議袁崇煥及錢龍錫入疏。臣不敢徇。臣因回奏而妄及此。上切責之。降俸一級。前仇維楨疏密封下部。邸抄何自。仍明奏。

庚戌臨潁縣未刻雷雨後忽風霾。壞民居。壓死三人。即至杜家莊監生杜逢升主簿杜鳳儀家傾樓拔木。箱匣木石盡失。飄散無跡。壓死五人。風霾漸至翟家莊。長五十餘步。廣十五尺。磚瓦磁器翔空落地亡恙。鐵器皆碎。

癸丑王承恩又敗賊于石堡川。斬百二十六級。餘奔澄城界頭山。

甲寅官兵敗賊于孤堡。斬一百九十五級。

吳執御言仇維楨疏密封下部。書史毛文煥抄自兵科。命下文煥等錦衣獄。

丙辰。淮安揚徐濟寧大雨水壞民居田稼。

丁巳。官兵戰郃陽。斬賊百四十五級。又二百六十二級。

辛酉。延綏西協副總兵張應昌。兵備道戴君恩。以賊混天猴張孟金約齊藺二頭目謀襲靖邊。先邀之。値于眞水川岔口。斬十三級。追至中湖山。復値賊二千餘人圍我。我力戰。射賊魁白廣恩墜馬。又射死張伏倉。賊亂。追斬四百十五級。

壬戌。前巡撫雲南右副都御史王恩民卒。恩民字□□。雲南臨安衞人。隆慶二年進士。知□□縣。拜御史。歷今官。年八十六。

癸亥。賊混天猴獨行狠等萬餘人謀攻合水縣。自甘泉之甄家灣而東。洪承疇率都司馬科等二千人追之。

丁卯。洪承疇兵追至甘泉山中。斬賊七十餘級。遂乞降。

己巳。考選庶吉士華亭吳楨。會稽章正宸。漳浦李世奇。嵩縣韓四維。淸江楊廷麟。孝感程正揆。太倉張溥。鄞縣沈延嘉。汝陽張師度。榮昌倪于義。無錫馬世奇。晉江莊鰲獻。順德胡平運。豐城羅大任。錢塘吳太冲。山陰吳之芳。麻城趙之英。輝縣曹蘊淸。宜山楊繩山。濟寧楊士聰。保德王邵。韓城衞胤文。

蔣允儀爲右僉都御史。撫治鄖陽。

是月。鄜州宜君賊混天猴等乞降。

西虜犯延綏紅山。官軍拒卻之。斬百三十級。

南京禮部□□主事周鑣請卹建文諸臣。

七月癸酉朔。官軍追賊至延川延水關。

甲戌。賊被圍迎戰。馬科等及延安副總兵李卑等合斬二百二十餘級。賊走黃河濱。溺死甚衆。洪承疇暫住延水關。總督楊鶴敗賊于鄜州。斬三百十三級。降二千餘人。

前南京工部尚書沈儆炌卒。儆炌字叔永。歸安人。萬曆己丑進士。授工部主事。歷禮部郎中福建提學副使。累遷河南左布政卓異第一。遷光祿卿。進右副都御史巡撫雲南。戡亂功。進南京兵部右侍郎。至今官。正直忠厚。他無嗜好。予祭葬。贈太子少保。弘光初。加贈太子太傅。諡襄敏。

丙子。大盜萬餘復據鐵角城。突出圍合水縣。游擊陳光先前戍四百人。同知縣施需旃力拒之。

武定府常勝營武舉官李瑗襲殺逆酋張世臣于納插。

戊寅。賊入東關。游擊陳光先率兵巷戰。斬七級。逐走之。曹文詔自慶陽以千八百騎赴救。至花園寺。聞砲聲疾馳。賊迎戰。俄四山伏起合圍。文詔幾不支。文詔力鬬突圍。賊始敗走。追殺頗衆。賊分路趨驛馬關慶陽推官馬一荀遣二隸投牒省城。其隸僞製紅幟二。報賊糾四十萬剋期攻省城云。蓋神一魁向恨衙猾。列若干人于總督。故二隸冀以激變也。

流盜掠鄜州。列營于太平原。王承恩從三川驛往擊。斬三百餘級。遂以二千人降。

吏科給事中孟國祚曹履泰各奏撫賊欺飾之弊。國祚曰。今日招撫。原迫于計之無奈。借此以寬目前。而賊勢益橫。有此處就撫。彼處猖獗。當事既言撫。不肯更局。必至身名俱敗。貽誤封疆。履泰曰。偷旦夕處堂之安。無制伏安插之策。則彼方爲虎狼。我奉之反爲驕子。祇有借撫以張賊之焰。以蓋賊之名。官兵亦束手而不敢動。將草澤之雄。窺見廟堂舉動。如此天下事尚忍言哉。

庚辰。宜川知縣馬自龍公出。自雲岩鎮被大盜劉九思劫去。脅而舁之入城。九思坐公署。令三戶養一賊。總督楊鶴聞而檄下。始出走。鄜延道張允登請寬自龍。戴罪視事。巡按御史吳甡糾爲撫局所誤。朝論韙之。

壬午。曹文詔率都司焉舉游擊曹變蛟等。楊嘉謨率參將方茂功等。尾賊于閼泉鎮。賊二萬去鎮咫尺。分兩營。

精騎待戰。東西二溝伏步賊數千。官兵分四營進銅川橋。大戰久之。文詔身先士卒陷堅。吏卒效命。追奔二十餘里。斬六十七級。墮崖墜澗者無算。寧夏總兵賀虎臣赴援。亦敗之。賊遂不敢南窺西安矣。

癸未。逮陝西總督兵部右侍郎楊鶴下刑部獄。明年戍袁州衞。

乙酉。曹文詔楊嘉謨賀虎臣以賊襲鎭原縣。窺平固關。各赴救。固原總兵楊麒亦至。

丁亥。進擊賊。斬六百餘級。賊奔東北。似回巢。然是役也。合督撫四鎭之兵。窮追半月。先後數十戰。始斬賊渠餘賊。潛匿山谷。延安慶陽千里之內乃暫安焉。

甲午。夜。流盜六千餘人東渡山西。副總兵曹文詔兵從之。

丙申。流賊二三千人屯石佛原。謀犯平涼。總兵楊麒遣勦。

庚子。追至安口河。擊斬百五十餘級。明日至崇信窰。斬六十餘級。

辛丑。賊陷中部縣。先是守道翟師雍所撫盜田近菴等以六百人分駐馬欄山。巡撫吳甡書止之。無及矣。及李老豺獨行狼郝臨菴等南下。攻中部。田近菴內應而陷。吳甡行次隆坊鎭。去縣四十里。隨遣總兵王承恩屯城北。副總兵趙大胤等屯城西。共斬千七百二十級。

八月。甲申朔。程註馮英爲刑部左右侍郎。劉宇烈爲兵部右侍郎。

癸卯。總兵賀虎臣前奉楊鶴檄。勦慶陽賊劉六等。計斬劉六于環縣。擊斬餘賊三百四十級。癸丑。又斬百四十四級。西路漸平。

甲辰。楊麒追賊于白茅山。斬五十餘級。

曹文詔等逐賊山西。屢敗之。

乙巳。姚士愼爲南京刑部右侍郎。

建虜大舉圍大淩河城。總兵祖大壽與何可綱固守。

己酉。總督洪承疇至平涼。以鎮原賊恣掠。發甘肅臨洮兵三千剿之。

庚戌。賊千餘掠慶陽之大小方山蒲河。洪承疇檄曹文詔楊嘉謨以三千人剿之。至蒲河。官兵登山發矢石。賊迎戰。斬四百三十八級。而寧夏總兵賀虎臣以千人。慶陽防守參將趙光遠以五百人來援。諸將分駐保安曲子驛豐樂鎮萬安監耳朵城西濠杯托寺三山饒陽以防其逸。各有斬獲。

刑科給事中吳執御論庸輔周延儒一攬權。一壅蔽。一狥私。何地無賢才。而辛未狀元會元榜眼探花館必出蘇松常淮。況會元首篇襯貼大臣。是何經旨。狀元攜貲挾伎而來。通國共曉。試卷既有複字。何以首呈。江南例止二庶常。胡爲併江北而奪之。近日塘報奏章一字涉夷狄。一字涉盜賊。一字涉邊防。輒借軍機密封下部。明畏廷臣摘其短長。他日敗可以捷聞。功可以罪案。然壅蔽不止此也。去年吏部擬陞御史顧其國爲府。而延儒必以鄉人故。怫然而勒陞溫國奇。以楚錄砭切異同。必欲斥詞臣黃景昉。又黃道周清嚴不阿。欲借鄉試錄重處。未遂其私。遷怒儀郞。皇上以言路爲治理之要。六月一考。允部院議不駁。延儒于新臣始見卽敍皇上初意欲駁數卷。因延儒委曲而止。且公然謂諸臣不必急急于言。私人如市。李元功蔣福昌周素儒等夙夜入幕。此豈大臣壁立千仞不邇羣小之所爲哉。皇上習見延儒票擬摘一二細事。駁一二單言。近于明敏。遂爾推誠。抑知延儒陰譎之尤。意之所忻。吐嗽雲雨。意之所忤。呼吸霜露。實借票擬以行其私乎。上切責之。戊午。執御再劾。庚申又劾。俱留中。

大盜趙勝千餘人不受撫。復入山西之永寧石樓。楡林參將苑攀龍神木參將艾萬年孤山副總兵曹文詔追剿。

盜掠沁水縣。東北有竇莊。故張忠烈銓里居也。初銓父尚書五典謂海內將亂。築牆爲堡甚堅。至是賊犯竇莊。

銓子道濬道澤俱官京師。惟銓妻霍氏守舍。衆議棄堡去。霍氏曰。避賊而出。家不保。出而遇賊。身更不免。等死耳。死于家不猶愈死于野乎。且我守堅。賊必不得志。躬率僮僕爲守禦。賊環攻。堡中矢石並發。傷賊甚衆。四日乃退。其避山谷者。多遇賊淫殺。惟張氏宗族得全。冀南兵備王肇生表其堡曰夫人城。

癸丑。謝璉爲右僉都御史。巡撫遼東。

諭武舉試技藝勇力。毋專取文藻。

祖大壽敗建虜于五里莊。

先是巡按陝西御史李應期言秦賊旋撫旋叛。而御史吳甡新代巡。上命其確查。于是甡上言。延慶地亙數千里。土瘠民窮。連歲旱荒。盜賊蜂起。東路則王嘉胤攻破府谷。渡河犯晉。西路則神一元破寧塞。破柳樹澗。破安邊。攻保安。一元死。弟一魁繼之。又破合水。圍慶陽。總督楊鶴本年移鎮寧州。遣官招撫安插寧塞者四千有奇。餘黨郝臨菴劉六等衆不下數萬。五月初。總督離寧州。賊已掠環縣眞寧之間。此保安合水之流孽也。延安四載奇荒。邊軍始亂。餘軍繼掠于米脂綏德清澗。脅從甚衆。幾于無民。去秋流刦延南。巡撫洪承疇方收拾東西兩路。力不能及。三月間。賊掠宜川雒水宜君中部等縣。趙勝衆號數萬。自山西回黃龍山。西安北界韓城白水澄城蒲城郃陽宜君中部數州縣被毒最慘。此延北邊賊流毒西安者也。五月。總兵王承恩楡林道臣張福臻以勤王兵五千南剿。賊望風潛逃。總督移鎮耀州。招安諸盜。造名冊。予路費。待之殊厚。張天琳等臨陣降于楡林道臣。亦不下數百人。賊見大兵在南。遂徙而北。延川安定清澗綏德米脂吳堡葭州雖散原籍。仍鄉村流刦。于是有官賊之謠。人人恨招撫矣。趙勝衆五六千在清澗之解家溝花牙寺。旋撫旋叛。慶陽郝臨菴劉六等亦受道臣周日強之撫。今攻陷中部者。卽其衆也。則信乎招安之失策。又降賊獨頭虎等見大兵之來。已出韓城。潼關道胡其俊猶追贓錢九十萬。賊復橫索米豆酒肉。一一給之惟謹。要挾重貲之說有自來矣。爲今之計。惟集兵南北合勦。殲渠魁而餘衆自破。明賞罰而士氣自鼓。秦事猶可爲也。

流盜趙勝陷山西隰州蒲州。

前光祿少卿許鼎臣爲右僉都御史。巡撫山西。提督雁門等關。鼎臣之官上六事。蠲租。增餉。明賞罰。勸忠義。分信地。破資格。大抵沿習之語。識者憂之。

壬戌。靖邊道戴君恩剿逋賊三百餘人于安塞。平之。

洪承疇駐慶陽。復報乏餉。

戊辰。先是總兵祖大壽被圍于大凌河。巡撫丘禾嘉總兵宋偉吳襄率師援之。禾嘉懦怯。屢易師期。而偉襄不相能。是日遇敵于長山。襄營先亂。我師敗績。監軍太僕寺少卿兼參政張春被執。先一日。凌城食盡。何可綱語祖大壽曰。可出以慰閣部。自爲文祭死之。大壽以二十七人詣敵營。約下錦州。質其子而還。

庚午。我師刦敵營。祖大壽逸出。徒步入錦州。敵墮大凌城引去。張春上書請欵。巡撫丘禾嘉密表其事。孫承宗曰。春亦有鬚眉。獨不聞其妻霍氏六日不食而自經乎。士大夫不能飛矢仆此行屍。而忍爲關說。春固自媿其妻。士大夫亦何以見婦人乎。春被執不屈。願求一死。建憨欲殺之。某力救。憨亦歎曰。非南朝讀書人不能也。因幽之某寺中。日給饌。春終不屈。嘗元旦憨宴諸臣。或曰。今日須張春一至。憨曰。罷罷。毋強此人也。久之。建虜或攜觴酌之。春色喜。爲諸人講經史大義。諸人多就正。後數年以疾卒。至今東人言之。無不歎服。春子倫并家屬十人。議安置永平。督撫以意外可虞。令子扶柩歸里。

談遷曰。張春被陷。時報以殉難。聞詔贈右副都御史。亡何書上。追奪秩。夫春實未嘗詘膝。流離殊域。其志有足悲者。此猶彼蕭寧可概論。宋王繼忠陷契丹。上書言欵。卽張春之前茅也。繼忠見原。春見疑。勢有固然。無俟言之畢矣。

洪承疇等大敗趙勝于山西桑落鎮。

是月。罷工部郎中孫肇興。肇興監督盔甲廠。以帑詘。且積負商人。因疏參戶工二部監督太監張彝憲。上怒。令肇興同監造太監劉守乾回奏。肇興落職。

**九**月軠朔。山西流盜犯濟源。

己丑。神一魁復叛。據寧塞縣。先是一魁降後。頗窘用。而茹成名頗生事。度不能制。謀誅之。遣成名于總督楊鶴所。甲申。鶴收斬之。其黨張孟金黃友才等疑懼。挾一魁以叛。刦參將吳弘器。縛守備范禮操守尹鴻臺。辮其髮。焚掠橫甚。官兵攻圍之。賊食盡。其黨黃友才斬一魁以獻。

大盜劉國能張天琳劉九思等五部在宜川雒川韓城芝川鎮雲巖間恣掠。副總兵趙大胤在韓城。去賊營二十里。不敢出戰。士紳强之出。報五十級。驗之。則婦孺首半之也。前中部之唐河堡報級百二十。殺村民三十五人充之。給事中魏呈潤參大胤落職。

壬辰。巡撫延綏右僉都御史洪承疇總督陝西三邊軍務兼兵部右侍郎。□□道參政張福臻爲右僉都御史。巡撫延綏。

陝西官兵逐山西賊洑月。共斬七百二十餘級。都司王世虎守備姚進忠戰死。

乙未。太監張彝憲總理戶工二部錢糧。唐文征提督京營戎政。王坤往宣府。劉文忠往大同。劉允中往山西。各監視兵餉。

逮總兵馬世龍。以招降召侮也。

兵部覆試武舉。奏技勇多不錄。

黃友才遁。追斬千一百七級。餘賊千餘至環縣。固原道斬四十六級。賊奔萬安監。趙勝就擒。卽點燈子也。起清澗綏德。逞于延綏。奔突韓城宜川雒川。往來秦晉。沿河郡縣多苦之。至是伏誅。平陽稍安。巡撫洪承疇力也。其黨王自用馬守應惠登相張獻忠等復肆。

吳偉業曰。語有之涓涓不絕。乃成江河。當賊初起。匹夫瓦合。倔强山谷間。其偏袒大呼首事作難者。不過嘉胤子順輩三數人耳。而皆已撲滅。中外大臣。以爲苟得倡事者之首。天下無事矣。縱有餘孽。州縣當就捕。豈知後起之盛。蔓不可圖哉。

是月。故刑部尙書薛貞故延綏總兵吳自勉俱獄死。

十月辟朔日食。

甲辰。劉宇烈爲右僉都御史。巡撫遼東。

巡撫陝西右僉都御史練國事鐫三級。俟後效。

流賊復掠慶陽。

乙巳。前工部右侍郎祝以豳卒。以豳字耳劉。海寧人。萬曆丙戌進士。知隨州。進兵部員外郎。出廣東按察僉事。終養十六年。起補江西進參議。累遷應天府尹。致仕。加今銜。年八十二。予祭葬。

丁未。驗試武舉。前監試御史余文熠馬如蛟等削籍。

復黑雲龍原官。時陷建虜。重傷來奔。

命太監監軍王應朝往關寧。張國元往薊鎭東協。王之心中協。邵希韶西協。

庚戌。官兵復中部縣。初六月甲辰。總兵王承恩屢攻不下。八月癸丑。練國事繼進。辛未。賊突出數百騎潰圍。復勾慶陽大盜郝臨菴等。引衆數千自保安鎭來援。謀截我糧道。甘肅總兵楊嘉謨自耀州至。而曹文詔急追趙勝。爲其黨五虎所殺。文詔及張福臻之兵俱至。至是克之。

流盜羅汝才陷宜川縣。練國事在三水。遣參將李卑馳斬一百十八級。賊遁。副總兵張全昌等擊賊于合水。斬八百九十七級。即鐵角城賊合于中部者。敗于王承恩。自宜君耀州走慶陽。

辛亥。封岷王企鐘。

乙卯。南京禮部右侍郎錢士升祭告鳳陽皇陵。

丁巳。左春坊左中允楊世芳劉必達以主武闈削籍。初。武場令合技勇策論兼優爲最。技勇分刀石三等。刀自百二十斤至八十斤。石自五百斤至二百五十斤。策論優而技勇稍劣次之。技勇優而策論不逮又次之。榜出。仍有言者。遂下世芳等獄。改左諭德兼侍講方逢年右中允兼編修倪元璐覆試。與前榜同者三十餘人。

壬戌。巡視中城御史姚孫渠參錦衣衛指揮項震。命下震獄訊之。並責孫渠先提問後請旨。以擅提職官降二級視事。

癸亥。楊一鵬爲工部右侍郎。

夜。大風。

甲子。張全昌等敗賊。斬七十九級。

十一月庚午朔。賜武舉王來聘進士第一。罷兵部郎中王陛員外郎陸澄源等六人。來聘力大能開勁弓。歷昌平參將。丙子。死敵。贈都督僉事。

壬申。刑科給事中吳執御上言。風變。祖大壽向謂莽男子耳。今死守孤城。義氣百倍。而救甲不至。堂堂中國將何以威視四夷乎。黑雲龍不知何許人。軍法。臨敵敗軍者死。降者死。雲龍負此二死。一旦來歸。又其從虜年餘。建虜狡謀兵力。宜無不知之。可以密告皇上。以備控禦之策。又諸叛人在虜多矣。即不必皆束身歸命。但能離彼之交。使爲反噬。斯黑雲龍所以自效耳。不然。續命之膏未易飲。况乎黃金橫帶耶。

丙子。流賊譚雄夜陷安塞縣。賊覘邑富宦。而知縣柴國鞆固守。至是國鞆積瘁死。經歷胡崇猷署印。疎而耄。遂襲掠一空。時大兵俱集寧塞。故賊無所忌。次日即出。執諸生郭汝盤以求撫。

延安慶陽大雪。

丁亥。太監李奇茂監視陝西苑馬茶商。吳直監視登島兵餉。

戊子。右春坊右中允兼翰林院編修倪元璐上言。武場監試余文熠馬如蛟不能特設科條。而因仍已事。主考楊世芳劉必達不能細繹明旨。而過拘小嫌。此臣之所爲罪也。然其可原即在此。何者。事當創始。未易精詳。若夫情弊悖謬。則四臣斷斷不敢出此。況今皇上所特拔鼎元王來聘。即前榜所收。技勇文章。四臣皆能識之。亦豈謂之不得人哉。上不聽。

庚寅。王承恩擊賊。斬二百九十一級。

辛卯。督師大學士孫承宗還關門。引疾。命放歸。

上召對廷臣于平臺。問東事。

丁酉。丘禾嘉仍以右僉都御史巡撫山海關永平。方一藻爲右僉都御史。巡撫寧錦。樊尙燝爲右僉都御史。巡撫河南。

南京禮部右侍郎錢士升奏。祭告鳳陽皇陵禮成。末述鳳陽土地多荒。廬舍寥落。岡陵灌莽。一望蕭然。周咨其故。皆言鳳土确瘠。在江北諸郡爲下下。民居皆塗茨。一遇水旱。棄如敝屣。挈妻擔子。乞活四方。戶口既以流亡。逋賦因之歲積。催徵則絕其反顧。招集又疑爲空言。有司束于正額。不得不以逋戶之丁糧。派徵于見在之賦長。于是賠累愈多。而見在者又轉而之他矣。昔李特之亂巴蜀。乘于驅逐流民。劉弘之撫荆州。在于大給田種。故流民之始。不過蠲租寬負。以守宰安集而有餘。及其亂也。至于選將調兵。含羣力剿除而不足。今天下賦重政苛。民窮財殫。而發政施仁。宜先帝鄉。即特爲蠲減。不過太倉之稊米耳。而可以招流亡。可以廣開墾。固本生財。舉積于此不報。

劉宇烈還朝別用。

己亥。王承恩擊賊。斬三十二級。賊首羅汝才渾天王等踏冰過河。入山西。

閏十一月庚子朔。協理京營戎政兵部尚書閔夢得罷。

東廠太監宋普戍孝陵。

戊申。流賊譚雄復據安塞。參將李卑駐兵城外。總督洪承疇計之曰。我若株守寧塞。必至各處蠢動。乃命副總兵曹文詔□□道戴君恩等圍寧塞。自率騎同總兵王承恩等夜趨安塞城下。

壬子。總兵王承恩亦自延安至。卽誘譚雄等五人出。斬之

癸丑夜。盜陷安塞定縣。大盜不沾泥張存孟等三千餘人自魚河川。因內應入之。有先降丁以迎縣官走淸澗。又回縣勸諭各賊。

戊午。右春坊右中允秉翰林院編修倪元璐上言。原任右中允黃道周。學行淳厚。今代所希。天爲陛下生此人。仰佐天章。黼黻一代。不可謂之偶然也。在今之時。聞臣此說。或以爲疑。所謂世人貴耳賤目。若道周死後數十年。天下推之。必有甚于臣今日之言者。臣雖愚悖。豈敢以身觸雷霆。過情獎物。卽陛下釋之不誅。臣亦懼爲後世所非笑。所以推舉本繇至誠。且道周前疏救舊輔錢龍錫。忤旨降調。未幾而其言卒行。當道周抗疏之時。同輩危慄。而道周慨然進說。此誠至難。臣謂陛下今日用人。惟當取其侃直有氣者。今人多畏禍顧其身家。又間者中使銜憲四出。動以威倨上官。體加于庶司。臣懼海內士大夫之氣。必化爲繞柔。陛下又可不式怒蛙。重摧折之乎。自道周旣獲罪。議者遂摘其試錄。論及科場。以其經史爲子書。以其精詳爲孟浪。此可歎也。道周而外。

又原任順天府尹劉宗周。清恬鯁介。既骯髒投閒。道周以蹇諤承貶。天下本無人。得其人又不能用。如此安望天下有爲陛下奮其忠能者乎。陛下幸聽臣言。還道周原官。而出臣于外。承道周所應降官級。此猶棄珷玞得良玉也。上不聽。

甲子。王承恩等克安塞。斬五百三十六級。擒六十二人。

乙丑。王承恩等進剿安定賊。賊潛走綏德清澗之間。叛服不常。

降丁陷甘泉縣。刦餉十萬八千金。殺知縣郭永圖。河西道張允登戰死。允登解民運銀。爲降丁勾盜掠焉。總督洪承疇聞之。遣王承恩分剿。而自以四百人赴甘泉。以甘泉鄜延咽喉也。時賊日熾。承疇日不暇給矣。允登四川人。萬曆庚戌進士。知咸陽咸寧。並有善政。而不善夤緣。房師湯賓尹惡之。東林人又謂黨湯氏也。舉卓異僅除刑部主事。在鄜延。當荒盜之餘。備極勞苦。士民聞變。俱喪服哭迎。聲徹十里。罷市三日。事聞。贈允登□□□□。贈永圖□□□□。

總兵楊嘉謨等于三水縣斬賊五十七級。

丁卯。孔有德耿仲明等叛于吳橋。初。東江劉興治反。屠皮島。皮島舊副總兵張燾與興治之內戚沈某合謀圖興治。未發。會登萊巡撫孫元化薦參將黃龍爲都督僉事。鎮守東江。總兵至島。興治遂叛。元化以兵部尚書熊明遇督援切急。從海上命參將孔有德等以三千人赴關外。繼以二千人。有德遭颶風幾斃。迨歸復命。從陸。遂不勝怨望。屯鄒平月餘。進至吳橋。亦叛。時僅步兵六七百人。破吳橋。

戊辰。孔有德圍陵縣。破之。

副總兵張全昌于河津斬賊百五十七級。韓城西境遂安。

是月。寧武總兵孫顯祖敗賊于萬泉縣。又各道擒斬二百二十三級。俱蝎子塊所部四營也。賊遁走夏縣洪水鎭。佯乞撫。夜襲顯祖營。以有備而遁。追斬八十五級。

十二月巳朔庚午。吏科都給事中顏繼祖言枚卜考選時考選科道二十餘人。方重國課。因司農回奏混寫開復。未列職銜再煩駁查。已列簪筆侍從之班。隸給事中行之署。杜門維谷。殊多未便。上以代解責之。時考選科道後更核在任錢糧。于是戶部尚書畢自嚴下獄。熊開元鄭友玄俱謫。自後考選將及先核錢糧。不問撫字。專于催科。此法制一變也。

巡撫天津右□都御史翟鳳翀罷。

孔有德破臨邑。

壬申。巡撫登萊右僉都御史孫元化議親撫孔有德。初。元化謂欲復遼土。宜用遼人。欲固遼心。宜得遼將。故徵遼將孔有德耿仲明等。

甲戌。孔有德連陷陵縣臨邑商河新城。巡撫余大成不能禦。稱疾。遣材官往諭。不聽。遣中軍沈廷諭以兵往。肩輿赴陣。不事介胄而敗。□□陶廷瓏兵往。檄還青州。

前大學士孫承宗命冠帶閒住。奪世廕。以長山之敗。坐矯旨復城。

李孫宸爲南京禮部尚書。鄭宗周爲右僉都御史。巡撫天津。

官兵擊葭州賊。斬九十七級。

進祖大壽少傅左都督。兼都督同知。大壽守大凌城。被圍日久。食匱。援兵不赴。遂以城降。而身自逃歸。或云已輸誠建虜。約歸卽舉八城盡降。故建虜縱之。然歸卽爲國堅守。雖其子在建虜不之顧也。

乙亥。甘泉賊陷宜君縣。又陷葭州。兵備僉事郭景嵩死之。

丁丑。洪承疇聞變自西川疾馳。會總兵曹文詔副總兵張全昌合剿。

余大成檄登州兵赴利津合剿叛兵。

庚辰登萊總兵官左都督張可大至朱橋驛。值孫元化還登州。言撫局已定。毋西行。蓋信其不反也。可大叩其詳。始知叵測。仍西行。元化竟檄止之。

甲申。刑科給事中吳執御請還原任兵科給事中魏呈潤原任南京雲南道御史李曰輔。不許。

乙酉。孔有德攻青州。

戊子。陸完學爲兵部尙書。協理京營戎政。劉鍾英爲南京吏部右侍郎。胡尙賓爲南京國子祭酒。

總兵官陳洪範鎭守居庸昌平。

姚希孟爲□□協理詹事府。蔡奕琛爲太常寺少卿。提督四夷館。

己丑。諸降盜復叛。攻綏德州。巡撫張福臻斬四十三級。

前南京工部右侍郎何喬遠卒。喬遠字□□。晉江人。萬曆丙戌進士。授刑部主事。改禮部。歷員外郎郎中。言事謫廣西布政司經歷。泰昌初。起太僕少卿。天啓壬戌以左通政進光祿寺卿。明年冬進通政使。予告加戶部右侍郎。崇禎己巳。起南京工部右侍郎。三月致仕。性廉介。家居日釋經纂史。文行俱高邁。所著名山藏閩書等數百卷。洵不媿爲古之良史。年七十五。予祭葬。贈工部尙書。

孔有德過黃縣。不及千騎。餘俱烏合。矢亦盡。惜無禦者。

庚寅。孔有德攻登州。初至登州泥水山。困乏。孫元化令夜丁乙登雲書諭之。有德始營山下。夜梯攻城東南。我砲却之。初元化素諳西洋火器。又召香山澳夷訓練。賊窮蹙。僞請降。

總督洪承疇報撫賊張獻忠羅汝才等千九百餘人。

上憂延綏賊蔓。以陝西巡按吳甡請餉及洪承疇疏。俱奉旨。久責戶兵二部不覆。兵部尙書熊明遇請措二十萬金接濟秦中。

密雲大雪五日。凍斃人畜。

辛卯。孔有德攻登州西城。又砲卻之。賊回掠臨邑。孫元化與遼將耿仲明定計招撫。

甲午。總兵孫顯祖于河津萬泉夏縣聞喜等處六戰皆捷。共斬五百八十一級。時寧鄉被賊最慘。聞喜次之。我軍損四五百。參將周應乾被執剖死。

戊戌。盜掠永年縣。

是冬。逮巡撫雲南右副都御史王伉巡按御史趙洪範以木氏土舍普名聲作亂。

是年。上念孝純太后無御容。命新樂侯劉氏求子弟貌似者繪之。又繪先帝及孝元太后御容于博平侯家。並如前法。並迎入大明門。上早出百官多未至。

楊士聰曰。孝純御容偶得于新樂侯之子弟。既已奇矣。乃孝元亦依倣爲之。豈俔天之姿。定有一親屬宛肖。以待夫後來之傳寫乎。不知先帝御容又以何人爲的據也。此等典禮。決當諫止。而竟無一人言者。

日講官禮部右侍郎羅喻義講尚書惟我商王布昭聖武章送閣臣。溫體仁裁其半。以所引京營大閱等也。喻義執不可。因上疏自明。體仁言。舊例惟經筵進規多于正講。日講則正講多。進規少。喻義以日講而用經筵之例。駁改不聽。自媿不能表率後進。命下部議。聖聽天縱。喻義曉曉多言。遂命閒住。

# 國榷卷九十二

壬申崇禎五年

正月妃朔。大風霾。

盜掠洛縣。

庚子。登萊總兵張可大令副總兵張燾與邵國祚以兵共三千六百人戰城東。燾兵忽戴紅巾反戕我兵。殲焉。游擊陳良謨等死之。

辛丑。登州城陷。時孔有德上書孫元化。元化信其言。午刻開門。納張燾兵二三百人。蓋僞降也。各官力阻不聽。置于太平營。夜漏十刻內應。或云防院中軍官□□及陳光福內應。合開東門。殺官吏紳民幾盡。執孫元化及兵備□□宋光蘭監軍道王徵知府吳維城同知賈名傑蓬萊知縣秦世英及鄉紳梁之桓。拘于游擊耿仲明宅。脅元化移佘大成書求奏赦。願恢復遼東。賊更造舟募兵。居七日。適有船航海。賊縱元化等歸。

壬寅。總兵官左都督張可大知水城不可守。殺妾婢。自經于太平樓。可大字觀甫。南京羽林衛指揮使。萬曆辛丑舉武進士。歷官都司參游寧紹副總兵。以左都督鎮守山東。率兵勤王。上重之。專敕平島帥劉興治。內移爲南京左都督。聞兵亂。歸登州爲戰守計。值城陷。衣冠登城樓。北嚮拜。壁端題某年月日死難處。事聞。贈太子少傅。予祭葬。立祠曰旌忠。謚莊節。性孝友。好古。有駛雪齋詩集。初。賊攻城。登人告急。宋光蘭曰。自有防院。元化曰。別有計。及陷。叛兵欲殺光蘭。謂榜其爲賊也。光蘭曰。官體宜然。因自敍清操而釋。有德殺故河州判官張瑤。後贈太僕寺少卿。

延綏賊十餘人。僞爲米商入宜君縣。明日。又至十餘人。是夜。賊攻南門。內應陷。知縣李迪康守備田恭把總馬騏等俱遁。明日賊引去。後迪康論戍。防守官田恭論死。

癸卯。賊復陷保安縣。又陷合水縣。時總督洪承疇被劾。巡按御史李應期奏承疇眞實任事。曉暢賊情。任之猶可展布也。

流賊陷山西蒲州永寧。且大掠稷山絳州太平霍州隰州吉州鄉寧。山西巡撫宋統殷提兵援剿。巡按御史羅世錦歸咎于秦。謂以鄰爲壑。□科給事中裴君賜晉人也。奏責成秦之撫鎭驅之回秦而後再議剿撫。蓋當事之無定見如此

總督洪承疇請留陝西餉銀二十萬資剿費。幷以勸農。從之。

大盜黃友才逃鐵角城。與劉五郝臨菴等合營。謀攻環縣。署印寧州同知趙應閣懼而自經。總督洪承疇貽書吳甡。欲趣曹文詔張應昌兵自環而南。楊嘉謨趙光遠兵自環而北。大舉合剿。而詘于餉。于是吳甡請增兵措餉。命下部議。

先是寧塞逸賊合環慶諸寇陷鎭原縣。知縣董三謨同妻李氏死之。事聞。贈光祿寺丞。立祠旌李氏。賊屯于蒲河。欲犯平涼。走鳳翔漢中。陝西巡撫練國事自涇州馳赴固原。檄固原道王振奇同副總兵王性善等截守各隘口。檄平涼道徐如翰同副總兵董志義守涇州各要害。又檄總兵楊嘉謨游擊趙光遠緝奸殺賊塘報。馬斷其耳目。賊遂不敢出。又食乏互疑。總督洪承疇從鄜州間道馳至慶陽。曹文詔以臨洮新兵二千至。寧夏總兵賀虎臣新兵亦至。會于西隩。各夾擊賊大小十餘戰。追奔數十里。傷墜亡算。楊嘉謨斬二百二十五級。曹文詔斬三百八十三級。賀虎臣斬三十級。王維善斬三百二十六級。趙光遠斬九十七級。而寧塞之强寇盡矣。惟渾天猴等尙據襄鑠。練國事遂移鎭寧州。時以西隩之捷爲用兵來第一。

吳偉業曰。秦寇初發難也。延綏以北。爲逃兵。爲邊盜。延綏以南。爲土寇。爲饑民。邊盜則神木之王嘉胤靖邊之神一元爲魁。而支蔓于綏德之張存孟延安之郝臨菴也。土寇則西川之王子順苗美淸澗之趙勝爲魁。而滋蔓于中部之李老豺延川之劉九思也。延鄜慶平幾無淨土矣。

夜。常德府大火。

甲辰。羅汝元爲右□都御史。巡撫浙江。

庚戌。故大學士劉鴻訓卒。長山人。萬曆癸丑進士。崇禎初直閣。坐改敕書戍代州。終戍所。訃聞。許其歸葬。

辛亥。孔有德陷黃縣。

壬子。楊嗣昌爲右僉都御史。巡撫山永。

陝西巡撫練國事擊賊于澄城。斬賊三百餘級。

癸丑。巡撫山東右僉都御史余大成免。

乙卯。徐從治爲右僉都御史。巡撫山東。謝璉爲右僉都御史。巡撫登萊。

戊午。洪承疇擊賊于槐安堡。斬賊四百三十級。賊雖奔竄。尚破華亭。擾莊浪。而官兵追捕。漏刃破胆矣。初韓城安定安塞諸寇。洪承疇偕曹文詔先後淸盪。而鐵角城乃邊盜之藪。賊魁郝臨菴因援中部爲王師所敗。耕牧鐵角城以爲持久之計。聞他盜盡平則震懼。虎兒凹錐子山之賊大敗。遂斬郝臨菴。蓋秦事自西陝之捷後。軍聲大震。曹文詔忠勇善戰。承疇則與下同其甘苦。深得士卒心。轉戰四載。斬級三萬。西人稍休息焉。然亦已憊矣。

己未。山東巡撫徐從治入萊州。同知府陳萬年治城守。

庚申。叛兵薄萊州。

逮故巡撫孫元化余大成。後元化論死。大成遣戍。

癸亥。威縣紅風晝晦。

甲子。陝西鄉紳通政使馬鳴世等奏。三秦爲海內上游。而延安慶陽爲關中藩屏。楡林又爲延慶藩籬。無楡林必無延慶。無延慶必無關中矣。乃自盜發以來。破城屠野。四年于玆。良以盜衆我寡。盜飽我飢。盜利械彍騎而我無鐵甲壯馬。內餉及時之餉。外乏應手之援。揆厥所由。緣廟堂之上以延慶視延慶。未嘗以全秦視延慶。以秦視秦。未嘗以天下安危視秦。而且誤視此流盜爲飢民也。又誤視此流盜爲降丁也。夫飢民搶衣奪食而已。降丁勢窮。歸命在我。今勢焰燎原。莫可撲滅。尙得稱飢民降丁乎。若非廟堂大破常格。亟增大兵。措大餉。爲一勞永逸之計。恐官軍騖于東。賊馳于西。師老財匱。揭竿誰禦。天下事尙忍言哉。頃蒙允部請留本地雜餉遼銀十五萬。驛站銀四萬。但餉銀係本年立徵之數。常多逋欠。似爲西江之汲。乞敕所司于舊欠四鎭餉銀內亟措二十萬。給民牛種。爲兵行月犒賞。急圖安戢。庶全秦安而各鎭舉安矣。

降盜中在庭馬丙貴叛。據葭州之荷葉坪。巡撫張福臻楡林道樊一蘅參將唐通等以八百人擊走之。斬百十二級。又降盜黨雄王得貴等千餘人攻綏德州。復掠州東之義合驛。總兵王承恩等擊斬二百二十餘級。張福臻等計誘党雄等八人斬之。

乙丑。官兵擊宜君賊失利。

刑科給事中吳執御奏薦黃克纘劉宗周鄭鄤。又有如御史遲大成所舉姜曰廣文震孟陳仁錫。又有如中允倪元璐所舉黃道周。又臣素聞曹于汴惠世揚易應昌羅喻義。惟皇上鑒而用之。上責其狥濫。

丙寅。西虜着力兎以三四百騎近塞。稱插漢虎墩兎憨求欵。似要挾。總兵曹文詔在暗門。同定邊副總兵張應昌同知趙文庠議未決。

丁卯。前總兵孫顯祖有逃丁誘定邊降夷內應。借守東西二門。招着力兎入之。千總張射奎王希武等出城拒截。曹文詔等各擊斬百四十一級。千總李世科陣沒。文詔奉檄還靖邊。初夷丁哈台吉原遼東海西部落。因避建人來歸。分置各鎮。哈台吉等百餘人居定邊。文詔剿山西盜。頗得其力。自寧塞告變。文詔回秦。夷丁謂定邊空虛。潛購套虜以叛。幸文詔內戰。逐之城外。否則定邊非我有矣。

叛兵攻萊州。總兵王洪與楊御蕃不協。遠屯。御蕃戰失利。入萊城。見攻不休。

張應昌等擊黃友才。斬百三十六級。賊又攻環縣。吳甡駐慶陽。斬百三十六級。賊奔。追斬五百八十餘級。黃友才崔大進俱伏誅。

戊辰。總兵王洪潰于新城。回萊州。

二月巳朔。巡撫登萊謝璉入萊州。

光祿寺卿王雅量應天府尹詹士龍劾罷。

吏科給事中鄧英追劾陝西左布政使沈演附璫。以借參謫外。

庚午。右中允兼編修倪元璐乞養疾省母。不許。

慶陽賊陷饒陽堡。

德陵成。進周延儒少傅兼太子太傅吏部尚書建極殿大學士。溫體仁吳宗達少保兼太子太保戶部尚書武英殿大學士。何如寵太子太保。各賜金幣。餘文武內臣賞賚有差。

張應昌等擊賊。斬二百八級。

辛未。四川道試御史吳彥芳言。正人螻伏。尚多邪類鴟班牛擄。如吳執御所舉曹于汴易應昌等。又續薦李瑾李邦華畢懋康倪思輝程紹。又參章光岳呂純如。上以其朋比下彥芳吳執御刑部獄。坐奏事上書詐不以實律。杖徒三年。報可。

癸酉。參將彭有謨以南兵三百入萊城共守。初。萊人乞援于總兵劉國柱。國柱入山東境不進。兵部贊畫主事張國臣議撫。中朝皆倚之。謂撫成則萊圍自解。姑以援遼爲名耳。

甲戌。故登萊巡撫孫元化海道宋光蘭監軍道王徵登州知府吳維城同知賈名傑蓬萊知縣秦世英昌邑主簿李仲明等逃至天津。俱叛兵縱之航海也。巡撫鄭宗周以聞。

張延登曰。登州之陷。初起于熊經略三方布置。爲陶知府朗先陸巡撫之地。毛文龍遂雄據皮島。劉興治黃龍沈世奎相繼。已成唐藩鎮自立之勢。孫元化作撫。遂成孔有德之變。而東萊慘矣。總鎮內監。再設再添。遂致高麗折入建州。沈志祥作亂。而黃監軍殺矣。善乎遼撫方一藻疏曰。東島地處一隅。一二偏將可供哨探之用。乃大帥虛設。羣小交聚。不盡送宇內金錢不殘盡東省黎庶未已也。大抵禍患之來。必有所自起。非驟致也。不有四路進兵。紅旗催戰。則遼東不失。不有三方布置。遼將內用。則有德何從反。不有邊兵之調。則流賊無自生。不有遼逆嚮導。則建州何敢深入。而濟南何自陷。前車覆矣。後車不戒。今日猶遵其敗轍爲聖書。何耶。

丙子。虜二十騎犯宣府黃土梁。

保安盜購虜八百餘騎夾攻寧鎮。總兵賀虎臣潰走。前總兵杜文煥禦之。虜始退。而盜爲虜所強。半辮髮西走。保安定邊遂空。

己卯。盜薄慶陽城下。副總兵張應昌追及之。擊斬百餘級。圍始解。

庚辰。盜二三萬掠合水縣。官兵追擊失利。

壬午。金世俊高弘圖爲工部左右侍郎。劉漢儒爲右僉都御史。巡撫四川。劉榮嗣爲順天府尹。劉弘化爲光祿寺卿。錦衣衛都督□□劉僑免。

癸未。寧塞遣寇復熾。

甲申。巡按山東御史王道純言三事。曰分移駐。新撫臣徐從治。防臣謝璉。不宜並城。一移駐萊陽相犄角。曰須精兵。孔有德所畏惟夷丁川兵耳。合山東兵萬人。保安天津兵四千人。若再得邊兵或川兵千人。始可靖亂。曰愼招安。昨見兵部主事張國臣于青州面商方略。曰招安遼人。如彼未叛人。各有田舍。各有妻子。各有有司。無煩多事。若既叛亡。論招彼不來。卽來而收之。保無奸人內應乎。樞部既有石畫。國臣又遼人。賊不敢害。惟過萊入登。在彼招安爲便也。

丁亥。海寧捍海塘成。

山西賊熾。

西安府推官史可法爲戶部主事。

庚寅。盜夜入鄜州。兵備僉事郭應響以兵出禦。死之。

癸巳。總兵曹文詔自定邊敗盜于南家岔。斬百十九級。

乙未。盜四千餘犯武鄉。殺守備張一龍。又樂平鄉兵六百人禦賊而敗。此曹文詔殺餘之賊也。

三月戱朔辛丑。工部右侍郎高弘圖上言。臣部例有公座。中尙書。旁侍郎。禮也。內臣張彝憲奉總理兩部之命。與臣部分賓主。以辱朝廷。原未嘗合內外而稱長貳也。至于侍郎所任。與彝憲相値。有先臣而引爲例者。臣無從質。且不知彝憲領敕有公座事宜否。臣初三日到任。彝憲亦卽到。臣不勝駭異。戶部公座。原以尙書長侍郎。傅今加彝憲一公座。則臣今日之爲侍郎也。傅尙書乎。仰傅內臣乎。此等□□臣不容不鄭重。故僅與之川堂賓主相接。而公座毋寧已之。雖大拂彝憲之意。而臣不顧也。遂詣右堂大房。升小公座。聊應吉期。該廳司仍候臣出升公座臣竟謝不敏矣。我朝二百餘年。堂官受事草草自臣始。臣部餼羊賴以少存。而國體所傷亦已多矣。且總理兩部公署已遵旨另置訖。宜即設一公座。以見朝廷之臣另一規模。臣部公座仍還之臣部。豈不名正言順而內外得平乎。有旨。總理已有公署。錢糧應到部驗核。着會同料理。升堂公座事如舊例。弘圖遂引疾求去。不允。疏七上。削籍。

談遷曰上鑒魏氏之禍。盡收璫柄。中而借叢。銜命四遣。特據公卿之上。高司空恥于隅事。引疾堅往。志節皭然不汚。雖與日月爭光可也。公座擬旨。當出宜興。聞司空引疾時。宜興過候。夫不優人以禮而私示欸曲。彼容悅之臣。烏足論哉。

癸卯。上幸太學。行釋奠禮。先期徵衍聖公孔胤植五經博士顏光魯曾承業孟弘譽陪祀。

兵部贊畫主事張國臣出撫叛兵。巡撫徐從治奏其非計。每撫使一出。則攻城益急。國臣曰。我不當縋城出擊以怒之也。果爾。則必使叛兵□□任意攻圍。我拱手以萊授之。如孫元化斷送登城故事。而後可成國臣之撫乎。當叛兵之過青州也。舊撫臣余大成擁兵三千。追擊甚易。元化遺書云。賊已就撫。兵不可往東一步。以壞撫局。大成如其戒而止。及至登城。明知張燾兵已順叛兵。又使燾領兵出戰。又聽三百餘賊誑言開門揖盜。致數十萬生靈盡爲流血。今萊城被圍。叛兵視臣等猶元化也。雖然爲之解曰。吳橋激變有因也。一路封刀不殺也。一聞詔使遂止兵不攻也。吾誰欺。欺天乎。今元化入京已久。又得國臣僞報盈庭。集議必以爲一紙賢于十萬援兵。絕跡不來。職此故矣。臣必死守。死當爲厲鬼殺賊。斷不敢以撫之一字面謾至尊。淆亂國是。敗封疆而戕民命。一誤再誤。不可收拾也。奏入。朝議不以爲然。蓋周延儒主之。上心動。命兵部右侍郎劉宇烈總督山東軍務討之。

乙巳。總督朱燮元一品考滿。進少傅兼太子太傅。

議兵部添設昌平鎭侍郎。不果。
孔有德以舟三十艘招皮島將陳有德。有德隨誘殺二島將。以三千人入登州。
丙午。太監張彝憲奏省直料價欠百餘萬。命工部開數立限完納。
丁未。大學士何如寵引疾去。不允。
命戶部覈原兵若干。實在若干。額餉若干。浮餉若干。增于何自。始于何年。逐一開奏。
申軍機泄漏之禁。
楊一鵬彭汝楠爲兵部左右侍郎。
戊申。穆廟德妃李氏薨。
兵部□侍郎王國楨服闋。辭任不起。
己酉。河南道御史李應薦言。皇上謁太學。祀先師。始知國學爲天子之學。天子視學爲國學盛事。則向之禁止講院益爲無名。
庚戌。前戶部尙書張我續下法司追贓。保定巡撫丁魁楚言其逆黨遺奸也。
辛亥。初命提督京營襄城伯李守錡簡練三萬四千人。未報。切責之。
癸丑。命禮部祈雨。
汪慶百爲太常寺卿。馬鳴世爲太僕寺卿。
庚申。命朱光祚督各官築李待口決隄。
壬戌。賊自武安監陷華亭縣。甲子。遁。
癸亥。巡撫張福臻擊盜。數有斬獲。招降四百餘人。

是月。內丘縣扁鵲廟廣生殿火。木石俱燼。神鬚如故。

四月戊朔。己巳。賊近莊浪。官兵至。又奔。

庚午。總兵鄧玘。王洪以川兵萬二千人自昌邑東援。距萊城四十五里不進。且通叛兵。

辛未。總兵曹文詔追賊至張麻村。共斬五百二十九級。又固原兵斬一百十七級。

賊犯西安北界。薄耀州。鄉官宋師襄與知州范鳴珂固守。

丁丑。曹文詔。楊嘉謨追賊耀州之咸宜岡。斬一百九十一級。

戊寅。于三股水斬七十四級。

己卯。萊城兵出外搜糧。被掠三四百人。

練國事遣副總兵張全昌擊賊耀州。斬四百六十四級。

壬午。曹文詔。楊嘉謨戰隴安司。斬三百五十九級。

癸未。叛兵攻萊城西南隅。巡撫右僉都御史徐從治額中砲卒。從治字□□。海鹽人。萬曆丁未進士。知桐城。累遷武德道參政。至今官。天啓初嘗剿妖盜。今力守萊城五十餘日。變聞。予祭葬。贈兵部尚書。廕錦衣衛百戶世襲。立忠烈祠。

錢謙益曰。嗚呼。兵部條上方略。固曰萊撫守萊。東撫駐青。調度。公不入萊可也。公不入萊必不死。公不死而號于人曰。我奉詔駐青。不敢失守。雖亡策。不任受罪也。公之意以爲東撫控壓全齊。駐青不足以鎭萊人之心。而入萊則可以繫全齊之命。委一身于孤城。示全齊之人以必死。而劫之以不得不救。是公之居萊者。所以救萊也。賊盡銳合圍。累旬浹月。慮我師之乘其後。必不敢解圍長驅。狼豕奔突。是公之守萊者。所以救全齊也。賊致死于萊。力盡不拔。勞瘁單乏。師老形變。解圍之後。以全力蹩登三鼓氣竭。枝柱撐拒。不翻城內應。

則銜尾宵遁。是公之固萊者。所以復登也。雖然。世知公以死守萊之爲功。而不知其以死拒撫之尤爲功也。賊以撫謾登。以撫謾萊。且以撫謾中朝。而獨不能謾公。公死之後。馴至于侮明詔。戕命使。而萊卒堅守不下。公以死持之也。故曰其功在萊。登之撫。疆吏主之。萊之撫。中朝主之。公之拒撫。非拒賊也。而拒中朝也。拒求撫之賊易。拒主撫之中朝難。以死拒賊易。以必死拒中朝難。故曰其功在社稷。嗚呼。此其故難言之矣。

丙戌。張全昌又斬七十八級。賊奔慶陽。

癸巳。曹文詔楊嘉謨于楊三川斬賊二百四十九級。

甲午。降盜叛者掠米脂。官兵擊斬三百十級。始竄。

丁酉。夜。江寧地震。

是月。紅夷千餘人築城彭湖。

湖廣流盜自興國直入江西泰和縣。

五月戊朔。甲辰。總督洪承疇自綏德至西川。與延綏巡撫張福臻合兵同剿。解散脅從八百餘人。擒斬四百餘級。

己酉。遣中書舍人陳六韐存問前太子太保南京工部尙書丁賓。時年九十。

庚戌。萬□監錄事周弘化數殺賊有功。陣沒。

羣盜據鐵角城。耕收。時雹傷稼乏食。野掠。復攻合水縣。知縣施喬柏固守。

甲寅。南京吏部尙書謝陞言。賊屢以撫啖我。而我堅以撫自愚。今狼狽如此。聞撫之一字。尙堅持不化。墮賊術中而不之覺。咽喉要地。豈堪再擲也。

乙卯。德王常濤薨。

庚申。周府柘城王肅浡薨。

六月虰朔。曹文詔楊嘉謨等擊隴西賊。斬首百餘級。

辛未。曹文詔擊賊方山。斬七十二級降七十餘人。已又斬百餘級。宵遁。追勦。共斬三百二十六級。隴西餘孽始盡。初賊千餘人。原敗。餘流刦隴西官兵失利執通判張廷極。

壬申。河決孟津口橫浸數百里。

癸酉。南京通政使毛堪卒。堪字□□。吳人。□□□□進士。□□。予祭葬。贈南京工部右侍郎。

襄城尉氏密縣大雨。水溢鄢陵。至浸城。

壬午。楊建烈爲右通政。

甲申。兵部職方員外郎華允誠上言三大可惜。四大可憂。刺溫體仁閔洪學。上詰面奏。允誠又極言其失。謂私徐從治沈演唐世濟等。奪允誠俸半年。

辛卯。洪承疇追賊于甘泉。

是月。江西流盜自吉安屠富鎮。攻撫州樂安。掠崇仁。

七月酊朔戊戌。洪承疇擊賊延川。斬二百餘級。

福建海盜始流浙江。過溫入台。

庚子。鄒之有爲錦衣衞。

大學士溫體仁言華允誠論臣與冢臣閔洪學同邑相依。驅除異己。遍布私人。專欺黨。擅夫六部之事。各有司存。冢臣少同研。仕同籍。又同朝。誠時過晤。然未嘗私語。乃論臣中有垂涎冢臣之位及前此求枚卜節鉞不爲推轂。橫口詆誣。臣胞弟育仁監生候選。臣使改廕。必不敢借史館效勞等名色。臣門生亦自有人。未嘗一有報舉。此而不私。又何私乎。其所稱庇同鄉。排善類。其一爲鄧英之參沈演。是臣同官票擬。其一爲羅喻義商訂講章。直入閣中。盛氣相加。安得不據事直糾。至于處分自有宸斷。吳執御狥私濫薦。致干聖怒。于臣何預。皆羅織爲罪。閣臣將安所措其手足哉。臣草疏畢。又與御史周堪賡與允誠相和。總之百千誣衊。一勘自明矣。

辛丑。□□推官屈宜揚入萊城。云叛兵且降。欲一見防院謝璉。

總兵曹文詔剿鐵角城賊。中伏失利。總兵楊嘉謨賀虎臣駐驛馬關。會總兵楊麒等。

壬寅。司禮太監曹化淳提督京營戎政。

南京刑部尚書沈演罷。

逮巡撫宣府右僉都御史沈棨。時插漢虎墩兔憨犯張家口。求款。市棨不以聞。卽答書設誓宴賚。太監王坤以聞。逮訊之。

命禮部驗朝鮮使臣市物。兵部主事鄭觀光赴會同館。凡市三百八十餘件。禁城圖預焉。禮部尚書黃汝良參提督會同館員外郎潘陳忠利其厚貲。遂下獄。戍鎮海衞。

癸卯。巡撫登萊右僉都御史謝璉堅主款。遣萊州知府朱萬年出南門諭叛兵。孔有德等下馬迎拜。萬年復入。

甲辰。巡撫謝璉太監翟升劉□萊州知府朱萬年同出宣詔。被執。萬年亟呼閉南門。叛兵卽殺之。推官屈宜揚僅得入。午後。叛兵引翟劉二太監至城下求登萊巡撫印。不應而退。萬年四川□□人。萬曆□□貢士。性勤敏。預備糧芻。設守具。拒賊數月。人心益固。萬年力也。是日妾生子。人幸其有後。事聞。贈光祿寺卿。巡按御史王道純上言。遼按張銓加贈尚書。人以爲宜。今萬年之死與銓不殊。而生前官品視銓尤高。宜何處焉。

己酉。叛兵攻平度州。

□□推官屈宜揚自經。

癸丑。曹文詔楊麒等戰虎兒凹。共斬賊六百五十三級。賊始飢困。

乙卯。馬士英爲右僉都御史。巡撫宣府。

時報登州遼婦生子。人身猴面。頭二角。雞足。生卽能言。云八月□日關將軍助陣盡滅賊。賊面詰兒。言如初。斬之。詣關將軍廟卜不利。毀其像。

戶科給事中馮元飈參禮部尚書董其昌侍郎王應熊。恨黃汝良不聽私囑。肆詈傾陷。何以爲羣僚表率也。其昌乞罷。

丁巳。諭各衙門奉旨立限具題未遵者申飭之。

戊午。巡撫江西右□都御史解學龍報旱災。

己未。誅孫元化其周方蘇吳維城秦世英戍邊。宋光蘭王徵戍近衞。元化松江人。萬曆壬子貢士。壬戌。吏科給事中侯震暘薦其才。遂授兵部司務。從孫愼行贊畫。甲子。進主事。專管章奏。崇禎初。進郎中。遷山東右參議。整飭寧前兵備。進登萊巡撫。

癸亥。紅夷犯福建銅山。

甲子。□科給事中呂□□論兵部尚書熊明遇。有云行文無益。今日事祇憑上福。遂罷明遇。

兵科都給事中汪□□參總督劉宇烈。用推官屈宜揚令往萊州諭叛兵。云叛兵欲見防撫謝璉。此宇烈縱寇流毒。而猶委罪防撫。以希自免。方宇烈受命。叛兵初無悔禍。宇烈一敗。謬希撫局。奉旨云不得玩泄。終不聽也。因而陳洪範購叛兵鄧玘築昌邑城自固。幷不問萊城。請兵則眞定保定未足也。索川兵。川兵未足。索關外屬夷。自春而夏。自夏而秋。宇烈之肉寧足食哉。四川道御史王□□亦劾宇烈喪師辱國。今宜新撫朱大典代之。尤要在立發尙方劍。便宜行事。

張自烈曰。孫元化余大成骫法玩寇。堅持撫局。一撫而黃縣失。再撫而登州失。萊州圍。覆車在前。三尺童子知其不可。劉宇烈仍以撫自愚。何也。古今應變異宜。戰欵剿撫。時遞爲用。然欵可以羈夷狄。不可以豢叛賊。撫可以誘飢民。不可以貸逆臣。今賊燄日酷。賊志日驕。卽幸爲我撫。將使之征胡自贖。此曹心懷不軌。如虎傅翼。潛與胡通。爲憂滋大。將使之仍鎭登萊。負嵎一方。盤踞難拔。是唐藩鎭之禍再見今日也。況彼負罪既深。狡黠百出。萬萬不爲我撫者哉。律以朝廷紀綱不可撫。衡以登萊時勢不能撫。宇烈並墮術中。恬不知慮。今日通書。明日遣官。損師辱國。莫此爲甚。則深恨閣臣之謀國誤也。周延儒輔政以來。建奢勿靖。山陝流寇繼之。流寇勿靖。東省叛兵繼之。滇南閩廣。到處驛騷。延儒獨宴然不畫一策。卽登萊近事。信一私昵之孫元化。以撫自愚。東事既誤于始。復用一庸儒之劉宇烈。撫局不變。東事又誤于終。惜哉。

總兵曹文詔等擊賊。斬三百八十一級。又五十八級。

是月。流盜陷大寧縣。

八月[illegible]朔。丁卯。吏部尚書閔洪學罷。

天壽山大雨水。衝損慶陵寶頂。議處前督工官。前尚書王永光申辨。不問。前工部尚書姚思仁削籍。

甲戌。曹文詔等擊賊于甘泉縣。擒斬九十六級。

乙亥。斬四百三十六級。總督洪承疇令脅從辮髮者免殺。逃出環縣。降四千餘人。散者亦數千人。官兵疾進。又斬二百五十二級。誅其渠帥。餘散匿山谷。

叛兵攻高密。

東路參將牟文綬擊叛兵。敗之。

丙子。登州叛兵欲航海。先移家長山島。我兵奪其路。

丁丑。套虜千餘騎窺甘肅。協守涼州副總兵都督僉事柳紹宗及西協左副總兵署都督僉事相希尹擊斬百二十五級。
庚辰。皇三子慈炯生。
白廣恩殺其黨來降。齊一勳郝惟端俱降。請殺盜自贖。
逮山東總督劉宇烈以玩寇失事。戍之。
辛巳。叛兵撤精鋭入登州北城。將脅遁。總兵吳襄等遂擁衆先登。
乙酉。萊州叛兵遁。官兵抵城下。復招遠。再復黃縣。始解圍。
庚寅。吳士元爲國子祭酒。
寧夏地震有聲。
癸巳。李長庚爲吏部尙書。
是月。寧武兵潰于大軍鎭。
盜陷壽陽。時大兵東追賊于沁水。又破石樓澤州。殺州人參政張光奎。後贈光祿寺卿。廕監。
九月辛朔戊戌。右中允兼編修倪元璐引疾去。
壬寅。韓日纘爲禮部尙書。康新民爲南京刑部尙書。
孔有德敗入登州城。官軍圍之。
巡撫山西右僉都御史宋統殷失事免。
戊申。張鳳翼爲兵部尙書。許鼎臣爲右僉都御史。巡撫山西。
總督薊遼兵部右侍郎曹文衡罷。
王揚德爲□□□□總兵官。鎭守廣西。

左都御史陳于廷罷。

以太監鄭良翰謝文舉扶進朝魏典盧文德提督京營戎政。

己酉。流盜李自成陷修武縣。殺知縣劉鳳翔。

庚戌。華陽人李國泰故閹者。在京遇兵部差官李國安領牌往四川雲南。國泰代行。詐稱東廠訪事內使。入滇。見邸報許撫晉名聲。卽至阿迷州晉名聲宅傳旨。訖十月庚午。還臨安。名聲亦疑之。訴于巡按蔡侃。訊之始得其實以聞。

甲寅。劉之鳳爲光祿寺少卿。

丙辰。傅宗龍爲兵部右侍郞。總督薊遼。

己未。張至發爲順天府丞。

庚申。賊掠新鄉。

癸亥。磁州道祝萬齡以毛兵八百人逐新鄉賊。走陵川。

甲子。登州叛兵出戰。副總兵丁思侯中砲死。

海盜攻浙江健跳所城。半月去之。犯溫州之黃華磐石。

西安縣雨穀。其粒長于常稻。差黝黑。

山西流盜破臨縣。縣天險。分守道潘光祖誤信招安。致之賊魁王之臣據其城。李自成掠懷濟。焚清化鎭。河南巡撫樊尙燝以晉人之爭左良玉也。奏言賊在山西垣曲。漸近濟源。請良玉移駐澤州。北可以援高平長子。東可以救陵川潞安。西可以應陽城沁水。爲晉保境。兼顧濟源。是豫患未甚劇也。

十月朔丙寅。逮巡撫宣府右僉都御史馬士英。以擅筈守備。又取都司庫金六千。太監王坤密聞。

戊辰。曹文詔等攻餘賊于生高泉。斬八百五十九級。于寧州斬七十八級。再戰于三水官家洞。斬二百十二級。

庚午。登州降兵六百人謀爲賊外應。機泄。巡撫朱大典令回黄縣各給粟二斗。輸登州塔山。遼將祖大壽伏兵殺之。

命前御史金聲及中書舍人王應選修曆法。

張延登爲左都御史。張鵬雲焦源清爲右僉都御史。巡撫順天宣府。

壬申。惠王常潤奏江陵知縣史元調誣盜虐宗。至殞三命。下撫按逮入。

乙亥。登州叛兵出戰。中權營游擊程仲文中砲死。

戊寅。官兵攻登州城。左翼營守備祖邦樓中流矢死。

己卯。定海兵擊海寇。敗之。

庚辰。海盜劉香犯福建小埕。游擊鄭芝龍以兵擊走之。

癸未。安塞遺賊復掠四川。胡岔。延綏巡撫陳奇瑜委總兵王承恩擊斬一百三十二級。賊目喬六自斬其黨魁以降。餘遁。延綏稍寧。

丁亥。周士樸爲兵部尚書。

己丑。叛兵入膠州海中。

庚寅。楊方盛爲太僕寺少卿。蔡國用爲大理寺右寺丞。

是月。故兵部尚書趙楫孫赴臺乞卹典。不許。

十一月紇朔。乙巳。孔有德李九成以萬人出戰而敗。棄登州。九成中彈死。

雲南阿迷州故土官普名聲妻萬氏子普福遠奏。家奴龍得者邪搆釁稱兵。名聲雖故。蒙恩曲宥。遂縛二奴。斬叛黨百三十二人。函首以獻。

十二月甲子朔。故大學士李庭機加贈少傅。廕子棨順入監。

巡撫大同都察院右僉都御史張廷拱卒。

丙寅。登州叛兵航海。半至黃縣。

丁卯。曹文詔等戰耀州。斬賊七百三十級。于𡺳子山斬七十八級。餘北走。追殲略盡。其潛伏鳳凰山者漸集。

戊辰。御史吳甡言。河決浸及祖陵。命責河道尙書朱光祚同漕運李待問勘奏。

壬申。流盜自河南息縣破光州。

甲戌。命順天尹祈雪。

停開納事例。詔曰。朝廷分職設官。原以任賢用能。非可別開倖濫。乃十餘年來。軍務煩興。羣議足餉。計臣條奏。輸貲並與選授。雖少助國家師徒之費。然一時偶屬權宜。事久必滋弊。蠹吏塗紛雜。名器混淆。有貲卽可博官。才品俱在勿論。甚而儼然民牧。掊克取償。階厲已甚。朕方愼稽流品。撫恤痌瘝。而開納不除。則源之不淸。流何能潔。玆特盡行停止。不得再行援納。

總督張宗衡山西巡撫許鼎臣同逐臨縣賊。賊轉入磨盤山。山方六百里。閻正虎據交城文水以窺太原。邢滿川上天龍據吳城向陽以窺汾州。陳堯道（卽紫金梁。）等以秦兵豫兵毛兵盡集澤潞東南。遂乘虛掠東北。從沁州武鄕遼州楡社入楡次。又入壽陽。距太原不五十里。許鼎臣撤臨縣之師。更顧根本矣。

乙亥。進禮部尙書李康先太子少保。

議戶部添設侍郎。

命總督河道尙書朱光祚督守臣修築淮陽決河。

丙子。宋守義以原官提督京城內外巡捕。

吏部尚書李長庚入朝。

戊寅。嚴皇城守衞。

南京錦衣衞□□□許自强爲江南副總兵。

庚辰。南京禮部主事周鑣請撤太監張彝憲。略曰。內臣用易而撤難。此從來之通患。今見因內臣而疑廷臣者多矣。用廷臣而疑內臣無一焉。如彝憲用而高弘圖之骨鯁終不可容矣。至如金鉉孫肇興魏呈潤趙良曦曹文衡王弘祖馮師孔李曰輔之激直。熊開元之慷慨。悉皆斥處。未能枚指。尤可歎者。每讀邸報半屬內侍之溫綸。從此以往。鍛鍊臣子。委褻天言。祇狥中貴之心。將不知所極矣。上怒。削其籍。禮部員外郎袁繼咸疏救。不聽。

夏允彝曰。烈皇帝太阿獨操。非臣下所得竊用。而每當舉措。則內璫發其端。似陰中而不覺也。若滿朝之用舍榮枯。一視首揆之趨向。亦似爲所陰移而不覺者。當初政時。不許內璫與廷臣交一私語。廷臣遂忽璫輩不足顧。而攻東林者。默結之日以朋黨之名中于上。而其時以通內自詡者。史堃也。輔臣錢龍錫之獄。皆史擠之。及其得出。錢自云有大璫實心冤之。不然必無生理。溫之陷錢謙益于獄也。謙益去死如髮。大璫曹化淳憤而發奸棍陳張之陰謀。陳與張立枷死。溫逐而錢釋矣。薛國觀之死也。廠璫王化民實爲之。而周延儒之死也。則又小王璫怒之也。廷臣通內漸亦不以爲醜。曹璫之喪其父也。大臣與言路多往致祭焉。小王璫喪母。大臣亦多往送。甚有倡爲傳單者。揚揚不之諱。其九卿不往。惟鄭三俊程國祥耳。廉恥道喪。國事安得不敗。然此時璫輩特陰爲播弄耳。其畏上英明實甚也。

甲申。胡沾恩爲右僉都御史巡撫大同。

曾楚卿等進禮部尚書。

乙酉。鳳凰山賊斬其魁郝惟端以降諸將分領入營還宜君。
戊子。追北□。斬四百十九級。
己丑。命右少監劉芳譽提督九門。
壬辰。有飯釜戴木甑飛霍山縣前市民陸和家。
令百官進馬。三品以上各一匹。餘或合進。俱納御馬監。不過賫金貿之本監也。否則外入雖駿驥亦卻之。
是年。命鬻祠廟倉舖。
莆田知縣張拱機徵賦激民變。免官。下臺訊。

癸酉崇禎六年

正月暌朔。大風霾。日生兩珥。
丁酉。流盜闖入畿南。距順德百里。時盜之大隊尚在山西。零騎數百分爲二道。一北向窺固關。一南向懷慶衞輝。盡遭蹂躪矣。
給事中孟國祚言。畿南咽喉重地。順德爲大。今晉有曹文詔張應昌。豫有左良玉鄧玘。賊將何之乎。昔之秦毆于晉。晉毆于豫者。今轉而毆之順德矣。
庚子。運舟出天津海口。颶風覆之。
壬寅。盜在邢臺于三省交界摩天嶺窄道山㢖羊腸小徑直犯武安。
癸卯。又犯陽城。參將芮琦守備王繼統死之。
乙巳。總兵曹文詔剿賊霍州。值賊萬餘渡汾河。擊斬二百三十四級。

史可法爲江西參政。
丙午。張我續論死。追贓十八萬有奇。
以科臣查核邊鎭兵餉。欲提綱挈要。近來竟失立法初意。但瑣屑繁苛。虛文塞責。甚非籌邊長策。今後部科新設查核等差俱停止。
丁未。總兵左良玉破賊于涉縣西坡。斬其渠賊。望其旗幟。皆靡然眈眈。未忘中州也。
戊申。停錢法侍郎。
辛亥。京師大雪。深二尺餘。
工部郎中孫肇興下獄。
癸丑。曹文詔進都督同知。
復臨縣。參將劉光祚功居多。光祚前被逮得釋。初分守道潘光祖誤信劣生梁明倫招安。致城陷。明倫約永寧山賊刦我營。難民縋城出報。官兵詐爲陝賊。至山中斬之。尋逮光祖。
錦衣衞右都督田弘遇乞肩輿。不許。謂勳戚加恩。不得自行陳乞。
甲寅。留兩淮鹽課十萬。充餉客兵。
乙卯。蔡奕琛爲刑部右侍郎。
丁巳。曹文詔擊賊盂縣。斬九百十六級。時圍盂縣。
戊午。前□□□御史黃宗昌削籍。
己未。大學士周延儒以宣府閱視太監王坤疏參。乞罷。不允。
庚申。遣催外餉十一人。

辛酉。馬鳴世爲南京右僉都御史。提督操江。

壬戌。進黄士英都督僉事世襲副千戶。

大風霾。

曹文詔追賊壽陽。斬四百四十餘級。

二月癸亥朔。建昌軍沈學之家生豕二身一首八蹄二尾。

黄道周陛辭。奏臣自少學易。以天道爲準。以詩春秋推其運候。上下載籍二千四百年。考其治亂。百不失一。臣所學本于周孔。無一毫穿鑿。其法以春秋元年己未爲始。加五十有五。得周幽王甲子。其明年十月辛酉朔日食。以是上下中分二千一百六十年。內損十四。得洪武元年戊申。爲大明資始。戊申距今二百六十四年。以乾屯需師別之。三卦五爻。丁卯大雪。入師之上六。是陛下御極之元年。正當師上六。其詞曰。大君有命。開國承家小人勿用。自有易辭。吿誡人事。未有深切明著若此者也。凡易一卦直六十七年零一百五日。一爻直十一年零七十七日有奇。今歷十分之四矣。

乙丑。大學士林釺始入直。

丙寅。參將猛如虎擊賊解愁村。斬五十級。

丁卯。王錫袞黄景昉李建泰劉若宰管理文官誥敕。

戊辰。曹文詔追賊于固莊。賊北走。斬五百級。于碧霞村斬二百五十餘級。巡撫許鼎臣請文詔在平定。是太原之東也。李卑佐之。張應昌在汾州。是太原之西也。賀人龍佐之。餘爲游兵。

召左都御史張延登曰。風紀重地。向來考核御史之法不能實行。今察吏安民。莫先考核。卿其勵之。

庚午。召廷臣于文華殿。謂左副都御史王志道曰。遣用內臣。原非得已。朕言甚明。何議論之煩也。昨王坤疏。朕已責其率妄。乃廷臣糾劾。莫不牽引內臣。豈處分各官。皆爲內臣耶。對曰。王坤參及輔臣。故舉朝皇皇。爲紀綱法度之憂。內臣既可糾廷臣。廷臣亦可糾內臣。臣爲法度惜。非爲諸臣地也。上曰。朕見廷臣于國家大計不之言。因內臣在鎮。未便作弊。故借王坤疏挾制朝廷。誠奸巧也。且文武各臣。朕未嘗不用。因其蒙徇。勉用內臣耳。周延儒等請優容。上色稍霽。延儒曰。志道非專論內臣。實責臣等溺職。上曰。職掌不修。啣名立論。何堪憲紀。命志道退。語吏部尚書李長庚。兵部尚書張鳳翼曰。吏兵二部。用人根本。用一官。輒賄借京債赴任。安得不朘民。卿等須盡革其弊。文選職方二司尤要。

辛巳。沈珣爲右副都御史。巡撫山東。

壬午。曹文詔戰大谷。斬三百三十級。賊千餘走垣曲。

丙戌。應天解緞四千三百三十四匹。承運庫太監周禮驗退二千六百七十八匹。責改造。于是應天府尹詹士龍言。通判成克延督織造。亦引咎。

賊氛益熾。屯輝縣之百泉書院三日。尋北踞林縣山中。于是趙村飢民相望而起。河南兵七千先後失亡殆盡。左良玉勢成孤注。不得已請鄧玘兵。

丁亥。流賊再犯濟源懷慶。中軍曹鳴鶴以兵千餘敗沒。

戊子。山海關永平大雨水。壞城郭田舍人畜亡算。

福建兵擊劉香老。敗走之。

垣曲典史秦宗文以義勇百餘人逐賊。鬪。喜死之。

辛卯。曹文詔斬榆林賊二百四十三級。文詔屢捷。惟山西總兵張應昌逗留不進。于是賊渠紫金梁老狪狪從榆社敗北。奔參將艾萬年賀人龍。斬之。巡撫許鼎臣奏曰。流寇三十萬。流毒晉地五年。今以皇上神威。就殲十之五。解散十之三。至若西賊萬餘。逼濟源山內。其山爲王屋底柱析城中條。今李鄴艾萬年從沁州陽城沁水之延轡天井關入剿。令賀人龍李杏芳從垣曲絳州之邵源關聲塚村入剿。此西路之大概也。東賊二萬餘逼輝林武陟山內。其山爲青羊谷赤狄國王莽嶺伏牛山碗子城大王莊小西天孫臏坡箕山遼山。鎮臣曹文詔中軍孫茂林自潞安之黎城入剿。而遣標下猛如虎等自遼州和順樂平之皐落山入剿。此東路之大概也。太汾西北有三閣王剛短毛賊二股。不滿三千。鎮臣張應昌參將劉光祚任之。諒可刻日奏功。其晉中蜂起之盜如霍州之東山。趙州之休糧山。隰州之水頭鎮石樓之花地窊。孝義之開府喬山二寨。反者蝟起。則皆土賊可折箠笞。不足加兵。冀以寬文法而上亦謂之飢民。非流寇也。

諭都察院曰。近來民窮多盜。皆由親民之官貪殘所致。妄取民財。彌縫津要。所以舉劾不當。貪人得志。小民愈苦。邇聞近畿州縣。未征錢糧。先比火耗。又于此外巧立名色。不論有罪。概加罰贖。取民物不償其値。或因小事以嚇取。或聽胥役以剝詐。甚至逞忿酷斃無辜。種種害民。難以悉數。卽命巡按御史速行體訪。據實具奏。不許黨庇隱狥。朕如別有所聞。一體論罪。又諭禮部曰。設科取士。專爲求賢。近來士習日偷。貢舉失當。此皆督學司敎董率乖方。培養無術。以致朝廷不獲收用人之效。朕思人才必宜首重德行。如果孝弟廉謹。自然不貪不欺。盡忠竭節。何必專工文藝。按會典提學敕書內。敦尙行誼以勵頹俗。不專論文優劣。近不遵行。至小學及州縣社學原欲養蒙儲才。近不興舉。士子惟以富貴爲志。竟不知立身修行忠君愛民之道。如此敎化不明。士風吏治安得不日趨于卑乎。朕欲童子必入小學。遇試先核德行。自儒士以及鄉會。須必有實行方許入場。異日敗行。考官併論。又敎官爲士子師長。化導最親。近來衰庸充數。敎術全廢。此尤士風不正之源。今須設法興起。至于四海之大。豈無潛修碩德。積學弘才。清直剛方。實堪大用者。更宜特拔一二。以示風勸。至科道不必專出考選。館員須應先歷推知。幷酌議來行。

三月辛亥朔。玄默爲右僉都御史。巡撫河南。

辛丑。賀人龍誤聞太原兵變。其兵半潰。

壬寅。曹文詔追賊至于澤州。斬三百六十餘級。

癸卯。左良玉敗賊于林沿溪橋。斬七十七人。

兵科給事中常自裕請調鄖玘川兵四千人協剿。

丁未。會同館火藥災。

曹文詔戰沁水。斬四百九十級。

庚戌。初考選外官。屢命嚴核逋稅。華亭知縣鄭友玄預選缺額。下友玄刑部獄。

戶部郎中蘇夢龍謫外。

辛亥。旌岷府鎭國中尉企鋌孝行。

初。刑科給事中陳贊化劾大學士周延儒以游客李元功醫官張景韶通賄。命下元功鎭撫司。延儒奏辨。贊化又劾言前中書舍人吳之瑞條議鹽政。奸商徐一清等賄之瑞三千金。延儒萬金。游客李元功亦五千金。元功係書役。結納延儒。納賂招權。臣鄉湖廣副使張鳳翼。前于崇禎四年夏述延儒語去輔李標。上先允放。余封還原疏。上遂改留。余有回天之力。看來今上是羲皇上人。此語豈徒小人之輕泄乎。至借停刑以罔利。此通國所共聞也。刑科給事中李世祺爲證贊化。又謂延儒託中書舍人李學禮過臣寓。臣拒之。李元功借威嚇人。泄旨市利。張景韶贓發之日。延儒登臣門通刺。則輔臣斡旋可知。而彼之私延儒又可知也。景韶贓多而倖免提訊。非延儒乎。其稱皇上爲羲皇上人。臣不知其何解。李世祺亦奏延儒屢有此語。第恐輕泄而不敢耳。

甲寅。前高平知縣喬淳給事中楊時化俱奪職。逮入京訊之。淳奏楊時化嘗爲庫吏韋廷棟居間。臣不聽。故劾臣也。

丙辰。蜀賊攻蒼溪不下。遂走廣元。同知張鵬起戰二郎關。大敗。殺守備張應甲黃朝璽。

吏科給事中劉斯㟳劾稽勳郎中牟道行鬻爵賣官。急選自掣籤私改。乞褫斥之。

丁巳。張應昌擊賊。斬二百十九級。擒十人。

戊午。興平知縣楊天際入覲。至陝州乾壕鎮。值寇創甚。並失稅金千四百有奇。各州縣入覲官俱阻。巡按陝西御史范復粹以聞。

己未。蜀賊攻百丈關。守備郭霑辰陳中敗沒。

庚申。官兵戰龍潭。斬百餘級。被圍而潰。敗賊圍廣元七日。

辛酉。六安州桃源縣大風雨雹傷麥。

是月。發十萬金。命御史陳乾陽賑山西饑。

是春。鄢陵雀巢樹上。形如匏瓜。百十爲羣。共一巢。

四月甲子朔。苗胙土爲右僉都御史。撫治鄖陽。

丙寅。賊破平順。殺知縣徐明揚。

壬申。官兵敗賊于武安。

癸酉。張應昌敗賊。斬一百八十四級。擒十二人。

鄭芝龍剿劉香于雷州。

乙亥。曹文詔敗賊于陽城。斬一千五十餘級。文詔移大同總兵。合剿流寇。兵部令副總兵李卑以臨鞏兵張應昌以寧武兵二千餘人至鳴謙驛。逃四百有奇。

姚士慎爲南京刑部尙書。劉定國爲南京工部尙書。

孔有德耿仲明由蓋州降于建州。初仲明弟仲裕陰通建州。鎭守東江總兵黃龍計誅之。及登州陷。龍舉家死焉。又撫定鹿島長山島旅順島各誅其黨。龍守旅順。計有德必逸。逸必道旅順奔建州。果至。逆擊之。大有斬獲。擒毛有賢承祿等。前登州火器大砲與精其技者。皆歸于建州矣。

庚辰。石砫參將馬鳳儀邀賊于永年縣之義城。被殺。

辛巳。各京省積虧鹽課銀三百二十餘萬。命有司如數全解。否則指名參處。金花銀積負分見徵帶徵勒完。

禮部尙書黃汝良上昭代樂律志攷。命付史館。

河南西路盜自輝縣入淸化鎭。游擊越效敗沒。左良玉擒斬六十一人。其武安東盜。游擊陶希謙擊之。亦敗沒。部議。河南不塞太行之險。揖賊使入。不得無罪。河南鄉紳奏請陝西總督洪承疇提督山西河南軍務。部議。移承疇駐潼關。爲三省交地。監制晉豫二撫。並曹文詔鄧玘張應昌三鎭。上不允。第假晉豫二撫事權。立限三月平賊。

壬午。眞定巡撫□□移鎭順德。保定總兵梁甫進洛水邯鄲。剿臨城賊。

命司禮監太監張承鑑郝純仁高養性韓汝桂魏伯綬等赴各倉同提督諸臣盤驗收放。

故戶部員外郎陳此心戍邊。

癸未。承運庫太監奏段匹欠數十萬。命有司勒限輸上。

甲申。故萊州知府朱萬年予祭葬。立祠廕。監巡撫謝璉復原級。加兵部右侍郎。

乙酉。賊犯沙河臨洺。官兵拒卻之。

兵部請三省撫臣親在行間。晉撫同曹文詔入陽沁山中。道臣王肇生同張應昌入潞安山中。豫撫同左良玉湯九川田萬□直入星軺驛。同鄧玘由武陟直入少陽關。保定巡撫同梁甫周爾敬入小西天等處。其偏裨各選一知兵道府督之分剿。報可。

安南都統使黎維祺遣陪臣張有禮楊致澤來貢。

己丑。戶科給事中朱文煥參周延儒重荷國恩。毫無補救。羣喙交攻。萬無可留。報聞。

賊自順德至內丘由臨城直抵郝莊。賊衆數萬屯小西天山中。內丘知縣王世泰擊于豹子口。不利。其弟世寧死之。

前北城兵馬司指揮昌樂劉鳳憂去。召畫工繪聖駕耕藉之圖。工首于東廠。逮下詔獄。

五月壬辰朔。予故□□尚書康新民祭葬。

上聞盜攻交河縣。敕責撫按不報。

癸巳。巡撫山西右僉都御史許鼎臣以流寇悉掠。請蠲積逋並豫免數年以後。不許。

甲午。諸軍擊臨城縣賊。連戰五日。賊死千計。仍歸小西天山中。

戶部右侍郎劉榮嗣等奏。調兵剿寇非守城也。近撫臣多派雄兵株守郡邑。意城池亡恙。可逭失事之責。不知賊野掠宿飽。何用攻城。此名爲防寇。實同縱寇。蕩平無期。病全在此。請城守付有司。率其丁壯。馮高設險。調兵專主援剿。

乙未。限庶吉士給假五年爲期。

戊戌。侯恂爲戶部尚書。鄭茂華爲右副都御史。巡撫廣西。

己亥。進祖大壽孟達左都督。吳永祿署都督僉事。

庚子。雲南曲靖府士舍安邊與安其爵其祿。同祖兄弟也。其爵世烏撒知府。其祿欲仍受霑益知州。修好。巡按蔡侃解諭之。俱聽命。

壬寅。插漢虎墩兔憨同套虜五萬餘騎自清水橫城分入。守備姚之夔等不能遏。臨河堡參將張問政沙井驛副總兵史開先岳家樓守備趙訪皆逃。遂薄靈州。總兵賀虎臣以千騎入守。乙巳出戰敵移入屯堡連屯數十里。殺掠慘甚。上怒巡撫耿好仁。尋逮之。

癸卯。賊出畿境。

甲辰。西安知府陳龍鱗有罪。下臺訊。

丙午。太監張應朝調南京司禮監。與胡承詔協同守備。

丁未。起惠世揚蔡國用大理寺左右少卿。

故□□□金國奇贈太子少保右都督。世外衞百戶。故□□□王來聘。贈都督僉事。世襲本衞指揮僉事。

戊申。賊薄衞輝。人心洶懼。撫臣馳救治安。

守備梁陳甫剿連州猺賊。死之。

張全昌爲鎮朔將軍總兵鎮守宣府。

己酉。諭兵部。流賊蔓延各路兵將雲集。一切功罪勤惰。應有監紀。特命內中軍陳大金閻思印謝文舉與山西內中軍孫茂霖會同各撫道分入曹文詔張應昌左良玉鄧玘軍中監紀功過。督催糧草仍着內庫發四萬金。蟒素紅段四百匹。紅素千匹。軍前立賞。

庚戌。延綏副總兵張應昌擊延綏西路賊于負小川。斬四百十五級。西路稍寧。

奪故張春贈右副都御史秩。安置其家永平。謂陷虜也。

壬子。套虜西犯延綏定邊營。官兵擊斬一百二十七級。

丙辰。總兵鄧玘擊賊善陽山。大敗之。賊爲奪氣。

己未。左副都御史張延登劾巡按河南御史曾偶坐視慘毒。規避脫卸。且屬官不職。朦薦不糾。上是之。逮入法司。

庚申。賊陷涉縣。已。走黎城。

工科給事中孫晉上言。徐邳而下至安山。無歲不決。無決不害。而最劇莫如蘇嘴建義等處。亟宜講求疏塞之方。此天下兵餉通塞之間也。

六月辛酉朔。譚弘業嗣□□伯。

壬戌。楊嘉謨爲三屯營總兵。陸自强爲大同總兵。

命太監高起潛監視錦寧。張國元監視山永石塘等路。綜核兵餉。犒賞軍士。

乙丑。川兵潰于林縣。毛兵殺傷甚衆。潞王常淓告急。乞撫臣駐衞輝調度。

吳偉業曰。涉林安輝等縣。一山所縣亙也。賊屯結于林。聯絡于輝。旁分于涉。滋蔓于安。其在濟源之賊。又北從陽城西自垣曲而來。此另一黨也。當是時。左良玉鄧玘之外。再有湯九川京軍。以羽林佽飛之士。從中下扼而殲之。賊成擒耳。延至冬月。河冰腹堅。賊竟由澠池南渡。河北無一人追賊者。嗟乎。三晉地形險固。畿內河北山川。犬牙相錯。神京扼之于前。黃河繞之于左。閫外諸臣。并心滅賊。辟如逐鹿于圍中。探丸于囊底。飛走路絕。形屈勢窮。乃縱使渡河。魚爛土崩。不可復救。當事者謂宜塞太行之口。而不知斷黃河之津。君子于六年十一月澠池之事。未嘗不撫卷太息。以爲此中原之所以潰。國家之所以亡也。

丙寅。紅夷犯漳州。明日。突攻中左所。官軍失利。

丁卯。戶部言。錢糧奉旨蠲免二分。今有司多徵十分。命查奏。

插漢虎墩兔憨犯延綏。遣文武大臣禱雨郊壇。

己巳。天津保定大風雨傷稼。壞海運船。失米十萬五千六十六石。豆六萬五千九百二十三石。

庚午。延綏西川降盜王成功乘邊警糾衆復叛于西川。掠雙湖峪。延綏巡撫陳奇瑜總兵王承恩方禦插漢。卽分勦于王家岔。斬百四十一級。

辛未。套虜犯靈州橫城。

癸酉。流盜陷和順。殺典史薛君相。

乙亥。王承恩擊賊于膈膊峪。斬八十八級。王成功殲焉。時又大雨。西川平。

大學士鄭以偉卒。字子器。上饒人。萬曆辛丑進士。選庶吉士。授編修。壬申五月。以禮部尚書兼東閣大學士。十月考績。進太子少保。以偉學極博。歷官三十年。雖無他謀畫。而居心平恕。踈于世務。嘗票重罪疏有何況字誤以爲人名。擬旨何況着撫按提問。上駁改。乃悟。由是有館員須歷推知之諭。輕變成法。大啓營競。此亦治亂之一關也。卒時篋中僅三金。予祭葬。贈太子太保。謚文恪。

戊寅。延安知府張允恭爲僕齊守禮所弑。

庚辰。大學士周延儒罷。始溫體仁與延儒深相結。延儒援之以進。至是體仁將奪其位。太監王坤劾延儒。舉朝爭之。體仁無片語相助。及王志道召對。上語延儒曰。卿昨辨王坤疏。日後好入史書。又王坤訐二十餘則。皆有蹟。上恐起爭。竟留中。于是卽義皇上人一語窮詰不已。實則用王坤之言也。凡與延儒爲難者。體仁皆援之以進。助延儒者皆詘焉。延儒性警敏。稱上爲義皇上人。其說有據。遂不可解。命行人王芝瑞護行。

壬午。海盜劉香犯長樂。

甲申。上以戶工二部外逋一千七百餘萬。當令科道分催。時督餉方裁。故下部院酌議。部院請但查參完負罷不遣。

是月。河南大旱。密縣生旱魃。燒之乃雨。

七月辛卯朔。大風拔木。

壬辰。賊屯武安。

五經博士曾承業論死革襲。

癸巳。浙江江西以段匹濫惡。責有司議處。

四會縣典史李逢時勦猺賊死之。

以陳應元爲右副都御史。巡撫登萊東江。備兵援遼。恢復金復海蓋。贊理軍務。

逮□□□□沈翹楚入京。以輕信奸弁安開邊釁也。

乙未。賊屯彰德汾河。命太監閻思印同張應昌合勦。汾陽知縣費甲鏸以逼迫苦供應投井死。

丙申。賊陷山西樂平縣。

交夷窺住欽州界。把總何一龍諭退之。

召兵部尚書熊明遇等于平臺。諭沈棨通插漢。欺擅辱國。明遇對曰。天語嚴毅。臣等不勝惶懼。退而思之。在邊臣處置失平耳。于天威無損也。向報建州率五六萬人而西。插漢號四十萬且遠避之。五月薄宣府。六月初薄大同。相持數日。復薄宣府。繼報七慶等酋領精騎而東。薄張家口挾賞。宣府通官與宰賽講折。講訖卽徙幕而去。至七月朔。撫臣沈棨手書曰。青永爲哈喇愼諸部。現在牆下。與撫夷官懽然道故。往諭之。啓其悔心。兼可携建州之黨。明旨雖嚴。不亦紓邊臣之難乎。明日見密封監視王坤奏。甚駭之。又副總兵宋守義報有誓稿。卽奏聞。其誓中二語最不倫。恐觸怒删之。今插漢臨邊弭耳而去。俱皇上威靈所及。聖意云辱。不過謂誓稿數語耳。漢唐英主于塞外嫚書皆置不理。卽本朝款貢言語豈能盡馴。邊臣卻而不奏。今此舉實不成盟。中軍都司等官與之頡頏講誓。以捐俸犒勞爲詞。未聞朝廷裁處。于天威何損哉。初插漢屯膳房堡沙嶺。時撫夷總兵王世忠巡撫沈棨因私犒三千金。插漢鑽刀說誓。事聞。上初猶豫。熊明遇力爲請。上以問周延儒。伏地不對者久之。上乃不允。以誓文中朝廷與插漢並體。尋逮棨。遣戍。罷口北道兵備范鑛。赤城道劉義瑤。

建虜陷旅順島。殺征虜前將軍總兵黃龍。

戊戌。命行人徐象美召舊輔何如寵。

兵部職方郎中李繼貞以覆梅之煥功罪不入前旨免官。

庚子。敍內臣守萊功。徐時得翟升各廕錦衣衞正千戶。餘陞賞有差。

辛丑。夜。賊入永和。守備胡貢中擊走之。賊奔吉州。

癸卯。插漢千騎犯延綏靖邊。官兵擊斬八十四級。

乙巳。曹文詔擊賊濟源。斬六百四十四級。

命太監魏相監視登島兵餉。

戊申。曹文詔敗賊于孟縣。斬二百三十九級。

庚戌。總理河道工部尚書朱光祚免。以淮水薄祖陵。復逮之。

癸丑。巡撫山西右僉都御史許鼎臣免。

乙卯。徐光啓復官。進太子太保文淵閣大學士。廕中書舍人。

吏科給事中曹履泰下獄。吏部郎中王三重俟事明奏奪。以彭澤知縣張子廉陞運同。由監生項珍居間。而履泰書囑三重及考功員外郎弓省矩也。省矩予告還里。亦下獄。履泰戍雷州。省矩在獄自經。

己未。戴君恩爲右僉都御史。提督雁門等關。巡撫山西。

總督漕運戶部尙書李待問罷。

逮河東道副使葛如麟。以插漢入犯也。

八月⿰巾庚朔。壬戌。會推閣員。何吾騶。錢士升。姜曰廣。賀逢聖。林釬。姜逢元。李康先。孫愼行。孔貞運。張延登。

癸亥。劉榮嗣爲工部尙書兼右副都御史。總理河道。提督軍務。

巡撫河南右僉都御史樊尙燝以侈捷飾報削籍。

賊復犯沙河之丹井。入邢臺大嶺。

乙丑。諭田賦定額。于是戶部尙書侯恂言。賦役全書。款目錯雜。田畝丁口又率不得原額。增減多少。何由稽考。莫若以萬曆會計錄爲據。開今額若干。或增或減。自何年始。見田應徵錢糧夏秋起存等項。每畝共該銀若干。合派遼餉。另立一則。庶攢造爲易。

丙寅。官兵擊沙河賊。斬七十一級。

庚午。楊一鵬爲戶部尙書兼右副都御史。總督漕運。提督軍務。兼巡撫鳳陽等處。兼理海防。賀世壽爲兵部右侍郎兼右僉都御史。巡撫天津。

辛未。巡撫浙江右僉都御史羅汝元以多海盜削籍。

乙亥。張應昌剿王剛賊。斬八十七級。

丙子。參將艾萬年等戰岳陽。斬三百四十七級。時西岸降丁零盜數有斬獲。

戊寅。喻思恂爲右僉都御史。巡撫浙江。

辛巳。議城張家灣。從戶科右給事中林正亨之言也。

湖廣大旱。

壬午。兵部請復石星世廕。不許。

賊屯元氏縣。

丙戌。總兵梁甫擊賊元氏之石家溝。斬一百三十二級。

是月。潞王常淓參衞輝知府苗自成闕祿藐肆。命逮之。

九月甲辰朔。賊犯平山縣。

甲午。盂縣知縣馮□□出鄉閘回道被賊執。

己亥。張應昌勦豫賊之返晉者于平山。斬百六十級。獲賊魁張有義。卽一盞燈也。始知渠帥紫金梁五月死。老猶猶七月射死。賊以河南畿內山淺。山西深險可巢也。

孝義縣土賊來降。

大盜王之臣等衆五六千人乞降。監紀太監□□許之。

總兵左良玉副總兵湯九川擊武陟林縣賊。京兵協勦。連敗之。斬百十二級。十月朔。復斬百餘級。

壬寅。命沈世奎爲總兵。固守皮島。檄諭朝鮮。世奎因遣參將程龍檄皮島。宣布朝廷德意。因至朝鮮。

甲辰。夜。懷寧大盜越獄六十一人。遂逮安慶衞指揮僉事方久乾知縣劉之玄。

戊申。倪寵以原官總兵。鎭守登萊防戰。

庚戌。馮英爲刑部尙書。改唐大章南京禮部尙書。

以錢士升爲禮部尙書兼東閣大學士。直文淵閣。

是秋。襄城縣沙雞來。其形小于鳩。大于鶉。土色兔蹄。不樹棲。自西北飛來以萬計。續過不絕。至冬止。俗呼煞雞。本產沙漠。因虜人遷徙不常。失其託。飛入塞內。識者以爲兵兆也。

十月[illegible]朔。甲子。登州雨雹。

大學士徐光啓言。治曆已有成書。課功合應實核。蓋修正曆法。殫四載于茲。與該局諸臣及知曆官儒修改測候等書及先後所造儀器。已經上聞。見任臣工。勤敏勞瘁。敢分別敘之。光啓又言。已巳孟秋。奉命督領修正曆法。至辛未春。進曆法書表者三。共七十二卷。日躔月離。恒星經緯。日月交食。各種略備。今至五月。令諸臣推算得各色立成表二十卷。日躔交食及土木火星歷指草稿六卷。雖曰草創。似爲成全。恐稽大典。則用人難緩。方今臣所知者。如山東巡撫朱大典。陝西按察使李天經。有封疆方面之責。不得不于庶僚山澤中求之。博訪數月。得原任御史金聲。博綜數理。大理寺評事王應遴。學亦通贍。且數請修曆。堪以委用。卽未完可計期而竣矣。因繳曆法印敕。尋召李天經督修曆法。

乙丑。以淮水薄祖陵。議擇術者改案山橋道。

丙寅。巡撫福建右都御史鄒維璉辭兵部右侍郎不赴。

丁卯。賊犯趙州及寧晉南宮。

山西賊自沁水乘冰渡閿鄉。越嵩山。

戊辰。太子太保禮部尚書文淵閣大學士徐光啓卒。上海人。字子先。萬曆甲辰進士。改庶吉士。授簡討。丙辰進左贊善。轉□諭德中允少詹事。己未十一月。邊警自陳。請纓以少詹事兼河南道御史練兵。辛酉疾去。癸亥冬起禮部右侍郎。乙丑夏。忤璫罷。崇禎戊辰。復官。己巳四月。專修曆法。七月。兼練兵。庚午六月。拜禮部尚書。協理部事。壬申五月。兼東閣大學士。博學善星曆。性行淳謹。予祭葬。贈少保。謚文定。

庚午。兵部以五臺山數賊。且近塞。龍泉關屬眞定。則梁甫不得畫疆。蔡家峪屬大同。則曹文詔不得坐視。而張應昌有地方之責。更宜援桴汛掃云。

賊犯行唐靈壽平井。

丙子。工科給事中文士昂請停刑。

丁丑。游擊白安破五臺賊巢。

戊寅。總兵鄧玘擊平井賊。斬五十九級。賊走五臺山。

己卯。禮部尚書林欲楫言。今天下所最患者。曰官貪。曰民窮。曰兵弱。臣請略陳之。夫官之貪。本源濁也。皇上懲請託賄賂之弊。法非不嚴。顧巧者或藏徑竇。險者或捏風影。直景不如端臬。窒流不若澄源。昔魏主丕患貪墨成風。刑不能禁。及用毛玠典銓。仕路肅然。魏主曰。孤之法不如毛玠之令。今之秉銓者。誠絕夤緣之路。則銓敍之法自清。民之窮者。本業微也。國家歲額四百萬石。仰給江南。今江南民力竭矣。臣渡江而北。濠徐靑齊以抵畿輔。榛莽極目。其民轉徙無常。溝洫之制。耕耘之事不知也。宜募江南貧民就耕北方。官給牛種。每夫授田若干。俾爲世業。三年始征。有司巡行阡陌。疏通水利。其密邇河淮者。鑿渠引之。以資灌漑。又就窪處多瀦湖塘。旱澇有備。使西北無不耕之田。卽歲漕可漸省也。兵之弱者。訓練非也。今之團操。灞上兒戲耳。必欲化弱爲强。宜于練兵之時。寓選將之法。如十人爲一隊。先召十人。課其膂力騎射擊刺而申之。有才過十夫。卽補隊長。十隊爲哨。再召隊長有才過十隊者。卽補哨長。十哨爲總。自把總而上。必久歷行閒。實有勞勣。而又秉閑韜略者。方遞遷參游以至大將。將取于兵。更不他索。兵伏其將。更不相猜。按隊而十人具。按哨而百人具。所以杜虛冒也。臂指相使。隊伍不亂。所以寓節制也。平居則隊與卒同甘苦。哨與隊同甘苦。遞而上之皆然。情意相孚。故無剋削鼓譟。臨陣如隊長死敵本隊不救者。卽斬本隊。哨長死敵本哨不救者。卽斬本哨。遞而上之亦然。令無觀望退縮化弱爲强。法莫善于此。至若孔有德尙在旅順。海上隄防。倍宜加慎。皮島孤懸。恐不能獨支。宜令登撫擇南之水師兼善火器者。俾與皮島犄角。亦牽制建虜之一助也。

庚辰。張應昌敗賊于五臺之淸涼莊。斬一百八級。賊走平山。

大盜三剛乞降。

壬午。鄧玘擊趙州等賊。斬六十二級。

癸未。插漢犯寧夏。

甲申。□□巡撫標兵追賊洪潤村。斬一百四十九級。

趙州賊至寧晉。阻淸水河不得渡。南宮被掠甚慘。總兵梁甫在獲鹿。踰期始至。賊已至柏鄉。西歸五臺山矣。五臺山周回數百里。東通畿輔。北枕大同。西接雁門。南連太原。賊據顯通寺。窟于中臺。其中薪糧廬舍皆備。險阻足恃。官兵雖云夾擊。其實未嘗夾擊也。

論四上素服御建極殿。召閣臣相商。溫體仁竟無所平反。陝西華亭知縣徐兆麒赴任七日城陷。論死。上頗心惻。體仁默無一語。竟棄市。人皆冤之。

十一月玘朔。癸巳。王應熊何吾騶爲禮部尙書兼東閣大學士。直文淵閣。

甲午。參將程龍抵朝鮮王京。面諭國王李倧。隨輸米二千石。

辛丑。錢士晉爲右副都御史。巡撫雲南。兼督川桂軍餉。

癸卯。司禮太監鄭之惠總督東廠。

甲辰。插漢部巴兔等五十餘人來降。

庚戌。鄧玘爲鎮守保定兼備倭總兵官。

官兵敗于紅蓮會。

洮州衞地震。

流賊數千避官兵走順德西山。保定巡撫丁魁楚分路進剿。賊南奔陽武山中。追至武安。京兵敗之于陽邑之石坡村。

辛亥。兵部趣保定河南山西巡撫會剿。

壬子。敍州定遠堡龍洞内忽有銅鼓聲。甲寅又有聲。先年賽寅敗。聲聞三日。崇禎二年二月有聲。水西兵犯永寧。

乙卯。武安涉縣賊佯乞撫。從河陽驛乘冰渡河。官軍追賊至河。半渡冰解。軍實咸沒于河。遂陷澠池。河南通判袁勳遁。四川按察使劉永祚入覲過縣。失敕書及御覽文冊。賊分入河南湖廣漢中興平。

丁巳。敕奬朝鮮王李倧助餉。賜金綺。

吏部題故左都御史溫純子廕。有旨。純得廕子。何至今方請。且癸巳乙丑方登二品。初考及冊立大典。臣子敢擅功。殊屬誣妄。爾部詳核。不得輕狥。

前太子少保南京工部尚書丁賓卒。字禮原。嘉善人。隆慶辛未進士。知句容。稱循吏。擢山東道御史。張居正欲令按遼東陷劉臺。引疾不顧也。壬辰。薦補江西道。艱去。戊戌起南京大理寺丞。癸卯進太常少卿。丙午進鴻臚卿。俱南京。隨進操江右僉都御史。滿九年。入工部左侍郎。癸丑進南京工部尚書。歷官實心任事。纖悉詳盡。無遺力。故聲績茂著。泰昌初致仕。進太子少保。年九十一。予祭葬。贈太子太保。謚清惠。

進溫體仁少傅兼太子太傅吏部尚書兼建極殿大學士。廕中書舍人。

是月。山西巡撫戴君恩擊賊武陟。斬二百五十二級。又剿輿嵐之賊于汎溪。斬一百七十三級。

山西垣曲山中賊漸薄濟源。

十二月耜朔。賊陷伊陽。

國子監進二十一史。

庚申。張捷爲吏部左侍郎。賀逢聖改吏部右侍郎。

賊陷盧氏縣。

兵部議調貴州鎮筸兵五千禦流盜于襄陽德安。

辛酉。郭九鼎吳家周洪恩照姜應甲爲給事中。梁雲構葛徵奇韓一元龔廷獻張壽祺爲試監察御史。壽祺南京。

壬戌。令順天尹禱雪。

癸亥。李懋芳爲大理寺左寺丞。

乙丑。督修曆法陝西按察使李天經上曆書。

唐府內殿再火。

丁卯。賊犯孟縣和順。又孝義縣降丁復叛者七百餘人。

戊辰。林釬陳子壯爲禮部左右侍郎。並兼侍讀學士。

賊抵王屋山。犯西陽。約二萬人。官兵二千餘砲却之。

賊掠淅川。至內鄉。內鄉知縣艾毓初死守孤城。用攬地龍于城外。城中以火線引之。少頃火起。燒死賊魁無算。

賊鋒少挫。遂犯竹山光化均州。賊自此從合而之分。羅汝才掠于楚邢紅狼橫于豫。惠登相入于秦。而李自成領勁兵以入于漢中。

己巳。吳宗達考滿。進少傅兼太子太傅吏部尚書建極殿大學士。廕中書舍人。

辛未。張其平爲右僉都御史。巡撫保定。督理紫荆等關兼理海防軍務。

癸酉。賊攻羅山。掠鎮平葉縣唐縣。二千餘人屯杏花山。千餘人屯沙羊口。

甲戌。賊犯嵩縣。

乙亥。劉宇亮胡尚英俱爲詹事。纂修玉牒。

丙子。賊犯南召。

丁丑。賊萬人犯伊陽。官軍拒走之。

賊掠汝寧之西平裕州。左良玉稍有斬獲。餘逗留不進。

戊寅。賊犯南陽。

故巡撫山東右僉都御史余大成遣戍。

庚辰。賊假香客陷鄖西。掠遂平。

辛巳。賊掠確山。往信陽州。蓋伊汝所由往也。京營兵至橫山追敗之。

泌陽賊走南陽唐縣。巡撫玄默恐東犯汝寧。移駐確山。

壬午。敍復登州功。復巡撫朱大典原官。進兵部右侍郎。世錦衣衛百戶。巡按御史謝三賓進太僕寺少卿。進吳襄都督同知。世錦衣衛百戶。祖大弼實授都督僉事。廕外衛正千戶。靳國臣張韜各署都督同知。祖寬實授都督僉事。各廕外衛副千戶。劉邦域王憲董克勤各署都督僉事。吳三桂柏永馥各實授都督僉事。金良棟署都督同知。祖大壽左都督。陳洪範太子少師。鄧玘都督同知。劉澤清右都督。各外衛百戶。餘陞賞有差。

癸未。東江石城島都指揮使尚可喜叛投建州。時孔有德耿仲明在迫力河治舟。可喜因掠長山廣鹿諸島。縛都指揮使孫奠邦李承恩等。
賊破上津縣。
丙戌。夜。賊陷鎮安。執知縣趙瑞庭。後釋還。以城印俱失。逮之。
丁亥。大風雪雷電。
是年。陝西山西大饑。
總理戶工二部太監張彝憲請入覲官投册以隆體統。許之。

# 國榷卷九十三

甲戌崇禎七年

正月孩朔。天下官來朝。

庚寅。山西總兵張應昌渡河擊賊靈寶縣。斬二百十七級。

辛卯。南京廣西道御史張壽祺奏右庶子丁進主考南場。賄中鄭光昌等。如程中葆關節圖書契約見獲。乞下進法司。毋令倖脫。

德世子由樞奏。汝上縣租地。係佃戶收解。前鄉官刑部郎中河南知府高默奏爲民累。汝上知縣朱汝楫等蒙助。蒙旨參究。問官不即見直。

予故□□□□劉憲龍祭葬。

湖廣下荆南道副使徐景麟守鄖陽。總兵左良玉兵至。守者謂流寇也。砲傷三人。事聞。逮景麟。戍之。

官軍擊虜于賀蘭山後。斬二百餘級。

壬辰。降盜王剛王之臣通天柱等至太原。挾賞。巡撫戴君恩宴之。明日。斬剛等。各營共擒斬四百二十九人。王之臣即豹五。通天柱即孝義土賊也。賊黨供稱馬守應老狐狐已死。既而偵之。仍在東山。而西山則有翻山鷂姬關鎖掌世王三賊。尋生得獻俘。而岢嵐大盜高嘉號顯道神。尤横。會大旱災。饑民日從賊。

楊應瑞爲南京右軍都督府提督大敎場。陳兆簡爲南京□軍都督府僉書兼提督小敎場。

睢自強以原官總兵官鎮守山西。

吏部尚書李長庚等爲湖廣議濟師留餉命將。

張獻忠犯信陽鄧州。兵科給事中史可鏡請鎭筸兵數千剿楚寇。控扼襄陽德安。兵部奏調鎭筸五千。以施南等處兵足其數。賊盡入應山。都司僉書周元儒擊敗之。以辰州兵赴德安。民兵赴應山。此防楚東北情形也。豫撫報左良玉星馳鄖陽。聽撫調度。李卑馳光化。與楚兵犄角。此援楚西北之情形也。

賊自鄖陽金魚口渡江至界山花石街。薄穀城。明日自鄧州九星院至光化。又明日自雙溝至新野。而襄陽賊渡襄陽蔡村。過宜都。六路俱集。襄陽兵不能支。又賊四五千人自淅川入鄖。犯南漳宜城房縣竹山。圍均州。往荆門西北夷陵興山巴東麓陽。

甲午。兵部右侍郎彭汝楠致仕。

乙未。官軍戰翼城之青城村。斬賊百六十三級。

丙申。刑科給事中李世祺劾大學士溫體仁吳宗達。忤旨。謫世祺于外。

賊自均州掠穀城。遂趨襄陽。

丁酉。張伯鯨爲右僉都御史。巡撫延綏。

命司禮太監盧繼寧封李倧爲朝鮮國王。

有靈州丁卯貢士陳有增陷虜逃回。入殺胡堡。求應禮闈。不許。褫貢士。爲削髮也。

辛丑。賊陷洵陽。偪興安。而西鄉土寇乘之。漢中爲震。游擊唐通剿土寇。而興安賊隨破紫陽平利白河三縣。分守道王在臺固守興安。唐通洪承疇馳救。城得全。時練國事移兵商雒。巡按御史范復粹馳赴漢中。賊始奔南破鳳縣。入四川。

壬寅。前吏部文選員外郎弓省矩自經于刑部獄。

乙巳。督修曆法陝西按察使李天經奏月食。有旨。七政諸行。須晝夜考測。李天經言。七政之餘。依新法則火土金三星本年九月初旬會于尾宿之天江左右。木星于是月前犯鬼宿之積尸氣。一時五緯已有其四。非必以數合天。卽天驗法之一據也。從來曆家于列宿借星有經度無緯度。雖回回曆近之。然猶古法。故臣等所推經緯度數時刻。與監推各各不同。如本年八月秋分。大統曆算在八月三十日未正一刻。新法算在閏八月二日未初一刻一十分。臣于閏八月二日。同監局官生測太陽午正高五十度零六分。尚差一分入交。推變時刻。應在未初一刻一十分。脗合新法。隨取輔臣徐光啓從前測景簿。數年俱合。春秋傳曰。分同道也。至相過也。二語可爲今日節變差訛之一證。蓋太陽行黃道中綫。迨二分而黃道與赤道相交。此晝夜之所以平而分應之所由起也。迨二至則過赤道內外各二十三度有奇。夫過赤道二十三度爲眞至。則兩道相交于一綫。詎不爲眞分乎。太陽有平行有實行。平則每日約行若干。而實則有多有寡。獨秋分爲然。謹將諸曜會合凌犯行度開具。乞禮部委司官同監局官生詳議以聞。又蒲城布衣魏文奎言。今年甲戌二月十六日癸酉曉刻月食。今曆官所訂乃二月十五日壬申夜也。八月應乙卯月食。今乃以甲寅。遂令八月之望與晦。并白露秋分皆非其期。訛謬尚可言哉。臣年七十八矣。謹將本年日食月食時刻分秒。令男魏象乾進覽。命召文奎入京測驗。

丙午。另賊自均州經穀城。

辛亥。殺胡堡守備葉逢春報建虜三千騎與降夷相殺。自水口入犯。

癸丑。賊犯遷安縣。

大學士錢士升入朝。

甲寅。鎮筸副總兵楊正芳敗賊于舊縣金沙鋪。

乙卯。楊正芳破荆門州土賊。

賊攻房縣。明日夜毀民居門扉舁攻坎城入之。又陷保康。

丁巳。禮部磨勘鄉墨。摘貢士順天董茂成。應天姚軒雲相奇。四川曹永嗣羅儒臣。廣東宋偉祚鄒萬鎮。廣西蔣誠。俱分別罰科有差。

是月。唐王聿鍵言南陽知府陳振豪于寇至張皇失措。擅取儀衞守陴。崇禎五年。臣捐千金繕城。今城壞猶故。乞別選賢良。命逮振豪下刑部獄。

南京兵部尚書呂維祺言。南都鳳泗承天陵寢所在。宜以宿壽襄葉爲咽喉。淮徐則京師咽喉也。乞敕淮南巡撫楊一鵬急宜豫備。勢賊果東。似宜移駐。

逃盜王登貴等六十一人投充家丁。事覺伏誅。

二月戊朔。己未。故大學士劉鴻訓卒于代州。鴻訓字默承。長山人。萬曆癸丑進士。選庶吉士。授編修。使朝鮮。擢右中允左諭德。憂去。起少詹事。尋璫禍削奪。丁卯冬復官。拜禮部尚書兼東閣大學士。直閣歷太子太保文淵閣大學士。以私改敕書減死戍代州。訃聞。許歸葬。

賊犯宜都夷陵枝江松滋歸州。

辛酉。周宗文爲光祿寺少卿。

壬戌。大學士溫體仁吳宗達主禮闈。

賊陷興山縣。

部院大計畢。科道拾遺貴州左布政使朱芹。山西左布政使河東分守道呂遜免。餘分別降調。巡撫南贛前□□參政陸問禮留用。

監視登島太監魏朝以□科給事中莊鼇獻所上太平十二策內撤監視。因求罷。不允。遂謫鼇獻浙江布政司照磨。已復下刑部獄。

賊刦交城縣獄。收其黨牛應魁出之。

總兵鄧玘以二千人逐賊鄖西山中。斬七百十二級。蓋商南逃餘也。

癸亥。賊犯萬縣。

停募戰車。

祁陽王禋泞奏岷王企禮謀害。章下禮部。

乙丑。□□白貽清蔡侃俱冒濫京堂劾免。

中書舍人許憬然乞旌母□氏節。以私請不許。

丙寅。貢士初場海寧郭凝之廣州張庚泰番禺陸應驥海澄周琦俱懷挾。監試河南廣東道御史韓一光倪于義摘發除名。

建義河工成。

鄧玘擊南漳賊。斬三百四十九級。

戊辰。巡撫宣府右僉都御史焦源溥報插漢虎墩兔憨避建虜遠徙。部衆離散。梯愛亦領千騎附建虜。

庚午。禮部□□郎中袁繼咸爲山西提學僉事。繼咸尋上言。士以廉恥氣節爲端。有廉恥然後有風俗。有氣節然後有事功。如總理戶工二部內臣有觀官賚册之令。皇上從之。特在清理文移。剔釐奸蠹。非欲羣臣詘膝也。乃令一出。靡然從風。藩臬守令參謁屏息。得免呵責爲幸。嗟乎。一人輯瑞萬國。朝宗諸臣未覲天子之光。先拜內臣之座。士大夫尙得有廉恥乎。逆璫方張時。乾兒義子。昏夜拜伏。自以爲羞。今且白晝公庭。恬不知怪。國家自有觀典二百餘年。未聞有此。臣所爲太息也。科臣李世祺論輔臣溫體仁吳宗達等。旣謫世祺。復畀考選文選郎中吳鳴韶。語曰。養鳳欲鳴。養鷹欲擊。若鳴而箝其舌。擊而紲其羽。養鳳鷹何益。今朝廷于言官。何以異之。言官括囊無咎大臣終無一議其後大臣所甚利。忠臣所甚憂。又臣所爲太息也。皇上所最重者廉恥。而天下誤以跽拜中官爲朝廷之令甲。皇上所樂聽者直言。而天下誤以攻彈貴近爲天子之厭聞。如此非皇上自爲挽回。其波不止。先是袁繼咸昨歲主考廣東。以貢士磨勘被劾。于是有旨。典試錄卷。方經摘參。旣陞提學。卽應勉供本職。何得摭拾浮議。借題卸責。張彝憲奏辨。謂覲官參謁。彌尊朝廷。繼咸又上言。尊朝廷莫大于典例。知府見藩臬行屬禮。典例也。見內臣行屬禮。亦典例乎。諸司至京。投冊吏部各衙門。典例也。先謁內臣。亦典例乎。事本典例。雖坐受猶以爲安。事創彝憲。卽長揖祇增其辱。高皇帝立法。內臣巾服靴帽。皆與外臣有別。而猶嚴于交結。非內外異視也。內臣有內臣相臨之禮。內臣不得繩外臣。猶外臣之不得繩內臣。若必欲以內臣繩外臣。會典所不載。上仍切責之。

談遷曰。張彝憲令外官投冊。奔走海以內。設其時有朱雲之折角抗章以請。亡論啓交結之漸。且印冊去本任或遠甚。其何以辨。明主可與忠言。安在其難回也。一時結舌甘詘其膝。袁臨侯言之雖晚。猶侃侃自命。逐漁者濡。逐獸者趨。逐閹者唯唯諾諾。吾于是而追思高司空之未易企也。噫。

知貢舉禮部左侍郎林釬奏。貢士顏茂猷初場作五經義凡二十三篇。謄錄之恐違式。貼出。又重其才。有旨以其該博。命錄之。

辛未。上早朝。聞橋南人聲。命詰之。

官兵擊沁水岳陽飢盜。共斬百六十五級。戊寅。斬百五十級。

逮陝西鎮安知縣趙瑞庭。以城印俱失。

壬申。提督倉場戶部尚書錢春改南京。

岷王企禮劾祁陽王禋泞奪優人妻徐氏幷入其二子。章下禮部。

夜。月食。陰雲不見。

賊入瞿塘陷夔州。殺署印同知何承光。道臣周士登通判王上儀推官劉應侯奉節知縣譚楚良俱遁免。蜀地險而瘠。雖陷夔州。不能宿留。後贈承光夔州知府。

癸酉。議蕪湖戶部權政歸併工部。

先是南京工部尚書劉定國鑄錢惡濫。南京兵部謂不便。大學士王應熊。以定國座師也。擬旨庇之。大學士錢士升。以南鑄樣錢約重一銖。俸錢約重九分。餘皆帶鑄。千文直七錢五分。民間苦之。蓋私錢不難禁。而以官鑄濟其私。猶私鹽不難禁。而以官掣行其私也。禁之爲難。業草揭。溫體仁讀之曰。不必揭。第擬嚴旨。上之曰。錢法繫朝廷大權。近聞留都鑄局。除樣錢俸錢外。夾帶私鑄。非銅非鉛。純用僞物。薄小輕脆。如同鵞眼。以致鑄息覔飽蠹腹。民間絕少制錢。增局雖多。徒增弊孔。該部委任何官。其查奏。于是司官概罰俸。蓋南部督鑄司官匠領銅在外。私鑪鼓鑄。每千錢取息亦千數。且併其工食扣之。尚書類養望。不能問也。

談遷曰。明季惡錢。真鵞眼荇葉也。千文不值銀三錢。最後高弘圖任南部。力矯其弊。鑄悉如舊。令千文准一緡。僅給歲俸。售于市。仍五錢也。又城外其直益輕。鑄本俱詘。無問息矣。余嘗叩其故。有賈人曰。自秦晉楚豫燕齊多盜。諸市豪斂錢往往走江南。錢壅則直輕。官無可禁。噫。國家利權日趨于刓薄。亦垂盡之徵也。

甲戌。進何如寵少傅兼太子太傅吏部尚書建極殿大學士。溫體仁吳宗達少師兼太子太師中極殿大學士。錢士升何吾騶少保兼太子太保文淵閣大學士。並廕子入國子監。賜金幣。以復登城功。並辭。

巡撫大同右僉都御史胡沾恩請散置降夷于河南陝西雜民間耕食。事下兵部議之。

禮部尚書李康先請皇太子出閣。

乙亥。故□□魏邦贈都督同知世錦衣衛指揮僉事。□□時揆贈都督僉事世正千戶。

張應辰爲右僉都御史巡撫甘肅。王道直爲太僕寺少卿。轄東路。張鏡心爲太常寺少卿。

丁丑。敍顯陵功。

慶王□□上言。宗祿虛設。如慶城王府于崇禎六年方給萬曆二十六年之祿。上異之。命查責向來有司何在。

戊寅。趨登萊宿逋。且賑之。

贈田有穀錦衣衛指揮僉事。

命石砫永寧遵義各兵一趨漢沔。一趨荊襄。聽剿寇。

庚辰。禮科給事中吳家周論溫體仁越次主試。上不懌。鐫二級調外。

壬午。故禮部尚書董其昌贈太子太保。

溫體仁奏顏茂猷五經墨義賓乙榜第一。命准廷試。于是會試錄另書茂猷正榜前。

談遷曰。永樂九年仁宗監國。乙榜第一人孔鏞擢左中允。重聖裔也。今許顏生廷對。並變例。而右文惜才。于以鼓窮經之學。後來駸駸有其人矣。

兵部尚書張鳳翼進太子少保。

甲申。上祀先農。躬耕籍田。

乙酉。予故南京兵部尚書陳道亨祭葬。贈太子少保。

是月。海豐雨血。

陝西臨鞏總兵李卑援河南。謂內鄉無警。兵部詰責之。

曹變蛟招降盜五六百人至汝州。仍刦掠。

游擊周希諒以千人戰于定水敗沒。

山西賊自宜川渡河合降丁饑民蔓延于澄城郃陽間。官兵斬三百餘級。餘遁。會北兵至。夾攻斬百五十級。遂突入商雒。十三營號十萬。掠洵陽興平流入漢川而盧氏內鄉淅川上津鄖西之寇皆在三省界上。

三月丁亥朔。建虜出塞。

己丑。倪嘉慶仍管新餉。史可法仍管舊餉。

南京都察院右都御史唐世濟上言。流寇有四。一亂民。一驛卒。一饑黎。一難氓。宜分別剿撫。上善之。命閣臣擬諭。專委總督陳奇瑜料理。

庚寅。程註改戶部左侍郎。總督倉場。

辛卯。上御文華殿日講畢。閣臣退。命再入。問陳奇瑜今安在。溫體仁曰。聞自延綏起程。先推總督。原擬洪承疇。因陝西三邊所恃。未輕易。故擬奇瑜。今彼以延綏精甲請餉三十萬。上曰。已題留新餉。體仁曰。昨唐世濟言解散難氓。每人給百錢。恐不足資遣。上右顧錢士升。士升曰。新餉雖留。此時官未盡徵。恐不濟急。至難氓必資遣方活。但給免死票。勢終爲賊。上低回久之。諭曰。鄖陽失事。昨處蔣允儀爲輕。王應熊曰。巡撫須得人。上曰。此事在吏部。近來用人拘泥資格。用乙榜巡撫。遂以爲怪。體仁曰。臣在闈佳卷甚多。其空疎惟四川雲貴畏遠。費早選。餘省多遲。莫不得其用。上曰。爲乙榜困抑。所以至此。又曰。近來文章俚浮成習。如董仲舒天人三策。眞文章也。

予故□□□□楊守勤祭葬。

官軍擊平陽饑盜。斬百九十餘級。

巡撫山西右僉都御史戴君恩題留新餉二十三萬。乞准開銷。又乞內帑賑濟。命于太僕寺量給。時山西自去秋八月至今不雨。大饑。人相食。

癸巳。故戶部主事謫戍李蓁下刑部獄。

乙未。南京□□道御史趙志孟乞宥建言科臣莊鰲獻章正宸等。不聽。

丙申。荆州推官劉承纓報敗賊于香溪平陽二壩。斬千餘人。餘賊走入蜀。

己亥。大學士何如寵在道屢引疾。不許。刑科給事中黃紹杰言。徂秋周延儒去後。特召舊輔何如寵入首揆。乃如寵棲遲里門。徘徊道路。豈有所疑畏瞻顧而不敢前耶。從來君子小人不能並立。則次輔溫體仁當知所自處矣。體仁入閣。無歲不旱。無日不霾。無地不災。無在不盜。燮理固如是乎。秉政既久。窺旨必熟。故中外諸臣承奉其喜怒如一人。當用。則曰此與體仁不合者。一事當行。則曰此體仁所不樂者。如覆一疏。本自有公道。則懼體仁之意有所屬。欲建一議。則恐體仁之忌。凡此皆召變之繇。乞敕體仁省躬引咎。回天心。慰民望也。上責其率妄。調外。

巡漕御史禹好善奏順濟河決四十餘丈。不可漕。與總河所報有異。命好善馳視。

辛丑。策貢士李青等三百人于建極殿。時閣擬策問二道。聽裁。上自手書大半。曰。所與共治天下者。士大夫也。今士習不端。欲速見小。茲欲正士習以復古道。何術而可。東虜本我屬夷。地窄人寡。一旦稱兵犯順。而三韓不守。其故何與。目今三協以及登津等處。各有重兵防東也。敵不滅。兵不可撤。餉不可減。今欲滅敵恢疆。何策而效。且流寇久蔓。錢糧闕額。言者不體國計。每欲蠲減。民為邦本。朝廷豈不知之。豈不恤之。但欲恤民。又欲贍軍。何道可能兩濟。即屯田鹽法。誠生財之原。屢經條議申飭。不見實效。其故何與。至于漕糧為三軍續命。馬匹為戰陣急需。折截掛欠。遂失原額。其道何復。今雖東虜猖獗。河套有可復之機。邊外儘可作之事。但難于東虜窺伺。朝野匱乏。近降夷繼至。作何安插。插套連合。作何間破。流賊漸逸鄖廣。海寇時擾浙閩。剿滅不速。民難未已。

乘之水旱頻仍。省直多故。作何挽回消弭。又唐宋曾以武臣爲中書令樞密使。文武似不甚分。我太祖高皇帝曾以直廳爲布政。典史爲僉都。今奈何牢不可破。爾多士留心世務久矣。其逐欵對答毋諱。朕將親覽焉。舊進呈十二卷。命再呈十二卷。賜劉理順楊昌祚吳國華等進士及第出身有差。乙榜顏茂猷亦高第。

甲辰。賊犯巴州隨州。

乙巳。官兵敗賊于巴州。

丙午。套虜插漢合犯寧夏河西玉泉營。總兵馬世龍擊之。斬五百四十五級。歷四月未出。

戊申。南京鴻臚寺卿袁業泗罷。

癸丑。賊陷安定縣。殺游擊李在科。知縣張文耀遁。

甲寅。偏頭橋參將桂聯芳戍邊。

衡州大風雨。桂王府墻圮。壞民居亡算。

四月丙辰朔。逮撫治鄖陽右僉都御史蔣允儀。以失陷鄖西竹山房縣也。後遣戍。

海寇劉香掠海豐。

丁巳。大同新平堡守口舊夷來降。

流盜焚陳州哨。及于亳。時屯于歸德光山固始。

己未。吏部左侍郎李遇知等請發帑金十萬賑陝西。命下戶部議之。

川兵擊賊于廣元。敗走之。

戶部尚書畢自嚴削籍。前考選知縣覈完賦。華亭知縣鄭友玄虧金花銀三百七十餘金。因在京自補之。自嚴收庫未及題。上怒其徇情。故罷。

賊從□□羊膓河口突出千餘。總兵張應昌敗之于大牙山。

四川總兵張爾奇同監軍□□率各路兵以進。賊渡利州河。札陽平白水等關。分四路。土人力拒。賊走奉節。

庚申。新平堡參將馬鐵貝誘降夷入市。酒之。收其弓矢。給以軍門巡邊出迎。遂[illegible][illegible]殲之。上首功。

辛酉。插夷數百騎犯新平堡。傳烽守備王國臣馳斬八十級。

流賊二三萬自石獐山奔河潤。

西虜歹打兒漢吉囊等前以三萬騎乞降。宣大總督張宗衡請收卹其衆。安插近塞。以備外藩。毋爲東人所併。時朝議主自強。不聽。初。虎墩兎憨患宣大者數年。至是卒。子少。部落無所歸。多乞降。無何。諜建師西行。邊方戒嚴。久之無他。乃知爲收插部也。于是延寧甘固邊外諸夷。率皆降附建虜。號令幾行萬里矣。

前□科給事中莊鰲獻下刑部獄。

壬戌。常州鎭江雨雹傷麥。

癸亥。命進士觀政各衙門。務練事諳律。毋怠玩。仍以二三甲資格選授上之。

乙丑。張應昌連擊賊。斬四百六十八級。

丙寅。賊在房縣。婦倍于男。張應昌連擊敗之。共斬六百五十六級。

丁卯。安位以兵送安邊。往霑益州。

戊辰。鄧玘由竹山竹溪追賊。斬百六十二級。

己巳。涼州副總兵王紹勳以貪婪擅受降夷駝馬。降正千戶。調烟瘴邊疆劾力自贖。

密雲糧儲主事王忠孝以米豆浥爛戍邊。

戶科給事中姚思孝言惜才惜刑。上是之。

庚午。李卑爲總兵官鎮守臨洮。率兵還鎮。西援秦隴。

辛未。吏部上乙丑科進士選例。

吏部以扶風知縣王國訓推戶部主事。謂調任未久。不許。

監視大同太監劉文忠奏新平堡參將殺降啓釁。

刑科給事中鍾斗言禳旱修省實政有八大戀。曰徵輸。曰死亡。曰有司。曰士氣。曰言路。曰廢棄。曰功罪。曰獄情。上是之。

壬申。西虜陷保安州。

癸酉。上詰吏部進士初制云何。尙書李長庚等引狀言。選制止據會典及吏部職掌二書。洪武二十六年。定第一甲第一名除修撰。第二三名除編修。其餘辦事各衙門。內外以次銓除。二甲何官。三甲何官。會典亦未載攷本部職掌開二甲在內除主事。在外除知州。三甲在內除評事行人中書等官。在外除推官知縣。他亦未之詳也。其品級二甲支俸從七品。而知州則從五品。主事則正六品。三甲支俸正八品。而評事博士推官知縣則正七品。中書從七品。惟行人正八品。今改從七品。此近代銓例也。

甲戌。命□□道御史梁炳賑饑陝西。賫帑金五萬。時山西永寧州民蘇倚哥殺父母。炙而食之。

川寇二三萬人返屯鄖陽之黃龍灘。分三道。一由均州趨河南。一由鄖陽趨淅川。一由金漆料過河趨商洛盧氏。張應昌戰均州五嶺山失利。還均州。

商南有流賊千餘。官兵斬三百二十七級。匿河南盧氏山中者。河南總督陳奇瑜逐賊至盧氏。賊已往商雒。卽從之而勝。受降五百二十餘人。河南稍安。

西虜陷得勝鎮羌二堡。

乙亥。援剿總兵官鄧玘逐賊竹山□平。斬一百四十三級。

丁丑。賊陷兩當縣。知縣杜世薦棄城先遁。下臺訊。

戊寅。諭兵部曰。東虜日用仰資中國。或因奸人透販。或假屬夷暗購。若邊臣果加意禁絕。自令坐困。乃敵計偏狡。我防甚疎。向屢經嚴飭。不見恪行。兵部可分諭宣大山西昌薊三協關寧登津等處督撫監鎮。查遵前旨。自鎮堡關隘以及墩臺僻境。糧艘商舟。俱設法嚴緝。彼重烟酒茶絹布縷硝黃鋼鐵粟米針綫等。犯有確證。不分首從梟斬。有功員役。賞同斬級。如疎透查出。罪同失機。仍開列應許屬夷市物奏定。尤當分別逆順。如經投彼復來乞賞。必受彼指使。爲窺伺接濟之具。卽設法殲除。絕其嚮導。

己卯。鄧玘于麻家渡斬賊百五十九級。

賊攻蒼溪。陷兩當鳳縣。先是總督陝西三邊洪承疇因插漢犯甘肅。卽漢中行至棧道青橋驛。聞川賊數萬營寧羌州七十里。去漢中三百里。僅官兵四百。于庚申返褒城。至沔州。撤援寧羌。賊由陽平關過河。奔掠鞏昌。丁卯。承疇過白水江。辛未抵隴州。壬申至成縣。議守。益兵秦川。見賊勢重。須益邊兵及兩當鳳縣連陷。分道一向邊方。一向漢中。知府斷棧道守雞頭岡。賊不得至褒城。間道由漢王山犯城固洋縣。官兵助守。賊間往石泉漢陰。承疇夾擊之。又別部賊二萬由鳳縣趨寶雞汧陽。求撫。承疇姑慰諭焉。四川巡撫劉漢儒以三千兵赴秦。又湖廣流賊二三萬犯平利。蓋春夏間楚蜀賊合于秦。撫治鄖陽盧象升總督陳奇瑜以數省兵力萃于楚。故賊盡奔漢中興安平利。而四川巴州通江入西鄉者復二三千。前自棧道犯城固之賊。又東下石泉漢陰。凡各賊皆盡歸漢中興平而接于商雒。

談遷曰。流寇劇于秦五年壬申冬。盡入晉。癸酉自晉而楚。四出莫制。幸其就蜀。仍北入秦。棧道迫束。衆不得成列。假早得精甲萬人。驍帥三四輩。扼險狙擊。十萬之衆立可阱也。天隔其會。縱虎狂逸。長驅數千里。奔東突西潰南走北。卒無一便地。無一勁師相乘以制之。豈非九六之運。事有適然者與。

雅州地震。聲如雷。

辛巳。毛兵敗于武安。失亡百八十二人。

癸未。賊往四川。阻大江。謀入西安之終南。分兩道南下。直羅官兵斬百五十餘級。

是月。宣大收降夷五千一百九人。婦女不預焉。時插漢虎墩兔憨西徙。

總督漕運楊一鵬奏。去冬十一月。臨潁壽虹五河蒙城泗霍丘盱眙天長靈璧潁上太和。俱有異鳥叢集。羽毛土色。雀喙鷹翅。兔足鼠爪。來自西北。千萬爲羣。不棲于樹而田之集。飛則蔽天。落則滿境。盡食二麥。亦異災也。

五月丙辰朔。監視宣府太監王坤報馬鬃山夷帳千餘。

蕪湖権關改北□部司官。從太監張彝憲之請。

流賊出黑水峪。西行至盩厔。敗于鄉兵。復折入南山。

丁亥。九江長松館居民浚古井。得統軍元帥之印。背鐫中書禮部字。年月不辨。狀中方外圓。南康推官李嗣京上之巡按李著以聞。

蜀賊屯平利縣之白土關。臨洮營陳可受擊之失利。陣亡百戶崔重隆、把總楊永職、守備焦萬廩、千總楊承祖、焦萬倉。大盜絡繹數百里。環與安州境。

臨鞏總兵李卑赴援襄陽卒。

報盧氏賊趨陽南南內鄉淅川。賊潛奔盧靈陜永山中。

戊子。議賑山西饑民。

賊數百人自階州入臨江驛。

尙膳監太監王承祚議三官膳羞歸併大庖。從之。

己丑。故□□□胡桂芳贈工部尙書。□□郝名宦贈兵部尙書。□□馬從龍贈工部右侍郎。

諭釋輕繫。

插漢部衆約三萬人在獨石塞外投建虜。官兵出塞。頗斬獲。

庚寅。建昌路參將劉芳聲等私役部卒採木戍邊。

辛卯。免浙江崇禎三年以前織造段匹。

巡撫延綏右僉都御史張福臻奏。本鎮自荒盜以來。本色停征。民屯二租已無粒粟。至折色惟延安慶陽已輸。鳳翔解僅千餘金。西安河南布花銀往歲完十之九。今西安之荒不減延綏。乞部議除額餉外量設處五六萬金到鎮。設法負買。將待斃軍民予以升斗之粟。

賊陷文縣守禦千戶所及文縣城。去歲大旱。入秋早霜。冬無雪。今春不雨。斗米七錢。延綏西路數年不登。賊分部。一掠鄜延奔綏德清澗金峪者。官兵擊斬千三百餘級。一掠延慶。亦擒斬數百。皆傍終南山竄入商雒。

壬辰。裁密縣主簿。

癸巳。禁烟酒。

插漢虎墩兎憨犯寧夏。總兵馬世龍拒之。斬八百九十餘級。

甲午。敍禁旅功。進倪寵太子太保。王朴右都督。各廕錦衣衛百戶。

乙未。巡按陝西御史范復粹報。流寇復入漢中。一自黃壩犯寧羌。一自竹溪入平洵。

丙申。洪承疇以副總兵賀人龍劉成功等兵二千。游擊王永祥騎八百赴藍田。蓋寇出陝西之道有二。曰商州雒南。曰漢中興安平利。時賊深入南山大峪。實近省會。故逐之。遂東奔綱峪川。復入大山。遠竄商雒。其前犯西安涇陽三原之賊李自成張獻忠等俱西奔盩厔鄠縣南大山。北渭河。相距三十里。各賊出入秦中。專徑此。遂檄撫標都司高崇選李世春以三千五百人戍盩厔監軍道劉三顧節制杜東西寇之侵軼。

丁酉。誅張醇儒徐在中翟應奎王國輔。其宋晉論辟錢時戍邊李寧蘇若霖趙之翰下司禮監柳佐許如蘭呂濬俱褫職追告身經管各官姚思仁下吏工部嚴處以德陵雨壞也。

故□□□吳世揚贈光祿寺少卿廕子入國子監。

外戚劉文炳文耀進都督同知。

裁大同府北路同知。

薊遼總督傅宗龍密陳防海疏。欲盡撤皮島兵以節浮費兵科給事中常自裕言島帥一撤。誰探建虜之動靜。誰聯屬國之聲援。不可不詳籌也事下兵部。

戊戌。太監閻思印降奉御楊開泰降火者以縱役婪索也。

官兵追賊于郿縣之五丈原。斬一百八十一級。

巡按湖廣御史白士遴。吏部例推陝西按察僉事以未回道。不許。

己亥。賊再陷鳳縣。知縣胡□逃二洞病死。縣設于棧道中。轄六驛去寶雞漢中八百里而遙。漢南招撫之賊一出棧道。西陷麟游永壽東陷同官。

庚子。賊走鳳翔西趨汧陽隴州。官兵追之長寧清水間。

參將劉光祚為副總兵。署都督僉事。仍管東路參將事。艾萬年進署都督僉事副總兵。

辛丑。故□□□□李正中。贈兵部車駕郎中。

賊陷盧氏縣。

壬寅。予故□□□陸卿任□□宋一桂祭葬。

癸卯。責刑部都察院清獄稽緩。

乙巳。洪承疇自漢中西援甘肅。

鳳縣往寶雞之賊爲官兵追至郿縣五丈原。斬百八十二級。

巡撫陝西右僉都御史練國事奏。今日最難有五。曰闕兵之難。楡林甘肅寧夏爲天下精兵處。大盜起于延綏楡林。兵力不足。遂大調甘肅兵成功。自寧夏喪師于靈州。甘肅喪師于涼州。今防插漢尙且不足。能分以剿賊乎。楡林兵止五千。陳奇瑜率之別省。三賊三面入秦。防兵不過臨洮固原。且素稱防秋。又當西還。則兵愈少。曰闕餉之難。往年民運速而年例遲。今年例足額。且至而民運寥寥。曰西安鳳翔兵荒。所留新餉支盡。不抵三鎭之用。司府無可借。餉將安出。曰闕官之難。官非盡不肖。咸重功名。愛性命。荒盜頻仍。有參罰戴罪。陞轉無期。有俸錢絕無望。斷家鄉有追贓。客死有失城就逮。道府且不樂就。何况有司。今官闕三十餘員。行取考選。秦省無一人。獨非仕國乎。則闕官固宜補。而參罰亦宜減少也。曰宗祿之難。秦俗囂悍。貧宗尤甚。垂涎賑金。漸不可長。曰驛遞之難。秦晉驛遞。例不全給。今募夫更苦十倍。飛報邊情。在火牌勘合之外。與別省不同。故人人思逋。凡在衝路。宜全給以安其心。

丁未。工科給事中范言收借限田。上以收借必至擾民。限田尤屬混占。切責之。

戊申。陝西按察副使賀自鏡以家在□□李淸店屠于賊。奏監紀太監孫茂霖玩寇。監視宣府太監王坤奏監軍紀功罪耳。追逐有諸將。在有撫按道府。在果如自鏡言。則地方官罪不在茂霖下矣。

庚戌。薊鎭火藥局災。

洪承疇等自盩厔郿縣渡河。抵岐山。向平陽東分三道。東往涇州鎭原寧州。而大勢盡向靜寧秦安淸水間寇十餘萬。承疇戰兵才三千。在漢中。總兵左光先游擊趙光遠靳桂香兵三千四百有奇。在臨鞏。總兵孫顯祖兵千五百。參將卜應第吳弘器兵二千。在平涼。副總兵艾萬年兵千人。止可城守。其游擊王永祥馬獻圖分戍者不預焉。總兵張應昌等兵六千。專視盜所向爲援勦。

陣亡太監楊遇禱贈忠勇營中軍蔭錦衣衛百戶。

壬子。西鄉納溪賊四川副總兵□□冒雨擊之。斬四十七級。淹數百人。

故總督河道工部尚書朱光祚卒于獄。

是月。秦山盜逸出峪口。欲東走靈寶。西走閿鄉。官兵追卻。仍入秦山。

六月朔。總督陝西三邊洪承疇奏。漢南之東自洵陽白河平利至興安石泉漢陰。西自西鄉洋縣漢中至沔縣寧羌界略陽。各接楚蜀。今各省大兵盡入楚蜀。又五省督臣在後。各賊必仍逼入漢南。陝西巡撫練國事移駐商雒。禦豫楚大寇。巡按范復粹以西安久旱。斗米五錢。人心搖搖。移駐省城彈壓。深憂漢南親藩重地。謂臣一移動。恐楚蜀大盜復入。但邊疆事重。馳援甘肅。臣難兼顧。見在豫楚征賊。延鎮之兵宜遣回自顧。三議練兵兼制虜盜。

張鳳奇守永平。闔門殉難。弟鳳梧入國子監。

敍禁旅功。太監曹化淳加級。世錦衣衛正千戶。袁禮楊進朝盧志德各百戶。賜金幣。餘有差。

關南兵敗賊于納溪。斬三百七級。

丙辰。總督宣大張宗衡請許守口部夷貿易茶粟。從之。

總兵陳洪範自請滅插漢。有旨趣赴登州。

丁巳。故兵部□侍郎翟鳳翀予祭葬。

臨洮總兵蔣一陽以怯敵戍邊。仍准原襲。

戊午。諭吏部館員應先歷推官知縣科道。不必盡由考選。二甲每十四授知州。三甲每十九授知縣。俱令涉歷民事。俸滿一體考選。

己未。戶部遣主事余鵾翔市銅荆州常德。

辛酉。醴袡攝南渭王府事。

壬戌。故下荆南道副使徐景麟遣戍。

癸亥。總督宣大張宗衡報崇禎六年十一月至今共收降夷男婦一萬二千八百二人。留陽和壯夷四百八十六人。幼一千一百五十六人。

巡撫遼東方一藻報建人西行。

乙丑。予故武進伯朱□□祭葬。

丙寅。總督陳奇瑜同撫治鄖陽盧象升剿竹山竹谿各山寇。連戰。斬一千七百五十三級。

丁卯。兵部尚書張鳳翼言。宣府降夷千餘。安知非投建虜作奸者。宜愼備之。報可。

兩當知縣杜世薦下臺訊。先棄城遁也。

賊犯鄖縣。爲鄉兵斬溺甚衆。寶雞岐山義勇聞風率先擊。賊敗去。

邛眉茂峨眉丹稜蒲江蘆山犍爲青神大邑峽江等縣各旱。是日大雨。至庚午。水溢。壞城垣田舍人畜亡算。

戊辰。飛蝗蔽天。

己巳。副總兵劉成功柳國鎭艾萬年等以三千人戰寧州之襄樂。頗斬獲。俄賊衆伏發被圍。萬年國鎭敗沒。失亡千餘人。兵將俱重創。

庚午。總兵許成名鄧玘等三路攻賊于平利縣。斬一千七百五十三級。

賊掠均州。

癸酉。有虎入嘉定州范氏樓上。斃之。

責巡撫四川右僉都御史劉漢儒縱寇逸秦。命各督撫協殲。不得以尾逐塞責。

甲戌。先是總督陳奇瑜圍李自成大部于南山車廂峽。蓋入漢中路。非華山也。會連雨四十日。賊馬乏芻。且苦濕。死者過半。弓矢俱脫。賊大窘。乃自縛乞降。奇瑜許之。各給免死票回籍。是日出山。

吏部請贈故□□□林欲廈。謂濫恩。不許。

乙亥。總兵張應昌副總兵賀人龍以三千人至清水之張家川。斬賊百六十餘級。

丙子。先是部院吏禮二科議詮除考選。上責其仍執前議。漫無更定。祖宗爲官擇人。意豈盡如此。至是吏部議于二甲前八人仍除主事。第九第十除知州。餘除主事。第四第五第九第十俱知州。至二甲末止。于三甲如舊除評事博士中書行人十之一。推官知縣十之九。惟館員國初楊士奇張洪自王府審理教授儲櫆王洪陳山自給事中于敬自御史劉球李時勉自主事黃淮自中書舍人蔣驥自行人胡儼自知縣鄒濟陳仲元自教職。今定甲戌科爲始。選庶吉士臨期題請。亦館員應令先歷推知之明意也。又科道官每三年朝期留題行取推官知縣知州與評事博士中書行人同考科道部寺等官。如非覲年遇急闕。風憲照往例行取。不必懸人待考。部屬才著。同部科酌題。此亦科道不必盡由考選之旨之意也。

丁丑。董用文以原官鎭守保定等處。兼備倭總兵官。

御史姜兆張降上林苑監署丞。

張應昌追賊失利。都司田應龍張應春死之。賊連勝益驕。欲犯西安涇陽三原等縣。洪承疇令總兵曹文詔以三千人自寧州眞寧往援。

己卯。蘭州知州李景時。遼東義州選貢生也。遭亂僑家南京舍人。以河西道朱純書投左都御史張延登求南歸。被東廠緝獲。下鎭撫司。遂逮朱純等。

流盜陷華亭縣。

辛巳。方逢年爲南京國子祭酒。李建泰倪元璐爲左右庶子兼翰林院侍讀。錢士貴爲南京鴻臚寺卿。

壬午。寧夏總兵馬世龍擊插漢于棗園堡。斬一千四百餘級。

曹文詔至眞寧湫頭鎭。參將曹變蛟搗賊追殺三十里。文詔率步卒從之。賊數萬合四路圍我數重。文詔力竭走免。游擊平安等陷二十餘人。失亡勁卒四百餘人。

建虜圍大同。

禮部□侍郎林釬歸省。

癸未。官兵于上津斬賊二百十六級。鄖之江南巨寇。搜剿殆盡。江北鄖津。近商雒盧氏竄入焉。

甲申。鎭筸副總兵楊正芳擊賊于秦界嶺。斬五百六十一級。

登萊總兵楊御蕃罷。

是月。城固三原武功之賊。官兵擊斬五百十六級。

陳奇瑜于硤石獅子山剿秦晉遺賊。斬七百二十五級。淬五千餘人。墮崖死者三千餘人。

戶科給事中杜三策行人楊掄還自琉球。

洪承疇駐三原。雖兵止二千五百。張伏設疑。賊遂屯淳化耀州境上。未南下涇陽三原。尋由耀州奔富平。東走同州朝邑。欲渡渭河。

七月乙酉朔。陳奇瑜等擊賊。斬三百七級。賊走平利興安紫陽洵陽。又楊正芳等斬賊七十四級。

降盜李自成高繼陷隴州。陳奇瑜聞之。知撫事無成。檄各屬嚴守待師。

諭兵部。國家崇重武階。非功不授。近來札付加銜。僭朝廷名器。妨賢滋僞。糜廪尅軍。大非法體。向查禁未見祇遵。着兵部下各督撫鎮嚴加飭核。如果技勇武功。量與給札。至僉書守備而止。其餘罷閒雜職。黜衿猾胥等。狥私冒濫。俱汰革追札。禁札付加銜。

戶部上錢法十議。上是之。

加築京城厚一丈。

丙戌。日食。

光廟選侍馮氏封敬妃。邵氏封愼嬪。

賊出武安。

丁亥。李國裕陞卿。鴻臚錦衣衞副千戶。世襲。

戊子。進士顏茂猷上所纂書七種。道統元集。天道管窺。聖道管窺。祖訓廣義。君道迪吉錄。臣道迪吉錄。兩都賦。

方逢年爲國子祭酒。

從工部請。重農積粟。命山海薊門等處牧場外堪耕者。許軍民開墾。永不起科。

降盜執撫牌紿寶雞縣城。知縣李嘉彥不納。賊遂攻城。我砲卻之。賊夜遁。越二日。陳奇瑜至。奬勞嘉彥。

己丑。洪承疇奏。見賊在慶陽西安。拒敗官軍。猖獗如此。其臨鞏秦州淸水與平平涼固原及懷慶以北各賊。可十四五萬。大抵賊自七年非昔日比。知官軍一二萬。必不能四馳。先嘗逃兵。今迎敵。恃其勢衆。旁伏遞進。則勦殺之難。賊皆有精騎。賊每跨雙馬。官軍馬三步七。則追逐之難。賊攻堡掠野。到處可資。官軍待廪轉運。則糧芻之難。賊入山負嵎。官兵相持一日卽坐誤一日。則時日之難。且請鹽課銀三十萬。加曹變蛟秩。鼓其敵愾。而兵部以秦人李遇知等告急請濟師措餉。因言原調兵七萬二千。督臣派一萬五千有奇扼楚者一萬五千有奇。扼豫者一萬五千有奇。九千防蜀。隨征督臣者僅二萬二千有奇。曹文詔三千。張應昌千五百。張外嘉二千五百。與秦中諸將部兵。總二萬二千分禦。毋怪乎屢戰失利也。較原額尙少一萬。宜督臣自補西兵。今將王承恩援兵五千加以二千。又甘肅寧夏共募五千及前調四川兵九千并鎭筸兵可千五百。俱赴督臣行營。責王承恩擊鄜延之賊。責尤弘勳虎大威□□馬科劉光祚擊窺晉之賊。責董用文以兵五千分駐臨磁。一護畿南。一防河北。加曹變蛟副總兵。

征西將軍左都督鎭守寧夏總兵官馬世龍卒。

庚寅。馬之麒爲國子司業。項煜爲南京國子祭酒。

進曹化春都督僉事。世錦衣衞千戶。

辛卯。賊至鳳翔西關。藉口奉督撫文安插城內。守臣知爲巨寇。紿以門不敢啓。須縋城而上。凡縋三十六人。盡殺之。總督陳奇瑜因借以爲辭。參地方官紳撓僨撫局。激上怒。命緹騎逮寶雞知縣李嘉彥及鳳翔鄉紳孫鵬等五十餘人。下刑部獄。

談遷曰。南山車箱峽之役。困于積潦。天假其會。得有此日。倘懸險邀擊。數萬之寇。一鼓可殲。而陳總督爲其所愚。得以反噬。噫。天與不取。反受其咎。庸闒誤國。可勝道哉。

建虜入大同張家口。又入膳房堡。焚龍門關。

延綏遺賊穴于延水關。蓋秦晉之交也。延綏巡撫□□自延川進兵。明日抵其地。斬一千一百餘級。餘遁。

叛兵楊國棟等擁三千騎。披雙鎧。直抵西安城下乞撫。巡按御史范復粹無計。惟登陴固守。明晨巡撫練國事在鄠縣聞之。馳還。登南城。檄賊至濠畔。講一日夜。未決。度不受撫。必西走鄠盩厔。密檄沿塗官兵飭備。更設伏于盩厔境上之夾水溝。時禾茂泥淖。騎不任馳。伏發火攻殲其半。國事又遣官招之。諭殺渠自贖。予上賞。頃之賊黨斬國棟以首獻。賊人人自疑。互戕千餘人。餘仍入南山。

壬辰。建虜陷保安懷來。命寧遠總兵官吳襄山海關總兵官尤世威以兵二萬分道援大同。時遼東積安。頗有言巡撫方一藻總兵祖大壽通建虜。故移其警于西。

洪承疇令參將曹變蛟赴三原。

發帑五千金。蟒段二十四。紅段二百匹。紅布二千匹。給監軍太監高起潛賞功。

故鎮原知縣董三謨贈光祿寺丞。立祠。婦李氏樹坊。

癸巳。京師戒嚴。

進總兵官董用文太子太保。王加春右都督。王修仁都督同知。洪光署都督僉事。

楊文舉陳立先各廕錦衣衛百戶。

忻州知州史臣贊遣戍。

建虜屯膳房堡沙嶺往陽和。

甲午。予故□□□吳世揚祭葬。

乙未。洪承疇趨富平。轉入渭南遏各賊。

敍州定遠堡母豬龍洞聞銅鼓聲一日夜。

丙申。吏部以前兵部員外郎李懋學推順德推官。有旨。懋學前推眞定未久。朕言甚明。何又遽推順德。且訛旨不詳。責尙書李長庚回奏。文選司員外郎程良籌落職。下刑部。

丁酉。建虜圍宣府。被砲擊退在深井天壽山。守備王希忠以聞。命亟收保人畜。

戊戌。建虜四掠永寧。明日官兵值之。敗績。

大同報斬虜百五十級。虜退。

命保定巡撫丁魁楚移駐紫荆關。山西巡撫戴君恩移駐雁門關。總兵陳洪範移駐居庸關。

己亥。御馬監太監黃鍾育尙膳監太監王之俊潘良臣符國祥張國用楊君愼司禮監太監孫朝喜俱提督忠勇營。

洪承疇次華州。各賊聞之。自朝邑折而北。奔澄城郃陽閿鄉靈寶。

靈寶陣沒各官□□張元機。贈游擊將軍。□□胡良翰陳所學。贈都指揮僉書。

建虜陷鎭羌得勝二堡。守備許平降虜。

庚子。太監孫茂霖監防紫荆倒馬二關。

大盜混世王等從鳳翔郿縣東奔盩厔鄠縣。云犯西安。洪承疇馳一晝夜。明日入西安。預檄富平關兵及張應昌兵自清水汧陽鳳翔。已到涇陽。俱赴西安合擊賊。賊颺至西安之東境。我兵疲未出

河南□□總督陳奇瑜報楚賊略盡。雖上津殘寇。易圖也。聞漢中西鄉洋縣城固賊亙二百里。即回兵西行。

辛丑。兵科給事中常自裕言大虜不可輕敵。乞樞部統計天下兵馬十抽其七。飛調十餘萬以圖合圍。庶克有濟。章下兵部。

壬寅。許黑雲龍朝參。

洪承疇恐賊自渭南華州東出潼關也。先令張應昌副總兵曹變蛟間道走渭華。遏其前。承疇出至潼關紅香溝追賊。游擊李效祖柏永鎭力戰。自辰至申。賊始卻。不能出關。因登山。承疇自潼關馳赴藍田。欲山後間道剿

之。

甲辰。宣大總督張宗衡請禦胡。用火攻。募義勇。約費五萬金。許之。

督修曆法陝西按察使李天經上曆元二十九卷。星屛一。

建虜圍大同左衞。

盧象升追上津賊于乜家溝。斬百八十六級。總兵鄧玘功最。

乙巳。代府棗強王鼐鋽薨。

丙午。賊登山知官兵意。中夜走商雒山中。初。大盜馬守應等萬餘先踞南雒山中。今又益賊萬餘。其地疊嶂重岩。越險阻卽可出。洪承疇又率張應昌趙光遠共兵三千赴潼關大峪口截其出。仍哨閿鄉靈寶諸處交相備也。而前淳化耀州富平賊李自成張獻忠等東奔。陷澄城縣。圍郃陽旬餘。聯絡百餘里。聞承疇兵至。解圍。由淸水秦州窺平涼邠州矣。或南或東。無定局也。承疇上言。今日官兵必數千或萬餘合成一旅。方可決戰。今南雒各賊。外有堵兵而內無勦兵。澄城各賊。臣督萬兵分兩哨。合力以挫賊鋒。至平涼邠州等賊無兵分應。則今日賊勢斷非見兵可滅。此事理之易見者也。

丁未。王楫爲右僉都御史。巡撫寧夏。

玉牒多舛。領宗人府事駙馬都尉王昺罰俸半年。

建虜陷保安州。殺知州閻生斗。後贈太僕寺少卿。廕監。

戊申。後軍右都督黑雲龍管神樞營右副將。

建虜西行。新安堡游擊頗重耀乘半渡擊卻之。

己酉。建虜窺朔州。圍渾源州。

福建北路參將鄧樞失事戍邊。故□□□王克威贈游擊將軍。

大盜至睢南。總兵尤世威兵潰天津營參將徐來朝赴援道遁。賊越盧氏奔永寧。先派守蘭草諸隘各兵露宿三月。致疫痢不任戰。游擊劉肇基羅岱重創。

庚戌。諭兵部曰。天厭兇夷。今來授首。惟念我中國將士。陷于虜中。向值勢窮。窘于迫脅。或憂讒畏禍。誤投羅網。誰無父母妻子之想。卽前在瀋陽相聚西望而悲。亦可見矣。朕甚憫之。今旣到中國。乘機建功。如斬小憨首。賞三萬金。封世侯。斬僞王子。賞三千金。封世都督。斬頭目。賞千金。世錦衣衛。

談遷曰。國家法網過密。當其急難。冀度外之士。懸非常之賞。卒不見信。謂烽燧少弛。文法吏仍議其後也。如靈州貢士陳有增陷胡脫歸。求應禮闈。以削髮併奪其貢。士夫陷胡削髮。非其心也。彼豈能矜漢人而髮全之哉。假能擒斬立功。必狥于胡。庶或伺間遑便入于中朝。又曰爾何削髮忘故俗也。功不足賞而法不容貸。嗚呼。此李陵衞律之所以甘心于匈奴也。

建虜南犯威平堡。操守大同後衞試百戶樊胤鼎私以牛三羊七布六匹酒二缶勞之。遂解圍南掠平虜。

東平大水。滕縣東關龍起。水渰四五百餘人。

保寧廣安忠縣酆都安縣彰明□津俱大雨水。

辛亥。睢南賊抵上下固縣。營南河。又賊數萬自睢南箭桿嶺往索塔河。盧氏靈寶之交也。

壬子。總兵尤世威失利被創。回盧氏。巡撫河南玄默撤左良玉兵自內鄉陳治邦馬良文等自睢陽。並赴盧氏爲援。慶陽賊狃勝。乘勢南下。烽火徹三原涇陽耀州富平。

癸丑。戶部以外解不前。議責成撫按之法。從之。命御史回道。嚴加考覈。撫臣歲終查參奏奪。

副總兵楊士恩追賊于石泉壩。斬二百七十六級。

揷漢虎墩兎憨又犯寧夏廣武營。官兵擊斬四百十六級。

湖廣總兵秦翼明至上津縣。商州賊犯豐陽。豐陽古廢關地。接秦楚而咽鄖襄者也。豐陽後有小徑曰罩川口。可通鄖西。鄖陽撫治巡撫宋祖舜令游擊周士鳳以六百人戍罩川口。翼明夜發兵架梁入賊營後。昧爽分兵搗其營。賊稍怯。斬百四十九級。

是月。巡按陝西御史范復粹言。漢南興安流賊入商山。度今日之勢。非總督洪承疇不可。甘肅虜已退。秋防尙遠。督師陳奇瑜急宜提旅而前。鄖陽新撫盧象升亦宜顧漢南興安。督臣暫駐于漢。撫臣扼賊于商。而寶雞鄜係賊出路。總兵楊麒禦之。分局合剿焉。

八月卯朔。姜光先爲署都督僉事總兵官。鎭守臨洮。

建虜圍蔚州。

故行人楊于階贈光祿寺少卿。前盜陷遼州。于階手戮數賊。遂被害。

尤世威自盧氏東行。

先是上憂寇無已時。召諭戶兵二部。以淮撫兵二千三百。楊御蕃兵千五百扼南機要害。護祖陵。以董用文兵五千赴彰德。倪寵等兵三千。牟文綬兵二千赴山東河南協剿。以河南兵一萬五千九百。湖廣兵一萬五千。李重鎭關兵四千。凡四萬五千。並赴河南。以秦賊止在商雒者入河南。餘數十萬尙在涇陽三原間。洪承疇勢不能舍秦入豫。命湖廣巡撫盧象升加總理直隸河南山東四川湖廣等處軍務。俾統各路征剿。其承天兵三千。責巡按余應桂居守。如秦寇盡入豫。承疇督剿西北。象升督剿東南。如賊復入秦。則象升亦入關。而豫賊有自中牟直走洧川。有自祥符轉入尉氏。旋突禹許長葛間。而豐陽關之賊不得出。轉出朱陽關。屯靈寶。凡十三營。其前部三營。張平國往許州。王成龍往鄢陵。許文冲往尉氏。大營在永寧盧氏。約九月向山東。以誘我兵東赴。

因襲汴梁也。

乙卯。以延綏東路叛兵與流賊合在盩厔。官兵擊斬一百九級。鄉兵擒斬七十六人。

丙辰。叛兵自斬其渠楊林降者九百餘人。官兵又斬三百八級。擒三十人。是日。魏家坡追剿甘泉刦餉之賊斬百餘級。

賊攻盩厔。知縣田時暢拒卻之。

督師陳奇瑜報降賊解散男婦一萬三千八百七十七人。斬渠魁十人。餘俱延安安定等縣民。並令還鄉。

建虜陷代州。

丁巳。賊從隆德犯華亭。流賊過靜寧。攻隆德。知縣崇德費彥芳告急。固原道參政陸夢龍駐靜寧州。聞警往援。先遣把總王珍領二百人往。卽遁。明日。隆德陷。彥芳被殺。夢龍戰隆德城外。都指揮石崇德游擊賀奇勳俱陣沒。事聞。俱祭一壇。贈夢龍太僕寺卿。

戊午。夜。賊李自成陷咸陽。殺知縣趙躋昌。洪承疇援兵至。值于城下。賊棄金帛餌我兵。竟西遁。

戶科給事中宋玫請羈縻插漢。不許。

談遷曰。插漢棄所部西遁。各帳離散。一窮胡耳。雖躑躅西塞。其志未嘗不覬市賞也。誠發間使。示以漢德。天子不忘爾。流徙薄給金繒。酬往時效順之義。否則興師以問。彼方急時。何所不靡。則我弭一敵。以蘇一隅。計無便于此。而時方執犂庭之說。敺之以合于建虜。卽痿者不忘起。獨不念我積困耶。

官軍擊建虜于應州。斬一百三十餘級。

庚申。總兵張應昌擊咸陽賊。斬四百九十九級。俘其軍師劉某。兵氣始振。李自成屯醴泉之石鼓趙村。別部屯淳化耀州。接七里原。

阜城人訛言虜至。知縣薛二樓驚遁山中。

辛酉。吏部題考選畫一之法。有旨推官知縣考選。原重官評。何得但拘進士。其考法及教習事宜俱依擬。

壬戌。諭工部直省所解盔甲刀矢。視崇禎五年式。特頒弓力自四以上至七止。違者驗責。

癸亥。故山東參政陽城張光奎贈光祿寺卿。廕子入國子監。故□□張璽贈都指揮僉事。子□襲陞副千戶。□□□劉自安贈守備。仍卹其家。致祭。并旌其婦女。

建虜分犯東路至繁峙。中路至八角。西路至三岔。

賊陷隴州。屯州城及汧隴間浹月。陳奇瑜次鳳翔。令參將賀人龍等援隴州。賊圍之。

前太子太保工部尚書姚思仁削籍。王永光奪宮銜。恩廕。鍾羽正白所知奪加銜。追原賞。丁茂遜王佐王舜鼎奪加銜。陳長祚蕭近高熊尚文吳用先吳仁度追賞。嚴士節褫秩。路周道白受采免官。并察處。致仕官韋國賢等六人追賞。陸之祺等見任降罰有差。

乙丑。河決歸仁隄。

丙寅。□□魏肯構降補上林苑典籍。

少詹事文震孟請改先帝實錄。上以冊立皇祖默定。張差實風癲。然異變宜究。紅丸輕進。但意亦忠愛。諭旨即為定案。不必議改。

壽寧大長公主薨。

丁卯。官兵夜馳五十里。曉渡涇河。賊遏我失亡百二十餘人。夘回東岸□三橋畔。

兵科給事中林正亨請樞臣視師。不許。

戊辰。張愈昌戰涇陽。敗績。

西安鄉兵擊華州渭南賊欲奔雒南者。斬百五十餘級。

旌唐王聿鍵助餉。

瑞王常浩奏臣自就封次年。即有流賊。嗣後蔓延。上年十一月。晉賊渡河掠湖廣。分入漢中。興平破洵陽。偪興安。守道王在臺固守。幸游擊唐通兵至。總督洪承疇遠赴。城賴以全。今撫臣練國事招兵商雒。巡按范復粹馳赴。漢中賊始奔蜀。近境稍靖。不謂鳳縣又破矣。棧道並絕。不數日。川賊復入秦州等處。楚賊再上興安。六月間。自興安入西鄉。幸制臣行後。委監軍道樊一蘅督兵控扼。兵寡賊衆。遂入漢郡。經行寇騎。旬日不止。游擊唐通所部三百人。張疑設伏。賊不敢渡江而北。今東有洋縣之賊。北有鳳縣之賊。西有沔縣寧羌略陽之賊。終不知作何狀也。賊到處烏合。簡其精壯。藉爲前驅。婦女老弱。收爲臧獲。急則用之餌敵。故諸臣動稱斬馘報捷。賊勢不減。關中惟漢中孤危。去撫鎮皆千餘里。不知將來何若也。

御史梁雲構上五畫。修國關。頒爰書。重功賞。撤名督。逐流倡。章下兵部。

己巳。建虜攻大同。五日退。西安堡左翼營游擊榮繼雄拒卻之。

建虜陷靈丘縣。入崞代。崞縣知縣黎壯圖辮髮降之。犯忻州。知州王凝會力守。

井坪路副總兵李國樑拒虜卻之。

夜。月食。

辛未。吏部尚書李長庚因推李懋學削籍。

逮繁峙知縣蘇弘化。

諭曰。國家明經取士。期遇甚厚。朕御極之初。撤還內鎮。舉天下事悉以聽之朝士。不意諸臣營私卸過。罔恤民艱。竟置膜外。甚有蝕剝爲陞官肥家計。間有一二廉謹者。又拘泥迂疎。慢視職掌。或性乏通警。屬下欺蒙。即有一二不能不瞻狥情私。又因循推諉。居恆但有虛聲。有事均無實濟。已巳之冬。致逆虜直薄都下。宗社震驚。舉朝束手。此士大夫負國家也。繇是不得已照成祖監槍之例。分遣各鎮監視。添設兩部總理。雖一時權宜。亦欲諸臣自反。數年來軍馬經制粗立。錢糧稍清。而諸臣或亦有省于衷矣。今將總理監視等官酌量撤回。以信朕之初心。張彝憲俟漕糧將竣回監供職。李奇懋魏相康朝張國元盧維寧魏國徵王之心鄧希詔俱回京另用。張元亨崔良用仍俟寇平會同撫按市馬。王希忠除去查飭。照舊守備。惟關寧偪近虜巢。高起潛率原屬各官兼監兩鎮。京營內臣提督管理照常。雲鎮被虜。登鎮縱奸。俱候另議。內而部司。外而督撫鎮按道將。共體時艱。各圖表見。若復蹈往陋。仍爾自便。不惟國典具存。抑諸臣之忠猷何在。良足恥矣。

起王威總兵。領延綏寧夏兵亟援太原。仍會關遼宣大犄角之。

光祿寺言外解糯米不如格。申飭有司。其鎮江舊無額派。姑自八年始。

建虜犯保定竹帛口。千總張修身敗沒。

癸酉。諭祭故□□□楊爾繩。

甲戌。召勳戚文武于平臺。問誰堪冢宰總憲者。命各給筆札。即條對。吏部左侍郎張捷曰。臣今日所舉。與衆不同。上許之。勳戚在殿西室。文臣在殿東室。捷持筆四顧。大學士王應熊目屬之。諸臣覺其異。及下筆。則前兵部尚書呂純如也。時諸臣或舉鄭三俊。勳戚亦如之。或舉唐世濟。捷曰。總憲可世濟。冢宰非呂純如不可。俄入奏。力言純如之長。諸臣言純如列逆案。不可。刑科給事中姜應甲言之尤力。捷失色。上問溫體仁。對曰。謝陞可。上曰。爾等其諦思之。命收單而退。應熊故善周延儒。而純如又與延儒善者。體仁陰主之。

乙亥。召南京吏部尚書謝陞爲吏部尚書。都察院右都御史唐世濟爲左都御史。

賊陷同官縣。

敍安邊功。進沐天波太子太師。總督朱燮元少師。廕錦衣衛指揮僉事。侯良柱左都督。廕錦衣指揮使。劉可訓仍巡撫。加一級世錦衣衛指揮同知。鄧玘左都督世外衞指揮同知。盧世卿都督僉事。世外衞正千戶。王加貞都督同知。楊正芳署都督同知。俱世外衞副千戶。范邦推實授都督僉事。世外衛百戶。陳謙如署都督同知。牟文綬都督僉事。方國安劉鎮藩各副總兵。俱世外衛百戶。故□□林兆鼎贈太子少保。故□□李維新胡從義俱贈都督同知世外衞千百戶。餘文武陞賞有差。

總督陳奇瑜專事招撫。由城固入漢中。降盜解散萬五千二十八人。斬渠魁四。皆延安人也。勒降人回籍。行八百里至寶雞等縣。復殺掠。官兵捕斬三百餘級。且調兵俱到。故盜復向蒲城以回延安。是日解散一萬七千六百五十人。殺渠魁一。亦延安人。又解散八千三百餘人。

丙子。流盜張儒黃文鼎等陷桐城。

刑科給事中吳甘來糾吏部左侍郎張捷。報聞。

洪承疇至富平。詰朝至馬家村。掩盜不備。賊鋒高傑甚銳。承疇還富平。夜襲營。殺二百餘人。斬六十餘級。偵大盜在富平臨潼南界。

丁丑。南京禮部尙書□□□請皇太子出閣講學。上是之。

胡公胄戍邊。

高傑降于賀人龍。人龍率以襲賊。卻之。

戊寅。大賊自鞏昌圍靜寧州。

己卯。左良玉敗賊于鄢陵之張橋店。

戶部請撤楚兵省餉。留秦餉結秦局。從之。

夜。建虜自拒墻堡出塞。

命總督薊遼傅宗龍駐昌平護陵。并督運至懷來。

庚辰。參將李雲程馮良文等敗賊于彭祖店。鄢陵。賊折而西南。奔汝州。尋入禹州襄城臨潁。與汝州魯山寶豐續至之賊相接。

勞宣大吳襄援兵羊三十隻。

御史張三謨糾吏部左侍郎張捷。報聞。

辛巳。祖大壽以兵四千人西援。命駐防薊鎮密雲。

壬午。以鹵簿大駕成。賜各臣金幣。

賊自靜寧州犯莊浪縣。

建虜犯大同右衞。

癸未。保定巡撫丁魁楚進右副都御史。

諭兵部曰。直省各郡邑修防儲練不盡遵行。如畿縣各城半不堪。兵多不整。火器不全。甚至保定文安土垣破門。永清東安香河通無鄉兵。良鄉等粒米束草俱乏。房山無火器。涿州不惟無糧草。即城上懸簾亦損壞。如此景象。何裨緩急。其嚴飭急圖。以贖前愆。

是月。有大星從狗國墜大同虜營。

閏八月甲申朔。進陳伯亨都督同知。

兵科給事中蔣德瑗言。部屬改授科道。則南京亦應量改。章下吏部。

乙酉。建虜攻宣府萬全左衞。守備常如松砲卻之。

盜陷靈臺。執知縣石懷玉。

洪承疇遣兵擊延綏西虜。斬四百餘級。虜遂遁。

鑄督發援兵糧料協理易州餉務關防二。給林弘衍畢拱辰。

巡撫四川右□都御史劉漢儒免。

丙戌中書舍人喬可聘劾戶科給事中呂黃鍾吏部左侍郎張捷。初黃鍾言冢臣關繫甚重。欲於侍郎擇用一人纘之。蓋爲捷地也。

丁亥建虜陷宣府萬全左衞。宣府把總常承恩禦建虜于羊房堡南。火攻之。守備常如松指揮杜詩秦之英並死之。贈如松參將。世指揮使。贈詩之英游擊將軍。世指揮同知。

賊薄平涼延安。

戊子敍西鎭卻虜功。進洪承疇一秩。廕子入國子監。

己丑暹羅入貢。

榆林衞布衣高廷臣上兵機譜說稿三卷。以犯廟諱放歸。

庚寅工科給事中范淑泰劾大學士王應熊侍郎張捷同謀黨附。大肆欺擅□上。責捷回奏。

修永定廣寧左安三門。

建虜出塞蹂躪宣大踰五旬。殺掠亡算。總兵吳襄尤世威分道援大同。襄失利。世威部將祖寬以七百騎戰大同北門。斬三十餘級。又宣府總兵張應昌戰渾源州。稍利。或遺吳襄鳳冠袿服弓履以恥之。

辛卯賊陷崇信。

王弘業王先通爭襲新建伯。下吏部勘議。

癸巳。王維章爲右副都御史巡撫四川。

刑科給事中吳甘來劾吏部左侍郎張捷薦呂純如翻逆案。純如用而邵輔忠張樸輩更可用也。

故□□副總兵李卑贈右都督。

命鄧玘回鎮所部兵發薊鎮派防。

賊陷白水縣知縣龐瑜先遁。

甲午。上御文華殿日講訖。仍召閣臣曰。建虜出口。宜先招撫難民。各將不過零級。援兵可撤者撤之。王應熊曰。彼利子女玉帛耳。田禾未損。援兵駐城西刈禾牧馬。民甚苦之。錢士升亦以爲言。應熊又曰。山西崞縣虜止二十騎。掠子女千餘人過代州。望城上親戚相向悲啼。城上不發一矢。任其飽掠以去。上爲頓足。應熊曰。崞縣被陷。捆載三百輛去。過數日。官兵遂報恢復。上曰。各官俱有罪。下兵部核奏。錢士升曰。今城守李國樑守井坪第一。何吾騶曰。李秉春劉光祚等皆能守。士升曰。虜實可擊。失此機會。何吾騶曰。當括各省錢糧解來圖恢復。士升曰。吾騶所言是廣東事。若江南罄帑並無存留。且漕糧加派。江南獨溢民力已竭。不堪再困。上又傳兵部設法市馬。

乙未。戶部言。官買銅鉛。必給商引。引滿百斤。銅引稅一兩四錢。鉛引八錢。湖廣千五百引。臣部遣官山西陝西各千引。下布政司。四川千引。下分巡川南道。北畿五百引。下井陘道。從之。

刑部尚書胡應台終養。

召故總兵王威。

建虜出宣府塞。命撤援兵。

丙申。盜陷涇州。殺知州婁秀。

江西河南雲南大旱。

陽曲王府妾崔氏言其第三子愼鈠當襲。而葛氏將所生四子愼鍔越稱次子謀襲。章下禮部。

司禮太監盧維寧還自朝鮮。

丁酉。□□道御史任贊化降河南布政司照磨。

許陝西巡撫練國事暫停積穀一年。

戊戌。兵部申飭武場事宜。雜塗宜議。技勇宜併。貼式宜清。中式宜定。邊腹宜分。從之。

己亥。工科給事中范淑泰論大學士王應熊侍郎張捷同謀王維章不載西寧被劾處分之旨。上責捷回奏。

巡按陝西御史傅永淳報流賊自華渭敗後。至寶雞以南直抵漢上。七八百里皆賊盤踞。路梗八月始通。據寶雞鳳縣。蓋分三道。其二據漢中延鄜。其一華渭商雒。

復大同井平路。

副總兵李國樑仍進署都督僉事。

蘇元相下獄。

庚子。故甘泉知縣蒲成舉。贈光祿寺少卿。廕子入國子監。

壬寅。陳奇瑜至鳳縣。見賊盆熾。北接慶陽西至鞏昌西北至邠州延安武□西南則盩厔寶雞。衆殆二十萬。始悔其見愚分兵出禦而兵寡矣。初寶雞知縣李嘉彥城守。奇瑜勞之千金。已見連破七州縣。并劾寶雞知縣。

癸卯。諭吏部天下提學官。近來進取冒濫。請託公行。苞苴巧納。皆由學臣推舉非人考覈不嚴之故也。今學臣員闕。務擇品行貞方學術純正。如聽人營囑。試用不效。該部院及保舉一體追論。又舉人聽巡按御史考察。議未及行。

丁未。吏部稽勳司主事董羽文下獄。

夜。木星犯奎宿積屍氣。督修曆法山東右參政李天經進列星圖。云木星之行甚遲。旬日有奇始行一度。

戊申。錄囚。命戶部尚書侯恂主讞。

辛亥。少詹事姜曰廣爲詹事。仍管清黃。□中允蔣德璟爲右庶子。署司經局。

故寧夏總兵官賀虎臣贈都督僉事。予祭葬。廕外衞指揮僉事。

史開先。贈署都督同知張問政江坤俱贈都督僉事。並陣沒。

鄧茂官實授都督僉事。仍加都督同知。

壬子。總督宣大張宗衡巡撫宣府焦源淸巡撫大同胡沾恩巡撫山西戴君恩俱免。仍議罪。後各戍之。

故□□□□孟時芳贈太子太保。廕子入國子監。

九月辛酉朔。陳秉衡署都督同知。仍支勳衞俸。

諭兵部。居庸薊鎭鍊勁兵二萬。

南京吏部尚書謝陞爲吏部尚書。南京都察院右都御史唐世濟爲都察院左都御史。

唐王聿鍵上言逋祿。摘及南陽知府陳振豪章下吏部。

丙辰。巡按陝西御史傅永淳報流寇出棧道。攻陷麟游永壽。此卽陳奇瑜棧道中所撫之賊也。初賊爲洪承疇所逐。竄漢中川兵扼巴西諸險。賊飢疲不得逞。乃詐乞降以紓我師。奇瑜檄所過郡邑具糧以送之。既出棧道。遂殺監護官五十員。勢不可遏矣。七月圍寶雞。賺鳳翔。其招撫官三十六人。盡爲鳳翔守城士民誘殺之。官兵至渭南臨潼間。賊迎戰。退十餘里。我追之。賊恃衆復拒戰。洪承疇身督陣。吏卒力鬭。大敗之。斬七十級。

予故刑部尚書吳中偉祭葬。

河南盜奔內鄉鎮平。壬戌至花園關。

丁巳。應天地震。

戊午。大盜又入平涼之畢□園。分攻鎮原華亭汧陽。

己未。賊攻密縣。知縣苗之庭敗賊于城下。

庚申。王恭廠火藥災。傷斃千餘人。

賊二十餘營。西至函谷關。東至河陽。連屯百餘里。官兵斬三百六十八級。賊萬餘連營于雒南閿鄉。

壬戌。夜。宣府鎮河堡草場火。

癸亥。賊破扶風。殺知縣王國訓。

予故□□□王雅量□□□袁可立祭葬。

甲子。□□□蔣德璟□□□張四知主武闈。彭武伯楊崇猷監武試。

進許自強都督僉事。改敕久任。

乙丑。日講官少詹事文震孟請告。不允。震孟講春秋稱旨。溫體仁語之曰。行相君矣。何避也。

賑淮安徐州和州。

丙寅。故□□□翟鳳翀。贈兵部尚書。廕子入國子監。

戊辰。萊陽王□□與侯選知縣蘇輔宸爭産。王毆其族人蘇輔世。諸生蘇濟世等因大譁。萊陽王同諸王入察院訴提學僉事胡瀞。毀冠仆地。從人因擊諸生。瀞諭諸生各散。事聞。

庚午。吳甡爲右僉都御史。提督雁門等關。巡撫山西。楊嗣昌爲兵部右侍郎兼右僉都御史。總督宣大軍務兼理糧餉。馮英爲刑部尚書。章大章改南京禮部尚書。

禮部尚書曾楚卿罷。戶科給事中姚思孝論其天啓時要典副總裁也。

辛未。予故□□□楊于階祭葬。

壬申。參將賀人龍被圍于隴州。游擊王先明失利。

傅宗皐爲南京鴻臚寺卿。

諭兵部曰。腹馬俵解。祖制難以盡更。仍舊本折兼收。苑馬虧額。前茶臣冊報七監馬匹。強半虛數。今將清補牧地。牧軍盡釐收政。各官蠹弊。詳酌責成。豈得空言設法。併宜大市馬。作何易買。確議具奏。

癸酉。倪寵爲都督同知總兵官。鎮守登萊防海。

司禮太監張從仁改內官監。提督九門。

禮部言朝鮮貢役。其貿易一節。命議之。

楚府蒙陽王宗室朱盛瀛上□法利弊十二事。章下禮部。

召刑部尚書刑科于武英殿。

官兵擊雒南賊。斬二百二十九級。

甲戌。大盜圍滎陽汜水。及于密縣。河南推官湯開遠同左良玉自郟援密。寇走登封。尋入白沙新莊。又折而西。

雒山之賊犯眞陽息縣光禹商城固始。巡撫河南右□都御史陳必謙上言。防剿之局。全楚主客兵萬八千人。防陵三千人。豫撫之新兵毛兵石砫兵千六百人專備鄖。又分鎮筸兵四千四百人備光化棗陽。緩急而德安屬之隨應孝感。則參將馮時早等千五百人戍之。黃州屬焉。鎮臣秦翼明領兵二千。麻城黃陂蘄州。戍以都司周子元等鎮筸兵辰兵三千人。總兵秦翼明領川兵二千。鎮筸兵千餘。近又調周繼光防豐陽之川兵二千餘聽約束。扼棗隨之間。臣止督副將楊世恩雷時聲鎮筸貴州兵三千人。巡扼德黃之間。總之寇犯豫則楚兵宜赴豫。眞保游擊陳植之兵赴陳截其西還。而固商之寇欲上金剛臺。金剛臺商城境內。徑道六百餘里直通淮楚。故遣陳永福自潁趨固始。遏其流突霍鳳之路。李重鎮兵爲犄角此東南西道路防剿之局也。其自嵩鞏以趨郟禹致密縣者。是後西北大寇。今由登封入嵩。擾澠池。檄左良玉趙柱等赴剿。此西路截剿之局也。時河南盜知信陽有備。自光山羅山犯黃安麻城。自麻城趨羅田犯蘄水。大營盡入黃州廣濟黃梅告急。鳳翔延翔賊俱入漢南。援商之兵去漢南二千餘里。徵兵未到。南雒賊乘虛入犯。總督陳奇瑜鐫三級自效。兵部議大剿。河南兵入潼華。湖廣兵入商雒。四川兵入漢中。與平山西兵入韓城蒲州。

乙亥。葛寅亮爲左通政。

諭兵部覈苑馬實數。

丙子。予故□□□□僉事郭應響祭葬。

丁丑。盜掠略陽縣。時盜分部一由鳳縣舊棧道還攻漢中。一出略陽。由陽平關入梓潼劍州犯蜀。一由寧羌犯廣元。

張瑋爲南京尙寶司卿。馮任爲右副都御史巡撫大同。

戊寅。初安邊歸霑益安其祿歸烏撒奉旨各安其土。及安位以內戚右安邊擁兵入滇意在佐鬬。雲南總兵沐天波以大義責之。旋退。命雲貴四川分任其責。

寧前兵備道右參議陳新甲爲右僉都御史巡撫宣府。

己卯。賜武進士傳臚御殿。

楊士聰曰。甲戌辛未武場重技勇。甲戌二場大風。步箭中少。監者疏。請但一箭准試。是所重又不在技勇也。兩科之中立法參差一至于此。至原卷進呈。往往取九箭第爲狀元。假上親至武場見所謂馬箭未有不嗤其兒戲也甚乃攜文試。使人控馬而馳。相去尺許。插矢于上。此必敵人相遇皆土木偶而後可也。將焉用之。

辛巳。總督洪承疇自平涼遣副總兵左光先等率兵間出華亭。明日抵隴州。賀人龍圍始解

癸未。卹登萊死事。故登萊總兵官左都督張可大贈太子太保。立祠。廕外衞百戶。故□□□張其功贈都督同知。廕都指揮僉事一輩。故□□嚴正中贈都督同知世襲總旗。故□□□何維亮王之傅贈副總兵。故□□熊奮渭贈參將。故□□余承胤贈都指揮僉書。廕外所千戶。餘陞卹有差。陣亡兵九百七十二人。各給其家十金。

插漢虎墩兎憨往威寧海子駐牧。

是月。巡撫山海關永平右僉都御史楊嗣昌奏。今閏八月二十三日至九月十九日。土火金三星聚尾分。在永平遼海之間。其占主內外有兵警。

十月甲申朔。兵科給事中史可鏡劾總督陳奇瑜報撫賊一萬三千人勒回延安。似延安人專盜也。又巡按陝西御史傅永淳言。漢南降盜出棧道。渡渭水。陷城據邑。所在騷然。昨報寶雞縣殺百五十餘員。鞏昌鳳翔西安各報麟游汧陽隴州隆德□井三原攻刦。皆所撫之盜。陳奇瑜專主招降。謂盜已革心。不許道塗盤詰。入一邑而邑不敢問。入一郡而郡不敢問。開門揖盜。剿撫兩妨。恐種禍不止三秦也。

乙酉。吏部推孫陞爲戶部廣東司郎中。謂嘗縱奸。不允。

琉球國中山王尙眞奏臚使臣杜三策楊掄辭卻之。

丙戌。刑科給事中王猷請大閱。命俟之。

代府鎮國中尉充鐇言宗祿八年未給。命速之。

農壇成。

丁亥。王之臣爲□□將軍署都督僉事總兵官。鎮守廣西。朱國勳爲署都督僉事總兵官。鎮守福建。

戊子。命兵部□□□□同內中軍張元亨崔良用往西寧監視及茶馬御史易壯馬。

己丑。諭戶部督金花銀虧額二百餘萬。

命兵部令四川巡撫嚴飭道將扼險偵防。仍相機夾勦。

敍中後所戰守功。進祖大壽太子太保。祖大弼實授都督同知。方一藻右副都御史。餘陞賞有差。

巡撫山西右僉都御史吳甡言。禦虜必須塞外。若入塞而援截其力甚難。招安流盜最宜愼重。書云。殲厥渠魁。脅從罔治。未有舍渠魁而概散之。彼狠子野心。勢難馴服。況邊地窮荒。無居無食。僅曰免死。遂革心易慮乎哉。

禮部覆試貢士。姚軒雲殿一舉。四川羅儒臣廣西宋偉祚應天黃美中李㮮陳貞元除名。

辛卯。駙馬都尉齊贊元訐奏戶部尚書周士樸。謂墳價藐署也。

命禮部下李天經魏文奎覈木星逆行順行。

壬辰。故□部尚書趙紱殉寇請䘏。下吏部。

諭祭故右諭德倪嘉言。

癸巳。河南流盜掃地王等趨東南。自霍山英山分掠潛山太湖宿松。

甲午。予故南京太僕寺卿李右諫祭葬。

監視宣府太監王坤報精兵三萬除九路城堡分戍一萬三千七百人。鎮城共一萬六千三百餘人。馬八千九百餘匹。

乙未。遼東總兵祖寬抵靈寶。知縣滕之倫言。盜三百騎突城下。聞官兵至解去。距城六十餘里朱陽關連營。澗口則混世王。萬川口則張獻忠。水頭則整齊王。各衆數萬。會戰敗之。斬百二十一級。

祖大弼爲征西將軍都督同知總兵官。鎮守寧夏。侯良柱爲都督總兵官。鎮守四川。

總理戶工二部司禮太監張彝憲改司禮監提督。

丙申。上連御經筵。雨雪不輟。諭講官尚書韓日纘姜逢元侍郎陳子壯少詹事文震孟右諭德姜曰廣倪元璐修撰劉若宰毋忌諱。震孟講春秋。上親批仲子歸瑁講章云。正見當時朝政有闕。所以當講。以此類推。春秋之義皆有裨于治道矣。

許嘉定伯周奎暫回籍。并允肩輿。

都督僉事袁祐進署都督同知。仍食僉事俸。

丁酉。命總兵鄧玘簡銳二千五百人屯臨洺。相機勦寇。餘兵還薊鎮。其延綏寧夏甘肅固原援兵屬陳奇瑜調遣。洪承疇標兵夾擊。其陝西山西河南鄖陽四川各巡撫俱分布要害扼截應援。

己亥。旌華亭光祿寺署正顧懿德。初。懿德父置義田四萬八百餘畝助役。懿德又置青浦義田萬畝。

宣府總兵官張全昌大同總兵官曹文詔山西總兵官眭自強俱失事免。

庚子。鄭三俊爲吏部尚書。范景文爲都察院右都御史。周之綱爲兵部右侍郎。俱南京。陳以聞朱大啓爲刑部左右侍郎。

工部尚書周士樸以公主墳價題覆蒙混削籍。

予故□□□□陳薦祭葬。

辛丑。御史羅元賓請考選館員。并及中書舍人。不許。

壬寅。逮河南提學僉事胡𣶶以前萊陽王訴爲諸生所毆也。

癸卯。吏部尚書謝陞上五事。杜請謁。禁書牘。愼始進。嚴操守。按吏弊。上是之。

巡按蘇松常鎮御史祁彪佳奏。長洲故右都御史朱紈。故□科給事中陸粲。無錫故南京工部右侍郎葉茂才。

皆眞忠節。乞賜謚。吳江故嘉靖庚子貢士張基。崑山故萬曆辛卯貢士歸子慕。吳縣故萬曆壬子貢士朱陛宣。皆眞孝廉。乞贈官。章下所司。

甲辰。巡撫河南玄默報賊數千人自商州雒南突犯北朱陽鎭。去之。

故都督馬世龍贈太子太傅。予祭葬。

乙巳。賊陷陳州。圍靈寶。官兵擊之。賊奔西平、耒陽諸山。

丙午。信陽賊南自應山、德安以犯宋家河。掠京山。

吏部文選□□戴澳降山東布政司照磨。

巡按廣西御史張宸極報本月二十四日。論四有旨。此日禁刑。敢不遵守。後幷飭各撫按。

右春坊右諭德兼翰林院侍講許士柔言。臣備員史局。觀皇考改錄世系獨略。謹按原錄萬曆乙巳十一月十四日。皇考第一子生。命廟諱。孝和皇后出。此熹廟篤生之自所當書也。丙午十二月二十八日。皇考第二子。命某名。孝和皇后出。追封簡懷王。己酉七月十五日。皇考第三子生。命某名。母選侍王氏出。庚戌十一月十六日。皇考第四子生。命某名。母選侍李氏出。此諸王遞生之自所當書也。迨我皇上龍興之瑞。孝純懷日之祥。在萬曆庚戌。則聖母氏族封號。錄中當具載。乃閱改錄。則皇上娠教之年。聖誕之日不書也。命名之典。潛邸之號。不書也。聖母出何氏族。受何封號。不書也。其偏及諸王之生與所生之日。花萼相輝之美。鳴鳩並飼之仁。不書也。所書者止乙巳皇考第一子而已。原錄之詳愼如此。改錄之慢忽如彼。將何以傳信天下萬世也。上是之。

己酉。王樸爲征虜將軍總兵官。鎭守大同。

賊自京山不攻。間道趨顯陵。明日遁入山中。時大寇聚秦中。李自成在乾州。招之不聽。馬守應在武功。而河南賊出永寧。陷靈寶。

甘肅總兵官柳□□繳崇禎六年燒荒敕諭于七年八月。上詰責之。

懦將孟應熊張大謨姚之夔各戍邊。

進沈世魁都督僉事。

故巡撫四川右僉都御史徐可求。贈右都御史。廕本衛正千戶一輩。

辛亥。土寇引流賊陷盧氏。

壬子。劉遵憲爲工部尚書。錢春改南京戶部尚書。

逮巡撫陝西右僉都御史練國事。

李喬爲右副都御史巡撫陝西。潘曾紘爲右副都御史。巡撫南贛汀韶。

總兵左光先擊李自成于高陵富平間。斬四百四十餘級。即還富平。自成陣失其弟。佯求撫于監軍道劉三顧。自成屯乾州安家莊。眞寧知縣王家永遽信之出城招諭。被執。失其印。三顧逆其詐。早避堡上。賊有奔涇原者。扼于洪承疇。東奔華州渭南者。扼于趙光遠。遂折入南山時官兵三戰共斬一千二十餘級于渭河南北而華陽南原之賊夜踰山中出朱陽。

是月。貢士朱陛宣卒。陛宣字□□。吳人。萬曆壬子貢士。四上春官。戊辰。念親老不赴。辛未服闋。再赴。學行醇篤。年五十六。學者私謚孝介先生御史祁彪佳奏薦。明年贈翰林院待詔。

十一月璨朔。丙辰。陳必謙爲南京光祿寺卿。

賊自城固趨洋縣。

丁巳。日暈。星暈二器戍。

進成國公朱純臣上柱國。郊祀攝事也。

戊午。蔡奕琛爲大理寺卿。詹事姜曰廣署翰林院事。

總督陳奇瑜請各巡撫總兵分地責成。從之。時撫局大潰。賊氛日熾。故有是請。欲分委其過也。

己未。戶科給事中許世藎奏。外吏入覲考選之期。又以錢糧完欠爲去留。然不分完欠之由。而概課以功令。無以服勞吏之心。如甫經參劾而隨即解到。功過自不相掩。宜撫按題復。如道解赴部。旦夕可至。宜令回任。又或州縣輸之府司。庫收可憑。而司府那借補別項。若仍作未完。是下吏代上官受罰也。又如州縣輸之司府。候府解入京。若仍作未完。是急公因役受累也。乞敕該部下撫按備查。果州縣完。司抵借。則罪不在州縣。倘州縣未解。借詞支吾。則據實題參。從之。

庚申。賊見左光先兵不出。遂東走。光化始追之。失利。

副總兵曹變蛟往戰鄠縣富平。時提刀身先士卒。洪承疇請加總兵銜。

壬戌。賊自洋縣趨石泉。又河南賊陷英山縣。焚霍山縣。

癸亥。盡免山東五年以上逋租。

甲子。命順天尹祈雪。

巡撫河南陳必謙率參將李雲程等自洛陽趨偃師。監軍道□□同總兵祖寬趨嵩汝。皆賊走汴之路也。時李自成奔偃師鞏縣。初自潼關至。張獻忠等奔嵩汝。爲豫楚合寇。賊夜偵左良玉在偃師也。僞向開化。漸西移犯河南。

乙丑。陳贊化爲左通政。

高邑知縣方隆以漁利殃民戍邊。

祖寬擊賊汝州之葛莊楊家樓。合劉肇基羅岱。共斬一千四十九級。俘八十四人。賊西遁。是日伊□賊攻嵩縣。我砲卻之。

丙寅殺胡堡守備劉宗傳報插漢部夷百餘人叩關乞市。監視內臣以聞。

丁卯。盧抱忠爲鎮朔將軍總兵官鎮守宣府。尤弘勳爲總兵官鎮守宣府

萬全左衛指揮使常如松贈參將襲都指揮僉事一輩。後仍指揮使。杜詩秦之英。並贈游擊將軍。世襲指揮同知。

己巳吳江人虞燧言五事。嚴鄉約。復水利。禁遏糴。除造謗。恤民役。上是之。

兵部武選主事蔣燦乞減原任上蔡加派。下戶部。

賊攻漢陽縣。

左良玉還救河南。賊已出龍門。并歸東路。

庚午。禮部請故□□吳暘諭祭。上以贈卹足酬其勞。不許。

總督漕運楊一鵬議濬泇河。從之。

禮部奏。十月朔。故周府柘城王肅濠妃李氏奏。肅濠萬曆三十一年受封。元妃邵氏。繼妃李氏。于萬曆三十九年選妾金氏。生子恭炑恭熲等。又妾陳氏。生恭□。崇禎五年五月。肅濠薨。以恭炑烝耿氏。厲毒食中弒王。預謀則□□賈進忠□蜀也。夫王妃所列弒父虐母。未可懸斷。恭炑當襲封而甘禽行梟食之惡。李氏自稱失寵二十年。將毋怨其母而及其子與。乞下河南撫按遣訊。仍推勘長史當日告哀及諸宗保結。其情必露矣。

辛未。鍾炌爲順天府尹。

賊犯陽縣。

壬申。宣大總督張宗衡山西巡撫戴君恩宣府巡撫焦源清大同巡撫胡沾恩各遣戍。薊遼總督傅宗龍削籍。

追金幣。

癸酉。諭部院曰。近來士鮮實行。人多飾情。在奬薦乞恩尤甚。以目擊耳聞之事。輒欲欺人。以鑿空描影之言。敢于奏上。人才自古稱難。何揚詡浮詞偏盛。宇內迄今多故。有何幹濟實效。全疏誤誕成風。亟宜禁止。今後部院推舉。撫按奏薦。及其子孫請乞。該部題覆贈卹等疏。務核實從公。不得濫詞欺溷。

日講官右春坊右庶子兼翰林院侍讀倪元璐上制實制虛各八策。其制實八策曰。最急莫如離虜交。昔漢先零與諸羌解仇交質。趙充國以爲至秋必變。今奴插勢幷。虎翼飛食。涇鎬之事。慮在來春。宜敕樞臣。秘通邊吏。乘茲方合。伐其本謀。凡古離交法。惟用間。陳平之離項范。燭武之離晉秦。魏武之離韓遂馬超。慕容廆之離宇文高段。並能挽膠漆爲水火。俾疆境危而復安。今獨何爲撟足拱胸。坐承禍患。一也。其次曰。繕旁邑。奴用兵無他長。而微知聲擊潛虛之法。向以吾備關。卽不趨關而趨口。今知吾備口。又不趨口而趨宣雲上。度其再來。必不趨宣雲上而趨薊。又必不逼京城而抄旁城。其抄旁城。必不先乘堅而乘瑕。今巖郡雄州。或亦猶知守計。惟近畿玉田三河豐潤平谷等邑。土墉低頹。可超而越。有如虜入。因此爲糧。卽使游奕逍遙。我亦坐困。宜及時增庳繕薄。大修守具。庶可以堅壁清野。奪其久持。二也。其次曰。優守兵。頃者宣大之役。不禦不追。罪繇將吏。嬰城力守。勞在師徒。今罰行賞稽。臣慮沙中從此偶語矣。臣查守兵月廩不及戰糧五倍。今京士完師而返。賞不踰時。援卒驕蹇不前。猶然厚奉相提而論。誠似非平。昔唐邠寧兵衆以神策賞殊。怨憤變生。可爲殷鑒。謹條二議。或量給賞賚。勵其守氣。或倍增糧額。責以成功。猝有邊烽。遂可不煩征調。三也。其次曰。靖降夷。夫收夷非計。而既云不拒。則江統徙戎之論。又非可拘于今。何則。以今來歸。皆散丁零衆。非如魏晉五部氐秦鮮卑之比。近者譁逃。卽繇我人挑誘。惟慮釁端已見。終善爲難。調馭之方。存乎權智。蓋不在主將甘苦與共之情。而在行部畨漢不分之跡。使得各無猜貳。或聽互爲婚姻。視爨猶肉。爨亦何害。否則突厥九成之變。動可憂虞。四也。其次曰益寇餉。秦晉流寇。蔓延日滋。苟圖必剿。剿必可得。惟以餉匱。每來疾呼。臣惟竭天下以奉遼左。不以爲厲。今秦晉自急。還使自饋。又曰非宜乎。請聽兩省以舊賦之半。新賦之全。留輸行間。以茲小移。必有大省。五也。其次曰儲邊才。夫邊才難辨。比于隔垣而觀。正使有之。何容易信。臣惟上智自繇天授。餘才皆本習成。練習之功。自非一日。諸凡近邊縣令。責部設法選掄。科貢罔拘。惟求英茂。因著爲令。減俸超遷。三年見能。卽陞本道。而自僉臬以至藩長。悉亦覈其成績。減俸加銜。本方節鉞之才。卽取諸此。節鉞無缺。則加三品卿銜。照例三年一任其子。如此則以戎馬軍旅爲己任。塞責者稀。而有不次世及之恩。波願從亦衆。六也。其次曰奠輦轂。昔漢徙富民以實京師。豈無深意。蓋無事則衆貧樂其通潤。有警則羣心倚其重遷。今都城蕭竭。不忍見聞。車戶動至傾家。流商嗷然。載路。重之市井亡賴。以告密爲佃漁。每一波牽。輒連數十。幸而得雪。家已蕩然。凡昔所號巨賈殷家。悉無兼辰之食。五方遊衆。無所依歸。剽刦公行。職此之故。誠恐一旦告急。人無固心。掉臂開門。勢所必有。宜急議培養。無靳膏澤。通草豆官買之例。以省他徭。推訪察停禁之恩。而除濫戢。酌遡商之策。杜告密之門。汔可小康。馴臻大定。七也。其次曰嚴教育。國家之所以教者二。教官以祕館。教士以辟雍。今以治才爲實際。儲之宏文。一入金門。遂稱閒局。又容與焉。是化有用爲無用也。欲使無亡所能。莫如教習。教習之法。宜大更絃。古事經史。今事典故。遠事祖憲。近事時宜。凡所誦著考索。悉取諸此。又或設爲處分。時相問難。以深徼其意。窮致其才。禁宴會。簡遊謁。日省月試。灼然有程。館師察至。報成。閣臣論定以請。平章之具。則亦優矣。至于援納既革。貢舉將興。兩雍司成。略倣館條。厲施鑪鞴。何患功能不出。德行不興。八也。又制虛八策曰。正根本治之根本。惟在絲綸。今六曹庶務。未咨政府。卽成謀不敢上聞。豈曰無權。便殿引對。凡有敷陳。雖微言悉蒙俯採。何云不信。故救時之可爲。莫如今日。皷引辜懷恥。秉忠絕欺。體陛下之嚴察以剔蠹袪邪。奉陛下之公虛以育才扶正。勿以大猷付之悠忽。勿以瑣務示其周詳。恩怨不横其胸。好惡必循人性。毋徒傷元氣而情面仍存。毋浮慕精明而叢脞日甚。凡侃言必有深慮。毋一筆抹殺以遏羣謀。凡至理必有定歸。毋雙票游移以嘗上意。毋以意見仇獨立之士。毋以聲顏拒來告之人。如此則才識自生。勛猷自著。一也。其次曰伸公議。吏部左侍郎張捷無端保奸。致激羣論。在今日去留非徒邪正之關。實亦安危攸繫。何者。凡彼死灰竭計。惟幸家國多凶。所以向者盛傳勾虜之謀。已而即有邊才之薦。今見首功無恙。即云大勢已移。竿牘金錢。麋興蟻至。從茲擾擾。必多事端。不觀袁弘勳以訟楊賈褫勘。潘國楨以薦劉詔承刑。何獨于今。衆惡必察。且逆案之定。本以弭爭。故如鄧英持正。尚云違旨鐫官。豈以張捷背公。終聽靦顏就列乎。息棼遏萌。是在乾斷。二也。其次曰宣義問。夫祖宗者。臣庶所欲崇戴以明忠。豐芑之懷。雖迂有道。內臣者。外廷所當摘剔以明異。排閹之論。雖戇有名。如近日詞臣許士柔力闡先徵。倘終庋閣。惟恐世傳其說。而陛下永言垂則之義未彰。昨歲憲臣王志道執爭內遣。如久沈淪。惟恐下享其名。而陛下權宜姑試之心猶晦。斯關譽望。冀留睿思。三也。其次曰一條教。夫致一則不亂。涉兩則生奸。如卓異本求循茂。而厲以考成之格。于是撫按不能治貪殘。例轉本處庸凡。而美以優陞之名。于是公論不得問摧折。會推既咨羣議。而所禁乃在把持。于是盈廷之語默無主。館員既重官評。而數試仍以文字。于是閣部之取舍難憑。凡期政在必行。要使人無可託。盍求畫一。以定歸趨。四也。其次曰慮久遠。夫弊必原其自始。法當慮其所終。故循事始之觀。則兵譁必由于將劣。民亂必由于紳豪。武絀必由于文尊。宗辱必由于官玩。爲要終之論。則劣將易制而譁兵難制。豪紳易制而亂民難制。文吏易制而武臣難制。有司易制而宗潰難制。抑揚操縱。宜有權衡。若矯偏過平。懼貽後累。五也。其次曰昭激勸。凡卹死之典。皆所以勸生。自劉之綸以庶常片語而佐樞。王來聘以武第踰年而秉纛。遭被非常。安能不死。要在二臣之死。亦有難能。之綸叱馭嬰凶。來聘先登遇害。法應殊卹。顧反寥寥。天下皆謂陛下驟貴無功之人而薄酬死事之節。負氣之傑因之沮心。請自今茲。懋弘斯義。怒蛙駿骨俱可致功。六也。其次曰勵名節。孔子疾沒世無稱。詩曰庶幾夙夜以永終譽。古之聖人期人以名如此。今或見人表異。輒詆好名。臣愚惟懼世不好名。所以每多敗名之事。又況人惟事著。所以名隨。苟其事之無可名。豈浮好之而可得乎。至于在位無才。皆因骨柔節墮。昔人求將略于犯顏敢諫。此非虛言。原夫畏敵之情無過畏死。斧鉞之與鋒鏑。其爲不畏豈有殊哉。氣至則膽安。膽安則智出。磨厲之術。必握其原。七也。其次曰明駕馭。督撫大吏。古之所稱連帥。全資威重。彈壓諸州。若其不任。或至僨轅。更置何難。褫逮亦易。惟當受事臨戎之際。小形過差。此可鄭重責成。勿事頻加呵讓。誠恐氣失沮喪。覥臨將吏。非招五日京兆之玩。即懷鬼朴又來之疑。勢必倉皇亂謀。苟且救過。八也。疏上。有旨。奴收插衆。用間伐謀。有何實計。倪元璐還須確奏。宣大兵糧正在嚴議。秦晉留餉及撫降夷。儲邊才。已有屢旨。館監教習事宜。該部議覆。餘置之。制虛八策。有旨。奏內事情多係奉旨。倪元璐不必繼陳。

甲戌。召監修實錄成國公朱純臣等及廷臣于會極門。手諭曰。實錄傳信將來。筆削最要虛公。朕昨聞皇考前錄。頗失實。蓋時政予奪。意在激揚矯抑。不得驟言得失。卽章疏敷陳。亦有風聞臆見。難盡公確。惟略存當時始末。載所奉旨。一聽後評。庶初意不晦。今于意合者存其美。不同者去其實。或突載一節。或單標數語。成心偏見。滋惑傳疑。其于實錄之義何在。目今皇兄之錄未竣。應加申諭。卿等卽以此意擬諭來行。

插漢部目把喇獨兒領部衆千人。牧清水河。求市大同殺胡堡。

丙子。杜三策爲太常寺少卿。提督四夷館。

諭都察院。巡按御史回道嚴覈。

吏部推吳炳杭州知府。上謂炳未赴部。輒推。責選司回奏。

戊寅。上御午門。初兵部尚書張鳳翼擬宣大三鎭功罪聽處。左右侍郎汪□□單□□俱罷。因通政司引奏。不先閣白兵部。遂無人承旨。上改命司官。于是職方郞中馮起綸出應命。御史糾鳳翼承旨不至。責回奏。蓋通政司引奏事件得旨某部某衙門知道。正官出班承旨。

禮部右侍郎陳子壯署部事。子壯嘗謁大學士溫體仁。體仁極稱主上神聖。臣下不宜異同。子壯曰。世宗皇帝與議禮諸臣同心并志。謂千載一遇。然議祔廟議張延齡獄。猶執持不已。皇上威嚴有類世宗皇帝。公恩遇孰與張桂。但以將順而廢匡救。恐非善則歸君之道也。體仁意沮。自後題請漸見吹索。

壺關知縣樂應期有平狪功。轉瀋府審理。吏部請復其原官。改用。上以王官與各官一體敍用。會典開載甚明。近來劣轉永錮。殊失初意。其樂應期許改用。

西安鳳翔地三震有聲。

日講官右春坊右庶子兼翰林院侍讀倪元璐遵旨言。用兵伐交之道。在審彼己。我强盛則勢格聲禁之耳。先零羌通謀匈奴。義渠安國召斬其渠三十餘人。又縱兵擊其種人。斬三千餘級。羌雖小貳。交亦以携。阿魯台心冀部置女直吐蕃。文皇帝片詞折之。亦遂止息。凡此二者。臣度今日有所不能。力不足則愈奮謀。故臣以爲無如用間也。間者兩疑之術。若以今日之勢言之。惟得疑奴使不收插。不能疑插使不歸奴。何者。插力竭畏奴。抱頭西奔。又不能自制其衆。使無東向。顚蹙日甚。不歸奴何歸。凡伐敵謀者必明敵情。其情在于畏死救亡。而吾又無能爲助。此雖使蘇張復生。烏能離破之哉。然自臣所見。亦有可乘。臣見插既苦奴。而又失賞于我。失賞于我而又不能取償于奴。其所得因奴爲利者。無過附奴入犯耳。以插附奴入犯。度奴必厚責其資糧而薄遺以鹵獲。如此插雖歸奴。更益窮困。其不能一日弛心六十餘萬金錢明矣。始吾以其勾奴絶賞。屢要不許。此誠正論。若今日覊縻。又有難拘。請聽邊臣設計招徠。卽有請求。無罵其使。惟厚要信誓。能絶奴。又爲我堵截。予半賞。更斬獲獻功者。盡給如舊。以此餌插。卽以此疑奴。是卽間也。其又或可爲者。臣聞奴性殘忌。得我遼人不能用。

又虐使之。其遇插衆度亦猶然。果爾二憾在彼。如得密通遼將。勾誘插衆叛奴來歸。成則坐渙其羣。卽覺露亦使相猜自賊。此撿雁窒鼠之術也。其又未盡者。惟在邊臣相機制變。陰陽施設。廟堂所不得授謀。豈臣所得慮乎。臣所慮者。以今邊臣皆不知用間。今之所爲間者。皆非間也。凡間之道。有如伎戲變山化車。呑刀浴火。非有情實。要自難明。是故陳平惡草。慕容牛酒。察其所持。皆不可以欺三尺童子。而卒使項范乖。其魚水高段棄其牲。書者非徒其算多謀邃也。亦繇其行間之人與其事會猝忽爍閃。移情飾態。使見者不覺觸之憬心。今則不然。名爲用間。甚于正告。如頃之役。堂堂正正。走一介之使。持尺一之書。以招麻餉。此豈可得麻餉。有銖黍之信奴虜有銖黍之疑乎哉。誠得邊臣竭其計數。傅以神明。又多募飛趫敢死游談出沒之輩。飛長耳目。偏廣腹心。間必可行。謀必可伐。故臣以爲凡攻守募練備禦詗間之計。專責邊臣。無有撓制。封疆之事。則猶可爲也。臣觀二年以來。邊臣之情。較往已異。往猶負氣欲明骯髒。今則能畫中沮。歸命軍容。無事稟成。爲恭寇至推諉百出。陰幸藉力逃罰。陽以號于人曰。吾不自繇。此臣所甚歎。陛下神武嚴明。但厲責邊臣以固圉圖功。而信賞必罰以持其後。欺玩自破。何苦以其近習之人。試之鋒鏑。躬冒不韙。適予邊臣以徑。又使藉口。迄用無成哉。始陛下曰。行之有緒。卽撤。今行之無緒。益宜撤。敢因明問推原及之。

南京刑部右侍郎蔡思充改南京工部右侍郎。

己卯。召總兵王樸倪寵于平臺。

庚辰。總督河南陝西山西湖廣保定兵部右侍郎兼右副都御史陳奇瑜削職聽勘。先是八月。陝西京官李玄李遇知馬鳴世等奏撫寇之誤。貽害封疆。戕陷生民。蓋指奇瑜也。兵部尚書張鳳翼以奇瑜姻契。覆奏歸罪陝西巡撫練國事。旣逮之。終不能爲奇瑜飾也。

辛巳。諭宣大三鎭戰馬闕少。西寧道遠費繁。終非長策。責成監苑。務期種馬騰壯。課駒溢額。其苑馬寺卿留心牧政者。破格遴用。

壬午。進牟文綬署都督同知。鎭守臨淸。署參將事。

是月。盧象升襲賊龍駒嶺。大敗。僅以身免。游擊童□□千總孟□□死之。

十二月辛亥朔。乾淸宮管事太監馬雲程提督京營戎政。

諭捕盜京師。

監視宣府太監王坤報奴收插漢部衆。邊外無處非建虜。將樹黨內窺。

溫體仁乞罷。不允。

甲申。司禮太監李承芳總督東廠。

進楊正芳右都督。

誥敕房光祿寺錄事王應遴上一統志八百三十卷。前上皇明衍學大訓。忤時降秩。

洪承疇仍以兵部右侍郎兼右僉都御史總督陝西三邊軍務兼攝總督河南山西陝西湖廣保定眞定等處軍務兼理糧餉。

乙酉。左良玉兵三千至硤石擊確山賊萬餘。大敗之。追至蔡家坡。斬六十級。是日。賀人龍於中莊斬八百三十一級。

賊大至郿。西又賊自洋沔直至興安洵陽白河。絡繹不絕。副總兵楊正芳深入。同鎭筸將張上達死之。後贈正芳太子少傅。世指揮同知。

日講官右庶子兼侍讀倪元璐言。遵旨回奏。幷錄呈原復冢臣議稿曰。今年夏秋之間。吏禮二部奉旨會議館員考選事宜。踰月未決。一日臣偶遇禮科都給事中薛國觀問及。國觀云。斯舉甚盛。而考法殊難。蓋繇文治不能兼收。閣部不便同事。臣偶攄臆見。國觀躍然爲可久。越數日。忽舊冢臣李長庚貽書曰。閣考選一議甚善。可得示其詳乎。明日臣答以露封署曰議揭。云考選一事。其所以難者。以上意所崇在治行。而弘文之選原屬文章。今欲歸之政府。而內閣原不欲侵主爵之權。若云責在司銓。而館職豈應不關綸扉之議。且法既尊治則吏部所據實殿最。而二者遂是定評。卽考試可不設。考必以文。倘內閣所糊名高下其間者稍乖。輿論將功令之謂何。正使閣部同堂而咨。必致彼此牽掣。欲求文治參半相準。保無長短差池。又以科道退處聲華。疑創詞林太離翰墨。名實已乖。若此者所謂難也。如愚之見。請以吏部先以治行考定科道部司等官。其于科道。但擬歷銜。部司照實銓次。具題得旨。則以所定科道人數送閣考選館員。自部司而下不得參預。凡與試者。悉爲治行之尤。在內閣卽可一意徵文。不必分心採望。其高下名次。以文而定。而授官編簡。仍準官評。如原係給事則授編修。原擬御史則授簡討。如此則閣自歸閣。部自歸部。治行自治行。文章自文章。可以按圖衆察。可以糊名暗摸。拔科道之尤爲館員。旣可尊文章于政事之上。定編簡之次以部議。仍是升器識于文藝之先。至于敎習之師。理自難齊。但須大舉更張。一新沿套。如讀經濟典故之書。習平章處分之事。諷誦易以講說。勵其啓沃之忠。詩賦代以制誥。淬其絲綸之業。至于譏會往來。通行嚴禁。日省月試。三年有成。救時之科。盡于此矣。臣七月終所復冢臣之揭如此。未嘗品題人物。未嘗竊定員數。又未嘗區別省分。是非有把持封制之力明矣。臣入都五年。皆當張捷署銓。津要中經考選考察。不止一番。臣未于其前譽毀何人。籌論何事。臣之硜硜亦已可見矣。陛下卽以多事斥臣。臣豈有悔哉。上善之。

丙戌。起史永安仍都察院右都御史。管兵部左侍郎事。朱大典仍兵部右侍郎。丁魁楚爲戶部左侍郎兼右僉都御史。總督薊遼保定等處軍務兼理糧餉。

丁亥。戶科給事中顧國寶論兵部尚書張鳳翼總督陳奇瑜招安僨事。失陷甚衆。陝西京官李玄等復糾奇瑜。

命逮之。

監視宣府太監王坤報插漢部衆投建虜者千人。餘二千人求駐張家口貨買茶米。下兵部議之。

取癸酉南場硃墨。時兵部職方主事賀王盛論溫體仁。因及癸酉南場主考右庶子丁進賄中黃美中鄭雅孫李懷陳貞元等七人。關節有據。故有此命。黃美中卷有奢閭嫫刀綠樹青山等語。上詰部科是何文義。禮部尙書李康先索之甚苦。後言奢閭嫫刀見荀子。綠樹青山則朱熹詩。見性理中語。再磨勘。李懷陳貞元除名。

賊犯鄜西。再宿。官兵至。乃退。

戊子。辰刻。日旁有三暈。久之乃散。

己丑。許都督王威告老。

癸巳。故總兵張應昌曹文詔睦自強尤世威吳襄各下獄戍邊。

甲午。李懋芳爲右僉都御史。巡撫山東兼理營田。提督軍務。張其平爲右僉都御史。巡撫保定。提督紫荊等關。

宋鳴梧爲尙寶司卿。

提督京營撫寧侯朱純臣罷。

大同總兵官王樸請卹故寧遠伯李成梁左都督戚繼光及故新建伯王守仁。有旨。戚司宗罪案久定。王業弘爭襲。其李成梁事下部議。

以南京私鑄盛行。令操江都御史責各城御史禁之。

乙未。御史錢□□劾總兵左良玉鄧玘。淫縱。下巡按御史詳覈。

丙申。總督宣大楊嗣昌奏。插漢部落實有數萬。小王子至歸化城。俟正月來講賞。先求開市。臣意剿之不能。拒之資敵。應就其計借市馬爲操縱。暫示羈縻。亦是一策。下部議。

遼東杏山城火。

巡按淮揚御史劉興秀言山陽海門沐陽桃源睢寧鹽城興化災傷之極。乞蠲折。不許。

丁酉。試考選館員。有旨治行文學。旣經公同酌核。魯元寵徐開禧林增志胡守謙劉正宗爲翰林院編修。馬之騋梁兆陽郭之祥賴垓張居王用予李景濂薛所蘊爲簡討。仍送館教習。胡江宋學顯商周初葉高標傅鍾秀李汝燦徐耀申嘉言吳守英汪惟效何楷劉含輝楊鎮原房之騏曹景參爲給事中。江學顯周初戶科。高標鍾秀汝燦耀禮科。嘉言守英惟效兵科。楷含輝鎮原之騏景參刑科。劉昌林銘鼎王紹坤韓源荆祚永鄧欽劉呈瑞馮晉卿張肯堂辜朝薦楊四知徐一範王之晉張瑄王正志郝晉葉初春魏士章鄭爾說應喜臣田起鳳歐起鳴陳學伊爲試監察御史。昌浙江道。銘鼎肇坤源江西道。祚永福建道。欽呈瑞湖廣道。晉卿河南道。肯堂山東道。朝薦四知一範山西道。之晉瑄正志陝西道。晉初春士章四川道。爾說廣東道。喜臣廣西道。起鳳雲南道。起鳴學伊南京。張學顯吏部考功主事。李仙風兵部職方主事。已奉旨。劉昌韓源荆祚永辜朝薦王之晉王正志俱改授給事中。

夜。月食。

戊戌。宣府撫夷通判顧咸淳盜餉遣戍。

賊自徽階突入略陽沔縣。毀秦王祖塋。游擊唐通兵失利。

黃梅縣諸生瞿罕上孝經註解。

以南場鄭雅孫等七卷論策多用禪語。考官批更妄誕。責左庶子丁進削籍。

己亥。停止事例。從禮部言。許明歲暫行拔貢。不得以三年爲例。

賊犯棗陽。

庚子。唐王聿鍵奏臣藩廢禮八事。俱引會典爲言。其三曰。會典王府凡有辭見官員。每日早晚俱引見。今臣封內。如鄧州知州孫澤盛桐柏知縣羅于桂內鄉知縣艾毓初鎮平知縣曹志寧等入城謁道府。竟不朝見。上怒。有旨。地方官悖制藐法。殊爲可惡。下禮部將文武大小官朝見親郡王儀注及與將軍中尉儀賓相見禮幷宗室搆訟家人具告等事詳制酌定。以便頒示。不許徇延。孫澤盛等俱落職逮治。

辛丑。裁烏撒游擊將軍。

賊掠澠池縣。

壬寅。南京守備太監胡承詔張應朝撤回。應朝署司禮監。命內官太監梁洪泰內官太監張應乾協同守備。

總督兩廣熊文燦奏。道將信賊自陷。時文燦令守道洪雲蒸巡道康承祖同參將夏之木張一傑往謝道山招劉香。被執。有旨。賊渠受撫。自當聽其輸誠效命。豈有道將登舟往撫之理。明係弛備墮奸。尙稱兩道密商。全不及知。督臣節制何事。所奏蒙蔽可知。着巡按御史確覈。不許飾報。

鳳陽悍民殺皇陵衞指揮侯定國于西關。時嘖有訛言。

癸卯。參將馮時早敗賊于隨州。賊走應山。

甲辰。孫顯祖爲總兵官。鎮守臨洮。左光先爲署都督僉事總兵官。鎮守陝西。

乙巳。實授左良玉都督僉事。湯九川署都督僉事。各膺外衞試百戶。

丙午。山永哨兵出塞。斬二十六級。

丁未。左良玉剿宜永山賊于柳泉。斬其哨騎。遂折而南。自嵩伊犯汝州。追斬百三十六級。

是月。河南都督左良玉軍新□澠池間。陳永福軍南陽。鄧玘爲援。而山西平陽汾州防河之戍多譁逃。自靈丘廣昌徑走五臺。陝西鄖陽俱警。云數百艘東下常德。而河南爲劇。兵部議徵邊兵二萬。益新餉二十五萬。會合湖廣山西二萬五千人討寇關中。

# 國榷卷九十四

乙亥崇禎八年

正月壬朔。左良玉于汝州南山逐賊。斬百七十八級。

甲寅。兵部職方主事賀王盛再劾溫體仁奸狀。票擬譎外。

叛兵焚五臺。流盜掠沔洋城固南鄭。游擊唐通戰沔縣。斬二百餘級。副總兵左光先戰城固。斬百四十五級。

盜刦固始經歷李氏。李任徐州衛。營捕盜淮安同知徐□□署徐州事。釋之。李仍擒四十七人。斬于潁州道。故盜銜之。自固始至開順。殺巡檢六十餘人。

乙卯。承天賊北行。自葉掠郾城唐縣泌陽遂平上蔡。攻汝寧息縣及商水。

丙辰。命吏部京察。

攻息縣。賊東及光州光山。

丁巳。陝西賊自盧氏鞏東掠。屠汜水。殺邑官御史禹好善。繼陷滎陽。適知縣臺謁。殺貢士張紹載馬德懋等。走梅山。

戊午。掖縣貢士姜金胤。以助守萊城授試中書舍人。

賊至固始。又明日。城陷。

己未。洪承疇以河南賊熾。率標兵三千赴之。而西安賊南至盩厔。過渭。掠西安乾州武安扶風。又河南逸賊復入興安漢中。陷寧羌。自沔略陽轉入臨洮鞏昌。

庚申。謚萬全衛遣祖。

進姜逢元太子少保禮部尚書。李建泰黃景昉張維機丘瑜爲左右諭德。

夜賊自固始薄霍丘。明日內潰。入殺縣丞張有俊教諭倪可大訓導何炳若。

鄖城土寇萬餘人。又汾州臨縣彰德林縣各土寇如之。發掠四聞。兵部議調西兵二萬五千人。北兵一萬八千人。南兵二萬一千人。更鐵騎二千。以張外嘉及□□總兵尤世威統之。眞定標兵四五千赴臨洺等處。天津兵三千以徐來朝統之。自臨清濟寧赴歸德陳州。又徵白杆羅網壩兵三千。譚大孝統之。由夔門赴鄖陽河南。時南北濟師共七萬二千。餉七十八萬六千金。外留湖廣新餉十三萬。四川新餉二萬。

巡按江西御史梁雲搆上言。流寇去歲至蜀。蜀多山砦而少村落。不得不引而去之。若豫楚則不然。有萬家之鎭。千家之村。外無尺垣以自護也。有三里而一莊。有百步而一畦。外無列栅以自樊也。今到處皆爲戰場。宜倣邊方之製。村鎭各一堡。莊畦合一堡。聽士民貲築。有事入堡。萬堡棊列。勢聯聲應。將盜賊可自緝矣。時吳甡薦張應昌曹文詔。從之。釋伍自効。出太原。

汝寧賊趨潁州。時河南賊分三道。趨六安。趨鳳陽。趨潁。掠濮州。

辛酉。巡按四川御史劉宗祥上吏部左侍郎張捷囑託私札。命捷回奏。宗祥素貪。知京察不免。故先攻捷。有當事者專欲用內等語。意指溫體仁也。宗祥竟亡恙。尋陞江西巡撫。

楊士聰曰。以不易去之張捷。而劉能去之。不爲無功。但發人私書。非正人君子事。況郎與己之事乎。以此逃察。其人不足敬矣。

陝西西陽河戰沒□□歐光裕岳宗恆各贈游擊將軍。光裕仍世指揮同知。宗恆世副千戶。

賊陷霍丘。殺邑官田光廷戴廷對貢士王毓貞。

壬戌。賊陷潁州。知州尹夢鼇捕盜通判趙士寬俱闔室死之。殺故官兵部尚書張鶴鳴雲南按察副使張鶴騰中書舍人田之潁知縣劉道遠光祿寺丞李生白訓導于加遇官生張大同貢士郭三傑白精表又指揮同知李從師指揮僉事王廷俊千戶孫升田三震百戶羅元慶田得民王之麒等諸生遇害百餘人鶴鳴萬曆壬辰進士鶴鳴年八十五。裸曳北門倒懸之索貨。鶴騰年八十二。後贈夢鼇光祿寺少卿。

蠲保定眞定等府及景陵衛逋租。

癸亥河南賊犯內鄉商南鎭平淅川鄧州唐縣南召新野南陽。

畿內賊犯邢臺內丘。

禮部尚書李康先罷。以摘發試卷蒙徇也。

裁遼東團練總兵官。

潁州賊分攻六安壽州。

甲子。修南京文廟。

潁賊分犯廬州鳳陽。其趨鳳陽者掠正陽鎭。鎭在壽州南六十里。淮水自桐柏來。直走其西。舟賈所集也。其趨廬州者焚亳州郭外。

丙寅賊魁張一川陷鳳陽。以樹旗進香。前騎後步。賊大至而無城。遂潰。燬公私廬舍二萬二千六百餘間。光燭百里。殺知府顏容暄推官萬文英等府官六人。文英子代父死。武官四十一人。士民死者數萬。橫屍塞道。剖孕注嬰。賊魁掃地王太平王。餘牛向之販氊鬻帶者也。焚皇陵樓殿爲燼。松三十萬株。殺司香太監六十餘人。縱高墻罪宗百餘人。留守朱國樹巷戰。斬二十七人。力竭死。衛兵千五百人跽迎呼千歲。恣掠三日。

洪承疇擊賊靈寶。斬三百六十五級。

丁卯。命洪承疇移駐中道。提調各兵。

蔭謝文舉錦衣衛百戶。

戊辰。別賊攻壽州三日去之。渠賊列幟古元眞龍皇帝。

己巳。鳳陽賊連爇紅心池河二驛。在紅心驛掠浙解十萬金。殺守卒。大掠。南京兵至。賊奔西南定遠。焚藕塘。距全椒十八里。曰石碑橋。以筳蓴卜于神祠。不利。刳神像而去。村落爲墟。又大賊西返歸德。睢州總兵駱舉駐師紅心驛。去鳳陽六十里。竟不進。巡按御史吳振纓隱敗不以實聞。云二十日賊已抵泗矣。不言中都焚陷也。

談遷曰。國初營城中都。尋墮之者。誤也。靈秀所鍾。不有金湯。其何以守。正德時嘗震于流盜。執知府劉祥而陵寢亡恙。今聞幽宮之骨不能保。諸臣忌諱。無一以聞。其後以獾穴爲解。又因而祕之。嗟乎。蒙錮之習中外積不可解。雖主上察察。亦無如之何矣。地脉微泄。磐石失圖。楊一鵬輩之肉。豈足食乎。

歸德賊臨河上。遂西下寧陵。

許朝鮮參貨售半。後不許攜至。次年攜參貨若干。索值不遂其欲。命留其貨半于關外。自是貢臣不至。

庚午。併靈丘廣昌二縣。改靈昌州。

官兵敗賊于孝感。賊過羅山。

哨卒出塞至五藍把喇素之地。插漢虎墩兔憨妻囊囊台戶同夷目結力麥宰生乞慶宰生台什宰生駐牧。約三千餘人馬五百有餘。台戶以前乞市不許。再求欵大同。內中軍孫良弼以聞。有旨不得輕信。致有疎虞。

辛未。洪承疇至潼關。

壬申。命總督洪承疇既定卽東馳剿寇。

癸酉。巡按眞定御史吳履中劾大學士溫體仁王應熊及監視內臣等。上切責之。

甲戌。鳳陽賊折回含山。陷巢縣。殺知縣嚴彥芳。已攻舒城。知縣遂安章可試塞三門。開西門誘賊入之。陷于坑。奔潰死千人。因掠霍山廬江合肥潛山懷遠臨淮。是日。圍六合。聚稺子百十。環木焚之。聽其哀號以爲笑。又祼婦女數千。詈于城下。少有媿阻。即磔之。攻三日而去。

河南賊過尉氏。

乙亥。議湖廣加派。

丙子。賊犯碭山。禦卻之。

出帑金二十萬助勦餉。貯開封。爲會兵適中地。出太僕寺金十萬輸西安。又留本省餉十萬。其湖廣餉十九萬。資鎮筸等兵。四川留四萬金。又鹽課二十萬。貯淮揚防寇逸。初兵部會戶部調南北主客兵共七萬。馬一萬五千。每兵日銀三分。米一升五合。馬日草一束。銀二分。豆三升。銀二分。計五閱月。約十一萬金。各官廩共六千餘金。請發帑金三十萬。

吏科左給事中阮震亨言。宗藩事例。務祈一體申飭。倣我太祖重定祖訓錄頒賜諸王之法行之。其說有三。或畫一以永其守。或參酌以明其辨。或嶷飭以著其防。上以祖訓定郡王子孫有文武才能堪任用者。宗人府具以其名聞。朝廷考驗。換授官秩。其陞轉如常選法。

丁丑。河南賊陷滎陽汜水。漸南逼鳳泗。先是總兵鄧玘敗賊于裕州之博望。斬三百五十八級。

巢縣賊陷廬州。

總督兩廣熊文燦戴罪自效。

戊寅。吏部都察院內計京官。

賊自舒城縣抵廬江。邑人具幣求免。僞許之。夜。襲城陷之。

南京吏部尚書鄭三俊都察院右都御史范景文主南計。吏部考功郎中徐石麒佐之奏免七十八人。

是日至二月癸未賊至華陰渭南臨潼藍田長安咸寧鄠縣。

己卯。賊陷黃梅。

賊攻無爲州桐城距之七十里。饑民洶洶思逞。又掠宿松。蓋潛山太湖宿松俱無城。

洪承疇抵河南府。時南陽及盧氏嵩縣等盜知承疇至。又入潼關華陰南山及商雒間。承疇遣副總兵來胤昌以千二百人往戍西安。又令總兵秦翼明游來朝間道向山東。徑趨徐州捍江北逸寇。

庚辰。江西道御史王鑒道言明年二月四日皇太子千秋節。外官俱進箋稱賀。豈京官宴然于私邸乎。請是日出御文華殿受朝賀。至于出閣講學。命禮部擇吉從事。報可。

參將馮時早戰敗于黃安。副總兵雷應乾指揮馬如龍死之。

辛巳。總兵陳永福戰新鄭。左良玉戰密縣之東廬村。並大敗之。時河南賊自杞自許襄屯新鄭密縣山中東廬村至大隗村。連營二十五里。蓋密在層山中。易出沒。嗣後土寇蜂起。無歲不擾。又賊犯新蔡沈丘商城。

是月。左春坊左庶子兼翰林院侍讀丁進除名。

金聲爲山東驛傳道僉事。

二月壬朔。科道拾遺南京兵刑部尚書呂維祺姚士愼詹事胡尙英勒致仕。禮部尚書曾楚卿刑部左侍郎陳以聞右通政楊建烈削籍。

賊攻廬州。

賊攻桐城不利。渠帥張天琳乘輿繞城呼降。游擊潘□射中其腰。夜走潛山。

蕭碭賊攻永城。

趣洪承疇入河南督勦。

癸未。左良玉于汝州擊賊。斬一百十五級。

賊陷灊山。募縣官千金。得之。斫不死。邑多山民。習獵。以藥弩窩弓殺賊。遂西向麻城。

甲申。陳光裕守備南京。僉中軍都督府事。

乙酉。英山賊萬餘人陷羅田縣。殺署印官梁志仁。教諭吳鳳來。訓導盧大受。典史平思仁。後贈志仁蘄州知州。

鳳來國子助教。大受學錄。思仁主簿。

范邦雄爲總兵官。鎮守貴州。僉督平清等衞。

賊至太湖縣城東大濠。知縣金應元據之以守。奸人導賊渡河。執知縣。斫之未殊。自經。後贈光祿寺丞。廕監。予祭葬。

命總兵曹文詔勦寇陳潁。

丙戌。賊陷太湖縣。攻桐城。掠舟望江。

河南賊走夏邑。歸德陷新蔡。執知縣王信。尋殺之。予祭葬。贈光祿寺少卿。

吏部左侍郎張捷回奏引罪。

丁亥。御史王肇坤言近日驕兵之害。乞許洪承疇便宜行事。凡鎮將以下等官不遵節制。逗留怯避。泄軍機。掠子女。殺良冒功。縱罪出入者。即軍前正法。從之。

洪承疇擊賊于睢州。斬六百十三級。

巡撫應天右□都御史張國維移鎮安慶。

賊至宿松。署縣通判□□遁。民迎賊。仍殺掠。

時湖廣兵扼賊。賊仍走太湖。而河南賊迫于諸路兵。以南陽則過應山隨州棗陽。以汝寧則入麻城黄州。而鳳潁之賊入英山霍山蘄州黄梅潛山廣濟黄陂以及黄州皆擾。鎮筸茅岡兵二千餘人施南女官冉氏兵五千餘人先後至。俱分戍。大都重在護顯陵。既中都被焚。諸路官兵並馳赴。而嵩盧氏靈寶陝鄧淅川諸寇密邇潼關雒南者。又折入秦中。雒南賊約六七萬人。咸陽長安盩厔等縣並遭蹂躪。有四大營屯涇陽。且北渡渭河。圍興平及醴泉富平臨潼高陵咸陽涇陽。又平涼慶陽之賊東突三水淳化出耀州富平蒲城。恣剽掠。其河南賊馬守應張獻忠等續過商州。至于秦川商雒界秦豫。又南接鄖襄山谷亙數百里。其山西寇則垣曲岳陽翼城臨汾沁源等縣並野掠。而土寇助之。

戊子。例轉翰林院吳廷簡爲山東濟寧道參議。戶科給事中呂黄鐘朱文煥爲山東江西右參議。御史劉士貞爲廣東參政。李宗著爲湖廣副使。梁炳趙振業爲山西四川右參議。吏部郎中何應魁爲福建副使。

命張孫加同尤世威自徐淮援鳳陽。又楊御蕃以山東千五百人往護皇陵。劉澤清以千人防曹濮。

溫體仁揭今逮至滋陽知縣成德刊揭云二月間曾參臣。且于通政司。而其所指之人之事。與臣無涉。謹進原揭。隨席藁待罪。

己丑。禮部請皇太子出閣。進議注。命攷累朝出閣年齡并典制以聞。

庚寅。徐石麒爲南京尙寶司卿。

命被寇州縣免崇禎七年六年逋租。和滁含山全椒量蠲。仍折八年見征十之五六。

辛卯。故□□□劉應遇予祭葬。

壬辰。張其威率官兵救宿松。賊伏發。敗走。連戰。把總包文達項鼎鏞朱士胤俱沒。吳志葵力鬬。殺四十餘人。賊引去。

太監張彝憲乞遣官催新舊二餉。有旨第責成各撫按。

諭通政司毋留匿章奏。即冗長令刪進。

御史魏士章請城荆州沙市。下部議。

內鄉賊以盧氏官兵間道掠嵩伊陽。守備周爾敬戰盧氏之灣川。敗之。

命金華紹興衢徽及廣德南糧俱解本色毋折。

癸巳。上宜御經筵。傳免。時巡按鳳陽御史吳振纓始以皇陵之變聞。上素服避殿。躬告太廟。命百官俱素服修省。

蘭州諸生練一魁。云建文忠臣練子寧之裔。乞釋軍籍。禮部核其非是。不許。

甲午。逮治總督漕運提督軍務巡撫鳳陽等處兼理海防戶部尚書兼右副都御史楊一鵬。巡按御史吳振纓守陵太監楊澤。其總漕事劉榮嗣暫攝。剿寇事朱大典代之。

巡撫四川右□都御史劉漢儒奏。川貴爭安氏功。遵旨回奏。當桃紅壩之捷。川人乘賊醉飽而殲之。曰初九日申刻安邦彥陣斬貴人。曰初十日巳刻斬于紅土川。及按紅土川去桃紅壩峻嶺荒岸。非半日可到。塘報何緩之十數日也。按臣劉宗祥直斷之曰。此千古不易之定案。詳哉言之矣。

京察拾遺。工部主事譚貞默。李日滋。削籍。侍郎李明睿□□莊應會免。

乙未。朱大典改戶部右侍郎兼右僉都御史。總督漕運。巡撫鳳陽兼理海防。同洪承疇協剿。

賊犯德安。

予故南京工部右侍郎祝以豳祭葬。

岷王企鐕。祁陽王禋洊交惡互訐奏。巡撫湖廣唐暉以聞。蓋岷王未襲之先。祁陽王獨違衆議不保。及位定。岷王不能忘情。寶慶知府李吳滋力爲講釋。因選妾楊氏。岷王根究。祁陽王疑有深求之意。于元夜微服出城。潛入武昌。堅不欲歸。引刀以誓。

丙申。日講官右春坊右庶子兼翰林院侍讀倪元璐上言。盜賊之禍。至如今日震及祖陵。國家大辱可謂極矣。誠陛下臥薪嘗膽之時。諸臣嚙齒透拳之日也。但臣區區之見。尙有深憂。今日人心所在思亂。賊踞南北之衝。江湖積盜。響應必多。又疑有遺蕩魁黠之徒竄爲謀主。翼虎敎猱。黨類日繁。智計日益。我兵將主既恇孱。客多驕暴。在道則虜騷掠。同舟又慮參商。誠恐本患未除。他變或起。而在廷之議。率循膚影。又非有握本居要灼然制勝之謀。一戰大定。臣實未見其端也。若陛下求其本謀。提其勝氣。願首發罪己之詔。頃旨云皇陵罹變。朕實不德所致。臣恭誦之餘。應聲淚下。以陛下聖仁。中懷至痛。不難自誣爲諸臣引愆。卽此一言。盈朝動色。猶恐窮谷遐陬。未承斯義。請立降明詔。痛切撝謙。布告天下。傳曰。禹湯罪己。其興也勃焉。唐德宗中主。興元一詔。雖狂將悍徒無不感泣。坐平大難。何況今時。故有空言而勝十萬師者。此義是也。然固非空言也。因是以廣宣德意。除民疾苦。今民最苦無若催科。顧亦未敢容易與言。冀停加派。惟請自崇禎七年以前。一應逋負。悉與蠲除。斷自八年督徵。有司考成。亦務少寬。繁瘠之鄉。量以九分爲率。又東南本色雜解。擾累無紀。今際上供軍需。萬難更議。姑仍舊貫。其諸一切苟非至急。如絹布絲棉顏料漆油之類。悉可改從折色。官代輸將。此二者于下誠益于上則亦未之損也。何者。凡民財力。止供此數。此贏因而彼縮。舍舊則必謀新。計在公家現歲所征。仍無缺欠。而百姓則繇此魂夢稍帖。頭緒稍清。且吏無甚畏。卽不廢追呼。亦豈必無孔邇相親之意。折色之入于官甚便。京師百貨所萃。有需何難購求。計在內庫陳陳之積。可無朽棄。而閭閻則由此解納無煩。駁換無累。且法非甚害。卽少加餘費。亦非必有多取爲虐之嫌。民脫此二者。猶脫湯火也。其又二議者。今發弊而遠追數十年之事。糾章一上。如行大疫。藤纏蔓引。延結不休。扳贓而旁及數千里之人。部文一下。如捕反虜。鼎沸波翻。冤號四徹。

所以海內安分守株之輩。衣食粗給之家。苟一聞族屬親知罣于文網。雖無寇至。亦每一夕數驚。嗟乎。誰有以民間此苦告之陛下者乎。今請發弊止推現前。勿窮久遠。追贓但嚴本犯。勿聽扳牽。滌往毖來。垂爲厲禁。庶幾逸檻之猿。不貽殃于林木。在山之鹿。不興懼于庖廚。苟是數者。悉行臣言。天下必大悅感奮。賊氣自奪。賊黨必攜。及今不圖。日蔓一日。必至無地非兵。無民非賊。農桑解業。商旅絕行。刀劍多于牛犢。阡陌決爲戰場。陛下亦安得執空版而問諸燐火之區。三尺雖峻。亦安得保家畏死之民而治之哉。故以今日之勢爲殄賊之謀。卽使韓白復生。良平復起。不能易臣此說也。上大是之。俱下部酌奏。

鄭府輔國將軍常潔襲東垣王。蓋鄭端淸世子載堉之嫡次孫也。載堉子二。翊錫翊鈫。而常潔卽翊鈫子。載堉讓國。翊錫以世孫終。仍給郡祿。薨亡子。于是常潔紹封。

丁酉。總兵鄧玘追新蔡賊于羅山。斬四百二十二級。

賊犯應山。施南兵斬三百有奇。

命駙馬都尉王昺祭告。恭慰皇陵。

工部主事鄭爾說上言。修省之實。刑獄得毋太盛與。賦役得毋太繁與。摧折得毋太甚與。鼓舞或未盡神與。言路或未盡暢與。焦勞得毋過用與。上責其輕率。

戊戌。賊犯南召縣。

己亥。命百官修省。

庚子。御史鄧鉽言。治亂根原。間不容髮。試思今日之人心何如哉。夷狄虐而叛人助之。寇盜虐而客兵助之。水旱虐而掊剋吏助之。時而搜括。時而設處。更爲節省。更爲捐助。皇上或謂潤槖脂膏之羨。而不知皆敲骨吸髓以盡人之財者也。九厘三厘頻加。豫徵帶徵幷累。鐫罰百營開復。考選百辦催科。皇上或謂好義急公之效。而不知析骸易子以盡人之力者也。又有循名剟實。矯輕觭重者。如裁置郵而勞可息。罷鬻爵而收可求乎。重將權而不嚴失律乎。遣軍容而不防掣肘乎。告密漸開而殺不辜失不經。何居乎。讞獄屢駁而辟勿辟宥勿宥。何居乎。藩體宜崇而舉動可旁操。戚誼甚篤而稅畝可重困乎。禁旅酬庸之殊格。不可懸以策勳乎。冬官舉贏之功。築不可停以儲賦乎。請按崇禎七年以前官民贓犯之等差。一切平反之。大臣持祿不諫。小臣畏罪不言。今昔之通患也。願韶鐸無虛懸。祖禹梅州不返。安世齎志以沒。今昔所同痛也。願譎籍無永錮。撥亂反治之道。莫亟于此。上是之。

辛丑。命殉節士民婦女分建兩坊。各列名旌表。舉貢量贈一銜。以示風勵。初。禮部右侍郎陳子壯請旌遼難士民婦女。內云。如舉貢死難。按會典並無卹例。然名既登于天府。卹獨後于流官。赫赫九原。未免抱恨。伏按近例武舉李調禦賊捐軀。已蒙聖恩贈都司僉書。文武一體。武舉既贈。文舉及貢生死難亦同。似難獨遺。合咨吏部。擬贈一銜。以慰幽魂。從之。時贈新城貢士王與夔張儼然俱宛平知縣。山東貢生張聯台蔣時行俱順天教授。

左良玉敗賊南陽城下。走東南山中。丁未。追及于鎮平。復敗之。斬三十七級。

壬寅。張時傑爲總兵官。鎮守山海關。

刑部主事胡江劾溫體仁誤國。鐫一級。

賊攻廬州。初。廬人金國光等六人論死。或導賊自固始霍山六安。厲國光家。至是知府吳大樸斬國光等。擲首城下。副總兵馬爌守備駱舉兵至。賊遁。

癸卯。諭祭故□□黎國炳。

乙巳。上親祭告祧廟寢廟。以仁宗昭皇帝在祧廟也。禮部右侍郎陳子壯言。太廟行禮。始有陪祀。若祧寢二廟。

向無陪祀之例。今修省祭告奉明旨陪祀官通行緦飭。或遵舊例。衆官不與陪祀。即行欽遣各官幷各執事官俱易素服。恪遵緦飭。有旨。祭告不必陪祀。其欽遣及各執事官素服緦飭。

丙午。陳子壯等議寬恤實政曰蠲租。曰清獄。曰束兵。曰恤宗。曰宥罪。曰豁贓。曰使過。曰改折。曰寬驛。曰省工。曰旌敍。曰事例。上從之。惟事例不開。

己酉。御史王肇坤言修省實着。崇政體。宥詿誤。廣薦舉。恤民命。寬物力。報可。

建虜四萬號十萬。自瀋陽西趨河套收插漢餘部。

庚戌。懿妃傅氏弟國柱加署都指揮使。

予故陝西固原道參政陸夢龍祭葬。又諭祭石崇德賀奇勳。

威縣怪風。晝晦。

是月。洪承疇請四川撫鎮俱移夔門達州。與鄖襄漢中興平援進。湖廣撫鎮分駐承天襄陽。與河南南陽援進。鄖撫移駐鄖襄間。總漕督臣移駐潁亳。與汝寧歸德援進。山東撫臣移曹濮沂州間。與江北河南援進。山西撫臣移平陽蒲州間。與靈寶陝州援進。陝西撫臣移商州。併調度興安漢中河南撫臣移汝陽南陽河南間。保定撫臣總兵移駐邯鄲磁州。可南北策應。從之。

唐王聿鍵言。護衛千二百人。正統末奉詔勤王事平後改爲省班之役。今地當盜衝。乞還班軍六百人回府。上謂先朝必有故。下部嚴之。

三月辛亥朔。大霾晦。

壬子。贈王雅量戶部左侍郎。

癸丑。援剿總兵左良玉戰鎮平。斬二百二十二級。俘二十四人。

雲南游擊狄葵明以赴援十八寨遷延失陷戍邊。

賊陷麻城。

甲寅。以天變諭修省。

總督宣大楊嗣昌報哈部市馬一千五百三十三匹。

桐城圍解。賊走潛山太湖。潛山知縣趙士彥拒之。傷焉。

乙卯。山西靈丘王府廷周廷埒廷樠廷趏充㷄有罪。廢爲庶人。

吏部尙書謝陞考滿。進太子少保。

丙辰。故總兵楊正芳贈太子少傅。世襲本衞指揮同知。

候補給事中劉含輝乞蠲陝西八年以上逋租。不許。

戊午。賊掠團風鎭圍岐亭。

己未。予故太子少保右都督寧夏總兵官馬世龍祭葬。贈太子太保。

左良玉擊賊于唐縣東四十里。斬二百四十八級。俘二十人。

庚申。總兵許成名夜攻賊營。斬四十六級。

蘄黃間大盜爬天王擁衆八百餘人。村民擒之。身修八尺。黃袍圍玉。自言天亡我。非我罪也。倡亂十二年。陷十州縣。新姻九十有七。其子日啖人心數枚。身目髮皆紅。

先是江北安慶賊奔蘄黃。總督洪承疇次汝寧。慮其再入江北也。令總兵鄧玘副總兵尤翟文扼之。令總兵曹文詔邀于光山應隨間。又副總兵賀人龍劉成功移鳳陽之戍分駐信陽泌陽。恐其入豫也。是日賊入襄陽之雙溝鎭。欲寇樊城。會雨。唐白二河溢阻渡。從松林寺窺郢中。總兵許成名避之不前。

諭禮部。以唐王聿鍵。申飭各官照會典行事。開載甚明。近來通不遵依。甚至郡王具呈親王投揭。撫按司道公然收受。悖制藐法。莫此爲甚。爾部既詳查典制。併議中尉儀賓與文武品官相見禮。勒爲成書。頒示遵守。

壬戌。賊犯陽邏峽。

總督宣大楊嗣昌請改立四協。分管八路。有警應援。從之。

賊陷寧羌縣。

甲子。安縣知縣鍾士章以貪虐戍邊。

雲南游擊楊忠。前守彌勒州陷賊。戍邊。

丙寅。建虜二千餘騎犯宣府水泉口。

丁卯。大同新平堡地震有聲。

庚午。總兵官張應昌擊魯山等賊。斬四百三級。

壬申。賊掠乾州醴泉。官兵擊斬一百七級。

甲戌。夜。昌平地震。

故都察院左都御史曹于汴。贈太子太保。

工科給事中傅朝祐上言十二事。

乙亥。虎墩兔憨妻囊囊台戶率部夷三千餘人通建虜。謀犯張家口。時虎墩兔憨死。先諸部皆在遼西領賞。丁卯戊辰西徙。部衆敗散。子幼。

樂平知縣王從誨失事戍邊。

丙子。唐王聿鍵論右長史賀懋昭長揖。□□沈應化直入中門。南陽知府陳振豪推官吳甲鎰南陽典史陳應魁。擅責職官命各奪職。逮右長史賀懋昭及南陽知府陳振豪下刑部。

免王官考察。

薊鎮屬夷明暗台吉駐牧近塞乞賞。

禮部奏。朝鮮使回市貨共一百六十四褁。前議每人不踰四褁。今彼來參實多。而六年代買又有故事。許之。

賊犯應山隨州。是日。總兵鄧玘爲叛卒殺于樊城。玘素無紀律。所領蜀兵。好淫掠。俄騎營叛。玘避樓墜火死。舉營北竄。惟步卒未動。仍命副總兵賈一選周繼元領之。初吏科給事中周純修嘗糾玘。巡按山西御史余瓛奉命按其罪云。

副總兵湯九川入河南。擕婦女六百餘人車百餘輛。驛騷已甚。下九川臺訊。

戊寅。曹文詔擊隨州賊。斬二百八十四級。獲九人。賊自應隨出泌湯。劉成功擊斬一百四十有奇。守備周爾敬擊賊伊陽。再捷。共斬四百五十三級。

陝西官兵擊乾州賊。斬一百三十二級。擒渠帥新來虎。

是月。兵科給事中常自裕言。皇上赫然震怒。調兵七萬二千。發餉九十三萬。然七萬二千之名。實不過五萬。且分之各處。鳳陽焚劫四日而馬爌至。歸德圍解三日而鄧玘來。潁亳安廬之賊返旆而北。尤世威等信尚杳然。曹文詔至豫無日。賀人龍等過尉氏。以縣令閉門。攻城焚其關廂。縣令餽數百金而去。各處淫掠。所謂賊梳軍櫛也。

總兵尤弘勳擊賊靜樂。斬三百十二級。

四月庚辰朔。安慶賊西走英山六安蘄黃。

豐潤諸生董世揭助加本府敎授銜。

辛巳。戶部言。崇禎八年新餉除蠲荒外。酌解部六百八十餘萬。歲出反七百八十六萬。額少七十餘萬。

甲申。陝西總兵孫顯祖擊賊于秦安之王陽川。斬一百六十五級。

乙酉。援剿總兵官曹文詔追賊于商州。初洪承疇囑文詔。寇必走商州。宜自新安宜陽澠池扼之。賊果屯商州城外二十里。文詔逐之金嶺川。賊據山。以千騎逆我。戰酣。參將曹變蛟力鬬。各營夾擊。卻之。斬九十九級。獲十九人。時承疇次汝州。以各寇之入秦也。令張應昌尤翟文自郿陽循路征鳳縣兩當徽州略陽之賊。轉赴興安漢中。以會總兵左光先游擊趙光遠等。承疇自率賀人龍劉成功自汝入秦。檄曹文詔以師會。

丙戌。詔大赦。

予故□□宋裕祭葬。

丁亥。總督兩廣熊文燦奏。福建游擊鄭芝龍。合廣兵擊劉香于田尾遠洋。香脅兵備道洪雲蒸出船止兵。雲蒸大呼曰。我矢死報國。亟擊毋失。遂遇害。香勢蹙。自焚溺。巡道康承祖參將夏之木張一傑得脫。

戊子。諭吏部。進士須明習政務。講究律例。不許曠玩。堂上官仍嚴考其二三甲。旣有資格。當作何選授。查奏。

趙世臣下獄。前援鳳陽不卽進。

承運庫太監周禮言。崇禎六年七年。省直金花銀共負八十九萬六千六百餘金。命趣之。

烏撒鎭雄土官爭襲。

賊掠平涼慶陽。

辛卯。進士朱寶符賜名□□。蜀府宗貢生。幷朱鋕。

壬辰。寧夏總兵官祖大弼赴鎭。經高陵。巡按御史傅永淳請留之。同張全昌剿賊涇陽。

癸巳。申南京各衙門濫訟私罰之禁。

丙申。寇萬餘自肅州金里池溝。距蘭州四十里。焚先肅王墓殿。會雨。僅存其廡。明日。掠東岡鎮。距城二十里。過臯蘭山。至河干鎮水磨溝。

丁酉。官兵自興平抵乾州之揚河鎮。擊賊。敗之。斬一蟒甲者。云李自成之弟過天星也。

予故禮部尙書薛三省祭葬。謚□□。

保安殉難□□□閻生斗。贈太僕寺少卿。廕子入國子監。復李師聖張文魁原官。仍贈光祿寺署正國子學錄王本立。贈大興主簿。

壬寅。免掖縣平度田租。

乙巳。忠州知州馬易從貪淫戍邊。

右春坊右庶子蔣德璟。鐫三級。

丙午。盧氏巡檢姜從龍。贈大興主簿。

洪承疇。次靈寶。曹文詔自南陽至。報商雒爲賊藪。漢中興安其寄徑也。入潼關。恐後。于是以文詔兵出閿鄉。直擣商雒。仍自山陽鎮安洵陽馳興安漢中。遏其奔軼。

丁未。建虜犯馬營堡猫兒峪雲州舊站靑泉堡。

設延慶州守備。增戍三百人。

議水西疆界。

戊申。前總兵許世臣上車戰圖。

巡撫湖廣右□都御史唐暉免。

己酉。洪承疇至潼關。賊方掠涇陽。

故太監劉若愚論辟。

是月。禮部署部事右侍郎陳子壯議拔貢知鄉試須實廩生。取甲科推官知縣同考。從學臣總裁。從之。

故總督陳奇瑜至獄。前寶雞知縣李嘉彥。鳳翔鄉官孫鵬等俱除名。同奇瑜遣戍。

五月虡朔。辛亥。諭戶部條議援納。有旨停止。原爲吏塗紛雜。名器混淆。今所議殊悉。且于銓法無礙。姑暫開以濟亟需。

癸丑。洪承疇次高陵南二十里。寇走醴泉興平。承疇夜渡河。

巴州知州楊文明。和州同知鄺鉽秀俱婪虐戍邊。

甲寅。曹文詔夜至五峪。寇伏險誘我。文詔擊敗之。張應昌自咸陽出興平之東。明日。南山馬守應（即老回回。）等距我營五十里。我次夏杏村。賀人龍南入子午谷。奪其南徑。劉成功及游擊王永輝往東南遏其北走。張應昌至涇陽解灃泉之圍。斬二百六十四級。夕聞死賊連夜渡渭河。走鄠縣。洪承疇恐其東奔。卽舉兵渡河。

丙辰。洪承疇至王渠鎭。寇方下南山恣掠。賀人龍邀擊走之。追至大泥峪。寇舍騎登山。是日。承疇至盩厔。聞寇在扶風之新集鎭。尋走教坊塘河。

丁巳。官兵至鄠縣之秦王嶺。値寇張應昌等擊斬一百九十三級。自是商雒之寇逃終南山中。餘寇西奔興平平利。

總兵秦翼明自鳳潁至襄陽。又毛兵新兵各五百人。石砫兵六百人。分戍鄖西上津。蓋冬春之間。寇奔豫奔楚奔江北。其勢多而且散。今寇萃于秦之西安鳳翔平涼固原。力易專也。然可由棧道徽階以入漢南。其商雒鎭山可出內鄉淅川鄖西上津以入襄鄖。

辛酉。零虜三千騎入渾源州。殺□□梁之孟于車廠村。

武英殿中書舍人謝宸以潛回削籍。

丁卯。遼東總兵官祖大壽聞建虜五六千騎屯九華山。卽率兵至吳錦廟迎戰。卻之。

乙亥。大學士吳宗達致仕。

丁丑。贈殉寇貢士李讓吳之秀賈煜張慶雲各宛平知縣。貢生張茂貞張茂恂各順天教授。復范杞原官。仍贈松江府經歷。倘朝舉贈商丘主簿。

六月甲申朔。予故守備江勝龍祭葬立祠。

朵顏三衞長昂等三十六家至會州楊樹川。執哨總陳尚義求欵。

流寇迫雒南。圍攻老營。

壬午。前巡撫河南右僉都御史玄默削籍。仍下法司議罪。

兵科給事中宋學顯□□道御史張纘曾各劾大學士溫體仁貪擅。幷及王應熊。以先是楊一鵬議移鎭。應熊擬旨不必移鎭。故學顯劾之。

先是刑科給事中何楷言。輔臣王應熊私于楊一鵬。自認比之名。非比之實。誤之罪。非故之罪。然就應熊原疏。敢辭比之實故之罪乎。首輔溫體仁疏辨。恨與吳振纓爲戚。且云往時撫按逮問。必奉改票而後敢擬。試思皇陵異變。體仁何不以逮治請。而徒以拘例藉口也。事屬已往。臣無煩贅。疏上有可異者二事。舊例旣非發抄外無由知。非奉旨則邸抄不傳。臣初十日具疏。原不送閣。揭十四日始奉旨。而體仁于十五日疏辨。則奉旨後也。若應熊于十三日摭臣疏語先奏辨。時旨未下。應熊在外宅。何由而知。自非有人往來密偵。其能漏禁中語乎。此臣之未解一也。舊例奉旨下各衙門。必由六科看詳抄發。如六科官上章得旨。必傳本科官親至會極門接奏。或密封亦必傳科臣赴門恭接。塡職名簿上存押。臣疏十四日奉旨。臣同官李汝燦在科。不見傳及。查簿則錦衣衞旗役送至。云直日百戶趙光修賫疏送錦衣衞堂上開訖。臣不勝駭愕。若然則疏旨不由科抄而傳各衙門之疏可別衙門冒接。逐日散本之制壞矣。果密有傳奉。令其徑送。宜明說以杜矯託。此臣之未解二也。

于是溫體仁王應熊各疏辨。

丙戌。禮部議王府官考察。聽王自分別。移諭各藩知之。

監視茶馬太監李奇懋奏去年八月安定馬四掠盡。

丁亥。故都指揮高明臣楊守明。各贈游擊將軍。俱隆德敗沒。

建虜屯閭陽驛。

戊子。西虜四五萬騎出套。屯花馬池興武營。分三千騎掠鹽池韋州下馬關。

六安州同知路之泰貪虐戍邊。

李國樑爲鎭朔將軍總兵官。鎭守宣府。

己丑。陝西官兵擊賊于亂馬川。前鋒中軍劉弘烈被執。參將王□□登高山。明日被砲攻。又見執。

庚寅。建虜小憨收插漢虎墩兎憨妻及陝西土覇土囊諸部約萬餘人東行。其精騎仍留黃河東岸。自趨朔州。犯平遠路鐵山堡。旣收插部。置酒高會。語其下曰。南朝君驕而臣諂。兵弱而民窮。亡無日矣。

西虜犯大同之迎恩鎭胡堡。

錦衣衞指揮使王世盛除名。以訊楊一鵬遲緩也。

予故遼東總兵官太傅寧遠伯李成梁祭葬。禮部署部事右侍郞陳子壯言。成梁除本爵襲贈。移吏部查例議覆。外竊念成梁馳驅疆場者四十餘載。先後血戰。斬馘首功一萬五千三百餘級。拓地七百餘里。至于繫逮把亥。滅阿台。擒王杲。皆名渠雄長。一時威震烜赫。聾震夷落。卽古稱衞霍之功。何以加焉。據科臣宋一韓疏。參撫鎭割地媚虜。大抵謂寬奠六堡生聚開墾已十餘年。後因戎心叵測。爭擾時起。撫鎭屢開邊釁。銳意招回將種地之家。概作逃民。迫還故土。以致六堡甌脫。科臣亦知寬奠六堡爲成梁所開拓矣。其拓其棄。豈無根因。臣愚爲此一節不敢執一面之詞。頗備稽訪。亦嘗聞遼東寬奠邊外百餘里地名張其哈喇海子。乃華夷接壤。一望膏腴。時邊地稍寧。漢人往往出塞掘參。生聚日繁。輸稅于建州。建州亦陰取其利。成梁再鎭遼東。恐奸徒勾引。爲山西板升之續。遣參將韓宗功收回漢人。人皆安土重遷。遂縱火焚其廬舍。催督過峻。値春冰未泮。人渡冰裂。溺死甚衆。南人吳大受有愛壻亦溺其中。深懟宗功以及成梁。乃爲棄地之說。徧布都下。科臣風聞入告。惜哉。御史熊廷弼之勘疏留中。遂致案牘湮沒。是非異同。無從證據。然夷考萬曆之年。神謨獨運。而武功迭奏。惟御將之得其道也。成梁年老乞骸骨。始終恩待。自丁巳建州發難。在科參十餘年後。盡抹殺其生平血戰拓地擒王之功。似非通論。古有千金市駿骨。如此勳伐。其骨雖槁。其氣猶騰。若出自恩命。全給祭葬。則所以作士氣而勸忠良者。又可勝道哉。上從之。

兵部覆洪承疇以建虜突入河套。另設提督料理三邊。王承恩吳三桂祖大弼三方聲擊。延綏寧夏二撫設伏。上從之。

壬辰。建虜趨陽和。參將丁奎光値之。把總趙科敗沒。趨神池。距代州十里。踰忻州。不攻而去。

乙未。順義縣地震。

逮京山知縣李春華。以婪甚。

前刑科給事中李汝燦言天暑乞寬繫囚胡㴶等。不許。奪俸三月。

丙申。建虜自黑河欲犯太原。固關。

丁酉。巡按陝西御史傅永淳劾巡撫李喬庸懦玩寇。命免官議罪。

敍太康戰功。進祖大壽太子少師。祖大樂右都督。餘陞賞有差。

戊戌。誅故總督尙書楊一鵬。其巡按御史吳振纓論死。初刑部郎中紀克家引盜陵樹律論一鵬。一鵬誅數日。克家晝見之于署。遂仆地不三日卒。

己亥。建虜攻忻州定襄。

先是□科給事中何楷論王應熊。旨未下。應熊奏辨。上以泄旨。詰應熊家人王心良擅入閣禁。併逮直日中書舍人劉天錫沈庭松郭時泰王鍾龐郭思隆張始音李蔚起吳彥明等七人。各下獄。降二級直事如故。仍戒縱入私竄章奏者。蓋何吾騶不滿應熊。思傾之。錢士升力劑其間。

庚子。建虜掠五臺。

壬寅。官兵值建虜于定襄。失利。

甲辰。閣臣請開通州河濟運。自通州至大通橋四十里。歷五壩。俱從舟。每石費若干。自大通橋入齊化門。車運三里。而費與四十里等。此三里河形雖具。未深廣。如浚之。仍設二閘。移提督于大通橋。主事公署于齊化門外。見費萬緡。而歲省車費多矣。上從之。戶部覆允。已以形家言止。蓋忌者陰阻之也。

乙巳。副總兵艾萬年劉成功王錫命救寧州。以三千人戰于襄樂。賊斃于矢可千人。薄暮。旋師至巴家塞。萬年與李自成同里。有夙嫌。賊攻之益亟。萬年曰。我世家子。早知彼亡賴。嘗訴之官。今必不利于我。豈以此呰懼彼橫鋒也。出呰大戰。罵賊而死。失亡千餘人。城遂陷。

丙午。上御門。召廷臣于階旁列几研。諭廷臣才品。朕未偏知。今試票擬一疏。閣臣尙書立階上。餘分班試階下。中官奉疏各分一帙。並二小柬傳諭。將疏票擬書于柬上。一稿一謄。九卿詹翰各擬進。次日傳姜逢元陳子壯文震孟張至發蔡奕琛閔仲儼馬之騏張元佐張居。命吏部錄其年貌履歷上之。幷推在籍諸臣堪任閣員者。

陝西援剿總兵官曹文詔至眞寧湫頭鎭。賊伏兵數萬四路圍之數重。文詔力竭度不能勝。自刎。失亡勁卒四百餘人。文詔艾萬年並忠勇敢戰。文詔尤賊所憚。身經百戰。殲賊可萬餘人。至是西陲大震。一時官軍聞之奪氣。

是月。安慶大水。

七月配朔。山西臨縣大冰雹三日。積二尺餘。大如鵝卵。傷稼。

諭禮部考察貢士優劣。

庚戌。總督倉塲戶部□侍郎程註劾罷。

故□□龍國光贈都指揮僉書。

辛亥。平谷遵化蝗。

建虜出宣府境。

南陽知縣蔣惟芬密訐唐王。下獄擬戍。不允。

吏部上九臣年貌履歷。又會推在籍禮部左侍郎林釬禮部尚書孫愼行順天府尹劉宗周。

壬子。宋裕德嗣清平伯。

靜樂陽曲地震。丁巳又震。

癸丑。琉球入貢。

甲寅。命召在籍三臣。

乙卯。敍鷳剿巴香功。贈故貴州總兵王國楨太子少保。餘陞賞有差。初。總督朱燮元遣兵討擺金兩江巴香狠灞火烘五洞叛苗悉平之。又通上下六衞及清平偏鎭四衞道路凡千六百餘里。設亭障。置游檄。以便往來。

丙辰。命求故都督戚繼光之後。止一子。無孫

故隴州知州胡爾純子宗璦入國子監。

戊午。工部右侍郎李遇知爲戶部尚書總督倉場。

庚申。陝西寇奔潰四出。

辛酉。工部□侍郎程紹致仕。

壬戌。遼東寧遠衞中左所井鳴沸。三日不絕。

癸亥。寇陷澄城縣。知縣毛昂霄他出。

責山西總兵尤弘勳逗怯縱寇。

甲子。上作小學新序。以小學頒天下。

癸酉。巡按湖廣御史余應桂言有司私派之害。上是之。下部重處。

禮部前議王官考察。命仍遵祖制。其屬官賢否俱聽王分別自奏。文移卽用欽依。不許用知會等字。至撫按三司。亦必先啓王。

命取隆慶四年大學士高拱邊才疏。

命今後鄉會科場硃墨詳列考官職名便覈。

大同總兵官王樸援山西。

甲戌。少詹事文震孟刑部右侍郎張至發爲禮部左侍郎兼東閣大學士。直文淵閣。時震孟引疾。不預票擬。蓋特簡也。溫體仁揭薦陳子壯蔡奕琛。

丙子。召廷臣于中左門。除正堂不考。餘皆試時政邊才論。又出各疏。命翰林官票上。

甘學闊爲右僉都御史。巡撫陝西。

諭戶部。運糧用車。戶何又僉派紛擾。其更議濟運安民之策。

兵部考選軍政。

河南蝗。

田惟嘉孔貞運爲吏部左右侍郎。倪元璐爲國子祭酒。張四知爲南京國子祭酒。

八月戊朔。辛巳。議城鳳陽。命□科給事中林正亨同欽天監官戴元往鳳陽。會南京部科。視地相度。

壬午。總督漕運劉榮嗣以駱馬湖淤阻運。請挽黃河自宿遷至德州。開河注之。計二百餘里。估費五十萬。上切責之。以修工未半。輒請勘銷。潰決日久。何虛糜十餘萬金也。

癸未。南京左春坊左□□王鐸署翰林院事。

屈可伸許士柔爲左春坊左□□。閔仲儼劉若宰爲右春坊右□□。黃景昉丘瑜閔仲儼直日講。

總兵官董用文援保順。

甲申。調王承恩兵五千。甘肅寧夏兵五千。鎮筸兵五千。馳赴。聽洪承疇調度。

山東援剿副總兵劉澤清改延綏東路。

命科部各官分地督運。從太監張彝憲之言。

丙戌。命詮理學遜國諸臣。

張鏡心爲南京光祿寺卿。

戶部議江西大水。乞改折。不許。命撫按加意軫卹。

丁亥。出太僕寺金三萬給總督洪承疇備犒。

予故□□李應星祭葬。

庚寅。諭工部省直應解軍器。屢頒式未遵。茲特頒弓十。部庫各存其一。餘分頒省直倣造。自九年爲始。

乙未。南京□□道御史郭維經言元兇漏網。國法宜平。宜正溫體仁之罪。奪俸二月。

丁酉。商雒寇盡入河南。犯盧氏。

戊戌。寇六十餘騎自武安青塔徑趨遼州。次日又數百騎。知縣寇遵典不以聞。

己亥。刑部浙江司員外郎胡江以撤稅監因劾溫體仁。尤當罪斥。上怒。下獄削籍。

辛丑。賊將高傑來降。

癸卯。命董用文赴彰德夾剿。

巡撫盧象升進兵部右侍郎兼右僉都御史。總理直隸河南山東四川湖廣等處軍務。洪承疇剿西北寇。象升剿東南。如寇入秦。象升進兵合擊。其監軍道河南戴東旻湖廣苗胙土南直史可法各往來幷催運各營糧餉。

左良玉敗賊于鄢陵。

甲辰。梁廷棟爲兵部右侍郎兼都察院右都御史。總督宣大山西軍務兼理糧餉。

乙巳。夜。祁陽王府火。撫按議分城各居。命徙于鄰縣。

丙午。諭致治安民。全在撫按道守令。撫道得人則守令自肅。年來推陞撫道。內地競營。邊徼規避。或其老耄貪庸。又情面姑容。兼以守令不才。民生愈悴。今後吏部務在詳核。見在撫道不堪者。科道直糾。按祖宗朝保舉成法可遵。着兩京文職三品以下五品以上。各舉堪任知府一人。亡論科第貢監翰林科道。在外撫按司道知府官。各舉州縣官一人。亡論貢監吏士。過期不舉者議處。失舉連坐。其議始吏部呂大器。

張自烈曰。進士舉貢監生中。亦有僅堪任州縣而不堪任知府者。監吏士民中。亦有堪任知府而不止于堪任州縣者。然則謂堪任知府專屬之進士科貢。堪任州縣專屬之監吏士民。吾未敢信也。兩京文職三品以上。亦有不知進士科貢某某堪任知府。而知監吏士民某某堪任州縣者。五品以上及翰林科道等官。亦有不知監吏士民某某堪任州縣。而知進士舉貢某某堪任知府者。然則謂三品以上宜專舉堪任知府。五品以上及撫按司道等官宜專舉堪任州縣。吾又不敢信也。夫取人必因其才。不宜限以資格。如必求堪任知府于進士科貢。求堪任州縣于監吏士民。則監吏士民雖有堪任知府者。舉主以爲非詔旨所及而不肯舉。進士科貢雖有堪任州縣者。舉主又以爲非詔旨所及而不敢舉。兩不舉則兩誤。古量才授官不如是也。舉賢必隨所知。不宜拘以事例。如必文職三品以上專舉堪任知府。五品以上及科道撫按專舉堪任州縣。則科道撫按實知其堪任州縣。以不當舉堪任州縣而棄之。交棄則交失。古各舉所知又不如是也。吾所謂明詔一二未盡善者如此。

命廷臣修省祈雨郊壇。

丁未。王業浩改刑部右侍郎。蔡國用爲工部右侍郎。周鼎爲工部右侍郎兼右僉都御史。總理河道提督軍務。

李玄杜三策爲大理寺左右少卿。

諭兵部。流賊自陝犯豫南直一帶。俱用防扼。南京武備久弛。着范景文同內守備兼行整飭。

九月幟朔。庚戌。故□科給事中葛應斗戍邊。

逮總理河道工部尙書劉榮嗣。初榮嗣以黃水濟宿遷德州之運。既鑿俱黃河故道。朝河暮淤。不可以舟。今歲駱馬湖適平。漕者入泇不可入新河。榮嗣自往視之。入而甚艱。于是南京刑科給事中曹景參劾之。被逮。中河工部郎中胡璉坐贓多論死。首事不由璉。侵費不由璉。人頗惜之。

加祖寬援剿總兵聽征。

僨將牛維極戍邊。

壬子。涿州左右翼營委官龐得功等二千餘騎過南關。夜夷兵逃十之一。

甲寅。援西遼兵五六百人以闕餉自昌平逃鄉間。

丙辰。國子監祭酒倪元璐上言。大學陵夷。原其所繇。惟以納粟。納粟興而教必廢。其說有三。以貲入矣。既不復得清流之官。極其致歸州佐邑丞止耳。三代以後之士。莫不借功名一途引之道德。既期菲薄。豈有陶成。一也。監生致身之路。別繇科舉。科舉取工時文。一日而遇。即可芥拾大科。學于成均。咨行考文。踰年董之。僅取丞倅。誰不舍此就彼。二也。以教成爲期。有在監十餘年不得撥歷。今既取其貲。又無優除。更益淹稽。懼皆裹足不得不變半分一分七分八分之數。爲二十四月十一月八月六月之期。撥有成期。教無滿法。教不成而期已及。何術留之。三也。故援納未停。貢舉未復。而言教士者。說鈴耳。遭逢陛下力更弊令。與才振德。千古一時。宜先定規模。盡于八議。議分合流品。貢選援納。劃然兩塗。請以貢選爲正流。援納爲閏流。貢選教成。不限撥期。惟積分數滿爲率。援納則依原定撥限。期滿爲率。所謂分也。援納中必有英奇之士。請嚴加選遴。拔其尤。同貢選一體教習。亦必題明奉旨。後准改流。其法二十取一。又黜貢選之不率者。退處閏流。遇季考科試。則兩流不分。所謂合也。議審定教法。教習貢選。自廣業堂遞升至率性。則與積分。積分者。孟月試經義。仲月試論詔誥表。季月試經史。參判文理俱優。予一分。理優文遜者。半分。歲積至八分爲及格。撥歷出身。不及格者。仍坐監讀書。其援納一輩。考分三等。上者遴拔。請旨同貢選積分。次亦以貢選之教教之。惟不輕改流。不程分數。又次必使講讀律令。稍通治民大義。他時雖幕倅亦可不至面墻。議愼選六堂。六堂分司教鐸。請吏部博訪名儒。不拘甲科舉貢。一品端學正。一博物多聞。一老成拘方。一慷慨特達。才地偶乖。則咨部調改。不肖失業。即應時糾參。稱職必久任。

久任必優擢。又助敎以下。同博士考選。非徒彰勸。亦以示平。議崇尙經學。聖神首出。崇經右文。海內通經之士。層見輩起。聞萊陽諸生趙金鼐年十八。通貫五經。又聞有通十三經者。卽士如此。豈可處之璧觀虎闈之外。宜令各處有司不拘廩增附學。有通三經至十三經者。驗詳撫按。送部廷試。發雍肄業。又小學頒行。幷宜令諸生兼治春秋一法也。議申闈文體。以五經爲師。五經平正之歸。從無凡語。請自兩雍以及天下郡國。衡文之司。苟求崇體。必無抑才。抑才之誅。與滅體等。議分別選格。繇積分出身。上等優選。次等本選。三等下選。昔繇吏部莽莽匆匆一日之試而定。今以太學銖銖兩兩歲月之驗而分。非侵官也。議召試簡授。今敎法盡復。果有殊異卓絕。特奏候御便殿召試之。或給筆札。或垂問難。有當聖心。破格擢授。否卽已之。其甚不稱。司成並罰。議淸楚歷事。積分歷事。卽進士觀政之意。自積分法廢。有正歷雜歷之分。正歷止朔望一揖。雜歷乃用之寫本雜役。又復開贖歷之例。聽覓替身。豈養士之意。今請歷事無分正雜。凡當咨撥。一照各衙門分派。以本監考第爲期之多寡。上等三月。中等六月。下等九月。敎之政事。一切謄寫猥差。悉爲革免。滿日考其勤惰。開報吏部。凡斯八議。臣所爲規模之大者。悉本高皇帝成憲。非臣臆說也。疏上。下部覆行。其召試簡授。俟後命。

楊御蕃爲鳳陽總兵官。專護陵寢。

戊午。錦衣衞王世盛除名。

庚申。錄囚四百二十八人。張我續吳振纓論決。

辛酉。王道直爲南京右副都御史。提督操江。

壬戌。諭南京操江右副都御史王道直曰。南都武備。廢弛已久。戰船朽壞。器械鏽鈍。兵多虛冒。沿江上下遼闊。奸宄易生。爾到彼會同操臣李弘濟及內外守備戶兵二部。互相商確。各期振作。向來南官但養資俸。今須實心立事。大破情面。以副委任。又南方最苦濫詞牽累。亟宜治刁息訟。以安民心。已經面諭。惟恐遺忘。特再申明。

勿得泛視。

癸亥。郭建邦爲南京通政司右參議。

提督太和山太監馬應辰疾免。

布衣魏文奎上實測新曆。

海盜劉香舉家六十餘人至黃華。降于溫處參將□□。部屬又千餘人。

乙丑。錦衣衛進活輪戰車式。

己巳。薛國觀爲太常寺少卿。提督四夷館。

上撤膳費萬五千金并各宮一萬八百金助陵工。

故□□宓濟民吳鳳來贈國子助教。盧大受贈學錄。□□何承光。贈夔州知府。□□梁志仁。贈蘄州知州。

陳諲。贈會寧主簿。平思仁。贈羅田主簿。

南京大理寺卿陸世科劾罷。

壬申。閣臣捐俸助陵工。

工科給事中范淑泰言。陵寢失事。實由楊一鵬。一鵬撤防。實由王應熊。使應熊不擬此旨。何至失事。他人可捐助。在應熊不宜捐助也。應熊大沮。上揭引罪。免之。

丁丑。時漕虧二百餘萬。視舊歲減六十餘萬。上責巡漕御史碻奏。

王忠爲總兵官。鎭守山西。

陳贇化爲太僕寺卿。起王心一應天府丞。

是月。故總督陝西兵部右侍郎楊鶴卒。鶴字修齡。武陵人。萬曆甲辰進士。知雒南長安。拜御史。癸亥。遷大理寺丞。尋太常少卿提督四夷館巡撫南贛汀韶。憂去。起右僉都御史。尋改左歷總督。適寇蔓專主撫貽累。

熒惑犯太微。

十月賊朔。袁鯨爲右通政。

庚辰湯道衡爲右僉都御史。巡撫甘肅。

總兵張應昌值賊于潁之瓦店集。兵潰降賊。

辛巳巡撫登萊東江備兵援遼恢復金復海蓋贊理軍務兼管糧餉右副都御史陳德元罷。吏部謂登撫可裁。

兵部謂不可。遂推山東左布政使勞永嘉。不許。

丙戌大學士王應熊罷。

逮福建左布政使申紹芳。後以鑽刺戍之。

癸巳。先是吏部尚書謝陞擬陞工科都給事中許譽卿爲南京太常卿。請論資俸深淺分南北。蓋與溫體仁意

難之。何吾騶文震孟在直。擬旨不必注定南北。部執如初。譽卿請告。吾騶語震孟曰。還以太常卿而去。陞遂劾

譽卿。譽卿家居已久。遷京堂非故格于銓輔。而文震孟未之知也。

丙申國子監祭酒倪元璐遵例引罪。且曰。今之人情率有四遁。曰縮朒多畏。曰揣摩善窺。曰畫畔自了。曰悠忽

坐廢。縮朒多畏者。動疑有凶。靜保無咎。于是功稍難則斂手。塗小險即抱頭。決事惟首鼠之可安。奉職以循墻

爲無過。遁一矣。揣摩善窺者。不曰事理不易。而曰上意如何。不曰衾影難欺。而曰耳目廣有。測意旨而求合者。

必無可信之心。畏耳目而思避者。必有欲爲之事。于是主張全失。奸弊日聞。遁二矣。畫畔自了者。胸無通盤之

算。誼昧同舟之扶。所量在金錢。決不顧郡邑有字氓之吏。所牽在文墨。或不問封疆當僇力之時。坐俾民悼所

天。衆輕其長。遁三矣。悠忽坐廢者。官稍閒即云局外。事非我行之由人。夷狄之患。亦既廿年。猝或問之。槩多失

對•守令之求。亦既再月。少可應者。惟見徬徨。皆緜世務人才。平昔未嘗經念。遁四矣。循此四者。誤國有餘。誠敕諸臣極力洗心。其材自見。上是之。

兵部□侍郎鄒維璉罷。

總督宣大楊嗣昌憂去。

甲辰。太監高起潛弟鏖錦衣衞中所正千戶。世襲。

乙巳。諭曰。朕以涼德。纘承大統。意與天下更新。用還祖宗之舊。不期倚任非人•遂致虜猖寇起•夫建州本我屬夷。流氛原吾赤子。若使撫御得宜。何敢逆我顏行。以全盛之天下。文武之多人。無奈夸詐得人。實功罕覯。虜乃三入。寇則七年。師徒暴露。黎庶顛連。國帑匱絀而徵調未已。閭閻彫攰而加派難停。中夜思惟。業已不勝愧憤。今年正月。復致上干皇陵。祖恫民仇。責實在朕。于是張兵措餉。勤限責成。佇望執訊殲渠。庶幾上慰下對。又不期諸臣失算。再令潰決猖狂。甚至大將辱于小醜。兵民敢于無上。地方復遭蹂躪。生靈又罹湯火。痛心切齒。其何以堪。若不大加剿除。宇內何時休息。已再留多餉。今再調勁兵。立救元元。務在此舉。惟是行間文武主客士卒。勞苦飢寒。深切朕念。念其風餐露宿。朕不忍安臥深宮。念其飲冰食粗。朕不忍獨享甘旨。念其披堅冒險。朕不忍獨衣文繡。茲擇十月三日避居武英殿。減膳撤樂。除典禮外。餘以青衣從事。以示與我行間文武士卒甘苦相同之意。以寇平之日為止。文武官亦各省察往過。淬勵將來。上下交修。用回天意。總督總理徧告行間。仰體朕心。共救民命。密約聯絡。合圍大舉。直搗中堅。力殲劇寇。蓋賊數雖多。眞賊原少。眞者就殲。其餘自靡。但防埋伏更番。不可孤軍深入。勿得貪取遺物。縱令奔逃。仍復裹糧相繼。勿致中途闕食。有失機會。賊首必誅不赦外。其脅從蚩蠢。又不忍盡殺。量開生路。預行曉示。如投戈散去。准免追求。或乘間來歸。卽與安置。已許零星散遣。不得仍攜械馬。本地方一體拊循。嚴禁侵侮。其鄉兵除防守本地外。有堪殺賊願從征者。許另隊隨營。總督洪承疇已奉尙方。總理盧象升亦許便宜行事。着戎政光祿太僕共發銀十五萬。內庫發大紅各色蟒段絹布二萬匹。分解各路。令巡按御史爲監軍監紀。稽核將士有功。督理軍前賞格。或椎牛犒賞。以鼓其氣。務賞罰明速。以免沉延倖冒之弊。

賊陷盧氏。知縣白楹死之。

十一月朾朔。姜曰廣爲南京吏部右侍郎。起梁廷棟兵部右侍郎兼右僉都御史。總督宣大山西軍務兼理糧餉。

庚戌。何吾騶以許譽卿事奏辨云。皇上一詢錢士升。必以實告。士升因言十月十六日謝陞參許譽卿疏。御批改票。諸臣共商。臣果曰冢臣參疏過重。已復逃同官之意于溫體仁。聽首臣酌議。當日情事如此。今吾騶疏有首臣私詢之士升。臣在直幾二載。與首臣公見外。絕無往來。擬票公言外。絕無交語。而突以私之一字相加。臣不受也。

癸丑。大學士何吾騶致仕。文震孟冠帶閒住。工科都給事中許譽卿削籍。震孟自恃特簡。于溫體仁無所依附。嘗與體仁論庶吉士鄭鄤補官。體仁謂館例未合。震孟曰。晚生叨冒至此。豈宜但復庶常。體仁云。從容再議。已擬謝陞參疏。欲奪許譽卿俸。體仁難之。震孟作色擲筆曰。即削籍無害。體仁夕揭上。明日。二相同罷。由擬票時相持相激也。震孟負物望。大拜財兩月。雖闗門特達之遇。齟齬同官。輕付一擲。識者惜之。

乙卯。秦賊犯河南屯雉河。明日。以祖寬左良玉兵至南掠偃師。時賊部三十七萬。行塵漲天。絡繹百里。

丙辰。賊會于白沙。連營六十里。祖寬襲擊之。斬首千餘級。賊奔光州。

南京工部尙書劉定國致仕。

楊爾興爲右僉都御史。巡撫登萊東江。

丁巳。逮前庶吉士鄭鄤。鄤繼母大學士吳宗達女弟。而鄤薄于宗達。嘗揭其杖母烝妾等事。故事。翰林先題補始應命。鄭先來京覬遷。溫體仁卽以宗達所揭入告。下獄。

己未。流賊攻南召。不克。走魯山。

庚申。祖寬敗于嵩縣之九皐山。

辛酉。夜。復至河南焚關廂而西。

壬戌。禮部署部事右侍郎兼翰林院侍讀學士陳子壯奏。宗秩改授匪易。臣愚參酌。有未必然者三。有不可行者五。請爲陛下籌之。國家設資格以處常才。而又不純用資格以處非常之才。文職四品及京堂。在外五品上官有闕。以名聞。五品以下吏部銓注。今進士初任。亦循甲第。迨不次擢用。若非殊庸異績及國家異變。未始拔卒爲將。徒步而至卿相者。宗才換授。非多于萬邦之黎獻也。將資格可以不論。而非常之才亦可輩出乎。臣竊以爲未必然也。自宗藩四民之業開。文則文科。武則武科。今謂進士豈必賢于鄉舉。則鄉舉亦豈必賢于貢監。貢監亦豈必賢于齊民。夫然則天下胥爲齊民。以待舉已矣。又何必辛勤計偕。以待有司之續食乎。則謂科舉而外。遂足以盡才。臣以爲未必然也。科舉之制。漢人經術。宋人道學。不出乎此。其獲雋者。節義勳伐于此乎出。否亦耗雄心。銷餘晷。亦不失爲白首窮經之士。此祖宗磨厲一代之善物也。有通科目之文。而不能窮理致用者。未有不通科目之文而能窮理致用也。今宗藩中將軍中尉。有祿食之貴。讀書有科目之望。可更進更勞耳。使見不屈首讀書。亦得擬行奇榮以去。誰肯避逸而趨勞乎。而謂將有劉向李勉趙汝愚之才。臣以爲未必然也。按洪武開科定制。猶在。未嘗以換官職與科目並著。國初親王有每年朝覲之禮。凡遣使至朝廷。不須經各衙門。直詣御前。且守鎮兵得演練。此大都開創之體制則然。如前數者。獨非祖制乎。亦將議而行之否也。臣因有以知其不可矣。國初親王祿萬石。段絹鹽菜亦復萬計。不數年止給祿米。不給雜用。又不數年減爲萬石。又不能給。而代肅遼慶寧谷諸王且歲給五百石。高皇帝令自己出。而前後已如此。夫祿與爵一也。祿猶可視□

物爲虛盈，爵則名器所繫，一假不可卽收，吳王几杖之賜，叔段京鄙之求，又將何以限量乎。虜入河套，襄陵王沖烌願率子弟及壻與總兵官從征，不之許也。惟陛下俛賜採納，允罷前議，藩規銓政所全實多。

戊辰，賊掠靈璧。

祖寬與劉肇基敗賊于汝州，斬一千六百五十餘級。

壬申，禮部右侍郎陳子壯下獄，有旨宗室有文武才能考驗換職，宜詳議。陳子壯敢于非祖間親，欺罔恣肆，革職下刑部。

蔡思充爲南京工部尚書。王夢尹爲右僉都御史，巡撫湖廣。

總督□□兵部右侍郎兼都□□□□□□。

甲戌，賊于宿州浮屠集分掠永城蕭縣。

丙子，予故刑部右侍郎王之宷祭葬。

前順天府尹劉宗周以十月傳召見朝，因引咎乞歸，上問其傳自何人，據實奏聞。

十二月丁丑朔。戊寅，城鳳陽。

庚辰，部覆巡按御史王肇坤所言，援兵宜合不宜分，及禁割級，禁貪財，禁殺良擄掠，奉旨逐款施行，其奪獲馬騾賞有功員役從之。

壬午，鑄總理直隸河南川湖山陝等處軍務兼督糧餉關防。

甲申，前禮部尚書孫愼行應召至京，疾甚，免陛見。

試武剛車于明德殿。

乙酉，先是李自成入汝州，自魯山葉縣越光山固始，是日陷光州商城，屠之。

丙戌。巡撫雲南右僉都御史錢士晉卒。士晉字康侯。嘉善人。萬曆辛丑進士。授刑部主事。歷郎中。治梃擊之獄。獨右王之寀。出知大名府。奏最。歷今官。年五十九。

己丑。以閣臣揭吏部尚書謝陞等所奏起廢。除封疆永戍貪酷及物故已蒙起用降用外。所列張士範等一百六人。俱查原案。詳述聖旨。臣等伏思廢遺諸臣。雷霆總屬天恩。諸臣方切悔艾之誠。卽銓衡敢萌市德之念。惟是四方多警。人才實難。或情罪微有可原。才力尚堪驅使。倘蒙湔洗。策勵新圖。皇上自有睿斷。非臣等所敢妄議也。

錢士升曰。先是寬恤條款議及罪譴諸臣。奉旨下部。刑部方具招列名疏請。旨未下而德州爲太宰。卽欲疏起用。予謂公意固美。盍俟刑部疏下。先釋罪而後起廢。方有次第。德州云此不可緩。其意甚銳。余度必敗事。復遺書欲其少俟。而回札堅守前說。詰朝疏上。臚列無有遺者。併當日得罪情節。悉爲粉飾。上大怒切責。遂下選郎于獄。而事不可爲矣。及是覆請。凡一百六員。余獨在直。因進此揭。以爲將順擴充之機。而其後擬票僅以數人了局。則秉國成者一手握定。同官無所關其口矣。寬恤德意。竟成屯膏。惜哉。

庚寅。進姜逢元太子少保。

辛卯。總理盧象升次信陽。尋敗李自成于確山。斬五百六十四級。

壬辰。翰林院簡討張居以故滋陽知縣成德刊揭有張居之五千金。史莖胡爲直受。因疏辨。報聞。

癸巳。奪總兵許成名都督。

故大學士史繼偕贈少師。

進祖大壽太子太保。

乙未。故行人楊于楷殉難。廕子入國子監。

丙申。故刑部右侍郎王之宷贈兵部尙書。

丁酉。萊陽貢士孫鳳毛以城守功。授中書舍人。

戊戌。雅黎參將羅于莘擊賊于漢南。敗之。窮追至子午谷。奪所掠子女二千口。賊奔饒風關。

辛丑。建虜二十五騎自昌城渡江至朝鮮。脅其兵三千人。

癸卯。賜唐王祖訓會典五經四書二十一史通鑑綱目忠經孝經。

賊李自成陷和州。殺知州黎弘業守制御史馬如蛟等。直趨江浦。焚蘆洲。自成等前匿英霍。夏苦暑不出。弘業如蛟並贈太僕寺卿。廕監。

# 國榷卷九十五

丙子崇禎九年

正月紆朔總理盧象升師次鳳陽。諸道兵畢會。

庚戌。□□□常洵攝太和王府事。上惡洵字。改□。

壬子。流賊高迎祥張獻忠犯滁州。攻兩日夜不克。行太僕寺卿李覺斯知州劉大鞏率士民固守。賊雲梯穴地。百計攻城。以死士焚梯礮擊。賊死甚衆。賊怒。掠婦女數百裸淫。斷首環嚮堞。植跗而倒之。露私以厭礮。守陴不忍視。燃礮皆裂。覺斯立取圊牏如其數懸堞外嚮。燃礮皆發。賊大創。攻益急。盧象升馳援。命祖寬以勁卒爲前鋒。賊已墮西北兩關。官軍爭奮。賊大潰。逐北五十里。斬一千二百級。獲械甚衆。楊世恩截于定遠。斬六百餘級。

劉良佐復扼于廣武。賊遂突池河。

甲寅。李自成攻固始。別賊陷靈臺。

乙卯。守禦劉光輝以五百人守池河之東崗。賊萬衆並至。光輝力竭赴水死。一軍皆沒。

副總兵祖大樂自淮北趨開封。歸德敗賊于龍山。

丙辰。左良玉值李自成于閿鄉。相持三日。陳永福援之。良玉斬九十一級。賊東趨江北。又別賊後至。自桐柏唐縣偪隨州。

丁巳。錦衣衞提督東司房鄒之有進都督同知。

戊午。故禮部尚書孫愼行。贈太子太保。謚文介。予祭葬。愼行字□□。武進人。萬曆乙未進士及第。授編修。歷今官。性恬退。家居日久。天啓初爭紅丸一案。識者韙之。去年應召。卒京師。

王思任曰。四朝以來。讀聖賢書。能廉頑立懦者。文介公一人耳。吾極愛薛歲星詩。出卽爭其是。歸惟黯不言。恍然几几在望矣。然而志安社稷。道重綱常。及起田間。來儀闕下。是求威鳳于孤鶴也。歲寒徵其後凋。碩果存于不食。木壞琴存。人間誰贖王言哉。

寇攻壽州。

己未。掠潁上。

癸亥。賊自霍山六安直攻廬州。飄忽千里。攻廬州九日。塡濠穴城無遺力。知府吳太樸固守。遂掠全椒。破含山巢縣。圍江浦。浦口南京兵部遣池河浦口營提督總兵杜弘域援之。

滁州潰賊陷懷遠。甲子。淮撫朱大典往援。賊焚掠北渡。

乙丑。賊陷靈璧。進逼泗州。

丙寅。故大學士成靖之贈少保。諡文穆。靖之初名基命。字靖之。大名人。萬曆丁未進士。改庶吉士。授檢討。累遷洗馬。署司業。崇禎己巳。以禮部左侍郎進禮部尙書兼東閣大學士。庚午四月首相。七月進太子太保文淵閣。九月致仕。乙亥七月卒。

戶部以措餉。重加典稅額外捐助。從之。

丁卯。進禮部左侍郎林釬兼東閣大學士。直文淵閣。

雷躍龍爲禮部右侍郎兼翰林院侍讀學士。蔡奕琛爲刑部右侍郎。劉宗周爲工部右侍郎。

戊辰。寇陷蕭縣。

留兩淮鹽課十萬餉客兵。

己巳。陝西盜陷麟游。殺知縣呂鳴世。

予故□□推官李師聖祭葬。

辛未山西官軍攻破柳楡寨。斬賊四百人。

祖大樂擊賊于永城。斬千餘級。獲騾馬萬頭。

壬申。別賊焚閿鄉。明日從南山而北。直至潼關。不得入。陳永福敗李自成于朱仙鎮。走登封密縣。

兵科給事中常自裕言。流寇數十萬。最強無過高迎祥。彼多夷漢降丁。堅甲鐵騎。兵有紀律。其在關中。攻扶風數日破之。洪承疇猶在咸陽渭水之南。其在豫中。直趨汝蔡。破光州商城。盧象升尚駐信陽。俱如此畏縮。即日報斬獲不過別營小隊耳。于賊勢曾無損也。今秦賊在宜君鄜州。不過李自成。當責秦撫。豫賊在靈寶閿鄉。盧氏永寧止馬守應等數營。當專責豫撫。而督理兩臣宜令專圖迎祥。在洪承疇以王承恩孫顯祖等邊兵川兵二萬出關。由汝魯疾趨光固。遏其返。在象升以祖大樂祖寬等關兵筭兵二萬。由應潁直奔英山六安。截其前。淮撫朱大典督楊御蕃等屯于盧霍。防其東突。應撫張國維以許自強等屯于潛山太湖。防其入安慶。楚撫王夢尹以秦翼明等屯于蔴城黃陂。防其南衝。唐鄧隨棗之間。則鄖撫宋祖舜也。時鄖陽棗陽土寇並熾。

楊士聰曰。向來督撫皆擁重兵。故其驅使將帥。如左右手。然神廟之所至成功。皆此法也。自撫三鎮七之議行。徒欲偏重將帥。以爲敵愾之用。而不知其勢漸成尾大。督撫爲贅設矣。既成贅設。而封疆有事。仍責督撫。故督撫類多罹罪。而總兵如故。非不欲責實畏之也。朝廷畏之。而欲督撫制使赴敵。是必督撫有術尊于朝廷之上而後可也。

起倫肇倫南京大理寺卿。

癸酉。何瑞徵爲國子司業。管紹寧爲南京國子司業。葛寅亮爲南京太常寺卿。

河南盜自南山還商雒。

甲戌。故□□□王信贈光祿寺少卿。

孝陵樹雷火。

河南賊攻密縣。陳永福追之走登封。

二月丙朔。寇攻桐城不利。游擊潘□□射中盜魁。走潛山。明日城陷。知縣□□先遁。

戊寅。國子祭酒倪元璐以積分奉旨舉行。請特頒聖諭。上謂有皇祖欽定監規。毋贅。

己卯。寇至太湖。奸人搆醫官甘上達。吏張知祥餽賊羊酒。遂渡濠陷城。執知縣□□□。不屈自經。大殺掠。

庚辰。寇至宿松。通判□□署縣事。先遁。吏民出迎。殺村人千餘。

盜犯竹山。知縣黃應鵬僅棲草舍。棄城遁。徵糧六百石。賊食盡。焚茇舍而去。

盜刦交城縣獄。出罪人牛應魁等。

壬午。總兵王進忠周維墉祖寬等擊汝州賊。斬四百四十一級。

伊府萬安王采鏗言。臣始祖伊厲王于永樂六年分封河南。傳七世國絕。有祖廟一。太祖眞容一。臣郡祖萬安康懿王攝祀。傳臣父恭宣王。以萬曆戊申立福府。徙臣永寧縣。今盜熾。乞加築縣城。從之。其太祖眞容命進上。

兵部報寇薄江上。掠舟自丘縣至臨淸。萬宜崧防山東保定。二撫急沿河堵禦。

建虜犯大同馬蓮口。有大峪村諸生張桂抗敵死之。

癸未。王進忠等自洛陽偃師趨登封。以掩其前。至登封戰。斬二百九十四級。奪牛馬五百有奇。

甲申。寇圍滁州。太僕寺卿李覺斯等力拒之。盧象升救至。祖寬以精兵戰城南。楊世恩以步卒出城北。擊敗之。

寇北走鳳陽。知府文應節砲卻之。焚正陽鎭。編筏渡河而北。一犇懷遠。一犇壽州。餘犇潁霍。懷遠無城而潰。遂向靈璧虹縣。總督漕運朱大典遣副總兵劉良佐薊密游擊苗有才等戰蒙城之陳摶橋。寇走亳。走歸德。永寧監軍道王繼謨同副總兵祖大樂逐之有龍山穀熟之捷

甘肅總兵柳紹宗敗賊惠登相于西寧。初賊西掠蘭河南犯會寧。洪承疇檄左光先與紹宗合擊破之賊窮蹙請降。巡撫甘學闊受之安插其部數萬人于延安尋刦掠如故。

乙酉刑科給事中何楷言八事。訂新例行久任。酌分理。重會審。嚴獘獄。革羈店。飭聲冤。究造訪。部覆從之。

官兵援棗陽。大敗。守備吳□死之

寧夏卒飢索餉。殺巡撫右僉都御史王楫。兵備副使丁啓睿撫定之。斬首亂七人。

丙戌。□□張其威等以六百人援宿松至十里鎮龍山中伏敗。寇亦多傷而遁。

盧象升報朱龍關關山之捷。斬六百七十六級。奪馬騾四百有餘。

辛卯。瀋陽降夷麻打等六人至自寧遠。

壬辰。總兵祖大壽王進忠羅岱等于裕州南陽連敗賊。斬七百二十七級。賊南奔。

淮安武舉陳啓新上言。今天下有三大病。曰科目取人。今之作文。孝弟與堯舜同轍。仁義與孔孟爭衡。及見于政事。悉其性情。任其貪酷。酷而民吞其聲。貪而民吸其髓。是政事文章兩既相悖。亦何賴以科目取人哉。曰資格用人。國初典史馮堅任僉都。貢士彭友信授布政。秀才曾泰授尙書。何嘗以資格限。嘉靖間猶三塗並用。今惟尙文塗。又自分界。貢舉止于貢舉。明知歷任有限。清如是。貪亦如是。毋寧貪以爲子孫計。若進士則天下之爵皆其砧几上物。天下之官皆其朋比。橫行莫問。及曰遷轉。不曰其俸久。則曰其資深。誠有如皇上昔諭所謂聖旨可藐。暮金自如者。亦何取以資格用人哉。曰推知行取。科道舊例。選給事御史。以進士舉人教官等官項除之。僉行人博士中書。及推官知縣。弘治間僉助教。教官。嘉靖中。舉貢監生一體考選。萬曆初猶行取推官知

縣。進士三舉貢一。今惟選進士。彼受任時。先科道自居。守巡以科道相待。故虐民淩轢。民既不安。又能已于亂乎。亦何取以推知爲科道哉。國家受此三大病。章句無用。黨與日盛。苛暴日加。羅網日密。惟利是好。非情不行。竟成一迷局而不醒矣。再陳治病之藥。其說有四。而專拜大將之法附焉。一停科目以黜虛文。一舉孝廉以崇實行。一罷推官行取以除積横之習。一蠲災傷錢糧以蘇累困之氓。今之將不堪用矣。仰鼻息于文官。聽提掇于下吏。威望既莫重于平時。號令胡能施于對壘。今當徵求眞才。聘請登壇。行推轂禮。一切重務。聽其便宜行之。有司害民不悛。拊循不實者。亦聽處分。罷監制。焚謗書。如此。漢高之壇。文帝之細柳。燕之金臺。復見于今也。民怨可平。胡寇可弭矣。上異其言。立授吏科給事中。命遇事直陳無隱。又奏中及高郵武舉張抱赤與屯書。令錄上。

楊士聰曰。陳啓新踞于正陽門下。實由曹化淳聞之于內。自古小人進身。未有不自中璫者也。

談遷曰。上方銳意求治。思改易弦轍。復國初之舊。陳啓新狂言無忌。適投其會。闢門之典。首倡倖塗。後上亦知其人無足重。第恥于示過。以庸衆人寘之。則聖意固自有在也。

乙未。荆州兵援襄陽。又敗。千戶張□死之。

亳州知州葉景先守備查應才敗賊于盧家廟。賊從歸德永城奔考城儀封蘭陽。總兵陳永福夜襲。斬百八十六級。

丁酉。鍾炌爲大理寺卿。熊文燦爲兵部右侍郎。

戊戌。吏部尚書謝陞等疏救陳子壯。不聽。

己亥。總兵楊正芳擊賊當陽。大敗之。

庚子。禮部議選宗才。曰薦舉。先由五宗保結。長史據結詳訪。啓親王核勘。開才能實跡以聞。曰考驗。部院疏列學行俱卓博學多聞。精于心計。熟于刑名。嫺于禮樂文章。兼通屯田水利。保障拊循。一一叩其經綸。各分差等。請臨軒策問。或召對平臺。然後因才授官。曰換授。祖訓換授官職。明旨謂是否必拘原品。明品級之不必拘也。在外府佐州縣正以及教職。在京則中行評博以及部曹。俱筮仕之秩。俟有成績而遞進焉。今換授國屬。請一循其序。曰陞轉。祖訓陞轉如常選法。曰舉劾黜陟。自應一體。曰體統賢宗居藩邸。則宗藩規儀。出而服官。體統一準官制。曰解任。宗室服官。第支官俸。及解任則原祿具存。

辛丑。修太廟。

李玄爲順天府尹。

封海神護國濟運顯應平浪元侯。

壬寅。故□□□楊呈秀贈光祿寺少卿。故□□平安贈署都督僉事。

癸卯。大同殺胡堡有虜三千餘騎殺降夷入犯屯北口。

甲辰。官兵至殺胡教場。

乙巳。山西饑。人相食。

是月。河南總兵李重鎮逐賊不即進。

浙江提學副使黎元寬劾溫體仁私囑生童。體仁奏辨。不問。

三月丙午朔。大同虜遁。官兵斬五百五十四級。

寇陷和順縣。

杜三策梁天奇爲大理寺左右少卿。袁鯨張元佐爲左右通政。

工部右侍郎劉宗周言痛憤時艱。略曰。皇上以不世出之資。際中興之運。即位之初。銳意太平。直欲躋一世于唐虞三代甚盛心也。而施爲次第之間多未得要領。于是屬意恢遼。而賊臣以五年滅胡之說進。更爲禍胎。己巳之後。謀國無良。虜氛孔熾。震及宗社。朝廷始有積輕士大夫之心。繇此耳目參于近侍。腹心寄于干城。治術專尙刑名。政體歸之叢脞。天下事不覺日抵于壞。故自廠衞司譏防而告訐之風熾。自詔獄及士紳而堂簾之等夷。自人人救過不給而欺罔之習轉盛。自事事仰承獨斷而諂佞之風日長。自三尺法不伸于司寇而犯者日衆。自詔旨雜治五刑。歲躬斷獄以數千計。而好生之德意泯。自刀筆治絲綸而王言褻。自誅求及瑣屑而政體傷。自參罰在錢糧而官愈貪吏愈核。賦愈逋。自敲朴日繁而民生瘁。自嚴刑與重斂交困天下而盜賊徧起。自總理任而天下之功能薄。自監紀遣而封疆之責任輕。自督撫無權而將日懦。自武弁廢法而兵日驕。自將懦兵驕而朝廷之威幷窮于督撫。自朝廷勤限盡賊而行間日殺良報級以幸免無罪。使生靈塗炭。事益亟矣。天啓聖衷。一旦撤總監之任。重守令之選。下弓旌之檄。嚴酷令之威。維新之政。方冀與二三臣工洗心剔慮以聯泰交。而不意君臣相遇之難也。得一文震孟。以單詞報罷。使大臣失和衷之誼。得一陳子壯。又以過戇生辠。使朝廷無吁咈之風。此其關係于國體人心。又非淺鮮者。于是求治愈殷。紛更四出。市井雜流。咸得操其訛說。投間抵隙以希進用。而國事愈不可問。皇上不過始于一念之矯枉。而積漸之勢。釀爲厲階。遂幾于莫可補救。則今日轉亂爲治之機。斷不可已。夫皇上所恃以治天下者法也。而非所以法也。所以法者道也。如以道。則必首體上天之心。以敬天而不徒倚用風雷。則念祖宗學古之益。以率祖而不至輕言改作。則必法堯舜之恭己無爲。以簡要出政令。法堯舜之舍己從人。以寬大養人才。法堯舜之從欲而治。以忠厚培國命。幷法文武之發政施仁。亟議拊循。以收天下泮渙之人心。而且還內庭以掃除之役。杜後世宦官之釁。正懦帥以失律之誅。杜後世藩鎭之釁。愼宗賢以改職之途。杜後世宗藩之釁。除此三大釁。而苞桑之業。又何虞夷寇哉。此蚩蚩潢池。言撫言剿。總非定算。但頒尺一之詔。痛言前日所以致寇之由。與今日不忍輕棄斯民之意。乃遣廷臣賫內帑。

巡行郡國。為招撫使。招其無罪而流亡者。更令陳師險隘。堅壁清野。聽其窮而自歸。誅渠之外。不殺一人。此聖人治天下之明效也。武生新授吏科給事中陳啓新片言投契。立置清華。稱一時盛事。第本生之品未可遽信。乞先令以冠帶辦事黃門。稍如試御史例。俟數月後。果有忠言奇計。實授未晚。不然如名器可惜何。皇上天縱聖明。而諸臣不能以道事君。徒取一切可喜之術以熒主聽。使國論愈紛。治效愈艱。臣竊痛之。疏上不報。

都督□□劉伏威為總兵官。鎮守天津。

兵部考選軍政。罷大同東協副總兵鍾宇。又王承胤陳謙張星俱妄自陳。下督按申飭。

丁未。賊從南漳陷穀城。焚掠靡遺。

大興斥吏賈鳳祥銜前提學御史袁鯨。今鯨轉右通政。訐奏鯨。通政使倪思輝駁奏。

戊申。巡撫山西右僉都御史吳甡言。聞喜沁源等縣人饑相食。命卹之。發三萬五千金賑濟。

總理盧象升薦前高平知縣侯弘文為監紀推官。

己酉。故□□□□王肇生。贈太常寺卿。

吏科給事中陳啓新直登聞鼓言。去年都司倫自化有平胡平寇時政三疏。通政司不以聞。上責之。

庚戌。福建右衞經歷吳鯤化劾故巡撫雲南右僉都御史錢士晉婪狀。幷刺其兄士升。召雲南奏差段錦繡細問。大非體。士升奏辨。又士晉前沒。不問。

盜陷竹谿房山。知保康城空。不入。

辛亥。臨邑諸生邢王俞上足餉四議。不報。

虜犯延綏西路龍門堡。拒卻之。斬七十一級。

寇自登封邵城之挫。逃石陽關。時伊嵩之寇萃于汝州魯山。向南陽往來欻忽。均州土寇同流寇焚武當。侵鄖西。自河渡江入襄陽。復折回淅川陝西寇亦出閿鄉靈寶。入內鄉淅川山中。與前寇合。巡按河南御史金光宸請遼東總兵祖寬及副總兵騎營火器營宜進伊嵩。以左良玉由河雒截于宜陽永寧。副總兵王進忠周維坊宜進魯山南召葉裕。而雷時聲劉肇基等預截于郟靈寶。賊盡而西。則秦兵犄角合擊焉。兵部定潼關以外南經宜陽羅山魯山南召各縣至于淅川。屬河南巡撫陳必謙。自淅川西經上津鄖西竹山房各縣至于九江。屬鄖陽撫治宋祖舜。自九江外經西安商洋與安各處至潼關。屬陝西巡撫甘學闊。各設防截賊。賊在秦豫山中。聞其向來糧米多由淅川水運以通荊襄賈販。可艘而致之。宜令南陽府遣官往淅川斷運。報可。

壬子。王邦柱爲外僕寺卿。史薘徐鑛爲大理寺左右寺丞。

都督□□趙官爲總兵官。駐寧遠團練。

平陽參將虎大威敗賊于交城。共斬一百九十一級。

諭兵部勒總理盧象升及河南陝西鄖陽各巡撫尅期剿寇軍令狀。

甲寅。大寇自鄖陽竹山平利白河洵陽西犯興安。

王業浩吳光義爲兵部左右侍郎。王世德爲右副都御史。巡撫雲南兼建昌畢節東川贊理軍務。兼督川貴。

乙卯。先是御史張壽祺揭溫體仁。體仁引疾。不允。上慰其出。壽祺又奏辨通政司倪思輝以聞。命勿上。

工科給事中郭九鼎疏救陳子壯。不聽。

巡撫河南右僉都御史陳必謙奏。敗寇之北折也。闖賊數誘別部。先從陳杞大許禹郟西奔。攖官軍之鋒。而身自中牟密登封深山僻境。避諸軍之銳。然官兵邀擊。一由葉鄧奔鎮川鄧州。一由魯山南召裕南一帶。村落荒涼。樹皮剝盡。亦兵寇俱飢。二月二十一日潰入楚之襄鄖。亦間走內鄉淅川。別部出商南。或擾靈寶永寧。賊情變幻而剿局因之矣。

丙辰。刑部主事錢啓忠言八事。停折派。開撫議。清刑獄。惜人才。奬淸吏。勸勞臣。宥戇直。恤義烈。

巡撫陝西右僉都御史甘學闊報北路諸賊奔慶陽之合水眞寧。西路汧麟游諸寇奔寧州一奔平涼之靈臺涇州。又總督洪承疇報四川總兵侯良柱協剿賊于鳳縣之三江口。走犯城固洋縣。共斬三百七十七級。賊逃山間。總理盧象升言。李自成等大賊奔漢江南。餘賊覬望秦豫間。豫楚秦川大山緜亙。賊出沒無端。若奮剿窮追。何地可歇。凡崇岡峻嶺。密箐深林。扳木懸崖。日行三四十里。馬行不能進。人苦于登。此時折色銀無所用。本色糧無從運。車驢無所施。勢必以人負米二斗隨兵來往。日食一升。一供兵。一自贍。十日而二斗之糧盡。毋論此十日內遇賊否。相持否。而以千兵入須千人肩運。萬兵入須萬人肩運。糧以兵運。不出十日而俱歸于盡矣。

丁巳。寇掠宜都夷陵枝江松滋歸州興山遠安。

賊犯鄖陽。總理盧象升率官軍敗之。

庚申。賑南陽災民三萬金。

巡按蘇松常鎭御史王一鶚薦屬官周延儒等。以濫及廢籍。責之。

辛酉。鄭崇儉爲右僉都御史。巡撫寧夏。

癸亥。巡撫陝西右僉都御史甘學闊削籍。以巡按錢守廉論其苛索飾報也。仍聽勘。

甲子。葉燦爲南京禮部尙書。程國祥爲南京戶部右侍郎兼右僉都御史。總督糧儲。

巡撫遼東方一藻改兼備倭兵部右侍郎兼右僉都御史。

唐王聿鍵奏南陽洊饑。有母烹其女者。

貢士黃光藻彭廷讚林崑輝劉□除名。

乙丑。國子祭酒倪元璐言。昨見湖廣黃安縣學生鄒黃遵旨具奏。妄行薦舉及臣名。不勝駭異。陛下求言若渴。

本期宣隱燭幽而脊人遂以干進。薄孔孟爲糠粃。網簪紳爲桃李。一月未久。鼇涌波騰。凡夫游閒失志之徒。狡獪生風之輩。無不人驚蔡澤。言擬千秋。以至市諢優詼。悉形奏記。顛魔醉譽。敢藐天威。吳鯤化以部民。參及撫按。鄒黃以下士薦及朝紳。如是而望天下宣力之臣。自好之士。揚眉昂首以集事致功。豈可得乎。上是之。

丁卯。故貢士吳江張期贈翰林院待詔。

河南永寧礦徒作亂。

戊辰。孫傳庭爲右僉都御史。巡撫陝西。

誠意伯劉孔昭劾國子祭酒倪元璐棄妻陳氏。封妾王氏。又及聽選監生許重熙所著五朝典注訕上。命燬之。

吏部文選郎中金麗秉以徇情添註。鐫二級。

己巳。諭兵部曰。邊臣閱視。須簡從分投。出其不意。幷禁餽索。以示搉卹。豈得輿蓋招搖。鋪氈結綵。出城放砲。離信送迎。且道臣不去。轉委佐貳。恣索詐害。苦軍蠹防。莫此爲甚。巡撫所司何事。令葉廷桂覆奏。

辛未。開封推官湯開遠被逮。許行間自贖。

永順桑植添平等土司。進馬踰二十餘日。以寇梗也。仍給全賞。

大學士錢士升上四箴。曰寬以御衆。如天之覆。賢愚倂包。功過在宥。大紘毋急。六轡毋驟。不競不絿。世躋仁壽。蕩蕩巍巍。大哉我后。曰簡以御下。若網若綱。要領獨挈。條目畢張。無爲守正。垂拱明堂。執要則逸。好詳則荒。程書衡石。徒敝章光。曰虛以宅心。如鑑斯空。妍媸好醜。畢獻形容。寂然不動。感而遂通。以意索照。億逆則窮。鄒鐵市虎。載鬼張弓。曰平以出政。如衡斯準。輕重無觭。哀益必允。舜貴執中。孔戒已甚。救弊矯偏。參調詳審。畏卒怖始。罔或不凜。

故總兵張全昌報澄城賊北走中部宜君鄜延。其攻宜君縣賊。西走慶陽。圍合水。其鳳翔賊。監軍道樊一蘅同總兵左光先戰汧陽。斬九十五級。遂走靈寶涇川山中。商雒賊走鄖陽河南。時兩路賊皆在慶陽。止闖將一部也。闖將李自成自環慶奪固原之北鎮戎所預望城。復走海剌都西安之乾鹽池近寧夏河東及靖虜城晝夜不息。又賊欲西奔臨洮翟昌。左光先疾趨前遏。斬四百二十五級。獲五十三人。

壬申。廬江布衣吳之俊上書。內請開礦。不許。

總理盧象升報寇渡江窺鄖襄。

癸酉。偏頭關參將桂聯芳失事戍邊。

命引涇水灌涇陽三原醴泉高陵臨潼之田。

令習武經騎射生童自十年始。其鄉會期十二年。

甲戌。撫治鄖陽右僉都御史宋祖舜削籍。祖舜輕寇。追之失利。亡其符印。

是月。布衣泉州杜孟麟奏團練鄉兵無分毫之益。而釀其害。何以言之。蹶張傾側之士。將帥鈇鉞尚難得其死力。矧督以鄉人。狎見親暱。安令其走死如騖哉。此無益于戰也。即云各守身家。不知貧富相凌久矣。平居尚且側目。變更快心。又富人累重。貧人裝輕。安能强其身捍强敵哉。此無益于守也。又云富出食。貧出力。患難相倚。夫親兄弟猶覬過而逃。何變之恃。緩則借富食以苟延。急則藉富貲為奇貨耳。此又無益于緩急也。近習澆漓。此輩念口體。迫飢寒。便生不肖。假之以聚黨置械之便。是生事之害。團練為兵。必藐視官府。州縣守備單弱。告捕必抗。箝束必淩。是滋患之害。且鄉兵猶之石田也。責以捕剿。則藉口保家。束以什伍。又非籍募。迨至行劫。託于捕剿。益不可言。是冒虛名受實禍之害。

華陽王至濾奏請冕弁二服。許之。仍命親郡王以後非六世以上不得混請換給冠服。

**四**月乙亥朔。灤州地屢震。

廣東道御史詹爾選言倖售挾逞。刺及陳啓新。上切責之。

丙子。吏部覆中外官薦舉共二百人。上召對武英殿。

苗胙土爲右僉都御史。撫治鄖陽。

武生李璡奏致治在足國。請搜括巨室。閣擬旨下法司。不聽。

丁丑。令有司務修練儲備。毋科擾。

大學士錢士升上言。昨發下武生李璡疏。御批改票。此票乃臣所分擬。原票實出血悃。有不敢不爲明主忠言者。自流寇蔓延。所在蹂躪。皇上憫生民之憔悴。懲吏治之貪殘。因陳啓新直言擢置省闥。豈眞謂其言遂爲確論哉。毋亦借此以磨礪縉紳。動其愧懼耳。乃比來借端倖進者實繁有徒。然未有如李璡之誕肆者。言縉紳豪右報名輸官。而欲行首實籍沒之法。此皆衰世亂政。載在史册。目不忍覩。而敢陳于聖人之前。小人無忌憚。益至于此。其曰縉紳豪右之家。大者千百萬。中者百十萬。其萬計者。不勝枚舉。臣不知其所指何事。就江南論之。士民豪富數畝以對。大率以百計者十之六七。以千計者十之三四。以萬計者千百中一二。江南如此。他郡可知。且所惡于富者。兼并小民魚肉鄉里耳。郡邑之有富家。亦貧民衣食之源也。非獨貧民倚命。亦國家元氣所關也。兵荒之故。歸罪于富家之朘削。議括其財。首實而籍沒之。此秦始皇所不行于寡婦清。漢武帝所不行于卜式者也。此議一倡。必使無賴亡命之徒。相率而與富家爲難。大亂自此始。倡此橫議以搖動人心。其包藏禍念。豈眞借端倖進已哉。初。璡疏責改票。內鈔錄前諭通政之旨。士升意欲申飭。溫體仁曰。上欲通言路。以所擬太重耳。遂改擬姑不究。是日召對陝西巡撫孫傳庭于暖閣。士升出以疏上。體仁止之。不聽。夕卽下璡疏。寢不行。明午有旨切責士升。密勿大臣與外臣不同。況値召對。卽應面奏。何必退生議論。卽欲要譽前路已足致之。毋庸汲汲。

談遷曰。李璡請搜括巨室。彼細人不足道者。工部主事李逢申嘗請商賈月權若干。縉紳量所有捐助其半。嗚呼。士大夫持論如此。其細已甚。可勝歎哉。末後搜括京城。國隨以亡。則嘉善所言。未可忽也。

戊寅。寇犯洋縣。

總兵秦翼明以步卒逐賊于南漳。深入山中。轉戰五六十里。敗之。襄穀均漳始無寇。

建虜竄歸化城。

己卯。故□□□蕭茂烈。贈應天府經歷。

壬午。總兵鄧祖禹敗賊于鄖陽。

大學士錢士升乞休。許之。初。溫體仁深結士升。其入相也。體仁凡有所爲。輒推之令先發。而後繼之。如用冢宰謝陞總憲唐世濟。皆體仁意也。而士升成之。及體仁逐文震孟。頗引士升爲證。士升亦有助體仁語。及所進所退已定。欲逐士升。前吳鯤化訐奏士升弟士晉。卽擬嚴旨。仍囑同事林釬毋泄言。欲借弟以逐其兄也。至是士升去位。自無損。而嘗爲體仁所用。幾受其累。體仁視之如遺也。體仁立心概如此。國家元氣。剝喪良多。至于胡寇交訌。不展一籌。則凡居政府。皆如是。不獨體仁也。

錢士升曰。余以甲戌春入佐機司。代言之暇。學稽六十年來絲綸稿簿暨起居注所載。閣揭其間繁簡懸殊。不啻倍蓰。大約揆局凡三變云。萬曆初。沖聖委裘。重臣柄國。其時政地精神。內與帝座相通。外與六曹相攝。遠與邊鎮文武將吏相呼應。指嚮所注。疾于風霆。令重君尊。議論少而成功博。此一局也。晚年海內無事。封章十九不報。于是太倉歸德山陰福清諸公。爭國本。爭鑛稅。爭起廢。爭考選。補大參。日無虛牘。甚且大聲疾呼。不少忌諱。而神祖從淵默中。迫而後應。故其時王言少而奏牘多。又一局也。熹廟之季。婦寺爲政。矯命夷于駢詞。獻頌擬于勸進。無譏矣。聖明御極。綸綍渙頒。天下翕然誦堯舜焉。十年來勵精幹蠱。綜覈名實。而當國者亦鞠躬竭慮以稱上指。凡題請奏報以及錢穀刑名之靡碎。斷斷無稍縱舍。取旨輒色喜。卽不當駁改至再。則惶怖請罪。更端射覆。盡喪其所懷來矣。故比來詔令嚴密。較萬曆間日當月月當歲。而還詔補牘之風邈如此。又一局也。

癸未。故□□□鄭翔。贈副總兵。

禮部尚書姜逢元左侍郎劉宇亮言。鄉試會試二三場兼武經書算。放榜後驗騎射。如南人十不得二。西北人十不得三。將提學官參治。上從之。

初。御史言天下生員舉貢兼習騎射。蓋將合衆騎射禦胡寇。中外咸曰便。

甲申。總兵牟文綬鎭守泗州。

太子太保駙馬都尉齊贊元邸中設神宗顯皇帝光宗貞皇帝神主。蓋公主存日朔望瞻拜者。上聞而按之。則遂平長公主婚禮。開司禮監送神位四。墨寫大明宗廟皇陵光宗貞皇帝孝元貞皇后孝和皇后各神位。又硃墨寫大明皇帝萬壽景命眞君光廟懿妃景命星君牌位二。原無神祖顯皇帝神位。瑞安大長公主。延慶大長公主。壽寧大長公主。寧德長公主。樂安長公主。各婚禮底簿皆同。惟廟號互異。俱司禮監造送。不知始于何時。公主將薨。卽焚訖。上遂不問。

乙酉。泇河重濬成。

免上津等十五州縣田租。仍賑粥。

丙戌。罷□□□傅宗皐。

工科給事中張元始言。崇禎五年以前逋租。恩詔蠲卹。若婪官透支挪移。及勢豪恃頑不納。豈容溷免。着新按臣嚴查實報。不許徇隱。臣愚以已征在官。自宜查解。如負在民。當一體蠲免。惟勢豪頑戶。摘參以警將來。若使五年之內再加搜索。朝廷受反汗之名。有司收染指之實。聖明恩詔。竟爲掛壁。良可惜也。廣東道御史詹爾選上言。大學士錢士升引咎回籍。明乎輔臣以執爭去也。此舉差强人意。皇上方奬許以示鼓舞之不暇。顧以爲相疑。以爲要譽耶。人臣無故而敢疑于君。非忠也。若乃全不敢執謂其君萬舉萬當。恐容悅之借名。亦非忠也。人臣而習于沽名。義所不敢出也。乃人主不以名譽鼓天下。使其臣爭爲尸位保寵。習成寡廉鮮恥之世界。又豈國家之利也。況今天下疑皇上者不少矣。何也。以天下人對皇上。皆中才以下之品也。知常而不知變。知平而不知奇。知法後王而不知遵遠代。如尙方劍不靈。將懦卒驕日甚。聖意感激。威于斧鉞也。而人見億萬之生靈徒供韎韐之逗留。則疑過于右武。穿札與操觚並課。非是勿錄。聖意取聰明才技分注于騎射。以助武臣之不振也。而人見賣牛買馬。絀德齊力。徒使强寇混跡于道途。則疑緩于敷文。免覲之說行。皇上意在暫甦民困。而或疑朝宗之大義反不値數萬路費之金錢。贓問之事日繁。皇上意在痛懲奸頑。而或疑明啓之刑書。豈能當萬幾加等之紛亂。其君子憂驅策之無當。其小人懼陷累之多門。明知一切苟且之政。或拊心愧恨。或對衆欷歔。種種隱情。有難殫述。輔臣不過偶因一事。代天下發憤耳。而竟鬱志以去也。輔臣以言去。自後大臣無復敢言矣。大臣不敢言。而小臣愈難望其言矣。所日與皇上言者。惟此苛細刻薄不識大體之徒。似忠似直。如狂如癡。售則挺身招搖。敗則潛形逋竄。駭心志而熗耳目。毀成法而釀隱憂。天下事尙忍言哉。

戊子。許順天府學訓導朱正春賜名充聚。應試北場。加解額一人。不爲例。

山西代州都督王忠報剿三座崖煉銀山土寇。時陝西監軍道劉三顧招撫賊過天星等。安置延安。巡撫山西吳甡奏定邊失利。與西川掠河岸者。卽降盜也。

諭釋輕繫。

大學士溫體仁等各捐俸市馬。以閱視關寧太監高起潛請之也。工部右侍郎劉宗周言。一歲之間。捐助陵工城工。又助馬價。亦何報稱于萬一。而時奉急公之旨。諸臣于此毋乃沾沾有市心。此臣所謂利也。且輯瑞何典也。亦議以捐助免倘遂行之辱國滋甚。請皇上罷得已之役。停不急之務。事事從節省愛養起見。不徒爲粉飾太平與倥傯成敗之計。敕戶兵工三部立定規模。不得多兵多餉多器械。以國予敵。而亦毋事屑屑言利爲矣

己丑。廷試拔貢士。

先是總理盧象升自南陽鄧州赴襄陽。同湖廣巡撫王夢尹進師。河南巡撫陳必謙亦討內鄉淅川餘寇。祖寬李重鎭兵由荆門達荆州。防其奔軼荆襄。檄秦翼明副總兵楊世臣等搜山。祖大樂由光鄧夾擊內鄉淅川。時江北賊盡河南賊少。大寇俱界秦楚萬山之中。竹山知縣黃應鵬。竹溪知縣魏鎭安。鄖西知縣劉伯元俱遁。

辛卯。官軍敗賊于萬安監。

命簡閣臣。吏部推姜逢元賀逢聖方逢年姜曰廣黃士俊黃道周唐大章謝陞唐世濟。

建虜薄宣府大同塞下。

壬辰。故□□□毛堪贈南京工部右侍郎。

癸巳。廷試歲貢生。

召文武大臣及御史詹爾選于武英殿。上怒爾選。詰之。聲色俱厲。爾選從容不爲詘。問奏內如何爲苟且。對曰。即捐助一事。亦苟且也。侃侃數百言。且曰。臣死不足惜。皇上幸聽臣事尙可爲。即不聽。臣亦可留爲他日之思。上益怒。欲下之獄。閣臣申救良久。命繫直盧。明日下都察院議罪。左都御史唐世濟議罰俸。上以所議涉誇。幷主稿御史張三謨削籍。爾選辛未進士。

談遷曰。先帝非愎諫之主也。聖明英露。喜迎惡咈。尤以帑詘計佐其急。如燭折不許。猶曰仍務軫卹。議兵曰

團練鄉勇。開納曰銓法無礙。將順已極。又屢行捐助。謂諸臣之自急公。而要非諸臣意也。怵于君相。羣靡然趨之耳。毋論爲抵璧投珠者所姍笑。而本朝俸薄。割養廉之需以塡巵漏。何異毫末。且苞苴乾沒。朘削攘奪互登其毒。民寒傷國。大盜日拱手而睨其旁。嗚呼。詹氏所云留爲他日之思。思何及之。有百夫諾諾。不如一士之諤諤。詹氏犯顏極諫。假言路盡若而人也。國家安有方蹶之憂哉。內臺議處。是時復有魯國一男子毅然爭之。詹氏當不深罪。而繼之者誰乎。噫。

予故博平侯郭振明祭葬。

甲午。刑部尙書馮英以雷應龍等站配奉旨輒行改贖藐玩。命下獄。時英旨下法司擬罪。英自赴獄。左侍郎朱大啓署部事。以聞。上謂原未令赴獄。遂出私邸待罪。初。囚例有囚糧。後囚衆糧少。廣西司主事王夢鼎視獄。請增給英每月增米二十石。量行改贖得罪。大啓于是各捐俸接濟。上謂大啓飾卸。有旨下吏部。大啓夢鼎議處。

戊戌。攸縣賊殺典史張芳案。

陳子壯釋獄。時唐王聿鍵劾其議禮不合。謂已譴。不問。

己亥。故□□參政盧謙贈光祿寺卿。廕子入國子監。故。

張維恭贈應天府敎授。

重慶翟昌進白兔。斥之。

辛丑。傳制冊封。

唐王聿鍵奏。二月蒙頒欽定宗藩規儀。又諭云。後地方官再有藐玩抗違。王卽查奏。各宗亦當恪遵祖制。毋出封越奏。今諸王不遵。凡拜進表箋。臣步送郊外。諸臣仍乘馬。又諸臣及進士舉貢入見。俱徑上月臺。入承運殿。啓本與奏本同。至今諸臣啓本仍如尺牘。院司至文移行批該藩。又命婦不內賀生日。又各官道値不避。命遵旨查明具奏。

曠鳴鸞爲光祿寺少卿。

總理盧象升次雒陽會師。

是月。龍英州叛目趙廷猷附莫敬寬。內犯茗盈州。總兵王揚德率兵斬二酋。仍諭莫敬寬擒獻廷猷幷所掠人畜以歸。

五月[illegible]朔。米脂賊攻綏德。聲言入蜀。又別部攻邢臺。

丙午。盧象升同河南巡撫陳必謙遣祖大樂赴永寧。李重鎭赴靈臺。

丁未。瑞王常浩請留參將唐通于漢中。許之。時通調延綏。

戊申。寇攻均州。總兵秦翼明卻之。

總督京營襄城伯李守錡免。落太子太保。

辛亥。成國公朱純臣總督京營。

予故□□□李孫宸祭葬。

故都察院左都御史吳時來孫濟惠求廕。不許。

癸丑。詔曰。朕仰承天道。俯御萬方。念此軍民。誰非赤子。止因官貪吏狡。年歲凶荒。致飢寒所迫。甘作非爲。一二無知。漸至脅從。遂衆數年來亡辜被僇。不知其幾矣。朕痛心惻念。寢食靡寧。目今在豫者已困飢深山。在陝者零星竄伏。行將大兵加剿。必定玉石難分。雖指示生路。猶恐各官舉行未善。若輩猜懼多端。或疑將領計誘殺降。或疑有司分別看待。或慮日後奸棍詐害。或慮目下生業銷亡。種種深情。良可矜憫。爲此再頒赦書。遣官馳諭各撫按大書榜示。從俗開導。如有悔罪投誠。棄邪歸正。卽稱救回難民。逐一查明籍貫。本地編入保甲。在各省分起護歸。各安井里之樂。永消反側之心。道府有司。卽以難民收復多寡安插得所爲殿最。違者指參重治。其或才力出衆願向督理軍前效用者聽。其圖功自見。一體敍錄。如怙終不悛。卽合力夾剿。務盡絕根株。無滋餘孽。撫順剿逆。朝廷法實無私。出死入生。若等不可失算。詔布遐邇。咸使聞知。

淸江縣南城陷二十餘丈。入地深二丈有奇。

甲寅。張維世爲右僉都御史。巡撫宣府。

丙辰。延綏總兵俞沖霄擊賊于安定。敗沒。失亡三千餘人。沖霄前有高梁之捷。故輕敵。賊收楡林敗兵爲導。夜從綏德井兒山至米脂。知縣溫應星力守。城得全。賊犯楡林。令奸細潛入約內應。賀人龍伏兵鎭川堡臥羊峪山。賊至舉烽。伏兵起。賀兵從外。楡林兵陷賊者從內夾擊。賊死無算。會大雨。無定河水溢。餘賊又多溺死。僅李自成張能劉宗敏數百騎西奔。高一功以賊萬餘從固原來合。隊復犯邠州。

己未。故□□□□宋鳴梧贈左副都御史。諭祭不爲例。

庚申。滋陽知縣成德逮至。下錦衣獄。德性剛激。在縣頗斃人杖下。前大學士文震孟入都。郊迎稱門下士。已坐臺劾被逮。德連章攻溫體仁。凡十上。盡發其奸狀。母張氏伺體仁輿出。輒道詬之。德移獄刑部。徵贓二千金。戍延綏。

談遷曰。世傳成德治縣忤知府王國賓。借其入文相國之門。羅織于烏程。而實非也。其師文相國。誠禍本矣。而王國賓不預焉。成公以氣勝。嫉惡如仇。閒浹月杖斃數十百人。則其受劾或別有繇。惜予未聞其詳。故不敢拾唾而譽之也。

陝西華亭知縣郭養民撫寇被執。俄歸之。失印。

辛酉。故和州知州黎弘業。故御史馬如蛟。並贈太僕寺少卿。廕子入國子監。故□□張元貞贈鴻臚寺司儀署丞。故□□唐正諫贈國子監丞。故□□趙光遠贈國子學錄。故□□張時行贈建德主簿。卜□謨贈山陰主簿。卜□志平樂主簿。

壬戌。上祀北郊。

琉球貢使蔡錦等還國。

寧夏總兵祖大弼等杖死寧州驛丞。兵部奏奪其都督銜。

丁卯。議旌吳江烈婦張士柏妻陳氏。士柏夭。富人徐仁脅嫁不從。知縣章日炌以刑拷。致自刎。于巡鹽御史路振飛所日炌尋沒。

戊辰。故□□□李時華贈國子助教。故□□□朱家彥贈國子學錄。故□□張祉。贈河內主簿。

己巳。官軍敗賊于洛川。

是月。故副總兵湯九川擊賊嵩縣。敗沒。

降盜張天琳安置延安復叛。謀渡河入山西。李自成馬守應馬盡忠等數部自楚豫入商南雒南大嶺。而眞定順德王剛遺孽復作。

陝西盜混天星九條龍等在林縣固原分營。聞張天琳叛。合謀犯蘭州河州。南犯全寧安定。洪承疇以甘肅總兵柳紹宗同左光先追之乾魚池。遏賊。仍東奔。

總兵秦翼明戰上津花嶺岡。鄖西燕子溝。共斬二百九十級。

兵部尚書張鳳翼以職方員外郎包鳳起賚詔招撫羣盜。鳳起奏。撫則當講撫之地。今日寇黨俾回原籍。鄉人指目。一言詬詈。彼不甘心。則原籍不可强之使回也。西安延安河南安陽屠掠之後。有兩城可并爲一城。兩村可并爲一村。以空城空村卽爲安置。按戶口。編里甲。給牛種。三年而賦。南陽裕葉間遠者百二十里。人烟幾斷。

于中路設一縣。徙流民實之。撫則當講撫之資。彼渠魁挾有厚利。脅從者多赤子。宜酌行賑貸牛種諸費。將于何出。撫則當講撫之人。以解散屬各撫。以安插責司道守令。必專心料理。如可居可耕。新附樂業。在舊民不擾。須擇才幹縣官專其事。縣務另行委署。事畢優敍。

前南京少詹事姚希孟卒。宏光初贈禮部右侍郎。謚文毅。

六月朏朔。刑部□侍郎張至發吏部右侍郎孔貞運禮部尚書賀逢聖黄士俊俱爲禮部尚書兼東閣大學士。直文淵閣。

乙亥。大學士林釬卒。釬字實甫。同安人。萬曆丙辰進士及第。授翰林編修。歷□□□□。崇禎丙子七月。召入閣。丙子正月。進禮部左侍郎兼東閣大學士。予祭葬。贈尚書。謚文穆。

故□□□李孫宸。贈太子少保。

丙子。前禮部左侍郎兼東閣大學士文震孟卒。長洲人。撫按以閒住不以訃聞。弘光初贈尚書。謚文肅。

癸未。司禮太監曹化淳同法司錄囚。

乙酉。洪承疇奏。秦中兵今實數共騎步一萬三千七百有奇。見選川兵五千三百餘人。俱步卒。專藍田商雒等處。堵剿秦豫接界之寇。先是李自成衆約三四萬。張天琳滿天星衆約二三萬。混天王衆約二萬。歷次剿散。混天王逃延綏。定邊勢孤。復合闖將至張天琳滿天星等。今奔延綏安定安塞。猶可督責收拾。闖塌天闖王蝎子塊等俱出鄖襄。已奔興安漢中。進則入三秦。退可犯楚豫。亟宜合兵湊餉。力圖協勦。

丁亥。總督洪承疇廕錦衣衛副千戶。巡撫張伯鯨廕錦衣衛百戶。一輩。

己丑。仇維楨爲順天府丞。

庚寅。曲陽王府朱天祐上書言事。以越關瀆擾。不納。

夜子刻。有大星如斗。色赤。芒耀約十丈。自西南流東。聲如雷。占東省災。

甲午。前南京刑部尚書姚士愼卒。士愼字□□。平湖人。萬曆甲辰進士。選庶吉士。改吏科給事中。庚戌請告。不奉旨遽出。謫福建布政司照磨。丙辰遷行人右司副。戊午尚寶丞。庚申光祿少卿。歷南京刑部右侍郎。進尚書致仕。年五十九。

故□□□孔聞籍。贈光祿寺少卿。

乙未。姜習孔爲南京鴻臚寺卿。

戊戌。都督王威爲鎭西將軍總兵官。鎭守延綏。

工部右侍郎劉宗周罷。

蔡國用鍾炌爲工部左右侍郎。陳贊化薛國觀爲右副僉都御史。劉之鳳爲通政司使。林宰爲南京兵部右侍郎。

己亥。巡撫河南陳必謙趨南陽。令南陽知縣何騰蛟諭淅川賊。不聽。總兵解進忠自往。被殺。

辛丑。熊奮渭爲尚寶司少卿。

夜。太白行張宿十度。犯木星。

建虜入喜峯口。巡關御史王肇坤死之。肇坤字六賚。蘭溪人。崇禎辛未進士。是冬予祭葬。贈大理寺卿。

建虜犯居庸關昌平北路。大同總兵王樸馳援。擊斬千一百四級。獲百四十三人。

江西饑。

七月癸朔。日食。時督修曆法山西按察使李天經與欽天監測驗。未合。命博求之。

南京戶部右侍郎兼右僉都御史總督糧餉呂圖南罷。先是南京衞所官以糧遲。糾數百人訴戶部司官陳夢瓉圖南乞留漕米十萬石。再截二十萬石。不候旨。被責。
東直門角樓火。
乙巳。京城戒嚴。命中軍李國輔守紫荆關。許進忠守倒馬關。張元亨守龍泉關。崔良用守固關。
國子祭酒倪元璐自免。元璐同邑右庶子丁進忌之。嗾誠意伯劉孔昭許奏也。
丁未。建虜深入掠西山。
戊申。太子少保禮部尙書姜逢元解詹事府事回部。
右通政魏尙賢光祿寺少卿周宗文並勒免。
故□□□朱國相。贈都督僉事。世襲□□衞指揮僉事。故□□陳弘道陳其志。各贈都指揮僉書。世襲正千戶。
延綏兵備僉事劉三顧削籍。撫賊被紿也。
眞定府通判阮維岳上治安別錄。有禁酒可省米麥若干稅酒可得課銀若干之言。
己酉。建虜間道自天壽山後至昌平。降夷二千人內應。城陷。總兵巢丕昌降。戶部主事王桂趙悅署州事通判王禹佐判官胡惟弘吏目郭永學正解懷亮訓導常時光守備咸貞吉提督太監王希忠及孟篭唐宗孔劉成等皆被殺。焚天壽山德陵。初內臣□□强巡關御史王肇坤開門納降夷卒爲累
命文武大臣分守都門。
故□□□余應元。贈光祿寺丞。廕子入國子監。故□□朱萬年。贈旗手衞經歷。故□□扈永寧。贈國子監丞。
命臨淸德州天津漕舟兼程毋留。
庚戌。建虜薄西山攻翟華城。守將姜瑄砲卻之。時謀南下。詐遺我副總兵黑雲龍書約內應。以雲龍勇敢。先陷虜脫歸。欲計去之。上知其詐。召諭雲龍。爾第安之。朕悉虜計。對羣臣焚之矣。爾且誘之入。亦一機也。雲龍出設

伏西山之北隅誘之。果斬獲。建虜知中計。走良鄉。

壬子。昌平叛兵薄西直門。建虜屯清河沙河南出。

前大理寺左寺丞劉重晦卒。重晦贛州人。萬曆丁未進士。知臨淮。拜山東道御史。敢言事。終寺丞。

兵部傳檄徵山東總兵劉澤清五千人。山西總兵王忠猛如虎四千人。大同總兵王樸保定總兵董用文各五千人。山永總兵祖大壽萬五千人。關寧薊密各總兵祖大樂李重鎭馬如龍共萬七千人入援。

唐王聿鍵奏率兵勤王。不許。

勇衞營太監孫維武劉元斌以六千五百人防馬水沿河。

癸丑。寇陷成縣。

甲寅。撫治鄖陽右僉都御史苗胙土撫盜。詐降而叛。

惠州大風。壞民居亡算。

丙辰。召廷臣于平臺。問方略。時斗米三百錢。上憂之。戶部尚書侯恂言禁市沽。都察院左都御史唐世濟言破格用人。兵部尚書張鳳翼言各鎭兵數。刑部左侍郎朱大啓請列營城外方可守禦。吏科都給事中顏繼祖言收養京民細弱。上諭如此莫若捐助爲便。

罷□□□□葛寅亮。

故禮部右侍郎顧起元。贈尚書。廕子入國子監。弘光初謚文莊。

丁巳。免應天五年以前逋租。

建虜攻寶坻。尋陷。殺知縣趙國鼎。主簿樊樞。典史張六師。訓導趙士秀。國鼎字象九。欒平人。崇禎甲戌進士。

己未夜。月食。

庚申。仇維楨爲兵部右侍郎。添設鎭守通州。吏科都給事中顔繼祖爲太常寺少卿。提督四夷館。

壬戌。巡撫陝西右僉都御史孫傳庭擊賊盩厔。擒闖王安塞高迎祥及劉哲等餘盜。遂推李自成爲首。

吳偉業曰。寇賊奸宄。蟊螣螟賊。皆一氣所生。自古流孽之作。未有不號數十萬。數十萬之衆。亦未有一敗而不卽滅者也。賊初作難。發于延綏。其北多逃兵。而神木靖邊綏德慶陽延安最劇。南多饑寇。而西川淸澗中部延川保安最劇。據府谷。破合水諸縣。延鄜慶平之間。井涇木刊者幾千里。秦食盡。晉代之受病。先後渡河而東者三十六營。首據河曲。破汾霍。蔓于興嵐。已襲據臨縣。陷遼州。東擾澤潞。內犯忻靜。五年之內。九十郡邑。不被寇者三五耳。晉食盡。豫代之受病。其波及楚蜀兩畿者。皆豫之餘也。南侵武安。據林縣。聚于武涉。河以北騷然苦兵。闌入畿南。掠趙州寧晉。別自五臺侵行唐。踞井陘。南哨臨洺。邊兵大集。還逃河朔。賊大困乞降。亡何河冰合。有澠池之潰。河北之津。駐兵曹濮。扼勿使東軼。羽林佽飛之士從中下。與諸邊承恩勍騎蹙而殲之。賊成擒耳。稔惡未已。再得渡河。從此而南分爲三支。入伊陽。犯商雒。或自嵩伊犯汝州。南屯魯寶。緜華陰復歸盧靈。稍入于秦。其南走盧氏嵩縣三山。緜間道至內鄉。驟入楚。其東潰者。徧于宛境。及汝寧歸德。內犯新蔡。已越壽亳。陷潁川。奄入中都。聚盧安。圍桐巢皖。陪京大震。旋返永睢。汝黃踞伊宛。或掠雲夢。大抵皆還商雒。合于大賊。其入楚者。據鄖津。蔓襄荆之間。破當陽。入于蜀。回聚房竹。遁平利。或自鳳隴入漢。返鄖連營千里。犯均光。流毒棗陽隨應。伏黃陂。屯桐柏信陽。走蘄黃。逼襄鄧。別自英山破羅田。迫于大兵。盡遁秦川。方秦事之殷。秦將士大小數十戰。斬首三萬六千。弓不及彀。馬不及秣。掠者不及收。傷者不及起。數道之寇。復相率而歸秦。秦地方數千里。防豫之界。曰潼關。曰商雒。防楚之界。曰平利。曰紫陽。曰白河。防川楚之界。曰漢中。曰寧羌。防晉之界。曰延鄜。黃河一帶。賊未入秦。逐賊者窮馬足。扼賊者環車轍。謀聚而殲焉。旣併入于秦。合于大夥。而賊益慓悍無忌矣。再自秦朱陽關直犯汴城。還竄禹許。從沈丘突潁亳。別自嵩翟趨陝禹。圍密縣。去擾澠永。或遁靈盧。已乃殘雒汝。南破和合。圍江浦滁州。西還汴城。走入內淅。漢江春殘。有自白河光穀而渡。深林密箐。阻山公行。邊兵既撤。荆襄之間。受其虔劉矣。而內淅之賊再擾。興之賊已深。秦豫之警。月凡數告。兵何繇以息。民何繇以安也哉。詔書切責諸大吏。盡賊而止。賊奔散之餘。跳驅走險。困蹙乞降。冀緩我師。國家以大兵臨之。若不自縛以獻。屈强山谷間。如釜魚阱獸。趣即糜爛耳。雖然。賊耰鋤棘矜之人。郡縣討捕力也。不得已而至用兵。偏將軍之師。費旬日糧。足以辦此。乃自有賊事以來。督理則三邊五省總其令。撫治則秦晉豫楚蜀鄖鳳陽兩畿。通其謀。應援則南樞兩操。東撫防其潰。總鎮則征西鎮西平羌臨鞏山西昌平保定湖廣將。其兵士卒則禁旅六千。薊密夷漢。關遼鐵騎。天津招標。鎮筸茅岡。施南石砫。川浙滇黔辰虔數近十萬。供餉則截留部發。冏寺馬價。親藩士大夫捐助。數逾百萬。旬獻首功。月報大捷。積歲斬馘每營萬計。八大營合之無慮十萬。而賊勢滋蔓益甚。入晉已多于秦。入豫楚愈多于晉者。何也。夫士不素訓。不可以應卒。計不豫定。不可以弭變。申令不齊。不可以明罰。糗糧不備。不可以致武。兵者武事。以怨則立解甲之日。距躍曲踊。乃可一戰。李陵軍有女子。而鼓聲勿起。豎穀陽進酒。子反而楚人宵潰。今前有一死之懼。後有三軍之樂。往者既利。來者慕之。採掠稽留。緩追逸賊。夫先自退也。已焉能先人。且疆場之間。一彼一此。賊在秦豫則秦豫急。賊在淮楚則淮楚急。事之不捷。過有所分。雖無專功。亦無專罪。將士多高班。詐增首虜足以養階勳。避文法。其甚不律者。大吏不能直繩。奏下兵部。乃當之奪官。夫死敵之賞。與奪官之罰。未見人之趨賞而避罰也。爲將之道。非深執忠孝。持己廉信。則輕財果毅。獲人生死。今之債帥。奉己而已。志不在軍。軍之所出。下令懸賞。饗士椎牛之具。將不能辦也。既戰。折矛傷弩。罷馬亡矢之費。將不能出也。傷者空財而供藥。完者肉酺而華樂。將不能給也。乃聽其自掠。而將操其五。坐而得利。故三軍之中。約束禁令。將不爲也。且又不能。賊之來也。百里斥堠。惟覘苗頭。兩軍相當。則有活仗。賊初以輜重爲餌。兵以爲利。繼以脅從爲餌。

兵以爲功。夫至兵以爲功。百姓之命。其哀號宛轉于矢石之下者。不可勝數矣。賊之所過。滌地無類。家貧戶罄。民生不聊。遇賊死。不遇賊亦死。藉第令無死。官軍所淫掠者。十室而九。老弱顚踣。壯夫詿誤。土賊數見告矣。客兵行鹽月餉。三倍土著。賊傳城而陣。乃請濟師。賊去而兵始來。兵罷而賊又至。有司饟廩竭矣。或閉門而謝曰。我所守者天子之民也。將或循城而詢曰。我所將者天子之軍也。郡無見錢。縣無見穀。本折兼支。逗留城下。夫士之偏袒搤擊。深入敢決。皆以氣之蹻與力之銳。故遇敵則奮。乘堅則拔。今調援之卒。裹糧數萬。負弓矢萬人。越燕趙齊魏之郊。敻地數千里而未見賊。賊阻林谷爲險。士緣山負食。乾糒飲水。不見鹽穀。曾未接戰而師病矣。郡縣供其扉屨資糧可也。不則桀驁狠戾。鼓之勿前。尙安事兵。吏議不能盡賊。曰撫之。夫賊撫則吾民也。不撫則吾寇也。奈何其忽。今宣布詔書。予以不死。賊且降且殺人。未肯解甲。嚮者臨縣信之而城破。眞寧信之而印失。武陟夾剿。信之而南逸于河。棧道合圍。信之而潰決千里。置河西則抄暴不止。編行伍則寇掠如故。其帖然不終叛者。僅一二支耳。然則今日之計。從可知已。賊阻山。我師奪山者勝。賊忌水。我師扼水者勝。賊恣掠。我以飢困之。賊用衆。我以寡擊之。賊以乞撫愚我。我計間之。潼關之險失其通者。曰華陰。曰華淸。曰商南。曰雒南。大散之險失其通者。曰階文。曰蜀道。曰秦川。曰斜谷子午黑水谷。高山絕險。遂爲五達之逵矣。盧氏內鄉淅川三省之會。伏牛深亙數百里。太和諸山地接宛雒漢興均穀房竹。彼抄盜公行。我車騎難入。英六山深土曠。賊走集焉。吳越守江。其要者曰焦湖望江裕溪泥汊。齊魯守河。其要者曰上流。自曹至延津三百里。下流自單至徐三百里。此數地者。今日之所急者。秦豫土疏民慢。山邑恃城。城已惡而不修。村疃鎭集。富比一都。而無垝垣之守。楚則商車之所集。市民饒于郭。郭民饒于城。賊皆生心。犯此數忌以爲賊資。而我有叛兵。有土寇。有難民。以日益其衆。援師日夜奔郡縣之急。而陵園漕運親藩諸地宿重兵。賊勢益急。我師愈分。我師愈分。賊勢益急。此變計之日也。客兵戰。主兵守。山民守砦。澤民守川。重民守家。

輕民守市。無郊處而驚。無散地而走。無夜呼而恐。無露積而懼。諸大吏視郡縣足辦賊者。以賊委之。厚集其力。無分兵。無分命。視賊甚獷悍者。扼其一支。賊之所逐。我必斷之。賊之所避。我必致之。以數省之師。先後夾擊。屠磔務盡。賊偏敗必擕。無黨必阻。然後宣示賞購。洗滌脅從。百萬之衆可一朝而散也。且討賊以來。大臣不聞自請視師者。士大夫不聞以家財佐軍者。大帥不聞以罪用鉞者。士卒不聞以功遷右列者。其故何哉。惟邑丞郡倅能殺賊者。卽爲眞。廝役徒養能殺賊者。卽爲將。百姓有止賊鹵獲者。以其全予之。散私財募義勇者。賜爵級束帛。風示天下。若夫茇舍草止之禮也。糧從軍行之法也。軍無頓舍。士不宿飽。而欲卒乘之輯睦。此不可得之數也。士持糧置竈。老弱私從負羈贏囊槖士傳器而食。嚴刁斗而止。無因民火。無雇舍宿。如是以令于軍中曰。犯者殺無赦。軍志于是乎一矣。是故民弱而其勇可使也。兵驕而其敎可立也。兵民志意不齊。其道可相爲用也。夫使民不畏賊。兵不擾民。而賊氣勿破傷賊黨勿震壞者。有是理哉。然則將士受命討賊。八年而功勿成。是皆謀臣之失長計。非賊能久稽天討也。

癸亥。兵部尚書張鳳翼自請總督各鎭援兵出師。許之。賜尚方劍。給萬金。賞功牌五百。監視關寧太監高起潛爲總監。南援霸州。遼東前鋒總兵祖大壽爲提督。同山海總兵張時傑屬起潛。給三萬金。賞功牌千。購賞格。兵科給事中張第元監軍。巡撫遼東方一藻守山海關。

總督薊遼丁魁楚率兵赴援。太監鄧希詔王之心各總督。

建虜陷定興。殺前光祿寺少卿鹿善繼。後贈大理寺卿。陷房山。殺典史孟增秀。他州縣多陷。

總督陝西洪承疇奏秦盜張天琳等詐欵。

杜三策爲太僕寺卿。

甲子。入援總兵董用文守良鄉涿州。王靖東援鞏華城。

乙丑。汀州饑。巡按御史應喜臣以聞。有旨責向來積穀安在。

丙寅。上聞建虜焚昌平。攻翟華。似有歸意。諭兵部聯絡京軍合剿。

吏科給事中陳昌文言。往例禮兵部部郎及科道例轉乃得外道。餘部郎俱官知府。今畏錢糧參罰。俱就道闕。如松江知府方岳貢十年不調。故府闕或二三年未補。道闕競趨之。請今後部郎不得多越府轉道。道實俸二年方轉任加銜。庶收久任之實。蠲卹之詔。謂四五年來實欠在民。安得欠數之多哉。收糧之人。半奸胥猾吏。全收不納。妄開欠戶。有司曰此欠在民也。上官責遣何從徧弔。亦曰此欠在民也。其未必皆民也。祖宗朝凡有蠲免。多係本年租稅。則一當百。十當千。勝于蠲久年之逋也。設處之令。謂民窮不堪重累。故責院道有司多方措置。或官贓。或各耗餘羨。或節省供應。或義助。毫不及此。其實各官未盡有此公費。總之以丁畝爲灌輸之府。闕廂爲銷歸之地。名不加派。其弊尤甚。設處原權宜。不當屢行。卽不得已行之。正須裒益通政。民本多許封進。顧有冤民。有奸民。又有借冤以售奸。其爲害豈直一二已哉。設令撫按虛公從事。庶冤民得白。而奸民不敢自喜也。

丁卯。諭兵部。敵至城上樹旗一。薄城則二之。攀城則三之。攻急則四之。夜懸燈亦如之。見旗。二游兵集守。卽他虞不得回顧。

兵部左侍郎王業浩署部事。起王家禎張福臻兵部左右侍郎。添設。

庚午。止關寧總兵馮任入衛。

京軍五萬駐琉璃河。遼東總兵王威幷三屯營兵會涿州。

辛未。起都督王承胤爲總兵官。鎮守居庸昌平。

前司禮太監張雲漢韓贊周爲副提督巡城閱軍。司禮太監提督右安門魏國徵改內官監。守天壽山。

八月壬朔。唐王聿鍵率護軍千人勤王。汝南道參議周以典止之。不聽。至裕州。巡按御史楊繩武以聞。命勸阻還國。適前鋒值寇掠內豎二人。乃返。

天壽山守備魏國徵總督宣府昌平京營御馬太監鄧良輔爲分守。太監鄧希詔監視中西二協。太監杜勳分守。

改順天鄉試九月。

癸酉。初昏有大星西流有聲。色赤。

丙子。總兵王樸敗建虜于涿州。斬二百餘級。

丁丑。保定兵趨易州。

建虜攻固安。

梁廷棟屯涿州西門。丁魁楚屯蘆溝橋。

戊寅。太監康朝督理京城巡捕。

括勳戚文武諸臣馬。

予故□□□□林學曾祭葬。

己卯。建虜陷文安。尋陷永清。分攻灕縣遂安雄縣。

庚辰。張元佐爲兵部右侍郎。添設鎭守昌平。時太監提督天壽山。皆即日往。上語閣臣曰。內臣即日行道。而侍郎三日尚未出。何怪朕之用內臣耶。

督師兵部尚書張鳳翼總督宣大梁廷棟及總監高起潛敗建虜于涿州南。斬三百餘級。

盜馬守應焚開封西關。

辛巳。諭戶部議通州之運。

壬午。司禮太監盧維寧總督天津通州臨淸德州。內中軍太監孫茂霖分守。

兵部報故輔馮銓力守涿州。亨士卻敵。又總督宣大梁廷棟亦盛稱其功云陰扶社稷。科臣駁之。已銓再上書請文武改任。又言司馬光通鑑。朱熹樂書。俱成于家居。臣效以贖前愆。蓋銓善結納。覬復官。終以欽案不果用。

癸未。建虜自雄縣至鄚州口。總兵劉澤淸擊卻之。

甲申。梁天奇許世美爲大理寺左右少卿。

乙酉。建虜攻香河。回涿州。陷順義。知縣上官藎自經。殺訓導陳所蘊游擊治國器都指揮蘇時雨等。宿昌平。明日。値官兵蘆溝橋。趨東北。至懷柔文安。陷西和。

丙戌。建虜自香河趨河西務。

考定館員。修撰劉理順編修吳國華楊昌祚張居林增志魯元寵劉正宗王用予賴垓薛所蘊胡守恆梁兆陽馬士驊李景廉郭三祥庶吉士吳太冲羅大任爲檢討。王文企爲吏科給事中。

丁亥。諭緝奸宄。

御史□□□論巡按福建御史應喜臣薦地方人才及前南京通政周維京。夫維京乃逆黨也。吏部尙書田唯嘉覆上文選司署員外郎事主事周廷鑨。以父維京不列銜。遂上章自理。詔逮喜臣。

賑昌平粟三千石。

進洪承疇兵部尙書兼右副都御史。仍總督。

戊子。召廷臣于平臺。及河南道御史金光宸。初。光宸參督師張鳳翼及鎭守通州兵部右侍郎仇維楨。首敍內臣守禦功爲借援。又請罷內臣督兵。上勿善也。是日。上怒甚。曰。仇維楨方至通州。爾卽借題沽名。意重置之適大雷雨。議譎。

兵部主事李仙風爲昌平道兵備僉事。

己丑。巡撫山東右僉都御史李懋芳以不入援山東總兵劉澤清勤王至河間不卽進。奏懋芳靳不發兵奪官。而境内報盜發。且防河。暫令視事。而撫標纔三千人實難分也。

許南京各部司屬同考選。

予故新蔡知縣王信祭葬。

工科給事中張元始言寶源局穴墻作奸。命窮治之。

庚寅。建虜屯密雲平谷。

壬辰。給祖大壽馬百二十匹。賜山西總兵王忠金幣。各犒其兵。

以唐王擅兵。下宗人府部科議其罪。

禮部□侍郎傅冠署詹事府。

故福建□布政使申紹芳遣戍。

癸巳。朝鮮遣使入貢萬壽至于寧遠。

丁酉。陝西主考吏部□□員外郎阮元聲卒于貢院。

戊戌。故□□蔡演傳扶風知縣王國訓□□夏建中□□陳紹南□□陳儒循□□張弘剛各祭一壇。

己亥。□科都給事中常自裕爲太常寺少卿。

辛丑。建虜掠雄縣而北。偏蹂赤縣。攻陷城堡。督師兵部尚書張鳳翼自京出。總督宣大梁廷棟自南至。俱躡之不敢擊。鳳翼屯遷安之五重安。從鄧林奇之計。固壘自守。建虜出建昌冷口。守將崔秉德力守遏其歸路。總監高起潛令牛渡擊之。亦林奇之計。實縱之也。永平監軍劉景耀忿之。欲自身戰。士民挽之不聽。率兵戰遷安之棗村河。夜擊殺一二百人。鳳翼在五重安。經旬不出。

是月。承天大水。

九月壬辰朔。建虜出冷口。掠我子女。俱豔飾乘騎。奏樂凱歸。斫塞上木白而書曰。各官免送。凡四日乃盡。偵騎拾其遺牌。亦書各官免送。高起潛度退盡。始進石門山。報斬三級。

談遷曰。張鳳翼自請出師。蓋懼爲丁汝夔之續耳。以樞臣之重。提衡諸將。何所不得志。而參以總閹。分其節制。權且掣矣。然樞臣所統卒度不下一二萬。足當一面。縱敵飽颺。則又不當委罪總閹也。建虜善用兵。分掠則未知其衆寡。且隅出莫測。及出塞。則大部俱返。雖捆載而行。必精兵殿後。然雛視我兵。戀輜重。有生之志。無死之心。其便可擊。而甘受巾幗之名。失此良會。若輩眞有胸無心者矣。高起潛云牛渡而擊。欲縱虜自免。猾閹之習。其後而三尺法嘗行于制閫。終不及總監。亦何以令閫外作其氣哉。夫建虜日强。昨歲全收插部。更無西顧之虞。且資其衆。日見雄長。聞插部全收。建憨大悅。置酒高會。語其下曰。南朝君驕而臣諂。兵弱而民窮。亡無日矣。噫。堂堂中國。爲建虜所窺料如此。而當事漫不加意。前失于坐視插部。不爲籠馭。今失于惰歸。令彼狃爲坦道也。邊事積窳。欲毋以國與敵得乎。可勝歎哉。可勝歎哉。

建虜犯遼東西河。

尉氏寇敗走開封。左良玉擊卻之。

癸卯。督師兵部尚書張鳳翼卒于行營。或曰。懼罪飲藥也。

甲辰。史𡐓爲右通政。凌義渠爲兵科都給事中。

諭慰賑難婦。

建虜攻朝鮮。

登萊總兵官沈冬魁登島總兵官陳洪範進師耀州北岸。時建虜侵朝鮮故。

進朱陽關捷祖寬俱右都督。

戊申。予故□□余應元祭葬。

己酉。進盧象升兵部左侍郎。總督各鎭援兵。賜尚方劍。

庚戌。建虜攻山海關之一片石紅山溝。山永巡撫馮任禦卻之。

癸丑。余珹爲順天府丞。

錦衣衛指揮僉事許夢麟。奸女論死。

丁巳。諭兵部曰。今年飽颺。計來年復逞。練兵買馬。制器修邊。刻不容緩。連年多故。帑匱民窮。令兵部司官借武淸侯李誠銘四十萬金。發關寧治備。借駙馬都尉王昺萬煒冉興讓各十萬金。發大同西寧。令工部借太監田詔金十萬。治甲胄。借魏學顏金五萬。治營舖。俟事平帑裕償之。如尚義樂助。從優獎敍。

庚申。司禮太監孫象賢調南京。同張彝憲守備。

辛酉。總督宣大兵部右侍郎梁廷棟巡撫□□右□都御史張鵬雲並免。廷棟尋卒。後刑部論辟。廷棟字無它。鄢陵人。萬曆己未進士。授南兵部主事。遷西寧兵備僉事。留心邊務。喜談兵。轉山東濟南副使。値魏忠賢建祠。不署名而歸。後起備兵沂州。尋調關內道。同督師袁崇煥本兵王洽職方余大成數論兵事。庚午。巡撫順天。召對稱旨。越一二日。拜兵部尚書。總各路援兵剿禦。又三日。命回部。調度有功。已罷去。乙亥冬。起今官。及出禦敵。一籌莫展。遂鬱鬱以沒。

壬戌。寇至登封。

癸亥。盧象升總督宣大山西軍務。吳阿衡爲右僉都御史。整飭薊州邊備兼巡撫順天。

甲子。寇至尉氏。

丙寅。張天禮爲署都督僉事總兵官。鎭守永平霸州。

寇至汝禹。

戊辰。前浙江提學副使黎元寬下臺訊。

故□□葉濟衆。贈太僕寺少卿。

己巳。順天始鄉試主考□□黃景昉□□閔仲儼。十月榜出百二十四人。例百五十五人。時眞定保定永平之士被警不至。

王家禎仍以兵部左侍郞兼右僉都御史巡撫河南。總理直隸湖廣四川山西陝西軍務。張福臻仍以兵部右侍郞兼右僉都御史。總理薊遼保定。

徐鑛范復粹爲大理寺左右寺丞。

辛未。皇五子慈煥生。皇貴妃田氏出。

十月軠朔。禮科給事中馮元飈言。臣待罪禮科。與聞掌故。每見鉅重諸務。類多廢弛。習爲固然。莫之省究。如謚法五年一舉。今或再訪而無一報。曆法終古不易。今或持各是而滋大疑。積怠成荒。蓋難枚舉。至若實錄則萬世是非之衡。亦一時勸懲所恃也。歷朝以來。雖御世長久。事蹟繁重。實錄之成。無踰數年。今熹廟七載。書不過八十餘卷。翰林有起居之職。六曹有章奏之抄。內閣有票擬之籍。纂輯磨對。豈待九年。何徇何疑。坐成廢閣。此固非一政一事之偷惰也。伏乞皇上毅然獨斷。卽敕所司將實錄寶訓立行竣役。如寶訓頒而是非不公。許廷臣糾正。按治如法。上是之。

談遷曰。熹宗財七載。江陵時限纂修官一人。每月竣一年。則熹廟錄七載。在一人計月可就。而纂修彌衆。遭延彌久。前閣臣不當率厲之乎。修文如此。推之他事。日玩月愒。政所謂泄泄沓沓也。

癸酉。禮部□侍郎傅冠言四事。保元氣。辨才品。正綱紀。信詔令。報聞。

甲戌。提督京營張國元兼理巡捕。

乙亥。巡視太倉□科給事中韓源御史林棟隆論浙江左布政使姚永濟志存囊橐。解銀短惡。宜賜處分。從之。

丙子。內庫胖襖不堪凡四千四百餘件。責司收者。

前工部右侍郎劉宗周上言。臣出國門至天津。始知胡騎入犯陵園。破昌平而南。臣因臥病津城月餘。回瞻天表。愈增馳戀。自己巳以來。無日不綢繆未雨。而禍亂一至于此。近原禍始。張鳳翼小有才而器識不足。久溺中樞。一旦胡騎闖入。偵探無聞。調援不速。動成束手。行間之任。蓋非其人可知矣。朝廷又從而嘗試之。卒至于敗事。不聞政府有主持。兵垣有封駁。則當事諸臣有不得辭責者。臣以爲非一朝一夕之故也。往者己巳之變。袁崇煥誤國。其他不過爲法受過耳。小人競起而修門戶之怨。舉朝士之異己者。概坐煥黨。日造蜚語。次第寘之重典。或削籍去。自此小人進而君子退。中官用事而外廷浸疎。朝政日隳。邊政日壞。文法日繁。欺罔日甚。今日之禍。實己巳以來醞成之也。且以張鳳翼之溺職中樞也。而俾之專征。何以服王洽之死。以丁魁楚之失事于邊也。而責之戴罪。何以服劉策之死。諸鎮勤王之師。爭先入衞者幾何人。不聞以逗留蒙詰責。何以服耿如杞之死。今且以二州八縣之生靈。結一飽颺之局。則廷臣之纍纍若若。可幸無罪者。又何以謝韓爌張鳳翔李邦華諸臣之或戍或去。豈昔之一一爲異己驅除者。今不難以同己互相容隱乎。臣于是知小人之禍人國無已時也。我皇上聰明不世出之主。賢奸何有不燭。然頻年以來。皇上惡私交。而臣下多以告訐進。皇上錄清節。而臣下多以曲謹容。皇上崇勵精。而臣下奔走承順以爲恭。皇上尙綜覈。而臣下瑣屑吹求以示察。竊其用心無往不出于身家利祿。皇上不察而用之。則聚天下之小人立于朝。有所不覺矣。人才之不競也。非無才之患而無君子之患也。人人知身家不知有君父。知利祿不知有廉恥。相率爲全軀保妻子之計。此今日國事之所以敗也。今天下卽稱乏才。亦何至盡出一二中官下。每當緩急之際。必依以大任。此在前日已成覆轍。方更絃之不暇。乃三協有遣。通津臨德有遣。又重其體統。等于總督。中官總督。將置總督于何地。總督無權。將置撫按于何地。是以封疆嘗試也。且小人與中官每相引重。而君子獨岸然自異。故自古有用小人之君子。終無黨比中官之君子。皇上誠欲進君子退小人。而復用中官以參制之。明示以左右袒也。是時有起而爭之。則天下之昌言。御史金光辰竟以此逐。若惟恐傷中官之心者。尤非所以示天下也。至于近日刑政最舛。成德傲吏也。而以贓戍。何以肅懲貪之令。申紹芳十餘年監司也。而以莫須有之鑽刺戍。何以昭抑競之典。鄭鄤久干鄉議。而杖父之獄。或以誣告坐。何以示敦倫之化。此數事者。皆爲故輔文震孟引繩批根。卽向者驅除異己之故智。廷臣無敢言。皇上亦無從而知之也。嗚呼。八年之間。誰秉國成。而至于是。臣不能爲首揆溫體仁解矣。詩曰。誰生厲階。至今爲梗。溫體仁之謂也。仰惟皇上念亂圖存。首以退小人進君子。挽回世道。于是植人才以資幹濟。開言路以斷大猷。仍急罷三協通津之使。責成中外諸臣各修職業。不再以人國爲僥倖。體仁所爲桑榆之收。庶幾在此。不然。徒出苟且。由今之道。無變今之俗。一日戎心叵測。捲土重來。天下事尚忍言哉。疏上。不報。

丁丑。省祭餘姚□□言。三途兼用。薦舉賢能。城府未化。不及吏民。其舉進士舉貢監儒。或陰行起廢之局。或適合應得之官。或信其負才上進。不肯輕就。或諒其年邁龍鍾。不久任事。或意其孤介好閒。不願爵祿。舉十而應之。必無二三。以此塞責。卽卸責之術也。六曹之事。與天下相表裏。今諸臣畏禍。以當事爲攢眉。謝事爲倖免。民之好亂。催科擾之耳。兵興以來。勢必加派。今畏降級罰俸之及。明示吏民曰。自要官顧不得爾輩。于是不責納戶。專責糧長。更有錢糧已赦。乘急沿追。皆有司之過也。國家養兵日多。用兵日少。土著旣不能立功。而撥兵之害甚于流寇。誅之不可勝誅。不誅則驕悍成風。何以輯之。臣謂兵鱀之將。憑之律。非一時可辦也。

戊寅。禁文武輿蓋器飾之僭。

故大學士錢龍錫卒。龍錫字稚文。華亭人。萬曆丁未進士。選庶吉士。授□□。歷南京吏部右侍郎。天啓丁卯十二月。忤璫削籍。崇禎初。進禮部尚書兼東閣大學士。己巳二月。皇長子恩。進太子太保文淵閣大學士。十二月罷。庚午八月被逮。以袁崇煥同議殺毛文龍也。法司論辟。中允黃道周疏救。辛未五月。戍定海衛。

己卯。□□道御史萬之翰謫福建按察司照磨。

辛巳。劉承祚爲右僉都御史。巡撫宣府。贊理軍務。

進溫體仁少師兼太子太師中極殿大學士。廕中書舍人。張至發孔貞運賀逢聖黃士俊俱太子太保文淵閣大學士。廕子入國子監。賜金幣。

議再徵房號及諸生優免銀一年。幷增漕糧銀折價。

壬午。巡按山西御史張孫振劾山西提學僉事袁繼咸蔑憲婪贓。命逮獄。先九月。巡撫吳甡及孫振合薦。請特加優擢。以重學政。下吏禮二部察覆。尋見劾。上幷詰甡之薦繼咸。守官奉功令。生平卷袠外無長物。孫振貪險誣劾。人爲切齒。

宣城伯衞時春署後軍都督府。□□王揚德爲南京後軍都督府僉書。仍兼提督神機營。劉永灝爲錦衣衞南鎭撫司僉書。楊國柱爲鎭朔將軍署都督僉事總兵官。鎭守宣府。

甲申。諭中外修職繕備。

起守制楊嗣昌爲兵部尚書。改姜曰廣吏部右侍郎。

兵科給事中宋權言。銓政之弊。僅舉邊道。邊撫言之進士乙榜。但論才幹。不論資格。聖諭煌煌。不啻再三。今大同道關內道昌平道岢嵐道。陝西之商雒道漢羌道隴州道。隴右之守巡二道。皆乙榜也。河西道則貢生。榆林之靖邊道。寧夏之河東道甘寧之莊浪道西寧道。皆乙榜也而內地安富之處有乙榜分司者乎。如進士才長何置于閒地。如乙榜才短何投于劇區。臣非謂乙榜皆不堪邊道而所以用乙榜者。非用其才也。用以代進士耳。至內外輕重之懸殊。則又異矣。歷敍諸巡撫遼東外官也山海外官也宣府大同外官也寧夏甘肅延綏登萊俱外官也。如外官望輕。何置于衝地如京官望重何逸于中權。臣非謂外官皆不堪邊撫而所以用外官者。非用其才也。用之以代京卿耳。其餘守令。凡水旱盜賊之處。錢糧難完。城郭不固之處。進士不受也。即間有一二賢者除授其間數月後撫按又奏調善地曾有撫按題一甲科于兵凶戰危之地者哉。

寇陷襄城縣。

丁亥。大風累夕。

增鳳陽兵二千人護陵。

辛卯。前總督薊遼兵部右侍郎丁魁楚下刑部獄。

予故□□□王陛祭葬。

諭禮部。凡王府郡主縣主生子。許長史教授查明部給以衣冠毋襲。

西寧侯宋□□爲後軍都督府僉書。

敍官兵出塞功。賜總兵王樸巡撫葉廷桂金幣。餘各有差。

甲午。賜閣臣及太監曹化淳李承芳卞希孔張國元王之心綵幣。時各進馬。

故□□龔允祥贈國子助教。故□□姚允恭贈國子學錄。

許折內庫米絹一年。

故□□□張廷拱贈都察院右副都御史。

丙申。故□□□陸問禮贈兵部右侍郎。廕子入國子監。

予故重慶知府楊呈秀祭葬。贈光祿寺卿。呈秀華陰人。家居募鄉兵禦盜見殺。

金吾右衞正千戶韓伯孝請開採銅礦于平陽西安鳳翔臨洮鞏昌懷慶河南。時命採銅鐵鉛銀等礦。

戊戌。大同總兵官李國樑山海關總兵官張時傑三屯營總兵官楊嘉謨及總督宣府昌平兵部右侍郎兼右僉都御史張維世俱免官下刑部。奪祖大壽提督。董用文太子□保俱降任如故。羅英垣顏重耀劉忠王定陳洪範俱免。巡按御史潘倬林銘球下部院議處。

侯拱極爲□□將軍署都督僉事總兵官鎭守山海關。

十一月辛酉朔。上南郊告廟。

罷巡撫山東右僉都御史李懋芳。

吏部以驗封司員外郎來方煒調考功。上謂方煒陞驗封僅一月遽調。不許。

壬寅。起章正宸戶科給事中。

甲辰。浙江溫台道參政薛邦瑞免。先□月。部兵索餉而譁。邦瑞踰垣遁。

乙巳。太常寺少卿顏繼祖爲右僉都御史巡撫山東提督軍務。繼祖之任。以前撫李懋芳逡印遲。訐奏懋芳侵香稅七千金。命逮之。時喪母扶柩至杭州被逮論戍。

丙午。敍京師城守功。提督京營成國公朱純臣廕錦衣衞指揮僉事。協理戎政兵部尙書陸完學進太子太保。廕正千戶。太監張國元曹化淳廕指揮僉事。各世襲。賜金幣。襄城伯李守錡復太子太師。兵部左侍郎王業浩兼都察院右都御史。餘文武大臣內員陞賚有差。初曹化淳提督京營。收用降丁。凡城外胡騎皆稱京營降丁。

而所收降丁已叛于昌平。隨建虜去矣。

王國臣爲征蠻將軍署都督僉事總兵官。鎮守廣西。朱國勛爲署都督僉事總兵官。鎮守福建。

屬夷卜石兎部投建虜。又請馬市仍守邊。命譯人嚴諭之。許自效。

總督盧象升上言。建虜之强也。先併金台失白羊骨。次併三十六家。併吉囊。併插漢。近復併朝鮮。東自鴨綠西至賀蘭塞外山河。皆隸其版。今日所存。惟哈喇愼與卜石兎耳。哈喇愼利中國之市。故未與合。目中無卜。卜又以先俺答四十年恭愼。懷中國之舊。竊處豐灘無事。賫其耳目。有警藉其聲援。伐謀伐交。用奇用間。羈敖縻哈。同一機括。我既就近易馬。而哈卽以重價易貨。馬與貨俱未嘗出邊。利亦不少。若建虜絕哈。則宣鎮頻年中建虜。未聞哈爲之導。何自斬左臂。爲上是之。後頗獲馬利。

辛亥。前右春坊右庶子丁進削籍。

蠲山東五年前逋租。

壬子。總督宣大盧象升奏。沿邊監司陞轉太驟。請責成久任。從之。

甲寅。兵科給事中張第元言。總督薊遼張福臻。提督昌平張元佐。以修邊疏爭。今戰守之事。宜責薊遼。修築併戰守事。專責昌平。從之。

丙辰。山西提學僉事袁繼咸下獄。

己未。敍禁旅功。太監劉元斌廕錦衣衛百戶。

庚申。山東道御史張肯堂言。士人應試。兼經不便。今後止作本經。從之。

辛酉。楚府岳陽王蘊釗奏十策。邊臣不宜數更。從戍以興邊屯。除□□以示招徠。復都護。戍邊。官屯政。宜官。赦免。宜災。重監軍。以一將權。私刊宜禁。以一文體。理財宜省冗員。有曰。唐虞官百。夏官倍之。周官三百六十。而天下理。唐太宗定制六百四十三員。曰吾以此待天下賢才足矣。末季遂增至一萬八千八百餘。以今日較之。文武不下十餘萬。如金陵雖屬重地。今國家定鼎燕京。則設官豈宜重複。惟列五府操江等官彈壓足辦。何爲多設冗員哉。

壬戌。唐王聿鍵劾總督盧象升不朝。

御馬太監陳貴總監大同山西。牛文炳分守。御馬太監王夢弼分守宣府昌平。鄭良輔協理。

外戚新樂伯劉文炳進侯。

命吏部指奏數年銓政大弊。

承天府同知王燮加兩浙鹽運司使。

癸亥。召兵部左侍郎王業浩司禮太監曹化淳于平臺。

己巳。敍先年守黔功。故巡撫李櫰巡按史永安各進一級。賜金三十。故按察司僉事劉錫玄申在廷等賜賚有差。故總督王三善加贈太子少保。立祠。

庚午。都察院左都御史唐世濟下獄。世濟以邊才薦故兵部尚書霍維華。上謂逆案概不舉用。世濟欺蒙。削籍下刑部。明年正月。霍維華戍沒。

談遷曰。張捷之薦呂純如。其鑒不遠。唐世濟又繼之。非果窮于借才也。逆案昭昭。等于夏鼎。圖列魑魅。何枉之有。其才亦不過棻梲之需。而嘗試先後不一。其人俱簧鼓天聽。妄冀翻復。至以邊才薦。尤巧以持說。貪詐作使。投之鎖鑰。借我干城。脫彼檮杌。于國法若不甚悖。大臣持憲。身示偏黨。明爲建鼓之招。是誠何心哉。

是月。廢唐王聿鍵爲庶人。聿鍵年少喜事。好接賓客。蘇人錢□。憸人也。導其狂悖。動引祖訓。鉗制守臣。□亦徇之。益驕蹇。鬬譬擅兵入衞。沿道騷擾。前又殺其兩叔□□王□□。□□王□□。上聞之不懌。至是密敕撫按安置鳳陽高墻。旨曰一日殺二郡王。滅絶人倫。背違祖訓。莫此爲甚。

楊士聰曰上繇信邸承統。故留意宗藩。修復掌故。要之當國初親近。無煩申飭。其禮自隆。若邇來宗姓。卽二祖而在。亦不能因仍其舊。昔人言祖宗親盡。猶且當祧。況于宗室。嗚呼此至言也。宗藩儀節之議。始于唐王上疏。向不議儀節。二郡王萬不至被殺。亦無從而禁錮高墻矣。語云。雖曰愛之。其實害之。上而不愛宗藩則已。奈何以愛而貽其害哉。

十二月辛未朔。吏部覆銓政積弊。有旨。爾部職專用人。推擧不效。何以辭責。乃反稱綱目太密。使中外束手。殊屬挾飾。又平時陞轉必優京卿甲科及奉旨查奏。稱未必勝外官乙榜。如此游移。豈大臣實心體國之道乎。

諭禮部。今後太廟告辭回宮毋奏樂。

壬申。曹化淳加後軍都督府左都督世襲錦衣衞指揮僉事。

祁陽王禋泞薦道臣陳睿謨張天麟推官李春蓁等六人。吏部員外郞周廷鑨言不可啓倖。從之。

癸酉。戶部尙書侯恂免。先是郞中倪嘉慶坐累。恂爲代辨。又三月卽發豆價□科給事中荆祚永劾之。恂嘗議屯田曰。從來屯田之利。人人言之。大槪不過在腹裏則屯田少而影附多。宜用淸察。在塞下則屯田多而耕種少。宜用開墾。所患者惟無實心任事之臣。狃因循則疑紛更之爲擾。獵捷效則厭蓄艾之爲遲。坐使自然之利棄而不收。甚可惜也。臣謹廣詢衆論。參攷故實。諸如官屯軍屯兵屯民屯商屯。以人異也。腹屯邊屯。以地異也。條分縷析。期于明便可行。算計見效。別著開墾事宜。而以考課信任終之曰。官屯攷永樂初令一都司另撥旗軍十一名耕種。號曰樣田。蓋欲據所收子粒多寡。以別歲之豐凶。地之肥瘠。軍之勤惰。初未嘗以田與官也。隆慶二年。將宜大屯田開墾成業。每十頃內。給軍官五十畝爲養廉之資。而又令各自種。若副參不及百頃者。守備以下不及十頃者。參論戒飭。其立法初意。豈不期將領偏裨等官督率家丁。克勤稼穡。爲士卒倡哉。今則强役部曲。占收子粒。至如宣大山西諸鎮閫帥。恣其鯨呑矣。延寧甘固諸鎮膺職。恣其蠶食矣。肥區歸己而以瘠磽者移之軍士。久則簒易厥緒而糧彌不均。糧不均于是不得不寄甲于勢要而欺隱遂多。欺隱多。于是不得不攤稅于細軍而包賠愈苦。流病相仍。非朝伊夕。人鮮樂生。野多曠土。職此之由。似宜稍爲限。置總兵受田不得過二百畝。副總兵不得過一百五十畝。參游都司不得過百畝。坐營守備不得過七十畝。俱督率家丁耕種。餘令退歸屯田數內給軍領種。照則徵科。敢限外多占一畝。擅撥一軍。即以贓論。而又通計所部墾田多寡以爲殿最。果勞來有方。副參至百頃。游擊都司至五十頃。坐營守備至三十頃。千把等官至十頃。聽撫按覈實舉薦敍陞。若副參不及二十頃。都司游擊不及十頃。坐營守備以下不及五頃者。聽該道報部參罰。敢冒無作有。欺荒爲熟。該管轄者幷治之。令出惟行。國初原額庶可復也。曰軍屯軍政之壞。無如今日。籍無用之人。蠹有限之粟。而軍之外又別輸民以養兵。是昔也兵與農爲二。而今也農與兵與軍爲三矣。宋朱熹言恤民之實在省賦。省賦之實在治軍。軍誠練則得一軍可省一兵。省一兵便贏一餉。推而上之。所贏當不貲。而或者曰軍不可調也。戍守不可使虛也。臣愚將有以待之。初制每衞所軍士以三分守城。七分屯種。又有二八四六一九中半等制。皆以田土肥瘠地方衝緩爲差。而今頂種者無以異于民佃。享軍之產。無軍之差。失其意已甚。至軍田民種。則不獨軍無其軍。且幾屯無其屯。夫典賣之禁。故在也。還官之條。非不炳如也。然相沿已久。將概引律以從事。彼不閔然羣歸阻撓。則計出于冒名詭託已耳。所宜令各衞所亡論軍民舍餘雜色。但種軍屯。即應軍役。其一軍之屯而衆佃者。則朋出一丁。務于農隙之時分番操練。遇警則城操之軍不妨調發。而即以屯軍代之戍守。合天下屯田共六十四萬三千餘頃。頃各處屯軍受田則例多寡不一。折中推算。當不下一百二十餘萬人。有此一百二十餘萬人之數。以備戍守。便可于城操軍內挑出一百二十餘萬人之數。以資調發。不煩召募。不增餽餉。而緩急俱有所恃。誠國家無形之巨利也。其或民戶慮一受田。則世業軍累。許其吐出還官。別召軍餘頂種。從此盜典盜賣之弊亦將不禁而自絕矣。曰兵屯。景泰時。邊臣言沿邊關營城屯附近閒土甚多。將關營軍士二分守關。一分屯種。守城軍士一分操練。一分屯種。近惟天津海防營令兩兵共一屯。一耕一戰。深爲得法。今宜倣其例。並邊空地之可墾者。于新舊尺籍內。姑以一分負耒耜而留其二分任防守。如有客兵。則以客兵防守。以主兵耕。其無客兵則壯者防守。不任戰者耕。每三人共一屯。每一屯定三十畝。其所收穫。則均分焉。農具牛種。力不贍者。量許于餉銀節賞內借支。有秋之後。照時估取償。如數而止。脫遇不測燒穀入保。亦不過與生而不耕等耳。至所耕之田。給爲永業。俟三年後起科。蓋但求積粟之多。則士飽馬騰。戰守有藉。而邊境之上。桑麻徧野。穀價必平。召買既賤。運費亦省。公私兩利。無過是者。曰民屯。畿輔棄田甚廣。津涿水利亡窮。即並邊膏腴亦不乏。又如淮鳳之區。齊魯之域。阡陌相連。灌莽彌望。山陝等處。洊經兵燹。散而四方。州里蕭條。田土蕪廢。謂宜令所在有司加意招徠。鼓舞開墾。係額內者俟三年後起科。額外者俟五年後起科。起科分數。雖上中之田止照下田例。其農器牛具。亦當量行借勸。便其興作。秋成之後。漸續補還。王者以天下爲家。苟濟于民。自不宜惜小費。况費于畚而終償于田乎。試下令曰。能闢五百畝者。予秩視百戶。能闢千畝者。予秩視千戶。能闢二千畝者。予秩視指揮僉事。等而上之。進秩有差。俟三年後。以上中下則均算。照中則起科。其在邊地者。仍照下則起科。斡止既定。必許其占籍長子孫。得以三塗進。又疑土著之民不能相容。則另立屯額。若是而民之赴者十七八矣。是之謂利導。又令邊腹有司盡報其所部荒田可墾者。兩直報各道。各省報布政司。近限三月內。遠限六月內。如荒隱匿不報。聽撫按察奏。以不職論。而獨慮成熟之後或妄認世產。希圖呑霸者。則惟當開墾時。即與改名爲屯。給帖承掌。俾此疆彼界。瞭然難混。雖有新軍補役逃戶復業。亦不受大賞。農損地狹。則吏受重罰。尤今日所當講求也。曰商屯。國初邊地通商中鹽。令賈人輸粟邊郡。官給之引。赴鹽所領鹽。轉鬻。永樂時。粟二斗五升得鹽一引。商各募衆督耕。邊地盡墾。時軍餉就其地足給。無所謂太倉年例。閭左自正供外。亦無他財賦。蒸庶樂業。弘治中令納糧運司解部。商各散歸營貲。而故所墾田盡廢。卽積錢如山。金如土。而米無從出。鹽課不足給食。又塞上尺籍日增。至傾左藏以贍之。加之遼事起。民賦愈重。而東南民力竭矣。嘉靖中仍復祖制。然不過僉報土著及積攬之人行之。不久官引壅滯。倉引莫售。勢不得不減價。投于國戶。資空。商皆逃徙。今請于沿邊荒田。察有可墾者。每商量給百畝或五十畝。塡印帖。永不起科。及米豆赴倉之日。惟酌時通鹽法。始必禁私販于產鹽之地。以淸其源。銷壅引于行鹽之區。以導其流。而又嚴掣驗。杜浮課。禁旁溢。若是則引鹽無滯。引鹽無滯則倉鈔速售。商有不負耒耜而樂趨塞下者乎。法壞極矣。大抵膏腴之區。吞併于巨室。鄰界之處。侵奪于豪强。然故府之籍。尚可稽也。請令各直督屯按臣道臣。細將魚鱗老冊與屯田戶由勘對。頃畝條段。務取相符。備開見耕者若干。荒隱者若干。應否召佃開除。各道能淸出隱地百頃以上。糧三百以上。臣部特爲紀錄。否則參罰。三年朝覲。令投冊臣部。十年改造。仍當冊報于後。由是出隱占之浮者而均之。據原額之堙者而種之。按冊索屯。按屯索丁。丁卽爲軍。屯卽爲餉。從前私買私賣爲侵爲匿之罪。咸與赦除。蕩然與民更始。萬無不濟。曰邊屯。邊塞之卒。必先無擾田之害。然後收耕田之利。蓋邊政久弛。墩軍斥堠。多虛應故事。不肯武弁。或賣閑。或私役。或扣其月糧。致尺籍半虛。逃亡相繼。敵入而烽不舉。卽有收穫。徒資盜糧。此耕種之所以寥寥也。宜責成督撫各道將。見在墩軍。察補闕額。易老弱。墩必五軍。軍必有家。臺之圮者修之。井之涸者浚之。墩旁閑地。任其開墾。不許營弁私科。敢有賣閑占役。以老幼濫充。及扣剋月糧者。察訪糾參。重寘之法。庶斥堠明而人心有所恃。不憂戎馬之侵軼也。曰墾種。其道有三。用水。因土。俵牛。用水之法。或濬川。或疏渠。或引流。或設壩。或建閘。或設擺。其規制在故輔臣徐光啓疏中。今北方之地。皆可作水田。所以廢置不講者。以水田自犁地浸種插秧。薅草灌水。無一息得暇逸。而北人習懶故也。自遼海以及靑徐。有海之饒。而鮮潮之患。至若中州之地。或低窪則圍田之法可行也。山東之地半瓦礫。則疊耕之制可議也。瀕海之地多滷鹹。則支河之說可採也。

濱湖之地每沮洳則芎陂之跡可求也。濬河以受溝渠之水。開溝渠以受橫潦之水。水歸溝塘。亢旱之日。可資灌溉。高者麥。低者稻。平衍地多則木棉桑枲皆得隨宜樹藝。土成膏腴地無遺利矣。何謂因土。今制給軍皆以稻。而永樂三年定歲收屯田子粒則例。每粟穀糜黍大麥蕎穄各二石。稻穀薥秫各二石五斗。穇稗各三石。並各准米一石。小麥芝麻與米同。宜令新田無論粱菽薏芋蔬菜之類。審從其便。惟意所適。不必規規種稻。又如邊地果稱不毛。即種樹亦可。蘇秦有言。燕雖不田作而棗栗之實足富于民。程琳植雜木數萬。曰異時樓櫓具可不出于民。皆此意也。總期于盡地力而已。何謂俵牛。攷洪武時給天下屯牛共二十五萬五千六百六十四隻。仍歲課孳生數目登報。弘治中猶存八萬二千九百四十三隻。至萬曆中。據冊猶存屯牛五萬三千四百六十四隻。除遼東都司五千一百三十一隻。今則無矣。餘各省衞共四萬八千三百三十三隻。宜令曰。國初領官牛耕屯。原隨田交割。姑依近額。悉退出還官。或錄其牛。或徵其價。倣宋制每一夫給牛一頭。治田五十畝。約可墾新田二百四十餘萬畝。俟田已成。遠限五年。近限三年。悉令還官。又足以給後之新墾者。誠救時便計也。曰考課。昔劉定之有言。優游城市而足不歷溝塍。馮信簿書而目不按廪實。此兩者屯官之大戒也。臣請于常罰外。武職敢有勤占。文職如市恩兌折者。按臣必奏治不少貸。曰信任。前代人能舉其法。故治。近代人多骫其法。故弊。累朝以來。或遣部院大臣。或遣風力御史。領敕察屯。領銀種屯。計供給科求之費。何啻百千。求耕穫菑畬之功竟無尺寸。則無如專責之督屯監司。較為便易。若夫興革所宜。身任其間。籌之必確。尤須假以事權。聽其規畫。乃臣更有所慮者。欲行法不得不任怨。既任怨不能不任謗。今夫屯田之失額也。弊由侵占與隱匿二端耳。而爲此者。有大力焉。權貴也。豪右也。武弁也。稍懸三尺法以程之。伺隙中傷。蜚語潛搆。禍且不測。是必廟堂之上。毋聽熒銷骨。隳任事之心。毋驟樹數移。開諉卸之路。不然。誰肯引以爲己任哉。

司禮太監張其蘊調南京孝陵神宮監。

乙亥。命順天尹禱雨。

丁丑。吳士元爲禮部左侍郎。署詹事府事。朱繼祚方逢年爲禮部右侍郎。張四知王鐸爲詹事。起楊世芳左春坊。

中書舍人黃太玄主考陝西。加中宗生二人。以踰額自擅議罰。

戊寅。許世藎徐鑛爲大理寺左右少卿。

乙酉。魯王壽鋐薨。謚曰憲。亡子。命弟泰興王壽鏞攝府事。

戊子。兵部右侍郎吳光義罷。

調浙兵三千人護泗州陵。

辛卯。保定總兵官董用文免。以錢中選代之。

癸巳。暹羅入貢。

李建泰直日講。

乙未。敍先年夔州功。賜總督朱爕元金幣。餘各有差。

丙申。鎮守昌平兵部右侍郎張元佐免。

丁酉。召廷臣于平臺。時建虜十五萬騎侵朝鮮。皆西虜及遼將孔有德耿仲明爲先鋒。大殺掠。上恐來春復犯邊。議增兵築堡。左副都御史陳贊化趨對。以疾止。

戊戌。□□□□錢中選爲總兵官。鎮守保定。

戶部類報兩淮鹽課。崇禎六年以前積虧二百餘萬。巡鹽御史所以有分別議處之旨。蓋淮課在天啓五年。新舊額銀止七十餘萬。崇禎三年加至百二十一萬有奇。四年加至百三十萬有奇。六年加至百五十六萬有奇。

因列各官虧完之數。程其功罪。

是冬。歲星犯執法。

是年。天狗星見豫分。

御覽加派册共二百九十九萬三千七百九十餘金。工部分用九萬不與焉。山東之島餉五十五萬五千七百九十餘金不預焉。浙江加派銀四十二萬二百七十二兩八錢。江西加派銀三十六萬一千三十六兩一錢。福建加派銀十二萬八百二兩五錢。河南加派銀六十六萬七千四百二十一兩五錢。山東加派銀五十萬五千七百五十七兩。陝西加派銀二十六萬三千六百五十一兩四錢。廣東加派銀二十三萬一千一百七十八兩。南直加派銀三十八萬一千八百三十五兩九錢。鳳陽撫屬加派銀二十七萬六千八百八十五兩四錢。北直加派銀先奉旨蠲免外。延慶州加派銀九百五十三兩四錢。保安州加派銀二百七十四兩二錢。

# 國榷卷九十六

丁丑崇禎十年

正月辛丑朔。日食。免朝賀。

甲辰。常熟張漢儒訐奏前禮部右侍郎錢謙益。蓋怨家嗾之也。疏上。溫體仁修郤。命逮之。

丙午。寇掠懷寧。趨桐城。

丁未。進洪承疇太子太保。

己酉。余應桂爲右僉都御史。巡撫湖廣。陳良訓爲右僉都御史。撫治鄖陽。初撫治鄖陽苗胙土撫賊。賊陽聽之。時往來城市間。縱賊北渡。陷孝感。

程國祥爲戶部尚書。

御馬太監李名臣提督京城巡捕。王之俊副之。

壬子。浙江江西湖廣左布政使姚永濟朱之臣曾道唯。蘇州知府陳洪謐。揚州知府韓文鏡。淮安知府周光夏。各逋賦奪官視事。勒限完復。

丙辰。工部尚書劉遵憲因培築京城。上加派輸納事例。

吏部彙薦邊才。

庚申。溫體仁考滿。進左柱國。廕中書舍人。

是月。流寇東奔。犯宿遷太湖。

二月䢶朔癸酉。先是禮部右侍郎姜曰廣署翰林院事。因京察□□李明睿坐免。怨曰廣。發其私札。命曰廣回奏。

甲戌。司禮太監曹化淳提督東廠。

黃錦王錫袞爲左右庶子。

乙亥。以河南寇蔓。命巡撫孫傳庭同總督王家楨經理。及總兵祖大弼合四川巡撫□□剿寇漢中。

太子太保文淵閣大學士張至發孔貞運主禮闈。

丁丑。寇掠潛山。官軍擊敗之。

左良玉敗賊于舒城六安。連戰三捷。賊竄英山。分營山險。張國維檄良玉搜勦。驕蹇不奉調。逾月。擁降丁萬人。婦女數千。所至焚刼村集爲墟。始自舒城進發。賊已飽颺矣。

遣朝臣趣各省逋賦。□□□卿倪成章往四川。禮科給事中荆祚永往山西。王正志往湖廣。兵科給事中汪燿往浙江。傅鍾秀工科給事中張元始往江南。

庚辰。逮巡按山西御史張孫振。孫振貪穢不職。先誣袁繼咸。山西丙子貢士衞周祚等訟其冤。

壬午。吏部尚書謝陞罷。以文選郎中劉廷諫驟遷被詰。委罪廷諫。上切責之。

丙戌。禮部磨勘鄉試貢士。路光斗淩雲翔龐埏除名。粱侃文煥奎孟長庚葉蘭王明相甯雲鳳鄭世芳各罰科覆試。

總理兩淮鹽課太監楊顯名參前巡鹽御史張養侵課四萬七千餘金。高欽舜侵十五萬七千餘金。詔逮養及欽舜。養先卒。下撫按錄其家。時兩淮運使廣信徐大儀也。楊遣內使入廨舍檢其槖。問夫人安在。見一婦布衣。或指曰。此夫人也。內使驚揖。盡出其篋。僅十二金。共歎曰。安有運長淸至是乎。因攜鹽課冊而出。初天啓丙寅。陸世科巡鹽兩淮。侵冒二十萬。顯名按冊太息。自世科後皆可論。徘徊數日。曰。去其太甚。遂劾養欽舜。

三月庚子朔。先是奸人陸文聲詭陳風俗之敝皆原于士子。士子皆以復社亂天下。蓋太倉庶吉士張溥前臨川知縣張采倡復社。海內靡然趨之。事下南直提學御史倪元珙按之。元珙奏社有之。非有把持武斷之跡。上責其蒙飾。俾更覈。元珙不屈。已降光祿寺錄事。元珙雖謫。言閣臣分曹擬旨。無主名。有所逃責。請令各疏名。使明主得因事考其能否。執政擬詰責。上從之。

甲辰。袁鯨爲左副都御史。王之良爲右僉都御史。巡撫南贛汀韶。

乙巳。田惟嘉爲吏部尚書。

辛亥。敍邊功。進溫體仁太保。廕中書舍人。張至發孔貞運賀逢聖黃士俊並太子太傅文淵閣大學士。廕子入國子監。

徐鑛孟國祚爲大理寺左右少卿。

建虜破朝鮮國王李倧走澤村山城。于是平壤王京皆陷。李倧力詘降。又走江華島。世子□見執。更立李淏朝鮮國王。

命總兵沈冬魁陳洪範並在皮島。冬魁所部萬二千五百人。戰艦少。洪範兵八千。戰艦不及百。命相機進援朝鮮。

談遷曰。李倧纂臣。卒亡其國。天若假手于建虜也。然東藩素怯。勿競于武。我方絓于胡寇。力有未繕。從井救人。難之難矣。噫。虜昨歲收插漢。今歲收朝鮮。左右安枕。而我得處堂之安。厝火將及。奈何不深自危也。

進□□□宋守義太子少保。

癸丑。眞定大風霾。

甲寅。策貢士吳貞啓等三百人于建極殿。賜劉同升陳之遴趙士春等進士及第出身有差。初。溫體仁首擬之遴。上乙之。

戊午。南昌貢士程元極。以五經乙榜求倣顏茂猷例特拔不許。

己未。吏部奏司官久任畫一之法。從之。

壬戌。太常寺卿李日宣爲兵部右侍郎。出鎭昌平。仍加俸一級。

癸亥。巡撫河南右僉都御史陳必謙削籍。

乙丑。莊欽鄰爲南京都察院右僉都御史。路升爲南京大理寺卿。周汝弼爲右副都御史。巡撫延綏。汝弼望淺。賄田惟嘉得之。

戊辰。予故大學士朱延禧祭葬。贈太保。

己巳。故□□□史記言。贈光祿寺少卿。故□□王誠心。贈國子學錄。故□□姚良弼張敏行。並國子助敎。

總兵陳洪範報東援朝鮮。

黔國公沐天波進太子太傅。

是月。流寇東掠黃州隨州。

四月甲辰朔。命南京守備太監張雲漢同兵部尙書范景文□□伯陳光裕南和伯方一元淸覈兵馬械杖。

吏部尙書田唯嘉確覈本部司官在籍。擬改用三人。姚昌錄楊廷治梁應材。擬老疾致仕三人。周家春徐天衢胡權。擬外轉五人。馮時來李白春李時冕邢大忠呂大器。擬留用十七人。劉應賓衞光範晏淸陸慶稷龍文光林胤昌孫昌齡柴挺然孟兆祥錢元慤王杼盧化鰲郭都賢耿鳳樓康運泰張羅彥張明熙。

馮可賓爲太常寺少卿。傅永淳爲太僕寺少卿。

兵部左侍郎王業浩言。臣鄉劉伯淵。嘉靖□□進士。今年百歲。命有司優禮。

兵科給事中宋學顯。御史張盛美。俱例轉湖廣河南參議。撫寧侯朱國弼劾元輔溫體仁私唐世濟。逐兩御史。

命廷臣議處國弼體仁奏辨以宋學顯例轉見攻。上慰答之。

壬申。建虜自雲從島入皮島。副總兵白登庸先遁。總兵陳洪範西走。

癸酉。建虜五萬至鐵山。招皮島總兵沈冬魁。不聽。

乙亥。御史張應昌言。今日急務莫如撫民休養。蓋胡寇發難以來。天下騷動。且連年旱澇。斗穀百錢。此瘡痍之時。有司借口修城罰磚灰。借口備戰具罰鐵。其催徵本戶已納。或代族人。或代鄰右。不應酷拷一二孑遺之民。寧堪此乎。今休養之術。無過省刑薄斂。乞今殘地停訟。不得濫罰科派。尤望蠲逋招移。復業將見熙攘如昔也。

薊州雷火焚東山二十餘里。

丁丑。故太子太傅工部尚書姚思仁卒。思仁字□□。秀水人。萬曆癸未進士。授行人。擢□□道御史。歷今官。致仕。辛未存問。尋追坐陵工削籍。年九十一。

戊寅。建虜陷皮島。建虜同孔有德陸攻。耿仲明尚可喜水攻。再晝夜。我師戰敗。副總兵金日觀死之。沈冬魁卽焚倉粟。攜家登舟走石城島。陳洪範亦自廣鹿島至。後贈日觀太子太師。立祠世外衞副千戶。

談遷曰。官軍不卽拯朝鮮。幷皮島失之。則我遼將爲之先驅也。諳水戰。習地利于是無堅不瑕。夫自毛文龍銜冤。士心不固。如陳洪範協救併力襲其後。庶不全陷。而竟無如其孤注何。

己卯。吏部請故吏部尚書房壯麗䘏典。謂逆案。不許。

余煌爲左春坊左諭德。

甲申。復張鶴鳴原秩。

乙酉。撫寧侯朱國弼復劾溫體仁受霍維華之賂。令唐世濟轉薦。上不聽。

故南京兵部尚書衞一鳳。贈太子少保。廕子入國子監。

故巡關御史楊四知。贈太僕寺少卿。

丙戌。黃起有爲國子司業。周鳳翔爲南京國子司業。

丁亥。常自裕爲南京太常寺卿。

戊子。□□□□李明睿削籍。

己丑。故大理寺少卿梁天奇贈大理寺卿。

庚寅。兵科都給事中凌義渠劾總兵左良玉東援舒城縱兵淫掠。宜戴罪自贖。命下總理回奏。

辛卯。起王命濬大理寺卿。鍾炌爲吏部左侍郎。李玄爲南京戶部右侍郎兼右僉都御史總督糧儲。

癸巳。以旱霾諭清獄。發帑八千金賑灤州昌黎。

乙未。王觀國爲都督□□總兵官。鎭守湖廣。

戊戌。史𦶜熊奮渭爲左右通政。李覺斯爲順天府尹。

是月。總監太監高起潛行部。永平道劉景耀山海道楊于國俱不屑隅入屈膝。求免。疏上。上謂總監原以總督體統行事。罷于國。降景耀二級。惟寧前道副使陳祖苞事起潛甚謹。

楊士聰曰。監視之設。止多一扣餉之人。監視之欲滿。則督撫鎭道皆有所恃矣。故邊臣反樂于有監視。功易飾。敗易掩也。上性多疑。有監視。又有覘監視者。多一人有一人之費。窮邊士卒何不幸至此。

閏四月妃朔。撫寧侯朱國弼又論溫體仁。不聽。

談遷曰。文武異任。朱撫寧越局數上書。以日者糾魏忠賢藉口耶。嘵嘵不已。謂譴重。亦于帶礪亡恙。至排及鼎軸。犯尙口之戒。李西平所不施于張延賞者。撫寧冒爲之。又衰季勳閥之一變也。

禮部請預定謁陵大典。命俟十三年行之。

故潁州知州尹夢鰲贈光祿寺少卿。

庚子。起商周祚爲都察院左都御史。

壬寅。熊文燦爲兵部尚書兼右副都御史。總理直隸湖廣河南四川山西陝西軍務。督剿流寇。杜三策爲兵部右侍郎兼右僉都御史。巡撫天津。起傅淑訓爲戶部右侍郎。總督直省剿寇糧餉。

甲辰。故兵部右侍郎史永安贈兵部尚書。

乙巳。河南道御史許自表劾溫體仁大奸似忠。大佞似信。凡其肆螫同官。一網一善。俱修怨營私。未嘗爲朝廷用人起見。上怒。降上林監典簿。自表選貢。

故□□□□謝肇玄贈太常寺少卿。

戊申。諭百官求直言。□科給事中李化龍言甚切。謫外。

命騎射取士。

庚戌。錦衣衞□□徐本高進都督同知。

壬子。御史陳廷謨論薊鎭激變王應豸喻安性之罪。有旨。應豸已逮。下部院議處安性。

新安所千戶楊光先劾吏科給事中陳啓新及元輔溫體仁。舁棺自隨。上怒。下刑部獄。廷杖。戍遼西。

癸丑。頒小學天下。

武鄉沁源大雨雹。最大者如象。次如牛。

乙卯。楊嗣源上均輸事例。

丙辰。鄭三俊改刑部尚書。張鏡心爲兵部右侍郎兼右僉都御史。總督兩廣軍務。

庚申。命司禮太監曹化淳同法司錄囚。

故都察院左都御史唐世濟戍邊。溫體仁于鄉人特善世濟及御史吳振纓。俱不能救。

甲子。刑科給事中李如燦言今日之旱。殆非尋常災異也。黠夷夥寇。馮陵盤噬十年所矣。天下財賦之地已空其半。而渴需財賦之事。猶不止僅望其全。又值此驕陽赤地。吳越楚豫燕齊之間不知幾千萬里。是所未盡空者。殆將幷空矣。臣日夜思惟。天心降鑒。惟皇心用極可以默回。則有執中之說在。自大廷以至深宮。目無偏視耳無偏聽。心無偏主。事無偏持。無偏則無危。可以轉禍。可以合睽。天下最苦不足。至于斂怨干和。非財用乎。財用別無足法。特有政事。國朝酌軍民定經制。千古稱善。後之變法者。不念下民卒瘅。但云急當治標。自軍不用而兵設。民始不得安其身。自屯不耕而餉興。農始不得有其食。自有兵不練。輒又增兵。而餉愈難措。自有餉不核。輒又添餉。而兵愈得冒。卽今核實之使四出。而抽剋朘噬屢聞。清派之令日嚴。而占軍冒兵未減。可謂有政事乎。若不亟簡公忠幹辦之臣。力求清核。以救其弊。協求長便。以復其初。竊恐斂怨干和。當又不止如今日者。願皇上長慮之也。若國家忠賢。實爲元氣。元氣薄則邪氣襲而成病。忠賢挫則鬱氣結而干和。乃今何如也。催科迫而廉惠不汚者。輒蒙禁訊矣。法網密而百愼一疏者。動遭波連矣。告密開而高門輒罹妖謗。端士難免含沙矣。參劾誤而清修輒被鑴斥贓陷。長呼獄底矣。又忠直盡言如魏呈潤詹爾選李化龍劉宗周等。皆以一鳴輒斥。致言路括囊。元氣挫鬱。今下詔疏滯獄。求直言。無容再贅。獨是直臣所繫更重。所得實難。皇上倘赦其前愆。收之左右。則君過聞。朝廷壯。其爲直言不愈多乎。若夫輔君德。總庶官。尤在相矣。中外安攘。賴其決策。祖法朝綱。兵權國體。賴其匡正。今俱泯默。未有聞也。此瞻彼顧。依樣葫蘆。扶陽抑陰。未忘偏黨。蓋自八九年間。拂戾干和之事。始于端揆。積于四海者。不知幾許。又何怪天旱地坼。日食風變之屢見哉。皇上而求銷弭。政本之地。猶不可不深惟之也。上怒。責如燦回奏。下之獄。

乙丑。工部□□主事朱國壽劾陳啓新欺君辱國等罪。不聽。下吏部處國壽。

丙寅。許寧遠伯李成梁後世襲。

談遷曰。李成梁起家塞下。歷效行間四十餘年。積級踰萬。實東陲之干城也。朝貴一二少年。不習掌故。聞其富溢。輒事吹索。不曰跋扈。則曰冒濫。夫前而寧晉之劉。撫寧之朱。功遠出成梁下。成梁沒。以髂子如柏如楨隤其家聲。先帝續封。式怒蛙。求故劍。噫。獨不得與之同時而用之哉。

巡撫陝西右僉都御史孫傳庭。以清理軍屯。屯卒大譁。尋定。

丁卯。刑部尚書鄭三俊進太子少保。

是月。左春坊左中允黃道周言。天下災祥。繫人主之喜怒。人主喜怒。繫天下之安危。古之聖人喜氣行于臣鄰。則臣鄰興作。怒氣行于邊鄙。則邊鄙廓淸。詩曰。君子如祉。亂庶遄已。君子如怒。亂庶遄沮。君子之喜怒。皆以撥亂。故爭于其大。不爭于其細。今大猶不爭。細故是競。朝無一可喜之臣。則臣無一可喜之事。邊無一敢怒之氣。則亂終無遄沮之日。威順反施。貴賤倒治。是以奸昏互煽。叛逆蜂起。四方潰決。漸不可收。亢陽之極。至于旱災。而大小諸臣猶結舌不語。使陛下焦勞于上。百姓展轉于下。諸臣括囊其間。稍有人心。宜不至此也。

五月戊辰朔。夜。熒惑與日同參九度。又朔夕合伏。

己巳。都督同知陳國威爲總兵官。鎭守薊鎭中協馬蘭喜泰四路。

辛未。吏部右侍郞姜曰廣擬調。

起李待問戶部左侍郞。謝文錦兵部右侍郞。魏照乘工部右侍郞。

乙亥。起章光岳刑部右侍郞。

丙子。兵部尚書楊嗣昌薦前總督薊遼傅宗龍巡撫宣府陳新甲及張伯鯨李棲鳳李邦華劉澤深方孔昭李繼貞俱可佐樞。上是之。下吏部酌用。

蠲南陽逋租。

壬午。島兵殺監軍道副使黃孫茂。後贈太常寺卿。世副千戶。副總兵白登庸走降建虜。時建虜封孔有德恭順王。耿仲明懷順王。尚可喜忠順王。麻登雲督催糧草使。

癸未。逮浙川知縣孔貞芳典史袁一貴。以前城陷。

丙戌。陳祖苞爲右僉都御史。整飭薊州邊備。巡撫順天。

丁亥。進士武昌鄖明昌上言。臣祖必信生嘉靖戊戌。今年百歲。命賜冠帶粟肉。後戊寅卒。一日必强。

戊子。領中軍都督府崇信伯費天澤等劾溫體仁欺擅。不聽。

己丑。前刑科都給事中傅朝祐等請行寬卹之仁。劾溫體仁六罪。上怒。下之獄。

吳阿衡爲兵部右侍郎兼右僉都御史。總督薊遼保定軍務。

前蘇州推官周之夔訐奏太倉庶吉士張溥前臨川知縣張采倡諸生復社。樹黨挾持。紊漕政。逐上官。章下所司。

談遷曰。漢錮私黨。宋禁僞學。二季一轍。覩于今日尤爲異之。諸生治經術。雖同志不數人而止。俄締大社。飛書徵義。千百相招。聯合京省。狎盟時貴。應舉之文。輙剽涉國事。譏切當路。坊刻充棟。評閱如市。其語俱忠孝其指俱廊廟。問其人則狙雜烏合。非向火乞兒則黃口乳臭也。此乃漢宋之所羞稱者。實不因太倉始。至太倉易爲標榜。寓內爭奔走焉。周之夔去郡。自速于戾。不盡由太倉。當時撫按白簡。謂因其目眚而之夔非目眚者。狺狺吠人。彼固悍吏。諸君子獨不能少容之乎哉。

丙申。黃道周爲左春坊左諭德兼翰林院侍講署司經局事。陳演姚明恭爲左右庶子。文安之華琪芳爲左諭德。楊汝成爲南京左春坊左庶子。

六月戊戌朔。熊奮渭郭建邦爲左右通政。

予故大學士劉一燝祭葬贈少師。

左諭德黃道周上言天下神器。爲之有道。簿書刀筆。非所以繩削天下之具也。古之聖人。設爲禮樂以治方內。設爲征伐以治方外。禮樂不足以治其內。始有縲紲纓麾纏于君子。征伐不足以治其外。始有揭竿裂帛縱于小人。周宣王中主耳。自文王至于宣王。亦二百六十年。而後中興。宣王感旱魃而修行。是爲雲漢之詩。其詩曰。王曰何辜今之人。言宣王側身閔下之至也。感玁狁蠻荊而修政。是爲六月江漢之詩。其詩曰。王猶允塞。王心載寧。言宣王憂思謀略之遠也。宣王內以至仁憂其臣庶。外以至明至武奠其封疆。是以吉甫召虎之倫。皆以儒生躬贊大業。享有太平者四十六年。今陛下則皆見之行事矣。而天下大勢未可頓回。人心未可頓收。夷狄寇攘未可頓服。所當深惟其道。講求其故。考證詩書以翼其後。齷齪瑣人。安足共圖大計乎。古之聖人。愛人以文體。知人以致用。其所知者不過數人。其所愛者及億萬人。知之道無他。亦曰能愛人安民而已。共工伯鯀。自亮天工。使水土不治。人民不治。雖神明之胄。不保幽明之僇。今陛下寬仁弘宥。蓋有身任重寄七八載罔效尙擅權藉自若者。夫以風動之時。人心淳固。龍蛇作孽。不足以亂天下。故寬假以九載之績。今生民塗炭。朝不及夕。一夫晨呼。百臂齊奔而東西。悠忽若此。是有道仁人所倚席而廢箸也。臣觀陛下每值天戒。輒避殿省躬。率先羣下。此自古帝王所未嘗有。而股肱心膂。竟未有得當以報陛下。間有陰陽災眚兵戈之害。則率云郡邑無狀所致。郡邑猶云坌土所應。不過百數十里之內。何足以廣召祲氛。漢蕭望之以御史大夫欲應天變。上猶薄之。何況郡邑承流象指者。凡天下風化轉移。陰陽若否。皆視當宁之心與氣。心敬則天下皆敬。靜則天下皆靜。氣和則天下皆和。平則天下皆平。當宁之心氣既敬靜和平。而天下猶有不敬靜和平者。則二三元老當刻責自厲。奈何使草土臣庶市其怒色乎。積漸以來。國無是非。無枉直。郡邑長官。苟且塞責。誠可積痛。然其視聽一繫于上。上急催科。則下急賄賂。上樂鍥覈。則下樂巉險。上喜告訐。則下喜誣賴。今天下巉險誣賴之徒。羣聚京師。孤危之臣。重足而立。幸陛下好生。下詔求言。省刑淸獄。然方求言而建言者輒斥。方淸獄而下獄者旋聞。臣思自古致治之道。惟此二端。淸獄之端。出于惻隱。惻隱爲仁。引而充之。仁一人卽可仁天下。小民雖有納溝之痛。縉紳猶多雉罹之嗟。求言之端。出于是非。是非爲智。引而充之。知一事卽可知萬事。君子猶有畸偏之談。小人豈有虛公之論。今陛下仁智之端竟甚明。而大臣引伸擴充不力。在太祖在干戈控攘之中。尙日與劉宋章葉。講仁義。究道德。以爲戰勝之術。今公卿卽多暇。而建虜東蠶。流寇西沸。江淮之間。不合如礪。雖張仲山甫處此。未遑舍六月而歌淸風。奈何與市井細民申勃稽之談。修睚眦之報乎。陛下慈孝卽風動海宇。豈必令二十年前閭巷養驕。無觸乳之犢。陛下敦睦卽雍孚上下。豈必令二十年前縉紳衿蕀。無傾軋之嫌。且時事如此。人心如此。輔臣雖甚賢甚良甚淸甚强。寧保天下四海無一就釰齒馬之事。目下伏暑將徂。凜秋且至。勿以若撫若剿。委之道謀。最急者在寧錦。訓練六師三軍。預爲截伏搗堅之策。勿以若棄若存。復成兎注。最便者在因士氣方朝。聞兵衞州縣。另爲選舉。但約賊平。許以雄職。勿以掣簽分地。長其倖心。最切者在起廢籍。批鱗强項之臣。使爲秦豫襄廬諸道監軍。但約賊平。授之節鉞。勿以別戶分畦。銷其壯志。又最不可緩者。應詔直言之臣。被訐無證之士。悉以一面解其煩寃。行此五事。使天下凄風苦雨。盡爲祥雲。寸短尺長。畢成大慮。諸臣之詬誶。可以不解自融。朝廷之刑威。可以漸措不用。然後以上歌采薇。下誦天保。講律度。明禮樂。與周宣殷武媲美無窮。臣雖長往。沒齒無怨。又五月朔夕。熒惑與日同在鶉首參火之分。三辰皆火也。又朔夕合火。宜修平火政。稍節威光。使火不爲厲。明春熒惑在于大火。徘徊氐房心尾之墟。宜愼火器。遜𡻕戎務。漢臣蓋勳曰。寇在于外而內陳兵。黷則不武。陛下洞燭曆理。深明天道。握要以御四方。求仁而蘇百族。樽俎之內。勝算自饒。何必使舉朝精神。慠于兵餉刑獄之下哉。上不懌。責其回奏。

史蘊爲太僕寺少卿。

庚子。故□□□□區大倫贈南京戶部尙書。

戊申。大學士溫體仁引疾免。贈金幣。遣行人吳本泰護歸。體仁在事。諸臣攻者後先相繼。皆以門戶異同。非盡曰國家起見。而體仁不納賂。雖庇私黨排異己。未嘗有跡。但因事圖之。使其機自發。而上不疑也。

夏允彝曰。枚卜一事。錢謙益必欲首推。而溫體仁首發難端。與滿朝爲仇。勢不得不自結于上前。救一人。爭一事。上彌信其公忠。而天下元氣凋殘盡矣。其操守亦能自勵。故上始終敬信之。然與盧杞之淸忠强介。固其倫也。周延儒再出。頗反溫之所爲。而操守濫甚。敗壞國事。實在兩人。而實東林過激以致此。遂至天下左衽。痛哉。

唐大章曰。體仁之入相。以摘發錢謙益浙闈賄中。故始進已不淸矣。值聖明英發。憤廷臣之苞苴亡狀。力行搜剔。體仁以殘刻輔之。圜扉之內。候訊追比。纍纍趾相屬者千餘人。雖諸臣之自投法網。亦盛世之不樂見也。絲綸擬票。一日之內。定有數條。議遣議配之章。朝宁之章。人人重足。回視神廟悠裕靈長之景。眞天際矣。逢時蠱塞。揆地之德固未光。弘隆兩朝。一奪一予。亦未得通論也。

談遷曰。烏程當國。天下同舌而詆之。曰權曰奸。夫權則擅威福。奸則專傾險。先帝能容之乎。時尙嚴急。彼亦懍懍救過之不暇。反因嚴急以固主心。深械密機。伺隙下石。自佐政以來。緹騎四出。邊徼潢池。無月不警。漫無一畫。彼直以墨吏飢氓。債將羸卒。膜外寘之。惟修郄鈎黨之是慮。知道路側目。勢不得中苞苴。而家監門客亦不爲馮子都董庭蘭之汚黷。故目以權奸。不受也。卽主上亦不爲信也。其後宜興之汰。井研之鄙。師烏程而過之。而釁自烏程始。神州陸沈。誠擢髮不足數其罪也。

吏部推閣員劉宇亮丘瑜傅冠李建泰姜逢元黃道周王鐸方逢年蔣德璟田唯嘉商周祚。

己酉。都督□□虎大威爲總兵官。鎭守山西。

戊午。劉澤淸進太子少師左都督。

吏部再推閣員如前。益以顧錫疇姚明恭。

庚申。故刑部尙書馮英以輕擬鄭鄤戍邊。

辛酉。予故禮部尙書董其昌祭葬。贈太子太傅。弘光朝謚文敏。

壬戌。故□□□□□郭永固贈光祿寺少卿。

甲子。考選各官。丁允元王都爲戶禮科給事中。劉希伯爲南京□□道御史。

七月丁卯朔。劉宇亮改吏部左侍郞。攝右侍郞事兼翰林院侍讀學士。張福臻劉澤深爲兵部右侍郞。添設。

寇犯廬州。佯攻城陰趨全椒六合。

安南都統使黎維祺遣陪臣阮維曉江文明來貢。

山東河南大蝗。蔽野斷靑。民大饑。

己巳。陳睿謨爲右副都御史。提督偏沅軍務。巡撫湖南湖北。史可法爲右僉都御史。協理勦寇軍務。巡撫安廬池太。兼轄光蘄固始廣濟黃梅德化湖口等縣。時創設皖撫。議募兵萬人。餉金二十三萬有奇。

太監高起潛言廣寧前屯衞劉松生女面在于頂。耳尖臂毛。手足不全。

太監曹化淳幷廕至左都督。世襲錦衣衞指揮僉事。

丁亥。寇陷六合。圍天長。

辛卯。刑部右侍郞朱大啓致仕。

戶科給事中辜朝薦薦故禮部右侍郞陳子壯故禮科給事中魏呈潤。上責其濫舉。

余瑊爲南京太僕寺卿。

左春坊左諭德黃道周回奏幷救鄭鄤。上不問吏部主事熊文舉言道周清直博聞。宜備顧問。不聽。

是月。河南寇自潼關犯陝州。餘分掠永寧鄖西淅川南陽上蔡西華。

八月輛朔。丁酉。司禮太監王之心提督東廠。

己亥。長興朱國賓訐奏朱謙爲長興朱汝器子。非故大學士朱國楨子。以國楨子中書舍人紳受賄鬻其廕也。章下所司。

建虜市西虜馬。

戊申。寇入鳳陽。掠械器而出。渡河。分往河南泗州。

內丘王效鐘詣闕乞恩。且請朝。以越關違制。責之送會同館。

山西總兵王忠戍邊。

己酉。寇掠虹縣睢寧。

吏部左侍郎劉宇亮爲禮部尚書兼左僉都御史。薛國觀爲禮部左侍郎。俱兼東閣大學士。直文淵閣。

工部員外郎駱方璽謫外。方璽言皇上親擒魏忠賢而手刃之。豈溺情閹豎者。不過以外廷諸臣無一可用而借才及之。況人臣感激聖恩。苟知報答。何論內外。皆可自盡。每見廷臣處地懸絕。情多未達。更不若宮庭眷御。果能勿欺自矢。名節自修。効忠更易。造福倍弘。矧茲內臣。徼此曠遇。亦孰不欲捐棄踵頂。以酬我皇上者哉。皇上善用中官。故中官可爲皇上用。然則以前用中官覆轍。皆可不必鰓鰓爲皇上過計也。刑科給事中何楷駁其通內呈身。吏部請削其籍。故謫之。上手改降三級。謫江西按察使照磨。

癸丑。禮部請皇太子出閣就學。許之。擇明年二月七日。

丙辰。先是南京吏科給事中曹景參極言去輔溫體仁耿介孤行。苞苴不入。工科給事中傅元初劾景參巧言黨奸。

李夢辰爲太常寺少卿。提督四夷館。党崇雅爲太僕寺少卿。轄京營。工科左給事中劉日俊言。夢辰欺君陷友。公論不平。

戊午。吏部前推閣員。及左副都御史袁鯨。上林苑監丞孫三杰劾鯨方魏忠賢時以御史加太僕寺卿。近又附溫體仁。

庚申。上登正陽門閱城。徧視雉堞樓櫓。總督京營成國公朱純臣協理京營戎政陸完學以營兵屯宣武門外。上善之。召登西南城樓觴之三。并以金爵賜之。

辛酉。閱外城。以南城薄議培之。命內官監太監丁紹呂馬光忻總理分築。濬大濠于五里外。壞冢墓亡算。工未竟而止。東西北無城不之問。

癸亥。前常熟張漢儒等訐奏錢謙益瞿式耜也。謙益下刑部獄幾死。謙益嘗作故太監王安祠記。司禮太監曹化淳出王安門。憤其冤。發漢儒等陰謀。立枷死。

甲子。修天津通州城。

九月甑朔丁卯。張獻忠東掠儀眞。揚州告急。命督理太監劉元斌盧九德選勇衞營萬人往援。

駙馬都尉齊贊元奏工部尙書劉遵憲不給瑞安長公主墳價。上以墳價當候旨頒給。不問。

大學士劉宇亮薛國觀入直。

戊辰。壽寧大長公主薨。

己巳。關寧太監高起潛言建虜謀內犯。有奸諜四五十人。形飾如漢。專探內地。命嚴緝之。

庚午。章光岳劉之鳳爲刑部左右侍郎。常道立爲右副都御史。巡撫河南。

刑科給事中王都劾章光岳官通政許逆案疏辨封進。又行人水佳胤御史時請吏部以逆案枉者一一臚告。吏部覆光岳引退佳胤免議。都遂糾尙書田唯嘉當王永光借題邊才引用匪人之日。唯嘉爭先應募。即薦楊維垣賈繼春。而光岳遂薦呂純如霍維華傅櫆徐揚先虞廷陛葉天陛。賴聖明獨斷。有逆案奉旨方新。居然薦用。成何政體。而後羣奸屏息。夫唐世濟應喜臣薦一人而被逮。則薦二人薦六人爲何如也。明日召廷臣示疏。唯嘉諭以秉公盡職毋辨。

辛未。兵科給事中錢增言建虜漸駐瀋陽。貪內地財物。防邊之局。不止防秋。已巳入犯。非隆冬乎。防海之局。不止防登萊。今已蹂朝鮮。保毋勾倭乘風四掠乎。彼以海爲虛聲。而或懈我各邊之城守。彼以邊爲實着。而或乘我沿海之疏虞。所謂必防其隙也。

癸酉。累敍寧夏功。洪承疇廕錦衣衞千戶。故總督楊鶴贈太子少傅。故總兵賀虎臣贈都督同知。馬化龍贈太子太傅。餘陞賚有差。

庚辰。敍禁旅功。進陸完學太子太師。餘陞賞有差。

兵科給事中孫晉以禁旅出剿。專請大臣督師。不許。

乙酉。左副都御史袁鯨免。

戊子。董羽宸爲左副都御史。徐鑛爲左僉都御史。張紹先爲通政使。

辛卯。戶科給事中葛樞以熹廟實錄十年未竣。因劾副總裁禮部右侍郎朱繼祚。前預修三朝要典。公論不容。去輔溫體仁引入。上不問。時神廟實錄成。俟熹錄幷進。

癸巳。李自成陷寧羌州。

孟國祚范復粹爲大理寺左右少卿。

故□□□□程紹贈工部尚書予祭葬。

是月中旬。每晨莫天色赤黃。名曰日空主兵。

十月乹朔丙申。李自成破寧羌州。州北九十里陽平關。西北爲七盤關。鳥道通蜀廣元之朝天嶺。初自成攻漢中。總兵曹變蛟兵從雞頭關夜入漢中。賊罔覺也。翌日守陴寂然。誘賊至城。倏樹幟發砲。矢石交下。賊策馬而逃。曹兵踴躍殺出。射自成馬死。裸身涉水而去。遂分軍爲三。一入七盤。一攻廣元。一向白水。

丁酉。李自成入四川朝天關。

戊戌。倪成章爲尚寶司卿。

寇犯廣元。總兵侯良柱敗歿。

己亥。寇入二郎關。

壬寅。陷昭仁墊江。昭仁知縣王時化死之。贈尚寶司丞。

癸卯。犯劍門關。

甲辰。陷劍州。知州徐尚卿死之。南平貢士贈參議。

乙巳。陷梓潼。黎雅參將羅于莘敗賊于廣元。賊自梓潼分爲三。一走潼川。一趨緜州。一入江油。遂陷彰明鹽亭諸縣。羅江德陽漢州溫江。皆賊未至而潰。

戊申。寇入趨緜州江油。薄成都。巡撫王維章次保寧不援。

己酉。先是故都察院左都御史高攀龍三代贈誥呈覽。未下。遽登軸。命中使取入。越日。詰誥文褒崇踰體。誰所撰。則日講官許士柔及攀龍子刑部主事世學。蓋誥敕文呈覽既下。始登軸。又贈誥出中書舍人世學。以曾經覽。預登之命責中書科泄稿署印中書舍人王重對以近例。命降級。士柔世學並謫。贈誥竟寢。後□科給事中何楷引萬曆時兵部尚書王崇古詿誤例以請。得補給。

宋賢爲右僉都御史。提督雁門等關。巡撫山西。張第元爲太常寺少卿。

庚戌。南京兵部尚書范景文劾南京兵科給事中荆可棟婪虐。命逮之。

李自成逼成都。土寇附之。巡撫王維章畏賊不出戰。

甲寅。定東宮官屬。太子少保禮部尚書姜逢元詹事。姚明恭少詹事。王鐸國子祭酒。屈可伸侍班。禮部右侍郎方逢年右諭德。項煜翰林修撰。劉理順編修。吳偉業。楊廷麟。林增志直講讀。編修胡守恆。檢討楊士聰校書。制敕房尚寶司卿兼司經局正字朱國詔。禮部郎中兼司經局正字黃應恩侍書。故事校書非詞林。時元臣張至發未諳掌故也。越數日。項煜楊廷麟各先後讓左諭德黃道周。閣臣以道周意見不無少偏。近日疏三罪四恥七不如有不如鄭鄤等語。夫蔑倫杖母。明旨煌煌。鄤何如人。而自謂不如。是可爲元良輔導乎。刑科給事中馮元飈薦黃道周忠足以動聖鑒。而不能得執政之心。恐天下後世有以議閣臣之得失也。

丙辰。賊焚郫縣。主事張應奇死之。贈按察僉事。陷金堂。典史潘孟科死之。

起顧錫疇禮部右侍郎。

故□□□龔茂華贈湖廣按察僉事。

十一月乙朔己巳。夜太白在析木宮尾宿初度七十三分。

己卯。夜木火二星同亢宿。

庚辰。夜月食。諭羣臣修省求直言。

徐石麒爲應天府丞。

以司禮署印太監曹化淳提督京營。太監李明哲提督五軍營。杜勳提督神樞營。閻思印提督神機營。孫茂霖分守薊鎭中西三協。鄭良輔總理京城巡捕。

庚寅。兵部尚書楊嗣昌請限剿寇之期。令陝西巡撫斷商南雒南。鄖陽巡撫斷鄖西。湖廣巡撫斷常德黃州。安慶巡撫斷英山六安。鳳陽巡撫斷潁亳。應天巡撫仍堵灊山太湖。江西巡撫堵黃梅廣濟。山東巡撫堵徐宿。山西巡撫堵陝州靈寶。保定巡撫扼渡延津一帶。總理熊文燦提邊兵。太監劉元斌等提禁旅。河南巡撫率左良玉陳永福等兵合剿中原。從之。

都察院左都御史商周祚言。各御史差規。原有定序。先中差。後大差。先舊官。後新官。大不再大。中不再中。兩京大差及各掌道俱俟兩差之後。此向例也。近差多人少。未免以差待人。于是一新一舊。惟視差定而先中後大與中大間差之例。遂不能拘。前任都御史奉諭申飭七年定例。今欲法歸劃一。如依中大不再之例。雖均勞逸。第恐人不遇差。則以人俟差。差不遇人。又懸差俟人。若提後置前。又人情不平。夫莫非王事。何論中大。宜仍一新一舊。凡差以到任一年爲準。序到卽注。其報代遲速。或有徇情游移。概置不問。業奉旨允行。臣竊謂差不論中大似矣。然南北兩京畿三提學及京營順天巡按。名曰老差。斷不宜新人。必資深滿三差。或經大差。方勝此任。仍照七年定例。任滿日任差。但摘京畿等七差坐舊。其餘統中大而一之。向謂北人不閩廣。南人不三邊。概不必問。上從之。

癸巳。寇陷靈璧。

甲午。夜土水二星同度。水星在南五度四十三分。占曰。敵勢縱橫。將權未一。

是月。安慶保舉諸生蔣臣言。閣臣張至發孔貞運會試錄文。沮抑辟薦。請閣臣自簡舉改正。毋壞祖制。又輯皇明薦舉攷。皆實訓諸書。採集成帙。通政司使張紹先等以疏上。其薦舉考事係陳言。候命封進。有旨。實訓稱係陳言。殊欠敬愼。議處紹先等。原書封進。

張自烈曰。攷六書。陳音臣列也。商書微子我祖底遂陳于上是也。又久也。盤庚失于政陳于茲是也。又舊粟也。詩我取其陳是也。又敷告也。孟子陳善閉邪。史記箕子以洪範陳之是也。又祖訓云。官員士庶人等上書陳言大臣才德政事者。要鞫問情由。又大明律云。內外大小官員許令明白條陳所謂陳言。猶條陳敷陳奏陳之類。非陳腐等語明甚。嚮令通政曰書係陳言。則是陳腐之陳。忽玩寶訓。宜坐不敬。今但曰事係陳言。則專屬蔣臣上書而言。與敷陳條陳蓋同語義甚明。閣臣一覽而知。若之何妄指條陳爲陳腐也。或曰。閣臣忌蔣臣攻己。因遷怒通政。明知不可欺天下。姑以爲絀通政耳。

十二月朮乙朔。日食。占曰。日食丑。鎮星會焉。月孛計都躔焉。主江淮水土之災。東夷君長之變。

辛丑。戶科給事中丁允元劾大學士賀逢聖。凡疏揭輒驕人。謂我爲之。專事口角。輔理當不若是。如汪應龍胥人而逢聖曾推之。高攀龍左光斗業蒙聖鑒。則又斥之。是非顚倒如此。上不懌。謫福建按察司照磨。

癸卯。召閣部于文華殿。以憲綱書授吏部尚書田唯嘉。命申飭永遵。

乙巳。戴東旻爲右僉都御史。撫治鄖陽。初兵部欲裁鄖撫。兵科都給事中淩義渠爭之。

命洪承疇合孫傳庭幷剿河南寇。

吏科給事中劉含輝言秦中開採非便。不聽。

太監謝文舉分守昌平宣府。

丙午。起王一中光祿寺卿。

戊申。黃道周黃錦爲少詹事。錦淸理錄黃。

起方孔昭南京尙寶司卿。

辛亥。都察院左都御史商周祚言責成巡方四事。民心宜固。備禦宜飭。欽贓宜酌。營委宜禁。從之。

癸丑。罷禮部尚書姜逢元兵部尚書王業浩。先是吏科給事中陳啓新疏論考選有旨指其實。又進吏部訪冊。而逢元業浩獨圈多。上嫌其濫。啓新遂參涇縣知縣尹民興江都知縣顏胤浩及湖州知府陸自嶽俱謫之。

乙卯。陳演爲國子祭酒。王錫袞爲南京國子祭酒。孟國祚爲太僕寺卿。

戊午。中書舍人陳龍正鐫二級。降南京國子監丞。去年龍正分考北場。借行人胡江擬題一帙。後貢士胡維孚磨勘除名。江降□□。副考□□閣仲儼降右贊善。又陳啓新劾解元馬之驪主考□□黃起有奏辨吏科無衡文之責。啓新非能文之人。上塗吏科句。謂覈字不雅。罰馬之驪四科。

思明州人黃日章等殺土官黃國鼎。

辛酉。進外戚田弘遇太子太保左都督。

壬戌。改太監鄭良輔內直。以馬雲程總理京城巡捕。

甲子。起林欲楫仍禮部尚書。劉之鳳張承詔爲刑部左右侍郎。惠世揚爲南京大理寺卿。

是年。總督宣大山西兵部左侍郎兼右僉都御史盧象升上言。剿寇需兵。用兵需餉。此恆理也。乃今日兵少而寇多。兵飢而寇飽。兵勞而寇佚。日復一日。年復一年。愈剿愈繁。生靈塗炭已甚。事至此不得不用權宜矣。臣有阻寇疑寇飢寇之法。一立寨團築濠塹以阻寇。寇奔徑道雖多。每州縣遠近必由之路。近山險則立寨。村落則聚團。寨必有泉可汲。并擇其峻隘。團必大村鎭。圍深濠。布密簽。築牛馬墻。其近團路徑。以荆棘樹枝木石壘斷。張毒弩于內。是謂阻寇。一挑鄉勇設游兵以疑寇。寇每股雖號數萬。婦女老弱半焉。不過恃積强之勢以拒官兵。擁衆依山。伺我遠近。悉我虛實。疲我師徒。有法焉。募鄉民勇敢者。有司時犒賞鼓厲。使其父母妻子安置寨團。或遠避他所。止留敢死百餘輩。多則數百輩。各持棍斧長槍短刀。于高山深林偵寇來往。多則避之。少則阻擊。夜則銜枚匍匐。或刦營。或竊馬騾。是謂疑寇。一收資糧斂頭畜以飢寇。寇依山爲橫因食于民。官兵追逐。衆寡勞佚飢飽之數相懸。豈能必勝。有法焉。各有司單騎偏歷鄉村。凡近城三十里鄉民。亟以糧穀貲財入城。三十里外。或運山寨。或入大村聚團固守。牛羊馬騾雞畜等多收斂使無所掠。如資糧供寇。軍法重治。是謂飢寇。上是之。俱空言無補。

京師宣武門外民家白雞喙距純赤。重四十觔。慈谿孝廉應廷吉見之。愀然曰。此鷙也。所見之處國亡。

戊寅崇禎十一年

正月乙丑朔。任丘淸苑淶水遷安大城定興通州各官貪縱不法。上內訪逮入。責撫按不先劾奏爲溺職。近畿如此。遠地可知。下部院申飭。

丙寅。大學士黃士俊罷。

戊辰。日講官翰林院編修吳偉業言。首臣張至發新猷方始。故轍猶存。其近辨溫體仁曰孤執。曰不欺。夫體仁當國。有唐世濟閔洪學蔡奕琛吳振纓胡鍾麟參贊密謀。又有陳履謙張漢儒陸文聲驅除異己。何得謂孤。庇樞貳則總理可不設而事敗乃設。徇鳳撫則鎭可不移而事敗乃移。何得謂執。家窩巨盜孽子招權。何得謂不欺。今首臣滌心改行以收實效。臣何敢議。如其不然。首臣亦何以酬主恩而塞輿望耶。

己巳。諭史館四人值召對記注。仍閣臣閱進。

嚴武進縣田額。

故巡撫山東右僉都御史李懋芳追贓戍邊。

辛未。享太廟。

戶科給事中楊鎮原言。近來考選卓異。既不肯授以計曹。故戶部多破甑任子充數。致漏巵日甚。乞俸滿望著徑轉計曹。庶弊清財理。又久任六年為期。精明釐剔。徑轉京堂

命巡撫山東顏繼祖防盜徐宿。總兵牟文綬防鳳陽。倪寵防河。往來曹單。尋以五營土盜謀引流寇。會河南土盜程良才起。遂撤巡撫。仍回曹單。仍移倪寵徐州。

給鄭世子冕弁二服。限各親王十年一易。

兵科都給事中凌義渠劾廣東總兵官陳謙通夷。誘致十餘萬金報聞。

故□□□□吳大樸。贈山東按察副使。

壬申。光澤鉛山間有棋山妖人稱密□燒香為記。借無為教謀逆。丙子夜。圍鉛山城。分守湖東道林日瑞預聞為備。且擊敗之。搗棋山。破散其黨。

戊寅。工科給事中傅元初請開福建海禁。通市佐餉。命部議行之。

巡撫遼東方一藻進兵部左侍郎。仍加服俸一級。

張四知為禮部左侍郎。協理詹事府。王鐸為詹事。余煌華琪芳黃景昉為左右庶子。

禮科給事中韓源論詹事吳士元前纂修要典。難玷清班。并及余煌華琪芳。不聽。

時值考選。發訪單科道加圈。或至數十。上疑其情賄。于是給事中傅元初張第元房之騏韓源趙繼鼎馬兆羲俱削。罰孫晉林正亨王猷鑣二秩。調用劉含輝楊鎮原葉初春劉興秀辜朝薦金蘭葛樞郭九鼎凌義渠何楷褚德培鑣二秩。仍任。

兵部職方主事郭景昌言考選之弊。請上召對親除。

壬午。皇太子冠。明日御殿受賀。

丙戌。吏部主事葛含馨林中鳳來方煒下刑部獄。先是福建兵備曾櫻爲鄭芝龍營陞浙江被緝。命逮之未至。芝龍奏前銀係姪援監。又列櫻治狀。諭刑部免其入獄。詞連含馨。含馨奏引方煒。

戊子。裁南京冗官吏部主事二。戶部庫大使五。兵部主事二。會同館大使二。工部侍郎一。主事三。都察院御史七。照磨一。通政司經歷一。大理寺左右寺丞各一。翰林院孔目一。詹事府主簿一。國子監助教二。光祿寺署正二。行人司副一。宗人府經歷一。生藥局大使一。共八十九員。

己丑。翰林院檢討郭之祥請進士二甲以下盡任知縣推官。如不歷州縣。毋補部曹。不歷部曹。毋改翰林科道。庶部曹舉職。科道不皆由考選也。

撫寧侯朱國弼奪爵仍襲。

河南府推官陸安廬道兵備僉事湯開遠言。皇太子論學。不必遠有取法。皇上法祖。皇太子法皇上足矣。從來言教不如身教。諸臣以經史爲開陳言教也。皇上以金玉爲模範身教也。在見天心在卹民窮。在優大僚。在容大僚在寬拙吏。在薄言利。在疏滯獄。上是之。

辛卯。劉鎬爲右僉都御史。巡撫遼東。

壬辰。起李若星兵部右侍郎。添設。

癸巳。蠲漢中逋租。仍賑之。

諭曆法仍遵會典行大統曆。如交食經緯晦朔弦望。許張守登等旁攷推測。

總兵黃得功敗賊于舞陽及光固間。四日三敗之。斬級二千九百有奇。

二月朔。吏部尚書田唯嘉以保舉試授知州五人。知縣二十一人。州同知三人。判官五人。縣丞主簿各七人。其不堪五人。罷之。

秦賊盡聚川西。總督洪承疇檄諸道兵嚴守要害。賊乏食。承疇以川師誘之。秦兵伏于梓潼。伏發。斬千餘級。總兵曹變蛟從溤河小徑入蜀。追至茂州。大敗之。生擒賊目二十人。自成逃出蜀。匿于洮岷。遂投西番。于是馬科守河州。祖大弼守羊沙崖口。曹變蛟深入西番。番報自成從洮州逸去。裨將金守亮偵賊。丙夜發兵追之。昧爽大霧四塞。自成遺男婦萬餘人。率百騎復逃。潛身終南山月餘。自陽平關仍入廣元。曹變蛟率兵亦至。鄉民報自成適登山。但山峯壁立。官兵步上其顛。哭聲震谷。悉誅之。乃自成與田見秀谷英張能十七人。碎布衣爲繩縋崖逸去。奔鄖陽。搆竹山杆子手結小隊。

丙申。城蘆溝。名拱極城。以內臣督役。掠途人受工。民力爲憊。名南門曰順治。北門曰永昌。甲申兩應其兆。

己亥。致仕刑部右侍郎無錫嚴一鵬年九十。巡撫應天張國維請存問。從之。

庚子。進方一藻右都御史。仍巡撫遼東。改劉鎬巡撫甘肅。

辰刻。日旁有白氣如彈。色微紅。在日上。復有白芒。申刻。黑氣如日掩其光。又自日出。磨盪數番。經刻始散。

寇陷瀘溪。初知縣陳惇勦寇張家山。敗之。寇遂傾巢至。

辛丑。皇太子出閣。就講文華殿。

壬寅。□科給事中葉高標御史劉興秀齎餉京省。循例遣之也。

癸卯。巡按河南御史張任學改都督僉事。總兵鎮守河南。任學欲薦故丹徒知縣張放。極詆諸總兵不足恃。盛稱文吏原有奇才。可以禦寇。故有是命。

甲辰。刑部尚書鄭三俊下獄。初寶源局鑄錢。穴墻爲弊。又有人隱屯豆七千餘石。事下刑部。從輕。屢駁如故。幷逮郎中熊經主事駱方璽王家祿。

丙午。御經筵畢。召詹事翰林諸臣顧錫疇等二十餘人。問保舉考選孰爲得人。諸臣各泛對。少詹事黃道周言。

人才如樹木須養之數十年始用。近來人才遠不及古。又經摧殘之後。必須培養。既復班。又詢之。對曰。立朝之才。存乎心術。治邊之才。存乎形勢。先年督撫未講形勢要害。浪言勦撫。隨寇團走。事既不效。則謂餉不足。其實新舊餉約千二百萬。可養四十萬之師。今寧錦三協兵僅十六萬。似不須別求供勦寇之用也。庶子黃景昉請宥鄭三俊。又朱天麟成勇不得考選非是。上以三俊蒙徇雖清何濟。至朱天麟成勇。則李達泰等咸稱其枉。又命諸臣各陳所見。上各隨答。且曰。言須可行。如故講官姚希孟等欲折漕一年。誤矣。編修楊廷麟曰。自溫體仁薦唐世濟王應熊。薦王繼章。今二臣皆敗。而薦者無恙。是連坐之法。先不行于大臣。而欲收保舉之效得乎。上色動。默然久之。項煜曰。成勇不得考選。以榆次知縣任濬爲輔臣張至發姻也。前任濬考選列第二。易以成勇。輔臣不欲。謂得則皆得。失則皆失。至發辨其非姻。命諸臣出宴午門之廡。

丁未。少詹事黃道周。左右庶子余煌黃景昉。檢討楊士聰各補奏時政。道周曰。人才如樹木。須養之數十年。始克一日之用。我朝世宗時。稍稍摧折。然或朝行譴逐。暮即追還。是以人才鼓舞不倦。立朝之才。存乎心術。治邊之才。存乎形勢。皇上先年齋居數月。措餉百餘萬。立限西討。而流賊不滅。以諸督撫皆未講于形勢要害。浪言勦撫。隨賊團走耳。事既不効。則謂餉不足。其實新舊湊餉約千二百萬。可養四十萬之師。今寧錦三協兵有十六萬。似不必搜求供勦寇之用也。東疆形勢。存乎寧錦。西土形勢。存乎夔峽。寧錦誠得大師八九萬。實圖犁庭之舉。彼雖叵測。猶護本巢。必不敢西過宣大。東窺榆關。夔峽若得一賢道臣。東連荆襄。北通房竹。則楚寇必不得西旋。蜀寇必不得東下。又事欲大創。勞欲永逸。先年禁旅之出。宜爲三軍推轂。告廟而行。則實大聲弘。凱旋較易。今以爪牙一軍。聽于總理。似有未宜。近日諸臣治流寇者。大意在撫。凡撫賊之法。須令斬捕自贖。得渠魁者予一裨將。得酋者予一隊長。使行間自効。或先其一部。使探諸部。要令所在因而肢解之。還收其衆。統以元戎。使就屯牧。以實塞下。不宜泛泛以收爲名。以留爲實。倘復無策。令擇散地。一入鄖陽山中。終爲中原腹心之疾也。載承天語。勤撫原自兼行。臣感媿無言。臣憂遼甚于憂寇。故末又言寧錦練大師八九萬。終是要着。蓋東國不驚。則寇賊漸必自滅。以寧錦治東國以鄖襄治流寇。以郡縣之糧治郡縣之兵。誠不煩別爲徵求而足耳。臣又從班末聞皇上徵採黃景昉之言。垂詧鄭三俊。問余煌講章似尙仍舊講官姚希孟之言。私計天下人才生如鄭三俊。沒如文震孟姚希孟。求其影似。未可多得。皇上誠愛士。莫如愛已成之士。誠理財。莫如理有式之財。當此衆渙之時。稍弘宇粹之旨。使廉夫立士有以自振。亦收拾人心消滅胡寇之一大機也

檢討楊士聰論陸自嶽沈迅張若麟鑽營。命嚴三人治狀。于是吏部尙書田惟嘉奏辨。項煜又論之。士聰劾惟嘉諱三人之罪。開復考滿裁俸日月。欺蒙有據。及前太僕寺少卿史𡎖通關布置。命若麟及史𡎖各回奏。唯嘉于張至發爲師生。史𡎖特虎而鷙。父喪家居。頤指諸大吏爲威福。人莫敢言。士聰于便殿白事發其端。退而奏其贓橫章十數上。屢旨詰質。執辨如初。茍一語參驗失實。且收坐。士聰益盡列其詆欺狀

南京應天府丞徐石麒入賀。在京上言。鄭三俊昔事神祖。歷著勞勩。迨事皇上十年矣。其一生風力。屢挫奸鋒。四壁蕭然。素標淸骨。今爲司寇。僅僅敝衣一篋。爨烟不繼。下理之日。奸胥弊役。酌酒相賀。羔羊素絲之風。尙可想見。雖一時膠守成例。往復移會。似屬推諉。罪誠有之。至于朋謀欺妄。臣敢剖心代明。以祈皇上始終保全。而矜宥之也。三俊聞命。卽囚服束身自拘司敗。行路咨嗟。謂曾備股肱。朝而冠裳。莫而犴狴。譬之犬馬。曾不蒙帷蓋之賜。凡三事九列。亦何常之有。當亦拊心憐之矣。當三俊六年考滿。人皆以得進勛階爲榮。獨乞身至再。不蒙俞允。向令皇上俯從其請。賜之骸骨。豈不爲熙朝優老盛事。而竟以遷秩之隆恩。忽釀骩法之罪。三俊之辱。亦朝廷之辱也。失出臣子小過。好生人主大德。今皇上以輕擬之過深督三俊。將來必承順風旨。以鍛鍊爲能事。以鈎棘爲精神。而反負皇上愼獄之本意矣。

戊申。山西代州知府郭正中奏先臣吳與弼陳眞晟蔡淸羅洪先羅汝芳從祀孔子廟廷。報聞。

協理詹事府禮部右侍郎吳士元予告。

庚戌。上御門。召諸臣申飭。釋鄭三俊。令回家聽擬。在繫六日卽釋出。雖閣揭及諸臣互救。上亦自知其淸節也。

右春坊右贊善兼翰林院檢討楊觀光上睿養圖。

辛亥。諭兵部開採山西陝西河南諸礦。部覆不便而止。

召諭吏部于皇極門。裁南京冗官。一久任。一科道堪節鉞之任。

巡撫□□右□都御史鄭茂華巡撫陝西右□都御史周汝弼巡撫浙江右□都御史喩思恂各免。

壬子。許故刑部尙書鄭三俊回籍。

甲寅。總兵官尹先民擊賊衡州黃巢嶺。敗之。

李自成初走蜀。獨身入楚依張獻忠。不許。至竹溪。獻忠謀殺之。遁去。乞憐于羅汝才。得兵數千。行掠鄖鄉

丙辰。故巡按陝西御史錢守廉贈太僕寺少卿。守廉在陝西力瘁卒。故閔其勞

西安大風霾。

己未。故太僕寺少卿鹿善繼贈大理寺卿。謚□□。立祠。故□□崔繼榷贈山西按察僉事。故□□耿之鏻贈國子監學正。

庚申。起吳甡兵部左侍郎。熊奮渭爲右僉都御史。巡撫浙江。林贊爲右副都御史。巡撫廣西。劉令譽爲右僉都御史巡撫延綏。

三月甲子朔。范復粹補大理寺少卿。

丙寅。插漢部目赤食等六十騎薄張家口講賞。明日又二百餘騎脅索參將姜名武乞備之。

丁卯。大同大雪。

戊辰。建虜犯宣府膳房堡。

兵部尚書楊嗣昌薦職方郎中趙光抃。

甲戌。晉江諸生蔡鼎言。臣嘗西游宣雲。見宣之右衞膳房柴溝。平野低墻。綿亙數百里。雲之鎭邊。守口坦迤亦數十里。是宣雲之有可慮也。雲中饑荒頻年。士馬艱食。較宣尤甚。巢丕昌孔有德之徒。奸謀相引。是不可不早杜也。所入果在宣雲。則所中必及眞定保定。彼意以所未入其掠必厚。又意吾備在京在邊。愈入愈西。則當之愈脆。龍門紫荆。綢繆正在此時。白□馬水谷路吳王諸口尤要。彼以全部擁一口。勢不下數萬。我欲以數千遏之。雖廉魏不能。待其旣入尾後而突擊其不備。探其老營。衝枚掩襲。此吾便也。關內郡縣最衝次衝。何城可守不可守。宜增險設旅。擇吏申法。關外諸堡。或併或棄。或增或減。在今日不可不早定也。通政司格之不上。

乙亥。誅西協總兵吳國俊。以砲傷援兵大潰。監視太監鄧希詔劾之。

丁丑。翰林院檢討楊士聰復劾吏部尚書田惟嘉。閣臣密報惟嘉爲備。時田氏蒼頭下錦衣衞。

戊寅。大學士賀逢聖致仕。

四川寇走階文間。總督孫傳庭令總兵曹變蛟截剿。自趨鄠縣策應。

工科右給事中吳宇英劾孫傳庭縱寇入蜀。

癸未。蔣德璟爲右春坊右庶子。郭建邦傅永淳爲左右通政。

覆試河南貢士曹鳳貞下吏科都給事中劉安行獄。鳳貞父總督文衡。又安行壻。硃墨多塗抹。禮科都給事中薛國觀磨勘特寬之。兵科都給事中淩義渠調福建布政司參政。大理寺副孫三杰發其事。覆試二義悖謬。閣臣猶寬擬。上親閱。以支離鳳貞除名。

誠意伯劉孔昭提督操江。

諭兵部責成各道修練儲備。

逮巡撫四川右僉都御史王維章總兵侯良柱。初陝西寇自階文破寧羌。趨廣元白水。犯龍安府。出緜州。直犯成都大殺掠。仍出階徽向陝西屯聚。故逮之。

乙酉制敕房禮部郎中兼司經局正字東宮侍書黃應恩削籍下刑部獄。應恩小人。歷事久。交通中外。舊制。詞臣于殿閣大學士爲同官。而中書特從吏。即積資至九卿。不得鈞禮。張至發外入。廢掌故。應恩挾中官重示寵絡。又爲調旨心益驕。無舊節。翰林院檢討楊士聰與語不合。立具奏。又移書至發責數之。至發陰右應恩。而應恩撰故總督楊鶴贈誥文進。呈不註職名。上怒其違玩。楊嗣昌以父鶴疏救。不允。大理寺副前詹事府主簿曹荃又劾應恩通賄。幷劾至發。遂下應恩獄。論死。

吏部尚書田惟嘉免。兵科都給事中調福建布政司參政凌義渠劾惟嘉貪黷。受周汝弼八千金。轉巡撫。畏臣發其私。因會議解汝弼任。決計逐臣。

丁亥總督川湖雲廣貴州軍務兼巡撫貴州少師兵部尚書兼右都御史朱燮元卒。燮元字懋和。浙江山陰人。萬曆壬辰進士。授大理評事。遷寺正。出知蘇州。有惠政。遷廣東按察副使。歷陝西按察使。分巡隴右。進四川左右布政使。天啓初奢寅叛。力守成都。進巡撫。卒平其亂。進總督。明敏有器度。善用人。黔蜀多故。所向成功。安位納土。西南賴之。洵一代偉人也。年七十三。予祭葬。贈太師。世錦衣衞指揮使。

癸巳戶部主事張縉彥言。臣任清澗知縣。于兵情賊勢。親見有素。蓋賊之得勢在流。而賊之失勢在止。賊之長技在分。而賊之窮技在合。賊之乘時在夏秋。而賊之失時在冬春。賊之得計在以塘馬戰。而老營避在以火光近而眞營遠。賊之失計在行營不知備。截殺不相救。臣請一一言之。昔大賊王嘉胤破河曲。據其城。延綏巡撫洪承疇率曹文詔等奪門砍殺。而嘉胤殲。李老豺破中部。據其城。巡撫練國事兵道張福臻督兵攻圍。而老豺擒神一元破寧塞。據其城。左光先費邑宰等與戰而一元死。譚雄破安塞。據其城。王承恩李卑等攻圍而譚雄誅。此皆守而不去之賊故速死也。是以惠登相馬守應馬盡忠等賊破城邑亡算或本日即出或一二日即出。官兵未至早已奔走逃逸。此皆流而不居之賊。故緩死也。賊入晉豫以來分頭成夥。在秦西安延慶鞏平漢中商雒。既無處不被賊而汝雒開歸南黃潁亳以及江北又無處不被賊。豈賊眞有數十百萬。蓋分股以披其黨以牽我兵故見多也。若可天飛之賊。合于鐵角城則盡殲。不粘泥之賊。合于西川亦盡滅。即前總督陳奇瑜驅天下之賊盡合漢中。中出棧道關。大困矣。政可一鼓而滅。乃以招安而敗。遂至不可復收。古人以八日而平賊數萬者。利其合也。夏秋之間。糧芻盡在場圃田苗足供馬食。冬春非破城攻堡。不能得食。官兵促之則尤易。故時有利不利也。臣在三原。賊屢掠其地。初至則塘馬數百。疾如風雨。出沒不常。殺民衝兵皆是也。官兵每偵其老營而後擊。不知老營已在數十里外急走矣。夜下營。焚近城廬舍火光蔽空。而老營亦在數十里外潛駐。官兵望火光襲之。每墮其計。此賊之狡也。欲走必其營發烟火。使人不知所避。若乘勢要擊。定然狼狽。雖有殿騎。亦不戀戰。以少殺衆。端在此時。故欲平賊在亂其所長而使之短。破其所得而使之失。直截以攻之。挑兵馬三四萬爲頭敵。分兩軍一追一駐。更番迭出。賊當之必破矣。賊黨雖數十。所觀望先倡不過一二枝。盡一股則論賞。不必事平彙敍。縱一股則論罰。不許報級塞責。賊不望風而靡。未之有也。上是之。

是月。插漢部目赤食以六十騎窺張家口請賞。建虜三萬騎自瀋陽趨白澤。宣府偵卒出張家口被執。同叛人周元忠至。請插漢舊賞。巡撫劉永祚閱視太監王夢弼俱佯許之。徐奏其事。兵部尙書楊嗣昌請建虜互市。不許。

新鄉雨黑水。

是春。熒惑在大火。徘徊氐房。占曰。宜節章火。逖遠戎器。

四月甲申朔。丙申。奪總督洪承疇宮保尚書銜。仍以侍郎總兵左光先曹變蛟並奪五級。限五月盡賊。

戊戌。新廠災。斃七百餘人。

辛丑。先是總理熊文燦專主撫。盜張獻忠佯許之。文燦請貸其罪。安置保康山中。報可。獻忠求襄陽一郡以屯其軍。文燦議餉二萬人。獻忠乞餉十萬人。遷延未就。至是降于穀城。文燦受之。于是諸賊益輕王師。遂蔓不可制。

進都督王樸太子太保。

壬寅。兵部職方主事馬成名言。臣前官刑部。在繫一千五十餘人。聚居燕鬱。乞卽審結。上善之。

癸卯。朱國棟爲太常寺少卿。

甲辰。劉之鳳爲刑部尚書。

乙巳。御經筵畢。項煜待罪不入。諭閣臣俾煜回奏。又召六部諸臣。楊嗣昌述孟子盈城盈野善戰上刑等語。蓋欲款建虜。借之窺上指。上曰。此孟氏爲列國兵爭耳。今一屬國。雖不能伸九伐之威。何至出漢人下策。今後勿復爾爾。又言湖廣巡撫余應桂任將之失。嗣昌上章引罪。

丙午。常自裕爲南京通政使。

戊申。先是兵科都給事中姚思孝言開市撫賞。目前馭虜一大機。但不卽輕給。稍示鄭重。彼遂其欲。吾亦濟其事。何損威失體之有。事下兵部。楊嗣昌覆奏。先朝封貢撫賞。名甚尊。體甚正。孟子稱樂天者保天下。本朝有之。今又一時也。建虜暫退。政彼好事成事之會。密詢邊臣。各出所長。臣何敢偏執以妨大計也。

諭戶部。均輸累民。其山塘湖蕩仍與蠲豁。

故□□□□馬鳴起贈少傅。

大學士張至發罷。
己酉。大學士孔貞運致仕。
夜丑刻熒惑去月僅七八寸。至曉逆行尾八度。掩于月。按成化十一年癸卯曉刻月犯牛宿。猶未如是甚也。自春至秋熒惑守尾百五十餘日始去。
甲寅。魏照乘爲兵部左侍郎。協理京營張承王命璿爲刑部左右侍郎。
都督僉事劉光祚爲總兵官。鎭守保定。
故□□監軍副使黃孫茂贈太常寺卿。世外衞副千戶。
戊午。故□□吳賜玉贈江西按察僉事。
辛酉。上御中左門。召考選諸臣五人爲班遞進。問足兵足食之計。知縣曾就義曰。百姓之困。皆由吏之不廉。使守令俱廉。卽稍從加派以濟軍需。未爲不可。上拔第一。永城知縣成仲龍爲兵科給事中。
兵部主事郭景昌召對稱旨。改雲南道御史。
楊士聰曰。未幾卽有剿餉練餉之加。實因曾議而決計也。夫爲政須令有餘地。雖堯舜在上。不能使吏皆廉。吏未必廉。而加者眞加。困者乃眞困也。曾豈眞昧乎此。不過一時逢迎。姑借以爲功名地耳。
五月
癸亥朔。錦衣衞上田氏蒼頭獄。命再訊。
總督宣大山西軍務兵部左侍郎兼都察院右僉都御史盧象升乞守制。總督大同山西等處御馬監太監陳貴奏留。從之。
甲子。諭禮部。火星違度。朕先素服減膳。其諸臣各引罪。
兵科給事中錢增劾楊嗣昌主欵。嗣昌引罪。

乙丑。欽定考選官。曾就義李士淳朱天麟黃文煥黃奇遇虞國鎮爲翰林院編修。張縉彥汪偉居象美馬剛中爲檢討王調鼎熊維典李希沆張希夏張作楫耿始然解學尹成仲龍李清孫承澤吳希哲張淳爲給事中。李嗣京秦廷臻汪游龍喻上猷李春蓁任濬楊鶚李雲鴻柯元伯左永圖宗敦一張爾中鄧希忠黃諫卿張懋爵王章蔡鵬霄陳天工高明衡郭景昌徐養量羅起鳳王聚奎涂必泓甘維榮王範爲試監察御史。閻嗣科葉樹聲林景友詹兆恒爲南京試監察御史。張若麒沈迅爲刑部主事。越數日。下各部前議可者覆行之。

召大臣于中極門。議擇才。議戰守。

丙寅。商周祚爲吏部尙書。許世藎爲戶部□侍郎。督理錢法。李覺斯爲工部右侍郎。

丁卯。主事李焻夏尙絅沈胤培爲給事中。李預張懋禧宋學朱爲試監察御史。

故□□□□劉宇揚贈太常寺少卿。

夜。熒惑退至尾初度。漸入心宿。

錦衣衞指揮□□鄒國相請稅煤炭。不許。降國相千戶。

己巳。浙江提學僉事劉鱗長言八事。曰尊聖道。曰卹靖難諸臣。曰定禮制。出繼子爲本生父母喪服。小祥內服斬衰稱降制。小祥外如伯叔服稱心制。曰射禮。曰訪逸才。曰清庠序。曰重教職。曰扣久廪。蠲諸生優免。章下部議。

兵部尙書楊嗣昌言。聖慮惓惓。星未順行。青服減膳。臣聞月食五星。古來變異。史不絕書。然亦觀其時主德何如。政事相感。災祥之應不一。其致今茲月食火星在前月己酉寅卯之辰。臣臆斷之。戊申己酉納音屬土。律應中宮。然有陰陽之分。戊申陽宮主帝座。己酉陰宮主后妃。其時寅卯適値熹廟成妃發引。百官郊奠。所謂白衣之會在陰宮。已應。主上無庸致疑一也。當食之時。火星觸月。在于上角。不在中央。亦不在下。主上無庸致疑二也。惟是曆載是日火躔尾八度。月躔尾十二度。相距不遠萬里。何爲相掩。若果掩于八度。當在戊申之亥。何爲己酉之寅。將謂掩于十二度。則火方逆行。無忽順行五度之理。以此推之。必月行見火而遲。有將進將退之象。其災祥亦可推也。火留守尾始三月戊寅。旣留而逆。復始于丙戌。戊寅丙戌。納音皆陽宮。至于己酉陰宮。乃觸太陰。入而不見。斯爲月食。尾者蒼龍之尾。水星也。火留逆之爲守。所不勝。故其觸月亦不勝而爲月食也。時方黎明。月遂西匿。若其尙早。當復見星貫月而出。火星貫月。陰國當之。其國貴人兵死。不出五年國亡。李唐州郡躔次。漁陽上郡入尾。則今順德永平之間。北地西河上郡入尾。則今陝西延安慶陽山西汾永之地。遼東遼西入尾。則今河東河西我與建人共之者。宋人精義賦曰。尾箕析木。幽燕是稱。溟渤碣石高麗暨三韓之所盡。自北平保定終北紀之所窮。是則陰國當之。自有其應。非臆說也。且古月食熒惑不爲大災。蓋亦有之。漢光武帝建武二十三年丁未三月月食火星。其年無事。明年匈奴八部大人立呼韓邪單于。款五原塞。事下公卿。議者皆以爲天下初定。中國空虛。夷人情僞不可知。不可許。五官中郎將耿國。獨以爲孝宣故事。受之以率厲四夷。完復邊郡。從之。孝明帝永平二年己未十二月月食火星。頻年無事。皇后馬氏德冠後宮。嘗衣大練。明帝圖畫功臣于南宮雲臺。馬援以椒房之戚。抑不預焉。唐憲宗元和七年壬辰正月月食熒惑。其年田興以魏博來降。李絳請推心撫納。結以大恩。遣知制誥裴度至魏博宣慰。以錢百十萬緡賞軍士。六州百姓給復一年。宋太宗太平興國三年戊寅七月月掩熒惑。明年興師滅北漢。車駕遂征契丹。連年兵敗。宰相張齊賢疏。聖人舉事動出萬全。必先本後末。安內養外之說進。臣愚所聞如此。以爲月食火星。猶幸在尾內。則陰宮。外則陰國。主上修德以召和。治內以威外。必有災而不害者。若夫火猶逆行。五月丁丑當入乎心。踰旬戊子留而守之。六月丙申順軌方去。心爲明堂。熒惑廟也。五星行入廟。謹候其命。尤不同于尾。皇上精誠感召。星行或不至于心。或雖至于心而不犯也。

楊士聰曰。嗣昌此疏。論者謂入相之機括。所引漢事。稱其年無事。攷之漢書不然。建武二十三年正月。南郡蠻叛。遣武威將軍劉尙討平之。徒其種人于江夏。十二月武陵蠻叛。遣尙討之。戰于沅水。尙軍敗沒。二十四年。武陵蠻復寇臨沅。謁者李嵩中山太守馬成討之不克。二十五年。馬援討平之。是年。匈奴部人始立呼韓邪單于內附。而嗣昌以爲月食火星之明年。何與。永平二年。少府陰就子豐坐自殺。陵鄉侯梁松坐蜚書誹謗下獄死。而圖畫雲臺則三年事也。事雖在近。于月食火星有何涉焉。以上諸事。考之近日亦有相類。建虜南下陷七十餘城。而連歲流賊橫于楚分。卽漢之南郡武陵不烈于此矣。李武淸亡子指揮亦死。再踰年而有黃解之役。天道雖遠。何古今之略相似也。雖然。嗣昌武陵人也。年來彈嗣昌者輒鐫官抵罪。可與劉尙之敗沒。李嵩馬成之不克同一例觀。而嗣昌之誤君誤國。憑寵蔑親。當亦不愧槃瓠之種與。

談遷曰。星曆之學。非楊嗣昌所諳。而推言之甚詳。意專爲建虜而發。力主市賞。引孟氏。引漢欵匈奴唐宣慰魏博事。以覬一當。而借月食火星演之。化災爲祥。奸臣之誤人國巧矣。

癸酉。許總督宣大山西軍務盧象升守制。

丁丑。工科都給事中何楷上言。火星四月十六夜逆行至尾八度。爲月所掩。今五月望日。已退至尾初度。漸次入心。古人皆言月變修刑。又言禮虧則罰見熒惑。誠欲措刑。莫如右禮。誠欲右禮。盍先省刑。今爰書之瀆極矣。部司議宥。止重辟數人。而未結之案。先後纍纍。誰復過而問焉。會典熱審事例。有輕重囚犯。急爲問理。及出獄聽候之令。今亦可倣而行之。楊嗣昌縷縷援引。出何典記。引建武欵塞故事。欲借以伸市賞之說也。引元和宣慰故事。欲借以伸招撫之說也。引太平興國連年兵敗故事。欲借以伸不敢用兵之說也。至熒惑出入以其所舍命國。載在史記漢書甚明。卽守犯心尾。各有其占。不專于明堂。皇上精晰圖籍。必垂洞鑒。嗣昌附會誠巧。至永平二年所述皇后馬氏等語。更不知意所指斥安在。且前言后妃。後言陰宮。一篇之中三致意焉。是何爲者耶。嗣昌奏辨于市賞招撫不置論。但言科臣挑激危機。中臣隱禍。蓋指雲臺椒房一事也。

中書舍人陳龍正言。夏至祭地預請冬至先一日迎陽南郊。或曰。以禮經諸史未有明文。攷易復卦大象云。雷在地中復。先王以至日閉關。商旅不行。后不省方。使先王以至日南郊。其爲省方也大矣。孔子垂訓。彰彰如是。庸得膠泥舊文。不求至當耶。或曰。南郊果先一日。如北郊何。曰。陰本靜。方其初生。以靜承之。陽本動。方其初生。貴養之以靜。北郊宜至日。南郊宜至先一日。報聞。

戊寅。遵化喜峯口雪三尺。

壬午。李若星爲兵部左侍郎兼右僉都御史。總督川湖雲廣軍務兼巡撫貴州。

丙戌。始定高墻罪宗五年審例。又京師官民殊死以下許保候即結。

丁亥。施邦曜爲南京光祿寺卿。

己丑。詹事姚明恭王鐸爲禮部右侍郎。敎習館員。

庚寅。中書舍人陳龍正言。頃蒙聖恩。許徒流以下悉聽保候。實踰望外。臣更有請者。惟是小民死罪。尚祈聖明大擴好生之仁。人命至重。痛極輒自誣。故不貴耑信而取兼疑。不務必得而甘或失。惟至明至聖如虞帝。然後能存此疑。能居此失耳。今日皇仁已霈。天心已懌。因已行之德意。擴而充之于民間重犯。細求疑情。廣開三面。臣不敢避妄言之懲。報聞。

六月㕟朔。癸巳。安民廠災。傷萬餘人。武庫幾空。發五千金賑䘏。

孟周祚爲大理寺卿。陳新甲爲兵部右侍郎兼右僉都御史。總督宣大山西軍務。先是。有旨并推在籍守制。蓋楊嗣昌爲新甲地也。

雲南道御史郭景昌論大學士孔貞運。奪俸三月。

乙未。南京戶科給事中張焜芳劾前吏部尚書田惟嘉及前巡鹽兩淮御史史䇶盜鹽課二十一萬。寄中書舍人汪機家命奪機官。并按之。巡視兩淮鹽法太監楊顯名亦參惟嘉蒞。命逮蒞下刑部獄。

丁酉。湖廣道試御史林蘭友劾大學士張至發票擬屢誤。經畫無聞。薛國觀爲禮科時磨勘曹鳳貞試卷。知其悖謬。瞻徇不舉。吏部尚書田惟嘉鬻權集賄。已有繁言。兵部尚書楊嗣昌一聞胡騎。束手無策。惟言市言賞。苟且僥倖。是豈皇上所以奪情意乎。忤旨。謫浙江按察知事。

辛丑。起惠世揚兵部右侍郎。

壬寅。戶部主事李鳳鳴言火星逆行。常而非變。禮科給事中解學尹糾其諂。

癸卯。中書舍人陳龍正上言。今之輔臣。職無不統。世廟寶訓云。此官雖無相名。實有相職。洋洋聖謨。至矣哉。夫明相職。然後可辨相才。相職云何。居恒則位置六卿。有事則謀定大將是也。頃者輔臣嘗薦人。不爲不盛。然未聞搜訪逸才。足民裕國。安內攘外爲己任。而分至尊之憂者。豈眞無心報主。退然甘讓古名臣。亦多謂票擬之外無他。習慣而然耳。臣愚以爲今後凡卿貳專閫會推。各以保舉責之。歲月之間。總計所薦多稱職。即某輔賢。多曠官。即某輔不逮。將得其人而兵戢寇弭。即某輔功。將非其才而兵驕寇熾。即某輔咎。又曰。頃自行人司副倪元珙請輔臣票擬。各自註名。票擬之職。全在據理持平。果是非見眞。自應徹終如始。上是之。

丙午。張其平進都察院右副都御史。

吏部會推閣員。不允。命再酌之。謂詞臣不拘資序。前旨甚明。何濫徇游移也。其併推在籍堪任者。

己酉。召吏部尚書商周祚等于中極殿。時推馮元飇巡撫陝西。上以元飇非巡撫才。召對三十餘人。各問兵食。戶部尚書程國祥言。京師賃房月租及天下會館。住人出修理。若干可得五十萬。工部右侍郎蔡國用言崇文宣武門街石。除中道外。餘培修外城。

總督兩廣張鏡心至韶州。巡撫偏沅陳睿謨至桂陽。巡撫廣西林贊至全州。巡撫南贛王之良至南安。會師剿寇。

辛亥。故□□□□孫贊化。贈都察院左都御史。

逮巡撫湖廣右僉都御史余應桂。

甲寅。鍾炌爲都察院右僉都御史。

乙卯。吏部□侍郎劉宇亮。禮部□侍郎傅冠。戶部尚書程國祥。兵部尚書楊嗣昌。工部右侍郎蔡國用。都察院左僉都御史薛國觀。俱改禮部尚書。禮部右侍郎方逢年。大理寺少卿范復粹。並進禮部左侍郎。並兼東閣大學士直文淵閣。嗣昌仍署兵部。

丙辰。進盧象升兵部尚書。仍總督候代。

丁巳。武英殿中書舍人許曦。訐奏故庶吉士鄭鄤杖母汚妹媳章氏。下法司。

庚申。董羽宸爲吏部左侍郎。方孔昭爲右僉都御史。巡撫湖廣。

是月。南北直隸山東河南大旱蝗。

建虜屯大青山求欵。巡撫遼東方一藻以聞。言敵强我弱。引隆慶封俺答故事。兵部尚書楊嗣昌陰主之。總督宣大盧象升言。講市不講賞。許插漢不許建虜。

七月壬戌朔。命楊嗣昌大祀大慶暨傳制頒詔諸大典不預。直閣素服。朝講召見如常服。隨班。其入直受事俱如所請。嗣昌奏。先理部務。早則早入直。晚則晚入直。倘竟日晚則免。臣入臣父服歷二十四月。母服歷二十一月。然嗣昌于丁丑二月趨朝。時父服閱十八月。母服纔五月也。若奪情之命。又先乎此。

癸亥。溫體仁卒。體仁字長卿。烏程人。萬曆戊戌進士。改庶吉士。授翰林院編修。歷司業。諭德。庶子。少詹事。壬戌。進禮部右侍郎。甲子。轉左。憂去。丁卯十二月。起南京禮部尚書。崇禎戊辰二月。改北。協理詹事府。十二月。訐錢謙益枚卜不公。大爲朝議所訾。明年六月。兼東閣大學士。直閣。歷左柱國少師兼太子太師吏部尚書中極殿大學士。癸酉六月罷。忮刻陰險。釀禍國家。卒贈太傅。謚文忠。迨甲申弘光朝。廷臣劾其奸佞異常貽毒深遠奪贈謚以昭公道。隆武乙酉。從之。

乙丑。工科給事中何楷劾楊嗣昌入閣吉服忘親。有旨責楷苛求。

戊辰。郭建邦爲太僕寺卿。

詔責總理熊文燦。

少詹事兼翰林院侍講學士黃道周言。宣大總督部推有在籍守制之旨。遂舉陳新甲。天下卽無才。未宜移借及此也。聖主焦勞十年。卒欲與不祥之人拂拭之責其成功。萬萬不可。況比來寧錦偵胡尚未越塞而宣雲警報云。九營十營。衣青蟒甚多。且如議賞兵部云義州馬市可畀。陛下亦思諸臣豈無一定策效謀者。而空破非常之格以奉不祥之人也。楊嗣昌奏辨不問。道周又力斥欵議曰。無論建虜必不可欵。欵必不可成成必不可久。卽欵矣成矣久矣。以視寧錦遵薊宣大之師何處可撤。而遽謂欵建虜之後可撤兵中原以討流寇此亦不思之甚矣。

談遷曰。異時建虜欵塞。中外陰主其說。天子未之許。時疑建虜何事須欵。直窺我耳。頃聞彼初志頗惓切。非紿也。若然。則深憂過計之臣。不無膠泥乎哉。曰否否。匈奴和親。頡利受盟。曾幾何時。卽鳴鏑蝟向于塞下。今敵強我弱。又中行說李信之流以翼之。城守堅瑕兵甲聚散如燭照數計。然肯交臂奉約束等于俺答。必不然之數也。或一二歲無逞。勢亦邀索不已。徇之難饜持之易離。與其悔後。曷若愼始。故廟謨堅定。雖無救于敗。要未敢以爲非也。

己巳。□科給事中熊維典糾吏部尚書商周祚徇私。周祚引疾。不許。

召文武大臣于平臺。及少詹事黃道周。上諭吏部尙書商周祚枚卜濫徇。周祚引咎。諭戶部右侍郎許世藎豫餉。次問楊嗣昌建虜哨騎六千。又逕砲各路。奈何。對曰。今秋敵入事殆未然。又塞外險阻。車砲恐非所便。次問刑部劉之鳳王命璿。次問工部劉遵憲李覺斯。次問都察院左都御史鍾炌徐鑛等各對訖。次問道周曰。朕自經筵來。頗知學問。無所爲而爲之謂天理。有所爲而爲之謂人欲。爾前疏時適枚卜。果無所爲乎。對曰。無所私。上曰。前月二十八日推陳新甲。何不疏。對曰。先草上。以未剡晚止。上曰。三疏誰止之。曰同鄉御史林蘭友給事中何楷皆有疏。恐嫌疑耳。上曰。今遂無嫌疑乎。曰以天下綱常邊疆大計。失今不言。後無及矣。上曰。頃開言路。何必今日。曰在先可不言。今嗣昌簡任。所惜綱常名義。非私也。上曰。淸雖美德。不可傲物遂非。我太祖祖訓云。俗儒是古非今。奸吏舞文弄法。政是此輩。伯夷爲聖之淸。若小廉曲謹。不受餽遺。止爲廉耳。未爲淸也。道周曰。伯夷大節可觀。心事明淨。孔子遂許其仁。上怒其强說。道周又極詆楊嗣昌奪情。嗣昌出曰。臣不生于空桑。豈不知父母。臣嘗再辭。但明旨敦迫。黃道周學行人宗。今疏上自謂臣不如鄭鄤。臣始太息絕望古人有言。禽獸知母而不知父。鄭之杖母。出禽獸下。道周又不如鄭。何言綱常。上曰。對君有體。前疏綱常。後橫詈耳。道周曰。臣實過激。上曰。爾汚衊大臣。總有別故。曰臣不忍見奪情。上曰。若然。何不如鄭鄤也。曰臣言文章不如鄭鄤。上責其朋比。道周曰。衆惡必察。上曰。嗣昌薦陳新甲。何云邪徑。曰臣不識新甲。但蜀人皆言之。須兩三月抵任。盧象升可司馬不可政府。上曰。今人有所爲。尤在綱常名教。道周曰。綱常名教。非臣一人之私。上以救鄭鄤責之。對曰。宋人惡李定不服喪。賜林績粟帛以風之。臣如救鄭鄤而參楊嗣昌。非所以救鄤也。上命其明說。對曰。古今獨立敢言之人少。讒諂面諛之人多。臣不得不言。上曰。　子誅少正卯。當時亦稱聞人。以心逆而險。行僻而堅。言僞而辨。順非而澤。記醜而博。不免孔子之誅。今之人多類此。道周曰。少正卯心在欺世盜名。臣之心在明倫篤行。上以褊激恣口。叱道周去。道周曰。臣今日不盡言。則臣負陛下。陛下今日殺臣。則陛下負臣。上曰。爾讀書多年。祇成佞口。道周又辨忠佞之分。上怒甚。嗣昌乞優容。上曰。道周放恣。嗣昌言彼負盛名。上曰。此即優容矣。諸臣退。上召回。諭以毋黨同伐異。宜共修職業。

談遷曰。人主之威。猶雷霆也。人臣召對。往往十不達一。伺指望色。茅靡波隨。比比然也。先帝天性嚴重。詹爾選危于前。黃道周見于後。勁氣直詞。百折不挫。傾朝所未有也。而黃稍褊激。力稱鄭鄤。已失其倫。至佞宰藉口。天子忤色。孔子深信宰予。將無同乎。時無赭澆黃土。惜哉。

壬申。趣錦衣衛以鄭鄤獄。

甲戌。修撰劉同升。編修趙士春。各疏救黃道周。劾楊嗣昌。衛景瑗疏亦如之。

乙亥。刑科給事中吳希哲。劾通政使張紹先。

丁丑。馬科爲征西將軍。總兵鎮守寧夏。

戊寅。禮部擬黃道周鐫三級。工科都給事中何楷。試御史林蘭友。俱疏救道周。奪歲俸。有旨降道周六級。楷二級調用。蘭友俟補再降一級。尋謫道周江西布政司知事。劉同升福建布政司知事。趙士春布政司簡較工科給事中何楷貶二級調用。林蘭友再鐫一級。俱在道救疏也。

庚辰。李待問爲戶部尚書。

禮部右侍郎王鐸上言。聞有撫和之議。不勝愕然。天朝帶甲數十萬。提封萬里。彼不過一部耳。損雷霆之積威。修金繒之輕舉。臣之所大惑也。上詰金繒私親等語。楊嗣昌奏辨。

辛巳。王道直爲兵部右侍郎。添設張愼言爲工部右侍郎。

壬午。傅永淳爲太常寺卿。

癸未。特傳楊嗣昌方一藻及太監高起潛。密發黃金八萬銀十萬賂建虜。

刑部主事張若麒乞錄當日召對語以示中外報聞。

甲申。早朝班亂責御史糾察。

御史李雲鶴論銓法積病尙書商周祚鑒前敗惟持庸局待放周祚引疾不許。

乙酉。進劉永祚兵部右侍郎。

八月辛卯朔壬辰。李夢辰爲大理寺右少卿。

總督洪承疇報陝西賊剿降略盡命出關向河南湖廣。先是賊自蜀還陝西。爲龍安土司邀擊賊奔潰餘半出山谷承疇勒兵以待。大敗之乞降各給免死票發原籍仍檄郡縣各與安置于是賊衆盡散。李自成獨乘騾日行六百里。走商雒龍駒塞。至淅川老狪狪營。臥疾半年餘授以數百人仍攻剽。

癸巳。禮科給事中解學尹劾巡撫河南常道立塘報大捷與總監劉元斌盧九德所報互異。殺良飾罪。

丙申。翰林院檢討馬士驊上記注。命補其遺。

丁酉。安定門火藥局復災。國子祭酒陳演方主祭。磚中其臂。自四月六月屢見警。

楊士聰曰。時內操方盛無歲不變而戊寅爲甚迨後辛巳罷內操年餘而火變亦絕得非以類而相召與。

夜。熒惑復故度。

己亥。李維楨爲南京尙寶司卿。

癸卯。流寇自虹縣陷睢寧。

乙巳。廣西道御史楊鶚言臣縣武陵。故交阯左參政馮貴。故貴州提學副使蔣信。故貢士冀元亨。並宜賜謚章下所司。

起姚應嘉南京太常寺卿。

敕戒嘉定伯周奎左都督田弘遇右都督袁祐務遷善。使子弟仁讓。庶藉近戚以倡衆親。倘泛視故違。祖宗之法。其誰敢私。

諭外戚郭振明等曰。皇親駙馬之家。姻聯帝室。祿享天糈。回視閭閻。不啻天淵。亦足矣。仁人君子。當此遭際。必安心守分。不負國恩。厚德養儉。以保身名。乃有蔑棄禮法。或濫交覬權。至縱令惡棍魚肉小民。受獻霸占。科道瞻徇。有司畏忌。彼煢煢細民。含冤抱恨。惟詛謗呼號而已。天怒降殃。國法罔貸。幽則顯斬。顯則身刑。人鬼交責。即拊心自悔。嗟何及矣。我宣宗章皇帝外戚事鑒。分別善惡。各有報驗。足示勸戒。特賜省覽。蓋不干法紀。即是尊君。不思害人。即是積德。在國恩禮無虧。于己身名俱泰。何其美也。時外戚張春等數家詿財虐民。每徵子錢。奪人田宅子女。故有此諭。

己酉。吏部奏言廢諸臣陳子壯劉宗周王志道鄧英李化龍吳家周魏呈潤莊鰲獻李汝燦王績燦詹爾選吳彥芳吳執御李曰輔。命再覈奏。

辛亥。李玄爲戶部左侍郎。陳演爲少詹事。署國子祭酒。黃起有爲左春坊左庶子。

癸丑。大學士傅冠致仕。

己未。逮前兵部職方郎中苗思順。思順居家怙勢。蓄養亡命爲奸利。寧陵知縣孟養浩以聞。

屬夷哈喇慎求欵市。總督宣大盧象升以聞。

羅汝才會羣盜惠登相常國安賀一龍于陝州。遂南掠內鄉淅川。犯襄陽。

九月帳朔辛酉。責吏部日者甄別京堂。僅借數人調南京。或回籍。曲示調停。其仍議之。

壬戌。寇陷五河縣。

甲子。熊文燦次于襄陽。遣副將龍在田邀擊賀一龍李萬慶于雙溝。大破之。馬守應等俱奔棗陽。逐北數十里。

斬首六千級。奪馬牛萬頭。羣盜四逸。羅汝才獨留內淅山中。勢孤。守險自保。文燦檄左良玉陳洪範進兵淅川。招撫羣盜。

庚午。檢討馬之驊禮科右給事中尹洗以上記注延緩各鐫二級。

故□□□□吳國仕贈戶部尚書。

辛未。前禮部尚書李康先削籍。

癸酉。余珹爲南京右副都御史提督操江。

丁丑。逮南京御史成勇。以勇劾楊嗣昌之不終喪服也。

庚辰。楊嗣昌言撫賊未可輕信。凡奏兵馬賊情。不許抄傳。

辛巳。在繫故太僕寺卿史𡌴奏辨。又發張焜芳朋黨奸貪之狀。不聽。奪焜芳官。初。兩淮巡鹽御史張錫命憂去。遺課二十一萬。續解。𡌴攝事。止解本額。沒前課。檢討楊士聰攻之。𡌴委橐錫命前卒子沆奏辨。大學士錢士升擬旨罪𡌴。同官王應熊曰。史太僕大有才。未易擾也。士升不聽。擬上。果削去。僅云該部知道。

建虜約蒙古大舉。分入西協墻子嶺中協青山口。墻子嶺險峻。敵蟻附而上。三日夜始入內地。困甚。竟無人襲之。總兵吳國俊守墻子嶺路。戰敗。走密雲。總督薊遼兵部右侍郎吳阿衡敗沒于密雲。初。監視太監鄧希詔誕日。阿衡及吳國俊等俱趨賀。不設備。聞警倉猝而回。調禦失措。故及于難。

建虜入墻子路。待青山之衆。以越遷安。薄豐潤。遼東副總兵丁志祥寶濬等來援。夜戰。斬十九級而退。建虜南下。

十月庚寅朔。辛卯。戶科右給事中鄒士楷論保舉法。德行宜重。濫舉宜嚴。考核宜詳。上善之。

嚴京師守備。徵遼東前鋒總兵祖大壽入援。留遼撫方一藻。關撫朱國棟。薊撫陳祖苞分守。命總督宣大盧象升以總兵楊國柱虎大威進易州出其左。且陛見。移登萊天津之兵出其右。檄總兵劉澤淸以山東兵遏其前。高起潛爲應援。

癸巳召文武大臣及總督盧象升于武英殿。上問象升方略。對曰。命臣督師。臣意主戰。上色動。久之不懌曰。朝廷原未云撫。所云撫乃外議耳。象升曰。敵之所忌着着宜防。偪陵寢以震人心。可慮也。趨神京以撼根本。可慮也。分出畿南。剽掠旁郡。扼我糧道。可慮也。厚集我兵。備之則寡發而多失。分兵四應。則散出而無功。兵少則不備。食少則生亂。此禦之難也。上壯之。命出與本兵楊嗣昌議。象升主戰。嗣昌消阻。齕齕不能語。徒戒勿浪戰。象升起別。還昌平。

甲午。盧象升以兵三萬扼昌平。然胡騎日南。不可遏。象升令諸帥各選勁卒。于十月望夜分四路襲敵營。約刃必見血。人必帶傷。馬必喘汗。違者斬。總監高起潛遺書泥之曰。聞雪夜下蔡州。未聞以月夜。且奇師尤宜用寡。種種阻撓。象升請分兵。楊嗣昌以宣府大同山西兵屬象升。號二萬。象升刻期誓師于鞏華城。慷慨涕下如雨。嗣昌不能平。思阻之。擬旨令赴通州。就總監高起潛。象升不赴。嗣昌奏敵南下。總督應趨通州。就監。敵未下。總監應趨京。就督。象升歎曰。本兵不過令總監撓我師期耳。恚甚。會嗣昌赴軍中。象升曰。公等堅意撫款。獨不思城下之盟。春秋恥之乎。且某叨印劍。長安口舌如鋒。倘唯唯從議。袁崇煥之禍立至。縱不畏禍。寧不念衰衣引紼之身。既不能移孝作忠。奮身報國。將忠孝胥失。何顏面立人世乎。嗣昌色戰。奮言曰。公直以尚方劍加我頸乎。象升曰。尚方劍須先我頸。如不殲敵。未易加人。舍戰言撫。非某所知也。嗣昌曰。從未言撫。象升曰。周元忠赴彼講款。數日往來。其事始薊鎭督監。受成本兵。通國共聞。誰可諱也。周元忠蓋瞽人賣卜者。善遼人。故遣之。建虜以事大而專令瞽人來。直玩我。欲斬元忠。乞哀而止。時上憂甚。嗣昌密奏曰。臣惟胡馬不南耳。果盡南。不過捐數十城。我援師麕集。可使隻蹄不返。上善之。

壬寅。吏部尚書商周祚請召孫傳庭于陝西出潼關移山東。巡撫顏繼祖守德州。從之。于是檄延寧甘固剿寇之兵咸剿胡孫傳庭以降將白廣恩等領萬人出關。總督洪承疇以左光先馬科柴時華副總兵張天祿尤捷崔仲亨賀人龍劉光先王存仁王孟顏金守亮李國禎阿吉素等領四萬人繼出潼關合兵十五萬。

施邦曜調南京光祿寺卿。

癸卯。故協理京營戎政兵部尚書閔夢得贈太子太傅。

甲辰。盧象升襲建虜失利。

高起潛部將劉伯祿敗于蘆溝橋。

丙午。故□□張雲佐。贈兵部尚書毋廕。

戊申。命諸大臣分守都門。

刑部主事張若麒劾前御史范良彥按察副使莊應會俱貪橫骫法。俱命逮之。

雲南道御史郭景昌因召對言楊嗣昌調度失宜并太監高起潛備禦失策狀。上不答。景昌退而劾嗣昌曰。自嗣昌事小樂天之說起而敵遂無事大畏天之心。致邊備日弛。將士觀望。互相欺飾。禍遂燎原而不可撲滅。今日猶專任嗣昌。將謂嗣昌爲何如人乎。彼自謂有學有才。實一無膽無識之小人耳。蓋學而不知盡忠竭孝之道。尊華攘夷之義。是學之蠹也。才而祇供排正挾邪之謀。飾奸掩非之用。是才之賊也。聞敵入口。魂魄墮地手足無措。託言戰不得。誤人并誤封疆。屢失機會。是無膽也。僥倖竊位。言敵昨歲不入。今歲已侵矣。妄言敵帥昨歲必死。不得不飾報病歸矣。又言敵無火器。今且以砲入矣。庇一熊文燦而煽禍七省。私一常道立而流毒中原。諸如此類。不可勝舉。是無識也。且其剛愎自用。陰毒恣行。筆端閃爍。工于欺詐。孔子惡利口之覆邦家。直爲嗣昌言之矣。今乞立誅嗣昌。正其誤國之罪。以儆有位。策之上也。或削秩投閒。更選奇才。俟公論定而處之。次也。或充緣事官軍前聽用策應。又其次也。小人之誤人國也。前局已失。更起名目。妄託更張以飾前罪。姑容誤國。是爲無策。疏上。不問。

庚戌。常自裕爲南京戶部右侍郎兼右僉都御史。總督糧儲。趙光抃爲右僉都御史。巡撫密雲。

壬子。傅永淳孫必顯爲兵部左右侍郎。

諭總漕分監各太監盧維寧崔進楊顯名從便收糧入城。毋疏失。

戊午。兵部□□主事沈迅請增設畿南兵備。山東巡撫不得離德州。楊嗣昌覆從之。于是定州蠡縣廣平河間各增兵備道一。改沈迅爲兵科給事中。

洪承疇孫傳庭率諸將先後出潼關入援。羅汝才聞之。謂其勦己也。率九營從鄖陽淺渚亂流而涉。走均州。叩太和山提督太監李維政乞撫。維政言于文燦。檄止諸軍。上言請貸其罪。令諸將宴汝才于迎恩宮。署授游擊將軍。供億甚備。

十一月紀朔。辛酉。京師閉門自守。

壬戌。玉田教諭陳欽命走多羅崖。士民俱奔。諸生桑開基勸死守。衆唾之。知縣楊初芳亦走。尋入城。

癸亥。建虜掠良鄉高陽涿州。趨河間。自入塞分四道。一趨滄霸。一趨山東濟南。一趨臨淸。一趨彰德衞輝。

甲子。前吏部尙書田惟嘉子敬宗在獄捐助。不許。後遣戍。援恩例納贖千金。

丙寅。召對文武大臣。詞林亦集。內侍入告。乃幷召工科都給事中范淑泰。淑泰曰。今敵已臨城。尙無定議。不知戰乎欵乎。上問誰欵。曰。外間皆有此議。又凡涉警報。秘不傳。俱諱其事。上曰。機事不抄傳。如行間塘報可禁也。是日。上意憂餉。詘寺丞戈允禮。卽言借貸。淑泰曰。戎事在于行法。今法不行而憂餉。卽天雨金地雨粟何濟。上曰。朝廷何嘗不欲行法。大學士劉宇亮自請視師。上壯之。旋又自改察閱。失上意。

翰林院編修楊廷麟改兵部贊畫主事。赴總督盧象升行營。先是廷麟上言。陛下有撻伐之志。大臣無禦侮之才。始建虜未犯塞高起潛方一藻曰當款。楊嗣昌亦曰當款。吳阿衡曰款必可恃。嗣昌亦曰款必可恃。表裏煽謀。宣情泄弱。大言張虜。恐喝國中以抗聖諭。四夷聞之咸有侮心。一旦東西合約。墻嶺失守。款之誤國。遂至猶豫不斷以至此極也。誠及此時陛下赫然一怒。明正言款之罪。諭督臣集諸路援師。不從中制。及今一創。必將東遁。後陣聞之。不敢再犯。其次在擇士。其次在據勢。其次在用間。今事鮮任人。嗣昌聞人語戰。未敵色變。繇此立志。何以致功。凡天下之功不成于智而成于愚。愚者之才不生于巧而生于拙。陛下使諸臣以學自衞。以愚衞國。三捷之章。豈曰乏人乎。又曰。南仲在內。李綱無功。潛善秉成。宗澤隕恨。國有若人。非社稷福。既改官從軍。象升曰。敵勢盛官兵趨之。不返山陵。即走京師。我兵寡食乏。不戰敵益輕我。戰即生他端。公爲我往眞定。與撫按乞糧。我且悉兵誓一死報國矣。

建虜犯定州。

丁卯。建虜薄景州。太監劉元斌聞召走德州。

戊辰。進孫傳庭兵部左侍郎。添設。

禁科抄。

建虜陷高陽。少師大學士孫承宗死之。初。建虜攻三日且退。淩晨譟城下。守者亦譟。虜將某善兵法。曰此城泣。易破也。承宗被執。自經。子尙寶司丞鑰貢士鈐等俱死。知縣雷之渤走免。承宗字維繩。萬曆甲辰廷試及第。授翰林編修。轉左中允。歷左諭德司經局洗馬。天啓初。進左庶子直日講。進少詹事。加禮部右侍郎。生平博涉羣書。尤諳兵事。壬戌正月。敵渡河。我棄廣寧。朝議洶洶。二月。拜承宗兵部尙書兼東閣大學士直閣。九日。卽署兵部事。專理邊關戰守。章奏推解經邦經略遼東。辭不赴。又推王在晉。意專守關。尋召回。承宗自請督師。至則整頓士馬。酌用遼人。擬撫西虜。癸亥二月。內閣出鎮。承宗委曲陳請。甲子九月。進太子少傅。進少傅文淵閣大學士。又敍功進少師武英殿。覃恩進建極殿。十月出關。按行各險隘。自石門寨至薊遼。仍詳三路可汰可借之兵以回山海。因入賀萬壽。面陳有旨阻回。九月。敍門功。加左柱國。進中極殿。會總兵魯之甲敗沒于柳河。引疾去崇禎己巳。建虜薄京師。起原官督理兵馬駐天津。庚午二月。敵退。進少傅。廕錦衣衞千戶。辛未十一月。乞休。十二月。以德陵大凌河事。命閒住。奪世廕。承宗死難。知縣雷之渤宣言其斬餉生變。薛國觀惑其說。故未卹。己卯。贈復原官。祭九壇。贈太傅。弘光初。謚文忠。

談遷曰。世言高陽福相。每行邊輒弛警。蓋其人魁梧多智。曉諳邊事。然再出鎮。卻敵千里之外。及憑一孤城。卒覆巢破卵。抑福未可長恃耶。馮氏保涿州而有餘。孫氏保高陽而不足。二相軒輊懸甚。而堅瑕相反。此其故又未易解也。

癸酉。建虜連陷衡水武邑棗强雞澤文安霸州阜城。

甲戌。丁啓睿爲右僉都御史。巡撫陝西。

丁丑。令孫傳庭暫駐眞定。總兵劉光祚左良玉屬之。

戊寅。巡撫順天右副都御史陳祖苞免。楊繩武爲右僉都御史。整飭薊州邊備。巡撫順天。

庚辰。建虜圍威縣。明日陷。殺邑人翰林院□□王建極。建極天啓乙丑進士。

甲申。括廢銅鑄錢。

乙酉。朱國柱爲右僉都御史。巡撫山海永平。贊理軍務。

山東總兵官倪寵入援。抵德州而返。上責之。

建虜薄德州。渡河。歷臨清。分道。一趨高唐。一趨濟寧。合于濟南。

丙戌。建虜至內丘。知縣高翔漢力守。踰旬始退。

故□□□王時化。贈尙寶司丞。故□□□徐尙卿。贈四川布政司左參議。

羅汝才旣撫。分屯羣盜于房縣竹山鄖西均州。言不願爲官食餉。惟爲民耕田此中而已。文燦檄汝才散脅從。簡驍壯立功。汝才不聽。與居民錯壤而居。時張獻忠亦就撫屯穀城。汝才遙與爲聲援。

十二月𦙶朔庚寅。翰林院檢討屠象美以薦刑部主事張鳳翥召對。被酒失所言。象美謝罪。

辛卯。諭大學士劉宇亮督察各鎭援兵。奪盧象升兵部尙書。以侍郎總督。仍同高起潛戴罪夾剿。初欲以孫傳庭代象升。大學士薛國觀楊嗣昌面奏臨敵易帥。恐緩師期。不若留象升責其後效。

壬辰。建虜入臨洺。

乙未。吏部尙書商周祚以瞻徇溺職削籍。

丁酉。命總督洪承疇入援。時建虜破深州。知州孫士美死之。後贈太僕寺少卿。連陷平鄉南和沙河元氏贊皇臨城高邑獻縣。

戊戌。賜孫傳庭尙方劍。總督各鎭援兵。

庚子。大學士方逢年罷。以召對不稱旨。

總督宣大兵部右侍郎盧象升戰于賈莊。敗績。死之。象升所部兵不滿萬。而建虜分道。一自易州趨眞定。一自新城趨河間。一自涿州趨定興。勢尤盛。象升戰慶都。斬百餘級。總兵楊國柱虎大威又戰。殺傷相當。象升銳志合兵。將伺其隙。有旨切責。象升遂分兵援眞定。身至保定決戰。至藁城。謂兵部贊畫主事楊廷麟曰。公回眞定手書求高起潛相援。起潛不報。近營五十里。竟走臨淸。象升將兵五千。乏食。哀呼莫之應。晨出帳。北向拜曰。吾與爾輩並受國恩。患不得死。勿患不得生。衆皆泣。于是拔寨秉程至賈莊。擊敵。射一騎。敵合圍進。我軍疾馳衝之敵退。象升曰。今雖勝。彼必悉集甲乘我。慎勿怠。明日。敵突我營。象升曰。誰爲我取彼者。總兵虎大威馳戰不勝。且卻。象升大呼曰。虎將軍今吾效命之秋也。毋自愛。乃招後騎皆往奮刀督戰。身中二矢二刃。猶號呼不已。馬蹶遇害。年三十九。虎大威楊國柱皆潰圍以出。高起潛聞之。欲西遁。皇遽仍東行二十里。值敵伏。師潰。侯拱極失平遼將軍印。起潛僅以身免。大學士劉宇亮次定州。聞敗仆地。遂入保定。總督孫傳庭行營。而盧象升以楊嗣昌高起潛妬之。謂象升實不死。踰四年。予祭葬。贈戶部尚書。諡忠烈。

楊士聰曰。盧象升死于賈莊。以高起潛促之。感憤出戰而死。失亡萬計。千總張國棟報兵部。楊嗣昌問其始末。欲增飾象升退怯之狀。據以上聞。國棟不肯。嗣昌怒。掠治備至。終不易口。但曰。死則死耳。忠臣而以爲逗留力戰而以爲退怯。何可誣也。

談遷曰。未有權臣在內而大將能立功于外者。武陵當國。盧總督不戰死。卽當獄死。死等耳。寧死于戰。賈莊雖敗。結髮幸一當匈奴。亦計無復之矣。關寧之帥不欲戰。宣雲之帥不任戰。風塵多故。至令封疆之臣亡論堅怯。惟要人齮齕之是懼。嗚呼。尚忍言之哉。且也暴骨原野。亦無可罪。必深文誣構。豈以張春事概誅其身後乎。遺議謠諑。恩虧帷蓋。末世所論功罪。寧有定乎。

進葉廷桂都察院右副都御史。

丁未。總師失利。楊嗣昌鐫三級。失城各官佘世名鄭以誠侯光國葉夢熊逮下刑部論辟。許中允戍邊。劉默等削籍。

壬子。許州兵變。初。馬士秀杜應金降左良玉。以其兵八千人命知許州董夢蘭處之郊。左寄奴與賄諸將財物多在焉。左久征不歸。士秀僞請急。其日傳左軍號入城。夜半封庫。挈其貲去。董夢蘭逃免。

甲寅。劉曰俊爲右僉都御史。巡撫密雲贊理軍務。

御馬太監邊永淸分守薊鎭西協。

乙卯。建虜陷東昌。我援師雖集。俱觀望縱敵。中外切齒。

丙辰。張其平免。黎玉田爲右僉都御史巡撫保定。提督紫荊等關。玉田以□□同知。半年遷昌平道僉事。踰月開府。最速化。

兵部贊畫主事楊廷麟。以盧象升事聞。上謂大臣陣亡。雖死事由其調度舛錯。蓋楊嗣昌中之也。太監高起潛懼幷罪。遂諱象升死。楊嗣昌遣帳下督三人往驗。報死狀。痛鞭之。其二人模稜。獨俞某曰。盧總督實戰沒。不可誣也。竟斃杖下。巡按御史□□下順德知府于潁覈之。潁日日從定州城外得其骸。雜中刀矢。血漬麻衣上。設祭哭。軍民莫不雨泣。事始白。

建虜連陷昌平寶坻平谷薊覇景趙淸河良鄉。

丁巳。建虜陷玉田。知縣楊初芳降。諸生橤開基死之。

# 國榷卷九十七

己卯崇禎十二年

正月杞朔。庚申。建虜陷濟南。先是巡撫顏繼祖奉命移德州。建虜猝至。梯城而上。吏卒駭潰。巡按御史宋學朱方肩輿出院。聞敵登西城。役隸俱奔。學朱遇害。不得其骸。同時左布政使桐城張秉文督糧道副使孝感鄧謙濟南道副使黃岡周之訓都轉鹽運使唐世熊濟南知府醴泉苟好善同知陳虞胤通判熊獻歷城知縣蒲州韓承宣臨邑知縣宋希堯武城知縣李承芳博平知縣張列宿茌平知縣黃建極俱死之。提學副使翁鴻業推官陸燦俱遁。不知所終。德王由樞被執。諸郡王並見殺。濟南殘掠一空。後贈秉文太常寺卿。謙之訓並贈光祿寺卿。承宣贈光祿寺少卿。各廕監。弘光初。學朱贈大理寺卿。

談遷曰。濟南一大都會也。磐石之宗。干城之任。謂百世可賴。乃晨攻夕陷。曾無旬日之守。則玩愒日久。戎備置而勿講也。撫標財三千人。顏繼祖移守德州。時難兼顧。而諸臣俱巽懦不任。懦則雉經。黷則兔脫。塗炭生靈。禍傾青社。自濟南始。其後諸王失國。相蔓延而未有已也。漢安平王緒爲張角所掠。國家贖王得還。朝議復國。李燮言。緒在國無政。爲妖賊所擄。守藩不稱。損辱聖朝。不宜復國。議者不同。緒竟歸藩。輸作左校。德王事政同。惜無以安平王例之。長棄異域。流俘沒齒。悲夫。

總兵楊國柱虎大威奪秩。令募兵自效。

故貴州按察使孫元恕子光前求加卹。謂已廕贈。不許。故萊州知府朱萬年子貞元求卹。許之。

壬戌。建虜陷青縣。自臨清分攻。

副總兵祖寬三百騎援濟南敗沒。寬本胡雛。爲祖大壽侍兒敢戰。

翰林院檢討楊士聰予告。

乙丑。敍緝奸功東廠太監王之心及曹化淳廕錦衣衛百戶。李經芳廕試百戶。

丙寅。享太廟。

丁卯。林棟隆爲刑部右侍郎。

吏科都給事中郭九鼎請行營設監軍專紀功罪。從之。

戊辰。督察大學士劉宇亮總督孫傳庭會兵十八萬。自晉州援濟南。祖大壽亦自青州至。

命雲南道御史郭景昌巡按山東及覈失事情形。景昌至。瘞濟南城中積屍十三萬餘。悉發倉粟賑貧民。

己巳。李先春爲都察院左僉都御史。

壬申。甄淑改刑部尚書。蕭奕輔爲右僉都御史。巡撫福建。

甲戌。建虜自濟南陷東平。

乙亥。陷莘縣。復至濟寧臨清固城。

丙子。兵科給事中沈迅薦張縉彥任濬黃奇遇涂必泓張若麒。于是翰林院檢討張縉彥改兵科都給事中。

建虜陷營丘館陶。

丁丑。總兵左良玉率兵躡建虜。

進洪承疇兵部尚書兼右副都御史。總督薊遼軍務。孫傳庭仍兵部右侍郎兼右僉都御史。總督漕運山東河北軍務。

夏允彝曰。督撫莫得勝任。將士莫能敵愾。是固然矣。政府中樞。尤皆庸庸。邊事所以益壞也。當江陵柄國時。

九邊之事。如視諸掌。如某部今將往某地。防範某邊。江陵必先知之。戒諭邊臣。故無敗事。後鮮繼之者矣。一邊撫嘗語余曰。葉臺山相國。亦不可及也。每邊臣上疏。必手答之。此後止發一名柬而已。中外不相應。安望成功哉。然猶未極壞。周宜興當國。或以庇邊臣奏許。周力辨。謂向來不與邊臣通書。若謂邊事非閣臣所與知者。其敗不亦宜乎。崇禎朝。凡爲中樞者。無不被誅。雖上之用法嚴。亦下多負國耳。其稍可者。梁廷棟心明暢。李繼貞余大成兩職方。未必知邊事。而守行甚潔。僨帥之風。賴以少改。亦庶幾云。

祖大壽子澤溍廕錦衣衞指揮僉事。

建虜連陷慶雲東光海豐。騎遂東行。

己卯。葉紹顒爲太僕寺卿。

庚辰。陷冠縣。

癸未。建虜掠陽穀壽張。

壬午。南京兵部尚書范景文削籍。

辛巳。前總督薊遼太子太保兵部尚書申用懋卒。

巡撫河南右副都御史常道立削籍。以縱寇渡河也。

甲申。建虜至張秋東平。陷汶上。焚康莊驛。攻兗州。距徐州百餘里。居人南渡。安慶巡撫史可法駐徐州。督察大學士劉宇亮總督孫傳庭等會師于大城。

丙戌。巡按蘇松常鎭御史王志舉薦地方人才王在晉許譽卿周鑣賀王盛等。上責其私濫。

丁亥。莊欽鄰爲吏部尚書。鄭崇儉爲兵部右侍郎兼右僉都御史。總督陝西三邊軍務。昌平道僉事李仙風爲右僉都御史。巡撫河南。

姚明恭張四知爲禮部左右侍郎兼翰林院侍讀學士。文安之爲南京國子祭酒。

戊子。楊御蕃仍原官總兵鎭守山東。

閱視太監高起潛奏。德王幼子五歲內臣張國忠等攜匿民間。命覈之。

大學士楊嗣昌請移登萊總兵于臨清。護南北倉。又郡縣鄉兵。或改府佐爲將領。或改州佐爲守備。縣佐爲把總。否則裁儒學訓導一員代補武秩文武相兼古制也市馬西寧道遠近地馬弱宜以各鎭朋樁銀委官買山東河南牝馬。如路將給百匹。守備把總給五十匹。放牧孳生十年內將見蕃息。上是之

建虜攻滄州青縣。趨天津。

是月。翰林院編修吳偉業上言。今日阽危極矣。皇上當下哀痛之詔。憫人罪己。思咎懼災。弔死卹忠。賞功禁暴。使父老子弟。悲憤同仇。人心勃然。戰氣自倍。夫臨淸一州耳。賈人千金購士。輒用破賊。今以京師之大。公侯貴戚之盛。皇上召之便殿。忠義激之。共捐家財以募死士。更出空頭告身數百道。懸犒有功。使入敵營。燒其輜重。毒其水草。臣以爲敵氣已惰。陛下威靈四暢。敵必遁逃。但敵去之後。方勞聖慮耳。今日之計。亟遣知兵大臣。選銳九邊。再益以川浙兵各數千人。預防今秋。然後大更法制。上下軍民日夜事戰。彼不過一州之地。其所用降人。降將。非盡知兵也。但彼飲食長技。皆與兵合。我之飲食長技。皆與兵反。士大夫狃安習故。曰毋動爲大耳。是以坐困。苟非曠然盡變其俗。臣知中國不能以一歲爲安矣。衞所者。高皇帝所以修郡縣之備也。事久寖微。虛糜廢弱。今宜淸餉覈軍。甄用世職。其不任者。汰之以授有功。特令大臣典護一省衞所。許其徵辟。收召義勇。互相唇齒。以壯干掫。且民兵法壞極矣。兵燹之後。百姓畏死樂生。得縣將倡率團結。訓練數歲之內。可成勁兵。若夫備邊之道。在乎選將。守國之道。在乎足食。今省試武科。半出情面。京營聽用。不過粗才。誠倣保舉之制。大州縣十人。次六人。州縣以上之府。府以上之撫按。兵部覈而校閱之。設有不稱。嚴坐舉者。禮數既優。士樂爲用。矯

矯虎臣。端出于此。然足食則京師根本固矣。皇上下積粟之令。公侯貴戚于山東河南遣人收糴。預備平價。毋致傷農。私䘏既充蓄積足恃。今天下郡邑。社倉積穀。徒具文書。臣請長吏贖鍰盡輸米粟。私折銀者罪亡赦。漢人有言曰。數石之重。中人勿勝。此法一行。上官之符不能取。下吏之饕不能充。緩急凶荒俱有備矣。

二月玘朔。壬辰。兵科給事中沈迅。請殘破郡縣安集招徠。掩骼埋胔。新補各官勒限赴任。從之。

巡撫山東右僉都御史顏繼祖免逮。都督僉事□□總兵官倪寵降太監高起潛三級。總督孫傳庭一級。督察大學士劉宇亮戴罪。

司禮太監崔琳清理兩浙鹽課各項賦稅。

丙申。督察大學士劉宇亮削籍。敗退官兵復走滄州鹽山。宇亮奏諸將尾敵不戰。中及總兵劉光祚。而楊嗣昌謀逐宇亮。誅光祚。旨下。諸將各引兵去。光祚亦不在營。適有武清之捷。宇亮下光祚武清縣獄。以請且告捷。上以倏參倏敍。殊屬乖藐。俾九卿科道議。閒住吏科給事中陳啓新。兵科給事中沈迅言其輕。議削籍。薛國觀擬旨。候事平另議。上竟重譴。說者謂宇亮入光祚厚賂云。楊嗣昌所稱不令隻蹄返者。面謾耳。

談遷曰。綿竹善擊劍。慕封侯之業。舍其首揆。馳騖行間。橫戈十萬。所謂結髮幸一當單于也。曾不灑血苦戰。望旌而反。何以塞嘉命。間執讒慝之口乎。竊爲綿竹恥之。裔是而往。武陵南征不復。宜興北討。終未越通州一步。曲沃西剿。汚及簡書。彼嘵嘵焉談兵廟堂之上。畫餅塗羹。亦何益之有。

戊戌。官軍逐胡。報斬三千餘級。總兵祖大壽張進忠伏兵寶坻之楊家莊。邀斬千餘級。大抵逃回難民也。建虜捆載而東。避實走虛。西至青山口。總兵陳國威于喜峰口。同南兵前營副總兵崔秉德擊卻之。未出塞。

劉景曜爲右僉都御史。巡撫山東。樊一蘅爲右僉都御史。巡撫寧夏。

追論故宣大總督梁廷棟大辟。奪錦衣衛世廕。張雲鵬王國臣張巖郭雲褒等各遣戍。

趙州判官王世泰原楡林衞應襲指揮。求改武銜。

庚子。辰刻。日旁有白丸。色微紅。又白芒一道。申刻。又黑氣如日。掩其光。又自日出磨盪數番。約刻許。黑氣始散。

癸卯。翰林院修撰劉理順言六事。作士氣。矜民窮。簡良吏。令師期。信賞罰。招脅從。上是之。

甲辰。徐石麒戈元禮爲左右通政。

乙巳。保定天鳴。

戊申。太僕寺少卿王萬象免。以私營山東巡撫被劾也。

吏部署部事左侍郎董羽宸言。裁官奉旨大選。屆期赴部聽改。各官莫知適從。臣不得不列銜以請。如通判正六品。若改用。對品止留守司經歷。而府判由科貢。予以衞幕未合宜。覈其才品優則降改推官。餘降州縣。一州判正七品。對品改用。則布政司都司副理問。行太僕寺苑馬寺主簿。鹽課司經歷。鹽課司副提舉。京外衞經歷。宣慰司招討司經歷。若正途出身。撫按正薦。例陞知縣。州同知如由監吏。則補前闕。其願改州吏目縣丞者聽之。主簿正九品。對改則布政司照磨。檢較。茶馬司大使。按察司照磨。各府各宣慰司知事。其歲貢願改敎官者聽之。臣又有請焉。各州縣練兵官各一。而府有兩通判。或三四通判。或州兩判官。或縣兩主簿。如督糧督捕水利管河之屬。各有職掌。駐札或裁貼堂之一。代以練兵。上俱從之。

庚戌。馬思理爲尙寶司少卿。

先是。貴州道御史王聚奎劾刑科右給事中陳啓新緘默溺職。有旨責聚奎。都察院左僉都御史李先春議奪歲俸。上不懌。竟謫山西按察司照磨。吏部左侍郎董羽宸不能駁正。奪俸六月。上罷先春。先春前河南右布政使。以翰林院編修林增志薦入。幷責增志。亦引咎。

壬子。司禮太監王允中守備承天。申之秀提督九門。

巡按蘇松常鎮御史王志舉劾本兵楊嗣昌調度無能。封疆壞極。上責其借題自護。

建虜攻遼東松山城。四旬不克。尋分犯杏山。

甲寅。吏部署部事左侍郎董羽宸署都察院事。

丙辰。逮前巡撫密雲右僉都御史趙光抃。

左良玉破賊劉國能于許州。國能降。馬守應請降于監軍孔貞會。未決。賀一龍李萬慶東走。合于馬進忠。分掠信陽光山。

三月钺朔。召工部左侍郎張愼言雲南道御史□□□貴州道御史王範于平臺。會推閣員姚明恭張四知王鐸林欲楫李建泰陳演蔣德璟李待問魏照乘。不允。

壬戌。建虜趨豐潤。副總兵楊德政虎大威何其明禦卻之。京營各鎮兵戰于太平寨北。報捷。

癸亥。責各邊督撫官。敵入無阻。不足倚賴。

丙寅。建虜至冷口。以備嚴。去之。復出青山口。各鎮兵大集。建虜又新至相望。

戊辰。建虜盡出塞。深入二千里。飽掠五閱月。所陷州縣。順天則順義文安慶雲。保定府則博野慶都蠡縣深澤高陽。河間府則獻青任丘興濟吳橋故城寧津。眞定府則獲鹿藁城靈壽元氏無極平山西陽行唐南宮新河武邑饒陽武強趙州柏鄉臨城高邑贊皇寧晉深州衡水。順德府則沙河南和平鄉唐山內丘任縣鉅鹿廣宗欒城廣平雞澤威縣淸河。兗州府則平陰。東昌府則博平茌平青平高唐恩縣夏津武城。濟南府則歷城齊河禹城齊東泰安長山海豐肥城。凡破七十餘城。焚掠殺傷。不可勝計。雖羽書屢捷。實未嘗少挫也。

郁士俊曰。是役也。調度不靈。應援失算。由于內外異議。中制掣肘。如行間塘報。中樞楊嗣昌乃據報註一審機宜請旨。再報復註二審機宜請旨。三四以至數十皆如之。豈知行間機變在于呼吸。若今一日一報。即飛投亦二三日始達部。請旨之後。具覆須越日。共計六七日。軍情作何更張。如欲遵部議。則事勢已非。不遵部議。則難免白簡。其審機宜請旨。原本兵卸罪之狡計。然曠日持久。有誤封疆非淺鮮也。

逮前巡撫順天右副都御史陳祖苞。前巡撫山東右僉都御史顏繼祖。

己巳。誅薊鎮西協總兵吳國俊。

庚午。逮都督僉事河南總兵張任學。

談遷曰。張任學銳志請纓。覬開府中州。俄得一老兵。命下之日。守丞折簡講鈞禮。意大沮悔。既擁牙纛。其技立窮。噫。人不自量。彼趙括馬謖。高自位置。人莫能難。將坐談者勝耶。

壬申。陝西白水同官大風雹傷麥。

癸酉。薊鎮總兵陳國威分守太監孫茂霖免。

甲戌。以德王變告慰太廟。遣諭各藩。

丁丑。大學士楊嗣昌奪秩視事。

戊寅。上孝純淵靜慈順肅恭毗天鍾聖皇太后尊謚。頒詔天下。

己卯。黃錦爲詹事。屈可伸爲少詹事。

辛巳。寶坻知縣王國儒奏德王宮人闕氏逃尼菴。訴有子五歲。小字金柱。乞完聚其母子。從之。

副將龍在田敗賊于固始。斬級三千五百有奇。

總兵左良玉敗馬進忠于鎮平關。進忠降。又同副將劉國能等擊李萬慶于內鄉。大敗之。萬慶以四千人降。馬自秀再同歸。

總兵陳洪範擊賊南陽之李公店失利。左良玉戰內鄉。大敗之。招諭其黨多降。

癸未。復故大學士孫承宗官。予祭葬。

皇子慈煥薨。追封悼王。謚曰靈。時疾甚。言九蓮菩薩來云。上薄待戚屬。如不悛。且殤盡。上聞大懼。初。上籍武清侯李氏。由是復其爵。免籍其貲。蓋內臣託皇子神其說。上實未嘗親聞也。孝定皇后夢九蓮菩薩授經。覺而記之。錄入佛藏。作慈壽寺。後立九蓮閣。塑像跨鳳。傳皇后卽九蓮後身也。

上聞左良玉部兵淫掠。責之。

乙酉。召淮揚道參議鄭二陽于平臺。問練兵措餉何如。對曰。臣初到揚州。各營設有官兵。向來相沿虛冒。臣刻意簡練。有一額卽求足一兵。隨練之。故歷五年防寇。不請一兵一餉。上曰。此一方事。謂天下。何對曰。大抵額設之兵。原有額餉。但求實練堪用。則兵不虛冒。餉自足用。是覈兵卽足餉也。若兵不實練。雖措餉何益。上問練兵。曰。臣所見只以參游而下官練之。上曰。何也。曰。如參游選千人。總選十百。責按兵法。上問措餉。曰。措餉諸臣條陳盡之矣。在得其人。如鼓鑄得人。則利歸公家。否則在私室。上曰。近者各處災傷乏餉。奈何。曰。裁不急之官。亦可省費。如揚州有催餉主事。不如以巡按趣之。上曰。催餉主事。非定例也。二陽又曰。臣見殘破州縣。慶都欒城。亟宜下寬大之詔。收拾人心。上是之。

丙戌。兵部上裁練事宜。曰地分衝緩。曰人用世科。曰行移節制。曰功罪責成。

是月。兵科都給事中張縉彥言失事五案。初破正關。陷營城。逗石匣。潰陽山。則總督吳阿衡。總兵吳國俊。總監鄧希詔。道臣黃裳吉。援密總兵王承胤宜罪。又青山續入。則巡撫陳祖苞。總兵陳國威。分監孫茂霖。道臣李挺宜罪。又殘破城邑。則總督盧象升。總監高起潛。總兵王樸。楊國柱。虎大威。侯拱極。贊畫楊廷麟。巡撫張其平。總兵劉光祚。總監方正化。分鎮陳鎮夷。道臣李九華。劉在朝。王之楨。吳鼎。天津巡撫杜三策。總監盧維寧。總兵劉復戎。道臣蔣慕楷宜罪。又失陷藩封。援兵則督察劉宇亮。總督孫傳庭。總監高起潛。及調發逗留諸將李績祖寬郭進善楊振王鳴善徐成友屠朝相劉伯祿李得威巡撫顏繼祖總兵倪寵巡按宋學朱等宜罪。又鮑颺出口援兵則督察劉宇亮總督孫傳庭陳新甲等宜罪。以上五案在邊首論入口則墻路更重。在內首論失陷。則藩封更重。若出口則罪有差等法無寬恕也。又及巡按御史劉呈瑞張懋熺兵部職方郎中趙光忭員外郎孫嘉績大學士楊嗣昌。上是之。

四月戊子朔。吏部署部事左侍郎董羽宸鐫二級。以枚卜延緩也。

鎭守通州兵部右侍郎仇維楨回部。郭建初爲順天府尹。

辛卯。左都督楊德政爲總兵官。鎭守保定。

左良玉破賊于鎭平。李萬慶乞降。刈民麥以自給。良玉諭止之。不聽。

壬辰。命駙馬都尉鞏永固往濟南告慰先德王園。

癸巳。撫治鄖陽右僉都御史戴東旻免。

仇維楨李邦華爲南京戶兵部尚書。進巡撫福建沈猶龍右副都御史。

甲午。鄭二陽爲右僉都御史巡撫安慶。王鰲永爲右僉都御史撫治鄖陽。

諭兵部彙錄崇禎七年後條奏修練儲備之事。刊布天下。

免高淳去年旱蝗田租。

丁酉。逮前巡按四川御史韓一光。以苛索也。

辛丑。復故大學士文震孟官。致仕。先是丙子六月。震孟卒。撫按以聞。住不敢報卹。至是吏科給事中吳麟徵奏。震孟由田間而侍從。由侍從而輔臣。皆出于皇上非常之知遇。而皇上所以于諸臣之中殊恩獨斷簡置論思。得非以震孟非先朝則摧折非常事。皇上則勤勞最深。而至春秋進講時。又聞其慷慨敷陳。啓沃良至。皇上虛懷注聽。採納獨深。此當睿記之中。無俟臣言之贅。皇上恩威所被。並是生成。其于震孟之去。又得非稍示琢磨以定環玦之賜。而惜其悔罪自傷。假年無術。溘焉長逝。寂矣夜臺。景運難逢。恩光有待。皇上亦惻然而動遺簪敝屨之思乎。或還故官。或量加恩䘏。一注念間。明君臣始終之誼。

壬寅。夜。月食。

癸卯。禮科都給事中姜埰言。近月以來。傳皇上建設齋醮。臣私疑之。正德初年。從事內典。命太監劉允馳驅西域。十數年間。持咒結印。當其時也。糜費大官。訛傳道路。皇上懲前毖後。聰明絕世。豈眞見不及此。固曰聊復爾爾。然唐虞之寬仁。必非佛氏之慈悲也。宗社之安危。必非佛氏之禍福也。顧役役焉以九重之尊。對西竺之繁文。此臣必不敢以爲可也。山西道御史廖惟義亦言之。不聽。

曠鳴鸞爲太僕寺少卿。

諭釋輕繫。

甲辰。張天麟爲右副都御史。巡撫雲南。

復前王永光吏部尚書官。其太子太保未復。

河南貢士寶豐牛金星有罪戍邊。

丁未。張光祖爲後軍都督府僉書。

戊申。大學士程國祥致仕。

左良玉率副將陳永福金聲桓擊賊。斬首二千七百級。良玉遣降將劉國能招之。

巡按雲南御史涂必泓言四事。綏夷司以奠遠民。愼銓選以飭吏治。嚴糾劾以新耳目。稽程限以申新命。上是之。

庚戌。李萬慶率衆四千。解甲降于良玉署。爲守備。其黨散去七千餘人。

辛亥。榮王由榑薨。謚曰憲。

乙卯。補上孝靖皇太后孝純皇太后冊寶。

戶科給事中章正宸請行鈔法。

薦舉縣丞沈時請開採報聞。

丙辰。逮巡按山東御史郭景昌。景昌論濟南失事疏略曰。濟南藩封之變。誰司中樞而被禍至此。豈非楊嗣昌拱手送之敵耶。使當時倪寵勤王至德州。卽令就近守濟寧。顏繼祖溫反濟南。濟南未墟也。今倪寵顏繼祖既逮當死。而嗣昌罪出其上。卽濟南不發救兵。死有餘辜矣。若不先正其罪。令茍延性命。混辱朝班。仍議人之功罪。則功罪愈爲不明。何以懲前。又何以毖後乎。上怒其黨同伐異。借題攻訐。逮下獄。景昌又從獄中上章論嗣昌謂忠佞分塗。止論臣言之當否。何論臣跡之同異。有旨切責。十一月。戍代州。

是月。京城浚濠。廣五丈。深三丈。□科給事中夏尙絅言。連年胡騎入犯。皆藩籬失守。門庭無恙。若使塹水足拒。則去冬長驅如通德滄濟。其爲廣川巨浸多矣。而揚鞭飛渡。如入無人。則控扼險要。在人不在險明矣。今擲此百萬于水濱。孰若移而用之于巖疆防禦要害。使胡騎不敢躪入之爲得哉。

五月。丁朔。大學士楊嗣昌奏失事五案。曰邊備失機。曰陷城。曰通欵。曰藩變。曰損將。上從之。邊備失機。鄧希詔楊芳趙光璧田祿劉文耀孫宗。陷城。陳祖苞張其平李棊隆趙之鼎頡三省張昌期王應元李芳塘雷之渤徐完一劉銓翟運晉胡應瑞。通欵。高唐知州尹亮陳相望郭士貞楊烱。藩變。顏繼祖倪寵祖寬郭進道。損將。李重鎭劉銓縱敵出塞孫茂霖陳國威崔秉德韓文獻。

戊午。修奉先殿成。

己未。劉廣生爲戶部右侍郎。督理京省錢法。蕭譽爲右通政。

庚申。楊嗣昌薦宣大總督傅宗龍自代。徵拜兵部尚書。

陳乾陽爲都察院左僉都御史。李繼貞爲順天府丞。

李昌齡爲征西將軍都督同知總兵。鎮守延綏。

癸亥。岷王企鏗奏寶慶知府陶珙違制挾忿。命按之。

故□□張紹登贈尚寶司少卿。故□□張國勳贈國子監學正。並廕子入國子監。

甲子。以姚明恭張四知魏照乘並爲禮部尚書兼東閣大學士。直文淵閣。范復粹進禮部尚書。

戶科給事中熊維典請補謚故刑部□侍郎呂坤故太僕寺卿李應昇。

乙丑。降盜張獻忠叛于穀城。初李自成困川西。羣盜失勢。獻忠連敗。精銳俱盡。始乞撫以緩誅。至是潛通諸賊。以貢士王秉貞爲謀主。遂殺知縣阮之鈿。刦監軍僉事張大經。因走房縣。攻陷之。殺知縣郝景春。餘盜羅汝才李自成等五部並起應之。屯均州。後贈之鈿景春俱太僕寺少卿。立祠廕監。

張獻忠屬施人。其降也。熊文燦責賂金珠瓌貨累萬萬。其復叛也。留書于壁。自己之叛。總理使然。與上官姓氏列取賕之日月多寡于下。且曰。不受獻忠金者。襄陽道王瑞旃一人耳。聞者愧焉。戊寅冬季。自成兵敗。從數十騎過獻忠。酒半。獻忠曰。盍亦從我降乎。自成不可。獻忠資其衣馬以去。熊文燦調度得宜。彼且縛闖自效。取小利而失大盜。文燦之肉。其足食乎。

談遷曰。撫盜易。散盜難。彼兇悖之資。力詘受成。當散遣徒黨。收拔驍銳。使大衆分籍。不可復合。今熊文燦割土以授之。左良玉力言其不可。勿之聽也。覗狠爲鼠。覗梟爲雛。徼倖旦夕。寧待穀城猖獗而始信其反噬乎。甚哉文燦之愚也。前督兩粵。受紿于劉香。陷兩道將。猶不知戒。紿于獻忠。彼文燦亡論。而推轂文燦于覆轍之後。抑獨何心哉。良可歎也。

丙寅。隴西大雨雹。

丁卯。嚴獄禁。

戶部言。宣府餉額虧百四十餘萬。山東司官戴罪催補。又軍興財匱。暫派各省直。今抽練兵馬。減薊督宣督各五千。保督一萬。陝西三千。從之。

趙月用爲南京鴻臚寺卿。

己巳。工部尚書蔡思充致仕。

庚午。房山大風雹傷麥。

涂國鼎爲南京刑部尚書。邵捷春爲右僉都御史。巡撫四川。

辛未。故兵部右侍郎李瑾贈兵部尚書。

夜。月食。

壬申。顧光祖爲尚寶司卿。

出帑金三十萬濟餉。仍命後償之。

癸酉。蠲山西八年以上顏料銀。

吏部推常州知府陳瑄補常鎮道。上以降瑄級數。竟不開明。顯係混徇。責文選郎中林胤昌回奏。謂移查戶工二部。原降三十六級。已開復二十一級。其餘錢糧已解在途。上以强辨。落瑄職。下刑部削籍。

甲戌。金國鳳爲署都督僉事總兵。團練遼東寧遠兵。王世仁爲都督僉事總兵。鎮守居庸昌平。

丙子。楊嗣昌言。保定總兵議抽餉練兵。今各鎮舊兵多壓餉。若增新兵之餉。萬一呼庚奈何。且新兵易集難散。

臣謂寧餉待兵。毋兵待餉。抽餉定額。始有儲無患。

丁丑。太監申之秀改天壽山守備。總督孫傳庭辭耳聵。不許。

戊寅。李獻明爲總兵。鎮守山西。

己卯。戴明說戴英曾應遴屈動改授吏戶兵科給事中。動南京吏科。韓文銓盧世㴶姚應翀改授雲南貴州道御史。

庚辰。李維貞爲兵部右侍郎兼右僉都御史。巡撫天津。劉夢桂爲右僉都御史。巡撫大同。

辛巳。楊嗣昌請今科乙榜准貢。從之。楊文岳總督保定山東河北軍務兼理糧餉。李建泰爲國子祭酒。敍禁旅剿寇功。進孫應元左都督。黃得功太子少師。各錦衣衛副千戶世襲。宋紀右都督。張一龍都督同知。各世百戶。復熊文燦兵部尚書。太監曹化淳等廕賚有差。

壬午。薊鎮總兵官侯拱極疾免。

癸未。劉宗祥爲太僕寺少卿。山西按察副使魏士章請禁有司收賦羨耗。遣京官搜括天下錢糧充餉。從之。

談遷曰。財猶水也。挹注則不涸。壅則閡矣。故官民相通。中外相餉。今舉天下之大。毫較塵算。無纖渺之贏。必歸于左藏而後已。一之爲甚。其可再乎。國家久長之計。奈何以不再令也。

督理錢法戶部右侍郎李玄言。部覆當二錢以四十文抵銀一錢。今聖諭以萬曆泰昌天啓當崇禎制錢。俱六十五文抵銀一錢。則當二錢宜三十二文半爲率。旨未下。玄遽榜示。鐫一級。

徐人龍爲右僉都御史。巡撫登萊。王繼謨爲右僉都御史。巡撫密雲。李世祺爲光祿寺丞。

六月丁亥朔。張三謨戴澳爲大理左右寺丞。

己丑。薛國觀蔡國用范復粹進太子太保戶部尙書兼文淵閣大學士。楊嗣昌復原官。不敍。姚明恭張四知魏照乘各賜金幣。廕子入國子監。前大學士張至發孔貞運劉宇亮傅冠程國祥方逢年各賜金幣有差。太監曹化淳廕錦衣衛指揮同知。劉元斌盧九德李承芳卞希孔王裕民王德化並廕錦衣衛指揮僉事。俱敍運籌卻敵功。內璫倖冒亡論。執政恬不爲辭。于心安之。何哉。

庚寅。光祿寺錄事孫晉推南京太僕寺丞。上以遷謫陞轉各衙門一體。孫晉凌躐。詰吏部文選郎中林胤昌回奏。不聽補。

癸巳。刑科給事中孫承澤言。保舉法誠闢門咨岳之盛心。徵赴公車纍纍也。茂才異等。實未有聞。尋常布衣。思膺民社。詎無蟻慕而蠅逐者。古人謂上以孝取人。則勇者割股。怯者廬墓。上以廉取人。則敝車羸馬。惡衣菲食。宋臣蘇軾曰。得人有道在知人。知人之法在責實。當今最急毋如强兵裕國。草澤間果諳練兵法。留心國計。不費加派而九邊充足。授之以官。必試而後用。毋用而後試。庶眞才得而奔競息矣。

甲午。王忠爲鎭朔將軍都督同知總兵官。鎭守宣府。馬科爲都督同知總兵官。鎭守山海關。馬爌爲都督僉事總兵官。鎭守天津。

戶部請遣給事中六人分催直隸浙江湖廣河南江西山西陝西錢糧。從之。

乙未。敍守松山功。進金國鳳署都督同知。廕錦衣衛千戶。餘陞秩有差。

丙申。鎭守通州總兵官劉澤淸疾免。

總督薊遼洪承疇言。屬夷明暗等屢乞撫賞。今後若建虜不入西協。則撫賞如故。否則導禍無疑。卽革賞進勦。從之。

庚子。火藥局災。

癸卯。御馬太監趙本政。總監眞定保定涿州昌平。

禮部尙書林欲楫請嚴僧道瞻地。毀淫祠。括絕田助餉。

宋玫爲太常寺少卿。

劉良佐爲副總兵。分鎭徐州。

吏部考選科道。部曹不兼科貢。被詰責。

官撫民爲征西將軍署都督僉事總兵官。鎭守寧夏。王秉忠爲都督□□總兵官。鎭守通州。

左懋第袁愷陰潤范士髦藺剛中爲給事中。懋第愷戶科。潤禮科。士髦工科。詹時雨李近右汪承詔張緒論楊四重爲試監察御史。時雨近右山東道。承詔廣東道。緒論湖廣道。吳昌時等並各部主事。昌時首選。吏部疏上。上自手定先後。示不測。昌時謂薛國觀中之。恨次骨。上出復河套議。凡言不可復者俱入選。或曰。楊嗣昌密議棄遼東。故例以河套也。

己酉。榮世子慈炤薨。

壬子。存問前大學士周延儒王應熊黃士俊賀逢聖孔貞運張至發。

甲寅。特免海州田租。

七月丙朔。免靈壽等二十六州縣馬價銀十之二。

戊午。司禮太監張榮提督九門。

辛酉。南居仁周鳳翔爲左中允。李日宣爲兵部左侍郎。協理京營戎政。劉餘祐爲通政使。

司禮太監王裕民總督京營。

壬戌。戒午門端門諸內臣延欵朝士。

督修曆法光祿寺卿李天經上西人湯若望坤輿格致書三卷。

癸亥。李國奇爲都督僉事總兵官。鎭守陝西。

甲子。巡撫應天右副都御史張國維上水利全書。

建虜四千騎西至舊開平。又與哈喇慎卜石兎二夷市馬。兵科給事中曾應遴言當預備。

乙丑。吏部尚書莊欽鄰五閱月未至。罷之。

丙寅。戴澳爲順天府丞。

丁卯。諭法司以五案獄上。

授宗室朱謀超中書舍人。謀寀由櫟俱知州。統鉚通判。敏灞謀堡華埛常淺鼎涇統䑳常渾俱知縣。

庚午。汪慶百爲南京工部尚書。

辛未。禁中外官餽遺請託。

壬申。奪總理尚書熊文燦官。仍視事。

乙亥。楊方盛爲順天府丞。

癸未。傅永淳爲都察院左都御史。

逮總督宣大孫傳庭。前撫治鄖陽戴東旻。并免太監趙本政。時傳庭託耳聵。巡按御史□□代題。敎諭某以傳庭同鄉偵之。密語偵其詐。訐奏。故逮傳庭及巡按御史。

乙酉。都督同知張天禮爲總兵官。鎮守山西。梁甫爲總兵官。鎮守臨洮。

總兵左良玉追張獻忠于房縣。中伏大敗。失其符印。中軍羅岱死之。事聞。贈岱都督僉事。廕世百戶。熊文燦革秩視事。良玉戴罪殺賊。

是月。德王由樞陷于建虜。遣內官王朝進張福祿。都司徐文師上書。自廣寧入。參將夏成德以聞。廣東道御史汪承詔言。宜火其書。勿令傳外。王朝進等宜編置遠方。毋浪傳敵信。萬一皇上展親之念篤。宜別遣邊人量賚用物。俾申德意。若曰。王不造。失守社稷。遠播沙漠。庶幾戎狄悔禍。隆禮有加。王宜優游塞外。以終天年。朕已撫王嗣。俾纘舊服。俟其成立。當使自將。待邊以泄王憤。如此。庶彼知朝廷大義可絕其垂涎。杜其淩侮。報聞。

談遷曰。楊嗣昌初議表餌故事。冀一通款。而上頗猶豫。未之卽許也。又朝廷體重。奈何先詘。今德王流落塞外。國家不幸。維城無羈紲之安。因惇睦之義。藉以專使。正告建虜曰。天子至仁。不忍一物失所。況懿親乎。德王蒙塵。邊臣各論罪不貸。幸爾之惠。王猶相存也。聞之疚惻。且又義鑒。念其淹恤。長老塞外。于爾何裨焉。往邊臣屢奏。仍通市貢。朕實追痛燹掠。未之輕允。今能全我介藩。具知良意。果獲南返。卽市貢以相報。罷兵息民。春秋時見。亦爾長計。朕展親大義。故特爾先。非朕所私。如浮語繁詞。挾之爲重。朕不任受此一役也。最有名于國體不褻。上必垂聽。而楊嗣昌絕不及此。豈非憒憒者乎。宇文護迎母于齊。陳霸先迎弟于周。古人嘗行之矣。廟議一失。其後遣兵部主事馬紹愉通款。則褻我甚矣。惜哉。

八月。炳朔。丁亥。兵部右侍郎王道直爲左侍郎。清黃。

庚寅。前太子少保吏部尚書謝陞爲太子太保吏部尚書。蕭譽劉尙信爲左通政。

誅五案失事諸臣三十二人。巡撫保定張其平。巡撫山東顏繼祖。知縣李綦昌。趙之鼎。頡三省。張昌期。王應元。李芳塘。雷之渤。徐完一。劉銓。翟運晉。胡應瑞。尹亮。陳相望。郭士貞。楊烱。總兵倪寵。陳國威。崔秉德。韓文獻。郭進道。內監鄧希詔孫茂霖等。故巡撫順天陳祖苞先飲藥死。子翰林編修之遴扶柩歸。例請郵符。上以祖苞骫法。命之遴永不敍用。

岷王企鐘奏巡按御史林銘球以冊封南豐王□□贐薄。因知府陶珙搆陷。今銘球奉命再巡一年。臣何堪毒害。乞如大明律聽訟回避。臣實幸甚。

癸巳。限疏題奏字六百五十。兵刑錢穀亡論。

甲午。大學士薛國觀請更東宮講讀官。明日。翰林院檢討張居奏引咎。且刺閣臣曰。陰陽失調。水旱不時。皆諸臣不職。國觀奏辨。上以張居講音蹇澁。調降二級。

誅元氏知縣劉業爍。業爍樂安人。崇禎丁丑進士。城陷通款。籍其家。父兄編管二千里。妻女入官爲奴。

談遷曰。宋劫盜張海橫行數路。將過高郵。知軍晁仲約度不能禦。具牛酒迎勞。且厚遺之。海說。竟去不爲暴。事聞。朝廷大怒。富弼等咸欲誅仲約。范仲淹爭于上前。得免死。劉業爍城陷。又非仲約比。止誅其身足矣。籍產俘孥則又刑之失其平也。

丙申。撫治鄖陽右僉都御史王鼇永奏。闕餉兩月。鎮兵新舊萬三千人。馬二千匹。歲費二十餘萬。請酌發鹽引。召商支賣。收價資軍。須行淮鹽。舊引川鹽憚于入峽。不如因而通之。則民與法俱便。

己亥。免唐縣等四十州縣去年田租十之五。禹州等十州縣十之二。光州等八州縣十年之五。去年之二。

庚子。命禮部再訂禮服圖。

辛丑。長樂縣異風壞海上民舍亡算。

癸卯。進方一藻兵部尚書兼右僉都御史。仍巡撫遼東。

乙巳。宋之普爲太僕寺少卿。轄西路。

丙午。楊希旦為大理寺右寺丞。

庚戌。故庶吉士鄭鄤磔于市。初法司擬辟。上怒其瀆倫。命加等。鄤武進人。天啓壬戌進士。選庶吉士。未久。直諫聲滿宇內。以淫悖敗。

壬子。命大學士楊嗣昌以原官兼兵部尚書督師討流盜。賜尚方劍。

羅元賓為右僉都御史。提督操江。

朱繼祚為南京禮部尚書。戶科給事中左懋第劾繼祚前附魏忠賢纂修要典。不聽。

是月。總督薊遼洪承疇出山海關至中前所。以千總劉□□虛冒誅之。劉為總監高起潛私人。因郄承疇。薦劉肇基總兵吳三桂團練兵部。准三桂。

九月甿朔。給楊嗣昌四萬金。賞功牌千五百。蟒紵緋絹各五百。

戊午。蔣德璟為少詹事。清理貼黃。

壬戌。吏部左侍郎董羽宸降南京尚寶司卿。

丁卯。宴閣臣于平臺後殿。上手觴楊嗣昌三之。賜詩。勒詩于各文廟。嗣昌南征。會兵十萬。本折色三百餘萬。命錄囚。

前南京兵部尚書許弘綱卒。

己巳。張福臻為兵部左侍郎。葉有聲為大理寺卿。

司禮太監王德化提督東廠。司禮太監兼東廠太監李承芳下刑部獄。先是承芳請籍太監王體乾產可百餘萬。後不能實其言。遂指為移匿。逮體乾門下季晉田玉劉文忠趙本政于東廠。並沒產。累數十家。尋亦被逮。辛巳。春戍外衛。

辛未。都督□□劉鎭藩爲總兵官。鎭守浙江。

甲戌。內官監太監杜秩亭提督九門。

丙子。馬思理爲尙寶司卿。

敍陵殿功。賚內外官有差。

丁丑。徵士陳繼儒卒。繼儒字眉公。華亭人。壯歲棄諸生。專事博綜。善古文詞。崇禎初。光祿寺卿何喬遠□科給事中吳永順工部右侍郎沈演御史魏士章巡撫江西解學龍各奏薦。不赴。年八十二。所著書多行世。

范景文曰。先生老而好學。手不停披。至于禽遁星緯。邊屯鼓鑄。五廚三略。霞笈梵籤。無一不撮嗇而秘之胸笥。揆之筆采。咳唾珠玉。攡指雲烟。內而紫禁丹宮。外而雞林百濟。得其片紙隻字。如獲百朋。而先生日與野僧高士穿花洗竹。自尋茆檐曝背之樂。卽仰面看屋梁。亦非其意所屑也。探賾索隱。如邵康節。其學益老。其德益劭。不事表暴。不設防畛。羣居燕笑終日。不爲甚異。人無貴賤少長。一接以誠。淸而不激。和而不流。則先生居然其後身也。

庚辰。張學周爲太常寺卿。

是秋。彗星見參分。

十月軸朔。丙戌。彗星見。

故東江總兵金日觀贈太子太師。立祠。世外衞副千戶。故□□錢富贈都指揮同知。世百戶。

丁亥。姚應嘉爲南京大理寺卿。馮元飈爲南京太僕寺卿。

戊子。涂國鼎改南京吏部尙書。趙光岳爲光祿寺少卿。

己丑。諭停刑。

庚寅。中書舍人陳龍正言。因彗星。皇上求直言停刑。敬天之道至矣。語曰。事天之道。以實不以文。臣請更進曰。事天以恒不以暫。何謂實。今日求言恤刑之實是也。何言恒。願歲歲勿忘此求言恤刑之心是也。上善之。

甲午。山東道御史張肯堂請鹽臣久任課實效。從之。

乙未。林棟隆倪思輝爲刑部左右侍郎。

丙申。諭兵部。建虜東西謀犯。凡近邊城堡各收拾糧芻。毋倉皇致失。

先是。刑部尚書劉之鳳擬荆可棟失出。之鳳論死。刑科給事中李淸言于律未合。

鳳陽地震。

丁酉。武英殿試中書舍人沈廷揚言膠萊海運。

戊戌。張延登爲南京都察院右都御史。解學龍改南京兵部右侍郎。

諭彗星雖隱。昨雷震。仍各修省。

敍禦胡城守功。薛國觀范復粹進少保吏部尚書武英殿大學士。廕中書舍人。復粹廕監。姚明恭張四知進太子少保戶部尚書文淵閣大學士。各廕子入國子監。同楊嗣昌賜金幣。

庚子。中書舍人陳龍正請正郊期。古帝王郊天不用至日。孔子對定公曰。周之始郊。其月以日至。其日以上辛。郊特牲曰。郊之用辛也。周之始郊日以至。王肅曰。周之郊祭于建子之月也。用辛日者。以冬至陽氣新用事也。夫冬至不恒遇辛。則用辛爲冬至之月明矣。臣謹按上辛謂日至之月第一辛日。如冬至在十一月下旬。則用仲辛。冬至在十一月初旬。本月無辛。則用十月下旬。如崇禎十二年十一月二十八日辛巳冬至。宜十八日辛未郊也。章下閣部。

甲辰。故□□□□宋治成贈兵部職方郎中。

王紹禹爲署都督僉事總兵官。鎭守河南。

丙午。左良玉拜平賊將軍。良玉所部多降將。楊嗣昌謂可滅賊。請于上。故命之。

馬守應賀一龍犯安慶桐城。遼將黃得功川將杜先春屢戰卻賊。賊每避其鋒。

十一月甲寅朔。劉宗祥爲右僉都御史巡撫江西。

逮總理兵部尚書熊文燦。

都督□□吳三桂爲遼東總兵官。團練寧遠兵馬。

中書舍人陳龍正上郊期攷辨。尋申奏至月上辛之義。

丙辰。故□□□鄧可藩贈光祿寺卿。

丁巳。王國賓爲右僉都御史巡撫山東。

戊午。先是仙居知縣過周謀。以薛國觀所舉士。託同鄉吏部員外郎熊文舉餽五百金。營轉禮曹。手書隱語五百年名世。爲東廠所緝。國觀奏辨。委其事于文舉。時文舉主試未至。刑部鞫其父應之。論戍。文舉官如故。

前庶吉士張居請行銅鈔。從之。

己巳。夜月食。

甲戌。黃希憲爲太僕寺少卿。轄東路。

丁丑。督修曆法光祿寺卿李天經言日食事。命新法訂之。

己卯。楊汝成爲南京國子祭酒。

林楝隆改吏部左侍郎。

辛巳。上南郊。

劉廣生改戶部左侍郎。常自裕爲右侍郎。督理京省錢法。

十二月Ｘ朔中書舍人陳龍正遵旨詳奏郊廟。

甲申。總兵陳洪範疾免。

乙酉。琉球國中山王尙□遣蔡堅等入貢。

戊子。前吏部尙書王永光卒。

辛卯。午刻黑雲見嘉興二刻而退。

癸巳。總理河道工部尙書周鼎疾免。

乙未。蕭縣山鳴。

庚子。劉承嗣□□伯。

辛丑。起畢懋康南京戶部右侍郎兼都察院右僉都御史。總督糧儲。倪思輝王心一爲刑部左右侍郎。

丙午。萬壽節。丁未。御殿受賀。

錢士貴爲太常寺卿。

庚戌。李紹賢爲左庶子。張維機朱兆柏丘瑜爲右庶子。南居仁錢受益爲左右諭德。華琪芳爲南京少詹事。

辛亥。李夢辰爲通政司使。吳兆元爲右副都御史。巡撫雲南兼督川貴兵餉。

是年。兩京河南山東山西旱饑。上命正一嗣敎眞人張應京禳旱。

魯王壽鏞薨。謚曰肅。

庚辰崇禎十三年

正月癸朔。天下官來朝。

議郊用上辛日。

甲寅。許大臣還私第。

劉肇基爲署都督僉事總兵官。分練遼東寧遠兵馬。

總督薊遼洪承疇言。寧遠城有鎮監撫道等官。營伍紛雜。事權掣肘。因命軍務聽總兵官節制。凡監撫按鎮同城並如之。

丙辰。張國維爲工部右侍郎兼右僉都御史。總理河道。

丁巳。中書舍人楊金洪周葶下獄。

戊午。享太廟。

癸亥。辨文武章服。

甲子。喬可用爲錦衣衞指揮僉事。仍理北鎮撫司。

乙丑。逮巡撫湖廣右僉都御史方孔照。

丙寅。廷杖中書舍人朱紳。除名。以湖州知府朱大受發其鬻贋于長興朱汝器子謙也。紳亦訐大受不法。

丁卯。諭邊臣嚴備。敵毋離信地。

夜。東方黑氣彌空。連三夕。總督洪承疇見之。占大警。

戊辰。黃希憲爲右僉都御史。巡撫應天。宋一鶴爲右僉都御史。巡撫湖廣。

壬申。白騰蛟爲署都督僉事總兵官。鎮守薊鎮。

癸酉。張三謨爲大理寺右少卿。

東廠獲賄籍。詞連吏科都給事中阮震亨。令回奏。

丙子。陳新甲爲兵部尚書。

吏部尚書謝陞等劾阮震亨通賄敗類。報聞。

大理寺左寺副許自孝言。皇上御極以來。尚未謁陵。今宜亟舉。至于視學。更宜嗣行。倣世宗朝十二年十三年連幸太學之事。及定大閱之期。大彰賞罰。報聞。

己卯。兵部左侍郎張福臻兼右僉都御史。總督宣大。

故□□□□耿胤樓贈光祿寺少卿。

庚辰。阮震亨下鎮撫司論死。

閏正月癸未朔。甲申。令覲官領敕卽赴任。

召巡撫雲南右副都御史吳兆元、順德府同知范志完于平臺。志完敢大言。請身歷衝邊。

乙酉。紀錄卓異諸臣。蘇州知府陳洪謐多逋賦。戴罪不預。

命巡城御史煮粥賑饑。發帑八千金賑眞定。

丙戌。督修曆法光祿寺卿李天經言。去年十二月。誥敕房加銜大理寺右寺正王應遴上曆法八議。禮科參其訛舛有至一日二日或數十刻。卽一議。餘可知矣。臣惟修曆。幸皇上內廷親驗新法爲近。餘皆疎遠。欽定更正。敕令張守登等旁求參攷。奉旨兩載。應否更正。該監自當仰遵。非臣所得而強也。

丁亥。內臣尹希詔娶婦下獄。戍邊。大璫娶婦多矣。希詔偶敗。

戊子。葉紹顒爲南京光祿寺卿。

庚寅。浙江永康知縣朱露言。有司恣言科罰。皆借禦寇攫取。各撫按容隱不言。上命申飭各官。令露入朝。

甲午。中書舍人沈廷揚請試海運。從之。

壬寅。楊嗣昌薦□□推官萬元吉前杭州推官楊卓然□□推官胡平表等十人。各授監軍道僉事。監軍艾毓初言滅寇在汰欺蒙之狡將。誅逗遛之懦將。不然互欺朝廷。朱粲黃巢之禍再見于今日也。嗣昌因申飭文武軍容改觀。

翰林院侍讀學士陳演爲禮部右侍郎。署詹事府事。

河南按察使李時光奉旨言六事。守督大家。戰汰驕兵。察用恬吏。惠先煢民。寬致脅從。矜釋故賊。

癸卯。李虞夔爲右僉都御史。巡撫寧夏。

諭戶部以永清保定霸涿大城良鄉新城東安武清固安糧餉給畿南饑民。抵秋以償。

甲辰。發帑六千金賑山東。

廣西按察僉事謝宗一奉旨條地方利弊。曰八排賊藪宜掃。曰猺獞叛賊宜撫。曰狼兵統御有法。曰富賀錫鑛宜公開。曰梧餉逋負宜追補。曰假差苦兵宜嚴禁。

丙午。浙直大風霾。

丁未。先是中書舍人陳龍正遵旨再奏古辨郊期有至月至日之分。而要皆子月也。冬至爲子中。子半則前此十五日不論十月十一月。皆子月之前半也。大雪後爲子月。非亥月。攷之于古。周易其據也。孔子論郊日則云上辛。提日干者。以祀日之有定干也。日則云日至。不指月支。正以節氣或先或後。推盪不常。十一月固屬子。或十月望後卽屬子。或十二月望前猶屬子。若直云子月。恐人之泥于十一月朔晦。而昧其推盪之氣。爽其先後之理也。夫報天者。反其所自始。用上辛迎之于先。則合反始之義。用至日則是迎之于中半。而非迎之于始也。郊者迎一陽之始。宜在至前。賀者履一陽之成。宜在至日。有旨。十二支建月確然不移。冬至未交節以前。仍屬亥。氣剝極而復。一陽始生。何至日爲一陽之成。月朔謂之吉月。故禮重告朔。況大享不卜冬日爲定日。故不煩更卜。迎陽禮成。因慶成受賀。自有次第先後。何得以己意附會。

己酉。召兵部尚書陳新甲于平臺。新甲上保邦十策。

楊嗣昌調賀人龍從西鄉入蜀。左良玉駐兵興平。遣偏師追剿。良玉不從。報曰。蜀地饒衍。賊度險任其奔逸。後將難制。且逆獻被創入川。則有糧可因。回鄖則無地可掠。賊非萬分窘迫。必不復竄山林之境。夫兵合則強。分則弱。今已留劉國能李萬慶守鄖。若再分三千入蜀。卽駐興平兵力已薄。逆賊折回。能遏截之耶。良玉所統乃勦兵。非守兵。若主兵不出戰而戰兵又代爲守。賊將何時盡乎。今日惟當出其不意。盡銳疾攻。自然瓦解。縱使折回房竹。間人跡俱斷。彼且從何得食。況鄖兵扼之于前。秦撫在紫興抄之于右。庸能狂逞若寧昌歸巫險而且遠。曹獻兩不相下。倘獻窮而歸曹。其中必有內相併者。可無慮也。是時良玉駐兵漁渡溪。獻忠營太平之大竹河。見瑪瑙山險峻。遂據之以決勝。

故南京兵部尚書許弘綱贈太子少保。予祭葬。

辛亥。吏部奏截俸行取各官。命截俸至十二月。

巡撫登萊右僉都御史徐人龍言。成山海運甚險。有旨。海運由膠萊。仍與河漕無異。不必議。夫海運由萊。必由成山。云與漕河亡異。誤矣。

二月壬朔。杭州城門夜鳴。

癸丑。少保兼太子太保吏部尚書武英殿大學士薛國觀。蔡國用主禮闈。

戊午。平賊將軍左良玉分道爲三。左兵當其二。秦兵當其一。官軍奮勇力戰。大破張獻忠于太平縣之瑪瑙山。左兵斬二千二百八十七級。降賊將三百三十八人。秦兵斬首一千三百三十有三。降賊將二十五人。獻忠精銳俱盡。止驍騎千餘自隨。遁走興山歸州山中。尋竄興安房縣界。官軍憚山險不攻。賊伏深箐中。賄山氓市鹽米。氓反爲賊耳目。獻忠得收散亡。養痍傷。兵復振。

故穀城知縣阮之鈿。故房縣知縣郝景春俱贈太僕寺少卿。立祠。廕子入國子監。故中軍羅岱贈都督僉事。故□□□王修政贈署都指揮同知。各世襲百戶。

己未。起劉澤深兵部右侍郎。添設。

辛酉。夜鉅鹿地震。有聲三日。

壬戌。虹縣大火。

甲子。給楊嗣昌萬金。賜斗牛服。嗣昌駐襄陽。調度會剿。以陝西興安一路失期。斬其監軍道殷太白。

尙寶司卿馬思理請如國初進本司三品或量進四品。始于體統爲優。不許。

流寇掠泌陽。

乙丑。永康知縣朱露爲吏科給事中。改名統鑛。

丙寅。復王樸都督僉事。

戊辰。劉光溥爲後軍都督府僉書。

敍甘鎭功。復洪承疇太保。賜金四十。緋蟒一襲。進白貽清兵部右侍郎。賜金同。飛魚服。並廕錦衣衛指揮僉事。故□□□張應辰贈兵部右侍郎。復總兵王汝金官。並廕錦衣衛副千戶。陣沒總兵張顯謨贈左都督。立祠。廕錦衣衛指揮僉事。餘陞賞有差。

辛未。羅汝才掠信陽。尋陷光州。

壬申。宋玫爲大理寺少卿。

故□□□孫謙嚴鑑顧儀俱贈光祿寺少卿。故□□田首鳳贈尚寶司少卿。故□□李升吉李極俱贈尚寶司丞。

癸酉。禮部請增祀北斗于星辰壇。許之。

禮部上李天經新曆。有旨閏法及節氣日躔等異于大統曆。令監局各官詳攷。

丙子。江西宗貢朱統欽以五經試義求破格。不許。

丁丑。令會試貢士先廷對日校射。

戊寅。諭曰。日者風霾大作。田地亢乾。麥苗將槁。甚至傷折南郊樹木。天心仁愛。警示頻仍。或因政事多失。或奸貪恣肆。或刑獄失平。或豪右侵凌。諸如此類。大干天和。茲許羣臣直言。務直陳利弊。以裨時政。

庚辰。諭三月三日辰刻。朕深居齋禱。大小臣工。痛加修省。遣成國公朱純臣鎮遠侯顧肇跡祭告南北郊。禮部尚書林欲楫告社稷。侍郎王鐸告風雷等壇。黃錦禱龍祠。

辛巳。故□□□馬從聘贈兵部尚書。諡□□。

三月壬午朔。癸未。以緝獲功進孫光先左都督。

戶科給事中張□□言江南白糧之累。報聞。

永安廠災。

命勳臣年七十上戚臣官一品許乘輿。其肩輿非特恩不許。

甲申。故深州知州孫士美贈太僕寺卿。

丙戌。風霾。

丁亥。楊嗣昌報捷。命同左良玉雪罪。益發銀牌五百。紵絲三百。帑金五千。犒戰士及陣沒吏卒。

建虜至義州。謀犯錦州。總督洪承疇同遼東巡撫方一藻。以前鋒祖大壽團練吳三桂分練劉肇基先屯錦州松山待之。調山海關總兵官馬科以萬人往。

戊子。詔撤各鎮內臣察飭已久兵馬錢糧器械等項稍有改觀。但戰守防援事權未能盡一。今將總監高起潛陳貴馬雲程盧維寧分守邊永清許進忠謝文舉魏邦典牛文炳武進陳鎮夷崔進楊顯名。俱撤回京另用。申之秀除去總監。仍以守備察飭。李信守護陵園。崔璘除去兼察起存錢糧惟專理鹽務。敕書換給。武俊仍俟工完回京。還將兵馬錢糧器械及任內釐飭事宜開明具奏。凡邊務都着督撫鎮道一意肩承共體時艱。各攄猷略。若有疎虞。五案大法具存。必罪不貸。

談遷曰。內臣出鎮。掣任事之肘。驟庶吏之心。此悊廟時秕政也。先帝最嚴察。再遣再撤。非不知神叢難借。乳虎難馴。直謂三尺在我。此曹亦何能爲。其信外臣不如信內臣也。遣示權。撤示斷。雖未易窺測。終爲內臣所用矣。

諭。風霾亢旱。各官必多貪殘罔法。撫按未見指參。如再徇容。重處不貸。又省直獄囚速結。豁其輕罪。

己丑。蘇州知府陳洪謐松江知府方岳貢並稽賦。洪謐削籍。限六月完額。否則解任。岳貢奪官。嚴上海逋額限十月。

蜀將張令剿賊柯家坪。以五千人當賊數萬。力戰十三日。殺賊數千人。服其勇。

庚寅。以保舉換授多賫賄。命今後赴部者並送國子監肄業考驗。如例貢選。除其不堪罷之。

駙馬都尉齊贊元子道周授錦衣衛都指揮使。因令戚臣子弟踰十歲方奏請。著爲令。

賀人龍李國奇敗賊于寒溪寺。明日又敗之于鹽井。共斬首一千五百有奇。

辛卯。王正志爲太常寺少卿。

兵科給事中曾應遴言嘗監刑。或臨決鳴冤。上謂如是即宜停刑。載在會典。今後當以聞。

壬辰。免畿郡十一年料匠等銀。

甲午。賑京城貧民各二百錢。

乙未。戶科給事中左懋第言去歲彗星見。下詔停刑而彗夕消。何風霾不然。臣又思之。皇上停刑之詔。特其具也。今之齋禱。猶其文也。臣知皇上先以文即繼以實。此時得毋實尚未見而天不之信乎。臣敢直以實進。練餉之派。以益軍實。不得已之事也。皇上減兵省餉。天下已識加惠之意。兵減而餉不減。恐貪者藉以飽其私。乞皇上下詔減練餉。今年全派外。明年兵若干。餉若干。其加派之數。預使萬民知之。吏胥無所用其奸。如此而天變不止。臣不信也。刑獄所以待有罪。亦不得已之事也。恭讀傳詔。懇懇刑獄是矣。乞皇上取獄之輕重一一審之。皇上停刑可以消彗。豈明刑不足以返風乎。如此而天變不止。臣不信也。

丙申。策貢士楊瓊芳等三百人于建極殿。

丁酉。召貢士三十六人于文華殿。初閣臣呈十二卷。上再加三加。各十二卷。遂至三十餘人。上問內外交訌。何以報仇雪恥。諸人以次對。獨通州魏藻德對曰。以臣所見。不離明問。極言內外諸臣皆知所恥。則才能自生。功業自建。娓娓數百言。因敍戊寅守城功。上心識之。時欲精閱。改十九日讀卷。二十日傳臚。

戊戌。分賑畿南三萬金。是日雨。

辛丑。賜魏藻德葛世振高爾儼等進士及第有差。

召巡撫遼東兵部尚書兼右副都御史方一藻回部。領添設左侍郎事。丘民仰爲右僉都御史。巡撫寧錦。

壬寅。戌刻。嘉興天鳴。

乙巳。鑄銅符如永樂舊制。

丙午。免兩河積逋。其災甚綏征之餘免八年九年十之三。

辛亥。進士魏藻德爲翰林院修撰。葛世振高爾儼趙玉春爲編修。姚宗衡劉瑄孫一脉嚴似祖爲檢討。黃雲師周正儒宣國柱周鼐李如璧爲給事中。雲師戶科。正儒禮科。國柱兵科。鼐刑科。如璧工科。馮垣登陳純德陳羽白魏景琦吳邦臣爲試監察御史。顏渾黃國祥爲吏部稽勳驗封主事。張朝綖葛奇祚錢志騶張經呂陽陳纁盧若騰爲兵部主事。俱前召對稱旨。卽欽授。

禮科給事中吳家周降翰林院孔目。

四月壬子朔。癸丑。□□□田玄襲宣慰使給印。

甲寅。摘京省鄉試錄瑕纍。主考官翰林院編修馬世奇檢討楊觀光禮科右給事中尹洗各鐫二級。編修衞胤文□□劉文瀚陳際泰鐫一級。□□汪國士□□熊世懿奪俸五月。左諭德王廷垣吏科給事中顧國寶修撰劉理順兵科左給事中吳甘來□□□王心純□□曹煇奪俸三月。今後考官務遵功令文期純雅正大以爲士鵠。

談遷曰。程錄出于主司。追琢考據易工也。近卽以士子登之。風簷草率。于經義雖入彀。于古學疎甚。累紙連牘多如嚼蠟。于是稍懲考官。未變士習。其風氣浸淫。非可以旦晚療也。

馮舉爲都督□□總兵官鎭守山西。免通州總兵官王秉忠。

乙卯。巡按湖廣御史林銘球薦黃岡諸生馮雲路學行。

丙辰。□□□趙玉森改翰林院檢討。

麗江土知府木增進四川左布政使致仕。

蔣德璟爲詹事。

戊午。巡撫江西右僉都御史解學龍薦舉佐領官及布政司都事黄道周。有旨。道周黨邪亂政。學龍抗藐。俱除名。逮之廷杖下刑部獄。

談遷曰。黄先生學道人也。非以官爵爲軒輕。竟未赴謫所。馳牒給假。其跡似懟。解中丞懿好雖切。少宜愼重。蓋重瞳未回。適磯其怒。皇甫規明恥獨爲君子。于中丞得矣。于黄先生自處未也。

張汝行爲署都督僉事總兵官鎭守貴州。

己未。高倬爲尚寶司丞。

浙西雨連月傷禾。米直三金。

庚申。命撫按薦舉分治兵治餉才幹實跡。如失實連坐。至考選大典。須遵旨科貢兼收。

辛酉。李建泰李紹賢黄景昉爲少詹事兼翰林院侍講學士。方拱乾爲翰林院編修。

故□□□□傅振商贈太子少保。

癸亥。王錫袞爲禮部右侍郎。敎習館員。

召詹事翰林官于平臺。令補奏。

乙丑。韓四維爲國子司業。吳偉業爲南京國子司業。

宿州等三十州縣。以災甚。其八年前逋賦免十之四。沭陽等八州縣次災。免七年前十之五。八年九年十之三。

通州五州縣免七年前十之二。

丙寅。諭吏部曰。年來資格畛域。抑壞人才。考選屢奉旨舉貢兼收。究竟不遵。非祖宗破格用人至意。就敎貢士并試過歲貢生共二百六十三人。俱着于六部司屬都通太常寺各司屬及推知正官通行察闕。依次塡補。此係特用。後不爲例。

張自烈曰。今日特用。亦將拔用舉貢才能之特出者。非凡舉貢皆可用也。乃一旦合二百六十三人而皆用之。果皆才且賢乎。皆才且賢。尤當量能授職。委任責成。使眞僞無雜進。奈何概使之依序塡補乎。既依次塡補。亡論未必皆才。其間有不堪戶部而補戶部。不堪兵部而補兵部。不堪推知而補推知。始用既違其才。考課亦難責效。能必皆勝任而愉快乎。就此二百六十三人中。拔其尤者數十人。畀之殊秩。委以重任。庶幾有濟焉。有特用而僅使之備員庶官乎。然則有破格之名而亡其實。不欲抑壞人才。而究不能甄別眞似。實收人才之效。且又曰特用後不爲例。豈祖制僅可行于一時。不可行于異日乎。豈此日舉貢二百六十三人皆堪特用。異日雖復有才且賢。遠邁此二百六十三人者。皆不足用乎。此又明旨之不可以告中外臣民者也。

戊辰。王廷垣朱兆柏爲左右庶子。徐汧胡世安爲左右贊善。

辛未。司設監官陸永受毆工部主事楊所修。時將北郊。恨所修除道撤其架棚也。事聞。杖永受。

總督宣大張福臻言。去冬聞建虜造紅夷砲六十。招善梯者千人。買哈喇愼馬萬匹。今關外報建虜載砲而來。雖聲東擊西之意。然大砲不便跋涉。則注意松錦。亦未可知。宜豫圖援禦。未可以兩城爲孤注也。

癸酉。南安惠安同安安溪永春德化地震。

丙子。減潞安買辦十之五。

令朝臣及撫按各舉將才。

故□□□□魯宗文贈左軍都督同知。故□□□□杜林贈右軍都督僉事。各世襲外衞百戶。

戊寅。袁繼咸爲右僉都御史。撫治鄖陽。

命嚴督河工。

己卯。太子少保吏部尚書謝陞進太子太保禮部尚書。禮部右侍郎陳演改禮部左侍郎。各兼東閣大學士。直文淵閣。

庚辰。南居仁爲國子祭酒。

五月辟朔羅汝才惠登相入蜀。監軍萬元吉扼于夔門。

癸未。上北郊。

賊陷大昌。犯夔州。石砫女帥秦良玉發兵援之。左良玉川撫邵捷春俱會于夔州。副將賀人龍所將秦兵。驍勇善戰。而多擁降丁。思得總兵以統之。捷春爲請于嗣昌。初嗣昌以良玉兵强。表佩將軍印。後以進止不從節度。嗣昌密疏于朝。請以人龍易之。後不果。人龍始怨。

副總兵羅于莘擊惠登相于鄭家寨。敗之。時官軍扼險。賊無所掠。謀奪尖山西走四川。總兵鄭嘉棟。湖廣副將張應元。汪雲鳳。會陝西副將賀人龍。李國奇之師赴之。斷賊爲二。賊皆騎。陷淖不得馳。川兵跳澗如猿。賊潰相踐。斬首七百餘。擒渠七十一人。獲仗馬無算。石砫兵邀于馬家寨。復斬首七百。殲其渠。

丁亥。滅商州等今年田租。

戊子。量免湖廣田租。

庚寅。總督洪承疇出山海關。初都督祖大壽請五萬騎出戰。部議馬少不果。欲令承疇以三萬騎至關門。部科議不一。或曰承疇重臣。宜關門調度。或曰宜在前屯爲後勁。或曰簡鋭集餉。若不出戰。何所試效。承疇乃行。

丙申。傅永淳爲吏部尚書。葉有聲爲都察院左副都御史。宋之普爲左僉都御史。

諭戶部都察院曰。邇來直省告饑。而畿輔山東河南晉陝近聞茹土食菜。併無菜色。且剜肉爨骨。殣以澤量。言之墮泪。或天災流行。人謀感召。貪婪助旱魃之虐。繁苛鼓馮夷之波。民生其間。匆死何待。近雖屢頒軫恤之詔。褎如充耳。今聞惰媮者既玩泄不遵。虛恢者又奉行未善。各地方官給發積穀銀錢若干。賑濟招徠流徙復業若千人。田地荒蕪。有無給種買犢。多方開墾。富室鄉紳。果否輸貲發粟。設法鼓勸。蠲停錢糧。曾否榜示通知。俾沾實惠。該撫按官以察吏安民爲務。務要減從躬行州縣察勘。即以地方饑徙之有無察官屬之殿最

上以北直山東山西河南陝西告饑。召九卿科道于平臺。問禦敵救荒安民三事。各以次對。通政使徐石麒曰。東胡方強。我力未壯。宜先定本計。後商方略。厚撫屬夷以攜其交。守即爲戰。今彼屯牧義州。我多發師則裹糧不易。少發師則守不足。疑近夷所爲。宜曉悟屬夷。發其事仇之恥。若乘間襲復義州。即畀其地。則屬夷心動。東胡必疑。又偵近邊二三大酋。勅邊臣與之慶弔往來。可陰藉爲用。又擇邊民俾投義州。傭作耕牧。則彼情全悉。至寧前一帶。彼少出兵。堅壁清野。勿與戰。多出兵。則義州必虛。督臣即以數千騎間行擣其虛。此守外邊法也。若內邊。則畿北閒田悉與軍民屯種。擇其壯丁爲兵。而後可守矣。上命起。因退奏救荒在勸富民互養。輸粟補官贖罪。安民在省官用賢。上是之。

丁酉。特授歲貢生史惇俞泰交章晉錫陸禹思張奕穎王榜陳兆珂陳興言徐有聲俱戶部主事。吳康侯禮部主事。吳炆偉兵部主事。王辰會瑞來潘汝嘉項如皋楊垂雲林轉亨雷演祚吳文熾陳禮張煜芳鍾鎮王廷授俱刑部主事。王灝饒元珙方夢禎鍾奇俱工部主事。巢崑源吏部司務。顧經祖戶部司務。吳元伯禮部司務。董養河楊畏知工部司務。闕家炳曾益南京戶部兵部司務。

予故□□□洪啓睿故伏羌伯毛承祚祭葬。

順天府丞戴澳除名。先是澳道劾嘉興推官文德翼失實。

寇陷羅田。

戊戌。總兵吳三桂劉肇基出杏山。前鋒祖大壽以副總兵祖澤遠值建虜松杏間。三桂受圍。肇基救出之。失亡千人。所殺傷亦相當。副總兵程繼儒臨陣而怯。洪承疇斬之士俱用命。

己亥。提督太嶽太和山尚官監奉御賀汝良調南京孝陵神宮監。

安遠侯柳祚昌爲南京中軍都督府僉書。

運河日涸。勅責總理河道張國維。

通政司使李夢辰塗削章奏。有旨職在封駁。既疏不合格。卽當斥去。何故代人塗削。下吏部議處。

貢士黃梅吳卿上言。張獻忠李自成等賊衆各數萬。獻忠狠貪。盤踞肆毒。自成號令尤善。調度有方。諸軍震肅。賊窮入蜀。尾而擊之。或可擒矣。左革諸賊。尤善偵走。如官軍在汝潁襄德間。彼奪鳳陽臨淮。一日夜兼行數百里。臣崇禎十年下第。微服偏偵賊蹤。賊往來吳楚。必自光州固始走高山鋪。自英山走白沙河。自後山走唐家嶺。自六安走桃花渡北夏關。踰險冒隘。量我無兵。臣意欲改蘄州道爲協剿。駐兵高山鋪。汝南道爲協剿。駐兵光州固始。與安池剿撫三處同心協力。一處有失。責及二處。此步步扼吭之計也。然賊分則寡。合則衆。晝則賊騎相顧。夜則賊營遠哨。況久殘之野。家無完壁。營或五十人。或百人。且賊日馳二百里。酗酒耽色。渴睡不醒。若將卒勇敢。銜枚夜襲數十營。賊不能覺也。而兵不殺賊。反以仇民。窮鄉男婦。匿林逃難。官兵剴首報功。以愚主將。主將以愚監紀。監紀不知。遂奏其功。此弊踵行久矣。所當痛懲者也。

庚子。賊屯譚家坪。諸軍薄之。人曳草履。一量緣山逐賊。自龍溪追奔四十里。斬首千一百餘級。賊走仙寺嶺。

癸卯。諸軍雲合。斬首千級。賊突圍走七箐坎。入于乾溪。

丙午。賊犯夔州下關。川撫邵捷春檄總兵鄭嘉棟以楚兵出雲陽。邀其前。賀人龍將秦師走尖山以截之。時賊營山險。酷暑炎歊。蚊嗜草間。人馬俱病。羅汝才西走雲陽尖山壩。惠登相走雲陽水碓口。期會于開縣新寧。

戊申。逮德清知縣丁煌。東廠發其通賄也。

賀人龍攻賊于七箐坎。殲其銳兵。

己酉。大學士姚明恭致仕。

截漕米萬石賑山東。

處鄉塲貢士。順天崔璵鄧林佀鴻舉停科。主考諭德王廷垣中允黃起有各奪歲俸。應天毛羽皇侯曦陶元祐停科。主考諭德張維機檢討楊觀光各奪俸十月。江西龔帝選李益燦停科。主考編修馬世奇禮科右給事中尹洗各奪俸六月。陝西劉凝鼎停科。主考吏部員外郎熊文舉有另案免議。中書舍人李仲熊奪俸六月。浙江駱惟恭福建唐名世湖廣劉鍾蓉河南丁光先山東董光裕山西崔志乾四川李昌祺各停科。主考浙江編修衛胤文吏科給事中顧國寶福建修撰劉理順兵科左給事中吳甘來湖廣檢討王卲戶科給事中章正宸河南吏部員外郎柴挺然兵部員外郎張若麒山東吏科給事中洪恩炤禮部員外郎吳貞啓山西光祿寺少卿姚鈿戶部主事王追駿各奪俸三月。其房考奪俸亦有差。

六月辛亥朔。賀人龍等三道俱進。噪騰爭逐之。斬首千二百級。俘六百人。赦其俘伍林等三人爲軍鋒。

南京提督操江右僉都御史羅元賓罷。

壬子。兵科左給事中陳啓新言海運之利。且臨清副總兵黃胤昌已行之。報可。命上山東按察僉事來斯行所著膠萊河說。

秦軍度賊必設伏。遣都司李仲興高光榮以輕騎往。賀人龍李國奇以大軍繼之。二將入隘。賊伏起。圍之數重。人龍國奇噪而進。聲震山谷。中外夾擊。賊四潰。斬首五百餘級。擒渠十六人。汝才精騎二千。二日之內殲之殆盡。狠狽東走于大寧。

癸丑。翰林院編修林增志降待詔。

丁巳。故□□□趙之庠贈太僕寺少卿。

戊午。宣大總督張福臻請沿邊屯田免科。從之。

庚申。故刑部右侍郎嚴一鵬贈刑部尚書。

禮部請題奏尚簡明。戒繁冗。從之。

辛酉。故□□□秦廷奏贈太僕寺少卿。

壬戌。寇陷大竹縣。

免霍泰潛山七年以上逋稅之五。近年之三。

癸亥。初督師大學士楊嗣昌言。薊遼督撫必須得人。苟非其人。必當速易。特令道臣聽督撫自行選舉。吏兵二部隨到隨覆。薊遼宣大各設督餉侍郎。刑名專責巡按御史。

禁中外官私書。上令大學士薛國觀擬諭。國觀先擬票忤旨。責國觀前批甚明。何不恪遵。及改票。姑言擬諭。明是藐肆。令五府九卿議處。

湖廣宗貢蘊鉌薦故大學士馮銓。通政使徐石麒以逆案折之。

戶科給事中左懋第以實有旨詰實。

乙丑。喻思恂爲南京兵部右侍郎。

謝陞六年考績。進太子太保戶部尚書武英殿大學士。廕中書舍人。

庚午。太子太保戶部尚書文淵閣大學士蔡國用卒。國用字正甫。金谿人。萬曆庚戌進士。授中書舍人。拜御史。歷大理寺丞少卿太僕寺卿工部左右侍郎。戊寅六月。進禮部尚書兼東閣大學士。己卯五月。敍邊功。進太子太保戶部尚書文淵閣。十一月。敍城守。進少保吏部尚書武英殿。卒予祭葬。贈太保。謚文□。

定國公徐允禎等會議薛國觀事。或令致仕。或令閒住。刑科給事中袁愷言。國觀藐上之旨。嫉人之能。而當事者曰致仕。曰冠帶閒住。此無他。主持在吏部都察院。而傅永淳爲國觀之私人。固結既久。不暇顧皇上之嚴綸耳。

癸酉。大學士薛國觀免。丁丑八月。同相六人。已諸相皆罷。獨國觀秉政。己卯二月首輔。至是因以不次拔自外僚。上頗向用之。而很戾忮害。因擬票事批納賄有據被斥。

勒鄭世子翊鍾自盡。

甲戌。禮科右給事中李焻冊封入朝。言福建解銀過郯城縣。不兵護。上責巡撫山東王國賓。國賓言東省沿塗原無撥兵。命降二級。

丁丑。國子司業韓四維以濫舉蔣克震議降。

刑部主事沈廷禧下獄。初。中書舍人許曦訐奏鄭鄤。詞連貢士錢霖子尙賓爭父婢操刃也。命逮尙賓。道山東死。則代者延禧入其賄而泄。

戊寅。巡按延綏右僉都御史劉令譽言開渠導河。得水田萬畝。備救荒之策。命漸拓之。

中書舍人沈廷揚運萬石自淮安廟灣出海。十日抵天津。

惠登相走開縣。知汝才東竄而楚蜀漸逼。因北遁。

己卯。輯武經七書大全。大學士范復粹總裁。禮部右侍郎黃錦少詹事李紹賢副總裁。右贊善胡世安修撰劉理順編修方拱乾衞胤文吳國華唐元竑劉正宗黃文煥朱天麟李士淳檢討王用予梁兆陽廖國鎭爲纂修官。

漕河涸。

是月。戶部右侍郎崔爾進卒。

七月庚辰朔。令順天尹禳蝗。發鈔六十錠收之。時京省俱蝗。

山西諸生張訥奏强兵實着。上以臥碑有禁。令學臣戒飭。

辛巳。□□□文安之削籍。

總兵鄭嘉棟擊賊于觀音山。逐北二十里。斬首二百餘級。張應元窮追至寶山。殺賊二十騎。餘皆釋甲。賊渠常國安請降。

諭吏部。今後各王府長史俱單推。

禁應天私錢。

壬午。故□□□周裕。贈都督同知。故□□楊倫。贈都督僉事。故□□李德威。贈都指揮同知。故□□□□洪啓睿。贈刑部尙書。

癸未。戶科給事中黃雲師劾吏部尙書傅永淳顚倒選法。明簽露闕。略無躬核。大爲溺職。

戊子。傳諭。朕念皇考皇妣。終身蔬布。閣臣揭止少詹事李紹賢言不宜澹漠自苦。不允。蓋上託言。或別有所感也。

楊士聰曰。上之感動。必有大不安于衷者。乃不能引類暢言。以成就君德。而反言不宜澹漠。何其言之陋也。

己丑。發二萬金賑順天保定。

刑部尙書甄淑以前覆錢尙賓事坐賄免。

辛卯。官軍敗賊于興山。斬三千餘級。初。張獻忠李自成羅汝才劉國龍皆劇寇也。去年國龍降于楊嗣昌。汝才勢孤。遂奔四川。平賊將軍左良玉乘賊飲牛邊山。襲破之。

蒼梧敎諭謝允言五事。先身範。核士行。正文體。定學規。重名器。部覆從之。

吏科給事中王□□言起廢籍。章下吏部。

壬辰。設薊鎭宣府督餉侍郎。

刑部□侍郎倪思輝疾去。

癸巳。李紹賢爲詹事兼翰林院侍讀學士。

令縣令臨難倖逃者。緝其家逮之。

羅汝才復回興山。總兵孫應元擊之豐邑坪。斬二千三百餘級。俘五百餘人。

甲午。楊希旦衛景瑗爲大理寺左右寺丞。進宋賢右副都御史。仍巡撫。

南京戶部右侍郎畢懋康致仕。

故□□□王景章。贈南京工部右侍郎。

巡撫蘇松常鎭御史任範言地方旱蝗。上以該撫按誠禱撲滅。勘災仍照秋後。不得輒先呼籲。

臨淸副總兵黃胤恩上海運圖。曰。難易不可不審。險易不可不明。省費不可不較。河渠淺澀。必力加挑濬。而海則無籍也。河水旱乾。又必遠借湖泉。而海又無籍也。此難易審矣。海之險非一。人所共知。共畏者成山耳。成山之上。則有始皇橋白浪礁。臣昔過此。知山內有曲徑可通。山外更大洋可行。成山雖險。淮沙船乘風直走大洋。轉劉公島至登州。此險易明矣。登萊陸運每石至三兩五錢。海運每石二錢七分。天津除漂失外。每石省或二金一金。遼餉三百四十餘萬石。省四百餘萬金。此省費較矣。因列上九議。

乙未。故□□□馮晉。贈太僕寺少卿。

刑科給事中袁愷復劾去輔薛國觀前遣中書舍人梁維樞王陛彥抵冢臣傅永淳求輕處。又國觀出都。騾驢車載甚多。受御史高欽舜侍郎蔡奕琛浙江左布政姚永濟□□□常自裕巡撫宣府劉永祚平陽知府李燦等賄不一。又錢霖以千金脫死。葉有聲以二千金求副院。遂下鎮撫司。鞫國觀從役。初上召國觀語及朝士婪賄。對曰使廠衛得人。朝士何敢黷貨。東廠太監王化民在側。汗出浹背。于是專偵其陰事以及于敗。

丙申。刑部□侍郎王心一罷。

廣西道御史魏景琦劾大學士范復粹張四知庸才重任。降景琦二級。仍任。

丁酉。李覺斯爲刑部尙書。

己亥。金光辰爲尙寶司丞。

錦衣衛左都督孫光先進太子少保。

癸卯。楊嗣昌戰再失利。奏引罪。發五萬金犒師。

甲辰。□□□□王佐致仕。

故□□□□□王世德贈兵部右侍郎。

丙午。故□□□□王威贈左都督。

是月。總兵曹變蛟左光先馬科劉肇基吳三桂合擊建虜于黃土臺。敗之。凡三戰。松山杏山皆捷。建虜仍守義州。

八月虡朔。辛亥。王道直爲都察院左都御史。郭建初爲工部右侍郎。

壬子。禮科右給事中李焻言江北旱蝗。命各省直有司不許遏糴。

癸丑。楊希旦爲南京右僉都御史。提督操江。

黃道周解學龍逮至。廷杖下刑部。

尙寶司卿馬思理奏牙牌散失。命察之。

皇六子慈□生皇貴妃田氏出。

乙卯。□□參將李御蘭請款建虜。仍市賞。不許。

都督□□杜弘域爲總兵官。鎭守浙江。

定淮揚海運五萬石。

己未。戶部主事葉廷秀奏寬黃道周忤旨。杖之百。除名。追其告身。

庚申。發倉粟賑河東饑民。

賊首高守達率二百騎來奔。惠登相邀止百餘騎。守達遂爲楚軍鋒。

辛酉。進范復粹張四知少保兼太子太保吏部尚書武英殿大學士。

惠登相西走。諸軍追至新寧西關。高守達陷陣。賊馬竄禾中相騰踐。逐北二十里。稻畦朱殷。時炎赫。刀甲生烟。

官軍遂壁風烈餔共斬千七百餘級獲馬騾三百頭登相東奔達州。

壬戌。衞胤文爲國子司業。

纂修玉牒成。

劉良佐爲南京右軍都督府僉書事。提督浦口池河。進郭可登都督僉事。

賀一龍突犯霍山太湖。上命太監劉元斌率禁軍六千合皖豫兵討之破賊于霍山。賊竄。走蘄陷麻城黃梅。

癸亥遼東前鋒總兵祖大壽敗建虜于大山斬九十餘級時建虜五千騎運餉瀋陽。

甲子。昌黎知縣張自槐以糧累自經。

乙丑。故□□□道御史洪啓遵贈光祿寺少卿。

萬元吉遣降丁招羅汝才。張獻忠懼汝才之再降也。說曰。登相已俘闕下矣。元吉請檄左良玉擒惠登相至陣前招之。汝才必聽。楊嗣昌不從。

丙寅。戶部主事史惇等請歲貢生謁太學立石。許之。

丁卯。起葉廷桂戶部左侍郎。白貽淸戶部右侍郎。督理宣大糧餉。施邦曜爲通政司使。

常國安前驅擊賊。川楚兵繼之。斬首二百餘級。奔袁壩驛。設伏澗中。宵火出林二十里。

戊辰。罷山西馬價。

張應元前驅搏戰。令常國安高守達繞谷中擣其脇。賊伏發。國安突出。四圍奮呼。賊驚墜山澗。共斬九百級。獲甲仗弓矢無算。俘渠十七人。降四十人。

己巳。官軍敗績于土地嶺。時張應元汪雲鳳所將楚兵五千。皆新募未經行陣。待賀人龍兵久不至。獻忠知無援。悉銳來攻。應元雲鳳簡銳千人搏戰。晨至日中未決。賊繞後。新兵皆譁。應元中矢。突圍出。雲鳳苦戰久得脫。渴飲水斗餘。血凝臆。卒。兵多潰亡。

庚午。山西貢士張永胤言安內二議。重久任。安百姓。攘外二議。用土著。尚智謀。

賊東奔開縣。鄭嘉棟邀擊敗之。遂走大昌。

羅汝才踞大寧。監軍萬元吉遣守備劉正國降丁伍林招之。汝才疑不赦。挾正國東走。初汝才與王成功不相能。至是成功降于楊嗣昌。汝才遂殺伍林。正國東走巫山。勢孤。而張獻忠時在巴東巫山。遂相合。

丙子。吏科給事中戴明說言。荒極盜起。蠢動叠形。畿輔按臣以鉅鹿武強告。中州以輝淇等處告。陝西按臣以環縣白水告。淮揚按臣以舒城告。潢池弄兵。誰非赤子。皆緣撫按有司素不休養。凶年不恤。迨盜起議剿。死于鋒鏑者此百姓也。用兵則議加餉。死于追呼者亦此百姓也。今乞責成撫按諸臣。以恤荒弭盜爲第一事。上是之。

丁丑。進楊嗣昌太子少保。

吏科都給事中王□□請春初捕蝗種事下撫按。

福建參將鄭芝龍加署總兵。

清澗惠登相素與張獻忠有隙。闖羅張旣合決計歸順。左良玉擊之。遂乞降。良玉撫其衆七千人。簡銳隸軍中。安其老弱于鄖西。以降將張一川隸監軍萬元吉。

戊寅。發三萬金賑眞定山東河南。自十月朔粥饑民。

九月䶵朔。徐石麒爲光祿寺卿。宋師襄爲順天府尹。

巡撫河南右僉都御史李仙風報擒斬土寇。得旨第平賊爲功。不必屢報捷級。無裨掃蕩。

山東總兵官楊御蕃敗流寇于鄆城。

庚辰。張縉彥爲光祿寺少卿。

戶部上兵餉權宜。上以漕糧積貯。畿輔山東河南各宜預計。絹四係內供急需。准舊負議折二年。

辛巳。浙江平陽諸生楊允中數陳王道。投通政司。徐石麒不敢封入。允中謂不以堯舜之道告君。閉塞言路。通政使施邦曜言。允中前疏。一曰正統辨。謂胡元不應稱正朔。似矣。幷湯武漢唐當斥。一曰宗祖辨。謂成祖不應與太祖並稱祖。一曰寬大辨。謂寬與廢弛有辨。大與迂闊有辨。此說近似有理。亦非時急。

禮科右給事中李焻言宗才保舉之額宜嚴。限期宜定。薦劾宜愼。

壬午。余珹劉澤深爲兵部左右侍郎。楊方盛爲南京戶部右侍郎。兼右僉都御史。總督糧儲。

誅周府宗室在鏑。從寇易姓名也。

前大學士薛國觀削籍。吏部尙書傅永淳南京禮部尙書朱繼祚並免。都察院左副都御史葉有聲下刑部獄。

前戶部右侍郎常自裕巡撫宣府兵部右侍郎劉永祚平陽知府李燦各令回奏。株連頗衆。松江知府方岳貢徽上海積逋忤中書舍人王陛彥。至是陛彥供岳貢餽國觀七百金。命逮岳貢。

癸未。吏部參進士平原張吉士宜興周世臣俱謁選。探籌得武強漢川。規避撓法。命削籍永不敍。世臣前大學士延儒姪。延儒再相。世臣令吉士訴吏部前文選郎中張維元不法。除吉士苑馬寺錄事。轉平陽推官。世臣補永平府檢校。轉興化推官。

甲申。故□□□□董祚贈上元知縣。

李自成入四川觀音巖三黃嶺。又入淨堡。初自成犯大昌。督師大學士楊嗣昌與平賊將軍左良玉扼賊于巴西魚復諸山。不得他逸。自成食盡。屢欲自經。賴親從雙喜救之。因令軍中盡殺所掠婦女。以五千騎突圍而南。嗣昌檄巡撫四川右僉都御史邵捷春駐大昌道中調度。捷春謂親歷大昌之上中下馬渡。巡察陬徑。上馬渡游擊邵先仲報該渡淺涸。地平闊難守。移隘前十里曰水寨頭觀音巖。戍三百人。自成逸入。嗣昌劾捷春疏防失事。命逮捷春下獄論死。

錢尚賓下鎭撫司。

丙戌。命南直浙江江西湖廣督糧道護漕舟過淮方還任。

聖母御容迎奉內殿。

官軍擊建虜于杏山。吳三桂勝之。劉肇基稍卻。

丁亥。郯縣盜李際遇申靖邦任辰張鼎等衆至五萬。總兵王紹禹遣游擊高謙擊之。斬二千餘級。

戊子。湖州饑。許秈米充漕。時知府陸自巖疏求改折。不許。

刑科給事中胡鼒（原周鼒。）言。臣入掖垣。搜討舊聞。得后戚彙略。則外戚張國紀所載懿安皇后正位事及國紀立朝始末也。客魏包藏禍心。臣今日始得其詳。自非聖后執德坤貞。凝禧協運。鮮不岌岌乎其殆矣。今日宜加徽號。上疑其突發。責回奏。

己丑。免汝州十年前田租。

楊嗣昌屯巫山。賊渠闖索與其黨王光恩楊光甫來降。嗣昌撫之。給銀幣。所部三千。簡銳隸軍自効。羅汝才之入川也凡九股。至是惟汝才合張獻忠。其八相繼降矣。嗣昌飛章以聞。敍賚文武將士有差。

庚寅。命戶部察屯田實數。

賊屯夔州山背。輜重婦女甚多。官軍多觀望不前。賊趨達州。謀西犯。

辛卯。諭災荒停刑。又恐人心玩肆。其事關封疆及錢糧剿寇者。限刑部五日具獄。

禮部攷正曆法。上以太陽經度。舊法于春秋二分各差二日。及冬至所推月日時刻互異。令監局諸臣加訂。

壬辰。戈允禮馬思理爲左右通政。

巡按順天御史梁士濟言隕霜太早傷稼。

命有司賑難民。瘞暴骸。

甲午。諭吏部推尙書及保定巡撫。今後推侍郞巡撫。并及資深翰林。著爲令。

丁酉。岷王企鏗與南豐王□□交惡。南豐王私越關欲上奏。而岷王又言其窩叛。事下撫按。

御史魏景琦論囚西市。御史高欽舜工部郞中胡璉等十五人已論。內臣本淸啣命馳免。因釋十一人。本淸立還報。景琦明日回奏被詰。蓋上以囚或有聲冤者停刑請旨。景琦倉卒不辨。上怒。命同錦衣衞千戶周裕祚白淮下獄。

戊戌。李日宣爲吏部尙書。

兵部上淮兵追剿之捷。上命捷報部即下巡按御史覈報存案。俟寇平彙敍。毋零覆。

新樂侯劉文炳進少傅。廕錦衣衛指揮僉事。劉繼祖少保。劉文耀左都督。文照都督同知。

己亥。楊進爲右僉都御史巡撫保定提督紫荆等關。丘民仰爲右僉都御史巡撫遼東。

庚子。王鐸爲南京禮部尚書。

賀一龍左金王寇英山霍山間。迫鳳陽。命撫監協剿。

辛丑。折徵江南絹布等歲課。免隴西五縣逋賦。

壬寅。故新樂侯劉應元贈瀛國公。

癸卯。增蘆洲課銀。

工科給事中沈胤培請修孝廟奉慈殿。崇祀聖母御容。不允。

工部請祈穀奉配太祖高皇帝。仍遵新號行事。焚庫內舊存神版。

甲辰。徐燿爲太常寺少卿。提督四夷館。

錦衣衛左都督孫光先進太子少傅。

秦師大敗賊于函谷。殲其渠。斬數千級。餘賊分竄延安慶陽。

十月輒朔。逮南京戶部右侍郎常自裕。

壬子。故禮部尚書唐大章贈太子少保。

逮南京□府都督僉事黎延慶。

命抵通州漕米每石帶練米八升。以山東河南饑。十五年爲始。餘從明年。

癸丑。諭吏兵二部。在邊文武乏人。應督撫鎮題用。已有旨。各鎮用人。稟成總督。今後文武員闕。恪聽督撫鎮選題。該部覆用。

誅總督兵部尚書熊文燦。

甲寅。繪皇考御容百官迎于武英殿。入司禮監。

徽督理兩浙鹽法太監崔璘。

丁巳。總督陝西鄭崇儉奪官視事。

辛酉。廖大亨爲右僉都御史巡撫四川。

壬戌。出萬金市舊緜衣二萬給京師貧民。

錢受益爲左春坊左庶子。方拱乾爲右春坊右中允。

張獻忠陷劍州。

癸亥。諭議孝和皇太后莊妃懿妃等道號。

建虜經義州。總兵官祖大壽先伏精騎五百于朝陽寺黃巖寺。擊斬九十餘級。

甲子。賊趨廣元。走陽平關。別出百丈山將入漢中。總兵趙光遠嚴守陽平。乃踰昭化走西川。

丙寅。川兵追賊于劍州。敗績。失將校四人。

丁卯。工部請浚胡良河。從之。

戊辰。禮科右給事中李焻言三敎一理。請孝定皇太后孝純皇太后聖號。崇之禁中。或可以昭聖果而祀之奉先殿。播之史冊。似宜仍前徽稱爲正。且請矜疑起廢。不聽。

庚午。兵部尚書兼右侍郎事方一藻致仕。卒于天津。

辛未。黃錦爲吏部左侍郎。行右侍郎事兼翰林院侍讀學士。

壬申。命翰林官推各部侍郎。如吏禮二部例兼侍讀學士銜。惟巡撫不許。

癸酉。兵科都給事中張縉彥言。廣西巡撫林贄爲安南頭目鄭梉代請王爵。臣攷安南自莫登庸篡逆。降封都統。迨後黎寧居漆馬江以延黎祀。至黎維潭逐莫亢宗。歲貢方物。神祖嘉其忠順。准襲都統使。今之請封何功也。且黎莫相殘。犬羊素性。忽掠都結州。忽與謾詞。雖朝廷字小不靳殊典。而狡夷要挾。豈可飾報。即贄以鄭梉世擅國柄。汲汲請封。亦非爲黎。固已矚夷德之無厭矣。乃又嘵嘵焉有辭于疆境。不敢不達。將懾于黎之狡逞乎。抑懾于黎之悖慢乎。夫其初請也。部覆止給敕奬。初請不許。要挾而許之。失體長傲。惟名與器不可假人。如謂姑與之苟且結局。則又不然。鄭梉得志。將遂悍横。憂及中土。即欲以茅土之券塞谿壑之欲。豈可得哉。上是之。

甲戌。吏部題選御史。上以科貢並收。屢奉明旨。今僅鄉舉三人。貢二人。不允。

衞景瑗王家彥爲大理寺左右寺丞。

逮前總理河道工部尚書周鼎。鼎去年餘。以河淤逮之。而見任張國維不問。

故□□□□喬若雲贈太常寺少卿。

蔣秉忠嗣定西侯。

丙子。逮巡撫保定右僉都御史黎玉田。以部内多盜。

降將張一川擊獻忠于梓潼。陷陣被擒。賊磔之。監軍萬元吉命恤其孥于夷陵。

十一月戊寅朔。己卯。追封悼靈王玄機顯應眞君。

談遷曰。悼靈王纔五齡。于禮爲未成殤。其唫囈之譫語。中上所諱。或有物焉以憑之。上素強立。亦怵其說。封號不經。上及母后。下及夭豎。非禮之禮。國將亡。聽于神。諒哉。

誅錢尙賓。戍錢霖及刑部主事沈延禧。

庚辰。錢士貴爲刑部右侍郎。趙維岳爲太僕寺少卿。轄西路。

戶部尙書李待問請損交際裁工食爲恤窮補匱之計。從之。

監軍萬元吉饗士于保寧。以進止不一。用總兵猛如虎爲大帥以統之。張應元爲副。分屯要害以遏賊歸路。

壬午。廕故大學士張居正曾孫同敞中書舍人。先崇禎二年十二月廕嫡孫緊珩中書舍人。

甲申。兵部左侍郎余珹協理京營戎政。王錫袞蔣德璟爲禮部左右侍郎兼翰林院侍讀學士。

己丑。穆廟惠妃馬氏薨。謚端恪。

壬辰。監生涂仲吉奏黃道周通籍二十載。半居墳廬。稽古著書。晨夜不輟。孤踪獨立。門無雜賓。其一生學力止知君親。雖言嘗過戇而志實純忠。今喘息僅存。猶讀書不倦。此臣不爲道周惜而爲皇上天下萬世惜也。天下所以不治。皆由臣子不清不勤。墮其職業。不忠不孝。墮其家修。道周至清至勤。眞忠眞孝。一旦顚躓。受禍至此。豈不傷天下讀書之心。灰海內爲善之志乎。昔唐太宗恨魏徵之面折。至欲殺而終不果。漢武帝惡汲黯之直諍。雖遠出而實優容。皇上方欲遠法堯舜。奈何智出漢唐賢主下。斷不宜以黨人輕議學行才品之臣。通政司格之不上。

癸巳。禮部請明年正月上辛日躬祭大饗殿祈穀。上以曠典廢久。其議之。

甲午。戈允禮爲順天府尹。

丁酉。禱雪。

戊戌。加贈高選光祿寺卿。

壬寅。上謚皇考靖妃□氏恭懿順宣。疑莊妃李氏曾撫思宗。俟考。或趙選侍客氏通謚。

李紹賢爲户部右侍郎。督理京省錢法。丁啓睿爲兵部右侍郎兼右僉都御史。總督陝西河南山西軍務。仇維楨改南京兵部尙書。起吳甡兵部左侍郎。周堪賡光祿寺少卿。

福世子由檠薨。

癸卯。刑部尙書甄淑下獄。追入其贓。

工部主事李振聲請限品官占田。如一品田十頃。屋百間。二品以下遞減。章下部議。

乙巳。改吏部尙書李日宣祭告社稷。初命禮部右侍郎蔣德璟。以朞喪辭。

南京禮部尙書王鐸憂去。

諭兵部機密及祕旨祕諭毋抄傳。

建虜邀我錦州之餉。官軍戰于尖山石灰窰。斬二十七級。

丙午。夜。官軍襲建虜營。副總兵劉得勝戰沒。

是月。内丘土寇數千人據周土寨。眞定官兵及九邑鄉兵攻之。不克。

河南巡撫李仙風率諸將高謙李建武擊河北賊于菜園。斬首一千三百餘級。

十二月。

十二月犲朔。戊申。故大學士薛國觀奏辨。不聽。下部院勘議。限三日。

己酉。王裕心爲右僉都御史。巡撫陝西。宋玫爲太僕寺卿。

辛亥。張獻忠陷瀘州。城三面臨江。止立石站可北走萬元吉。謀以大兵自南搗其老營。伏兵寨旁。蹙賊北竄。可以盡殲也。及兵至。賊先渡南溪。官軍追之不及。

癸丑。大學士范復粹上百勝錄。

乙卯。命陝西撫按以故大學士薛國觀入京卽訊。

丙辰。諭刑部。繫囚早結毋延斃。

丁巳。張愼言爲南京戶部尚書。葉紹顒爲大理寺卿。李一鵬爲左通政。

戊午。皇五子改封儒學通宣顯應悼靈王。去眞君號。

己未。故南京□部尚書沈儆炌。贈太子太保。

庚申。監生涂仲吉復疏救黃道周。上怒下獄。

辛酉。王國興許襲伯爵一輩。王三錫三益各例授都督同知。李國棟太子太保。李垣都督同知。傅惟柱右都督。李國安都督同知。傅國興量授錦衣衛正千戶。

刑部主事吳文熾以黃道周滯案杖六十。下獄。

壬戌。高倬爲尚寶司少卿。

癸亥。賊越成都。走德陽。復至緜河。

甲子。逮前刑部左侍郎蔡奕琛。

乙丑。吏部彙敍捐俸官。有旨。聽諸臣捐。非概之也。昨輔臣請捐歲俸。俱不必捐。

王正志爲大理寺右少丞。

丁卯。張鏡心爲兵部左侍郎。添設馮元飈爲南京通政使。

丙子。內丘土寇千餘人據神頭村。總督楊文岳遣總兵虎大威襲斬數百級。乃平。

開州袁時中聚衆數萬。破開州。時壽州賊有袁老山。時中自號小袁營以別之。賊破永寧。殺知縣武大烈。攻偃師。一日破之。知縣徐日泰罵賊死之。宜陽陷。通判白守義。訓導張道脈。邑紳知縣劉芳奕。韓金聲。行人王朋同知楊萃。推官常光念。俱死之。

是月。徵宣府總兵楊國柱大同總兵王樸密雲總兵唐通及曹變蛟白廣恩山海關總兵馬科遼東總兵吳三桂王廷臣合兵十萬。馬四萬騾一萬刻期出關。初建虜退義州不出總督議以馬科左光先曹變蛟之兵入關養銳。吳三桂劉肇基往來松山杏山。陽示進兵。時承疇駐寧遠。以劉肇基短于調度。應革任王廷臣代之。左光先遣歸。白廣恩代之。而兵部謂建虜雖暫退尚在義州。我進兵之數尚單薄。來春敵情叵測。宜調宣府大同密雲保定之兵。合督標關門遼左之衆以厚其力。數計十五萬。庶可成勦。從之。承疇又奏行間兵數。多多益善。敢曰不善。但兵行糧從。所費浩大。必先算糧芻足支一年。然後會兵各鎮。庶無飢餓。遂命戶部措餉。菽粟自天津海運。草束召買于薊永關遼四餉司。慮不足一年。中外再四移商。計新舊兵共十萬。馬四萬騾一萬。疏上。遂調八鎮兵東征。

是年兩京山東河南山西陝西浙江大旱蝗。至冬大饑。人相食。草木俱盡。道殣相望。

辛巳崇禎十四年

正月丁丑朔。張獻忠陷巴州。遂犯達州。

劉澤深爲刑部尚書。

故大學士薛國觀奏刑科給事中袁愷誣劾出于禮部主事吳昌時意。上不聽。

己卯。李自成破永寧。殺萬安王采𨨗。連破四十八寨。土賊響應。遂陷宜陽。衆至數十萬。杞人諸生李巖爲謀主。以所掠濟饑民。故所至咸歸。兵益盛。

庚辰。夜河南兵譟。

癸未。房可壯爲太僕寺少卿。

甲申。上祈穀大光明殿。還享太廟。

張獻忠復走開縣。人烟絕者七百里。初萬元吉欲間道出梓潼關扼賊歸路。楊嗣昌檄躡賊諸軍皆向瀘州。賊東返無兵。不可復遏。賀人龍頓兵廣元不進。

錦衣衛左都督孫光先進太子太保。

乙酉。通政司使施邦曜罷。

丙戌。御經筵。

朱光柏丘瑜爲少詹事。纂修玉牒。

戊子。吏部言外戚□□□求蔭子入國子監。命攷祖制。

己丑。總兵猛如虎率諸將及賊于開縣。會暮雨。諸將以力乏。請詰朝戰。參將劉士傑曰。逐賊四旬。僅而及之。惟敵是求。今遇賊不戰。縱敵失賊。誰執其咎乎。願爲諸將先。如虎以親兵從之。士傑奮勇搏賊。連戰勝之。獻忠憑高見無後繼。以銳繞谷中馳軍後。左軍先潰。士傑及游擊郭開猛先捷皆戰死。如虎突圍出。馬仗軍符盡失。賊東走巫山大昌。萬元吉赴開縣。收殘兵。祭陣亡。哀動三軍。楊嗣昌聞失利。始悔不用諸將扼歸路之謀矣。

辛卯。刑科給事中楊□□言刑部獄多斃囚。命該部參核各司官。以後囚故報部科。

壬辰。元夕宴百官于建極殿。

丁酉。盜掠固原監黑水監。殺千總戴瑜。

戊戌。王廷垣爲南京國子祭酒。

辛丑。李自成陷河南。弒福王常洵。殺前南京兵部尚書呂維祺。去冬自成復招亡命數百人。聞福府富。時歲饑。路莩相望。潛渡河。計通總兵王紹禹部卒。隱語繩引賊登城。大肆焚掠。執福王及呂維祺。相值于西關。維祺告王曰。名義爲重。毋自辱。王色怖。泥首乞命。自成責數其失。遂弑之。承奉崔升守屍慟哭。乞賊一棺瘞之。升自殺。維祺罵賊不屈死。又殺河南道副使吳橋王胤長知府臨汾亢思檜（萬曆己酉貢士）時羣盜輻輳。自成稱闖王。獨雄一部。同黨羅汝才稱代天撫民德威大將軍。有衆數萬。雒以東屬之自成。以邵時昌爲總理。令守河南。李仙風偵賊已去。引兵至。時昌來迎。仙風斬之。變聞。上怒甚。逮總兵官咸寧王紹禹。磔之。籍其家。妻子沒入功臣家爲奴。并其兄監生紹舜流大同。贈胤長光祿寺卿。思檜太僕寺卿。廕監。

談遷曰。雒陽之陷。雖出慮表。然守臣扞掫之謂何。二十四騎致屠全城。則衣裲不戒。莫夜勿恤也。福恭王以神祖愛子。田租賜予。獨冠三藩。東平河間之風無聞。梁孝睢陽之富日著。嗚呼。侯之門仁義附焉。仁義不施。乞命蹻跖。至爲千乘之大戒。雖蹇値末運。獨不當爲社稷自愛耶。

壬寅。黃霧四塞。日昏無光。夜大雨。嘉興城聲震如裂。時曰城愁。

甲辰。夜。山東土寇李廷實李鼎鉉等陷高唐州。時山東盜起。兗州二十餘州縣一時嘯聚。惟濟寧滋陽無盜。京畿道梗。省直餉銀數百萬俱阻于兗州。東平州吏胥倡亂。迎賊入城據之。總兵劉澤清破賊。復其城

河南土賊嘯聚數千人。封丘知縣蘇茂柏擊破之。

是月。督師大學士楊嗣昌自夷陵泝江入四川。歷三峽夔門。寇已深入川南。漸薄成都。嗣昌從陸至廣安。

二月。辆朔。鎭遠侯顧肇跡提督操江。

庚戌。張獻忠陷襄陽。初。獻忠之敗官軍于開縣也。卽東走出蜀。從房竹走當陽。鄖撫袁繼咸邀之。不能止。賊留汝才于鄖。自率輕騎下宜城。殺督師軍使于道。取其符驗。直走襄陽。先遣諜入城通獄盜。又僞賈運車藏兵車中爲內應。詐傳楊嗣昌令矢十八騎取餉入城。夜半舉火開門。千騎掩入。殺襄王□□及貴陽王常法。其福清王常澄進賢王常洤及襄陽知府王承曾等並走免。兵備副使張克儉推官番禺鄺曰廣死之。（崇禎丁丑進士。）拔

官屬宮婢。發十萬金賑饑民。聞河南破。仍通李自成。合攻開封。襄陽守兵數千。軍資山積。盡爲賊有。初。左良玉掠賊輜重畜許州。爲張獻忠取之。至是良玉在鄖。復置貲孥于襄陽。又爲獻忠有。良玉馳援不及。

辛亥。進嘉定伯周奎少保兼太子太師。左都督周鑑太子太師。周鉉右都督。周鉞周鍾並錦衣衞指揮同知。

諭各撫按捕蝗種。

壬子。何瑞徵管紹寧爲左右庶子兼翰林院侍讀。黃起有周鳳翔孫從度爲左諭德兼侍讀。

命戶部上昨年屯穀之數。限十日。

張獻忠陷樊城。

癸丑。李存善嗣武清侯。

甲寅。內官太監陰象坤提督太和山。

丙辰。黃道周解學龍獄上。下鎮撫司。詞連黃文煥陳天定文震亨孫嘉績楊廷麟劉履丁養河田詔。俱講學友也。

光祿寺卿徐石麒言。戶工兩部題留截留外。止二十一萬餘金。十一年十二年虧十五萬有奇。所以然者有三。曰題參太緩。罰處太輕。事權相隔也。上是之。令嚴加參罰。

戊午。山東土寇掠東阿汶上。時東寇益熾。徐德千里白骨縱橫。又旱荒大饑。民父子相食。行人斷絕。

李自成合羣盜攻開封。開封爲宋汴京。完顏亮益增築。堅厚五丈。賊以洞車障士傅城穴之。七晝夜不息。鑿深者四丈有奇。巡按高名衡嬰城固守。餉匱。周王恭枵出庫金五十萬。買米麥餉守陴者。復募死士。斃一賊予五十金。斃賊甚衆。賊退數舍。李仙風督諸將高謙馳救。陳永福背城而戰。一日三捷。賊退。開封解嚴。

己未。張獻忠陷當陽郟縣。

辛酉。徐石麒爲通政司使。呂大器爲右僉都御史。巡撫甘肅。曾櫻爲右副都御史。巡撫登萊。

上疾良已。進范復粹少保兼太子太傅建極殿大學士。張四知太子少保吏部尙書武英殿大學士。魏照乘太子少傅戶部尙書文淵閣大學士。陳演禮部尙書文淵閣大學士。各賜金幣。

命范復粹清獄。

壬戌。巡撫山西右副都御史宋賢言大寧河清七日。

癸亥。大赦。詔曰。朕自御極以來。事無大小。皆親自裁決。是以積勞成疾。諸症交侵。且時事多艱。閭閻彫劫無告。災。黎困窮已極。目前更望飽得甘霖。百姓蘇生。倒懸可解。況今畿內山東河南等處。流土猖獗。兵民戕殺。幾無寧日。甚至人人相食。朝不保暮。如此情形。深堪閔惻。又胡氛未息。議調多兵。勢必措餉。然催徵原非得已。惟恨貪官奸吏借此作弊。朘削有限之民力。其苦何堪。至于倚上淩下。民受冤抑。無所控訴。或官吏行酷。暗害民生。或讞獄不平。奸良顚倒。或紳衿土豪。驕橫侵霸。或藩王宗室。暴虐恣睢。或勳戚及內外官。肆行擾害。或犯罪情輕。因官吏勒索不遂。延捱不結。竟至瘐斃。或情面囑託。多方出脫。而大奸漏網。或文武各官。不實修職業。惟營己私。或蒙蔽隱徇。朋庇作奸。罔念軍國之重。種種情弊。有一于此。皆足仰干天和。昨又天儆黃眚爲災。豈非惡積于下而天變即示于上。總朕涼德寡聞。明不足以辨奸。德不足以格物。誠不足以動天。信不足以孚人。是以百司失職。災異疊興。民遭塗炭。安枕無期。朕忝風化君師之位。竟無建極表正之實。每一思及。酸心媿赧。朕病今幸稍愈。哀此黎庶。教化未洽而兵荒相繼。致犯法日衆。朕仰體天心。敬遵祖法。大赦中外。併今歲暫免行刑。特敕京省經管官將已結未結輕重等罪。淩遲斬絞流充。分別減等。徒配杖笞。酌行寬釋。贓多則酌減。贓少則分釋。俱照後開條例。限季夏終旬內外具奏。敢有怠慢出入等弊。定治重罪。務期刑獄平允。奸良剖白。庶幾稍消怨氣。免致干和。

乙丑。夜。張獻忠陷光州。

丙寅。土賊陷河陰。據之。游擊高謙攻圍七晝夜。拔之。斬其魁。

丁卯。夜。山西偏頭關天鳴。

河南土寇陷新野。尋攻息汝光山。

己巳。召閣臣范復粹張四知謝陞魏照乘陳演禮部尚書林欲楫侍郎王錫袞蔣德璟兵部尚書陳新甲禮科都給事中葉高標戶科右給事中章正宸禮科右給事中李焻給事中陰潤周正儒兵科都給事中張縉彥駙馬都尉冉興讓等于乾清宮之左室。初。上稍違豫。問安訖。諭曰。歲饑盜獗。至陷雒陽。戕福王。朕不德。一至此。泣下。諸臣引罪。上曰。否否。興讓言此係氣數。復粹亦如之。上曰。非也。雖氣數。亦賴人事斡旋。閣臣因請河南賑饑。又都下粥廠多至數十萬。當設法遣歸原籍。上曰。待二麥熟。雨足。彼自歸矣。出縉彥疏及巡按河南高名衡疏內引福世子由崧渝禮。縉彥曰。臣河南人也。聞福世子逃孟縣。縣人郭必信來。故悉之。上曰。必信云何。曰。必信見世子衰服。且遇害日有內員環泣不去。問內員何名。曰崔升。問世子若何。曰。世子衣不蔽體。尚從王府官數人。校尉三四十人。上又泣下。縉彥曰。福王與德王事。必祭葬。慰問。禮宜從厚。上然之。林欲楫請如德王例告廟慰問世子。仍察宮眷存亡。旌卹殉難諸臣。下哀痛之詔。收拾人心。科臣以次奏。李焻曰。督師出兵年餘。惟瑪瑙山報小捷。恐師老矣。宜另擇一人佐之。上曰。督師去河南數千里。安能懸制。爾輩須設身處地。毋任愛憎。焻曰。惟難懸制。故乞佐將。上曰。已遣朱大典矣。章正宸奏闖寇自四川至陳新甲曰。自陝西至。上曰。昨總督宜大張福臻殺夷丁。雖因鼓譟逃出。然在營尚多。或疑而不測。卿何無責成也。新甲引罪。又曰。革左等賊立限已稍寬。半月一督責。未遲。因命興讓及總督京營司禮太監王裕民慰福世子。察宮眷及殉難官民。初發帑金十萬賑山東河南眞定保定。至是。發三萬一千金付裕民賫賑諸宗。

庚午。督師大學士楊嗣昌自四川次夷陵。部下請恢復。不荅。還荆州。遣人招其家至。

辛未。巡按陝西御史陳羽白言。年來牧廐久虛。篚運不至。爲說有三。曰茶道之不通。從來茶商招于山陝。買于川湖。賣于西陲。而運茶水陸不下數千里。今荒寇刦掠。或茶焚而空引。或引刦而空商。或商引茶資盡沒。臣甫入境。哀訴銷引者比比。曰派牧之不均。牧規列爲三。上戶騍馬二兒騸馬各一。中戶騍兒騸馬各一。下戶給兒騸不給騍馬。每二年編審改造。今買囑賄免。上戶地連數頃。馬無一匹。下戶貧無立錐。領馬數多。曰責成之不專。從來中馬屬洮岷臨鞏西寧等道七監。監臣若本省則關南隴右守巡四道。四川則川北守巡安緜兵備三道。湖廣則下湖南守巡二道。其職銜原有茶法。今道路梗塞。各置若罔聞。又苑寺一丞。視爲閒局。又何怪乎茶運之不通。派牧之無法也。上大是之。

是月。總督薊遼尙書洪承疇恐薊鎭永平漢夷雜沓。令總兵白廣恩屯薊鎭。曹變蛟屯豐潤。俟各鎭兵出關而後行。大同總兵王樸至永平。南關夷丁叛者千人。永平兵追之灤州。斬八級。曹變蛟追之鴉峰橋。斬四十九級。白廣恩追之三河東。斬五十五級。餘就招撫。

賀一龍左金王初因張羅二賊遠竄。豫皖兵四集。故歸款。楊卓然議置之潛山太湖。賊借款以緩師。公行肆掠。及聞襄洛陷。乘機復熾。詔朱大典進總督節制諸鎭兵。進英霍以討之。

三月丙朔。督師大學士楊嗣昌自經。二月晦。卽嗣昌誕日。宴沙市徐吏部園中。忽左良玉檄至。曰待明日啓。又尋閱之。乃責視師玩寇貽患。蓋良玉前欲急擊張獻忠也。嗣昌閱之不悅。自受事來。連失郡二州三縣十九。又陷親王二。度必不免。翊旦自經死。監軍僉事楊卓然以疾聞。嗣昌字子微。武陵人。萬曆庚戌進士。授杭州教授。轉南京國子博士。戶部主事。員外郎。歷郎中。崇禎戊辰。進河南按察司副使。布政司參政。辛未。進監軍關內道按察使。壬申四月。進右僉都御史。巡撫山海永平。甲戌九月。進兵部右侍郎。總督宣大。乙亥十月。憂去。丙子十月。

奪情起兵部尚書。舉朝爭之。戊寅六月。拜禮部尚書兼東閣大學士。仍領兵部。七月。敍陝西三鎭功。廕錦衣衞百戶。十二月。邊警。鐫級視事。己卯三月。奪秩冠帶視事。四月終輟部事。六月。敍功復原秩。初議練兵十餘萬于各鎭。用以平胡。特加練餉。使浮于遼餉之數。至是八月。兼兵部尚書督師。剿寇八省。賜尚方劍。卽撥遼餉充費。餉足而民怨已極。庚辰敍捷加太子少保。旣沒。上終心憐之。有言其服毒死者輒譴。壬午三月。敍甘州捷。贈太子太保。

談遷曰。武陵小有才辨。偶當上意。權兼將相。受脤而出。戈甲如林。蹴張獻忠于瑪瑙山中。謂寇在吾目。游魂懸刻。孰知潛影蔓延。一發而莫之禦哉。千丈之隄。潰于蟻穴。事無可忽也。或以蜀撫邵捷春疏防致之。然寇難以來。未嘗陷藩封。傾重鎭也。今河南襄陽。勢成滔天。而猶逭于司敗之律。武陵亦厚幸矣哉。

丙戌。張克儉爲右僉都御史。巡撫河南。

前巡撫寧夏右副都御史焦馨卒。

丁亥。方拱乾爲左春坊左諭德兼翰林院侍讀。朱統鉓楊光先胡世安徐汧爲右春坊右諭德兼翰林院侍讀學士。

先是巡按陝西御史謝秉謙貪黷。左都御史鍾炌糾之。逮于家。自華亭道濟南。會城陷。不知所終。至是命覈秉謙實跡。

蔡弘毅王政爲署都督僉事總兵官。鎭守浙江廣東。

戊子。吏部尚書李日宣覆奏久任責成。謂瞻徇。鐫二級。

己丑。魯王以派捐金募兵于山東。以防盜。

辛卯。逮巡撫河南右僉都御史李仙風。仙風聞之自經。

兵部尚書陳新甲鐫三級。

夜。月食。

壬辰。以大光明殿隘。來歲祈穀仍大享殿。

李自成陷歸德。商丘知縣梁以樟逃至淮。

甲午。戶科給事中左懋第劾故督師楊嗣昌受事以來。虛恢欺飾。所至以精兵自衛。在楚則徵蜀之精兵自衛。而張獻忠得入川。在川則盡楚豫之精兵自衛。而李自成得陷雒寧。使藩封亡而身獨存。社稷危而身獨安。嗣昌之心尚可問哉。上不問。

巡按河南御史高名衡爲右僉都御史。巡撫河南。

丙申。總督洪承疇總兵曹變蛟白廣恩及吳三桂王廷臣等至寧遠。承疇至松山。視兵將寡不足禦。乃調宣府大同總兵王樸楊國柱薊鎮總兵唐通榆林總兵馬科抽練兵共七萬。建虜遂自義州大舉入犯

丁酉。博平侯郭振明益歲祿。廕錦衣衛指揮僉事。進郭起龍少保。夔龍太子太師。游龍都督同知。可登右都督。

庚子。總督陝西三邊鄭崇儉下獄。

辛丑。逮撫治鄖陽右僉都御史袁繼咸。奪巡撫湖廣右僉都御史宋一鶴官。戴罪視事。

祖大壽合諸軍擊建虜于錦州。斬三十六級。明日再戰。建虜退。

癸卯。起傅淑訓工部右侍郎。仍兼都察院右都御史。王永祚爲右僉都御史。提督軍務。兼撫治鄖陽。張瑋爲光祿寺卿。

建虜回杏山。仍困錦州。

乙巳。少詹事丘瑜言。襄陽敗壞。今收拾之。宜恤難。宗擇吏才。上是之。

是春。招安內丘西山餘寇。

流寇攻寧津三日。。破之殺知縣太原朱敏汗光祿寺卿魏持衡。

四月辆朔。起党崇雅太常寺卿。

立故都督劉綎祠。

都督同知牛成虎爲總兵官。鎮守臨洮。

庚戌。工科給事中李如璧追論故督師楊嗣昌之失。

大學士魏照乘上章字訛。奪俸三月。

辛亥。浙江金衢道□□□□請寬南北災民練餉。報聞。

刑部主事雷演祚論故督師楊嗣昌六罪可斬。曰失藩封。陷郡縣。曰參撫臣以逭責。曰華嚴經滅蝗。誦咒消賊。曰張獻忠入川單袴縱逃。曰賄題監軍。曰交結朋黨。章上。不報。

官軍再擊建虜。

壬子。蠲安慶崇禎十年以上逋租。以後半之。

官軍力竭。回寧遠。錦州東關副總兵邢木氣都司桑永順故胡人。遂叛降建虜。東關陷。建虜益攻錦州。掘塹壘墻爲久困計。祖大壽力拒四月餘。時巷戰復東關。洪承疇進至松杏。

癸丑。御史金蘭爲應天府丞。

司禮太監崔璘有罪免。

乙卯。通政司使徐石麒以前鎮江知府印司奇訐奏推官雷起劍及前巡撫應天張國維兵道曾化龍事。久不結。命即勘。

戊午。□□□劉充祚以爲事官赴行營。

張獻忠攻應山縣。知縣章日煇擊卻之。遂掠隨州。

辛酉。命朝臣定楊嗣昌罪。

癸亥。兵科都給事中張縉彥言科貢選法。曰單選。嘉靖十三年。朱隆禧授兵科。周洪範授御史。俱獨選單題。今行撫按察糧完欠。完則刻期開復起送。曰減俸。內地有城守軍功經薦。宜減年與科甲同。曰擢敎職科貢出身。半淪敎職。成祖嘗曰。敎官果稱師範。陞六科理事。今貢士三薦以上。歲貢兩歲以上。如縣官行取。曰廷試選用。貢生年深再坐監始選。有司多衰老。宜廷試。次日通候過堂。擇壯年授以民社。曰巡方。曰薦舉。曰京職改授。章下所司。

甲子。進丁啓睿督師兵部尚書。賜尚方劍。節制陝西河南四川湖廣鳳陽應天安慶。仍督陝西三邊軍務。蓋陳新甲薦之也。

乙丑。諭吏部。凡知縣推官賦完始考選。否且還任。仍及科貢。

戊辰。張忻爲光祿寺少卿。

己巳。許鄉試副榜部試授官。同科甲考選。

庚午。前大學士錢象坤卒。象坤字弘載。浙江山陰人。萬曆辛丑進士。選庶吉士。授□□。歷禮部尚書。崇禎己巳十二月。兼東閣大學士。庚午七月。進太子太保戶部尚書文淵閣大學士。十一月。敍實錄。進武英殿。辛未六月致仕。

張獻忠羅汝才合兵陷隨州。殺知州秀水徐世淳。合家被殺。屠其民。流血成澮。後贈太僕寺少卿。立祠。

官軍擊建虜。斬三十九級。以水師奪朝鮮餉道。俘其臣李舜男等二百餘人。命副總兵王武緯等歸之。時我遺書孔有德耿仲明尚可喜等以間之不入。

辛未。命刑部刪正律例進覽。

進外戚袁祐太子少保。袁瑞龍錦衣指揮使。

癸酉。臨淮侯李弘濟卒于東昌。

甲戌。成國公朱純臣新樂侯劉文炳禮部尚書林欲楫擇形家勘應天鳳泗山陵。禁近地開採。林欲楫薦浙江提學副使王應華同往。先是有以近陵鄜山伐木訐告者。故有是命。

是月。召前大學士周延儒張至發賀逢聖入朝。先是丹陽監生賀順醵金都門。虞城侯氏首捐三千金。餘各互輸。約十萬緡。以賄太監曹化淳王之心王裕民等。命少俟之。又踰年更醵如前之半。果再召。

開封大疫。

五月乙亥朔。錦衣衛左都督孫光先進太子太師。

賀人龍敗賊于靈寶山中。

崇明盜顧榮犯太倉。尋遁。

命淮安徐州天津諸鎮總兵劉良佐楊御蕃張汝行護漕防河。

丙子。巡按山西御史李□□請止納貢杜倖門。不允。

□□土司岑兆祚□□土司儂□□爭界訐奏。各下撫按諭解。

丁丑。土寇袁時中衆至二十萬。自宿亳掠蒙城。礦盜蟻附。朱大典督諸軍擊敗之。潛棄牲畜宵遁。

戊寅。諭祭楊嗣昌一壇。閔其盡瘁也。

己卯。南京國子祭酒許士柔降尚寶司丞。

庚辰。大學士范復粹致仕。

左重光改贈光祿寺卿。廕外衞正千戶加一級。

寇陷泌陽。始賊獲左兵旂幟。令盜襲以入泌陽。遂陷。知縣王士昌不屈死。

辛巳。傅宗龍降爲事官。赴督師行營贊理軍務。亦陳新甲薦之也。

起朱世守左遷南京鴻臚寺卿。

張獻忠羅汝才合攻南陽。冒雨穴城。知府顏日愉指揮王汝寧力拒之。賊退。日愉力瘁。尋卒。日愉上虞人。萬曆癸卯貢士。

壬午。黃錦爲南京禮部尚書。

南京守備南和伯方一元與安遠侯柳祚昌迎詔爭敍次。祚昌曰。我侯也。一元曰。奉敕守備。當我先。御史詹兆恆以聞。禮部謂朝儀序爵。至職掌權屬簡命。自宜先守備。

前吏部尚書李長庚卒。

詹事兼翰林院侍讀學士錢受益卒。

陳□□嗣遂安伯。

甲申。通政司參議蕭譽以會典通政使有闕。通參資深者題補。又通政司官一體陞擢。毋得偏抑。今職辛勤五載。啓事無聞。似非銓政之平。通政使徐石麒代奏。章下吏部。

巡按陝西御史陳羽白以歲荒求各監免解京馬二百三十匹。不允。

丙戌。房可壯爲光祿寺卿。

設徐臨津通四鎮以護漕。

總督河道張國維改兵部右侍郎。提督徐通臨清天津漕餉。以東寇熾故也。

庚寅。南京少詹事華琪芳罷。言官論其修要典媚璫也。

壬辰。召兵部尚書陳新甲于中極殿。時祖大壽圍于錦州五閱月。建虜塡濠掘塹。聲援斷絕。有四卒間出云。城粟足支半年。第乏薪。傳大壽語。宜車營偪之。毋輕戰。總督洪承疇集兵數萬。待援未決。上憂之。問新甲計安出。新甲求退與閣臣及侍郎吳甡總督傅宗龍酌議。請遣司官面商于承疇。有十可憂。十可議。祈皇上察報。從之。遂命職方郎中張若麒往。

武進士貴池吳遵周言翰林推巡撫恐暗戎事。忤旨削籍。

甲午。起雷躍龍禮部右侍郎。署詹事府事。降閔仲儼左春坊左贊善兼翰林院檢討。

赦傅宗龍罪。以兵部右侍郎兼右僉都御史。仍充爲事官。總督陝西三邊軍務。

丁酉。總兵劉良佐簡銳自義門追擊五十里。賊逸深林。良佐以輕兵追討。賊扼險。官軍以火砲擊之。賊大奔。自義門至界溝二百里。屍伏滿阡。時中以數百騎脅遁。北走河南。所獲兵械山積。

泰安土寇十餘萬掠兗州。所至淫燹。聞青州兵至。遂走邳州。焚南郭。至沙溝。屠僇嬰穉不遺。

戊戌。錦衣衛都督郭承昊進太子少傅。

官軍擊建虜。斬四十一級。

己亥。薛國觀候訊至京。奏辨不聽。

庚子。土寇犯徐州。焚北關。其掠南沙河店者。燬漕舟十六艘。復入東平州。圍豐縣。徐州賊合之。攻益急。東平賊首李青山屯于梁山。

辛丑。前巡撫湖廣右僉都御史方孔昭同妻戍邊。

壬寅。前禮部尙書黃汝良復太子太保。

葉初春爲大理寺左寺丞。

癸卯。□□□王世國進太子太保。

是月。寇陷信陽。

六月己巳朔。太山盜萬人窺兗州。禦卻之。

丁未。沈惟炳爲左通政。

己酉。兵部右侍郎添設李棲鳳卒。

庚戌。刑部右侍郎錢士貴卒。

賀一龍左金王陷宿松英山朱大典駐師壽州。會軍進勦。賊聞。合屯于灊山。

乙卯。劉廣生爲南京刑部尙書。史可法爲戶部右侍郎兼右僉都御史總督漕運兼巡撫淮揚鳳泗。惠世揚爲刑部左侍郎。徐燿爲都察院左僉都御史。

官兵戰松山石門。皆有斬級。建人雖未退。其鋒稍挫。兵部尙書陳新甲屢陳敵情。欲出兵塔山。趨大勝堡。攻敵營之西北。出兵杏山。抄錦昌。攻其北。出兵松山。渡小凌河。攻其東。又正兵出松山。攻其南。命下行營議之。承疇雖統八鎭兵。僅白廣恩馬科吳三桂敢戰。餘可合力。若分三將于三路。慮衆寡不敵。若五將佐之。誰爲軍鋒。兵分勢弱。洪承疇請且戰且守。略曰。久持松杏以資轉運。且錦守頗堅。未易撼動。若敵再越今秋。不但敵窮。即朝鮮亦窮矣。此可守而後可戰之策也。今本兵議戰。安敢遷延。但恐轉輸爲艱。鞭長莫及。國體攸關。不若稍待。使彼自困之爲得也。上是之。而新甲執前議。職方郎中張若麒躁率喜事。見小勝。謂圍可立解。上密奏。命留關外料理。新甲柬承疇曰。近接三協之報。云敵又欲入犯。果爾。則內外受困。勢莫可支。台臺出關。用師年餘。費餉數十萬。而錦圍未解。內地又困。斯時台臺不進山海。則三協虛單。若往遼西。則寶山空返。何以副聖明而謝朝中文武諸人之望乎。主憂臣辱。台臺諒亦淸夜有所不安者。承疇旣激于新甲。又奉密敕。刻期進兵。新甲薦前綏德知縣馬紹愉爲兵部職方主事。出關贊畫。若麒紹愉並謂我兵可戰。遂不用承疇持久之策。

丙辰。張宸極爲右通政。

戶部請設漕運總督。命議之。

辛酉。巡按陝西御史陳羽白奏。自漢中至徽州。惟白水江爲咽喉。自徽至鞏昌府。惟秦州三十里店爲適中孔道。其三十里店。移秦州守備駐札。若白水江置口。舊設守備兵八十人。今棄信地。宜還戍兵二百人。馬二十匹。下至略陽。上至徽州。護送官茶。沿塗荒闢。酌築房舍十餘區寓茶。從之。

乙丑。故都督杜松予祭葬。

命法司定薛國觀罪。

丁卯。在繫故刑部右侍郎蔡奕琛言。去夏六月。同邑諸生倪襄贄于復社盟主庶吉士張溥之門。歸見知縣丁煌。誇溥大力可立致人禍福。因言及臣旦暮有禍。煌怪之。舉以相告。尙謂諸生妄談。未幾而王陛彥誣臣矣。一里居庶常立復社。樹黨招權。豈不異哉。有旨令丁煌指奏。

己巳。管紹寧爲南京少詹事。衞胤文吳偉業爲左右□□。

壬申。羅大任爲國子司業。

總督漕運朱大典請專徵本色。可濟兵便民。從之。其麥折米豆不許。

癸酉。兩京山東河南浙江旱蝗。多饑盜。

是月。張獻忠李自成不相下。羅汝才亦忤獻忠。獻忠奔鄖西。自成汝才分兵下東南。

七月𤣥朔。吳太沖爲南京國子司業。

戊寅。臨清運河涸。

己卯。張獻忠圍鄖陽。官軍禦之。多殺傷。乃遁。

庚辰。責南京吏部京察徭期。尚書涂國鼎吏科給事中屈動□□道御史葉樹聲言道梗。

賀一龍陷潛山。遂圍麻城。督師丁啓睿大敗之。斬一千二百級。解圍遁。

甲申。蠲霍丘逋租。

丙戌。上御經筵。以錦州事問兵部。怪近日無報。且曰。此一舉也。解圍固爲勝着。但兵未離險。朕甚憂之。

新樂侯劉繼祖母徐氏夢孝純皇太后勸上仍法膳。以奏之。蓋上嘗蔬食。

傅淑訓爲都察院右都御史。行戶部右侍郎事。催餉。

巡漕御史吳邦臣稽運。逮之。

丁亥。召賜正一嗣敎大眞人張應京于會極門。

辛卯。鄖兵與張獻忠戰。敗績。獻忠遂陷鄖西。斷鄖兵一手。縱歸以辱官軍。

甲午。錢元慤爲太僕寺少卿。

追封皇幼弟簡懷王慧懷王。皇幼妹悼溫公主。

戊戌。宴衍聖公孔胤直五經博士孟聞玉。

己亥。蔡奕琛又奏。庶吉士太倉張溥故禮部右侍郎常熟錢謙益等倡復社。朋陷及臣。命溥謙益各具奏。先是無錫東林書院。萬曆中三吳士大夫林居講學。及援引登用。目爲東林黨。崇禎初。吳中士人締復社。選義刊布。海內科第遞進。援引更廣。

餉襄陽逋租。

庚子。洪承疇誓師援錦州。時兵部職方主事馬紹愉練車兵議戰。

壬寅。洪承疇進兵。明日。抵松山。夜。見建虜屯乳峯山之東。傳令我兵中夜登乳峯山之西角。其勢。乳峯距錦州五六里。俛視如几席。砲石相應。又東西石門並進兵分敵勢。俾腹背受攻。立車營。環以木城。部署略定。建虜大駭。初西虜遼人自建虜逃出。云彼今秋不得錦州議撤兵回。因朝鮮糧盡。騎日二餐。步卒一餐。而建虜苦餉少。流言入犯三協。以張之。本兵陳新甲信張若麒馬紹愉之言。趣戰。

八月卯朔。命山東副總兵黃胤恩海運萬三千石。淮揚召買八萬石。吏部言。漕運宜總督。淮上宜重臣。史可法朱大典。分任之。當以可法總督漕運巡撫鳳陽。大典提督鳳陽等處軍餉。報可。

乙巳。陽和總兵楊國柱營未定。敵蹙之。敗沒。敵悞入車營。砲大發。斬敵百三十級。虜王子□□□及固山牛鹿。殺二十餘人。遂以李輔明代統楊國柱兵。祖大壽分步卒三道突圍。圍三重。攻穿其二。隔于外援而止。張若麒報宜告廟。宣捷。任臆誇詡。而不顧其後也。

丙午。許定國爲署都督僉事總兵官。鎮守山西。

丁未。崔源之爲右副都御史。巡撫延綏。

故巡撫四川右僉都御史邵捷春獄死。上疑刑部逭辟。責具奏。

辛亥。夜。令錦衣衞左都督郭承昊賜故大學士薛國觀死。誅中書舍人王陛彥。各籍其家。國觀字家相。韓城人。萬曆己未進士。授萊州推官。擢□科給事中。天啓丙寅三月。遣勘東江毛文龍。己巳三月。與許譽卿沈惟炳交訐。乞終養。後補□科都給事中。轉太常少卿。都察院左僉都御史。丁丑八月。進禮部左侍郎兼東閣大學士。戊寅六月。加尚書。乙卯二月。首輔。六月。進太子太保戶部尚書文淵閣大學士。十一月。進少保。改吏部尚書武英殿。庚辰。主禮闈。六月。以王陛彥通路謫去。坐贓九千餘金。沒田六百畝。故宅一區。妻子不能償。棲于城隅。初國觀免官。命伺其邸。則陛彥至。執下獄。陛彥爲吳昌時甥。臨刑。曰此舅氏所作。我若有言。卽累名敎矣。

楊士聰曰。薛國觀之用。烏程陰薦之。故以僉憲驟登政府。上嘗與韓城言及用賈對以外則鄉紳臣等任之。內則戚畹非出自獨斷不可。因以李武淸爲言。遂密旨借四十萬金。冉萬二駙馬各一萬。周田等近親不與焉。李氏督之日亟。武淸死。復及其子國安。追治家人。久之國安亦死。追比未已。周嘉定以兒女姻上疏。奉嚴旨。于是李氏盡鬻其所有。內閣中書楊餘洪周國興亦李氏親也。敎之曰。見產旣盡。卽不上納。其如之何。韓城密以聞。年終舉劾。兩房官劾二人閒住。有旨各廷杖六十。卽死。是時戚畹人人自危。後因皇五子病亟。造爲九蓮菩薩之言。傳諭停止追比。復武淸侯爵。念此事由韓城發端。欲誅之以謝孝定在天之靈。會袁愷疏糾韓城。遂有成何糾章之旨。翊日列款以進矣。上意先定。鍛鍊成獄。遂令御史郝晉勸自盡。韓城將死。曰吳昌時殺我。其實韓城之死。始末如此。非盡昌時之力也。僅坐贓九千金。將何以處嚴分宜。韓城之陰賊險很。死有餘辜。但不正名其罪。而以懸坐之贓殺之。何以服人。刑政之不平。無甚于此矣。

談遷曰。陰賊險很。罪莫如烏程。而韓城遠未之逮。獨以疏忮之性。岸然自是。取忌含沙。無端一工曹。躐進見沮。株及政府。易曰。鼎折足。覆公餗。其刑渥。韓城固自貽伊戚。而國家心膂之任。于焉盡喪。識者未嘗不爲之三歎也。

傅鍾秀爲太僕寺少卿。

建虜攻乳峯山西營。禦卻之。斬六級。連日再攻。再卻之。

壬子。官兵分兩路攻西石門。總兵王樸戰敗。各將俱沮。

癸丑。我戰稍捷。建虜自是不復出。請濟師矣。馬紹愉語洪承疇。宜乘銳出奇擊之。可以壯錦。毋待老憊之至。承疇不納。而長嶺山自塔山迤邐至錦州。延松山城之右。大同監軍張斗言宜駐一軍于長嶺山。防其抄我後。承疇亦不納。且曰我十二年老督師。若書生何知。

丙辰。卜應第爲平羌將軍都督同知總兵官。鎮守甘肅。

前巡撫甘肅右僉都御史梅之煥卒。

丁巳。官軍戰東西石門。不利。

庚申。再戰。稍捷。斬十三級。

辛酉。上幸太學。以重修告成也。正一嗣教大眞人張應京請扈從臨雍。先期。司禮太監王德化奉命率羣臣習儀太學。前此未有也。與唐魚朝恩講經元李邦寧釋奠何異。

恭順侯吳維英總督京營。

建主喝竿以三千騎來援。午刻。據長嶺山。聲言困松山城。我逆其詐。不動。自錦至南海角。度地高下。建人濬溝堞土。指日間濠深八尺。廣丈餘。凡濠三重。我師反困于內。

壬戌。官軍連戰三日。俱利。

甲子。合戰。我兵搴其大旂三。斬九級。喝竿曰。南兵殊異他時。將議旋師。我故將孔有德等止之。

兵部職方郎中張若麒加太僕寺少卿。

乙丑。諭禮部。宋儒周子兩程子朱子張子邵子。有功聖門。與周秦漢唐諸子並稱先儒。朕心未安。其議之。

許江北麥代田租。

錦衣衞左都督孫光先進少保。

起劉澤清右都督總兵官鎮守山東。

喝竿計必困松山城。分我兵力。虜既掘濠築垣。攻松山。斷我餉道。蓋乳峯在錦城外。而松山又在乳峯外也。我軍餉乏。洪承疇謂其下曰。敵兵新舊遞爲攻守。我兵既出。亦利速戰。當各敕厲本部。力鬬予身執桴鼓以從事。解圍在此一舉。而諸將議回寧遠就餉。薄暮。兵部職方郎中張若麒與承疇書曰。我兵連勝。今日再鼓亦不爲難。但松山之糧不足三日。且敵不但困錦。又復困松山。各帥既有回寧遠支糧再戰之議。似屬可允。于是諸將議不一。或明日戰。或今夕戰。或圖再舉。承疇曰。往時諸君俱矢報效。今正其會。雖糧盡被圍。宜明告吏卒。守亦死。不戰亦死。若戰或可幸萬一。不肖決意孤注。明日望諸君悉力。方遣諸將出。總兵王樸怯甚。已先遁。于是各帥爭馳。馬步自相蹂踐。弓甲徧野。望火光謂敵在。不之前。走還。爲伏甲所截。大潰。總兵曹變蛟王廷臣突入松山。巡撫遼東丘民仰誓與承疇同守。承疇夜留兵三之一嬰城。其二決圍衝陣。建虜邀之尖山石灰窰。我力戰。建虜暫卻。俄雲合。不得入城。移屯海岸。盡沒于潮。才脫二百餘人。獨白廣恩還松山。若麒紹愉得漁舟。偕諸監軍逃至寧遠。奏承疇失計。冀自免也。承疇令廣恩同都司雷起鼇議東走小凌河。襲建虜老營。走國王碑歷錦昌大勝間。自北虜後進小紅羅山。請兵解圍。是役也。輕進頓師。進不能突圍。退不能善後。形見勢絀。彼全力制我。遂使重臣宿將。選卒驍騎十萬之衆。覆沒殆盡。則張若麒一人誤之也。或曰。兩軍隔一山而陣。方交鋒。官兵銳甚。建虜亦力禦。喝竿急撤後隊。間道突我後。我稍亂。遂大潰。

談遷曰。蜀人陳盟記建虜事云。絕松餉道。營南山唐莊。爲困松計。我兵方盛。或請以精銳決戰。而出奇夾擊。分兵襲南山。可以得志。否且退保杏山。杏山去松僅一舍。徐圖制勝。彼必走。洪承疇皆不能用。職方郎中張若麒以督戰至。與洪不協。言無得入。洪以松小不能頓多兵。乃令各帥回杏山就食。其說蓋出鄉人馬紹愉。歸獄總督。非碻案也。大敵在前。豈有退師就餉之理。曹彬敗于歧溝。宋太宗尤之。正以此。洪總督有激而出。宜乘其待援。賈銳突圍。否則分屯長嶺山。接我餉道。計之次也。噫。自遼難以來。懸師東指。決十萬之衆于一戰。惟楊鎬與洪氏。鎬分兵而敗。洪氏合之亦敗。其失並也。然乳峯之役。駸駸有勝勢。相持浹旬。重圍未解。先發者制人。後發者制于人。語不虛耳。時宜興再召。故帥杜文煥就謁。曰相公入朝。願首以松山爲急。國家安危繫焉。舍此無可措手矣。宜興視之蔑如也。九塞之精銳。中國之糧芻。盡付一擲。竟莫能續。禦而廟社以墟矣。思之思之。陳新甲張若麒輩。其肉豈足食乎。

己巳。巡按陝西御史陳羽白上籌牧八策。曰有地無軍。合七監牧丁額一萬六千一百有奇。今不上三千。若行原籍勾補。將三五年未得終事。乞將招撫餘民。能自買騍馬一匹。許卽承牧地三頃。給照永業。曰有軍無馬。審有力者買騍馬一。來歲課駒。稍力者兩軍共買一。候課駒分養。無力者兩軍共買一。官貼其三分之一。曰有馬無駒。請月稽之。或前月定。次月定。再次月定。監官登冊。扣某月應生。至期稽核。無則追補。爲季報。曰羣內混養。舊例羣五馬。騍馬四。兒馬一。今羣內騍馬斃。不買補。輒養騸馬。于孳生何裨也。今不許混養騸馬。曰換賣倒斃。曰種馬無資。七監每騍馬領地。歲科銀六錢。合七監共二千一百七十一金五錢七分。供靖虜兵餉。今無種馬。或權留兩年之解。使本軍貼買。曰京例年例。七監歲京馬五百匹。蒙免二百七十匹。尙解京馬二百三十匹。宜稍寬此二例。曰策應。安定廣寧開城黑水。皆西屬固原。萬安清平武安。皆東屬平涼。各有參游等營。可以策應。有旨。種馬無資。闕額餉。京例年例。闕解額。俱不得輕議。餘從之。羽白又奏。臣閱安定監舊報馬五百五十一匹。今存四百二十匹。廣寧監舊馬六百四十八匹。今存二百八十一匹。武安監舊四十八匹。今二十二匹。清平監舊馬二百七十四匹。今存十一匹。萬安監舊馬四百四十一匹。今四匹。黑水監舊馬七百五十二匹。今七匹。開城監舊馬一千九十三匹。今二十六匹。四監之馬不上五千匹。詰之。非曰寇掠。則曰餓斃。非曰監城不保。則曰牧軍併盡。察清平兩經寇陷。監正游之雲飢死。餘官乞分別嚴處。

九月艸朔戊寅。總督陝西兵部右侍郎傅宗龍。率兵四萬。自新蔡渡河。與保定總督楊文岳合兵。趨項城。是日。李自成亦渡河走汝寧。伏于孟家莊。己卯。官軍遇之大敗。總兵賀人龍虎大威北奔。李國奇從之。賊攻二督營。以火礮卻之。保定兵宵潰。文岳夜奔項城。宗龍固壘力守。

庚辰。傅宗龍檄賀人龍李國奇還救。不應。遂奔陳州。被圍。僅部卒六千。乏食。殺馬騾以享軍。復盡。乃分賊屍啖之。

辛巳。改東廠衙稱提督。京營稱總督。

癸未。命福世子由崧還河南。

甲申。楊繩武爲兵部右侍郎兼右僉都御史。總督關薊遼津通等處軍務。以洪承疇受圍。故代之。

劉宗周改吏部左侍郎。高斗光爲兵部右侍郎。添設。

大學士周延儒賀逢聖入朝。仍直文淵閣。

丁亥。夜。月食。

辛卯。總督陝西三邊軍務兵部右侍郎傅宗龍出戰。先以川兵臨陣。虜步不能禦騎。令移于陣後。陣亂。李自成乘之。我軍大潰。

壬辰。傅宗龍走項城。被執。罵賊死之。遂陷項城。屠之。分兵屠商水扶溝。宗龍字仲綸。雲南昆明人。萬曆庚戌進士。詔復兵部尚書。贈太子太保。世襲錦衣衛百戶。

皇子慈炯封定王。

丙申。前南京光祿寺少卿錢三策上三疏。一參前兵部侍郎吳光義。一參前通政李一鵬。一參徐石麒。石麒駁之。以聞。

是月。諭吏部曰。邊患方殷。軍儲告亟。司農仰屋無措。官胥浸沒公行。而醿弊最深。侵尅最甚者。無如榷關。各關舊有額稅。近以遼剿等餉少有增加。擬取盈于羨餘非苛求于商旅。乃婪官奸胥。濫科充囊假公潤私。朝廷當加課之虛名司關享侵牟之厚利賈販因而裹足儲會益復空虛。蠹國病商良可痛恨以後各關差關南北工戶二部。不必拘定司屬循例差委。着兩京大小九卿翰林科道及在外督撫巡按各舉至清之官。在京如各衙門司屬中行評博等。在外如監司府佐推知等。但係行己端潔清嚼無染之人。聽其保舉。授以榷差。釐奸剔弊。年滿所入不限舊額分文登簿。解部充餉。立與超擢清華仍破格敘錄。以儲銓憲之用保舉官一體加陞。如仍橫征苛斂徒侵羨贏。或仍飽私橐各撫按訪實疏參保舉官連坐除臨清河西照舊差委俟盜平另議。外其北新滸墅蕪湖九江荊杭等差。遇闕即另舉擬用。仍暫帶部銜。并受部考成。

左良玉大敗張獻忠于信陽。得馬萬餘匹。降數萬人。獻忠僅百餘人易服夜遁。佯死。匿山中。良玉軍聲大振。羅汝才走淅川以合于李自成。時自成兵五十萬。故汝才附之。

戊戌。李自成羅汝才合兵破葉縣。殺守將劉國能。初國能與自成汝才盟而盜。國能降。恨之。至是乘勝拔城。責負約。殺之。國能按劍罵曰。我初與若同友今王臣也。奈何從賊。遂遇害。葉縣知縣張我翼亦被殺。詔贈左都督。國能性至孝。就撫乃奉其母命也。

十月艐朔。改陸朗李維樾熊汝霖陳泰來韓如愈高翔漢李士焜戶工科給事中。催漕。徐殿臣左光先金毓峒李仲熊王鼎鎮高允茲馬孔健鄭崑貞李悅心劉之渤衛楨國朱奉鉀陳藎楊仁愿霍達潘世奇爲試監察御史。

丙午。日食。

壬子。葉廷桂爲兵部右侍郎兼右僉都御史。巡撫遼東寧錦。

丙辰。吏科給事中沈迅言。起廢諸臣除逆案封疆贓罪計典外。從來廢籍宜清察。臚列悉聽上裁。從之。

戊午。山西道御史鄭崑貞上言。自建虜據義州。前撫臣方一藻進復義之策。當事闇于機未幾而建虜果圍錦州矣。其圍錦也。深溝以困之。蓋誘我之兵萃于此。別有啓疆之謀。欲解錦圍。須俟其相持稍懈。漸出奇計以驅之。豈有統全軍而注之孤危之地。首尾全無顧應。墮其術中。如今日者。昨樞臣會議云。寧遠見兵三萬。撫鎭皆得人。夫兵三萬非不衆也。今圍城析骸之餘。望救中國。卽長圍未解。建虜亦未敢突而窺寧遠。是張救錦之聲勢。正是爲守寧之實着。若撫鎭擁此三萬人不敢越寧城一步。萬一建虜以困錦者反而困寧。則區區寧遠其不足爲關門之蔽明矣。

張獻忠收餘盜數千走鄖陽。驟遇官軍。不戰而潰。棄馬騾二千。獻忠負創。部曲日逃。僅隨數百人。

戊辰。特設裕國足民科奇謀異勇科。訪求徵辟。稱朕破格旁求之意。

談遷曰。漢文帝好黃老而民安。武帝好制作而民困。在人主寬簡。不在破格之法也。先帝時稱法祖。于累朝條例紛更已極。而不得其源。事多煩苛。民多愁怨。旱疫饑饉。無歲不徧。戶絕生望。亡形已肇。而猶焦神極慮。覬倖異材。不亦僨乎。

是月。泰安土寇田得茂等數千人轉攻濟陽等縣。巡撫山東右□都御史王公弼絕不爲意。貽書都下云。境內了無一賊。

復遣太監盧九德劉元斌率京營兵入河南。九德與總兵周遇吉黃得功合追賊于鳳陽。及之。元斌駐歸德南郊。時諸寇在陝洛。元斌留四十日不進。城門晝閉。縱諸軍大掠。殺樵汲冒功。已而欲攻城。索賂乃免。

張獻忠掠桐城。糾馬守應賀一龍左金王諸賊自霍山復出。

左良玉兵至臨潁。民爲賊守。良玉屠之。盡獲賊所掠。李自成怒。來攻良玉。退保郾城。

十一月癸酉朔。提督太和山內官監陰象坤毆均州諸生蔣懋孚下獄死。巡撫宋一鶴以聞。上責提學僉事高世泰。世泰引咎。且奏象坤初至謁太廟。倣按臣禮。坐明倫堂講書。士林哂之。因搆釁。命下巡按御史。彼內臣謁廟講書果故事否。

甲戌。命禮部上定王出閣儀注。

余瑊爲南京兵部尚書。范志完爲右僉都御史。提督雁門等關。巡撫山西。張爾忠爲右僉都御史。巡撫陝西。

丙子。李自成陷南陽。弑唐王□□于麒麟閣。分守道參議艾毓初總兵劉光祚南陽知縣姚運熙死之。初牛金星薦術士宋獻策于李自成。封軍師。獻策永城人。言十八孩兒當主神器。必先取南陽爲入秦計。遂圍之。艾毓初與劉光祚竭力拒賊。食盡援絕。毓初題于城樓有萇弘化碧非奇事留取孤忠向九天之句。遂自縊。光祚遇害于城上。初寇已入南門。適總督楊文岳兵至。遂出頃之。文岳去南陽仍陷。太監劉元斌聞變。乃擁婦女北去俄命御史清軍。元斌倉皇皆沉之于河。自成妄意窺鼎下令召四方賊目連營。馬盡忠不從。降于左良玉。張獻忠知將不利于身。由楚入蜀。羅汝才從之。合圍汴梁以天下之中。圖大事者所必爭也。

己卯。禁朝臣私探內閣。通內臣。于是待漏俱露立。毋敢入直舍。

楊士聰曰。兩闕及承天門端門憩足之地皆不得入。其實交納內侍不在此也。此等中官有何可結。彼密邇奧援在不見不聞。有以千百計者。孰從而致詰乎。

辛巳。南京都察院右副都御史張延登卒。延登字華東。鄒平人。萬曆□□進士。

癸未。進周延儒少師兼太子太師中極殿大學士。廕中書舍人。

乙酉。□□□□李三奇。贈光祿寺少卿。

戊子。兵部左侍郞吳甡巡視京營戎政。宋玫爲工部右侍郞。梁雲構爲順天府丞。

傅陛馮元颺爲右僉都御史。提督軍務巡撫天津。

兵科給事中范士髦請有司九年陞轉。毋更調。下部議。

辛卯。上南郊。

是月。豐城侯李開先言。賦役全書設而往往拖欠。何也。浙直之弊。半在奸胥。問百姓則年納一年。少分毫猶加鞭扑。奸胥侵漁任其影射。重累百姓。一遇赦除。則百姓不霑。奸胥飽腹。雖計部參罰。司收降謫。猶不能窮。蓋頭緒多端。條鞭外有遼餉。遼餉外有練餉。至各省修城。賓器並無他出。亦不過派之田畝。一限不寬。二限繼行。吏書借爲生涯。差役因之營活。地畝之出幾何。終歲勤動。且不足以完賦。而竟竭力以供蠹吏。貧民不安其身。而富民咸怨其產矣。

遼東大雪丈餘。建虜糧芻俱盡。將解圍而歸。慮我軍躡之。俾西虜入關求和。兵部尚書陳新甲信張若麒之言。許之。

十二月壬寅朔。癸卯。許潛山宿遷太湖各縣輸麥代漕米。懷安桐城望江亦如之。准十之六。

乙巳。上閔寒。許刑部囚保外。限二月出獄。

李自成陷襄城。執知縣曹思正。邑人□□□知府姚成性以去。守將李萬慶死之。後奉詔贈都督同知。立祠。郎降將射塌天也。至許州。殺教諭馮□□張□□。

前刑部尚書甄淑卒于獄。

丁未。南京戶部右侍郎兼都察院右僉都御史楊方盛罷。

庚戌。張三謨爲大理寺卿。張瑋爲都察院左僉都御史。張鏡心劉餘祐爲兵部左右侍郎。王正志爲太僕寺卿。王家彥爲大理寺左少卿。雷躍龍爲吏部右侍郎兼翰林院侍讀學士。

李自成連陷洧川許州長葛通許鄢陵。鄢陵知縣慈谿劉振之力詘。衣冠入縣治。北向再拜。自引刃死。典史杜邦舉被殺。振之字南强。崇禎庚午貢士。由東陽教諭陞。贈太僕寺少卿。廕子入太學。

丁巳。土寇陷張秋鎮。通判咸寧馬元善遁。其寇故總兵劉澤清降盜也。

庚申。山東總兵官劉澤清大破李青山于石萊山。

癸亥。傅淑訓爲戶部尚書。馮元飈爲兵部左侍郎。添設。巡撫山永。朱國棟以兵部右侍郎改鎮昌平。范志完爲兵部右侍郎兼右僉都御史。總督薊關通津軍務。熊奮渭爲南京戶部右侍郎兼右僉都御史總督糧儲。

甲子。黃道周戍辰州衞。解學龍涂仲吉並戍。初刑部尚書劉澤深擬道周瘴戍。再不允。因奏道周之罪。前兩疏已嚴矣。至此惟有死。死生之際。臣不敢不愼也。自來論死諸臣。非封疆則貪酷。未有以直言誅者。今以此加道周。道周無封疆貪酷之失而有直言蒙僇之名。于道周得矣。非我皇上無不覆無不載之心也。且皇上所疑者黨耳。黨者見諸行事。相聚訟言。乃爲植黨。道周自上疏空言無當。睿照一臨。肝膽寒裂。如解學龍等。始未不相與。今且短之。道周亦不較。烏有所謂黨而煩聖明之震怒。朝廷之大法耶。去年行刑時。忽傳旨停免。今皇上豈有積恨于道周。萬一轉圜動念。而臣已論定。噬臍何及。所以當此生死之間。不敢不愼。亦惟恩威出自皇上。仍以原擬候裁。從之。

乙丑。御史葛徵奇爲太僕寺少卿。轄東路。孫晉爲大理寺右寺丞。

戊辰。董象恆爲右僉都御史。巡撫浙江。蔡懋德爲右僉都御史。巡撫山西。徐世蔭爲右僉都御史。協理勦寇軍務。巡撫安慶。

諭停內操。提督忠勇營太監楊進朝所部三千人。值大祀。仍防護。

李自成羅汝才合攻開封。七日夜。周王盡出庫金犒師。被傷者與殺賊同賞。巡撫高名衡總兵陳永福等力守。永福射中自成。損一目。生馘三十三人。斬一千七百十八級。城乃克全。自成屯朱仙鎮。去開封四十里。內鄉鎮平唐縣新野各降。鄧州知州劉振世郊迎五十里。舉家從之。許州以南無剩土。總督丁啓睿楊文岳以總兵左良玉虎大威楊德政薄朱仙鎮。良玉謂賊勢銳。宜緩攻之。大威等謀不合。卽進。全軍皆潰。良玉以數騎免。母妻被執。開封益困。寇授鄉民斧鑿。令鑿城。又坎城爲窟。實以藥。引火發之。城震壞。然官兵嚴守。兩月不能克。

己巳。故總督兵部右侍郎傅宗龍贈太子少保。世錦衣衛百戶。

是月。敕內臣神宮等監及各司局庫等毋干外政。幷戒廷臣曰。朝廷分職。原是宮府不同。臣子守官。豈容暗奸作弊。況析圭儋爵之義。宜無私交。而防微杜漸之閑。尤先近侍。聞太祖高皇帝諭侍臣曰。爲政必先謹內外之防。絕黨與之私。庶朝廷清明。紀綱振肅。大哉聖謨。最爲弘遠。朕欽承祖訓。不敢愆忘。日望羣臣率由此道。無奈世風日降。士氣遂靡。雖奉公守法者固多。而行險徼倖者亦有。嫵媚交歡。勢權媢就。爲阿大夫之借譽。左右掃門有路可通。無脛而走。窺探泄漏。視爲固然。以後內外大小諸臣。如再蹈前轍。憲典具在。朕不敢私。

羣狼入內丘城。食人。人饑。食草實。

# 國榷卷九十八

壬午崇禎十五年

正月粹朔。上朝畢。召大學士周延儒賀逢聖謝陞入殿。曰。古聖帝明王皆崇師道。今日講猶稱先生卽其意。卿等卽朕之師也。今而調和燮理奠安宗社。萬惟諸先生是賴。命東向立。上降座西向揖之。各愧謝。

先是遼東寧前道副使石鳳臺偵建虜意欲和。馳書諭其守將。得報云。本憨素心也。鳳臺遽以聞。上以私遣辱國。下鳳臺刑部獄。至是謝陞語同列曰。我力竭矣。欵建虜以剿寇。鳳臺言良是。同列亦然之。乃屬兵部尙書陳新甲徵言于上。又約謂兩城久困。兵不足援。非用間不可。上曰。城圍且半載。一耗不達。何間之乘。可欵則欵。不妨便宜行事。上問閣臣。惟謝陞曰。彼果許欵。欵亦可恃。新甲承旨。退薦贊畫主事馬紹愉可遣。從之。加紹愉職方郎中。賜二品服。上深秘之。外廷不知也。

乙亥。上南郊省牲。

丙子。享太廟。

山東盜平。俘李青山入京。青山本屠人。乘饑嘯聚數萬人。屢寇兗州。給事中范淑泰左長史俞起蛟拒之。戰敗。逃山谷中。跡捕之。

丁丑。兵部職方郎中馬紹愉偕參將李御蘭周維墉馳寧遠通使于建虜。建虜請敕爲信。乃復請于朝。諭兵部。得敕曰。朕聞瀋陽有罷兵息民美意。向來沿邊督撫未經奏聞。又云。朕不難開誠懷遠。如我祖宗朝恩義聯絡之舊約。撫賞減舊額四十七萬。建虜喝竿見之。謂歷朝敕書在屬國皆龍邊箋黃色。而此箋色朵中横一龍。且往時璽方其篆敕命之寶。而今皇帝之寶。稍長。右角微挾一綫。遂具書謂邊吏僞作。并怒敕中語。馬紹愉以聞。

談遷曰。石鳳臺講欵。蓋逢本兵意。雖自干大戾。而在邊臣私遣。則賈似道襄樊之事也。遽辱天使降明詔。他無委曲高新鄭輩而在當不其然。況松山失利之後。更取其侮。陳新甲謀國以尸居餘氣。其何振之有。

庚辰。上祈穀大享殿。

辛巳。李自成復圍開封。巡撫高名衡總兵陳永福力守。賊鑿城磚取數十。可容酒缶。即注之火藥。一烘而放。曰小放。遂窟城縱橫及丈。運火藥實之。一發蔽天。曰大放。大放時列精騎數千以俟。冀城破擁入。而開封城宋人所築也。寬十丈。狹三四丈。土堅而剛。寇之穴城也。磚土堆于外。內堅外浮。火藥發反向外擊。磚土隕空。數千騎斃焉。寇駭而徙。總督丁啓睿率總兵左良玉擊賊朱仙鎮。與賊將劉宗敏李過力戰。大敗之。自成聞之。拔營南去。

寇陷潛山。殺知縣李胤嘉。後贈太僕寺少卿。

壬午。起鄭三俊刑部尚書。進太子少保。

寇陷巢縣。

癸未。巡撫大同右僉都御史劉夢桂卒。

甲申。貴州道御史甘惟嶸劾兵部尚書陳新甲失職。乞令其舉賢自代。上以松錦需救甚急。不得輕諉。

平賊將軍左良玉率兵援開封。寇退。

督修曆法光祿寺卿李天經上壬午七政經緯新曆。

乙酉。戶部請覈戶口田畝。從之。

丁亥。聞錢塘浮梁鄱陽遏糴。下撫按禁之。

浙江江山盜起。

許淮安揚州輸麥抵漕粟。

己丑。上躬耕籍田。

姜曰廣降南京尙寶司卿。

庚寅。總督楊繩武自薊出師。

辛卯。起孫傳庭原官總督京營。提兵剿寇兼理糧餉。王承胤爲總督京營援剿總兵官。御史郭景昌兵部職方員外郎蘇京俱監軍。

□□道御史楊仁愿言。臣讀敕諭申交結內侍之律。因稽高皇帝初無所謂東廠緝事衙門。不法之事止于明糾。無陰訐也。後來有東廠。神宗享國四十八年。東廠之門。鞠爲茂草。元氣日培。士氣日張。郅隆之業。曷有過哉。今臣待罪南城。所見詞訟多爲假番妄稱東廠。則魂魄俱搖。況其眞者乎。此由積重之勢然也。如比較事件。則番役即懸價以買事件。甚至誘人作奸盜。賣與番役。則誘者獲利。挾仇忿以首告而證以惡棍。則挾者逞志。廠臣豈不三令五申禁之。然比較事件。欲其不買事件。是吹薪止沸。必不得之數矣。嗟乎。餌人以陷禍。擇人而肆喙。惟恐其不爲惡。又惟恐其不即罹吾網撲之。皇上泣罪解網之心。豈不傷哉。伏願先寬東廠事件而後比較可緩。比較緩而後買事件與賣事件亦息。抑臣復有請焉。如臣子獲罪。皇上敕撫按以檻車送詣闕下。未爲不可。若一遣緹騎。有貲者家門破散。無貲者地方官斂餽。衛臣非不三令五申禁之。然彼自爲長途計。又安能已。如使其罪可贖。則留彼餘財以贖罪。如不可贖。則妻子衣食賴之。自非巨惡。聖明亦豈忍籍沒哉。得旨。諭東廠止緝謀逆亂倫等。其作奸犯科。自有司存。不必概捕。

壬辰。張宸極爲順天府丞。吳家周爲光祿寺丞。

罷提督京營内臣。

乙未，蘄黄賊爲禁兵截殺，走合李自成。盜魁賀一龍、馬守應、賀錦、劉希堯、藺養成並屬之。惟一龍、守應各領所部，聽令而頗于羅汝才。厚自成忌之。及破襄陽，下荆州，合軍郧陽。自成令馬守應屯彝陵，以犯澧常。賀一龍走德安，以窺黄麻城。一龍在黄陂，阻水不前，止收左良玉殘兵八百人而回。先見汝才，自成益恨之。

丙申，總督關薊遼津兵部右侍郎兼右僉都御史楊繩武卒于豐潤，贈尚書。

戊戌，吏部尚書李日宣奏起廢諸臣，命自崇禎元年以來並列之。

庚子，蠲各省直崇禎十二年以前蠟茶等税。

臨清副總兵黄胤恩言：先朝開膠萊河，俱山根，難施五萬之功。臣今密察其功，南北横計二百四十餘里，潮水深入百餘里，又河溪湖畔，量浚即可通潮者百里。此外嶺骨不可鑿，約四十里，過此利涉，即留兹嶺爲盤剝之地。計淮揚運膠河空舟，接至萊河，其間通浚小河，廣造小船，如通州抵壩故事，于嶺上建倉，駕車倣古河陰洛口之運，待回空受載可也。

是月，上齋于南城，每子刻同中宫往誦佛，移時還宫。

賀一龍、左金王諸寇自霍山、六安分道出掠。

二月辟朔壬寅，何應瑞爲南京太常寺卿。

丙午，命大學士周延儒清獄。

前撫治郧陽右僉都御史袁繼咸遣戍。

丁未，楊文岳仍總督保定、山東、河北軍務，兵部右侍郎兼右僉都御史。戴罪自効。范志完爲督師兵部左侍郎兼右僉都御史，總督遼東、寧錦軍務，兼巡撫遼東，賜尚方劍。

金光宸爲右通政。

戊申。發二萬金賑山東饑。就撫百姓。

戒錦衣衛校尉奉使需擾。

徐州知州紀天祐逋賦。懼罪自刎。

庚戌。御經筵。

免崇禎十二年以上贓罰豁罪。從刑部左侍郎惠世揚之請。詔曰。朕以涼德。撫臨萬邦。念切軫愛。澤無下究。因年來軍興繁費。加派頻仍。賦愈重而民亦窮。出既多而入亦倍。痌瘝日甚。展轉堪哀。特頒赦宥之仁。自十二年以前存留起解本折錢糧。盡行蠲免。不許有司重徵混派。佇望廓清大定之日。卽爲征輸盡綏之期。

辛亥。故□□□劉若宰。贈少詹事。

傳陞張之奇劉世芳爲翰林院檢討。張國泰高來鳳改待詔。劉明翰譚易爲中書舍人。

壬子。總督陝西三邊軍務兵部右侍郎兼督援剿汪喬年至襄城。喬年在鎮。發李自成先塚。得小蛇。隨率總兵賀人龍鄭嘉棟等出關。斬蛇以徇。誓師。聞自成圍左良玉于郾城。乃兼程進。留步兵火器于營。以輕騎萬餘抵郟縣。襄城貢士張永祺避難河北。回經郟縣。時喬年以襄城新破。疑不進。永祺請援。喬年命永祺先之。永祺以告邑人。邑人出迎喬年于八里營。喬年頓兵城下。禱于城隍廟。邑人享士。士立營未定。自成兵已薄汝水上。方接刃。賀鄭二將先逃。兵大潰。喬年以數百人入城以守。

王之良爲南京兵部右侍郎。衞景瑗李鑑爲右僉都御史。巡撫大同宣府。

癸丑。定王出閣就學。

白貽清改戶部右侍郎。督理京省錢法。

孫傳庭仍兵部右侍郎。添設兼右僉都御史。總督陝西三邊軍務。張福臻仍兵部右侍郎兼右僉都御史。總督關薊通津軍務。部議分兩督。福臻駐薊州。范志完出關。

甲寅。許嘉定上海豆麥折漕。

乙卯。張獻忠入亳州。官吏先遁。賊安行入城。

丙辰。故□□□□湯開遠。贈太僕寺少卿。

丁巳。襄城堅守五晝夜而陷。總督侍郎汪喬年自刎未殊。被執見殺。監軍同知孫□□。知縣永寧謝三元死之。李自成恨諸生。執百九十餘人。盡劓刖之。又購張永祺。永祺匿時。夢黃姓救免之。果一賊出之。黃姓也。賊屠永祺族人九家。以洩其忿。又墮城而去。喬年字歲星。遂安人。天啓壬戌進士。□□□□。崇禎初。歷江西提學副使。累遷今官。變聞。贈兵部尚書。廕錦衣衞百戶。時精兵猛將俱集關門。止留三邊疲卒以剿賊。喬年以赤心遇害。三秦士人私謚曰貞烈公。賊乘勝陷魯山寶豐郏縣。郏令李貞佐罵賊曰。驅百姓死守。知縣耳。妄殺何爲。賊磔之。母喬氏及妻皆死。魯山令楊呈秀。寶豐令張人龍皆死之。

葉初春爲大理右少卿。凌義渠爲南京光祿寺卿。

故□□□呂黃鐘。故山東糧道副使孝感鄧謙。並贈光祿寺卿。廕子入國子監。

戊午。上南郊。

己未。故詹事錢受益。贈禮部右侍郎。故□□□曠鳴鸞。贈工部右侍郎。故□□□□吳南灝。贈太僕寺少卿。

甲子。宋之普爲戶部左侍郎。徐石麒爲刑部右侍郎。許士柔爲尚寶司少卿。

乙丑。朱世守爲南京通政使。

丙寅。榮昌公主軒媖請賜租上責有司怠玩。

賀一龍陷全椒。

三月⿰金庚朔。故大學士錢象坤卒。贈太保。

李自成羅汝才合羣盜八十萬圍陳州。兵備副使關永傑知州侯君擢率士民死守。力竭城陷。死之。鄉紳崔泌之貢士王受爵咸罵賊死。賊怒屠陳州。永傑隴西人辛未進士。贈光祿寺卿。君擢成安人辛酉貢士贈右參議。

祁逢吉爲應天府尹。

卹錦州陣沒戰士人六金。

刑科左給事中沈胤培言。松江知府方岳貢。治郡險十二年。眞淸眞執。王陛彥以糧事仇訐。皇上或召廷臣合詢岳貢。如有異同。臣伏妄言之罪。周鼎受任于劉榮嗣罔績之後。修泇河利運。自九年來全漕如期。乞敕法司公勘。上是之。初岳貢徵上海積逋。首繩中書舍人王陛彥結怨。適薛國觀贓敗。陛彥供岳貢餽薛七百金。遂逮訊。

前戶部尙書侯恂戶部郎中倪嘉慶戍邊。以周延儒淸獄。恂賄之萬金。

辛未。張獻忠復攻舒城。

癸酉。進張福臻兵部尙書。

甲戌。賜范志完尙方劍。

乙亥。諭法司。許罪人贖戍備賑。

初諭兵部。舊制軍在民之前後。乃罪犯充之。近聞解軍多致道斃。非減等生全之意。可酌議良法。

寇陷六安。

丙子。賀一龍左金王馬守應合步騎數萬趨壽州。復合獻忠于六安。袁時中亦會之。時中旋合于自成。

丁丑。大學士魏照乘罷。四川道試御史劉之勃糾之旨未下。即奏辨。爲御史徐殿臣所劾。

命陝西總督孫傳庭總督保定楊文岳總督鳳陽史可法俱聽督師丁啓睿期會協剿。

戊寅。上御中左門召考選諸臣四十四人。問禦胡寇足兵食之策。毋泛襲。

癸未。寇掠靖江。江陰殺營官陳垓。

丁亥。松山城陷。裨將祖大樂夏成德縛總督尚書洪承疇降于建虜。巡撫遼東右副都御史丘民仰總兵曹變蛟王廷臣副總兵江翥饒勳等俱被執不屈死。總兵祖大壽守錦州年餘力竭城亦陷。爲標下降夷舁降。兩城俱沒。建人遂克杏山城。報至京師大震。洪承疇字□□。福建南安人。萬曆丙辰進士。授刑部主事歷員外郎郎中。轉浙江提學僉事。戊戌進山東參議。天啓甲子進江西按察副使。丁卯進陝西右參政。崇禎己巳加按察使庚午進右僉都御史巡撫延綏。辛未進兵部右侍郎兼右僉都御史總督陝西三邊軍務兼攝五省右都御史加兵部尚書。丁丑加太子太保。己卯改總督薊遼保定。辛巳欽命督師。

戊子。李光爲光祿寺少卿。

兵部請復驛遞。有旨裁驛原以恤民。乃奉行不善。致道梗釁作。今詳定郵符及銀。還驛解部。

己丑。存問前太子少保禮部尚書黃汝良。

庚寅。沈惟炳爲通政使。李一鵬爲南京大理寺卿。林一桂爲右副都御史。提督軍務。巡撫南贛汀韶。

皇子慈炤封永王。

辛卯。房可壯爲都察院左副都御史。

李自成陷睢州太康。遂圍歸德。歸德無兵。民自爲守。賊穴城陷之。乘勝陷寧陵考城。

定考選諸臣。朱徽馬嘉植廖國遴楊枝起姜埰倪仁楨顧鋐方士亮王士鑅翁元益光時亨金汝礪爲給事中。

徽嘉植吏科。國遴枝起戶科。埰仁楨禮科。鉉士亮士鑠兵科。元益時亨刑科。汝礪工科。周燦劉熙祚阮震中區聯芳蕭鳴美汪宗友嚴雲京劉逵曹溶張鉉徐一掄廖惟義李成梅李瑞和倫之楷衞周胤沈向甯承勳楊爾銘成友謙李振聲陸清源金日新爲試監察御史。黃沾玄李沾爲南京戶禮科給事中王國楠陳良弼米壽圖張希奎爲南京試監察御史。

趙惟岳爲光祿寺卿。

壬辰。張鏡心爲兵部尙書兼右副都御史。總督關薊通津軍務。先是張福臻未任。

乙未。李自成圍彰德明日陷之。

丙申。張福臻抵鎭。令張鏡心待議。

盜犯太倉新開河。殺把總王百度。

己亥。諭部院下撫按令司道守令各招貧民。給牛種糧食。俾各歸農。

復高弘圖工部右侍郎。

故隨州知州徐世淳贈太僕寺少卿立祠。

四月庚子朔。改稱宋儒六子曰先賢。位七十子下。漢唐諸儒之上。左丘明亦稱先賢。命纂六子格言。

談遷曰。漢儒訓詁。雖見道淺。而援訂詳確。經傳賴以不墜。今超宋人而躐之。時有先後焉。可誣也。六子有知。必爲未安。第稱先賢足矣。

辛丑。張宸極爲兵部右侍郎。添設出鎭昌平。加范志完督師。總督遼東寧錦軍務兼巡撫。仍轄山永屯田登津水師。兵部左侍郎兼右僉都御史。

禮科給事中倪仁楨言。臣等初拜官。例候閣臣。言及兵餉時事。謝陞忽曰。皇上惟自用聰明。察察爲務。天下俱壞。陛位極人臣。敢歸罪天子如此。吏科給事中朱徽戶科給事中廖國遴亦劾之。上怒。下廷議處陛。

壬寅。舒城陷。時無令。參將孔廷訓以兵千人同編修胡守恒率民共守。七月廷訓降賊反攻守恒死。守賊射書招之。燔其書城陷死之。獻忠改爲得勝州。令孔廷訓攻霍山。弘光時。贈少詹事。謚文節。

癸卯。党崇雅爲戶部左侍郎。添設兼右僉都御史。總督直省糧餉。分催兗徐上下兼水陸二運。王正志爲戶部右侍郎。添設兼右僉都御史。總督直省糧餉。分催青淮上下陸運。

李繼貞爲兵部右侍郎。添設張肯堂爲大理寺右寺丞。王永吉爲右僉都御史。巡撫山東。

周延儒議詞臣一員佐兵部。從之著爲令。其戶部刑部工部。聽便酌行。

進外戚劉岱太傅。劉永貞都督僉事。承胤都指揮使。

南京大理寺火。

甲辰。免四川貢扇三年。

乙巳。故□□□□徐燿贈左副都御史。

丙午。大學士謝陞削籍。

談遷曰。德州巧宦。詎昧三緘之戒。資人彈射哉。蓋名位已極。藉口直諒。去有餘榮。二三少年嘵嘵交喙。正墮其術中耳。古人有言。智老而猾。如德州是也。

發三十萬金給關寧之師。

辛亥。張忻爲太常寺卿。

諭科道官曰。朝廷設立言官以爲耳目。樂聞讜論。俾助政機。若緘默不言與言而無當。皆非所望。甚有以言爲名。挾私逞臆。循聲附和。爭勝把持。其失職更甚于不言。近時事多艱。亟資忠益。兼收並納。朕意甚殷。乃言官不能仰體。或薦舉太濫。或糾擿過苛。或已經處分追論紛紜。或事宜愼重哆口騰播。掣任事之肘。啓僥倖之端。抗威福之權。失獻替之義。此于朕求言圖治之本懷甚爲不符。昨面傳諭并着頒示憲綱。今特再諭。如乖違職守。定加處治。

禮科都給事中沈胤培言。求事功之臣。不若先求節義。如傅宗龍已卹。而盧象升踰三歲帷蓋未沾。汪喬年忠魂莫問。事同典異。何以使諸臣不爲巧避也。楊嗣昌死有餘僇。借久案邀功。陳新甲負罪不遑。侈邊勞錄廕。雖恩威出自朝廷。乃議罪則若局外。論功則又局中。有是理乎。又儀制郎中典禮攸寄。人多傳舍視之。宜定久任課最之規。得陞京秩。庶精心討論。不徒故事相蒙矣。上是之。下部議。儀制郎中久任。

御史沈向劾監軍職方郎中張若麒貪功喪師。復逃寧遠。宜正其罪。報聞。

先是李自成復趨開封。督師丁啓睿總督楊文岳及總兵左良玉虎大威楊德政集朱仙鎭。良玉謂賊鋒銳未可擊。會議必擊。其說參差。遂進師。竟全軍大潰。良玉以數騎免寇獲我馬騾七千。勁卒數萬。遂圍開封。期必拔。啓睿文岳奔汝寧。

壬子。周堪賡爲順天府尹。

工部尙書劉遵憲進太子保太。

癸丑。給巡撫山東王永吉二萬金。

乙卯。右庶子張維機爲少詹事兼翰林院侍讀學士。左贊善閔仲儼爲左庶子。編修曹勳爲左諭德。並兼侍讀。左中允吳偉業爲左諭德兼侍講。編修馬世奇司業羅大任爲左中允。並兼編修。給事中姜埰奏止齋醮。山東道御史廖惟義乞眞人羽士各還原籍。不聽。

丙辰。王家彥爲太僕寺卿。

己未。命祭松山陣亡吏卒。

庚申。故南京兵部尚書呂維祺贈太子太保。

南京兵部尚書余珹免。

壬戌。南京試御史米壽圖請誅張若麒以謝天下。報聞。壽圖又言練兵十害曰。今天下練兵。奉行三年矣。寇至而城輒陷。兵增而餉日糜。利賴不聞。騷累日甚。目今不罷。害將日深。祖制。衞所官軍又有弓兵民壯。歲有常食若實清覈敎練。可無逃潰奸細之憂。此外如保甲人自爲守。家自爲戰。本屬良法。但在有司推誠厲精訓練之耳。

癸亥。諭各部諸司。凡利民救時。裨助政治。攻補闕失者。彙奏採行之。不得以誕浮泛陳。至中外大小諸臣。當痛自猛省。服官僭爵。各有職業。何以全無匡濟。任兵食之交窮。忍邊腹之並亟。終未有確然良畫。奮起擔當。非朕之所倚望于諸臣也。

諭戶兵二部核兵餉銷逋欠。確議具奏。及各邊興屯。不得飾報虛數。幷鼓勵忠勇。信賞必罰。

李自成羅汝才復攻開封。初。賊再攻不克。多死亡。乃圍以困之。

甲子。予故大學士文震孟祭葬。

乙丑。梁雲構爲南京右僉都御史。提督操江。

釋黎玉田罪。仍右僉都御史巡撫遼東寧錦。玉田先□□同知半年進昌平□□僉事。踰月開府。

丙寅。故□□□□范廷弼贈太僕寺卿。

戊辰。故□□□劉廷訓贈國子監學錄。

建虜陷塔山。我兵部職方郎中馬紹愉駐塔山候朝命。遣諭建虜毋攻。不聽。城垂陷。紹愉出。建虜猶以卒衞之。

城中兵民自焚。無一降者。

陝西總督孫傳庭檄諸將會兵于西安。以援勦總兵賀人龍開縣噪歸。致孤軍失利。遇寇先潰。致秦督秦撫陣亡。因斬之以兵分隸諸將。人龍米脂人。以諸生討賊有功。襄城之役。朝廷疑與賊通。密敕殺之。賊聞人龍死。喜曰。關中如拾芥矣。

五月己巳朔。癸酉。中書舍人陳龍正上言。勦寇不在兵多。期于簡練。殲渠非專將勇。藉于善謀。而所云撫云宥。又更有說。曰解散。曰安插。解散之法。仍屬良將。分其原籍。別其强弱。或使還鄉。或聽墾荒。或簡從軍。一切便宜安插。又不屬良將而屬良有司。有司十百。其人亦十百。其心術才智不等。在巡臺激揚而變化之。今寇禍中州最甚。賊初淫殺。民猶苦賊而望兵。兵旣無律。賊反以安民爲名。民喜其至而迎之。誠中原之大憂也。議者欲特設重臣。收拾河北。且屯且練。此非正爲河北。正以應援河南也。又非獨爲河南也。安則京省俱安。震則京省俱震。若漕運若河防。種種相關。必方略素優。乃可授之。苟非其人。微第不堪授。亦必不肯任也。東胡入塞。備禦之道。惟在督撫得人。最亟外。曰畿內擇有兵略者爲知府。聽便宜辟召從事。曰用我所長。我所長在扼險。在車營。在火器。彼所長騎射奔突耳。良將在奇謀。奇謀在用間。今之塘報。亦間之一端也。上是之。

甲戌。南京提學御史徐之垣入廬州。見城守疎虞。召北關副總兵唐應登入城。未入。忽西門德勝門各火起。官兵俱潰。則賀一龍計陷之也。徐之垣及副使蔡如蘅知府鄭履祥合肥知縣湯登貴俱遁。旣失守。巡按御史鄭崑奏賊假稱生童。捿學院而陷。蓋卸罪訛傳之語也。安廬道蔡如蘅不知所終。

乙亥。國子祭酒南居仁致仕。

丙子。故刑部尚書劉澤深贈太子太保。

夜。賀一龍陷無爲州。

潁州參將李栩敗左金王于壽州

丁丑。諭釋輕囚。

戊寅。宥馬士英。起兵部左侍郎兼右僉都御史。提督鳳陽軍務兼督湖廣安慶合剿。初周延儒再召。故太常寺少卿阮大鋮等合餽萬金。以大鋮逆案難之。故用士英。

庚辰。禮科都給事中沈胤培言謚典自崇禎二年發訪單。奄忽至今。乞剋期舉行。又羅倫謚文毅。岳正謚文肅。譚綸謚襄敏。唐龍謚文襄。亦列訪單。其溢于冊中。正恐遺于冊外。在禮部宜精心搜討。克副大典。

兵部司務朱濟賫敕同職方郎中馬紹愉往瀋陽講欵。建虜遣迎。時乘勝攻寧遠。總督范志完總兵吳三桂再戰。喝竿以講欵止師。緩攻退舍三十里。馬紹愉從養善木至瀋陽。喝竿郊勞設享。强紹愉謝。不爲屈。入館。供具甚盛。喝竿弟湯鷲泰及兵部尚書范文程來云。我憨他出。留二十日始還。旬餘。喝竿歸湯鷲泰等備述起兵之繇。南關負婚。天朝助彼侵我地。故有撫順淸河之役。又增兵殺僇我。我乃取遼陽廣寧。我猶未嘗忘和。屢致書袁崇煥不報。是以入永平遵化。又不遠千餘里至張家口求成于巡撫沈棨。俾我候命半載。又不報。復移書方一藻。又不報。乃入密雲。攻山東。寧遠治兵不已。我是以下松錦。今誠和幸甚。但薊遼宣大塞外屬夷。原撫賞銀一百四十八萬。仍還之。使不內犯。我獻參貂各五千。南朝以黃金一萬。折幣銀十萬相酬。歲爲常。紹愉折之再三。乃議撫賞交際准百萬。分寧遠東雙樹堡爲界。海上分長山島爲界。互市于連山。建虜唯唯。且去約九月不至則治兵。

辛巳。故山東左布政使桐城張秉文。贈太常寺卿。故山東濟南道副使黃岡周之訓。督糧道副使孝感鄧謙。贈光祿寺卿。故歷城知縣韓承宣。贈光祿寺卿。各廕子入國子監。

□□□□萬曰吉惧漕削籍。

癸未。李自成陷開縣亳州。

甲申。吏部請補建言遷謫諸臣。給事中姚思孝何楷李化龍陰潤李清莊鰲獻張作楫王之晉張焜芳李希沆劉湑王文企御史李模李曰輔周一敬林蘭友李右讜。先是大學士周延儒陳演請補閣員。下吏部。尚書李日宣謂故事廷推重詹翰。銓憲之長附之。年來中外兼用。命文選郎中盧化鰲會吏科都給事中章正宸河南道御史張煊擬八人。稍增至十三人。禮部右侍郎蔣德璟。詹事黃景昉。尚寶司卿姜曰廣。禮部右侍郎王錫衮。國子祭酒倪元璐。少詹事楊汝成。右諭德楊觀光。禮部右侍郎李紹賢。刑部尚書鄭三俊。吏部左侍郎劉宗周。兵部右侍郎吳甡。刑部右侍郎惠世揚。都察院左都御史王道直。

丁亥。命禮部攷樂律志。

禮科給事中戴明說請補謚故都察院左副都御史左光斗故大學士文震孟。不許。

誅陣逃總兵王樸。

戊子。孫從度爲國子祭酒。孫晉爲大理寺左少卿。

復松江知府方岳貢官。

都察院考試御史分三等。上實授。次仍試御史。止一差候覆考。次調用。爲李友梅廖惟義等。故有此命。

禮部右侍郎王錫衮請還眞人張應京等。不許。

庚寅。西城浚井得鳳陽中衛千戶所百戶所印。命詰失印之故。

丁酉。賀一龍復至廬州。劫府印。

是月。建虜西虜各運茶鹽布等歸巢。

癸巳。左金王合馬守應賀一龍趨潁州。以報壽州之役也。李栩偵知之。伏步兵于城東南二十里。栩以騎兵迎擊。戰于城南樊家店。伏兵繞其後。奮擊敗之。斬首千級。

六月紀朔。命吏部再推閣員。尚書李日宣參往營推至二三十人。因廣及之。禮部尚書林欲楫。少詹事謝德溥。詹事丘瑜。南京國子祭酒王廷垣。左庶子閔仲儼。刑部右侍郎徐石麒。都察院左副都御史房可壯。工部右侍郎宋玫。通政司使沈惟炳。大理寺卿張三謨。吏部尚書李日宣。日宣初未列名。上問閣臣。此故事何。外之也。故今列上。

庚子。禮部以禮科都給事中沈胤培請廣科額。遂加應天諸生解額十人。監生解額五人。順天諸生七人。監生八人。浙江江西福建湖廣各十人。山東河南山西陝西四川各八人。廣東六人。廣西雲貴各二人。

賀一龍左金王復入六安英霍山中。依林樾度夏。秋爽復出。以爲常。安廬州縣殘破者半。官吏咸攜印艤舟治事。城中荆塞斷烟。

辛丑。寇陷六安。

兵部職方郎中馬紹愉發瀋陽。至寧遠。以副書上本兵。上問閣臣周延儒。至再。終不對。上慨然起。時言路方攻本兵陳新甲。故延儒緘口不敢異同。又以脫後罪也。言者皆云。堂堂天朝。何至講欵。以重新甲罪。上始移尙矣。或云。紹愉至塔山高臺堡宴建虜使者。議不及開市。問之。曰。待老憨命也。喝竿至義州。責諸臣私通。欲殺使者。紹愉走免。蓋我舊將孔有德沮之。俟糧芻至。仍進兵。

談遷曰。欵議約百萬。此馬紹愉飾說也。夫舊賞百四十萬。僅百萬受成。則何諱之有。卽先帝亦降心以相從矣。其後徐冢宰石麒辨馬紹愉欵事云。我邊臣椎牛灑酒。張筵席十六。燕彼使。彼之酋長遣綱紀一美少年一龐眉皓首之老來會。絕不語及開市事。問之。則云待老憨命。及憨至義州。首詰諸酋長私與中國通。擬殺我使人。譯事者爲之祈請。叩頭乞哀。馬紹愉等抱頭竄歸。尚未見憝面。而今反飾稱親到瀋陽。不幾夢中囈語耶。噫。欵議于國事甚重。而使臣畏罪欺罔。故存其說不得不駁正之

壬寅。呂大器爲兵部右侍郎。添設。

發帑金五萬。戶部金十萬。及銀牌布幣。犒左良玉軍。

癸卯。宋繼登爲南京鴻臚寺卿。

甲辰。夜。革賊襲陷廬州。先間諜內應也。提學御史□□適臨試而遁。

乙巳。陳士奇爲右僉都御史。巡撫四川。

白貽清爲戶部左侍郎。張伯鯨仍右侍郎。回部。劉餘祐爲兵部左侍郎。馮元飈補右侍郎。李嵩爲太僕寺少卿。轄西路。

丙午。總督孫傳庭請練兵二萬。得旨。原議練兵五千。可以破賊。何以取盈二萬。且百萬之餉。安能卽濟。但得餉一月。便當卷甲出關。共圖殲蕩。不得過執取咎。

戊申。大學士賀逢聖致仕。

召會推閣員諸臣入對。賜饌畢。傳免。次日趣會推內未至者陛見。時林欲楫使還。趣之入。

故總督尚書洪承疇舍人陳應安等奏。去歲八月戰潰。家主坐困松城。乏食殺馬飼兵。忍飢苦守。及逆將夏成德開門獻城。家主被執。罵賊不屈。惟西向叩頭稱天王聖明。臣力已竭。死之。從來就義之正。未有如臣家主也。

談遷曰。松山之敗沒。洪總督之絕命未聞。中外無不曰洪氏惜賁志以死。雖三尺童子信其爲張許也。及蒼頭奏上。果不負所望。當世勞臣。强敏敢任。孰如洪氏。第匡濟大略。非其所長。則才識限之矣。語曰。闔棺事始定。天以完節付洪氏。卹典特優。天子望祭揮涕。嗚呼。可不謂振古豪傑乎哉。嗟乎。張春陷建虜。終不詘膝。朝

廷反覆削之。洪氏改面事仇。向非甲申南入。則誰或知其非張許也。蒼素變于意外。人不可料如此。宋王繼忠陷契丹。史無貶詞。蓋欵事之效也。洪氏有鑒于張春。隻字不通于中國。善于自全。其甘爲李陵者耶。

己酉。上稍不愈。

庚戌。崇明盜平。兵道程恂散其黨二千餘人。籍其兵四百四十人。

辛亥。免開封河南歸德汝州去年田租。

癸丑。大學士張四知致仕。

翰林院待詔林增志仍編修。

諭各省直停刑三年。

乙卯。赦侯恂爲兵部右侍郎兼右僉都御史。總督平薊等鎭援勦兵餉。改莊祖誨戶部左侍郎。總督省直勦寇糧餉。林日瑞爲右副都御史。巡撫甘肅。

故總督薊遼尚書洪承疇。贈少保。廕中書舍人。故巡撫遼東丘民仰。贈左都御史。廕子入國子監。各予祭葬。

丙辰。考選官蘇京王漢王燮召對明爽。俱試監察御史。

丁巳。召枚卜諸臣禮部尚書林欲楫等于中極殿。至則賜讌。上先御觀德殿試砲。時賀逢聖致仕。特召宴。別異數也。俄傳兵部尚書陳新甲吏部尚書李日宣都察院左都御史王道直入。上曰。昨兵部擬王漢蘇京王燮三御史出監河南軍。今部院即議上。又曰。昨御史梁士濟奏遵化巡撫王文清病。可速易。李日宣承旨。上問誰可易者。對大名道魏公韓。上曰。文清病。卿前何以推。對推時未病。前監軍三協。人地相習也。王道直曰。督師洪承疇向稱文清爲邊道第一。上命題三御史監軍。因御中極殿召枚卜諸臣。

戊午。禮部右侍郎蔣德璟詹事黃景昉兵部右侍郎吳甡並爲禮部尚書兼東閣大學士。直文淵閣。且責吏部。

會推大典當矢公矢愼勿濫勿遺。今乃稱詡徇情。如房可壯張三謨宋玫是否堪任。責回奏。

庚申。吏部回奏曰。前月十六日奉旨。初舉十三人。臣以爲多也。再推如房可壯宋玫張三謨。皆與論共稱。若任意徇私。義所不敢出。

前刑部左侍郎朱大啓卒。大啓字君輿。秀水人。萬曆庚戌進士。授南昌推官。進吏部驗封主事。改考功文選。歷考功員外郎。予告。天啓中改文選郎中。絕顧秉謙馮銓之私囑。又予告。崇禎初。起太常寺少卿。提督四夷館。明年。進太常寺卿。催餉江西。久之。拜大理寺卿。轉刑部右侍郎。改左。致仕。年七十八。予祭葬。贈刑部尙書。

辛酉。召廷臣于中左門。賜饌。上青袍。東宮及定王永王緋衣侍。上詰李日宣曰。朕兩年前曾諭諸臣。有寧背君父。不背私交。寧隳職業。不破情面兩語。今猶如故。昨枚卜猶徇情濫舉。大事如此。況其他乎。日宣奏辨。上又責吏科都給事中章正宸河南道御史張煊及房可壯宋玫張三謨。閣臣爲解曰。房可壯峻節有識。宋玫邃學習事。張三謨風裁持正。原不媿枚卜。上不聽。明日。下日宣等六人刑部獄。奪職。

前大學士張至發卒。至發字聖鵠。淄川人。萬曆辛丑進士。授□□知縣。擢御史。歷大理寺丞。順天府丞。光祿寺卿。刑部右侍郎。乙亥七月。改禮部左侍郎兼東閣大學士。丙子六月。進禮部尙書。十一月。進太子太保。丁丑。主禮闈。二月。改文淵閣大學士。六月。首輔。戊寅四月。致仕。己卯六月。存問。辛巳二月。再召。辭。允。卒。予祭葬。贈□□□□。

廣東道御史王漢監軍楚。蜀江西道御史蘇京監陝督軍。河南道御史王燮監軍陽懷。各剿寇。

黃州大水。

甲子。命吏部右侍郎雷躍龍改用。王錫袞爲吏部左侍郎。仍管右侍郎。署部事。錫袞力辭。上厲色曰。朕久知卿清正。大有才品。今日亦規避耶。錫袞始受命。

諭吏部都察院甄別各督撫換除。毋借題卸代。限十日。

命祭故總督洪承疇九壇。故巡撫丘民仰故總兵曹變蛟王廷臣各六壇。予葬議謚。合祠京師。諭近日死事文武大臣立壇。朕親致祭。

丙寅。金蘭爲太常寺少卿。

丁卯。吏部彙奏知兵諸臣。李繼貞史可法孫傳庭范志完黎玉田馬士英馮元颷王永吉守制李邦華潘臬金之俊魏公韓陳士英徐標郭景昌。罷官罪廢待起張鳳翔范景文趙光忭余應桂王鼇永馮師孔。有旨。李邦華服闋即用。金之俊等遇闕用。張鳳翔等赦罪復冠帶。革任則還職。俱令朝見。

戊辰。姜瓖爲征西將軍。署都督僉事總兵官鎮守大同。

李日宣等上章請罪。

是月。吏科給事中朱徽言四事。守令宜久任。而減俸之行取過濫。考選宜精嚴。而越職之陳請太紛。要地急銓除。而郡縣之起廢當核。人才須儲養。而師儒之選授宜隆。

巡撫山東右僉都御史王永吉奏。漕糧橫斂。皆收役爲之祟也。奸民以收役爲利藪。愚民以收役爲陷阱。欲除漕害。非革收役不可。然收役作弊。非弊源也。弊源則各衙門提差也。有一衙門則有幾十番差遣。有一番差遣則有幾百家擾害。提差取足于收役。收役取足于細民。雖欲不倍收。不可得也。欲除漕害。必革收役。欲清弊源。必革提差。既革收役。漕米何人催徵。臣則有官收里催之法。既革提差。何時完兌。則有分限認完之法。上是之。

□□道御史吳履中言皇上之失有二。曰大奸之罪狀未彰而身爲受過。圖治之綱領未挈而用志多分。何以言之。臨御之初。天下猶未大壞也。特用溫體仁。託嚴正之義。行娼嫉之私。使朝廷不得任人以治事。釀成禍源。體仁之罪也。專任楊嗣昌。恃款撫。加練餉。致民怨天怒。旱蝗盜賊。結成大亂之勢。楊嗣昌之罪也。皇上信任二人。二人恃其信任。售其奸欺。不知如何忠愛如何匪躬以自結于皇上。迨深信不疑。然後得爲所欲爲。無不如意。有執以罪彼。彼不任受。曰皇上自爲之。皇上亦曰。彼實未嘗專擅也。乃益深信不疑。是皇上爲二奸所誤而反代二奸受過也。誠暴其罪于天下。使知爲二奸所誤。未嘗自有闕失。亦收拾人心之大機也。至于圖治自有綱領。聖人撫世酬物因時制宜。如今日內治闕而後戎馬生。民生促而後寇盜起。向者虜逞于外而政治愈棼。寇起于內而賦斂愈急。是以生亂。今急宜反其所爲。省躬勵翼。蠲租解網。亂源已塞。急宜求治兵之人。眞能禦虜者任邊陲。眞能剿寇者辦內地。先了此兩大事。而治功可次第舉矣。

七月巳朔。諭通政司。急務卽註。特封進。

庚午。河南道御史張肯堂劾南京吏部尚書涂國鼎。勒致仕。

刑部擬李日宣等貢舉非其人律。擬杖。

辛未。敍東省剿逆功。進周延儒少師中極殿大學士。廕中書舍人。陳演太子少保戶部尚書武英殿大學士。

免長興逋租。

壬申。都察院考定御史潘世奇劉熙祚徐殿臣劉逵楊爾銘汪宗友李振聲曹溶徐一掄成友謙李瑞和沈向衞周胤倫之楷余日新陸清源一等。准實授。阮振中甯承勳次之。候覆考。蕭鳴美區聯芳張法廖惟義李友梅萬任又次之。別用。南京御史米壽圖王孫蕃一等。王國楠張希憲次之。王耀時又次之。廖惟義訐奏左都御史王道直去留任意。南京御史張希憲亦以爲言。各削籍。

甲戌。外戚田弘遇子敦吉授錦衣衞指揮使。

賀一龍毁廬州城。執參將譚世勛。

乙亥。李日宣章正宸張煊戍邊。房可壯宋玫張三謨削籍。且責刑部骫法徇縱。回奏。于是日宣戍重慶。正宸戍湖廣。張煊戍陝西。初大學士陳演所親廖惟一試御史。才庸甚。及考職。託左副都御史房可壯爲之地。不納。張煊又加厲焉。惟一坐調。演憾之。適上游西苑。召周延儒陳演。延儒辭足疾。演入舟中云。枚卜皆數人主持。故濫。上怒甚。欲重譴之。日宣詞氣不撓。始稍霽。

丙子。暫停河南鄉試。

戊寅。故□□□□楊觀光。贈南京工部右侍郎。故□□□□劉夢桂。贈都察院右副都御史。故□□□□周甘雨。贈都督僉事。

辛巳。沈惟炳爲工部右侍郎。

司禮太監齊本正提督東廠。王承恩提督勇衛營。

命總兵許定國以山西兵渡河援開封。兵潰于懷慶。李自成圍開封日久。先是西攻未破。士卒怯葸。一日逃數千。自成遂申約。但圍不攻。朝命孫傳庭以秦師出右。侯恂以晉師出左。互援。

兵部言驛傳事宜。命各撫按酌之。

戶部尚書傅永淳言屯田八事。曰軍屯。夫軍買官屯。民占軍地。奕葉相傳。不必問矣。但就冊報徵解。即以折色改徵本色。曰民屯。凡荒閒可耕之地。出示召募軍民商賈。願捐貲開墾者。給帖爲永業。其願耕無力者。照佃法給貲。秋成償而不息。待二年後起科。租制每畝三升。升用七合。斛用七斗。曰兵屯。有事用兵以戰。無事用兵以耕。宜以七分城守。三分屯田。曰商屯。依墾田多寡。頒給職銜。二百畝以上給冠帶。三百畝以上散官職銜。四百畝以上秩視百戶。五百畝以上視千戶。千畝以上視指揮僉事。曰水屯。招募南人習水利者。度其原隰。使地無曠土。水無遺利。三年後起科。曰陸屯。擇不毛之地。樹以桑棗。雜植榆柳諸木。隨其所便。給帖永不起科。曰罪廢開屯。能墾千畝准開戍。墾五百畝准雜流。墾三百畝准配。仍給冠帶。俱認地三年而止。照例察敍。曰設官。特遣大臣專理屯務。設屯官分理。寬以吏議。遲以歲月。俾便宜行事。上是之。

壬午。兵部左侍郎劉餘祐協理京營戎政。

故□□□平之賓贈國子監學錄。

彰德知府萬里爲舍人所弒。

癸未。楊汝成爲詹事。韓四維爲國子司業。

皇貴妃田氏薨。輟朝三日。妃父田弘遇嘗任千總。妻吳氏。倡也。養妃爲女。能書。最機警。居承乾宮。丁丑旱。上齋宿武英殿半月。俄欲還宮。妃遣人辭曰。政妾誕日不宜還也庚辰辛巳間。太監曹化淳買江南歌姬數人甚得嬖。累月不見妃。妃疏諫。上報曰。數月不見卿。學問大進。歌舞一事祖宗朝皆有之。非自朕始也。及薨。上悼恤有加。

甲申。吏部左侍郎王錫袞加服俸一級。錫袞前諷上事佛。寓規于愛云。

乙酉。諭吏部曰。近來有司不修守備。賊至輒陷原與衝鋒陣亡及持久力詘者不同。若概贈廕。何以奬勸忠勞。今後詳加分別。除異常義烈卹典取自上裁。其失事隕身。有司六七品贈監司五品。其五品贈監司四品。方面官贈京秩。著爲令。

郝晉爲順天府丞。

庚寅。故總督楊繩武贈兵部尚書。

設上江五郡糧道。

辛卯。刑科給事中翁元益論巡撫安慶鄭二陽總督鳳陽高斗光疏防玩寇。命俱逮之。

江山盜平。

甲午。戶部以流寇充斥。輸輓可慮。請就海運。上謂海運從權。非經久計。不許。

刑部左侍郎惠世揚罷。右侍郎徐石麒鐫二級。□□道御史徐殿臣言世揚以李日宣等議事而去。須略其耄過。始終曲宥。即不然。調南京或淮原銜休致。以全聖明求舊之意。不聽。

乙未。停鄉試副榜准貢。

丙申。太子少保刑部尚書鄭三俊改吏部尚書。

丁酉。兵部尚書陳新甲下獄。

詹事楊汝成署翰林院事。閔仲儼爲少詹事兼翰林院侍讀學士。丘瑜爲禮部右侍郎。

八月戊戌朔。祭太社太稷。

御史劉熙祚言故庶吉士張溥力學砥行。著述甚多。命進其刊本寫本。俱彙上。

己亥。李若星爲右僉都御史兼兵部左侍郎。仍總督。王都爲太常寺少卿。提督四夷館。

南京刑部尚書劉廣生罷。

薛敏忠爲都督僉事總兵官。鎭守薊鎭中協兼馬松喜大四路。

庚子。故□□□鄭茂華贈兵部右侍郎。故□□□□李有功贈太子少保。

仍優免諸生。

癸卯。吳麟徵爲吏科都給事中。

甲辰。侯恂仍以兵部右侍郎兼右僉都御史。總督保定山東河北軍務。幷轄平賊等鎭援剿官兵。恂奏寇患積十五年而始大。非可一朝圖也。由秦入豫。一敗汪喬年。再敗傅宗龍。而天下之强兵勁馬。皆爲賊有矣。賊騎數萬爲一隊。飄忽若風雨。過無堅城。因資于兵。官軍但尾其後。問所向而已。卒或及之。馬饋士飢。甚且以賜劍之靈。不能使閉城之縣令出門一見。運一束芻。餽一斛米。此其所以往往挫衄也。今賊氛告迫。全豫已陷其七八。藩王告救。望若雲霓。然自他日言之。中原爲天下腹心。自今日言之。乃糜破之區耳。自藩王言之。維城固重。自天下安危大計言之。則維城當不急于社稷。臣爲諸道統帥。身任平賊。豈可言舍汴不援。但臣所統七鎮。合之不過數萬之卒。而四鎮尚未到也。馮河而前。無論輕身非長子之義。亦使羣賊望之。測其虛實。玩易朝廷矣。賊中情形。臣已具悉。大約飢則聚掠。飽則棄餘。已因之糧。不知積嗇。地生之利。未閑屯種。且多久逋思歸。中宵雨泣。以衆積强。難驅攖其鋒。然其强易散。可恃久而定也。賊中聯營各部。如羅汝才一支。窺李自成有兼幷之心。陰相猜貳。而袁時中有步卒二三十萬。則已去而顯與爲敵矣。惟是彼之情實。難卒與我通。而當事秉鉞者。避欵賊之嫌。又皆畏首畏尾。不肯一擔當利害。爲國遠圖。以致機會之來。覿面坐失。此卽朝換一撫。夕易一督。而省臺言兵事之臣。章疏日數十上。豈能錙銖有濟哉。誠能省朝中議論。行閫外軍法。不顧責備。不徇人情。厚集兵力。養威蓄重。伺隙設間。潰其腹心。賊必變自內生。惟在任事之人。肯捐去形跡。一捨其身與否。而陛下聽之斷與不斷。任之力與不力耳。故爲今計。苟有確見。莫若以河南委之。令保定撫臣楊進山東撫臣王永吉北護河。鳳陽撫臣馬士英淮徐撫臣史可法南遏賊衝。而以秦督孫傳庭塞潼關。臣率左良玉固荆襄。凡此所以斷其奔逸之路也。臣鄉自賊中來者。皆言百萬。今且以人五十萬馬十萬計。人日食一升。馬日食三升。則是所至之處日得八千鍾粟也。中原赤地千里。望絕人烟。自茲以往。安所致此哉。目今兵强無過良玉。良玉爲臣舊部。每對臣使涕泣。有報效之心。三過臣里。皆向臣父叩頭。不敢擾及草木。私恩如此。豈肯負國。但從前督撫。駕馭乖方。兼之兵多食寡。調遣爲難。誠使臣得馳赴其軍。宣諭將士。鼓以忠義。用三楚之糧。養全鎮之兵。臣不就度支闕餉。陛下亦不必下軍令狀責取戰期。機有可乘。卽東出與孫傳庭合。羣賊腹背受攻。飢擾馳突。無所不相屠戮。必自降散。舍此不圖。而欲急已潰之中原。失可扼之險要。蛇豕肆釁。恐其禍有不止于藩王者。此社稷之憂。而非小小成敗之計也。

乙巳。刑部右侍郎徐石麒請獄鑰繳部堂稽驗出入。從之。

丁未。諭禮部。以祧廟贈后三歲不祭太廟。繼后三忌辰不祭。欲以本恩殿改建二殿。供祧廟帝后。禮科都給事中沈胤培言。禮有萬世之經。有一時之權。經者。太廟一帝一后。奉先殿亦一帝一后是也。權者。別殿之專享。奉先之列祔是也。自神祖來。繼后贈后皆以祔享爲成例。今欲建祧廟二。而又不在奉先殿之後。將以奉先祧殿名乎。抑以何名乎。在聖母可極尊榮。而不必同于列后。在列后宜俾孝享。而未免抑于祖宗。如魯立武宮煬宮。春秋皆大書特書。見其毀已久。不宜立而輒立焉。非卽遠有終之義矣。哀公三年書桓宮僖宮災。桓僖親盡矣。宮何以存。志其災以咎其復也。今祧廟三后。但不得祭于太廟奉先殿。而陵祭遣官。禴嘗之感。原未嘗不伸。必欲追罔極而事如存。則立別殿專祀聖母。援之閟宮之文。奉慈之建。猶爲合禮。幷忌日設祭服青。似宜分別久近。稍避祖宗。上是之。

己酉。禮科都給事中沈胤培復請行謚典。命禮部議上。

庚戌。御史王漢巡按河南。仍監軍接運。監勦御史王燮監軍陽朔。鼓厲援汴。嚴雲京召還。初。雲京知平原。通逆。存城敍功。以尚書李日宣枌榆。預考選巡按河南。前大學士謝陞發其奸。幷及日宣。故調雲京降用。餘不問。

安慶兵變。殺都指揮徐良憲。先是。副總兵廖應登領三千人。汪正國李自春各領千人。素騷擾。買怨。巡撫徐世蔭新至。民怵兵曰。爾將誅矣。時刑科給事中光時亨疏論應登宜申司馬法。邸抄先傳。遂難作。世蔭亟自南京諭悍卒。斬七人。徙應登兵太湖。正國兵桐城。

誅逃將楊德政。

刑科給事中左懋第言。楊德政正法。臣密緘駕帖還錦衣衞。次又奉御筆發科。臣又密緘藏垣中。凡係密封。皆不發抄。若不請明。誰敢宣布。而臣思此本密封。恐機一洩。罪帥或自引裁。今其人已誅。自當明正其罪。如此可聞可見之事。而反閉天下之耳目哉。臣因思各垣之密封似此者多。有必當密。有不必密。有可密于事先。不必密于事後。有當密于今日。不必密于明日。如制胡勦寇事關兵勢。何可不密也。如胡犯何邊。寇擾某地。動靜之情。勝敗之事。何必密也。況邸報之抄傳有定。道路之訛言無端。何可密也。胡已遁。寇已平。仍當使羣臣共知其策。此可密于事先而不必密于事後者也。罪人獲矣。必布其所逮之繇。正法矣。必布其所誅之故。此當密于今日而不必密於明日者也。乞敕下六垣并詳察施行。從之。

總兵牛成虎罷。率家丁四百人自効。

辛亥。馬守應賀一龍左金王連營光山羅山。一軍掠信陽。一軍犯麻城。仍與張獻忠合軍。

游擊趙崇新撫賊袁時中于夏邑。被殺。時中復佯就撫。突入蕭縣。執知縣以去。

壬子。停宗室換授。

張獻忠陷六安。

癸丑。范景文改刑部尙書。胡應台爲南京工部尙書。劉宗周爲都察院左都御史。

進新樂侯劉文炳少師。禮部尙書林欲楫太子少保。以閱陵也。

故兵部右侍郎劉之綸贈尙書。

甲寅。諭邊畿各督撫。卽檄有司令民收穫入城。遠則移駐大村。毋藉寇。

諭戶部曰。朕頃集廷議。嘉意興屯。念明春播種。急需子粒。事屬創始。不忍重累民間。今畿輔河北豐稔。可及時收糴預儲。特發御前銀十萬。分買嘉穀收貯報完。俟專收有司就近支動。歲豐既可平糴。穀賤不至傷農。公私兼濟。莫善于此。

戊午。何瑞徵爲少詹事。淸理貼黃。

起陳子壯禮部右侍郎。禮科給事中姜埰劾子壯不宜用。從之。

己未。加范志完總理薊遼軍務兼制昌通保登天津兵部左侍郎兼右僉都御史。

王定爲征西將軍左都督總兵官。鎭守延綏。

庚申。趙維岳爲通政司使。潘永圖爲右僉都御史。整飭薊州邊備。巡撫順天。

癸亥。蠲濟南兗州東昌及濮州等逋租。

工部尙書周堪賡罷。

乙丑。赦黃道周復任少詹事。時周延儒承上眷最深。凡上怒莫能挽回。延儒能談言微中。先是道周在獄。人謂必不可救。延儒以微詞挽之。得減戍。至是上偶言及岳飛事。歎曰。安得將如岳飛者而用之。延儒曰。岳飛自是名將。然其破女直事。史或多虛張。卽如黃道周之爲人。傳之史冊。不免曰其不用也。天下惜之。上默然。甫還宮。卽傳旨復官。

丙寅。職方郎中張若麒下獄論死。

前大學士施鳳來卒。鳳來字羽王。平湖人。萬曆丁未進士及第。授翰林院編修。戊午。轉南京國子司業。□中允。天啓初進□諭德兼侍讀學士。管理誥敕。癸亥。少詹事。甲子。詹事。七月。禮部右侍郎。乙丑。轉左。署翰林院事。丙寅。進禮部尙書兼東閣大學士。丁卯。進少師兼太子太師吏部尙書中極殿大學士。歷首輔。依違逆璫。上登極。心薄之。引去。名隷黨籍。

丁卯。余文熠爲大理寺右寺丞。

巡撫福建右僉都御史蕭奕輔罷。

刑科右給事中陳啓新匿喪被劾。下撫按訊之。尋遁。

總督丁啓睿屢潰逃。失敕印逮下獄。總督楊文岳以朱仙鎭之敗亦免。

是月。開封圍久食匱。人相食。周王先後捐金一百二十餘萬。復捐歲祿以養兵。宮人咸有飢色。詔總兵劉澤清援之。劉澤清以朱家寨距城八里。提五千兵渡河。依河爲營。列水環之。達于大隄。築甬道以運糧。則救援可濟。遂先後列營。寇攻三日夜。諸兵不至。遂引去。先是開封北十里枕黃河。巡撫高名衡推官黃澍等議鑿渠通運。且引河水環濠以自固。更決隄灌賊。立見其遁也。渠遂成。

李自成陷歸德。殺推官王世琇。世琇字崑良。淸苑人。崇禎丁丑進士。時秩滿。擢工部主事。未行。角賊被殺。弘光時。贈禮部儀制主事。又貢士徐作霖死之。作霖庚午鄉試第一。

九月戊朔己巳。設屯官。

壬申。葛徵奇爲光祿寺卿。李世祺爲太僕寺少卿。轄京營。

癸酉。顧錫疇爲南京禮部右侍郞。雷躍龍改南京吏部右侍郞。倪元璐爲兵部右侍郞兼翰林院侍讀學士。

陳必謙爲工部右侍郞。張瑋爲都察院左副都御史。張鳳翮爲右僉都御史。巡撫江西。黃配玄爲右僉都御史。

協理勦寇軍務。巡撫安慶池廬太平。

寇焚樅陽鎭。奪舟數百。

甲戌。命備十五騎于西華門。候急傳。

乙亥。故左都督蕭如薰贈太子太保。

戶科給事中楊枝起言開荒事宜。上命以中書舍人陳龍正墾荒地議故給事中徐貞明水道攷治水疏進覽。

丙子。復趙士春翰林院編修。

丁丑。故□部尚書蔡思充。贈太子少保。故□□□王心學。贈河南按察副使。各廕子入國子監。

戊寅。榮府富城王常涏等言仁和王由棓慘殺四王。狀章下禮部議之。

己卯。金光宸爲左僉都御史。李遇知改南京吏部尚書。

設屯田官。以金之俊爲右僉都御史。總理京東山永天津宣大屯務。

辛巳。張國維爲兵部尚書。

故國子祭酒南居仁。贈禮部右侍郎。廕子入國子監。

禮科給事中宋之普削籍。下刑部。時之普父鳴梧任都察院左僉都御史。不引避。

復劉同升翰林院修撰。

壬午。夜。河決開封之朱家寨。溢城北。

戊子。採良家女充九嬪。刑科給事中光時亨請緩之。俟寇平舉行。從之。

己丑。刑部署部事右侍郎徐石麒言。罪樞陳新甲奏辨。一曰有例。再曰有例。不知親藩纍寄寇刃。百姓駢衅腥原。城邑叠見丘墟。兵士惟聞逃潰。此中樞所未有之罪也。春秋之義。人臣無境外之交。今專擅議款。未聞奏請。瞽師頻遣。用張若麒以掣任事之肘。嗾石鳳臺以露掀疑之端。今日百口將誰欺乎。上令覆奏。石麒立奏。上明日誅陳新甲。初。周延儒入其賄。營解甚力。面奏國法。大司馬兵不臨城不斬。上曰。他邊疆卽勿論。僇辱我親藩七。焉不甚于薄城乎。延儒語塞。陳新甲字□□。四川□□人。萬曆壬子貢士。

談遷曰。陳司馬甚辨有口。頗諳疆事。羽書狎至。裁答如流。案無留牘。後人莫之及。其禍兆于主款。時天子亦心動。不欲外著。宜興預其謀而又避之。聽至尊自爲計。事成則分其功。事敗則委之司馬。司馬無識。所遣張若麒。輩僥倖一擲。盡撤藩籬。昔丁汝夔以怵分宜敗。陳司馬以媚宜興亦敗。大臣不深爲社稷慮。惟私旨是徇。鮮有不覆者。況搶攘危急之秋哉。

庚寅。白貽清爲戶部尚書。總督倉場。黄希憲爲工部右侍郎兼右僉都御史。總理河道。仍加兵部右侍郎。提督徐臨津通四鎮漕餉。

仍選庶吉士。

浙江海道副使前兵部郎中盧若騰奏。臣八月抵臨清。見內臣田國興聯舟二十四艘。役九百餘人。擾驛阻閘。上命司禮監覈其郵符。

辛卯。南京戶部右侍郎熊奮渭免。

復南京太常光祿寺少卿。

前翰林院侍講徐時泰太僕寺卿潘雲翼上章自理。戶科給事中廖國遴劾其以逆案思逞。命逐回。

河決開封。水大溢灌城。先十日。周王恭枵及諸王走磁州。以巡按御史王漢舟迎之也。巡撫高名衡等俱北渡。文武吏卒各奔避。士民僅存者百不一二。全城俱溺。賊所屯地高獨全。蓋黃河秋時嘗漲。開封推官黃澍鑿渠道之。忽橫溢。淪溺數十萬人。無不切齒者。後水大半入渦入泗入淮。與故河分流。邳亳皆災。前太常寺少卿鄢陵梁克從舉家溺死。克從萬曆戊戌進士。

都督僉事黃得功敗流賊于潛山之小市。

乙未。上召對應牌諸臣張鳳翔等。問以兵事。鳳翔但陳水陸艱狀以諉飾。下吏部詰所薦者。疏上。有黔技已窮等語。周延儒擬旨切責之。單言耳。創尋補官。

丙申。黃應選爲都督僉事總兵官。鎮守臨洮。

十月戊戌朔。總督漕運史可法言。海運在得人。不在增設官屬。上悅之。

左營副總兵廖應登見史可法于廬州。回至舒城。寇百餘騎執之。

己亥。張獻忠攻襄陽。平賊將軍左良玉即夜乘舟去。撫治鄖陽右僉都御史王永祚監軍僉事熊飛俱遁。

辛丑。巡按湖廣御史汪承詔奏賊由四川出犯。上責沿塗守臣何不防禦。

壬寅。錦衣衞都督僉事駱養性進都督同知。

甲辰。命纂修曆法。

楊國法所作火龍車砲矢等。待九日試觀德殿。

丙午。劉良佐敗張獻忠于潛山。得馬五千。救回難民萬人。斬首六千餘級。

戊申。惠王出奔。巡撫偏沅陳睿謨以護藩行。

寇攻桐城。

庚戌。賜貧民米布。

壬子。張肯堂爲右僉都御史巡撫福建。

甲寅。王聚奎爲光祿寺少卿。

寇攻安慶。先作鹽客泊河下。陷之。

乙卯。刑部署部事右侍郎徐石麒奏請清獄。令各撫按造冊呈覽。從之。

丙辰。刑部覆刑科右給侍中左懋第疏楊德政等重案結後皆即請旨發抄。惟是塘報一事。實有可商。南北多故。人情易搖。秘不抄傳。似無再計。第往往有朝廷未知。紳士未知。而愚夫婦先知之。發千里之外。而秘一堂之上。勢必不能。徒資狡獪欺飾之藉。生通國風影之疑耳。不密不可。密之不能。且奈之何。傳曰。明民而民愚。斟酌權實以神其用。倘費丙夜之前籌也。

丁巳。范景文改工部尚書。曾櫻爲南京工部右侍郎。鄭瑄爲右僉都御史。提督軍務兼巡撫應天。錢天錫爲右僉都御史。巡撫密雲提督軍務。

戊午。誅司禮太監劉元斌。先是元斌監軍。盜恣焚掠。及論辟。未得旨。即奏辨南京□□道御史王孫蕃劾洩漏密旨。上怒。并誅王裕民。或曰此王德化駱養性交通政府爲之也。

己未。故大學士何如寵。贈太保。

辛酉。浙江左布政使李佺臺爲南京鴻臚寺卿。

壬戌。諭禮部同詹事翰林等官覆議祀典。禮部言祧廟不宜創建。欲立奉親殿奉安御容。先帝貞皇后居中。孝和左之。聖母右之。薦享如儀。太常寺卿張忻請奉先殿後奉三后。大祫補一祭。禮科都給事中沈胤培言。貞皇帝后太廟有時享。奉先有常儀。復立奉親殿。亡論于宗廟有豐禰之嫌。且帝后皆以合享祖宗爲尊。至降從別殿。恐先帝聖母之心不安。臣愚莫若修復孝宗奉慈殿。爲安奉慈之建。本爲孝肅孝穆而設。世宗以孝惠祔焉。正今日祧廟之三后也。一整飭奉安而大禮畢矣。

駙馬都尉鞏永圖請上建文君謚號。下部科議。不果行。

乙丑。常延齡嗣懷遠侯。

增明年會試額六十人。

丙寅。漕欠崇禎八年以上准蠲。其九年追十之一。其十二年半追。

李自成羅汝才復陷南陽。屠之。合兵趨汝寧。孫傳庭以兵敗上書自劾。詔圖功自贖。

十一月躬朔。故大學士文震孟贈禮部尚書。故少詹事姚希孟贈禮部右侍郎。各廕子入國子監。故巡撫寧夏右副都御史焦馨。贈工部右侍郎。

永城故總兵劉超叛。超由武科歷貴州總兵官。家居。所收家丁。故羣盜也。同里故御史魏景琦蒼頭與家人爭詬而鬨。超見景琦謝過。語次。家丁抽刃殺景琦。屠其全家。勢不自制。并殺貢士喬明楷。據城反。

戊辰。召開封府推官黃澍。澍利口。諉鑿渠事于李自成。授江西道御史。

諭河南撫按賑濟難民。

己巳。命總理河道兵部右侍郎黃希憲治河。塞決口。

張應登爲鎮朔將軍署都督僉事總兵官鎮守宣府。盧天福仍總兵官鎮守山海關。

中書舍人陳龍正上墾荒議及先臣徐貞明水道攷治水疏。命付金之俊酌之。

庚午。發十萬金。命御史黃澍往河南賜周王三萬金。餘賑宗室兵民。澍乾沒二萬七千金有奇。寄衞輝庫中。甲申三月。潞王南奔。是銀爲總兵卜從善得之。蓋因知府文運衡與守城都司劉□□相訐發其事。

□科給事中陳燕貽劾黃澍決水灌城之失。不問。

都察院左都御史劉宗周言六事。曰建道揆。京師首善之地。先臣馮從吾立首善書院。竟以是罷。臣請亟復書院。以京師子弟之秀者肄業。仰照聖明興道致治之意。曰貞法守。國初高皇帝不廢重典。以懲巨惡。有錦衣之獄。及讀老氏凡民不畏死。奈何以死懼之。立命焚錦衣衞刑具。歸獄法司。東廠亦國初定都時偶行之。皇上御極以來。此曹猶肆羅織之威。自以風聞事件上塵睿覽。請令一切獄詞專聽法司。不必另下錦衣。其或不公不法。蹤跡彰著者。獨許臣衙門及五城御史覺察。庶朝廷享清寧之福。曰崇國體。今尙書侍郎。名位雖尊。朝而受事。夕繫囹圄。則當其受事之日。人人以囹圄待之。曰此五日京兆者。下陵上替。轉相效尤。等而進之。王公一階耳。此臣所爲寒心也。請今之大臣自三品而上犯罪者。九卿科道會詳之後。乃付司寇。司寇議定坐誅。始得收繫。其他卽以其罪行遣。此于僇辱之中不忘禮遇之意也。曰清伏奸。前此枚卜之舉。朝堂禁地。忽有以匿名揭告者。今請此等除匿名文字。一切立毀不問。朝紳交通近侍。踪跡顯著者。不妨寘于典刑。此外大小臣僚。不論見任廢籍。或借事以呈身。或假途以干進。白簡從事。立破奸謀矣。曰懲官邪。京師士大夫與外官交際。自臣通籍。有科三道四之說。說者已爲穢嘔。皇上加意澄清。豈知禁愈嚴而犯者愈衆。情愈巧。頃者薛國觀敗。人心稍有警惕。若猶未也。但有輦金入長安者。臣必爲風聞彈劾之。立致三尺。曰飭吏治。今日吏治之敗。無如催科。而火耗詞訟贖鍰。已復爲常例。未厭也。乃至朝廷頒一令。則一令即爲奧獵之始。地方有一事。則一事即爲科斂之藉。至于營陞謝薦。巡方御史尤甚。臣第責令地方但令巡方不要錢。則自巡撫而下皆不要錢。以風憲受贓之律爲回道考察第一義。吏治當有起乎。上是之。

建虜大舉入犯。分入墻子路界嶺青山。

辛未。巡撫河南右僉都御史高名衡免。

壬申。袁繼咸爲右僉都御史。仍充爲事官。總理河北山陝屯務。

癸酉。建虜陷遷安三河。犯平谷知縣周攀第先伏河岸砲却之。時分道一趨通州。一自柳樹澗趨天津。

甲戌。建虜屯永平之臺頭。

諭九卿科道舉堪督師大將者。于是太子少保吏部尚書鄭三俊舉南京都察院右都御史李邦華左都御史劉宗周自代。少詹事黃道周備幃幄。總督漕運戶部右侍郎史可法巡撫天津四川右僉都御史馮元颺陳士奇堪督師。餘各舉有差。

乙亥。建虜犯通州京師戒嚴。勳臣分守九門。

金之俊爲右僉都御史。出鎮昌平。吳家周爲尚寶司卿。

丙子。徐石麒爲刑部尚書。趙光抃爲兵部右侍郎兼右僉都御史。總督關薊通津軍務。王漢爲右僉都御史。巡撫河南。毛士龍爲太僕寺少卿。轄東路。

寧武總兵許定國下獄論死。前以千人援河南。兵潰道掠也。寧武兵善譁。調河南。又補一總兵。或曰是導之逃縱也。

兵部尚書張國維抵任。時左侍郎馮元飈引疾。右侍郎劉餘祐被劾。

建虜薄薊州。

丁丑。王鰲永爲右僉都御史。出鎭通州。

諭京堂科道上措餉城守事宜。時報建虜六萬攻寧遠。進界嶺口。六萬攻山海關。進青山口。又五萬進薊州。皆虛報也。實二萬騎入墻子嶺。

戊寅。命運通州倉粟俾京營各衞關支。惠安伯張慶臻運炭西山。給趙光抃四萬金。太監王承恩提督城守。

張獻忠圍桐城。知縣張利民力拒之。

己卯。兵部檄各省直勤王兵入援。

建虜陷薊州。

張獻忠陷黃梅。

庚辰。募運張灣各關囤米。以一石入京者給四斗。餘倍之。聽營軍家人代運。

壬午。建虜盡入內地。分往眞定河間香河。

癸未。召考選官面問兵食。即註官。時敏李永茂傅振鐸龔鼎孳曹良直周而淳俱兵科給事中。立往眞定順德廣平大名保定河間料理城守。堅壁淸野。申芝芳袁彭年俱禮科給事中。郝綱刑科給事中。陳燕翼彭琯工科給事中。初。固始知縣時敏轉□部主事。因禮部儀制主事吳昌時賂周延儒。自奏固始禦寇。求考選。得首對。上面詿御史敏出語人曰。安能以獸補向人乎。是夕。周延儒揭入。改給事中。

甲申。發帑金十萬資餉。

周延儒薦前大學士同年王應熊。延儒知外漸有異議。故薦以自代。蓋資其辣手爲援也。上從之。命召應熊。

姜瑄爲署都督僉事總兵官。鎮守保定。

襄城伯李國楨選練官舍。

李自成袁時中陷襄陽。平賊將軍左良玉斂兵東下。

丁亥。令薊鎮東西兩協唐通等合兵策應薊州。

命山東總兵官劉澤清入援。太監盧九德防護鳳泗。

戊子。特給營軍胖衣。

張獻忠陷無爲州。

庚寅。吏部尙書鄭三俊言海州知州周諫貪虐。山東提學□□錢啓忠通賄。各削籍。下臺訊。

癸巳。起張鳳翔兵部左侍郎。張伯鯨改右侍郎。並添註。

兵部職方主事馬紹愉削籍。

甲午。沈惟炳改吏部左侍郎。郭景昌爲右僉都御史。巡撫湖廣。

姜曰廣爲南京詹事府詹事兼翰林院侍讀。吳太沖爲右春坊右中允兼翰林院編修。

是月。曹縣婦產兒。兩頭。項上有眼。角。手過膝。

閏十一月酉朔。戊戌。張忻爲□部右侍郎。

庚子。發帑金二十萬市粟。

辛丑。故□□□盛以恆。贈河南按察副使。故□□□商學志。贈河南布政司右參議。

詔曰。比者災害頻仍。干戈擾攘。興思禍變。宵旰靡寧。實皆朕不德之所致也。罪在朕躬。勿敢自寬。自今日爲始。朕敬于宮中默告上帝。修省戴罪視事。務期殲胡平寇以贖罪戾。惟二祖舊制。令每日朝畢。勳戚文武諸司等奏事者。赴弘政門報名候召。

總督保定侯恂巡撫保定楊進。免。罷總督不設。山東兵備僉事丘祖德爲右僉都御史巡撫山東。徐淮河道參議徐標爲右僉都御史。巡撫保定。

壬寅。建虜攻河間。明日分向臨清。

甲辰。建虜陷霸州。兵備僉事河津趙煇。霸州同知南安丁師羲死之。煇字令質。崇禎甲戌進士。後贈光祿寺卿。師羲字象先。選貢生。後贈山東右參議。又霸州人前常鎭道參政李時莞預城守。被執不屈死。後贈太常寺卿。

乙巳。建虜陷文安。

丙午。建虜自青縣趨長蘆。

戊申。建虜陷臨清。兵道□□□總兵劉源清俱自經。殺戶部郞中陳興言。知州□□□同知陵川路如瀛。判官臨川徐應芳。吏目蕭山陳翔龍。及前總督宣大兵部右侍郞張宗衡。太常寺少卿張振秀。□□□邢太吉。前臨汾知縣尹任。

己酉。李自成合諸賊圍汝寧。監軍孔貞會以川兵屯城東。楊文岳以保定兵屯城西。賊攻一晝夜。川兵潰。保定兵亦敗。

庚戌。賊戴扉環攻。雲梯百道並登。執總督楊文岳及兵備僉事王世琮。文岳世琮駡賊。賊以大砲擊之。糜骨以死。文岳南充人。萬曆己未進士。世琮達州人。天啓甲子貢士。初授河南推官。屢卻賊。射矢貫耳不動。號王鐵耳。

賊屠士民數萬。燔邸舍無遺。掠崇王由樻河陽王由材及世子慈烻次子慈烜諸王妃嬪以行。後同遇害于泌陽。

都察院左都御史劉宗周。以太僕寺少卿武英殿中書舍人王育民爲戶部員外郎孫順通賂。因自劾命下育民順獄。

建虜陷阜城。殺知縣呂大成。

壬子。建虜陷景州。

甲寅。建虜陷河間。參議慈谿趙珽知府曲阜顏胤紹知縣文水陳三接死之。珽字秉圭。崇禎戊辰進士。胤紹字永胤。復聖六十五代孫。崇禎戊辰進士。三接字君禮。崇禎庚辰進士。贈山東僉事。

戊午。建虜攻東昌。劉澤清禦卻之。遂西攻冠縣。

庚申。倪思輝爲南京戶部右侍郎。兼右僉都御史。總督糧儲。朱統鉓爲南京國子祭酒。

禮科給事中姜埰下鎮撫司獄。先是上戒諭言官。又時有匿名書二十四氣之說隱詆朝士。埰言皇上修省罪己。又致誡言官。豈有厭薄之心哉。惟視言官獨重。故望之獨切。言官中豈無忠讜如賈生流涕者。或持論太急無當聖心。此言官之過也。聖諭云代人規卸。爲人出脫。安敢謂盡無其事。臣獨展轉而不得其故。皇上何所聞而云然乎。或于章奏知之。抑偶爲懸揣也。如二十四氣蜚語騰播。必大奸巨慝惡言官而思中之。謂不重其罪不能激皇上之怒。箝言官之口。後將爭效寒蟬。壅蔽天聽。誰爲皇上言之哉。上大怒。蓋有挑激之也。

蔣振辰李成玉趙巽魏瑎黃耳鼎劉憲章任天成裴希度傅景星李挺鄭楚勛熊世懿楊若橋吳文英李直何綸喻志虞爲試監察御史。羅萬象爲南京戶科給事中。孫鳳毛朱國昌周元泰爲南京試監察御史。

總督范志完兵至河間淫掠。

亥刻。拱極城刀仗有火光。二寸許。

辛酉。建虜自臨清分五道。本部趨東昌。孔有德趨莘縣。佟□□□□□□巢丕昌趨館陶。祖洪基趨高唐。

壬戌。建虜攻清豐。

癸亥。建虜犯張秋。其西路至大名不攻。

甲子。召廷臣于中左門。問禦胡及用督撫。都察院左都御史劉宗周曰。使貪使詐。此最誤事。督撫須極廉。一介不取。上曰。亦須論才。宗周退。御史周燦請逮行間諸臣不用命者。戶科給事中廖國遴糾總督江禹緒委卸。御史楊若橋舉西洋人湯若望演習火器。劉宗周進曰。唐宋以前用兵。未聞火器。自有火器。輒依爲勁。誤專在此。上曰。火器終爲中國之長技。宗周曰。湯若望以一夷人。有何實用。據首善書院爲曆局。非春秋賤夷之義。乞令還國。毋使誑惑。上曰。彼遠夷無斥遣之理。上色既不懌。命宗周退。又諸臣奏對。上色漸解。宗周又進。請釋姜埰熊開元。云廠衞不可輕信。是朝廷有私刑也。上色怒。仰視殿梁曰。東廠錦衣衞俱爲朝廷問刑。何公何私乎。宗周抗論不屈。左副都御史金光宸言宗周無他意。上益怒。責宗周。免冠謝。徐起退。先是。行人右司副熊開元求獨對。召入德政殿。求屏閣臣。周延儒求退。不許。開元所奏。大抵摘延儒之失。退命補牘。明日奏周延儒以釋纍囚。蠲宿逋。起廢籍。奉行德意。自謂有裨于聖德。有功于人才。賢人君子皆其引用。偶有不平。私相慨歎而已。孰敢起而攻之。願皇上徧召廷臣。問延儒賢否。卽以所論賢否定其人之賢否。不浹日間。延儒心事可明。諸臣流品亦別。于以察吏安民。誅凶除暴。天下之治。端在于此。若皇上不加體察。一時將吏狃于情賄。雖民窮盜起。失地喪師。皆得無罪。誰復爲皇上捐軀報國者。上怒。下鎭撫司詰主使。周延儒引退。手敕慰留。初。開元出朝。禮部儀制主事吳昌時力沮之。雖補牘。未敢盡。在獄列款以奏。鎭撫司不以聞。嚴刑之下。蒙蔽反甚。

談遷曰。昔人云。觸忤貴臣。禍在不測。宜興方得君。羣情翕附。熊開元能冒大諱。宜侃侃指斥。如朱雲唐介。政其會也。乃極慮平昔。蒽□俄頃。徽詞逢怒。又補牘未詳所對。見賣權黨。終被拷掠。有違初志。非批鱗之難其人耶。

左良玉自朱仙鎭南潰。久屯襄陽。諸降卒附之衆二十萬。其餼于官者僅二萬五千餘。因糧村落。襄人不聊生。

工科給事中陳燕翼上言兵餉單匱之由。往年薛國觀等舍剛正之士。別用邊才。利口雄貲。競推方略。至督撫大吏。冒濫會推。冀幸數年優游。建牙。故不憚重賂。求薦呈身。及鼠腹已盈。秋風蠢動。又不惜多金乞彈劾。爲游說。陛下設廠衞緝奸。卽因廠衞爲介紹。耳目託近侍。卽因近侍爲援引。陛下經年籌兵。經年措餉。不知此輩平日所輦輸得官者。皆陛下之兵所滿載而候代者。卽陛下之餉也。陛下深居法宮。亦曾憬然悟此與左右大臣發憤改圖。庶幾快心于一戰也。昔楚子文自毀其家以紓楚國之難。張良不愛萬金之貲報仇强秦。今何煩此輩毀家。但稍留餘地。亦何用此輩捐資。但稍存人理耳。

翰林院修撰魏藻德上言兵事。上善之。

李自成袁時中攻舞陽。不克。

十二月丙寅朔。李自成羅汝才合兵四十萬由唐縣而西。左良玉營襄陽近郊。造戰艦于襄樊。人怨其淫掠。縱火焚之。良玉怒。掠賈舟載貲拏其中。而身率諸將營樊城高阜。賊勢旣盛。襄民咸焚香牛酒以迎。

丁卯。建虜自長垣趨曹濮。別部抵青州。陷臨淄。知縣文昌時闔室自焚死。

戊辰。建虜陷陽信。殺知縣張予卿。

李自成至樊城。左良玉以砲殺賊千餘騎。拔營而南。懼賊不敢復與爭鋒。鄖撫王永祚棄城走。

己巳。建虜攻濟寧。拒卻之。

李自成陷襄陽。唐王□□襄王常澄俱走免。平賊將軍左良玉拔營南走承天。賊分兵陷夷陵宜城荆門。向荆州。

辛未。許雜流廢弁赴兵部具畫。毋自請。

建虜陷濱州。

壬申。孟兆祥爲太僕寺卿。

惠王避岳州。

癸酉。建虜陷兗州。執魯王以派。脅金至盡。自經。王性孝謹。事父肅王。依依不刻離。崇禎十年三月。肅王疾甚。以派計無出。晝禱于廟。夜半若有告語者。刲股和羹以進。而瘥。詔旌之。越二年。肅王薨。以派毀瘠。骨立。送葬徒步百里外。終喪蔬食。及進封。折節下士。嘗飲香界園。曰。白氣魯分野。恐變在年內也。至是城破遇害。子一。同日死。左長史俞起蛟及兵備道王維新知府鄧蕃錫同知內黃樊吉人管河潼川譚絲富順曾文蔚總河監紀同知閻調鼎推官李昌期滋陽知縣郝芳聲副總兵丁文明滋陽吏科左給事中范淑泰等死之。維新後贈光祿寺卿。蕃錫字晉伯。金壇人。崇禎甲戌進士。贈太僕寺卿。李昌期字穉隆。永平人。崇禎丁丑進士。贈山東按察僉事。郝芳聲字香宇。忻人。崇禎庚辰進士。贈山東按察僉事。范淑泰字通也。崇禎戊辰進士。贈太僕寺少卿。各廕子入國子監。按察僉事李恪逃城外。敵退。倉皇入城。爲土寇所殺。

是日巳刻。建虜分兵上泰安青州魚臺武城金鄉單縣。俱陷。

甲戌。偏沅巡撫陳睿謨棄荆州。奉惠王常潤走湘潭。李自成遣馬守應據夷陵。以犯澧州。賀一龍趨德安。以窺黃州。一龍至黃陂。阻水不前。止收左良玉殘兵八百人而回。先見羅汝才。自成大恨之。

諭羣臣戴罪修省。

建虜陷沭陽。

乙亥。建虜連陷沂州豐縣。殺豐縣知縣劉光。先一日。來二千餘騎屯城西。不攻。夜有人自敵營逸。語城上人曰。彼且梯攻。不之信。又逸者曰。梯成立攻矣。又逃婦出曰。彼盡甲矣。卽至也。昧爽。突攻西南隅。方禦之。忽梯登西北隅入焉。

丙子。廷杖給事中姜埰行人右司副熊開元。仍下鎭撫司。

復保定提督都御史。議練兵三萬。餉九十二萬七千金有奇。

巡撫遼東右僉都御史黎玉田請定經制。裁虛糜。從之。

仍設監軍御史。蔣拱宸監薊鎭。魏廷瑄監督師。總兵張汝行仍鎭守通州。

吏科都給事中吳麟徵等會議要地督撫。督師范志完順天巡撫潘永圖宜逮。山永巡撫馬成名宣大總督江禹緒宣府巡撫李鑑宜罷。陝西巡撫蔡官治宜謫。陝西總督孫傳庭宜留。江西巡撫張鳳翮被論。偏沅巡撫陳睿謨衰邁。廣西巡撫林贄宜去。上從之。

丁丑。夜。張獻忠陷太湖。殺知縣楊春芳典史陳知訓教諭沈鴻起訓導晏懋履。

戊寅。都察院左都御史劉宗周削籍。左副都御史金光宸降調。吏部尙書鄭三俊刑部尙書徐石麒各疏救。不聽。貢士海寧祝淵奏寬宗周。有旨停淵會試。

建虜陷蒙陰泗水滕縣。

庚辰。吏部特舉中外才望諸臣。

吳國華爲南京國子司業。

撫治鄖陽右僉都御史王永祚免。

辛巳。李自成至荆州。士民開門迎之。湘陰王儼鉀全家遇害。棗陽令郭裕宜城令陳美穀城令周建中光化令萬敬宗皆城破不屈死。

癸未。建虜圍海州。

甲申。巡撫順天潘永圖提督三關馬成名免。

發帑金二萬佐光祿寺煩費。

乙酉。孫傳庭請入援因防河南不許。

丙戌。禮部尚書林欲楫考績進太子太保。

丁亥。平賊將軍左良玉渡江避入武昌。恣殺掠。倡爲據江扼勦之計。

戊子。李邦華改都察院左都御史。丘瑜楊汝成爲禮部左右侍郎。孫晉爲兵部右侍郎兼右僉都御史。總督宣大山西軍務。

己丑。工部右侍郎周堪賡兼右僉都御史。督修汴河兼管河南山東鳳陽淮徐河工。給十萬金。

故□□□□于玉立。贈太僕寺少卿。

建虜陷滕縣。殺知縣吳良能。

辛卯。吳履中爲大理寺左寺丞。

癸巳。建虜陷贑榆。

甲午。山東武德道僉事雷演祚奏行間情形及督師范志完縱掠索餉在德州如此。沿塗可知。

建虜陷嶧縣。

乙未。李自成至承天。

建虜陷郯城。

寇破桐城。屠之。

李自成攻顯陵。焚享殿。

# 國榷卷九十九

癸未崇禎十六年

正月輛朔。命各督撫圖功自贖。

建虜攻開州。

丁酉。李自成陷承天。總兵錢中選戰沒。巡撫湖廣右僉都御史宋一鶴自經。知府扶風王瑛留守宣府沈壽崇鍾祥知縣建昌蕭漢死之。漢字雲濤。崇禎丁丑進士。知鍾祥有聲。賊戒其部下曰。殺賢令者死無赦。乃幽諸寺中。戒諸僧曰。令若死。當屠爾寺。寺僧謹視之。漢曰。吾盡吾道不礙汝法。遂自經。巡按御史李振聲以自成同邑。認振聲爲兄。振聲罵曰。汝乃雙泉里死賊。吾乃太安里鄉紳。恨不能手刃汝。尚言降耶。遂覊振聲于襄陽檀溪寺。後殺于裕州南門外。因忤左營監軍周乃深。誣其降賊。商邱陳明盛陷賊。目見振聲不屈。特白其事。自成改承天曰揚武州。崇王由櫕改襄陽伯。邵陵王在鉞改棗陽伯。保寧王紹炬改宣陽伯。肅寧王術埈改順義伯。欽天監博士楊永裕降李自成。稱天文地理禮樂兵法俱該洽。請發顯陵。倏聲起山谷若雷震。乃止。嗣後勸進牛金星不可。而自成心欲之。于是設六政府侍郎郎中從事等官。其示約批發悉出永裕。增府同知州判官縣主簿。俱質其親屬。遣之。以襄陽爲襄京。修宮殿。吏政府侍郎石首喻上猷辛未進士。御史。郎中江陵徐邱貢生。從事鍾祥顧君恩。歲貢戶政府侍郎江陵蕭應坤萬曆丙辰進士。江西布政使。從事江陵郭附龍。諸生禮政府侍郎招遠楊永裕。兵政府郎中江陵王家柱丁丑進士。貴池知縣。從事江陵傅朝升。諸生。刑政府郎中江陵鄧巖忠。丙子貢士。荆州防禦使洛陽孟長庚。貢士。荆州府尹長葛張虞機。諸生揚武防禦使雒陽陳藎。甲戌進士。滎陽知縣。安陸府尹商州姚胤錫。貢士。襄陽防禦使郟縣李之綱。諸生。襄陽府尹寶豐牛佺。諸生。南陽防禦使鍾祥吳大雁。諸生。南陽府尹江陵劉蘇。貢士。信陽防禦使江陵黃閣。貢生。汝寧防禦使江陵金有章。貢士。汝寧府尹江陵鄧璉。貢士。均平府尹鍾祥劉懋先。諸生。喻上猷薦江陵貢士陳萬策李開先。檄下。萬策自經。開先觸墻死。先是自成蹂躪中原。陷城克邑多不守。及渡漢江長驅入荆。見無一兵。遂有據志。先守荆襄。次及承天德安漸及汝南。分設衛兵。通達衛制將軍任光榮以兵六千守荆州。分二千守澧州。通達衛左威武將軍藺養成以步兵八百守夷陵。通達衛右威武將軍牛萬才。以騎兵六百。帥標都尉張禮以水兵六百。分守夷陵。帥標威武將軍王文耀以兵六千守澧州。揚武衛果毅將軍白旺以兵三千守安陸。都尉董雲林以兵六百守荆門。帥標威武將軍謝應龍。以兵三千守漢川之馬家隔。左衛都尉馬世泰以兵六百守顯陵。襄陽衛左威武將軍高一功右威武將軍馮雄。各領兵二千。汝寧衛威武將軍韓華美。以兵八百守信陽均平衛果毅將軍周鳳梧以兵二千守禹鄭二州。原鎮算營參將。自成入楚後。人心惶懼。各棄城走。張獻忠乘之進師攻取。

吏科都給事中吳麟徵等疏救姜埰熊開元。不聽。

黃河口燬漕舟三千五百隻。

己亥。建虜攻滑縣。趨東昌。

甲辰。李乾德爲右僉都御史。提督軍務。撫治鄖陽。朱一馮爲右僉都御史。巡撫宣府。

乙巳。逮前順天巡撫潘永圖山永巡撫馬成名。

寇陷雲夢。

丙午。享太廟。

寇陷孝感。

丁未。左春坊左庶子楊觀光翰林院修撰劉理順各以直東宮講讀。不便守門。免之。

李自成至黃陂。官吏先遁。賊設僞令。士民殺之。賊怒。攻黃陂。屠之。墮其城。

山東沂州道僉事丘祖德吏部推巡撫保定。巡按山東御史陳昌言嘗劾其貪。吏部以請。命改推。

戊申。陷景陵。賊別將陷德安黃州。守將王允成棄城東下。掠客舟。大擾江南北。

己酉。刑部尙書徐石麒罷。郎中劉沂張名籙削籍。以姜埰熊開元竟具獄。不廷訊也。

庚戌。吏部奏甄別在籍司官。從之。

辛亥。左良玉復監利。

壬子。諭都察院專責巡按痛革沿習。力行察吏安民之事。勿憚辛勤。勿徇情面。勿縱吏胥。堂上官詳議條奏。

周鼎署工部事。

癸丑。神廟和妃□氏薨。

戶科給事中袁彭年言涿州知州劉三聘奏薦逆輔馮銓請假便宜行事。夫鄉紳城守。在在有之。亦自爲身家計。事平旌勞可也。何至借口公舉。爲捲土燃灰之事哉。

乙卯。吏部奉命甄別京堂光祿寺卿葛徵奇太常寺少卿提橋宜調南京太僕寺少卿李嵩宜劾南京大理寺卿李一鵬宜免應天府尹祁逢吉宜改大理寺丞佘文熠宜閒住。報可。

丁巳。左良玉復石首。

張獻忠陷蘄州。夜梯城而入。且日。獻忠入城。令薦紳孝廉文學各冠帶自東門入。西門出。皆斬之。御史饒京等預焉。開各門放男子出。留婦女毀城。稍不力卽被殺。下江防道副使仁和許文岐微服出被執。獻忠頗禮之。挈于行營。陰謀圖賊。四月十八日。殺于麻城。文岐崇禎甲戌進士。授南京兵部主事。歷職方郎中。出知黃州。獻忠入寇。檄諭威德。獻忠語檄者曰。爾郡主非杭州修文坊許氏子乎。對曰然。獻忠曰。吾少時販紅花寓杭州修文坊燕家識是子。吾且去以爲若德。遂割持檄者之耳。引衆去。庚辰冬。轉今官。初。荆王由樗性狂蕩。嘗市馬。募圉人得霍承忠。問其所生歲月日時皆與王同。大異之。曰。爾卽我也。命侑酒。自是非承忠不快也。授校尉納級指揮。捐金爲治宅。時過飲甚歡。邸中事皆預焉。因通次妃桂氏。諸宗室訴于副使許文岐捕之。匿于王宮而事益急。遂走入張獻忠所爲軍鋒。而王前薨矣。妃蕭氏同世子先一日出奔。承忠馳入王府。挈桂妃去。

戊午。止巡撫甘肅右副都御史林日瑞入援。

禮科都給事中沈胤培請補河南鄉試。從之。

夜。嘉興見日如西出二三丈而沒。

己未。左良玉復公安。

辛酉。左良玉復隨州。

是月。滄州浚濠得石碑。鐫一陰道人歌曰。無足者烏。無角者牛。並出北海。實彼醜謀。天心厭亂。必斯之隅。山東之寶。死不可留。

二月卂朔。日食。

滄州掘火藥數萬斤及西洋砲四十。俱刻兵部尚書劉伯溫造。

丁卯。建虜掠壽光。

戊辰。上祭太社太稷。先一日淸霽。至期大風雨。土五色。炬滅。諸閹幕黃布劈紙幛之。拜訖而退。還宮。仍淸霽。御史曹溶導駕。明日欲奏災異。閣臣阻之。是日春分祭朝日壇。卯刻。遣定國公徐允禎。而禮科都給事中沈胤培給事中荆祚永等出朝陽門。至則禮畢。胤培上言。如同日兩祭。請聖裁。或日不可改。而時則可移。昭示臣等各知遵守。從之。

建虜攻德州。陷武定。

庚午。李自成遣賊陷麻城。分其兵爲四。馬守應守承天。羅汝才守襄陽。賀一龍往黃州。自將其一。

壬申。命追劾戶部尚書傅淑訓、兵部尚書陳新甲。以該科不先劾也。

戶科右給事中熊汝霖謫福建按察司照磨。汝霖前劾巡撫九人。語侵周延儒。上怒。貶於外。

建虜攻樂陵。

癸酉。兵部添設左侍郎張鳳翔罷。

甲戌。命給事中左懋第、郭充第催漕南直、浙江、江西、湖廣。

都察院左副都御史張瑋舉一極廉曰原任南京御史成勇。糾一極貪曰巡按□□御史王志舉。章下所司。

建虜陷萊陽。殺邑人故工部右侍郎宋玫、吏部□□郎中宋應亨、中書舍人趙士驥、□□知縣張宏德、萊陽知縣眞定陳顯際。自經。顯際字道昇。崇禎庚辰進士。宋玫字文玉。天啓乙丑進士。知杞縣。擢吏科給事中。歷今官。先是敵來攻。合禦卻之。而宋氏世閥。素横于里。方置酒高會。或購敵。一夕陷之。

乙亥。御史趙巽劾兵部尚書張國維。不問。

戊寅。張忻、朱世守爲刑部左右侍郎。高倬爲南京右僉都御史。提督操江。秦所式爲右僉都御史。巡撫河南。徐標爲右僉都御史。巡撫保定。提督紫荆兼海防軍務。

都察院左副都御史張瑋致仕。

庚辰。平賊將軍左良玉避賊東下。沿江縱掠。土寇叛兵俱冒左兵。攻剽。南都大震。留守遣兵擊之。斬千人。稍戢。

泊安慶。安慶兵備道僉事張亮登其舟。留之協勦。不聽。

辛巳。止總督漕運史可法入援。

大學士周延儒自陳宿直廬。壬辰。命入直。

壬午。山東總兵官劉澤清敗建虜于安丘。

左良玉泊池州清溪口。副總兵王允成稱以二千人勤王。縱掠青陽南陵繁昌。沿江騷動。薄于蕪湖。競傳其兵叛。南京兵部尚書熊明遇遣提督孫尚進總兵杜弘域等各引兵至蕪湖東梁山以觀變。明遇知良玉爲尚書侯恂舊部。恂次子方域適在金陵。代爲尚書書曰。頃待罪師中。每接音徽。嘉壯志。又未嘗不歎以將軍之才武。所向無前。而犄角無人。卒致一簣遺憾。令兇焰復張。隳壞名城不下十數。飛揚跋扈。益非昔比。雖然天厚其毒。于斯極矣。非常之功。必待非常之人。一時閫外士銳馬騰。有如將軍者乎。忠義威略。有如將軍者乎。久于行陣。熟悉情狀。有如將軍者乎。然則今日所稱爲熊羆不二心者。舍將軍其誰。老夫曩者倉卒拜命。固以主憂臣辱。金革之誼。不敢控辭。亦緣與將軍知契素深。相須如左右手。倘得憑先聲殲渠俘馘。實千載一時。不謂六年患難。病疢已篤。更遭家變。痛毀之過。遂致癃廢。爰以採薪之憂。未畢盡瘁。顧念高厚。末由報塞。惟願將軍賈其餘勇。滅此朝食。是則十五年舊部所以不忘老夫。而老夫藉手以答萬一。猶之其身爾矣。勉旃勉旃。鄉土喪亂。已無寧宇。闔門百口。將寄白下。喘息未蘇。風鶴頻警。謂將軍駐節江州。且揚帆而前。老夫以爲必不然。卽陪京卿大夫亦共信之。而無知市井倉皇。訛以滋訛。幾於三人成虎。夫江州三楚要害。麾下汎防之衝也。鄖襄不戒。賊勢鴟張。時有未利。或需左次以驕之。儲威宿飽。殫圖收復。在將軍必有確畫。過此一步。便非分壤。冒嫌涉疑。義何居焉。若云部曲就糧。非出本願。則尤不可。朝廷所以重將軍者。以謂節制經緯。危不異于安也。荆土千里。自可共食。豈謂小飢動至同諸軍士倉卒耶。甚則無識之人。料麾下自率前驅。件送室孥。匈奴未滅。何以家爲。生平審處。豈後驃姚。或者以垂白在堂。此自綱紀奉移內郡。何必雙旌聿來相宅。況陪京高皇帝弓劍所藏。禁地肅清將軍疆場師武。未取進止。詎宜展覿。語云。流言止于智者。若將軍今日之事。其爲流言。又不待智者而決之矣。惟是老夫與將軍義則故人。情實一家。每聞將軍奏凱獻捷。報効朝廷。則喜動顏色。傾耳而聽。引席而前。惟恐其言之盡也。或功高而不見諒。道路之口。發爲無稽。則輒掩耳而走。避席而去。譬乎其不願聞也。頃者浪語。最堪駭異。雖知其妄。必以相告。將軍十年建樹。中外倚賴。所當矜重以副人望。郭汾陽功蓋天下。勢極一時。而國體所關。呼之未嘗不來。遣之未嘗不去。當其去來。若不自知其大將軍也。同時臨淮亦與齊名。其後勢位之際。稍不能忘偃蹇蹉跎。乃至偏校不復稟承。此無他。功名愈盛。責備益深。善處形跡。昭白宜早。惟三思不盡。良玉得書。稟答卑謹。一如平昔。

楊廷樞曰。寧南感恩。原不欲負朝廷者。駕馭失宜。以致不終。深可歎也。

癸未。粥近畿難民。

李自成攻郟縣。知縣李貞率士民堅守。一晝夜。殺傷甚衆。賊百道攻陷。縱兵大殺。李貞叱賊曰。驅百姓死守者我耳。妄殺何爲。罵賊不已。賊磔之。母喬氏及妻俱死之。

丁亥。張宸極爲戶部左侍郎。胡世賞改右侍郎。

張獻忠陷漢陽。

戊子。京師大風霾。夜。震西長安街石坊。天津城門自闢。

加王繼謨兵部右侍郎。

總督漕運朱大典免。南京左軍都督府忻城伯趙之龍劾其貪婪。命撫按覈實。

兵部右侍郎葉廷桂罷。

己丑。許巡按河南御史蘇京募標兵四千人。

庚寅。左良玉還池州。在池踰四旬。雞犬一空。經掠銅陵。遺南京諸臣書云。暫駐池州。伏候鈞示。

兵部職方郎中尹民興等請復劉宗周金光宸官。不聽。

壬辰。起惠世揚都察院左副都御史。呂大器仍以兵部添設右侍郎兼右僉都御史。總督保定山東河北軍務。

建虜出登萊合軍。

談遷曰。戊己間。東師再入。浴鐵之騎。躪趙蹂齊。馳突二千里。烟燧望于淮海。當其時。建牙如山。分戍如林。咸縮朒逆避。無攖其鋒者。遇難諸臣。雖身膏草野。予敵頭顱。非常山睢陽之節也。蓋南風不競。魚潰獸挺。末銳已盡。寧竢甲乙間見之哉。

命偏沅巡撫移荊州。撫治鄖陽。控扼襄鄖。巡撫湖廣則往來承天德安蘄黃間。

是月。趙王常淸薨。年二十七。謚穆王。其伯成皐王翊□攝國事。

虎入武昌正陽門民家。獲之。

巡撫河南右僉都御史王漢招諭永城叛兵。入城中砲死。漢字子房。掖縣人。崇禎丁丑進士。知河內。壬午六月。擢御史。奉命督理援兵。未浹月。巡按河南。尋補巡撫。變聞。贈兵部尙書。廕錦衣衛百戶。

談遷曰。王漢在臺不半載。躐開府。超進之速。前此未有也。身隕永城。出于不意。雖未爲失策。于成事何居焉。而隆爵世廕。卹典之渥。設殄大寇。奏奇捷。又何以加焉。當事不揆本末。幽光過溢。此曹子酹以少牢。亦足以死矣。

三月卯朔。暹羅入貢。

乙未。土寇陷澧州。土寇勾李自成陷常德。常德富甲湖南。粟支十年。巡撫陳睿謨遇賊于郊。先奔。民無固志。遂陷之。自是辰岳相繼俱陷。雲貴路梗矣。

建虜陷順德。殺知府吉孔嘉同知□□□通判□□□推官□□□照磨張國卿。

吏部言入覲官道梗。俟四月朔大計。從之。

丁酉。禮部儀制主事吳昌時改吏部文選主事。署郎中事。以吏部尚書鄭三俊薦也。昌時好結納聲氣。通司禮太監王化民等。覬銓司。三俊嘗以問鄉人徐石麒。答曰。眞君子也。三俊特薦。蓋石麒畏昌時機深。非忠告也。

張獻忠陷蘄水。屠之。奸宦周之仕購之也。知縣嘉興胡振芳遁。

建虜攻德州不克。往西北。別部攻武定州。拒卻之。俄守備放砲誤傷臂。守者潰。城遂陷。

召左諭德方拱乾河南道御史祁彪佳刑部右侍郎朱世守及會稽人凌超于中左門。超自詡知兵。覬大用。既召對。命往通督行營贊畫。大失望。又奏兵事。不聽。

庚子。建虜攻樂陵。

辛丑。毛士龍爲左僉都御史。郭都賢爲右僉都御史。巡撫江西。

李自成殺其黨羅汝才賀一龍。兩部兵馬最雄。自成忌之。僞宴兩人。汝才疑不至。卽席斬一龍。凌晨二十騎突入汝才營。斬之。汝才延安人。同李自成劉國龍投高氏營。高氏敗。自成爲雄。自成兵善攻。汝才兵善戰。而汝才淫侈。女樂數部。自成忌汝才。幷斬其主謀賈士尤玄珪。分其兵各將。中軍楊山旗鼓朱養民將官楊承恩李汝桂王可懷郝有法。又其叔羅戴恩俱仇自成。思報。後三日。楊承恩以數十人走陝西。李汝桂走安廬。先是自成授馬守應永輔營英武將軍。在澧州。聞汝才一龍死。懼甚。屢徵不至。

李自成僞稱倡義文武大元帥。一品。次權將軍。二品。次制將軍。三品。次果毅將軍。四品。次威武將軍。五品。次都尉。六品。次掌旅。七品。次部總。八品。次哨總。九品。時提營總督權將軍田見秀。帥標權將軍劉宗敏。宗敏狡悍善戰。賊恃之。帥標制將軍賀錦。帥標正威武將軍張鼐。自成義子也。帥標副威武將軍党守素。帥標左威武將軍辛思忠。標左果毅將軍谷大成。首隊標右威武將軍李友。次隊標前果毅將軍任繼榮。標後果毅將軍吳汝義。左營制將軍劉芳亮。左營副制將軍劉希堯。左營果毅將軍馬世雄。左營威武將軍劉汝魁。右營果毅將軍白鳩鶴。右營右果毅將軍劉體純。前營果毅將軍田虎。後營制將軍李過。過左目眇。少年驍戰。後營左果毅將軍張能。能性狡喜殺。後營右果毅將軍馬重僖。帥標旗鼓楊彥芳。加威武將軍。帥標旂鼓趙應元。朱養民。范鼎華。共兵二百三十餘。隊標營隊百。左右前後營隊百三十。每隊騎五十。廝養小兒三十或四十。步兵每隊一百或百五十。總步騎六萬。馬贏二萬。隊各建一標。營將各一纛。標營白幟帶以雜色。纛皆黑色。左營幟皆白。右皆緋。前皆赤。後皆黑。纛各隨其色也。自成獨白鬃大纛。銀浮屠。不用雉羽。臨戰輒領標而前。

壬寅。南京戶部尚書張愼言兼南京右都御史。

建虜大掠慶雲。

癸卯。禮部尚書東閣大學士吳甡兼兵部尚書。督師平寇。賜尚方劍。給五萬金旌功。

故□□□□馬明卿。贈太僕寺少卿。

甲辰。命紫荆關及宣大山西治兵控虜。毋縱突取咎。

乙巳。孟兆祥爲通政司使。王揚基爲右僉都御史。巡撫承天德安。

建虜陷南宮。

責巡撫登萊右僉都御史曾櫻縱敵。

丙午。總督鳳陽馬士英移兵攻永城劉超。

丁未。督師大學士吳甡言。今日集兵措餉。必先鞏固江南。乃可恢復江北。則武昌九江其要衝矣。賊精兵不下二三十萬。我兵非十萬不能爭鋒。孫傳庭敗。餘收拾殘卒無幾。須俟虜退後。邊鎮援兵調赴秦中。聽傳庭選調剿寇。兵力爲少厚臣宜道金陵急趨九江武昌。相機進止。且可調集兵餉。接濟江北。黔督提師移駐□□。幷秦蜀晉豫應皖江淮各撫鎮兵扼險。上是之。遂議設標兵二萬。

盜陷武岡州。殺岷王企鏗。時常德武陵衡桂蠻獠皆伺隙。土寇勾引攻掠。

戊申。國子生徐爾斗上故大學士徐光啓農書。命梓行。

庚戌。路振飛爲光祿寺少卿。范廷輔改太僕寺少卿。

建虜取道彰德順德北向。命嚴眞定保定守備。

前都察院左副都御史張瑋卒。瑋武進人。弘光初。贈吏部右侍郎。諡清惠。

乙卯。鑄督師輔臣之印。

故□□□□張德昌。贈左都督。

丙辰。速入覲官大計。

免直隸山東殘破州縣去年田租。

張獻忠復陷黃州。及黃陂。奸紳歐陽玖迎降。執副使樊維城。欲降之不屈。賊刺之洞胸死。獻忠自稱西王。疈城諸生周文江迎降。授知州。尋陷羅田。

丁巳。起高弘圖南京兵部右侍郎。胡應台改南京戶部尙書。王聚奎爲右僉都御史。巡撫湖廣。吳麟瑞爲右僉都御史。提督偏沅。巡撫湖南北。

戊午。例轉給事中范士髦等四人。御史陳藎等六人。故事例轉科一道二。文選主事吳昌時特廣其數。意嚇臺省。爲異日驅除地也。

總督鳳陽馬士英前調貴州兵五百至祁門婺源。淫掠。婺源人甕于汪氏。一夕燬之。士英參徽州知府唐良懿推官吳翔鳳等祁門知縣朱世平鄉官山東僉事金聲。命逮翔鳳世平聲。聲至淮安。蒙起用。會母卒。憂去。

辛酉。郝晉爲順天府尹。

壬戌。刑部擬戍姜埰不許。

癸亥。建虜至易州之楊村。命各督撫會剿。

是月。兵部右侍郎倪元璐召對。申奏曰。今之本謀。存乎主術。力行仁義。提振紀綱。愛惜人才。崇尚氣節。定心志。一議論。信詔令。慎刑賞。其下則竭忠畢力。惟敵是求。如此何患大功不成。太平無日乎。臣沿途凡遇兵將。輒稱敵實難殺。而遇難民。皆云敵實可圖。蓋兵將見形。難民見情。凡稱鐵騎精兵。縣亙數十里。衝突飄忽。所向無前、者。形也。兵將見而震之。眞敵無幾。遼人過多。又敵人歸營。散渙疎略。夜即淫酗。弢弓熟寐。又中怯畏死。稍失利即合營痛哭。又遼人每陵西虜。心志不咸者此其情也。難民入敵中而知之。夫攻形用力。攻情用謀。今行間諸臣。烏有能用謀。一爲掩伏偵間之事者乎。寡不可禦衆。弱不可禦强。雖零捷時有。而大獲無聞。防守有餘。而勦擊不足。非不用力。勢使然也。至于我兵情形。惟見單弱。臣至淮上。此天下重鎭。乃撫院標兵不滿二千。每日兵餉不過五分。撫臣史可法最稱忠勇。當敵攻淮北。亦僅畫河而守。遏敵南渡已耳。濟南德州土兵。皆不滿千。山東標兵亦僅三千。其餉皆同。淮上所見。應天浙江江西援兵。皆無馬甲。餉有不足四分者。總兵唐通。今之名將。統兵不滿三千。曾對臣言。亦不任殺敵。嗟乎。竭天下之財以養兵。而兵飢如此。宜乎兵多乃餉薄。而兵少又如此。臣誠不知其故也。今敵分東西二路。東路諜至青縣大城。西路諜從定州移方順橋。稍西。臣度其必俟兩幟相望。西路從保定突衝良涿。轉掠過東。合營出口。宜及敵未合。盡集各路兵。幷攻東路。勿擊首尾。避其鋒悍。制奇設伏。直擣中堅。凡敵輜重難民。率居中堅。猝擊衝之。難民必亂。勢成破竹。東路旣潰。則西路自不敢東。勢不得不趨固龍二關。壘于險阻。于是合山西宣大保定三路重兵。遮追夾擊。亦可得志。如此庶成大創。去不復來。

今敵分兵亦與俱分。恐敵合兵不得復合。敵勢併力奮死。即遂翻然枕席上過。孰復有誰何者乎。臣度遼人報功。以奪回難民牲口張皇露布。此于九牛之一毛。何損。急須傳飭。方今禦寇機宜。在乎足財安民。以臣愚見。督撫行軍。必假利柄。一切屯鑄鹺權之務。悉聽便宜。所稱滿用滿錢。勝氣自出。昔宋邊將家屬皆食于縣官。市租權稅。悉捐予之。凡將皆有黃金享士。牛酒犒師。終宋之世名將如雲。職此之故。馭將之法。必使難貴易富。貴極必驕。富極必勇。伏候聖裁。

翰林院檢討汪偉上言。創大業者。必先立根本而後可以言進取。定大亂者。必先固根本而後可以言蕩除。臣世籍金陵。歷年已久。今日急務。敢爲略陳。一曰布置之法。留都城周回百二十里。竟一日之足不能徧。集十萬之衆不能周。是以策留都者。謂無守城之法。止有守江之法。賊自北而來。則淮爲之防。賊自上而下。則九江爲之防。故禦淮卽所以禦江。而守九江卽所以守金陵也。蓋九江當江漢之衝。倘荆襄之賊。因上流之勢。乘風水之便。突如破竹。無所礙阻。往代之事。如王濬之樓船。韓擒虎之飛渡。伯顏之不戰而入。皆可爲寒心也。考之地形。武昌譬之大門也。九江。譬之階除。太平譬之堂奧也。宜設重臣。駐節武昌。上爲圖荆襄。修復顯陵之本。下爲扼蘄黃。接九江。翟壯孝陵之勢。至于九江。宜建督撫。如淮上之制。太平采石。宜命南京侍郎建牙于此。作聲援而翟塹壘若文武操臣。宜駐師新江口。以專隄防備策應也。江北浦口。江面頗狹。一葦可航。宜以侍郎一人守之。仍命巡江御史。防江防之所不及。輯陸路之暗通者。此上江之布置也。若城中之守。惟在聯合人心。保無內潰。大司馬名爲贊畫。與百姓尊而不親。府尹府丞。所宜重其權。久其任。以聯百萬士民之心。內增無形之金湯而分佐司馬操江之責任者。此也。尤可異者。南中兵部與操江事不相涉。操江欲用兵而無人。兵部宿重兵而無用。豈成一體並濟之誼。臣以爲操臣與兵部。軍中之事。宜呼吸相應。無以城之內。江之上。功罪不相及。遂置不關也。此城內之布置也。一曰用人之法。又留都最重淸議。淸議所歸。雖處下僚。處草野。而名家巨室。想望丰采。爲之奔走而不可得。今操督之臣及京兆。非久任地方。威望素著。人心向往。旦夕受事者。未可勝此而愉快。至于兵則大小水陸四營。神機巡遊二營。未嘗乏人。督輔得人則羣才輻輳。況有廢棄之將可按籍而起。山林之材可側席而訪乎。此用人之法也。錢糧正解尙且虧額。況欲加設撫將。計將安出。臣按南京營兵舊稱十萬有餘。今大教場存者只六千三百。小教場存兵九千一百。新江口五千八百。總不過三萬。而徒手寄操者居十之三。老稚疲癃者居十之七。所恃者止水陸標三營有四千八百有奇。而近亦非其舊。乃兵虧而餉不減。宜依舊額補足。或于各衛之官舍餘丁。抽其精壯。補成全伍。此輩以土著之人。舊有舊額之糧。略加鼓舞。壁壘一新。江上督撫。分而領之。自可得防守之助矣。江守以船爲急。察新江口船舊額四百有奇。今存百十隻耳。水營兵船原數滿百。今蓋寥寥。察得船隻皆有舊額錢糧。一一淸出。補足原數。而新設之汛地。尤宜多造船隻。以備中流之擊。或用有不足。暫借鹽課若干。或食有不足。暫截漕艘若干。此亦設處之一法。便而易行之事也。防守既備。務使扁舟不得渡江。孝陵卽可安堵。是守武昌守九江。卽所以守孝陵也。孝陵既安。然後顯陵可規進取。況三吳兩淮兩浙錢糧數百萬。都門待以爲命者。地形又在金陵之下。一水可通。所繫何如。其重而皆視武昌上流以爲安危。則其圖之可不早而言之可不詳耶。

**四月甲子朔。吏部始大計。**

建虜北折。道畿內經寶坻。

乙丑。河南道御史祁彪佳劾吏部文選郞中吳昌時窾制弄權。山東道御史徐殿臣賀登選各疏劾之。

改禮闈八月。

丁卯。兵部右侍郞倪元璐直講官。

戊辰。大學士周延儒自請督師禦胡。襄城伯李國楨請選官舍銳士從征。報可。

釋輕繫。

辛未。寇從監利窺岳州。分趨城陵磯荆河口車灣。巡按御史劉熙祚調兵禦卻之。華容安鄉石首公安監利等縣寇俱退。

壬申。樂安長公主薨。

癸酉。定王冠。

命御馬監太監李國輔諭援勦總兵左良玉。良玉辨。副總兵王允成非叛也。營兵不戒。臣不許。竟指爲允成。非也。

令襄城伯李國楨選練官舍。歸併京營。

巡撫遼東黎玉田進三品服俸。

乙亥。袁繼咸爲兵部右侍郎兼右僉都御史。總督江廣應皖軍餉。扼九江。

丙子。暫停河工。

聞建虜至琉璃河。命各督撫扼勦毋逸。

庚辰。朝廷誤聞左良玉誅王允成。特賜金幣。允成故在。

辛巳。官兵戰于螺山。八鎮皆逃。惟步營兩監軍御史在。御史蔣拱宸飾功報捷。

壬午。復朱國弼撫寧侯。

徽南京誠意伯劉孔昭忻城伯趙之龍。

癸未。趣大學士王應熊入朝。

宴督師大學士周延儒于武英殿。

甲申。諭士民擒斬僞官者秩之收捕賊徒者賞能俘獻即超擢。

總督宣大孫晉請東行逐胡命聽元輔節制。

丙戌。周延儒報斬級百餘。時邊墻毀拆所掠子女金帛捆載出入如織卒無一矢加遺也。

張獻忠陷麻城署縣敎諭蕭頌聖自殺。

張獻忠自鴨蛋洲渡江擣武昌前大學士賀逢聖同守臣力拒。

是月。鄢陵隕霜殺麥飢民食蓬實。

五月癸巳朔。總兵方國安率兵七千扼蘄州。張獻忠西向武昌。武昌備禦積弛。議募兵守城而乏餉。楚王有積金百萬。有司請貸金以贍軍。王不應。大學士賀逢聖家居倡義捐貲。僉謂宜募土著。適承天潰兵下。楚王募之爲軍鋒以長史徐學顏領之。號楚府兵

張獻忠悉師破漢陽臨江欲渡。武昌大震。議撤江上兵嬰城守。參將崔文榮曰。守城不如守江。守江不如守漢。磨盤煤炭諸洲淺不過馬腹。縱之飛渡而嬰城坐困。非策也。守臣不從。賊果從煤炭洲潛渡逼城。文榮禦之小利。賊攻武勝門。文榮力拒多殺傷。

甲午。召周延儒入朝。

降將惠登相王光恩在鄖陽。陰使人招羅汝才所部。多奔降。李自成怒。攻鄖陽。屢敗之。自成遂築長圍以困鄖陽。劉宗敏以五萬兵來攻。凡七旬不下。

丙申。令延綏甘肅寧夏各兵即遣監軍速馳河南。聽豫撫調發。時巡撫河南右僉都御史秦所式上言中州大勢。李羅蹂躪五郡八十餘城。夷爲瓦礫。及賀左諸寇由宛汝跨江漢。旬日陷數名郡。不啻摧枯拉朽。此流寇之大略也。自永城以至閿鄉靈寶。自宛汝抵河岸。方千里之內皆土賊。栖山結寨。日事焚掠。如武三翟榮孫學禮

周加禮周道玄徐良臣金高等各千百其衆。李際遇申靖邦李好等各萬人。馬皆千計。又劉鉉李奎鄭乾劉洪禮等。似賊似民。各衆數千。又土寇之小袁營。馬步三萬。盤據太康杞柘城獲鹿之間。借討逆之名。肆窺渡之實。此土賊之大略也。辦賊必須兵。舊撫餘兵不及二千。陳永福殘卒未及四千。合卜從善三千餘人。亦不滿萬。伍而不械。械而不甲。東辦逆。超北防河。患河上。止臣一旅。此主兵之大略也。用兵必裕餉。河南五郡淪沒。河北强半蒿萊。區區五十餘萬之名。即全徵不足供主客之半。昨年完不及二十萬。撫鎮闕餉五月。卜從善兵食易州之餉闕五月。此糧餉之大略也。轉餉必須民。河南經寇十餘年。河北寥寥。人烟幾斷。守城修河。開墾轉運。至于稚子荷旂。老嫗鳴柝。靡晝靡夜。蟄隘呻吟。此民生之大略也。撫民必須官。按仕籍則有人。稽地方則無官。或一年半載不赴任。或隱栖河北。首鼠不前。或數官署事。或佐貳兼攝。或山寨蟄身。或土團寄命。此官吏之大略也。嗟乎。敗壞已極。惟願皇下速發內帑。見徵河北。亟練精鋭。佐以土寨。開荒選牧。庶有豸乎。

丁酉。寇陷保康。知縣石惟壇死之。

己亥。召巡撫保定右僉都御史徐標入對。標曰。臣自江淮來數千里。見城陷處。固蕩然一空。即有完城。亦僅餘四壁城隍。物力已盡。蹂躪無餘。蓬蒿滿路。雞犬無音。曾未遇一耕者。成何世界。皇上無幾人民。無幾土地。如何致治乎。上欷歔泣下。標又曰。須嚴邊防。天下以邊疆爲門戶。門戶固則堂奥安。宜先時修備。與其重治于失事之後。而無益。不如嚴毖于無事之日。而有備也。又曰。修內治全在守令。守令賢則政自簡。刑自清。盜自息。民自安矣。上曰。諸臣不實心任事。以至此。皆朕之罪。標又言車戰墾田。臣所謂墾者。與屯田不同。止就納糧之田招民開種。民賦漸復。額國課自完。上善之。標四月己卯受事。辛卯陛見。賜金幣。至是復召。蓋上閔饑民。欲得其詳也。

庚子。馳賜周延儒金幣。

辛丑。周延儒報臣冒警中夜自順義抵密雲。趣各督撫逐胡。今俱出塞。上溫旨勞之。

談遷曰。建虜雖積侮我吏卒。然深入日久。矢竭弓脫。資裝甚重。士馬俱憊。各帳凜不自全。使燕齊之間少有闘將。獨當一陣。襲其後。彼爲遁計。能自完乎。宜興巧人也。自請逐胡。謂乘其敝而圖之。似易。宜亟馳塞下。設伏險隘。分兵邀截。伺便掩擊。庶不負請纓之志。顧尾而縱之。克還無害。則何煩丞相之驅馳也。相傳入建虜重賂。或祖洪基在敵。故通款得假其道耶。

李自成遣兵十萬至禹州。守將楊芳張朗迎賊。賊設僞官之任。

黃蜚爲署都督僉事總兵官。鎭守湖廣。

周應期爲右副都御史。總理京東山永天津宣大屯務。駐何家圈。馮師孔爲右僉都御史。巡撫陝西。

癸卯。戶部尚書傅淑訓除名。兵部尚書張國維罷。兵部右侍郎倪元璐爲戶部尚書兼翰林院學士。兵部左侍郎馮元飈爲兵部尚書。不得例辭。時大學士陳演謀元揆。說上曰。天下不治。由兵農不合。今廷臣中倪元璐馮元飈可治。以元璐主賦。元飈主兵。彼此參合。不日可治。上心然之。故有是命。

李自成在襄陽。所造宮殿皆傾。遂移屯鄧州。益兵攻鄖陽。王光恩禦之。賊屢敗。孫傳庭復遣高傑來援。又敗之。賊退屯襄陽。拘鐵工造鐵鉤釘。謀向潼關踰山險。

永城叛兵出降。馬士英合軍圍誅之。俘劉超入京。

甲辰。諭區別行間功罪。范志完兵無紀律。解任聽議。趙元忭借修城糜費。革職俟勘。呂大器孫晉王鰲永金之俊趙維岳李希沆各議敍。王永吉失事。但兵止二千。仍聽撫王繼謨先功後罪。史可法馮元颺亦失事。聽察。或曰。王永吉陷七十餘城。兵少見原。何以慰前李懋芳于死也。

諭兵部。如各總兵入援。至近郊。許陛見。

吏部□侍郎王錫衮憂去。

乙巳。周延儒入直。

丙午。太子少保吏部尚書鄭三俊以薦吳昌時引咎罷。

丁未。宴入援總兵吳三桂劉澤清馬科等于武英殿。

進周延儒太師中極殿大學士。廕中書舍人。陳演太子太保戶部尚書武英殿大學士。蔣德璟黃景昉吳甡並太子少保戶部尚書文淵閣大學士。甡兼兵部尚書。各廕子入國子監。賜金幣。以延儒視師倍之。

翰林院修撰魏藻德爲禮部右侍郎兼東閣大學士。

夜。月食。

戊申。罷吳甡督師。以遷延未行也。所議用兵將。仍赴秦督節制。

巡撫應天鄭瑄奏左良玉駐池州索餉。命還湖廣。

己酉。罷薊州密雲分鎭。以順天巡撫三屯營總兵兼之。召督師呂大器總督保定趙維岳還京。通州止巡道。不設巡撫。昌平止鎭撫。不設總督。仍戒通州昌平兵毋輕調。

南京吏部尚書李遇知爲吏部尚書。

辛亥。內官監太監王之俊提督京城巡捕練兵。

兵科給事中陳泰來劾周延儒冷口假道。縱敵出塞。上以訛傳不問。

總督薊鎭趙光忭總兵薛敏忠遣戍。督師范志完擬徒。巡撫山東王永吉降爲事官。總督薊遼保定軍務練兵剿敵自效。總兵劉澤清降爲事官。仍鎭守山東。

癸丑。諭廷臣舉督撫總兵之選。

丘祖德仍右僉都御史巡撫山東督理營田。

福世子由崧嗣福王。

諭府部大臣科道等曰首輔周延儒朕所敬禮不謂蒙蔽推諉朕不忍爾等從公實奏。

甲寅魏藻德辭禮部右侍郎許之以翰林院侍讀學士直閣藻德不辭閣銜而辭部銜巧矣。

乙卯張維機爲詹事署翰林院事。

吏部奏貪吏命貪甚者下法司次下臺訊。

丙辰兵部右侍郎呂大器仍兼右僉都御史總督江楚應皖援勦事務兼理糧餉總兵李輔明馬科各以四千人聽節制袁繼咸仍屯撫孫傳庭仍總督陝西河南四川等處勦寇。

前浙江左布政使姚永濟戍邊。

□科給事中王都參周延儒狡詐欺君喪師辱國。

李自成殺其黨袁時中時中滑人僑開州庚辰乘饑襲開州北走尋擁衆四千人圍蘭陽漸數萬人號曹賊。

丁巳勒周延儒致仕有旨佐理多年朕不能盡其謀猷體量志向皆朕之過仍賜驢馳驛延儒奏薦蔣德璟吳甡。

都督同知唐通改鎮薊州。

戊午魏藻德進少詹事兼東閣大學士。

命薊鎮總督練兵三萬保定巡撫兵三萬分五千五百防拱極城增良鄉涿州兵七千。

大學士吳甡致仕。

歲貢生部試改六月望廷試七月望。

己未。奉先殿雷震左鴟吻。流火幷插劍墜地。鑠及銅檻。劍亦鎔液。火星入殿繞三匝。時道士齋醮。怖匿几下。

庚申。命閱京營刀甲車矛于觀德殿。上力能挽强。凡弓刃俱取勁重。不便施用。

壬戌。楚府募兵爲賊應。開門迎賊。崔文榮持矛殺賊三人。賊羣刺之洞腋死。長史徐學顏格鬭。賊支解之。殺巡江都司朱士鼎。賊取宮中積金百餘萬。楚人以是憾王之愚也。沉楚王華奎于江。僇民數萬。餘縱之出城。以鐵騎蹙之江中。浮屍蔽江。魚不可食。通判李敏英全家自經。道臣王揚基推官傅上瑞遁。賊宣言宗室降者不殺。楚宗多投牒被殺。初有一異人呼曰一羣猪屠伯至矣。果驗。前大學士賀逢聖衣冠北向拜。被執。賊素敬之曰賀佛。遣之去。逢聖以巨艎載其家出墩子湖。自中流鑿舟溺者十二人。逢聖屍沉百七十日不壞。十一月壬子始出葬。逢聖字克繇。江夏人。穎銳夙成。萬曆癸卯鄉舉。署應城敎諭。丙辰進士及第。授翰林編修。歷左中允國子司業。丁卯。逆璫矯旨削籍。上卽位。復官。戊辰轉南京國子祭酒。尋進詹事。憂去。哀毀廬墓。辛未六月。起詹事。未至。拜禮部右侍郎。癸酉。吏部左侍郎。乙亥。進禮部尚書。丙子六月。兼東閣大學士。歷太子太保文淵閣大學士。逢聖學問淵邃。持心終始不渝。丙丁之際。胡騎日警。上雖鑒其精誠。仍迂視之。與首輔張至發議論多忤。戊寅致仕。上又思之。次年存問。辛巳二月再召入朝。未數月。移疾去。殉難後。命優卹。甲申六月。贈太師。謚文忠。

談遷曰。省會之區。莫饒于楚。南風不競。逆腥見汚。監司而下。無一禦侮之才。致命之節。則末流無足論也。江夏醇行淵邃。身殉國難。不忝大臣。其氣節出孫承宗呂維祺上。噫。武昌以食盡陷。向者轉粟天下。號爲天府。而素不積貯。俄頃失守。尹鐸所以貴保障也。

張獻忠據楚府。僞設五府六部。鑄西王之寶。稱武昌曰京城。大殺掠。沿江浮屍千里。蒲圻嘉魚皆降。李自成聞之。遺書欲獻忠歸附。獻忠亦卑詞報之。

是月。戶科都給事中吳甘來上言。臣從南方來。扼腕楚事。而于借題護藩者不能無說處。此夫荆襄數郡。固東南要害也。相繼潰陷。非戰不利也。非守而糧盡矢竭也。非有詭詞暗乘。奸人內應。出我不意。攻我無備也。撫道諸臣率護藩以去。而名城一空。遂使賊坐而有之。嗟乎。藩誰之藩也。天子衆建親親。將使藩屏帝室。卒有緩急。捐私倡義。爲朝廷城社人民守。亦藩王職也。風鶴纔傳。遂匿身逃竄。先去以爲民望。空城以待賊來。猶嘵嘵擁衞自功。則是不必濠之深而堞之高也。不必人貔貅而陣風雲也。不必三年九年除戎器戒不虞也。修練儲備。明旨謂何。今天潢繡錯。所在要區。若皆預擬遷移一局。爲將來蒙飾地。將誰城爲可留可去之人。卽名都亦爲可守可去之土。無端藩遷。反資奸人得意矣。夫使守臣而誠護藩也。平居則啓掖德意。調攝軍民。俾無斂怨地方。有急則涕泣以告此皇上守土不可失也。其出祿賜之餘以勵將士。向來捐家爲國者。皇上未嘗不鑒之憐之。破格褒嘉。王寧不降心相從者。若使輒奉以去。進無以對朝廷。退復不保家室。眞藩國罪人矣。藩亦奚賴此臣也。且功在護藩。則皇上之城社人民將誰與守。臣每痛心中外多故。仰廑焦勞。餉且日增而兵日練。兵日練而賊轉橫。總由欺弊相沿。躱閃甚巧。務爲恢張之聲。究無尺寸之績。有一題焉。可借以掩罪爲功。則相率效之。而事功愈不可問。今行間借題非止一端。乃借之美大其名。顚倒功罪。爲將來害方大者。則無逾于此。夫是非不分。則功罪不著。賞罰可倖。驅胡盪寇。將復何時。故因王永祚等而申言之。

談遷曰。諸王雖貴重。下天子一等。而宗法日嚴。兢兢奉約束。示優吏民之上。尺寸毋敢軼。日者唐藩固驕蹇取戾。然提兵千人勤王。遂奪其社。及巨寇鴟張。疆圉波駭。使諸王有朱虛侯之壯志。北地王之義烈。洒淚告吏民。捐金饗士。捆然擐甲登陴。城存與存。城亡與亡。誓不輕棄。此士義風一倡。士氣百倍。而今諸王俱生長尊富。不習戶外事。唐楚甘于刀俎。襄荊務于兔脫。同匹夫之奔走。失千乘之扞圉。惟周王嘗捐餉百萬。又不幸魚鱉其宮。語云。挈瓶之智。不失守器。諸王智不如挈瓶。相隨以敗。惜哉。

六月。癸亥朔。劉超劉越獻俘伏誅。

談遷曰。劉超非叛者。所收降盜爲廝養卒。其弟越又亡賴。披猖不戒。一旦失圖。受其劫脅。俛首乞命。冀以自白。故力全丁啓睿練國事等斗大一城自錮于穽。雖曰愚甚。亦可爲招納亡命之鑒也。

戊辰。召隆平侯張拱薇尙書吏部李遇知兵部馮元飈御史楊鶴及桐城諸生蔣臣于中左門。臣前保舉戶部尙書倪元璐薦爲戶部司務。其言鈔法曰。經費之條。銀錢鈔三分用之。納銀買鈔者。以九錢七分爲一金。民間不用。以違法論。不出五年。天下之金錢盡歸內帑矣。吏科給事中馬嘉植疏爭之。

崇德于寶村王氏田陷畝許。有聲。

庚午。進孫傳庭督師。總制應天鳳陽安慶河南湖廣四川貴州。剿寇軍務。仍總督陝西三邊。兵部尙書兼左副都御史。鑄督師七省之印。李乾德仍右僉都御史。提督偏沅軍務。巡撫湖廣。

辛未。故□□□□由臧贈光祿寺卿。廕子入國子監。

錦衣衞駱養性進左都督。

壬申。錦衣衞孫光先進少傅。

乙亥。詔曰。朕以眇躬。祗膺天命。嗣守鴻業。十六載于玆。宵旰圖迴。惟勿克肩荷是懼。乃自逆胡匪茹。闌入內地。畿內山左。極目丘墟。驅剿雖已遠奔。荼毒實爲可閔。至流賊原我赤子。亦復矯命衡行。連陷藩封。震驚陵寢。豫楚江北。半被摧殘。重以天災洊告。蝗旱頻仍。奸吏貪官。專工掊克。橫征暴賦。不顧凋疲。致禍結兵連。邊腹交困。老羸轉于溝壑。丁壯耗于干戈。萬姓何辜。遭此異慘。皆朕不德所致也。撫躬內省。憂悼良深。是用深自創艾。嘉與海內更始。特下罪己之詔。弘敷發政之仁。念加派賦重。久應蠲除。時屬用兵。勢非得已。除河南五年被陷已捐免外。今將省直殘破府衞州縣。自十六年爲始。一切三餉各項錢糧。蠲免二年。其未經殘破。而村落灰燼。可憐者。撫按仍分別速奏。酌量蠲緩。又向頒恩詔。官胥蠹弊。重派私徵。蚩蚩孑遺。豈能盡曉。該撫按榜示。卽行梓布。如有朦混前弊。加等正罪。餘各地方官要勸課農桑。招來流徙。革禁耗羨。寬恤征徭。使窮民均沾惠育。百爾有位。洗心易慮。協力分憂。各殫拯救之方。共挽艱難之運。庶幾寡昧。類逭愆尤。所有應蠲免地方。條列于後云云。於戲。萬方罪在朕躬。敢忘馭朽之懼。羣黎徧爲爾德。宜沛解懸之恩。惟本固則邦寧。亦安內而外靜。布告遐邇。咸使聞知。

丁丑。立賞格。購李自成萬金。爵通侯。購張獻忠五千金。官極品。仍世錦衣衛指揮使。餘各有差。

己卯。召山東武德道兵備僉事桐城雷演祚入朝。初。演祚奏范志完縱兵淫掠。上詰其實。演祚復奏。志完兩年僉事。遽陟督師。不聞知兵戰守。徒恃賄躐陞。非有大黨。何以至是。方建虜攻德州不下。去陷臨清。越五日。志完兵至。聞陷景州。欲避入德州。夜漏下。門閉。託謝陞方拱乾乘臣開門。放汲求晤。俱答以援兵非守陴之用。督師非入城之官。不聞薊州以夷丁內潰乎。此臣所謂目覩最親也。中樞主計。皆喜虛文。請餉須常例。凡發萬金。例扣三千。故長安有餉不出京之謠。其他外官常例。不勝枚舉。兵部則推陞估闕之價。敍功視賂爲優劣。胡寇交訌。惟添撫添督。卸脫推諉。今日設屯撫。明日設屯廳。徒爲破甑燃灰之巧圖。何有金城棗祗之實用。此臣所謂喜虛文須常例也。

庚辰。議處李待問傅淑訓張國維。逮范志完。

內官監太監車大任仍提督南京織造。

故□□□□姜紹武。贈左都督。

左良玉還九江。亦大掠。總督袁繼咸見良玉。以楚撫王聚奎可給兵三百人。良玉不聽。巡按應天試監察御史鄭崑貞言。根本重地。諸臣日有條陳。陛下日有嚴飭。然對君父則曰事事豫備。相告語則曰無可奈何。輿瓢異操。築舍滋誤。求一坐言而起行者無有也。今剝膚之痛已在武昌。明知其危而明諉之。尙可謂國有人哉。操撫合一之論。卽有乖舊制不可行。操江當敕駐池州以控上游。樞臣熊明遇議論虛恢。全無實着。操臣顧肇跡采石本其信地。帆不一出。在陛下自有鑒裁也。

壬午。楊鶚爲右僉都御史。整飭薊州邊備。巡撫順天。召改密雲巡撫王繼謨。

禮科給事中袁彭年論前大學士周延儒之罪。奏曰。使割絕私交。早引公忠廉勇之士布列關薊。胡騎卽入。未必披猖至此。又使視師之後。以封疆秏斁督撫罪狀一一入告。則懲前毖後。或收補牢之效。顧皆不出于此。徇庇欺飾。卽此一端。罪不可逭。臣實負國。又遑顧國論乎哉。

仍選武舉三科。

癸未。余文熠爲大理寺左少卿。

總理河道周堪賡報河決馬家口。

甲申。設太僕寺少卿于平涼。

乙酉。故□□□□何熊祥贈太子少保。

夜。大雷雨。震奉先殿左鴟吻。流火鎔插劍銅鐶。火星入殿繞三匝。

丙戌。諭平賊將軍左良玉剿張獻忠于蘄黃。毋老師糜餉。

戊子。兵科給事中郝絅劾吏部文選郎中吳昌時。禮部祠祭郎中周仲璉。竊權附勢。納賄行私。爲周延儒乾子。內閣票擬事關機密。事事先知。初推選郎。昌時語人曰。允矣。三日當下。及引疾待旨。語人曰。已准回籍調理。昌時何豫知如此。總之延儒多慾則不剛。有用而有體。智足以掩過。而忠不足以謀國。思竊附于君子。而不決去乎小人。見忠直雖援護。而實遠之。見邪佞雖褻慢。而實昵之。是以辜負知遇。躭誤封疆。則延儒天下之罪人。而昌時仲璉又延儒之罪人也。

庚寅。太子太保禮部尚書林欲楫上東宮端本箴曰。天祚我明。誕膺多福。累葉重光。昭哉嗣服。我皇受命。聖德中興。緝熙典學。宵旰求寧。燕及皇天。克昌厥後。篤先元良。執規履斗。維此元良。岐嶷夙成。發祥麟趾。流曜前星。人亦有之。天下大器。主器維艱。守成匪易。林林瞻仰。赫赫監觀。何以克副。大本是端。勿謂沖年。少成若性。羣金在冶。範之成鏡。勿謂睿質。日就月將。如玉在璞。追琢其章。奉親思孝。問安事饋。受篤進技。恩覃錫類。接下思恭。憲老尊儒。貴以下賤。哲而思愚。左圖右史。勿荒于逸。玩物罔功。開養有益。前師後保。勿或衆咻。莊士如薰。宵人若蕕。桂殿璇宮。勿謂未壯。念彼經營。作勞萬狀。鼎羞法膳。勿謂具陳。念茲盤餐。粒粒苦辛。巽志易投。求諸非道。美言滋疾。藥石爲寶。情竇易開。防于未萌。佳冶伐性。瑟琴調情。虎觀餘閒。閑習朝章。圖懸金鑒。牘辨南陽。鶴禁邃密。周知民艱。耕夫啼飢。紅女號寒。自昔帝王。無逸作所。夙夜兢兢。敬天法祖。上帝臨汝。毋二爾心。飭躬齋戒。出入必欽。祖宗貽我。有典有則。不愆不忘。聿昭明德。睠茲盛治。聖聖相依。遡厥原本。遇心提衡。人心惟危。道心惟微。存養省察。在未發時。執中無爲。以守至正。爲天立心。爲人造命。惟天依人。惟仁長人。天人交洽。諸福駢臻。皇錫嘉名。以垂燕翼。是訓是行。服之無斁。善作善述。先後不違。光被四表。如日重暉。一人元良。萬邦有慶。小臣獻箴。敢告睿聖。

辛卯。□□道御史蔣拱辰何綸各劾。予告吏部文選郎中吳昌時貪險不法。結錦衣衞喬可用。藉其旗尉。反爲居停。命昌時除名聽勘。

七月壬辰朔。督修曆法光祿寺卿李天經言。日食分數時刻。與西法各有異同。上於宮中親測。西法多合。令更考訂。求其畫一。

甲午。發帑金四十萬貯富新倉。出陳納新。毋輕動。

乙未。命駙馬都尉冉興讓告太廟災異。諭百官修省。

丙申。李建泰爲吏部左侍郎。

戊戌。葉初春爲太僕寺少卿。

己亥。命加擢卓異四川按察使張有譽等。

召雷演祚及范志完面質于中左門。問志完兵淫掠。又金銀鞍數千兩。馬百匹。託左諭德方拱乾行賄京師之實。演祚歷歷有指。因召拱乾入。上問演祚前疏云稱功誦德偏于班聯者誰也。曰。周延儒招權納賄。如起廢清獄蠲租。自以爲功。再考選科道。收于門下。又幕客董廷獻居間。凡求巡撫總兵。先輸賄于廷獻。以玉帶二珍珠十三顆作暗記達之。經部推延儒揭請。則故輔馮銓子源專送物回家。上怒。卽命緹騎逮董廷獻。因問興屯。曰。此國家大事。巡撫如袁繼咸周應期。皆用得其人。但道臣如曹□□李之華錢繼登楊春育孫謀俱墨吏。借此求官。上又問志完逗留淫掠狀。志完辨訖。上問。爾馬百匹送方拱乾。金鞍一并數千金餽。誰志完謝無有。是日臣在大王莊。副總兵賈芳名等單騎敗建虜五百。又河南值建虜四千。大風卻之。上斥其妄。又問駐德州四旬何支五日餉。演祚曰。彼兵止欲折乾。若趙光抃兵有紀律。道山東不索餉。上曰。光抃修河間城。亦逗留。何不參也。曰。趙兵實不擾。上命演祚起。問御史吳履中。爾在天津察志完。云何。履中對如演祚言。志完飾辨。上曰。光抃亦縱寇逗留。獨參志完。難服其心。命錦衣衞卽逮光抃總兵薛敏忠等。而方拱乾入辨未嘗受賄。如馬百匹。尤易見跡。上頗然之。乃退。

庚子。督師孫傳庭以總兵牛成虎爲前鋒。高傑將中軍。王定官撫民率綏夏兵爲後勁。檄左良玉赴汝寧夾擊。

辛亥。南京兵部尚書熊明遇罷。

史可法爲南京兵部尚書。高弘圖爲南京戶部尚書。改胡應台爲南京刑部尚書。

方國安令副將徐懋德馬士秀步騎三萬擊賊于大冶。斬首千級。

議處鄭三俊。逮張國維侯恂。以秉樞不職。棄開封不守也。幷責給事中方士亮郝絅御史蔣拱辰兵部職方郎中尹民興。

甲寅。停選九嬪。

趙王常涣求徙城西蟻尖寨。俟寇平還彰德。不許。

乙卯。上自訊吳昌時于中左門。拷掠至折脛乃止。併逮蔣拱宸。俱下獄。尋徵周延儒聽勘。

金之俊改巡撫昌平。

諭各鎮。秋防在卽。夕月西郊毋入衞。

丙辰。免各省直崇禎十二年前上供紗綾諸課。

丁巳。諭德項煜方拱乾爲左庶子兼翰林院侍讀。

議卹故總督盧象升洪承疇幷覈各死事文武官。

己未。戒廷臣私謁內侍。果有事。朝房商之。

徵山東漕儲道按察副使方岳貢。

上聞宛平大興預稅明年。行戶下巡城御史察之。

庚申。出千金資大醫院藥療疫。自春二月迄今。京師大疫。死亡無算。日以萬計。鬼物晝見。內侍提舉所得鏹幣。日夕收之皆紙也。是後市上各設水缶辨金錢沉浮。又出二萬金下巡城御史收殯。

兵部職方員外郎朱希萊請察援兵餉籍。從之。

是月。都察院左都御史李邦華請保安東南。先自臣鄉。始江撫宜駐九江。贛撫宜駐吉安。南瑞兵備道宜駐寧州。分巡湖西道宜駐永新。分守饒南九江道宜駐南康。又江濱民多近賊。非不肖有司迫之。何至悖謬若此。故欲剿盜。不若使民不爲盜。

八月戊午朔。癸亥。光祿寺少卿路振飛爲右僉都御史。總督漕運巡撫鳳陽。

召總督京營恭順侯吳維英協理京營兵部右侍郎王家彥前巡撫密雲王繼謨及路振飛方岳貢于中左門。

常國安戰金沙洲。奪賊舟百艘。賊焚餘舟。嬰城自保。

甲子。四川按察使張有譽爲應天府丞。

乙丑。太子少保戶部尚書武英殿大學士陳演少詹事兼東閣大學士魏藻德主禮闈。故事。內閣首次主試。時推四人。陳演蔣德璟黃景昉魏藻德。上命演藻德。皆有成心。故不數日景昉予告。

河南補鄉試。主考吏部文選司員外郎郭萬象□部主事□□。

諭兵部逮失守卹死事各官。

丙寅。方岳貢爲都察院左副都御史。

左良玉遣馬進忠復武昌。遂復漢陽及屬縣。

太子少保左都督杜弘域爲安廬水陸總兵官。

張獻忠復陷岳州。至臨湘。知縣莆田林不息死之。初。沅撫李乾德總兵孔希貴以兵二萬守城陵磯。令岳州民他避。以軍士詐爲民迎賊。賊入城。伏發。盡殲。留四賊。割耳貫箭縱回。獻忠怒。益兵進攻。乾德立虛營。旁林植旗伏砲。積薪其上。賊以火攻之。砲發。殺賊數百人。益怒。水陸並進。乾德飭戰艦中流。度矢石可及。即止。已賊矢砲盡。奮擊大敗之。三戰三捷。獻忠悉衆二十萬圍岳州。力屈城陷。乾德希貴俱走長沙。

戊辰。兵部尚書馮元飈引疾。左侍郎張伯鯨攝部事。

張獻忠掠湘陽。尋陷咸寧蒲圻。前鋒至湘陰。分軍爲二。一趨長沙。一上荊州。獻忠欲北渡。三卜于洞庭湖神。終不吉。

己巳。應天府教授何九雲奏會試。許之。

庚午。奪兵部右侍郎張鳳翔官。下刑部。責其諉避。不議推督撫也。

辛未。裁南京操江都御史。時罷鎮遠侯顧肇跡。以誠意伯劉孔昭代。孔昭因召對。泣陳文臣掣肘。事權不一。故有是命。

襄城伯李國楨總督京營戎政。恭順侯吳維英改領後軍都督府。都察院左副都御史惠世揚。以輕處鄭三俊削籍。

前諭入覲官薦將才。令兵部彙上。并文武大臣科道所舉堪督撫總副者。

談遷曰。語曰。上求材。臣殘木。上求魚。臣乾谷。天子銳意圖治。屢側其席。而當事積玩。反啓倖竇。此奔彼競。甲徇乙緣。凡語貌之夸蕩。資性之跌逸。俱督撫總副也。朝焉受事。夕焉覆軍。雖三尺不之貸。猶嗜進不已。囹圄成市。中外互蒙。莫之能救矣。

孫傳庭師次閿鄉。李自成會諸賊于河南。自汜水至滎澤。伐木渡河。總兵劉弘起以兵拒之。乃退。

乙亥。議京西扼險。京東聯絡分守。

司禮太監王承恩督察京營戎政。韓贊周守備南京。

丙子。大雨雪。

出二萬金市馬。

夜。月食。

丁丑。永王出閣就學。翰林院檢討方以智傅鼎銓待詔呂和陽陳皐謨侍講。中書舍人史起何其達侍書。

都察院左都御史李邦華上言。人臣奉法修職。不幸而死官。朝廷雖不靳帷蓋之施。在臣子何嘗有希冀之想。然死亦殊塗矣。或庸愚尸位。靡所表著。或履豐席盈。未嘗艱楚。或血胤有託。箕裘丕振。則溘焉長逝。無以繫人深長之思。而草木同腐之輩。即上恩勿逮。衰謝亦爲固然。無足惜者。故左副都御史張瑋。數歲而孤。險阻無所不經。筮仕樞朝。端介蔚著。衡文嶺南。公明無比。備兵江藩。訓飭有方。及進丞南京兆。救荒勞瘁。歷任佐院。振揚風紀。乞病隕身。斂篋故衣。超然遠舉。上無負朝廷。下不負其學術。目且瞑矣。追顧去後。而秉彝在人。惻隱難昧。乞賜卹典。風厲人羣。俾知立身行道之士。不因存沒爲顯晦。所關世教非淺小矣。從之。

總兵牛成虎敗賊于洛陽。追至汝州。以無繼。退屯澠池。

庚辰。誠意伯劉孔昭提督操江。給三萬金治舟械。守備太監韓贊周給五萬金資操練。

張獻忠斂舟數千艘。將北渡。倏風起。覆百餘舟。溺數千人。復還岳州。盡殺所掠婦女投之江。焚其舟。四十里宵江如晝。遂陸行向長沙。

壬午。大雷雨。

丙戌。張獻忠陷長沙。總兵尹先民何一德降賊。先是武昌陷。承天巡撫王揚基率所部千人奔長沙。推官蔡道憲請還屯岳州。謂岳與長沙。唇齒也。併力守岳。則長沙可保。而衡永無虞。揚基曰。岳非吾守也。道憲曰。棄北守南。尙不失爲楚地。若南北俱喪。亦未見謝過有辭也。揚基語塞。道憲復請屯岳。乃勉赴岳州。及賊入蒲圻。揚基遂揚帆南遁。及王聚奎至。亦自保駐袁州。逗留不進。道憲復請屯岳州。聚奎屯岳數日。仍檄徙長沙。道憲曰。旣無恢北之志。岳州無恙。不于此時繕兵固守。乃棄之南下。賊攻岳。尙慮長沙爲之援。若岳不守。長沙豈獨全哉。聚奎不納。驅萬餘人入長沙。所過牲犢薪芻如洗。慘甚于賊。聚奎問道憲守禦之策。條上四事。勿善也。賊偵聚奎走。率衆南下。聚奎欲遁。託言曰。前者蔡推官所議甚是。吾固欲言之。當親率兵于外任戰。推官內守。即夜乘小舟馳百餘里入湘潭矣。聚奎去。巡按御史劉熙祚以吉王由□走衡州。癸未賊見帥旗下無一人笑而裂之。至城下。呼推官曰。吾軍中皆知爾名。勸吾勿犯。可速降毋自苦也。道憲不應。弩射之。獻忠怒攻三日夜而陷。執道憲。百計誘降。不可。磔之。健卒林國俊等九人追侍道憲。賊勸道憲降。時國俊曰。如吾主可降。亦去矣。不至今日。賊云。不降爾亦不得生。國俊曰。若我輩願生。亦去矣。不有今日。賊併殺之。內四卒奮然曰。願且延旦夕。葬主骸而後受刃。賊許之。于是四卒解衣裹骸葬之南郭。四卒自經。甲申五月。贈太僕寺少卿。乙酉十月。加贈太僕寺卿。謚忠毅。道憲字元白。晉江人。崇禎丁丑進士。授大理推官。憂去。起補長沙。治跡甚著。

庚寅。故分守河南道副使吳橋王胤長。贈光祿寺卿。

張獻忠陷衡州。桂王及惠王吉王走永州。

李自成築七城于襄陽城西。驅難民誘官兵。斬獲皆吾人也。總督孫傳庭不知其詐。奏賊聞臣名皆驚潰。臣誓肅清豫楚。不以一賊遺君父。

九月甲辰朔。諭吏部都察院。有司多闕。令會試副榜百十二人定銜。盡行除補。到任。有願再會試者聽。

上閔都人疫。諭修省。釋輕繫。

大學士黃景昉予告。

巡撫延綏右僉都御史崔源之免。

癸巳。周王恭枵定居彰德。

甲午。劉士楨爲應天府尹。

丙申。張獻忠陷寶慶。

己亥。總督孫傳庭次汝州。僞都尉李養純率所部來降。知賊幷兵守寶豐。進擊。賊堅守不下。

辛丑。攻寶豐賊救至。總兵白廣恩中軍高傑分擊之。已克其城。擒僞州牧陳可新。斬數千級。

壬寅。孫傳庭自朱仙鎮而南。大雨六日。糧車日行三十里。又道淖未至。士馬俱飢。或勸傳庭旋師就運。傳庭曰。吾軍行已六七日。度即還軍亦飢。寧能濟乎。要當破一縣。續食耳。

甲辰。攻郟縣。入之。俱窮民。騾羊二百餘頭。頃刻間分臠食盡。不足給。

丙午。策貢士陳名夏等四百人于皇極殿。賜楊廷鑑宋之繩陳名夏等進士及第出身有差。

諭朝臣。凡失事定罪。戰守定賞。俱限奏十日。餘犯矜疑可速結。毋再延。朕久服浣濯衣。今日減膳。外各衙門裁節事宜各條對。

丁未。吉王由□桂王常瀛並至永州。御史劉熙祚護吉王抵衡州。値桂王走永州。迎之。方舟而前。

己酉。命河北山西就近西餉孫傳庭兵。時傳庭前鋒盡收賀一龍左金王故部。皆致死于賊。而高傑悉賊情形。三戰三捷。自成奔襄城自守。食匱有飢色。

都察院左副都御史方岳貢言四事。淸言路以正人心。定推陞以養廉恥。責吏治于荒殘。宜選擇良吏。儲將才于部伍。宜專精校閱。上是之。

庚戌。張獻忠追二王于永州。官兵星散。夜至茅栗舖。執巡按御史劉熙祚。誘降不屈。時獻忠分軍爲三。一往永州。一入全州。一犯袁州。獻忠歸長沙。開科取士。

辛亥。張伯鯨爲兵部左侍郎。

壬子。孫傳庭軍乏餉。兵噪于汝州。

癸丑。劉芳名爲署都督僉事總兵官。鎭守柳溝楡林。李守鑅爲都督僉事總兵官。鎭守居庸昌平。

甲寅。作新鈔。戶部尙書倪元璐上言。內發鈔式四文。命臣詳議。鈔法歲有五千萬之入。籌國長計。孰便于斯。而或以久廢乍復。人則駭之。不知此卽民間之會票也。宋時謂之錢引。終元之世。錢法不行。尙爾用之不匱。況復化裁通變。稽古宜民乎。主事蔣臣上八事。曰速頒榜文。十七年三月製鈔。秋冬開行。約行鈔五千貫。可蠲賦五百緡。曰詳算界法。歲行五十萬。五歲爲界。一界之後。以舊易新。曰製作宜工。御前頒背水研。質厚文淸。民間難倣。約費五釐一張。曰倒換宜信。每鈔一貫納銀九錢七分。通行輸官。俱准銀一兩。換錢千文。曰推行宜審。有司于出入抑勒。或私取金銀。計贓定罪。盡徙其家于邊屯田自贖。曰積儲宜裕。歲入五十萬。量留其一于郡縣積穀。曰早開鑄局。頒鈔法。卽宜頒錢法。曰設專官。錢法以部侍郎督理寶源局。又有專官。鈔法亦宜增設。

談遷曰。國初行鈔法。匪獨祿賜已也。民輸賦。賈輸稅。俱兼金錢而三之。上下相通。其後賦稅專以金錢。鈔法遂壅。倪司農曉人也。議復鈔法。欲專行于民間而不得上輸。則自閼之道矣。且鈔一貫納銀九錢七分。易之在官。其衡必重。或胥史例索。是易一空鈔費一金不止。雖甚愚不爲也。孔子曰。因民之所利而利之。利不通于民。庸可膠古而强之乎。今日廟議。大概畫餠。此類是也。

孫傳庭兵潰于襄城。降盜李際遇陰通賊。謂官兵疲矣。賊大至。傳庭問諸將若何。總兵高傑請戰。白廣恩曰。吾軍困。宜駐師分據要害。步步爲營以薄賊。易耳。傳庭恐賊走。廣恩曰。卽賊走。我乘而擊之。士氣倍奮。傳庭曰。將軍何怯。獨不如高將軍耶。廣恩不懌。又前覬總統各營。方怏怏。引所部八千人去之。傳庭無如之何。賊前鋒曰三堵墻。其隊一紅一白一黑。各七千二百人。紉重布爲甲。刀矢不能入。接戰而敗。陷泥淖中。殺傷三四千人。高傑立嶺上望曰。不可支矣。麾衆退。退入于河。死亡四萬餘人。傳庭與傑以數千騎走河北。値巡按御史蘇京。京曰。君自爲計。我當以實聞。

乙卯。故兵備僉事趙煇贈光祿寺少卿。故□□□李時蕘贈太常寺卿。故霸州同知丁師羲楊佩顯。並贈山東布政司右參議。故□□□徐耀雲贈國子監助敎。故□□趙國光范光鼎。並贈宛平知縣。故□□柯茂虹贈良鄉縣丞。

進定國公徐允楨太子太傅。寧晉伯劉光溥太子太師。彰武伯楊崇猷少傅。宣城伯衞時春少保。皆督巡著勞也。

丁巳。上聞李自成在滎陽汜水密禹間。趣孫傳庭掃盪。

召進士陳丹衷于德政殿。丹衷請身往廣西募諸土司兵。

戊午。李自成攻潼關。白廣恩擊破之。賊不退。孫傳庭亦回潼關。衆尙四萬。

庚申。張獻忠殺巡按湖廣御史劉熙祚于寧鄉。熙祚字仲緝。武進人。天啓甲子貢士。崇禎甲戌知興寧。秩滿擢御史。永州陷。題署壁二首。倥傯軍旅已逾年。家室迢遙久別顏。南北骷髏多作壘。湖湘宮殿倏成烟。鵑血不啼無塚骨。烏喙偏集有情田。死生遲速皆前定。堅此丹心映楚天。其一。故園隔別又經年。今顏非復舊時顏。山川草木俱含泪。貔貅旌旗盡作烟。老婦漫勞尋蝶夢。兒孫切莫種書田。萇弘化碧非豪事。留此孤忠向九天。其二。熙祚年五十七。弘光初贈左都御史。謚忠毅。

程註爲南京工部尙書。趙維岳爲刑部右侍郎。施邦曜爲通政司使。並南京。張鳳翼爲右僉都御史。巡撫延綏。

寇陷蒼溪縣。

是月。總理京東山海永平天津宣大屯務右副都御史周應期言。各道所報。有一邑荒千五六百頃。有通邑不滿千頃。詳詢其故。苦積逋。苦雜差。而雜差中如驛馬俵馬芝蔴綿花絨等尤苦。富人傾貲。貧人逋逃。卽日募墾種何益。皇上痛念殘地。特免錢糧二年。則內庫芝蔴花絨等皆免矣。與其發帑而勸耕。不如使民自耕爲長策。與其避役而招集。不如先寬其役爲至恩。

十月辛酉朔。副總兵沈萬登復汝寧府。萬登本汝寧大俠也。聚鄉勇萬餘人。李自成僞授威武大將軍。不受總督鳳陽馬士英版授副總兵。是日僞威武大將軍馬尙志蒞任。萬登潛遣諜入城。因擁衆入。斬五百級。誅尙志。獲印。擒汝寧僞防禦使金有章僞府尹鄧璉僞推官鄒士麟僞汝陽令樊仲表僞固始令呂相周僞汝陽主簿胡定國僞學正胡朋僞汝寧府學正薛清鎭汝都尉侯可畏陳士榮吳勉黃袞龍馮執。總兵劉良佐等以鳳泗兵副總兵馬得功以禁兵合趨潁州沈丘。

壬戌。召廷臣于中極殿。令各舉淸吏。

李佺臺爲南京光祿寺卿。高斗樞爲太僕寺少卿。

守備王民秉復光州。擒僞光州牧方燧僞判官鄧來鳳。

僞將李過陷閿鄉。

癸亥。加正一大眞人張應京太子太保。

徐州副總兵金聲桓討蕭碭諸盜。平之。初蕭縣盜王道善等陷縣城。焚徐州北關。桃源盜程繼孔合之。永城餘寇朱安世燕靑等相煽于徐宿歸永間。聲桓以九月丁巳會兵分討。程繼孔請降。以兵守之。是日拔諸寨。斬二千八百餘級。

山東總兵劉澤淸圍沈丘。僞令周維新堅守不克。

李自成間道緣山崖出潼關後。夾攻官軍大潰。總督孫傳庭死之。總兵白廣恩遁。或曰李過追孫傳庭。獲督師坐纛。疾馳潼關。紿守卒。乘間突入。巡按御史金毓峒走河上渡免。後聞傳庭竄五臺山爲僧。

甲子。起馬岱都督同知。總兵官。鎭守保定。

李自成結陣而西。連陷華州渭南。殺渭南知縣楊暄。邑人南京禮部尙書南企仲遇害。子禮部主事南居業炮烙死。後贈暄按察僉事。廕監。居業光祿寺少卿。

馬士英進兵河南。副總兵莊朝樑以三千騎來會。汝南道韓煜復息縣。擒僞令張文彬。義兵帥甲夏志復上蔡。擒僞令熊新運。

大圍堡土賊勾張其在圍萬載。知縣遁。賊二千餘入城。三日。改龍城縣。

乙丑。聞建虜屯山海關外。總督王永吉趨山海永平。發內帑金八萬。戶部金十萬資餉。

余應桂爲兵部右侍郎。張縉彥爲左侍郎。添設徐啓元爲右僉都御史。提督軍務兼撫治鄖陽。以降將王光恩同啓元固守。李自成百道攻之。終不下。

李自成陷臨潼。

張其在陷萍鄉。插嶺賊分列萍鄉醴陵境上。檄萍鄉知縣造舟。獻馬于是瑞袁臨江新喻分宜之人俱空。

丙寅。諭有司贖鍰除留額積穀外俱充餉。

諭兵部撫賞薊密宣大屬夷。

都督僉事杜應登爲總兵官。鎭守通州。

巡撫陝西右僉都御史馮師孔知寇棘。急入西安收保。午刻設城守。俄寇至。是夕。高傑逃至。城中不納。寇攻城。

丁卯。□科給事中龔鼎孳下獄。

巡撫遼東右僉都御史黎玉田報建虜牛車二百餘輛運砲薄山海關上下。兵部計之。尚書馮元飈與疾口畫。

戊辰。李自成陷商州。屠之。殺商洛道兵備副使黃世清。寇屠商州。關中人心瓦解。後贈世清光祿寺卿。

諭兵部曰。孫傳庭負任。削督師尚書銜。以秦督充爲事官。扼守關隘。圖效自贖。復諭兵部。晉豫任東西撫各整兵駐河上。不許一賊窺渡。

己巳。選給事中御史八人助守畿郡。勳臣□□□運炭西山。

援剿總兵官白廣恩加盪寇將軍。給兵三萬。
庚午。左春坊左中允兼翰林院編修馬世奇翰林院編修楊昌祚主武闈。
翰林院修撰劉理順編修楊昌祚吳國華爲左春坊左庶子。
禮科都給事中沈胤培請攷庶吉士。從之。額如天啓壬戌。
張獻忠陷常德。
張獻忠遣部將高□□以二百餘人趨連州。南贛兵備副使無錫王孫蘭駐韶州。兵不滿百。使十輩請兵。得羸卒七百人。復以他警一夜撤去。至是聞之。遽自經。知州□□踰城遁。樂昌乳源仁化自潰。韶州吏民縋而逃盡。賊未至。後奏賊陷連州。非實也。
辛未。薛所蘊爲國子司業。陳應元爲南京太僕寺卿。
兵科給事中曾應遴奏。孫傳庭處置失宜。致白廣恩生心西奔。各營隨之。爲賊所乘。或言廣恩與高傑不合。掉臂而去。則廣恩固可斬也。上方信廣恩。不聽。
張獻忠以千人屯袁州北張家口。是日張其在自瀏陽萬載會袁州。州人俱迎降。脅知府霍□□冊印。不從。懷印走攸縣。賊白旆鳴砲入袁州北門。左良玉以副總兵吳學禮援袁州。次于新喻。明日次分宜。
壬申。括民間廢銅鑄錢。戶部尚書倪元璐奏。有司罰贖減半徵銅。如稍有力徵一兩三錢。僅輸價直六錢五分。
起任濬兵部右侍郎兼右僉都御史。總督河南湖廣軍務兼巡撫河南。
癸酉。前□部□侍郎董應舉卒。
午刻西安城陷。以守將王□□趙□□內應也。巡撫右僉都御史原武馮師孔按察使羅山黃絅長安知縣山陰吳從義西安右衞指揮崔爾達俱投井死。後贈師孔右都御史。絅太常寺卿。從義按察僉事。秦府右長史會稽章世綱自經。士紳死者甚衆。前巡撫大同右僉都御史三原焦源溥駡賊磔死。前山西布政司參議咸寧陶爾德被殺。前懷慶通判咸寧竇光儀（拔貢。）前儀封知縣長安徐方敬（萬曆丙午貢士。）前芮城知縣咸寧劉芳聲（萬曆壬子貢士。）並投井死。前巡撫宣府右僉都御史三原焦源清前河南磁州道參政咸寧祝萬齡自經。萬齡子于宸。諸生也。亦從死。後源溥源清復秩。萬齡贈太僕寺卿。前山東監軍僉事涇陽王徵七日不食死。解元南鄭席增光入山不應徵死。都司吏丘從周駡賊死。左布政使平湖陸之祺等俱降。援剿總兵白廣恩逃而返。降之。李自成據秦王府。封秦王存樞權將軍。永壽王誼泖制將軍。世子妃劉氏曰國破家亡。願求一死。自成遣歸外家。賊分兵下屬縣。蒲城知縣朱一統議守。從卒俱散。賊脅其降。詒以更衣。抱印投井死。後贈按察僉事。廕監。初自成在楚議所向□政府侍郎牛金星請先取河北。直擣京師。禮政府侍郎楊承裕欲先據留京。斷漕運。兵政府從事顧君恩曰。否否。如先據留京。勢居下流。雖濟大事。其策失之緩。直擣京師。萬一不勝。退無所歸。其策失之急。不如先取關中。爲元帥桑梓之邦。且秦都百二山河。已得天下三分之二。建國立業。然後旁掠三邊。資其兵力。攻取山西。後向京師。庶幾進有可攻。退有可守。方爲全策。自成從之。賊好殺掠。牛金星勸以不殺。遂嚴戢其下。自稱奉天倡義文武大元帥。民間安堵。輒相誑惑。人無鬬志。秦藩富甲天下。先是戶部尚書倪元璐奏。天下諸藩。無如秦晉山險用武。固也。宜諭兩藩以剿賊保秦責秦王。以遏賊不入責晉王。兩王能任殺賊。不妨假以大將之權。如不知兵。宜悉輸所有。與其齎盜。何如享軍。賊平之後。益封兩藩各一子如親王。亦足以報之矣。兩王獨不鑒十一宗之禍乎。賢王忠而熟于計。必知所處矣。疏上。不報。（雲南按察使臨潼任中鳳齎表至寶雞。聞西安失守。遂道服入華山。次年。其兄中麟以山東督學棄官至偕隱。中麟甲戌。中鳳辛未進士。）

談遷曰。孫傳庭合十萬之師。兵甲糧芻。俱取辦關中。民無餘力。并銳出關。全師覆潰。秦人重足而立。勢不自固。潼關失守。喘息已奪。惜哉。以百二之險。匹夫振臂而隳之。易如拉朽。諸紳民殉難。皎然不汚。所稱西京重節義非耶。獨歎國家敦親之誼甚渥。而諸宗多不獲首丘。類淹抑以死。如秦晉號富甲天下。其不自引決。將以朝菌之壽榮寡人乎。

馬士英以副總兵屠師賢復陳州。擒僞州牧洪翼聖僞判官初安國。汝寧義兵復信陽州。擒僞防禦使黃閣僞州牧黃珩。閣江陵貢士。翼聖安國俱荆州諸生。

吳學禮以都司蒲秉良三百騎趨袁州。

都督同知唐鈺爲鎮朔將軍總兵官鎮守宣府。給三萬金。兵六千。馬三百。

甲戌。授進士陳丹衷河南道御史。同副總兵戍大用往調廣西土司兵。賚土司銀花蟒衣絹。

覈南場壬午硃墨。先是南榜出。宦室子登七十三人。物議藉藉。周延儒弟正儒子奕封預焉。延儒自言于上。特賜二百金箝輿口。遂莫敢言。

汝南道韓煜合鳳陽兵河南義兵克沈邱。初僞令周維新力守。我作木牛藏壯士以洩濠水。坎其城。邑人懼。縛獻維新及典史司廣學正胡澄壽僞汝寧府學正胡朋德。

吳學禮圍袁州。僞將丘仰寰拒守。我都司高山先登。擒斬二千四百餘人。獲馬二百匹。追斬丘仰寰。復袁州。時袁州臨江吉安人多逃山谷。官兵淫殺獻俘。于是村豪皆屯結山谷拒官兵。巡撫郭都賢檄撤兵回九江。招安土著戍三郡。

丙子。上閱勳臣武臣子弟騎射。

丁丑。張其在陷吉安府。殺把總崔□□。官兵既撤。賊自長沙突至。分巡湖西副使岳虞巒方閱軍于郊。俄報賊至。皆潰。虞巒微服遁。署府通判朱奉鑭推官韓日將俱遁。吉安知縣沈中柱永新知縣黃受封署安福通判邵夢柯泰和知縣劉國良皆走。諸縣同日而陷。賊分兵設僞官。改吉安爲親安府。廬陵爲順民縣。張其在檄袁州。

州人先逃。賊復入袁州。

戊寅。上自用銅錫木器。屏金銀。命文武諸臣各省約。戒官紳黃藍絹蓋。士子紅紫衣履。庶人錦繡絲紵金玉珠翠衣飾。俱論違制。

談遷曰。先帝身先儉約。減膳卻珍。服浣濯之衣。而臣民奢習如故。終莫之革者。以名美而朝夕異令也。督撫月易。內員歲遣。徵租之使不避災旱。大本已撥。雖屢下尺一。特故紙玩之。屋漏在上。知之在下。諒哉。

貢士祝淵削籍。下鎮撫司。以前疏救劉宗周。詰所使也。

己卯。故兵科給事中周而淳。贈大理寺右少卿。

庚辰。項煜方拱乾爲少詹事兼翰林院侍讀學士。李化熙爲右僉都御史。巡撫陝西。

李自成改西安府曰長安。禁鄉民短後衣。明年糧每石徵一兩三錢。今冬每石折草六千斤。輸長安。各縣遣騾三百。徵粟千石。大其斗。榜掠巨室助餉。渭南工部尚書南居益掠死。涇陽前按察副使楊國柱黃冠遁去。後贈居益太子少保。

禁諸生刊稿。

辛巳。復故總督盧象升官。

守備鳳陽太監谷國珍奏地屢震。

癸未。故□□□劉大金贈光祿寺少卿。

總督九江呂大器以五千人援吉安。次峽江。邑人執知縣以待賊。反拒援兵。兵紿之曰。張獻忠至矣。邑人出迎。獻印及馬二十五。官兵入城。斬奸民殆盡。

李自成分兵略鄜延。中部知縣朱新[illegible]闔家自經。前漕儲道參政安定張國紳居西安。自成召見。稱殿下。語次。

自成大悅曰。予不喜得陝西。喜得先生。授刑政府侍郎。國紳同年文翔鳳。其繼妻鄧氏能詩。薦于自成。召爲後宮內師。

張獻忠在長沙。益招亡賴。立九營。左良玉合馬進忠之騎赴袁州萍鄉。馬士秀以步兵上臨湘岳州。楚北撫王揚基巡按黃澍駐漢陽。左良玉以惠登相規復襄陽。劉洪起規復南陽。

免懷安桐城田租。

命各巡鹽御史以辛巳壬午癸未三年附正引配銷。仍以癸未正額配銷壬午正引。

甲申。都察院左僉都御史毛士龍罷。

乙酉。大學士王應熊入朝陛見。請老。許之。賜金幣。應熊以周延儒薦起。上尋悟其非。時遣緹騎趣延儒入。日遣人偵之。知延儒約應熊密語。又令其先抵京而身繼之。上怒延儒久延。遂不敢滯。應熊至良鄉上章。閣臣擬旨有延佇等語。上塗去。

張獻忠遣馬賜以千人下臨湘。取米及釜。方國安令戎旗營參將方元科進次蒲圻。

鳳陽兵平汝寧土寇略盡。淮徐道何騰蛟招降程繼孔。蕭碭俱平。會闞中潰。鳳泗大震。馬士英檄其兵歸屯壽州。

丁亥。改李化熙巡撫陝西。

戊子。禁惡錢。

朱之臣爲南京鴻臚寺卿。

太子太保禮部尚書林欲楫致仕。

兵部尚書馮元飈罷。元飈在任。文符塡委不能決。託疾杜門。上嘗陰託人賄求邊將不納。故得善去。

己丑。給唐鈺三萬金。領兵六千。馬三百。

庚寅。兵科都給事中張縉彥爲兵部尚書。余應桂仍以兵部右侍郎兼右僉都御史。總督陝西三邊軍務。周文光爲右僉都御史。巡撫四川。應桂聞命。飲泣陛辭。曰不益兵餉。臣雖去何濟。上默然。發帑金五萬。銀花四百。銀牌二百。蟒紵二百。色絹四百。馬一百給軍。蓋欲應桂聯絡甘固延寧之兵。收拾三邊健勇。相機撫剿也。應桂趦趄河上不進。

故總兵曹變蛟贈太子少保。廕錦衣衞指揮僉事。

前督師丁啓睿以家兵復新蔡。擒僞令聞聖喻。

十一月辛卯朔。御史霍達監軍陝西。

諭臣民助餉立功者錄之。

壬辰。呂大器兵復吉安府。尋及廬陵吉水。

癸巳。張獻忠兵下岳州。沿江設伏。藏輕舟于汊港。浮巨艦重載順流下。副總兵王世泰楊文富以三千人邀之。賊逆流佯走以誘我。我兵爭利溯流上。盡奪其貲。舟重不即行。賊輕舟四出圍之。步騎夾岸橫擊。殺溺亡算。方國安徐懋謙等合救之。文富世泰僅以身免。喪師二千。岳州城空。賊疾趨岳州。我不及救。又陷武昌。大震。撫按俱艤舟于江。待東下。武昌城空。左良玉以前鋒上武昌。

總兵王定副總兵高傑自渭南敗。各奔延安。李自成命田斌守西安。自往塞上。

甲午。高傑聞賊耗。率所部渡河而東。入山西。王定奔榆林。

李自成入延安。大會羣盜。馬萬匹。旌旗數十里。于米脂祭墓。又五百騎按行鳳翔。守將誘而殲之。自成怒。親攻鳳翔。屠之。

張獻忠命尹先民守茶陵。分兵兼守岳州。其餘衆悉回長沙。

丙申。士國寶爲都督僉事總兵官。鎭守河南。

己亥。諭左良玉移鎭武昌。同撫按王揚基及黄澍相機滅賊。

詹事李紹賢予告。

辛丑。巡撫王揚基以辰州兵二千。左良玉兵一千。復黄陂孝感。游擊郝成才守漢州。

總督九江呂大器以安慶兵上樟樹鎭。官兵分道上高萬載趨袁州。大器又招柯氏兵赴南昌。降瑞昌德安土盜鄧毛溪。擕之從軍。素無紀律。柯兵射死鄧毛溪。其黨千餘仍爲盜。柯氏兵三千亦亡千人。

宥□科給事中郝綱總兵許定國從余應桂自效。

壬寅。李景濂爲南京國子司業。

試進士館選。

承天太監何志孔奉命勞左良玉。進少師。廕錦衣衞百戶。賜金蟒牛酒。吏卒各陞秩。賜二千金。

高傑至絳州。巡撫山西蔡懋德招之共擊賊王老虎。破之。追至曲沃。王老虎降。獲步騎萬人。

李自成發金五萬。遣辨士舒君睿招榆林諸將。繼以大兵。遣僞權將軍李過率兵七萬攻之。時巡撫張鳳翼未至。人心洶洶。總兵王定聞賊至。以數十騎出塞。聲言借西虜。分守游擊劉廷傑與榆林兵備副使都任及故總兵王世顯。侯世祿。侯拱極。尤世威。副總兵惠顯等。斂各堡精銳入鎭城。集衆問之曰。若等守乎降乎。各言效死無二。遂推尤世威爲長主號令。繕甲兵。賊說三日不聽。榆林王氏一門八元戎。世國世臣。兄弟也。尤世威閥閱亞王。而威重過之。賊攻榆林城。城上强弓勁弩疊射。賊屍山積。更發大砲。賊稍卻。

諭兵部令左良玉鎭武昌。

癸卯。張獻忠復陷鄖陽。

甲辰。李自成遣試郡縣諸生。上等任六政府從事。次任守令。又次任佐貳。

左良玉兵復萍鄉。

乙巳。金之俊爲兵部右侍郎。添設何騰蛟爲右僉都御史。巡撫湖廣。

丙午。井陘道□□楊汝經爲右僉都御史。巡撫甘肅。汝經雲南□□人。貢士。樸誠有實用。

李自成攻寧夏。守將分營逆戰。三勝之。殺賊數千人。

丁未。設南贛兵三千。以副總兵鄭鴻逵統之。

巡撫應天右僉都御史鄭瑄移鎭蕪湖。又徙池陽。池陽參將黃斌卿□□□。

左良玉以副總兵張應元吳學禮盧鼎守九江。自同馬士秀等舟師入武昌。直搗長沙。賊復合馬進忠等以騎趨袁州吉安。迎擊其前。

己酉。諭兵部。已復驛傳。今聞大吏仍自津。則前節省銀安在。其察明申飭。

楚府奉國中尉蘊□請從軍自效。下部議。

進襄城伯李國楨太子太保。廕錦衣衞百戶。

庚戌。進李虞夔右副都御史。王都爲太常寺卿。

瑞王常浩棄漢中。走廣元。

辛亥。吏部右侍郎李建泰都察院左副都御史。方岳貢並兼東閣大學士。直文淵閣。

李自成歸西安。檄諸路兵往寧夏。關中賊聞自成敗。竿子手數萬東奔商雒。出潼關。散入河南。

定翰林院庶吉士朱積周鍾劉餘濟史可程梁清標成克鞏羅憲汶史埀譽魏學濂張元琳楊明琅魯㮚吳爾

壏黃燦劉廷宗萬發祥姚文然張玄錫王自超胡統虞李長祥劉肇國龔鼎何胤光楊棲鶴白胤謙張家玉李化麟傅學禹魏天賞高珩趙熲何九雲李呈祥張瑞呂崇烈等五十六人。

都督僉事李棲鳳爲平羌將軍都督同知總兵官。鎭守甘肅葛如芝爲征西將軍都督僉事總兵官。鎭守寧夏。

壬子。起御史梁士濟鄧起隆。

李自成復往攻寧夏。

馬進忠次臨江。監軍僉事嚴德光以兵來會。

癸丑。故吏部□□郎中宋應亨贈太僕寺卿。

誅前督師范志完總督趙光忭總兵薛敏忠吏部文選郎中吳昌時。光忭九江人。天啓乙丑進士。授□□□□□。嘗劾內監鄧希詔。流廣西十五年。賂周延儒。歷薊遼總督。受事未幾。竭貲享士。與范志完縱敵同禍。聞者傷之。昌時敗。論贓五萬金。流妻子二千里。

故督師大學士吳甡戍金齒衞。同妻往。

出南京各監局廢銅鑄錢。

甲寅。總督宣大兵部右侍郎孫晉罷。晉附門戶。攬權善宦。出鎭未久。得善去。

馬士秀郎啓貴楊文富王世泰等復臨湘。斬四百級。賊奔岳州。追之。僞將混天龍以步騎數千拒南岸。又輕舟數十順流下邀我。士秀三分其軍。且戰且行。引滿交射。前軍直上。出賊舟後反擊之。盡驅中軍圍賊。殺溺幾盡。南岸賊走入城。士秀乘之。賊不及守。突出走長沙。斬四千四百四十二人。遂復岳州。

巡撫偏沅李乾德總兵溫國珍屯沅州。副總兵劉承胤守武岡。守備曾志建守道州。

乙卯。馬進忠出分宜。賊盡走袁州。

起沈自彰吏部文選郎中。

丙辰改呂大器爲南京兵部右侍郎。黃鳴俊爲右僉都御史巡撫浙江。黃家瑞爲右僉都御史督理淮揚等處鹽法軍餉。何謙爲右僉都御史巡撫昌平。

馬進忠前鋒營副總兵徐國棟常國安杜應京參將黑雲祥趨袁州。馬進忠王允成繼進。賊西遁。逐之三十里。擒僞守道蘇明僞監軍李天根僞知縣王志宏僞教諭吳良才僞中軍郭守恆。斬二千八百六十五人。奪馬五百三十。弓矢數萬。遂復袁州。

丁巳李自成攻榆林。陷之。自望日被圍。吏卒力戰。殺賊亡算。賊攻益力。踰旬不克。賊以衝車環城。穴之。東南城崩數十丈。賊入之。兵備副使襄陵都任。闔室自經。餉司戶部郎中黃岡王家祿被殺。總兵尤世威縱火焚其家百口。揮刀突戰死。諸將各率所部巷戰。殺賊千計。賊大至。我矢盡刀折。殺傷殆盡。無一降者。餘勇千餘突圍而出。投虜中。賊問首倡守城者。誰。游擊劉廷傑厲聲曰。阻降堅守者。廷傑也。死無恨。賊遂剮之。副總兵惠顯罵賊不屈。支解而死。千總馬鳴節一家自殺。闔城婦女俱自盡。總兵自尤世威外。侯世祿侯拱極王學書王世欽王世國李昌齡副總兵則尤翟文常懷德李登龍張發楊朋。游擊孫貴龍養崑守備白愼衛李宗敍千總馬鳴節。皆廢弁也。守將則游擊傅德惠憲潘國臣李國奇晏維新陳二典劉芳馨文侯國。守備左勉惠漸賀以雷楊以偉榆林衛指揮李文焜葉顯忠李應孝馬應舉等及千百戶數十人。總兵尤世威王世國王世臣李昌齡被執。去西安四十里。曰回軍店。咸沐浴更衣。曰。將以下見祖宗也。既入。挺立覛天不屈。自成曰。吾虛上將以屈四將軍。奈何固執。不與共富貴乎。皆罵曰。我大臣也。汝草竊且滅不久。毋汚我。臨死。歎曰。我四人不早殄此賊。至今日死有餘恨。遂被害。榆林爲天下勁兵。頻年餉絕。卒窘甚。而殫義殉城。志不少挫。榆林既屠。賊搗寧夏。寧夏不支。總兵官撫民降。三邊俱下。賊無後顧。長驅而東矣。

李自成之赴寧夏也。以精騎守河口。遣百餘騎按行閿鄉靈寶間。榜示兵民。又三百騎駐陝州澠池。俱置吏傳檄河南巡撫秦所式副總兵李成棟屯孟縣。河南以西皆盜屬官兵守懷慶之郭家灘沿河列砲上命兵部職方主事王眞卿聯絡土寨。恢復中原承制招李際遇。際遇迎使者入寨。

戊午。撫寧侯朱國弼提督漕運。鎭守淮陽。

庚申。太僕寺丞賀王盛閱北河。

李自成攻慶陽四日陷之。兵備副使□□段復興先焚其妻子。自縊死。知府董琬鄉官太常寺少卿麻禧死之。賊執韓王亶脊屠慶陽。復興崇禎甲戌進士。

十二月辛酉朔。故總督丁啓睿倡義兵。斬李自成僞將于扶溝。獲級七十一。

故南陽知縣姚運熙贈河南按察僉事。

眞人張應京放還。

前兵部尚書王業浩王在晉並卒。

壬戌。張獻忠兵陷建昌。

癸亥。侯峒曾爲順天府丞。

左中允馬世奇右中允楊士聰□□□韓四維俱爲左諭德。翰林院編修徐開禧林增志梁兆陽俱爲右中允。

乙丑。前大學士周延儒有罪賜死。延儒字玉繩。宜興人。萬曆癸丑禮闈廷對俱第一。授翰林修撰進右中允□□□。崇禎□□三月。歷禮部右侍郎。訐對錢謙益賄舉事稱旨。己巳十二月。特拜禮部尚書兼東閣大學士。明年七月。敍城守功進太子太保文淵閣大學士。九月。首輔。十一月。敍實錄勞。進少保戶部尚書武英殿大學士。辛未。主禮闈。壬申三月。敍陵工。進少傅吏部尚書建極殿大學士。癸酉六月。予告。己卯六月。存問。辛巳二月。再召。九月。入朝。十二月。考績進□師中極殿大學士。不拜。壬午。敍山東剿逆功。又不拜。癸未三月。請行邊。五月。入朝。又予告。六月。趣之入。至是法司擬罪。有旨機械欺蔽。比匪營私。濫用僉人。封疆貽誤。勒自盡。論贓十二萬。許歸殯。延儒少無學行。尤耽聲利。性極警敏。善揣人意指。始比溫體仁。共執政。及再相。頗反溫之所爲。而納賄無厭。往往假用人爲鬻爵地。借起廢市德。門故踵進。子弟倖捷。時方得君。不顧外患。款局敗。委罪陳新甲。沒其厚賂。牢籠朝端。敗壞國事。以致天下左袵。痛哉。

楊士聰曰。上召雷演祚方拱乾。此宜興得罪之始也。迨吳昌時廷鞫後。始令催入候旨。明乎罪因昌時。故諸臣言昌時么麼小臣。上曰。昌時是么麼。彼周延儒也是么麼。厥後刑部擬罪。舍昌時而專言封疆。逢迎上意而致之死。夫封疆則有之矣。豈宜興一人之罪。且視師不過末年。始終封疆者。自有其人。與宜興何預。及至旨出。又不言封疆而言機械。罷內侍。撤廠衛。皆機械也。此內璫所日夜文致于上前者。至此亦不覺露矣。又曰。上卽位以來。命相三四十人。其中非無賢者。求其精神提挈得起。惟宜興與烏程二人。但俱不軌于正耳。其初入門。更無少異。惟宜興近和。烏程近刻。其以自遂一也。烏程最久不露瑕隙。大意主于逢迎。其後轉相摹倣。不離烏程一派。雖精粗不同。而其揆則一也。

談遷曰。自直閣以來。貴極人臣。生赴市曹。惟王毅愍夏文愍兩人耳。于時號酷烈。旋亦湔雪。今我末造。綸扉若爲冥塗。韓城宜興相繼賜盡。四年之內。增慘鼎軸。宜興最得君。工于迎合。內箝大璫。外調言路。謂杜支百禩可也。曾未幾何。覆公之餗。法至不貰。朝廷之元氣刓蝕。不可復矣。夫韓城以忤吳昌時敗。宜興以昵吳昌時亦敗。近之則不遜。遠之則怨。宣尼致戒于小人。誠有以也。

李自成兵攻漢中。不克。還攻韓城。亦不克。

王揚基免。何騰蛟爲右僉都御史。巡撫湖廣。

高傑在絳州。聞賊渡河。分道東走。一趨吉州。一出禹門。戊辰。至蒲州。
丙寅。忻城伯趙之龍守備南京。
丁卯。王繼謨仍兵部右侍郎兼右僉都御史。總督宣大山西軍務。
張獻忠兵陷撫州南豐。
巡撫廣西右僉都御史林贇免。
戊辰。總督屯務袁繼咸未赴任。令蒞職戴罪。
呂大器兵復茶陵醴陵。
左良玉遣子夢庚入湖廣。
張獻忠出嘉魚。遣艾四以前鋒至新隄。馬士秀逆戰不利。退師。賊追之。又敗。遂去武昌。
己巳。命工部右侍郎周堪賡繪上河工圖。
總督倉場戶部尚書白貽清罷。
辛未。沈自彰爲太常寺少卿。
壬申。進陳演太子太保吏部尚書中極殿大學士。
李自成至三原。
癸酉。故大學士徐光啓加贈太保。廕中書舍人。
李自成至富平。大掠。
甲戌。以兵部右侍郎張鳳翔蒙恩規避。下刑部獄。前衞周胤韓文銓薦之。又各坐事謫外。
李自成兵私掠蒲州。僞將劉某馬某爲之後。李自成誅焉。

乙亥。故都察院左副都御史張瑋。贈吏部右侍郎。

西域獻千里馬。命五城清道。試城上。不果。

丙子。□□故總兵劉源清。贈太子少保。澤清弟。

李自成兵掠韓城。

丁丑。兵部右侍郎劉令譽協理防河。

湖廣巡撫何騰蛟奏。湖南永順保靖之土司。黔南銅仁黎平之土司。西粵柳全之土司。皆可用也。臣素與其豪長遊。簡其壯勇。可得數萬。依湖守險。土司無遠征之憂。百姓無客兵之害。平賊將軍左良玉。臣所熟知。不可不藉爲犄角。徐州副總兵金聲桓。肝胆可用。其部下劉世昌夏國基金成功劉一鴻等。皆可與言。彼其人原自左營調至。令其偕行。庶可掉運。乞加金聲桓援剿總兵銜以示鼓勵。從之。

艾四追馬士秀于嘉魚。士秀又敗。走武昌。

諭兵部。恢復承天荆襄。湖廣巡撫何騰蛟會承天鄖陽各撫。亟圖之。又諭兵部。令江督呂大器同左良玉平張獻忠。黔廣總督李若星沈猶龍提兵夾擊。

戶部郎中沈廷揚加光祿寺少卿。專海運。

戊寅。保定副總兵張天祿以江督呂大器標將索馬。遂以數百騎叛。走九江。附左良玉。

巡撫山西右僉都御史蔡懋德屯平陽。以歲暮還太原。令裨將牛勇朱孔訓防河。李自成遂勒兵渡河。勇孔訓戰敗。死之。

李自成勒兵渡河。入山西。

己卯。許都督同知方國安留剿楚寇。

副總兵馬進忠進扼蒲州。

庚辰。寇至河津。自船窩東渡。副總兵陳尙智走回平陽。

辛巳。通政司使李兆罷。

壬午。施邦曜爲都察院左副都御史。郝晉爲刑部右侍郎。

前□□□□李明睿復冠帶召見。

李自成攻平陽。知府張璘走太原。吏民皆降。臨汾知縣劉達擢陝西直指使。殺西河王□□等三百餘人于東關外。陳尙智擁兵走泥源山中。四掠。

張獻忠自岳州渡江。與馬守應合。獻忠獗甚。蓋李自成西犯去楚。故獻忠得横荆岳間。

仲於陛世襲翰林院五經博士。

寇破稷山河津。掠絳州。

癸未。高傑聞平陽陷。自蒲州東走。恣掠。遂下澤州。

劉令譽爲兵部左侍郎。徐人龍爲右侍郎。添設提橋改南京太常寺少卿。

禮科都給事中沈胤培乞閔惠王桂王流離之苦。敕部議安之。餘如楚王吉王岷王。俾撫按商其居止。助其供給。以慰惇睦。從之。

李自成馳檄山西各郡縣曰。倡義提營首總將軍。爲奉命征討事。自古帝王興廢。兆于民心。嗟爾明朝。大數已終。嚴刑重斂。民不堪命。誕我聖主。體仁好生。義旗一舉。海宇歸心。渡河南而削平豫楚。入關西而席捲三秦。安官撫民。設將防邊。大業已定。止有晉燕。久困湯火。不忍坐視。特遣本首于本月二十日自長安領大兵五十萬。分路進征。爲前鋒。我主親提兵百萬于後。所過絲毫無犯。爲先牌諭文武官等。刻時度勢。獻城納印。早圖爵祿。

如執迷相拒。許爾紳民縛獻。不惟倍賞。且保各處生靈。如官兵共抗。兵至城破。玉石不分。悔之何及。

甲申。左良玉復臨湘。

寇攻安邑。焚西門。知縣房□投井。賊曳出斬之。遂圍夏縣。掠垣曲。

李自成陷甘州。先是鳳翔蘭州開門迎賊。因渡河。莊浪涼州二衞降。巡撫甘肅右副都御史莆田林日瑞以副總兵郭天吉四千騎守峽口而敗。遂圍甘州。乘夜雪登城。日瑞及總兵馬爌副總兵郭天吉中軍哈維新姚世儒等監收同知藍臺鄉宦羅俊傑趙官等並死之。殺居民四萬七千餘人。西寧等衞尙堅守不下。明年二月詐降。殺僞官賀錦魯文彬。

彭貽孫曰。賊之未定三秦也。楡林寧夏兵累挫其鋒。苟有重臣提衡其間。諸鎭合從以拒之。賊兵旣頓而晉師合高傑之兵渡河西援。勝負未可知也。迨邊鎭盡隳。賊無返顧之憂。則整兵東渡。不待智者而知之矣。蔡懋德率疲卒數千。塡禹門之險。悉甲以拒之。猶懼其蔑濟。乃返兵太原。令陳尙智羸師以扼平陽。旆方旋而泥源之師忽潰。禹門旣渡。則三晉無可馮之阻矣。誤封疆而悖明詔。懋德可勝誅乎。仗節死綏。惜也其晚。論者謂懋德忠烈有餘而應變非所長。君子不能無致憾焉。

東陽諸生許都反。都故左都御史弘綱從孫也。有聲庠序。任俠喜交遊。知縣桐城姚孫棐貪虐。借名備亂。橫派各戶輸金。坐許都萬金。都實中產。勉輸數百。自詣告竭。孫棐大怒。摘都所刊社稿名氏。謂造逆反。桎梏之時輸金者盈庭。鬨然不平。有姚生執孫棐于座。笞之。羣擁都爲主。巡按御史左光先聞變。調兵行剿。官兵所至屠掠。東陽蘭谿人各保鄉寨拒敵。官兵大敗。紹興推官陳子龍謂許都不當反。遣諸生蔣若來賫書諭之。

乙酉。逮江西湖西道副使岳虞巒。

左良玉遣副總兵盧光祖惠登相劉洪起以步騎四萬人自河南至九江。入湖廣。

丙戌。左良玉遣盧光祖等復長沙湘潭湘陰。

丁亥。張獻忠前鋒艾四轉戰至三十六灣。鋒銳甚。馬進忠禦之敗績。又戰敗績于蒲圻。

戊子。張亮爲右僉都御史巡撫安慶廬池太平時各督撫四十有一。開府之濫極矣。

党崇雅爲戶部左侍郎。總督倉場。

蔡懋德兵返太原。

己丑。方震孺爲右僉都御史。巡撫廣西。

貴州鎮篁營參將梁胤林攻桃固山洞。擒賊程繼孔。繼孔反覆擾徐邳間。胤林以除夕出不意擒之。山寨悉平。

許都據浦江游擊蔣若來提兵乘除夜攻破之。斬三千餘人。賊大潰。都走山中。據南呂

# 國榷卷一百

甲申崇禎十七年

正月庚寅朔。大風霾。占曰風從乾起。主暴兵至。城破。臣民無福。

戶部□侍郎胡世賞予告。

鳳陽守備太監谷國珍報地震。

李自成僞稱大順國。改永昌元年。自成久覬尊號。懼張獻忠馬守應相結爲患。旣入秦。通好獻忠。獻忠厚幣遜詞。自成遂僭號。拜宋獻策爲軍師。牛金星爲丞相。更定六政府。尚書一。侍郎二。吏政府尚書宋企郊。戶政府尚書楊建烈。禮政府尚書鞏焴。兵政府尚書喻上猷。刑政府尚書陸之祺。工政府尚書李振聲。又大封功臣。劉宗敏爲磁侯。田見秀爲澤侯。谷英爲緜侯。餘封爵有差。城固選貢生岳中衡聞詔。手刃僞令。遂自縊以死。解元席珍光入山不食死。

辛卯。總督袁繼咸奏。五月二十二日拜命。是日聞張獻忠破武昌。六月六日至安慶。而楚之會城告陷矣。恐賊乘虛東下。江州人心驚潰。則吳越之勢搖矣。臣檄皖撫調兵三千爲臣臂指之使。臣率陳可立先到湖口。遏賊狂奔。乞敕左良玉先事江南。掃除獻忠。上從之。

東江總兵黃蜚議酌用水師。

壬辰。諭兵部募廢弁及草澤義勇之士。

高傑潰兵破淸化鎭城。南渡河。駐覃懷。

癸巳。戶部尚書倪元璐等請以浙省鄉紳團練鄉兵。浙西則推徐石麒錢繼登佐之。浙東則推劉宗周姜應甲佐之。于保伍中簡練鄉勇實行古弓弩社法。從之。

兵部尚書張縉彥蒞任。

吏部議司務主事陞知府。不許。

兵部舉廢將于永綬。

前兵科都給事中曾應遴奏。今之紳富。皆衣租食稅而吸百姓之髓者。平日操奇贏以愚民而獨擁其利。臨事欲貧民出氣力相護。無是理也。秦藩之富甲天下。賊破西安府庫不下千百萬。悉以資賊。倘其平日多所取民。有事多發犒士。未必遂至于此。又聞萊陽之破。以東門鄉紳張宏德利賊之退。盡追鄉民犒賞。痛笞而窘迫之。一家發難。闔邑罹殃。虜至令宏德自指其藏。得百萬金。然後闔門就僇。今之紳富。亦宜鑒之。略借均田之法。使富者稍捐以賑貧。亦救民撥亂之策也。

巡撫登萊曾櫻請實議練鄉兵以避客兵之害。實議清野以保民蓋藏之資。

甲午。故保定監軍□□□任棟贈光祿寺卿。

復□□□僉事越其杰官。

福王由崧前寇失金寶。請補給。

乙未。諭吏部。前命內外兼轉。吏科都給事中吳麟徵未歷監司。不得遽陞京堂。麟徵于內閣無私謁。故陳演魏藻德沮之。

呂大器奉命入覲。袁繼咸仍總督九江。

劉承胤爲都督僉事總兵官。鎮守武岡兼轄黎平清平。

雷躍龍改吏部右侍郎。張維機爲禮部右侍郎。各教習庶吉士。

議調遼東總兵馬科南征。工科給事中高翔漢言建虜出塞未數月。今遼撫黎玉田永撫李希沆揭稱復欲入寇。寧遠逼近。不可示以單弱。而調兵南征。豈稱勝算。將爲三軍司命。唐通馬科孔希貴錚錚有聲。鎭臣盧九德怯甚。已經議易。而馬科仍調南行。三軍誰爲統率乎。

許都伏誅。都得陳子龍書。率同事十三人詣杭州投獄。巡按御史左光先卽斬之。盡隱姚孫榘之失。奏復秩。

張有譽爲南京戶部右侍郎兼右僉都御史。總督糧儲。

儒士陳于階特授南京欽天監博士。

趣總督余應桂巡撫李化熙抵鎭。

貢士上海何剛授兵部職方司主事。練東陽義烏兵。剛上收人用將行兵三策。其收人曰。忠義智勇之士。在浙則東陽義烏。昔時名將勍兵多出其地。東陽生員許都天性忠孝。素裕韜鈐。乞用之以勸徽婺二郡之奇才。臣願以布衣奔走聯絡。悉遵戚繼光法。申詳約束。開導忠義。歲餘可使赴湯蹈火。臣見進士姚奇胤桐城生員周奇陝西生員劉湘客山西貢士韓霖皆憂時有心。乞下詔採天下豪傑。則忠義智勇連袂而起矣。有旨許都姚奇胤下該部速議。不知許都以叛誅也。

丙申。都督同知方國安爲平蠻將軍總兵官鎭守湖廣。

前兵科都給事中曾應遴薦副總兵鄭鴻逵緩急可用。

丁酉。許方孔昭戴罪整理河北屯田事務。

戊戌。諭京師講鄉約。朔望宣聖祖六諭。仍立善惡二簿咨訪。

高傑南下。江北大震。總督漕運路振飛命副總兵金聲桓扼徐州。周仕鳳守泗州。周爾敬守淸口。

宣府總兵唐鈺貪淫被劾免。

都察院左副都御史兼東閣大學士方岳貢請覈赦前舊賦或官吏侵漁。命限三閱月指奏。

召撫寧侯朱國弼忻城伯趙之龍對中左門。

己亥。故禮部右侍郎吳士元。故□□□□□楊光旦。故南京都察院右都御史張延登。各予祭葬。故□□□□苑景泰贈太僕寺少卿。山東海道僉事長葛邢國璽贈光祿寺卿。故渭南知縣陞兵部職方主事楊暄。故□□□□朱一統。並贈陝西按察司僉事。各蔭子入國子監。

王之仁爲都督□口總兵官。鎭守浙江。周仕鳳爲署都督僉事總兵官。鎭守廣東。

刑科給事中郭充言。盜入關中。憂不止秦也。會城之安危不曉。則督臣之趨進無方。各官之聚散不知。則三邊之征調難。及賊勢之趨向不測。則河東之防禦亦徒勞。必偵探明白。新督臣疾往。如賊羽充斥。勢難渡河。宜從永寧渡綏德。直趨固原。亦以上流御下風。聞賊入時。官兵刦地方。民人駭散。河東防賊。當不在河東而在河西。今賊入關一月。地方尙爾蒙蒙。未有不知彼而能取勝者也。

定漕運官六員。各領千艘。勒限竣役。

庚子。王庭梅爲順天府尹。

上聞遼民任氏奏鼓聯義勇。命通政司上之。

呂大器言。湖廣官無一人。舊巡撫承天王揚基戴罪于江。請改撫湖廣。仍兼承天。

巡按山西御史汪宗友檄副總兵熊通。同河東道郝絅以千二百人赴河上。宗友奏曰。晉河二千里。平陽居其半。撫臣蔡懋德不待春融冰泮。十八日自平陽反省。二十日賊渡矣。隨行馬步千餘。宜兼程回平陽。招陳尙智叛兵。檄各路防剿。乃不發一兵。二十八日至省。臣力言宜提一旅而前。張疑聲。冀桑榆之效。無如不聽。何賊日還僞官。匝月餘郡皆失。是誰之過與。

李自成遣人投僞牒于兵部。稱大順永昌元年。約戰言三月十日至。兵部執牒者。則京師人自涿州還。值逆旅客暴疾。予十金代投。以爲詐。斬之。

上憂寇。臨朝而歎。卿等豈無能分憂哉。大學士李建泰進曰。臣晉人也。頗知寇中事。臣願募本地餉百萬。治兵剿寇。毋使東渡。又曰。進士石𥗼願單騎走陝北。連甘肅寧夏之兵。外結羌部。召募忠勇。勸輸義餉。剿寇立功。否亦內守西河。扼吭延安。使賊不得東渡。上悅曰。卿若行。朕當倣古推轂。上欲用石𥗼。建泰曰。俟臣西行。酌而用之。

辛丑。總督漕運路振飛薦淮安同知范鳴珂。郡倅二十年。淸恬不爽。請補淮徐道僉事。以代何騰蛟。

甲辰。召□□□□何楷入朝。

提督操江誠意伯劉孔昭薦前巡撫貴州右□都御史田仰堪任節鉞。

釋姜埰熊開元獄。

李自成大宴功臣。卽席賜列侯銀一萬。金五千。珠一斗。列伯以是爲差。或五升三升。尋自成東行。以秦王存樞永壽王誼㴘韓王亶脊慶王倬淮從。四月。殺諸王于山西。

乙巳。左夢庚先發九江。張獻忠自岳陽渡江。設僞官于江北。屯師江岸。遂棄長沙。作浮橋于三江口。一軍過荊州。棄其舟。竟以步騎數十萬上夔州。

王承胤爲鎭朔將軍都督□□總兵官。鎭守宣府。

丙午。諭兵部曰。山東土寇出沒。命撫按剿盜通餉。又曰。人心不固。聞警倡逃。亟行賞罰。用示勸懲。又曰。畿南震鄰紫荊倒馬龍門固關宜亟戒備。又曰。秦督已至河。卽率高傑等相度往援。宣督星馳防河。

工科給事中彭琯言。逆賊犯楚。實由人心惑于三年免租一民不殺之僞示耳。及見撫臣李乾德懸示免征。益復踴躍。倘皇上大下蠲詔。通行曉諭。更當何如。近傳十六十七年寬赦。何如寬之十八年。使賊滅後猶有餘力幷奇荒赤地。通行酌免。使老穉棒檄泣下。非目前第一義乎。武昌破時。沿江積屍千里。郡縣收復。原任官戴罪不敢任事。必待選補之臣。功名與性命較。則輕。決不赴任。罪以規避而止。何益于地方之緩急。請查陷城各官除門迎先逃外。調補空地。以聯絡人心。似爲切要。

寇入洪洞。知縣乾州吳東璧降。拷掠宦室助餉。前吏科都給事中申嘉言脅二萬金。猶夾死。

丁未。沔陽監紀知州章曠以鄉勇三千赴沔陽。値賊景陵。敗績。失亡千人。

左良玉上武昌。攻江督叛將張國柱張天福。

戊申。吏部奏。秦寇窺渡。三晉披靡。賊騎未到而城池已空。僞檄方傳而人心胥亂。因議六事。復保督□察□。厚河防。緝煽惑。急練戰。講聯絡。其緝惑欲委之秦中科道官密察秦人在京者。恐爲奸伏以應寇也。

熊通郝絅。次靈石。扼守郭家灘。請濟師。

總兵高傑報寇渡河。有旨責撫按疎防。高傑既稱兵精。當破賊。何待大兵四集也。又命山西總兵周遇吉扼河助高傑。

劉肇基爲南京左軍都督府同知。提督大教場。

巡按蘇松常鎭御史周一敬參貢士金壇虞植逆親害民。

總督鳳陽馬士英奏太湖縣疎防失守。

己酉。實授郭中杰副總兵。

侍郎金之俊奏收拾人心。聯絡鄉勇。俱從鄉紳起。江南士紳素稱好義。命撫按責成。

余應桂逗留兵譟。奪總督聽勘。

李自成至聞喜。搜捕巨室。

庚戌。戶部題督輔餉司戶部主事介松年改戶科給事中。

南京戶科給事中羅萬象極言南糧折乾之弊。

李化熙爲兵部右侍郎兼右僉都御史總督陝西三邊軍務。

起郭景昌爲右僉都御史提督雁門等關兼巡撫山西。

諭戶部邊餉告急。外解不前。餉臣既撤。令鹽臣黃家瑞督催解京。

壬子。葬皇貴妃田氏。

召忻城伯趙之龍巡按陝西御史金毓峒于中左門。

寇陷趙城。副總兵陳尙智降于李自成。導之破趙城。寇所至多開門出迎。結寨反拒官兵。

李建泰薦布衣羅天錦。下部錄用。

諭工部以開封大水。下按察司官會撫按撈起遺貲。

提督操江誠意伯劉孔昭奏安慶廬州當添防兵。蕪湖尤要嚴防。

癸丑。進陳演少保吏部尙書建極殿大學士。廕中書舍人。以三年考績。

命總督鳳陽馬士英監勇衞營太監盧九德協剿張獻忠。

故□□□□李輔明。贈左都督。謚□□。

兵部尙書張縉彥言自舊撫熊奮渭潦倒之後。海上僅足一旅。民壯則多人奴占役。鄉勇則虛應故事。將領則總督名懸。參游以下皆紈袴。儲備則鋒朽藥銷。餉供則奇荒大疫。道殣相望。豈直一方之利害而已。

眞定參將李茂明報寇陷三晉。高傑縱掠河東。

夜。星入月中。宋史云。星入月中。國破君亡。

甲寅。郝絅熊通走回太原。

乙卯。命駙馬都尉萬煒告太廟。行遣將禮。敕吏部右侍郎兼東閣大學士李建泰曰。代朕親征。以尙方劍從事。一切調度賞罰。俱不中制。上臨軒。授尙方劍。幸正陽門樓宴餞之。命文武大臣侍坐。樂作。上手賜巵酒曰。如朕親行。建泰頓首謝。卽行。上目送之。至泣下。是日大風霾。占曰。不利行師。建泰御肩輿。不數武杆折。識者咎之。進士程源說監軍凌駉曰。此行也。兼程抵太原。收拾三晉。猶可濟也。若三晉失守。無可爲矣。進士凌駉授兵部職方主事。監軍。赦故□□□□李政修罪。從行營効用。副總兵郭中杰充中軍。西洋人湯若望隨修火攻水利。

諭兵部。淮揚重地。令漕運鹽法二臣增兵。

南京守備太監韓贊周奏南京地震。

回回貢馬玉。玉大者重三百五十斤。次五十斤。

兵部尙書張縉彥駁監軍渡河之報。上亦聞寇未渡河。責兵部輕信。

談遷曰。秦隋惡聞盜賊而亡。先帝嚴明不幸晚亦類之。且平陽陷久。豈撫臣蔡懋德不以聞乎。如以聞。又何能諱也。鼓鐘于室。聲聞于外。覆敗同軌。可爲殷鑒。

徐標爲右僉都御史。巡撫保定。提督紫荊等關。

工部尙書范景文。禮部左侍郎丘瑜。並兼東閣大學士。直文淵閣。

丙辰。督師大學士李建泰出都。道聞晉警甚。家存亡未卜。因徐行日三十里。至涿州。兵逃三千餘人。

談遷曰。輔臣督師。先帝時屢矣。高陽矢力危疆。克舉其任。武陵沾沾自喜。綆短汲深。與化逡巡不力。旋聞賜玦。俱于高陽愧之曲沃自請督師。志本殉國。方是時。逆黨渡河。三晉半陷。倘卽卷甲疾馳首控晉陽。傳檄西塞。獎率吏民慨然同陶荆州之灑泣。張睢陽之哭廟甘萬死以赴之。背城借一。亦云幸也卽其不效。亦有辭于天下萬世。臣何負焉。而曲沃食容容之福已久。冀倖意外。利則爲高陽。非利當不失爲興化。又何急之有。日者余應桂總督陝西之命。時寧夏甘肅楡林亡恙。能如王剛中一日夜馳三百里。號召豪傑鼓厲義勇。寇方顧其後。未卽東渡也。國事大壞。俱用非其人。肉食者謀之不敗不止矣。噫。

丁巳。諭兵部曰。逆獻蹂躪江楚。平蕩無期。目今平賊將軍大兵有無馳剿。江督見駐何處。鳳督是否發兵會殲。黔粤各督曾否遵旨提旅扼援。科臣左懋第察核旣竣。着卽察催各路兵馬併楚皖江沅各撫犄角進剿。四面圍擊。勒限三月內削平奏功。不得逗留曠日。坐失事會。事平破格封廕。如有觀望不進。遷延踰限。參來重處。

高傑屯覃懷。有兵三萬。馬騾九千。遣使壽州。通總督鳳陽馬士英。士英請屯其衆于徐州。聽節制。

大學士陳演請釋纍臣。命刑部十日內具獄許贖。

太僕寺丞賀王盛上所勘膠河圖。

逮巡撫偏沅右僉都御史陳睿謨。

張邦謨夏登仕仍副總兵。毋濫加都督同知。

諭戶部開採事例。尙書倪元璐言開採非便。事例准貢可暫行。從之。

南京吏部主事陳子龍改兵科給事中。

前兵部尙書張國維以蒙蔽命撫按逮至都察院。左都御史李邦華戶部尙書倪元璐俱言國維可用。命仍原銜督理浙直輸餉練兵。國維奏輸納事宜。

戊午。吏科給事中李清言監司止宜實陞。上從之。諭吏部久任。

蠲南直崇禎十二年以上贖鍰。

馬士英以副總兵莊朝楔守徐州。令中軍副總兵楊振宗賫金幣賚高傑。安其家口于徐州關廂。

李建泰發眞定。行至廣宗。士紳守城不納。攻三日。破之。殺鄉紳王佐。笞知縣張弘基。是日卽移兵出城。

己未。李明睿爲右庶子。衛胤文羅大任爲左諭德。

左良玉至武昌。屯金沙江。

二月朔。上早朝。忽得僞封。啓之。其詞甚悖。末云。限三月望日至順天會同館繳。一時相顧失色。朝罷。遂不復問。

進張承胤太子太師左都督。劉有實仍都督僉書總兵官。鎭守紫荆等關轄四路。

馬進忠復長沙。初。張獻忠聞楚師日集。以舟重水涸。盡棄之。自荆州入夔門。方國安馬進忠分道並進。焚其舟。遂復長沙。諸軍連營屯長沙岳州。左良玉以五營追賊于沙陽。距荆州七十里。

河北屯撫方孔昭奏屯墾巡按應天御史鄭崑貞言興屯業有實效。上諭。興屯求爲足國裕民。若未經開墾。輒議三科。小民能無畏阻。

逮巡撫登萊右僉都御史曾櫻。

李自成陷蒲州。蒲州諸縣皆降。命李安守焉。追高傑于淸化鎭。陷之。設僞官。濟源諸縣人竄盡。河北大震。懷慶城盡閉。

辛酉。前督師兵部右侍郎丁啓睿薦前知縣夏萬亨能勸農。請陞副使。不許。

李自成陷汾州。知府侯君招死之。汾陽知縣劉必達袖罵闖文被殺。義勇范奇芳手刺僞都尉。拔劍自刎。曰。吾不死于賊之手。自成以奇芳首懸于靑龍驛。士多弔之。河曲縣奸胥奪印獻于自成。靜樂縣人迎賊。

懷慶府不守。福王出奔。與太妃相失。遂至衞輝。依潞王。御史霍達至衞輝。追高傑不値。

壬戌。兵科給事中韓如愈言晉寇訛傳。噫。諸臣欺蒙如此。

都督僉事劉有實專轄三關。

癸亥。諭言官論事須明白直陳。毋隱語。非告君體。

逮江寧知縣楊文驄。文驄素婪虐。去春王允成兵東下。南京兵部尚書熊明遇委文驄同都督孫必進往禦。輒自署南京兵部職方主事。縱卒暴掠。勸蕪湖知縣夏繼虞行屬禮。繼虞不受。南京都察院右都御史張愼言劾之。至是得命。未發而止。

前□科給事中姜埰戍邊。故□科給事中方士亮。故御史蔣拱辰。故兵部職方郎中尹民興俱杖贖。時刑部尚書張忻議贖罪曰誤殺。意及于甲。誤及于乙。殺者可恕。死者易瞑。富則千金。次五百金。貧亦百金。曰鬬殺。視誤殺有間。富則千五百金。次八百金。貧亦三百金。曰同謀共毆致死者。富必三千金。次千金。貧亦三百金。

工部主事李逢申言勸取不若糾貪。赦罪輸餉。上從之。命九卿科道糾贓甚者一二人如議。

王正志王鼇永爲戶部左右侍郎。鼇永總理錢鈔。

甲子。山西糧儲道□□程□□□奏鹽課虧七十餘萬。

命益王由本歸國。先避邵武也。

故兵部右侍郎劉之綸謚□□。

李自成至太原。自平陽陷。諸將咸遁。巡撫山西蔡懋德以驍將牛勇朱孔訓出戰。孔訓傷于砲。牛勇陣沒。一軍皆殲。城中奪氣。

乙丑。左良玉以副總兵盧光祖等分道上隨州棗陽承天德安。賊魁馬守應自荊州移襄陽。官兵統領陳有業攻雲夢。僞囤州牧高翠堅守。不克。

寇圍太原。傳檄遠近。略曰。公侯皆食肉紈袴。而倚爲腹心。宦官悉齕糠犬豚。而借其耳目。獄囚纍纍。士無報禮之心。征斂重重。民有偕亡之恨云云

巡撫山西蔡懋德知力不支。書遺表。令監紀賈士璋間道奏京師。中軍盛時泰見之。退殺妻子。誓必死。後城陷。同懋德縊于三立祠。

陝西道御史王章巡視京營。

諭戶部曰。邊餉甚亟。外解不至。皆由有司急贓贖而緩錢糧。不嚴賞罰。何以勸懲。今內責部科。外責巡按。痛禁耗索。完額則陞京堂。否者除名。

中書舍人張同敞言楚豫紳衿多從賊。宜察諸生忠逆爲教官功罪。上然之。

談遷曰。忠逆本于士心。即教官何能爲。宋士習壞于王介甫新說。今士習之壞。自晉江李贄始。相矜以權術。目坑焚爲救時。詆濂洛爲積腐。宜揚雄馮道之流踵接于世也。

兵科給事中時敏例轉金華知府。敏奏辨。命還原官。

常澄嗣襄王。

丙寅。前總督陝西三邊軍務余應桂報全晉瓦解。上切責之曰。爾奉命督秦。何遠奔沁澤。前疏兵僅二百。今言近千。其以實覈。

丁卯。大風霾。五色遞變。闔室照之赤如血。按邯鄲縣志云。大風遞變。闔室照之赤如血。召廷臣于中極殿。幷及陳演戶兵部科。

太原陷。賊夜登城。巡撫山西右僉都御史昆山蔡懋德左布政使永寧趙建極兵備副使鄭州毛文炳按察僉事萊州畢拱辰等死之。執晉王求桂。

郝晉孟兆祥爲刑部左右侍郎。張弘道爲光祿寺少卿。

戊辰。敕李建泰曰。朕仰承天命。繼祖鴻圖。自戊辰至今甲申。十有七年。未能修德尊賢。化行海宇。致兵荒連歲。民罹兵戈。流毒直省。朝廷不得已用兵剿除。今卿代朕親征。鼓淬忠勇。表揚節義。獎厲廉能。選拔雄杰。其驕怯逗玩之將。貪酷倡逃之吏。妖言惑衆之人。逆誤軍情之輩。當以尙方劍從事。一切調度賞罰。俱不中制。卿宜臨事而懼。好謀而成。剿則殲渠宥脅。撫則解散投戈。早蕩妖氛。旋師奏凱。封侯晉爵。勒銘鼎鐘。須將代朕至意。徧行示諭。始建泰言傾家貲享士。及聞家破。失措。頓畿內不前。

命總兵劉澤淸自臨淸移彰德。

故河南睢陳道僉事隴西關永傑。贈光祿寺卿。故陳州知州成安侯君擢。贈河南布政司右參議。永傑崇禎辛未進士。君擢天啓辛酉貢士。壬午七月俱陷陳州。

故□□□□張質。贈河南按察司僉事。故□□□□王壽爵。贈宛平知縣。故河南知府臨汾亢思檜。贈太僕寺卿。故河間知縣文水陳三接。故□□知縣常情。各贈山東按察司僉事。故□□□□李貞佐。贈河南按察司僉事。並廕子入國子監。

己巳。召閣臣。時蔣德璟疾不至。

諭吏部。平陽副使李士焜等七人先逃後還。已經革秩。着戴罪圖功自贖。

庚午。巡撫保定右僉都御史徐標爲兵部右侍郎。總督畿南山東河北軍務。仍巡撫保定。

諭戶工部右侍郎王鰲永□□□鑄當二當五錢。

刑部郎中鄭爾說轉杭州知府。遂參吏部文選主事左懋泰。爲尙書李遇知毆奏。

建虜薄寧遠。平虜將軍關遼登津水師總兵官黃蜚大潰。

張應元進右都督。
命進士俱注官赴任。
巡按河南御史蘇京。被叛將馬奎蘇見樂陳德縛于寧郭驛。獻寇求賞。
辛未。召戶兵部科及總兵吳襄于中左門。
李自成至黎城。別將陷臨晉。
莊朝樑守河上。縱高傑渡河。至徐州。士民驚擾。傑旋赴壽州謁馬士英。
諭戶部。郡縣民壯。原以捍衞地方。乃祇供勾攝。封守何裨。嚴責有司編入鄉兵。實行選練。
諭刑部。吳昌時論死。馮源等遣戍。財產幷罪輔周延儒籍沒充餉。又曰。周延儒見賄忘法。本當全沒。量追十二萬。吳昌時五萬。
李祖述嗣臨淮侯。
停鈔法。前市浙直桑穰等料。仍輸京師。
總督鳳陽兵部右侍郎兼右僉都御史馬士英歸援。剿總兵高傑于徐州。同監軍龔彝。
壬申。上憂寇罪己。詔曰。朕嗣守洪緒十有七年。深念上帝陟降之威。祖宗付託之重。宵旦兢惕。罔敢怠荒。乃者災害頻仍。胡寇並急。生民荼毒。靡有寧居。惟彼狡虜。固曰犬羊。非我族類。若此流寇。則分屬君民。誼兼赤子。忘累世之豢養。肆廿載之兇殘。赦之益驕。撫之益叛。反以殺人爲仁。掠財爲義。至有受其煽惑。頓忘仇敵。深可痛傷。朕爲民之父母。不得而卵翼之。民爲朕子。不得而襁褓之。坐令秦豫丘墟。江楚腥穢。貽羞宗社。致疚黔黎。罪非朕躬。誰任其責。所以使民罹鋒鏑。蹈水火。殣量以壑。骸積成丘。皆朕之過也。使民輸芻輓粟。居送行賫。加賦多無藝之征。預徵有稱貸之苦。又朕之過也。使民室如懸罄。田卒汚萊。望烟火而無門。號冷風而絕命。又朕之過也。使民日月告凶。旱潦洊至。師旅所處。疫癘爲殃。上干天地之和。下叢室家之怨。又朕之過也。至于任大臣而不法。用小臣而不廉。言官首鼠而議不淸。武將驕懦而功不舉。皆朕撫御失宜。誠感未孚。中夜以思。跼蹐無地。己實不德。人則何尤。用告爾天下官吏軍民人等。今朕痛加創艾。深省夙愆。匪涉虛文。恪循實事。要在惜人才以培元氣。守舊制以息紛囂。行不忍之政以收人心。蠲額外之科以養民力。念用兵征餉原非得已。各省直撫按官急飭所屬有司。多方勸諭。毋失撫字。倘有擅加耗羨。朦混私徵。及濫罰淫刑。致民不堪命。立行正罪。其流亡來歸。除蠲逋賦。加意安插賑恤。毋致失所。至于罪廢諸臣。有公忠正直。廉潔幹才。尚堪用者。不拘文武。着吏兵二部確核推用。以彰使過。草澤豪杰之士。有恢復一郡一邑。便分官世襲。功等開疆。卽陷沒脅從之流。能舍逆反正。率衆來歸。准令赦罪立功。能擒斬闖獻。仍予通侯之賞。于戲。忠君愛國。人有同心。雪恥除兇。誰無公憤。尙懷祖宗之厚澤。助成底定之大功。思克厥愆。歷告朕意。

談遷曰。輪臺之悔。奉天之詔。漢唐二主。感動海內。克光大業。而先帝末歲惓惓。翻然下尺一。昭如日月。當其時民莫苦于橫征。率空言無指實。朝廷好負人。亟則引咎。緩則反汗。愚夫習而知之。故耳目頑錮如初也。倘卽減今歲田租之半。躬閱內府。盡出其所有金幣珠玉等。尺寸毋少靳。明示吏民以充祿餉。誅一二掊克之吏。銳意更始。而吏民不爲感動者。未之有也。

李自成陷潞安。瀋世子□□。年十六。被寇執。僞將見其幼。所佩大金錢。文爲大順永昌也。試諸生。分騎趨懷慶彰德。傳檄曰。上帝監觀。實惟求莫。下民歸往。祇切來蘇。命既靡常。情尤可見。粤惟往代。爰知得失之由。鑑往識今。每知治忽之故。兹爾明朝久席泰寧。浸弛綱紀。君非甚黯。孤立而煬竈恆多。臣盡行私。比周而公忠絕少。賂通公府。朝端之威福日移。利擅宗紳。閭左之脂膏殆盡。肆昊天幸窮乎仁愛。致兆民爰苦于災祲。朕起布衣。目擊憔悴之形。身切痌瘝之痛。念兹普天率土。咸罹困窮。詎意易水燕山。未甦湯火。躬于恆冀。綏靖黔黎。猶慮爾君若臣未達帝心。罔喻朕意。是以質言正告。爾能體天念祖。度德審幾。朕嘉惠前人。不吝異數。如杞如宋。饗祀永延。用彰爾之孝。有室有家。民人胥慶。用彰爾之仁。凡茲百工。勉保乃辟緜商孫之後。祿賡嘉客之休。聲克殫厥猷。匡誼靡忒。惟今詔布。允布腹心。君其念哉。罔怨恫于宗工。勿阽危于臣庶。臣其慎哉。尙效忠于君父。廣貽穀于身家。甲戌。寇前鋒至大安驛。兵部尙書張縉彥請令督輔李建泰綢繆布置。臨淸德通天津昌平密雲六鎭俱聽調遣。時建泰在河間。遷延不進。

起故南京吏部主事成勇戶部主事葉廷秀。

僞吏分遣于山西河南北直。舊令多逃。輒爲士人拘留苦之。或面受代。又流謠曰。吃汝娘。着汝娘。吃着不盡有闖王。不當差。不納糧。遠近聞之。人人延頸思亂矣。

魯世子以海嗣魯王。

乙亥。諭部院曰。寇氛入晉。畿輔戒嚴。固圉安民。全在察吏。該撫按屬官嚴加甄別。必淸謹循良。素爲民戴。方許留任。責令募練鄉勇。悉備城守。如貪殘闒冗。令解任另行推補。

議京師城守。

宋權爲右僉都御史。巡撫密雲。

李自成至忻州。官民迎降。遂攻代州。五臺知縣文運溥迎降。總兵周遇吉守代州。出奇奮擊。累旬日。殺賊萬餘。自成合諸路兵進攻。遇吉兵少食盡。退守寧武關。誓師曰。盈盈黃河水。諸將望風奔潰。既不能守。又不能戰。國家何賴此武臣。爲與貢士崔夢潮率精卒數百人。且守且戰。

寇陷懷慶。

命勸貸文武諸臣。限五日。戶部上文武納銀貤封事例。

馬世奇爲左庶子。徐開禧衛胤文爲左右諭德。林增志爲右中允。開禧尋憂去。

金燦進南京鴻臚寺少卿。

故刑部右侍郎朱大啓。贈尚書。故□□□□倪應春。贈南京工部右侍郎。故兗州知府鄧蕃錫。贈太僕寺卿。故兗東兵備王維新。贈光祿寺卿。故□□□□高維岱。故□□□□王來。故□□□□劉禋。各贈河南山東□□按察僉事。故□□□□范玄超。贈工部營繕司主事。故□□□□李時正。贈良鄉主簿。並廕子入國子監。故閣□□閣三選。贈國子學錄。

丙子。戶科給事中介松年上言。士節不振。廉恥風微。倡逃迎降。出自衿紳。深可痛憤。亟宜崇獎節烈。以收拾人心。上是之。

戶部右侍郎王鰲永屢疏請纓。上以始鼓鑄。未允。

吏科給事中馬嘉植言。皇上亦知孫傳庭僨事之因乎。守關原自有餘。大言一鼓蕩平。僥倖爲之。是以進退失據。今不戒覆轍而空拳徒膺。萬一太原與淮揚俱震。則爲禍愈激。非知彼知己之算也。臺臣陳丹衷借兵土司之說尤宜商榷。以數世豢養之兵。尚不能必其用命而向蠻夷責大義。亦難矣。況不能裹糧影從。則搜括不加倍乎。百姓見兵過搖手閉戶。狠兵一來。保無驚疑乎。兩粵之間又增多事矣。

丁丑。寇抵固關。分趨眞定保定。

戊寅。吏部題堪任督撫諸臣。沈迅魏公韓孫肇興朱家仕萬元吉馬鳴騄楊毓楫何楷聶明偕周光夏許譽卿汪心淵毛九華夏允彝王道純詹爾選黃宗昌鄭之尹王守履李長春毛羽健。

李建泰兵過東光。不戢。士民閉城拒守。建泰怒。留攻三日。破之。

己卯。太康伯張國紀助餉萬金。命進爵爲侯。

庚辰。大寒。

上始聞山西全陷。命跡訪諸王。

命太監閻國輔等分餉薊遼。

諭吏兵二部曰。豫楚殘破。郡縣料理需人。各撫按悉聽自選吏更置。不拘科目雜流生員布衣。但才堪濟變。品行服人。卽與塡用。有能倡義募兵。恢復一州。卽授一州。復一縣。卽授一縣。功懋懋賞。決不少靳。一應練兵安民理財之事。俱聽撫按同所屬便宜舉行。朕不中制。

命內臣監制各鎭。太監高起潛總監關薊寧遠。盧惟寧總監通德臨津。方正化總監眞定保定。杜勳總監宣府。王夢弼監視順德彰德。閻思印監視大名廣平。牛文炳監視衞輝懷慶。楊茂林監視大同。李宗先監視薊鎭中協。張澤民監視西協。又孫良弼守河間。于朝守滄州。楊開泰守霸州。並屬盧惟寧。兵部奏覆各處物力不繼。而事權紛挐。反使督撫藉口。上不聽。

侯方域曰。太祖之制。內侍數人。給灑掃而已。不使識字也。故迄于宣宗。不受其禍。浸假而有王振之事。又有汪直之事。至劉瑾而極。凶豎魏忠賢而橫矣。天子手自誅鋤。熟知其惡。豈不戒前車之轍歟。蓋輕其爲薰刑之餘。以爲其惡不能有爲。姑使察天下之情僞。一旦得罪。雖勢如凶豎。而我能立除之無難也。竊以爲不然。夫人見虎則卽然閉門而拒之。惟恐不速。見鼠則恬不爲怪。究之隤垣穴墻。不出于虎而出于鼠者。豈鼠之力有加于虎哉。患成于所忽而卒然難防也。故天下常有不測之事。弊釀于庸主易反。而偏中于英主則難回也。

鄒滕盜起。

辛巳。命太監王坤督鹽兩淮。兵科右給事中韓如愈催餉江西浙江。幷改折贓贖。如愈至東昌。劉澤淸陰遣盜殺于車上。猶曰爾何爲論我劉將軍耶。

通州兵譟。傷巡撫楊鶚。鶚上章自劾乞罷。上以楊鶚實心任事。豈因其譟輒易。賜藥金三十。

壬午。眞定陷。眞定知府邱茂華預移家出城。總督兵部右侍郎徐標下之獄。中軍官不聽。伺標登城畫守禦。劫標城外殺之。出茂華。茂華遂檄屬縣豫叛待寇。數日賊數騎入城收帑籍。近京三百里。京師無聞焉。標字準明。濟寧人。天啓乙丑進士。弘光初。贈兵部尚書。祀旌忠祠。

蠲開封歸德河南田租三年。

太監杜勳請前都督黑雲龍效用宣府。從之。

甲申。兵部尚書張縉彥兼學士。從其請也。

寇至彰德。趙王常淟降。

劉澤清請採礦青登萊諸山。下巡按御史議之。

陝西總督李化熙監軍御史霍達會澤清兵于小灘。丁酉。合營上臨清。

乙酉。進魏藻德禮部尚書兼工部尚書文淵閣大學士。總督河道屯練往天津。進方岳貢戶部尚書兼兵部尚書文淵閣大學士。總督漕運屯練往濟寧。時日講官左諭德楊士聰宣慰襄王。奉手敕諭左良玉入援。會藻德出治師。請以士聰收山東義勇。未及行。

禮部言桂王惠王走粵。命遣官齎璽書慰問。

遼東巡撫黎玉田進右都御史。

兵部請操江巡撫分任水陸。鳳淮二督應援江干。吳淞狼山各將犄角。其衿紳各練鄉兵。從之。

戶部尚書倪元璐解任歸詹事府。專日講。

丙戌。召大學士陳演總督京營襄城伯李國楨刑科給事中光時亨于中左門。

戶部尚書倪元璐請滅朱大典贓銀。不允。

始命詹事翰林四員待召對。

丁亥。召科道及駙馬都尉鞏永固于中左門。

詔徵天下兵勤王。

命府部大臣各條戰守事宜。上候于文華殿。各札入。左都御史李邦華少詹事項煜右庶子李明睿各言南遷及東宮監撫南京。上驟覽之怒甚。曰。諸臣所言者謂何。稍間。色漸平。亦以寇氛日劇。言或可採也。而竟中寢。吏科都給事中吳麟徵請棄山海關外寧遠前屯二城。徙吳三桂入關屯宿近郊以衞京師。三桂忠勇可倚以辦寇。廷臣皆以棄地非策。不敢主其議。

楊士聰曰。上初意不在南遷。故驟聞而駭怒。既而思賊勢披猖。則以爲可備一說。故不復介意耳。邦華等未嘗具疏。亦未嘗奉明旨。他人何由而沮之。坊刻數本皆稱光時亨沮之。厥後爰書以此而成。時亨以此被誅。如時亨者。一爲賊官。一爲虜臣。死不爲枉矣。乃必坐以諫止南遷。無論邦華等無疏可據。假使有之。先帝果意在必行。豈一給事中所能沮乎。

談遷曰。南遷之議。正統末于司馬力斥其妄。在今日恨聽之不早。然狂寇滔天。人心恇慢。卽幸而南也。中道變生。徒取困敗。惟東宮出鎭。庶合靈武之事。策爲最正。上猶以威加海內。抑知狐貉啾人。事不容少需耶。

御史李瑞和劾兩淮巡鹽御史馮垣登匿課七萬八千金有奇。

前陝西總督余應桂奏。賊衆號百萬。非天下全力注之不可。天下鎭將河南左良玉關東吳三桂。並高傑唐通周遇吉黃得功曹友義馬科張天祿馬岱劉澤淸土國寶劉良佐葛汝芝及副將邱磊惠登相王光恩孔希賢金守亮等合之赴軍前。眞定之間。督撫外加一督師。如史可法王永吉其選也。賜以尚方懸公侯之賞以鼓勵之。庶賊可滅也。

張獻忠陷巫山縣。前巡撫陳士奇未離四川。謂奸商掠鹽。不之援。獻忠連陷夔州雲陽至萬縣之小江。

戊子。大學士陳演乞休。許之。賜金幣。始上憂秦寇。演謂無足慮。至是不自安求去

魏藻德辭新銜。上允之。有北人言各官不可出。出卽潛遁。遂止藻德等不遣。

吳履中爲戶部左侍郎。署部事。

前巡撫河南右僉都御史秦所式遽解任奪官。總督豫楚兵部右侍郎兼右僉都御史汪𣺌弛程。充爲事官。是月癸未。𣺌至長垣縣南關被寇執。

寧武關陷。寇薄寧武關。傳檄五日不下。且屠矣。總兵周遇吉悉力拒守。大砲擊賊斃萬餘人。會火藥盡。或言賊勢重。可欵也。遇吉戰三日。殺賊且萬。若輩何怯耶。能勝之。一軍盡爲忠義。萬一不勝。縛我以獻。若輩可無恙。于是開門奮擊。殺賊千餘。賊懼。欲退。或曰。我衆彼寡。但使主客分別。以十擊一。蔑不勝矣。請去帽爲識。見戴帽者擊之。遞出戰不二日可殲也。賊引兵復進迭戰。脫帽以自別。官兵大敗。遇吉闔室自焚。揮短刀力鬭。被流矢。牙兵見執。且盡。罵賊。縛于市。磔焉。遂屠寧武。嬰穉不遺。李自成旣殺遇吉。歎曰。關將盡周氏也者吾安得至此。遇吉字萃庵。世錦衣衞指揮僉事。歷總兵太子少保右都督。弘光初贈少保。謚忠武。

李自成遣劉宗敏李過攻大同。大同城陷。代王傳齋闔家遇害。初。兵民皆欲降。命城守不應。總兵朱三樂自刎。巡撫大同右僉都御史衞景瑗督理糧儲戶部郎中徐有聲分巡道朱家仕俱死之。知府董復降。景瑗字仲吉。韓城人。天啓乙丑進士。城陷。李自成居代王府。擁景瑗至。慰問不屈。僞校尉脅去入僧舍。夜自經。弘光初贈兵部尙書。謚忠毅。徐有聲字聞復。金壇人。崇禎乙亥拔貢。弘光朝贈太僕寺卿。朱家仕河縣人。戊辰進士。寬平慈和善

題詠。城陷。或勸其逸。不聽。亟驅妻妾子女入井。身從之。又大同諸生李若葵闔家九人自縊死。先題曰一門完節。

李自成入大同六日。殺代府宗室殆盡。留僞制將軍張天琳守之。天琳殺僇兇暴。閱兩月。陽和軍民約鎮城軍民內應。于三月丁酉殺天琳。

上召兵部尙書張縉彥問眞定陷。李建泰遇害。卿知之乎。對以不聞。上曰。朕宮中皆知之。卿何諱也。曰。臣未見塘報。上曰。彼城已破。誰設塘報。且卿獨不爲遠偵乎。曰。偵騎須工食。臣部無一緡。安得偵騎。今餉乏。宜官爵勸人。參游而下。其秩人不之應。而副將非題請不敢。今日之事。惟陛下命之。上推案而起。

三月玘朔。召兵部尙書張國維庶吉士史可程進士朱長治陳州諸生張鑅于中左門。鑅言三策。首請皇太子監國南京。擇大臣輔之。命國維往浙江督兵餉。命部院廠衛司捕各官譏察奸宄。申嚴保甲。巷設邏卒。以禁夜行。巡視倉庫草場。

魏藻德自請出京議餉。不許。命御史柳寅東等出覈近京通津諸庫餘銀濟餉。

昌平兵譁。焚殺官民。巡撫胡謙斬首亂乃定。

宣府告急。命總兵王承胤偵寇所向扼之。

釋罪戍內臣宋晉等八人閒住。

庚寅。召文武大臣科道于中極殿。問今日方略。奏對可三十餘人。有言守門乏人。宜亟選科道。餘皆兵食習聞也。

命內監分守九門。稽出入。京師武備積弛。禁兵皆南征。太倉久罄。至是命襄城伯李國楨提督城守。各門勛臣一。卿二。初議僉民兵。魏藻德曰。民畏賊如一人。走大事去矣。上然之。禁民上城。諭文武各官輸助通政使參議趙京仕爲右通政。

辛卯。進士朱長治授兵部職方主事。

督師大學士李建泰奏請南遷。願奉皇太子先行。

壬辰。襄城伯李國楨守西直門。

召對平臺。諭閣臣曰。李建泰奏請南遷。國君死社稷。朕將安往。大學士范景文左都御史李邦華少詹事項煜請先奉太子撫軍江南。兵科給事中光時亨曰。奉太子以往南。諸臣之意殆欲何爲。諸臣默然無以對。上歎曰。朕非亡國之君。諸臣盡爲亡國之臣。遂拂袖而起。

欽天監正戈承科奏帝星下移。諭修省。

大學士蔣德璟致仕。

癸巳。故巡撫陝西右僉都御史馮師孔。贈右都御史。故陝西按察使黃絅。贈太常寺卿。故長安知縣吳從善。贈陝西按察僉事。故河南參政祝萬齡。贈太僕寺卿。故榆林兵備副使都任。贈光祿寺卿。故南京工部尚書南居益。贈太子少保。故禮部主事南居業。贈光祿寺少卿。

封遼東總兵吳三桂平西伯。平賊將軍總兵左良玉寧南伯。薊鎮總兵唐通定西伯。鳳廬總兵黃得功靖南伯。各給敕印。山東總兵劉澤清進秩一級。江北總兵劉良佐。援剿先鋒總兵高傑。甘肅總兵李棲鳳。援剿江楚應皖總兵馬科。保定總兵馬岱。宣府總兵姜瓖。薊鎮西協總兵孔希貴。關遼登津水師總兵黃蜚。寧夏總兵葛汝芝。關門總兵高第。天津總兵曹友義。河南總兵卜從善。杜名登。趙光遠。楊御蕃。許定國等各進署銜一級。

福王由崧。周王恭枵。潞王常淓。崇世子煇。各南奔。會于淮安。

河南總兵卜從善南走宿遷。

李建泰疾。兵盡潰于眞定。中軍郭中杰縋城出降。建泰被執。監軍御史金毓峒不屈。入三皇廟投井死。闔門自盡。

始棄寧遠。徵遼東總兵吳三桂薊遼總督王永吉率兵入衞。

甲午。召密雲總兵唐通山東總兵劉澤清率兵入衞。澤清前命移鎭彰德。因縱掠臨淸南奔。

命兵部治烽堠。

監軍御史霍達奉命調勤王兵。

命太監謝太擧監視山西。仍察宣大總督王繼謨所在。

上諭部院曰。近者庶績廢弛。治功罔奏。皆上官不飭司官。聽吏胥積蠹相仍。唯賄是視。其弊有不可勝言者。今後堂官務正己率屬。左右侍郎分任。如司官闒冗。任吏胥濟貪。當卽參問。

大赦天下。詔曰。朕承天御宇以來十有七年于茲矣。日在冰兢。思臻上理。東人方張。流寇又作。調兵措餉。實非得已之事。乃年年征戰。加派日多。本欲安民。未免重累。朕之罪也。貪官汚吏。乘機巧取。加耗鞭朴。日爲爾苦。朕深居九重。不能體察。朕之罪也。將懦兵驕。莫肯用命。焚灼淫掠。視爾如仇。朕任用非人。養毒致潰。朕之罪也。以致寇勢鴟張。脅從愈衆。如豫楚秦晉。徧地流害。百姓忍怨吞聲。無所控訴。思我祖宗休養爾等近三百年。至今橫遭慘毒有如此極。朕歎息痛恨。宵旰靡寧者也。今已調各路兵。天下忠憤之士。倡義勤王。有志封爵者。水陸並進。爲民報仇。今與爾士民約。錢糧勸餉。已行蠲免。負買悉命停止。郡縣官有私徵私派。濫罰濫刑。朕不時密訪以正其罪。仍察天下大小將士。戰守有功。立與陞賞。他如官民男婦有節義死難者。從優贈卹。其一切不便于民之事。盡行革去。以與天下更始。毋信流言。自爲驚擾。至于被害紳士及一切軍民人等。一時畏死從賊。原非有心甘逆。除自成罪在不赦外。餘僞官僞將有斬渠獻城之功。卽授侯爵。分別世廕賞賚。願官者一體充用。

不願官者安插寧家。近如金有章等擢用。黄閣等寛卹。朕蓋深諒其不得已之心也。他如文僞職牛金星喻上猷武僞職劉宗敏羅戴恩等。皆朕之臣子。如乃心王室。伺隙反正。朕亦何忍棄之。悉赦其罪。令復官職。嗚呼。天心未改。祖德尤深。朕方罪己省愆。用賢治國。改從前之敗轍。以與爾等維新。賊平之後。耕田樂業。永爲王民。豈不休哉。若聽訛言。懷邪疑貳。大兵一集。玉石難分。徒貽後悔。欽哉毋忽。

談遷曰。此詔視諸二月壬申。益加切矣。使移于昨冬。則遠近聞之。或爲感動。今剝牀以膚。禍臨俄頃。出都城一步。咸懷疑易慮。其噬爲信之痛哉。

李自成宿陽和。兵備僉事于長華郊迎。遂長驅向宣府。

乙未。上命太監馬司理馳赴大同。督兵援剿。

昌平總兵唐通以八千人入衞。上召見之。慰勞倍至。賜大紅蟒衣一襲。紵絲二。金四十。犒吏卒四千金。同薊遼兵屯彰義門外。

諭兵部申嚴哨探。尙書張縉彥言。貌可觀。懦闒無遠略。哨探疎忽。保定兵變。踰旬罔聞。惟虛文塞責。

上按籍勛戚大璫。徵其助餉。遣太監徐高諭嘉定伯周奎爲倡。奎謝無有。高泣諭再三。奎遂謾詞。高拂然起曰。外戚而如此。國事去矣。多金何益。奎奏捐萬金。上少之。勒其二萬。奎密書中宮求助。中宮勉應以五千金。奎先輸三千金。前太監王永祚曹化淳助至三萬五萬。王之心最富。上面諭之。僅獻萬金。諸內官各大書于門曰。此房亟賣。復雜出器玩售于市。後賊掠王之心。追贓一十五萬。他金銀器玩稱是。猶刑死。周奎抄見銀五十二萬。珍珠幣物復數十萬。魏藻德首捐五百金。陳演旣放未行。召入。訴淸苦。百官共議捐助。一輸再輸。最後每省限額。浙江六千。山東四千。先後共二十萬。時諭三等。上等三萬金。皆無應。惟太康伯張國紀輸二萬。餘不及也。又議前三門巨室各輸糧給軍。且贍其妻孥。使無內顧。諸臣巨室多不樂而止。

蔡鵬霄吳麟徵姚思孝各爲太常寺少卿。

丙申大風霾晝晦其風腥不可觸。

濟南兵譁。

宣府陷叛將白廣恩貽總兵姜瓖書約降。監視太監杜勛緋袍八騶郊迎三十里。巡撫宣府右僉都御史朱之馮懸賞勞軍守城無應者三命之皆顧納欵之馮獨行巡城見紅衣大砲曰汝曹試發之可殺數百人賊雖殺我無恨也衆又不應之馮乃自起燃火兵民競挽之之馮乃奪士卒刀自刎遺疏言守禦事甚悉上憐之之馮字君掄原名之裔沛人天啓乙丑進士以清勤著又鄉紳張羅彥自殺武舉金振孫戎衣就刑色不少懾呼曰我御史金鋐嗣姪也。

楊士聰曰杜勛卽前與高起潛同遣者曾不一月而叛逆至此使勛不遣卽朱之馮不能守宣亦未必有人迎降有人射書也蓋上以英明自許謂此輩可頤指之也平日未必有恩而臨事驟信任之而此輩又惟利是從故及于難云

命定西伯唐通同太監杜之秩守居庸關。

故商洛道副使黃世清贈光祿寺卿故長安知縣吳從善贈陝西按察僉事故河南布政司參政祝萬齡贈太僕寺卿故南京工部尚書南居益贈太子少保故巡按山東御史王道純贈太僕寺少卿故禮部主事南居業贈光祿寺少卿故巡撫宣府右僉都御史焦源清故巡撫大同右僉都御史焦源溥故□□□田時震並復原官故楡林兵備副使都任贈光祿寺卿故□□□□朱誼泉贈宛平知縣。

王則堯爲右僉都御史巡撫密雲。

召庶吉士于中左門編修陳名夏嘗上言固人心有淮陽要害宜練兵以重臣鎭之稱旨進修撰兼兵科都給

事中。招募山東義勇。上又問戶部左侍郎吳履中帑金幾何。答曰八萬。上曰。此僅備城守。雖各邊之月餉。亦不可以發。履中曰。若非各邊。京師安守。不聽。

宋權爲右僉都御史。巡撫遵化。

諭官民積粟勳戚文武進馬。

丁酉。總兵劉澤清遣使報捷。自言墜馬被傷。賜金五十。藥金四十。命扼眞定。

嘉定伯周奎進侯爵。

陳必謙爲工部尚書。王公弼爲通政司使。

起王鐸禮部尚書。

僞淮安尹翟克楨傳檄淮上。巡撫淮揚右僉都御史路振飛巡按御史王燮同心守禦。碎其檄。

戊戌。薊遼總兵王永吉請嚴居庸關守禦。

進士陳源說魏藻德曰。督輔何名。尙駐河間。其標下總兵馬科見兵萬人。令速赴居庸與唐通協守。猶可以鎭撫萬一。藻德不聽。

命司禮太監王承恩提督內外京城。薊遼總督王永吉節制各鎭。俱聽便宜行事。給吏兵二部空札五百。時聞大同陷。檄援兵。

楊士聰曰。初義興之再相也。刻意爲正人正事。乃未幾罷內操。罷廠衞。又未幾而誅王裕民劉元斌。凡上之所以信義興與義興之所以爲上信任者。無一不與中貴爲難。故左右之人有短義興者。言無從而入。卽使得入而上之信任轉堅。使其守法始終如一。諸璫又安得而媒孽之。乃漸有一二么麼夤緣門下以濟其私。諸璫稍稍乘間。借以自解。上益不信。由是義興偵知主眷之深。而謂此輩果不足慮也。諸璫積怨深怒蓄而待發。會魯變日久。義興行邊。乃發其欺蒙諸狀。上偵之果然。迨吳昌時之事發。而聖怒遂不可回。初上怒興化甚于義興有曰。周延儒尚有人參他。如何無一人言吳甡者。繼而興化戍滇。義興至死。則以怒興化者僅一先帝而怒義興者諸璫實鼓煽之。遂至于不可救也。故賊警既亟。仍分遣高起潛等爲各鎮監視。甚至內地漕鹽皆設分理。山東東西三府各以一監總之。何以說也。繼而大同報陷。號召援兵。以王承恩爲京城內外提督。居于督撫總兵之上。此又何以說也。本兵張縉彥庸碌下才。全無調度之策。賊破寧武。猶上疏請帶學士銜。至于偵探。了無方略。保撫殉難。時踰半月。賊又未至。始終無一役達眞定。故賊過昌平。祇據傳說西郊殺僇。猙圖戒嚴。其疎謬俱此類。然亦因權柄有歸。中璫日橫。日日召對。有詰責而無商略。卽欲調度。而實無所容其調度耳。溯往事者。不可不追究于禍亂之源也。

己亥。高斗樞爲右僉都御史。巡撫陝西。李希沆爲右僉都御史。巡撫天津。宋法祖爲右僉都御史。巡撫保定。宋學顯爲通政司使。

復罪廢諸臣冠帶。

庚子。寇薄近郊。中外大震。上日召對。惟問兵餉。以舉朝無人。嘗泣下。廷臣長策。惟閉門止出入。餘無一籌。議增兵外城則內城缺。增兵內城則外城又缺。襄城伯李國楨在事。亦不敢抗王承恩。禮科左給事中戴明說糾國楨城守失措。國楨益沮喪。然糾國楨而不及承恩。亦標論耳。

戶兵科都給事中兼翰林院修撰陳名夏奏薦檢討方以智中書舍人劉中藻。以智請至淮上招集豪傑。中藻亦請出募兵。俱未報。

辛丑。分營都門。設大砲。兵部議召兵勤王。左都御史李邦華榜安軍民。禁訛傳。

上召對羣臣。問以禦寇方略。諸臣皆嚄喑不能對。上憤惋。斥兵部尚書張縉彥負國無狀。縉彥頓首乞罷。廷臣咸舉職方司員外郎萬元吉知兵可任司馬。

吏部尚書李遇知引疾河南道御史徐必泓劾之。必泓故婪貨。御史趙譔疏刺必泓。未指名。命部覆令指名。必泓力營脫以舊巡按御史張鳳翮實之。必泓心銜遇知及領河南道。遂劾之。或曰左都御史李邦華嗾之也。

孝陵夜哭。

壬寅赦刑部錦衣衛官囚。

召前太監曹化淳等守城。

楊士聰曰神廟自辛丑以後。不選淨身男子者二十年。至熹廟一選。先帝十七年中三選宮中增萬人。每年月米增三萬二千石。靴料銀增五萬兩。此皆可已而不已之費也。先帝既以獨斷誅魏忠賢。收倒持之柄而自操之。遂謂此輩由我操縱。故厭薄朝臣。則以中官參之。有時撤回。以明駕馭之在我。而不知此輩如毒藥猛獸。未有不終罹其禍者也。故天下之大患。傷于有所恃。中于有所忽。而敗于有所狎。

癸卯風晦。

僞權將軍檄京師云。十八日至幽州會同館繳。

寇自柳溝抵居庸關。柳溝天塹。百人可守。竟不設備。總兵定西伯唐通司禮太監杜之秩迎降。巡撫右僉都御史何謙遁。總兵都督同知馬岱自殺其妻子。疾走山海關。投總兵王永吉。永吉倉皇出關。依吳三桂。

命三大營屯齊化門外。

甲辰昌平陷。總兵李守鑅不屈。手格殺數人。人不能執。諸賊圍之。守鑅拔刀自刎。賊焚十二陵。傳檄京師。張縉彥遣探云。昌平兵譁。非寇也。

命棄寧遠。趨吳三桂入關。三桂徙二十萬衆。日行數十里。是日始及關。太監高起潛棄關遁走西山。

召考選官滋陽知縣黃國琦等三十三人于中左門。問安人心剿寇生財足用計安出。國琦對曰。賊之驕。招撫誤之也。今亟收人心。其次在用人。問何以安人心。曰。安人心不難。惟上心安則人心自安。上首肯。又問生財。曰。今言生財。大概加派捐助。俱非也。皇上當搜內帑資外費。上亦首肯。問用人。曰。天下未必無人。但人未必爲用耳。上大是之。卽授兵科給事中。餘以次對。未及半。俄祕封進。上覽而色沮。卽起入。諸臣立候移時。命俱出。覘之則昌平報陷也。自是宸衷憂憫。間商及文武大臣。餘無所召。諸臣退。責閣臣守城事。楊觀光倡言之。魏藻德曰。君等亦可任。毋責我。

京師內外城堞凡十五萬四千有奇。京營兵疫。其精銳又選去出征。登陴僅存羸弱兵五六萬。內閹數千人。守陴不充。又無炊具。市飯。兵餉久缺。僅人給百錢。無不解體。奸黨布都下。更充各衙門椽吏。專刺陰事。纖悉必知。故哨騎多降賊。無一還報。

夜傳吏部。以左懋泰爲兵部右侍郎。協理京營戎政。總督城守。卽夕上之。未報。

乙巳。開西直門納難民。內官坐城上。令箭主之也。諸勳臣大臣皆不能詰。

上早朝。召對諸臣而泣。各束手無策。相向不能對。或泣下。有言馮銓楊維垣當用。有言劉澤淸宜封東平伯。上皆不應。書御案十二字。以示司禮太監王之心。尋拭去。已刻。急足叩城下曰。遠塵衝天。兵寇至矣。守城內臣使騎探之。報曰。哨騎也。不爲意。日且午。有五六十騎彎弓貫矢。大呼開門。守卒亟發砲。斃二十餘騎。難民死數十人。門始閉。須臾賊大至。方報過蘆溝橋。俄攻平則彰義等門。城外三大營兵皆潰而降。火車巨礮皆爲賊有。賊反砲攻城。轟聲震地。襄城伯李國楨馳馬闕下。求面陳。內臣叱止之。國楨曰。此何時也。君臣卽求相見。不復多得矣。內臣叩之。曰。守軍不用命。鞭一人起。一人復臥如故。上召入。因命內臣俱出守城。諱曰。諸文武何爲。且言官止內操。我甲械俱無。奈何。或曰。我輩月食五十萬。効死固當。乃請如己巳歲所派數俱乘城。凡數千人。上括中外庫銀二十萬犒軍。太常寺卿吳麟徵步入朝。值魏藻德內出告之故。藻德曰。上煩甚。且方息。不必入。手引而出。文臣分守俱不得登城。權歸中官。餘無所預。右都御史□□至中陽門。欲登城。中官拒之。細民某某各痛哭。一輸三百金。一輸四百金。各授錦衣衛千戶。

丙午。寇攻城。砲聲不絕。流矢雨集。仰語守城兵曰。急開門。否且屠矣。守者懼。以空砲向外。不實鉛子。徒以硝燄震之。猶揮手示賊。賊退。礮乃發。賊驅居民負木石塡濠。急攻。我發萬人敵大砲。誤傷數十人。守卒潰。賊架飛梯攻西直平則彰義三門。

封劉澤清東平伯。時左諭德楊士聰衞胤文入直。語閣臣曰。左良玉吳三桂俱封。而遺劉澤清。且臨淸地近。可虞也。閣揭上。得封。

都察院左都御史李邦華薦新御史周亮工朱士朗劉令尹鏻嘗效城守。且可亟用。邦華至正陽門。欲登城。中貴拒之。

李自成對彰義門設座。秦王晉王左右席地坐。太監杜勳侍其下。呼城上曰。莫射。我杜勳也。可縋下一人以語。有一守者曰。以一人爲質。請公上。勳曰。我杜勳無所畏。何質爲。提督太監王承恩縋之上。同入見大內。盛稱賊勢。皇上可自爲計。守陵太監申芝秀自昌平降。亦縋上入見。述賊語。請遜位。上怒叱之。諸內臣請留勳。勳曰。有秦晉二王爲質。不反則二王死矣。乃縱之出。仍縋下。勳語守璫王則堯褚憲章輩曰。吾輩富貴自在也。可無慮。兵部尚書張縉彥具奏。臣據巡視御史王章手札云。曹化淳王化民諸監視昨夜將賊杜勳等暗縋上城。不知何故。人心洶洶。變在旦夕。臣聞而心懼。如此危急。臣累次乘闉。欲覘城上守禦。輒爲監視沮抑。今縋賊上城。恐有奸宄。乞立賜推問。以杜隱奸。上召對同閣臣面諭。遂手書遣縉彥上城案之。至城內監沮之。示以上傳。始登。問杜勳安在。云昨暮入。今晨已下之矣。又曰。尚有秦晉二王在城下。亦欲通語。縉彥云。秦晉二王旣降寇。如何可上城。曹化淳王化民拂衣而去。因閱城上守卒寥寥。見城下坎墻聲急。太監王承恩砲擊之。連斃數人。監視曹化淳王化民飲酒自若。縉彥馳至內閣。約同奏上。至宮門。傳止之。

僞檄至阜城。知縣無錫黃繼祖遁。僞令郭寧圖至任。

上御書親征詔曰。朕以渺躬。上承祖宗之丕業。下臨億兆于萬方。十有七年于茲。政不加修。禍亂日至。抑賢人在下位歟。抑不肖者未遠歟。至干天怒。積怨民心。赤子化爲盜賊。陵寢震驚。親王屠僇。國家之恥。莫大于此。朕今親率六師以往。國家重務。悉委太子。告爾臣民。有能奮發忠勇。或助糧草器械騾馬舟車。悉詣軍前聽用。以殲醜逆。分茅胙土之賞。決不食言。遂召駙馬都尉鞏永固。謀以家丁護太子南行。對曰。臣等安敢私蓄家丁。卽有之。何足當賊。乃罷。已召王承恩亟整內員。備親征。申刻。彰義門啓。或曰。太監曹化淳獻城開門也。賊恣殺掠。前大學士蔣德璟宿會館。被創。上亟召閣臣入。曰。卿等知外城破乎。曰。不知也。上曰。事急矣。今出何策。俱曰。皇上之福。自當無慮。如其不利。臣等巷戰。誓不負國。命退。是夜。上不能寢。夜分。內城陷。俄一閹倉皇奔告。上曰。大營兵安在。李國楨何往。答曰。大營兵散矣。皇上宜急走。其人卽出。連呼之。不應。上卽同王承恩幸南宮。登萬歲山。望烽火燭天。徘徊踰時。回乾清宮。硃書諭內閣。命成國公朱成臣提督內外諸軍事。夾輔東宮。內臣持節至閣。因命進酒。連飲數觥。歎曰。苦我滿城百姓。以太子定王永王分送外戚周氏田氏。謂皇后曰。大事去矣。各泣下。宮人環泣。上揮去。令各爲計。皇后頓首曰。妾事陛下十有八年。卒不用一語。至有今日。因撫太子二王慟甚。遣之出。后自經。召公主至。年十五。歎曰。爾何生我家。左袖掩面。右揮刃。斷左臂。未殊。手慄而止。命袁貴妃自經。繫絕。久之蘇。又刃所御妃嬪數人。召提督太監王承恩對飲。少頃。易靴出中南門。手持三眼槍。雜內豎數十人。皆騎而持斧。欲出東華門。內臣守城。疑有內變。施矢石相向。時成國公朱純臣守齊化門。因至其第。閽人辭焉。上太息而去。趨安定門。門堅不可啓。天且曙。仍回南宮。登萬歲山之壽皇亭。自經亭新成所閱內操處也。太監王承恩亦自縊。內臣持朱諭至閣。閣臣不値。置几上而反。上年三十。英斷天挺。承熹廟之後。反前弊。斥邪黨。勵精謀治。廑廑然有中興之志。而邊事日警。中原內虛。加以凶饑洊至。寇盜橫出。拮据天下十七年。而神器遽覆。遂死社稷。嗚呼。神謨睿慮。曾不一舒。其懷留恨。何有極耶。相傳丙子歲。上嘗發鐵篋。得像一幅。作臣民奔避之狀。有一人不冠履。投繯左右。竊視之。宛然聖容也。及是。頭童。御藍衣。跣左足。右朱履。御衣前書曰。朕自登極十有七年。東人三侵內地。逆賊直偪京師。雖朕薄德匪躬。上干天咎。然皆諸臣之誤朕也。朕死無面目見祖宗于地下。去朕冠冕。披髮覆面。任賊分裂朕屍。勿傷百姓。又書一行。百官俱赴東宮行在。猶謂閣臣已得硃諭也。嗚呼。數有前定。雖聖明無如之何。豈非天哉。

楊士聰曰。坊刻稱託東宮于嘉定。及是晚召通州獨對。皆非也。果召通州。則硃諭當手授之。或即面與處分矣。何至次日城陷。而通州茫然未之知乎。且通州之特簡。不後于承恩。旣已召之。豈有不留與同縊。而復令之出乎。成國前歲曾總戎政。因同林宗伯視孝陵。乃以李襄城代之。回充班首。而無所掌。城守兩日。不過同諸勳戚分守一門。事之緩急。何預焉。時司兵柄。外則襄城。內則承恩。先帝曾不一幸其家。坊刻乃稱微服步至成國第。辭以赴席未反。硃諭之傳。蓋憤承恩誤事。故邀與同死。而惓惓屬意元勛。或仍可佐東宮以圖一效也。獨怪承恩旣擅兵柄。何不奉車駕出狩。再作他計。蓋承恩本曹化淳名下。杜勳射書入城。卽司禮印王德化已入牢籠矣。化淳獻城。承恩必知之。內外局定。萬難他計。但一時爲上所迫。不得不相與就縊。而上亦知出城艱難。其勢必至于取辱也。嗚呼。先帝至英明之主也。而乃與一貂豎同盡。謂之何哉。坊刻稱公主亦至嘉定府。謬甚。又稱遣人偪懿安皇后自盡。亦非也。懿安後爲賊所得。蓋受刑追銀也。又稱杜勳自宣府回。與王承恩縋城而入。進白綾琴絃。及上與承恩繞城奪門不得而歸。皆謬傳也。杜勳已叛。何能復回。承恩總督內外。見在京。又安用縋城爲也。杜勳坊刻或誤爲杜之秩。

彭孫貽曰。甲申之禍。自有載籍以來所蔑聞矣。以疆宇之大。兵甲之衆。而以英哲有爲之君。寧憂喪亡哉。一夫奮而九有裂。巍巍萬雉。不崇朝以墮。異矣。乃至二聖殉國。九廟遷移。含氣之倫。有不貿首腐齒者哉。時賊臣光時亨泥土木己巳之舊。折武功南徙之謀。託言死守。歸禍于君父。而丐生賊手。雖膺千刃。寧足盡釁其肉乎。當也先之挾帝以叩都也。有二石楊郭之爲將。有于謙以爲本兵。決機若著蔡。制勝類桴鼓。故雖危而不亡也。甲申之季。餉匱而兵驕。賊繁而民怨。朝廷威命不能行于偏裨。乃欲恃數萬子虛烏有之軍。禦虎狼之寇。嬰城堅守。吾知其難久也。玄宗幸蜀。德宗幸奉天。鐘簴震驚。國社邱墟。而二京終以克復者何也。祿山朱泚之徒。皆假竊朝命以致强大。一朝南向。擅皇號。其志侈矣。淫僇以樹刑威。僭汰以驕得志。士民冤毒。萬姓仇讎。而後思累朝休養之仁也。王師乘之。捷于拉槁。雖有勁兵。一敗不能復振者。賊之能事已概見矣。自成亡命游魂。非有董卓曹操之資也。非有石勒之梟雄。黃巢之桀驁也。徒以牛金星李岩之徒。爲之布謠歌。刺稗政。蠱惑民心。使怨疾其上。蚩蚩之民。子怨其父。臣憎其君。延頸寇盜之來。驅除所不快。人心瓦解。而皇輿遂成板蕩矣。自成豈有兼并之志。奄竊大寶而有之。覬聚無恥者相率而諛之。以爲湯武高光。其道不踰于此也。然能盜而有之。不能坐而守之。以一胠篋之魁。忽而擁天府之藏。百官倉庫之積。莛鐘美女。恒舞不絕于側也。盜之始願過矣。始之所以抑損者。今且不復能自制也。淫刑榜掠。以徵厚賄。士大夫之蟊毒。亦曩古所未聞也。此豈有裂土稱霸之略哉。蓋亦疆臣之失算。以致斯極也。當秦師之既覆也。三晉尚强。而諸邊猶足以守也。帝誠親總六師。西臨太原。以至平陽。黃屋渡河。士氣自倍。以大同寧遠之甲爲之前驅。必信臣精卒于河北。號召中原之衆。濟河而西。則三秦皆我臣妾。寧忍以一矢相加乎。逡巡數月。推轂庸相。師不踰眞保。而三晉淪喪矣。國君死社稷。正也。延國以圖存。權也。權而不失乎正者。亶父去邠以興周。重耳出亡以霸晉。雍冀雖亡。而吳楚山東黔粵江浙尚在也。一成一旅。且以興夏。庸有幅員萬里不足以有爲哉。苟有忠略智勇之將。獎率三軍。奉迎乘輿。白旄黃鉞。左次以禦戎行。發哀痛之詔。罷厲民之政。收中州之豪傑。令鳳泗之兵方輻並進。而且驅策右師。規復荆襄。留都之兵渡淮以從。彼賊之淫虐既深。而我之志斯奮。因民之怒以掃驕淫之寇。一鼓可滅也。況賊據京都。羣盜不相下。必有鬭構之形。我則浮海而東。聯關寧之鐵騎。借師建州。此回紇吐蕃之所以復二京也。否則北阻大河。還都舊京。資其謀臣。用其輕銳。其勢猶强于晉宋。奈何殉匹夫之節。君命委于盜手。靈武無受禪之詔。聖安南渡。上無英君。下無賢相。二京並覆。而朱氏之絕續如綫矣。豈不惜哉。豈不惜哉。諸臣宜死而不死。先帝可以無死而死。帝固可無愧于列祖。而諸臣之罪固不勝誅矣。

談遷曰。膠州高署丞弘商語予曰。是日辰刻。順成門內有大璫俱戎服。可千騎。稱王德化出門救火。呼鑰開門。守者答以鑰在中府。大璫欲裂之。或云前門開。沿門去。蓋署丞所目睹。將近前門。畏砲矢。由公生門歷長安右門入大內。蓋車駕在焉。予又聞是暮忽傳五門。令各家門外列一水缶。卽謠傳家家一缸水。門前迎闖王。人心去漢。將欲嬰城堅守。必不得矣。出狩之事。先期速駕。未始非策。第今日事後觀之。則春秋之河陽。唐宗之奉天也。當其寇未薄城。遽委社稷而去之。都人惶駭。潰沸立見。且謂婦孺之知不爲此。而先帝肯身決之哉。迨長弩衝車叢蝟都門。欲輕銳遠行。必取道通涿。彼眞定之黨自南至。則涿未易出。昌平之餘分掠通州。則通州未易出。果突騎數千。驍將百餘。賈勇決圍。何施而不可。今事不先圖。倉皇就道。僅疲羸數百。貂勃數輩。頃刻疾馳。追寇相繼。拒則難戰。行則難及。肘腋之間。效爲曹化淳者豈少哉。苻堅之奔五將。耶律淳之走西遼。亡國餘俘。終爲世笑。英斷如先帝。寧爲玉碎。毋爲瓦全。畢命后妃。手刃愛主。其事焯焯。爭光日月。彼區區覬幸之計。詘萬乘而鶩匹夫。割掔馬兔。非所論也。

張獻忠渡江屯萬縣。大殺掠。

丁未。昧爽天忽雨。俄微雪。須臾城陷。先入東直門。殺守門河南道御史王章。守卒蟻潰。兵部侍郎張伯鯨走匿民舍。賊騎塞巷大呼民間速獻騾馬。賊經象房橋。羣象哀鳴。泪下如雨。內臣前導。協理京營戎政兵部右侍郎王家彥自經于民舍。大學士魏藻德等未聞變。猶傳單釀金。方岳貢范景文方傳道至西長安門。亟還。都人奔沸。賊數千騎入正陽門。投矢令人持歸閉門。卽得免死。于是俱門書順民。王章字漢臣。武進人。崇禎戊辰進士。知諸暨調鄞縣。戊寅進工部主事。改陝西道御史。巡按甘肅。辛巳艱去。癸未十二月。補河南道。至是守彰義門。同事給事中光時亨降。章不屈死。六月。贈太常寺卿。謚忠烈。廕錦衣衞千戶。乙酉十二月。加贈兵部尚書。王家彥字開美。莆田人。天啓壬戌進士。知開化。特築城平巨寇。調蘭谿。崇禎戊辰。擢刑科給事中。巡視京營。巡青廠庫。條上兵食大計。如屯馬運河鼓鑄鹽鐵等。時稱碩畫。歷戶工科左右給事中。丙子憂去。庚辰春起吏科都給事中。劾薛國觀黨邪害正。是冬轉大理寺丞。尋進少卿。壬午四月。進太僕寺卿。言召買借調之弊。是冬。進戶部右侍郎。召對改今官。至是守安定門。投城下折臂足。僕掖入民舍。解帶自經。年五十七。所著澤檇集。六月。贈太子太保。謚忠端。

皇太子奔周奎家。奎臥未起。叩門未入。因走匿內官外舍。

午刻。李自成氈笠縹衣。乘烏駁馬。僞丞相牛金星尚書宋企郊喻上猷尚璽司卿黎志陞侍郎張璘然從之。賊帥先清宮。宮人魏氏大呼曰。我輩毋汚賊。躍入御河死。頃間橫屍二百餘人。自成入西長安門。以一矢射承天門。語其下曰。吾射中中間。必一統。射天字下。自成愕然。牛金星曰。當中分天下。自成喜。司禮太監王德化以內員三百人先迎德勝門。令仍舊任。諸監局印官迎如之。因集選精壯八百餘人。餘令散去。自成入宮。問先帝所在。大索宮中。不得。黎志陞進曰。重圍百里。難以飛越。殆匿民間。非重賞嚴誅不可得。此今日大事。不可忽也。乃令獻先帝者賞萬金。封伯。匿者夷族。自成登皇極殿。牛金星檄召百官。期二十一日會朝。禁民間諱自成等字。

自成同劉宗敏等數十騎入大內。太監杜之秩曹化淳等前導。自成呵責其背主。當斬之秩等叩首曰。識天命。故至此。自成叱去之。賊分宮嬪各三十人。見袁貴妃長公主創甚。令扶去。尙衣監何新負長公主入周奎家。宮人費氏。年十六。投眢井。賊鉤出之。詒曰。我公主也。羣賊擁見自成。命內官審之非是。賞部校羅某。羅攜出。費詒以公主。幸擇吉成禮。死生唯命。羅置酒。醉甚。費刃斷其喉死。因自刎。自成大驚。令葬之。僞黨劉宗敏據田宏遇第。李過據袁祐第。谷英據萬煒第。李岩據周奎第。餘各據勳戚第。占其妻女。各署俱有僞官赴任。敎諭吏役參謁。復榜示開業。罷市者斬。兵政府榜曰。大師臨城。秋毫無犯。敢掠民財者。卽磔之。有二賊掠絹肆。磔于市。民聞大喜。傳告安堵如故。軍師宋獻策身三尺餘。善占驗。嘗張肆正陽門久矣。不知其爲賊間也。初攻城。占丙午丁未辰刻可破。若非雨。城不克。卽日西反。六年始克之。是日果雨。城陷。賊禁各家藏利器刀仗。于是剕刀鞘鞞投棄載道。

諸文武臣殉難。太傅惠安伯張慶增。宣城伯衞時春。太子太傅新樂侯劉文炳。少保駙馬都尉鞏永固。東閣大學士范景文。都察院左都御史李邦華。戶部尙書協理詹事府倪元璐。刑部右侍郎孟兆祥及其子章明。都察院左副都御史施邦曜。大理寺卿凌義渠。太常寺少卿吳麟徵。左諭德馬世奇。左中允劉理順。翰林院檢討汪偉。戶科都給事中吳甘來。四川道御史陳良謨。吏部考功員外郎許直。兵部武庫郎中成德。兵部車駕主事金鉉。中書舍人宋天顯。阮文貴。滕之經。經歷張應選。光祿寺署丞于騰蛟。北城兵馬使司副指揮使姚成。錦衣衞都指揮使王國興。錦衣衞指揮同知管南鎭撫司李若璉。錦衣衞千戶高文采等俱死之。惠安伯張慶臻冠服坐于堂上。命闔室縱火。訖。遂自經。贈太師。追封惠安侯。謚忠武。宣城伯衞時春舉家投井死。新樂侯劉文炳任邱人。孝純皇太后之弟。聞變。擇大井驅子女一十六人盡投之。後闔家自焚。弟左都督文燿。祖母瀛國太夫人年九十。預焉。八月。贈文炳太師。追封恒國公。謚忠壯。文燿贈太保。謚忠果。駙馬都尉鞏永固。字洪圖。大興人。尙樂安公主。癸未公主薨。生二女。至是出珍幣環公主之柩。以黃繩縛二女于公主柩前。以火焚之。大書于廳壁曰。世受國恩。身不可辱。乃自經。八月。贈太師。謚忠愍。大學士范景文。字夢章。吳橋人。授東昌推官。己未。擢吏部主事。天啓己丑春。署文選。浹月予告。丁卯正月。起太常寺少卿。不赴。崇禎戊辰冬。就補。己巳七月。進右僉都御史。巡撫河南。率兵入援。進兵部右侍郎。通州團練。三月憂去。甲戌。起南京右都御史。乙亥。改南京兵部尚書。戊寅十二月罷。壬午八月。起刑部尚書。十月。改工部。甲申二月。兼東閣大學士。聞變絕粒不食。賦絕命詩二章。有誰言信國非男子。延息移時何所爲之句。潛赴龍泉庵古井死。八月。贈太傅。謚文貞。左都御史李邦華。字孟闇。吉水人。萬曆甲辰進士。知涇縣。庚戌。擢山東道御史。癸丑。按浙江。丙辰予告。丁巳。補山西布政司參議。引疾。辛酉。補登萊兵備。改易州道。壬戌。進光祿寺少卿。擢右僉都御史。巡撫天津。癸亥。加兵部右侍郎。甲子十月。疾去。戊辰四月。起工部左侍郎。總督河道。十月。改兵部協理京營戎政。己巳四月。加尚書。十一月罷。己卯四月。起南京兵部尚書。庚辰五月。憂去。壬午。起兵部尚書。兼左都御史。至是自題于版曰。堂堂大夫。聖賢爲徒。忠孝大節之死靡他。自經。八月。贈太保。吏部尚書。謚忠文。世錦衣衛正千戶。戶部尚書倪元璐。字玉汝。上虞人。天啓壬戌進士。授庶吉士。甲子。授編修。丁卯。主考江西。崇禎初。累言事。請焚三朝要典。人皆快之。轉國子祭酒。丙子七月。坐忌罷。壬午五月。薦起禮部右侍郎。改兵部。五月。進戶部尚書。蓋特簡也。至是朝服北拜。手書其官懸于門上。出黃練自經。八月。贈太保。謚文正。廕錦衣衛千戶。刑部右侍郎孟兆祥。字允吉。澤州人。天啓壬戌進士。授大理寺左評事。己巳四月。進吏部驗封主事。調考功文選。轉員外郎。歷稽勳郎中。十月予告。戊寅二月。起考功郎中。十二月。降三月。補行人左司副。庚辰七月。光祿寺丞。辛巳正月。少卿。壬午四月。左通政。十二月。太僕寺卿。癸未三月。通政使。甲申二月。刑部左侍郎。至是守正陽門。賊入殺之。婦何氏。子進士章明。婦王氏。俱同死。章明字顯之。崇禎癸未進士。八月。贈兆祥刑部尚書。謚忠貞。章明贈河南道御史。謚節愍。左副都御史施邦曜。字爾韜。

餘姚人。萬曆己未進士。除武學敎授。辛酉。進國子博士。工部屯田主事。甲子。進員外郎。丁卯二月。知漳州。辛未。進福建按察副使。壬申。進漳南道參政。乙亥六月。四川按察使。丁丑。轉福建右布政使。治海道。戊寅。署福寧道。六月。南京光祿寺卿。十月。改北。庚辰八月。進通政使。辛巳十月。罷。癸未。起南京通政使。陛見。十二月。歷今任。至是自經。遺詩云。慚無半策匡時難。惟有捐軀報主恩。八月。贈左都御史。謚忠介。大理寺卿凌義渠。字駿甫。烏程人。天啓乙丑進士。授行人。庚午。擢禮科給事中。甲戌。吏科右。戶科左。巡視太倉。丙子。進兵科都給事中。戊寅。三月。例轉福建參政。守福寧道。己卯七月。進蘇松道按察使。山東右布政使。壬午二月。南京光祿寺卿。癸未二月。改今任。文好幽異。裒選頗富。自經。盡火之。八月。贈刑部尚書。謚忠淸。乙酉九月。隆武加贈太子少保。太常寺少卿。吳麟徵。字來王。海鹽人。天啓壬戌進士。授建昌推官。憂去。補興化。壬申。擢吏科給事中。甲戌。予告。戊寅。補原秩。又予告。壬午。起吏科都給事中。頗忤時相。甲申二月。議撤寧遠。徵吳三桂入衞。後雖用之。晚矣。今月。進太常寺少卿。時守西直門。城陷。入道左三元祠。作絕命詞及寄兄與子書。明日卯時。工科給事中仁和金汝礪降賊。招之。麟徵大怒。擠之門外。工科給事中寶雞高翔漢又說之。不聽。酉刻。自經。其絕筆曰。祖宗二百七十餘年宗社。一旦而失。雖上有亢龍之悔。下有魚爛之殃。而身居諫垣。無所匡救。法應褫服。殮時用角巾青衫。覆以單衾。墊以布席。如此足矣。棺宜速歸。恐繫我先人之望。所知交爲邪許焉。茫茫前路。炯炯寸心。而所以瞑吾目者。又不在此也。八月。贈兵部左侍郎。謚忠節。左諭德馬世奇。字君常。無錫人。崇禎辛未進士。改庶吉士。癸酉八月。授編修。壬午。右中允。癸未。主武闈。轉今官。署司經局。聞變。沐浴更衣。向北再拜。僕曰。家太夫人老矣。世奇又南向拜。拜畢。賦詩自經。妾朱氏李氏皆殉之。八月。贈吏部左侍郎。謚文忠。世奇同邑王蓀蕙。秦汧。趙玉森。張琦。俱降。左中允劉理順。字復禮。杞人。崇禎甲戌進士第一。授修撰。己卯。主試福建。進今官。直東宮講讀。賊至。餌以大用。歎曰。此言奚爲入吾耳。入室拒之。令婦萬氏妾李氏先縊。其餘十餘口俱死。遂自殺。題詩于衣帶之上。其詩曰。一點丹心和血痕。迷茫何處叩天閽。但將社稷留還我。多把頭顱擲與君。賊題其門曰。明故左春坊劉理順之家。戒不入犯。八月。贈禮部右侍郎。謚文正。翰林院檢討汪偉字叔度。江寧人。崇禎戊辰進士。知慈溪。戊寅五月。徵授檢討。至是自題于壁曰。身不可辱。志不可降。夫婦同死。忠節成雙。同婦耿氏吉服自經。先婦經于左。語偉曰。造次毋失序。乃更解繫焉。八月。贈少詹事。謚忠烈。戶科都給事中吳甘來字節之。江西新昌人。崇禎戊辰進士。授中書舍人。壬申。選刑科給事中。甲戌九月。劾吏部右侍郎張捷通賄。丁丑冬。補吏科。己卯。轉兵科右。壬午。改兵科左。癸未進今官。至是聞變。以子託友人漆嘉祉。乃作絕命詞曰。到底誰貽國事憂。疾雷悄悄破城頭。君臣義命乾坤險。鳥鼠干戈風雨秋。極目江山空灑淚。傷心離亂此身休。懸知今日難爲計。唯取忠肝萬古留。題畢。遂自經。八月。贈太常寺卿。謚忠節。御史陳良謨字士亮。鄞縣人。崇禎辛未進士。授大理寺推官。戊寅。進今官。己卯。巡按四川。壬午。還朝。至是賦古風一首自縊。妾時氏亦殉之。八月。贈太常寺卿。謚恭愍。考功員外郎許直。字若魯。如皐人。崇禎甲戌進士。知義烏。調廣東惠來。壬午九月。擢吏部主事。甲申二月。進考功員外郎。聞變。賦詩一首。有丹心未雪生前恨。青簡空留死後名之句。書畢。北拜自經。八月。贈太僕寺卿。謚恭節。車駕郎中成德。字元修。原姓張。懷柔籍。霍州人。崇禎辛未進士。知滋陽。乙亥正月。坐事被逮。丙子。獄中訐奏首輔溫體仁。廷杖六十。戍邊。壬午。薦起知如皐。進兵部武庫主事。甲申。歷郎中。至是柬左諭德馬世奇曰。主憂臣辱。主辱臣死。吾等身列人臣。不能匡救。貽禍如此。惟有一死以報國耳。年翁忠孝夙著。諒有同心也。聞梓宮停茶庵。作祭文一篇。致雞酒哭奠。即自刎。其母張氏亦死之。八月。贈大理寺卿。謚忠毅。車駕主事金鉉字伯玉。順天留守衞籍。武進人。崇禎戊辰進士。除揚州教授。己巳。進國子監博士。辛未三月。進工部主事。壬申三月。火藥局災。免官。今二月。補兵部。至是冠帶北拜。往金水橋投河死。母章氏。闔門十餘人俱殉之。八月。贈太僕寺少卿。謚忠節。又投金水河死者。中書舍人滕之經阮文貴。經歷張文選。又中書舍人宋天顯投井死。錦衣衞指揮同知管南鎮撫司濟南李若璉守崇文門。至是作絕命詩。有死矣卽爲今日事。悲哉何必古人知之句。吟畢。遂自經。錦衣衞正千戶高文采守宣武門。城陷。舉家十七人俱死。文采自殺。又布衣湯之瓊、儒士張世禧子諸生懋賞懋官俱自經。

夏允彝曰。烈皇帝之英明勤儉。自當中興。而卒至于淪喪者。以輔佐之非其人也。庶幾如范景文之寬大好賢。方岳貢之清勤憂國。不失賢相。惜用之少遲。謝陞不徇物情。亦不違公論。三公者于二黨皆公虛不滯。謝時合時離。或以其機智而少之。其糾許譽卿也。實逢迎溫意。未幾又推鄭三俊爲總憲。似亦善于補過者。但胡寇之難。范死節爲最烈。可照耀于千古。方以直精微。房入內聞變。卽自縊。爲僕所釋。欲再縊而寇已入。擒之矣。受刑至慘。已搜其廩。蕭然無有一物。欲脫而大用之。方終不屈以死。或惜其死之少晚。然大節終無貶也。謝陞不免于臣胡。又未幾沒。或云爲胡所疑也。惜哉出方下遠矣。

錢棻曰。古之失天下者有矣。不稱同死社稷之爲賢。蜚廉死商之亂。惡來哭紂之屍。皆不可以爲忠。長惡速亡。罪之大者也。春秋二百四十年。弒君三十六。死君之難者三。宋華督弒其君與夷而及大夫華父。宋萬弒其君捷而及大夫仇牧。里克弒其君卓而及大夫荀息。然皆死于亂賊。而非引經自裁者。衞之石碏號爲純臣。不死州吁之難。齊晏嬰以賢相而不受崔杼之禍。周召二公著共和之効。不與流彘之害。人臣謀國之忠。豈徒賢于一死者哉。如皆死已耳。是社稷可墟。國君可亡。天下可拱手而授賊。所稱謀人之社稷之謂何。而徒以死自勵也。三代而下。與社稷同亡者往往而有。近代莫不稱文信國。其入燕也。三年而後死。丞相博羅詰之曰。爾立二王。竟何成功。知其不可。何必强爲。信國曰。父母有疾。雖不可爲。無不下藥之理。由是言之。信國豈徒拱手以天下與人。而第以身殉爲烈哉。昭代之所以失天下。主無速亡之行。臣皆趨亂之圖。議論紛更于朝。使天子無終朝之令。知國已危。則爭求銜命以遠行避禍爲賢。進人不必舉其忠良。譽人必張朋黨。

政以賄成。爵以賂貿。此必不可移之志也。天子欲行其所是。諸臣無所利。必曲回其令以罷之。天子欲去其所非。諸臣無所不利。尤力張其說而行之。先帝以英察明斷而號令幾不行于臣下。如此則天下尚何可爲哉。至于保社稷。策權宜。備禍變。諸臣無一有也。其萬有一全之策。莫如倪元璐李邦華之議太子南行。而光時亨非之。謀既左矣。又靦然事寇。苟貪富貴。雖有豺虎。嚋將復食其餘耶。奇謀殊策。絕不一聞。徒以黨同機深者可以禦侮。廉潔者可以分財。入于其黨而能奮牙張頬。操舍論議。則互相標榜爲蹇諤臣也。否則斗筲無足算耳。噫。社稷之得存者。豈非幸耶。余目擊而歎曰。脫使神器遽覆。是蹇諤者其不爭趨賊廷鮮矣。或義不自屈。身殉社稷。蓋幾人哉。一時從死三十餘臣。而拷掠箠楚。拜舞勸進。皆以千計。而所謂蹇諤者咸在其間。噫。諸臣所謂讀孔氏之書者。豈受公山之聘。荆楚之封。不以爲汚其所學。或在是乎。夫仲尼以王室漸卑。欲因其謀以興獎王室。且分封之代。人臣恒載出疆之贄。豈若今世一主一臣。而遂反身事敵乎哉。由此觀之。諸臣之能從先帝于地下。其于俛首就列。弭耳賊廷。相去遠矣。記曰。謀人之軍師敗則死之。謀人之社稷危卽亡之。諸臣與社稷俱亡而不以賢稱者何也。邪臣日衆。社稷日危。雖有善者。莫之能謀。故謂之曰。烈皇帝已大行。諸臣能隨其後。執綏珥策以從其後。雖無建德立援。樊衞社稷。而羈旅之僕。奔走之勞。使大駕不孤行于地下。猶賢于居守而毁柙。汚面而俘縶。滅恥而臣賊者矣。然而讀史者至明之將季。其于社稷存亡之故。蓋難言哉。

戊申。賊騎盡入城。增戍各門。賊數騎走通州。大呼于城下曰。京師破矣。不得堅守。廢弁魏黄□識賊。出迎五六里。督餉戶部左侍郎党崇雅率將吏以降。書生某方讀書。聞變。卽拜母慟哭。出門投水死。

内臣獻皇太子。太子挺立不爲禮。自成厲聲詰曰。乃公安在。曰。崩矣。自成復曰。爾家何以失天下。曰。不知也。問百官自知之。自成不能屈。乃曰。乃公在。且尊養之。毋慮也。太子曰。何不殺我。自成曰。汝無罪。因共食。命送劉宗敏所。已而復擁定王永王至。永王年十三。定王年五歲。俱留西宮。

大學士陳演魏藻德謁李自成。藻德曰。新進三載。叨任宰相。明主不聽臣言。致有今日。自成曰。爾既新進。即負特寵。當死社稷。何偷生爲。藻德叩首曰。陛下赦臣。自當赤心以報。自成叱去之。命幽于劉宗敏所。藻德于窗隙語之曰。如用我也。無論何官。而乃囿我乎。

總督京營襄城伯李國楨驅入。自成呵曰。爾身任重任。寵信踰于百官。義不可以負國。既未堅守。又不死節。靦然以就見。何也。國楨氣沮不能答。徐曰。陛下應運而興。願留餘生以事陛下。自成怒曰。汝負若主。我何用爲。大罵誤國賊。尚求生耶。叱送僞磁侯劉宗敏所。初賊忌國楨握兵。說以釋兵效順。且爲首勛。國楨信之。及出。面色如死。

錢𣈶曰。李國楨之被寵也。說先帝以强兵足餉。及賊將犯闕。上召問以兵餉何在。曰。臣兵未嘗不强。特主上無餉耳。上默然久之。及外城陷。內臣奔告。皇上早爲脫計。上驟曰。大營兵何在。李襄城練兵何去。曰。今安得有兵。營兵早散。孰能戰。今勸走耳。嗚呼。國楨之所統者營兵也。餉既不足。歲費數十萬。虛名固寵。寇至盡潰。無一戰士。其爲誤國。可勝僇乎。且愚上以營兵。有司不得擅用刑禁。縱兵爲盜。夫謀人之軍。師敗則死之。國楨不死。欲求苟活。卒被刑僇。好事者妄飾美談。被之忠節。以快傳聞。何其誣也。御史吳邦臣家召箕。忽先帝降壇批曰。朕誤用三臣。悔不用三臣。拜問爲誰。甚悔不用者。則劉宗周黃道周陳子壯也。其誤用者。則陳演魏藻德李國楨也。噫。臣敢以罔先帝在天之靈哉。

天津兵備副使原毓宗馳表迎賊。毓宗。蒲城人。賊厚遇其母以招毓宗。遂納款。初進士程源過天津。說總兵曹友義起兵。時乏餉。源復說督餉戶部主事唐廷彥發餉。廷彥招源。而毓宗嗾防海兵大噪。刦餉庫金。毆廷彥幾死。巡撫右僉都御史馮元颺欲誓師。衆不應。毓宗倡衆立黃旂城上。大書天祐順民。天津總兵左都督曹友義以牙兵五百斬關而出。毓宗以津兵邀之。友義單騎走。毓宗偪馮元颺迎賊。不應。副總兵金斌把總婁光先指揮楊維翰皆降。金斌移營于演武場。程源說之。唐廷彥負創至。馮元颺諭衆以大義。衆不應。斌留唐廷彥幕中。源勸之以南歸。廷彥曰。自反無能報國。創甚且死。家母年八十有三。君過敝邑。幸慰之。

己酉。初自成示諸臣入朝。仍任願回籍者聽。如一官潛遁。株坐鄰役各斬首。于是各役趣諸臣入朝。皆敝服。投職名于僞相天祐閣大學士牛金星。金星聚其牘而焚之。翰林衛胤文林增志楊昌祚宋之繩皆前削髮。金星叱曰。既削髮。何報名。爲命吏卒拔其餘。閉承天門。諸臣露立。文裕院學士兼知文選顧君恩箕踞坐午門。伸足加諸大臣頸。侵午。總督倉場戶部右侍郎党崇雅巡撫順永保河御史柳寅東至自通州。督師贊畫戶科給事中介松年至自保定。太監王德化從十餘人內出。見兵部尚書張縉彥。詬曰。爾猶在耶。國家大事。爾與魏閣下二人壞之。呼從者批其頰。縉彥至垂涕。魏藻德救之。德化叱之曰。魏先生亦何顏以至此。顧君恩出曰。此即魏狀元乎。藻德色赤。君恩曰。此特簡狀元宰相。增光不淺。僞黨皆笑之。諸臣忍飢至暮乃出。左庶子左春坊兼翰林院侍讀周鳳翔入朝。值王德化于橋上。問駕安在。曰。休矣。泣向人曰。此時死猶可及乎。人曰。可。及歸。作書以訣其父。題絕命詞曰。碧血九原依聖主。白頭二老望忠魂。即自經。鳳翔字儀伯。浙江山陰人。崇禎戊辰進士。改庶吉士。庚午。授編修。丁丑四月。進南京國子司業。己卯七月。進左中允。辛巳三月。進左諭德。癸未十一月。歷今秩。八月。贈禮部右侍郎。謚文節。又太僕寺卿申佳胤。福建道御史陳繩德。俱不食死之。佳胤字孔嘉。永年人。崇禎辛未進士。知儀封。調杞縣。丁丑。擢吏部文選主事。己卯。進考功員外郎。十二月。薛國觀以其受囑左遷。庚辰六月。補南京國子博士。國觀敗。進大理寺副。癸未九月。遷太僕寺丞。協理東路。聞警入城。徧謁諸大臣。議戰守之策。俱不省。乃投井死之。八月。贈太僕寺少卿。謚忠節。陳繩德字靜生。零陵人。崇禎庚辰進士。欽注御史。七月。巡按山西。癸未。提督北直學校。是月。行部遵化。聞變亟回。自經。八月。贈太僕寺少卿。謚恭節。

陳子龍曰。記云。儒有見死而不更其守者。平時蒙膴仕。享鼎食。身受國恩。見國將危。乃擇地而蹈。越境乃免。其于君臣之義。何其薄哉。古之志士。可以不死而必死。恥僥倖也。是故申蒯齊斷左臂。弘演還衞用剖肝。越甲一鳴雍門死。莒穆遇難厲附殉。彼如不死。固無繩焉。申公出次在郊。入國赴難。可謂公矣。詩云。彼其之子。舍命不渝。其公之謂歟。

降臣少詹事楊觀光何瑞徵。國子司業薛所蘊。助教吳道新。右中允梁兆陽。左諭德韓四維。翰林院修撰楊廷鑑。翰林院編修陳名夏。翰林院檢討張之奇傅鼎銓劉世芳趙玉森張國泰。待詔高來鳳。庶吉士朱積王自超姚文然吳爾壎周鐘魯㮚梁清標魏學濂劉肇國白胤謙劉廷琮張元琳張元錫何九雲傅學禹李化麟高珩史可程黃燦李長祥劉廷諫楊明琅李呈祥何胤光呂宗烈成克鞏張端史垂譽楊栖鶚魏天賞龔鼎孳。初。魏學濂家人謀微服南歸。學濂夜觀乾象畢。繞床而行竟夕。頓足起曰。一統定矣。明發。走周鐘所。鐘厲百戶王家百戶勸鐘同死。未應。而史可程朱積魏學濂吳爾壎等邀之出。百戶挽鐘帶至斷而出。百戶自經。又吏部郎中熊文舉。員外郎侯佐郭萬象。主事楊元錫繆沅。司務孫節。戶部郎中姬琨。員外郎王鳳林。禮部主事黃熙胤。員外郎余忠宸吳泰來劉大翟湯有慶。主事高去奢吳之琦。兵部郎中朱芾煌。員外郎吳元伯趙開心鄒魁名。主事方允昌黃紀張慎學。刑部郎中朱受祜。主事歸起元李登雲。工部郎中李逢申。員外郎潘同春。主事趙之璽。給事中孫承澤光時亨時敏金汝礪。御史吳文熾熊世懿裴希度張懋爵蔡鵬霄柱承詔陳羽白涂必泓。通政司參議宋學顯。太僕寺少卿葉初春。尚寶司卿吳家周。大理寺右寺丞錢位坤等。他署多有。不盡書也。

李自成坐于文華殿。牛金星宋獻策劉宗敏李過等雜坐。盡釋刑部錦衣衛囚。初。宜興董廷獻以周延儒私人下獄論辟。賂賊左右得盡釋也。廷獻因侯恂楊枝起張若麒入見自成。慰勞之。若麒自敍寧錦功。盛毀先帝事壞于黨人。俱送劉宗敏所錄用。授若麒山海道防禦使。故給事中龔鼎孳授直指使。故給事中楊枝起授文選司從事。故太僕寺少卿曹欽程授□□□□□。餘拜官有差。工科給事中高翔漢。翰林院檢討劉世芳。少詹事胡世安。並改爲宏文館檢討。俱自成鄉曲奧援也。光時亨改爲諫議大夫。劉大鞏改禮政府從事。方允昌改兵政府從事。庶吉士張家玉入見自成。長揖不拜。自成問曰。何禮也。曰。客禮也。自成曰。既已入朝。何客禮爲。曰。明臣不拜他姓。自成叱斬之。家玉仰天大哭。自成問以何哭。曰。二親敎子讀書。今日方完。遂出不顧。自成命縛于端門。乃縱之去。

李自成命降太監杜秩亨選擇內臣。初。吉水貢士劉生。知術數之學。寓燕二十年。甲申二月。夜觀天象有憂色。秩亨問之。曰。若食君祿。當盡忠報國。吉凶何問焉。詰朝竟去。秩亨終降寇。

大學士陳演上書勸進。自成不納。

庚戌。先帝遺弓見于萬歲山。同先后連椅出頓東華門之蓆舍。先后紉裳。鼻孔微傷。武選主事大足劉養貞走哭三日夜失聲。市柳棺以殯之。有菜傭某過。慟甚。遂于其處觸石死之。羣臣臨泣者二三十人。餘皆揚揚策馬不顧也。兵部主事懷寧劉若宜來哭。疾呼太祖高皇帝。哭聲悲咽。觀者爲之墮淚。尋被收拷。

賊搜成國公家。得懿安皇后。令肩輿歸太康侯張氏家。蓋城陷之夕。懿安皇后不及自裁。步入成國公所。

賊殺成國公太師朱純臣。初。硃諭在于內閣。東宮及純臣俱未之知也。賊得之。卽收繫純臣。申刻遇害。幷殺及其子弟姪。弘光初。追封純臣爲舒城王。

楊士聰曰。左氏傳曰。縱無法以遺後嗣。而又收其良以死。是以知秦之不復東征也。先帝之英明。豈其見不及此。坊刻稱盡殺百官。毋殺百姓。此淺夫憤激之言。臆度而僞撰之。非眞先帝之言也。朱純臣以硃諭付託之重。故收繫爲最先。僇死爲最速。復殺其子弟與姪。較之他勛臣僅殺其身及長子者。其死爲尤烈矣。成國本長厚無他技能。直以元勳班首爲上所託。非眞鑒其才。誠擇而命之也。所託未遂而橫罹于禍。誠可慨矣。

然而國亡與亡。在成國固非不幸也。

封東宮宋王。永王改□永公。定王改安定公。令日朝見。乘驢。東宮在劉宗敏處求縞素。監者曰。將取諸宮中乎。止之。

殺河間知府方文曜。初。河間陷。文曜罵賊不屈。至是殺之。

辛亥。改殯大行帝后。出梓宮二。以丹漆殯先帝。以黝漆殯先后。加先帝翼善冠。袞玉。滲金靴。先后袍帶亦如之。先是。定永二王乘驢至。泣拜卽去。已而東宮亦乘驢至。靑衣褻帽。雖不哭而伏地不能起。卽脅去。僞天祐閣大學士牛金星致祭。留僧誦經。不許人入。劉養貞慟甚。執赴權將軍李友所。幷殮太監王承恩。

談遷曰。自昔覆亡相踵。桀紂秦隋以淫虐。平獻恭昭以昏懦。從未有勤儉明敏如我先帝。思比跡三代。而末歲不造。隕祀踣宗。令人飲泣。眞穹壤之恨事也。嗟乎。帝之初載。剪剔貂勃。宮府肅如。狐鼠惕息。謗木諫鼓。招徠法弼。海宇喁喁。相望至治。鞭撻要荒。自不再計。寢假數年。潢池日潰。終不馴服。至于荼毒闕塞。虔劉畿省。中外騷然不寧。而乾心亦少亢矣。政府之謟。言路之雜。牧守之黷。將校之玩。憸壬蝕于內。饑盜螌于外。滋釁稔毒。猶源之不澄。奮三尺以威之。租賦登則爲循吏。流殍塞則付凶年。誅求不已。賑貸罕聞。又所以籌邊餌寇者。兵曰鄉勇。餉曰搜括。勸助巨室。朘削生民。怨盈于下。毆之于赤眉黃巾。勢不可療。而文武之泄泄猶如故也。天子習警曾無改慮。而寄腹心于近幸。忘向者逆案之懲創。嗟乎。先帝之患。在于好名而不根于實。名愛民而適痡之。名聽言而適拒之。名亟才而適市之。聰于始。愎于終。視舉朝無一人足任者。柄託奄尹。自貽伊戚。非淫虐非昏懦。而卒與桀紂秦隋平獻恭昭並日而語也。可勝痛哉。傳有之。曰君以此始。必以此終。帝寵信常寺。竟同王承恩對縊。是則晏子之所謂非其親暱。誰敢任之也。噫。可慨也已。

李自成再設朝。百官三勸進。牛金星顧左右曰。故事三勸進始登極。何爲闕。諸臣聞之。伏闕勸進。一日三上。

定官制。改文淵閣爲文諭院。翰林院爲弘文館。太僕寺爲驗馬寺。尙寶司爲尙璽司。六科爲諫議大夫。御史爲直指使。巡撫御史爲節度使。巡道爲防禦使。其餘府尹州牧縣令寺丞各有差。印曰契

左中允梁兆陽少詹事楊觀光倡助五千金犒軍。託宋企郊入之。李自成卽召兆陽于文華殿。兆陽曰。先帝無甚失德。祇剛愎自用。君臣血脈不通。以致萬民塗炭。災害並至。自成曰。吾專爲百姓故起義兵兆陽頓首曰。主上救民于水火。自秦入晉。歷恒代抵燕。兵不血刃。百姓簞食壺漿以迎王師。眞神武不殺。比隆堯舜若湯武不足道也。臣遭逢聖上。當精白一心以報主恩。自成大悅。留坐命茶。揖送之出遂起兆陽爲兵政府侍郎。觀光禮政府侍郎。

周鍾魏學濂合奏請葬先帝。投文諭院大學士顧君恩。君恩曰。亦好名之事。俟丞相牛金星至自奏之。卽碎其牘。金星至。呼鍾曰。此周介生乎。命作士見危致命論。大賞之。薦于自成。鍾欣欣自喜

陽和衛經歷毛維張巡捕西城。至是執送劉宗敏所。宗敏欲其降。維張大罵不屈。曰。雖爲小臣。志不可奪。自成大怒。夾桚並下。斷指折足而死。中書舍人呂兆龍投于御河。遂見執繫營中。拷掠一夕而釋之。初拘各官不及冷曹。觸怒自兆龍始。

國子監祭酒孫從度死。從度居于金臺會館。疾篤。通刺鄰將羅戴恩。羅怒其不面。馳騎入內。婦詈之。被拷。幷舁從度出。立死之。搜窖金七千。李自成謂翰林而富如此。始派各官萬金以上。刑拷隨之矣。或曰孫從度窖金七千。乃昔年其姻史蓮所藏也。

壬子。李自成更定六政府官。以宋企郊爲吏政府尙書。顧君恩爲吏政府侍郎。掌文選兼知文諭院。故潼關道副使楊王休爲戶政府尙書。平陽知府張璘然爲戶政府侍郎。總督倉場璘然有文望庚辰進士。其策先列第一甲。上乙之。大臣嘗薦其才。館選時。上親臨軒觀其面半藍。曰。此盧杞也。以後大臣不敢復言。前陝西提學副

使翟煒爲禮政府尙書。楊觀光爲戶政府侍郎。前戶部尙書侯恂爲兵政府尙書。梁兆陽爲兵政府左侍郎。前陝西副使傅景星爲兵政府右侍郎。掌職方事安伸爲刑政府尙書。改李振聲爲刑政府侍郎。僞尙璽司卿黎志陞爲工政府尙書。前太僕寺少卿葉初春爲工政府侍郎。志陞後降陝西提學。

李自成召庶吉士史可程。令招其兄可法。

僞黨劉宗敏大作夾具。訾各官。宗敏性最兇猛。門立二柱。磔人無虛日。時便衣入西華門。導以四騎。

癸丑。總督鳳陽馬士英總兵黃得功興平伯高傑會于淮上。

僞禮政府尙書翟煒與隨駕各官率耆老上表勸進。煒崇禎辛未進士。

午刻。李自成召見諸臣。僞黨各雜坐唱名。牛金星就縉紳錄手硃筆點之。金星薦何瑞徵薛所蘊以及庶吉士魏學濂。何薛爲鄉人。學濂與山西解元韓霖同事天主教。霖事賊。又同年趙頻同牛金星鄉舉。並薦之。自成授學濂戶政府司務。學濂叩謝赴任。上三疏。一自成父名務。請改職名。一儹糧。一平江南。陳名夏等醵飮韓霖等。學濂藏鈎觴政。警絕無倫。僞黨駭服。自成召見光時亨。面加獎勸。隨諭以原官視事。時亨寄子書曰。諸葛兄弟分任三國。伍員父子。亦事兩朝。我已受恩于大順。汝等當勉力詩書。以無負南朝科第。何瑞徵韓四維朝賀最先。翰林院銘宣宗皇帝作瑞徵以內犯李氏祖諱。除之。館中匾曰聚星堂。孫之獬以犯牛金星諱。撤去之。吏役有竊笑之者。之獬厲聲曰。我獨不能爲倪鴻寶耶。以有老母在也。

僞稽訪司持刺貸京官。尙書劉餘祐四萬金。刑科給事中孫承澤二萬金。囑早圖之。各輸其半。

貢士宛平王任杞爲通政使司參議。任杞游宣府。從賊。

薄暮。李自成諭各官翌日各據朝本入朝。光祿寺監事林蘭友求朝本式。吳某曰。緋紙黃面。各列職名。衆從之。刑部尙書張忻獨不可。用紅單職名。衆改效焉。

甲寅。僞中吉營左都督劉宗敏等。率諸臣各布帽青衣伏于午門上表。略曰。獨夫授首。四海歸心。比堯舜而多武功。邁湯武而無慚德。李自成佯遜之。且謝之曰。伊周豈不能爲湯武。其不爲湯武者。伊周之所以傳也。宋學顯贊曰。看書到此地位。豈非天授乎。自成每登御坐。穪涔涔首痛。輒欲臥。故逡巡未忍發。是日登殿受百官朝賀表箋。俄見白衣神人仗劍立。長可五六丈。殿上華蓋盤龍彩爪攫張。颯颯然俱動。自成大怖。幾仆于地。倏忽不見。蓋自是後自成不復登殿。終日馳射歆博。宣淫無度。

庶吉士張家玉上書于自成曰。前朝翰林院庶吉士今請賓歸順張家玉。謹百拜稱賀于大順皇帝陛下。君王旣定鼎于天下。心以尊賢敬德爲基。是故不沒人之忠者。天下所以有忠臣。不沒人之孝者。天下所以有孝子。家玉得君未及一年。有親已老。君王處此。竟當賓禮之而不臣。且比于晉處士陶潛。旌其閭曰明翰林院庶吉士張先生之廬。庶不傷人子之心。不辜爾蒼生之望。不然。雖使臨以刀鋸。設以鼎俎。家玉猶從容而樂蹈之。耿耿此心。誓無後悔。又上書曰。忠臣義士于明爲多。勸義獎忠。于順爲盛。是故如范景文周鳳翔等。皇上當亟爲明贈卹之。劉宗周黃道周等。皇上當亟爲明隆禮之。史可程魏學濂等。皇上當亟爲明尊顯之。何則。明孝著而順人知有父也。明忠著而順人知有君也。家玉殷人從周。願學孔子。但區區賓禮而乞係之以明者。蓋不特以見君王之高義。實欲遂君王之大寧也。當此多士多方尙在危疑之時。莫若將家玉旌而別之。刊其書以布之四方。得一仁人以收天下之人心。勝精兵百萬可知也。如其不允所請。決不肯墜泥塗而爲皂隸。羞歸鄉里。爲父母僇。誓身爲牲。少備天子大享上帝。刀鋸鼎俎。諒非負氣守節者所隱忍而規避者也。榮之辱之惟命。生之死之亦惟命。家玉出周鳳翔之門。賊再得書。怒欲殺之。不爲動。賊曰。當磔其父母。家玉乃遜詞以免。仍舊秩。家玉親在廣州。云爲二親屈。士人笑之。

乙卯。劉宗敏拷大學士陳演。再械其足。徵黃金三百六十兩。更發瘞萬金。拷魏藻德。責其首輔致亂。答曰。藻德書生。不諳政事。值先帝無道。故至于此。宗敏怒曰。汝書生。擢狀元不三年而拜相。明皇帝何負于汝。敢詆爲無道耶。命批其頰。復又拘其妻子。用椵指勒黃金一萬三千兩。又拷方岳貢。以淸望納四百金。布四百匹。丘瑜亦械足。徵五千金。李建泰入都。亦被拷掠。追一萬金。李自成特赦之。命加禮焉。吏部尙書李遇知拷追四萬六千金。乘間觸階死之。兵部尙書張縉彥。刑部尙書張忻。工部尙書陳必謙。吏部左侍郎沈維炳。吏部右侍郎雷躍龍。兵部右侍郎金之俊。工部右侍郎王鼇永。都察院右僉都御史王志正等。皆被拷掠輸金有差。戶部左侍郎吳履中械足一夾。託周鍾賂王旂鼓以免。禮部右侍郎張維機夾足勒腦。楊汝成夾足一日。以金壺美婢贈王旗鼓乃免。太常寺卿王都。右庶子李明睿。左中允楊昌祚。林增志。左諭德衞胤文。少詹事胡世安。給事中彭琯顧鋐。御史張鳴駿。黃熙胤。曹溶。馮垣登。郎中朱苪煌。主事申濟芳。劉若宜。陸禹錫。彭敦曆。行人謝于宣等。以至史館辦事。衞幕雜流。指揮千戶百戶。椽吏效勞等官。俱夾。竟日夜不釋。蓋派各臣助餉。無論用舍。俱責輸納。如云不辦。卽嚴拷勒。閣臣十萬。京堂緹帥七萬。科道銓司五萬或三萬。詞林三萬或一萬。各部曹以下亦千計。勛戚無額。人財並盡。故總兵王樸子琦在賊中。仇殺陳君機。籍其家。初李自成命李過劉宗敏等曰。各官罪甚者殺之。貪者刑之。而各賊濫及于無辜之士。自成曰。何不助孤家爲好皇帝。李過曰。皇帝歸爾。刑威歸我。毋煩言也。吏部文選郎中沈自彰。素潔介。被拷。詞連湯若望等。代輸二百金。庶吉士萬發祥。新喻人。佯爲耳聾。觸牛金星之怒。被拷之後。尋釋。授以縣令。刑科員外郎陳鵬舉。麻城人。不報名。被拷。蒼頭泣代。賊義而釋之。中書舍人吳橋李起寵。詭稱風疾。獨不拷。

牛金星仍注選。驅百官騎入會極門。自杌坐西向。宋企郊北向坐。入選則候于門下。否則出東西華門。初不解其故。東出者仍赴各營。西出者皆斬于門外。凡七十六人。皆勛戚也。恭順侯吳維英。隆平侯張拱薇。陽武侯薛濂。襄城伯李國楨。武進伯朱永寧等。俱遇害。懷寧侯孫國泰拘于劉宗敏所。先一夕放歸。蓋誘其財寶也。國泰喜酒醉臥不起。賊騎收縛幷二子殺于園。李國楨年二十七。婦受掠。裸露于馬上。

楊士聰曰。國楨本大言無忌之人。每逢召對。他大臣跽奏。國楨從旁立語睨視上。幾無人臣禮。迨身爲總督。擁重兵。非他人無兵者比。城未破。未聞有何調度。及城既破。協理王家彥死。御史王章死。襄城獨就執。乃徒爲大言聳賊聽。冀萬一之或免。色厲而內荏。其肺腑可以立見也。

談遷曰。國變時。留都坊刻數種。有言襄城伯李國楨見賊願觸死于階前。爭三大事。葬先帝。護山陵。全太子定永二王。李自成一一從之。後以問北來諸人。絕無聞也。予遊燕。值其門客有言襄城事甚詳者。又其舅金華某氏嘗歎其不能死國。彼猶覬歸命之賞。甘心事仇。南人不察其實。爲流聞之所誤。或劉孔昭等浮薄相煽耶。

遼東總兵左都督西平伯吳三桂以淸師薄山海關。傳檄遠近。僞將不能禦。報至。李自成脅三桂父襄提督御營居守京師。令作書以招三桂。書曰。汝以皇恩特簡。得專閫任。非以累戰功也。不過爲强敵在前。非有異恩激勸。不足誘致英士。此豈管子所以行重賞之令。而漢高見韓彭則予重任之類也。今爾徒飭軍容。巽懦觀望。使李兵長驅深入。卽無批吭擣虛之謀。復無形格勢禁之力。事勢已失。天命難回。吾君已矣。爾父須臾。嗚呼。識時務者亦可以知所變計矣。昔徐元直棄魏歸漢。不爲不忠。子胥違楚適吳。不爲不孝。然以二者揆之。爲子胥難。爲元直易。我爲爾計。不若反手銜璧負鑕輿櫬。及今早降。不失通侯之賞。而猶全孝子之名。萬一徒恃憤驕。全無節制。主客之勢既殊。衆寡之形不敵。頓甲堅城。一朝殲盡。使爾父無辜並受僇辱。身名俱喪。臣子均失。不亦大可痛哉。語云。知子者莫若父。吾不能爲趙奢耳。殆有疑于括也。蓋牛金星代作也。因遣使賫白金萬兩。黃金千兩。錦幣千端。敕一。封吳三桂爲侯。以左懋泰爲兵政府左侍郎。同唐通協守山海關。發百萬金勞師于邊。

李自成復檄左良玉高傑劉澤淸曰。大順國王應運龍興。豪傑嚮附。唐通吳三桂左光先等。知天命有在。回面革心。朕嘉其志。俱賜綵幣黄金。所將兵卒。先給四月軍糧。俟立功之日陞賞。抗命周遇吉身具五刑。全家誅戮。刑賞昭然。爾等當審時度勢。棄昏就明。身享令名。功垂奕世。孰與棄身亡虜。妻子僇辱者等乎。巡撫淮陽右僉都御史路振飛集淮上義兵備寇。淮安知府周光夏同知黄鉉監紀郎中高岐鳳兵備道副使范明珂俱宿于城上分守。而南京亦戒嚴。

丙辰李自成大集宮女。頒諸盜。

党崇雅爲戶政府左侍郎。總督通州倉糧。

追拷朝臣。劉宗敏論官勒限。完贓卽釋。餘賊概拷不限也。李友家拘七十二人。注選殆二十人。聽其自捐。兵部主事劉養貞再夾。惟呼太祖高皇帝。輸四十三緡金杯二。餘無措。曰寧死吾耳。工部主事湖口鄒逢吉夾死。順天推官南京劉有瀾被夾。遂簪其喉死。

談遷曰。古來亡國之俘。誅竄者有之矣。至于刑拷追資。予未之聞也。彼以盜賊之智。安足與言大計哉。錦衣衛指揮同知山陰朱壽宜方賊熾時匿不出。回逃賊榜兵部堂上列往賂文武諸臣某某若干。託某某居間。各有指共費七十餘萬。故尚書陳新甲金二萬二千。馮元颺尤夥。故追拷其資以此噫。論贖貨之罪。至于誤國。雖死不足以贖其辜。又何言乎追拷哉。更株累閒散。駢屍請室。楚國亡猿。禍延林木。雖適然之數。要非可盡諉也。

諸選人乞請紛紛。宋企郊曰。新朝當自用一番人。爾輩不如早歸。乃稍稍遁去。庶吉士吳爾塤除從事。辭不能治劇。願改教授。企郊怒曰。主上經綸草昧。未遑立學校。安用教授。若亡國之臣。理宜就僇。以主上憐才。故錄授一官。與之更始。若既不以身殉節。復欲優游于事外。是盛世之僇民也。留之何益。命送于劉宗敏營中。吳叩頭流血乃免。

丁巳。唐通遺吳三桂書勸降。且言東宮亡恙。三桂不答。乃上書其父襄。略曰。桂以父膺熟聞義訓。得待罪戎行。日夜厲志。冀得一當以酬主眷。屬邊徼方急。寧遠爲國門戶。被金淪陷幾盡。桂方力圖恢復。以爲李賊猖獗。便當撲滅。恐往復道路。兩失事機。故暫羈時日。不意我國無人。望風而靡。吾父督理御營。勢非小弱。巍巍萬雉。何至一二日便爾失墜。使桂捲甲赴闕。事已後期。悲恨何極。側聞主上晏駕。臣民僇辱。不勝眦裂。猶意我父素負忠義。大勢雖去。猶當奮椎一擊。誓不復生。以殉國難。桂亦縞素。以死繼之。豈非忠孝媲美乎。何乃隱忍偷生。訓以非義。既無孝寬禦寇之功。復媿平原罵賊之勇。夫元直荏苒。爲母罪人。陵苞二親。並著英烈。我父矯矯王臣。反媿巾幗女子。父既不能爲忠臣。三桂亦安能爲孝子。桂與父訣。請自今日。父不早圖。雖置父于鼎俎旁以誘三桂。不顧也。書至。李自成徬徨失據。先是三月中。都人傳吳三桂降于建虜。舉朝驚懼。先帝召其父襄問之。襄曰。三桂忠孝。必不至此。三桂旋斬寇使奏聞。先帝大悅。又外戚左都督田宏遇前歲遊南京。買歌妓顧壽。而陳沅絕色尤甚。或以八百金市饋宏遇。宏遇卒。三桂以千金得沅。僞都督劉宗敏據田氏第。聞陳沅顧壽美。索之。壽從優人遁。遂梟優七人。繫襄索沅。襄言已歸寧遠。宗敏不信。拷之酷。

此下尙有史閣部檄文。而原本缺之。僅存一行。故不錄。

# 國榷卷一百一

弘光皇帝。御諱由崧。先是。福恭王常洵。神宗顯皇帝之次子也。以母皇貴妃鄭氏嬖。幾立之。後封國河南。王妃鄒氏無子。妾□氏。萬曆丁未十月癸未生由崧。戊午七月甲辰封德昌王。□□□月。進封福世子。崇禎辛巳正月。李自成陷河南。福恭王遇害。世子出奔。□□□月。嗣福王。自恭王來。寵賜甲于諸藩。故奇技淫巧多輻輳。習于奢湎。不好學。居喪多失行。禮部署部事右侍郎王錫袞難其封。會寇警。播遷無寧日。積儲俱竭。元妃黃氏。繼妃李氏。俱無子。後妃童氏。遭亂不及從。避居懷慶。宮嬪散落。

甲申。崇禎十七年正月鯟朔。聞寇警。迫發懷慶。

三月⿰耳己朔。薄淮安。槖饘。貸潞王以濟千金。

四月⿰牛戉朔。僞丞相牛金星議登極禮。更定大順彙典。鴻臚寺官習登極儀。百官勸進。不允。禮政府示百官。令三日再勸進。陝西貢士楊聲華王琦撰勸進表。授宏文館編修。

大明門易大順門。皇極殿易天祐殿。諭令六日即位。軍師永城宋獻策占大順門不可開。開左門。且帝星不明。宜速正位。天象慘列。日色無光。宜停刑。

頒冠服。大僚加雉羽于冠。服方領。以雲爲號。收各牙牌。諱自務明光安令成字。開二十四局。鑄永昌錢。輪郭如舊。搜民間銅器供之。三日方止。鑄錢不成。變泰昌字。斬局工以厭之。

僞軍師宋獻策奏民間疾苦。

劉宗敏先釋所刑拷方岳貢丘瑜張鳳翔雷躍龍沈維炳方拱乾楊士聰趙士錦李士淳劉明鏌吳邦臣等。仍皆幽之時各營益搜括。雖市民稍裕輒收掠。冤籲塞路。被刑諸臣。或輸多而譴。或輸少而宥。亦不可解。刑部尚書張忻身免而刑其妻子輸萬金。刑部左侍郎郝晉五千金乃釋。太常寺卿王都三拷三輸。方釋即死。工部郎中靑浦李逢申。浙江道御史新昌馮垣登。雲南道御史莆田鄭楚勛。行人鄞縣謝于宣。順天推官南宮劉有澗。兵科給事中成都顧鋐。工科給事中永州彭琯等並掠死。英國公張世濟同妻妾夾死。弘光初贈顧鋐彭琯並太僕寺少卿。

賊盡驅內官出城。毋再入。凡數百人。各大棍逐之。初城守時。內官坐城上。士卒作白楊木棍。塗以朱。至是即以驅閹人。都人稱快。

僞磁侯劉宗敏閱軍。僞制將軍白邦政僞戶政府從事巡漕方允昌共以二千人索餉。至淮上。見淮人戒嚴。退屯宿遷。時畿內山東河南諸僞令。皆秦晉無賴。單身赴任。恣意威虐。稱助餉。衿紳受脅少忤而辱隨之。又徵少艾。專侍郵傳。人始痛憤感舊矣。

周王恭枵薨于淮安。

巡撫山東右僉都御史丘祖德誅僞使中軍梅應元倡亂。殺部將張文籍等。

己未。李自成召禮政府侍郎楊觀光入內殿。問以郊天不葷酒不近內。不刑。何也。曰。天人一氣相感。不葷酒欲其心志清明。不近內欲其呼吸靈爽。不刑欲養和氣感格上穹。自成善之。賜茶出。觀光于劉宗敏稱門生。

李自成飲牛金星宋獻策宋企郊劉宗敏李過等。雜坐稱爾我。牛宋頗恭敬。自成呼之必避席對。宗敏嘗兄自成。自成無如之何。是夕。宗敏請釋諸刑拷各臣。

魏藻德死。藻德通州人。崇禎庚辰進士。授翰林院修撰。壬午五月。進禮部右侍郎兼東閣大學士。辭侍郎銜。以少詹事兼東閣。癸未主禮闈。甲申二月。首輔進尙書兼文淵閣大學士。及屢拷。吐金銀以萬計。賊責之曰。明皇帝信爾廉潔。此金銀何來。藻德不能答。再拷。語旗鼓王某曰。願將軍救我。我女年十七而美。願事將軍。王鄙而蹴之。竟榜死。仍追徵其子。子訴父在猶可貸。今何從出。立被殺

黃道周曰。人臣委身以事主。主存與存。主亡與亡。固其分耳。況乎身秉鈞軸。位極輔理。而乃蒙面偷生。希圖富貴。至于幽辱拷逼。獻金求全。而遂駢首受戮。去范景文之死。祇二十五日耳。忠逆攸分。榮辱殊態。抑何其霄壤哉。彼李建泰受敕逗留。糜餉退縮。終同于誤國偷生。若蔣德璟之臨難脫身。苟免禍患。其自疏于弘光朝曰。既不能如屈原之抱石自沉。又不能效虞允文之借兵督戰。徒託牽掣恢復之虛詞以自文其苟全性命之實跡。噫。亦恧矣。非范吳橋之抗身殉難。綸扉之地。幾掃臣軌此先帝于遺詔血字有朕失天下。皆因貪官汚吏。平日隳壞。其盡行誅戮之語。烈廟身殉社稷。亙古無兩。而諸臣之黷鄙誤國。亦從來所未有也。陳演等。

談遷曰。先帝好器人于立談之頃。諛詞風湧。重瞳潛移。而尤于通州失之。章句下士。視王伾鄭注輩彌不逮也。掄拔踰等。覦焉負乘。無論僨事有傷先帝知人之明。卽速禍于彼垂斃之辰。不自悔其躐進乎。

庚申。僞官勸進不允。牛金星示。聽選貢士明日就試。

李自成命禮政府尚書鞏焴祭大行皇帝。葬昌平。東宮二王臨送東華門。數卒舁梓宮至昌平城下。弃之而返。昌平吏民奉至西門外十里田貴妃園。合帝后葬焉。

河南驛傳副使呂弼周爲僞節度使。代路振飛。以參將王富赴任。游擊駱舉陽迎而猝縛弼周。送巡按御史王燮。所燮叱之。弼周曰。汝不識人乎。燮曰。亂臣賊子。我焉識之。縛至路振飛置驛亭。鳴金鼓。羣射之。燮故弼周門生也。

僞順天府尹王則堯試宛平大興諸生百五十人。送吏政府注選。

總督河南湖廣兵部左侍郎任濬御史蘇京中書舍人劉明瑛並改四川防禦使。

辛酉。焚太廟各主。以太祖高皇帝主入歷代帝王廟。僞禮政府尙書鞏焴手捧太祖主以出。復收鑾駕庫儀仗歸大內。候登極。各僞官集議禮政府。大雷電震死數人。

始釋刑拷官。惟李過家未釋。

遼東總兵平西伯吳三桂縞素入山海關。至永平西沙河驛。聞拷其父。遂從沙河縱掠而東。頓兵山海城。規復京師。唐通禦之。兵潰迎降。僅八騎還京師。

壬戌。改製印文。符券用大篆。契章用小篆。仍九疊。乾清宮額敬天法祖。改敬天愛民。徵畿內山西貢士入京聽選。黎志陞試順天諸生。錄十二人入國子監。改錦衣衛爲龍衣衛。各營兵遞直午門。然騎入禁門不之問。李自成嘗出萬歲山閱諸將騎射。從數千人。刊永昌儀注一卷。前載僞令。禁奏疏冗長。條記官制補服朝見儀節。以及各官往來禮柬之類皆具。鑄永昌錢及當二錢。管錢局兵部侍郎劉永譽之子也。自成至。即搜縫人優人。寵宮人竇氏號竇妃。後自成遁。吳邦臣搜出獻攝政王焉。自成早起啜少米湯。憚用他物。或見諸龍器若有物震懾之。

山東人聞變各競掠。土寇蝟起。臨淄濟南道梗。濟寧城守粗備。兗西道僉事王世英乘總督河南道黃希憲南下。卽以濟寧城降賊。

癸亥。僞官又勸進。不允。改十六日卽位。

濟南府降。推官鍾樸自殺。

山海關報益亟。李自成發萬餘人東往。運大砲出城。

賊選民間聲洪者三十人充鴻臚寺官。皆從伶人借朱袍贊班。

李自成召慰父老于武英殿。問疾苦。

李自成給老本米止數斛。馬豆日數升。其衆甚怨。蓋老營曰老本。頭目曰掌盤子。大將曰老管陣。餘將曰小掌家。其老本皆劉宗敏統之。自成不能制。文武各官見宗敏皆跽受約束。宗敏令左制將軍董學禮以千人南至宿遷。令僞將白鳩鶴往天津催餉。

甲子。李自成過劉宗敏所。見掠治三百餘人。慘甚。令酌放之。而前所斃者可千餘人。宗敏進餉金千萬。都督李岩李牟李友徵不及其半。派部曲人各二百金足其額。

乙丑。盡釋纍臣。或間留一二人。如方拱乾楊士聰楊昌祚林增志等。御史新昌馮垣登以斃。夾于市。三日死。吏部驗封主事吳孳昌亦斃。獨不問。且留用之。則與軍師宋獻策有舊好也。庶官釋後多微服遁。或赴選。如中書舍人李兆龍改成都府同知。諸釋者或瘁瘠不能出。又家人離阻。經日仍斃于內。所拷輸共七千萬。大約勛戚宦寺十之三。百官商賈十之二。先帝減膳撤懸。布衣蔬食。銅錫器具盡歸軍輸。城破之日。內帑無數萬金。賊淫掠既富。揚言皆得之大內。識者恨之。

改十五日即位。

李自成聞吳三桂斬使。大怒。立召李友等計之。發數萬騎東行。吳三桂訛聞父襄被害。即日自玉田還山海關。

丙寅。太子復入宮。自成令跽。太子怒曰。我豈爲汝屈乎。竟免之。

僞官復勸進。許之。鑄九璽不成。自成始失色。

濟南總兵張全昌刦廣東寄餉二十萬金。

僞制將軍李岩奏四事。曰清六宮。曰降官分三等。抗命者追贓定罪。曰營兵令屯城外聽征。毋混民居。曰招撫吳三桂。許以大國。封明太子。得世祀朝貢。李自成不聽。

李自成議東援。頗懼。賞各將百金。各兵十金。吏卒大失望。更賞卒白布四丈青布八丈。皆市廛奪取之。時都人大失望。牛金星顧君恩以告。劉宗敏曰。今但畏軍變。不畏民變。我所恃以攻取者軍耳。少失意則不爲我用。若民則易制。稍有動搖。閉戶分剿。不煩金鼓。一時可盡。且軍兵日費萬金。若不強取。從何而給。金星不能難。坤寧公主匿周氏家。夢先帝后隨以王承恩。告曰。已訴上帝。逆賊不久矣。外人頗傳其語。宋獻策私曰。我主是馬上天子。惜其多殺。尚有三年富貴。于是賊心益搖。

副總兵莊朝樑刦單縣。爲人民所殺。

丁卯。京營李昌期至淮安。告巡撫路振飛以大行之喪。振飛集士民告以大故。衆皆泣下。申嚴號令。

牛金星說李自成速卽位。諸盜多秦人。旣至燕。謂江南可傳檄下也。還都關中。徐論封賞。諸降臣以關中宮闕未立。欲亟圖封賞。自成曰。陝吾之故鄉也。富貴必歸故鄉。卽十燕未足易一西安。諸降臣始阻。

籌祿米倉及大通橋光祿寺倉。昌平知州李日晉爲戶政府從事。盤各倉糧。共不滿四十萬石。僅支數月。

禮政府示定十七日登極朝賀。次日幸太學釋菜。可十二日習儀朝天宮。十三日再習。十五日頒詔天下。論功行賞。明日百官于南郊候駕。又明日黎明郊祭天地。加袞冕卽大位。諸臣各奏賀表。

午刻。吳三桂義師入關。報數至。趨兵政府侍郎張若麒左懋泰赴鎭。遣王世忠招左良玉于湖廣。勞金一萬。銀三萬。而南下之師且未盡出。

戊辰。吳三桂殺賊騎殆盡。初三桂諭其下曰。我不忠不孝。尚何顏立于天地間。欲自刎。其下皆曰。將軍何至此。吾輩當死戰。遂大破賊。

己巳。李自成改十七日卽位。憂關東。故屢更其期。以愚人耳目。各官如令習儀午門。文諭院顧君恩出宮。面有憂色。疾呼曰。且從容。諸臣亟退。

夜。殺各營文武大臣。以戚畹婦女給營將。大學士陳演定國公徐允楨永寧伯王長錫淸平伯吳遵周新建伯王先通等諸外戚都督指揮及錦衣衞大帥俱殺西華門外。左副都御史兼東閣大學士方岳貢禮部右侍郎兼東閣大學士丘瑜。以守者告之故俱自經。陳演字發聖。井研人。天啓壬戌進士。改庶吉士。授□□。歷禮部右侍郎。庚辰五月進禮部左侍郎兼東閣大學士。辛巳敍恩進尚書文淵閣大學士。癸未五月敍城守功進太子太保戶部尚書武英殿大學士。八月主禮闈。今二月。引疾去。賊烽亟。復召之。演夢首遠遊冠騎蒼龍。遊高山上。見數人舁金銀一屋予之。及見召。以爲祥。私語門人董生。董生曰。先生宜亟去。國方多難。雖貴極人臣。豈有生理。龍水族也。在山非其處。困龍也。乘之將蹶。金銀一屋。數人舁之以趨。殆冥資矣。演不悅。演引疾去。以貲重。故緩其行。皆前陳新甲所寄也。被拷掠。搜四萬八千金。珠寶甚夥。再掠得黃金三千。珠三斗。牛金星所至輒繫之。稍遲。鞭卽下。體無完膚。方岳貢字四長。穀城人。天啓壬戌進士。授戶部主事。歷郎中。出知松江。廣西廉惠。並著。賦額不登。屢鐫級滯留十四年。歷降二十九級。而循聲日有聞。壬午九月。進山東漕儲道副使。先帝心重之。癸未六月。特召見。擢都察院左副都御史。十一月。兼東閣大學士。直文淵閣。甲申。進戶部尚書文淵閣大學士。拷搜千金。賊不信。再夾。松江賈人代輸千金。始得釋。丘瑜字德如。宜城人。天啓乙丑進士。改庶吉士。授□□。歷禮部左侍郎。今二月。兼東閣大學士。搜拷得二千金。

錢棻曰。陳演于陽羨罷後。極爲先帝所任。一時臺省有文學者。初拜陽羨之門。復盡趨演。予癸未入都。私語台臣曰。人謂井研未廉。奈何。答曰。曾是此相而猶謂未廉乎。噫。觸邪之任。鐵柱之臣。而公論如此。此明之所以失天下也。

談遷曰。嘗讀方岳貢子征思辨揭云。三月十八日夜半。先帝傳手敕以諭閣臣速奔行在。亟問聖駕何往。內臣皆不知。急集諸閣臣會議。知事已不濟。卽自縊。精微房班役宗顏道救解。掖至西長安門。賊騎砍傷宗顏道。二十三日。得覲東宮定王于劉宗敏所。慟哭仆地。東宮曰。我怖甚。先生幸勿去。曰。臣敢不奉命。按所謂手敕。即楊士聰核眞錄所云硃諭也。楊謂閣臣已出。此似閣臣俱在。意昏刻外城陷。閣臣豈有坐視之理。俱候內閣倉皇無計。委硃諭几上而去。事容有之。吳橋恢廓大度。不飭簠簋。終殉社稷。矯矯不羣。轂城以羔羊素絲之守。砥礪一生。獨不能爲吳橋耶。荏苒後死。情或可原。今概從陳演輩。則大非其倫。似未可以深疵也。又時臣清謹如陳必謙沈自彰。文行如楊觀光。俱錚錚有聲。汚面賊廷。聞之眞可歎詫。彼周鍾魏學濂輩。啾名逐利。原澤中之麋。何足論乎。

是夜。京城之外徧張吳三桂榜。約士民縞素復仇。一時都人皆密製素幘。

庚午。李自成率兵六萬。聲言十萬東行。劉宗敏李過等從之。又追軍師宋獻策以行。挾太子永王定王吳襄自隨。出齊化門。太子二王玄幘綠衣。各以一兵抱之馬上。都人擁觀。多隕涕。兵呵之。自成不許僞官送至金水橋。禮政府尙書鞏焴奏。臣部甚閒。司官可刪。自成曰。官盛任使。所以勸大臣也。牛金星李牟李友等居守。

先帝凶問至南京。兵部尙書史可法。工部尙書程註。都察院右都御史張愼言。兵部右侍郎呂大器。詹事姜曰廣。太常寺卿何應瑞。吏科給事中李沾。御史王孫蕃陳良弼朱國昌米壽圖。各至戶部尙書高弘圖邸中議監國。首福王。次當潞王。而倫序以洛陽爲正。可法嘗開府淮上。雅聞其在藩事。意靳之。不敢言。猶疑北變風影。躑躅未即決。

辛未。李自成至通州。大驅騾馬三千。橐駝一千。

西長安街有私示云。明朝大數未盡。人思效順。于二十日立東宮等語。初。京師私示狎出。劉宗敏居其處。居民數十家。今示粘黃牆上。不能致詰。

山東高苑知縣蘇方募兵起義。山東自濟南陷。臨淸濟寧武定濱州賊騎充斥。蘇方漢中人。屢拒賊有功。至是養死士二百人。傳檄遠近。云賊不足畏。遠近響應。

撫寧侯朱國弼脅取淮安庫金十萬。

壬申。李自成至密雲。

何瑞徵以望日率諸詞臣謁牛金星。金星曰。訛言四起。諸君無事宜簡出。

山東新城盜王銘盤聚散卒數千人梗道。

劉宗敏叛李自成。走西安。宗敏懼關兵。忌自成獨擁厚資。又爭我叛將白廣恩。引衆去。兵逃其三萬人。

癸酉。賊盡運金寶以入秦。驅騾馬千計。括各庫金共三千七百萬有奇。制將軍羅戴恩以萬騎護之而西。初戶部外解不及四十萬。捐助二十萬有奇。而大內舊藏黃金四十餘窖。內監皆畏先帝不以聞。

楊士聰曰。嗚呼。三千七百萬。捐其奇零。卽可代二年加派。乃今日考成。明日搜掠。使海內騷然。而扃鑰如故。策安在也。先帝聖明。豈真見不及此。徒以年來之徵解艱難。將留爲羅雀掘鼠之備。而孰知其事勢之不相及也。吁。其亦可悲也矣。

甲戌。李自成簡輕騎以向永平。

是晨。京師宣武門外榜曰。天命𠭧運。借手于闖。警戒貪汚贓吏。諸臣頓忘明朝以受新職。今大明運當中興。太子神異。大小百官。卽宜共輔太子。仍行明朝之事。卽有神祐之。毋依然叛逆不思明朝。立有天譴。此觀音賜夢。不出此示。天亦譴之。末署曰。天定大明長興元年四月十七日給。僞都督李友捕榜之左右民殺之。巡城窮其事。則觀音菴中沙彌告老僧所爲。囚之。及賊遁。老僧無恙。

薊遼總督王永吉以三十騎間行南下。永吉紿吳三桂起兵江南協應。

平陽進士王道成爲僞青州防禦使。單騎赴任。城中脅服不敢動。衡王常㴬出奔。

吳三桂大敗賊。斬三千級。前吳襄貽三桂書。不言被夾。使者偶述之。三桂意父必死。益痛憤。

乙亥。李自成至天津西山海關道防禦使張若麒同巡撫遼東右副都御史黎玉田巡撫山海永平右僉都御史李希沆來迎。自成大喜。張若麒奏荐吳三桂。自東宮出京以來。諸臣迎自成。或見東宮亦跽。東宮乘騾。必問之曰。爾新官乎。抑舊官乎。如答曰舊官。東宮必淚下。手指自成曰。甚利害。須耐。如答曰新官。東宮怡然曰。渠明主。須善事之。舊官有稱殿下。揮去之曰。不可。

李自成益調諸軍共十萬攻吳三桂。三桂之入關也。擁衆二十萬內徙。自成遣唐通守關而敗。又命白廣恩援通。又敗。自成親至攻關城。圍之數匝。東二里復有羅城外拒。賊慮三桂東走。又二萬騎西出一片石。轉東夾攻關外。適建人兵至。三桂度前後俱勁敵。不得已而與建人合。三桂舅祖大壽久降胡。與故督撫尙書洪承疇共請兵于台星可汗。于是英王莽蛇蜡將萬騎爲左翼。入西水關。豫王阿吉哥將萬騎爲右翼。入東水關。攝政王湯鵝泰將三萬騎駐歡喜嶺。遙爲三桂聲援。按兵不進。詰朝將戰。三桂懼。將數百騎突圍出關外。入敵營。髡見台星可汗。可汗大悅。約進兵擊賊。三桂復入關。盡髡其兵。刻日決戰。

談遷曰。吳三桂之乞援建州。非其意也。建州告警在正月。又寧遠內徙。邊藩盡撤。建州擣虛無疑矣。三桂內絓賊寇。外怵建人。權其兩害。勢必東款以擊寇。而三桂孤矣。當時王永吉輩奮薊鎭之師。稍張其翼。三桂當未失路至此。嗚呼。僕固懷恩以回紇靖安史之亂。桑維翰以契丹滅唐。雖撓敗踵至。而兩京收復自如也。石晉初造亦自如也。皆先有成約。輸幣割地。得支吾目前。三桂孤旅。又無一人佐其謀。前門驅虎。後戶進狼。至不暇顧。惜哉。

丙子。吳三桂擊賊于關內。敗之。賊分道並進。日暮乃罷。

牛金星聞警。益亟懼內亂。大索城中兵器。嚴門禁。

淮陽巡撫路振飛追糧船七百艘駐淸江口。

丁丑。吳三桂大破賊于關內。賊精銳向不過數萬。所至皆虛聲脅下。既入燕。人懷重賂。各思西歸。自成知邊兵勍。成敗待決。故驅之死鬬。三桂悉銳出戰。無不以一當十。賊益連營而進。金鼓之聲震蕩百里。三桂力戰殺賊數千人。賊亦賈勇叠進。自成挾太子登高岡立馬觀戰。賊衆我寡。三面圍之。三桂兵東西驅突。賊騎亦左縈而右拂之。陣數十交。圍開復合。自成按轡高岡上。見白旗一隊繞出三桂右。萬馬奔騰不可止。自成揮後軍亟進。有僧人跽于馬前曰。彼白旂者非關寧之兵。必建州兵也。大王急避之。白旂兵銳甚。所至莫能當。自成策馬而走。諸賊畏令嚴。故未退。忽塵開。見辮髮而甲者。咸驚呼曰。虜至矣。虜至矣。拉然崩潰。墜戈投弓。自相蹂踐。死者數萬人。關兵建人分道乘之。賊無敢衡。殺其大帥一十五人。奪其輜重無算。自成以數千騎亟走于永平。賊黨奔潰。各收散亡。至于永平始集。

談遷曰。賊將祥符李生肖宇。据左懋泰宅。從東行。所部一萬三千餘人。敗回。僅庵人一。家丁二。肖宇面述敗狀。高署丞弘商在坐。聞之曰。自成出吳襄軍前以招三桂。三桂不動。求見東宮。亦出之。三桂叩馬上而哭。自成囑東宮招之。三桂稱萬歲。東宮還營。自成輕騎欲過三桂營勞軍。三桂諸留宴。同東宮焉。酒數行。笳吹大作。三桂遽起抱東宮入。自成亟騰馬去。不及執矣。天驟晦。賊休營不備。胡騎突殺。銳甚。自相踏藉。僵屍數十里。李肖宇謂從賊十三年。未有此敗。後意圖自成不果。乘間送高弘商出京。竟從賊而西。弘商以語予。深器其人。第三桂紿降自成。勞軍東宮。留奪諸家所未聞。似屬子虛。予亦未敢竟矜以爲然。姑錄存其說以備後之考訂可也。

僞左制將軍董學禮兵過德州。恣掠。

江南新主未定。人望屬潞王常淓。總兵高傑劉澤清移巡撫路振飛書。問所奉。振飛報曰。議賢則亂。議親則一。

現在既有福王●有勸某隨去南京扶立者。此時某一動則淮陽不守。天下大事去矣。此功自讓與開國元勳居之。必待南都議立。不然吾奉王入而彼不納。必且互爭。是不待于闖賊之至而自相殘敗事矣。

魯王以海避難過淮安。

總督河道黃希憲同總兵于永綬中軍張文昌聯舟至淮安。

南京聞變。兵部尙書史可法前將三千騎勤王。出屯浦口。戶部尙書高宏圖都察院右都御史張愼言等連日議。潞王倫次稍疎。惠王道遠難至。親而且近。莫如福王。史可法意難之。總督鳳陽馬士英移書以商于可法。可法以福王不忠不孝。難主天下。逡巡而未決。蓋史可法先督鳳陽。故其知之詳且明也。士英念福王昏庸。時王舟抵高郵。召劉澤淸以兵南下。脅立之。移書南京大臣。

戊寅。李自成駐于永平。使張若麒赴吳三桂軍中議和。三桂請歸太子二王。速離京城。奉太子卽位而後罷兵。自成請旋師京城。送太子軍前。三桂許之。

己卯。吳三桂追賊于永平。又大敗之。賊胆奪。連日夜奔竄。疲極無人色。三桂精騎五千俱敢戰。爲建州之所畏。至是合。勢益張。

賊李自成殺右都督吳襄于范家莊永平之西二十里。今立忠節祠。吳襄高郵人。寧遠前屯中後所籍。自武科歷都指揮使。鎭守寧遠。甲申。調入京。提督御營。弘光朝謚忠壯。

僞山海道防禦使張若麒投于建州。建人不受。以吳三桂轉懇。乃受之。仍授若麒職方郎中。

庚辰。吳三桂整師向京。傳檄遠近。賊兵潰散相繼。

辛巳。敗賊先入京者。問以僞主。曰不知也。相傳爲已敗沒矣。于是京城從逆諸臣所粘門銜多滌去。

劉澤淸自盱眙趨揚州。移文撫按。請赴淮集議。路振飛王燮嚴兵守河上而不得下。

壬午。吳三桂急追李自成。自成先遣人入京。令禮政府榜示各官。速備登極儀物。

僞權將軍郭陞之閱濟寧兵于郊外。奪步兵衣甲。以騎兵編入賊隊。

都人咸傳吳三桂入京爲先帝發喪。皆製素幘。

北信報確。史可法約南京諸大臣出議。不果。時先修武英殿。

癸未。僞禮政府示車駕將還。草登極儀注。于是滌門者仍署其僞銜如故。午刻。李自成回京。從德勝門入東華門。被坐蟒面目塵垢。從騎七千。步兵爲盡。還。卽搜民間馬騾。及于蹇驢。恣淫掠。西城婦女塡井死亡無算。

禮政府右侍郎楊觀光少詹事何瑞徵光祿寺少卿李天經李延鼎同鴻臚寺官勸進。李自成曰。時事方亟。安能及此。劉宗敏厲聲曰。若不正大位。卽求還關中。不可得也。自成因曰。明日登極。可卽備儀。

賊毀崇文宣武門外民居數萬區。并夷牛馬墻。稍遲者殺之。凡數百人。

甲申。大霾霧。

南京文武諸臣告迎立于奉先殿。詹事姜曰廣撰祝文。戶部尚書高弘圖手書神宗皇帝之第二子第一藩方散。兵部尚書史可法手札遺諸臣曰。雒陽衞輝並南下。當兩迎。拈鬮孝陵之前。諸大臣謂已告廟。何觀望。爲鳳陽總督馬士英亦以迎立事柬可法。報書有雒陽不忠不孝等語。其意頗在潞王。未露。以福王非天子器也。而釣奇鶩功名者羣起。馬士英及左都督劉澤清前巡撫貴州右僉都御史田仰故禮部右侍郎錢謙益守制武定道僉事雷演祚前鬱林知州劉履丁等各意屬潞王。有秘畫。而潞王先渡江。馬士英以鳳陽之甲值福王淮安。遂迎奉之。徽總兵黃得功劉良佐高傑等聯舟南下。劉澤清亦改計以從。史可法聞之。卽啓列南京文武諸臣名迎于邵伯鎭。士英亦柬示南京諸臣。明日。南京守備太監韓贊周出迎。又明日。魏國公徐弘基御史陳良弼朱國昌往。士英盛稱兵十萬臨江。以脅留都諸臣也。

李自成殺吳襄家族三十四人。

吳三桂兵向京城。李自成命劉宗敏李過李岩等合兵連十八營以拒之。令降將唐通爲前鋒。

乙酉。禮政府上儀注。定于明日卽位。

劉宗敏敗奔入城。吳三桂擊賊參將馮有成。矛刺唐通下馬。宗敏等連營俱逸。宗敏中流矢墜地。以救免。

德州殺僞防禦使閻傑德州牧吳徵文。初。香河知縣朱帥欽。慶府之宗室也。棄官走吳橋。傑囚于德州。傑徵文俱嚴酷。貢官馬元騄諸生謝陛倡義。乘是日瘟司降辰。城外演劇。傾城出觀。因閉城殺之。郡縣響應。凡四十餘城。俱殺逐僞官。出帥欽。推爲濟王。傳檄遠近。

丙戌。李自成僭稱皇帝于武英殿。尊七代祖妣俱帝后。天祐閣大學士牛金星代郊天。六政書各一。赦書稱大順永昌元年。僞磁侯劉宗敏扶創出。平立不拜。曰。爾故我等夷也。僞官皆拜。宗敏不得已再拜而退。

福王至燕子磯。文武諸臣出迎。中軍都督府僉書少保安遠侯柳祚昌。左軍都督府東寧伯焦夢熊。僉書都督同知張天祿。右軍都督府少傅誠意伯提督操江劉孔昭。僉書都督同知劉肇基。前軍成安伯郭祚永。僉書都督同知徐大受。後軍都督府太子太傅南和伯方一元。僉書都督僉事馮可宗。戶部尙書高弘圖。工部尙書程註等。

丁亥。昧爽。李自成出齊化門西走。劉宗敏李友等次之。以萬騎爲殿。先運薪木積于內殿。縱火發砲。擊毁諸宮殿。通夕火光燭天。須臾九門雉樓皆火發。城外草場並燃。與宮中火光相映。太廟武英殿門僅存。誘都人出避。不數里卽殺掠。各賊宿舍皆縱火。毅將軍左光先刦都督谷大成太倉庫尙餘二十萬。舊僞官則賊兵護走。新降則否。于是懼匿不敢出。又恐東宮太子至見討。僞禮政府右侍郎招遠楊觀光出走。爲盜殺于風臺。國子司業薛所蘊。以宋獻策密令得出宣武門。戶政府司務魏學濂以失望自經。大中子。學濂自負忠孝門第。議論忼慨。時謂學濂必殉難。而惑于象緯。謂自成英雄。必有天下。思佐命功。至是愧恨。作絕命詞曰。始聞天子且出亡。繼云亡虜旋還鄉。既望義旂起四方。三者于今皆已矣。當死不死眞慚惶。幾家閤戶自焚死。幾人投繯從天子。王章不屈磔城頭。金鉉躍入御溝水。街頭男女不讀書。西市井中何纍纍。君亡國破雖易代。正統日月虛懸在。待彼篡位吾死之。吾死固晚免下拜。但恨存書報老親。云兒不死休酸辛。兒今含羞□不得。爲母愛此金石身。又作一書曰。篡位次朝。以死繼之。死雖晚矣。于心則安。苟安于心。正不必問人之知不知也。京師漆工包某望宮殿縱火。慟哭北向拜。自經。其視魏學濂輩。狗彘勿若矣。

彭孫貽曰。我聞之友人吳蕃曰。魏學濂于孟章明同登科第。章明見學濂自失也。曰。視子文章經濟若此。我輩著進賢冠非人哉。市佳箋丐學濂染翰。作山水幷題一詩。章明珍重之。買紫梨匣以藏之。其爲士類所傾服也如此。迨交河殉國。章明從容以殉君父。學濂固委蛇焉。士窮見節義。信夫。至于賊勢衰落而後悔而殉身。祈晚蓋者也。悲乎哉。猶賢于喪君有君相從左袵者焉。死而可作。徒使我負慚于伯昭。

談遷曰。盜賊僭竊。何代不有。僅倔强草澤。禍寬宗社。黃巾赤眉黑山青犢雲擾雖劇。未窺龜鼎。北魏之葛榮最衆。唐季之黃巢最悍。旋起旋滅。今自成略近之矣。亡命逋餘。鼠狗之勿若。連陷各城。芥拾燕晉。非賊之所能也。民心瓦解。吏卒惰竄。以至此極也。入京之後。假少思遠略。分五萬之衆南出淮汴。又簡甲三萬東扼榆關。秣馬京甸。漸收版籍。亦順守之一策。乃先事淫拷。不失賊盜之故智。炮烙之威。濫于桀紂。搜括之令。等于蹻蹠。縱暴如此。雖無關東之師。而劉宗敏李牟李友等同類相推。疑忌互起。少需時月。勢必自屠。今爲吳平西所先。望風鼠竄。駑馬戀棧豆。亟走關中。要無所爲失計。否則旬日之間。退無所歸。燃臍郿塢。以快萬目矣。彼得逃其罰。亦一時之暫幸也。

都人知賊出。曉各自守門。纍器具塞巷。搜斬遺賊數千。

吳三桂偵賊將西走。設疑兵于西山。密取酒罌數千。灌石灰。夜埋齊化門道上。相間數尺。覆一浮土。賊萬馬並馳。踐罌皆陷。奔蹄塵漲。石灰眯目。不可以視。疑兵遠譟以駭之。賊兵大亂。三桂欲入城。清人令追賊。繞城而西。追奔三十里。及之。賊不戰而走。奪其金銀婦女無數。賊馬騾重載。日行不過數十里。三桂之追益急。乃盡棄其所載。自蘆溝橋至固安百里。衣甲盈路。賊散去又數萬矣。

僞權將軍郭陞之入兗州。

武林諸生鄭鉉聞三月十九日之變。慟哭出門。不知所之。

談遷曰。鉉字玄子。父惠之。善古文詞。學者稱爲孔肩先生。鉉能世其學。所交皆當時豪傑。素以氣節自矜者也。

福王次龍江關。舟隘。諸臣登謁。勳貴先之。次尚書史可法高弘圖程註右都御史張愼言。餘卿寺科道部司將領。俱望拜舟次。可法等四人跽拜。王亦拜。手挾可法弘圖起之。泣曰。家恥未雪。國仇未報。可法等啓請監國。不許。曰。宗室多賢。未敢辱及。又堅請。曰。天下不可一日無主。臣等不得命。終不敢起。王暫允之。時侍衞簡斥。角巾葛衣。衾枕俱敝。內豎數人。襲布履革。有困頓之色。

五月戊朔。晨登三山門。環城而東。展謁孝陵。祭享殿。素服角帶。望東陵。問知爲懿文太子也。還朝陽門。入東華左門。謁奉先殿。訖。出西華門。次外守備公署。諸大臣將朝。以王謙讓。先語內侍曰。今日之禮。與舟中異。宜坐受。及入拜。王答揖之。問諸先生今何事爲亟。史可法曰。防江爲急。王然之。始江南聞變。各懷危懼。至是士民忻忻有固志。

禮部儀制主事吳本泰草監國儀注。竟如登極禮。

平賊將軍寧南伯左良玉治兵攻張獻忠。發漢江。

平西伯吳三桂追賊至撫寧縣。又大破之。

北京故□□道御史曹溶自巡視西城。傳臣民爲先帝發喪。設位都城隍廟。僞兵政府右侍郎梁兆陽。僞□科諫議大夫孫承澤。僞弘文館編修高爾儼等亦預焉。僞直指使張懋爵柳寅東韓文銓朱朗鑅各自爲巡城御史。受民詞。核奸宄甚力。午後傳吳三桂止。建虜毋入城。僅頭目護東宮至。都人幸甚。然李自成西奔。夜弑太子及永定二王矣。或云吳三桂請送太子入京。建虜不許。三桂夜送太子于太監高起潛所。又云潛逸于民間。陰導之入皇姑寺。

己丑。諸臣謁行宮。約各致慰。太子太師魏國公徐弘基請早正大位。收拾人心。次靈璧侯湯國祚遽言戶部措餉不時。太監韓贊周及兵部右侍郎呂大器叱起之。王曰。文武宜和衷。羣臣以次對。贊周亦有所奏。俱出。始上箋請監國。都察院右都御史張愼言曰。今宜卽眞。何事監國。諸人唯唯。愼言曰。昔土木之難。英宗北狩而景帝登極。不以爲嫌。非爲景帝也。正爲英宗也。今之日更何待乎。時卜相。史可法請出商之。乃退。或謂韓贊周曰。公當擧一人。贊周徐曰。我若擧一人。將此人後何以作相。衆服其言。可法密謂愼言曰。公請正位。倘高傑擁兵挾東宮以來。奈何。愼言曰。大位既定。卽東宮至。安能私之。蓋馬士英盛兵江上。威脅南都。可法慮變。故稍遲之也。遂先鑄監國之寶。又推張愼言吏部尙書。然後枚卜。又議赦書。可法曰。天下半壞。歲賦不過四百五十餘萬。將來軍餉繁費。則練餉剿餉等項未可除也。議逆案。以先帝聖斷毋改。

吳三桂追賊至保定。賊還兵而鬭。三桂奮擊。破之。

北京故吏部左侍郎沈惟炳。錦衣衞左都督駱養性。約諸臣哭臨先帝于午門。養性隨備法駕迎東宮。

庚寅。福王監國。冕服登丹陛。告天地宗廟。羣臣青補朝而不賀。魏國公徐洪基上監國之寶。

太祖成祖及二后御容。舊供武英殿。命移奉先殿。魏國公徐弘基安遠侯柳昌祚南和伯方一元祭告。戶部尙書高弘圖詹事姜曰廣奉二祖御容。太監韓贊周盧九德奉二后御容。

南京都察院右都御史張愼言爲南京吏部尚書。初。兵部尚書史可法言。臣職典兵。兼攝銓篆。值兵馬倥偬之候。而問人才用舍之宜。其職難兼。其悞不小。故必擧各官之清正有望者。早進統鈞。而後眞才得效于國家。丕業克隆于堂構。謹會擧南京戶部尚書兼都察院右都御史張愼言原任都察院左都御史劉宗周。上竟用愼言。時愼言力不願改。曰。必我典銓也者。無論失我將幷失總憲耳。後竟如其言。南銓曠久。司官止文選主事倪嘉慶。驗封郎中蕭士瑋。椽史四人。不諳朝典。愼言手創規條。先事枚卜。

總兵劉澤清高傑各奏申大義。早發喪哭臨。且約史可法過江共議。欲卸柄于馬士英也。

吳三桂追賊至定州北十里清水舖。僞都尉谷英麾兵還戰。賊飢疲不戰自亂。英連斬卻者數人。終不能止。三桂奮擊。大破之。斬英俘大帥三人。殺數千。奪婦女二千。左光先馳還救之。建虜乘勝奮長刀斷馬足。光先墜馬跳免。盡棄輜重。獲金銀七百餘萬。械畜亡算。胡騎繼之。追奔十五里。屯定州。州人斬僞州牧董牧迎三桂。三桂以谷英頭祭父襄。擧輜重犒士。收散賊萬餘人。

清攝政王湯鵝泰入北京。時鹵簿出朝陽門。臣民望塵伏道左。止輦升輿。則胡服髡身。臣民相顧失色。闗寧兵已先驅入都門。城上俱立白旂。攝政王乘鑾輿。萬騎夾之。入居武英殿稱制。故戶部右侍郎王鰲永欲入謁見上下俱坐地。乃潛出。都人各去其素幘。景色慘黯。

楊士聰曰。嗚呼。吳三桂西不能制寇。東不能抗虜。姑靜俟焉。以待虜寇相遇。徐觀鷸蚌之持。亦未爲大失也。乃束身歸虜。予以復仇之名。使得藉口闌入。一戰再戰。寇雖西遁。而京師爲虜有矣。且東宮二王。禍不旋踵。吳襄被僇。殃及全家。揆之忠孝。有何當焉。坊刻不察。而沾沾三桂之功。吾不知其有何功也。使三桂而可言功。則盤踞二東。忽焉南牧。渡河涉江。金陵不守。亦可謂三桂之功與。

談遷曰。甲申之變。倉卒不及料。中外震慴。吳氏不勝其忿。瞋目語難。捐身家以從之。溫嶠陶侃之討蘇峻。子儀光弼之仇安史。其義激不過如此。第榆關永平累捷之後。宜密遣間使潛入京師。狡寇初遁。明示曲折。俾臣民曉然知關寧復仇之舉。建虜搗虛之勢。或長安豪傑立鼓衆城守。馳約請和。割榆關以外棄之。歲輸幣十萬金百萬。事雖不濟。而此心可盟天日。他日可對先帝于地下。且兩軍合勢。獨無成言于先乎。或建虜兵銳。彼不能降心以相從。則厚賂其愛將。亦表餌之術也。吳三桂兵至榆河。建虜檄其西征以遠之。若先入京師。則建虜將不復納矣。機會之乘。間不容髮。吳氏既不能分身以應。又不能先事以防。天未厭禍。蒙羞左衽。虛五日之期。成九州之痛。寡助之至。未可獨責三桂。而揆以春秋責備之義。三桂又安所辭乎。

辛卯。監國哀諭曰。嗚呼。余小子涼德。未堪國家多難。如何昊天降此鞠凶。嗚呼慟哉。維先帝以天縱神資。丕承祖宗鴻緒。適逢國步多艱。民生日蹙。而勤學力政。罔有休暇。以堯舜之深仁。挽叔季于唐虞。念茲在茲。無時或怠。自有生民以來。未有如先帝之焦勞者也。不期以禮使臣。而臣忍以不忠報。以仁養民。而民忍以不義報。彝倫攸斁。報施反常。自有斯民以來。亦未有甚于今日者也。馴見妖氛日熾。僇我赤子。辱我宗藩。毀傷我陵殿。四海人心。莫不欲滅此而後朝食。乃先帝愛惜愈加。招撫彌切。至欲餉初增而又減。將已敗而仍收。官極貪極酷而仍用。無非欲化頑爲良。撥亂爲治。嗚呼痛哉。何皇天不弔。遂至有今年三月十九日之事。爰及國母。掩照相從。徽音頓杳。遺烈如生。信乾坤之合德。肆節義以雙成。然而慘變殊常。貽毒千古。孤雖眇質。片氣猶存。暫膺監國。益切除凶。謹告哀于臣民。庶憐予而多助。知爾同心。悽感何極。喪禮依舊制。以日易月。二十七日釋服。毋禁民間音樂嫁娶。督撫鎮守都布按三司官員。地方攸繫。不許擅離職守。聞喪之日。止于本處哭臨三日。進香遣官代行。衞所府州縣土官並免進香。諭告天下。咸使聞知。又赦諭曰。我國家二祖開天。昭宣鴻烈。列宗纘緒。累積深仁。歷今三百年來。民自高曾以逮孫子。世享太平。代受亭育。其在大行皇帝。躬行節儉。勵志憂勤。宵旰十有七載力圖剿寇安民。昊天不弔。寇虐日猖。乃敢震驚宮闕。以致龍馭升遐。英靈訴天。怨氣結地。嗚呼慟哉。賊因而屠僇百官。殺掠百姓。滔天之惡。蓋載不容。神人共憤。孤避難江淮。驚聞凶訃。既痛社稷之墟。益激父母之仇。矢不俱生。志圖必報。然度德量力。徘徊未堪。終夜拊膺。悲涕永歎。乃玆臣庶。敬爾來迎。謂倡義不可無主。神器不可久虛。因序謬推。連章勸進。固辭未獲。勉徇輿情。于崇禎十七年五月三日。暫受監國之號。朝見臣民于南都。孤夙夜兢兢。惟思汛掃妖氛。廓清大難。上慰在天。下對四海。忠孝之道。庶幾無虧。期逭深愆。敢不僇力。德涼任重。如墜谷淵。同仇是助。猶賴爾臣民。其與天下更始。可大赦天下。所有應行事宜。開列于後云云。於戲。自有乾坤。鮮玆禍亂之慘。凡爲臣子。誰無忠義之心。漢德可思。周命未改。惟爾臣民。尚其勗哉。匡余不逮。布告遐邇。咸使聞知。

李自成至眞定。恥于累敗。賊黨漸攜。忿之。自勒精騎還擊三桂。關兵清兵翼張以進。殺大將三人。斬萬餘級。自成大敗走。

大清攝政王盡屯騎兵城外。留千騎宿衞。徙近郊居民二三里。空之以屯淸騎。故吏部左侍郎沈惟炳。戶部右侍郎王鼇永。兵部添設右侍郎金之俊等入投職名。命復原官。鼇永之俊各上封事。之俊宿直廬不出。檄各司官仍任。惟炳及錦衣衞左、都督駱養性上勸進表。攝政王不出。內院大學士范文程笑謂惟炳曰。吾國自有主。此攝政王也。何勸進爲。攝政王令六日設我先帝后位于帝王廟。臣民哭臨三日。議諡葬。八日官民削髮。十五日朝見。于是故禮部右侍郎楊汝成稱典禮浩繁。不能獨任。文程令吏部推雷躍龍禮部尚書。李明睿左侍郎。竟用明睿。其不用尚書。以正官必建州遼陽也。

壬辰。監國自大明門入內朝。暫居內官監。

南京兵部尚書史可法。戶部尚書高弘圖。並爲禮部尚書兼東閣大學士。直文淵閣。總督鳳陽軍務兵部右侍郎兼右都御史馬士英進兵部尚書兼東閣大學士。仍總督。工部右侍郎周堪賡爲南京戶部尚書。時詹事姜曰廣推閣員。令旨謂翰林止列姜先生。命復之。

補顏渾吏部文選郎中。梁羽明考功員外郎。王若之戶部郎中。

魏國公徐弘基言五事。固民心。擇首輔。選名將。議戰守。嚴賞罰。報可。

南京吏部尚書張愼言奏吏部目前切要。一附近原任司官如梁羽明顏渾等。另疏注銜。令剋期赴任。一令選司于京堂科道庶僚。發訪單各舉所知。一南京部寺各衙門。屢經裁減。今宜復舊。一行文撫按開報庶僚及外官賢否。資俸履歷等項。一撫按速將地方人才不論謫戍註誤閒住。但無大過。尚堪任使。俱開報。一考選行取科道撫按。以俸滿卓異在四年四月上者奏聞。給文赴部。一急選大選官。如科甲貢監吏員及丁憂起復等項。臣部無底案查考。待旨後。臣出示科甲貢監等見在京及附近郡縣。許報名聽考。如道梗無本處文憑。取京官保結。一官制舊章爲主。如保舉改授換授布衣等項。見職論賢否黜陟。其後俱停止。不可濫竇。從之。

南京兵部尚書史可法言。今日畫江修備。恢復承天襄陽。不可一日緩也。承天總兵北部推張應元。未奉旨。副總兵惠登相與毛顯文攻下德安。今仍以應元開鎭承天。登相開鎭襄陽。果收復兩郡。即畀世守。從之。命張應元爲都督僉事總兵官。鎭守承天。

罷河南道御史陳丹衷調兵土司。丹衷奏。大行皇帝許同副總兵成大用往調土司。其軍餉已敕總督兩廣及廣西撫按預辦。今乞頒新敕。遂罷其兵。

命兵部職方主事萬元吉賚萬金犒高傑劉澤淸諸鎭。

京畿道御史祁彪佳上言。人心積玩則必囂。積囂則必變。故當以仁厚皈羣情。以嚴肅定衆志。典制益當遵守。勿以多事而逐紛爭之端。名器益當愼重。勿以乏才而啓濫倖之竇。人才不可不愛惜。而自媒之徑不可開。官爵不可不優崇。而躐進之階必不可有。民力固宜寬也。必俟經制定而後蠲減。不致爲虛文。兵氣固宜振也。必須紀律申而後餉續。足以資騰飽。恩賞固宜普也。必當爲可繼之地。勿以生無厭之覬覦。開釋固宜速也。必當核可原之條。勿以棄罔貸之刑章。夫如是庶紀綱明。法度飭。在我以輕徭薄賦收民心。以舉賢錄才收士心。以信賞必罰收將帥之心。言守則必固。言戰則必勝矣。

大清攝政王諭南朝官民人等曰。曩者我國與爾明朝和好。永享太平。屢致書不答。以至四次深入。期爾朝悔悟耳。詎意堅執不從。今被流寇所滅。事屬已往。不必論也。且天下者非一人之天下。軍民者非一人之軍民。有德者主之。我今居此。爲爾朝雪君父之仇。破釜沉舟。一賊不滅。誓不反轍。所過州縣。能削髮投順。開城納款者。卽予爵祿。世守富貴。如抗違不遵。大兵一到。盡行屠僇。有志之士。幹功立業之秋。如有失信。將何以復臨天下乎。攝政王問翰林院編修高爾儼以遼金元事。爾儼因進三史。攝政王欲修崇禎史。爾儼曰。纂修遺稿燬盡。且史事甚重。詹翰一體。因傳詹事何瑞徵高珩李呈祥等。自是百官遞投職名。時翰林止爾儼左右中允楊昌祚林增志並重創不出。內□□院大學士范文程處分國事。同官某某終日無一言。文程先世樂平人。瀋陽籍。大父鏓。嘉靖丁丑進士。官兵部尚書。□故尚書倪元璐舍人投牒文程。求扶喪南還。文程立遣騎持令箭送至張灣。于是殉難諸臣之喪多次第南歸。

李自成益合兵攻吳三桂。三桂合胡漢兵拒之。自晨及晡。兵數合。殺傷相當。東風大作。黃沙蔽天。賊殊死鬭。三桂益奮。賊漸卻。關兵射自成中之。墜馬走還營。創甚。臥民舍。居人怨之。皆自焚室廬。火燭天。賊夜移營。終夕數驚不能止。拔營西走。度故關入山西。三桂逐之。及關而止。遂傳自成死。

癸巳。南京詹事兼翰林院侍讀學士姜曰廣前禮部尚書兼翰林院學士王鐸並爲禮部尚書兼東閣大學士。直文淵閣。時同推前禮部右侍郎陳子壯少詹事黃道周右庶子徐汧而監國故與鐸有舊。南京兵部右侍郎呂大器爲吏部右侍郎。練國事爲南京戶部右侍郎。總督糧儲。賀世壽爲南京刑部右侍郎。太常寺卿何應瑞爲南京工部右侍郎。應天府尹劉士楨爲南京通政司使

總兵高傑兵欲入揚州。士民不納。遂恣攻掠。城外廬舍俱空。江南北大震。職方郎中萬元吉言。揚州臨淮六合。所在兵民相角。兵素少紀律。民近更乖張。一城之內。民以兵爲寇。兵以民爲叛。環攻勿釋。臣等雖有愛民之心。斷無銷兵之術。

巡撫薊鎭右僉都御史何謙走德州。濟王朱帥欽留之。不從。竟南遁。兵部右侍郎張鳳翔走東昌。亦倡士民起兵。河北山東郡縣各殺僞官起義。監紀兵部職方司主事凌駉倡義于臨淸。

北京官民哭臨先帝。設位帝王廟。三日餔。時淸虜搜遺衰二襲。馳焚殿前。

彭孫貽曰。寇之起于崇禎三四年也。不過飢寒嘯聚耳。此五六七年。縱突千里。出沒無方。所謂流寇也。十二三年後。則非復草賊行徑矣。又十四五年後。非復竊據形勢矣。夫其作難之始。誅撫固易耳。寇起自隴右。而山東登州兵亦叛。夫隴右亂民也。迫于飢寒。宜撫也。登州叛兵也。負我豢養。宜誅也。臺臣吳執御論之詳矣。當事者黨比。謂亂兵宜撫。而撫亦無成策。亂民宜剿。而剿亦無成策。彼時仗鉞指麾者。猶中智以上。非無克敵戰勝之威也。戰勝之下。殺僇而已。殺僇可盡乎。千俘萬級。皆吾民也。驅除而已。驅除安歸乎。東奔西逃。皆吾地也。乃當塗卿大夫局外易言。刻期責效。使志士掣肘。未有成功。以劫代毅。以括代頗。始之以粗鄙之熊文燦。繼之以用罔之楊嗣昌。于是中原陸沉矣。元惡旣懲。盈廷狼顧。陳睿謨龍鍾也。以控辰常宋一鶴鬼錄也。以鎭全楚。節制無術。將不知兵。兵不能戰。非惟是也。兵之厲民。更甚于賊。楚事大裂。民怨于下。天怒于上。饑疫頻仍。同類相食。人死如亂麻。一人側席。亦旣戚言于民。然所期非厲民。而所施者皆斂怨于民之事。大奸雄起而乘之。據中原。呑江漢。襲三秦。凌晉跨蜀。則民心使然也。夫斂重而民窮。民窮而盜起。自古皆然。豈

待智者而後知哉。今國勢雖日蹙。江浙閩粤。吳楚川黔。尚有天下過半也。三百年之澤。民心猶未盡忘漢也。苟能搜攬英哲。休養東南。扼險立國。徐圖進取。其功猶倍于孫吳晉宋。苟悠悠無策。括東南半壁之民力以養不知兵之將。不能戰之兵。是自盡之術也。覆亡無日。安望其恢復乎。彼崛起之雄。所爲左右者。非其草莽等夷。則其脅而降之。叛而納之也。天下大器。士所同欲。其中梟悍豪雄之姿。强疾不仁之輩。亦必有爲所欲爲者。豈遂俛首定君臣之分。終始夙夜以處一夫之下乎。是寇之取天下也易。寇之守天下也難。誠招徠賊中將帥。能以一郡降者。卽以一郡封之。與克復同。如是則賊中智勇之士。必革心回志。聽命國家矣。夫反正天子。顯名也。列爵有士。厚實也。顯名厚實。士之所期也。古帝王所以長有天下者無他。以天下之富貴與天下之士共之。以天下之衣食與天下之民共之也。今以資格得富貴者。率多不才無恥之士。無濟于用。而勇略實心爲國家用者。又不必得富貴。而反足以殺其身。何怪乎士之不我與也。今日分天下民之衣食以養不戰之兵。又縱無用之兵。厲民而奪其衣食。何怪乎民之不我與也。故夫設藩鎮以待有功者。亦使士有富貴。民有衣食。而後天子乃復有天下也。

國子生莆田陳方策上書史可法曰。寇虐披猖。王室板蕩。衣冠介冑。降叛如雲。相公以一身繫天下之重。獨撑傾廈。俾蒼生無主而有主。誓師討逆。矢石躬親。凡有血氣。孰不涕零。冀須臾毋死。以觀執事之成策。或不妨干明禁一言也。李賊情形。策已悉其略于塘報矣。區區之愚。竊謂未盡宜綏圖者有六。幸垂採焉。吳公統率義兵。屢與賊戰畿輔。如其不卽破賊。賊兵爲主。夷兵爲客。曠日糧匱。不無望我接濟。夷兵深入。策應漸遠。愚民無知。附賊日益。賊不遽殲。夷將孤注。不無望我救援。賊兵糜爛。自成授首。夷兵得志。勞著功成。不無望我賞賚。賊一潰敗。必走西秦。夷不窮追。勢將南向。不無望我安頓。似未宜綏圖所以待夷兵也。獻賊躪楚侵蜀。蓄奸已深。聞闖入京。寧不思逞。地據上游。順流而東。秣陵風鶴。似未宜綏圖所以辦獻賊也。左鎮擁兵數十萬。何難于戰兵丁時一肆掠。若不亟申大義。俾建殊勛。誠恐養寇成癰。必至于潰。似未宜緩圖所以勵左兵也。畿南河北。人受賊愚。未由省悟。咸知有僭之僞朝。未知有中興之新主。近如淮揚僅隔一江。音耗不通。訛傳日布。監國發喪兩詔。所當速頒。萃渙合離。在斯一舉。似未宜緩圖所以挽民心也。山東半降賊。多經殘破。恢復剿除。易于反手。尙有兗青登萊。夙稱殷阜。堅壁固守。至今靡他。若不頒詔傳檄。戒其無二。罔知適從。恐又遭其煽惑。似未宜緩圖所以救東省也。附僞朝者旣爲叛臣。歸本朝者卽爲義士。長安靦顏事賊。疇非貴人。何以離亂之時。動循資格。血性男子。報國無權。九死一生。幸脫虎口。至黃河而黃河不許渡。至大江而大江不聽過。盤詰索錢。不問奸細。防守放礮。上擊歸人。獨有縉紳。取箭長往。纍纍士庶。痛哭水濱。土寇蜂屯。殺掠幾盡。京師五方雜處。何啻百萬生靈。誰無家鄉。誰無父母。今一旦獨不哀矜其不從賊。而但厭薄其不爲官也。似未宜緩圖所以接回鄉也。

甲午。大學士史可法言。沿江之兵。合計不二萬。請自九江以東鎭江以西。千餘里之間。設水兵五萬。開鎭九江鎭江。各萬五千人。聽節制于操江總督。餘二萬人。操江自將之。往來策應。其兩鎭信地。一自九江至荻港。一自蕪湖至鎭江。仍舊設操江文臣。倣京營之例。一總督。一協理。水兵旣設。戰艦宜增。察臣部有貢船。各省直有漕船。北道未通。貢舫無用。止留十分之二。以示存羊。餘盡改兵船。歲修錢糧盡歸水營。江廣浙直漕糧轉運南京甚近。漕船量留十分之四。用疊運法行之。歲可兩三。餘船及修造銀。察明扣解。目前臣部及工部各委司官二監督改造。從之。

補倪嘉慶南京吏部驗封員外郎。華允誠葉廷秀文選主事。

命御史祁彪佳安撫蘇松常鎭。左光先安撫浙江。黃耳鼎安撫徽寧池太。陳丹衷安撫江北。各給敕印。其江楚閩廣等另委。從呂大器之請。

成國公勳衞朱元臣奔自北京。自言雜擔夫以出。

揚州士紳王傳龍等奏高傑殺掠之害。

衡王常澌募兵殺僞官。遂復青州。盡僇賊黨。東輔大震。

清封吳三桂爲平西王。

薊州監軍道方大猷隨吳三桂降清。清命大猷守通州。座師楊士聰攜家南歸。大猷遣卒護行。

乙未。起劉宗周南京都察院左都御史。

劉澤清擁兵偪臨淮。鳳陽參將戈士凱以聞。

巡撫應天右僉都御史鄭瑄移兵駐鎭江。奏江淮潰兵皆欲渡江。臣遺書高劉二帥。不肯止兵。請敕操江武臣速援京口。

大學士史可法請裁參贊內外守備等銜。惟照北制改設團營。即以大小教場神機三營。倣五軍神樞神機之意。每營萬人。以副參游都分領。總于提督。此外立巡捕營兵六千。兩參游分領。提督總之。以防內奸。併神威振武營兵五千。兩參游分領。勳臣總之。以護陵寢。設兵部標營兵三千。副將領之。以示居重馭輕之意。兵制定矣。統之不可無重兵。照京營例。設總督勳臣。協理樞臣。凡京營兵悉歸統轄。五府向止僉書一員。而提督居其三。今每府用僉書勳臣一。提督五。其侍直大漢紅盔乂刀圍子手及錦衣鑾輿等司軍數甚多。擬選大漢將軍二百人。紅盔乂刀圍子手三千人。加皇城直軍。足五千之數。勳戚一員領之。錦衣衛旂校酌設八百人。堂上官一員。加提督官旂辦事。其東西兩司街道房南北兩鎭撫司官不必備。從之。

命都司崔任往諭關遼登津水師總兵黃蜚撤舟楫。南至淮安廟灣。

左良玉攻承天。

總督九江袁繼咸請入覲。監國諭止之。

僞長蘆鹽運使王孫蕙以濬縣知縣徵入京。値變。孫蕙表賀自成曰燕地既歸。宜拱山河而受籙。江南一下。當羅子女以承恩。宋企郊大賞之。除僞命。四月出都。留妾包氏于京示賊不疑。衣緋鼓吹至德州。忽見大明旂幟。卽裂其靑旂。毀敕瘞印。拭其僞封。夜半棄行李微行過德州。渡淮至江上。聞南都事。因矯稱潔身不屈狀。而邑人知其穢跡。檄斥之。

丙申。徐一範爲南京尙寶司少卿。曾益爲南京兵部車駕郎中。李向中爲職方員外郎。吳國龍胡奇偉爲武選職方主事。

瑞王常浩避兵入重慶。

總督鳳陽馬士英自請入朝。拜疏卽行。

征剿太監盧九德至浦口入朝。

吳三桂同英王蟒蛇蜡入北京。

丁酉。御史祁彪佳爲南京大理寺左寺丞。

左良玉復德安隨州。

總督鳳陽馬士英請早正大位。靖南伯黃得功總兵高傑亦言之。

南京吏部尙書張愼言奏補科道。李沾南京吏科都給事中。陳泰來右給事中。姜應甲馬嘉植給事中。張元始戶科都給事中。羅萬象張希夏左右給事中。陸朗給事中。沈胤培禮科都給事中。李如璧右給事中。袁彭年給事中。左懋第兵科都給事中。辜朝薦李永茂左右給事中。陳子龍給事中。黃雲師錢增刑科左右給事中。李淸工科都給事中。李維樾右給事中。梁士濟楊仁愿鄧啓隆霍達鄭崑貞周一敬潘世奇周燦吳文瀛王燮任天成左光先劉遠賀登選白抱一黃澍劉之渤鄭封黃耳鼎陸淸源李挺阮振中陳丹衷補南京各道御史。夏允彝爲南京吏部考功司主事。

濟南僞防禦使張問行僞濟寧州牧任崇志勸紳民助餉。

戊戌。魏國公徐洪基等上牋勸進。許之。

右軍都督僉事漢羌總兵官趙光遠改鎭守四川總兵官。如恢復秦中。卽與世守。

貴州民何光仰作亂。

南京吏部尚書張愼言上中興要務十事。自諸臣黨競。有司貪黷。人心崩眩。積成大釁。至陷君父而長盜賊。誰爲厲階。咎在臣等。往督莫贖。創治宜圖。前殿下泣見臣等。諭以家恥國仇。諸臣咸歎中興令望。復漢官之威儀。祀夏后之舊物。端有賴矣。光武念滹沱麥飯。遂廓帝業。晉元終身絕酒。亦造江東。蓋上天垂戒。痛心疾首。仰承帝命。未始不轉危爲安。諸臣中獨臣衰白昧死。涕零謹以要務爲殿下述之。曰議節鎭。淮揚廬鳳荆襄。爲今日鎖鑰重地。宜申命撫鎭大臣。如九邊三協之例。分戍增堡。各扼險要。東西開閫。首尾相援。步騎兼屯。戰艦海舟。添汎于長淮大江之間。臨北州縣。各積粟五千石或萬石。分儲互備。如敖倉洛口之積。毋專聚一城。且無臨期倉卒轉運之費。曰議僑藩。諸藩南渡。良切聖懷。第吳越迫近畿內。祖制不許分茅。今不得已。或浙之嚴處及江西廣信袁撫。或閩粵之間。擇其便地置府。第護衞官屬。暫從節省。親藩郡王。餘宗祿糧。以及宅葬婚喪之費。諒體時艱。毋生奢望。念三靈沉痛。物力彫殘。慰同仇之心。應反正之舉。稍待旅軫悉爲光復。曰議開屯。士女仳離。情屬可閔。或奸頑難測。拒之則民散且爲盜。亟宜于近北閒田。招集流移。開屯立業。給照。三年之後。量征租稅。內有豪杰。以百夫屯卽爲百夫長。千夫屯卽爲千夫長。用什伍之法。就便守禦。亦南晉僑置州郡之法。旣不失所。亦不內窺。曰議叛逆。近聞僞官以單騎片紙誘降。郡邑從風。奸人乘機搆陷。乞明諭沿北郡邑。凡口稱僞官。能立擒斬。賞千金。予以一官。庶鼓舞忠義之心。曰議僞命。國家養士三百年。致有今日。諸屈膝靦面之臣。雖事或脅從。情非委順。家屬在南者。量仍舊籍。俟其歸正。不可苛及。益堅其從逆之心。如自拔來南。亦從寬減。或原係廢籍。或曾經問擬。或原無官守。或有地方之責而無兵馬之權。若才堪一割。志可矜原。宜酌定用之之法。未當概責以死。俟賊平之後。如唐肅宗以六等定罪。曰議褒卹。長安失守。文武諸臣殉義較著。如大學士范景文尚書倪元璐等見聞彰碻。立宜贈謚。用表忠魂。餘待詳核。毋輒致紛紜。或開訛誤。曰議功賞。鼎革之際。一階半級。非所復論。恐都尉及于爛羊。大將易于一醉。勸人而人不勸。職此之繇。今武爵稍寬。文資毋濫。綜覈名實。深戒倖門。曰議起廢。先皇帝從諫如流。改過不吝。初年逆案。炳若丹書。亡容再議。嗣後戍讉廢籍諸臣。雖湯網弘開。而清論自在。假或雜揉並進。致傷先皇帝曲成之德。并玷殿下維新之明。務使廷臣協議。歸于至當。曰議懲貪。邇來有司失職。貪墨成風。忤下民謳吟之思。成盜賊席捲之勢。今約在內都察院。在外撫按官。嚴刺貪吏。究贓重擬。不得以恩詔假借。曰議漕輓。漕船萬餘艘。除旂甲有家外。餘綱司柁工挽夫。少不下八人。大半募于外江。今漕登近地。此十萬餘人。無室家。無鄉故。游食不已。爲患非細。宜下廷臣從長酌處。若夫勤政講學。親賢納諫。愼選左右。杜漸防微。雖世儒之恆言。實今日之切要。殿下能恆如龍關泣諭時。臣雖垂沒。尚見少康之業。然後從先皇帝于地下。庶不致蒙面耳。

南京太常寺卿何應瑞言。今月十七日夏至祀北郊。請旨裁奪。南京禮部右侍郎顧錫疇言。夏至祭地。禮物未備。恐屬冒褻。合候冬至祀天併行。從之。應瑞又言。孝陵懿文太子陵并先師各神祠歲牲品銀計千四百二十八金。萬曆四十四年。寺臣桂有根以孝陵三大祭五素祭俱改大祭。增物加派。將天地壇外隙地開墾輸租。供增祭之費。今郊廟社稷山川之祭。應照北舉。請下禮部會議。歲例增祭若干。品用若干。物價若干。附近派解。章下禮部。

蘇州人攻降臣項煜錢位坤宋學顯湯有慶。燬其家。項煜南竄。潛入南京。預朝班。又爲檄自飾曰。逆闖斗筲小器。管蒯下材。徒以狗盜之謀。偷城刦寨。狐媚之技。惑世誣民。因而竊入國都。遂至腥羶殿闕。弒我君父。僇及后妃。幽儲宮而絷二王。隳太社而燼九廟。斯率土之奇痛。乃皇天所亟誅。又且狠貪日滋。軀噬不擇。屠勳貴。屠縉紳。屠士庶。桁楊纚索。塡塞街衢。括巨萬。括百千。括錙銖。筐篚駝騾。迭歸巢穴。識者知爲嚮馬行徑。古人所謂沐猴而冠。故使京師人民。罔不痛心刺骨。重念大明德澤。爭思殺賊翻城。卽人心之不忘。知天命之未改。親賢茂建。統緒攸歸。以太祖掃除胡羯之功。固宜兼夏殷卜曆。以累朝惇尙忠厚之治。實應有漢宋中興。煜身出網羅。志存匡復。附羣公擁戴之末。倡四海忠義之先。敢告同仇。共勷大業。豪杰才智之輩。請揮戈仗策以從王。閭閻耕鑿之夫。宜戒子勉弟以雪恥。十七年恭儉仁明之主。可無灑泣報仇。十五國詩書禮敎之邦。誰忍昧心從賊。如或迷于邪說。墮彼狡謀。則以職所聞。斷然大謬。彼其左右無智謀之士。腹心皆潦倒之徒。黃巢氣盡于咸京。董卓志終于郿塢。將貪而悖。卽恐蕭牆。師老而驕。已爲弩末。方當禦虜。何暇窺南。我但修戰守以自强。必可光恢復于千古。芟紫色鼃聲之閏位。掃赤眉銅馬之妖氛。事在勿疑。時不可失。皇明詹事府少詹事兼翰林院侍讀學士項煜謹撰。吳人揭攻之曰。自署原官。冠以皇明。普天之下。原無兩大。何故官銜忽加國號。煜之胸中。居然有二姓矣。

大淸攝政王命虛燕城之半。駐滿洲兵。盡驅漢人出城。

**己亥**。修奉先殿。

南和伯方一元納守備敕印。

史可法言。京糧故籍無存。請省直各撫按造兵餉淸冊。送部科存案。幷刻郵符。又言。蘇松常鎭。屬舊巡撫專守下江。其應天安慶徽池寧國太平廣德。設新撫專守上江。如科臣左懋第所請。又自請督師江北。增文武重臣。經理招討。並從之。

都督僉事總兵官鄭鴻逵鎮守九江。黄蜚鎮守京口。

大學士史可法言。昨午與諸臣高弘圖姜曰廣馬士英等。恭承召諭。令臣等將用人守江設兵理餉各宜議定。謹議新增文臣協理戎政協理操江二。新增武臣京口九江二。已奉旨。又沿江如湖廣蘄黄南安荆襄湖南。亦應增設二三員。但駐札之地。難以懸定。當行該督撫鎮從長議奏。江北與賊接壤。遂爲衝邊。淮揚滁鳳泗廬六處。設爲四藩。以靖南伯黄得功總兵劉良佐高傑劉澤清分鎮之。有四鎮不可無督師。督師應駐揚州。適中調度。其四鎮設于淮海徐泗鳳壽滁和。轄淮海者駐于淮。而山陽清河桃源宿遷海州沭陽贛榆鹽城安東邳州睢寧隸之。經理山東招討事。轄徐泗者駐于泗。而徐蕭碭山豐沛泗盱眙五河虹靈壁宿蒙城亳懷遠隸之。經理河北河南開歸招討事。轄鳳壽者。或駐壽州。或駐臨淮。而鳳陽臨淮潁上潁壽太和定遠六安霍丘隸之。經理河南汝寧招討事。轄滁和者。或駐滁。或駐廬。或駐池河。而滁和全椒來安含山江浦六合肥巢無爲隸之。經理各路援剿事。各設監軍道一。監紀廳官一。管餉廳官。軍民皆歸統轄。有司皆聽節制。營衛舊兵皆聽歸併整理。各將皆聽具文督師薦舉題用。荒蕪田地皆聽開墾。山澤有利皆聽開採。仍各境內招商收稅。以供軍前買馬製器之用。每鎮官兵三萬人。歲本色米二十萬。折色銀四十萬。合主客新舊折算。總不越三萬之外。或合練或分練。聽鎮臣酌行。其體統則照山海經理各處提督行事。所取中原城邑。即歸統轄。寰宇恢復。爵爲上公世襲。賊在河北。則各鎮合力協防淮徐。賊在河南。則各鎮防守泗壽。賊至河北河南併犯。則各鎮嚴兵固守。其鳳陽總兵。應改副將。一分兵護陵。併于鳳壽。其淮安漕鎮應裁。不必全設。而督師標下三萬人。亦應給本折糧餉六十萬。合之則歲支三百萬矣。又鎮臣左良玉所統兵及撫標。歲餉不下百萬。江督楚撫各項三十萬。皖撫二十萬。江撫十萬。加以新增都城陸兵江上水兵。約歲支百三十萬。總計六百餘萬。及察歲入約米二百四五十萬。約銀五六百萬。除各兵支用外。存亦無多。望諸臣實爲戰守計。禦于門廷之外。貽堂奧之安。則中興大業。即在于此。監國並從之。
庚子。援剿總兵高傑奏。蒙旨分防瓜儀浦口。江北抗拒不容。乞賜睿斷安置家屬。監國令回鎭聽督師酌行。傑與劉澤清俱利揚州。澤清兵財數百。遂入掠瓜洲。揚州知府馬鳴騄陞海道副使。未行。與推官湯來賀力阻。高兵大恣殺掠。

談遷曰。瓜揚之禍。雖蔓于高傑劉澤清。實馬士英召之也。士英迎立。以牙兵三千人南衞足矣。名正言順。留都寂聽。何必盡挾諸將。以張佐命之功哉。不學無術。釀禍早見于此矣

南京詹事姜曰廣力辭閣銜。改禮部左侍郎入直。
起徐石麒南京都察院左都御史。行右都御史事。朱之臣太常寺卿。左懋第太常寺少卿。御史郭維經爲應天府丞。仍暫巡視中城。
起故給事中章正宸楊時化袁愷莊鼇獻熊開元姜埰馬兆義故御史詹爾選李長春張煊鄭友玄李模喬可聘成勇李曰輔俱廢籍。各補原官。又前巡按雲南御史陳藎。滇人遺愛。雖陞福建右參議。准復原官。頒詔雲貴。加監軍銜。召募士兵五千人。市水西戰馬二千匹。並從吏部尙書張愼言之請。
南京禮部右侍郎顧錫疇請先帝先后尊謚曰。本朝代興之際。典禮具存。揆之今日。微有不合。臣等痛念大行皇帝剛明勤儉。備有令德。一旦悲纏毫社。慟深麥秀。十七年敬天畏民。憂深慮遠之聖主。含憤戢恨。臣等何心。尙存顏面。今賴天地社稷之靈。國有君矣。殿下又厲志區。報此貞臣志士無不荷戟而叱劍也。大寶將新。而大行帝后乘龍鑄鼎之氣。震蕩流越。卽罄牢薦玉。覺有痛無聲。有哀無淚。十六朝天子寧堪見也。宜亟命九卿科道會議。早上尊謚。俟釋服奉主入廟。以妥先靈。若坐需歲月。拘守舊章。恐怨恫之甚。南望無歸。冤慘之極。蒼穹莫訴。臣等迫切哀籲以聞。監國從之。

江督監紀推官劉再珙加南京戶部員外郎。

吳三桂至正陽門闕聖廟焚香。各商求庇。三桂曰。爾等見把篤王。于是各商醵金幣謁英王。王欽勞之。自後歲節以爲常。

辛丑。南京吏科都給事中李沾爲南京太常寺少卿。提督四夷館。王庭梅爲應天府尹。時吏部欲擬沾協理操江右僉都御史。沾故善誠意伯劉孔昭。畏分其柄。求史可法乞今秩。御史郭維經巡中城。勤敏有聲。進應天府丞。驟難其代。故暫兼原治。維經意怏怏。爲沾所嗾。劾尚書張愼言奸欺。尋自悔引罪。而沾憾愼言不已。會議補金壇王重文選主事。以近京旦夕可至也。沾又憾重言不可用。嘗受我贄四十金。愼言曰。僕起家三十年。所贄止十二金。近或倍之。公安得贄以四十金乎。銓屬無人。彼地近易致。若其人廉否。僕自有提衡。雖吳昌時在。不能溷也。沾益銜之。無所發怒。竟面詆左侍郎呂大器。

張國維改南京兵部尙書。協理京營戎政。起解學龍南京兵部左侍郎。張有譽補南京戶部右侍郎。總督倉場。練國事改用。許譽卿爲南京光祿寺卿。

進封黃得功靖南侯。左良玉寧南侯。各世襲錦衣衞正千戶。封高傑興平伯。劉澤淸東平伯。劉良佐廣昌伯。進馬士英太子少保。世錦衣衞指揮僉事。

夏允彝曰。馬士英素以才望稱。其闊大不羈。或亦邊才之選。而用之政府。則乖甚矣。初爲王坤參之謫戍。周延儒再召。阮大鋮實以士英託之。遂起爲鳳督。與大帥黃得功劉良佐善。曾一敗袁寇。募其鄉黔兵爲親兵。頗能戰。高傑之南遁也。士英厚待之。劉澤淸初至淮。士英亦與通殷勤。頗自任德。而歸怨于南樞史可法。以爲我固願公等來。而史公不喜也。及擁立之舉。馬遂聯絡二劉高黃爲己助。馬入政府。而四鎮皆開茅土。馬入輔而史出鎭。卽國事敗壞之始也。

平賊將軍左良玉攻承天累日。適張獻忠援至。我兵大潰。回漢川。賊又追敗我。退駐郾口。

兗州義兵擒僞府尹高□推官董□汶上令李□魚臺令尹宗衡及防禦使劉濬。

壬寅。監國福王卽皇帝位于武英殿。命靈璧侯湯國祚祭告天地。撫寧侯朱國弼祭告太廟。東寧伯焦夢熊祭告社稷。詔曰。我國家受天鴻祐。奕世滋昌。保大定功。重熙累洽。自高皇帝龍飛奠鼎。而已卜無疆之曆矣。朕嗣守藩服。播遷江淮。羣臣百姓共推繼序。跋涉來迎。請正位號。予暫允監國。攝理萬幾。乃累箋勸進。拒辭勿獲。猥以眇躬。荷茲神器。惟我大行皇帝英明振古。勤儉造邦。殫宵旰以經營。希蕩平之績效。乃潢池盜弄。鐘簴震驚。燕畿掃地以蒙塵。龍馭賓天而上陟。三靈共憤。萬姓同仇。朕涼德勿勝。遺弓抱痛。敢辭薪膽之瘁。誓圖俘馘之功。尙賴親賢僇力勛勷助余敵愾。其以明年爲弘光元年。與民更始。大赦天下。所有合行事宜。條列于後云云。於戲。弘濟艱難。用宣九伐平邦之政。覃敷闓澤。並開三驅解網之仁。新綍渙頒。前徽益懋。初監國。赦諭山東河南賦並免。至是北直山西陝西免五年。山東河南免三年。江北湖廣今年蠲十之五。江西四川蠲十之三。除遼餉等名。年號閣擬弘光定武。上祝天探丸得弘光。後尙書張愼言聞淸順治之號。曰。炏字從火。淸治並從水。恐水能克火也。僞太常寺丞項煜入朝。爲御史陳良弼所劾。

司禮太監韓贊周盧九德提督京營。

旌雲南麗江土知府木增助餉。

督師大學士史可法檄曰。在昔元主中夏。殆將百年。惟太祖一洗腥羶。使斯民再瞻日月。凡有血氣。誰不世沐國恩。歷代耕桑。久則反忘帝力。傳及先皇帝。仁明繩武。兢業緝熙。踐阼而首剪巨奸。行政則心儀烈祖。會國步厄逢陽九。正遼事償于多年。更値歲荒。因而盜起。勦旣難盡。撫又不從。于是不得已而徵兵。不得已而增餉。原期厚集兵力。一鼓盪平。暫累吾民。再還熙皞。豈料天不厭亂。賊乃日多。民力竭于徵求。國事壞于貧弱。先皇帝追維既往。悔艾方深。告天則躬可代牲。祈穀而泪嘗徧地。遇災省過。每累月不入寢宮。蔬膳布袍。無一念敢忘民瘼。其他求賢簡牧。百千事美不勝書。旰食宵衣。十七年過無可舉。方冀天心厭亂。干戈有寧謐之時。無如臣子負恩。文武盡貪庸之輩。及逆賊李自成。郵傳傭奴。市井猾賊。髮蓬如薙。鼻折以尖。箭鏃貫睛。每正冠則頭欲裂。瘡瘢徧體。逢陰雨則骨爲㓹。偶乘殺運以射天。遂肆兇鋒而犯闕。逼我帝后。縱掠宮闈。豕聚朝堂。行酒而徧徵民婦。囮張市肆。編冊而盡括貲財。尤可恨者。爲搜金而刦掠朝紳。十四代之衣冠。廉隅掃地。藉括銅而輪奸稚女。百萬家之黎庶。痛憤彌天。民則何辜。乃罹此毒。我先皇帝當命卒升遐之際。龍髯已墜。猶然念我黎民。以憂勤仁聖之君。鳳輦罷脂。遂勿庇其妻子。憯過天地。怒共神人。所以凶問南來。百姓如喪考妣。當此義旂西指。三軍不問室家。人懷剪逆之心。士奮同仇之氣。昔少康僅有一成。終纘夏王之緒。光武不階尺壤。猶燃漢鼎之灰。矧今率土拊膺。比屋不忘踐土。數天左袒。枕戈勿共戴天。駕暫蹕于南都。軫立旋于北闕。告廟而申撻伐。部擁龍標。推轂而任專征。營陳虎旅。行且肅氛京國。問罪僞都。猶念人皆臣子。同三百年豢養之恩。家悼君親。共一萬里河山之恨。嗚呼。國仇可念。誰甘後至而負恩私。王命不移。毋昧先幾以羞明哲。坐見風霾之掃。永觀曆數之歸。

故御史汪承詔自言僞政府點用。堅拒南奔。

癸卯。命兵部尚書兼東閣大學士馬士英兼禮部尚書。直文淵閣。故事。閣臣有入閣辦事之旨。士英虛銜擅入朝。日據政府不出。史可法知其不欲出鎮。無如之何。故前請督師。

顧錫疇爲南京禮部尚書兼翰林院侍讀學士。起黃道周南京吏部右侍郎兼翰林院侍讀學士。羅大任南京國子祭酒。

高倬爲南京工部右侍郎。鄭瑄爲南京大理寺卿。侯峒曾爲南京左通政。工部左侍郎何應瑞署戶部事。左懋第爲南京右僉都御史。巡撫應天。

遣使頒詔。後軍都督府都事朱兆宣往徽寧池太。兵部都司傅作耀往鳳廬淮揚。左軍都督府都事申緒芳往蘇松常鎮。禮部司務張壎往浙江。中軍都督府都事扶國祚往江西。部院監紀□□邵登春往福建。兵部守禦徐昭庶往湖廣雲貴。守備潘一明往四川。中書舍人董觀吉往兩廣。

談遷曰。宋高宗登極赦文。不傳河之東西。陝之蒲解。宗澤謂是褫天下忠義之氣而自絕其民也。李綱亦言。登極新恩。獨遺河北及勤王之師。無以勸忠義。願因皇子生廣示德意。帝從之。于是人情翕然。金人圍守諸郡之兵。往往引去。今燕晉亡論。山東河南。僞命雖馳。實多觀望。亟發尺一。示以新德。另敕招諭吏民。明不忍相棄。彼知江左有主。迎風恐後矣。事與南宋初適合。于是知宗澤李綱之爲慮遠也。

提督漕運撫寧侯朱國弼。以募兵二千自浦口渡江。

僞威武將軍田曰恭以印敕招靖安伯黃得功總兵高傑劉伊盛大敎場提督劉肇基小敎場提督徐大受得功屯儀眞。副總兵馬得功執之。

甲辰。田仰爲南京右副都御史。巡撫淮揚。提督軍務兼理海防。

許總督九江袁繼咸入朝。

忻城伯趙之龍總督京營戎政。

文武諸臣表賀登極。閣臣在直失朝。上責鴻臚寺官不傳。

乙巳。上祭先恭王于行宮。

南京通政司使劉士楨以封事冗猥。且闌入行宮前。請申封駁參治之令。從之。

賊奔清河口。巡按御史王燮總兵丘磊焚擊賊船殆盡。

南京四川道御史朱國昌言。朝臣班制宜肅。行宮延見宜分。懸帶牙牌宜給。逃難官員宜飭。上是之。逃難謂僞太常寺丞項煜庶吉士吳爾壎等●

南京兵部職方郎中萬元吉言。臣奉命犒師。十一日至揚州。兵民搆禍。臣再四勸諭。始相安。又水營副將張士儀報賊奔清河。我兵殲賊船殆盡。若黃得功劉澤清高傑劉良佐李棲鳳張文昌等潛濟擊賊。即中興第一功也。初黃得功分鎮揚州。劉澤清高傑並爭之。恣掠。得功至天長。傑等欲拒之。適平羌將軍都督同知鎮守甘肅總兵官李棲鳳左都督濟寧防漕剿寇總兵官張文昌兵至。衆心洶洶。萬元吉移得功書。期共奬王室。得功答曰。本非有他。且亟欲聯絡各鎮。進兵殺賊。元吉因馳示傑等少戢。

談遷曰。南極乍開。鼎熊失御。諸將多敢戰深入之士。降心相從。牙纛輯睦。北收中原。不煩餘力。因扼懷衞。據臨濟。列閫分戍。清虜甫入。亦未及與我爭也。諸將智不出此。拔營而南。鼠鬭穴中。雄長堂奧之內。坐陷青豫。淪爲左衽。而腥風洊及江淮。非我有矣。易曰。幾者動之微。先幾一失。萬事瓦裂。貴陽誤國之罪。始于搆兵。終于賣降。俱不可以輕貸也。

督師大學士史可法辭朝。命諸大臣郊餞。賜金幣。給金二十萬。提督大敎場後府都督同知劉肇基。提督神機巡捕二營都督□□于永綬。都督同知甘肅總兵官李棲鳳。都督同知河北總兵官卜從善。都督僉事湖廣援剿總兵官金聲桓各兵數百從行。諸生盧涇材等奏留可法。不允。

大學士高弘圖言。南部歲本色米一百十七萬石有奇。折色銀二十三萬兩有奇。備上供織造等項及營衞月糧。每苦不足。今北都淪陷。省直解北錢糧。皆應歸南。若混淆無別。將來南糧不給。必至那用北糧。非久遠之計。臣謹議五則。曰上供各庫本折各項及金花銀。在北部原屬各司。惟南直屬四川司。北屬福建司。今日錢糧。江北江南。非四川司所能辦。合將蘇松常鎮例歸四川司。應天徽寧池太安慶廣德歸陝西司。廬鳳淮揚歸山西司。曰省直漕糧。北部屬雲南司。頗稱繁苦。今南部雲南司復有原管運軍行月糧銀等項。歸併益繁。當擇人委任。完日紀錄優陞。曰北部各司外設舊餉新餉二司。以山東山西司郎中兼管。又新增練餉設練餉一司。近裁三司。改左右二司。今仍照左右司例。擇委司官。鑄給關防。題差一年爲滿。曰增北餉銀庫。曰各關稅照各部仍貴州司。上從之。

進馬士英太子太保。世錦衣衛指揮僉事。太監盧九德命司禮監敍功。

丙午。馬士英言。今日大計有四。曰聖母流離。密諭高岱衞迎。曰追尊皇考。遷梓宮。曰愼選淑女。曰諸藩失國。恐有奸宄挾之不利社稷。迎寘京師。

史可法薦貢士李蘧兵部職方主事何剛軍前監紀。

叛將李承勳寇掠清河。巡按御史王燮禦卻之。

僞左制將軍董學禮爲義兵執于宿遷。至淮安。巡撫路振飛斬之。

潞王常淓廩杭州。奏討逆雪恥。上慰答之。

丁未。提督操江誠意伯劉孔昭言。封疆失事之臣。其罪豈在欽定逆案下。有旨。失事各官。今後不許朦朧起用。

觀政進士劉世斗夏洪祐呂濳陳儒朴程源王質陶履卓賫詔各省。

王重爲吏部文選郎中。蕭士瑋爲考功郎中。倪嘉慶爲文選員外郎。

免戶部增解制帛。

戊申。僞總兵白圭。僞權將軍郭陞之。僞參將楊之藩陳守基司建衡。僞游擊王樂吾。僞贊禮將軍洪必聚。僞典記賈有功。欲自宿遷渡河。巡撫鳳陽右僉都御史路振飛遣兵擊走之邳州。

己酉。前左春坊右庶子兼翰林院侍讀徐汧上當事書曰。辨人才。夫知人之明不可學。惟當以君國爲衡。今進一人焉。勿但以其同乎我也。而當明其裨君國者何等。退一人焉。勿但以其異乎我也。而當明其害君國者何等。倘馮意見之睽合爲人才之進退。亡論不能收君子之用。抑且無以服小人之心。流弊醜釁不可勝言。曰課職業。今夫職業之不修。非盡其人之惰廢也。由近日以典幹經務爲迂。交游聲譽爲美。一行作吏。日事奔趨。惟恃吹噓以成最績。其悃愊無華專心辦治顧盼莫及。剪拂無聞。甚有歌頌徧于窮簷。姓名掛于彈墨。人心安得不日偷。政事安得不日壞耶。願柄國者抑兩及門之後進。秉憲者薦不識面之臺官推而司計詰戎建牙持斧。專以職業課其餘屬。俾晝考夕省用志不分。曰敦寅恭。自大臣不能和衷而爲之徒者左右分袒。甚而陰陽兩端。或曰借某以去某。或曰用某以制某。夫人止此精神幹略耳。玄黃水火戰其中。奔走聯絡亂其外。雖殊才異能。奚暇幹濟國事哉。迄于今牛李同膺寇禍。蜀朔並汚賊氛。方當枕戈嘗膽何忍角立分爭。必也畛域對峙之意不存于胸懷。名位相軋之嫌不形于念慮。議論省者事功多于諸君子有厚望焉。曰厲廉恥。邇來媚竈掃門。是何等事。而互相矜詡故示喧闐。甚者向火椒親呈身閹寺忽而摩肩朝市揎臂冰山。犬豕鬼蜮不足爲喩。故乃招搖私黨。籠絡名流。一倡羣和恬不知恥。國家禍變職是之由。詘膝事仇。又皆此輩。凡汚授僞職蒙面全軀者。宜如唐六等之法分別定辜。此奮勵士氣之一大機也。曰覈名實。如破格用人必確核其人之可用勿使違才易務有器小任重之虞。增餉練兵必確核其兵之堪戰。勿使冒伍糜財有棘門灞上之慮。上書言事。言必確核其言之有濟。勿使讒說震師無稽熒聽。有辨言亂政之憂。推而至于察舉按劾蠲租省刑諸事。無不行以實心。求其實效。曰納忠讜。董允有參署盡言之告。而諸葛亮感其殷勤蘇軾爭差官置局之非。司馬光終爲霽納。今欲光贊新謨。尤當廣收鯁議。夫法家拂士。必以忠君愛國爲心。虛己受規。愈見討賊復仇之志。藥言日進。大業可期矣。

揚州人殺進士鄭元勳。時高傑兵紛拏。元勳詣傑。約家口安置城內。兵城外。郡人大噪。殺元勳。

庚戌。上御朝。誠意伯劉孔昭約勳臣合詆吏部尚書張愼言。孔昭攻其專選文職。略武臣。所推罪輔吳甡及舊冢臣鄭三俊爲悖先帝。誠奸臣也。靈璧侯湯國祚忻城伯趙之龍言如之。愼言立班不辨。大學士高弘圖言。張愼言立身自有本末。何至殿爭。稍爲條析。且乞並罷。上曰。文武俱大臣。宜和衷毋競。蓋孔昭故善舊光祿寺卿阮大鋮。而新詔除逆案計典贓私不得輕議。愼言前疏又及之。度愼言淸執不可回。先一日。孔昭歃勳臣。廷糾計去冢臣而後大鋮可出也。明日。愼言疏乞休。自是勳黨欲重莫敢言。

命應天尹禱雨。

命潞王于杭州擇廣署居之。

辛亥。劉孔昭言張愼言薦吳甡鄭三俊之罪。又前告廟決策。阻難奸辨。乞大奮乾斷。收回吳甡陛見之命。重處愼言。大學士高弘圖奏。愼言薦吳甡。票擬出于臣。冢臣鄭三俊淸剛。誠五朝人望。臣誠以爲不可不用。臣罪當不減愼言。見今宸陛。幾若訟庭。朝廷之尊。尊于李勉。天子之貴。貴以叔孫。臣目擊斯狀。媿死無地。因面請罷斥。事理當然。姜曰廣亦引疾。明日。命鴻臚寺卿徐一范並慰留。弘圖曰廣乃出。吳甡亦引疾不至。

立勇衞營。聽司禮監太監韓贊周節制。前軍都督府同知徐大受領陸兵。進鄭彩總兵官。領水兵。太監李曰輔監督。

姜曰廣請恭訪大行皇帝梓宮及皇太子二王。報可。

督師前鋒總兵官高傑言。今東南大勢。守江北以保江南。人人能言之。然從曹單渡則黃河無險。自歸潁入則鳳泗可虞。如曰長江天塹。若何而據上流。若何而防海道。豈止瓜洲儀眞浦口采石爲江南之門戶已乎。望省議論。以免中掣。假便宜以責實效。則中興大業次第告功矣。

僞淮徐防禦使武愫以敕契出京。經宿遷。僞官方允昌白邦政董學禮等歃之。數日。借賊兵千人至沛縣。傳檄徐州催册。聲言提兵二十萬取淮陽諸道。守徐副總兵劉世昌高鎮副總兵李有成棄徐走淮安。懷檄二十六日之任徐州。限士民郊迎。貢士閻爾梅手裂其檄。大罵之。懷執爾梅下獄。爾梅不屈。詠曰。死國非輕死。逆輕鴻毛敢與太山爭。楚衰未必終三戶。夏復由來越一成。日月有時經晦蝕。乾坤何日不皇明寵新豈是承天者空自將身買賊名。懷怒。斃之獄。

壬子。魏國公徐弘基撫寧侯朱國弼。安遠侯柳祚昌。靈璧侯湯國祚。南和伯方一元。誠意伯劉孔昭。東寧伯焦夢熊。成安伯郭祚永各進官銜二級。益歲祿五十石。河北總兵官卜從善亦進二級。司禮太監韓贊周盧九德。各廕錦衣衞指揮僉事。

召閣臣高弘圖姜曰廣馬士英于行宮。諭弘圖曰。國家多故。先生後勿言去。對曰。臣非敢輕去。第用人事。大臣之所可。勳臣所否。是非淆亂。臣何能在位。上曰。用人行政。朕所未嫻。惟先生言是從。勿復疑也。曰。冢臣張愼言清正有品。吏部以用人爲職。如薦劉宗周黃道周。使勳臣處之。亦必籍重。何獨以爲罪。吳甡歷撫按有聲。先帝以清望簡拔。雖督師稍緩致譴。而先帝殺周延儒不殺甡。卽可知其人矣。北京諸臣失節不可用。江南見存無幾。又違勳臣之意。將誰用乎。若武選自有兵部。非兵部事也。因言近習貪狀。上曰。朕守藩時。聞賄謁佚相揖袖入之眞可嗤也。時召對先後無虛日。踰月漸稀。又踰月。嬖閹移之堂簾遂隔。

癸丑。命戶部覈省直今年練餉。見徵者解部。至明年全免。

督師大學士史可法至揚州。調停高傑兵。報吳三桂破賊。宜濟餉十萬石。

睢歸參將丁啓光歸德知府桑開第。合兵擒河南僞同知陳奮。僞商丘令賈士儁。僞柘城令郭經邦。僞鹿邑令孫澄。僞定陵令許承。僞考城令范售。僞夏邑令□□。并僞契俘向南京。啓光故總督丁啓睿弟。

甲寅。命史可法祭告泗陵皇陵。寧南侯左良玉祭告顯陵。

南京吏科都給事中李沾言。勳臣憤激之因。始中府聚議。馬士英移呂大器書迎立皇上。韓贊周劉孔昭無不允協。明旦集議。大器縮禮兵二部。印紵迴不至。臣等以名帖延至。日中不決。孔昭怒色。臣與郭維經陳良弼周元泰朱國昌歷階而上。面折大器。贊周命進筆。因俛首就盟。清晨迎駕。大器欲待。而贊周登舟矣。偕行則徐弘基陳良弼朱國昌也。文臣啓事屢登。武臣封爵未定。所以有殿上之爭也。

南京吏部尚書張愼言再乞免。略曰。臣按河南時。曾劾左布政馮明盛倡逃。其子馮銓作相。嗾其門生曹欽程參周宗建李應昇黃尊素以及臣。三臣皆死獄。而臣戍肅州。先帝召陞刑部侍郎。以擬獄不當閒住十餘年而復起。今待罪銓曹。遂爲劉孔昭所指。止有一去而已。吳甡鄭三俊。閣臣薦于前。科臣薦于後。兩臣行已有恥。臣能保之。孔昭指爲小人。亦硜硜之小人。非反覆之小人也。僞官至陽城。臣子履旋投崖而死。孤孫尚幼。國難家變。慟無生理。臣當與緇黃爲侶矣。

刑部右侍郎賀世壽言。今日更化善治。莫若肅紀綱而愼刑賞。口稱報國。河上擁兵。恩數已盈。功名不立。人主輕此名器矣。至于草澤語難。實繁有徒。未見兵勇殺賊。但見兵來虐民。小民不恨賊而恨兵。甘心從逆。不肖有司日刑剝其民。而求爲保障。必不可得也。

乙卯。馬士英敍吳三桂功。封吳三桂薊國公。世襲。馳賜坐蟒一。紵絲八。金二百。命戶部發銀五萬。金米十萬石。責成淮撫以沈廷揚海運至天津。其有功吏卒。俟開列陞轉。

丙辰。大學士馬士英言。恢復有四因。曰吳三桂宜卽鼓厲接濟。則總兵金聲桓可使因三桂款建。使爲兩虎之鬭。主事馬紹愉。當陳新甲時曾使建。昔之下策。今之上策也。曰江北諸將淮上之師。可收山東。合吳三桂。徐壽安慶之師。可收楚豫。合左良玉。如劉洪起蕭可訓沈萬登李際遇等。皆可聯絡。曰左良玉如復荆襄。則有窺秦之勢。如駐武昌。則自陽邏麻城固始潁宿徐。可與江北指顧相聯。其副總兵盧光祖多籌略。乞宣諭與高劉諸鎮分信聯合。曰趙光遠補四川總兵。不盡其用。宜改敕印。授以招討經略陝西。招集邊丁屬夷以塞蜀口。復漢中。此外分東西川爲兩撫。擇人而任。楚撫何騰蛟爲川湖貴鄖總督。俾開白帝之路。提荆襄之衡。黔督可易而爲撫也。上是之。

陳子壯爲南京禮部尚書。管紹寧爲南京詹事。徐汧吳偉業爲少詹事。秉官如故。陳盟爲南京右春坊右庶子。楊廷麟補南京翰林院編修。吏部右侍郎呂大器署部事。

南京山西道御史米壽圖言。逆焰滔天。由邪臣懦將玩法欺蒙。視之太易。動曰區區小醜。無足憂也。屢值賊危可剿。督師以婦人之仁撫之。攬權納賄。今日請兵。明日請餉。明日陞撫鎮。今日陞監軍監紀。爲破甑完復。强兵壯馬。選占護身。歲糜餉數百萬。縱兵殃民。爲毒慘極。因是三百年全盛之金甌。一旦割裂。臣仰天泣血。日夜思維。闖賊不過米脂縣快手耳。年荒嘯聚。漸至亡算。惡已貫盈。天誅將及。吳三桂左良玉黃得功高傑劉澤清劉良佐等合力堵剿。以立犄角之勢。又督鎮張天祿劉肇基卜從善屠師賢膽略儘堪。策勵漢中總兵趙光遠兵最精悍。撫練有素。我皇上敕官鼓舞。懸以不次之格。聯絡三邊西域番賊士民。明示大義。悚動其心。民以蠲免爲德。士以恩選爲榮。令彼陰爲內應。我兵因糧于敵。從蜀入秦。由臨鞏徽莊等道。襲虛搗巢。出其不意。此賊一滅。而獻賊自膽落。若止言守。賊必攻我。勢且難支。如秦晉之防關防河。神京之守邊守城。前轍可鑒也。今寇在門庭。諸臣不從國家起見。言及殺賊。則咋舌而不敢。止借陞官一事。結黨把持。狂騁誣撓。力逐大臣。替人報怨。狎至尊下濟之恩。喧譁御前。大褻體統。臣面奏未悉。謹補牘敷陳。可勝悚息。

南京山東道御史陳良弼言。李沾薦人調停。從來悞國宿套。

御史朱國昌劾巡撫山東丘祖德失守之罪。

御史陳良弼言。日來傳聞殉難諸臣。范景文李邦華施邦曜倪元璐王家彥劉理順孟兆祥淩義渠汪偉吳甘來吳麟徵周鳳翔陳純德王章金鉉許直成德等。其餘尚未錄。國家養士三百餘年。深仁厚澤。豈謂人盡無常山之骨而遜卞壼之忠哉。國家大難。見危授命。慷慨從容。視死如歸。則其浩氣眞可化作長虹。直達帝座矣。諸臣盡節。生氣凜凜。論在千秋。旌在異日。今國事倥偬。未暇亟議。爲慰忠魂計。惟是倫紀攸關。節義是勸。風聞侯確。不得不先拈一案。徐議揚卹。陳京有言。褒大節。恤賢臣。天下所以安。此今日急務也。然人于此有慨矣。逃難降賊之臣。近傳紛紛。此大節所關。何等事也。或不降而逃。降而逃。又有降而不逃。或姑降心圖殺賊。心尚未知事當有別。如街巷囂傳。萬一仇誤。冤人不淺。當虛心平論。總之諸臣遭遇不辰。律以君憂臣辱。君辱臣死之義。問心自明。不待口舌之致爭也。且耳目昭著。疇能掩之。或曰當分等定之。不爲無見。如項煜受太常寺丞。官卑而逃。臣未遽辨。惟靦然無恥。直溷朝班。意可僥倖陞轉。如此肺腸。臣糾之。豈得已哉。

巡按應天御史賀登選言。儀揚城外焚殺殆盡。句容兵民夜鬭。亂兵破六合。掠江浦。撫事傷時。痛哭何極。各鎮之兵。整亂不同。分別宜早。宜下兵部。今後焚掠如鎮兵。速移營正軍法。如亂民。檄本地治罪。六合有撫標游擊張宿兵六百。近調京口。宜還原兵。或另調千人護江浦六合。上從之。

# 國榷卷一百二

六月叮朔。大學士高弘圖自請督收江上漕糧。從之。時漕舟集于淮揚。談遷先說弘圖遣司官趣回南京。至是弘圖奏請。

禁匿名蜚語。

命吏部司官趣尚書張愼言視事。

前巡撫鄖陽右僉都御史王永祚遵旨下獄。

山西道御史米壽圖請遣官治先帝山陵幷祭告。報聞。

淮安風霾。

罷巡撫鳳陽右僉都御史路振飛。以田仰代之。

李自成至聞喜而西。

戊午。製金璽。

己未。督師史可法乞選才臣。賫監國卽位二詔及賜吳三桂謝陛二敕。直抵齊燕。曉喻人心。從之。

前大學士蔣德璟兵部尚書張國維北歸奏賀。

德安王□□厲廣信。

吳人許琰卒。琰字玉重。長洲諸生也。聞北變。仰天痛哭。題詩曰。正想捐軀報主君。豈期靈日墜妖氛。忠魂誓向天門哭。立乞神兵掃賊羣。五月朔。解帶自縊。家人救免。踰旬。往福濟觀投繯。又道士救之。又投胥門外河。亦救免。遂絕粒死。年五十一。著書六卷。十二月。事聞。贈中書舍人。祀旌忠祠。

吳俊曰。嗚呼。死之于人大矣哉。而無如人之畏死何也。夫生不能爲國家報仇。死當爲大義抱氣。君子亦既知之矣。知之而卽眞實行之。際國破君亡之日。而壯憤激烈。叫日月。指山河。竭泪百斛。嘔血數斗以死。則其死也可以愧天下之蒙恥苟活者。告之以名義不死。告之以彝倫綱紀不死。告之以天道神明毋容欺罔不死。告之以天朝黃鉞萬年青史毋容隱漏不死。則必有一人焉。呼天痛哭。泪盡而繼之以血。直告之以死。今者玉重之死。其以告天下之蒙恥苟活者乎。嗚呼。玉重不受國恩。不承主眷。推其心不過痛先帝聖明英武而死。爲滿朝臣工營私植黨不修職業而死。爲四海人民思奮慕澤如喪考妣而死。爲兩字綱常而死。爲一心忠義而死。然則謂今日卽許琰初生之日可也。

前都督同知陳洪範奏自效北使。命召之。

福府護衛副千戶常自俊爲□軍都督府左都督。世襲錦衣衛指揮使。自俊革工。嘗脫上于難。

庚申。命大學士高弘圖理漕粗畢卽入直。

督師大學士史可法奏敍淮安倡義城守官民。擢巡按御史王燮等從之。

馬士英奏北方誅逆功。巡撫遼東右僉都御史黎玉田進兵部尙書。巡按御史盧世溎進太僕寺卿。故大學士謝陞進上柱國。各敕賜金幣。

余颺補南京吏部考功主事。嚴錫命補驗封主事。文德翼補稽勳主事。

清以故戶部右侍郎王鰲永招撫山東河南。敕曰。年來寇盜日熾。荼毒生靈。近且禍及帝后。我大清國特起王師。用殲狂逆。茲已諭定臣庶。哭臨改葬。崇上尊謚。安我畿輔。定鼎于茲。永無遷徙。百爾臣民。各有寧宇。因念遠方未卽聞風。懷逆踞蹐。特遣重臣昭宣德意。期于頓銷鋒鏑。用底康寧。惟二東爲南北咽喉。兩河爲中原堂奧。

俱宜亟捕。爾卽馳往彼處。諭使歸順。其無逆命者。官員加陞一級。軍民商賈各歸其業。仍將歸順地方。卽取遵依陸續具報各府州縣經管錢糧戶口。各鎭道衞所經管官兵馬騾。各將原額及見存查造淸册。念時方多事。文官以佐貳。武職以中軍。各代賫來投遞。如朱氏諸王宗室來歸者。照舊恩養。不加改削。山澤遺賢。許在官報名。以便徵聘起用。其地方官才能素著。禦侮保民確有功績。查實具聞。破格優擢。如年力不堪。闒冗貪婪。應行改易者。亦幷奏奪。至如窮鄉下邑。聲教不聞。及頑梗無知。乘機嘯聚。刼掠殃民。爾及領兵等官多方解散。如果不悛。立擒首惡。以正王章。仍寬其脅從。各歸本業。若有竊據城邑。矯命雄行。卽當馳聞。聲罪致討。必誅不宥。一切招撫機宜。敕內開載未盡。許爾便宜舉行。爾受重任。務殫厥心力。區畫盡美。余不靳上賞。以答殊勛。如悠忽悞事。責有所歸。爾其勉之。

談遷曰。清虜收山東河南。勢有必然。而我撫鎭在前奔潰。守令風靡。至此無復望矣。王鼇永首任驅馳。受命恐後。則式型于洪承疇輩耶。

辛酉。東寧伯焦夢熊領中軍都督府。魏國公徐弘基領左軍都督府。左都督鎭守安慶總兵官杜弘域改右軍都督府僉書。提督大教場。右都督鎭守鳳泗總兵官牟文綬補後軍都督府僉書。提督神機巡捕二營。都督同知楊振宗爲總兵官。鎭守安慶。

江北監軍太僕寺少卿萬元吉請追卹陣亡總兵猛如虎及故監軍關內道副使曹心明。積瘁沒于鄜州。報可。

壬戌。南京禮部尚書顧錫疇擬上大行尊謚。紹天繹道剛明恪恭揆文奮武敦仁懋孝乾宗烈皇帝。孝節貞肅淵恭莊毅奉天靖聖烈皇后。蓋列聖繼美。謚號幾徧。廣參經史。理無拘牽。今烈之一字。詢謀僉同。所未敢卽安者惟廟號。閣臣弘圖恭擬曰思。臣部則恭擬曰乾。先帝十七年憂勤庶得。自潛至亢。不失其正之義。今併擬進呈。祈聖明裁定。得旨。大行皇帝廟號思宗。餘如議。

撫寧侯朱國弼提督神威營。護衞孝陵。

劉良佐開鎭臨淮。士民不服相攻。下撫按和解。

大學士馬士英薦故光祿寺卿阮大鋮知兵。臣部見闕右侍郎。當赦其往罪。許之。命卽冠帶陛見。大鋮廢居金陵。與誠意伯劉孔昭司業陳盟太監李承芳及士英相善。士英起鳳督。以大鋮賂周延儒得之。大鋮終以逆案格。前殿爭因之。士英乘高弘圖督漕出。疏上。卽自擬旨。

錢謙益爲南京禮部尙書兼翰林院侍讀學士。協理詹事府。黃文煥爲南京翰林院編修。張居簡討。

督師史可法奏諭高傑移駐瓜洲。隨營移駐盱泗。可法自入傑營諭之。不聽。傑盡奪其兵。反見制。蓋四鎭驕悍。馬士英以夙交籠絡之。可法故水火。安得聽命。一至揚州。卽困于傑。後竭心調劑粗安。

癸亥。進趙光遠都督同知。提督四川陝西總兵官。

史可法奏。先帝用人。原無成心。傳宗龍孫傳庭起自纍囚。張鳳翔袁繼咸馬士英起自戍籍。當吳甡奉命南征。以候唐通兵不至遲延。則過之可原者。國難之作。勳臣殉國者誰。劉孔昭何不思之。張愼言七旬冢卿。一擧吳甡。便以爲罪。不益輕朝廷而長禍亂耶。

南京工科都給事中李淸請謚陶安方孝孺等蔣欽李應昇等。從之。

甲子。吉王由□子慈煃報吉王播遷而薨。

惠王常潤。寓肇慶。

故光祿寺卿阮大鋮陛見。備陳江防形勢。幷訟前枉。大學士馬士英言。大鋮冤陷久矣。欽定逆案。署以贊導。初無指實。大鋮曰。今幸士英申理。卽首輔高弘圖向見同朝。亦知臣冤。弘圖出曰。阮大鋮所對兵事。臣不知兵。故噤不一語。若大鋮冤。大鋮用則關繫甚大。先帝初欽定逆案。大鋮預焉。臣非不知其才可用。但無敢翻案。倘果如士英奏。惟下廷臣集議。以協公論。以尊主權。庶大鋮出山亦自光明。上是之。士英曰。滿朝俱東林把持。一會議阮大鋮決不用。且有何不光明。豈臣受賄耶。弘圖曰。光明非不受賄也。大鋮之用。何藉通賄。臣請會議正爲大鋮地。非沮之也。臣性質直。明知大鋮才而蔽之。不忠也。明知大鋮頗窒礙而以士英故違其心。不直也。不忠不直。安用臣爲。士英加朝臣以把持。昨張愼言薦吳甡。陛見。勳臣廷糾而止。未嘗敢把持也。今大鋮不加推啓中旨之漸。廢祖宗舊章。故敢謬附他山之石。乃目爲把持。不亦過乎。弘圖出。上章引退。不允。

南京工部尚書程註致仕。進太子太保。

張獻忠進陷涪州。至南川長壽。

乙丑。故貢士陽城張履旋贈河南道御史。履旋崇禎壬午貢士。賊入晉偪試。遂投崖死。父南京吏部尚書愼言。

劉澤清高傑共薦故總兵陳洪範。命以原官駐瓜洲泰興。

前戶部左侍郎吳履中逃至。奏辨不納。

監軍江北太僕寺少卿萬元吉奏。皇上恭謁孝陵。問懿文太子陵。親爲展拜。乞還懿文。當日追尊故號。祀之園陵。配以建文帝。纂修實錄。贈謚遺忠。其于輓近人心。補救非淺。上是之。

丙寅。南京吏部尚書張愼言罷。進太子太保。賜金幣。愼言辭疾再四。有旨。晉疆未復。卿已無家可歸。沿途僑寓。以需召命。蓋品望夙著。爲南渡首登。上心枉之而無如勳臣何也。尋寓宣城。孤孫泰茹間關來侍。歎曰。祖孫相從足矣。明年國亡。愼言憤鬱。疽發背卒。

江北監軍太僕寺少卿萬元吉往淮揚調諭兵民。元吉上言。勵世磨鈍。首繫主術。獻可替否。全藉官常。主術無過寬嚴。道存兼濟。官常無過任讓。義責相資。臣歷仕廿載。屢經險難。竊見先皇帝大度英武。銳意明作。乃世不加治。禍亂益滋者。其故何也。則寬嚴之用偶偏。而任議之塗太觭也。先皇帝初懲逆璫用事。力行寬大矣。諸人狃之爭意見之玄黃。略綢繆之桑土。虜入郊圻。束手無策。先帝震怒。宵壬遂中以用嚴之說。凡廷杖告密。加派抽練。種種新法。備經舉行。使在朝者不暇救過。在野者無復聊生。然後號稱振作。乃虜氛如故。寇禍彌張。十餘年來。先帝悔之。于是更崇寬大。悉反前規。諸臣復競賄賂。肆欺蒙。每趨愈下。再攖先帝之怒。誅殺方興。宗社繼沒。蓋諸臣之孽。每乘于先帝之寬。而先帝之嚴。亦每激于諸臣之玩。臣所謂寬嚴之用偶偏者此也。北山之詩曰。或出入風夜。或靡事不爲。此言任議不均。共甘苦也。國步至今。艱難已極。勢有極重不可明以理。事有默救不可喻以言。乃議者求勝于理。卽不審勢之輕重。好伸其言。多不顧事之損益。殿上之彼已日爭。閫外之從違遙制。使閫外從之。或可容身。而餘事必阻。若其違之。不待濟事。而此身已危。如昨歲督師孫傳庭擁兵關中。議者俱以爲不宜輕出。出則糧絕兵敗。關一不守。形勢遂失。然已有逗撓議之者矣。賊既渡河。臣卽與閣臣史可法姜曰廣云。爭撤關寧吳三桂。俾隨樞輔迎擊。可以一勝。勝則都城始固。既蒙先帝召對。亦曾及此。然已有蹙地議之者矣。及賊勢薰灼。廷臣勸南幸。勸出儲監國留都。語不擇音。要亦權宜。然已有邪妄議之者矣。由事後而觀。咸追恨議者之誤國。設事幸不敗。必復功議者之守經。天下事無全利。亦無全害。大率類是。當事者心怵無全利之害。非朴誠通達。誰敢違衆獨行。旁持者偏見無全害之利。意氣筆鋒。必欲強人從我。其末流之弊。年來督撫更官。顯視苞苴。封疆功罪。悉從節制。禦寇實着。概乎未講。夫安得不敗。臣所謂任議之途太觭者此也。痛悼先帝遺徽。慘極荼毒。追原禍始。不禁心酸。故敢追究前事之失。以爲後事之鑒。仰祈皇上博覽載籍。延訪羣工。詩稱不競不絿。書稱柔克剛克。大概以寬爲體。嚴爲用。蓋崇簡易推眞誠之謂寬。而濫賞縱罪者非寬。辨邪正。綜名實之謂嚴。而鈎距索瘢者非嚴。寬嚴得濟。任議乃合。故念當事之艱險。則倚信宜專。洞道舍之紛呶。則批答宜審。羣力拘諸原野。勿使灰心于風影之談。軍機變在斯須。勿使象指于雲臺之議。惟盈庭無復聚訟。權去而賄自淸。庶建閫不事彌縫。餉實而兵可銳。仍求于任事之人。嚴覈始進。寬期後效。毋命行間再踵藏垢。邊才久惜燃灰。其自建牙以逮贊幕。必才守並茂。始充斯選。夫人不自負。必不負國。果勇如曹子。何妨三敗奏功。識比老种。自能再封取勝。誠收之以嚴。自可任之以寬矣。

戶部□侍郎張有譽始任。

馬士英薦故吏部左侍郎張捷。從之。

丁卯。戶科給事中羅萬象、御史詹兆恆、王孫蕃、陳良弼各言欽定逆案不當翻。阮大鋮不可用。上大是之。馬士英奏在兵言兵。且引疾。有旨慰留之。兆恆尋進欽定逆案原本。

馬士英請申大逆之誅。略曰。身汚僞命。如光時亨力阻南遷。身先迎賊。龔鼎孳降賊後。每自言欲死。小妾不許。小妾所娶秦淮倡也。他如陳名夏、項煜等不可枚舉。又庶吉士周鍾勸進不已。勸早定江南。其伯父周應秋、周維持。皆魏忠賢門下。同產弟周銓、從弟周鑣均當從坐。上從之。有旨。北京陷後。多汚僞命。逆惡滔滔。神人共殛。光時亨、龔鼎孳、陳名夏、項煜等。幷其餘從逆苟免諸臣。科道官逐名嚴核具奏。士英與姜曰廣同年不相中。時亨名夏俱出曰廣門。借攻之。事雖公而意則私也。

戊辰。北京逃臣多上章自理。通政司使劉士楨請令歸籍俟命。從之。

鳳泗總兵牟文綬奏臨淮兵民相持不解。命萬元吉調輯。

故四川□□知縣劉旋子綿曾奏。臣父崇禎十一年殉難。贈尙寶司丞。未領敕命。乞補給。下部察奏。

故大學士劉一燝謚文端。賀逢聖謚文忠。各予祭葬。立祠。

己巳。副總兵吳志葵鎭守吳淞。

楚王□□上中興議。

高傑自入揚州。

南京禮部尚書顧錫疇言。聖諭。郊祀時享諸禮。詳開具冊。臣謂如祈穀耕耤容有待。大祀莫如郊社。國初分祀。十年後合祀。嘉靖九年又分祀。萬曆三年又合祀。近又分祀矣。今當删繁就簡。宜如國初合祀。于孟春上辛日歲一行。有旨。俟明年正月。

魯王以海泊京口。命擇簡僻近地處之。

南京吏部左侍郎呂大器言。近年溫周擅權。老成凋謝。一時庸奸僨事。中原陸沈。皇上中興。一時雲蒸蔚起。不意馬士英濁亂朝政。夫士英非以賄敗問遣。借途知兵而爲鳳督哉。乃挾重兵入朝。覥顏政地。南國從來藹藹。一唆發而殿陛喑啞叱詫。藐至尊爲贅旒矣。逆案一書。先帝定爲亂賊大防。而士英拉大鋮于尊前。徑授司馬。布立私人越其杰楊文驄等。有何勞績。倏而尚書宮保。倏而金吾世廕也。

都督同知陳洪範入朝。

撫寧侯朱國弼求戶部園暫作公署。許之。

庚午。大學士姜曰廣言。昨特翻逆案。導內傳而廢會推。最不可之大者。先帝善政雖多。而以堅持鐵案爲盛美。先帝害政亦間出。而以頻出中旨爲亂階。其內傳所得閣臣則周延儒溫體仁楊嗣昌魏藻德也。所得部臣則王永光陳新甲也。所得勳臣。則李國楨也。所得大將。則王樸倪寵輩也。所得言官。則史𡎴陳啓新也。皆首排衆議。簡自中旨。其後效亦可覩矣。先帝既誤。皇上豈堪再誤哉。

釋鳳陽高墻罪宗三百四十餘人。

鑄制誥之寶。

兵部職方郎中尹民興言。熹廟時崔魏煽逆。士大夫喪恥忘君。幾成苞蘖之固。垂至先帝末載。天子下席。諸臣或匐伏而拜爵。或獻策以梯榮。皆忠孝不明之流禍也。申罪討逆。司馬職也。今抗顏堂上者。一逆案之阮大鋮。

卽行檄四方何以銷跋扈將軍之氣古者破格求才。惟曰使貪使詐。不曰使逆。逆案可反。崔魏亦可卹。周鍾諸孽皆可使之省過矣。

國子典籍李模上言擁立之事。皇上不以得位爲利。諸臣安得以定策爲功。鎭將事先帝非有桑榆之效。皇上未彰汗馬之勞。議法當在戴罪之科。而予以定策。其何敢安。臣不願見光復未臻而國體先褻也。

巡按湖廣御史黃澍奏。臣曩在北都。見司農不知天下錢糧之數。司馬不知天下兵馬之數。大事糊塗。所由壞也。乞敕戶工二部各造一簡明冊。置几上。量入爲出。

御史朱國昌劾山西逃撫郭景昌。泊舟清涼門外。疏辨欺飾。且論其撫湖廣撫山西種種惡孽。命御史驅逐。削其籍。景昌家雒陽。上素聞其橫。又匿李建泰餉萬金。

辛未。清虜馳詔江南人曰。予聞不共戴天者。君父之仇。救災卹患者。鄰邦之義。惟爾大明太祖高皇帝。斥逐胡元。剪我仇國。永世宥民。代有哲王。迄乎末造。吏偷民窮。羣盜滿野。然大行崇禎皇帝秉恭儉之心。弘仁孝之行。德高世替。惟日不寧。蠢茲逆賊李自成者。狗盜之雄。鴟張獸視。忘累世之深恩。逞滔天之大惡。蹀血京師。逼隕皇后。焚燒宮寢。流毒縉紳。以金銀爲營窟。視百姓如草菅。皇天震怒。日月無光。我大清皇帝義切同仇。恩深弔伐。六師方整。蟻聚忽奔。斬馘虜遺。川盈谷量。游魂西遁。指日擒遺。予用息馬燕京。撫茲黎庶。爲爾大行皇帝縞素三日。喪祭盡哀。欽謚曰懷宗端皇帝。陵曰思陵。梓宮聿新。寢園增固。凡諸后妃。各以禮葬。諸陵松柏勿樵。惟爾率土臣民所欲致情于大行皇帝者。我大清無不曲體斯誠。有崇靡闕。宗藩之失職流離者。爲爾存卹。士紳之忠節死難者。爲爾表揚。輕刑薄賦。用賢使能。苟濟生民。惟力是視。深痛爾明朝嫡胤無遺。勢孤難立。用移我大清宅此北土。厲兵秣馬。必殲醜類。以清萬邦。非有富天下之心。實爲救中國之計。咨爾河北河南江淮諸勳舊大臣節鉞將吏及布衣豪傑之懷忠慕義者。或世受國恩。或新膺主眷。或自矢從王。皆懷故國之悲。孰無雪恥之願。予皆不吝封爵。特予旌揚。其有不忘明室。輔立賢藩。戮力同心。共保江左者。理亦宜然。予不汝禁。但當通和講好。不負本朝。彼懷繼絕之恩。以惇睦鄰之誼。其有諒力不敵。北面歸誠者。當各勤勍旅。佐我西征。或削平所屬餘賊。用以自効。無不開懷延納。樂共功名。來歸之士。蠲復二年。與民休息。凡諸恩典。俟後詔頒行。若國無成主。人懷二心。或假立愚弱。實肆跋扈之邪謀。或陽附本朝。陰行草竊之奸宄。斯皆民之蟊賊。國之寇仇。俟予克定三秦。即移師南討。等彼鯨鯢。必無遺種。於戲。順逆易判。勉忠臣義士之心。南北何殊。同皇天后土之養。布告天下。咸使聞知。中書舍人華亭李雯所草。

先是命司禮太監王肇基督催浙福金花銀。肇基初名坤。肆惡淮揚。大學士高弘圖以方爭阮大鋮不便執奏。因請自往督催。且過肇基。極言東南民困。肇基遂疏辭而止。專責成撫按。

敍濟寧擒斬僞官功。以李允和爲游擊將軍。

蜀王至澍告急請濟師。

命副總兵朱國璽屯田四川。

總督京營戎政少保兼太子太保忻城伯趙之龍言。閣臣高弘圖擬先帝尊謚曰烈。廟號曰思。臣按謚法。剛正曰烈。有功安民秉德尊業曰烈。此無庸易矣。獨思字有未安。攷謚法。道德純一曰思。大省兆民外內思索曰思。謀慮不愆念終如始曰思。又追悔前過曰思。則思固美惡相兼之謚也。歷覽四千載。無以思謚天子。獨宋高宗稱思陵。漢劉宇劉荆魏曹植皆謚思王。漢劉蒼劉中時皆謚思侯。當時未嘗不以爲下謚也。國朝弘治以來。代王聰沐均王載壐皆追謚曰思。嘉靖中。秦府東川王秉櫺謚思裕。弘治中。閣臣彭華謚文思。則亦未嘗以爲美謚也。今察上謚。如文武成宣章光英毅純仁孝獻睿哲莊敬貞肅憲神穆昭顯熹景等外。如照臨四方思慮果遠。獨見先識曰明。純行不爽。安民法古曰定。守禮執義曰端。恭己正身曰靖。溫恭朝夕曰恪。制事合宜。見義能終曰義。今若廟號爲烈。則前數字似皆可謚也。此外執義揚善曰德。通明曰聖。厚于禮曰聖。衆善播揚曰聖。誠大行受大名之義也。乞下閣部詳酌。再令諸臣集議。取定聖裁。禮部尚書顧錫疇是日疏亦如之。錫疇前擬廟號乾宗。

壬申。督師大學士史可法言。恢復大計。必先從山東始。薦巡按御史王燮可任。章下吏部。

賜福建總兵官鄭芝龍蟒服。

南京禮部尚書顧錫疇言祭告海嶽諸禮。自請祭海。

張獻忠順流犯重慶。

癸酉。馬士英言。東平伯劉澤清報五月朔清虜令漢人削髮。是彼未知中國有主也。宜遣文武二臣頒詔北行安夷漢臣民之心。

吏部左侍郎呂大器引疾去。吏科都給事中李沾誣大器定策有異志。初史可法馬士英手札至大器卽徧傳諸臣無他端。以忤士英。懼禍潛去。

御史左光先言。阮大鋮通魏忠賢養子傅應星。殺臣兄光斗及魏大中楊漣。今馬士英冒罪特舉。明知舉朝無復罪之者。皇上不改先帝之政。忍忘不共之仇耶。

南京禮部尚書顧錫疇署吏部。

甲戌。大學士姜曰廣言。長江津渡處處宜防。當集舟師。築臺分戍。益以閩浙之兵。取給粵東之粟。上然之。下操江臣。候春秋大閱。

東平伯劉澤清奏。錢塘顧元齡選廣東陽春典史。在京逃回。云皇太子卒亂軍中。永定二王于王府二條巷遇害。澤清請誅呂大器。謂起用王重。又比雷演祚。附吳甡也。又薦張捷鄒之麟張孫振劉光斗及逃撫郭景昌王永吉。

巡按湖廣御史黃澍承天守備太監何志孔同入朝。澍面糾大學士馬士英奸貪不法。且訴且泣。上頷之。左顧高弘圖曰。黃澍言言有理。卿其識之。命入御座前悉數其失。士英媿伏不能辨。志孔亦訐士英。太監韓贊周叱退。是夕。贊周執志孔。謂御史抗言是其職。非內臣事也。上私語贊周曰。馬士英宜自退。士英明日引疾。因大出金幣。結從龍孌閹張執中田成等。而璫勢開矣。澍未及代。意覬開府而入。恃寧南侯左良玉爲援。故大言清君側之惡。利口捷給。出良玉手札示同官。又捐貲九萬助餉云。急公不顧其家。而澍本寒素。非世著也。所上中興八策俱平平。田成張執中向上泣曰。非馬公。皇上不得至此。若逐馬公。誰爲任事者。上默然。田成卽諭士英疾入直。隨有旨。何志孔本當重處。首輔亟爲求寬。具見雅度。

乙亥。張獻忠衝佛圖關。破之。遂圍重慶。

南京禮部尚書顧錫疇奏恭迎聖母遣官禮儀。又請建文帝景皇帝尊諡及復懿文皇太子舊稱興宗孝康皇帝及建文年號。上從之。按萬曆□□復建文年號。錫疇再請。誤也。

南京都察院左僉都御史左懋第以母死北京。願同陳洪範北使。許之。

前兵部□侍郎徐人龍自請除用。

丙子。故光祿寺卿阮大鋮再奏江防上格于衆議。未卽用。而督師史可法論舊輔吳甡功過。原明監國首詔云。除封疆計典贓私不准起用外。臣原去之不知何故並入。蓋可法出鎮。懼馬士英發其私札。遜詞避咎。非初意也。

上御午門受俘。磔武愫陳奇等于市。愫涇陽人。崇禎癸未進士。

丁丑。命平羌將軍都督同知鎮守甘肅總兵官李棲鳳西征。

江北監軍太僕寺少卿萬元吉奏塘報闖賊死未確。今彼入秦。更選精壯。其鋒必銳。若出商漢則徑抵襄陽承天出豫宋則直窺江北。恐將士之在上游者卻而趨下。在北岸者急而渡南。金陵重地。武備悉弱。其何以當此。乞申諭中外大小臣工。毋急不可居之功名。毋冒不可違之淸議。捐去成心。收集人望。務萃衆志以報大仇耳。馬士英請亟獎趙光遠給空札百道。時全陝俱陷。趙光遠亦降。初李自成自井陘入故關。吳三桂東返。自成整兵而西至平陽。分兵守山西諸隘。益發漢中兵西掠。漢中自成起戍卒。劉宗敏等皆鍛工屠人。不諳號令部伍。自牛金星創制僭號。羣盜環聽。已李岩李牟兄弟來奔。岩本諸生。知文墨。拜制將軍。稍嚴紀律。人心傾向。牛金星因忌岩。賊稱尊號。將卒多據地雜坐。不辨等威。有戶部郎中吳篪降賊。每呼曰吳虎。吳嘗掩口笑之。李岩心輕自成。及敗奔。賊臣多亡去。勢稍衰。河南山東多殺僞吏。李岩等心知無成。怏怏不得志。適聞丁啓光盡殺歸德諸僞官。自成計所出。李岩請兵二萬復下河南。自成逡巡未應。既退。密語金星曰。李岩有梟雄之姿。窮而歸我。苟予以兵。俾其得志。難制矣。金星曰。河南爲三秦門戶。晉楚屏藩。在岩則故鄉也。以大兵予之。舉中州之豪桀。爭衡天下。事未可知。且又同姓。十八小兒之讖。彼嘗自負。今聞河南變亂。輒自請行。意可知矣。不若因而除之。明日自成發兵餞之。遂殺岩及討北將軍李牟于席。以其兵攻漢中。拔之。趙光遠降。

張獻忠陷重慶。賊從佛圖關轉角樓穴城根置砲。砲震如雷。城頹。賊乘之入。殺瑞王常浩及舊巡撫陳士奇等。屠二萬七千餘人。士奇怯嗇。失士卒心。時帑金寄吏胥家四十二萬。外尚不下十萬。獻忠駐月餘。設僞官左輔右弼九卿文武等官。大抵皆蜀人。而舉貢諸生爲多。又驅丁壯萬餘。割耳鼻。斷一手。以徇各縣。謂抗者如之。能殺官紳封府庫以待。則秋毫無犯。由是所至皆降。遂合水陸之師趨成都。

封常自俊襄衞伯。世襲。自俊恃舊勞。時入行宮。都督不滿其意。佯乞歸。兵科給事中陳子龍引英宗北狩袁彬從亡爲比。沮之不得。

改內官監曰朝殿。定昧爽早朝。閣臣班列。亞于國公。餘不得並。

駙馬都尉齊贊元宣慰各藩。

鳳陽守備太監谷國珍請兵餉敕印。體統視總督行事。國珍于閣臣求敕稿。自增入體統事。時不能奪。

戊寅。定先帝廟號思宗。大學士高弘圖言。天子稱天以誄。明非臣子所得私也。堯舜禹湯。世稱美謚。同天地不毀。文王之文。經天緯地。武王之武。戡禍定亂。自昔遺徽。義有單複。若必博涉衆流。意該美備。則季孫行父可匹西伯。甯俞遂擬世室矣。謚以人重。非謚能重人。容儀恭美。魯昭公見刺于春秋。而本朝以之尊仁廟。非容儀恭美之謂也。且夸志多窮。武亦有累。愍民惠禮。文非絕德。而周家推美文武。歷代帝王。多因之作美號。本朝文武諸臣謚例由閣臣兩議。各具釋義。請旨點定。至關及乘輿。惟定議上裁。事體各異。書曰。天降下民。作之君。作之師。先帝勤卹民隱。懲貪錄廉。屢詔蠲逋。表章六子。一聞寇胡。惻惕靡寧。升遐之日。猶念及百姓。君師之義。先帝克盡無憾。臣故就謚法大省兆民曰思。舉其鉅重。若今昔諸臣。有同斯謚。意或別議。豈在兆民。彭文憲之憲。詎同憲廟。王文成之成。難例成祖。必引類苛指。拘牽舊文。則亡論往代。卽本朝之二祖列宗。俱可得而再議也。何止先帝爲哉。疏上。仍稱思宗。自勳臣逐冢宰後。訐奪謚薦舉條列不一。劉孔昭覬入相而撫寧侯朱國弼忻城伯趙之龍東平伯劉澤淸俱希爰立。孔昭度其陰競。揚言曰。祖宗來詎有此事。事雖止而勢燄已熾。言事輒允。中外奔走其門如市。朝政紊濁不顧也。

故巡撫順天右僉都御史楊鶚浮海至懷遠侯常□□薦之。命預會推。

巡漕御史白抱一奏。古今否泰之故。不過視其君臣上下之交而已。上下交而志同則泰。上下不交而志不同則否。先帝以堯舜之資。皇皇求治。而遘變若此。徒以上下之交不孚。羣臣各爲心。遂負先帝。萬死莫贖。今觀廟堂之上。意見未免互歧。牙纛之臣。忠勇未聞敵愾。以此而望佐成中興之業。庸可冀乎。夫意見所以不平者。犬都從一官起見。即今陷賊諸臣官爵非不尊也。大勢一去。如繫囚虜。如縛雞豚。此豈獨陷賊諸臣之恥。而苟偷視息于舊京。遂謂一官長保。尙欲爭之不置也。忠勇所以不奮者。大率以安頓家屬爲名。古稱將受命之日則忘其家。田單之妻妾。編于行伍。李光弼之家屬。閉置寺中。積薪圍之。時獨非人臣乎。且家莫富于燕都。前此之河山帶礪者安在。諸將能殺賊。則隨地爲家。各戰其地。分茅土而胙之可也。不能殺賊。又何地可家。而必與編氓爭此一塊土。各求分汛也。諸臣非不明而熟于計。然一似夢囈不醒者。獨以大義未明耳。春秋之義。大報仇而重雪恥。今日君臣一體。文武一心。精神盡用之于討賊。此賊一日不滅。固所謂終天之痛也。不共戴天之恨也。句踐會稽之棲。君臣臥薪嘗膽者廿年。晉敗齊師于鞌。齊頃公七年之間未嘗飮酒食肉。況今日之仇恥有百十倍焉者乎。我皇上斯干未築。椒寢未繁。暬御未備。飮食服御。過爲挹損。大仇未復。一語天地神人共爲慘裂。乃諸臣一似未嘗有此志也。諸臣不嘗逮事先帝乎。先帝之龍髯未歸。橋山中宮血胤。甘蹈白刃。一念及此而煌煌蟒玉。赫赫龍章。反因以爲利。能卽安乎。恐未可以正告天下也。臣以爲皇上之纘承大統。與漢文之起自代藩。世廟之興于楚甸。微有不同。何也。仇恥未有若今日者也。今必滅澆誘羿。如少康。殲除銅馬赤眉。若光武。而後聲靈與二祖同符。作求爲列宗所鑒。臣以爲一切追崇之典。宜行于奠安梓宮。修復陵廟之後。而凡優卹赦宥之詔。不妨先以及民。至若加恩進秩。諸臣皆未可遽受也。然後天下曉然知大義所在。凡我皇上所以君臨天下者。原是殷憂多難。履危涉險。未嘗有利天下之心。而諸臣敢恤其私。又何以對天下後世乎。忠孝所倡。士氣百倍。精神所孚。豚魚可格。而從前積習。有不灑然易慮者哉。臣知賊不足平。行將爲宗社無疆之慶矣。

己卯。巡視□□御史朱國昌奏。東洋有騎數百。驅居民。稱奉命打糧。龍潭把總王□不能拒。反饋以酒食。輦轂之下。不宜有此。

濟寧回兵朱繼宗復殺所署副總兵楊樸。自爲總兵。與李允和共事。

辛巳。命□□□□王俞讜□□□□□馬直賫詔北方。

禮部奏唐王□□殉難。

忻城伯趙之龍薦把總黃家鼒爲南京鴻臚寺少卿。家鼒故序班。棄之改武弁。至是賂進。序班高夢箕揭爭之。不聽。

徐石麒爲南京吏部尚書。何應瑞爲工部尚書。張有譽爲吏部右侍郎。徐人龍爲兵部右侍郎。王心一爲刑部右侍郎。王燮爲右僉都御史。巡撫山東。

大學士馬士英在告。薦故大學士謝陞故吏部左侍郎張捷。兵部尚書張國維薦吳人蔣若來。

鎭江兵亂。總兵于永綬劉肇基陳可立張應夢以史可法調駐京口。浙江都司黃之奎亦駐鎭江。兩軍爭瓜而鬨。焚東門民舍。殺千餘人。浙營兵李大開創死。可法聞之。誅戎首。徙各將于儀眞。

壬午。何楷爲南京戶部右侍郎。程可昌爲右僉都御史。巡撫應天。

故大學士謝陞進上柱國少師。前御史盧世潅進工部右侍郎。巡撫遼東右副都御史黎玉田進兵部尚書。及□□□王應華進光祿寺卿。擇地。並充山陵使。往北祭葬先帝后。

史可法奏揚州已安。特獎慰之。

國子生平湖陸濬源奏故兵部員外郎兄澄源冤陷。語牽國本三案。支離不倫。通政司使劉士禎駁奏。命下刑部。

安撫蘇松常鎭御史祁彪佳請留漕米十萬石駐鎭江。從之。

癸未。故大學士文震孟。諡文肅。故禮部右侍郎羅喻義。贈尚書。諡文介。故少詹事姚希孟。諡文毅。故南京兵部尚書呂維祺。諡忠節。故大學士溫體仁奪諡。以禮部尚書顧錫疇言體仁貽毒深遠也。

甲申。總兵黃斌卿防禦京口。丘磊鎮守山東。

御史宗敦一爲南京大理寺右寺丞。

故吏部□郎中程良籌贈光祿寺少卿。故□□□□劉申錫贈知府。故□□□楊之金贈□□敎授。合祀義烈祠。

司禮太監韓贊周引疾。上慰留之。從龍幸閹張執中田成等方被寵任。狎飲無節。贊周雖嚴正見憚。勢不能奪。時退而流涕。

清虜易我太廟主。奉高皇帝主于歷代帝王廟。

乙酉。趣陳洪範左懋第北使。

給募兵御史陳藎令牌。

清虜命李建泰招諭淩駉。授巡撫。駉陽受之以聞。

清虜命固山額眞同平西王吳三桂下山東。王鰲永總督山東。方大猷監軍。署巡撫事。

七月丙戌朔。南京吏部文選員外郎倪嘉慶改南京戶科給事中。是日。戶部右侍郎張有譽召見。言國用之匱。上顧高弘圖曰。卿前止催金花銀。何也。對曰。戶部止一有譽。臣請舉一人佐之。吏部郎倪嘉慶嘗任計曹。極知源委。如改戶科以佐有譽。庶事易集。上從之。仍支從五品俸。

故河南道御史王章謚忠烈。故翰林院簡討汪偉謚文烈。故□□總兵官杜松謚武壯。

命崇王二子慈煇慈□僑居台處。

清虜檄下青州東昌臨淸皆降。石漢至德州。張鳳翔棄東昌來奔。

丁亥。訪邊才。

起陳龍正南京禮部祠祭司員外郎。張采儀制司主事。

故總督宣大兵部右侍郎盧象升贈尚書。謚忠烈。

建寧知縣蔣棻自請勤王。進所造火器。巡按御史陸清源以聞。

戊子。吏科給事中章正宸言。兩月以來。文吏錫鞶矣。不聞獻馘。武臣私鬬矣。不聞公戰。老成引遯矣。不聞敵愾。諸生捲堂矣。不聞請纓。虜踞宮闕。動搖山東。當國大臣。但紹述陋說。損威屈體。隳天下忠義之氣。臣竊羞之。

上聞建虜南窺。命史可法鼓厲四鎭。扼防江淮。

命巡按湖廣御史黃澍同寧南侯左良玉規復承天襄陽。

己丑。前大學士孔貞運卒。貞運字開仲。句容籍撫州所建德人。萬曆己未進士及第。授翰林編修。歷吏部□侍郎。崇禎丙子六月。進禮部尙書兼東閣大學士。十一月。進太子太保。丁丑主禮闈。二月。進文淵閣大學士。戊寅四月。首輔。六月。休致。己卯六月。存問。卒贈少保。謚文忠。

清虜以馮銓李建泰謝陞並爲內院大學士。

庚寅。前大學士蔣德璟上中興三策。許致仕。

張維機楊汝成自北京至。

張元始爲南京太常寺少卿。

增鳳陽守備太監護衞五千人。

都督同知金聲桓駐防淮揚。

進左懋第南京兵部右侍郎兼右僉都御史。經理河北。聯絡關東軍務。兵部職方郎中馬紹愉進太僕寺少卿。都督同知陳洪範進太子太傅。紹愉奏。往使瀋陽日。入杏山。虜解寧遠圍。尋至瀋陽。議撫賞舊例。仍減往額四十七萬金。歸奏先帝。命故輔周延儒具書遣大臣偕往。延儒畏言路紛紜。伏地不應。欵局遂格。

命考選官減俸行取。

祁彪佳薦黃斌卿總兵鎮江。

故江寧知縣楊文驄自薦邊才。馬士英甥壻也。

辛卯。上面諭北使左懋第陳洪範馬紹愉禮部尚書顧錫疇呈祭告梓宮文及通清虜御書。頒臣民聖諭。吳三桂等誥劵。

命大學士高弘圖姜曰廣迎恪恭貞壽皇太后。先是馬士英報聖母匿河南郭家寨。有常守義悉之。奉迎當密。高傑所部參將王之綱嘗招撫李際遇。又兵部主事王眞卿聯絡河南各山寨。可密諭史可法。以二人同內官往。令際遇具舟于河。護至徐州。始備儀衛從之。

談遷曰。今春自懷慶南渡。非雒陽寇陷之日也。意聖母先迎養。何至相失。其事殆不可解。雖白龍魚服。脫路民間。而帝之僘屣其親。無待乙酉五月矣。其所厚者薄。他又何顧焉。

張鳳翔貽總兵丘磊書。止其北行。

壬辰。惠王桂王駐廣西。魯王崇王駐浙東。

汰武官札委。止許樞督撫鎮。

故吏部右侍郎葉盛贈尚書。故吏部尚書羅欽順裔孫補廕入國子監。

賑淮揚難民。

癸巳。劉之渤爲南京右僉都御史。巡撫四川。范鑛爲右僉都御史。巡撫貴州。

命刑部定從逆諸臣罪。倣唐六等法。

御史米壽圖巡按四川。

李之椿補南京光祿寺丞。

甲午。給山東撫鎭十萬金資餉。

加河南降盜李際遇劉洪起總兵官。防禦河南。

青浦知縣孟津陳爊奏。崇禎十四年正月。雒陽失守。臣舟迎聖駕于陳家河。北渡黃河。進麥餅。再渡夾河。駐孫家灘。賊不及追。臣夜進粥。淩晨送駕。今年三月二十五日。臣謁淮安面諭。舊勞臣且感且愧。謹陳中興大務四事。敬天以收人心。法祖以貽久安。用人以爲股肱。進講以御經筵。倘蒙面對。少進愚悃。

乙未。試神器。

定京營之制如北京。杜弘域楊御蕃牟文綬補三大營總兵官。

劉澤清薦大將馬化豹柏永馥。聽督輔題用。

募兵雲南御史陳藎。給三萬金資餉。

丙申。眞定知府丘茂華脫身南歸。上章自列。稱效死固守。不從胡寇。

命禮官中元節祭恭皇帝陵。

丁酉。史可法敍山東倡義諸臣張鳳翔等。命次第擢用。

嚴六曹註銷法。

都督杜文煥領巡邏巡捕二營。

戊戌。撫寧侯朱國弼以會推冢臣不預言。會典推閣部。當用五府。上詰其何據。時勳臣妄撓銓政。

賊出關。自洛陽攻密縣李際遇小寨。

督師大學士史可法奏。胡馬南來。廟議定遣何官。用何敕。辦何銀幣。派何傔從。議論徒多。光陰已過。萬一敵至河上。後遣不中國無人。而北伐無望耶。

己亥。南京兵部職方員外郎李向中奏。荊襄速設重鎭。募兵措餉。據其上游。與淮鳳犄角。使賊不突漢黃。庶可保障江南也。幷留巡撫何騰蛟毋移鎭。

南京兵部右侍郎左懋第言。臣銜經理河北。聯絡關東。夫河北則山東北直也。關東則遼東矣。遼東久屬建虜。北直今全陷。山東雖殺僞官。多賊。聞膠州被圍。賊至十餘萬。經理實有封疆之責。而往議金繒歲幣之事。名實相乖。此銜之當議也。馬紹愉昔往欵虜辱國。御史陸清源糾之。其通虜臣誠不知。但聞其所許金十萬。銀百二十萬。逢人頌虜。臣不便與之同行也。

章正宸補南京吏科都給事中。

庚子。上萬壽節。受賀于武英殿。

開封府推官陳潛夫入朝。授□□道試監察御史。巡按河南。

總督川貴改巡撫貴州。巡撫偏沅改總督川貴雲廣。駐荊襄。

都督同知鎭守浙江總兵官王之仁奏開屯大樹金塘等山。章下所司。金塘大樹直定海縣南環海中。舊昌國縣之金塘鄉也。國初湯和虛其地。萬曆元年。巡撫委寧波同知段孟賢文計金塘大樹共田蕩三萬餘畝。前御史李邦華浙江總兵劉鎭藩各奏開墾。許之不果行。

補謚國初功臣。都指揮使馮國用謚武翼。總管丁德興謚武襄。德慶侯廖永忠謚武勇。定遠侯王弼謚武威。長興侯耿炳文謚武愍。

督師大學士史可法奏。行徵辟。令撫按司道及京堂科道。不拘資格。各舉一人送京。赴臣軍前。酌補西北守令。

如江北山東河南能保護服民者。即本土亦權宜錄用。
辛丑。南京吏部尚書徐石麒之任。
撫寧侯朱國弼誠意伯劉孔昭條陳新政。一吏部用人。必勳臣商確。一各部行政。必勳臣面定。一皇上圖治。必勳臣召對。
壬寅。史可法奏。丘茂華北來。稱吳三桂兵次慶都。立大清順治元年旗。迫人削髮。則三桂之無意本朝可見矣。
南京兵科給事中陳子龍糾莊應會督漕狠藉。
癸卯。故隨州知州王燾謚忠愍。故巡撫山西右僉都御史蔡懋德謚忠愍。
南京禮部尚書顧錫疇奉命祀東海。右侍郎管紹寧署部事。
賊僞檄至東昌。聲言兵二十萬。由曹縣之金鄉。
甲辰。參將夏有光偵賊至臺兒莊。知李自成在平陽。整兵濟河而南。盡徙太原潞安縉紳于長安。
補謚國初潁國公傅友德曰武靖。宋國公馮勝曰武壯。御史中丞章溢曰莊敏。太子正字桂彥良曰敬裕。
乙巳。奪故大學士溫體仁蔭國觀周延儒及總督尚書熊文燦官廕。御史鄭友仁奏體仁國觀悞國之罪。大學士王鐸擬旨削之。
巡撫應天右僉都御史祁彪佳請設江南餉司。下部議。
李自成遣僞都督馬科下保寧。
丙午。太子太傅左都督陳洪範經理河北聯絡關東軍務。南京兵部右侍郎兼右僉都御史左懋第北行。賜懋第千金。前收水師四百另餉二萬。又兼經理糧餉銜。
興平伯高傑東平伯劉澤清等劾左都御史劉宗周勸上親征。以動搖帝祚。奪諸將封。以激變軍心。不仁不智。

獲罪名教。請付臣繆之軍前。有旨。憲臣生平原以議論取重。姑不問。則馬士英所擬也。劾章出劉澤清借列高傑黃得功左良玉劉良佐等名。澤清以稿示傑。傑驚曰。吾輩武人。乃預朝中事乎。得功聞之奏辨。臣實不預。士英屏其奏。史可法以所劾詢四鎮。皆云不知。可法遂言前奏乃黎丘之巧溷。劉澤清又上章攻可法。謂疏實其所上。因可法偶問。故偶混及之。至章之前倐僞倐眞。而士英方快于逐劉宗周姜曰廣。不復顧大柄之委去也。南京吏科都給事中章正宸上言。銓政曰名器宜愼。定策者旣懋厥賞。其餘人自請敍十倍增官。輦金不足供刻印。寧免瓜菓之誚。曰職掌宜專。用人獨歸吏部。今有咨送。有薦拔。有奏乞冢臣所職幾何。曰封疆宜肅。文武共寄封疆。不斬僨國之臣。不激報國之氣。曰廢官宜飭。爵重則人乃勸。法守則士知恩。纍纍起廢。不自靜聽。豈不聞罷吏不入國門乎。

淸虜索沂州戶冊。

國初都察院左都御史唐鐸。謚敬安。行在吏部尙書劉崧。謚恭介。東莞伯何眞。謚恭靖。平遙訓導葉居升。謚忠愍。

丁未。巡按湖廣御史黃澍奏。麻城劣生周文江爲張獻忠兵部尙書。引賊破省。有錦衣衞左都督劉僑託文江進美妾玉杯古玩數萬金于獻忠。拜錦衣大堂。比左良玉恢復蘄黃。僑削髮私遁。尋送赤金三千女樂十二人于馬士英。今四月士英委黃鼎署印麻城。麻城洶洶幾亂。僑獻銀三千助軍。臣批從之。陽還武昌。黃鼎代解千金玉帶二珠冠一。臣批令變價濟餉。收支皆有司存可據也。

李自成僞將宋朝臣兵至杜勝集。兵部職方主事命標將張成初擊之戰于桃園。賊潰。追斬朝臣。

戊申。南京刑部右侍郎賀世壽請會議故大學士周延儒贓案。上以定自先帝。仍如故。

朱國弼劉澤淸各請增家丁營將。祈戶部給餉。

己酉。劉孔昭薦循良卓異內馮大任。卽戶科所劾贓私狠戾者。

庚戌。南京戶部尚書周堪賡久不至。上傳戶部右侍郎張有譽爲尚書。以召對簡切。特用之。吏科都給事中章正宸執奏中旨不可開。繳還御札。于是大學士高弘圖曰。六部有執奏。六科有封駁。而閣臣職在輔弼。謂之政本。遇有傳奉。于祖宗成憲宜爭者、輒爲封還。蓋美歸人主。而臣下無其名。凡此則閣臣得職治象也。否則閣臣失職。亂象也。今傳陞張有譽爲戶部尚書。臣等相顧低回者久之。謂六卿之長。不經會推而出自傳陞。閣中宜有一奏。祇緣有譽員品員才。非由他途以進。陛下知人善任。臣等急于將順。竟少一執爭。致科臣章正宸封還御札。非爭其人。爭其事也。在科臣爲循職。在臣等誠無辭失職之咎。今日進一張有譽。舉朝以爲是宜進也。猶煩科道爭之。設他日更進一非張有譽者。舉朝以爲是不宜進也。其起而爭之者。恐又不獨一科臣矣。由後追今。臣等益無所逃責。則中興諸臣如章正宸者。臣等實不能無愧。乞天語褒嘉正宸。以爲科臣守成憲得言責之勸。所奉聖諭。恭繳御前。仍下吏部循故事推正陪祈簡用。科臣一舉而主聖臣直。新政之光。孰逾于此。上不聽。張有譽清勤敏愼。于時有稱。正宸恐阮大鋮藉口。故力杜之。

劉孔昭薦錢位坤曾經吳三桂收用。忠實可信。長安所刻國變錄。爲奸徒借題害人。不止龔彝受屈也。請亟收用位坤。

辛亥。以涂仲吉朱永明爲南京翰林院待詔。仲吉永明皆救黃道周瀕死。

杜文煥提督巡捕營。

先是。南昌宗貢生朱統鑕誣奏大學士姜曰廣貪賄淫湎。當定策告廟時。遲遲不至。顯有異志。詞連史可法張愼言呂大器等。蓋馬士英忌可法名重。欲借定策擠之而己專其功。又阮大鋮憾諸公次骨。草奏託統鑕上之。高弘圖擬旨究治統鑕。責改票至再。是日召閣臣入。上厲聲曰。統鑕我一家。何重擬也。因歷責弘圖。如止催金花銀請召還史可法等事。弘圖抗辨。王鐸亦旁助之。馬士英獨默。上立命改票。士英擬入。明日。弘圖補奏。且乞休。始不自奏矣。可法初困于高傑。儀從散落。弘圖欲召還。而士英以奪其本兵。故陰搆之。

巡按蘇松常鎭御史周一敬請表故貢士張世偉。顧雲鴻遺行以風世。從之。

壬子。諭廷臣和衷集事。息競圖功。刎頸之交。仇忘廉藺。同車之雅。嫌泯復恂。朝廷以此望諸臣。諸臣以此體朝廷德意。君臣之間。禮全終始。否則祖宗成憲。勿尙姑息。

大學士高弘圖請選婚。從之。

命經筵擇吉暫開于武英殿。魏國公徐弘基知經筵事。大學士高弘圖姜曰廣馬士英王鐸俱同知經筵事。禮部尙書錢謙益右侍郎管紹寧詹事陳盟充講官。翰林院編修張居充展書。時高弘圖請開經筵置日講。從之。

南京戶科給事中熊汝霖言時政。忤旨。奪歲俸。

大學士高弘圖姜曰廣各屢引疾。馬士英專柄。醜正崇諛。漸進其私人。四鎭連于外。勳閹附于內。樹黨招賄。上益淫湎。輒免朝。

乙卯。劉澤清奏褒封故都督吳襄。使三桂知感。劉孔昭奏三桂父子宜加殊禮。時舉朝皆知三桂無心本朝。而勳鎭競奬之不置。

是月。李自成大封賊黨。開國大軍師宋獻策□□侯。田見秀□□侯。李過□□侯。天祐閣大學士牛金星□□伯。餘提督四路戎馬唐啓原。權將軍劉崇文。正監軍戈寶。毅將軍馮岳。左監軍王年。銳將軍容天成。右監軍王賈。果將軍柏止善。左右先鋒苗人鳳祖有光。龍護將軍王時清。豹略將軍張澤。前先鋒黃無昏。龍颺將軍顧永。壓隊大將軍朱浦。迅將軍吳風。典征西將軍李承元。右擊將軍趙禮。協贊將軍孫世康。鎭東將軍陳泯。虎賁將軍苗之秀。圖南將軍張霖等。封賞有差。改秦邸爲正朝。秦邸前石坊自倒。又大樹二。俱數圍。一折枝。一中斷。人咸異之。

八月丙辰朔。上受朝。諭錦衣衞都督馮可宗遣校緝事。

巳刻日食。

張獻忠兵抵順慶。降之。

丁巳。光祿寺少卿沈廷揚奉命海運米十萬石餉吳三桂。道梗不可行。廷揚請止之。不聽。

戊午。楊鶚爲南京兵部右侍郎兼右僉都御史總督川貴湖廣廣西軍務。

王廷垣管紹寧爲南京禮部左右侍郎。易應昌爲南京都察院左副都御史。熊維典爲刑科都給事中。

南京兵科給事中陳子龍言。安內始可攘外。省事始可薦官。乞減監司以重郡守之權。上是之。

御史朱國昌言。往者賊入燕都。自閣部以至庶僚。有不叩首賊廷者乎。及賊去。又藏頭搖面。駕言不屈。潛踪覓綫。冀燃死灰。如梁兆陽何瑞徵等萬口唾罵。至劉大鞏等恥心蕩然。當與周鍾輩並行正法者也。

己未。賀世壽爲南京戶部尚書兼都察院右副都御史總督倉場。

東寧伯焦夢熊請卹殉難勳臣之後。從之。其遺失誥劵。許補給。

庚申。南京吏部尚書徐石麒薦前總督朱大典王永吉。有旨。永吉身任督師。致北都淪陷。朱大典贓私狼籍。先帝嚴追未結。何得朦朧推舉。馬士英以賄不至。故擬責。尋賄至。仍擢用之。

張獻忠進兵圍成都。

辛酉。敍翼戴功。進史可法少保武英殿大學士。廕錦衣衞指揮僉事。高弘圖太子太傅吏部尚書。姜曰廣太子太保禮部尚書武英殿大學士。王鐸太子少保戶部尚書文淵閣大學士。並廕中書舍人。

起丁魁楚南京兵部右侍郎兼右僉都御史總督湖廣河南軍務兼巡撫承天德安襄陽

命魏國公徐弘基大學士高弘圖江北迎皇太后。

復陳于鼎劉同升南京翰林院修撰陳之遴趙士春編修、張作楫爲南京光祿寺少卿。

南京刑科給事中袁彭年言。設廠衛緝事。非興朝所宜。上以狂悖沽名。鐫三級。謫浙江按察司照磨。彭年又言。僞吏政府侍郎喻上猷開薦荆州紳衿江陵貢士陳萬策李開先。義不汚僞命。萬策自經。開先觸墻死

壬戌。命寧南侯左良玉鎭武昌。圖恢復。進左夢庚惠登相毛顯文都督僉事。總兵官。盧鼎李國英都督僉事。署總兵官。

許流寓江南諸生充貢。

癸亥。諭戶部。以前差內臣催省直軍餉幷內庫錢糧。因輔臣高弘圖科臣羅萬象請止。今需用甚亟。該部再嚴催。限八月全輸。

南京刑部尚書解學龍右侍郎賀世壽等奏從逆罪案。以何瑞徵楊觀光張若麒方大猷党崇雅熊文舉龔鼎孶葉初春戴明說孫承澤涂必泓劉漢儒薛所蘊衛周祚趙京仕劉昌張鳴駿高爾儼黃紀孫襄身陷虜廷。或不忘本朝。俟二三年後定奪。今定第一等甘心從賊宜磔。宋企郊牛金星張嶙然曹欽程喻上猷黎志陞陸之祺高翔漢楊正休劉世芳。第二等長繫秋決。光時亨鞏焴周鍾方允昌。第三等宜絞擬贖。陳名夏楊枝起王承曾冒毓宗何胤光項煜廖國遴。第四等宜戍擬贖。王孫蕙梁兆陽錢位坤侯恂郭萬象裴希度申芝芳金汝礪張懋爵吳達原黃經祖楊廷鑑。第五等宜徒擬贖。宋學顯沈元龍方拱乾繆沅呂兆龍吳剛思方以智傅鼎銓張家玉傅振鐸。第六等宜杖擬贖。潘同春王于曜周壽明白列星李泰來張琦。餘存疑另議。則翁元益等二十八人。吳家周魏學濂已故不論。有旨。賊領兵獻策。明係謀危社稷。卽在庶僚。豈可末減。督撫總兵降賊。情罪極

重。豈可列第二第四。五品科堂及科道翰林侍從之臣。受賊僞命。並守巡等官而降。豈可止于一絞。庶官僞命及封疆大吏巡方司道。聞變倡逃。罪豈止于流戍。獻女獻婢受選者。罪豈止于一徒。其更議之。

甲子。南京禮科都給事中沈胤培爲南京太常寺少卿。貢士李遴爲南京兵部職方主事。

前巡按山東御史余日新聞變先逃。削其籍。

逮降賊平陽知府張嶙然戶部左侍郎党崇雅國子祭酒薛所蘊宥方拱乾衞胤文等從尙寶司卿程正揆之言。

張獻忠陷成都。蜀王至澍投井死。巡撫四川右僉都御史龍文光及司道成都知縣太倉吳繼善等死之。獻忠大索全蜀紳士至成都。盡僇之。已懸榜試士。伏兵擊殺數千人。咸挾管握冊以就死。又大殺蜀人。成都重慶敍夔數千里無人跡。

彭孫貽曰。張獻忠之殘暴。不亞于自成。乃其屯于舒城也。牛酒以結廬人。困于巫夔也。厚賄以賂蜀人。彼豈暴于今而仁于昔哉。猛獸之羅于機也。卑身弭耳以擾于人。逮決蹯以走而肆攫也彌甚。甚哉蜀人之愚也。嗣昌困賊于困谷。塹山窒隘。斷其鹽芻。不一月而僵仆塡谷矣。獻忠旣滅。合秦蜀楚豫邊鎭左帥之兵以扼自成。自成雖破南陽。其衆未集。不難撲滅也。蜀人憤客兵之掠。不告賊所在。縱獻忠以出峽。流毒荊襄。潰裂海宇。乘虛入蜀。蜀士無噍類矣。蜀人縱賊而適以自屠。豈不哀哉。

吳偉業曰。當夫燕京已沒。吳志衍慟哭上書。卽蜀邸亦心動。而文武大吏無一人肯辦賊。劍門夔峽諸險皆已失守。而後驅數千之衆。阻五丈之城。以當百萬之强寇。雖智勇無所施。護親藩竄山谷。屏跡蠻獠間。可以圖全。而志衍喋血自誓。與此城爲存亡。終至骨肉葅醢。妻兒橫分。以報所受。豈不難哉。吳繼善崇禎庚午貢士

談遷曰。諸藩稱最富爲秦蜀周楚。二寇方熾。秦楚俱陷。蜀在天末。得擅其貲。倘鑒目前之劇禍。傾帑享士。號

召鄉勇。乘城固守。獻忠雖强未易旦夕下也。諸王並生長天室。愚不習事。國運告移。闔宮待盡而已。或曰。制于監司。勢不克展。奈何。噫。誠有殉國之志。決命反首以赴之。文武諸大吏。豈能拘往跡以繩之哉。今文武諸大吏則巾幗也。諸王則豚犢也。末流漸微。相沿就涸。吾于蜀倍有感焉。

乙丑。徐一范爲南京鴻臚寺卿。

南京吏部以四川道遠。自監司守令各選數人。隨巡按御史米壽圖量才署置。從之。

丙寅。南京工科給事中馬嘉植言時政。上切責之。

南京戶科給事中熊維典言。魏國公徐弘基特薦張捷。亦見勳臣勤于薦吏。至朱統鑙特參姜曰廣。汚及家庭曖昧如此不駁。朝廷設立言官何爲也。

進張天福副總兵。防守淮安。

故邵武知縣趙林魁賂吏部□□主事繆沅。御史金汝礪求復官。值變。責償而閧。安撫御史左光先奏其事。俱逮之。

戶部尚書張有譽言湖廣殘困。命免今年田租。

丁卯。皇太后至自河南。入儀鳳門。辰刻。上迎于午門。

戊辰。進東寧伯焦夢熊太師。

己巳。諭戶兵工三部。太后光臨。限三日搜括萬金備犒。

劉良佐移鎭壽州。

庚午。馬士英薦汪碩德兄弟。招募水師造船。

夜。月食。

辛未。南京御用監請進朝請給工料龍鳳牀座等器飾幷宮殿陳設金玉各項約數十萬金。工部何應瑞苦力絀。懇崇節儉。

壬申。起越其杰南京右僉都御史。巡撫河南兼轄潁亳。樊一衡爲南京兵部右侍郎兼右僉都御史。總督四川陝西。其杰。婦馬士英姊也。前□。□監軍僉事。罷閒。僑居金陵。

練國事爲南京兵部左侍郎。添設朱之臣爲刑部左侍郎。劉士楨爲工部右侍郎。陶精齡爲尚寶司卿。兵部□□主事凌駉爲東昌兵備僉事。

起文安之南京詹事。

南京工部左侍郎高倬言。在署辦事。光祿寺開器皿一萬五千七百餘件。該費六千八百六十餘金。廚役衣帽料銀九百四十餘金。今寇胡方張。索械餉輒十萬計。將何支。望皇上一熟籌也。

故工科都給事中許譽卿以監生陸濬源奏辨兄澄源牽引三案。且詆及臣。夫當日諸臣以翊戴光廟爲正。今日諸臣以翊戴皇上爲正。均從倫序起見耳。光廟母子無間。先帝身殉社稷。何嫌何疑。而小人無端假手于濬源。先帝久任溫體仁。養寇釀禍。使得生榮死寵。竊謚文忠。皇上追削。萬口稱快。濬源乃頌其平章之功。甚矣若輩之敢于黨奸欺上也。

癸酉。故浙江參政楊師孔。贈南京禮部右侍郎兼翰林院侍讀學士。廕子入國子監。師孔嘗授翰林待詔。侍先福恭王。馬士英以師孔姻舊。追卹優渥。

南京兵科給事中陳子龍言。中興之主。莫不身先士卒。故能光復舊物。陛下入國門再旬矣。人情泄沓。無異升平。清歌漏舟之中。痛飲焚屋之下。臣誠不知所終矣。其始皆起于姑息。一二武臣。以至凡百政令皆因循遵養。臣甚爲之寒心也。子龍尋省葬。

南京刑科都給事中熊維典言。臣觀目前大勢。卽偏安亦未可穩。兵餉戰守。改爲異同恩怨。一二人之用舍。始以勳臣繼以方鎭。惟筆舌之是爭。眞可笑也。且以匿名而逐舊臣。以疎賤而參宰輔。飛章告密。端自此始。廠衛之害。橫者樹威。黠者牟利。人人可爲叛逆。事事可作營求。先帝十七年憂勤。止廠衛一節未免結怨。先帝厚待宗藩。而聞寇先逃。誰死社稷。保舉換授。盡是殃民。先帝隆重武臣。而死綏敵愾。十無二三。叛降跋扈。肩背相望。先帝委任勳臣。而京營銳卒。徒爲寇籍。先帝簡任內臣。而開門延敵。且噪傳聞。及今踵之。尤甚于舊。臣誠不知何說也。

甲戌。修西宮園。居皇太后。

安撫浙江御史左光先報土盜勾連逃兵。義烏東陽許都餘黨復亂。

許周王世子紹□寓蘇州。

乙亥。黃得功劉澤淸劉良佐高傑合奏大學士姜曰廣都察院左都御史劉宗周謀危社稷。上不問。

太監孫象賢至自北京。命留用。

丙子。宗貢生朱統鑕又誣奏姜曰廣及守制武定道僉事雷演祚禮部員外郎周鑣工部右侍郎陳必謙庶吉士周鍾等有旨。演祚鑣必謙鍾奪秩下刑部獄。初。演祚憂居金陵。聞變。私議及潞王。詹事姜曰廣雖座師。叱其邪說。今反誣曰廣以陰陷史可法也。周鑣矜倨。嘗輕阮大鋮。大鋮最銜之。陳必謙北轉邑人錢謙益求復官未遂。今入京首詆之。結歡馬士英。士英同諸勳貴專言定策。意逐高弘圖姜曰廣代之。而謙益先入金陵。亦謀迎潞王。又心昧之矣。馬士英立心疏闊。原無意殺人。故未遽興大獄。而每上疏。一曰奸黨。再曰奸黨。總以擁立二心爲目。然擁立懷二心者。不過錢謙益雷演祚劉履丁等數人。與諸臣何預。而欲一網及之也。

中旨補張捷爲南京吏部左侍郎。

丁丑。桂府安仁王由櫻訴寶册被刦出奔。

封鄒存義大興伯。存義爲皇太后弟。原儀衛司正千戶東城兵馬司指揮帶俸。

山東兵備僉事淩駉改浙江道御史。巡按山東。給空札一百。量才補官。駉在臨清。陽事建虜。馳奏亟乘機恢復。

追封吳襄遼國公。諡忠壯。祭十六壇。

增安慶舟師五千。

諭兵部敍迎慈鑾功。

南京戶科都給事中羅萬象省葬。

戊寅。趣巡撫山東王燮總兵丘磊之任。進磊都督同知。竟徘徊淮上不行。

進士王曰俞請褒長洲諸生許琰。

諭戶部遣司官察各省稅糧。自十五年始。

己卯。故都察院左都御史李邦華。贈太子太保吏部尚書。故福府長史黃秉石。贈少詹事。廕子入國子監。

大學士高弘圖工部尚書何應瑞等乞宥罪督王永吉仍任山東。從之。馬士英言法不可原不聽。

王㶚爲南京右通政。路進爲浙江按察使。

庚辰。皇太后諭禮部曰。皇帝憂勤萬幾。中宮久虛坤位。需賢襄化。源于垂裳。閨門協和。綏定萬邦。在阼在旁。潔豆籩以事先廟社稷之贊也。且早兆熊祥。以錫羡于無疆。其無乃不僅雞鳴視朝之警乎。爾禮部其廣選淑女。德宜閒靜。布大命于遐邇。卜期擇吉。俟□月日會同閣臣司禮監韓贊周迓禧。以告天地山川之神。大婚維敬。筐篚九十。爾其愼承儀典。罔有故懈。以光昭于天之棐忱。榮懷于邦。亦惟皇帝齊治之慶。欽哉。

高倬爲南京刑部左侍郎。王心一爲工部右侍郎。補馬兆羲禮科給事中。成勇浙江道御史。來方煒吏部稽勳司員外郎。

辛巳。姚思孝爲南京大理寺左少卿。補李長春李模楊一儁張瑄湖廣河南雲南貴州道御史。

通政司使劉士楨引疾去。

陝西道御史王孫蕃劾簡討方以智劉世芳北京逃歸。復撰僞書顚倒是非。命逮下法司。

督師大學士史可法奏。臣皇皇渡江。豈眞調和四鎭哉。朝廷之設四鎭。豈直江北數郡哉。四鎭豈以江北數州爲子孫業哉。高傑言進取開歸。直搗關雒。其志甚銳。臣于六月請糧。今幾月矣。寧有不食之卒可以殺賊乎。臣子慘遭國難。何暇計此一官。陋晉宋之偏安。不在空言。貴有濟也。

故河南道御史王章。贈大理寺卿。

壬午。吏部推太常寺少卿李沾通政司使。有旨。李沾另擢。

安撫浙江御史左光先請存問前大學士錢士升。吏部尚書商周祚。從之。

命丁魁楚整兵勦寇。勿分楚豫。其承天德安巡撫事俱歸何騰蛟。

癸未。錢元慤爲南京尚寶司少卿。王之普爲南京兵科左給事中。

安撫浙江御史左光先薦舉地方人才太濫。以市恩責之。

東平伯劉澤清奏進取之計。募數十萬之兵。儲數十萬之餉。備馬十餘萬。整頓器械。一二年。乃可渡河。惟恐姜曰廣劉宗周不得黨勝爲快快。臣不能隨輔臣亟于一渡也。今敵已入臨淸。合兵南下。賊已道雒陽。攻密縣。如此光景。敵不至河。寇不至江不止也。

鎭守福建都督同知總兵官鄭芝龍封南安伯。

授康永寧都督僉事世錦衣衞千戶。

郭維經爲南京都察院右僉都御史。王志道爲南京戶部右侍郎。申紹芳爲南京戶部右侍郎兼右僉都御史。督餉江北。沈猶龍爲南京兵部右侍郎。添設瞿式耜爲應天府丞。
前禮部尙書武英殿大學士王應熊兼兵部尙書總督川湖雲貴軍務。開府于遵義。
許前巡撫承天德安漢陽王揚基巡撫偏沅湖北湖南李乾德赴督輔王應熊行營任事。
南京禮科給事中張希夏言近日文武薦舉冒濫。命禁之。
甲申。賜王應熊尙方劍。便宜行事。給餉三萬金。付巡撫范鑛攜往。
乙酉。奉使兵部左侍郎左懋第奏。山東人心亟可收拾。命下廷議。時吏民人自爲守。撫鎭不至。無所稟承。清人傳檄責郡縣獻籍。漸奉遵依。識者惜之。
吏部覆故巡撫山西右僉都御史蔡懋德贈廕。有旨。懋德身任封疆。縱賊渡河。禍延君父。死何塞責。且太原未聞十日之守。豈有糧盡援絕之事。前議謚欺徇。贈官廕子。還確議具奏。
吏部請復故刑部司官張名籙劉沂。從之。名籙以姜埰熊開元事除名。
安遠侯柳祚昌薦阮大鋮。從之。卽添註兵部右侍郎。羣臣不得仍前把持。
太監蘇養性自請催金花銀。命俟之。
許四川解黃連間歲折進。
進田仰南京兵部尙書。廕錦衣衞指揮僉事。追論先年貴州桃紅壩功。
是月。陳洪範左懋第次滄州。遣副總兵何□□先致吳三桂誥券。述使指。三桂不發。達于攝政王。王召見于南城。責來聘之遲。對以江南道遠。事不先聞。明日謁三桂。進誥券。不視。賫還。
四川猺賊五萬降于張獻忠。

# 國榷卷一百三

甲申崇禎十七年

九月炳朔。蕭士瑋爲南京光祿寺少卿。

撫寧侯朱國弼忻城伯趙之龍請故太子二王謚。時傳太子南來。欲斷之也。

進丁啓睿後軍都督府同知。

南京左都御史劉宗周糾阮大鋮逆案邪臣第一。上切責之曰。年來國家破壞。是誰所致。大鋮進退。關係江左興亡。是豈確論。亡何大鋮出。凡海內人望。無不羅織巧詆。貪夫佞人。無不湔洗拔用。票擬前後相反。銓政濁亂無章。而兵政爲尤甚。白棍至都。卽日可以爲大帥。前官未轉。復除後官。累累不一。至任互爭。令舊者仍任。新者候缺。于是舊者欲固守其任。不得不輸賄。新者又加賄以促舊官之去。大抵武弁之揚揚無忌。莫甚于此時。而囊橐盡傾以奉權要。亦莫若于此時也。遂有都督滿街走。職方賤于狗之謠。

司禮太監李承芳請發年例公費。

命部議新建伯王先通褒卹。先通非守仁裔。又降賊勸進。爲賊聲罪所誅。

淸命平西王吳三桂西征。更糾西虜攻臨洮甘肅。以牽之。李自成勒邊兵以拒。殺傷相當。

故都督杜松謚武壯。

丁亥。吏部奏東陽知縣姚孫榘貪酷激變。上以孫榘日事誅求。左光先力庇貪令。並逮問。

巡撫廣西右僉都御史方震孺遣副總兵朱之胤以狼兵千人入衞。俱善火器藥弩者。

考選諸臣。林冲霄吳适蔣鳴玉梁應琦爲給事中。冲霄禮科。适戶科。鳴玉兵科。應琦刑科。沈宸荃游有倫胡時亨鄭瑜王化澄吳春枝秦鏞爲試監察御史。趙進美王期升王寢大李日池湯來賀吳鑄馮祖望魯近遲爲主事。進美吏部。期升兵部。寢大日池來賀鑄禮部。元宸刑部。祖望戶部。近遲工部。初吏部推鑄吏部莊元宸等吏科。不允。以元宸爲劉宗周鄉人。改府同知。

諭督師大學士史可法曰。虜在河北。寇在河南。大兵繼渡。或亦未便。徐宿之師。或抵汴梁。禦寇防河。尚可兼顧。汝寧歸德去寇尚遠。大兵前行。當抵何處。兵由楚豫。餉就江淮。勢分道遠。東事如亟。能否四應。詳酌緩急。以爲進退。

己丑。傳陞福建按察副使郭之奇爲詹事。

馬士英奏補張成禮都督僉事。爲河北總兵。從之。

高傑請瓜州泰興邵伯鹽稅助軍。

庚寅。故官子孫陳乞太濫。命通政使毋槪上。

南京大理寺卿鄭瑄薦舊屬兵備程洵才能。適有彭歌祥爭婢事。愬馬士英。即于瑄疏。命重處洵。

辛卯。琉球入貢。泊閩縣。

上始御經筵。禮部尚書錢謙益講大學堯典之首節。讌諸臣。不賚。前慈鑾至。賜諸奄金銀甚渥。是日亦然。外庭無及也。

逐中書舍人黃正賓。

壬辰。大學士高弘圖請設起居注。從之。

故兵部右侍郎沈子木補廕監。

裁各省右布政使。

癸巳。史可法請督餉太僕寺少卿萬元吉專駐揚州。

劉若金爲南京通政司右參議。

甲午。大學士姜曰廣引疾去。賜金幣。曰廣質直自遂。素忤馬士英。排去之。

諭迎慈鑾有勞。誠意伯劉孔昭等共六人各蔭錦衣衛千戶。

選淑女黃氏郭氏戴氏入內。命再選。

吏部尚書徐石麒奏戶科給事中陸朗催餉入浙。贓私累累。御史黃耳鼎賄薦貪令郝明徽。俱例轉。又江陰知縣李令晳賂中貴求吏部主事。中城兵馬司指揮朱揚先賂中貴求考選。傳旨陸朗催漕在數年以前。果有贓私。何不發覺。監司重任。豈爲劣轉。朕雖處深宮。羣臣情僞無不洞悉。陸朗留用。出朕鑒裁。有何交通。徐石麒身爲大臣。當秉虛公。不必疑揣。朗費數千金得中旨留之。石麒已質內官。云此金已進御。遂無敢言者。進御固妄言。時諸璫與馬士英阮大鋮等相表裏。或偶爾聞于上。竟以從龍而來。貧苦無資。心憐之。不問。

故□□□□陳仁錫贈詹事。

乙未。總兵黃斌卿移九江。鄭鴻逵移鎮江。黃蜚移蕪湖采石。

南京左都御史劉宗周致仕。宗周初入京。內臣聞之。皆曰。劉先生眞君子也。但在位不能久耳。果然。

鄖陽朱翊辨奏孤城抗賊。子常洪殉難。命優敍。

黃得功與高傑兵鬨。黃蜚亦率兵會于儀眞。史可法解之。

丙申。戶科給事中陸朗詆劾吏部尚書徐石麒及河南道御史喬可用。

丁酉。東平伯劉澤清屯淮安。治府壯麗。日費千金。總督田仰從澤清燕遊。爲奏請乞餉。上諭東南餉額不滿五百萬。江北已給三百六十萬。豈能以有限之財供無已之求。田仰與劉澤清不得全事呼籲。

以王之綱爲盪寇將軍總兵鎮守河南。之綱通政王瀠子。前年猶諸生。

許定國擒僞陳州牧惠在公。

戊戌。故大學士何如寵謚文端。故大學士孫承宗謚文忠。賜祠忠烈。故禮部尚書董其昌謚文敏。故左都御史張瑋謚清惠。

大學士高弘圖請增閣員。命再議。

南京吏科都給事中熊汝霖上言。張獻忠已至重慶。破渝不守。意在順流東下。北使諸臣。所恃以綏虜者也。左懋第請兵請餉。望眼尚懸。王燮敕印未頒。馬價未給。此何時而尚容姑待之乎。皇上既以阮大鋮知兵。卽當置于有用之地。若但優游司馬。樞輔已饒爲之。何須添此。

己亥。何楷爲南京戶部右侍郎。

御史徐養心奏。有人自德州來。云山東清撫方大猷。濟寧道張安豫。牌赴濟上。宜敕王燮早爲鎮遏。李自成使孟長庚城江陵。張獻忠復檄取荆州。萬一順流而東。潯陽蕪湖單弱。樞輔尚屬築舍。不以金陵爲孤注耶。

清陽方興總督河道。駐濟寧。方興故遼東貢生。登清虜進士第一。至是語于濟寧道朱國柱曰。不得江南。則漕運阻矣。將何以成天下。因檄下山東。

辛丑。始補內閣中書舍人。稽孟宗。劉孔中。林僑。沈萬綏。張陛。葉胤祖。方世鳴。魏世胤。唐允甲。虞極。趙宏祖。本明。李彙芳。龔彙烈。胡承善。謝家駿。許友。史儒綱。

王瀠爲右僉都御史。巡撫登萊東江等處。援遼贊理軍務。

命都督牟文綬總兵鎮守荆州。

進路振飛都察院右副都御史東江等處援遼贊理軍務。

太監袁昇請催各鎮鈔關稅銀。

靖南侯黃得功移廬州興平伯高傑移徐泗仍合兵防河。

故兵部左侍郎沈子木謚恭靖廕監。

故南京工部尚書沈敬炌謚襄敏。

南京吏部尚書徐石麒劾御史黃耳鼎規避年例借參吳昌時爲護身符疏進上不聽。

壬寅。戶科給事中陸朗復訐冢臣徐石麒。

巡按浙江御史任天成劾浙宦金汝礪繆沅身污僞命。張璘然方允昌爲賊親任。一歸一留。李綱徐家材俱受僞職。庶吉士魯璵王自超吳爾壎魏學濂爲賊所留。止學濂自縊。餘人猶戀身家。臣誼安容。

命王允成鎮守岳州。馬進忠鎮守荆州。

命劉泌宣諭四川。即留王應熊軍前贊畫。

巡撫淮安田仰逮光時亨至。

賜國初江西參政事陶安翰林院承旨詹同俱謚文獻。行省都事孫炎忠愍。行省郎中王愷莊愍。太平知府許瑗忠節。行省郎中胡深襄節。

甲辰。黃道周爲南京禮部尚書兼翰林院學士。協理詹事府。陳盟謝德溥並爲禮部右侍郎兼侍讀學士。協理詹事府。曹勛爲少詹事。程正揆爲右春坊右諭德兼修撰。

大學士馬士英請州縣童生各輸二金以助餉。送試學道。報可。

存問前大學士傅冠。

東平伯劉澤清薦張鳳翔李棲鳳可預重臣之選。

乙巳宗敦一爲南京通政司右通政張鼎延爲南京大理寺丞。

丙午故御史蔣欽謚忠烈。兵部員外郎陸震。行人孟陽謚忠定。工部主事何遵謚忠節。行人李紹賢謚忠端。行人司副余廷贊謚忠愍。刑部郎中劉校謚孝毅。大理評事林公黼謚忠恪。詹寅謚忠憲。御史李翰臣謚忠毅。行人詹軾。謚忠潔。□□劉平甫。謚忠質。順天府丞周璽謚忠慤。都指揮僉事張英謚忠壯。皆正德間死諫。故營繕郎中萬燝謚忠貞。故巡撫應天右僉都御史周起元謚忠惠。故御史李應昇謚忠毅。黃尊素謚忠端。故左諭德繆昌期謚忠貞。故右僉都御史左光斗。故御史周宗建。故太僕寺少卿周朝端。並謚忠毅。故御史袁化中謚忠愍。故禮部郎中顧大章謚裕愍。故太監李鳳翔謚恭壯。立祠予祭葬。廕錦衣衛千戶。鳳翔遭變名下韓贊周求卹。禮部署事右侍郎管紹寧難其謚。贊周不悅曰。吾輩獨不得以謚之乎。遂不敢執正。

談遷曰。左貂易名。僅元李邦華。彼朔漠無足道。今南渡再之。李鳳翔後又有王承恩忠愍。守府之謂何。而弁髦之以爲餌。是以知南渡之不長也。

都督同知杜宏域提督池州太平。

江北監軍太僕寺少卿萬元吉還朝。仍本寺。

丁未張拱辰嗣隆平侯。 拱徽弟。

興平伯高傑爲歸南諸臣求末減。

諭工部大婚禮應用珠玉如數解進。

加何騰蛟兼撫湖南江北。

黃斌卿不受調。引疾。諭督輔調來防江舟師黃蜚四萬之衆。大都淮上防扼。亦宜酌議奏定。

定恭皇帝園曰熙陵。

奉化布衣張翃明直言政所克終，命下刑部獄。

戊申，大學士高弘圖辭疾，久不入直，命鴻臚寺卿慰留。

田仰請給淮鎮米百六十萬石。

清將楊方興收服山東土寇。

己酉，撫寧侯朱國弼進封保國公，爵一輩，領中府事，添註。懷遠侯常延齡進太子太傅，予一子文廕入監。

左夢庚爲平賊將軍。

給河南巡撫越其杰餉金十萬。

南京工科給事中李維樾言：日來道途鼎沸，不擇配而過門，皆云王田兩中貴强取民間處女以備宮闈。有方士營婺婦楊家少女自刎，母亦投井死，亦大異矣。

南京工科給事中李清言：今秦晉屬順，燕代屬清，兗豫已爲甌脫，閩粵解京無幾，徽寧力殫于安慶蕪湖二撫，常鎮用竭于京口二鎮，養兵上供者僅蘇松江浙，且昔以天下供天下而猶且不足，今以一隅供天下而獨有餘乎。營建儀器事事增出，其何支也。

庚戌，議恭皇帝特廟，遣祭雒陽。

李沾爲南京左都御史。張鳳翔爲兵部左侍郎。添設張希夏爲吏科都給事中。

立開納助工事例：武英殿中書舍人九百金，文華殿中書舍人一千五百金，內閣中書二千金，翰林待詔三千金，拔貢一千金，推官知縣銜一千金，監紀職方司價不一致。前納置之，仍再納。時謠曰：中書隨地有，翰林滿街走，監紀多如羊，職方賤如狗，廕起千年塵，拔貢一呈首，操盡江南錢，塡塞馬家口。

諭兵部曰。沿江文武官悉聽阮大鋮參處。又諭江上水兵五萬。陸兵三萬。今上下江兵水陸一萬五千。操江兵三萬。尚少三萬。議募補。

太監韓贊周再進淑女六人。

有男子夜至嘉定伯周奎門。聞于清朝攝政王。首冠九華巾。青布衣。令中官辨之。或云。眞太子也。輒坐死。下獄暴卒。

談遷曰。豺虎交道。青宮果得脫無恙。幸也。意必魚服自遠。脫離險阱。而復投京師以自取殞滅。豈年少而不及慮之耶。易姓改命。即乘黃犢車詣北闕下。將來一廷尉力耳。萬無生理。況嘉定鼠輩。非邵平者流。希合取容。自不能免。然當時隱置奧室。如蘉如蟄。似非甚難。而張皇其事。致干嚴典。則懼禍之甚。祇知保全身家而不復顧名義矣。老人事頗誕。果先帝血屬。神而祐之。有仍之逃戶。史皇孫之出獄。當獲保六尺。何隨而庇隨而殲也。錢鳳覽慨然引義于斷獄。未敢謂雋不疑而志殉故國。寧不與安金藏爭烈乎哉。明春金陵又稱太子矣。孰是孰非。愈增疑案。予親聞內臣蘇某謂王之明蓋眞太子也。及入燕。值山陽咸生從左懋第使燕者。左聞太子事。日使人偵之。頗以爲眞。而予謁思陵內臣許某云。非眞太子也。眞太子目眥甚薄。危胸下齒半焦。今河目巨鼻。其贋明矣。又夏允彝偶存錄云。二王至陝中尙無恙。吾鄉人有親見之者。嗚呼。曾參殺人。報者三至。慈母投杼。今僞太子不一。史臣執筆。其何所適從哉。

辛亥。督師大學士史可法奏言。各鎮兵久駐江北。皆待餉不進。聽胡騎南來。索錢糧戶口冊報。後遂爲胡土。我爭之非易。虛延日月。貽誤封疆。罪在于臣。適得北信。九陵仍設提督內臣。起罪輔馮銓。選用北人殆盡。或不忘本朝。意圖南下。避匿無從。是河北土地人才俱失矣。乞速詔求賢。徧諭北畿河北山東在籍各官及科甲貢監但懷忠報國。及早南來。破格重用。從之。

命僑寓文官赴吏部。武官赴兵部。各報名量用。

壬子。禁武臣乘輿。自副將以下宜乘馬。然亦不能革也。

河決汴口。

癸丑。起葛寅亮太常寺卿。

御史黃耳鼎奏徐石麒陷害外轉。又奏劉宗周妄議從逆。戶科給事中陸朗論徐石麒貪邪。卽王思任爲趙之龍所薦。何得擅置察中。

大盜程繼孔斂入蕭縣。高傑紿執之。

甲寅。賜駙馬都尉齊贊元千金。

御史沈宸荃上言。皇上御極以來。寇敵之情形又日變。臣工之泄沓則猶昔。使非皇上痛心憤志。切齒于君親之大恨。深圖于社稷之遠猷。早朝晏罷嘗胆臥薪。與當事臣鄰。刻刻經度。麥飯不得灑于山陵。何以錦衣玉食。臣庶半淪于腥穢。何以秘殿深宮。況屢挫之餘。餘志未定。獻據荆襄。胡趨東省。戰則未可遽言。守則宜居重江陵。扼險夷陵爲第一重藩籬。更不獲已。則仿宋之南渡。自襄樊蘄黃楚宿山陽爲第二重門戶。庶乎南都少可以安枕矣。郡縣各練鄕勇。宜以實餉。而餉又難言之。歲入六百餘萬。淮徐四鎭及督師至二百四十萬。楚一藩四鎭二督二撫。江一督二撫二鎭。京營浦口京口各鎭。歲餉又豈下于淮徐哉。卽神運鬼輸。亦未能足。高皇帝得金陵。康茂才充營田使。今屯政宜酌舉也。以利之所入。減餉之所出。若東豫撫按。亦多請餉。惟與諸臣參酌。其服御儀文。可止可減可緩。則以上之節儉倡也。

陳洪範左懋第至于楊村。士人曹遜金鑣孫正疆等見懋第。矢志報國。請從。懋第曰。渡江來僅見爾等。並署參謀。

十月軋朔。頒明年宏光曆。

李成棟爲鎭徐將軍總兵官。駐徐州。改李朝雲後勁總兵。李世春總兵駐泗州。都督僉事賀胤昌總兵。駐揚州。

王庸王無黨世授南京錦衣衞指揮僉事。俱大學士王鐸子。以舟渡慈鑾也。

南京吏部尙書徐石麒罷。石麒先引疾出城。馬士英欲用張捷。嗾給事中陸朗御史黃耳鼎連章逐之。捷因署部事。

故大學士周延儒子奕封奏求宥贓。命免其半。追汪曙六萬金。延儒弟正儒同婦翁曙。俱壬午南榜貢士。至是奕封委贓于叔。

丙辰。戒文武諸臣酣宴。

南安伯鄭芝龍爲總兵官。鎭守福建。都督僉事羅聯芳爲總兵官。鎭守貴州銅仁。

起梁雲構爲南京兵部右侍郎。添設錢元慤爲南京太僕寺少卿。

保寧王□□厲南昌。

百戶魏棟等自言扈衞之勞。各進一級。

漕米准每石輸耗一斗二升。

丁巳。李之椿爲南京尙寶司卿。

鑄弘光錢。

清總兵章□□駐臨清。檄濟寧。聲言兵四十萬南下。諭郡縣備餉。

戊午。命應天尹禳旱。

減吳昌時贓銀十之五。

南京錦衣衛左都督馮可宗補江陰知縣李令晳賄左都御史李沾有跡。馬士英為之請。命不問。

保國公朱國弼求誥券世襲。不許。仍俟祿。

南京協理詹事府禮部尚書錢謙益上言。嚴內治。定廟算。振紀綱。惜人才。其惜人才。薦前刑部右侍郎蔡奕琛故都察院右副都御史楊維垣等。謂奕琛以復社攻臣。事過即釋。逆案之故入者。賈繼春阮大鋮皆慷慨魁壘奇男子也。上讀其疏。首引晉元帝大極殿帳。冬青布。夏青練。怒曰。朕將罷西宮露居耶。傳旨。蔡奕琛楊維垣等下吏部酌用。自是逆案始牽復矣。奕琛與馬士英同年。而善謙益。度必用。迎附之。後奕琛語人曰。我自起用。何預牧齋事。謙益覬相位。日逢馬阮意游宴。聞者鄙之。

己未。故兵部尚書張縉彥奏在河北收義勇。誅偽官。其姻家大學士王鐸保之。命仍兵部尚書。總督北京山西河南軍務。便宜行事。給空札二百。文武辟用。其家月贍粟五石。

談遷曰。先帝以貌取人。失不獨縉彥。而僨國之甚。為都人士切齒。莫縉彥若矣。刑賞失經。鎖鑰如故。將負且乘。致寇至。可一二見耶。

大學士高弘圖引疾去。寓蘇州。

張孫振補西川道御史。

清虜分兵。東至沂。西至濮。

庚申。司禮太監孫元德催餉。浙直福建金花段價一應年額關稅鹽漕備練等項。

時上高居深拱。耽聲色飲宴。馬士英當國。與劉孔昭阮大鋮等比。濁亂國是。內則盧九德張執中田成諸閹。外則張捷李沾楊維垣。一倡羣和。兼劉澤清高傑二鎮遙制朝權。朱國弼趙之龍侵撓吏事。邊警日迫。而上不知也。

壬戌。馮可宗廕錦衣衛指揮僉事。

東平伯劉澤清殺副總兵劉孔和。孔和故大學士鴻訓次子。澤清前附之。既貴極。孔和反叔事焉。因戲語失歡。遣領二千人渡河。忽召斬之。部卒洶洶。擊斬數百人。奏孔和通虜觀望。誅之。

故南京國子祭酒陳仁錫。贈詹事。諡文莊。故禮部右侍郎張邦紀。贈尙書。諡文懿。

淸巡撫山東右僉都御史方大猷。以魚臺諸生胡增光欽光版授豐沛知縣。增光至豐。前知縣劉燧走死。

癸亥。金聲桓爲中軍都督府僉書。

張獻忠陷成都。蜀王至澍率宮眷投于井。撫臣龍文光總兵劉嘉胤投浣花溪死之。御史劉之勃。賊縳于端禮門外以射之。至死罵不絕聲。推官劉士斗成都知縣吳繼善華陽知縣沈雲祚先後死之。

故大學士孔貞運。贈少保。

甲子。進何騰蛟南京兵部右侍郎。仍兼右僉都御史。巡撫湖廣。

故總督京營司禮太監王承恩。諡忠愍。立祠。廕錦衣衛指揮僉事。王之心等七人。予祭葬。廕正千戶。祔祠。

籍故巡撫朱一馮家。一馮占匿蘆課。

乙丑。起鄒之麟南京尙寶司丞。

總督田仰奏鳳陽地震。

淮安自路振飛王燮獎率各坊義兵甚衆。繼各去。劉澤淸盡散義兵。簡其亡賴籍部下。時掠村落。田仰日歡宴。或問禦北之策。澤清曰。吾擁立福王而來。以此供我休息。萬一有事。吾自擇江南一郡去耳。

丙寅。吏部考功司郎中梁羽明加太常寺少卿。揭重熙爲驗封司主事。

司禮太監田成選婚浙江。

御史胡時亨言。近來章奏文武陞授。皆出勳臣之口。至從逆僞官。藉口軍前求進。武臣不效命。謂文臣掣其肘。今不又武臣掣文臣之肘乎。又言黃國琦施鳳儀補用。臣實駭之。黃則僞吏部掌驗封者也。施則管儀仗時語賊不可用亡國之器。願自費千金造之。此何人而辱班行乎。

丁卯。貢士李文煌授中書舍人。兼兵部職方司主事。仍會試。

馬士英奏賜王永吉斗牛服。以隆接待北使之體。從之。

南京兵科左給事中王之晉奏。臨淮侯李祖述。勳衞朱元臣。偷生負主。有媿諸勳。下部議。制曰。李祖述奉命守門。城陷君亡。偷生南竄。下刑部覆議。

勸農兵部尚書丁啓睿奏。清吏部侍郎金之俊薦臣。檄至臣家。家人執之以聞。命嚴河防。

浙江布政司照磨張明弼奏。故南京吏部員外郎周鑣積習險惡。章下所司。鑣出明弼之門。今盡發其私。乘時下石。爲世所譏。

南京署部事吏部左侍郎張捷言。先帝末造。民心。兵心。士子之心。將吏之心。無所不壞。要皆在廷諸臣之先壞而種種因之。重賄所歸。使人不知有法紀。以科場爲壟斷。以文字爲糾連。舉貪官污吏之所漁獵。豪紳悍士之所誆騙。憤帥驕兵之所淫掠。聚毒于民。民心既去。國運隨之。禍及先帝矣。

許重熙曰。捷疏甚得當日情景。而立朝後一惟阿黨是徇。毒更甚焉。古人所以致慨于目睫也。

鳳陽守備太監谷國珍奏泗州祖陵屢震。

庚午。故南京工部尚書沈儆炌加贈太子太傅。故□□□□葛錫蕃贈南京太常寺卿。各廕子入國子監。

南京兵部職方司□□監軍鎭江楊文驄請弘佛敎以扶王化。報聞。

監生蔣佐上累朝實錄。

總兵許定國開鎭睢州。

清虜入海州。

辛未。給潞王常淓漕粟萬石。

庶吉士史可程北歸。命往督輔私邸候議。史可法奏乞矜宥。

東平伯劉澤淸招集商船爲水營。薦黃國琦監軍。

諭司禮太監韓贊周嚴訪京城淑女。匿者鄰人株坐。

清虜入宿遷。

壬申。張居爲南京右春坊右中允兼翰林院簡討。李景濂爲右中允。仍國子司業。陳于鼎程正揆爲左右庶子兼翰林侍讀。趙士春爲左中允兼翰林編修。

南京吏部右侍郎張捷傳陞南京吏部尙書。兵部職方主事彭遇颽傳改南京山西道御史。遇颽以進士首附馬士英。

南京刑科給事中梁應琦奏周仲璉卑汚無恥。命逮之。御史鄭瑜薦故巡撫陝西右僉都御史李喬素著淸能。命復官。蓋仲璉于寇入京削髮潛遁。

癸酉。丁魁楚爲兵部右侍郎兼右僉都御史。總督兩廣兼巡撫廣東。

甲戌。南京右春坊右諭德衞胤文兼南京兵科給事中。監高傑軍。胤文在燕。以鄉故免禍走南。因高傑以請史可法薦之。

京口總兵鄭鴻逵加橫海將軍。

授朱統鑽行人司行人。

乙亥。命靖南侯黃得功廣昌伯劉良佐合兵駐鳳壽。

敕王永吉駐徐州料理山東河北戰守。

張秉貞爲右僉都御史巡撫浙江。時吏部推南京太僕寺少卿張弘道四川按察副使張秉貞。秉貞以阮大鋮甥得之。

外戚李誠臣奏要典始末。

丙子。停冬至日郊祀俟明年正月。

頒戶部印單給各撫按下守令實塡贖鍰之數。

蓬萊諸生吳脈邕上中興恢復議。除監紀推官赴巡撫王濚軍中。

李自成遣兵出潼關。分八營。三營趨歸德。三營趨裕州。二營據郟縣。

丁丑。解學龍爲南京刑部尚書。陳盟爲南京吏部右侍郎。起楊維垣南京通政司使。

故巡按湖廣御史劉熙祚贈南京大理寺卿。謚忠毅。廕子朝鑑入國子監。制曰。身先百戰。思隻手以支天。力衛三藩。竟孑軀而遇雨。留題壁上。浩同信國之歌。詈賊軍中。芬擬常山之舌。而矢志愈烈。絕命彌雄。野火流光。歎精靈之不泯。陰房照碧。覺英爽之猶生。於戲。睢陽雀盡。彌彰貫日之心。建武龍飛。用顯騎鯨之氣。申滋渙汗。報爾銜鬚。

河南勸農尙書丁啓睿罷。

左中允劉正宗前使衡府納節。

戊寅。進左良玉太子太傅。

南京兵部車駕主事馮元飂監黃得功軍。築牆河上。

己卯。復張鳳翔南京兵部尚書。管左侍郎事。

辛巳。淸虜遣左懋第等南還。數騎趣之出和定門。合百騎。

壬午。貞純肅哲聖敬仁毅恭皇帝遺像至自河南。

左都督曹友義北至。命領黃河水師。改金聲桓援勦豫楚總兵官。

癸未。劉安行爲右僉都御史。提督浙直屯田市舶魚鹽等稅兼理海防。劉若金爲右僉都御史。提督閩廣開屯市舶魚鹽橋稅珠池兼理海防。

諭吏部曰。知縣郝明徽原非行賄。准復原官。

甲申。張士楫爲南京太常寺少卿。提督四夷館。

南京河南道御史張孫振追劾吳甡鄭三俊劉宗周祁彪佳。

是月。李自成聞淸虜漸迫。遣兵政府侍郎張廷元巡河。問爾家山西。聞淸兵來若干。曰。聞二十萬。自成色不懌。隨問爾近有家信否。曰。淸兵至臣鄉。謂臣賊官。殺及全家。自成怒。殺廷元。自成任意殺人。不涉司寇。牛金星謂當下刑部。刑政府侍郎耿始然。初順賊指重論。旣兩月。多執奏。自成面呵曰。當死。始然懼。夫婦並自殺。

十一月乙亥朔。周府安鄉王□□居無錫。

予故大學士許士柔祭葬。

故□□□□莊祖誨。贈南京戶部尚書。廕子入國子監。

丙戌。起蔡奕琛南京吏部左侍郎。

御史游有倫言。今日國是淆亂。不知禮義廉恥爲何物。明知君子進退不苟。故以含沙之口激之使去。臺省中微有規諷。則以爲比黨。相戒結舌。眞所謂前有讒而不見。後有賊而不知也。

丁亥。故翰林院修撰沈懋學。謚文節。諭德焦竑。謚文端。

戊子。故□□□□閔仲儼贈南京禮部右侍郎。

慈禧殿成。西宮舊園。

己丑。巡按河南御史陳潛夫私回家。命撫按察之。

南京兵部右侍郎左懋第等還至滄州十里鋪。淸虜邀懋第及太僕寺少卿馬紹愉北行。獨縱陳洪範歸。懋第語吏卒曰。我死無憾。若等死無益。不若盡止滄州。我入京覲進止。馳奏。明日從數騎而北。左營副總兵張友才後營副總兵楊逢春都指揮劉英騎卒三百餘人止滄州。懋第入京。幽之太醫院。疏未及發。久之。啓攝政王曰。懋第奉命北行。以禮通兩國之好。今無故羈我使士馬。日呼庚癸。則後之持節者。誰是冒險以圖國。是必至上干天和。下戕民命。亦非貴國之利也。攝政王令內院諭慰懋第。少俟之。已而內院大學士洪承疇過訪。懋第叱曰。此鬼也。承疇統制三邊。松杏之敗。身殉馬革。先帝賜祭。加醮九壇。褒以錫廕。承疇死久矣。閹者安得通之。若所見者鬼也。承疇欲前。詈加甚。乃退。越數日。內院大學士李建泰來謁。懋第曰。老賊尙在。先帝特寵餞之。勅兵剿賊。旣不殉國。又失身焉。老賊何面目見我。建泰亦退。嗣後拒朝士不見。朝士亦憚見之。

太監谷國珍奏鳳陽火災。

丁啓睿丁魁楚合奏有僞吏部侍郎金之俊保舉臣啓睿臣魁楚。僞撫遣人持檄。劉良佐獲之。合詞待罪。

庚寅。東平伯劉澤淸誣山東總兵丘磊通北。伺其航海往安東。柏永馥王遵坦召磊進署。突兵擒之。

行人莊則敬自言曾事先福恭王。命預考選。

命文武官盡支本色。

太監韓贊周請西洋大砲。

辛卯。許乙榜諸生納貢。

常應俊薦許定國實心恢復。因命給印。

壬辰。令北方流寓諸生寄學淮安。

慈烓嗣吉王。

總兵馬進忠鎭荆州。

予故兵部尚書王在晉祭葬。

癸巳。始設起居注八員。

駙馬都尉齊贊元頌劉孔昭翼戴功深。賞不足酬。下吏部再議。

王驥爲太僕寺少卿。

遼王□□寓寧海。祁陽王□□寓邵武。

甲午。南京太僕寺署在滁州。改于應天。

戶科給事中陸朗劾徐石麒以巧詐文其貪。劉宗周以迂腐託于正。必眞才眞品如王驥鄭瑜畀以節鉞。當無多讓。

左良玉奏承天德安吏卒絕餉飢斃。

清將屯沂州。分兵趨沭陽邳州宿遷。檄郯城儲餉。

乙未。端門西旁舍火。

淮安推官沈泠之守邳州。清兵攻十四日。不克。

丙申。琉球國中山王世子尚賢來貢求封。

命總兵鄭鴻逵節制京口至海門。

命戶部中宮禮冠三萬金。常冠萬金。

故總督薊遼兵部右侍郎吳阿衡謚忠毅。

督師大學士史可法奏言。痛自三月以來至于今日。陵廟荒蕪。山河鼎沸。大仇數月。一兵未加。近見虜示。公然以逆加我。辱我使臣。蹂我近地。是和議固斷斷難成也。一旦寇爲虜併。必合力南侵。即寇勢尚强。虜必轉與寇合。宗社之安危決于此日。先帝以千古未有之變。恭皇帝亦千古未有之仇。庶民之家。父兄被殺。尚思穴胸斷脰。得而甘心。朝廷之上。顧可以漠置之耶。以臣仰觀聖德。俯察人情。似有初而鮮終。改德而見怨。虜强而我弱。虜衆而吾寡。虜假行仁義而吾漸失人心。竊恐恢復之無期而偏安之未可保也。不急之工役可已之煩費。一切報罷。朝夕之宴飲。左右之獻諛。一切謝絕。即事關大禮。萬不容廢。亦從儉約。蓋寇一日不滅。虜一日不歸。即有宮室。豈能晏處。即有錦衣玉食。豈能安享。此時一切舉動。皆一時人心向背之所關。敵國窺伺之所係也。必皇上念念刻刻。憤先帝之大仇。振舉朝之精神。庶人心可救而天心可回耳。

丁酉。南京左僉都御史郭維經屢引疾。不允。

巡撫應天右僉都御史祁彪佳罷。

戊戌。大理寺卿鄭瑄罷。

獎司禮太監高起潛冒險來歸。

己亥。起朱繼祚爲南京少詹事兼侍讀學士。

贈故□□□□陸世科南京都察院右都御史。

東平伯劉澤淸奏。淸將夏成祖發兵濟寧。楊方興在宿遷。集鐵工鍛鍊鐵條束筏。臣今議分民防河。三里一堡。

百步一圈空處築牆挑濠。王㶏田仰王永吉自安東至徐蕭碭屬督輔。開封歸德屬越其杰侯左懋第回日另圖也。

黔兵缺餉三月。上切責戶部。

戶科給事中羅萬象言事奪歲俸。

庚子。李永茂爲右僉都御史。巡撫南贛汀韶。

給浙江總兵官王之仁鎭倭將軍印。

屈動補南京吏科給事中。

張獻忠卽僞位。國號大西。改元大順。以兵脅蜀紳。不至者沒其妻子。敍州尹伸不屈被殺。工科給事中吳宇英亦不屈死之。

辛丑。加沈廷揚南京光祿寺少卿。仍理餉。宋劼李獝龍各進南京太僕寺少卿。仍監軍。王文企爲南京太僕寺丞。

追論江右功。前巡撫解學龍世錦衣衛千戶。

修奉先殿。

孫維城嗣懷寧侯。補誥券。

周府臨汝王□□厲武進。

故貢士歸子慕張世偉顧雲鴻各贈南京翰林院待詔。

壬寅。工科都給事中許譽卿終養。

巡按河南御史陳潛夫奏張縉彥淩駉南渡。命卽駐河南。不必入朝。

前禮部儀制郎中周之璵上玉牒稿。
總兵黃調鼎進都督同知。
癸卯。兵科給事中戴英奏辨被誣始末。
甲辰。曹勳爲南京禮部右侍郎兼翰林院侍讀學士。仍署院。沈延嘉爲南京右春坊右諭德兼翰林院侍講。劉同升陳之遴爲左春坊左中允兼翰林院編修。
故巡按山東御史宋學朱贈大理寺卿。
西鄂王□□寓寧國。
命大衢山開屯。
田仰報清虜入沂莒。哨騎至沭陽贛榆。遼人趙福星爲宿遷道。屯兵五千。
安遠侯柳祚昌薦程士達吏科給事中□□參士達富賈。非可與舉貢同例。
乙巳。魯王以海居台州。
丙午。南京都察院左都御史李沾請分臺員從逆眞枉。從之。
戒宗室換授。
潁州諸生盧鴻上七政曆。
丁未。長至節受朝賀。
九江分守道四川監軍耿廷籙加南京太僕寺少卿。
命調雲南臨安府土官沙定州兵萬人從建昌入蜀。
南京兵部尚書張鳳翔以原官兼右副都御史。總督水陸浙直軍務兼巡撫蘇松常鎭。盧若騰爲南京右僉都御史督理江北屯田巡撫鳳陽。

申紹芳言江北需餉甚急命戶部于近縣措二十萬付之。

戊申。誠意伯劉孔昭以定策功進侯。辭特旨奬之。

諭吏部。御史王孫蕃與李沾定策同勞優敍。

諭禮部。求恩濫予可厭宗室呼籲辨憑宜愼之。

諭兵部。職方監軍太濫。俱不允。

己酉。始榷酒助餉。從馬士英之請。

總兵黃斌卿移安慶都督許定國鎭開封河雒。與王之綱合剿。

御史沈宸荃劾督撫張縉彥王永吉何謙丘祖德黃希憲曾化龍。有旨縉彥永吉不問。餘下法司。

興平伯高傑請籍沒周延儒財產。諭不忍行。

命湖廣明年田租徵十之五。

庚戌。總兵黃昇請牛種興屯。

鎭江監軍南京兵部職方員外郞楊文驄請城金山圌山。從之。

辛亥。王用賓爲南京光祿寺卿。

東平伯劉澤淸薦故僞官時敏興屯海外。

命御史蘇京駐廟灣防海。

命王永吉同河南撫按塞汴口。

壬子。故編修□□胡守恆予祭葬。

癸丑。命馬士英大閱。

甲寅。上起居不愼幾殆。輔臣入候。羣閹竊竊有所指畫。良久乃退。時謠曰。金刀莫試割。長弓早上弦。求田方得祿。買馬卽爲官。

起楊公翰南京太僕寺卿。

福建分守汀州兵備夏尚絅進萬金助餉。有旨。以道臣而捐萬金。操守可知。況汀寇猖獗。貽禍地方。命逮之。

十二月舤朔。進練國事南京兵部尚書。臼貽清太子太保。

故□□□李應期贈太僕寺卿。

清虜萬騎下河南。

荆王慈霙寓九江。

丙辰。琉球使臣金應元入朝。

丁巳。命總督王永吉防河。劉澤清高傑聯絡張縉彥巡撫王燮。俱分戍河北。移王燮淮上。黃得功劉良佐就沂地援邳宿。

馬士英奏劉孔昭實心定策。劉澤清張文光密議效忠。遂進孔昭誠意侯。澤清東平侯。加文光南京太僕寺少卿。

戊午。命國初馮國用馮勝裔孫各外衞指揮僉事。世襲。

己未。進劉孔胤右都督。

馬士英薦胡國貞等悉加總兵銜。

僞弘文院修撰韓四維奏。臣前同永康侯徐錫登使岷府。三月十日出都門。未經賊辱。棄家南奔。命復左春坊左諭德。四維降賊。願輸二萬金求國子司業。竟降修撰。于是工科給事中戴英言冊使禮部例四月中旬具題。二十六日傳制領節領冊。今三月十日。非例也。上亦不問。

淩駉馳赴河南。上清虜所授符印實授御史。

召楊鶚回部。

辛酉。故南京刑部尚書沈演。贈太子太保。

進何騰蛟總督四川湖廣雲南貴州廣西軍務。

安遠侯柳祚昌自言定策功高。斥之。

阮大鋮編巢湖民船爲保甲。

壬戌。興平伯高傑奏薦舊臣黃道周易應昌王志道解學龍劉同升趙士春章正宸爲衆正。吳甡鄭三俊爲萬世瞻仰。金光宸熊開元姜埰無愧社稷臣。金聲沈正宗夙儲經濟。

癸亥。吳國華爲南京右春坊右諭德。

故□□□□過庭訓贈應天府尹。

定勇衛營萬五千人。

南京刑部奏故巡撫偏沅陳睿謨失守封疆罪。許三萬金贖。

命司禮太監高起潛駐浦口。有警應援河上。

甲子。王之晉爲南京兵科都給事中。沈向馮明玠補南京廣東廣西道御史。

命太監盧九德丈量蘆洲升課。

許桂王妃王氏扶王柩回衡州。

乙丑。齊府宗長知壏等請換授官。不許。

午刻。滎澤縣郭村忽現大城。門堞畢具。歷二時方隱。天官書所謂廣漠之氣成城郭也。總督張縉彥以聞。

丙寅。妖僧大悲下南京錦衣衞獄。大悲爲休寧朱世傑。寓蘇之楓橋永明庵。聞潞王好佛。求見之。稱先帝實未晏駕。又自稱齊府庶人。先帝命復王爵。類病狂者。至南京石城門被執。詞連侍郎申紹芳錢謙益等。河南道御史張孫振與兵部右侍郎阮大鋮欲借以起大獄。流傳有十八羅漢五十三參之名。海內清流皆入其內。如徐石麒徐汧陳子龍祁彪佳之屬咸列焉。馬士英意頗不欲殺人。故中止。

督師大學士史可法請發鉛彈三萬斤。生鐵十二萬斤。銅甲葉五百副。命部給之。可法薦貢士韓詩等。吏科都給事中張希夏言。督撫所薦司道推知貢監生員。巧詐畢見。無非干祿。有旨命嚴覈參處。

熊汝霖爲南京禮科左給事中。

丁卯。清命豫王阿吉哥自孟縣渡河。初拘船百五十。爲賊夜掠。遂作浮橋南渡趨潼關。

尹伸顧光祖爲南京太僕寺少卿。各添注。

戊辰。李希沆爲南京兵部左侍郎。添設高斗樞爲南京右僉都御史。巡撫湖廣。

阮大鋮築鴨磯堡。奬其勞。

談遷曰。予嘗見陳洪範云。清虜深德我神宗皇帝。意似可和。抑知其不然也。左司馬專對不屈。洪範借以飾奏。爲之慨然。彼東胡始入燕。未聞遠略。漢人從逆。導之南下。胥海內而左袵之。而又不以佐命見。則所謂絕好殺。使臣下江南者。是誠何心哉。入吾室。操吾戈。草芥寇仇之報。臣道或當如是耶。

購三朝要典。通政司使楊維垣以三朝要典燬于黨人也。于是吏部議卹劉廷元徐紹吉霍維華呂純如徐大化賈繼春徐揚先岳駿聲薦周昌晉徐復陽虞廷陛郭如闇季寓庸陳以瑞曹谷等。并及唐世濟章光岳袁弘勳許鼎臣楊兆升。

庚午。諭。恩典武臣加級請封自今年六月四日止。

禁宗室入京。

令大西洋人畢方濟等從劉若金往議粤船事宜。

壬申。進馬士英少師。

周府義陽王□□厲太倉。

申飭朝儀。

馬士英奏虜雖窺渡甚急。然寇勢尚强。虜豈無後患。自昔强弱何常。赤壁三萬。淝水八千。况我全盛乎。痛飲黄龍。願諸鎮勵之也。

南京工科給事中李□□請講求經術。報聞。

癸酉。陳燕翼爲南京吏科右給事中。錢增爲兵科左給事中。

四川按察僉事張一甲奏川省潰決東則襄賊直陷夔門由忠萬而上。勢如破竹。北則李自成漸偪閬中廣元昭化以南。久樹降旗。通巴一帶日爲猺兵土賊所掠。六月二十一日。張獻忠陷重慶瑞王遇害舊院陳士奇拷死。紳弁俱殲。兵民斫一手者萬計。八月五日圍成都。九日大砲破城。官民慘死。擁屍塞流。蜀王撫按而下。不知所終。李自成于七月招降保寧士民投順川非無兵。爲猺黄折盡。自涪渝繼陷。各兵斷臂放歸。見者寒心。非有大兵拯救。全蜀必亡矣。

前大學士錢士升進太子太保。廕孫燾中書舍人。

命左都督年文綬鼓銳先赴施州集兵至于夔州扼張獻忠兵東下。

進四川參將侯天錫都督僉事。

甲戌。故工部主事李逢申贈南京太僕寺少卿。

進史可法少保。合各鎮援邳州。

總督四川王應熊奏川民所供重慶成都軍餉七八十萬。悉爲盜有。川將如羅于華侯天錫曾英王祥。餘勇可賈。宜亟用之。

祁逢吉爲南京光祿寺卿。添注。

故翰林院編修胡守恆謚文節。予祭葬。

補方士亮南京刑科給事中。郭如闇兵科給事中。丁允元吏科給事中。楊兆升工科給事中。補袁弘勳南京四川道御史。周昌晉廣東道御史。陳以瑞雲南道御史。徐復陽陝西道御史。李瑞和貴州道御史。張懋熺四川道御史。

乙亥。命左良玉恢復襄陽通路。

時敏仍兵科給事中。開屯海外大衢山。自費不支餉。

陸彬進南京光祿寺少卿。

丙子。南京通政司使楊維垣言。昔韓爌之再相也。舉國皆推薦。獨臣不肯附和。己巳虜變。有一非爌所召者乎。只成一不公之逆案。阮大鋮及臣皆以不附楊左而入乞皇上重復審定。有劉廷元徐紹吉霍維華呂純如徐大化賈繼春徐揚先岳駿聲雪而卹之。周昌晉徐復陽虞廷陛郭如闇季寓庸陳以瑞雪而用之。王永光唐世濟章光岳許鼎臣楊兆升袁弘勳徐卿伯水佳胤發憤此案者。亦宜卹而用之。章下吏部。

禁行許重熙五朝注略。

楊士聰曰。五朝注略。持論頗異。如葉福清之謚忠似謬。方德清之謚正似醜。朝論韙之。至言劉伯溫非渡江勳舊。襲封出鄉人之推戴。前人已有言之。劉孔昭一見大怒。適溫相惡倪元璐。恐其入閣。孔昭遂以倪錮妻事與許同疏。意重在許。欲開大獄。上不允。親票旨放歸。許之書遂播行。

丁丑。補謚建文諸臣。方孝孺謚文正。齊泰黃子澄張昺盧原質葉福俱謚節愍。陳迪景清胡閏俱謚忠烈。鐵鉉謚忠襄。王叔英謚文忠。黃觀謚文貞。卓敬練子寧徐輝祖俱謚忠貞。周是修王良俱謚貞毅。王艮廖昇俱謚文節。暴昭謚剛烈。茅大芳高翔陳思賢俞逢辰俱謚忠愍。黃鉞謚忠獻。曾鳳韶高巍俱謚忠毅。戴德彝魏冕俱謚毅直。姚善顏伯瑋俱謚忠惠。鄒瑾謚貞愍。陳性善謚忠節。葛誠謚果愍。胡子昭謚介愍。劉璟謚剛節。追封俞通淵檇國公。瞿能平陽伯。俱謚襄烈。謝貴英山伯。王得分水伯。俱謚勇愍。馬宣全椒伯。謚貞壯。朱鑑含山伯。謚壯烈。

故巡撫延綏右僉都御史金忠士。贈南京兵部右侍郎。

命雪故巡撫順天右副都御史陳祖苞失城之罪。復原官。從其子左中允之遴之請。已贈兵部尚書。謚忠肅。

戊寅。始御興寧宮。是日。上意不懌。太監韓贊周請其故。上曰。少佳優。贊周伏地哭曰。臣以爲思先皇帝乃至如此。

總督張縉彥請分諸臣防河。總兵王之綱自歸德至寧陵以東。許定國自寧陵西至南陽。劉洪起自祥符西至汜水。李際遇專于河雒。

興平伯高傑北征。發徐州。

禮部右侍郎管紹寧言東宮確變。命明年三月制服。

己卯。進林日瑞南京兵部尚書。甘州死難。

念鄖陽孤危固守。加徐啓元南京兵部右侍郎。高斗樞右副都御史。

唐庶人聿鍔求復王爵。不許。命徙廣西之平樂。

庚辰。命婦入賀皇太后于新宮。

倪嘉慶爲南京刑科右給事中。

復故尙書王永光姚思仁官。

諭督師大學士王應熊。蜀將悉聽調遣。文武官吏漢土兵惟卿用之。

辛巳。始禁封。

高傑至歸德。貽許定國千金。幣百之。

駙馬都尉齊贊元領南京宗人府事。

壬午。應天府丞瞿式耜爲右僉都御史。巡撫廣西。

括寧波漁課七千金。

癸未。敍平程繼孔功。進史可法太傅。廕錦衣衞正千戶。高傑太子太傅。廕錦衣衞指揮僉事。

甲申。都督僉事賈登聯爲四川總兵官。

太監孫象賢孫珍世錦衣衞指揮僉事。

時薦逆案陳爾翼聶愼行楊兆升吏科參爾翼頌璫疏有內外諸臣心廠臣之心。聶愼行久挂吏議。內計處分。楊兆升亦繫察處。

# 國榷卷一百四

乙酉弘光元年

正月乙朔。上御武英殿受朝賀。

庚寅。清虜往清口。以登州天津水師巡海。

辛卯。清虜會沂水。

壬辰。南京兵部右侍郎阮大鋮報江上築堡。

禁四六駢儷。

補馮志京張懋梧南京四川道御史。袁弘勳廣東道御史。余颺爲南京吏部稽勳司員外郎。

督師大學士史可法薦劉湘客贊畫。又請擇將守邳州。

東平伯劉澤清奏增舟師。

給丹陽鄢符如北京良鄉例。

夜。流星入紫宮。

癸巳。大雷電。

西安大雨雪十日。

豫王阿吉哥攻潼關。破之。僞巫山伯馬世耀敗死。自成欲返延安。而英王蟒蛇蝽同唐通從黃甫川西渡。谷英李過俱潰逃。英王膂力絕人。强忍而嗜殺。率三萬騎西征山西陝西。所至皆降。李自成悉銳迎戰。胡騎衝墜。賊披靡不支。斬首數萬。劉宗敏被殺。衆大潰。自成棄西安。欲焚府庫。僞澤侯田見秀曰。秦民甚苦。毋重累之。得止。自成走商雒。婦女凍死于七盤坡者數萬。見秀降。剩寇止千餘。

夏允彝曰。嗟乎。胡稱天驕。其薦食中夏。無足怪也。寇皆累朝長育之赤子。乃墟我宗社。使聖主蒙難。中宮從焉。東宮二王皆爲所獲。此其罪萬刃不足剸也。破都城不滿四旬。每欲僭位受朝。擇四月二十七日。而迫于吳三桂倉皇出走。自古大寇敗亡。亦未有如是之速者。誰謂天道無知哉。

總兵劉洪起擊賊于襄城。斬五百級。

督師大學士史可法奏。陳潛夫報清虜豫王自孟縣渡河。約五六千騎。步卒尚在覃懷。欲往潼關。皆李際遇接引。長驅而東。刻日可至。況攻邳之虜未返濟寧。豈一刻忘江北哉。請命高傑提兵二萬。與張縉彥直抵開雒。據虎牢。劉良佐貼防邳宿。從之。命給閩銃三千枚。時清虜渡雒陽。撫按俱避于潁壽沈丘。

鍾斗爲南京太常寺少卿。添注。

盜掠汀州。

總兵許定國約高傑會于睢州。

馬士英請錄故巡撫貴州陸獻明功。命廕子入國子監。

總督張縉彥巡撫歸德開封河南。率總兵王之綱許定國等防河。征剿河北潼關。越其杰仍巡撫汝寧南陽黃州。率劉洪起等恢剿楚豫。巡按河南御史淩駉監各官兼經理河北山東招諭。召陳潛夫回京。

御史沈□□請郊祀。命俟之。

督餉侍郎申紹芳奏兩淮運司輸萬金渡江。爲總兵鄭彩截留。詔諭彩勿擅。

甲午。給太監高起潛八萬金市馬。

起鄒之麟應天府丞四川布政司參議改遵義監軍。

給巡按河南御史淩駉吏部空札三十。兵部空札一百。待矢義南歸之士。

修午門。諭各推官察官役冒破工料。

乙未。授王業成錦衣衛指揮僉事。屠夢龍副千戶。以迎駕。

補高允滋南京雲南道御史。

督師大學士史可法奏北使已旋。和議無成。向仝力禦寇而不足。今復分以禦虜矣。唐宋門戶之禍。與國終始。意氣相激。化成恩仇。有心之士□□□□。而無識之人轉以爲快。孰有甚于戕我君父覆我邦家者。不此之仇而修睚眦之微。眞不知類矣。此臣之所以痛心而望于廟堂也。先帝待諸鎭何等深厚。今日之計。和不成惟有戰。戰非諸將之事而誰事也。閫外視廟堂。廟堂視皇上。尤望深思痛憤。無然泄沓。古人有言。不本人情。何由恢復。今之人情。大可見矣。

南京刑部尙書解學龍奏從逆罪案。報可。以初元停刑。

考選各官。林有本沈應昌張利民韓接祖錢源來集之徐方來莊則敬爲給事中。有本吏科。應昌利民戶科。接祖禮科。源集之兵科。方來刑科。則敬工科。黃錫袞丁胤田劉襄夏繼虞張兆熊郝錦王大捷姜應龍王懩郭貞一劉世法爲試監察御史。錫袞胤田浙江道。襄江西道。繼虞兆熊湖廣道。錦大捷應龍福建道。懩貴州道。世法雲南道。張鼎隅爲戶部主事。何平黃端伯爲禮部主事。

御史游有倫極言朝臣鎭將背公植黨。

丁酉。命天財庫內監五十三人入宮演劇。上好狎飮。聲樂不輟。

夜。河南援勦總兵許定國殺高傑于睢州。傑淸澗人。與米脂李自成同起戍卒。潰而爲盜。號翻山鷂。自成漸强。

傑隸屬焉。自成掠得邢氏。嬖之。命傑護內營。傑通于邢氏。總督洪承疇屢破羣盜。自成飢困乞降。未決。其衆散亡。勢稍衰。傑竊邢氏。以所部奔降于承疇。累從征。自成恨傑必殺之。傑亦陰爲備。禦賊必悉力。積功至偏裨。孫傳庭督師。表傑爲中軍副總兵。傑深知自成行軍曲折。傳庭以爲前鋒。大破自成。傳庭遂輕賊長驅深入。中伏而潰。秦兵多降賊。傑以宿隙避走山西。歸于蔡懋德。自成渡河追傑。傑擁兵掠河北山東。遂至徐邳所在攻剽。馬士英招之。置徐州。屬南都推戴福王。士英挾傑等以兵臨江。脅制朝臣。傑遂據揚州。虜掠載道。揚人切齒。俄封興平伯。連攻揚州城。史可法詣其營諭之。爲傑所留。分其牙兵。邀可法上書。千請無忌。擁兵跋扈。可法不能制。因命傑屯瓜洲。傑益恣掠。連檣數里。鄭鴻逵戍金山。命善水者泅江中。奪數十艘。虜獲巨萬。傑兵不善水。自是稍戢。初傑爲盜。刦許定國。殺其一家。惟定國走免。後與傑同爲列將。心銜之。秘而不言。陽爲交歡。定國素桀驁不馴。念諸將多不奉詔。傑罪尤甚。朝廷力不能誅之。苟一旦襲取之。併其兵以自强。天子亦不深罪也。乃益事傑。傑信之。請讓以睢州。益喜。至是傑頓兵城外。止從千騎。飲終日。衷甲于寢室。傑醉未起。伏者擊殺傑。傑一軍皆譁。互相殺傷。總督張縉彥監軍李昇走免。定國自歸于可法。列狀上請。可法以傑固有罪。然已封爵開藩。定國一鎮將。擅誅藩臣。此而不問。無以服諸將心。藩鎮人人自疑。不復可使矣。上不報。傑營將士咸攻定國。定國上書。逡巡不得請。走河南。降豫王。

談遷曰。藩鎮跋扈。首于高傑。所部驍悍。雄視諸將。忘其逋孽。裂以茅土。方困我史相國時。目無朝廷。賴史相國調御之力。傑遂爲我用。翻然北征。抗旌中原。扞圉河北。胡馬諒未能南牧也。陷于仇刃。自貽伊戚。而朝廷失一戰將。或天之奪我魄耶。許定國敢于殺傑。其才似非人下。貴陽遠在朝。未及應。卒假史相國立擇智計之士。招致定國曰。興平中酒。二三健兒不律。有彭寵漁陽之變。于將軍無預焉。第捕治數人。足正其法。則定國之心安。可無中行說之患。又優傑之死。贈卹加等。則興平之心亦安。部曲胥慰矣。乃明綸所頒。歸獄定國。

雖得其實。獨不念定國投北。將何所底。大之爲劉豫。次之爲李全。勢有必至。驅梟雄之人于方興之敵以自殉其肉。此實南北興亡之大機。貴陽不察。泄泄視之。而史相國于指縱之間亦未一一中其緊也。悲夫。

戶科給事中陸朗請嚴學田輸穀裕國。從之。

僞長葛令馬濬爲河南副總兵郭從寬械入京。伏誅。

進李誠銆太子太保。所請肩輿不許。

戊戌。葉廷秀爲南京光祿寺少卿。添注。

南京戶部尙書張有譽言。舊制錢糧必解部派發于外。宜著爲令。從之。

太監高起潛請佃丹陽練湖。歲可入五萬金。從之。

談遷曰。舉中原而棄之。乃開屯金堂大衢。佃練湖。毛拾髮算。亡國之規。往往如此。

太監孫象賢劾兩浙巡鹽御史李挺虧課二十六萬有奇。不容臣報。

巡按河南御史凌駉請早定恢復大計。命專畀劉澤清王永吉。

夜。亥刻月食。

己亥。東平侯劉澤清報年終措餉給兵。上奬之。諭行間事朕不中制。

庚子。南京戶部定白糧折價一兩三錢。

辛丑。上御暖閣。賜馬士英蟒服一襲。金一鎰。

南京吏部左侍郞蔡奕琛兼東閣大學士。直文淵閣。枚卜時。錢謙益阮大鋮李沾等各有奥援。而奕琛以誠意侯劉孔昭薦得之。大鋮築堡江上。聞之馳還。怒馬士英。無及。

太監劉義光下掖廷獄。

壬寅。寧南侯左良玉請留撫臣何騰蛟。有旨。設五省總督。不惟恢復荆襄。且接應巴蜀。騰蛟候高斗樞到任。方行移鎮。

癸卯。誠意侯劉孔昭請裁內地監紀官。且澄汰武秩。從之。

南京工科左給事中李淸奏故祖禮部尙書思誠天啓末被誣入逆案。命復官。

正乙眞人張應京入朝。

左都督陳洪範予告三月。

敍殿工大學士馬士英王鐸王應熊史可法各金二鎰。幣四。工部尙書何應瑞左右侍郎高倬劉士楨各進二級。廕子入國子監。工科給事中李維樾御史游有倫周元泰各進一級。主事朱日燦秦祖襄各賜金幣有差。太監韓贊周進三級。廕南京錦衣衞指揮使。賜金二鎰。幣四。盧九德劉文忠屈尙忠張執中田成王肇基高起潛孫象賢車天祥各進二級。廕錦衣衞指揮同知喬尙谷國珍何志孔趙興邦李燦蘇養性孫珍諸進朝各進一級。廕指揮僉事。孟國泰張秉正廕百戶。李國輔廕千戶。各賜金幣有差。

督餉侍郎申紹芳言故祖大學士申時行先年保護宮闈至情。報聞。

甲辰。馬思理爲南京左通政。添注張時暢爲尙寶司丞。

故翰林院編修吳孔嘉奏三朝要典宜刪崔呈秀等附入。章下所司。

兵部主事李爾熫奉命宣諭李際遇劉洪起。不值。見張縉彥于睢州而回。

乙巳。溧陽知縣李思謨不令童生納金。馬士英參降五級。

追燬各貪官誥敕。

保國公朱國弼言法司議從逆。賣法結案。上震怒。罷刑部尙書解學龍。責都察院大理寺臣回奏。

南京河南道御史張孫振言。從逆北來諸人。乃賊棄之而來。非棄賊而來也。解學龍恣意舞文。輔臣昧心罔上。國是混淆。乞敕公鞫。蓋前旨王鐸所擬。故摘及。

故巡撫山東右副都御史陳應元蔭子入國子監。

始税契。

總督袁繼咸奏。三朝要典。不必重陳。有旨。皇祖妣皇考無妄之誣。豈可不雪。事關靑史。非干宿憾。羣臣當體朕意。

丙午。迎皇考御容于大內。

□府棗陽王恭□求居宣城。不允。

起唐世濟南京左都御史兼右都御史事。葛寅亮爲南京大理寺卿。戴英爲南京兵部左侍郎。

丁未。尙寶司丞耿章光奏父如杞勤王之禍。上念其首倡可閔。復其官。

南京通政司使楊維垣言。張差風癲。坐爲刺客者。王之寀也。李可灼紅丸。謂鴆者。孫愼行也。李選侍移宮。云垂簾者。楊漣也。劉鴻訓文震孟祇驅除異己。其于君父何如也。此要典一書重頒天下。必不可緩。

戊申。督師大學士史可法奏。監軍右諭德衞胤文揭稱贊員求還朝。臣討賊未效。冀立尺寸。仰符簡書。已往積釁。庶幾少贖。上慰留之。

總兵鄭彩請全給蘇州關税。命半之。

給都督同知林翹誥命。翹江浦人。善星命。馬士英薦授中書舍人。先冒武銜。蟒玉內直。世未有也。

太監韓贊周引疾去。

己酉。周府堵陽王□□求居上海。不許。

議修徐州城。

御史黃耳鼎兼巡上下江。改敕舊分任。

上林苑監賀儒修劾禮部右侍郎管紹寧貪耄陰奸。不聽。

庚戌。故□□□□張守道贈南京工部尚書。廕子入國子監。

忻城伯趙之龍言今日章服違制。遂命勳臣而下。非賜肩輿並騎馬。坐蟒斗牛服非奉賜。麒麟白澤服非勳臣俱毋濫。

御史劉光斗請甄別大臣。從之。

劉應賓爲南京太常寺卿。

辛亥。南京協理京營戎政兵部尚書張國維省葬。李希沆攝其事。

前貴州布政司□參政陳堯言先任翰林院待詔。侍先福王。至是奏舊勞。上不省。

壬子。前南京刑部尚書解學龍削籍。言官劾其縱逆也。

監軍左諭德兼兵科都給事中衞胤文爲南京兵部右侍郎。總督高傑諸鎭兵餉。經略開封歸德。以胤文爲傑鄉人。冀轄其衆。而傑死。部曲多二志。

少詹事吳偉業都督杜弘煒各引去。

故□□□□馮任。贈南京都察院右都御史。故巡撫□□□丘禾嘉。贈南京都察院右副都御史。

二月甲寅朔。阮大鋮進南京兵部尚書兼都察院右副都御史。仍管巡閱江防。

責嘉興紹興遴選淑女。自太監田成入浙。民間嫁娶幾盡。久未竣。

南京工科都給事中李淸請修先皇帝實錄。幷易思宗廟號。及謚東宮二王。從之。

南京刑部右侍郎賀世壽奏辨男王盛從逆。命下部。
沈胤培爲南京大理寺左少卿。劉澤深爲鴻臚寺卿。添注。
罷酒稅。從戶部尚書張有譽之言。
命雲南貴州主試官。南京刑部員外郎徐復儀。中書舍人王景亮。工部主事林志遠。行人林必達。
乙卯。故□□□鄧逢蘭。贈太僕寺卿。
總督王永吉繳敕。初。永吉鎮薊遼。值變。與吳三桂約南下。迨三桂降清。永吉踉蹌而南。遷延日久。遂納前敕。
故禮部尚書李思誠。故御史張汝懋。俱復官。
周府遂平王紹焜求往河南招集寨勇。不許。
汰世爵勳衞。時東川侯勳衞胡□□脊賜奴曹應等。兵部言東川侯革久。戚畹原無勳衞散騎。故有是命。
覈北歸錦衣衞官實蹟不許輕題。
杜鏘膺太倉衞百戶。
總督袁繼咸報鄖陽被圍。
丙辰。南京太僕寺卿王驥爲右副都御史。巡撫湖廣。
靖江王亨嘉表賀登極。因奏全州連州永州皆盜陷。撫按匿不以聞。
劉應賓爲南京太常寺卿。李清爲南京大理寺右寺丞。添注。
程起鸞陸京陳煌圖等俱輸納。授南京翰林院待詔。自來詞幕無貲例。
故桂王常瀛。謚曰端。命太常寺少卿鄧啓往祭。行人朱議汴治喪。俟事寧歸葬。
太監高起潛請令罪人納贖。有旨。納貲免死。豪墨何所不至。或流罪以下可贖。下刑部議之。

丁巳。高倬為南京刑部尚書。陳盟王志道為吏部左右侍郎。李長春為太僕寺少卿。錢繼登為光祿寺少卿，周瑞豹為尚寶司少卿。並添注。

太監王肇基上京城緝捕方略。

復逆案張伯鯨原官。

戊午。昭雪逆案。復吳孔嘉南京翰林院編修。

史可法請優卹高傑。從之。

故□□□□許士柔贈詹事。蔭子入國子監。

予故定國公徐允貞祭葬。

都督僉事四川總兵官賈登聯回貴州勦叛苗。

行人司行人朱統鑽言奸人借題專攻巡按江西御史周燦。命登極以前並不問。

己未。太監李國輔開採衢州雲霧山。其勇衞營委盧九德。

南京禮部儀制郎中吳本泰為尚寶司丞。

巡按浙江御史彭遇颽改按廬鳳淮揚。遇颽謁選。首附馬士英。誕辭蜂涌。自兵部職方主事改御史。召對。自任募兵十萬。或問餉安出。曰有郡縣贖鍰及他搜括可辦也。挈家及蒼頭軍百餘入杭州。輿論大駭。尋課僧妓各二金。蒼頭軍掠市人錢。而鬨。杭人罷市。巡按張秉貞以聞。得調。以巡按淮揚御史何綱改按浙江。

庚申。總督張縉彥報賊敗清虜于陳州。許定國東還劉家城。

命都督方國安屬太監高起潛。都督曹存性兵屬巡捕營。其巡捕營舊兵。太監王肇基同兵部汰閱。

故浙江道御史馮垣登。贈南京太僕寺少卿。故□□□鄒逢吉。贈南京太僕寺丞。

隆平侯張拱日劾都察院左僉都御史郭維經不迎皇考御容。被責。

太監孫元德覈報蘇州七年虧餉六十四萬金花銀七萬。

辛酉。追謚楚王華奎曰貞。

保國公朱國弼請覈勳臣世系。毋容倖襲。從之。

戶部奏定白糧仍民運。從之。

命戶科給事中倪嘉慶中書舍人胡承善榷鹽于瓜洲儀眞。加鹽引五分。暫改綱行。不爲例。

壬戌。嚴州知府胡崇德奏疾甚乞免。謂非撫按代題。不允。

癸亥。馬士英請造印號。分別京師水陸各營以緝假冒。從之。

劉復生爲南京中軍都督府僉書。添注。

甲子。葉紹顒爲南京太僕寺卿。陸康稷改吏部文選郎中。

周王妾程氏求居嘉湖。不許。

南京太常寺卿張元始請祀社稷。

故皇太子謚獻愍。永王謚悼。定王謚哀。

乙丑。始御經筵。

命高傑將士仍聽其妻邢氏子元爵統屬。邢氏有機智。頗預外事。及有節制之命。劉澤淸聞之唾地。曰。此水滸傳故事也。乃出自朝廷耶。

增浙江福建賦二十萬。充太監高起潛餉。

戶部言兵餉。

中書舍人陳麃自陳擁護功求考選。不許。

丙寅。許兵科給事中陳子龍終養。

南京兵部右侍郎徐人龍罷。

予故兵部尚書張希武祭葬。

巡按蘇松常鎮御史周元泰奏。楊枝起宋學顯楊汝成宋之繩曹溶朱積翁元益既受僞官。豈容漏網。命法司逮之。

南京禮部尚書黃道周祭禹陵。奏用太牢。從之。

丁卯。督師大學士史可法請設提督本鎮。薦總兵李本身。有旨。興平創立軍府。身死未寒。秉有嗣子。豈忍以兵馬信地遽授他人。前着伊妻統轄。衛胤文料理。何必又立提督。

靖南侯黃得功欲復鎮揚州。紓夙忿。馬士英以聞。有旨。大臣當先國事而後私憾。得功若向揚州。至高營兵將棄信東顧。狡虜乘隙渡河。罪將誰任。諸藩當恪守臣節。不得逞臆。

復故太監劉元斌王裕民官。予祭葬。廕南京錦衣衞指揮使。

廕先臣方孝孺裔孫樹節翰林院五經博士。先臣景清犯蹕。不敍。

命朝臣三品以上自陳去留。取上裁。

故巡撫甘肅湯道衡子悫進南京錦衣衞指揮僉事。

姚思孝沈胤培爲南京大理寺左右少卿。

舊福府校尉各授錦衣衞百戶。

督師大學士史可法奏。當日建置四藩。恢復難期。而軍實最乏。在淮揚有稅可榷。而廬鳳則否。得功良佐有偏苦之嗟也。臣每歲餉銀有本折六十萬。數內五萬供徐州兵。一萬五千供泗州兵。官兵間有犒賞。議將淮揚兩關稅。臣與得功良佐三分。此時北道不通。每季不過五千。若能守江北。則稅歸朝廷。否則地雖存。何從榷稅乎。

河南道御史張孫振劾在告禮部尚書顧錫疇險邪。有玷秩宗。以其請削溫體仁而謚文震孟也。命錫疇致仕。震孟體仁確議。

□□道御史鄭瑜劾前總督朱大典蝕餉負國。有旨。大典初立軍府。不爲無功。歲餉二十九萬多積欠。兵殆萬人。馬騾千五百。豈盡枵腹。而遂侵贓百萬也。

戊辰。東平侯劉澤淸靖南侯黃得功廣昌伯劉良佐奏。高傑狡寇。從無寸功。頓沐榮封。驕橫殺掠。今上天默除大患。而閣臣史可法欲其子承襲。以李本身提督。灰天下英雄之心。莫此爲甚。此本身諸賊勸閣臣密奏。倘悞聽其言。臣等實不能與相安矣。

常沅嗣上饒王。

己巳。諭戶部捐助原聽民樂輸。抄沒乃朝廷偶行。豈刁民獻媚報仇之事。宗藩勳戚武臣。須敬禮士大夫。與地方相安。不得聽奸人撥置。非法罔利。

命督師大學士史可法察去年江北餉。

故□□□章尙絅改贈□□按察司副使。

庚午。都督同知杜文煥還南京中軍都督府。

進耿章光南京尙寶司卿。

故工部尙書劉榮嗣孫祐奏辨臣祖榮嗣總河時賠累。章下所司。

南京太常寺卿張元始請更皇考謚號。從之。

諭督師大學士史可法。卿已歸揚。解諭黃得功等。何必與孤兒寡婦爭搆。河上防禦。責成王永吉衞胤文料理。

談遷曰。高傑亡。宜收其吏卒督輔領之。不以他屬。俟興平子長襲爵。于存沒撫慰均得矣。不此之務。欲以一孤孽寄命鎖鑰。貽哂各鎮。貴陽愚悖。嬰兒所不爲也。哀哉。

辛未。馬士英請宥朱一馮。免籍其產。從之。一馮豪占蘆課。史可法責餉二十萬。不應。請加四十萬。時議過苛。非所猝辦。徒飽士英之橐。

奬太監盧九德營糧就緒。

賴垓爲南京右春坊右中允。張星爲翰林院編修。

清虜屯重兵于青州。

故□□總兵劉源清贈太子少保。諡武節。予祭葬。澤清弟。

壬申。改撫治鄖陽印敕曰巡撫。

進蔡奕琛禮部尚書文淵閣大學士。廕子入國子監。

起吳光義南京戶部左侍郎。朱大典兵部右侍郎。易應昌工部左侍郎。陳洪謐爲太僕寺少卿。添注。

予故兵部尚書劉廷元祭葬。謂保全慈孝也。

南京禮部尚書錢謙益求退居修國史。即家開局。不許。

嚴京城門禁。

南京太僕寺少卿萬元吉請增百官俸薪。下部議。

予故錦衣衞左都督劉僑祭葬。

癸酉。命廣昌伯劉良佐分防歸德。

南京雲南道御史徐養心終養。

內閣中書舍人唐允甲受賄許友方世鳴曠任。俱免。趙弘明龔偉烈衛胤改鴻臚寺序班。

保國公朱國弼劾舊淮撫路振飛先警縱囚旅拒奔藩護僞官武愫語臣云。占者言鳳陽有天子氣。其下當應之云云。章下部院。

李維樾爲工科都給事中。

南京兵部右侍郎練國事罷。

張亮請稅糧鹽安慶。不允。

南京欽天監正楊邦慶奏近來日月色赤。上以失占候。命訪術士。

甲戌。改先帝廟號毅宗。本朝謚號不相犯。今犯武宗謚。非也。

故□□□□□吳士奇贈工部右侍郎。年遠不蔭。著爲令。

乙亥。四川道御史袁弘勳論三朝要典。摘吳甡鄭三俊管紹寧袁繼咸近罪不問。

追封皇弟由渠潁王。謚曰冲。

停朝日壇諸祀其先農遣應天尹。歷代帝王廟遣朱國弼。

命禮部廣選淑女。

太監孫元德報常州逋餉三十三萬。命勒限嚴追。

保國公朱國弼領左軍都督府。

丙子。復故巡撫宣府右僉都御史沈棨官。予祭葬。

慈爚嗣榮王。

監軍兵部右侍郎衞胤文奏柳城土寨金高自築城集勇壯。不受僞官。乞授副總兵銜。從之。

巡按蘇松常鎭御史周元泰奏濬劉家河。

工部右侍郎何楷進錢式。

葛令馨爲南京吏部考功郎中。武淸爲稽勳主事。

李元中爲中軍都督府僉書。添註。

丁丑。張承志襲惠安伯。補誥券。

故重慶知府王行儉。贈南京光祿寺卿。故濳山知縣李胤佳。贈南京太僕寺少卿。

南京戶科給事中熊維典奏。蘇松常鎭三年積逋三百三十一萬八千五百金。皆屬應徵。又已徵不解九十五萬六千有奇。

來方煒爲南京太僕寺少卿。添註。

例轉御史沈宸荃蘇松兵備僉事。高允玆江西按察副使。吏科左給事中馬嘉植吏部主事。佘颺俱廣東按察副使。

左良玉請淸絕產資屯墾。許之。

故禮部右侍郎顧起元謚文莊。

左良玉請全要典諸臣。有旨。當日借端誣搆。卿一細閱。亦當悲憤。但建議諸臣物故幾盡。與見臣功罪無關。朕素從寬宥。不必疑揣。

戊寅。禮部署部事右侍郎管紹寧失印。

予逆案故工部尚書徐大化祭葬。

總督雲貴李若星報勤王兵。命止之。如已至常德。歸何騰蛟。如近地。歸史可法防河。
己卯。奉皇考御容于武英殿西室。
太監田成進淑女程氏。命再進二人。
進馬士英太保。王鐸少傅。敍剪賊功。
南京欽天監正楊邦慶上御覽晴雨錄。
朱國弼請治郭維經庇逆。云武憹無死法。宜加等治罪。章下部議。
復故劉榮嗣工部尚書。廕孫入國子監。
辛巳。誠意伯劉孔昭奏逆案雪枉不過數人。今盡翻爲濫。上是之。翻逆案自孔昭逐冢臣爲阮大鋮始。今又弭其失。巧矣。
大興伯鄒存義請提學公署爲宅。
進都督趙民懷太子太保。廕錦衣衞百戶。
壬午。許紹興南糧折徵。
除各衙門南京衙。改鑄印。自四月朔爲始。管紹寧既失印。私請于馬士英。士英言。聖明立極于南。各衙門印仍銜帶南京。非體也。雖未忘北都。然光復舊物。則各衙門印亦須改鑄矣。從之。
癸未。起熊化南京太僕寺少卿。水佳胤尚寶司丞。皆添註。
都督僉事孫茂英署水營。
太監李國輔請考成守令大庖斷課。
兵部□□郎中李向中爲浙江按察副使。

三月甲朔。有少年至自金華。入京師石城門。宿興善寺。蓋東宮舊閹馮進朝李繼周奉密札迎之也。相傳吳三桂擁太子離永平。檄中外臣民。將奉入京師即位。至榆河陰逸之民間。使人導入皇姑寺。太監高起潛奔西山。太子自詣之。遂同至天津。航海而南。八月抵淮上。聞定王之沉。懼勿敢留。劉澤清沉定王海中。前止揚州。起潛知江南無善意。欲加害其族。南京鴻臚寺少卿高夢箕不可。挾之渡江。展轉蘇杭間。不堪羈旅。漸露貴倨之色。于元夕觀燈浩歎。爲路人所竊指。夢箕聞之懼禍。及已密以聞。且密啓于馬士英。于是遣內豎持御札召之。命厲石城門外。上使二閹覘之。二閹抱足大慟。見衣薄。各解衣以進。及報命。上勿善也。後掠二閹俱死。李繼周亦賜鴆死。都人聞東宮至。踴躍趨謁。文武官投職名相繼。最後太監盧九德至。禮倨。少年呼名呵之。九德不覺叩首曰。奴無禮。少年曰。汝隔幾時。何肥也。九德復叩首曰。請保重。而出。隨戒營卒圍守寺門。馬士英先奏曰。既東宮脫虎口。間關南至。即當明之官。乃走杭。走紹興。自紹興而東。豈欲沉海乎。可疑一也。聞東宮睿質凝重。不輕言語。而此人機辨不可方物。可疑二也。昨左懋第密抄來示。于彼中亦得假太子。辨析甚詳。以示西宮袁妃及諸宮人。皆云太子有虎牙。足有痣。況皇女見在周奎家。此云遇害。可疑三也。當令盧九德及當日東宮內臣于城外僻處詰問。以先帝永定二王庚申及宮制。如假冒必不能悉。且原日講官方拱乾等在蘇州。容密諭來京辨之。僞則當下法司。與臣民共見而棄之。如其眞也。于興寧宮後慈禧殿旁居之。一切典禮。從容再議。但不可外封。啓奸人之心。皇上纘緒于先帝失守之後。名正言順。有何疑慮。若此事果眞。則愼防之奸謀消釋。國家之幸也。蓋士英揣上意逆。設疑端。大學士王鐸附士英。首言其僞。

上始日講。

命太監高起潛安撫揚州。

都督鄭鴻逵復□姓。

督師大學士史可法奏。泗州鎮將李世春卒。其弟遇春可用。令總兵泗州。調張天福守象山。祖陵後山名。

南京太常寺卿張元始奏。諸陵忌祭俱在孝陵。似未安。下禮部議。

御史徐德陽訐吏部。以文德翼夏允彝匿喪陞補。上切責之。

刑部郎中申繼揆鐫二級。以逮左光先等未至。

乙酉。誅妖僧大悲。

召保國公朱國弼。安遠侯柳祚昌。定遠侯鄧文堯。誠意侯劉孔昭。駙馬都尉齊贊元。忻城伯趙之龍。東寧伯焦夢熊。襄衞伯常應俊。大學士馬士英王鐸蔡奕琛。左中允劉正宗。李景濂。張居中書舍人吳國鼎于武英殿。諭曰。舊太子已追至。遣內臣李永芳盧九德往視。云貌不相類。語多閃爍。卿等會同朝臣驗之。正宗曰。恐太子未能來。臣當以事窮之。俾無遁詞。上悅。朱國弼等至錦衣衞都督馮可宗宅。問少年。俱不識。獨呼前少詹事方拱乾。彼髯者方先生也。拱乾問講所。曰文華殿。問做書。曰詩句。問寫幾行。曰全寫。正宗等還奏其偽。曰講所乃端敬殿。非文華殿也。做書實孝經。非詩句也。描摹十大字。即旁書小字。非全寫也。且問以講章記否。曰不記。問講案何物。曰不知。其詐無疑。時馬士英迎上旨。主偽大學士王鐸先侍東宮。附和士英。如出一口。中外悲之。

談遷曰。彼少年嘗留杭州三月餘。其在燕脫禍。果吳三桂始挾之。尋縱之耶。許重熙甲乙彙略云。同高起潛而南。以予所聞。謂鴻臚寺少卿濬縣高夢箕。去年秋。舍人穆虎等道山東。値少年。求附行。同塗久之。云我東宮也。入南京。夢箕邸中。夢箕未之信。少年曰。我往始冠。君不贊禮乎。蓋夢箕先北寺序班。遂伏地哭。留浹月。懼露。移杭州。又久之。潛遣往浙東。將匿之閩粵。以不自晦。上書明其事。夏五月。予從高相國弘圖宿西湖淨慈寺。舊閹蘇某四月出金陵。云東宮甚眞。其足骭骨左右各雙。誰能偽之。特懾于積威。毋敢相剖。噫。少康逃于有仍。法章匿于太史。國家雖不幸。僅此血系。見聞共閟。而當事曾不加痛。相忍以阨。甘心樂禍。直以北闕下黃犢車例之。誠使作僞。何獨識方拱乾乎。昔建大師欲見楊士奇而不得。今東宮能識方拱乾而不信。身家所重。先後同疑。一時道聽。不敢如湘山野錄致燭影斧聲之枉。然略舉其概。以俟南史氏。亦存疑之例也。

南京通政司使楊維垣爲都察院左副都御史。時語曰。馬士英。劉孔昭。張捷。楊維垣。國勢速亡。南京吏科都給事中張希夏爲太常寺少卿。

周昌晉爲太常寺少卿。添註。

御史袁弘勳請起罪廢諸臣。諭史𡺸陳啓新張文郁不允。

岷世子禋洪訴難。命周之。

禁畿內冒將招兵。

丙戌。馬士英言僞太子。遂併高夢箕家舍人高成穆虎。夜下中城兵馬司獄。少年以肩輿至。方醉。詰朝。副兵馬侍其側。詰之以官。對。進千錢。命市香炬。北向再拜。大呼太祖高皇帝皇考皇帝。號泣。左右莫能仰視。

丁亥。復謚溫體仁。吏部尙書張捷言。體仁淸執。顧錫疇以私憾議削。文震孟宜改謚。命復體仁謚。文震孟免議。

戊子。授李厚王琳錦衣衞指揮僉事。

寧南侯左良玉報李自成敗奔襄城。廣昌伯劉良佐報李自成整兵東下。

兵科給事中戴英奏王之明假冒太子。請廷臣會訊。先是楊維垣颺言于朝曰。駙馬王昺姪孫王之明。貌甚類太子。英即襲其言入奏。

督師大學士王應熊奏。寇據成都。將望腹于黔。雲南巡撫必移鎭蜀界。命將率兵出建昌畢節。貴州巡撫必移鎭永寧遵義間。命將率兵出綦江納溪。前部疏得其概矣。議者謂李自成在陝。張獻忠必不北向。然自成遣將自七月入蜀。虛喝保寧順慶之吏民而制之。一旦爲獻忠所驅而去。則獻忠之無顧畏可見矣。臣故議川陝總督樊一衡宜提兵規復保寧順慶。牽賊北顧。使不得以全力注于南。臣得合滇黔之力。相機以搗其虛。若賊不南不北。則仍趨夔巫。湖廣撫臣宜急復荆州以控其東。鄖陽撫臣宜守大昌大寧達州東鄉以控其東北。偏沅督撫宜守沅榮以上平溪四衞以控其東南。皆必不可不嵗備矣。貴州事力單薄。宜以廣西助之。鄖陽撫臣所轄盡夔州之界。則廣西鄖陽許臣節制。而緩急可通。臣名總督四省。而兵不過黔中。餉不過滇中。尚百無一應。不幾輕朝廷而蔑叵寇乎。上大是之。

內官監太監喬用總監兩淮鹽課察兵餉。

己丑。鞫僞獄少年東向踞坐。刑部郎嚴訊高成穆虎。五毒備至。誓死不承。少年詞色不改。第曰。彼以爲僞卽僞耳。刑曹氣沮。終不敢搒掠。置禁城圖于前。問之。曰。此北京宮殿也。指承華宮。曰。此我所居。指坤寧宮。曰。此我聖母所居。問公主今何在。曰不知也。想故矣。問公主同宮女蚤叩外戚周氏門。有諸。曰。同宮女叩門者我也。諸臣駭矚。而爰書以爲王之明。擬重坐。移錦衣獄。鴻臚寺少卿高夢箕上章自理。幷逮治之。應天府推官蔡某預訊而出。或問之。答曰。卽非眞。亦諳大內事者。同官曰。如君言。明日便當離任矣。自是諸臣不敢言。都人謠曰。若辨太子詐。射人先射馬。若要太子强。擒賊須擒王。

兵科給事中戴英奏王之明僞擬太子。昔先帝嘗攜之中左門。問之不答。問嘉定伯姓名。不答。其僞無疑。然穉年何能辨此。必奸人挾爲奇貨。宜敕法司究之。

故工部右侍郎林如楚贈尚書。久遠不廕。

庚寅。有內官密疏勸上。不聽。

會訊午門。吏部尚書張捷就刑部尚書高倬宅。召方拱乾。至。捷曰。喜足下不惟釋罪。且可超擢。拱乾唯唯。百官咸集。緹校欲踞之。不可。仍東向踞地。拱乾以前識。不敢前。御史張孫振指爲王之明。曰。不我認可也。奈何易我名氏。內臣李繼周賫皇伯諭帖召至非私入者。爾輩不立皇考之朝乎。諸臣相顧未決王鐸曰。我敢任其僞。不必再讞。叱下獄。

劉澤深自陳棄家南奔。添註鴻臚寺卿。

巡按河南御史淩駉奏淸虜分三道。一趨汝寧。

寧南侯左良玉報李自成敗奔襄陽。

辛卯。都察院左都御史唐世濟入朝。

命總督兩廣沈猶龍護惠王東行。

壬辰。耿廷籙爲右僉都御史。巡撫四川。提督軍務。

朱之臣爲兵部左侍郞。添註。劉應賓爲通政司使。

左中允李景濂奏東宮之僞。閣臣王鐸再加質問。便供吐姓名。都察院榜王之明假冒于通衢。

工科給事中楊兆升奏江南有司旣徵本色在倉。不肯還民。又重徵漕折。

楊國成爲右軍都督府僉書。袁弘樹爲都督僉事。署□□總兵官。

總兵劉洪起乏餉。棄汝寧還楚。

增雲南貴州解額各三人。

癸巳。禮部請卹去年殉難諸臣。有旨。閣部大僚。謀國無能。致茲顚覆。雖殉節堪憐。而贈卹已渥。先帝斬焉不永。諸臣延世加恩。臣誼何安。其另議。惟左中允劉理順車駕郞中成德准廕監。

進鄭芝龍太子太保。其弟□□及將校二十人各陞授。

錦衣衞請添旗役。

戶部尚書張有譽請加文武各官廩祿外更益公費。不許。

時鬻爵太廣大邑至二十餘人少亦數人。然止中書改貢各有事例。其職方待詔監紀追廕起廢皆趨權門投納。御史郝錦言賣官私賂。量出剩餘助公以佐民急。

甲午。停八品九品官移封及援納待詔等官。

李守貞廕都督同知。

乙未。優卹左懋第馬紹愉家屬。從吏部尚書張捷之言。

馬士英請廕內官高尚義劉進忠各世錦衣衞千戶。曹柱石世錦衣衞百戶。

改漳潮署鎮仍副總兵。

都察院左僉都御史郭維經罷。

馬錫以都督僉事充總兵仍任京營。士英子。白衣。

御史黃耳鼎言。解學龍受賄黨逆。如光時亨周鑣方允昌項煜陳名夏議緩議贖。豈古者三宥八議之道。張縉彥俛首賊廷。延喘偷生。皇上重以節鉞。優游數月。不復寸土。高傑之變。單騎逃避。乞付法司治罪。上不問。

丙申。協理詹事府禮部右侍郎曹勳憂去。

故妃童氏下錦衣衞獄。上初封德昌王。娶黃氏。早薨。繼李氏。再繼童氏。封王妃。嘗生子不育。洛陽陷。逃民間。與上相失。久之。前巡按御史陳潛夫奏妃故在。不之問。遂自詣巡撫越其杰所。上勿善也。潛夫外艱去。道中以童氏至。上不納。下獄。都督馮可宗言其病。猶命善視之。已桚指。氏因奏述往時某月日始婚。某月日城陷。妾具饌奉帕裹上首踰牆而逃。今遂忘我乎。可宗屏不奏。時諭中外。謂陳潛夫同氏臥起。又可宗令孽婦誣氏產女。俱汚褻失實。則馬士英順旨之罪也。

談遷曰。古者宮人不外。雖有譴責。俱于內庭。縣官固薄童氏。然方阽危之時。其身之不恤。寧顧其內。迨窮鳥依人。起念簪履。以之主蘋蘩荇菜之祭。或非其倫。至于深宮一席地。坐詠白頭。何所不可。又不然。掖庭祕獄。其事不流聞也。貴陽寡昧。宣穢中外。令司隸校尉妄汚後鈎。其罪可勝誅乎。

沂陽王妃周氏居邵武。

戶部尙書賀世壽罷。

丁酉。吏部尙書張捷奏補廕故侍郞瞿景淳。

諭法司。穆虎若非奸人。豈敢挾王之明冒認東宮。正月二月所成何局。往閩往楚。欲幹何事。豈高夢箕一人所辦。主使附逆實繁有徒。其窮治之。蓋馬士英意在姜曰廣黃澍等。

李希沆爲兵部左侍郞。

靖南侯黃得功奏。東宮未必假冒。先帝之子卽皇上之子。望當事諸臣多方保留。以謝天下。若驟死。卽果僞。天下亦疑之矣。皇上宜暫留候辨。如必立治。恐原在東宮諸臣亦不敢承以取其禍。有旨。王之明假冒來歷。俱係口供。萬目共見。卿不必懸揣過慮。

戊戌。復廷訊王之明。都察院左都御史李沾先令官校忧以嚴刑。宜先輸服入朝門。又囑之。訊時仍無言。呼王之明不應。詰之。答曰。何不云明之王也。沾怒。鉗其手。號呼皇天上帝。聲徹于內。馬士英命釋之。沾又慰以好言。答曰。旣校尉囑我。彼自能言之。何必我也。前日追我。何處有追者在。刑部尙書高倬見其言切。命退。退有舊伴讀太監丘致中持之大慟。上聞。立下致中鎭撫司。

黃斌卿爲征蠻將軍都督總兵官。鎭守廣西。

故巡撫山西右僉都御史耿如杞復官。

己亥。錦衣衛左都督馮可宗訊高夢箕。夢箕述太子北來之繇。歷歷不誣。可宗曰。聖意已定。若堅執。何以具獄。不妨少依違也。夢箕誓死不撓。刑科給事中錢增請促可宗歸併刑部。

振武衞營併入京營。

皇考恭皇帝改謚曰孝。犯敬皇帝廟號。

崇王慈煇徙福州。潞王常淓徙湖州。先是潞王入杭。時海寧人訟編修陳之遴于各臺。王得其揭。偶對各臺語及。至是之遴修怨。去冬同御史彭遇颽召對。言諸臣意在潞王。幸馬士英決策。今杭城省會地非宜。遇颽奏募兵將密圖之未果。故有是命。

進都督鄭鴻逵太子太保。

起姜一洪太僕寺卿。胡爾愷惲厥初光祿寺卿。王夢錫太僕寺卿。各添註。

霍達爲右僉都御史。巡撫蘇松常鎮。

庚子。張捷議成國公朱純臣如張輔例贈王爵。許之。純臣開門延寇。又首勸進。爲賊聲罪而誅。不知捷何以爲詞也。

廣昌伯劉良佐報淸虜漸偪江北。命移黃得功廬州合拒之。

辛丑。進史可法太子少保。

程世昌爲太常寺卿。

吏科給事中莊鰲獻改名奏。

禮科左給事中陳燕翼行人司行人韓光勳往封琉球國中山王尙賢爲王。

督師大學士史可法奏王佐冒險歸徐。請留營中備咨謀。從之。

御史陳良弼言。愚民觀聽易惑道路藉藉。皆以諸臣有意傾先帝之血胤。有旨。王之明可護養。勿輕加刑招謗。

壬寅。羅汝元爲刑部右侍郎。鄒之麟爲都察院左僉都御史。

東平侯劉澤淸報右庶子兼翰林院侍讀李明睿航海來歸

有旨察編修陳名夏果投北否。

望祭先帝于太平門外。臣民哭聲如雷。

是日朝罷。得遺詩曰百神呵護賊中來。會見前星閉復開。海上扶蘇原未死。獄中病已又奚猜。安危定自關宗社。忠義何曾到鼎台。烈烈大行何處遇。普天空向棘園哀。

淸虜屯苑家寨。總兵王之綱邀巡按御史淩駉南避。駉不可。

甲辰。封外戚黃九鼎雒中伯。其弟金鼎進都督同知。上元妃之兄也。

淸虜陷歸德。以許定國導豫王阿吉哥也。王之綱退屯宿州。巡按御史淩駉服毒不死。豫王禮遇之。駉遣從子潤生間道繳敕。

乙巳。敍殿工。進馬士英太保。王鐸少保。各賜金幣。前大學士高弘圖姜曰廣並太子太傅。餘賚敍有差。惟顧錫疇不及。

存問前南京□部右侍郎于仕廉。誠意侯劉孔昭請之。

遣祭興宗孝康皇帝陵。祔惠宗代宗二主。

貴州總兵官包琳爲其下所殺。

丙午。朱大典爲右副都御史。提督廣昌靖南池皖諸鎭軍務。兼督漕上江。巡撫應天安慶。

廣昌伯劉良佐奏。王之明及童氏兩案。未協輿論。懇求曲全兩朝彝倫。有旨。童氏妖婦。冒朕結髮。朕初爲郡王。

有何東西二宮。據供係熙陵王宮人。尚未悉眞僞。王之明駙馬王昺之姪孫。避難南來。與高夢箕家人穆虎沿途狎昵。冒認東宮。妄圖不軌。正在嚴究。朕與先帝素無嫌怨。不得已從羣臣之請。勉承重寄。豈有利天下之心。毒害其血胤。但先帝遺體。不可以異姓頑童溷亂。朕宮闈風化所關。豈容妖婦闌入。法司卽示情節。以息羣疑。兵科左給事中戴英訟故大學士蔡國用之冤及葉有聲林棟隆等。上是之。下禮部議復。

總兵張天福棄象山回揚州。

清虜封許定國平南侯。

丁未。方國安爲鎭南將軍。

戊申。戶部尙書張有譽酌議賣官贖罪事例。

己酉。故興平伯高傑。贈太子太保。廕錦衣衞百戶。予祭葬。

錢繼登爲右僉都御史。總理兩淮鹽法江防。

廣昌伯劉良佐請裁監紀濫員。從之。

庚戌。故□□□□史弼。贈工部左侍郞。

都察院左都御史李沾奏遣御史巡鹽兩淮。以有錢繼登總理。寢之。

巡撫登萊王濼上敕印。

大學士王應熊祀南海。

清虜趨徐州。總兵李成棟登舟遁。

辛亥。故大學士李標。贈少傅。廕尙寶司丞。故□□□□朱國柱。贈太僕寺少卿。廕子入國子監。

張作楫爲光祿寺卿。王國賓爲太常寺卿。提督四夷館。

寧南侯左良玉奏全東宮。略曰。東宮之來。吳三桂實有符驗。史可法明知之而不敢言。此豈大臣之道。舉朝但知逢君。不惜大體。前李自成逆亂。尙錫王封。不遽刑害。何至一家反視爲仇。明知窮究並無別情。必欲輾轉誅求。遂使皇上忘屋烏之德。臣下絕委裘之義。普天同怨。陛下獨與二三奸臣保守天下。無是理也。親親而仁民。願陛下省之。有旨。東宮果眞。乃社稷根本。當不失王封。但王之明以王昺姪孫。被高夢箕家人穆虎狎昵。使冒太子。圖爲不軌。正在根究奸黨。法司將審明略節先諭該藩。

談遷曰。上未有子。東宮果眞。直處以震索。明詔中外。慰荅謳吟哀慕之心。何言王封哉。且事論眞僞。不及其餘。于王之明曰穆虎狎昵。于童氏曰同陳潛夫臥起。穢詞媟語。即三家村訟師之所不爲。曾煌煌明綸出自朝廷耶。貴陽良心已死。朝廷國脈斬焉。少待事定。直陰斃之耳。豈料爲諸鎭所喋喋哉。

壬子。進李本身太子少保左都督。高傑部將。

命史可法馳扼徐泗。靖南侯黃得功廣昌伯劉良佐檄各路兵防壽州。合擊淮上。

蔭左良玉子冊錦衣衞指揮使。丘越指揮僉事。方國安千戶。

淸虜陷潁州太和。

四月癸丑朔。頒京官新印。

進懷寧侯孫維城太子太傅。襄衞伯常應俊太子太保。蔭子入國子監。進孔思誠都督同知。

罷練湖屯兵太監高起潛。

御史黃耳鼎請赦婺源汪爵罪。不允。

甲寅。巡撫湖廣何騰蛟奏。太子到南。何人奏聞。何人物色。取召至京。馬士英何以獨知其僞。既王昺姪孫。何人舉發。內官公侯多北來之人。何無一人確認。而泛云自供。高夢箕先後二疏。何以不發抄傳。明旨愈宣。則臣下愈惑。此自關萬世是非。不獨今日。命刊王之明口詞章疏。騰蛟不必滋擾。

總督九江袁繼咸奏太子眞僞自明。居移氣養。必非外間兒童所能假襲。王昺原係富族。高陽未聞屠害。豈無父兄羣從。何事隻身流轉到南。既走紹興。于朝廷有何關係。遣人踪跡召來。詐冒從何因起。望陛下勿信偏詞。使一人免向隅之恨。則宇宙享蕩平之福矣。有旨王之明不刑自認。高夢箕穆虎合口輸情。朕正欲天下共見至公。不欲轉滋異議。諸臣無端過疑。何視朕太薄。視廷臣太淺。袁繼咸身爲大臣。不得過聽訛言。別生疑揣。

誠意侯劉孔昭往太平。兵部尚書阮大鋮往九江。太監盧九德往揚州。

乙卯。馬士英乞休不允。

丙辰。徐允爵嗣魏國公。

御史畢十臣言。孟夏祀太廟。文臣陪祀多不至。命戒其後。

御史王孫蕃削籍下刑部獄。孫蕃先劾阮大鋮。又轉進逆案刻本大鋮憾之。

惠安伯張養志劾吏部文選司郎中陸康稷貪污。命勿問。

遣內臣守都門。禁出婦女。

清虜入碭山。

丁巳。吏部奏復劉廷元呂純如王德完黄克纘王永光楊所修徐紹吉章光岳徐大化范濟世各贈謚祭葬。徐揚先劉廷宣許鼎臣岳駿聲徐卿伯姜麟各贈卹。王紹徽徐兆魁喬應甲陸澄源各復官。從之。

太醫院判陳鼎加光祿寺少卿。

左良玉兵至九江。袁繼咸過見于舟中。俄見岸上火起。報曰。袁兵燒營。自破其城。良玉浩歎曰。此我兵耳。我負袁臨侯也。嘔血數升。病遂革。召諸將曰。吾不能報效朝廷。諸君又不用我法。故憤懣以至此。吾死之後。出死力以捍封疆。上也。守一地以自效。次也。若散而各走。良玉死不瞑目矣。左沒後七日。軍東下。惠登相率黑旗軍殿。舟行不近岸。而前鋒中軍恣掠。登相詬曰。若此則不如我前日為流寇。其如先帥沒命何。引兵絕江而去。

太監屈尚忠同錦衣衞左都督馮可宗訊童氏。備受拷鞫。終無變詞。

戊午。清東安縣鳳阿營人張三聚衆刦騾騎。自稱大將軍。救太子。樹旂曰。滅虜扶明。勢銳甚。地近米育。請兵往。

己未。祁逢吉為戶部右侍郎。兼右僉都御史。總督倉場。梁雲構李喬為兵部右侍郎。喬添設。周宗文林銘鼎為光祿寺少卿。葉重華為太常寺少卿。銘鼎重華添註。

童氏獄詞株及前庶吉士吳爾壎。中軍孫秀。爾壎在史可法行營。命逮之。

左夢庚兵入安慶。巡撫右僉都御史張亮出奔。

庚申。史可法報邊警。命上游急則赴上游。北兵急則禦北。自是長策。

清虜至鳳阿營。張三踵軍門曰。若速降。還我太子。不然。爾輩無遺類矣。清虜擊之。急呼放砲。砲未舉。被殺。遂屠鳳阿。

辛酉。逮守制巡按河南御史陳潛夫。

進王驥兵部右侍郎。仍巡撫湖廣。起王時敏太常寺少卿。

誠意侯劉孔昭進太傅。

都察院左都御史李沾請令民運米薪入城。兵部右侍郎梁雲構請召劉澤清黃得功將兵入衞。

誅光時亨周鍾武愫勸周鑣雷演祚自盡。餘從逆諸臣永戍金齒衞。其擬絞則戍廣西。擬戍則為民。鑣好自標謗立名非眞。演祚褊激已甚。俱取忮阮大鋮。雖死不以罪。君子勿與也。至畢命獄卒之手。于法何在。有旨謂乘國家多難。別圖擁戴。外此當日有挾持異議者赦之。

命望日淑女進元輝殿。

清虜逮米育諸生孫某訊于兵部。孫曰。我非張黨。不必辨。然太子固眞。何心與犬羊爲伍。詬詈不已。被殺。于是僞太子將不免矣。

壬戌。徐邳告急。令衛胤文李本身督兵駐泗州。

清虜殺僞太子。

癸亥。張國才嗣安鄉伯。

宥梁兆陽赴行營自効。

兵部職方主事李毓新兼兵科給事中。

選淑女阮氏。阮大鋮姪女。太監田成選浙江王氏周氏。

命史可法曰。李本身等先扼盱眙泗州。進守徐州。劉良佐分守壽州。卿親督大兵駐臨淮。視緩急赴援。黃得功渡江防勦。如虜急。亦不難回顧淮上。

甲子。戶部請催徽寧等府預徵來年之銀。

外戚維中伯黃九鼎言。外戚滿道作橫。請罷之。

乙丑。清虜至泗州。總兵李登雲李朝雲降。總兵李遇春王之綱兵潰。

御史張兆熊奏。王之明事。謗議沸騰。命刊其口詞章奏于外。

丙寅。清虜分道渡盱眙。

黃得功兵至江上。命屯荻港三山。有警則進。劉澤淸劉良佐各請率兵入衛。諭以防邊爲急。

丁卯。馬士英請阮大鋮朱大典督兵抵湖口。從之。

王永吉請史可法衛胤文共保徐州。方可保全江北。
稅崇明太倉等處洋船如臨淸關例。
戊辰。總督九江袁繼咸密報左兵東下。請寬太子以遏止之。有旨。王之明果先帝遺體。朕豈無慈愛。人臣何卽舉兵赴闕。繼咸身爲大臣。秉擁衆兵。綱常大義。豈不習聞。如何言不能堵截也。
桂府安仁王由㰖永明王由榔召居近京。
己巳。淸虜入天長。
史可法自泗州回揚州。總兵張士元亦踉蹌入城。俄率所部同胡茂貞張天祿託言出戰。夜走泰州。距揚州百二十里。
賜劉孔昭朱大典黃得功阮大鋮黃斌卿黃蜚鄭彩方國安趙民懷鄭鴻逵卜從善杜弘域張鵬翼楊振宗金幣。時上江奏捷。
庚午。王永吉改總督河道巡撫淮安鳳陽廬州。錢繼登秉撫揚州。調田仰另用。
山西道御史鄭崑貞加尙寶司少卿。
太常寺丞張如蕙憂去。出城。命留其貲充餉。
淸虜至揚州。斂騎屯西北。未攻。
辛未。京師戒嚴。
復故翰林院修撰韓敬官。
戶部右侍郎申紹芳催餉浙直。
黃國琦爲試兵科給事中。

德清縣洊荒。負賦三萬三千有奇。命有司那借。

御史劉□□奏緝奸嚴密。下役四出擾害。

壬申。東平侯劉澤清棄淮安出奔。

故兵部侍郎洪瞻祖。贈兵部尚書。

常鎮道參政馬鳴霆駐江陰。副使印司奇駐京口。各加監軍。截逃兵南渡。

遣太常寺少卿張希夏往諭潞王。

前山東提學副使翁鴻業子世維奏求追卹。不允。謂果殉難濟南。何待六年以請。明係潛遁偷生。徐希掩飾。按鴻業逃僧。是秋還家。踰年死。

談遷曰。鴻業攝兵備。守西門。兵入。實投水死。其屍莫覓。卽家人不知也。惟宋璜目擊。後司李杭州。得白其事。

故南京兵部尚書張輔之贈太保。廕孫入國子監。

許乙榜廪生納貢。

癸酉。兵科給事中吳适下獄。适劾都督方國安牟文綬。切責之。

丁丑。清虜晨攻揚州。發大砲攻西門。城樓立燬。守陴者俱吏民也。高傑部兵先逃。盡吏民。午潰。督師大學士史可法拔劍自刎。左右持救。乃同都督劉肇基縋城潛去。或云。引四騎出北門沒。監軍兵部主事何剛投井死。庶吉士吳爾壎被創死。揚州知府濟寧任明育冠服坐堂上。罵虜死。諸生高孝纘。公服自經于府學明倫堂。

談遷曰。善禦敵者于境上。善制勝者于閫外。史相國誠感三軍。而維揚無旬日之守。何也。揚人苦高兵久矣。高兵遁而驅士民于城上。目不見大敵。望風自潰。宋季丞相李庭芝守揚州年餘。又屢出戰。史相國其人亦庭芝等也。而兵力尤詘。奈之何哉。

左夢庚兵攻池州三日。克荻港。

戊寅。上朝羣臣。問以遷蹕云何。俱默不對。禮部尚書錢謙益獨言其不可。乃止。

命黃世杰總兵扼儀眞。

劉光斗爲大理寺右寺丞。添註。

馬士英以貴州兵千二百人屯雞鳴山寺。夜分二百人守宅。

清虜至淮安屯城外再宿。徇鳳陽通州

己卯。清虜掠船瓜洲。我都督李本身等降之。爲前驅。

龍潭驛報清虜編木筏。發大礮。馬士英怒鞭報者。監軍楊文驄報江中數筏南下。意虜也。發三礮碎之。士英喜。厚賞其人。自是偵探不至。

庚辰。上召對羣臣。俱無言。上曰。外人云朕欲出幸。王鐸請其語何自。上指一小閹。鐸正色語閹曰。外語不足傳也。因請講期。上曰。過午日。

馬士英以貴州兵六百人赴鎭江。

黃得功敗左兵于荻港。時左兵東下。武昌虛無人。李自成偕李錦李過諸將袁宗第劉體純劉芳亮張鼐等衆尙數十萬。分四十八部。居武昌五十日。謀奪舟東下。將發而暴雨烈風。旗槍盡折。乃由金牛走蒲圻。沿道恣掠。過通城。命其下先發。自成令嚴。無返顧者。羅公山有玄帝廟。山民賽會。謀捍閭井。自成止以二十騎殿。又呵止其騎于山下。而自以單騎登山。入廟伏謁。若有擊之不能起。村民疑盜。殺之。而見金印。且有非常服。大駭。從山後逃去。諸騎訝久不出。跡而求之。已血肉虀分矣。

五月壬午朔。太子太保吏部尙書張捷率羣臣上表賀捷。時揚州無耗。左兵未下。阮大鋮劉孔昭虛張其伐以誑都人。

徐一範爲光祿寺丞。添註王鼎鎭爲應天府丞。

故提督操江南京都察院右僉都御史唐際盛贈兵部右侍郞。廕子入國子監。

孔胤九襲翰林院五經博士。

癸未。發京兵二百迎黃得功移守板子磯。

甲申。予靖南侯黃得功世劵。

馬士英至清議堂召百官無一至而還。

惠王常潤至紹興。

左中允陳之遴兵科給事中戴英主試福建。時議浙江江西湖廣福建主試。並遣坊局。之遴等謀遁。故先之。又議河南侯虜退試于廬鳳。四川以巡按主之。

李彬爲右僉都御史巡撫河南。

乙酉。諭各鎭協力禦敵。

丙戌。羣臣進賀。上優樂不朝。

靖南侯黃得功進封靖國公世襲。得功前力戰。中二矢。氣益奮。遂捷。阮大鋮朱大典並進太子太保。廕錦衣衞千戶。總兵官張傑黃名馬得功及水營總兵官鄭彩黃蜚各廕賚有差。

談遷曰。左兵淸虜兩兵夾𠓗。拒爲難。而敵有緩急。急在北不在西。明矣。黃得功誠羆熊不二心之臣。使如灌嬰。合七國誅二呂之計。當聯左兵。約爲兄弟。先合力禦虜。鏖戰淮揚之間。得挫其鋒。兵勢愈壯。貴陽豈足誅哉。得功粗人也。幕無遠畫。徇權奸之指。疲于奔命。狼狽不支。膏血原野。赳赳干城。不得不爲之長太息也。

丁亥。貢士趙嗚陽求辨復。不許。

徐復陽爲太僕寺少卿。添註。

故總督陝西兵部右侍郎汪喬年。贈兵部尚書。故巡按河南御史凌駉。贈兵部左侍郎。並廕子入國子監。凌潤生。贈河南道御史。

東平侯劉澤淸屯浦口。

戊子。百官集淸議堂。預坐十有六人。馬士英王鐸蔡奕琛陳于鼎張捷陳盟張有譽錢謙益李喬李沾唐世濟楊維垣秦鏞張孫振錢增趙之龍。各竊竊偶語。餘人不得聞。散時。李喬唐世濟曰便降志辱身也說不得。旣退。或叩之大僚云何。曰敵雖棘。今不妨矣。蓋藉之龍議款也。

監軍鎭江兵部職方郎中楊文驄爲右僉都御史。巡撫常鎭蘇松揚州。贊理軍務。廕錦衣衞百戶。都督鄭鴻逵封靖虜伯。

遣太監盧九德以金幣勞軍。

庚寅。淸虜渡江。楊文驄鄭鴻逵棄鎭江而遁。淸虜入之。

辛卯。淑女阮氏王氏周氏歸母家。

夜二十刻。上從內臣以千餘騎出通濟門。南走太平。皇太后亦不知也。

談遷曰。日者雒陽之出亡也。間關跋履。有仍自戶之逃。泗上一錢之德。較倍往昔。逢辰之幸。黃旗紫蓋。仿佛瑯琊。將腐心切齒。茹辛忍荼。以救之。猶恐顚廈之不支。委轡之難馭也。乃踐阼夾月以後。旋萌佚豫。徵歌漁色。龍㪍軒席。嬖閹狎伶。日夕于側。于是以規爲瑱。嘉謨漸替。左法弼而右僉壬。疎淸貞而登佞黷。望旨成風。走徑干進。相與崇飾奸言。抵汚良士。挾詐隱賄。往往而有。河山之劵。槐棘之階。環列之尹。左珥之璫。各擇善地。揚動風塵。金紫銀艾。拔起匹夫者。指不勝數。更江淮左右。崇牙如山。裂土仇民。專事恫喝。嗟乎。維辟作威。維辟作福。今之威福。竟何等也。朝廷曰可殺。方鎭曰可生。朝廷曰可斥。方鎭曰可進。竟徇其言。蔑我綸憲。且滔天之罪。孰踰逆閹。先皇帝以丹書之戒。圖于九鼎。棄之如弁髦。首逐冢臣。尋攻中臺。廷無指佞之草。家有偃月之堂。宵黨煽禍。務盈其貫。而莫之悟也。銓樞閣部。彼矛此盾。嘗一人之身。一日之間。詔旨裁答。予奪互異。蓋太阿之柄倒者非一。衞人有言。政由甯氏。祭則寡人。覩于今日。未之云遠。彼負伊霍之功。甘尹祁之刺。樹交修怨。罔上行私。不及期月。吏民嗷嗷。苞茅不貢。楛矢反射。爲彘之流。軹之組。復何所逭乎。嗟嗟。江東非弱小也。水犀艨艟之衆。長淮大江之阻。六代暫安。分王三百餘年。安有卽興卽廢。曾不滿歲。如今日者。則井蛙之見。坐憑天塹。謂當十萬之甲。漫無遠算。罹其亡于苞桑。鑒不遠于夏后。思宗皇帝尙難生虞表。矧以慆淫之德。又敗類之貪人以佐之。欲延喘一日不可得也。

壬辰。皇太后昧爽赴馬士英家。已刻。士英以四百騎出通濟門。守者不令出。欲殺守者。乃出之。其家衆俱戎飾以從。或云。士英母冒皇太后也。士英追蹕走溧陽。遂不値上。遺宮女樂伎五六十人。是早並遁。軍民大譁。掠大內。金幣器具爲盡。

巳刻。都人入獄。擁太子入朝。登武英殿。以優人翼善冠奉之。羣呼萬歲。書風調雨順國泰民安于黃紙上。諭各城門百姓毋出。兵毋入。釋高夢箕于獄。召見之。王鐸微服遁。衆縛送于西華門。毆詈不已。提督京營忻城伯趙之龍暫移鐸中城獄。蓋全之也。之龍禁城門不許出入。右都御史李沾微服肩輿求趙之龍。令箭得逸。太子太保都察院左副都御史楊維垣榜曰。天子出巡暫避。古今常理。不足爲異。百姓不必驚懼。致小人乘亂。反累身家。亦不必逃出。諒避亦不能遠徙。供兵盜掠耳。

未刻。太子榜諭于西華門曰。孤臥薪嘗膽之身。賴爾臣民擁護入宮。皇天庇祐之靈。託太祖高皇帝不泯之功德。守茲神器。保此豐鎬。非敢有貪天之心也。願爾臣民念祖宗之先業。先帝之苦心。各竭忠心。保全大物。下亦可以自安身家。庶見忠義尚存草野。城池固而百姓安。余心慰矣。是夕。都人焚馬士英及趙體元阮大鋮楊維垣陳盟家。

太子太保吏部尚書張捷自經于雞鳴山寺。銓政濁亂。無一官不用賄。其價倍涌。苟費多金。雖身負至垢。立致要地。時貴皆然。非獨銓也。是日有數人未得官。擁捷輿索賄。捷約至雞鳴寺各待命。而已投繯矣。工部尚書何應瑞自經。以救免。損左足。都察院右副都御史楊維垣令二妾就縊。市三棺。中題楊某之柩。亦自經。陳盟王心一馮可宗等皆遁。

談遷曰。歐陽修云。梁亡而敬翔死。不得爲死節。晉亡而皇甫遇死。不得爲死事。張氏典銓。惟徇要人之意。賢否蒙溷。計無復之。勉就溝瀆。所謂非其私暱。誰敢任之也。

癸巳。太子諭曰。先皇帝丕承大鼎。克振前猷。凡茲臣庶。同甘共苦。播著中外。罔不聞知。昊天不弔。憐親罹禍。凡有血氣。裂眥痛心。余小子知宜殉國。思君父之仇不共戴天。皇祖基業。汗血非易。忍恥奔避。圖雪國冤。幸諸勳戚文武先生。豫憐隕厥莫振。迎立福藩。共圖雪恥。余惟先帝是哀。奔抵南都。實欲哭陳大義。身先士卒。不意巨奸蔽障。致嬰桎梏。余繫中城獄時。每念先帝。無日不慟絶也。今日者聞兵遠避。去爲民望。其如高皇帝之陵寢億萬之生命何。維余小子。將諸勳舊文武諸臣。念余高皇帝三百年之鴻烈。先帝十七載之舊恩。冀余振旅濟此顚沛。何期父老人民。圍抱出獄。擁入皇宮。余見宮殿披靡。浪棄祖業。不勝悲泣。奈諸父老哭勸留宮。不能苦辭。嗟嗟父老。焉知余身負重冤。豈稱尊南面之日乎。謹此布告在京內外勳舊文武先生士庶人等。同此痛懷。勿惜會議。余當恭聽。共振皇猷。勿以前日有不識余之嫌。惜爾經綸之教也。是日。在慈禧宮。遣使召趙之龍。懼衆擾。未至。三促之。又召越國公劉孔昭。時宮外喧奪。嚴旨禁之。趙之龍榜示軍民安守。擁立太子。此擧國美事。

第値北來兵俟到日調妥再議。而太監盧九德韓贊周私第掠盡。之龍梟四人。又北安門有披甲者。臥地不起。則馬氏副總兵□□也。衆斬之

午刻。太子朝武英殿。御袞冕。太監馬進忠侍諭百官淩晨早朝。

未刻。召高夢箕及保國公朱國弼諸文武。各議防禦事。毋匿。

大學士蔡奕琛兵部右侍郞李喬禮部尙書錢謙益兵部右侍郞梁雲構都察院□□應天府□□王道□東寧伯焦夢熊等會戎政府朱國弼拳焦夢熊。夢熊欲殺之。蔡官治微服至。衆令易冠帶。閉門召諸臣入朝。時都人罷市。之龍不許。命閉門者罪之。太子流涕占詩。家國失散幾時休。金枝未舉泪先流。忠臣反被奸臣誤。未知何日掃坟丘。之龍示軍民固守。毋訛傳奔去。

甲午。釋王鐸。官如故。高夢箕方拱乾並爲禮部右侍郞兼東閣大學士。封中城獄神爲王。赦文稱崇禎十八年。

或云。夢箕拱乾出獄俱遁。諸臣集中府議擁戴事。皆有難色。曰。前累訊未明。且弘光帝復來。奈何。趙之龍曰。此中復立新主。款使北歸。其何辭以善後。衆乃各散。

談遷曰。秦王子嬰甫討賊。沛公至。今太子甫出獄。淸虜至。俱事之無可挽也。趙之龍誠念先帝。或擇一信士。晨昏潛逸。庶延一綫之緒。而之龍悍然不顧也。諸臣亦無一人慮及此。獨不聞夷齊在內而危。重耳在外而安乎。

趙之龍召勇衞營兵入城。

監生徐瑜勸趙之龍早奉太子卽位。殺之。

李喬自爲都察院左都御史。

遣使自淸營回。忻城伯趙之龍卽入西宮勸太子避位。

乙未。清虜至近郊。協理京營戎政兵部尚書阮大鋮禮部尚書錢謙益都察院左都御史李喬各遣迎報名。豫王阿吉哥宿天壇。大鋮謙益喬拜謁。時大雨。無敢立簷下。

馬士英自溧陽東壩走廣德。殺知州趙景和。以其閉城。挾皇太后爲重也。趨餘杭。宿御史鮑奇謨宅。士英騌帽短衣。身同廝隸。趨杭州。皇太后居李總兵宅。士英居清波門王氏園。仍張伎樂。□科給事中熊汝霖自紹興至。問士英何來。曰。護駕。汝霖曰。既護駕。當隨主上。不當隨聖母。士英語塞。大都冒稱皇太后。其後無聞。益可知矣。

夏允彝曰。馬士英本無意于誤社稷。而社稷爲墟。本無心于剪清流。而清流盡逐。及其遁也。既不守城。又不衞上。第云奉太后以行。所至縱兵大掠。卒未嘗與虜一戰。謂非天下罪人。安可得哉。

丙申。開洪武門。百官獻冊。趙之龍叩首。請豫王入城。保國公朱國弼鎮遠侯顧鳴郊駙馬都尉齊贊元咸至。豫王加之龍興國公。賜金鐙銀鞍馬貂裘八寶帽。席地共飲。問太子何在。以王之明對。豫王曰。既避難。自宜易姓名。若云朱氏。不早死耶。朱國弼曰。太子原不易姓名。易之者馬士英。豫王笑曰。奸臣也。趙之龍勉奉太子出城。豫王降席迎之。坐其右。

丁酉。豫王受百官朝賀。王鐸以弟鏞在北京軍中。豫王甚禮之。日僉閱百官。俱寅往午歸。許何應瑞調攝。其不至者。俘其妻子。

戊戌。錢謙益同胡騎五百入城。進東長安門。覈庫金九萬有奇。

都察院左都御史李喬首辮髮胡服。豫王叱之。

東平侯劉澤清自浦口逃常熟福山港。

己亥。趙之龍進豫王優樂。俄報各鎮兵至。豫王不動。飲數行。發三百騎往。俄廣昌伯劉良佐擒至。良佐伏地請執弘光帝自効。許之。同三百騎往。

內臣進鮮魚。不受。

庚子。趙之龍並清騎入城。分大中橋河東駐清兵。乘戍通濟洪武朝陽太平神策金川六門。

豫王以大內被掠。命所掠各還江寧縣。否者梟首。

辛丑。收各官符印。御史王懩大理寺丞劉光斗鴻臚寺少卿黃家鼒等分道招降取册。

壬寅。許婦女出城。

忻城伯趙之龍辮髮。魏國公徐允爵安遠侯柳祚昌永康侯□靈璧侯湯□□臨淮侯李□□等俱效之。

靖國公黃得功敗績。死之。帝蒙塵于蕪湖。先是上奔太平。誠意侯劉孔昭閉城不納。乃奔板子磯。入靖國公黃得功行營。得功方拒左兵。聞之遽歸。泣曰。陛下固守京城。臣力易效。奈何輕出。進退失據。臣非負陛下。如力之未任何。居浹日。廣昌伯劉良佐降敵。來招之。時得功軍中亦未知敵耗。聞良佐來。得功怒不介而馳。隔河詬之。俄伏弩中喉。得功歎曰。大事已矣。亟登舟。命諸將善爲之。晡刻卒。部曲潰散。都督田雄以帝歸良佐。蕪湖知縣賈一奇同帝還南京。宿天界寺。或曰。得功戰再勝。又戰。爲田雄所射。自刎。

陳盟曰。自有遼事以來。朝堂之長算安在。失着亦安在。三十年間。遼陽雖失。金甌如故。區區彈丸。何與我全盛之勢。卽使迫河爲塞。重關設險。保固障堠。奮起茅靡。拊卹諸胡而聯絡之。以爲藩衞。其可與東夷挈長較短。齊驅並駕者。尙有數種也。乃我姑置此子于度外。待瑕罅之自乘。一意專修內治。急裁累加之餉。別議生財之道。使閭閻喘息稍甦。則寇賊自止矣。何至敝腹心以奉肢節。竭天下之膏血。灌輸一隅。而惟憂不足。且自撤其屏蔽。成其強大。至于拓地萬里。控弦百萬。益彼爪角。還來戕我。不亦可哀之甚乎。

許令瑜曰。遼事始而有熊王之爭。惎皇幼而起宮廷之獄。流波餘燼。延蔓不休。假黃白以據津。引蠅蟻以樹類。二十三年來。氣愈靡而黨愈下。黃口孺子。悉標名士之目。市獪豪估。咸馳聲氣之場。朝無是非。士鮮廉恥。

赫斯時震而醉夢不醒。遼左馬蹄。歲躪城下。文武恬熙。褎如充耳。昔晉人淸談。語及政務。便爲俗物。今士大夫長安相過自騎馬拱揖外。共戒一語勿涉闕門。間有陳請不出二端。放廢者借捷徑以燃灰。修郄者擠危塗而下石。長安刺閨煩擾。瑣屑蠅頭。簪筆塞責。細微皆爲攫取之媒。日肆窮奇之焰。披閱邸報。見某人下獄。某人逮訊。嚴旨初下。死若恨晚。及其黃金開路。雷霆寂然。至若中官用事。在熹朝者一。在思朝者百。高曹諸閹。提衡中外。無異忠賢。小大之臣。借交光寵。何殊彪虎。兵餉兼歸。邊鎭仰息。己卯之歲。虜大入關。撫帥優容。方爲軍容進難老之觴。拜如陵之祝。至于壬午直抵輦轂。如入無人之境。天子臥不安席。掃境內而授之丞相。龍旗黃鉞。震動天地。僅爲護送出口之行。何當元戎薄伐之任。賴先皇明斷。速正刑書。誰陳痛哭之書。孰請擊奸之劍。釀禍貪亂。莫斯之任。在宋尙有正邪之黨。于今但見羶附之朋。無一鬚眉。深慚嫠婦。及闖逆風馳。九門遽啓。淸虜遘會。簴鼎旋移。蓋旬月之間耳。自古國亡未有若斯之速者也。以思廟之早夜勤勞十有六年。而天意曾不爲之少回。人心曾不爲之少固。國家將亡。何其妖孽之多與。斯寧文所以假翼于思皇。板蕩所以申恨于夸毗也。既而燕雲淪陷。擁樹親王。長江天塹。長淮故都。猶足奠高皇之宅。而割南北之溝。何期主器無康構之質。將相鮮宗岳之儔。綱鼎之股肱無聞。汪黃之效尤彌甚。四鎭梟獍于淮南。馬氏饕餮于政府。騎尉羊頭。關侯狗尾。並爲萬口之怨詈。皆作胡騎之先驅。彼昏不知。一醉日富。愚夫婦皆知不祥。諸大夫僉曰幸矣。一時津要。薰炙新朝。子弟皆卿。四時可宦。新亭多泪。肘後多金。一旦城下。則爭抱馬足。拜舞穹廬。史相亦復模稜。黃閣難支獨力。而三百載之金甌。百萬億之赤子。盡驅異類。悉委龍荒矣。白叟黃童。胥爲飮泣。衣冠禮樂。掃地無餘。何其痛哉。不絕一綫。間關閩海。臣民推戴。冀借一成。披荊棘。立宮府。謂宜中宵枕戈。泣血待旦。誓死捐生。背城借一。而文吏縮朒。武冠睥睨。儲賢之館。旅進桀儒。華要之津。肩摩綺袴。雖棲會稽者頗稱勵精。如營三窟者堅無鬬志。師潰二關。鴻飛中澤。淮陰之壇虛築。諸葛之表終沉。督師以講學捐軀。大帥以輸誠脫劍。關河蕩蕩。胡越一家。蓋于今而黨爭之雄喙始息。名流之伎倆悉見。神州陸沉。昔賢爲之致歎于夷甫也。嗚呼平格作相。保乂有殷。隆中受任。亦資衰漢在晉則導安扶其半壁。在唐則郭李需其再造。亦云可使將伯助余。未有覩皇輿之敗績。猶言笑宴宴。不痛不癢。大廈已傾。賀雀自若。何爲澌喪至此極也。雖道消有數。亦習氣在人。于上無廉頑之風敎。故于下多譸張之學術。載胥及溺。夫復何怪。又竊聞之先正。文皇靖難之師。諸臣殉死。以頸血濺殿庭者。前推後引。禍連九宗。汚及妻女。摧折太甚。光嶽收靈。君子于此。能不爲之慨然。

夏允彝曰。羣臣之負烈皇帝也。上事事焦心。而羣臣無一公忠者。羣臣之負弘光帝也。上事事虛己。而羣臣無不恣肆者。其負國同也。水落石出。蓋棺論定。北都覆而范景文李邦華倪元璐馬世奇申嘉胤成德金鉉劉理順許直自盡于官。南都陷而徐石麒劉宗周侯峒曾徐汧黃淳耀殉難于家。不可以其東林也而詆之。若其臣虜臣寇。如錢謙益李建泰。自不得以其東林也而恕之。又如張捷楊維垣之死難。不得以其攻東林也而少之。如蔡奕琛唐世濟鄒之麟張孫振陳于鼎劉光斗輩之失節。亦不得以攻東林而恕之也。

談遷曰。或曰。唐奔奉天梁州。宋奔維揚臨安。並脫于虎吻。用垂丕業。今甫出建康。而青衣之辱隨之。何也。國何依。依于民。民之所附。危可安也。民之所去。雖命世之才不能自免。況衰庸撓潰之餘哉。然主上無甚失德。僅犯淫湎之戒。失壬人之聽。黎民怨讟。猶淺于害喪。大吏婪恣。不盡爲毒痛也。民心已去而不復者。知朝廷之意指。莽覩之如浮梗。淮陽之民可屠劊。閩浙之民可焚竭。青豫荊益之民可盜賊。可胡越。噫。自昔幾興幾廢。有垂危而愀然以悲。有既覆而憬然以思。今戎馬未南。而先幾之士已爲寒心。當時咸曰。某將且逃。某臣且款。亡何而人人逃。不止某將。人人款。不止某臣矣。是車駕之播遷。一獨夫也。不亡何待。且人主同難。必大臣扈蹕。盧杞雖奸。從幸山南。黃潛善汪伯彥雖忮。追驂江左。以心膂如貴陽。藐我乘輿。不相奔護。偷七尺而鼠竄于浙。不惟遠近之民棄之柄相亦棄之矣。羣而棄也。欲與奉天梁州維揚臨安之事得並論乎哉。後唐愍帝走衞州。石敬瑭適至。問刺史王弘贄。對曰。天子避狄。自古有之。然將相大臣從乎。曰無也。國家乘輿法物從乎。曰無也。弘贄歎曰。所謂大廈將顚。非一繩所維。今萬乘之主。以百騎出奔。而將相大臣無一人從者。則人心去就可知也。雖欲興復。其可得乎。嗚呼。追思弘贄之言。無疑今日。

癸卯。豫王立史可法祠。

甲辰。豫王入洪武門。緋服白梃。對導降臣班迎道側。

中書舍人武進龔廷祥投武定橋河死之。

丙午。錢謙益僉吏部尙書。李沾仍都察院左都御史。

上肩輿入南京聚寶門。首帕藍布衣。妃金氏乘驢。見豫王于內守備廳。頓首。坐受之。宴于靈璧侯宅。列太子下。趙之龍暨禮部等八人侍。敎坊樂作。豫王責上擅立。不討賊。不讓嫡。並不答。太子曰。日者密札召我。後制于奸臣。非初意也。亦不答。豫王曰。我兵在維揚。若先出亡。誰所爲也。抑自爲謀乎。上勉答。汗出浹背。飲訖。幽于江寧或曰。太后及妃同之。豫王令舊臣往省。惟安遠侯柳祚昌。戶部右侍郎何楷往。猶語笑自若。第問奸臣馬士英安在。

丁未。豫王榜禁臣民辮髮。大兵所到。剃武不剃文。剃兵不剃民。毋得不遵法度。

黃得功營兵萬人隨入城。向豫王求用。命收衣甲散遣之。

戊申。豫王謁孝陵。展拜嗟歎。諭靈谷寺僧修理。

鴻臚寺少卿黃家鼒至蘇州。巡撫霍達走太湖。官民迎家鼒入治。次日家鼒犒師。楊文驄使兵僞爲謝賞。立殺家鼒。

己酉。豫王往報恩寺。禮部□□主事黃端伯見之慟哭。趙之龍欲殺之。不許。下獄。

豫王訪臣民婦女殉節凡二十八人。

庚戌。清兵南略常州。

誠意侯劉孔昭自太平掠舟走常熟。詭言起義。

辛亥。豫王以我淑□□氏配□太子北行。

明年三月。弘光帝北行。五月。至燕。戊子四月。暴崩。年四十一。魯王以海監國紹興。謚爲赧皇帝。又唐王聿鍵即位福州。稱爲聖安皇帝。

戊子四月己丑。晉王□□周王紹□德王□□同遇害。是日大風。

# 附錄

## 談遷入幕記

甲申正月。余往金陵。壽總憲張藐山先生。先是許都士倡亂東陽。先生問云何。曰聞寇已入山。無能爲也。俄寇平。膠州高大司農。祥符史大司馬。同過先生所。語及余博雅善料事。可辟記室。大司農曰。若然。謹治客舍。因應其命。四月初入幕。留餉繁瑣。辰出酉入。浹旬僅再接。自媿糜食。私悔之。俄聞北變。暮上書。急遣曹郎往淮南。覈視漕艘。大司農未以爲然。亡何。總憲有子之喪。余過慰。卽曰。昨劉鶴洲都督柬。長安不守矣。余問乘輿安在。先生曰柬不能詳。各欷歔久之。史司馬往江北。留都慄慄。總憲曰。迨今月餘。脫僞檄夕至。人心朝潰。吾輩無死所矣。迎立事須本兵。不然何以馭衆。一日余說之曰。留都諸臣。先生固所悉也。萬一傳僞檄。卽欲長待司馬。豈可得哉。今巡上下江御史。託言行部。於淮揚間密迎宗室。至于龍潭。傳諭諸臣。疇敢不從。此社稷功也。在先生頤指而定矣。總憲唯唯。時上江御史米壽圖休沐。先生請筮之。得豫之象。利建侯行師。總憲大喜。會福王至有日。頗劾末議。大司馬大司農並相。始詔山東河南永免田租。余曰田租自昔無永赦。此示天下以無山東河南也。高相君撫案曰。史公誤矣。余請登極詔改之。又監國儀注。禮如登極。奉天殿世宗改皇極。今仍稱之。非制也。留闕圮甚。止武英殿存。事宜據實。且會典成于盛時。與末運少異。當酌於東晉南宋間。相君善之。欲辟中翰。辭以國禍未敢聞命。自是葑菲下採無虛日。雖內值綸禁。嘗通掌大赫蹕不輟也。擬大駕北巡。放於中都。以繫中原之望。相君大善之。格于同事而止。史相割地四鎮。權過重。恐蹈唐河北之轍。相君不敢主其說。貴陽馬氏時兼兵部。覆從之。四鎮埒於江淮。又左良玉專楚。獨蜀門傴寇而虛焉。請設總督大臣制其兵。相君又善之。意在舊樞新建熊氏明遇。其後起故相巴縣王氏應熊。則貴陽意也。相君任事四閱月。初畢志竭慮。甚於貴陽。陰掣其肘。度無以自展。乞休。命大鴻臚諭留。相君意未決。余從臾之曰。今當去有三。主眷也。物情也。事權也。俱陰移矣。相君遂行。余事客舍。未嘗乞絲髮之潤。面屬余中翰。疏且上。余力辭。至泣數行下。曰生不才。值國事旁午。念受餼十有六年。矢報無地。冀得一當以塞明命。何敢有他望。相君曰。卽不然。或別爲八口計。對曰。門下念及溝壑幸甚。第某數奇。長負知己奈何。相君嘗曰。天假不佞。柄國踰歲。粗立門戶。某雖退無憾。今早潔其身。于出處之道合矣。江左新造。偏而未安。適與禍會。東南一柱。齮齕齟齬。並社稷而淪之矣。余辱國士之目。事相君不終。以爲藐山先生知人之累。嗟乎其何以報哉。故記以示警。棗林文集

## 談遷上錢塞菴相國書

聞之魏收願直東觀。鄭樵求入秘書。自昔達人魁士。漁獵載籍。永垂不朽。必分藜太乙。厝足蓬山。其或地隔雲霄。名羈韋褐。或閱洛陽之市。或僦大姓之廡。寄身廝養。詘志繙譯。蓋奧篇隱帙。難望於寒門。巨製鴻裁。多藏於華閥也。遷僻處塊壤。世習呫嗶。研食蠹簡。竊鶩傍搜。耳目短隘。走貲繭踵。嘗窺國朝編年。如海鹽豐城武進臨朐。覬附其後。博考百氏。類輯諸家。自開國以來。迄於天啓。名曰國榷。稍成百卷。霜毫冰研。忘饑廢寢者矻矻二十六年。冀質之名世。恥事請謁。

況饘粥素給。羔鴈無媒。癸甲之歲。傭書秣陵。事膠東相國。薄效葑菲。時議修正史。擬荐中翰。沈痛在心。不忍轉禍爲榮。泣謝而南。長負知己。因續崇禎事。欲完前緒。而西京之業。亦藉扶風。京雒之遺。獲聞干寶。俄江南多故。萑苻兢掠。迺在八月。蹻跖見祟。盡失其書。銖積寸累。墮于一旦。且今捐帖括。溷緇素。意追理掌故。汗青不充。朱墨何本。伏聞師相抽金匱石室之秘。四庫五車。犁然在目。又九六之運。潛蠖之期。方逃影於旃檀梵唱間。裴休夙因。更以適變。章鑑僑寓。尤勝敗衾也。遷引領道風。思隨淨侶。或不卽棄。廁之衲末。分伊蒲之餘饌。借猊炬之流光。掃塵爇香。出其剩晷。恣情編綴。名山之藏。間剽一二。令完筆昭代。卒業外史。雖曲學鄙生。倘亦大君子所矜閔而惠敎之者也。劉恕外紀。資於涑水。王隱晉書。踵於前人。彼英流絕穎。猶需潤大方。況如遷之愚且賤乎。苻篆雖冷。各言其志。倘函丈之前。得奏薄技。沾涓滴而積土壤。明德豈有旣哉。唐突自媒。謹俟來命于百里之外。棗林集

## 錢朝瑋談孺木先生傳

先生諱以訓。字觀若。未弱冠補弟子員。食廩餼。遭鼎革。旣脫去如敝屣。易其名曰遷。字孺木。嘗爲余言。其先蓋出鄭子云。先生生平無他好。惟好書。故二酉五車。盡皆腹笥。爲人誠樸無紛飾。探之淵然。接之藹然。嘗游學兩京。兩京士大夫咸重之。眞不啻陳仲舉於徐孺子也。歲丁酉。予同先生應平陽司理沈公聘。遂偕往。凡道里所經名山川。及古昔英賢發跡處。率一一能指示焉。路出東昌。逢掠者二騎。風驅而至。露刃相向。先生曰。余輩祇殘編滿篋耳。烏有金。掠者驗其實。拱手曰驚動。竟加鞭去。嗟乎。盜亦知先生非凡人哉。迨抵署。先生惟日索異書讀之。主人間有所及。

先生卽走筆如流。頃刻數十紙。袁宏倚馬作露布。先生豈多讓焉。顧先生所晨夕校讎。編以年。序以日。手不停書者曰國榷。國榷者卽先生所輯皇明日錄也。起龍飛。迄瞑晦。凡三百年事。罔不詳核而備載之。約數百卷。日得十二紙爲率。嘗謂予曰。志此者三十年矣。月旦一時。是非千古。不可苟也。嘗旅食京師。得睹史館祕本。又旁參諸家。詢訪故老。今始就緒。好古不作。亦猶仲尼竊比老彭。雖然。我輩論世知人。有未足者。嗣是予更欲羅一代帝王將相。倣龍門體。作本紀傳贊。恐不僅歲月間事。君能襄事否。余謝不敏。言未幾。忽於季冬八日遘疾。越三日。遽踐兩楹之奠于汾陽署。嗚呼痛哉。其未疾之先一月也。先生曰。予夢白衣冠歸。舉家亦白衣冠來逆。不祥。予曰游子悲故鄉。得毋思歸所致乎。越日齋戒。筮得大過之困。先生愕然曰。棟折榱崩。不祥孰甚。意山妻其有故乎。日者云云。夫烏知爲山頹木壞之兆也。疾作之日。晨興尙手錄古事一首。蓋先生素健飯。自寒迄暑不晝寢。獨是日偃息臥。又嘔。予曰先生有不安乎。曰然。然以爲小恙。卽霍然爾。夜正午。忽有呼余者曰來來。予亟披衣起。見先生坐榻上。汗下如雨。予皇遽無措。亟呼同旅者起。亦環視而駭。黎明亟傳命索醫。醫至有藥者。有不藥者。然皆無能爲矣。方疾時。先生每命執手。似欲有所言。究無一言也。又命予筮。予筮之。遇小畜之中孚。予投蓍泣下曰。先生休矣。輿旣脫輹。烏乎行。越一日而逝。時蓋季冬十有一日申刻也。嗚乎馬革裹尸。雖昔賢壯志。然骨近南邱。魂游北旅。凡屬有心。能不黯然。予獲交先生晚。猶幸得爲御李游。方朝夕接膝。寒冰冷署。規益良多。予敬事先生。先生亦不衆人目我。嘗睨予曰。恨子不逢時。嗟乎。瑋豈敢忘于心哉。因敬述先生之得聞於予。及予之獲覩於先生者書而爲之傳。棗林詩集附錄

# 朱一是談孺木先生墓誌銘

漢代取士。曰賢良方正。曰博學弘詞。近世能兼之者。談先生孺木乎。先生與余生同邑。諸生同庠。不求聞達。以布衣老也。又同志。不幸死矣。心竊痛之。死後一年。孝子樸祺祉將葬先生於宅之東隅。介李子楚柔以狀來。乞文納隧。嗚呼。余不文先生。誰歟文者。而敢辭。按狀談之先世汴人。宋建炎初。迪功郎肇南渡。居臨安。四傳徙海寧棗林村。再徙廡涇之西河。以耕讀傳家。先生之父曰于庭。受餼郡庠。母沈氏。生吾志。繼母俞氏。生先生。幼穎異。舞象卽補弟子員。性獨喜古文辭。爲時文應制。猶古文也。名籍籍諸生間。稱旣廩。然用此久不遇。稍長。益肆力經史百家之言。卽梵函玄笈。罔不蒐覽焉。尤究心國朝典故。嘗曰楊文貞賢人也。而於革除多失實。焦泌陽壬人也。而于正士加厚疵。狥愛憎以上下其手。實錄如此。亦安有定論哉。於是博採羣籍。多著述。成一家言。壬午受知藐山張公。爲布衣交。懽甚。又因張公交硜齋高公。二公天下之望。謂當世君子。無右先生者。甲申國變。金陵擁立。高入相。張爲冢宰。先生折角巾。褐衣芒鞋。遨遊二公間。凡新政得失。皆就咨先生。丙夜猶前膝剌剌語。先生指畫。多所裨益。相國荐先生辦事中書。固辭。荐入史館又辭。或問故。曰余豈以國家之不幸。博一官耶。且國初布衣預史館。維時略勢分。廣招集。故得盡其才。今詞林載筆。自矜華要。一措大側其間。不過呈翰等牛馬走。寧沒身老甕牖已爾。已助寺交扇。時事日非。先生從與二公乞骸骨。獲免誤國之辱。瞻烏爰止。邦國亦殄瘁矣。張公客死宣城。高公致命會稽。先生歸廡涇。獨居深念。忽忽如有失。丙戌明經次及。斂蓰棄去。會里中盜起。著稿與藏書盡失。先生悲悼者累月。每歎曰。余髮種種。尙靦然視息人間。爲著稿未傳其人也。今且奈何哉。

尋與魏塘錢塞菴相國輯編近世實錄。又復徧訪諸故家。有所得箚記之。志復所著。癸巳受梅麓朱公聘。詣長安。如太史公之登涉。耳目所及。必採訪焉。甲午八月朔。徒步百里。謁思陵。守瑺許某憐先生。爲啓門殿。導趨寢陵。所至泣拜。瑺亦感動。郵寄書子檈曰。余北來志願畢矣。梅村吳公者。人倫者宿也。前二十年問余曰。若里有賢士乎。余以先生對。時相見於燕都。始信余知言。方先生爲黃漳浦。其爲前輩推服如此。丙申夏孟旋里。又附靜園沈公之官平陽。將哭蒓山張公于墓門。未幾以疾卒於平陽。當是時先生著稿再成矣。死從蒓山諸公游地下。卽何憾。雖然。余謂先生之才不止此也。生不獲逢盛時。入承明廬。給筆札。廣集碩雋。網羅舊聞。成一代之制作。而徒窮年借書。繭足疲腕。腐毫穿研。曲成其草莽私志。雖交游多賢公卿。許行言聽。草陳琳之檄。彈馮鑵之鋏。跡同曳裾。賓同入幕。不免升斗依人之慼。而可侈爲附青雲邀聲施也哉。至於白首燕都。思陵展謁。此與傷黍離。哭冬青何異。其後四千里走平陽。雪泪于墓門宿草。則又王炎午之吊舊。成布衣之祭忠也。嗚乎。山河風景。人孰無情。若先生者。窮老拂鬱。爲感恩之烈士。失路之恨人。尤可悲也已。先生性至孝且友。事其兄吾志。終身無忤色。處己廉。極貧不妄取一介。人有德於己終不忘。先生之友張蒓山也。由沁水張司隸。其交司隸也。由秀州李明經。歲既久。明經忘之矣。先生初從蒓山所歸。過明經。分舘餼納諸袖。明經駭問。知其故。大笑却之。卒置案而去。壬午先生小乏。余遺之十金。比余避亂山中。家人搆訟。先生戴星出謁友人。乞排難。曰余不忍負朱君也。後余厲梅溪。先生過言往事。欷歔相勞苦。余具麥飯飯先生。必飽食而別。先生晚年交余厚。稱知己。然呼余且曰契丈。古道猶存。慨自世衰誼薄。以諂相尙。先生沒而無復丈余者矣。豈不痛哉。先生初名以訓。改名遷。卒丁酉十二月十一日。距生萬曆甲午十月十二日。享年六十有四。配俞氏。生三子。檈。

祺。祉。克紹箕裘。集先生所著棗林集十二卷。史論二卷。北游錄八卷。西游錄二卷。棗林雜俎六卷。棗林外索六卷。海昌誌八卷。及雜著百卷藏於家。銘曰。其生也才。其遇也乖。其死也哀。招魂兮盍歸來。抑亦從高公張公慟哭乎夜臺。爲可堂初集卷二十八

## 黄宗羲談君墓表

君談氏。名遷。字孺木。海寧縣人。初爲諸生。不屑場屋之僻固狹陋。而好觀古今之治亂。其尤所注心者。在明朝之典故。以爲史之所憑者實錄耳。實錄見其表。其在裏者已不可見。况革除之事。楊文貞未免失實。泰陵之盛。焦泌陽又多醜正。神熹之載筆者。皆宦逆奄之舍人。至於思陵十七年之憂勤惕勵。而太史遯荒。皇宬烈焰。國滅而史亦隨滅。普天心痛。於是汰十五朝之實錄。正其是非。訪崇禎十七年之邸報。補其缺文。成書名曰國権。當是時。人士身經喪亂。多欲追敍緣因。以顯來世。而見聞窄狹。無所憑藉。聞君之有是書也。思欲竊之以爲己有。君家徒四壁立。不見可欲者。夜有盜入其室。盡發藏稿以去。案棗林集上錢塞菴書云。俄江南多故。萑苻兢掠。邇在八月。躧跖見祟。盡失其書。又原盜文云。丙戌五月。村盜方熾。入我室不掠。八月初掠焉。又張待軒遺集卷十云。丙戌七月八日。北騎入城。義兵內潰。男女老幼。屠戮千計。余宅悉遭蹂躪剽掠云云。丙戌爲順治三年。是國権原稿之失。乃清兵土寇刼掠所致。黄氏此文所記。亦不盡合事實。又案張爲儒晚明文錄。及小腆紀年並云。國権稿燬於火。亦非是。君喟然曰。吾手尚在。甯遂已乎。從嘉善錢相國借書復成之。陽城張太宰。膠州高相國。皆以君爲奇士。頗折節下之。其在南都。欲以史館處君不果。亡何。太宰相國相繼野死。君亦棄諸生。北走昌平。哭思陵。西走陽城。欲哭太宰。未至而卒。丙申歲冬十一月也。蓋君於君臣朋友之間。實有至性。故其著書。亦非徒爲盜名之

秘經而已。余觀當世。不論何人。皆好言作史。豈眞有三長。足掩前哲。亦不過此因彼襲。攘袂公行。苟書足以記名姓。輒不難辦。權而論之。史之體有三。年經而人與事緯之者編年也。以人經之者列傳也。以事經之者紀事也。其間自有次第。編年之法。春秋以來。未之有改也。有編年而後有列傳。故本紀以爲列傳之綱。有編年而後有紀事。故紀事爲通鑑之目。奈何今之作者。矢口遷固。而不屑於悅宏。夫作者無乘傳之求。州郡鮮上計之集。不能通知一代盛衰之始終。徒據殘書數本。諛墓單辭。便思抑揚人物。是猶兩造不備。而定爰書也。以余所見。近日之爲□□者。其人皆無與乎文章之事。而公然長編累牘。行世藏家。輒欲與五經方駕。三志競爽。豈以後世都可欺乎。君乃按實編年。不衒文彩。未嘗以作者自居。異日有正明世之事者。知在此而不在彼也。君之子祺。求予表墓。余表無溢辭。亦史法也。南雷文案卷八

## 張次仲于野紀錄

譚孺木遷。恬澹無欲。篤實君子也。余造其廬。破壁頹垣。門後設一几。憑而著國史榷。余往返百餘里。孺木不能辨鷄黍。孺木亦不爲意也。史榷成。受知總憲張藐山。名愼言藐山薦諸高硜齋。名弘圖時南都建國。硜齋入相。辟之史館。孺木謂國初布衣預史館者。前輩忘分博訪。今詞林載筆。尙論崇卑。何苦以一措大側足其間。徒爾碌碌。謝弗就。高張去國。南都不守。盜賊蜂起。孺木所著書。强半焚掠。念半世精神。在史榷一書。不忍中廢。復檢逸稿。徧訪藏書家。編纂成帙。凡三脫稿矣。歲丙戌。當以明經入貢。棄而游燕。徒步百里。哭拜思陵。守陵中貴爲之感動。燕回復游晉。寓友司理衙舍。曉起坐中庭。再訂史榷。中風露以卒。喪回。予往弔。作輓歌二章。二子出見。涕

泣謂故人某欲俎豆父於鄉賢。予曰。恐尊公食不下咽也。事遂寢。所著史論國史榷棗林集北游錄西游錄棗林雜俎棗林外索海昌外志數百卷。藏於家。張待軒先生遺集卷八

## 朱彝尊靜志居詩話

談遷字仲木。一字觀若。留心國史。考證累朝實錄寶訓。博稽諸家撰述。於萬歷後尤詳。號爲國榷。中年燬於火。乃復沈思强記。覆閱羣書。詢之故老。墨枯筆秃。饑不及餐。晚克成編。南都議上景皇帝廟號曰代宗。一時以爲當。仲木獨以爲非。有答友人五古。辭雖未工。有關典故。特錄之。詩云。成周作謚法。大小行乃傳。公旦暨師望。肇制自聖賢。自古后皇陟。南郊必稱天。易名典克愼。敍法宜精專。漢後避帝諱。臨文率拘攣。唐以代易世。宋以眞易玄。其文雖或殊。其義則一焉。景皇承大業。卽祚凡七年。多難固邦國。文武要略全。屢遣奉迎使。事先禮罔愆。及乎裕陵返。黄離位南偏。初非囚堯城。奪門言何諞。梁瑤策始建。張懋册用宣。廟號猶未備。何以垂簡編。禮臣失不學。代乃居世先。相越僅五世。文義詎可沿。謚說十五家。秉禮恐不然。盈廷以爲是。橫議臣談遷。

## 查愼行人海記

吾邑談孺木先生遷。留心明朝典故。不以詩名。然其北游集中。如過文信公祠七律一聯。若云丞相宜全節。敢謂書生合出山。過陳溧陽里第云。往事恩仇虛偃月。新編賢否總消魂。陳餘刎頸交何在。范蠡扁舟事可行。過惠安伯張氏墓云。翁仲似人能化石。杜鵑本鳥不離枝。贈王玄照太守云。縱寫

青山非舊日。翠微雲亂夕陽中。過梅村先生值金壇王友三慼舊云。衣冠王謝多何益。門戶胥原大可憂。南宋朝廷終覺小。中原經濟亦難尊。贈道末太常云。休屠祭後全非像。博望歸時不待槎。除夕云。春兼臘月人歸少。寒倍燕京客受多。如此之類。皆名句也。

## 錢泰吉海昌備志卷三十一藝文

談遷于庭子。初名以訓。號射父。繼字孺木。號觀若。少負史才。不屑固陋之學。陽城張太宰愼言。膠州高相國宏圖。皆目爲奇士。南都立。欲荐爲禮部司務及中書舍人。俱力辭。亡何。太宰相國相繼歿。棄諸生北走昌平。哭思陵。西走陽城。欲哭太宰。未至卒。子祺縣學生。許酉山令君修邑志。會延與編纂。

國榷一百卷　見許志。案海寧縣志十三卷許三禮修傳是樓書目無卷數。自序　案見前不錄　黃宗羲撰墓表　案見前不錄　張爲儒晚明文錄云。談孺木先生覃精竭思。著成有明一代全史。名曰國榷。中年燬于火。乃更一一覆記出之。余嘗見其書。約計二萬餘頁。塗改增注。每番必有數處。或行間偪塞。則更粘一紙于簡端以補之。蓋覆記後重定本也。間有論斷。長者十餘行。短者二三行。今其書歸於大姓。聞令家奴裝潢。盡去其所粘之紙。先生地下有知。必當痛哭耳。陳氏萊孝云。國榷十册。係崇禎宏光兩朝。冠原序于前。次義例于後。橫木水上爲榷。漢武帝榷商稅。今以榷史。義無短長也。

續國榷二卷　見餘聞　案寧志餘聞八卷周廣業撰

史論六卷　見許志　通志誤作二卷。

金陵對泣錄　見查氏愼行人海記云。記甲申京師被陷始末。光祿寺署丞膠州高宏商。自賊中脫歸。備述前厄。錄之。案此卽棗林雜俎逸典中之首篇。

海昌外志八卷　謹案四庫附存目及許志皆無卷數。遺書總錄作海昌縣外志五册。寫本。蒐討邑之文獻故實。分八門編纂。勝覽云。外志有自序。丁亥秋七月。題於棗林東原。緣起四則。書於秋雨硯北。其目一輿地。二食貨。三職官。四建置。五選舉。六人物。七叢談。八典籍。

**棗林雜俎八卷**　見四庫附存目。無卷數。許志作八卷。遺書總錄作五册寫本。分十三門。曰科牘。曰藝簣。曰彤管。曰空玄。曰炯鑒。曰名勝。曰營建。曰器用。曰榮植。曰頤動。曰幽冥。曰叢贅。曰逸典。　庭芬案。胡上舍爾滎向藏足本。計六册。以智仁聖義中和爲次。多五門。曰流聞。曰技餘。曰土司。曰緯候。曰妖異。自上舍歿。無從問津矣。　膠東相國高宏圖序。談子孺木有書癖。其在記室。見載籍相餉。輙色然喜。或書至猥誕。亦過目始釋。故多所採摭。時於坐聆塗聽稍可涉筆者。無一輕寘也。銖而積。寸而累。故稱雜焉。其義自大易雜卦始。予嘗手其書而悲之。以彼其勤。脫佐鄴侯之側。游茂先之旁。漁獵羣秘。領略要渺。何至觀書於市。有目不得下。有舌不敢吐乎哉。今雖編載瑣述。未適於用。而展卷澄鮮。筆飽墨瑩。誠說林之蜚弧也。惜天限孺木。朝不謀夕。足跡未及燕。而今已矣。三輔黃圖之盛。東京夢華之思。孺木卽有意乎。亦安所措翰也。悲夫。時崇禎甲申九月既望。膠東高宏圖題於白門公署。　舊稿二帙。高相國序。後歲有增定。太傅西州之慟。不止羊曇。山陽鄰笛之哀。奚獨向秀哉。因錄原序。抆泪識其末。江左遺民跋。　題棗林雜俎。吾僻處孤廬。奪於帖括。河東三篋。既無亡書。茂先連乘。兼少載籍。性忽忽善忘。偶聆一事。擊節私快。適顯紙未及隨。旬日之內。不復全憶。間追毫從事。所佚多矣。今特輶軒之下材。癡詅之餘嚙也。說部充棟。錯事見采。事易蕪。采易鑿。舍其舊而新是圖。又任目者憑於好惡。任耳者失於浮浪也。竊深戒之。自數年來。提鉛握槧。積若干卷。食之無肉。棄之有味。雖在鷄肋。猶以爲貴之矣。系以棗林何也。吾上世以宋靖康之難。自汴徙於杭者四傳。德祐末。避兵徙鹽官之棗林。今未四百禩。又並於德祐。吾旦暮之人也。安可避哉。求桃源而無從。庶以棗林老耳。書從地。不忘本也。　吳明經騫曰。吾家廷瑞購得陳氏潄六閣舊抄本。分六帙。間有目存而文缺載者。首列崇禎甲申九月高宏圖序於白門公署。孺木自跋謂舊稿二帙。高相國序之。後歲有增定。則此後來增定之本。庭芬案。雜俎舊稿。亦曾見于吾鄉故家。計二册不分卷目。多載漢唐以來史傳之逸事。於明季頗略。惟洪武諸王嗣世系圖一篇。足資考證。　朱彝尊南京太常寺志跋云。孺木館膠州高閣老邸舍。閣老導之借故册府書縱觀。因成國榷一部。掇其遺爲棗林雜俎。中述孝慈皇后無子。不獨長陵爲高麗碽妃所出。而懿文太子及秦晉二王。皆李淑妃產也。聞之者以爲駭。

**棗林藝簣一卷**　見四庫附存目。此即雜俎之第二門。近刊入學海類編。

**棗林外索**　見許志　自序云。楚左氏倚相能讀典墳丘索之書。後人各有解。而於八索或云卽八卦也。大易探頤索隱。故司馬貞有史記索隱。過此無聞焉。余性好涉獵。雖家無藏簡。時閱於市。或乞覽於人。其犁然有當於心者。嘗寸紙錄之。投空函中。積若干紙。猶陶宗儀之甓也。于是傾函而汰之。幽賞僻證。頗掃耳目之凡近。或聞見共著。亦貴其冷雋。有裨帳枕。恨限於管蠡之內。一窺一測。于四庫五車。尚未染其指。敢云餔糟啜醴哉。祇可自怡。遂題其簡端曰棗林外索。棗林吾家所自始也。樂操土風。不忘本也。且辱在泥塗。呫呫嗶嗶足矣。或以左史倚相司馬貞若而人設相值于中原。則若之何。曰陳蔡之賦不足役也。謹避君三舍。時在順治甲午秋七月庚戌書於燕邸之晨露下。周氏春曰。雜俎所不盡載者。更爲外索。今本分初集二集三集。

棗林集十二卷　見許志　案北京圖書館有舊鈔本棗林集五册。不分卷。內文四册。詩一册。又有舊鈔本棗林詩集一册。有吳騫序云。談孺木先生所著書。若棗林外索。棗林雜俎。海昌外志。予皆有藏本。國榷亦略厲目。惟棗林全集十二卷。詢訪垂數十年。未見。頃族孫廷瑞購得舊抄棗林詩集一册以眎予。凡古近體詩三百三十有七首。卷首列總目。無序跋。後繫錢朝瑋撰傳一篇。未審誰氏所輯。詩分體不分卷。雖非全豹。然吉光片羽。正復可珍。亟請予友陳奉巀茂才錄其副。而藏諸篋衍。攷先生身後。有黃晦木宗羲之墓表。朱近修一是之墓志銘。今復見錢大球朝瑋之傳。彼此相較。互有詳略。至其卒也。黃氏墓表以爲丙申十一月無日。當依朱錢二家作丁酉十二月十一日爲當。且大球親與偕游平陽幕。其卒又躬視其含。所記必可信也。先生畢生學問。專意於史。而於有明三百年。尤殫極心力。雖屢經患難。苦志轉篤。自謂可以信今而傳後。即其爲陽城膠州二公所知重亦以此。至高公力荐於朝。固辭不就。蓋見時事日非。不足與有爲。實其高識。迨二公相繼野死。先生悒悒徒抱遺民之恫。拜思陵。哭故人。間關跋涉。終於旅館。良可悲也。先生既歿。國朝康熙中。詔徵天下名儒。開館修明史。於時館閣諸公共延四明萬季野先生斯同以布衣參史局。遂用季野之稿爲藍本。成煌煌一代之典。而先生國榷。殘編斷簡。惟時流落於荒村野塾。蠶筐鼠箔之餘。將終恐澌滅。嗚乎。人生文章著述。其傳不傳。洵亦有定命歟。先生之詩。初不欲自名。讀集中諸作。激昂感慨。寄託遙深。卽目之爲杜老哀時之史。臯羽慟哭之記。亦奚不可哉。嘉慶十有五年十一月十一日。邑後學吳騫書於西移。時年七十有八。

北游錄　見陸宏定甯遠堂詩自注。許志作北游晉游集。無卷數。陳氏萊孝云。曾見談孺木雜稿二册。寫本。凡北游紀詠一卷。北游錄一卷。晉游錄一卷。入晉紀行一卷。晉游雜著一卷。北游紀聞一卷。北游續錄一卷。雜文一卷。共八卷。庭芬案。徐孝廉開業家藏舊寫本。僅詩二卷文一卷。近皆傳鈔之。則與八卷之數不合。疑非完書。

西游錄二卷　見許志。徐孝廉開業亦有鈔本。皆雜記所聞見之事。孝廉卒後。鈔本尋檢不得。

## 謝國楨晚明史籍考

國權一百卷吳興嘉業堂劉氏藏明鈔本　海寧蔣氏藏鈔本　故宮博物院文獻館藏鈔本　北平東方文化會圖書館藏傳抄本　南京江蘇省立國學圖書館藏抄本　國立北平圖書館藏觀古堂葉氏舊抄殘本　浙江省圖書館藏抱經樓舊抄本　明海寧談遷孺木撰。按海寧志及黃宗羲所撰墓表云。遷字孺木。性好博綜。久不遇。益肆力於子史百家之言。尤諳列朝典故。嘗曰楊文貞賢臣也。而於革除多失實。焦泌陽僉壬。而于正士加厚疵。徒狗愛憎耳。豈有定論乎。於是訂正羣籍。成一家言。於是汰十五朝之實錄。正其是非。訪崇禎十五年邸報。補其闕文。成書名曰國權。取木橫水上曰權之意。卒年六十四。是書入明史藝文志正史類。書爲編年體。起元文宗天曆元年。至明弘光元年止。書前彙輯有明一代朝章大事。分十二類。略似正史之志。其目爲大統開聖天儷元潢各藩輿屬勳封戚畹直閣部院甲第朝貢諸類。編次謹嚴。頗有法度。前有自序凡例。喩應益序。清同光間大興傅節子以禮藏明季稗乘頗富。然猶未見全本爲憾。則其書之難得可知。海寧蔣氏別下齋藏有舊鈔本。各本皆由此本展轉傳鈔而出。記有明一代史事之書。取材之廣。要以此書爲備。自序案見前不錄　義例案見前不錄　傅以禮華延年室題跋云。談遷國權一百卷。見明史藝文志。余以搜輯明季事蹟。借人閱市。物色有年。客冬嘉禾張祥伯通守以此二册見貽。一起天啓六年。迄崇禎四年末。缺十二月。一起崇禎十六年。迄弘光元年五月。中缺十七年五月至八月。約存七卷。考海昌備志引陳氏萊孝云。國權十册。係崇禎弘光兩朝。冠原序於前。次義例於後。持靜齋書目亦祇存二十卷。失其後大半。似其書久無完帙。然東湖叢記云。談孺木著國榷一百卷。傳鈔者僅崇禎一朝事實耳。全書尚存馬二槎瀛漢晉齋。余曾見之。按叢記成於咸豐丙辰。去今未遠。惟中更辛酉之亂。桑梓搶爲龍荒。馬氏所藏。不免爲昆明池下物耳。備志載有談氏自序。暨所著書目。今並錄入卷首。藉資考證。且備訪求。間嘗論之。著作之傳後與否。其中固有幸有不幸。而亦繫乎人事焉。如思復堂集稱明季稗史。惟談遷編年張岱列傳兩家。具有本末。谷應泰並採之以成紀事云云。今談書雖未覩其全。而殘篇零簡。傳本尚夥。良由海昌人士。留意前輩撰著。互相繕寫。流布不絕。若張氏之石匱藏書。則自原稿爲谷氏購去。未聞有錄存其副者。僅據大瓢偶筆。知其共百有六卷而已。如彼如此。吾越之人。能無愧恧乎。

按北平圖書館藏有觀古堂葉氏舊鈔殘本。書爲朱竹垞舊藏。有朱印彝尊白文印。秀水朱氏潛采堂圖書朱文印。起天啓元年。至崇禎六年。首册尤殘破不完。茲錄葉氏題跋於後

葉跋云。此殘本談遷國榷五册。朱氏潛采堂故物也。按明史藝文志。談遷國榷壹百卷。則此僅百分之五。惜不得竹垞藏書目一考之。竹垞以鴻詞入史館。撰修明史。全史體例。皆其一手裁成。觀曝書亭集史館上總裁七書。可以知其大略矣。是書蓋卽其時修撰之史料。第二册第四册首葉有朱印彝尊四字白文方印。又有秀水朱氏潛采堂圖書九字朱文方印。不知幾經厄刼。始得留貽至於今日。書不足貴。手澤可貴。故重加裝池以插架。子孫其永寶之。乙未臘月。葉德輝記。又跋略云。是書各家書目罕箸錄。惟豐順丁氏持靜齋書目史部編年內。有國榷二十卷。注云舊鈔本。明史載此書一百卷。後失其大半。丁氏爲咸同年間一藏書家。不以殘本見棄。則其書之珍貴可知矣。書友李強之持舊書一單求售。余收得數種。此書亦在內。去大泉肆千。近時書籍之貴。可謂至極。同日燈下又記。